Josef Rattner
Klassiker der Tiefenpsychologie

Josef Rattner

KLASSIKER DER TIEFEN-PSYCHOLOGIE

Psychologie Verlags Union
München 1990

Anschrift des Autors:
Prof. Dr. Dr. Josef Rattner
Eichenallee 6
1000 Berlin 19

Anschriften des Wissenschaftlichen Beirates des Psychologie-Programms:

Prof. Dr. Dieter Frey, Institut für Psychologie der Universität Kiel, Olshausen-
straße 40/60, 2300 Kiel
Prof. Dr. Siegfried Greif, Universität Osnabrück, FB 8 Psychologie, Knoll-
straße 15, 4500 Osnabrück
Prof. Dr. Ernst-D. Lantermann, Gesamthochschule Kassel, FB 3, Heinrich-Plett-
Straße 40, 3500 Kassel
Prof. Dr. Rainer K. Silbereisen, Fachbereich Psychologie, Justus-Liebig-Univer-
sität Gießen, Otto-Behaghel-Straße 10, 6300 Gießen
Prof. Dr. Bernd Weidenmann, Universität der Bundeswehr München, Fach-
bereich Sozialwissenschaften, Werner-Heisenberg-Weg 39, 8014 Neubiberg

Lektorat: Petra Glück, Dipl.-Psych.

CIP-Kurztitelaufnahme der Deutschen Bibliothek

Rattner, Josef:
Klassiker der Tiefenpsychologie / Josef Rattner. – München :
Psychologie-Verl.-Union, 1990
    ISBN 3-621-27102-3

Umschlagentwurf: Dieter Vollendorf, München
Herstellung: Christine Jehl, Landshut
Satz: Ludwig Auer GmbH, Donauwörth
Druck und Bindung: May GmbH & Co KG
Printed in Germany
© Psychologie Verlags Union 1990
ISBN 3-621-27102-3

Inhalt

Teil IV: Ein Neo-Adlerianer

Teil V: Auf dem Weg zur Psychosomatik

Teil VI: Psychoanalytiker der dritten Generation

Teil VII: Phänomenologen, Daseinsanalytiker, Existentialpsychologen

Vorwort

Heute, fünfzig Jahre nach dem Tode Sigmund Freuds und hundert Jahre nach der Grundsteinlegung der Psychoanalyse, läßt sich der Gesamtertrag dieser großen geistigen Bewegung einigermaßen abschätzen. Wir überblicken die Summe aller Forschungserträge und kennen die Hauptrepräsentanten dieser „dynamischen Psychologie", die mit dem Verstehen seelischer Erkrankungen begann und sich zu einer umfassenden Lehre vom „unbewußten Seelenleben" ausweitete. Aber auch der Bereich des Bewußtseins und der ganzen Kulturpsychologie wurde durch Freud und seine Schüler bearbeitet.

Auch Kritiker, die dieser „Tiefenpsychologie" nicht unbedingt günstig gesinnt sind, müssen zugeben, daß in ihr ein wichtiger Durchbruch zum Begreifen des Menschen und seiner Lebenswelt stattgefunden hat. Leider sind diese revolutionären Erkenntnisse nur in stark popularisierter und darum auch mißverständlicher Formulierung ins Laienpublikum (und teilweise auch in die nichtpsychologische Fachwelt) eingedrungen. Der vorliegende Band setzt sich zum Ziele, alle tiefenpsychologischen Einsichten in klarer und präziser Sprache dem Leser nahezubringen. Zu diesem Zwecke hat der Autor folgende Darstellungsweise gewählt: Er porträtiert die Hauptrepräsentanten der Psychoanalyse, von Freud bis Laing, von Adler bis Thomas Szasz, von Jung bis Ludwig Binswanger und Medard Boss. Der Erkenntnisweg aller dieser Forscher wird genauestens nachgezeichnet. Dabei wird die Fülle und der Reichtum psychoanalytischer Lehrmeinungen sichtbar; der Verfasser berichtet aber nicht nur objektiv über Formulierungen und Funde, sondern übt auch strenge Kritik, wo mancher Tiefenpsychologe sich in skurrile Einseitigkeiten verrannte.

Im Gesamten jedoch ergibt sich ein imponierendes Bild einer unkonventionellen Forschergruppe, die es wagt, uralte Denktabus in Frage zu stellen, um sich in neuartiger Weise den uralten Themen der Sexualität, der Kindererziehung, der Neurosentherapie, dem Studium der Wahnkrankheiten, den Kulturerscheinungen usw. anzunähern. Das vorliegende Buch ist eine umfassende Einführung in die Tiefenpsychologie und zugleich auch ein Resümee ihrer „Jahrhundertarbeit" – man könnte es auch eine „Enzyklopädie der Psychoanalyse" nennen.

Berlin, März 1990   *Josef Rattner*

TEIL I
DIE ERZVÄTER

Sigmund Freud

Einleitung

Das Ausmaß der geistigen Revolution, die das Lebenswerk Freuds – die Psychoanalyse – im Denken der Neuzeit ausgelöst hat, ist auch heute noch nicht im vollen Umfang abzusehen. Viele meinen irrtümlich, daß die psychoanalytische Doktrin nur ein Spezialgebiet der medizinischen Psychologie ist, ergänzt durch ein neuartiges Verfahren, seelische Erkrankungen zu behandeln und zu heilen. Sie übersehen hierbei allerdings, daß Freuds Erkenntnisse in alle Kulturwissenschaften eingedrungen sind und dort weitreichende Wirkungen entfaltet haben. So kann man Einflüsse der Psychoanalyse in Erziehung und Erziehungswissenschaft, Philosophie, Anthropologie, Ethnologie, Geschichtsschreibung, Kunst und Kunstwissenschaft, Soziologie, Politik, Wirtschaft, Religionswissenschaft, Literatur und Literaturwissenschaft usw. feststellen. Es gibt nur wenige Gebiete des Kulturlebens, die von den Einsichten der Tiefenpsychologie mehr oder minder unberührt blieben. Daher darf man ohne weiteres behaupten, daß das geistige Klima unserer Epoche sich durch das Auftreten Freuds und seiner Schüler gewandelt hat. Vor allem unser Bild vom Menschen hat neue Aspekte gewonnen, auf die ein modernes Weltbild nicht mehr Verzicht leisten kann.

So ist nicht zuviel gesagt, wenn wir Freud einen „resümierenden Menschen" nennen, der ähnlich wie Darwin, Marx, Schopenhauer, Nietzsche u. a. die Kultur eines Jahrhunderts zusammenfaßt. Sein Leben, das den Zeitraum von 1856–1939 umfaßt, war eingefügt in epochale geistige Wandlungen, an denen er selbst großen Anteil hatte, indem er alte Denkformen zerbrach und traditionelle Vorurteile entlarvte. Er schuf eine eigene Wissenschaft, um sich selbst und die Menschheit besser zu verstehen. Der Mut und die Kühnheit, mit der er sich selbst und seine Mitmenschen analysierte, erschlossen bisher gemiedene Pforten ins Innerste des Seelenlebens. Das Seelisch-Unbewußte, das vor ihm Philosophen lediglich durch Spekulation abgehandelt hatten, wurde nun der wissenschaftlichen Forschung zugänglich. Mit einem Scharfsinn sondergleichen übersetzte Freud die Sprache des Unbewußten in diejenige des Bewußtseins, wodurch viele vorher unverständliche Seelenphänomene enträtselt werden konnten.

Die Weisheit des Volkes, der Dichter und der Philosophen konnte hiermit in die Terminologie der Wissenschaft eingekleidet werden. Es war Freuds lebenslanger Stolz, daß es ihm angeblich gelungen war, auch die menschliche Psyche zu einem Gegenstand der Naturwissenschaft zu machen. Als Anhänger einer materialistischen Weltanschauung träumte er offenbar davon, auch das Seelenleben in die Einheit der Natur einordnen zu können, so daß es mittels des Kausalgesetzes und der energetischen Betrachtungsweise wie ein „Naturobjekt" abgehandelt werden konnte. Die künstlerische Seelendeutung ist zu ersetzen durch eine exakt-wissenschaftliche, die sich der Physik, der Chemie, der Biologie usw. angleicht. Dieser Traum des Naturwissenschaftlers Freud ist nicht in Erfüllung gegangen. Er war in sich widersprüchlich, da er zwei unüberbrückbare Gegensätze in Freuds eigener Seele zum Ausdruck brachte: nämlich Freud den Humanisten und Freud den Anhänger eines nahezu mechanischen Materialismus. Diese zwei verschiedenartigen Geisteshaltungen waren im Schöpfer der Psychoanalyse gleich stark lebendig. Im Austragen des daraus entstehenden Konfliktes, im produktiven Umspannen beider Sphären der Geisteswelt gewann Freud die überragende Größe, die wir an ihm zu bewundern haben.

Wie Freuds „Naturwissenschaft des Seelenlebens" aussah und wo ihre Genialität und ihre Grenze liegt, kann man am besten erläutern, wenn man die Resultate dieses erstaunlichen Forscherdaseins Revue passieren läßt. Wir geben in der Folge einen knappen Überblick über Freuds Werdegang als Wissenschaftler und Kulturphilosoph.

Die vor-psychoanalytische Zeit (1856–1895)

Freuds Leben ist so oft und so ausführlich beschrieben worden (so u. a. von Ernest Jones in seiner dreibändigen Freud-Biographie), daß wir es uns ersparen können, im Detail diesen Lebenslauf zu schildern. Nach einigem Zögern und Schwanken entschied sich der junge Freud für das Studium der Medizin, wozu ihn angeblich die Lektüre zu Darwins Abstammungstheorie und das irrtümlich Goethe zugeschriebene Fragment *Die Natur* animiert haben sollen. Während seiner Ausbildungszeit an der Universität Wien widmete er sich mit großem Interesse Problemen der Biologie, so daß er seine Studien mit Verspätung abschloß. Dann folgten Assistentenjahre in den Abteilungen für Physiologie, Neurologie und Hirnanatomie; Freuds Neigungen wiesen eher in die Richtung der Wissenschaft als der klinischen Medizin. Da er sich aber eine wissenschaftliche Laufbahn finanziell nicht leisten konnte, wurde er praktischer Arzt mit dem Schwerpunkt auf Neurologie. Diese Spezialdisziplin motivierte ihn zu verschiedenen Reisen nach Frankreich, wo er mit J. M. Charcot, Bernheim, Liébault u. a. in Beziehung trat. Bei Charcot in Paris bekam er Einblick in neue Forschungsansätze bezüglich der Hysterie; bei Bernheim und Liébault wurde er mit den Techniken der Hypnose und Suggestion vertraut. Mit seinem väterlichen Freund Josef Breuer in Wien wandte er sich dann der Hysterieforschung zu, wo er seine ersten großen psychopathologischen Entdeckungen machte.

Angesichts von Freuds Beiträgen zur Psychopathologie wird oft vergessen, daß er bereits mit seinen vorangehenden medizinischen Arbeiten schon wichtige Forschungsresultate zustande gebracht hatte. So publizierte er zwischen 1880 und 1895 wertvolle Untersuchungen über Histologie und Anatomie sowie ein hervorragendes Werk über die Aphasien (Sprachstörungen). In der Auseinandersetzung mit der neurologischen Fachliteratur erwarb Freud wohl eine Reihe von Forschungstechniken und Denkfiguren, die die Entstehung der Psychoanalyse möglich machten: wie alle bedeutenden wissenschaftlichen Leistungen ist auch diese nicht „jählings" dem Geiste ihres Urhebers entsprungen.

Neben seinem gewaltigen Arbeitspensum fachlicher Art bewältigte Freud ein relativ großes Programm an Weltliteratur; er war mit den Dichtungen vieler Zeiten und Völker bestens vertraut. Die intuitive Seelenkenntnis der Dichter, die er so in sich aufnahm, hat ebenfalls die Entwicklung der psychoanalytischen Lehre begünstigt. Viel weniger versiert war Freud bezüglich aller Fragen der Philosophie; entsprechend der ihn prägenden materialistischen und positivistischen Wissenschaftsgesinnung des 19. Jahrhunderts hegte er zeitlebens eine skeptische Herablassung für die philosophische Spekulation, wodurch seine Ideenwelt gewisse Einseitigkeiten aufweist. Gelegentlich bezog sich Freud auf G. Th. Fechner, von dem er einige Prinzipien übernahm; von Schopenhauer und Nietzsche, die eigentlich die Stammväter der Tiefenpsychologie sind, hatte er einige Ahnung, vermied es aber, sie gründlich zu assimilieren, da er sich die „Unabhängigkeit des Blicks" bewahren wollte. – Um 1890 habilitierte sich Freud an der Universität Wien für das Fach Neurologie. 1886 heiratete er Martha Bernays, mit der ihn hernach eine 53 Jahre dauernde Ehe verband. Aus dieser sind sechs Kinder hervorgegangen; aber nur Freuds Tochter Anna hat das Lebenswerk ihres Vaters weitergeführt.

Die großen Entdeckungen (1895–1905)

Josef Breuer hatte bei der Behandlung einer hysterischen Patientin („Anna O.") entdeckt, daß die Symptome der Hysterie zumindest vorübergehend beseitigt werden konnten, wenn man die Kranke veranlaßte, in Zuständen leichter Hypnose aus ihrem Leben zu erzählen. Daraus entwickelten dann Breuer und Freud die sogenannte „kathartische Methode": durch Aussprechen von inneren Konflikten oder konflikthaften Ereignissen aus der Vergangenheit sollte der Patient eine „seelische Reinigung" vollziehen: ähnlich, wie dies Aristoteles als Wirkung der Tragödie auf die menschliche Seele behauptete, die von den Affekten der „Furcht und des Mitleids" gereinigt werden sollte. Freud experimentierte mit diesem Verfahren an zahlreichen Fällen, wobei er mit Hilfe von Suggestionen dem Patienten seine Krankheit „auszureden" versuchte. Die Erfolge dieser Methode waren sehr launisch und unbeständig; immerhin machten sie Freud darauf aufmerksam, daß die Ursachen der Hysterie offenbar nicht in verborgenen „Hirn-Anomalien" liegen konnten, sondern irgendwie mit der Lebensgeschichte der Kranken in Zusammenhang standen. Seelische Verletzungen in der Kindheit und im späteren Leben schienen die inneren und äußeren Probleme heraufbeschworen zu haben, an deren Nicht-Bewältigung die Patienten erkrankten: der Ursprung der Hysterie und der anderen Neurosen war demnach in der Biographie zu lokalisieren. Diese These vertraten Freud und Breuer in ihrem Buch *Studien über Hysterie* (1895), welches den Grundstein zur Psychoanalyse legte.

Die Freundschaft mit Breuer zerbrach an der Zusammenarbeit in der Hysterieforschung. Freud sah sich nämlich dazu gedrängt, die frühkindlichen Traumen seiner Patienten als „sexuelle" zu definieren, was Breuer – der den Widerstand der Fachwelt gegen einen derartigen Befund voraussah – nicht zu unterstützen gewillt war. Die Nachfolge von Breuer trat der Berliner Arzt Wilhelm Fließ an, den Freud in der Folge zu einer Art Mentor und Bundesgenossen emporstilisierte; Fließ war Hals-Nasen-Ohren-Arzt und ist in späten Jahren mit abstrusen Theorien über „Biorhythmik" hervorgetreten. Für Freud erfüllte er offenbar in der Zeit der Anfänge der Psychoanalyse die wichtige Funktion eines Gesprächspartners, der für seine ungewohnten Intuitionen empfänglich war. Trotz oder wegen seiner geistigen Eigenständigkeit war Freud in seinen Pionierjahren ungemein anlehnungsbedürftig, so daß es in seinem Leben eine Reihe von „patronisierenden Figuren" gibt, die er allerdings nach und nach immer wieder „entthronen" mußte.

Die großartigen Falldarstellungen in den *Studien über Hysterie* zeigen Freud als „biographischen Forscher": anders als die Ärzte seiner Epoche, die die Neurotiker als Dekadente und Degenerierte abstempelten, vertiefte sich Freud geduldig und liebevoll in die Lebensläufe seiner Patienten, wobei ihm immer deutlicher wurde, daß alle seelischen Phänomene eines Menschen eine innere Einheit bilden. Das Seelenleben ist ein Strukturzusammenhang: alles hängt mit allem zusammen. Wer den Schlüssel zu dieser Ganzheit findet, kann jegliches Detail erklären oder verstehen. Diesen Ganzheitsbegriff identifizierte Freud mit dem „Unbewußten", wobei er im Geiste der romantischen Seelenkunde das Bewußtsein durchaus von unbewußten Kräften und Mächten bestimmt sah. Die Spuren der unbewußten Seelentätigkeit sollten in Gesundheit und Krankheit aufgedeckt werden.

Nun war Freud dazu übergegangen, die Hypnose und Suggestion durch das „freie Assoziieren" zu ersetzen. Anstatt die Patienten einzuschläfern, ließ er sie im Wachzustand alle ihre Gedanken und Gefühle aussprechen, wobei sie weder Kritik noch Korrektur walten lassen durften: je offener sie sich über ihr Innenleben äußerten, um so eher konnte der ärztliche Helfer sich in ihre wahren Probleme und Konflikte einfühlen. Bei diesen Assoziationen begannen die Patienten auch, ihre Träume zu erzählen. Freud, der selbst „ein guter Träumer" war, wurde hellhörig und fragte sich, ob nicht auch den Träumen irgendein Sinn innewohnen könnte. So wurde er auf die Frage der Traumdeutung geführt.

In den neunziger Jahren gelang es Freud, viele eigene und Patienten-Träume zu analysieren; es wurde ihm klar, daß der Traum symptomatisch für die Persönlichkeit des Träumers und seine jeweilige Lebenssituation ist. Konnte ein Traumbericht angemessen interpretiert werden, so gewann man tiefen Einblick in die Seelenverfassung des Träumenden. In mehrjähriger Forschungsarbeit präzisierte Freud seine Techniken der Traumauslegung, wobei er eine tiefgründige Theorie des Traums formulierte, die gleichzeitig auch eine neue Theorie des Seelenlebens beinhaltete; sie wurde im Jahre 1900 unter dem Titel *Die Traumdeutung* publiziert. Als Motto für dieses Werk, welches Freud selbst als sein größtes und wichtigstes ansah, hatte er ein Zitat aus Vergils *Aeneïs* gewählt, und zwar: „Flectere si nequeo superos, Acheronta movebo!" (Wenn ich die himmlischen Mächte nicht bezwingen kann, werde ich die Unterwelt in Bewegung setzen!) Damit ist wohl nicht nur ein Hinweis auf die Natur des Traumes gegeben, sondern auch Freuds „Geist der Revolte" bekundet; sein Lebenswerk ist ein Aufstand gegen die „höhe-

ren Instanzen" in Seelenleben und Gesellschaft zugunsten der Sexualität, die als Repräsentant der seelischen „Unterwelt" gelten kann.

Freuds Traumtheorie darf heutzutage als bekannt vorausgesetzt werden. Sie geht davon aus, daß jeder Traum die halluzinatorische Erfüllung von infantil-sexuellen Wünschen sei. Der eigentliche Motor des
Traumes ist eine Triebregung, die zur Sexualität im weiteren Sinne des
Wortes gehört. Unmittelbare Veranlassung zum Träumen ist ein emo-
tional-bedeutsames Ereignis des Vortages (der *Tagesrest*); dieses Erlebnis mobilisiert uralte Triebwünsche aus der Kindheit, die tief im Unbewußten verborgen liegen. Der triebhafte Impuls drängt zur Abreaktion;
da ihm aber im Schlafzustand die Zugänge zur Motorik versperrt sind
(der Träumer liegt mehr oder minder unbeweglich), wird der Trieb zur
Wahrnehmungsseite der Psyche abgeleitet, wo er u. a. Erinnerungsbil-
der, Halluzinationen und Wunschvorstellungen belebt, die dann den
Inhalt des Traumes ausmachen. Meistens erinnert sich der Träumer nur
an einen Bruchteil des Traumgeschehens; die wirklichen Traumgedan-
ken müssen aus der Traumerzählung deutend erschlossen werden. Auch
sind die Träume deshalb so schwer verständlich, weil sie oft inkohärent,
unlogisch, vage und vieldeutig sein können. Es ist eine große Kunst, den
Sinn eines Traumes mittels einer Deutung herauszuarbeiten.

Freud sah im Traum den „Königsweg zum Unbewußten." Er verglich
den Traum mit einer *zweiten Sprache*, die man in die übliche Sprache
des Bewußtseins übersetzen müsse. Das Traummaterial, das aus dem
Unbewußten stammt, werde im Traum durch verschiedene Arbeitsweisen des unbewußten Seelenlebens deformiert; im Traum kommen „Verschiebung", „Verdichtung", Umkehrung ins Gegenteil", „Symbolisierung" usw. vor, wodurch der Traumtext zu einem mehrdeutigen Ganzen
wird, das nicht leicht zu entziffern ist. Freud macht die *seelische Zensur*
(das Ich, später das Über-Ich) dafür verantwortlich, daß sich Triebwünsche im Traum nicht unentstellt äußern können. Unser moralisches Ich
zwingt die Trauminhalte dazu, sich zu maskieren, um so die Schwelle
zum Bewußtsein passieren zu können. Die Deutung ist sozusagen die
Umkehrung der *Traumarbeit*, sie enthüllt die ursprünglichen Triebregungen, die in symbolhafter Gestalt ins Traumgeschehen Eingang gefunden haben. Bei kundiger Interpretation kann man genau die Stellen
angeben, wo die Traumfragmente ins seelische Treiben des Wachzustan-
des einzufügen sind. So wird der Traum zu einem Modell für alle
psychopathologischen Bildungen; wer den Traum versteht, hat nach
Freud die Neurose, die Perversionen, die Psychose, das Kindheitssee-
lenleben usw. verstanden.

Als Hauptmotiv der unbewußten Psyche, das sich in den Träumen außerordentlich oft zu Wort meldet, glaubte Freud den „Ödipuskomplex" zu erkennen, d. h. die seelische Konfliktlage des kleinen Knaben, der (angeblich) die Mutter sexuell besitzen und den Vater als Nebenbuhler aggressiv aus dem Wege räumen wolle. Bei den Mädchen wurde später ein analog strukturierter „Elektrakomplex" formuliert: das kleine Mädchen will beim Vater die Rolle der Mutter spielen usw. Diese These, die in der psychoanalytischen Theorie fundamentale Bedeutung erlangte, ist bekanntlich bis zum heutigen Tag noch umstritten. Ebenfalls wurde angezweifelt, daß der Traum im wesentlichen eher eine „Vergangenheitsorientierung" aufweist: A. Adler, A. Mäder und C. G. Jung erklärten schon um 1910, daß Träume „prospektiv" seien und sich mehr mit der Zukunft des Träumers als mit seiner Vergangenheit auseinandersetzen. Auch wurde die Sexualsymbolik der Träume angefochten. Nach Adler geht es im Traum um Überlegenheitsziele und Lösung anstehender Lebensprobleme; nach Jung wollen Träume die Einseitigkeiten der bewußten Lebenseinstellung korrigieren usw. Sehr viele Gesichtspunkte Freuds wurden im Laufe der Jahrzehnte angezweifelt und mit Recht kritisiert; es bleibt aber Freuds unsterbliche Ruhmestat, daß er den Traum dem primitiven Aberglauben des Volkes (welches Träume als „Zukunftsprophetie" mißversteht) entriß und ihn der wissenschaftlichen Untersuchung zugänglich machte. Freud war sich dieser Leistung wohl bewußt; als ihm im Jahre 1895 die erste vollständige Analyse eines Traumes gelungen war, schrieb er an W. Fließ in Berlin, er hoffe, daß dereinst eine Tafel an dem Hotel angebracht werde mit dem Inhalt: Hier gelang dem Dr. Freud erstmals die Deutung eines Traumes; die Tafel ist inzwischen tatsächlich am Hotel Bellevue bei Wien befestigt worden, wo Freud seinen eigenen Traum von „Irmas Injektion" geträumt und gedeutet hat.

Auf die *Traumdeutung* folgte die kleinere Schrift *Zur Psychopathologie des Alltagslebens* (1904), worin Freud die sogenannten „Fehlleistungen" zu erhellen versuchte. Unter den Fehlleistungen figurieren gewisse Funktionsentgleisungen des Seelenlebens, wie etwa das Vergessen, Verlegen, Verschreiben ,Versprechen, Unfälle usw. Man hat den Eindruck, daß der Mensch hierbei etwas tun oder vollbringen will; die entsprechende Leistung kommt jedoch nicht oder nur teilweise zustande, wobei sich irgendeine störende Tendenz ins Handlungsgeschehen einschiebt. Der bewußte Impuls wird – wie Freud dies beschreibt – durch eine unbewußte Regelung durchkreuzt. So entsteht ein Kompromiß zwischen der Absicht des Bewußtseins und der Einstellung des Unbewußten: Die

Fehlleistung ist (wie der Traum) ein Zusammenwirken der beiden grundlegenden Seeleninstanzen, so daß man aus ihr annähernd ebensoviel Einblick in die Motivationen der Psyche gewinnt wie aus den Träumen. Auch hier wieder bringt Freud Beispiele aus eigener und fremder Erfahrung. Das Büchlein wird so zu einer geistreichen Enthüllung der Koboldhaftigkeit des Unbewußten, welches die Pläne des Bewußtseins empfindlich zu stören vermag. Dieser Text, der gleichsam spielerisch die Denktechniken der Psychoanalyse erläutert, ist eine der populärsten psychoanalytischen Publikationen geworden. Auch hier kann Freud an die Weisheit der Dichter und des Volkes anknüpfen; viele große Schriftsteller haben in ihren Dichtungen Fehlleistungen geschildert (Dostojewski, Shakespeare, Schiller, Goethe etc.), wobei sie wie die Tiefenpsychologie in den scheinbar zufälligen Funktionsausfällen „geheime Absichten" vermuteten, in denen sich das Unbewußte des handelnden Menschen demaskiert.

Wichtiger als die *Psychopathologie des Alltagslebens* sind die *Drei Abhandlungen zur Sexualtheorie* (1905), mit denen Freud ein neues Verständnis der sexuellen Perversionen anbahnt, aber auch mit großer Eindringlichkeit die These von der sexuellen Triebhaftigkeit des Kleinkindes vertritt. Zu den sexuellen Perversionen zählt man u. a. den Sadismus, den Masochismus, das Voyeurtum, den Exhibitionismus, evtl. auch die Homosexualität. Diese „Verirrungen des Liebeslebens" blieben lange Zeit ein Stiefkind der Forschung. Man betrachtete sexualperverse Menschen als Monstren, Ausgeburten der Natur. Erst durch die *Psychopathia sexualis* (1886) von Krafft-Ebing wurden sexuelle Abarten als psychiatrischer Forschungsgegenstand „hoffähig."

Freud ist nun darum bemüht, die Sexualperversionen – ähnlich wie die Neurosen – auf lebensgeschichtliche Ursprünge zurückzuführen. Er vergleicht das perverse Verhalten mit dem Verhalten der Kleinkinder, wobei er Übereinstimmungen zu sehen meint: Kinder exhibitionieren ohne Schamgefühl, sind sexuell neugierig usw. Freud fragt sich daher, ob man in der Perversion sozusagen eine Ausgestaltung infantiler Tendenzen im Erwachsenenleben erkennen kann.

Dabei lanciert er die Theorie von den sexuellen Partialtrieben und der Sexualität des Kindesalters. Danach beginnt das Kind seine seelische Entwicklung mit einer *polymorph-perversen Phase* der Libido: es sucht und findet Lust mit seiner ganzen Körperoberfläche; seine Haut als Ganzes ist Lustorgan. Später (im 1. und 2. Lebensjahr) tritt der Mund als Zentrum der Lustsuche hervor, die an die Funktion der Nahrungsaufnahme gekoppelt ist: dies ist die *orale Phase* der Libidoorganisation.

Sodann (im 2. und 3. Jahr) geht es um die Reinlichkeitsgewöhnungen, d. h. die geregelte Abgabe oder Verhaltung der Exkremente; hierin empfindet das Kind intensive Lustgefühle beim Verhalten des Stuhls, aber auch bei seiner Ausstoßung: wir haben es mit der *analen Phase* zu tun. In der *phallischen Phase* (3. bis 5. Jahr) ist der Knabe stolz auf seinen Penis und entdeckt die Penislosigkeit des Mädchens. Er entwickelt männliche Eigenschaften der Expansion, indes das „benachteiligte Mädchen" den Penismangel als Handicap erlebt und die Knaben um ihre natürliche Bevorzugung beneidet. Schließlich kommt es als Höhepunkt der „Frühblüte des Sexuallebens" zur *ödipalen Phase* (5. bis 6. Jahr): nun will der Knabe seinen als Nebenbuhler empfundenen Vater beseitigen und sich in den Besitz der Mutter bringen. Mädchen haben analoge Gefühlsregungen, wobei es allemal darum geht, den andersgeschlechtlichen Elternteil für sich einzunehmen und den gleichgeschlechtlichen irgendwie auszuschalten. Seelische Gesundheit wird dann erreicht, wenn das Kind diese Phase dahingehend überwindet, daß es die Rivalität zum Vater und den Verwöhnungsanspruch hinsichtlich der Mutter abbauen kann („Untergang des Ödipuskomplexes"); Neurotiker jedoch bleiben auf diese Stufe ihrer Entwicklung fixiert und können daher nicht erwachsen und reif werden. Die Triebschicksale der Kindheit und des späteren Lebens entscheiden über Gesundheit und Krankheit der Psyche.

Wenn – nach Freud – die genannten Partialtriebe konstitutionell besonders stark veranlagt sind oder bestimmte Erlebnisse zur Fixierung (und zu späteren Regressionen) auf diese „Stufen der Libidoentwicklung" Anlaß geben, sind die Voraussetzungen für sexuelle Perversionen vorhanden. Der perverse Mensch ist demnach ein Kind geblieben. Er versucht mit „prägenitalen Verhaltensweisen" sein Liebesleben zu strukturieren; normale Sexualität jedoch wäre jene Entwicklung, wo am Ende der geschilderten Phasenfolge die *genitale Phase* zustande kommt, d. h. der Primat jener Sexualeinstellung, die auf Vereinigung der Sexualorgane der verschiedenen Geschlechter hintendiert. Perversion ist allemal ein Ausweichen vor der Genitalität, was im Erscheinungsbild von Sadismus, Masochismus, Voyeurismus usw. unverkennbar ist.

Auch bei der Homosexualität vermutet Freud die lebensgeschichtliche Verursachung, wenngleich er die Konstitutionsfrage nicht ausschließt. Immerhin meint er seiner Erfahrung entnehmen zu können, daß viele Homosexuelle in ihrer Kindheit keine männlichen Identifikationsmöglichkeiten hatten. Sie haben daher das Gefühl, keine echten Männer zu sein. Daher dann das Ausklammern der Mann-Frau-Bezie-

11

hung, wobei homosexuelle Männer in der Regel das „normale Geschlechtsverhältnis" imitieren, indem der eine den Mann, der andere die Frau *spielt*. Mit diesen Thesen, die in Freuds Text sehr überzeugungskräftig dargelegt werden, wurden auch die Sexualperversionen in das Forschungs- und Therapieprogramm der Psychoanalyse einbezogen. Wiederum war es Freud gelungen, Neuland der Wissenschaft zu erobern; wir haben seither gelernt, daß seine Erkenntnisse im Ansatz richtig waren, wenngleich manche Modifikationen an seiner Theorie des Kinderseelenlebens anzubringen sind. Auch die *Drei Abhandlungen* hielt Freud für eines seiner besten Bücher.

Schon im Jahre 1905 folgte ein ebenfalls sehr wichtiger Text, nämlich Freuds Buch *Der Witz und seine Beziehung zum Unbewußten*. Darin greift Freud auf eine Thematik der ästhetischen Forschung über. Was sind Witz und Humor? Welche innere Struktur weisen Witze auf? Welche Triebregungen sind in ihnen enthalten? Warum lachen wir über sie? Was geht im Witzerzähler und im Witz-Zuhörer vor? Welche seelische Dynamik ist hierin festzustellen?

Es fiel Freud auf, daß in den Witzen dieselben seelischen Mechanismen zur Geltung kommen wie in den Träumen: Witze arbeiten mit Verschiebung, Verdichtung, Umkehrung ins Gegenteil und Symbolisierungen. Offenbar meldet sich in ihnen ebenfalls „das Verdrängt-Seelische" zu Wort, welches durch die geistreiche Präsentation die seelische Zensur passieren darf. Der Lustgewinn im Witz erfolgt durch die „Aufhebung der Verdrängungen"; Erzähler und Zuhörer vereinigen sich zu einer kleinen (und meist harmlosen) Revolte gegen die repressive Gesellschaft, deren Sexual- und Aggressions-Unterdrückung witzig umgangen werden. So kommt Freud zu einer psychoanalytischen Theorie von Witz, Komik und Humor, die sich später für die Anwendung der Psychoanalyse auf Fragen der Ästhetik als sehr fruchtbar erwiesen hat. Auch hier sind im Detail überspitzte Hypothesen zu finden, die man heute nicht mehr aufrechterhalten kann; aber das Buch über den Witz bewahrt seine zeitlose Frische, da es die universelle Interessenrichtung der von Freud geschaffenen Psychologie dokumentiert.

Die psychoanalytische Bewegung

Um 1900 schien Freud, den die Fachwelt als skurril und phantastisch ablehnte, völlig isoliert zu sein; er richtete sich darauf ein, ein wissenschaftlicher Sonderling zu bleiben. Aber schon 1902 sammelten sich einige Fachkollegen um ihn, die an der Theorie und Praxis der neuen Seelenkunde interessiert waren. Es bildete sich die sogenannte Mittwochsgesellschaft; man kam an jedem Mittwochabend in Freuds Wohnung zusammen und diskutierte Themen aus allen Bereichen der Wissenschaft und der Kultur. Früheste Anhänger Freuds waren u. a.: Alfred Adler, Wilhelm Stekel, Otto Rank, Hanns Sachs, Theodor Reik, Isidor Sadger u. a. Bald wurde die Gesellschaft so groß, daß sie in einen Universitätsraum übersiedeln mußte. Auch stießen in wachsendem Maße Nicht-Wiener zur Psychoanalyse: C. G. Jung nahm 1906/7 den Kontakt mit Freud auf; ebenfalls aus Zürich kam Ludwig Binswanger, indes Eugen Bleuler, der Leiter der Zürcher Psychiatrischen Universitätsklinik, als erster berühmter Psychiater einen Teil der psychoanalytischen Lehren zu akzeptieren gewillt war. Weitere bedeutende Anhänger aus dieser Frühzeit waren Ernest Jones, Sándor Ferenczi, Karl Abraham, James Putnam, Abraham Brill etc. Freuds Name wurde in der internationalen Fachwelt bekannt und berühmt.

Daher wurde er im Jahre 1909 nach den USA eingeladen, wo er Gastvorlesungen an der Universität Worcester (Massachusetts) hielt. Er wurde dorthin begleitet von Jung und Ferenczi; ersterer erhielt dort ebenso wie Freud den Titel Dr. honoris causa. Die Psychoanalyse setzte damit ihren Fuß auf den amerikanischen Kontinent, wo sie später zur besonderen Blüte gelangte.

Bald wurden auch eigene Publikationsorgane für die neue Wissenschaft geschaffen, u. a. das *Zentralblatt für Psychoanalyse und Psychotherapie, Imago* (eine Zeitschrift für die außermedizinischen Anwendungsbereiche), das *Jahrbuch für psychoanalytische und psychopathologische Forschungen.* Um 1914 war die Psychoanalyse eine internationale Bewegung, woran auch der „Abfall" von Adler, Jung, Stekel etc. nichts zu ändern vermochte.

Der Erste Weltkrieg brachte eine Zäsur in der Ausbreitung des Freudschen Ideengutes. Aber nach 1918 entwickelte sich die Psychoanalyse machtvoll weiter, wobei die Menschen der Nachkriegszeit für die umwälzenden Theorien vom unbewußten Seelenleben sich im wachsenden Maße als empfänglich erwiesen. Psychoanalytische Ausbildungs- und Lehrinstitute wurden in einigen Städten Europas gegründet. Freuds Werke wurden in viele Kultursprachen übersetzt. 1930 ehrte ihn die Stadt Frankfurt mit der Überreichung des Goethepreises. Auch die Universitäten begannen von der Psychoanalyse Kenntnis zu nehmen, nachdem sie lange Zeit vornehm auf diesen Störenfried der akademischen Friedhofsruhe und Vorurteile herabgesehen hatten.

Die politischen Ereignisse der Zeit wirkten sich ungünstig auf die psychoanalytische Bewegung aus. Der Faschismus in Italien und der Nationalsozialismus in Deutschland standen der „zergliedernden Seelenwissenschaft" feindlich gegenüber. Auch in Österreich kam eine Spielart des Faschismus an die Macht, so daß seit 1934 Freud selbst in Wien unter beengenden Verhältnissen arbeiten mußte. Die Situation wurde unerträglich, als Hitler in Österreich einmarschierte. Freud, der bereits todkrank war (seit 1923 litt er an Gaumenkrebs, und bis zu seinem Tode im Jahre 1939 mußte er viele schmerzhafte Operationen über sich ergehen lassen), mußte als Greis das Schicksal der Emigration auf sich nehmen. Durch den Schutz der amerikanischen Regierung und das Eingreifen einflußreicher Freunde konnte er nach England ausreisen, wo er sein letztes Lebensjahr in London verbrachte. Er starb dort am 23. September 1939. – Seine Lehre, die im deutschsprachigen Bereich geächtet und verboten war, hatte längst weltweites Interesse gefunden. Sie ist aus dem heutigen Kulturleben als einflußreicher Faktor nicht mehr wegzudenken.

Der Ausbau der Lehre (1905–1925)

Nach den großen Entdeckungen von 1895–1905 ging Freud daran, das Gedankengefüge der Psychoanalyse in viele Richtungen weiter auszubauen. Der universelle Zug seines Denkens kam deutlich zur Geltung; Freud wollte aus seiner Theorie eine umfassende Lehre vom Menschen und allen seinen Lebensgestaltungen machen.

Durch die Praxis der Neurosentherapie kam auch das Problem der Charakterkunde in Sicht. Wenn man mit Patienten zu tun hatte, war es wichtig, deren charakterliche Merkmale aufzunehmen und zu verstehen. Wie aber entstand der Charakter? Einen ersten Vorstoß zur Klärung dieser Frage unternahm Freud mit seiner Abhandlung *Charakter und Analerotik* (1908). Wiederum wird die Libido zur allmächtigen Grundkraft des Seelenlebens gestempelt. Wenn der Charakter des Menschen nicht angeboren ist (was Freud aus seiner Neurosenlehre fast zwingend ableiten konnte), dann muß er seine Grundlage in frühkindlichen „Libidoschicksalen" haben. So nahm nun die Psychoanalyse an, daß den bereits geschilderten *Libidophasen* auch bestimmte Charakterbildungen entsprechen. Wer etwa auf die *orale Phase* fixiert oder regrediert ist, wird ganz bestimmte Charaktereigenschaften entwickeln, die zur Welt der Oralität gehören. Freud unterscheidet zwischen sonnigen und verstimmten oralen Typen, d. h. Menschen, die eine glückliche oder eine unglückliche Zeit an der Mutterbrust erlebt haben. Daraus können dann Charakterzüge wie Optimismus, Lebensfreude und Weltoffenheit, oder aber auch Pessimismus, Depression und Negativismus entstehen. Bei *analen Charakteren* finden sich einschneidende Charakterprägungen in der Phase der Reinlichkeitsgewöhnung, wo es um Trotz und Gehorsam, Einfügung und Widerstand, Sadismus und Masochismus geht. Das Verhalten der Erzieher entscheidet darüber, welche Tugenden oder Laster das Kind angesichts der notwendigen Sozialisationsschritte in sich entfaltet. In der *phallischen Phase* schließlich kommen Eigenschaften wie Eitelkeit, Neid, Ehrgeiz, Kleinheitsgefühle, Egozentrismus usw. zum Zug; beim Knaben ist es wichtig, daß er durch seinen „Penisstolz" sich nicht billige Selbstgefälligkeit zulegt, indes das Mädchen davor bewahrt werden soll, an Penisneid und weiblicher Selbstverachtung zu erkranken. Die *ödipale Phase* beendet den charakterlichen Werdegang des Kindes.

Wird der Ödipuskomplex nicht bewältigt, so mündet die seelische Entwicklung in spätere Neurosen, Perversionen oder Psychosen, zumindest aber in Charakteranomalien ein. Werden aber Verwöhnungswünsche und kindliches Großmannsstreben in Grenzen gehalten, so kann ein *genitaler Charakter* zustande kommen, d. h. ein Mensch, der später „arbeiten und lieben" kann und damit auch seelisch gesund, also auch kulturell wertvoll ist.

Diese Gedanken sind in *Charakter und Analerotik* erst in Keimform enthalten; die Ansätze dieser Studie wurden später zur psychoanalytischen Charakterologie vervollständigt, wozu auch Autoren wie Karl Abraham, Sándor Ferenczi, Harald Schultz-Hencke, Erich Fromm, Karen Horney u. a. Wichtiges beigetragen haben.

Von der psychotherapeutischen Sprechstunde wandte sich aber Freuds Blick auch den Schicksalen der Menschheit zu, die zu verstehen ihm ebenso bedeutsam erschien wie das Begreifen der Individuen. So unternahm er, offenbar angeregt durch Jungs weitläufig ethnologische Interessen, 1912/13 den Versuch, das Seelenleben des Neurotikers mit demjenigen der Naturvölker in Parallele zu setzen. Als Ergebnisse dieser Forschung entstand das Buch *Totem und Tabu*, welches die Lehren der Völkerkunde und der Religionspsychologie nachdrücklich beeinflußt hat: wiederum sind Freuds Gedanken originell und tiefgründig.

Im Leben der Naturvölker gibt es zwei auffällige Erscheinungen, die schon lange Gegenstand völkerkundlicher Überlegungen sind. Mit dem Wort „Totem" belegt man die Tatsache, daß primitive Stämme eine Pflanze, ein Tier oder auch ein materielles Objekt verehren, als ob es

15

eine Gottheit wäre. Die Angehörigen des Stammes bezeichnen sich gewissermaßen als „Kinder des Totems"; sie sind miteinander verwandt, indem sie sich auf das gemeinsame Totem beziehen. Ist dies ein Tier, so darf es weder gejagt noch gegessen werden; nur einmal im Jahr wird dieses Verbot aufgehoben; man tötet das entsprechende Tier und feiert ausgelassene Feste, die mit Orgien aller Art enden. Die Idee des Totemismus ist über die ganze Erde verbreitet. Er stellt anscheinend eine Urform der Religiosität dar.

Ähnlich wichtig ist auch das „Tabu", das zweite Phänomen, das Freud psychoanalytisch zu klären versucht. Naturvölker haben fast immer das Gebot der Exogamie, d. h. Stammesangehörige dürfen untereinander keinen Geschlechtsverkehr haben, und man wählt die Frauen außerhalb des Clans oder der Sippe. Übertretungen des Inzestverbotes werden streng geahndet. Tabuisiert sind aber auch bestimmte Örtlichkeiten, Speisen, Autoritätspersonen usw. Das Leben der Wilden ist durch sehr viele Gebote und Verbote eingeengt. Das Tabu hat große Macht über fast alle Lebensbereiche.

Freud glaubt nun beide Phänomene in engen Zusammenhang bringen zu können, indem er die Theorie vom Ödipuskomplex auf die Ethnologie anwendet. Wo Verbote sind, müssen – nach Freud – auch Wünsche sein, die es einzudämmen gilt. Nur weil der Wilde seine Mutter, seine Schwester, usw. begehrt, muß das Tabu ihm die gewünschte Triebbefriedigung versagen. Solche Tabus werden aber auch dem Knaben der Kulturvölker während der ödipalen Phase seiner Entwicklung auferlegt, so daß von hier aus ein Licht auf die völkerkundliche Tatsache fällt.

Dasselbe gilt auch für den Totemismus. Er ist für Freud ein Symbol des Vaters. Die Totem-Gesetze besagen demnach, daß man den Vater „nicht töten darf": nur einmal im Jahr ist dieses Gebot aufgehoben. Wie kam es zu dieser merkwürdigen Ordnung, die auf die Ursprünge des Gesellschaftslebens verweist?

Mit weit ausholender Phantasie konstruiert Freud den mutmaßlichen Anfang menschlicher Moral und Religion, indem er an aphoristische Hinweise von Darwin, Atkinson u. a. anknüpft. Danach soll die frühe Menschheit in Horden zusammengelebt haben, die der Herrschaft eines grausamen und tyrannischen Hordenvaters unterstanden. Dieser nahm alle Frauen für sich in Anspruch, kastrierte und vertrieb seine Söhne, die sich dann zusammentaten, um den väterlichen Tyrannen zu töten. Dies gelang ihnen; aber nach der Tat überkam sie Reue und Schuldgefühl, da sie den Vater in ambivalenter Weise sowohl haßten als auch liebten. In schuldhafter Stimmung einigten sie sich auf das Gebot, die

Frauen – um derentwillen sie das „Urverbrechen" begangen hatten –
nicht zu begehren: dies war der Ursprung des Inzesttabus. Den toten
Vater ehrten sie durch Annahme eines Totem-Tieres, welches unverletzlich bleiben mußte; nur einmal im Jahre wiederholten sie symbolisch
ihre Untat, die den Brüderbund konsolidiert, aber auch schuldhaft
belastet hatte. Nach Freud muß die tausendfältige Wiederholung solcher
dramatischer Vorfälle in der Urzeit ihre Spuren in der menschlichen
Seelenausstattung hinterlassen haben. Demnach ist der Ödipuskomplex
unserer Kinder nicht nur Produkt ihrer eigenen Schicksale; er ist auch
ein urtümliches Verhaltensmuster, das sich im Leben der Gattung
Mensch eingebürgert hat. Diese Konstruktion im Geiste von Lamarck
kann durch keine Beweise gestützt werden; Freud benützte sie aber als
Arbeitshypothese, um zu zeigen, daß seine Lehre ethnologisch und
religionspsychologisch relevant ist.

Es ist nun endlich auch der Ort, der Freudschen Trieblehre in ihren
Weiterentwicklungen zu gedenken. Diese Triebtheorie war immer dua-
listisch und deutete das Seelenleben als ein Gegeneinander- und Zusammenwirken zweier meist gegensätzlicher Triebkräfte, die zuletzt sogar
mythologische Form annahmen: Ich-Triebe contra Sexualtriebe, narzißtische Libido contra Objektlibido, Thanatos und Eros. Besonders die
dritte Fassung der Trieblehre (*Jenseits des Lustprinzips*, 1920; *Das Ich
und das Es*, 1923) brachte eine merkwürdige Konzeption des menschlichen Seelenlebens, die Freud – den Materialisten und Rationalisten – in
die Nähe der philosophischen Romantik rückt. Danach ist nicht das
Luststreben die tiefste und grundlegendste psychische Motivation; noch
fundamentaler ist in der Psyche der sogenannte Wiederholungszwang,
d. h. die Tendenz, gewesene Zustände wieder herzustellen. Da nun das
Leben aus der „toten Materie" stammt, glaubt Freud sogar einen eigentlichen *Todestrieb* postulieren zu können; ähnlich wie Schopenhauer
formuliert er die trübselige Hypothese: „Das Ziel des Lebens ist der
Tod."

Nun arbeitet der Todestrieb still und unauffällig im Innern der Lebewesen, wo er sozusagen einen *primären Masochismus* ausmacht. Um
diese Selbstzerstörung aufzuhalten, wird die destruktive Energie nach
außen abgeleitet, wobei sie als Aggression oder „Sadismus" aufzutreten
pflegt. Werden diese aggressiv-sadistischen Strebungen beim Menschen
durch Erziehung und Kultur eingedämmt, so richten sie sich sekundär
nochmals nach innen, wodurch der *sekundäre Masochismus* (moralisch
und sexuell) entsteht; das Gewissen z. B. ist nach innen gewendete
Aggression. So bleibt dem Kulturmenschen nur die düstere Alternative,

entweder sich selbst oder andere zu zerstören; der Pessimismus ist die wahre Lebensphilosophie.

Eine gewisse Hoffnung setzte Freud in das Wirken des *Eros*, der die Gegenkraft zur destruktiven Energie des Todestriebes darstellt. Schon Plato schrieb (im *Gastmahl*) dem Eros die Fähigkeit zu, Gegensätzliches zu vereinigen, das Schöne zu empfinden und die Wahrheit zu erkennen. Freud machte sich diese Philosophie zu eigen und definiert die Sexualität als Manifestation des geheimnisvollen Eros, der nicht nur die Geschlechtspartner zueinanderführt, sondern auch die Synthese menschlicher Meinungsverschiedenheiten zwischen einzelnen und Gruppen zustande bringt. So stellt sich das individuelle und kollektive Leben als ein Mit- und Gegeneinander von Eros und *Destrudo* dar; überblickt man den Ablauf der bisherigen Menschheitsgeschichte, dann wird man schwerlich voraussagen können, welche der beiden mythischen Mächte den Sieg davontragen wird:

> Die Schicksalsfrage der Menschenart scheint mir zu sein, ob und in welchem Maße es ihrer Kulturentwicklung gelingen wird, der Störung des Zusammenlebens durch den menschlichen Aggressions- und Selbstvernichtungstrieb Herr zu werden. In diesem Bezug verdient vielleicht gerade die gegenwärtige Zeit ein besonderes Interesse. Die Menschen haben es jetzt in der Beherrschung der Naturkräfte so weit gebracht, daß sie es mit deren Hilfe leicht haben, einander bis auf den letzten Mann auszurotten. Sie wissen das, daher ein gut Stück ihrer gegenwärtigen Unruhe, ihres Unglücks, ihrer Angststimmung. Und nun ist zu erwarten, daß die andere der beiden „himmlischen Mächte", der „ewige Eros", eine Anstrengung machen wird, um sich im Kampf gegen seinen ebenso unsterblichen Gegner zu behaupten. Aber wer kann Erfolg und Ausgang voraussagen? (*Das Unbehagen in der Kultur*, Bd. XIV, S. 506)

Ebenso wichtig wie die neue Trieblehre ist die Aufteilung der menschlichen Persönlichkeit in die Regionen des Es, Ich und Über-Ich (*Massenpsychologie und Ich-Analyse*, 1921; *Das Ich und das Es*, 1923; *Neue Folge der Vorlesungen zur Einführung in die Psychoanalyse*, 1933). Hier wurde ein Persönlichkeitsmodell geschaffen, das sich theoretisch und praktisch als fruchtbar erwies.

Der Begriff Es wurde von Georg Groddeck in die psychoanalytische Literatur eingeführt; allerdings ist er schon in ähnlicher Weise von Nietzsche verwendet worden. Das Es ist das Insgesamt der Triebe und Leidenschaften, die als naturhafte Kräfte „vom Leibe her" die menschliche Lebensführung bestimmen. Wir haben es hier mit Naturgewalten zu tun, denen das Ich mehr oder minder hilflos ausgeliefert ist. Dies drückt auch die Sprache sehr schön aus, indem sie bei Es-Reaktionen auf die

Ohnmacht der bewußten und willkürlichen Seelen-Instanzen hinweist und etwa sagt: „Es hat mich übermannt", „es hat mich dazu gedrängt", „es gab für mich keinen anderen Ausweg" usw.

Das Ich bildet sich aus den „Rindenschichten" des Es heraus, und zwar dort, wo der Zusammenprall mit der gefahrbringenden Außenwelt Bewußtsein und Voraussicht erfordert. Gewiß erscheint dann das Ich als eine relativ autonome Seelenfunktion; gleichwohl meint aber Freud, daß es mit dieser Autonomie nicht weit her ist, denn das Es ist der Mutterboden des Ich und bestimmt daher weitgehend dessen Wahrnehmungen und Willensakte. Das Ich handelt mehr oder minder ständig im Dienste des Es; es muß wollen, was im Grunde das Es will, und es kann nur denken, fühlen und empfinden, was ihm das Es vorschreibt. Ähnlich dachte schon Schopenhauer über das Verhältnis von Ich und unbewußtem „Willen zum Leben." Er verglich den Intellekt mit einer Laterne, die dem Willen erleichtert, den von ihm intendierten Weg zu finden; oder aber auch mit einem lahmen Zwerg, der auf den Schultern eines blinden Riesen sitzt und diesem Anweisungen geben will, wohin er sich bewegen soll – meistens wird der ungeschlachte Riese nicht auf die Einflüsterungen des Zwerges hören und dorthin gehen, wohin ihn seine Begierden lenken.

Aus dem Ich entsteht schließlich das Über-Ich, welches mit einer *Stufe im Ich* verglichen werden kann. Dem Über-Ich können die Funktionen der Selbstwahrnehmung, des Ich-Ideals und des Gewissens zugeschrieben werden. Im Über-Ich finden wir die Spuren der Normen und Werte, die das Menschenkind im Laufe seiner Sozialisation und Persönlichkeitsentwicklung verinnerlicht hat. Auch enthält es die Seelenbilder (*Imagines*) der Eltern und anderer Autoritätsfiguren, zu denen das Ich zeitlebens wie zu einem Idol aufblickt, wobei ihm die Zustimmung seines Über-Ichs u. U. noch wertvoller ist als Billigung und Mißbilligung von seiten der Mitmenschen. Des weiteren übernimmt das Über-Ich kollektive Regeln und Richtlinien; es ist gewissermaßen der *Statthalter* von Gesellschaft und Kultur im Innern des Individuums. Es, Ich und Über-Ich stehen in einer andauernden Wechselwirkung; gleichwohl ergeben sich Dissonanzen u. a. dadurch, daß etwa die Über-Ich-Entwicklung hinter den Ich-Veränderungen zurückbleibt, so daß z. B. das Über-Ich des Kulturmenschen von heute noch viele Bestandteile archaischer oder doch altertümlicher Wertsetzungen und Normierungen enthält. Wandlungen des Kultur-Über-Ichs in Richtung auf ein Plus an Humanität gehören zu den bedeutendsten Fortschritten der Menschheit.

Die Charakteristik „Bewußt-Unbewußt" geht quer durch Es, Ich und Über-Ich hindurch. Das Es ist an sich unbewußt, kann aber teilweise bewußt gemacht werden, Ich und Über-Ich haben große unbewußte Partien, die die Psychoanalyse ins Bewußtsein heben soll. Sie ist in erster Linie ein Kampf um die Ausweitung des Bewußtseins in alle Zonen der Gesamtpersönlichkeit. So formuliert schließlich Freud sein therapeutisches und kulturphilosophisches Credo mit den bekannten Worten: „Wo Es war, soll Ich werden!"

Die kulturkritischen Schriften (1925–1931)

Das gesamte Lebenswerk von Freud kann als eine Art *Kulturkritik* aufgefaßt werden, die aus bestimmten Befunden der Medizin und Psychopathologie weitreichende Schlüsse über die „Natur des Menschen" und die ihr gemäße Lebens- und Gesellschaftsform zieht. In den Frühschriften kommen diese kulturell-kritischen Ansätze nur gelegentlich zum Durchbruch; seit 1920 jedoch bestimmen sie fast durchgehend das Alterswerk des Schöpfers der Psychoanalyse.

Dies zeigt sich schon in *Massenpsychologie und Ich-Analyse* aus dem Jahre 1921. Dieser soziologisch und politologisch wichtige Text schließt sich an die berühmte Arbeit von Gustave Le Bon *Psychologie der Massen* (1895) an. Freud will die Umwandlung des Menschen innerhalb von Massenansammlungen begreiflich machen; er wählt zum Zwecke der Veranschaulichung die beiden „organisierten Massen" der Kirche und des Heeres. In beiden Fällen entdeckt er eine *libidinöse Bindung* der Massenmitglieder an ihren *Führer;* sie pflegen ihre individuellen Ich-Ideale durch den Führer als personifiziertes und kollektives Ich-Ideal zu ersetzen. Dies führt dazu, daß die meist antagonistisch gestimmten Individuen gemeinsam denken und handeln können. Die Investition der Libido in die Führerpersönlichkeit wirkt angstvermindernd. Man hat teil am Prestige, das man dem Führer einräumt; man sonnt sich im Glanze, den man ihm verliehen hat. Fällt jedoch der Führer aus, so tritt die Angst wieder in Erscheinung und kann als Panik völlig desorganisierend wirken. Der Massenführer wird mit den Attributen des *Urvaters* ausgestattet, was ihn in die Nähe einer Gottheit bringt. Man tritt ihm sogar die Gewissensfunktion ab: was er befiehlt, wird ungeprüft als richtig angesehen. Durch die Vielzahl der Individuen gewinnt die Masse an Dynamik und Durchschlagskraft; je nach der Charakterstruktur ihrer Führer kann sie konstruktiv oder destruktiv agieren, wobei letzteres in der Geschichte fast ausschließlich zum Tragen kam. – Freuds Analysen der Massenreaktionen erscheinen uns heute u. a. auch als ein hellsichtiger

Kommentar zu den faschistischen und bolschewistischen Zeiterscheinungen, die damals (1921) die weltgeschichtliche Bühne zu beherrschen begannen.

Die Zukunft einer Illusion (1927) und *Das Unbehagen in der Kultur* (1930) stellen wohl den Gipfel der Freudschen kulturanalytischen Bemühungen dar. Die erste Schrift ist eine großangelegte Religionskritik, die sich würdig in die Reihe der Schriften von Schopenhauer, Feuerbach, Nietzsche u. a. einfügt. Freuds eigenständiger Beitrag zur Psychologie der Religion besteht darin, daß er die religiöse Welt- und Lebensanschauung mit den Sozialisationsschicksalen der ersten Lebensjahre in Zusammenhang bringt. Die Gottesvorstellung z. B. hat viel mit dem Vater- oder Ödipuskomplex zu tun: Gott ist die personifizierte „Vatersehnsucht", d. h. der Wunsch, auch im Weltall eine starke und übermächtige Vaterfigur sehen zu können, die ähnlich Schutz und Geborgenheit bietet wie der leibhaftige Vater in der Kindheit.

Die religiösen Vorstellungen werden von Freud als eine Illusion bezeichnet, was ein Zwischending zwischen Irrtum und Wahn sein kann. Ein Irrtum ist eine falsche Auffassung oder Annahme, die durch bessere Erfahrung korrigiert werden kann. Ein Wahn ist ein Fehlurteil, das zutiefst in der Emotionalität und Triebhaftigkeit eines Menschen verankert ist, so daß rationale Gegenargumente kaum etwas ausrichten können; Wahnideen können eventuell geheilt werden, wenn sich die Gesamtsituation des Wahnkranken im günstigen Sinne abändert, so daß er seine Wahnvorstellungen „nicht mehr nötig hat." Ähnliches gilt für die Illusion: auch sie entspricht unbewußten Bedürfnissen, die durch sie gestillt werden; daher gibt man Illusionen nur preis, wenn der Lebensmut und die Realitätsbezogenheit stark anwachsen. Der religiöse Glaube schenkt uns nun die illusorischen Tröstungen, daß ein Vater im Himmel über uns wacht, daß wir nach dem Tode weiterleben werden, daß es eine ausgleichende Gerechtigkeit geben wird usw. All dies beschwichtigt die unter materieller Not und massiver Unterdrückung leidenden Menschen, die Ausbeutung und Tyrannei geduldig ertragen, weil man sie auf „Kompensation im Jenseits" hoffen gelehrt hat. So erweist sich die Religion als ein gewichtiger Hemmschuh des sozialen, politischen und geistigen Fortschritts; sie ist ein Quietiv der Verzweiflung, so daß Marx sie mit Recht ein *Opium des Volkes* genannt hat.

Freud zeigt auch prägnant auf, daß in der Kindererziehung drei Denkhemmungen eingepflanzt werden, die sich wechselseitig ergänzen und später die Persönlichkeitsentfaltung merklich beeinträchtigen: es sind dies die autoritäre, die religiöse und die sexuelle Denkhemmung. Alle diese Hemmungsmechanismen gehen Hand in Hand: Autoritarismus, Religion und Sexualtabus verängstigen das Gemüt des Menschen, der dann nicht in der Lage ist, seine ureigensten Interessen wahrzunehmen und sich gegen eine Welt der politischen und ökonomischen Sklaverei zur Wehr zu setzen. Die Kritiklosigkeit, mit der man religiöse Dogmen und Lehrmeinungen hinnimmt, kehrt in der politischen Schafsgeduld wieder, mit der sich die Menschen ausbeuten, beherrschen und in Kriege führen lassen; das blinde Glaubenmüssen wirkt sich als allgemeine Lähmung des Verstandes aus.

Mit beschwörenden Worten ruft der „Aufklärer" Freud die Menschheit dazu auf, den Mut zu haben, sich ihres Verstandes zu bedienen. Die Wissenschaft solle in Zukunft die Religion an allen Ecken und Enden ablösen; sie lasse uns die Wirklichkeit so erkennen, wie sie tatsächlich ist, so daß wir uns in ihr derart einrichten können, wie es dem Menschen gemäß ist.

> Nein, unsere Wissenschaft ist keine Illusion. Eine Illusion aber wäre es zu glauben, daß wir anderswoher bekommen könnten, was sie uns nicht geben kann. (*Die Zukunft einer Illusion*, Bd. XIV, S. 380)

Dieser Faden wird in *Das Unbehagen in der Kultur* wieder aufgenommen. Freud bezeichnet die Religion als „psychischen Infantilismus", der die Menschen davon abhält, erwachsen und vernünftig zu werden. Sie biete Trost für Notlagen, die man besser aktiv und rational bearbeiten sollte, um das Menschenmögliche für deren Beseitigung zu tun. Dabei erhebt sich aber die Frage, ob der Mensch in der Kultur glücklich werden könne; aufgrund seines pessimistischen Welt- und Menschenbildes glaubt Freud diese Frage zumindest teilweise verneinen zu müssen.

Hierbei wird vor allem die bereits erwähnte These vom Aggressions- und Destruktionstrieb des Menschen in den Vordergrund gerückt. Nach Freud stammen wir alle von Raubtieren ab, denen die „Lust am Töten" sozusagen im Blute liegt. Daher mutet die Weltgeschichte wie ein grauenhaftes Epos der Unmenschlichkeit an: die Menschen haben zwar gelernt, die Naturgewalten in Schach zu halten oder gar der menschlichen Zivilisation dienstbar zu machen – sie sind aber gleichwohl nicht glücklich, da ihnen der Mitmensch meistens als Widersacher, Feind und Unterdrücker entgegentritt. So ist es keineswegs sicher, daß die Kulturentwicklung in die allgemeine Humanität einmünden wird, wie man etwa noch im Zeitalter der deutschen Klassik, aber auch in der Entstehungszeit der sozialistischen Ideologie gehofft hat. Die niederschmetternden Erfahrungen des Ersten Weltkrieges, sein persönlicher Pessimismus und ein düsterer Naturalismus (in dem mißverstandene Auffassungen Darwins über den „Kampf aller gegen alle" eine wesentliche Rolle spielen) drängten Freud dazu, die Zukunft der Menschengattung grau in grau zu malen, d. h. sich einer Schwarzseherei zu überlassen, deren partielle Berechtigung durch die Ereignisse seit Freuds Tod im Jahre 1939 leider nicht bestritten werden kann.

Das Alterswerk (1931–1939)

Noch in seinem letzten Lebensjahrzehnt hat Freud – durch schwere Krankheit geschwächt und durch unglückselige politische Entwicklungen beunruhigt – seine Lehre weiterentwickelt und Werke geschaffen, die eine Krönung seiner gigantischen Lebensarbeit bedeuten. Hier sei z. B. die *Neue Folge der Vorlesungen zur Einführung in die Psychoanalyse* (1933) erwähnt, die an die umfassenden *Vorlesungen zur Einführung in die Psychoanalyse* aus dem Jahre 1917 anknüpfen und die damaligen Gesichtspunkte um wertvolle Neuerungen bereichern. Freud hat an der Verbesserung und Verdeutlichung seiner Lehre gearbeitet, bis ihm der Tod die Feder aus der Hand nahm.

Herausragend aus der literarischen Produktion nach 1930 ist unzweifelhaft das Buch *Der Mann Moses und die monotheistische Religion* (1937–39). Wiederum wurde Freud durch die Probleme der Religionspsychologie angezogen. Die Gestalt des Moses, mit der er sich von Kindheit an identifiziert hatte, trat erneut in sein Blickfeld. Aus vagen Andeutungen in der Bibel entwirft er eine historische Konstruktion, deren Faszinationskraft erstaunliche Dimensionen annimmt.

Freud setzt mit der Behauptung ein, Moses sei kein Jude, sondern ein vornehmer Ägypter gewesen, der sich des Sklavenvolkes der Israeliten annahm und sie durch die Wüste in das Gelobte Land zu führen versuchte. Schon der Name Moses ist ägyptisch; diese Vokabel bedeutet in der Sprache der Ägypter „das Kind", wobei viele Pharaonennamen nach dem Muster Thut-mosis (Kind des Thut), Ra-mosis (Kind des Ra) usw. gebildet sind. Die Legende von der Geburt des Moses entspricht der allgemeinen mythologischen Vorstellung von der „Geburt des Helden", die Otto Rank in einer umfangreichen Untersuchung (*Der Mythos von der Geburt des Helden*, 1909) für fast alle Mythen der Völker als gültig hinstellen konnte (Gefährdung bei der Geburt, Ausgesetztwerden, frühe Wunder und Zeichen usw.).

Moses gilt als Schöpfer des Monotheismus, d. h. des Glaubens an einen einzigen Gott. Nun gab es bereits im alten Ägypten den Pharao Ikhnaton (Echnaton), der im 14. Jahrhundert vor Christus eine monotheistische Religion schuf, die in der Sonne das sichtbare Abbild der unsichtbaren Gottheit *Maat* (Wahrheit, Gerechtigkeit) verehrte. Ikhnaton, den ein hervorragender Ägyptologe (J. H. Breasted) die „erste Persönlichkeit der Geschichte" genannt hat, bekämpfte den Polytheismus seines Volkes und lehrte eine geistige Religiosität, die das kulturelle Niveau der Epoche bei weitem überstieg.

Die Religionsreform des Ikhnaton wurde bald nach seinem Tode rückgängig gemacht, da die Priester der alten Götter wieder die Oberhand gewannen. In Freuds Konstruktion war nun Moses ein Anhänger der neuen Lehre, der sich nicht an den konservativen Umschwung anpassen konnte oder wollte. Er gab die Eingottlehre an die Juden weiter, bei deren Flucht aus Ägypten er sich zum Anführer machte. Aus obskuren Quellen will nun Freud entnehmen, daß die Juden mit der strengen mosaischen Religion nicht allzu glücklich waren; die Geschichte vom „Tanz um das Goldene Kalb" zeigt immerhin die Tendenz, zum alten Götzendienst zurückzukehren, da die Anbetung eines unsichtbaren Gottes allzuviel Abstraktionsfähigkeit zu fordern schien. Im Anschluß an seine Spekulationen in *Totem und Tabu* behauptet Freud sogar, daß Moses das Schicksal des *Urvaters* erlitt: er wurde vom widerspenstigen Volk getötet, wobei aber die von ihm gebrachte Religion sich nach und nach durchzusetzen vermochte.

Moses habe den Juden ihren Volkscharakter aufgeprägt, indem er ihnen starke Sublimierungen zumutete und durch sein Gottesbild sie von den übrigen Völkern des Altertums abzusondern vermochte. Die Sonderstellung der Juden in der christlichen Welt führte zum Krebsübel des Antisemitismus, der allen weltlichen und geistlichen Machthabern ein willkommenes Hilfsmittel in die Hand gab, die Unzufriedenheit des Volkes auf eine wehrlose Menschengruppe abwälzen zu können. So hat der Jude der Christenheit fast zwei Jahrtausende lang als Sündenbock gedient, dem man alle natürlichen und gesellschaftlichen Übel anlasten durfte. Freuds Selbstverständnis als Jude in der christlichen Welt ist wohl der geheime Motor seiner Moses-Mythologie, die eine bewundernswerte Konstruktion bleibt, selbst wenn Fachgelehrte aus Religions- und Altertumswissenschaften in vielen Details seiner Darstellung glaubten Fehler nachweisen zu können.

Kritische Bewertung

Niemand wird daran zweifeln können, daß Freuds Lebensarbeit eine der größten wissenschaftlichen Leistungen des 19. und 20. Jahrhunderts darstellt; man nennt ihn mitunter in einem Atemzug mit Karl Marx (dessen Lehre er in der *Neuen Folge der Vorlesungen* mit großer Skepsis zu würdigen versuchte) und Albert Einstein (mit dem er 1932 einen Briefwechsel über das Thema *Warum Krieg?* herausgab). Es steht jedenfalls fest, daß die Psychoanalyse alle unsere Vorstellungen vom Menschen tiefgreifend beeinflußte und im Denken der Gegenwart sozusagen überall ihre Auswirkungen hat. Medizin, Psychologie, Seelen-Heilkunde, Erziehung, Kunstwissenschaft, Geschichtsschreibung, Philosophie, Religionswissenschaft, Politik, Dichtung, Soziologie, Sprachforschung usw. wurden überaus fruchtbar angeregt und gefördert; bis in das Alltagsleben hinein zeigen sich Spuren der geistigen Revolution, die mit dem Namen Sigmund Freud verknüpft ist.

Gleichwohl kann man nicht umhin, gegen viele Freudsche Auffassungen kritische Bedenken anzumelden. Freud war durchaus ein Kind des 19. Jahrhunderts, und zwar seiner Größe wie seiner Begrenzungen. Von daher nahm er einen gewissen Positivismus und Materialismus in seine Grundüberzeugungen auf, die er kaum je in Frage zu stellen vermochte. Sein Menschenbild war naturalistisch; er sah im Menschen eine Bestie, die nur mühsam zur Domestikation gezwungen werden konnte. Daher überschätzte er auch die Tragweite der Sexualität im Seelenleben; der Biologismus seiner Epoche schlug sich in seiner Theorie von der zentralen Stellung der sexuellen Bedürfnisse in der menschlichen Psyche nieder, die heute kaum mehr aufrechterhalten werden kann. Dazu kam eine mechanistisch-physikalistische Denkweise, welche viele scharfsinnige Beobachtungen auf das Prokrustesbett der Libidokonzeption zwängt, die aus dem Seelenleben gewaltsam ein mechanisches Konstrukt machen will.

Auch das therapeutische Vorgehen der Psychoanalyse ist von der Naturwissenschaftsgläubigkeit, dem Materialismus und Physikalismus ihres Urhebers ungünstig beeinflußt: Freud machte den Analytiker zu einem Seelen-Ingenieur, der „kühl und unbeteiligt" den „psychischen Apparat" in Ordnung zu bringen versucht, womit alle Formen der wesentlichen Ich-Du-Begegnung – die vermutlich den Heilungsfaktor par excellence ausmacht – von vornherein ausgeklammert werden sollen. Die Theorie der *Übertragung* und *Gegenübertragung* korrigiert „unter der Hand" diese enorme Einseitigkeit, indem sie die emotionalen

Beziehungen zwischen Therapeut und Analysand zu verbalisieren bemüht ist; aber auch hier werden mechanistische Vorstellungen eingeführt, die dem eigentlichen *Beziehungsgeschehen* nicht angemessen sind. Nach anfänglicher Kultur- und Gesellschaftskritik schwenkte Freud bereits um 1905 um und begann die menschliche Natur in düsteren Farben zu malen, wobei er das Unbewußte des Menschen in eine Keimstätte aller Laster und Perversionen verwandelte. Damit wurde die Stoßkraft der psychoanalytischen Doktrin gegenüber den gesellschaftlichen und kulturellen Mißständen sehr abgeschwächt: Freuds Lehre erhielt einen konservativ-reaktionären Grundzug, da jede „Anschwärzung" der menschlichen Triebkräfte allen autoritären und repressiven Bestrebungen gute Herrschaftsargumente zuspielt (hierin ähnelt die Psychoanalyse dem Christentum, das durch die Lehre von der Erbsünde und der natürlichen Bösartigkeit des Menschen jeden sozialen und geistigen Terror mächtig unterstützte). Daher haben alle Bestrebungen einer Revision der Psychoanalyse, die unter der Bezeichnung „Neopsychoanalyse" bekannt geworden sind, Freuds Menschenbild einer heftigen und umfassenden Kritik unterzogen.

Autoren wie A. Adler, H. Schultz-Hencke, E. Fromm, K. Horney, H. S. Sullivan, L. Binswanger, M. Boss u. a. haben gezeigt, daß Materialismus und Positivismus keine notwendige Ausgangsbasis für Theorie und Praxis der Tiefenpsychologie bedeuten; diese kann sich auch an die Lebensphilosophie, die Existenzphilosophie, die Phänomenologie und die Geisteswissenschaften anlehnen, wobei sie ein Fundament erhält, das ihre konkreten Befunde besser zu tragen und zu stützen vermag als die teilweise lebensfremden Doktrinen des ausgehenden 19. Jahrhunderts. Andere Kritiker bekämpften Freuds Patriarchalismus mit seinen Vorurteilen von der „natürlichen Minderwertigkeit der Frau", seine der naturwissenschaftlichen Medizin abgelauschte Behandlungstechnik und seinen politischen Konservatismus, der die Gesinnungen des gehobenen Bürgertums jener Epoche widerspiegelt.

Ungeachtet dieser und anderer Vorbehalte wird niemand übersehen können, daß Freud einer der großen Repräsentanten der bürgerlichen Aufklärung ist, der mit vielen Vorurteilen aufgeräumt und das Rad des Fortschritts voranbewegt hat. Nicht zu Unrecht hat Ernest Jones für den zweiten Band seiner monumentalen Freud-Biographie (*Das Leben und Werk von Sigmund Freud,* 1962) das schöne Motto von Shelley gewählt, das für den Schöpfer der Psychoanalyse seine Gültigkeit besitzt: „Er wacht oder schläft mit den Unsterblichen."

Ausgewählte Literatur

Anzieu, D. (1990). Freuds Selbstanalyse. 2 Bände. München: Verlag Internationale Psychoanalyse.

Bally, G. (1961). Einführung in die Psychoanalyse Sigmund Freuds. Hamburg: Rowohlt.

Clark, R. W. (1981). Sigmund Freud. Frankfurt: Fischer.

Freud, S. Gesammelte Werke. 18 Bde. London: Imago 1952; Frankfurt: Fischer 1968 ff.

– (1895). Studien über Hysterie. GW I.

– (1900). Die Traumdeutung. GW II/III.

– (1901). Zur Psychopathologie des Alltagslebens. GW IV.

– (1905). Drei Abhandlungen zur Sexualtheorie. GW V.

– (1905). Der Witz und seine Beziehung zum Unbewußten. GW VI.

– (1908). Charakter und Analerotik. GW VII.

– (1912/13). Totem und Tabu. GW IX.

– (1917). Vorlesungen zur Einführung in die Psychoanalyse. GW XI.

– (1920). Jenseits des Lustprinzips. GW XIII.

– (1921). Massenpsychologie und Ich-Analyse. GW XIII.

– (1923). Das Ich und das Es. GW XIII.

– (1927). Die Zukunft einer Illusion. GW XIV.

– (1930). Das Unbehagen in der Kultur. GW XIV.

– (1933). Neue Folge der Vorlesungen zur Einführung in die Psychoanalyse. GW XV.

– (1939). Der Mann Moses und die monotheistische Religion. GW XVI.

Gay, P. (1989). Freud. Eine Biographie für unsere Zeit. Frankfurt: Fischer.

Horney, K. (1939). Neue Wege in der Psychoanalyse. München: Kindler, 2. Aufl. 1977.

Jones, E. (1953–57). Das Leben und Werk von Sigmund Freud. 3 Bände. Bern: Huber 1960–62.

Le Bon, G. (1895). Psychologie der Massen. Stuttgart: Kröner, 15. Aufl. 1982.

Mannoni, O. (1971). Sigmund Freud. Reinbek: Rowohlt.

Rank, O. (1909). Der Mythus von der Geburt des Helden. Wien: Deuticke.

Rattner, J. (1970). Tiefenpsychologie und Politik. Freiburg: Rombach.

– (1974). Neue Psychoanalyse und intensive Psychotherapie. Frankfurt: Fischer.

Riesman, D. (1965). Freud und die Psychoanalyse. Frankfurt: Suhrkamp.

Sulloway, F. J. (1982). Freud, Biologe der Seele. Jenseits der psychoanalytischen Legende. Hohenheim: Maschke.

Alfred Adler

Einleitung

Alfred Adler wurde am 7. Februar 1870 in Wien als zweiter Sohn eines Getreidekaufmanns geboren. 1890 immatrikulierte er sich an der Universität für Medizin; er schloß seine Studien 1895 mit dem Doktortitel ab. Zwei Jahre später heiratete er die russische Studentin Raissa Timofejewna. Aus dieser Ehe sind vier Kinder hervorgegangen. Zwei von ihnen, Kurt und Alexandra Adler, haben das Lebenswerk ihres Vaters erfolgreich weitergeführt.

Nach einer kurzen Betätigung im Bereich der Ophthalmologie wandte sich Adler der Allgemeinmedizin zu. Später spezialisierte er sich in Neurologie und Psychiatrie.

Um 1902 kam es zur Begegnung mit Sigmund Freud, mit dem Adler zehn Jahre lang zusammenarbeitete. Freud gründete damals auf Anregung von Wilhelm Stekel seine Mittwochsgesellschaft; zu ihr waren zunächst vier Wiener Ärzte eingeladen, mit denen der Begründer der Psychoanalyse seine Lehre diskutieren wollte. Mit der Zeit bildete sich eine ganze „Freud-Gruppe" heraus, mit Teilnehmern, die sich nachher in der Geschichte der Tiefenpsychologie einen Namen gemacht haben. Adler war ein prominentes Mitglied dieser Vereinigung; wie wir aus den publizierten vier Bänden der „Protokolle" ersehen können, war er beinahe bei allen Veranstaltungen anwesend und trug zu deren Belebung durch Vorträge und Diskussionsvoten bei. Adler hat aber zeitlebens die These verneint, er sei ein Schüler Freuds gewesen. Er empfand sich als gleichberechtigten Gesprächspartner, der allerdings dankbar die geniale Pionierarbeit Freuds auf dem Felde der dynamischen Psychologie anerkannte.

1911 kam es zum Bruch mit Freud und der Psychoanalyse. Adler gründete mit einer Anzahl von Anhängern aus dem Freud-Kreis zunächst seinen „Verein für freie psychoanalytische Forschung" aus dem später die „Gesellschaft für Individualpsychologie" wurde. Individualpsychologie war der Name, den Adler seiner Schule innerhalb der Tiefenpsychologie gab; er wollte damit betonen, daß ihm das Studium der individuellen Persönlichkeit in ihrer Einmaligkeit und Einzigartigkeit als besonders wichtig erschien. Angesichts der Betonung des sozialen Rahmens aller menschlichen Lebensprobleme hätte Adler allerdings auch von Sozialpsychologie sprechen können. Sein Konzept blieb immer ein Amalgam beider Gesichtspunkte, wobei im Spätwerk eine soziale Evolutionsphilosophie immer deutlicher hervortrat.

1912 erschien Adlers Hauptwerk unter dem Titel *Über den nervösen Charakter*. Er hat versucht, sich mit diesem grundlegenden Text an der Wiener Universität für medizinische Psychologie und Psychiatrie zu habilitieren; aber auf Grund eines ausführlichen Gutachtens des berühmten Psychiaters Wagner-von Jauregg kam die Fakultät zum Schluß, daß Adler nicht ausreichend befähigt sei, Studenten zu unterrichten. Damit hat sich die Universität, die in jenen Jahren so mancher Mediokrität die Venia legendi erteilt hat, unsterblich blamiert; die Durchsetzung von Adlers Lehre innerhalb der Kulturwelt hat sie nicht aufhalten können.

1914 erschien der Sammelband *Heilen und Bilden*, in welchem Adler und seine Mitarbeiter zahlreiche interessante Aufsätze und Abhandlungen vorlegten. Ein Großteil der Texte war der Erziehung und Heilpädagogik gewidmet, in welchen Sphären die Adler-Schule sich auch späterhin besonders engagierte. Im selben Jahr wurde auch die *Internationale Zeitschrift für Individualpsychologie* gegründet, die bis 1939 erschien.

Im ersten Weltkrieg war Adler Militärarzt in Polen und Wien. Er war zutiefst erschüttert von dem verantwortungslos entfesselten Massenmorden, das er mit den Mitteln seiner Psychologie zu deuten versuchte. Begreiflicherweise sah er darin einen Exzeß des von ihm in den Mittelpunkt gerückten Machtstrebens, das in der Geschichte der Menschheit seit jeher eine verhängnisvolle Rolle gespielt hat. Der Pazifist Adler wollte sein künftiges Leben u. a. auch der Kriegsverhütung widmen.

Im Wien der Nachkriegszeit wurde energisch die Weiterentwicklung der Individualpsychologie angestrebt. Die sozialistische Regierung der Stadt beauftragte Adler mit einer Lehrtätigkeit an der Pädagogischen Hochschule. Auch wurde ihm und seinen Schülern ermöglicht, zahlreiche Erziehungsberatungsstellen zu gründen, in denen unentgeltlich Psychohygiene für Eltern und Kinder gelehrt wurde. Sofern Adler selbst als Berater fungierte, nahmen zahlreiche Ärzte, Lehrer, Kindergärtner und sonstige Interessierte an solchen Aussprachen mit Eltern und Kindern teil. Adler war oft schon in einem einzigen Gespräch in der Lage, Erziehungs- und Einstellungsfehler zu diagnostizieren und sie gütighumorvoll dem jeweiligen Patienten und seinen familiären Beziehungspersonen klarzumachen. 1920 publizierte Adler sein wichtiges Buch *Praxis und Theorie der Individualpsychologie*; sein Untertitel war: „Vor-

29

träge zur Einführung in die Psychotherapie für Ärzte, Psychologen und Lehrer." Als Meister des gesprochenen Wortes verfügte Adler über einen leicht lesbaren, eingängigen Stil. Das bemerkt man auch an seinem wohl am meisten verbreiteten Buch *Menschenkenntnis* aus dem Jahre 1927. Dieses ist aus Vorlesungen entstanden, die Adler vor einem vielhundertköpfigen Publikum in einer Volkshochschule hielt. Es wurde mitstenographiert, und Adler, der gelegentlich dem Bücherschreiben abhold war, war froh darüber, daß seine mündlichen Ausführungen ohne sein Zutun in einen gut lesbaren Text verwandelt wurden.

Seit 1926 reiste Adler oft in die USA, um dort für die Ausbreitung seiner Lehre wirken zu können. Inzwischen hatte er in fast allen großen europäischen Städten Ortsgruppen für Individualpsychologie gegründet. So konnte man regelrecht von einer „internationalen Bewegung" sprechen. Es waren zumeist fortschrittliche gesinnte, linksorientierte Menschen, die sich der Adlergruppe anschlossen; auch Liberale empfanden Sympathie für diese Form von Tiefenpsychologie, in welcher das Ethos der Mitmenschlichkeit nachdrücklich betont wurde. Aber die Zeitereignisse waren für eine Psychologie mit einem freiheitlich-sozialistischen Einschlag nicht günstig.

In vielen Ländern Europas triumphierte damals der Faschismus, und dieser war ein geschworener Feind der Tiefenpsychologie, die für seine Zwecke – die mystisch angehauchte Theorie Jungs ausgenommen – nicht recht brauchbar war. Auch war ein beträchtlicher Teil der tiefenpsychologischen Forscher und Praktiker nicht von „arischer Abstammung"; so wurden sie entweder durch den katholischen Autoritarismus oder den Nationalsozialismus frühzeitig bedrängt und ins Exil verwiesen. Adler war deshalb besonders glücklich darüber, in den Vereinigten Staaten einen günstigen Boden für seine Individualpsychologie zu finden. Seine Lehre fand dort großen Anklang, da sie stark am Common Sense orientiert ist; 1934 machte er sich in New York seßhaft und erhielt eine Gastprofessur am „Long Island College of Medicine." Auch seine Familie übersiedelte in die USA und entging so dem Nationalsozialismus.

Bereits in den USA entstanden die Bücher *The Science of Living* (1929) und *The Education of Children* (1930). In deutscher Sprache wurde publiziert *Die Technik der Individualpsychologie* (1930) und *Der Sinn des Lebens* (1933). Im letztgenannten Buch zeigt sich Adler als Lebensphilosoph, der einen „Evolutionären Humanismus" (Julian Huxley) vertritt. Der späte Adler ordnete seine Psychologie in alle humanistischen und aufklärerischen Bewegungen ein, die ernstlich das Wohl der gesamten Menschheit anvisiert hatten.

Gerade diese Tendenz mag dazu geführt haben, daß Adler auch den Anschluß an undogmatische Anhänger der Religion suchte. An sich war Adler von seinen Anfängen her ein leidenschaftlicher Atheist und Agnostiker; in seinen Spätjahren jedoch meinte er, man müsse alle Kräfte vereinigen, die dem heraufkommenden politischen Absolutismus Widerstand leisten könnten. So kam es u. a. zur Publikation des Büchleins *Religion und Individualpsychologie* (1933), das zusammen mit dem evangelischen Pastor Ernst Jahn publiziert wurde.

Rastlos für seine humane und menschenfreundliche Botschaft tätig, hielt Adler viele Vorträge in Europa; bei einer dieser Vortragsreisen starb er am 28. Mai 1937 an einem Herzversagen in Aberdeen (Schottland). Er erreichte nur das Alter von 67 Jahren; Freud jedoch wurde 83 und Jung sogar 86 Jahre alt. Der vergleichsweise frühe Tod Adlers hat sicherlich die Ausbreitung seiner Lehre beeinträchtigt.

Frühe Schriften von 1898 bis 1911

Adlers schriftstellerische Laufbahn begann im Jahre 1898 mit einer Broschüre mit dem Titel „Gesundheitsbuch für das Schneidergewerbe." Darin zeigt sich bereits seine sozialkritische Gesinnung. Die Verhältnisse in diesem Beruf waren damals enorm gesundheitsschädigend. Adler schildert die Folgen von ungünstigen Arbeitszeiten, mangelnder Hygiene am Arbeitsplatz usw.; er hebt die Verantwortung der Gesellschaft für die Gesundheit der Werktätigen hervor.

In *Der Arzt als Erzieher* (1904) wird wiederum eine soziale Haltung fühlbar. Ärzte sollen nicht nur heilen, sondern auch Prophylaxe betreiben. Diese umfaßt den physischen und den psychischen Bereich. Ärzte sollen die Eltern anleiten, wie sie die Entfaltung ihrer Kinder am besten zuwegebringen.

Weithin bekannt wurde Adler durch sein erstes wissenschaftliches Werk *Studie über Minderwertigkeit von Organen* (1907). Diese Arbeit enthält neuartige Gedanken von weitreichender Bedeutung. Sie vereinigt Untersuchungen zur Medizin, zur Pathologie, zur Psychologie und zur Evolutionsphilosophie; Adlers spekulative Kraft wird darin eindrücklich sichtbar. Denn letztlich wird in der Studie auch das philosophische Leib-Seele-Problem abgehandelt.

Adler geht davon aus, daß nicht alle Organe des Menschen eine normale Wertigkeit haben. Es gibt Minderwertigkeiten der Lage, der Funktion, der inneren und äußeren Morphologie. Nun wird der Organismus durch den Lebensprozeß stark in Anspruch genommen. Alle Organe geraten in Bedrängnis, aber am meisten wird das minderwertige Organ auf die Probe gestellt. Oft kann es die notwendigen Leistungen nicht vollbringen; das betroffene Individuum wird krank oder stirbt. Häufig tritt aber auch Kompensation ein. Das Organ selbst oder ein parallelgeschaltetes Organ gleicht die gegebene Unzulänglichkeit aus. Auch der gesamte Organismus kann als Kompensationsfaktor in Erscheinung treten. Besondere Kompensationsmöglichkeiten sind durch das Zentralnervensystem, das Gehirn und damit auch durch das Seelenleben gegeben. Minderwertige Organe werden durch seelische Voraussicht unter Umständen besonders beschützt. Der minderwertige Organismus erzwingt bei vorteilhaften Umweltkonstellationen einen entwickelten seelischen Überbau, der allenfalls kulturschöpferisch neue Bahnen beschreitet. So kann Organminderwertigkeit zum Motor der kulturellen Evolution werden.

Man staunt über die Weitläufigkeit dieser Theorie, die wahrhaftig interdisziplinär ist. Lamarck hatte die Evolution auf das Training von Organen zurückgeführt, die erhöhten Anforderungen seitens der Umwelt genügen mußten. Darwin sprach von zufälligen Abänderungen des Organismus, die dem Kampf ums Dasein unterlagen und der natürlichen und geschlechtlichen Zuchtwahl, die auf eine Höherentwicklung der Organismen tendieren. Adler brachte nun gewissermaßen beide Gesichtspunkte zusammen und übertrug sie auf die Kulturentwicklung des Menschen. Denn der Mensch ist unter den Lebewesen von Natur ziemlich minderwertig; seine Organausrüstung ist vergleichsweise karg, und er ist abhängig von elterlicher Betreuung bis spät in sein Jugendalter. Hätte er nicht ungeheure psychische und geistige Kompensationsbereitschaften, so würde er sich in der bedrohlichen Natur kaum behaupten können.

Was für die Menschheit gilt, gilt auch für das einzelne Individuum. Nach Adler können Menschen mit Organminderwertigkeiten durch angespanntes Training den Durchschnitt weit überflügeln; sie exzellieren dann eventuell in den Künsten, den Wissenschaften, der Technik und im Handel und Wandel. Aber anfällige Organe bergen auch die Gefahren von körperlichen und seelischen Erkrankungen. Denn sie sind meistens „schwer erziehbar" und fügen sich nicht leicht den kulturellen Aufgaben. Nach Adler fehlt in Neurosen, Psychosen, Kriminalität und Perversionen selten der Einschlag minderwertiger Organe. Ein Nebenprodukt seiner Überlegungen ist eine frühe Grundlagenforschung zur Psychosomatik; er spricht vom „Dialekt der Organe", von ihrem Jargon und ihrer

Aussagekraft: Pathologische Organfunktionen bringen seelische Probleme und Konflikte in „Organsprache" zum Ausdruck.

Die Gedankenreihe „Minderwertigkeit – Kompensation – Überkompensation" sollte in Adlers System noch große Tragweite erlangen. Bald ergänzte er seine Befunde durch weitere Innovationen, die über das psychoanalytische Konzept hinausgingen. 1908 publizierte er seine Abhandlung über *Der Aggressionstrieb im Leben und in der Neurose.* Damit wurde in die Psychologie ein neuer Grundtrieb eingeführt, der ganz andere Merkmale aufwies als die Libido der Psychoanalyse. Adler vertrat hier die Auffassung, daß die Aggression ein fundamentales Motivationsprinzip des Menschen sei; allerdings schwankt die Bedeutung, die er diesem Begriff zulegt, zwischen ad-gredi (Annäherung, Aktivität) und Feindseligkeit. Nach Adlers Meinung ist die ursprüngliche Beziehung des Kindes zur Welt eine eher feindselige: eine These, die Melanie Klein später ins Groteske ausgestaltet hat. Da das Kind wachsen und sich entwickeln will, gerät es in eine Anspannung, die sich in tausenderlei Aktivitäten und Aggressionen entlädt. Greifen Erziehung und Kultur geschickt ein, dann wird dieser „Aggressionstrieb" sublimiert; er verfeinert sich zu kulturell wertvollen Einstellungen und Haltungen. Bei erzieherischem Fehlschlag jedoch entartet er ins Primitive und Atavistische; er „verschränkt" (Junktim) sich mit anderen Trieben, die deshalb zu Fehlfunktionen (z.B. Kinderfehler) und Pervertierungen neigen. Auch kann sich die Aggression unter dem Druck der Umwelt nach innen wenden. Ihr Vexierbild ist dann Mitleid, Barmherzigkeit, Altruismus usw., die demnach nicht selten von Grausamkeit gespeist werden.

Interessant ist auch der Zusammenhang zwischen Aggression und Angst, den Adler aufweist. Wer keine feindseligen Gefühle hat, wird nicht so leicht der Verängstigung anheimfallen. Daher muß man bei angstkranken Menschen immer danach forschen, wie sie mit unguten Affekten ihre Angstzustände stimulieren und am Leben erhalten. Auch das weite Feld der Psychosomatik ist ein Tummelplatz ängstlich-aggressiver Emotionen.

Freud, dem die Organminderwertigkeitstheorie noch imponiert hatte, wehrte sich gegen die Einführung eines Aggressionstriebes, der seiner „Libido" das Wasser abzugraben schien. Er statuierte eine ganze Anzahl von Partialtrieben, denen er jeweils eine eigene aggressive Energie zuschrieb. Später jedoch (1920; 1923) schwenkte er auf die Adlersche Position ein. In *Jenseits des Lustprinzips* und in *Das Ich und das Es* postulierte er einen Destruktions- und Todestrieb, der alle Merkmale der Adlerschen Beschreibungen enthält und nur noch metaphysisch überhöht wird. Freud staunte nun selbst darüber, wie er die Ubiquität (Allgegenwart) der Aggression in der Deutung des Menschenlebens habe übersehen können. Zu jenem Zeitpunkt allerdings war Adler lange schon von der Theorie eines Aggressionstriebes abgerückt. In seiner Spätzeit hielt er jede Form von Feindseligkeit und Destruktion für eine falsche Kompensation von Angst und Minderwertigkeitsgefühlen; er erkannte im Willen zur Macht eine Deformation des genuinen menschlichen Vollkommenheitsstrebens.

Ebenfalls eine Abweichung von Freud brachte der Aufsatz über *Das Zärtlichkeitsbedürfnis des Kindes* (1908). Nach Freud ist der Mensch primär ein egoistisches, autoerotisches Lebewesen. Erst durch den Einfluß der Mutter verwandelte sich narzißtische Libido in Objektlibido; aber die Selbstzentrierung ist das Ursprüngliche in der kindlichen Seelenentwicklung. Demgegenüber behauptete Adler, daß die Zärtlichkeitswünsche des Kindes bereits Ansätze zur Kooperation und Kommunikation darstellen. Der Mensch ist sozial von Natur, und diese Sozialität führt dazu, daß Kind und Mutter von Anfang an auf Interaktion angewiesen sind. Es hängt von der Erziehung ab, ob der *Zärtlichkeitstrieb* ins Soziale und Kulturelle gewendet wird, oder ob er im Autistischen stagniert und steckenbleibt. Auch hier also spielt die Sublimierung eine erhebliche Rolle, allerdings nicht im Freudschen, sondern im Nietzscheschen Sinne. Sublimierung heißt Sozialisierung und damit auch Vervollkommnung.

In Freuds Nähe wurde man unwillkürlich zum Triebpsychologen, und auch Adler war ein solcher bis zum Jahre 1908. Aber zu diesem Zeitpunkt erfolgte bei ihm eine Wendung zu einer erlebnisorientierten, subjektivistischen Psychologie. Objektive Psychologie beschreibt den Menschen gleichsam von außen her, wenn sie auch gelegentlich ein hohes Maß von Intuition verwenden mag. So war die Psychoanalyse von Anfang an eine biologistische Seelenkunde, die den Menschen wie einen Naturgegenstand untersuchte. Adler, dessen intuitive Fähigkeiten sehr groß waren, versuchte sich in die Innenwelt der Patienten zu versetzen, so daß ihm deren Gefühle und Einstellungen transparent wurden. Als Dominanten des Seelenlebens traten hierbei an Stelle von Trieben seelische Ziele, Einstellungen und Werte hervor.

Das zeigt sich bereits deutlich in *Der psychische Hermaphroditismus im Leben und in der Neurose* (1910). Die Bezeichnung „Hermaphrodit" stammt aus der Biologie; sie bedeutet einen Zwitter, d. h. ein Lebewesen, das sowohl männliche als auch weibliche Geschlechtsmerkmale aufweist. Adlers Aufsatz will belegen, daß im Seelenleben jedes Menschen weibliche und männliche Anteile in Konkurrenz zueinander stehen.

Dieser Gesichtspunkt war an sich nicht neu. Man sprach bereits um die Jahrhundertwende weithin von der sogenannten Bisexualität, und Freuds Freund Wilhelm Fließ in Berlin war ein namhafter Vertreter der Bisexualitätstheorie, die der Begründer der Psychoanalyse von ihm übernahm. Von Freud gelangte sie auch auf Umwegen zu dem jugendlichen Otto Weininger, der in seiner Schrift *Geschlecht und Charakter* eines der Hauptwerke der modernen Misogynie (Frauenfeindlichkeit) schuf. Nach Weininger ist jeder Mensch eine Mischung von M und W, nämlich männlicher und weiblicher Substanz. Je nach dem Mischungsverhältnis sucht man sich einen komplementären Geschlechtspartner, so daß beim entstehenden Paar sich M und W zur idealen Summe ergänzen.

Adler jedoch gab dem Bisexualitätstheorem eine viel realistischere Wendung. Er sprach nicht von biologischer Männlichkeit und Weiblichkeit, sondern von aktiven und passiven Haltungen, die im Sinne der Kultur ziemlich tendenziös als „männlich" oder „weiblich" definiert werden. Dadurch bekamen die als Aggressionstrieb bezeichneten Verhaltensweisen eine neue Fundierung. In Adlers Sicht fängt das Kind sein Leben in einer Situation der Schwäche und Hilflosigkeit an, die es gemäß den Wertungen der Kultur als „weiblich" empfinden muß. Daraus entspringt ein Streben nach Geltung und Macht, nach Überlegenheit in möglichst vielen zwischenmenschlichen Beziehungen und Anforderungen. Im Patriarchat wird nun das Geltungsziel meistens in die Formel eingekleidet: „Ich will ein ganzer Mann sein!" Oder: „Ich will nie in die Lage kommen, daß ich als Frau dastehe!" Diese Wertung wird von Adler als „männlicher Protest" benannt. Das impliziert die These, daß unter den gesellschaftlichen Bedingungen der männlichen Vorherrschaft Männer und Frauen „männlich sein wollen", indes die Frauen in der Regel die Frauenrolle bewußt oder unbewußt ablehnen. Ähnliches hat übrigens schon Kant in seiner „Anthropologie" gesagt.

Vor allem in der Psychopathologie fand Adler ein unerschöpfliches Betätigungsfeld des „männlichen Protestes." Bei Erziehungsfehlern, bei Neurosen, Perversionen, Psychosen und anderen psychischen Anomalien ist das dynamische Schwanken zwischen männlichen und weiblichen Tendenzen mit den Händen zu greifen. Sehr eindrücklich untersucht Adler das Ineinander von „Männlichkeit" und „Weiblichkeit" im kindlichen Seelenleben in seiner Abhandlung *Trotz und Gehorsam* (1910). Besonders aufschlußreich aber ist z. B. seine Deutung von Angstanfäl-

len als Machtgebärden, von hysterischen Zuständen als Situationsbe-
herrschung, von sexuellen Schwächen als Ablehnung der Frauen- bzw.
Männerrolle. Kein Zweifel, die Idee des männlichen Protestes war ein
genialischer Fund im Bereich der Tiefenpsychologie. Freud beeilte sich,
diese Lehre zu anerkennen, gab ihr aber eine eingeschränkte, triebpsy-
chologische Interpretation. Die Wege der beiden Forscher strebten
sichtlich auseinander.

Der Gegensatz zwischen Adler und Freud

In *Geschichte der psychoanalytischen Bewegung* (1914) setzt sich Freud
mit dem Abfall Adlers und Jungs von der Psychoanalyse auseinander –
allerdings in nicht sehr fairer und verständnisvoller Weise. Seiner Meinung nach haben die beiden Abtrünnigen der Tiefenpsychologie fast
nichts Neues gebracht; sie haben alte Funde umbenannt und wesentliche
Teile der revolutionären Lehre abgeschwächt und verwässert. Das ist,
von heute her gesehen, eine phantastische Fehleinschätzung; Freud war
offensichtlich persönlich gekränkt, daß sich seine besten Mitarbeiter von
ihm getrennt hatten.

Diese Trennung hatte in beiden Fällen persönliche *und* sachliche
Gründe. Adler war ein zweitgeborener Sohn, und gemäß seiner Theorie
sind Zweitgeborene Schnelläufer: sie wollen andere überholen und an
der Spitze sein. Wenn das richtig ist, dann kommt es auch zur Ausbildung des Charakterzuges „Ehrgeiz"; manche Menschen dieser Art können sich nicht lebenslänglich mit der Rolle eines Gefolgsmannes abfinden. Darauf spielt auch Freud an, wenn er genüßlich eine Äußerung
Adlers kolportiert, wobei dieser gesagt haben soll, es falle ihm schwer,
„in Freuds Schatten zu stehen". Adler selbst interpretierte diese Aussage so, daß er es leid gewesen sei, Freuds Irrtümer und Einseitigkeiten
vertreten zu müssen. Im übrigen tat Freud nicht recht daran, andere
Leute des Ehrgeizes zu bezichtigen; war er doch selbst offenkundig ein
Mensch mit hochgespanntem Anerkennungsbedürfnis.

Adler war von Anfang an ein selbständig denkender Forscher. Das
erklärt auch seine Empörung, als Ferenczi 1910 auf dem Analytikerkon-
gress in Weimar auf Freuds Wunsch hin den Vorschlag machte, man
solle alle Arbeiten der „Freudschule" bei Jung in Zürich (der damals
Freuds Kronprinz war) überprüfen und zensieren lassen. Adler erhob
seinen Einspruch mit dem Argument, das sei eine Absage an die Freiheit der Wissenschaft. Er machte sich zum Sprecher der gekränkten

Wiener Ortsgruppe, die sich von Zürich nicht bevormunden lassen wollte. Freud konnte damals den aufgebrochenen Gegensatz beschwichtigen, indem er das *Zentralblatt für Psychoanalyse* gründete und Adler zu dessen Redakteur machte; auch wurde Adler zum Präsidenten der Wiener Psychoanalytischen Vereinigung. Aber dieser Kompromiß hielt nur ein knappes Jahr.

Freud und Adler waren nicht nur unterschiedliche Persönlichkeiten, sondern kamen auch von anderen geistigen Voraussetzungen her. Freud war beim mechanischen Materialismus des 19. Jahrhunderts in die Schule gegangen; Physik, Chemie und Biologie galten ihm als die eigentlichen Basiswissenschaften, für die die Psychologie lediglich ein Überbau war. Philosophie blieb Freud im wesentlichen fremd, wenngleich er selbst in seinem Spätwerk gewissermaßen zum Philosophen wurde.

Adler jedoch hatte Interesse für Philosophie, und er muß in seiner Frühzeit mit neueren Strömungen dieser Disziplin in Kontakt gekommen sein. Vom Marxismus hatte er gewiß überdurchschnittliche Kenntnisse; auch hatte er Nietzsche und Bergson gründlich gelesen. Nicht selten verweist er auf Kant, Klages und die Theoretiker des sozialistischen Humanismus. Will man den philosophischen Gegensatz von Freud und Adler auf eine Kurzformel bringen, dann kann man die Antithese „Schopenhauer contra Nietzsche" namhaft machen; wiewohl Freud behauptete, daß er Schopenhauer erst sehr spät gelesen habe, ist er gegenüber dem Nietzscheaner Adler ein Schopenhauerianer reinsten Wassers: und das mußte auf die Dauer zu Konflikten und Divergenzen führen.

Für Schopenhauer ist Lust ein Primärziel des Lebens. Nach Nietzsche (und auch Spinoza) ist Lust nur eine Begleiterscheinung der gesteigerten Macht oder der Selbstvervollkommnung. Die Schwankungen unseres Selbstwertgefühls spiegeln sich in unseren veränderlichen Lust- und Unlustgefühlen wider. Auch die Sexualität hat innerhalb der menschlichen Persönlichkeiten keine Autonomie. Sie ist ein Trieb unter vielen anderen Trieben, und ihre Schicksale hängen von den zahlreichen anderen Antriebsregungen im Menschen sowie auch von den Zielen, Werten und Idealen der Persönlichkeit ab. Überhaupt ist der „Trieb" keine objektiv faßbare Realität, sondern ein gedankliches Konstrukt; objektivierende Forschung ist im Bereich des menschlichen Innenlebens großenteils Illusion: nur intuitiv können wir uns das Geschehen in der psychischen Innenwelt veranschaulichen.

Adler grenzt sich gegen Freuds animalistisches und pessimistisches Menschenbild ab. Die Formulierung, daß das Triebleben des Kleinkindes „polymorph-pervers" sei, findet er degoûtant; sie sei bestenfalls eine dichterische Lizenz, aber man hat nichts dabei gewonnen, wenn man die Mentalität des erwachsenen Perversen in die Kindheit zurückprojiziert. Auch sei es völlig unannehmbar, die Kultur aus der Verdrängung von Sexualtrieben abzuleiten, und andererseits sich individuelle Kultur von neuen Verdrängungsleistungen zu erhoffen; der Mensch ist von Natur ein Kulturwesen, und das Sexualthema spielt in der Polyphonie seines Geisteslebens eine große, aber nicht dominierende Rolle.

Das waren ungefähr Adlers Einwände gegen die Freudsche „Sexualtheorie des Seelenlebens", die er 1911 in drei Sitzungen der Wiener Psychoanalytischen Vereinigung mit Bravour vortrug. Er definierte dabei den Ödipuskomplex nicht als Ursache, sondern als Symptom einer Kindheitsneurose; nur verwöhnte Kinder, die im Spannungsfeld zwischen einer verzärtelnden Mutter und einem fordernden Vater stehen, entwickeln andeutungsweise jene Verstrickungen, die Freud unter dem Titel „Ödipuskomplex" beschrieb. Der wahre Motor der Verdrängung sei der „männliche Protest" bzw. die menschliche Eitelkeit, der nervöse Charakter, die angekränkelte Psyche des innerlich verunsicherten Menschen. Ähnliches haben schon Schopenhauer und Nietzsche in ihrer expliziten Verdrängungstheorie gesagt. Letzterer hat in einem bekannten Aphorismus darauf hingewiesen, daß unser Stolz sogar unser Gedächtnis besiegen kann; man erinnert sich nur an das, was unser Stolz wahrhaben will.

Die drei Vorträge Adlers wurden in der „Vereinigung" angehört und hernach diskutiert. Freud selbst beteiligte sich an der Debatte. Er verneinte die Neuartigkeit von Adlers Befunden; das alles gebe es schon in der Psychoanalyse. Auch sei es zu kühn, eine Theorie des gesamten Seelenlebens formulieren zu wollen; die Psychoanalyse arbeite hauptsächlich an der Erkenntnis des Unbewußten und der Triebvorgänge – Adler greife zu weit aus, und er bewege sich auch in der Zone des Ich und seiner Psychologie. Das war noch annähernd vornehm gesagt, aber als sich die „braven Schüler" Freuds zu Wort meldeten, ging es wesentlich massiver zu. Eine Flut von Vorwürfen und Kritiken strömte auf Adler ein; aber es gab auch beipflichtende Stimmen, die seine Innovationen begrüßten. Wilhelm Stekel, der zwei Jahre später seine Loslösung von Freud vollzog, schätzte Adlers „Abweichungen" positiv ein; das später entstandene Stekelsche System der „aktiven Psychoanalyse" ist weitgehend von Adler abhängig.

Adlers Stellung in der Psychoanalytischen Vereinigung war damit unhaltbar geworden. Er resignierte und gab seinen Austritt bekannt;

etwa ein Dutzend Mitglieder des Freud-Kreises schlossen sich ihm an. Leider war damit die Auseinandersetzung zwischen ihm und Freud keineswegs zu Ende. Freud nahm häufig in seinen Schriften auf Adler Bezug, und zwar meistens in einem polemischen, mitunter sogar etwas herabsetzenden Ton. Noch schlimmer agierten in dieser Hinsicht die orthodoxen Freud-Schüler. Der Name Adler wurde für sie zum Reizwort, und wann immer sie dessen „individualpsychologische" Lehre kommentierten, flossen ihnen fast zwanglos die Kennworte „oberflächlich, rationalistisch, moralistisch" usw. in die Feder. Bis auf den heutigen Tag ist es bei dieser unschönen Mode geblieben.

Auch Adler übte häufig Kritik an Freud und den Freudianern, wiewohl er das Genie des ersteren immer anerkannte. Aber mitunter zweifelte er daran, ob die Psychoanalyse mit ihrem verqueren Menschenbild, ihrer künstlichen Behandlungstechnik und ihren verschrobenen Theorien der Menschheit großen Nutzen gebracht habe; in ihr seien Irrtum und Wahrheit so vermischt, daß es Jahrzehnte brauchen werde, um auf den richtigen Weg einer menschengemäßen Forschung zurückzufinden.

Über den nervösen Charakter

Dieses theoretische Hauptwerk Adlers ist ein Grundbuch der Neurosenpsychologie und der modernen Seelenkunde überhaupt, unentbehrlich für jedermann, der sich um ein Lebensverständnis und um die Wissenschaften vom Menschen und seiner Kultur bemüht. Die Frontstellung gegen die Psychoanalyse ist weithin in diesem Text spürbar; das rührt wohl nicht daher, daß Adler ein Polemiker war – aber Freuds Neurosenlehre war damals der einzige Ausgangspunkt, von dem aus man ernstzunehmende Weiterentwicklungen der Psychopathologie in Gang bringen konnte.

Beim Umgang mit neurotischen Menschen fällt zunächst die Fülle ihrer Leiden und Klagen auf, die sie dem mitfühlenden Mitmenschen oder dem Psychotherapeuten präsentieren. Sie haben eventuell qualvolle Symptome, Ängste und psychische Ausfallserscheinungen, Unzulänglichkeiten vielfältiger Art, die sie gerne behoben haben möchten. Da nun Wissenschaft nicht einfach in der Registrierung von Fakten besteht, sondern deren synthetisches Verständnis anstreben muß, ist der Forscher gehalten, die vielen Wesenszüge des Neurotikers in wenigen grundlegenden Prinzipien zusammenzufassen. Es geht dabei um ein Strukturverständnis der menschlichen Psyche; Seelisches ist niemals ein ungegliedertes Agglomerat, sondern ein Ganzes, dessen Teile sinnvoll zusammengeordnet sind. Worin besteht nun aber die eigentliche neurotische Struktur und ihr innerer Schwerpunkt?

Schon Pierre Janet war aufgefallen, daß alle neurotischen Menschen ein lebhaftes „sentiment d'incomplétude" (Gefühl der Unvollständigkeit) aufweisen. Adler ergänzt diesen Befund durch die Formulierung, es handele sich eher noch um ein Gefühl der Minderwertigkeit; Neurotiker fühlen sich nicht gleichwertig mit anderen Menschen, und daraus resultiert unter Umständen ihre Klage über allfällige Unvollständigkeit, die physisch und psychisch gemeint sein kann. Wer eine Neurose hat, leidet immer auch an Kleinheits- und Unzulänglichkeitsbewußtsein.

Aber Adler sah schärfer als seine Vorgänger auf dem Gebiete der Neurosenpsychologie. Von Freud hatte er die „biographische Methode" übernommen, und so gab es keinen Zweifel für ihn, daß die verstärkten Minderwertigkeitsgefühle irgendwie und irgendwann in der Kindheit des Patienten entstanden sein müssen. Es war nicht schwer, solche Kindheitskonstellationen ausfindig zu machen, wenn man die analytische Befragungskunst der Psychoanalyse erlernt hatte. So ergab sich das vorläufige Resultat, daß Entwicklungserschwerungen in der Kindheit (die tausendfältig sein können) am Ursprung der neurotischen Seelenentwicklung stehen. Aber damit sind die Dynamik und die Tektonik des seelisch erkrankten Menschentypus noch nicht geklärt – man hat einen lebensgeschichtlichen Ansatz, aber dieser muß durch phänomenologische Beschreibungen ergänzt werden.

Adlers Geniestreich bestand nun darin, daß er seine Aufmerksamkeit auf den neurotischen Charakter richtete. Er betrat damit als erster das Feld der Charakteranalyse, auf welchem ihm später so mancher Psychoanalytiker folgte, ohne die Adlersche Vorarbeit gebührend zu würdigen. Dabei fiel nun auf, daß Neurotiker nicht nur Minderwertigkeitsgefühle haben, sondern auch ausgeprägte Charakterzüge, die vom Normalen entschieden abweichen. Man findet sozusagen „hinter den Symptomen" Charaktereigenschaften wie etwa Ehrgeiz, Eitelkeit, Neid, Geiz, Mißtrauen, Eifersucht, Ängstlichkeit, Traurigkeit, Distanziertheit usw. Oft dominiert eine spezielle Charaktereigentümlichkeit, aber immer ist diese eingebettet in ein ganzes Ensemble von Wesenszügen, die sich innerlich stützen und wechselseitig konsolidieren. Damit rückte die Charakterstruktur des „Nervösen" in den Mittelpunkt der Betrachtung; es fragte sich nur, wie das fundamentale Unzulänglichkeitsgefühl mit den zugespitzten Charaktertendenzen in Korrelation gebracht werden konnte.

Da Adler schon seit seiner „Studie" aus dem Jahre 1907 mit dem Gedankenschema der Kompensation und Überkompensation vertraut war, mußte er sich fragen, ob der charakterliche Überbau über der zugrundeliegenden Minderwertigkeit ein Kompensationsphänomen sei. Das widersprach der tradionellen Lehre von der Vererbung des Charakters. Gemäß einem uralten Vorurteil glauben die Menschen, daß Charakterzüge von den Eltern oder Großeltern her auf die Kinder vererbt werden; dies ist verständlich, da es sehr oft Übereinstimmungen im seelischen Habitus vieler Familienmitglieder gibt. Aber diese entstehen wohl eher durch Imitation und Identifikation als durch Heredität. Schon Freud hatte 1908 in *Charakter und Analerotik* Ansätze zu einer dynamischen Theorie des Charakters geliefert; aber er verankerte die Charakterentstehung in fraglichen Triebschicksalen und damit auch in einer quasibiologischen Konstitution. Gleichwohl gab er sehr anschauliche Schilderungen über den Zusammenhang von Lebensgeschichte und Charakterstruktur.

Adler verabschiedete kurzerhand den „Vererbungswahn" und erörterte die Charaktergenese rein psychodynamisch. Dabei postulierte er, daß der Charakter eine freie Schöpfung des Kindes sei, allerdings unter dem maßgeblichen Einfluß der Erziehung und der Elternpersönlichkeiten. Man kann diese Situation ähnlich beschreiben, wie Arnold Toynbee den Geschichtsprozeß erklärt; danach ist die Historie eine Abfolge von „Herausforderung" und „Antwort". Sowohl ganze Völker wie auch alle Menschenkinder werden von der Umgebung befragt und auf die Probe gestellt; sie haben einen gewissen Freiheitsspielraum, und ihr Schicksal entscheidet sich entsprechend den Antworten, die sie auf die jeweiligen „challenges" gegeben haben.

Neurotische Erwachsene und falsche Erziehungsmethoden vertiefen die Lebensangst des Kindes und bringen es in eine Kampfstellung zu seiner Umwelt. Entsprechend dieser Ängstlichkeit und Aggressivität werden Charakterzüge ausgebildet, die letzten Endes auf Macht und Überlegenheit tendieren. Das ist leicht zu begreifen angesichts von aktiven und aggressiven Charakterzügen: Der Ehrgeizige will die anderen übertrumpfen; der Eitle will immer bewundert werden; der Neidische sieht sich immer verkürzt und möchte die anderen berauben; der Geizige erlebt seinen Besitz als Macht; der Eifersüchtige will seinen Liebespartner dauernd kontrollieren usw. Aber wie steht es mit den passiven und kleinmütigen Charakterzügen? Sollen diese auch etwa Machtzielen der Persönlichkeit dienen? Als gebildeter Nietzscheaner sieht Adler hierin keine Schwierigkeiten. Hatte doch der Philosoph des

Machtwillens oft genug deklariert, daß es auch Um- und Schleichwege zur Macht gibt. Man kann durch Armut, Keuschheit, Gehorsam, Demut, Bescheidenheit und sogar durch Angst einem Ehrgeizziel frönen. So verkündet denn auch die Bibel: „Die Letzten werden die Ersten sein!" Es gibt tausendfältige Tricks, durch die kleinmütige Menschen mittels Demutshaltung zu Ansehen und Geltung gelangen können. Man erinnere sich nur daran, wie ein ängstliches Kind z. B. ein ganzes Familienleben in Atem halten kann. In der entwickelten Kultur diktiert der Hilfsbedürftige sehr oft den anderen die Verhaltensregeln, die sie seiner Angst schuldig sind.

Für Adler sind demnach Charakterzüge so etwas wie „Leitlinien", durch die das Individuum in der Unübersichtlichkeit des Lebens ein bestimmtes Persönlichkeitsideal anstrebt. Wie dieses Ideal oder Leitbild aussieht, kann man ungefähr erahnen, wenn man die hauptsächlichen Charakterzüge eines Menschen inventarisiert. Für den Neurotiker und jeden anderen psychisch Kranken gilt, daß er ein sehr hohes und immer auch irreales Persönlichkeitsideal anvisiert. Er ist in der Regel sehr weltfremd, und so meint er, Ziele erreichen zu können, die jenseits der Realität liegen. Das kommt meistens aus einer verwöhnten Kindheit, wo der verzärtelte Heranwachsende tatsächlich vieles verlangen und erhalten konnte, was ihm nur durch den Kopf ging. Wer aber später im Leben überhöhte Forderungen anmeldet und weder Geschicklichkeit noch Ausdauer entwickelt hat, um etwas für deren Realisierung zu tun, wird notwendigerweise Enttäuschung und Frustration erleben. So liegt in jeder Neurose ein menschliches Scheitern, das durch falsche Einstellungen und Erwartungen programmiert wurde. Der seelisch Kranke findet sich nicht in der Wirklichkeit zurecht, weil er einen Lebensplan befolgt, der mit den üblichen kulturellen Lebensbedingungen kollidieren muß.

Auch der seelisch Gesunde entwickelt einen Lebensplan, der mit bestimmten Charakterzügen realisiert werden soll. Aber dieses Leitbild ist nicht allzu starr gefaßt und wird auch entsprechend den jeweiligen Gegebenheiten abgeändert. Es wird sozusagen die Rechnung mit der Wirklichkeit gemacht, und diese Flexibilität ist ein großer seelischer Gesundheitsschutz. Die Übergänge zwischen Neurose und Normalität sind demnach fließend; man kann nicht sagen, daß Neurotiker oder Psychotiker völlig andersartige Menschen sind. Ihre Geistesverfassung ähnelt vielfach dem unauffälligen Durchschnittsmenschen, nur sind einige Wesenszüge übertrieben ausgestaltet, so daß sie den Lebenszusammenhang stören. Die größere Abweichung vom „Realitätsprinzip" (Freud) macht den hauptsächlichen Krankheitsfaktor aus.

Adler stieß in der Zeit der Ausarbeitung von *Über den nervösen Charakter* auf das bedeutende Buch *Die Philosophie des Als Ob* (1911) des neukantianischen Philosophen Hans Vaihinger und empfand dessen Gedankengänge als wichtige Bestätigung seiner Theorie. Vaihinger betonte, daß sich der Mensch zum Verständnis der Wirklichkeit sehr häufig sogenannter „Fiktionen" bediene. Fiktionen sind willkürliche und mitunter sogar falsche Annahmen, die aber den Erkenntnisprozeß wesentlich erleichtern. So nehmen wir z. B. für den Erdball Meridiane an, d. h. Längen- und Breitengrade, die es uns erlauben, jeden Ort auf dem Globus mühelos zu lokalisieren. Die Meridiane gibt es nicht, aber ihre Konstruktion ist in Welt und Wissenschaft schier unentbehrlich. Oder die Statistik arbeitet nicht selten mit dem Begriff des „mittleren Menschen", der auch nicht existiert; gleichwohl kann man viele Berechnungen leichter anstellen, wenn man diesen „Otto Normalverbraucher" in die Rechnung einsetzt, als ob es ihn wirklich gäbe. Nach Vaihinger sind geistige Hilfskonstruktionen das Lebenselement des menschlichen Denkens. Oft verwandeln sich solche Fiktionen in Hypothesen, d. h. in durch Erfahrung gestützte Vorannahmen, die eventuell beweisbar oder doch falsifizierbar sind. Das ist eine positive Weiterentwicklung der Fiktion; eine negative Abwandlung jedoch ist der Übergang zum Dogma, das eine gedankliche Verhärtung und Versteinerung bedeutet. Dogmen werden nicht mehr geprüft, sondern lediglich blind geglaubt. Sie wirken sich meistens auf die Denkentwicklung verheerend aus.

Diese Vorgänge, die Vaihinger an der Struktur des wissenschaftlichen Geistes abgelesen hat, fand Adler im übertragenen Sinne in der normalen und neurotischen Psyche wieder. Auch der Normale verwendet dauernd Fiktionen in seiner Lebensführung, aber er weiß es und dogmatisiert sie nicht. Der Neurotiker jedoch vergafft sich in seine imaginären und irrealen Ziele, die er mit aller Gewalt und Sturheit verwirklichen will. So entfernt er sich merklich von der Realität und zappelt – wie Adler sich ausdrückt – in den Netzen seiner Fiktionen. Er marschiert unter Zuhilfenahme einer Landkarte, die frei erfunden ist und keine Örtlichkeiten angibt, die man tatsächlich finden kann. Am deutlichsten erkennt man das an den Psychosen, wo die Distanz zur Vernunft mit den Händen zu greifen ist. Aber auch in den neurotischen Erkrankungen spielen Realitätsentfremdungen eine erhebliche Rolle, und die Heilung kann nur erfolgen, wenn der Patient eine geistige und emotionale Umkehr vollzieht, die seinen Wirklichkeitssinn bekräftigt.

Nicht nur das kompensatorische Größenziel des Neurotikers hat fiktiven Charakter, sondern auch sein Minderwertigkeitsgefühl, welches den

Aufbau eines überhöhten Leitbildes oder Persönlichkeitsideals erzwingt. Kein Menschenkind kann in seiner Frühzeit die eigene Schwäche oder Minderwertigkeit realistisch einschätzen; es kommt leicht hierin zu Übertreibungen, die dann auch einen phantastischen Ausgleichsvorgang in Betrieb setzen. Dies führt zu einem zwanghaften Streben, bei dem Ausgangs- und Endpunkt nicht sinnvoll definiert sind. Gleichwohl kann der Neurotiker aus diesem Zirkel nicht aussteigen, da er seinen Minderwertigkeitskomplex nicht durchschaut und nur von seiner Größenvorstellung fasziniert ist. Neurose ist immer mit gedrosselter Spontaneität verbunden. Anstelle des spontanen Entfaltungsdranges tritt dann das neurotisch aufgepeitschte Geltungs- und Machtstreben, sozusagen ein „Notstromaggregat", welches wirksam wird, wenn der normale Strom ausfällt. Daher empfindet der Neurotiker seine Ziele (die er oft nur dunkel ahnt) als unentbehrlich; sie sind die Form der Lebendigkeit, die er kennt, und darum wird er nicht leicht bereit sein, sie aufzugeben. Somit werden neurotische Lebensformen kaum je von selbst korrigiert. Sie sind dem Betroffenen gleichsam liebgeworden durch Gewohnheit; auch schützen sie ihn vor Angst und innerer Ratlosigkeit: „Besser ein bekanntes Elend als ein unbekanntes Glück!"

Warum lernt der Neurotiker so wenig aus der Lebenserfahrung? Dies ist wohl auf seine phobische Haltung zur Realität zurückzuführen; er scheut vor ihr zurück wie der sprichwörtliche Teufel vor dem Weihwasser. Man kann nachfühlen, warum ängstliche und unsichere Menschen den Kontakt mit der Wirklichkeit begrenzen oder vermeiden. Denn die Welt ist kompliziert und stellt Aufgaben, die im allgemeinen mit belastenden Anforderungen verbunden sind. Adler betonte in erster Linie die Aufgaben der Arbeit, der Liebe und der Gemeinschaft. Darüber hinaus aber gibt es noch die Probleme der stilvollen Gestaltung des Lebens, des Hineinwachsens in die Kultur und der Beitragsleistung zum sozialen Fortschritt. Eine produktive Einfügung in die gesellschaftliche Welt erfordert allemal entwickelte Fähigkeiten zur Kooperation und Kommunikation. Der egozentrisch aufwachsende Neurotiker hat in dieser Beziehung meistens zu wenig Training erlebt. Daher muß er mit Recht fürchten, angesichts von gemeinschaftlich strukturierten Fragestellungen Schiffbruch zu erleiden. Nun ist sein Selbstwertstreben angespannter als beim Normalen; es wird jedoch in keiner Weise durch Selbstvertrauen getragen. Das Resultat ist darum ein „zitternder Ehrgeiz", der eher bremsend als vorantreibend wirkt. Im Raum eines fiktiven Strebens drohen scheinbar weniger Niederlagen, weshalb der Neurotiker sich vorzüglich dort aufzuhalten strebt.

Adler bevorzugte damals die militärische Sprache, die sich ihm aufdrängte, weil er das Leben des Neurotikers als einen verzweifelten Kampf um Geltung und Angstvermeidung beschrieb. So konstatierte er bei seelisch kranken Menschen eine „verminderte Aufmarschbreite"; sie wollen nur so viel Realität berühren, als sie unter Kontrolle bringen, beeinflussen oder beherrschen können. Man findet sie auch meistens auf dem „Rückzug vor der Front des Lebens"; sie wollen lieber „Helden im Hinterland" sein als sich der Bewährung im Kampf ums Dasein zu stellen. Dem genauen Beobachter zeigt sich der neurotische Mensch in der Regel auf dem „Weg zurück zur Familie"; das soziale und kulturelle Dasein in seiner Vielfalt und Unübersichtlichkeit ängstigt ihn zu sehr, indes er die Hauptfiguren der Familie kennt und seit langem schon zu manipulieren weiß. Aber diese Flucht vor der Wirklichkeit muß verschleiert und durch manches Alibi gedeckt werden. Diesem Zwecke dienen die Symptome, die gewissermaßen frei geschaffen werden, aber immerhin angeregt durch organische Bereitschaften, Muster in der familiären Umgebung und sonstige Imitationsmöglichkeiten.

Der Laie mag staunen, daß so viele Menschen die Mühsal einer neurotischen Symptomatik auf sich nehmen, um soziale Entlastung zu gewinnen. Aber die Tiefenpsychologie spricht in diesem Zusammenhang vom „Krankheitsgewinn"; dieser Gewinn ist zumindest in der Einschätzung des prestigeorientierten und furchtsamen Patienten groß genug, um alle Unkosten der Neurose zu rechtfertigen. Der Lebenskenner Adler weist darauf hin, daß die Menschen auch sonst irgendwelchen Seifenblasen zuliebe Geld, Gut und Gesundheit aufs Spiel stellen; warum sollte der Neurotiker klüger sein als die übergroße Majorität aller Menschen, die sich immer wieder in Unternehmungen einläßt, die ebenso lebenshemmend wie verlustbringend sind! Im übrigen gerät man in die Neurose bereits im frühen Kindesalter hinein, wo die Kontrollinstanz der Vernunft nicht ausgebildet ist; später im Leben folgt man den altvertrauten Gewohnheiten und Erlebnisverarbeitungen, die automatisch wirken.

Adler, der in der Neurosenentstehung den Menschen als handelndes, wählendes und sich selbst gestaltendes Subjekt anerkennt, hat damit im Gegensatz zu Freud die kausale Betrachtungsweise verlassen, die in der Naturwissenschaft eine überragende Rolle spielt. Seiner Ansicht nach ist sie aber dem Seelenleben des Menschen in keiner Weise angemessen. Seelisches ist zielstrebig und in allen seinen Erscheinungsformen nur von seinen angestrebten Zielen her verständlich. Darum muß das Kriterium der Finalität an es angelegt werden; ein anderer Ausdruck hierfür ist

„Teleologie". Nur wer die Zweckmäßigkeit seelischer Aktivitäten begreift, hat sie wahrhaft verstanden.

Nach allem, was wir gesagt haben, ist auch die Neurose mit allen ihren Symptomen ein zweckmäßiges Gebilde. Ihr Sinn ist nicht eigentlich klarzumachen aus allfälligen Kindheitstraumen, die meistens doch nicht exakt eruiert werden können; der Patient ist ein sehr subjektiver Berichterstatter, und was er von kindlichen Versagungen und Traumatisierungen erzählt, darf nur cum grano salis verwendet werden. Indem Adler den Akzent auf die aktuelle Bedeutung des neurotischen Leidens legt und den finalen Gesichtspunkt unterstreicht, macht er den Neurotiker selbst für seine Krankheit verantwortlich oder doch mitverantwortlich. Das ist nicht moralistisch gemeint; es wird niemand angeklagt und verurteilt. Aber durch einige fundamentale Irrtümer wird der psychisch leidende Mensch sozusagen verleitet, eine schiefe Stellung zum Leben einzunehmen; er verweigert bewußt oder unbewußt die soziale Beitragsleistung und kämpft einen hoffnungslosen Kampf um eine Selbstwerterhöhung jenseits der Kooperation. So gesehen, wird die Neurose nicht nur zu einer tragischen Verstrickung, sondern auch zu einem ethischen Versagen. Adler hat in seiner Individualpsychologie die Mauer zwischen Psychologie und Ethik zerstört, indem er die Einsicht vertritt, daß der Mensch „unheilbar ethisch" ist und sein Heil nur in der expliziten Mitmenschlichkeit finden kann.

Es ist merkwürdig, daß Freud und die Psychoanalytiker die Bedeutung von Adlers Buch *Über den nervösen Charakter* in keiner Weise zu würdigen wußten. C. G. Jung in seiner Frühzeit war diesbezüglich aufgeschlossener; er sah sofort, daß sich hier eine Alternative zum psychoanalytischen System anbot, und in seiner damaligen Neigung, Freud und Adler synthetisch zu „übergipfeln", vertrat er den Standpunkt, damit seien zwei gültige Sichtweisen der Tiefenpsychologie präsent, die man durch eine übergeordnete dritte ergänzen müsse. Gemäß seiner später formulierten Typenlehre ordnete er Adler dem introvertierten, Freud jedoch dem extravertierten Typ zu; jeder von beiden habe genau die Psychologie formuliert, die der Erlebniswelt von Introversion bzw. Extraversion entspreche.

Aber auch diese Einschätzung muß zurückgewiesen werden. Adlers Werk ist eine universelle Studie über den neurotischen Menschen, nicht eingeengt durch einen Erlebnistypus, den Jung sehr eigenwillig und konstruktiv festgelegt hat. Es gibt sich vordergründig als ein medizinischer Traktat, aber es ist viel mehr: Es ist ein Text voller Lebensweisheit, tiefgründige Philosophie unter der Maske schlichter Formulierungskunst. Überall ist die Stimme der Menschenfreundlichkeit zu vernehmen; wir sehen den „Bruder Neurotiker" vor unseren Augen agieren, und sein Unglück besteht lediglich darin, daß er etwas mehr dem „Willen zum Schein" (Nietzsche) unterliegt als wir Normalen.

Ludwig Wittgenstein, der Freuds Buch *Die Traumdeutung* kritisch las, bemerkte darüber, es sei trotz aller Einseitigkeiten ein großartiges Buch, weil es „Berührung mit der Realität" habe. Dasselbe gilt sicher auch für Adlers Meisterwerk, in welchem man über 300 Druckseiten hinweg den „Atem der Wirklichkeit" verspürt. Dies ist ein Text, den man in verschiedenen Lebensaltern immer wieder neu lesen und verstehen kann.

Elemente der Individualpsychologie

Um Adlers Lehre darzustellen, gehen wir in der Folge von deren Grundbegriffen und -annahmen aus, die wir in sehr gedrängter Fassung rekapitulieren. Damit kann dem Leser nur eine „erste Hilfe" geboten werden, um sich in die Individualpsychologie einzuarbeiten. Am besten wird er wohl daran tun, sich an Adlers Werke selbst zu wenden; diese liegen allesamt in preiswerten Taschenbuchausgaben vor.

1. *Minderwertigkeitsgefühl:* Wir haben bereits darauf hingewiesen, daß Adler in Pierre Janet einen Vorläufer hinsichtlich dieser Begriffsbildung hatte; man muß auch den Dichter Stendhal erwähnen, der regelrecht von einem „sentiment d'infériorité" sprach. Freud hat in seinem „Kastrationskomplex" manche Adlersche Befunde in seiner Sexualsprache wiedergegeben.

Das Minderwertigkeitsgefühl ist nach Adler eine der wichtigsten Tatsachen des menschlichen Seelenlebens. Es ist nicht eine beiläufige Erscheinung; es gehört geradezu der menschlichen Natur an. Der Mensch ist das einzige Lebewesen, das fast keine natürliche Waffen und Hilfsmittel besitzt; auch ist er für ein Drittel seines Lebens eines familiären Schutzes bedürftig. So kommt es, daß er in seiner Psyche ein tiefsitzendes Unzulänglichkeitsgefühl trägt, das wie ein dauernder Stachel wirkt. Von daher gehen unablässige Kompensationsbestrebungen aus, um der Unsicherheit und Unbeholfenheit Herr zu werden. Man kann sogar die Auffassung vertreten, daß Kultur und Zivilisation produktive Antworten auf den allmenschlichen Minderwertigkeitskomplex sind.

Das Minderwertigkeitsgefühl erwacht in jedem Säugling und Kleinkind zu neuem Leben und drängt zu Wachstum und Entwicklung. In-

47

folge seiner Kleinheit und Hilflosigkeit gewinnt das Kind leicht den Eindruck, daß es dem Leben und seinen Anforderungen kaum gewachsen ist. Unter günstigen Bedingungen wird daraus keine Entmutigung; es entsteht eher ein Ansporn, zu wachsen und sich zu entwickeln, um Herr über die Schwierigkeiten des Lebens zu werden. Adler meint sogar, die Erziehbarkeit des Kindes sei in seiner Minderwertigkeitssituation begründet; denn diese Schwäche mache das Kind anlehnungsbedürftig und willig, sich von seinen Erziehern leiten zu lassen.

Schlimm wird es erst dann, wenn sich die Minderwertigkeitsgefühle zu einem Komplex verdichten, den wir bereits als pathologisch ansprechen müssen. In diesem Falle kommt es zum Entwicklungsstillstand; das Kind starrt fasziniert auf seine angeblichen oder realen Minderwertigkeiten und hat kaum noch Hoffnung, über diese hinauszugelangen. Aber das Gesetz der Kompensation bleibt gleichwohl wirksam; anstelle von sozialem und kulturellem Training tritt dann eine kindliche Prestigepolitik, die sich mit scheinhaften Erfolgen und Triumphen begnügt. Auf dieser Linie liegt die Ausbildung neurotischer Charakterzüge und Symptome, mit denen viel Beachtung im engen Kreis der Familie gewonnen wird; die soziale Beitragsleistung jedoch, die das beste Heilmittel gegen Angst und innere Unsicherheit ist, fällt dabei meistens flach.

Vertiefte Minderwertigkeitsgefühle entstehen nicht nur durch Erziehungsfehler. Sie sind auch bedingt durch gesellschaftliche Vorurteile und Mißstände; so fühlen sich zum Beispiel Frauen im Patriarchat, Arbeiter im Kapitalismus und farbige Rassen unter der Vorherrschaft des weißen Mannes in der Regel zutiefst unzulänglich. In Geschichte und Politik haben individuelle und kollektive Minderwertigkeitskomplexe eine erhebliche Rolle gespielt; Oliver Brachfeld hat dies in einem aufschlußreichen Buch (*Minderwertigkeitsgefühle beim einzelnen und in der Gemeinschaft*, 1953) sorgfältig gewürdigt.

2. *Geltungsstreben und Wille zur Macht:* Aus den krankhaft gesteigerten Minderwertigkeitsgefühlen entspringt fast zwangsläufig ein erhöhtes Geltungsbedürfnis, das sich als „Wille zur Macht" dokumentieren kann. Da Adler in seiner Neurosenlehre dem Machtwillen breiten Raum widmet, ist das Vorurteil entstanden, er vertrete eine „Machtpsychologie" im Sinne von Nietzsche. Das ist jedoch ein gewaltiger Irrtum; für die Individualpsychologie ist das menschliche Herrschaftsstreben keine Naturkonstante, und auch die Aggression kann nicht (wie Freud und Lorenz meinen) zu den Naturfaktoren im Menschen gerechnet werden. Es handelt sich hier allemal um unglückselige Kompensationsregungen; wer sich klein und mickrig fühlt, wird leicht zum Opfer von Absolutis-

muswünschen, wobei er hofft, jeglicher Angst zu entrinnen, wenn die anderen von ihm abhängig werden oder ihn gar fürchten. Diese „neurotische Lebensrechnung", die nie aufgeht, liegt mehr oder minder deutlich vielen krankhaften Seelenentwicklungen zugrunde.

In seinem Spätwerk anerkennt Adler im Menschen einen naturgemäßen Vollkommenheitsdrang, den er aus evolutionsphilosophischen Überlegungen herleitet. Wir sind alle Geschöpfe der Evolution, die uns mit einem biologisch verankertem Entwicklungsstreben begabt hat. Auch im Seelischen findet sich dieser Perfektionszwang wieder. Wo immer es Menschen auf der Erde gab, waren sie getrieben von der Intention, über Beengungen und Begrenzungen hinauszuwachsen: daraus gingen alle wertvollen Kulturleistungen hervor. In jedem Menschenkind erwacht das Vollkommenheitsstreben aufs Neue, und es hängt von Erziehung und Umwelt ab, in welche Bahnen es einmündet. Leider werden fast alle Heranwachsenden unter dem Einfluß der neurotischen Kultur dazu verlockt, Größe und Perfektion in der Übermacht über andere und im Erreichen fiktiver Geltungsziele zu sehen.

Das Überlegenheitsbedürfnis ist in allen Menschen vorhanden; es diktiert offen und geheim, bewußt und unbewußt Gedanken und Gefühle von jedermann. Da aber ein direkter Ausdruck des Machthungers allgemein Mißbilligung finden würde, neigen viele dazu, derlei zu maskieren oder gar ins Gegenteil zu verkehren: So wird mancher Eitle und Geltungssüchtige beteuern, daß er nur das Gemeinschaftsinteresse zu verfolgen beabsichtigt, und andere wieder werden sich klein und bescheiden stellen, um auf diese Weise erhöhte Anerkennung zu finden. Adlers große Entdeckung bestand darin, daß er in allen seelischen Krankheitserscheinungen die Linie der Machtgier nachzuweisen verstand. Das ist oft schwer nachzuvollziehen, weil uns die Patienten Symptome des Kleinmuts und des seelischen Zusammenbruchs zeigen. Aber die Logik der Tiefenpsychologie ist nicht immer dieselbe wie die Alltagslogik: In der Neurose findet man z. B. stets eine Verringerung des Lebensraumes (Familie), der mittels der Krankheitsphänomene desto dramatischer beherrscht und erschüttert werden kann. In der Perversion wird die Liebe degradiert und in einen Machtkampf verwandelt, in dem alle Möglichkeiten der Entwertung und des Rückzugs ausgekostet werden. Die Kriminalität entpuppt sich als ein Kampf gegen die Gemeinschaft, mit dem Ideal, sich auf Kosten anderer zu bereichern oder sich durch Zerstörung von Menschenleben rücksichtslos durchzusetzen. In der Psychose schließlich sagen die Patienten mitunter ganz deutlich, daß sie Gott, Jesus Christus oder eine sonstige übermenschliche Figur sind.

So manifestieren sich schiefe Ambitionen bei gesunden und gestörten Menschen, die die Allgegenwart des Machtwillens belegen. – Das Geltungsbedürfnis kann nicht eliminiert werden, aber eine sachgemäße Erziehung soll es mit Gemeinschaftsgefühl legieren und so in den Dienst der Kulturleistung stellen.

3. *Das Gemeinschaftsgefühl:* Die Lehre vom Gemeinschaftsgefühl ist der wahre Grundpfeiler der Individualpsychologie. In ihr wird der Mensch als soziales Lebewesen gedeutet, und alle Lebenserscheinungen werden als zwischenmenschliche Wechselwirkungen interpretiert. Die Mitmenschlichkeit ist nach Adler die Grundstruktur der menschlichen Existenz.

Aber der Mensch bringt zunächst nur eine soziale Disposition mit auf die Welt; diese muß dann erst entfaltet werden. Im Umgang mit den ersten Kontaktpersonen (Eltern) erhält das Sozialinteresse seine frühe Prägung und wird zum zentralen Persönlichkeitsanteil. Es bekundet sich im Zärtlichkeitsbedürfnis des Kindes, in seinem Lächeln, in seiner sprachlichen Entwicklung, im Erwerb von Geschicklichkeiten, in der Einfügung in seine Umwelt. Der Mutter kommt in diesem Trainingsprozeß eine überragende Bedeutung zu. Aber auch der Vater und die Geschwister müssen sich des Kindes freundlich annehmen, damit es sich in seiner Welt geborgen fühlt und eine Art „Urvertrauen" (Fritz Künkel) in sich aufbauen kann. Wird die ursprüngliche soziale Neigung durch ungute Verhältnisse an ihrer Wurzel geschädigt, dann kommt es später zu Entwicklungshemmungen aller Art, die nur mühsam korrigiert werden können.

Es erfordert hochgradige psychologische Kompetenz, um Art und Grad der Gemeinschaftsfähigkeit eines Menschen zu diagnostizieren. Im gewissen Sinn wird hierbei der Examinator selbst auf die Probe gestellt. Man kann bei einem anderen das Sozialinteresse nur im Maße der eigenen menschlichen und kulturellen Differenziertheit annähernd objektiv beurteilen. Wer selbst ichhaft, verängstigt und kontaktscheu im Leben steht, neigt unweigerlich zu Wahrnehmungsverzerrungen und Projektionen, die das Urteil über die Mitmenschen trüben. Nur der wissende und reife Mensch ist geeignet, psychologische Einschätzungen durchzuführen.

Ein anderes Wort für Gemeinschaftsgefühl ist Kooperation oder Bereitschaft zur Kommunikation oder Fähigkeit zur Ich-Du-Beziehung. Aber im Einzelfall ist es nicht leicht, die Kriterien anzugeben, mittels derer diese subtilen seelisch-geistigen Potenzen eingeordnet werden sollen. Viel ist damit gewonnen, wenn ein Mensch in seinem ganzen Habitus echte Mitmenschlichkeit zum Ausdruck bringt: Es handelt sich hier um gute Manieren, lebhaftes Interesse für die anderen, Gefühlsreichtum, Bereitschaft zum Mitleid und zur tätigen Menschenliebe und Interesse am Fortschritt. Ein wesentliches Indiz für das Gemeinschaftsgefühl beim Manne sah Adler darin, daß er im Leben und Denken bereit ist, der Frau gleiches Recht und gleichen Wert zuzubilligen. Männliche Überlegenheitsgefühle sind immer vom Machtwahn angekränkelt. Auch geht es um das Problem der Vorurteile und des Autoritarismus; je weniger autoritär ein Mensch ist, um so leichter verzichtet er auf alle begriffliche Schwarzweißmalerei, die absolute Trennmauern zwischen den Geschlechtern, den Rassen, den Nationen und den Religionen errichtet. Der wirkliche Mitmensch ist in seinem Wesen zutiefst solidarisch. Er kämpft für eine Menschengemeinschaft der Zukunft, in der alle Menschen auf der Erde in Frieden und Eintracht zusammenleben können.

Da manche Adlerschüler das Gemeinschaftsgefühl so auslegten, als ob es die Zugehörigkeit zu nationalen, religiösen oder politischen Gemeinschaften impliziere, mußte Adler ausdrücklich feststellen, daß für ihn Sozialinteresse „eine transzendentale Idee im Sinne von Kant" sei. Ähnlich wie der Philosoph visierte damit der Begründer der Individualpsychologie das Ideal einer Menschengemeinschaft an, in der kein Mensch mehr für den andern „Mittel zum Zweck" sein wird. Das ist auch die Idee der Theoretiker des Sozialismus, die in ihrer Weise Verkünder des umfassenden Solidaritätsgedankens waren.

4. *Einheit und Ganzheit der Persönlichkeit, Lebensstil:* Freud vertrat immer eine dualistische Psychologie, die das menschliche Seelenleben aus zwei gegensätzlichen Triebkräften zu erklären versuchte. Adler war gegen einen solchen Atomismus, der mit scheinbar selbständigen Partialtrieben und verschiedenen seelischen Instanzen operierte. In seiner Sicht erschien das Seelische als eine Totalität; natürlich kommt es zu tausendfältigen Äußerungsformen, die man aus wissenschaftlichen und didaktischen Gründen strukturell zusammenfassen kann. Aber letzten Endes unterliegt das „seelische Organ" dem Einheitszwang; alles ist durchflossen von derselben Melodie, ist gerichtet auf ein mehr oder minder deutlich vorschwebendes Persönlichkeitsideal, welches jeder psychischen Manifestation Ziel und Endzweck zuweist. Auch das gesamte Leben eines Menschen ist nicht einfach ein Chaos von zufälligen Ereignissen und Schicksalen. Sofern man die Subjektivität als gestaltende Kraft anerkennt, muß man zugeben, daß das Ich aus seiner Umwelt jene Kräfte und Umstände auswählt, die irgendwie zu seinem

Lebensplan und Lebensentwurf passen. Schon Schopenhauer sagte in einer Abhandlung *(Parerga und Paralipomena)*, daß der menschliche Lebenslauf nur beim unmittelbaren Erleben oft chaotisch anmutet; schaue man aber auf längere Zeiträume desselben zurück, so erkenne man einheitliche Grundmuster wie bei einem Teppich, dessen Vorder- und Rückseite man eingehend studiere.

Unter diesem Einheitsgesichtspunkt entsteht eine dramatische Konzeption der menschlichen Existenz. Ein Menschenleben, individualpsychologisch durchleuchtet, gleicht einem wohl aufgebauten Drama, das auf einen fünften Akt hinzielt, in dem die Problematik der Handlung sich auflöst. Einen Menschen erkennen heißt: seine ihm meistens selbst unbewußten oder unverstandenen Ziele erahnen.

Nach Adler geht es beim Studium des Menschen um das intuitive Begreifen des sogenannten „Lebensstils": Menschliche Charaktere sind ähnlich gebaut wie Kunstwerke, das heißt sie haben einen Stil, welcher die „Einheit des Mannigfaltigen" beinhaltet. Das ist ähnlich wie bei Werken der Malerei und der Tonkunst. Wenn ein Kenner ein paar Takte einer Musik von Mozart hört, wird er den Komponisten erraten können. Oder wenn ein Gemälde ohne Signatur auftaucht, werden die Experten nach kurzer Zeit Einigkeit darüber erreichen, ob es allenfalls ein Rembrandt, van Gogh usw. sein könnte. Ähnlich soll sich ein Menschenkenner so sehr in fremde Persönlichkeiten vertiefen, daß er das „individuelle Gesetz" (Georg Simmel) in ihnen wahrnimmt.

Bei Adler werden außer dem Wort Lebensstil noch die Begriffe „Lebensplan" oder „Prototyp" verwendet. Er geht davon aus, daß jedes Kind schon sehr früh ein solches „pattern of behavior" entwickelt; dieses wird zum geheimen Lenker für alle seine Reaktionen, für seine Zukunftspläne und für seine Stellungnahme zur Zwischenmenschlichkeit überhaupt. Einen Menschen ändern bedeutet, diesen Stil oder dieses Grundmuster zu korrigieren. Einzelne Verhaltenssequenzen abändern, wie es die Verhaltenstherapie will, ist witz- und sinnlos. Nur eine fundamentale Wandlung der Person kann zum Beispiel bei seelischen Erkrankungen eine Heilung einleiten.

Nicht das Studium von psychologischen Lehrbüchern und das Anhören von Vorlesungen, sondern tausendfältige Lebenserfahrung und gründliche Kenntnis unserer selbst kann uns zu „Stilkennern" machen. Auch genügt das Intellektuelle in keiner Weise; es geht um den Einsatz der ganzen Persönlichkeit. Geduld, Hingabe an die Sache, Phantasie und Identifikation mit dem Du bahnen den Weg zu dieser Künstlerschaft, die für Psychologen und Therapeuten ganz entscheidend ist.

5. *Die Lebensaufgaben:* Wenn man erfahren will, in welchem Maße Minderwertigkeitsgefühl, Geltungsstreben, und Gemeinschaftsgefühl in einem Menschen entwickelt sind, kann man ihn hierüber natürlich nicht selbst befragen: Die Fehleinschätzungen, zu denen es hierbei kommen würde, wären meistens grotesk. Auch hat es keinen Sinn, künstliche Testsituationen zu schaffen, etwa Fragebögen oder Laboratoriumsversuche. Nach Adler ist das Leben die vorzüglichste Testprüfung; darin zeigt sich unverkennbar, wieweit ein Mensch mit seinen Mitmenschen verbunden ist, oder ob er ein Opfer von Angst und daraus entspringendem Machtbedürfnis ist.

Das Leben stellt uns allen Aufgaben, in denen wir getestet werden. Adler hebt vor allem drei Aufgabenbereiche hervor, die sich aus den kosmischen und sozialen Bedingungen des Menschseins naturnotwendig ergeben: Arbeit, Liebe und Gemeinschaft. Die Art, wie sich jemand zu diesen allgemeingültigen Rahmenbedingungen der Existenz stellt, läßt erkennen, „weß' Geistes Kind er ist".

Die Notwendigkeit der Arbeit ist dadurch gegeben, daß der Mensch auf der kargen Erde lebt, die nur wenig Güter zu seinem Unterhalt bereitstellt. Daher muß jedermann einen Beruf ergreifen und seinen Beitrag an die Allgemeinheit leisten. Wir existieren auf Grund der Werktätigkeit vergangener Generationen, die uns eine halbwegs geordnete und funktionierende Menschenwelt hinterlassen haben. Indem der einzelne soziale und berufliche Geschicklichkeit erwirbt, reiht er sich ein in die Kette der Geschlechter; er sorgt für sich selbst und zugleich auch für die zukünftige Menschheit. Arbeit ist aber in der entwickelten Kultur meistens schwierig. Verwöhnte und entmutigte Menschenkinder neigen dazu, ihr auszuweichen und ein parasitäres Leben zu führen. Dabei kommt es weder zu Glück noch zu Selbstbewußtsein: nur der tätige Mensch wird ein erfülltes Leben führen.

Die zweite Aufgabe ist durch die Tatsache der Zweigeschlechtlichkeit gegeben. Indem die Natur zwei Geschlechter schuf, stellt sie die Forderung auf, sich mit einem Liebespartner zu verbinden. Die Vereinigung von Mann und Frau ermöglicht nicht nur eine innig-solidarische Lebensführung, sondern auch stetigen psychischen und physischen Kontakt, woraus die stärksten Glücksgefühle entspringen können. Durch die Gemeinschaft von Ich und Du in der liebenden Hingabe kommt der Mensch erst zu sich selbst und findet sein eigentliches Wesen. Aber auch hier türmen sich große Schwierigkeiten auf; die Anpassung an ein andersgeschlechtliches Du verlangt Geduld, Toleranz, Verstehen, Mut und Treue zu sich selbst. Wer aus lebensgeschichtlichen Gründen eine enge emotionale Gemeinschaft fürchtet, wird diese Aufgabe ungelöst lassen oder sich mit Scheinlösungen begnügen. Vor allem auf dem Gebiet der Sexualität gibt es unzählige Ausweichstaktiken; die überlieferte Moral und Religion dämonisiert diesen Bereich, so daß man begreift, wie wenig die Menschen hier zu einer geradlinigen Haltung befähigt sind.

Arbeit und Liebe entspringen der gemeinschaftlichen Existenzverfassung des Menschen. Daher gehören zu den weiteren Aufgaben des Daseins auch die Fragen des größeren sozialen Zusammenhanges, des Interesses für Stadt und Land, Volk und Menschheit, Gegenwart und Zukunft. Zum echten Gemeinschaftsgefühl ist auch zu zählen Natur- und Kunstliebe, Beziehung zum Kosmos, „Ehrfurcht vor dem Leben".

Der späte Adler betonte als vierte Lebensaufgabe die Kunst, im Sinne von Lebenskunst, von persönlicher Gestaltung der Arbeit, der Liebe, des Sexus und der Lebensführung überhaupt. Auch Weltoffenheit und Weisheit sind im Lebensprogramm des Menschen inbegriffen. So muß er überall produktive Lösungen suchen, wenn er sich in seinem Menschsein bewähren will.

6. *Frühe Kindheitserinnerungen, Träume, Charakterstruktur und Symptomsprache:* Die Individualpsychologie will eine wissenschaftliche Menschenkenntnis sein, und zu diesem Zwecke hat sie ein diagnostisches Instrumentarium geschaffen, das allerdings nicht leicht anwendbar ist. Nur langjährige Übung kann theoretisch gewonnene Einsichten in praktische Fertigkeiten umsetzen. Wir geben hier einen kurzen Überblick über solche Stützpunkte der Theorie, die nur im Rahmen eines Gesamtverständnisses von Adlers Lehre begriffen werden können.

a) *Frühe Kindheitserinnerungen:* Schon Freud war es aufgefallen, daß die ersten Kindheitserinnerungen charakterologisch und neurosenpsychologisch bedeutsam sind. Er beschrieb diesen Sachverhalt unter dem Titel der „Deckerinnerungen"; er meinte, er könne oft hinter relativ harmlosen Erinnerungsbruchstücken aus der frühesten Kindheit unbewußte sexuelle Traumatisierungen erschließen. Adler lehnte diese Sexualmythologie ab; aber auch er fand, daß solche Erinnerungen nicht bedeutungslos sein können. Denn sie werden aus Millionen Erfahrungen und Erlebnissen ausgewählt und festgehalten. Oft schaltet sich auch die Phantasie ein und verhilft zu Umdichtungen und Verlagerung von Akzenten. Nach Adler enthalten solche frühe Erinnerungsfragmente das ganze Lebens- und Charakterprogramm. Läßt man einen Menschen einige solche Kindheitssituationen referieren, dann kann man seine Stellung in der Welt und seine Lebensproblematik daraus ableiten.

b) Auch die *Träume* der Menschen haben einen tiefen Sinn – das wissen wir seit Freuds Buch *Die Traumdeutung*. Aber es ist fraglich, ob man den Ursprung des Traums in infantilsexuellen Quellen suchen muß. Nach Adler ist der Traum nicht eine „Wiederkehr des Verdrängten" oder eine „perverse Wunscherfüllung"; er ist auch nicht vom Schlafwunsch diktiert. Eher schon handelt es sich um eine Vorausschau in die Zukunft. Der schlafende Mensch befaßt sich gedanklich mit den Sorgen und Problemen des kommenden Tages. Er entwirft träumend eine Auseinandersetzung mit anstehenden Fragen, wobei er im Schlafzustand weder an die Vernunft noch an die Normen des Gemeinschaftsgefühls gebunden ist. Daher tritt in den Träumen eine ichhafte Bewegungslinie hervor. Man suggeriert sich Gefühle und Stimmungen, in denen das Egozentrische dominiert. Auch wenn man den Traum vergißt, bleibt das Gestimmtsein übrig und beeinflußt das Verhalten angesichts von Lebensaufgaben. Adler spricht geradezu davon, daß im Traum eine Selbstintoxikation wie beim Alkoholiker und beim Drogensüchtigen stattfindet. Der Träumer plant sein Leben so, als ob sich die ganze Welt nach ihm richten müßte; Kant und Schopenhauer haben nicht zu Unrecht den Traum mit einer Psychose verglichen. Darum sollte man in der Psychotherapie nicht die Traumdeutung zum Hauptgeschäft machen; man lenkt dadurch unter Umständen den Patienten von den realen Lebensfragen ab und bestärkt ihn in seinem Egozentrismus. Die Psychoanalyse und die Analytische Psychologie von C. G. Jung haben leider aus der Traumdeuterei eine „Königsstraße zum Unbewußten" gemacht und damit die seelenärztliche Behandlung auf Abwege geführt.

c) *Charakterstruktur:* Da Adler den Sinn der Neurose in den Gegenwartsproblemen des Patienten sah, fühlte er sich nicht gedrängt, jahrelang dessen verschüttete Kindheit auszugraben; er interessierte sich für das „Hier und Jetzt" des Analysanden, für seine Einstellung zu sich selbst und den Mitmenschen, für seine individuelle Gangart im Leben. Dadurch wurde der Schwerpunkt auf die Charakterologie gelegt. Alle Diagnostik wurde zur Untersuchung des Charakters, und Heilung in der Therapie bedeutete nichts anderes als Charakterveränderung im gemeinschaftsfreundlichen Sinn.

Die Individualpsychologie befaßte sich intensiv mit dem Studium normaler und pathologischer Charakterzüge. Die Beschreibungen, die sich etwa in *Über den nervösen Charakter* und in *Menschenkenntnis* finden, sind mit Recht berühmt geworden. Adler war ein genialer Beobachter und entschlüsselte oft schon in einem einzigen Gespräch die ganze Charakterstruktur seines Gegenübers. In seinen Texten gibt es feinsinnige Darlegungen hinsichtlich des charakterologischen Struktur-wissens; Charaktereigenschaften sind oft untereinander „verwandt", so daß der Experte aus dem Vorhandensein irgendeines dominanten Cha-rakterzugs viele andere Wesenszüge mutmaßend erschließen kann. In ihrer Charakterologie wurde Adlers Lehre auch eine praktische Men-schenkenntnis für jedermann; daher ihre Beliebtheit auch in Laienkrei-sen.

d) *Symptomsprache:* Ebenfalls intuitive Meisterschaft bewies Adler in der psychologischen und psychosomatischen Entzifferung der Sym-ptomsprache. Er ging davon aus, daß alles Seelische im Grunde Kom-munikation sei. Dementsprechend las er sozusagen den Sinn der Sym-ptome „vom Blatt" ab; er übersetzte beim Studium von Patientenper-sönlichkeiten fast wie ein Hellseher, was sie mit ihrer Symptomatik sagen wollten. Man lese diesbezüglich seine Falldarstellungen, die eine hohe Schule der Deutungskunst beinhalten. Dabei erwies sich etwa ein Angstanfall als eine Herrschaftsgebärde, eine Zwangshandlung als in-tensive Zeitvertrödelung, ein Schuldgefühl als moralische Spiegelfechte-rei und eine Depression als versteckte Anklage gegen nahestehende Menschen. Magengeschwüre bringen unter Umständen zum Ausdruck, daß jemand die ganze Welt auffressen will; hoher Blutdruck redet von Kampf- oder Fluchtbereitschaft, und Kopfschmerzen erzählen in Kör-persprache von ungelösten Problemen, die einem „auf dem Kopf lie-gen".

Abschließend sei noch auf den von Adler oft hervorgehobenen Ge-gensatz zwischen *Common sense* (gesunder Menschenverstand) und *pri-vater Intelligenz* hingewiesen. Es fiel Adler auf, daß alle seelisch gestör-ten Menschen in ihren Gedankengängen irgendwie von der Vernunft und vom allgemeingültigen Denken abweichen. Das liegt in ihrer schie-fen Sozialisation begründet, aber auch in ihrer negativen Stellungnahme zur Gemeinschaft. Wer zu wenig Solidaritätsgefühle ausgebildet hat, wird anders wahrnehmen, urteilen, fühlen und handeln als der gemein-schaftsfreundliche Mensch, der in seinem Verhalten auch das Wohlsein und Wohlbefinden des Mitmenschen einplant. Es ist wichtig, in der Psychotherapie zum Beispiel solche krumme Gedankengänge aufzuspü-ren und zu entlarven; die Rückführung des Patienten zum gesunden Menschenverstand stellt einen entscheidenden Schritt in seiner Heilung dar.

So wird etwa ein Verbrecher argumentieren: „Ich hatte kein Geld, und der Mensch, der vorüberging, trug schöne Kleider; da schlug ich ihn nieder, um mich in den Besitz seiner Kleidung zu bringen." Raskolnikow, der sich mühsam zum Mord an einer Wucherin entschließt, liegt lange im Bett und erwägt die krankhafte Frage, ob er „Napoleon oder eine Laus" sei. Da er das erstere für wahrscheinlicher hält, glaubt er sich berechtigt, die alte Frau totzuschlagen und zu berauben.

Nicht nur in der Psychopathologie, sondern auch im sogenannten Normalleben gibt es tausendfältige intellektuelle Extravaganzen und Extratouren, die auf einer gefühllosen Logik beruhen und die Ausbeutung der Mitmenschen oder die Flucht vor der Gemeinschaft absichern sollen. Vor allem in der Politik feiert diese Privatlogik furchtbare Triumphe, und so mancher Demagoge hat mit ihrer Hilfe ganze Völker in den Abgrund gerissen. Adlers Parteinahme für den Common sense wurde polemisch angefochten, aber die Ereignisse unseres Jahrhunderts belegen den Wert dieses Konzepts.

Anwendungsbereiche der Individualpsychologie

Ähnlich wie bei der Psychoanalyse und der Analytischen Psychologie ist das Feld der individualpsychologischen Anwendungsmöglichkeiten sehr groß; es reicht von der Psychotherapie über die Pädagogik bis zu allen Humanwissenschaften, den Künsten und der Philosophie. Wir können hierüber nur in aller Kürze referieren.

1. *Psychotherapie:* Anders als Freud sah Adler im psychotherapeutischen Geschehen eine sehr aktive Wechselwirkung zwischen Therapeut und Patient. Er verzichtete deshalb sehr früh auf die „Diwanmethode", die den Patienten in die Rolle eines möglichst objektiv beobachtbaren Objektes hineinmanövrierte. Adler bevorzugte den lebendigen Dialog mit dem Analysanden. Dieser saß ihm gegenüber und war ein gleichberechtigter Gesprächspartner.

Der analytische Dialog war demnach eine gemeinschaftliche Zusammenarbeit, deren Zweck die durch den Therapeuten geleitete und angeregte Selbsterforschung des Patienten sein sollte. Natürlich kam es dabei auch zur Klärung der gesamten Lebensgeschichte und der aktuellen Situation. Aber Adler verabscheute „unendliche Analysen", die sich im Gestrüpp einer mehr oder minder konstruierten Kindheit verlieren. Er legte den Akzent auf das Verständnis der Gegenwartssituation, ihrer Aufgaben und Probleme, das durch die „Charakteranalyse" ergänzt werden soll. Einstellungs- und Verhaltensfehler des Patienten waren hauptsächliches Thema dieser Erörterungen, die Adler entspannt, gütig und humorvoll zu führen empfahl. Er war auch der Ansicht, daß solche

„Beratungen" nicht länger als 3–6 Monate dauern sollten; auf diese Weise vermeide man das „Übertragungsgerangel", welches die Interaktion zwischen Therapeut und Patient in leidiger Weise belastet.

Das gab der individualpsychologischen Therapie das Merkmal der Schlichtheit, welches von vielen als Oberflächlichkeit mißverstanden wurde. Adler fühlte sich halbwegs als Erzieher seiner Analysanden; er klärte sie gewissermaßen über die „Logik des menschlichen Zusammenlebens" auf und suchte nach dem falschen, neurotischen Weltbild, das der Patient unter dem Einfluß einer ungünstigen Kindheit und Sozialisation aufgebaut hatte. Dabei ging es natürlich auch darum, den Ratsuchenden für eine gemeinschaftsfreundlichere Weltanschauung zu gewinnen. Am Ende einer solchen Behandlung waren oftmals Adler und sein Analysand zu Freunden geworden, die gemeinsam an einer Verbesserung der menschlichen Verhältnisse arbeiten wollten. Hier wird erkennbar, daß in der individualpsychologischen Therapie ganz bewußt ein ethisches Element wirksam ist; wenn man in der Neurose eine Art von moralischem Versagen sieht, dann muß die seelenärztliche Behandlung nicht nur aus Klärung und Ermutigung bestehen – es soll auch in ihr ein ethischer Appell enthalten sein, ein Aufruf zum Selbstwerden der Person auf dem Wege der vermehrten sozialen und kulturellen Beitragsleistung.

Selbstverständlich muß der Therapeut hierbei die Mitmenschlichkeit vorleben; er muß selbst reif, wissend und voller Sozialinteresse im Leben stehen, um das verschüttete oder verkümmerte Gemeinschaftsgefühl im Patienten zu erwecken. Die Therapeutenpersönlichkeit ist vermutlich das stärkste Agens in der psychologischen Kur.

Adlers Psychotherapie hat eine große Nähe zu den gruppentherapeutischen Verfahren, die nach Adlers Tod (1937) einen gewaltigen Aufschwung erfuhren. Denn Adler liebte es, seine Behandlungen in Gegenwart zahlreicher Ärzte, Psychologen, Lehrer und Fürsorger durchzuführen: Seine Falldemonstrationen in der Erziehungsberatung und Psychotherapie waren berühmt. Indem dies in aller Öffentlichkeit praktiziert wurde, erlebte der Patient die Atmosphäre einer wohlwollenden Gemeinschaft, die mächtigere Heilkraft besitzt als der Scharfsinn eines einzelnen Therapeuten.

2. *Erziehungslehre:* Kein anderer Pionier der Tiefenpsychologie hat sich derart eingehend mit dem Erziehungsproblem beschäftigt wie Adler. Vor allem in der Neurosentherapie lernte er die Bedingungen kennen, unter denen seelische Fehlentwicklungen zustandekommen. Daraus ergaben sich die Grundsätze einer psychischen Prophylaxe, die in

der Erziehung angewendet werden müssen. Adler war von einem starken pädagogischen Optimismus erfüllt. Im Geiste der Aufklärung dachte er, daß die Erziehung „alles vermag".

Das Erziehungsziel der Individualpsychologie ist der mutige, sozial verbundene, verantwortungsbewußte Mensch, der zu einer lebenslänglichen Selbsterziehung fähig ist. Besonderer Akzent wird auf die entfaltete Mitmenschlichkeit gelegt. Auch sollen freie, antiautoritäre Persönlichkeiten herangebildet werden, die im großen Spiel des Lebens Mitspieler und nicht Gegenspieler sind. Bei allen Fehlschlägen der seelischen Entwicklung konstatierte Adler ein Manko an emotionaler Verbundenheit mit dem Mitmenschen; will man die seelische Gesundheit der Heranwachsenden sichern, dann kommt es in erster Linie darauf an, die Beziehungsfähigkeit zu stärken. Nur auf dieser Basis kann eine sinnvolle Selbstentfaltung und Selbstwertsteigerung gewährleistet werden. Adler sagt lapidar: „Es ist unsere Aufgabe, uns selbst und unsere Kinder zu Instrumenten des sozialen Fortschritts zu entwickeln."

Darin ist auch bereits zum Ausdruck gebracht, daß Erziehung keine Einbahnstraße ist: Eltern und Kinder müssen sich gemeinsam bilden und kultivieren. Am ehesten gelingt das, wenn auf jegliche Gewalt verzichtet wird. Lange vor A. S. Neill war Adler ein Anwalt der „antiautoritären Erziehung", die er mit beredten Worten zu verteidigen wußte. Man muß sich mit dem Kind befreunden, um es erziehen zu können.

Aber mehr als die Propagandisten eines antiautoritären Absolutismus war Adler doch dafür, die Kinder zu führen und zu leiten. Die Kultur ist sehr kompliziert, und ein „selbstreguliertes Kind" (Neill) wird vielleicht nicht die richtigen Wege finden, um in sie hineinzuwachsen. Daher muß der Erzieher weitläufige Bildungsarbeit leisten. Wie bereits erwähnt, glaubte Adler nicht an vererbte Eigenschaften und Talente; daher meinte er, man könne durch geeignetes Training aus den Kindern viel mehr machen, als bisher geschieht.

Großen Wert legt die Individualpsychologie auf die Erziehung durch die Mutter. Sie ist die erste Kontaktperson des Kindes; an ihr soll dieses einen verläßlichen Mitmenschen erleben. Das kann jedoch nur geschehen, wenn die Mutter in einer tragfähigen Ehe lebt, und wenn ihr die Gesellschaft die Möglichkeit bietet, ihre Persönlichkeit differenziert auszugestalten. Das Vorurteil von der seelisch-geistigen Minderwertigkeit der Frau hat die häusliche Erziehung an der Wurzel korrumpiert. Wer eine humanistische Pädagogik will, muß die Gleichberechtigung der Frau auf sein Programm schreiben.

Adler unterscheidet zwischen drei unguten Erziehungsstilen: Verwöhnung, Härte und Strenge und Lieblosigkeit. In allen drei Fällen erfährt das Kind die Umwelt als wenig fördernd; es wird auf sich selbst zurückgeworfen, entwickelt Minderwertigkeitskomplexe und Machtstreben und sieht sich von den Mitmenschen abgetrennt. Auch die Stellung in der Geschwisterreihe kann das soziale Gefühl drosseln. Dann entstehen unter Umständen „Kinderfehler", die bereits als Kinderneurosen angesprochen werden müssen.

In der psychologischen Schulung von Kindergärtnern und Lehrern war Adler bestrebt, die Psychohygiene in der Erziehung zu verankern. Er sprach sich für eine antiautoritäre, humanistische Schule aus.

3. *Politik, Religion und Philosophie:* Adler hat keine politische Psychologie ausgearbeitet, stand aber der Politik nicht gleichgültig gegenüber. Im Unterschied zu Freud, der liberal-konservativ war, war Adler ein Sozialist. Anfänglich stand er der Sozialdemokratie nahe; aber später verfocht er einen humanistischen Sozialismus ohne Parteibindung, dessen Hauptelement der Pazifismus und der Antiautoritarismus waren. Merkwürdigerweise haben sich sowohl Freud als auch Adler nie umfassend zum Phänomen des Faschismus geäußert.

Ein wichtiges politisches Bekenntnis legte Adler 1918 unter dem Titel *Bolschewismus und Seelenkunde* ab. Damals war der Sieg der Bolschewiken in Rußland bereits vorauszusehen; viele freiheitliche Menschen erhofften sich davon eine Wende in der Weltpolitik. Adler jedoch diagnostizierte im Kommunismus die uralte Machtvergottung, die das Verhängnis der Geschichte ist. Daher prophezeite er, daß die bolschewistischen Machthaber ein ähnliches Unglück für die Kultur bedeuten werden wie die Diktatoren anderer Schattierungen: der Sozialismus sei immer an die wirkliche Befreiung der Menschen gebunden.

Ein anderes politisches Dokument ist *Die andere Seite; eine massenpsychologische Studie über die Schuld des Volkes* (1919). Darin verneint Adler die damals diskutierte Kollektivschuld des Volkes am Krieg. Die Menschen sind nicht kriegerisch von Natur; sie werden aber nationalistisch und kriegerisch erzogen, durch Propaganda verhetzt und fanatisiert. Ihre geistigen Führer lassen sie im Stich und prostituieren sich für die jeweiligen Machthaber. Kein Wunder, wenn das Volk in Zeiten der Erregung sich willig zur Schlachtbank führen läßt. – Ein schöner Beleg für Adlers Pazifismus ist seine kleine Studie über *Psychologie der Gewalt* (1928), die in einem *Handbuch des Pazifismus* (Hg. Franz Kobler) erschienen ist. Adler bekennt sich hierin zur Gewaltlosigkeit in der Politik, wie er auch sonst im Leben ein Apostel der Antiautorität war.

Hinsichtlich der Religion war Adler zunächst ein genauso scharfer

Kritiker wie Freud, dessen *Zukunft einer Illusion* (1927) in der großen Tradition der Religionskritik der Aufklärung, Feuerbachs und Nietzsches steht. In den frühen Texten Adlers wird kein Zweifel darüber gelassen, daß der Begründer der Individualpsychologie im religiösen Denken eine Art Kollektivneurose sieht; Manès Sperber *(Alfred Adler oder das Elend der Psychologie)* behauptet, er habe nie einen so radikalen Atheisten getroffen wie Adler. Aber später wurde aus diesem Atheismus eine konziliantere Haltung; im Bestreben, seiner Lehre möglichst viele Anhänger zu verschaffen, neigte Adler dazu, Übereinstimmungen zwischen Religion und Individualpsychologie hervorzuheben. Sein Berliner Gefolgsmann Fritz Künkel war ihm in dieser Beziehung vorausgegangen; er arbeitete mit evangelischen Geistlichen zusammen, und seine „dialektische Charakterkunde" war in Theologenkreisen sehr beliebt.

Das mag auch dazu geführt haben, daß Adler zusammen mit dem Pfarrer Ernst Jahn 1933 das Buch *Religion und Individualpsychologie* herausgab. Der Theologe steht hierin leidenschaftlich für sein Luthertum ein, indes Adler eine Evolutionsphilosophie verkündet, die dem religiösen Glauben eine zumindest historische Berechtigung einräumt. Gott wird dabei definiert als eine sehr nützliche Konkretisierung des menschlichen Vollkommenheitsstrebens: eine These, mit der sich die Frommen bestimmt nicht zufriedengeben werden. Auch ist Adler gern bereit, in den moralischen Forderungen der Religion die Stimme des Gemeinschaftsgefühls zu vernehmen. Darum könnten sich hinsichtlich der Menschenführung Geistliche und Psychologen in gemeinsamen Zielsetzungen zusammenfinden. Der späte Adler äußerte bei Gelegenheit sogar, die Seelsorger wären geeignete Propagandisten des Sozialinteresses – aber das Verhalten der Kirchen in Kriegen und in Diktaturen läßt diese Hoffnung als tragische Selbsttäuschung des kooperationswilligen Psychologen erscheinen.

Als „Philosoph" gehört Adler ähnlich wie Freud und Jung in den Bereich der Lebensphilosophie; er hat sich oft genug auf die Evolutionstheorien von Darwin und Lamarck bezogen, und das biologische Fundament seiner Lehre ist ohne die Vorarbeit dieser Evolutionstheoretiker kaum zu denken. Auch war Adler mit den Werken von Nietzsche, Bergson, Klages u. a. gut vertraut. Seine Optik, die Bewußtseinsvorgänge auf die Gesamtsituation des Organismus und seine Strebensziele bezieht, ist aus der geistigen Atmosphäre der lebensphilosophischen Tradition hervorgewachsen.

Auch die Geisteswelt von Immanuel Kant und Karl Marx spielt sichtlich in die Individualpsychologie hinein. Von Marx übernahm Adler den sozialistischen Impetus, den er allerdings durch Kenntnis der freiheitlichen Sozialisten wesentlich humanisierte. Durch Kant und Vaihinger wurden erkenntnistheoretische Überlegungen in die individualpsychologische Lehre eingebracht; so haben wir bereits darauf hingewiesen, daß die Idee des Gemeinschaftsgefühls vom Kantschen Begriff eines zukünftigen „Reichs der Zwecke" abhängig ist.

Wie Hannes Böhringer in seinem Buch *Kompensation und Common Sense – Zur Lebensphilosophie Alfred Adlers* (1985) gezeigt hat, sind aber auch noch andere philosophische Elemente in der Individualpsychologie enthalten. So nennt er z. B. Wilhelm Dilthey mit dessen „Hermeneutik" und sagt weiterhin (S. 17):

Adler hat von Anfang an seine Psychologie des „nervösen Charakters" als eine Anleitung zur vertieften „Lebens- und Menschenkenntnis" verstanden, als eine „Anthropologie in pragmatischer Hinsicht" (Kant). Insofern steht die Individualpsychologie in der Tradition der Weltweisheitslehren, der Moralistik, der antiken Affektenlehre und des christlichen Lasterkatalogs und gewinnt damit auch eine Nähe zu den hellenistischen Philosophien, die sich nach dem Vorbild der diätetischen Medizin als „Psychotherapie" verstanden. Adler selbst sind diese Zusammenhänge wohl nur zum Teil bewußt gewesen. Er scheint nicht gewußt zu haben, daß die Individualpsychologie weitgehend nur altes Gedankengut in eine neue, von der Naturwissenschaft seiner Zeit, ihrem Monismus und Vitalismus und von der Lebensphilosophie geprägten Sprache übersetzt.

4. *Literaturanalyse:* Alle Pioniere der Tiefenpsychologie liebten es, ihre psychologischen Einsichten anhand der Weltliteratur zu verifizieren. Die großen Dichter sind allesamt Vorläufer der tiefenpsychologischen Menschenkenntnis und Seelenkunde. Daher haben sie oft mit weitausholender Intuition Erkenntnisse vorweggenommen, die die Wissenschaft nur mühsam nachvollzogen hat. Adler sagte mehrfach, er stehe in der Schuld bei den Meistern der Dichtkunst, die vorbildlich seien hinsichtlich ihres Menschenverständnisses und der Gestaltung von Charakteren. Besonders bezog er sich auf die Bibel, auf Shakespeare und Goethe, auf Dostojewski und auf – die Kindermärchen.

Sehr eindrücklich zum Beispiel ist sein Aufsatz über *Dostojewski* (1918). Er bescheinigt dem genialen russischen Dichter, daß er tief in alle Abgründe des menschlichen Seelenlebens hineingeleuchtet habe. So hat Dostojewski unter anderem die Psyche des Mörders *(Schuld und Sühne)* feinsinnig beschrieben; er wußte auch um alle Finessen in der Mentalität des Spielers *(Der Spieler).* In *Der Jüngling* hat er das ganze

Gefühlschaos im Seelenleben eines neurotischen Heranwachsenden wunderbar erläutert. Er kannte offenbar alle Abschattungen des Minderwertigkeitsgefühls und des Machtstrebens, wie er denn auch in *Aufzeichnungen aus dem Kellerloch* die Nietzschesche Psychologie des Ressentimentcharakters grundlegend vorwegnahm. Großartig sind auch die *Erinnerungen aus einem Totenhaus*, die die schrecklichen Erfahrungen des Dichters im sibirischen Gefangenenlager verarbeiten. Man versteht, daß Nietzsche nach der Lektüre von Dostojewski begeistert ausrief, dieser Schriftsteller sei der größte Glücksfall seines Lebens; Dostojewski sei der einzige Psychologe, von dem er etwas lernen könne. Adler pflichtet diesem Urteil bei, wie denn auch Freud in *Dostojewski und die Vatertötung* (1928) dem russischen Genius gehuldigt hat.

Auch die Bibel leistet viel in der psychologischen Analyse von Charakteren und in der Ausleuchtung von Lebensformen. Adler war der Meinung, daß die Stellung des Kindes in der Geschwisterreihe seine Charakterstruktur und seinen Lebensstil entscheidend beeinflusse. Eine Bestätigung hierfür war seines Erachtens etwa die Geschichte von Josef. Jüngste Kinder sind nach Adler sehr ehrgeizig und wollen über ihre Geschwister hinauswachsen. Josef, der Sohn Jakobs und seiner Lieblingsfrau Rahel, spaziert im Kreise seiner Brüder umher und verkündet unbekümmert seine Träume, die in durchsichtiger Metaphorik seinen Herrschaftsanspruch über seine Geschwister und den Vater anmelden. Die Gunst der Umstände erlaubt es dann dem „religiösen Hochstaplerlein" (Thomas Mann), in der Kultur Altägyptens zu hoher Ministerwürde aufzusteigen und seine Phantasien von Mittelpunktstellung und Machtgebärde zu realisieren. – Auch in der geschwisterlichen Auseinandersetzung zwischen Jakob und Esau, die darin gipfelt, daß der jüngere Jakob unter Beihilfe durch die Mutter Rebekka dem erstgeborenen Esau den väterlichen Segen stiehlt, sieht Adler ein ausgezeichnetes Beispiel intuitiver Menschenkenntnis; nach seiner Lehre sind zweitgeborene Kinder nicht selten Schnell-Läufer, die die anderen überholen und aus ihrer Rolle drängen wollen. Thomas Mann hat auch diese Geschwister-Auseinandersetzung in seinen Josephs-Romanen mit herrlicher Ironie rekapituliert.

Auch die Kindermärchen, gewissermaßen vom Volke selbst gedichtet, sind gelegentlich psychologische Meisterleistungen. Wie oft erzählen sie von der Sonderstellung des jüngsten Kindes (z. B. der Däumling), das durch List seine schwachen Kräfte kompensiert und sich über seine Geschwister hinausschwingt. Auch Vater-Sohn- und Mutter-Tochter-Komplikationen werden in den Märchen einsichtig abgehandelt. So könnte man an den alten Märchenbüchern einen Großteil der modernen Psychologie exemplifizieren.

Kritische Bewertung

Adlers Gesamtwerk ist ebensosehr ein genialer Wurf wie das Oeuvre von Freud und Jung; in der stattlichen Anzahl von mehr als einem Dutzend Bänden legt es Zeugnis ab von der geistigen Produktionskraft und Originalität seines Urhebers. Aber man hat manchmal an diesen stilistisch glanzvollen Büchern bemängelt, daß sie eher unsystematisch anmuten. Als stark intuitiver Denker verfolgte Adler seine Ideen nicht immer bis in alle ihre Verzweigungen. Er deutete eine Erkenntnis an, sprang assoziativ zu ihren intellektuellen Weiterungen und befand sich plötzlich in ganz anderen thematischen Zonen, in die er ebenfalls mit Rösselsprüngen eindringt. Auch seine Bewunderer haben das gelegentlich als störend empfunden; nicht ohne Bedauern verwiesen sie dabei auf den streng systematischen Freud, bei dessen Texten die intellektuelle Übersichtlichkeit und absolute Klarheit dominiert. Um Adlers Manko auszugleichen, haben Heinz und Rowena Ansbacher unter dem Titel *Alfred Adlers Individualpsychologie* eine systematische Darstellung seiner Lehre in Auszügen aus seinen Schriften herausgegeben; sie zerschnitten hierbei viele Adlersche Texte und ordneten diese zu einem kunstvollen Mosaik, welches nun die vermißte Systematik doch noch zum Vorschein bringt.

Überhaupt liebte Adler das Bücherschreiben nicht besonders; das gesprochene Wort bedeutete ihm viel mehr. Er hielt seine Ansprachen meistens frei, aber mit solcher Souveränität, daß sie druckreif waren. Manche seiner Bücher sind aus stenographischen Mitschriften entstanden, aber es scheint, daß sich der Autor kaum die Zeit nahm, sie zu überarbeiten und zu differenzieren. Das gibt seinen Büchern den Charakter einer Improvisation; bei Freud jedoch hat man immer mit ausgefeilten Texten zu tun, denen man anmerkt, daß ihr Verfasser einen „Ewigkeitswert" anstrebt.

Auch würde man sich gerne wünschen, von dem genialen Praktiker der Psychotherapie Adler einige sehr ausführliche Falldarstellungen zu besitzen. An kurzen Fallbeschreibungen haben wir keinen Mangel; aber umfassende Erörterungen liegen kaum vor. Auch hier ist Freud eindeutig im Vorteil. Seine Schüler können sich auf fünf große Krankengeschichten stützen, die an Umfang jeweils etwa 100 Seiten ausmachen.

Wie froh wäre man darüber, aus der Feder Adlers etwa Analoga zu „Der kleine Hans", zum „Wolfsmann", zum „Rattenmann", zu „Bruchstück einer Hysterieanalyse" usw. zur Verfügung zu haben! Adler konnte Patienten sehr plastisch darstellen, und die Geistesblitze, die er im Zusammenhang mit therapeutischen Interventionen äußert, sind überstrahlt von Humor und Güte.

Auch ist es ein offenkundiges Manko, daß er seine Kulturphilosophie nirgendwo ausführlich diskutiert hat. Wiederum befindet Freud sich mit *Die Zukunft einer Illusion* (1927) und *Das Unbehagen in der Kultur* (1930) im Vorteil; auch Jung ist als kulturphilosophischer Autor mit mehreren voluminösen Bänden präsent. Adler war tief vertraut mit den überindividuellen geistigen Zusammenhängen, so daß er sehr wohl Überlegungen zur Gesellschafts- und Kulturphilosophie hätte in einen größeren Zusammenhang einordnen können. Es scheint aber, daß er in den letzten fünfzehn Jahren seines Lebens zu wenig innere Ruhe hatte, um große literarische Pläne in Angriff nehmen zu können. Man sagt von ihm, er sei gehetzt gewesen und habe durch unermüdliches Wirken die Verhängnisse von Krieg und Diktatur von seinen Zeitgenossen abwenden wollen. Sah er doch voraus, daß ein entfesselter Weltkrieg nicht nur unzählige Kulturwerte und Menschenleben zerstören würde; die politische Tragödie wirft ja immer auch die Menschheit in ihrer Gesittung und Humanität um Jahrzehnte zurück. Durch seinen Tod im Jahre 1937 blieb dem gütigen Menschenfreund das Mitwissen um die Grausamkeiten des Zweiten Weltkrieges erspart.

Ausgewählte Literatur

Adler, A. (1909). Studie über Minderwertigkeit von Organen. Frankfurt: Fischer 1977.
– (1912). Über den nervösen Charakter. Frankfurt: Fischer 1972.
– & Furtmüller, C. (1914). Heilen und Bilden. Frankfurt: Fischer 1973.
– (1920). Praxis und Theorie der Individualpsychologie. Frankfurt: Fischer 1974.
– (1927). Menschenkenntnis. Frankfurt: Fischer 1966.
– (1928). Psychologie der Gewalt. In: Kobler, F. (Hrsg.). Gewalt und Gewaltlosigkeit. Handbuch des aktiven Pazifismus. Zürich: Rotapfel.
– (1933). Der Sinn des Lebens. Frankfurt: Fischer 1973.
– (1929). Individualpsychologie in der Schule 1+2. Frankfurt: Fischer 1973.
– (1930). Die Technik der Individualpsychologie. Frankfurt: Fischer 1974.
Ansbacher, H. L. & R. R. (1972). Alfred Adlers Individualpsychologie. München: Reinhardt.
Böhringer, H. (1975). Kompensation und Common Sense – Zur Lebensphilosophie A. Adlers. Frankfurt: Fischer.

Brachfeld, O. (1953). Minderwertigkeitsgefühle beim einzelnen und in der Gemeinschaft. Stuttgart: Klett.

Bruder-Bezzel, A. (1983). Alfred Adler. Göttingen: Vandenhoeck & Ruprecht.

Freud, S. Gesammelte Werke. Frankfurt: Fischer 1968 ff.

Furtmüller, C. (1983). Denken und Handeln. München: Reinhardt.

Handlbauer, B. (1984). Die Entstehungsgeschichte der Individualpsychologie A. Adlers. Wien: Geyer-Edition.

Köppe, W. (1977). Sigmund Freud und Alfred Adler. Stuttgart: Kohlhammer.

Orgler, H. (1956). Alfred Adler. Triumph über den Minderwertigkeitskomplex. München: Psychologie Verlags Union, 3. Aufl. 1989.

Rattner, J. (1963). Individualpsychologie. München: Reinhardt.

– (1972). Alfred Adler. Reinbek: Rowohlt.

– (1974). Neue Psychoanalyse und intensive Psychotherapie. Frankfurt: Fischer.

– (1976). Alfred Adler als geistige Gestalt. Manuskript.

Manès Sperber (1970). Alfred Adler oder das Elend der Psychologie. Wien: Molden.

Vaihinger, N. (1911). Die Philosophie des Als Ob. Leipzig: Reclam, 3. Aufl. 1918.

Weininger, O. (1903). Geschlecht und Charakter. Wien: W. Braunmüller, 12. Aufl. 1910; München: Matthes und Seitz.

Wexberg, E. (1928). Individualpsychologie. Darmstadt: Wissenschaftliche Buchgesellschaft, 3. Aufl. 1969.

Carl Gustav Jung

Einleitung

Freud, Adler und Jung gelten als die drei großen Pioniere der Tiefenpsychologie; Freud ist zwar der Entdecker des neuen Seelen-Kontinents, aber es besteht kein Zweifel darüber, daß auch Adler und Jung ganz neuartige Aspekte des Seelenlebens sichtbar gemacht haben. Daher wird die „Analytische oder Komplexe Psychologie", wie Jung seine Lehre später nannte, zu den Grundlagen des tiefenpsychologischen Menschenverständnisses gerechnet; keine Darstellung der Psychologie des Unbewußten kann an Jungs Hypothesen oder Befunden vorübergehen.

Wir wenden uns zunächst dem Lebenslauf des bekannten Schweizer Psychologen zu. Jung wurde am 26. Juli 1875 als Sohn eines evangelischen Pfarrers in Kesswil im Kanton Thurgau geboren. Seit 1879 lebte die Familie in Kleinhüningen bei Basel. Die problematische und düster gestimmte Ehe der Eltern hat die Charakterbildung des aufgeweckten Knaben offenbar maßgeblich bestimmt. Nach schwierigen Gymnasialjahren entschloß sich Jung zum Studium der Medizin, wozu auch das Vorbild seines Großvaters – ebenfalls Carl Gustav Jung, Professor für Anatomie in Basel – beigetragen haben mag. Im Jahre 1900 schloß er mit dem Staatsexamen ab; zwei Jahre später veröffentlichte er seine Dissertation *Zur Psychologie und Pathologie sogenannter okkulter Phänomene*, worin er sich über mediale Fähigkeiten bei einer jungen Frau („Somnambulismus") ausließ. Die Lektüre eines Werkes von Krafft-Ebing soll ihn für das Spezialgebiet der Psychiatrie gewonnen haben. Er verbrachte ein Semester bei Pierre Janet in Paris und wurde dann unter Eugen Bleuler Assistent am Burghölzli in Zürich, der Psychiatrischen Universitätsklinik. Im Jahre 1903 heiratete er Emma Rauschenbach, mit der ihn eine mehr als fünfzigjährige Ehe verbinden sollte.

Als Psychiater befaßte sich Jung zunächst mit den sogenannten „Diagnostischen Assoziationsstudien". Es handelte sich um ein in der Wundt-Schule gebräuchliches Experiment: man rief einer Versuchsperson bestimmte Reizwörter zu, auf die sie Antwort geben sollte. Worte, die irgendwelche affektgeladene Probleme berührten, führten zu unerwarteten, verzögerten und sonstwie auffälligen Reaktionen. Für Jung wurde der Assoziationsversuch zu einem Mittel, „gefühlsbetonte Komplexe" in der Persönlichkeit des Explorierten aufzudecken. Es schien zunächst, als ob mit diesen Experimenten für die Psychiatrie und die Rechtsprechung (Lügen-Detektor!) ein wichtiger Zugang zur Untersuchung des Seelenlebens gewonnen sei. Jung habilitierte sich um 1905 und wurde Oberarzt am Burghölzli. Seinen Gedankenreichtum bekundete er bereits 1907 mit der tiefgründigen Schrift *Über die Psychologie der Dementia praecox*, die dem psychologischen Verstehen von Wahn-Inhalten neue Wege wies.

Damals wurde Jung mit Freud bekannt, zu dessen hochgeschätztem Schüler er bald avancierte; er wurde geradezu der „Kronprinz" innerhalb der psychoanalytischen Bewegung, da der Begründer der Psychoanalyse vom Psychiater, Nichtjuden und Kulturgeschichtler Jung die größte Förderung seiner neuen Wissenschaft erhoffte. Daher wurde Jung 1911 der erste Präsident der Internationalen Psychoanalytischen Gesellschaft. Aber schon 1913 war die Freundschaft mit Freud zu Ende: tiefgreifende persönliche und theoretische Divergenzen führten zu einem unheilbaren Bruch zwischen den beiden Tiefenpsychologen. Jung widmete sich ab 1913 dem Aufbau seiner „Analytischen Psychologie". Er wurde zum Schöpfer seiner eigenen tiefenpsychologischen Schule.

Jung verzichtete auf die akademische Laufbahn, baute sich ein Haus in Küsnacht bei Zürich und lebte als frei praktizierender Psychotherapeut. Er wurde bald sehr populär – eine internationale Klientel konsultierte den Schweizer Seelenarzt, dessen Lehre weniger kulturkritisch, mehr religionsfreundlich und stark mystizistisch war, womit sie sich für bürgerliche und großbürgerliche Kreise sehr wohltuend von der Psychoanalyse und der Individualpsychologie abhob. Jung schrieb zahlreiche Bücher, die Themen der Tiefenpsychologie, Kulturgeschichte, Religion und Religionspsychologie, Ethnologie und Mythenforschung, Literatur, Philosophie und Gesellschaftsprobleme umfaßten. Da er über einen weiten Horizont und erstaunliche Belesenheit verfügte, machte er sein Lehrsystem zu einer universellen Heilslehre und Lebensphilosophie, die vor allem in religiösen und konservativen Kreisen großen Anklang fand.

Er unternahm verschiedene Reisen nach Nord- und Mittelamerika, nach Afrika und später auch nach Indien. 1933 wurde er Präsident der „Deutschen Ärztlichen Gesellschaft für Psychotherapie", deren nationalsozialistische Gleichschaltung er mit Zustimmung akzeptierte. Aus jener Zeit stammen einige Veröffentlichungen, die man ohne weiteres als rassistisch, antisemitisch und faschistoid bezeichnen darf: Hitler und Mussolini scheinen Jung mächtig imponiert zu haben, was durch viele schriftliche und mündliche Äußerungen belegt werden kann. Nach dem Zweiten Weltkrieg jedoch bestritt Jung jede Anpasserei und beschönigte dies durch die Behauptung der „deutschen Kollektivschuld" am Nationalsozialismus, wobei er sich selbst von jeder Schuld freisprach. Dürftige Polemiken gegen den Sozialismus und Kommunismus, die in seinem Lebenswerk oft angetroffen werden, bestätigen den kleinbürgerlichen Konformismus, der in Jungs Frömmelei, Aberglauben und Kultur-Pessimismus sein Fundament zu haben scheint. In seinen späten Jahren hat Jung hauptsächlich religiöse Schriften publiziert, in denen er sich als moderner Religionsstifter und -reformator darstellt.

Die weltlichen Ehrungen konnten bei einer derartigen Geisteshaltung nicht ausbleiben. 1932 erhielt Jung den Literaturpreis der Stadt Zürich; 1935 wurde er zum Titularprofessor an der Eidgenössischen Technischen Hochschule in Zürich ernannt. 1944 errichtete man eigens für ihn eine Professur für Medizinische Psychologie an der Universität Basel: aus Krankheitsgründen konnte er allerdings seiner Lehrtätigkeit nicht nachkommen. Aber sein Ruhm wuchs und breitete sich aus: er erhielt Ehrendoktorate von Hochschulen aus aller Welt. Da er sich auch um die Propagierung östlicher Lebensweisheiten und Gesundheitslehren verdient gemacht hatte, wurde man auch im Fernen Osten auf ihn aufmerksam. Indien und Japan sandten ihm Schüler, indes er selbst im Verein mit berühmten Sinologen und Indienforschern, mit Archäologen und Religionshistorikern östliche Weisheiten in die moderne Psychotherapie einzubringen versuchte. So baute sich sein Bild als Vermittler zwischen westlicher Rationalität und Tiefsinn des Fernen Ostens immer prägnanter auf, wobei eine bestimmte Gesellschaftsschicht – in der Geistliche, Frauen und Sucher nach einer neuen Religiosität die Hauptrolle spielten – ihm als Seelenforscher nicht nur Ebenbürtigkeit mit Freud, sondern sogar eine gewisse Überlegenheit über diesen zuzugestehen bereit war.

Die Gesammelten Werke Jungs umfassen ca. zwanzig Bände; sie stellen eine Mischung von Seelenkunde, Gnosis und Aberglauben, Philosophie und Naturwissenschaft dar. Seit 1948 besteht ein C.-G.-Jung-Institut in Zürich, das der Verbreitung und Vertiefung seiner Lehre gewidmet ist. Jung-Schüler, denen eine mystisch angehauchte Psychologie als die „Psychologie der Zukunft" erscheint, gibt es in aller Welt; Kritiker jedoch sprechen von einem konfusen Amalgam zwischen Wissenschaft und Religion. C. G. Jung starb am 6. Juni 1961 im Alter von 86 Jahren in Küsnacht am Zürichsee.

Kritik der Psychoanalyse

Als Jung 1907 zu Freud stieß, schloß er sich mit großem Enthusiasmus der Psychoanalyse an. Bald zeigte er durch seine Publikationen, daß er ein hervorragendes Verständnis für tiefenpsychologische Fragestellungen besaß. Von Vorteil war u. a. auch, daß er Psychiater mit klinischer Erfahrung war – die meisten der damaligen Freud-Schüler waren praktische Ärzte. Schon nach zwei Jahren war seine Stellung im Freud-Kreis so gefestigt, daß er gemeinsam mit Freud zu Gastvorlesungen an die Clark University (Worcester, Mass.) in die USA (1909) eingeladen wurde; indes Freud über Psychoanalyse sprach, referierte Jung über die Assoziationsmethode. Im Anschluß daran erhielt er die Würde eines Dr. jur. honoris causa. Nach seiner Rückkehr aus Amerika verließ er das Burghölzli und widmete sich ganz der psychoanalytischen Praxis. Einige junge Schweizer Ärzte scharten sich um ihn, so daß in Zürich eine Fraktion der psychoanalytischen Bewegung entstand.

Bald jedoch zeigten sich unterschiedliche Auffassungen, die Jung von der Psychoanalyse wegführen mußten. Dies stand teilweise im Zusammenhang mit seiner geistigen Herkunft, die sich wesentlich von derjenigen Freuds unterschied. Jung stand unter dem Einfluß religiösen und romantischen Schrifttums; die Lehren von C. G. Carus, Arthur Schopenhauer, Jakob Burckhardt, Friedrich Nietzsche und vielen anderen waren die geistigen Voraussetzungen, die er in seine psychoanalytische Theorie und Praxis einzuarbeiten versuchte. So stieß er sich bald an Freuds Materialismus, an seiner strengen Naturwissenschaftsauffassung und einzelnen Dogmen der Psychoanalyse, die dem gesunden Menschenverstand als unannehmbare Zumutungen erscheinen mußten. In *Versuch einer Darstellung der psychoanalytischen Theorie* (1912) erfolgte eine erste Abgrenzung; ganz deutlich wurde die Trennung vollzogen in *Wandlungen und Symbole der Libido* (1912/13). Im letzteren Text, der den Untertitel *Analyse des Vorspiels zu einer Schizophrenie* trägt, untersucht Jung autobiographische und dichterische Aufzeichnungen einer jungen Amerikanerin, die später an einer schizophrenen Gemütsstörung erkrankte; auf mehreren hundert Seiten erläutert er die Gedanken und Phantasien der Patientin unter Heranziehung von Materialien aus Dichtung, Philosophie, Mythologie und Religion, woran er weitläufige Hypothesen über die Natur des Seelenlebens und der seelischen Erkrankungen anknüpft. Überraschend ist, daß er die Patientin, die er zum Ausgangspunkt für so erstaunliche Spekulationen nimmt, gar nicht gekannt hat: hier zeigt sich eine typische Tendenz des Jungschen Denkens, welches einen ungezügel-

ten Phantasiereichtum mit nur kärglicher Berücksichtigung der Lebenspraxis verbindet. Jungs literarischer Stil ist weit weniger kohärent und
realitätsbezogen als derjenige Freuds; an wenige Fakten werden Hunderte von Vermutungen angehängt, die ohne Selbstkritik meistens auch
die Gestalt von intuitiv gewonnenen Wahrheiten annehmen.

Aber Jungs Kritik an der Psychoanalyse, die sich in jenen Jahren entfaltete, läßt sich in vielen Punkten die Berechtigung nicht absprechen. So
stieß er sich z. B. am Begriff der Libido, die nur *sexuelles Bedürfnis* beinhalten sollte. Für Jung wurde die Libido zur Lebensenergie überhaupt,
vergleichbar mit Schopenhauers „Wille zum Leben" und Bergsons „élan
vital". Diese Lebensschwungkraft äußert sich im Nahrungs- und Sexualtrieb, aber auch in ganz ursprünglichen seelischen und geistigen Bedürfnissen, die keineswegs als Sublimationsprodukt sexueller Energien dargestellt werden dürfen. Diese Ablehnung der universellen Sexual-Moti-
vation des Menschen, welche, bereits etwas früher, schon von Alfred Adler propagiert wurde, spaltete die Psychoanalyse in rivalisierende Bestrebungen auf, die nicht mehr auf einen Nenner gebracht werden konnten.

Jung kritisierte auch die Theorie vom Ödipuskomplex, wonach jedes
Kind notwendigerweise den andersgeschlechtlichen Elternteil begehren
und den gleichgeschlechtlichen Elternteil in einer bestimmten Entwicklungsphase hassen muß: mit Recht wies er darauf hin, daß dies zumeist
Folge einer verwöhnenden Erziehung ist, wobei es die Erwachsenen
sind, die das Kind allzusehr an sich binden wollen. Auch ist es irreführend zu meinen, daß der erwachsene Neurotiker immer noch „die Mutter" haben wolle; die Mutter ist nur ein Symbol für das Unmögliche, für
die Rückkehr ins unverantwortliche und mühelose Kinderleben, wonach
sich der neurotische Patient zu sehnen pflegt. Freud nahm offenbar die
Phantasien seiner Analysanden zu „wörtlich". Er hätte sehen müssen,
daß die Patienten nicht so sehr auf ihre „Mutter" verzichten müssen,
sondern auf ihre Bequemlichkeit, ihr Leben in der Phantasie, ihre faulen
Kompromisse, ihre Ausreden und ihre Fluchttendenzen. Die Umerziehung des wirklichkeitsfremden Analysanden gelingt besser, wenn man
diese Aspekte der Neurose ins Auge faßt, als wenn man angebliche
sexuelle Kindheitsdramen noch ins Erwachsenenleben hineinprojiziert.

Zu Freuds materialistischer Gesinnung gehörte auch das Postulat, daß
im Seelenleben alles und jedes streng determiniert sei; das Kausalitäts-
prinzip, das für die Naturforschung so wertvoll ist, soll auch auf die
Seelenkunde angewendet werden. Jung will nun – wiederum ähnlich wie
Adler – die Kausalität durch die Finalität ergänzt wissen: Seelisches ist
nicht nur durch Ursachen bedingt, sondern auch durch Ziele, Zwecke

und Werte. Das Verstehen seelischer Lebensäußerungen wird sogar durch die finale Betrachtungsweise mehr gefördert als durch die kausale; die Psyche wird in ihrem Tun und Lassen nicht so sehr durch das begriffen, woher sie kommt, als vielmehr durch das, wohin sie strebt. Jung anerkennt, im Gegensatz zu Freud, schöpferische Potenzen im Seelenleben, die sich der strengen Kausalanalyse entziehen.

Unter dieser Voraussetzung entsteht nun u. a. auch ein neues Verständnis von Traum und Neurose. Indes Freud in den Träumen lediglich die symbolische Erfüllung infantiler Triebwünsche sah, nimmt Jung den Traum als ein seelisches Naturphänomen, als Lebensbekundung eigener Art. Der Traum ist nicht nur Vergangenheitsrelikt; er ist auch zukunftsorientiert, d. h. er setzt sich mit aktuellen und zukünftigen Problemen des Träumers auseinander. Er ist eine Botschaft des Träumers an sich selbst. Als Dokumentation des unbewußten Seelenlebens sollte er immer ernstgenommen werden. Man darf ihn nicht auf das Prokrustesbett einer dogmatisch-verengten Sexualtheorie spannen. Jung weist zwar die sexuelle Symbolik der orthodoxen Psychoanalyse energisch und mit guten Gründen zurück; er selbst jedoch entwickelt eine reichlich unkritische religiöse und mythologische Symbollehre, die den schlimmsten Phantastereien der Psychoanalytiker in keiner Weise nachsteht. Für Jung manifestieren die Träume nicht nur die Regungen des individuellen Unbewußten; in ihren Tiefenschichten äußert sich auch das „kollektive Unbewußte", das Seelenleben der Menschheit, der Niederschlag uralter Erfahrungen der Menschengattung, des Lebens auf der Erde überhaupt. Auf diese Theorie werden wir noch zurückkommen.

Realistischer war die Jungsche Auffassung, daß die Neurose nicht nur aus Trieb-Verdrängungen und unbewältigten Kindheitstraumen entspringt; Jung war einer der ersten, der die ethischen Probleme der neurotischen Störungen in ein helles Licht rückte. Neurose ist für ihn u. a. ein menschliches und ethisches Versagen angesichts allgemeinmenschlicher Lebensprobleme (Liebe, Arbeit, Sinnfindung usw.). Daher darf der Neurotiker nicht nur *analysiert* werden: man muß ihn auch erziehen und moralisch fördern. Leider sieht Jung die Fragen der Erziehung und Moral in der Psychotherapie sehr stark unter dem religiösen Aspekt, der seit seiner Trennung von Freud in zunehmendem Maße Macht über ihn gewann.

Psychologische Typenlehre

Die Loslösung von Sigmund Freud scheint für Jung – wie auch für Freud, der diese als einen „schmerzlichen Verlust" bezeichnete – ein schwieriger Prozeß gewesen zu sein. Dies zeigt sich u. a. im Briefwechsel der beiden Protagonisten, der mit großen Mißklängen endet. Jung schrieb schließlich einen sehr groben Brief, worin er Freud beschuldigte, er habe seine eigene Neurose nicht überwunden und reagiere diese an seinen Schülern ab. Auf solche Unmutstöne hatte Freud nichts mehr zu antworten; mit Recht hatte Jung seinen letzten Brief mit den Worten abgeschlossen: „Der Rest ist Schweigen!"

Man gewinnt den Eindruck, daß Jung zunächst in einem seelischen Zustand war, der einer Psychose ziemlich nahestand. Dies wird u. E. bezeugt durch die damals niedergeschriebenen *7 Sermones ad mortuos* (Sieben Ansprachen an die Toten), welche in dem von Aniela Jaffé aufgezeichneten Biographie-Band *Erinnerungen, Träume, Gedanken von C. G. Jung* (1962) abgedruckt sind. In einem ausgesprochen düsteren Gemälde gibt Jung konfuse Totenreden von sich, die den Anschein von mystischer Erleuchtung bieten sollen. Dieser Text und so manche andere Hinweise lassen mutmaßen, daß Jung gelegentlich schizophrene Zustände durchmachte, was ihn aber nicht hinderte, mit kraftvollem Einsatz sein Leben und seine Lehre zu gestalten.

Immerhin sind die Jahre nach dem Bruch mit Freud sehr karg an literarischen Produkten. Jung suchte nun seinen eigenen Weg, der ihn von der Psychoanalyse weit entfernen sollte. Das Buch *Psychologische Typen* aus dem Jahre 1921 bedeutet diesbezüglich einen Durchbruch zu Originalität und geistiger Selbständigkeit.

Das Problem der „psychologischen Typen" ist uralt. Es ist schon im Altertum bekannt; bereits Hippokrates und Theophrast haben versucht, die unübersehbare Fülle menschlicher Individualitäten typenmäßig zu ordnen. Ähnliche Typensysteme gab es im 18. und 19. Jahrhundert – für Jung wurden besonders wichtig Friedrich Schiller mit seiner Unterscheidung von „naiven" und „sentimentalischen" Dichtern und Friedrich Nietzsche mit seinem am Griechentum aufgewiesenen Gegensatzpaar von „dionysisch" und „apollinisch". In der neueren Zeit sind die Typenlehren von Ernst Kretschmer *(Körperbau und Charakter)* und Eduard Spranger *(Lebensformen)* berühmt geworden. In diese Suche nach Typen menschlichen Verhaltens oder Seins schaltet sich nun Jung ein, indem auch er „empirisch gefundene Grundformen menschlichen Selbst- und Weltbezugs" aufzeigt. Sein umfangreiches Werk hat weithin

Beachtung gefunden und einige seiner Grundbegriffe sind in den allgemein üblichen psychologischen Sprachschatz eingegangen.

Nach Jung kann die Libido des Menschen (die seelische Energie) in die Außen- und in die Innenwelt strömen. Das erstere nennt er „Extraversion", das letztere „Introversion". Im normalen Seelenleben kommen beide Prozesse in buntem Wechsel vor: unsere Aufmerksamkeit richtet sich sowohl auf die uns umgebenden Objekte als auch auf das Ich, welches sich selbst wahrnehmen und beurteilen kann. Jung glaubt nun die Menschen danach einteilen zu können, welche psychische Grundbewegung bei ihnen vorwaltet. Wo das „Nach-außen-gerichtet-Sein" die Oberhand besitzt, spricht er vom extravertierten Einstellungstypus; wo das „Nach-innen-gekehrt-Sein" überwiegt, hat man es seiner Ansicht nach mit einem introvertierten Einstellungstypus zu tun. Für ihn sind diese beiden Grundhaltungen durch angeborene Dispositionen bedingt: Leben und Erleben von extravertierten und introvertierten Menschen sind von Natur aus wesensverschieden.

Mit seiner erstaunlichen Belesenheit kann Jung in der ganzen europäischen Geistesgeschichte viele Beispiele der beiden Einstellungs-Typen aufweisen. Plato und Aristoteles, realistische und nominalistische Scholastiker des Mittelalters, Schiller und Goethe: sie alle werden als Musterbeispiele von Introversion und Extraversion beschrieben. Nietzsche hat für dieses Gegensatzpaar die beiden griechischen Gottheiten Apollo und Dionysos eingesetzt; der bedeutende Schweizer Dichter Carl Spitteler schuf im Anklang an die Mythen der Griechen sein Epos *Prometheus und Epimetheus*, das wiederum – wie Jungs feinsinnige Analyse kundtut – die beiden grundlegenden Seelentypen beschreibt. Jung will auch in seiner psychotherapeutischen Praxis solche typologisch faßbaren Charaktere angetroffen haben, die jeweils ganz andere therapeutische Behandlungsweisen erfordern.

Das System wird nun allerdings noch ziemlich kompliziert, da es neben den zwei genannten Einstellungsweisen auch noch vier psychische Grundfunktionen geben soll, die als Denken, Fühlen, Empfinden und Intuieren bezeichnet werden. Zum Einstellungstyp kommt noch jeweils der Funktionstyp hinzu, so daß sich ein ganzer Schematismus von möglichen Seelenverfassungen ergibt, z. B.: extravertierter Denktyp, introvertierter Denktyp, extravertierter Fühltyp, introvertierter Fühltyp usw. usw. Das Schema wird auf diese Weise so reichhaltig, daß es unzählige Auslegungen zuläßt. Denn wer sich mit irgendeiner Funktion im Leben zu orientieren versucht, verdrängt die gegensätzliche Funktion ins Unbewußte, wo sie sich nur „minderwertig" entfalten kann. So kann dann der Psychotherapeut fast nach Belieben seinem Analysanden darlegen, daß er Denken, Fühlen, Empfinden oder Intuieren *hinzulernen* muß, um ein kompletter Mensch zu werden. Jung schwebt hierbei offenbar als Gesundheitskriterium ein Menschenwesen vor, das alle Einstellungen und Funktionen möglichst gut ausgebildet hat und so rational und irrational Menschen und Umwelt begreifen kann. Natürlich kann kein Mensch alle seelischen Tendenzen und Möglichkeiten im gleichen Maße wahrnehmen; die Individualität hat immer ihre Engen und Einseitigkeiten, um die sie allerdings wissen muß, wenn sie nicht ungerecht gegen andere Individualitäten werden soll.

Wiewohl Jung so nachdrücklich die Typenlehre empfiehlt, war er sich doch klar darüber, daß jeder Mensch eine Persönlichkeit ist, deren wesentliche Strukturen in einer Typologie kaum zu finden sind. Daher betont er in einer späteren Abhandlung:

> Ich bin ja keineswegs in der Lage, das Ganze der mir gegenüberstehenden Persönlichkeit zu beurteilen. Ich kann über sie nur gültig aussagen, insofern sie allgemeiner oder relativ allgemeiner Mensch ist. Da aber alles Lebendige immer nur in individueller Form vorkommt, und ich über das Individuelle des anderen immer nur das aussagen kann, was ich in meinem eigenen Individuellen vorfinde, so stehe ich in der Gefahr, entweder den anderen zu vergewaltigen oder selber dessen Suggestion zu unterliegen. Ich muß daher wohl oder übel, insofern ich überhaupt einen individuellen Menschen behandeln will, auf alles Besserwissen und auf alle Autorität und alles Einwirkenwollen verzichten. Ich muß notwendigerweise ein dialektisches Verfahren einschlagen, welches nämlich in einer Vergleichung der wechselseitigen Befunde besteht. (*Praxis der Psychotherapie*, 1958, S. 3)

Jungs Typenlehre hat sowohl bei Psychologen als auch bei Künstlern einige Beachtung gefunden; am schönsten hat Hermann Hesse in seinem Roman *Narziß und Goldmund* den Gegensatz von extravertierter und introvertierter Lebensform beschrieben: dem nach innen lebenden Narziß steht Goldmund gegenüber, der nur auf dem Umweg über vielfältige „Welterfahrung" zu sich selbst gelangen kann.

Struktur des Seelenlebens

Extraversion und Introversion liegen nach Jung nicht nur dem alltäglichen Verhalten der Menschen zugrunde – sie können auch die unbewußte Grundlage wissenschaftlicher Theorien sein. So sieht er einen fundamentalen Unterschied zwischen den Lehren von Freud und Adler u. a. darin, daß die beiden Forscher typenmäßig Gegensätze sind; ersterer sei extravertiert, letzterer introvertiert. Der Extravertierte wird durch die Welt der Objekte angezogen: daher geht es in der Psychoanalyse in erster Linie um das Liebesproblem, um die „Objektbindungen". In der Individualpsychologie jedoch dreht sich alles um die Selbstbehauptung des Ichs in seiner Umwelt, was Jung auf die vereinfachende Formel einer „Psychologie des Machttriebs" bringt; dies entspreche dem Wesenszug introvertierter Persönlichkeiten, die in sich selbst verfangen sind und daher alle zwischenmenschlichen Beziehungen unter dem Aspekt der Macht und Ohnmacht zu sehen pflegen. Freud und Adler schufen demnach ihre spezifischen Theorien, weil sie in den Patienten das zu sehen vermochten, was ihnen durch ihre eigene Persönlichkeitsproblematik zugänglich oder transparent war; so ist jede Psychologie auch ein Spiegelbild ihres Urhebers, ein Dokument von Größe und Grenze seiner Selbsterfahrung. Jung räumt sowohl der psychoanalytischen als auch der individualpsychologischen Doktrin empirische Bedeutung ein, scheint aber vom Ehrgeiz erfüllt gewesen zu sein, ein System aufzubauen, welches die Lehren von Freud und Adler als „Teilmomente" anerkennt und in sich beherbergt.

Er selbst bietet jedoch eine Theorie, die einen merkwürdigen mystifizierenden Grundzug aufweist. Sie zerlegt nämlich das Seelenleben in eine Vielzahl von Komponenten, die sich allesamt wie „Teilpersönlichkeiten" ausnehmen. Die Analytische oder Komplexe Psychologie spricht von seelischen Instanzen, die nacheinander angetroffen werden, wenn man schichtweise von der Peripherie zum Kern der Persönlichkeit vorstößt. Alle diese Strukturen des Seelenlebens will Jung rein empirisch gefunden haben; es ist aber unverkennbar, daß er vieldeutige Befunde in ein romantisch-religiöses Schema einordnete, das überall den Anschein von Tiefsinn erwecken soll.

Die äußerste Schicht der Persönlichkeit ist die „Persona", was im ursprünglichen Wortsinn die Maske des Schauspielers in der griechischen Tragödie bedeutet. Jeder Mensch muß sich, nach Jung, im Leben eine „Rolle" zulegen, die er mehr oder minder vollkommen spielen kann. Die Persona ist das, was wir in den Augen der anderen „vorstellen", also Beruf, Rang, Status, äußerliche Gewohnheiten und Verhaltensweisen. Ohne eine solche äußere Fassade ist ein Existieren in der Gesellschaft schwer denkbar. Aber das Individuum soll und muß wissen, daß die aus Gesellschafts-Rücksichten aufgebaute „Schale" nicht mit dem „Personkern" identisch ist: wer dies bei sich selbst verwechselt, lebt ein Leben in der Selbstentfremdung. Eine „gute Persona" ist mit einer gesunden Epidermis zu vergleichen; sie ist Schutz gegen die Außenwelt, zugleich aber auch teilweise durchlässig, damit der Austausch zwischen Organismus und Umwelt erfolgen kann. Eine „krankhafte Persona" ähnelt einem

Panzer, der die Individualität schützt, zugleich aber auch durch Interaktionsmangel verkümmern läßt. Wer sich mit Beruf, Rang oder Status allzusehr identifiziert, läuft nach Jung Gefahr, die eigentlichen Bedürfnisse seines wahren Selbst zu vergessen.

Unterhalb der Persona findet die analytische Therapie den „Schatten des Menschen", d. h. die dunkle Seite unseres Wesens – unsere Mängel und Schwächen, die wir zumeist nicht wahrhaben wollen. Dies erinnert an das „Verdrängte" in der Psychoanalyse, das ebenfalls *die* Seite unserer Wesenseigentümlichkeiten darstellt, die wir mit unserem anerzogenen und kulturbedingten „Ich-Ideal" nicht vereinbaren können. Durch Verdrängungen jedoch verarmt die Persönlichkeit, denn die verdrängten Regungen sind unabweisliche Bedürfnisse oder Eigenschaften, die zu unserem Ich ebenso gehören wie unsere (vermeintlichen) Tugenden und Stärken. Das Ich wird entscheidend gefestigt durch ehrliche Auseinandersetzung mit seinen Unzulänglichkeiten; die Integration des „Schattens" bedeutet eine Ausweitung und Kräftigung des Ichs. Daher besteht Selbsterkenntnis u. a. im Akzeptieren unserer auch unerfreulichen Eigentümlichkeiten, was natürlich nicht ausschließt, daß man nach Vervollkommnung strebt. Aber echte Höherentwicklung ist nur möglich, wenn man zuerst einmal bereit ist wahrzunehmen, was man an Mängeln und Untugenden in sich trägt.

Hat man Persona und Schatten psychotherapeutisch durchgearbeitet, so ist nach Jung der Weg offen für die seelische Konfrontation mit „Animus" und „Anima". Darunter werden die gegengeschlechtlichen Seelenbilder verstanden; bei der Frau ist der Animus das andersgeschlechtliche Seelenbild, beim Mann die Anima. Es wird nicht ganz klar, was Jung unter diesen geheimnisvollen Bezeichnungen versteht. Er scheint darauf hindeuten zu wollen, daß alles seelische Heil- und Ganzwerden die mannweibliche Ergänzungsbedürftigkeit berücksichtigen muß. Offenbar soll das Auftauchen von Animus- und Anima-Bildern in Träumen und im Phantasieren zum Überbrücken einseitiger männlicher oder weiblicher Einstellungen Anlaß geben, welche durch die Kultur dem Menschen eingepflanzt werden; der diese geistige Einengung überwachsende Mensch wird zu einem quasi-androgynen Wesen, welches die Eigenschaften von Mann und Frau in sich vereinigt. Dadurch erst wird man im höheren Sinne bereit, sich mit dem anderen Geschlecht fruchtbar auseinanderzusetzen, da man es nun besser verstehen und in sich aufnehmen kann.

Jung macht Freud den Vorwurf, daß er sich nur mit dem *persönlichen* Unbewußten seiner Patienten befaßt habe; die Psychoanalyse kennt nur die individuell erworbenen Verdrängungen, die den Bodensatz des Seelenlebens ausmachen sollen. Das Bewußtsein sei jedoch nur eine kleine Insel im Meer des Unbewußten; die unbewußte Psyche hat eine viel ältere Existenz als die bewußte Psyche, die ein fragiler Erwerb der vergangenen Jahrtausende sei. Daher müsse unterhalb des Bewußtseins die mächtige Schicht des *kollektiven Unbewußten* erkannt werden, die einen bestimmenden Einfluß auf das individuelle und kollektive Seelenleben ausübt. In dieser tiefsten Schicht des kollektiven Unbewußten glaubt Jung die sogenannten „Archetypen" zu entdecken, d. h. Urbilder seelischer Gestaltungsmöglichkeiten, angeborene „patterns of behavior" (Verhaltensmuster), Grundformen der Phantasie, gleichsam platonische Ideen der menschlichen Selbst- und Welterfahrung.

Diese Archetypen werden angeblich in Märchen und Mythen, in den Träumen, in Religionen, in der Dichtung, im neurotischen und psychotischen Erlebnismaterial usw. manifest. Die Assimilation dieses rätselhaften und eindringlichen Bilderreichtums ist nach Jung ein unabdingbares Erfordernis für menschliche Reife und Selbstverwirklichung. So wird behauptet, daß zu diesen überall auf der Erde antreffbaren archetypischen Gestaltungen etwa die Symbole des ewigen Jünglings, des alten Weisen, der Drei- und Vierzahl, das „Selbst", das „Gottesbild", der „Held", die „Wandlung" etc. gehören. In den kreisrunden chinesischen Symbolen des *Mandala* glaubt Jung die Anschauungsform des menschlichen Selbst gefunden zu haben. Die Betonung religiöser Inhalte des kollektiven Unbewußten läßt den Verdacht aufkommen, daß es sich um eine heimliche Theologie handelt. In der Tat hat Jung oft betont, daß die Seele „natürlicherweise christlich" sei und daß die Konfrontation mit dem Gottes-Erlebnis die fundamentalste Sinnerfüllung ist, zu welcher seine Psychologie hinführen könne.

Probleme der Psychotherapie

Den tiefsten Sinn jeglicher seelischen Erkrankung sieht Jung darin, daß der Mensch in der Selbstentfremdung lebt und nicht zu sich selbst finden kann. Daher muß die therapeutische Intervention in erster Linie zur Selbstfindung anleiten, was mit dem Begriff der „Individuation" bezeichnet wird. Jung kritisiert scharf den angepaßten, scheinbar konfliktlosen „Durchschnittsbürger", der es meistens aufgegeben hat, ein „Ich-Selbst" zu werden und seinen problemarmen Zustand mit seelischer Normalität verwechselt. Da ist schon der Neurotiker eher besser dran, der die Anpassung an die bürgerliche Norm nicht zustande bringt und daher noch das Potential zu einer echten Persönlichkeitsentwicklung in sich trägt; in manchen Äußerungen erhebt Jung die neurotischen Patienten in den Rang einer „Elite", die bei geeigneter Therapie durch „Selbstwerdung" über das philisterhafte Alltagsdasein hinauswachsen kann. So wird der Neurotiker zum Zwillingsbruder des Künstlers, des schöpferischen Menschen überhaupt, der ohne einen Rest von Unangepaßtsein kaum zur Entfaltung gelangen kann; allerdings ist die Neurose die Defizitform der Nichtanpassung, die erst durch zusätzlich seelisch-geistige Entwicklungen in die positive Gestalt des Selbstseins umschlagen soll.

Deutlicher als die Psychoanalyse hebt die analytische Psychologie hervor, daß Psychotherapie kein einseitiger Prozeß ist, in welchem der eine Protagonist den Behandler, der andere jedoch den Behandelten darstellt. Nach Jung stellt das therapeutische Vorgehen eine dialektische Situation dar: Beeinflussung und Förderung muß für beide Beteiligte zustande kommen. Am Ende einer Therapie ist der Therapeut ebensosehr verändert wie sein Patient.

Gewiß entsteht die Neurose in der Kindheit durch ungünstige Sozialisation, durch belastende Umweltverhältnisse und durch den neurotischen Charakter der Eltern. Gleichwohl ist es falsch, wenn man das Wesen der neurotischen Störungen hauptsächlich in den infantilen Traumatisierungen und Fixierungen suchen will. Jung weist mit Nachdruck darauf hin, daß in jeder Neurose ein Gegenwartsproblem enthalten ist, das vorrangige Berücksichtigung verdient. Die Erörterung von Kindheitserlebnissen, die in der orthodoxen Psychoanalyse oft im Mittelpunkt stand, lenkt von der aktuellen Situation ab, die doch primär geklärt und bewältigt sein will. Wir leben in der Gegenwart und haben uns in ihr zu bewähren. Das darf in der Psychotherapie nicht vergessen werden:

Wenn man die Geschichte einer Neurose aufmerksam verfolgt, so findet man nämlich regelmäßig einen kritischen Moment, in dem ein Problem auftauchte, welchem ausgewichen wurde. Nun ist dieses Ausweichen eine so natürliche und überall vorhandene Reaktion wie die ihm zugrundeliegende Faulheit, Bequemlichkeit, Feigheit, Ängstlichkeit, Unwissenheit und Unbewußtheit. Wo es unangenehm, schwierig und gefährlich wird, da zögert man meistens und geht womöglich nicht hin. (*Über die Psychologie des Unbewußten*, 1948, S. 27)

Man muß daher angesichts neurotischer Symptome fragen, welche Lebensaufgabe der Patient nicht zu lösen vermochte und wie ihn die Therapie dafür gewinnen kann, diese Aufgabenstellung zu erkennen und produktiv anzugehen. Das Zurückweichen vor der Realität ergibt pathologische Phantasietätigkeit, die man zwar untersuchen und analysieren soll, wobei man aber im Auge behalten muß, daß sich das wirkliche Leben nicht in der Phantasie abspielt. Jung will daher den Patienten dazu ermutigen, sich aktiv mit der Wirklichkeit auseinanderzusetzen. Er soll nicht nur seine Vergangenheit aufarbeiten, sondern auch seine Zukunft in Angriff nehmen. Er soll ein verantwortungsbewußter tätiger Mensch werden. Dies wird mit folgendem hübschen Gleichnis veranschaulicht:

> Das, was die Psychoanalyse vom Patienten fordert, ist gerade das Gegenteil von dem, was der Patient bisher getan hat. Der Patient gleicht einem Menschen, der unabsichtlich ins Wasser gefallen ist und untersinkt, während die Psychoanalyse von ihm fordert, er solle ein Taucher sein. Nämlich jene Stelle, wo der Patient hineinfällt, ist keine zufällige. Dort liegt ein versunkener Schatz. Aber nur ein Taucher kann ihn heben. (*Freud und die Psychoanalyse,* Bd. 4 der *Ges. Werke,* S. 212)

Wie Freud und Adler strebt demnach auch Jung die redliche Klärung des eigenen Lebens, seiner Probleme und Konflikte an. Der Therapeut wird zum Katalysator für die Selbsterkenntnis seines Patienten, die möglichst umfassend vollzogen werden soll. Allerdings lehrt die Erfahrung, daß jeder Seelenarzt seine Analysanden nur so weit führen kann, als er selbst in seinem persönlichen Wahrheitsstreben gelangt ist. Daher hat die Jung-Schule früher als die anderen Richtungen der Tiefenpsychologie die Notwendigkeit einer Charakter- und Lehranalyse für jeden Psychotherapeuten betont. Wo man „blinde Flecke" im eigenen Seelenleben hat, kann man den Mitmenschen nicht richtig erkennen. Hat der Arzt die wohltuende Erfahrung einer weitgehenden Selbsterkenntnis am eigenen Leibe erlebt, so kann er sie überzeugend seinen Patienten vermitteln. Er wird so zum Künder einer Humanität, bei der alle Menschlichkeit aus dem Wissen um eigene Schwäche und Lückenhaftigkeit hervorgeht:

> Wenn die Menschen aber dazu erzogen werden, die Schattenseite ihrer Natur deutlich zu sehen, so ist zu hoffen, daß sie auf diesem Wege auch ihre Mitmenschen besser verstehen und lieben lernen. Eine Abnahme der Heuchelei und eine Zunahme der Selbsterkenntnis können nur gute Folgen haben für die Berücksichtigung des Nächsten; denn nur allzuleicht ist man geneigt, die Unbilligkeit und Vergewaltigung, die man der eigenen Natur antut, auch auf die Mitmenschen zu übertragen. (*Über die Psychologie des Unbewußten,* S. 29)

Hat der Patient seine aktuellen Probleme bewältigt, so möchte sich Jung mit ihm auf den Weg der „Personwerdung" begeben; die „Individuation" soll durch eine tiefergehende Untersuchung des eigenen Innenlebens eingeleitet werden. Hierzu werden weitgehend die Träume des Analysanden verwendet. Für Jung ist der Traum keine infantile Trieberfüllung, sondern ein Naturereignis, welches die tiefsten Tiefen der menschlichen Psyche bloßlegt. Man kann die Träume auf „objektiver" und „subjektiver Stufe" interpretieren: im ersten Falle zeigen sie ein Stück „Welterfahrung", im letzteren Fall sind sie durchgehend Symbolisierung des Ichs in allen seinen Abschattungen.

Jung hat komplizierte und kunstvolle Regeln der Traumdeutung angegeben, die stellenweise sehr dunkel anmuten. Man wird den Verdacht nicht los, daß er den Traum dazu verwendet, seine mystisch-religiösen Grundanschauungen zu verifizieren. Da in der „Nacht der Träume", wie das Sprichwort sagt, alle Katzen grau sind, fällt es ihm nicht schwer, via zügellos strapazierter Symbolik aus jedem Trauminhalt eine Bestätigung für seine Theorien herauszufischen. In dieser Beziehung begeht die Analytische Psychologie ähnliche Sünden der Leichtfertigkeit, wie sie sie an der orthodoxen Psychoanalyse bemängelt.

Trotz dieser kritischen Einwände muß man zugeben, daß Jung viele originelle Gedanken zu den Fragen der Psychotherapie äußert. In seinen späten Schriften vergleicht er die psychotherapeutische Behandlung mit den Verfahren der Alchemisten, die durch chemische Läuterungsprozesse den „Stein der Weisen", Gold oder die „fünfte Essenz" (Quintessenz, Lebenselixier) herstellen wollten. So wird ihm die alchemistische Quacksalberei zu einer symbolischen Vorstufe der modernen Psychotherapie, deren vielseitige Rätselhaftigkeit in Jung einen beredten Schilderer gefunden hat.

Religion und der Ferne Osten

Die Hinwendung zu Alchemie, christlicher Gnosis, Mystik und traditioneller Religiosität, Aberglauben und Parapsychologie tritt bei Jung in eigentümlicher Weise hervor; er unterscheidet sich in seiner extrem positiven Einstellung zur Religion merklich von Freud und Adler, die beide Atheisten waren und sich als Erben und Fortsetzer der Aufklärungsepoche verstanden. Jung ist das genaue Gegenteil eines „Aufklärers": er kann sich kaum genugtun, die moderne Wissenschaftsgesinnung in die Schranken zu weisen und die Grenzen der Wissenschaftsgläubigkeit mit unverhohlenem Spott aufzuzeigen. Die Herkunft aus dem protestantischen Pfarrhause wurde nach der Trennung von der Psychoanalyse in zunehmendem Maße sichtbar; Jung entwickelte sich zu einem Mystagogen, der mit dem Anspruch auftrat, die Seelenprobleme der Gegenwart mit uralten religiösen Glaubensartikeln zu einem esoterischen Amalgam zu verschmelzen.

Die Beschäftigung mit der Religion zieht sich wie ein roter Faden durch das Gesamtwerk von Jung; religiöse Problemstellungen und Anspielungen finden sich allenthalben. Zu den Texten, die sich direkt und ausdrücklich mit der Religions-Thematik befassen, gehören u. a.: *Psychologie und Religion* (1940); *Über die Beziehung der Psychotherapie zur Seelsorge* (1932); *Psychoanalyse und Seelsorge* (1928/29); *Das Wandlungssymbol in der Messe* (1941); *Antwort auf Hiob* (1952). Jung griff mit solchen Publikationen auf schwierige theologische Problembereiche über, in welchen er – nach dem Zeugnis vieler Theologen – umfassende Kenntnisse besaß. Allerdings betont er immer wieder, daß er als Psychologe nichts über die Möglichkeit der Existenz Gottes aussagen könne; er untersuchte lediglich empirisch faßbare religiöse *Erlebnisse*, die er als einen Hinweis darauf deutet, daß es in der menschlichen Seele einen „Archetyp Gott" gibt, also ein Urbild, als dessen Konkretisierung die vielfältigen Gottesbilder aufzufassen sind. Gleichwohl wird man den Eindruck nicht los, daß sich bei Jung die Seelen-Heilkunde in eine Seelenheil-Kunde verwandelt. Viele Textstellen lassen erkennen, daß die Jungsche Psychotherapie ihr wesentliches Ziel darin erblickt, die „religiöse Funktion" im Patienten zum Leben zu erwecken, was nicht unbedingt mit irgendeiner Kirchen-Zugehörigkeit identisch sein muß. Jung scheint aber „existenzielle Sinnfindung" hauptsächlich als religiöse Bekennerschaft im weitesten Sinne des Wortes definieren zu wollen. Oft hat er darauf hingewiesen, daß seine Psychologie eine „Psychologie der zweiten Lebenshälfte" sei. In der ersten Hälfte des Lebens strebe der Mensch nach persönlichen, sexuellen und sozialen Erfolgen; wenn er diese erreichen kann, tut sich für ihn jenseits der Lebensmitte (die Jung ziemlich willkürlich um das 36. Lebensjahr ansetzt) der Horizont der Religiosität auf, zu welchem jede delikatere Seele hingeleitet wird durch Träume, archetypische Phantasien und unabweisliche Bedürfnisse, die im kollektiven Unbewußten verankert sind. Freuds und Adlers Interpretation, daß die Religion eine Kollektivneurose sei und nur durch autoritäre, sexual- und denkfeindliche Erziehungs- und Gesellschaftsstrukturen aufrechterhalten wird, blieb für Jung unverständlich. Er wagt sogar die seltsam klingende Behauptung:

Unter allen meinen Patienten jenseits der Lebensmitte, das heißt jenseits 35, ist nicht ein Einziger, dessen endgültiges Problem nicht das der religiösen Einstellung wäre. Ja, jeder krankt in letzter Linie daran, daß er verloren hat, was lebendige Religionen ihren Gläubigen zu allen Zeiten gegeben haben, und keiner ist wirklich geheilt, der seine religiöse Einstellung nicht wieder erreicht. (*Psychologie und Religion*, S. 138)

Theologen und religiöse Menschen außerhalb der Kirche nahmen diese Botschaft mit Begeisterung auf, da sie die tiefenpsychologische Religionskritik entschärfte und von seiten der „ärztlichen Seelsorge" gewichtige Argumente für die kirchliche Seelenbetreuung und Herrschaft über die Seelen lieferte. In Jungs autobiographischem Text *Erinnerungen, Träume, Gedanken* (1962) läßt sich mühelos der lebensgeschichtliche Hintergrund dieser wissenschaftlich bemäntelten Religiosität aufdekken. In diesem Buch wird deutlich, daß Jung zeitlebens von einem Aberglauben erfüllt war, der stellenweise fast schizophren anmutet.

Schon die Doktorarbeit aus dem Jahre 1902 *(Zur Psychologie und Pathologie sogenannter okkulter Phänomene)* enthüllt unverkennbar Jungs Schlagseite zum Aberglauben und zum Supranaturalismus hin. Er beschäftigte sich damals jahrelang mit einem spiritistischen Medium, das angeblich Botschaften aus dem „Jenseits" mitteilte, zuletzt aber bei Betrugsmanövern entlarvt wurde. – In seinen *Erinnerungen* erzählt Jung sogar, daß nach dem Tode seines Vaters (1896) eine hölzerne Tischplatte und ein Stahlmesser im Schrank zersprangen; dies führt er auf Einwirkungen von seiten des Verstorbenen zurück! (S. 113) – Anläßlich eines Besuches bei Freud geriet er mit diesem in eine Kontroverse. Daraufhin „knallte es im Bücherschrank", was Freud auf die Trockenheit des Holzes, Jung jedoch auf ein „katalytisches Exteriorisationsphänomen" zurückführte (also immaterielle Wirkung von Gedanken auf Gegenstände);er konnte sogar seinem Gesprächspartner ein zweites „Krachen im Buchregal" voraussagen! (S. 159) – Ähnliche Wahrzeichen und prophetische Träume berichtet der gefeierte Psychologe an allen Ecken und Enden seiner Autobiographie. Um 1916 spukte es z. B. in seinem Hause in Küsnacht, an der Haustüre läutete es Sturm, wiewohl weit und breit kein Mensch zu sehen war. Jung erzählte seiner Biographin:

> Die Luft war dick, sage ich Ihnen! Da wußte ich: Jetzt muß etwas geschehen. Das ganze Haus war angefüllt wie von einer Volksmenge, dicht voll von Geistern. Sie standen bis unter die Tür, und man hatte das Gefühl, kaum atmen zu können. (*Erinnerungen*, S. 194)

Angesichts solcher Erlebnisberichte wird es nicht verwundern, daß Jung größten Anteil an der Parapsychologie nahm. Er schrieb Geleitworte zu verschiedenen Büchern über Spuk und Gespenster. Die fragwürdigen Forschungen von J. B. Rhine, der an der Duke-University in Durham (USA) die außersinnliche Wahrnehmung experimentell zu beweisen versuchte, fanden in ihm sofort einen gläubigen Verehrer. Er hielt es auch für möglich, daß Träume Todesfälle voraussagen und daß Verstorbene im Traum- und im Wach-Leben sich mit ihren Angehörigen in Verbindung setzen können. Er erzählt viele Beispiele eigener Erfahrungen, die an Wundergläubigkeit kaum überboten werden können.

Die Heilslehren des Fernen Ostens mußten auf ein derartig strukturiertes Gemüt großen Eindruck machen. Jung hat sich jahrzehntelang mit den östlichen Religionen und Lebensweisheiten beschäftigt, wobei er eingehende Kenntnisse der spezifischen Texte und Kulturdenkmäler erwarb. In Zusammenarbeit mit Sinologen und Indologen publizierte er psychologische Abhandlungen, die eine Brücke zwischen westlicher und östlicher Religiosität schlugen. Den Meditationstechniken des Yoga zollte er bewundernde Anerkennung; seine eigene Therapiemethode nahm in späteren Jahren meditativen Charakter an. So verwandelte sich der wissenschaftliche Psychologe Jung in zunehmendem Maße in einen Guru, einen Mystagogen und Heilsbringer, der gläubigen Seelen urvertraute und frohe Botschaft zu bringen hatte.

Politik und Gesellschaft

Abergläubische Religiosität ist mit Sicherheit ein Indiz für eine autoritäre Charakterstruktur: seit der Studie von Horkheimer, Adorno, Flowerman usw. (*The Authoritarian Personality*) kennen wir das Syndrom des Autoritarismus ziemlich detailliert und können alle Strukturmerkmale dieses Menschentypus einer Ganzheitsbetrachtung unterziehen. Im Falle von Jung scheinen alle Beschreibungen der autoritären Persönlichkeit zuzutreffen – der biedere Schweizer hatte einen ausgeprägten Hang zum Konservatismus, zum patriarchalischen Denken und zum Faschismus.

Ernest Jones berichtet in seiner großen Freud-Biographie (*Sigmund Freud*, 3 Bde., Bern 1960/62), daß Jung schon in der Zeit seiner Zusammenarbeit mit Freud rassistische Vorurteile zum Ausdruck brachte und als Präsident der Internationalen Psychoanalytischen Gesellschaft einen autoritären Führungsstil praktizierte. In späteren Jahren zeigt sich in allen seinen gesellschaftsbezogenen Schriften ein leidenschaftlicher Anti-Sozialismus und Anti-Kommunismus, der sich mit Fortschritts-Skepsis und Fortschrittsfeindlichkeit verbindet. Jung polemisiert gegen die Aufklärung, gegen den Positivismus, gegen die moderne Wissenschaft und gegen das „Massen-Zeitalter", dem er einen elitären Individualismus entgegensetzt. Er verhöhnt allenthalben die Dummheit und Grobschlächtigkeit der Massen, ohne sich zu fragen, welche gesellschaftlichen Mißstände die von ihm kritisierten Massen-Reaktionen hervorgerufen haben.

Die „soziale Frage" scheint ihn überhaupt nicht zu berühren; ihm geht es nur um den einzelnen, der den „Heilsweg" zu sich selbst finden soll, indem er sich den kollektiven Denk- und Lebensformen entzieht.

In seiner Abhandlung *Die Frau in Europa* (1927) gibt sich Jung als eindeutiger Vertreter des Patriarchats, indem er angeborene weibliche Eigenschaften postuliert, die der Frau eine geschlechtsspezifische Rolle nahelegen und nicht auf Beruf, gesellschaftliche Führungspositionen und persönliche Autonomie verweisen: das mütterliche Element entspricht der Frau mehr als der männliche Daseinskampf, in welchem sie die für die Kultur so wichtige „Weiblichkeit" nur verlieren kann. Das volkstümliche Diktum, daß die Frau für Kinder, Küche und Kirche oder Heim, Herd und Hosenflicken prädestiniert ist, wird bei Jung in gelehrten und mystischen Formelkram eingekleidet.

Bei einer derartigen geistigen Disposition ist es durchaus folgerichtig, daß Jung der emotionalen Pest des Nationalsozialismus keinen Widerstand entgegenzusetzen vermochte. Er ließ sich nach 1933 zum Präsidenten der gleichgeschalteten „Deutschen Gesellschaft für Psychotherapie" wählen (ein Posten, auf den Ernst Kretschmer Verzicht geleistet hatte). Angeblich nahm er diese Wahl nur an, um jüdische Kollegen schützen zu können und der vom Regime bedrohten deutschen Tiefenpsychologie einen Dienst zu erweisen. Gegen diese edlen Beteuerungen, die von Jung und seinen Schülern nach dem Zusammenbruch des Nationalsozialismus in Umlauf gesetzt wurden, sprechen allerdings u. a. folgende Sätze, die in der Januar-Ausgabe des *Zentralblattes für Psychotherapie* (1933) von ihm publiziert wurden:

Das arische Unbewußte hat ein höheres Potential als das jüdische; das ist der Vorteil und der Nachteil einer dem Barbarischen noch nicht völlig entfremdeten Jugendlichkeit. Meines Erachtens ist es ein schwerer Fehler der bisherigen medizinischen Psychologie gewesen, daß sie jüdische Kategorien, die nicht einmal für alle Juden verbindlich sind, unbesehen auf den christlichen Germanen und Slawen verwandte. Damit hat sie nämlich das kostbarste Geheimnis des germanischen Menschen, seinen schöpferisch ahnungsvollen Seelengrund als kindisch-banalen Sumpf erklärt, während meine warnende Stimme durch Jahrzehnte des Antisemitismus verdächtigt wurde. Diese Verdächtigung ist von Freud ausgegangen. Er kannte die germanische Seele nicht, so wenig wie alle seine germanischen Nachbeter sie kannten. Hat sie die gewaltige Erscheinung des Nationalsozialismus, auf den eine ganze Welt mit Erstaunen blickt, eines Besseren belehrt?

Dies konnte in der damaligen Zeit nur als ein offenes Bekenntnis zur faschistischen Geistesverwirrung gedeutet werden. Von vielen Kritikern wird hervorgehoben, daß Jung – anders als deutsche Intellektuelle –

unter keinem Druck stand, als er seine pro-nationalsozialistischen Äußerungen publizierte, in welchen er u. a. Hitler als ein „Gefäß des Geistes" und „einsamen Führer der Nation" bezeichnete (*Bericht über das Berliner Seminar von Dr. C. G. Jung vom 26. Juni bis 1. Juli 1933*). Der Psychologe als „rasend gewordener Kleinbürger" (Ernst Bloch) versteigt sich sogar zu folgenden Formulierungen:

> Zeiten der Massenbewegungen sind immer Zeiten des Führertums. Jede Bewegung gipfelt organisch im Führer, welcher durch sein ganzes Wesen Sinn und Ziel der Volksbewegung verkörpert. Er ist eine Inkarnation der Volksseele und ihr Sprachrohr. Er ist die Spitze der Phalanx des bewegten Volksganzen. Die Not des Ganzen ruft immer einen Führer auf, unbekümmert um die jeweilige Staatsform. Nur in Zeiten zielloser Ruhe hebt die ziellose Konversation parlamentarischer Beratungen an... Es ist eine natürliche Tatsache, daß der Führer jeweils an der Spitze einer Führergruppe steht, welche in früheren Jahrhunderten eine feudale Adelsschicht gebildet hat. Adel glaubt naturnotwendig an das Blut und die Rassenausschließlichkeit. (L. c.)

Im Jahre 1936 veröffentlichte Jung eine Studie mit dem Titel *Wotan*, worin er den Nationalsozialismus als ein grandioses Naturphänomen beschrieb; der uralte Sturmgott sei in den Seelen der Deutschen erwacht und belebe nun als konkretisierter „Archetypus" die politische Szenerie, die sich seine schauerlichen und abschreckenden Erscheinungsweisen gefallen lassen muß. Als der Schweizer Psychotherapeut Gustav Bally einen Einspruch gegen diese ideologische Anpasserei erhob, erwiderte Jung lakonisch: „Protestieren ist lächerlich – man protestiere gegen eine Lawine. Man sehe sich besser vor." (Zitat nach: Herwig, 1969, S. 124) Nach dem Zweiten Weltkrieg allerdings gehörte Jung zu den zahllosen nationalsozialistischen Mitläufern, die entweder gar nicht dabeigewesen waren oder von den Untaten des Regimes nicht gewußt hatten. So schloß er sich überraschenderweise der These von der „Kollektivschuld des gesamten deutschen Volkes" an, ohne zu reflektieren, wie denn das Volk die faschistische Barbarei hätte durchschauen sollen, wenn seine geistigen Führer auf einen derart dummen Schwindel hereinfielen. Ähnlich wie Martin Heidegger, der ebenfalls eine Zeitlang seine hochgeistige Philosophie in den Dienst der geistlosen Gewalttätigkeit zu stellen versucht hatte, war Jung in keiner Weise bereit, seine begangenen Irrtümer einzusehen und zurückzunehmen. In seiner bereits erwähnten autobiographischen Schrift wird das ganze Phänomen des Faschismus sorgsam ausgespart. Die ca. 400 Seiten der Autobiographie befassen sich lediglich mit dem komplizierten Innenleben des „berühmten Seelenarztes", den die politischen Tragödien seiner Epoche nicht so weit berührten, daß er ihnen einige klärende Worte in seinem Lebensbericht zu gönnen vermochte. Daher ist das Urteil berechtigt, daß Jung die Gegenaufklärung und Konter-Revolution innerhalb der Tiefenpsychologie darstellt.

Kritische Bewertung

Trotz aller negativen Kommentare, die wir bereits in unseren Text einfließen ließen, wird niemand leugnen können, daß Jung – neben Freud und Adler – ein bedeutender Pionier der modernen Seelen-Heilkunde war. Unter den frühesten Psychoanalytikern steht er zweifelsohne als starke und teilweise faszinierende Persönlichkeit da. Als er Schüler von Freud wurde (1907), brachte er bereits ein umfängliches psychiatrisches, philosophisches, literarisches, archäologisches und religionsgeschichtliches Wissen mit. Er war einer der gebildetsten Männer im Kreise um Freud, wenngleich infolge seiner Herkunft unter seinen bildungsmäßigen Voraussetzungen Religion und Romantik eine einseitige Auswahl getroffen hatten.

Alle literarischen Zeugnisse bestätigen, daß Jung in seinen Anfängen mit leidenschaftlichem Engagement die Sache der Tiefenpsychologie vorantrieb und wertvolle Gesichtspunkte zur Theorie und Praxis in die neue Wissenschaft vom unbewußten Seelenleben einbrachte. Es ist eine große Tragik, daß dieser anfängliche Impuls nach der Trennung von Freud erlahmte. Der geistreiche und vielseitige Forscher, der mit kühnem Neuerungssinn in die Bilderwelt des Unbewußten vordrang, fiel auf die Stufe seiner abergläubischen, frömmelnden, reaktionären und vernunftfeindlichen Kindheit zurück, was ihm von seiten einer konservativen Kulturwelt Ruhm und Anerkennung eintrug. Durch solche Akklamation bekräftigt, wurde Jung im Laufe der Jahre immer esoterischer, mystischer und realitätsfremder; das Halbdunkel des Geheimnisvollen imponierte ihm mehr als das Tageslicht der Wahrheit, in welchem sich vernunftlose Gemüter ihrer geistigen Armut bewußt werden müssen.

So häufte Jung mit erstaunlicher Kunstfertigkeit in seinem Privattempel den religiösen und märchenhaften Plunder der Jahrtausende auf, den er als kostbaren Schatz auszugeben wußte, an welchem die Welt von ihrer heillosen Zerrissenheit genesen könne. Viele Gedanken, die er hierbei mitteilt, beeindrucken mehr durch ihre künstlerische Gestaltung als durch ihren schlichten Wahrheitsgehalt; Jung ist ein homo religiosus, der mit bemerkenswerter Suggestivkraft uralte Glaubenssymbole als Wegweiser für eine moderne Daseinsorientierung anpreisen kann. Beim Rückblick auf diese in vielen Bänden ausgebreitete Renaissance gnostischer, mystischer und parapsychologischer Spekulation, die immer wieder ihren Empirismus und Tatsachensinn beteuert, ist man geneigt, sich den bösen Worten des Freud-Schülers Pfarrer Oskar Pfister anzuschließen, der in seinem Briefwechsel mit Freud schreibt:

> Mit der Jungschen Manier bin ich gründlich fertig. Diese Deutereien, die allen Dreck für höhere Seelenmarmelade, alle Perversitäten für heilige Orakel und Mysterien ausgeben und in jede verkorkste Seele einen kleinen Apollo oder Christus einschmuggeln, taugen nichts. Es ist Hegelianismus ins Psychologische übersetzt: Alles Seiende muß vernünftig sein. Wenn es wenigstens diese Theorie wäre! (Sigmund Freud – Oskar Pfister, *Briefe 1909–1939*, S. 90)

Freud selbst hat in *Zur Geschichte der psychoanalytischen Bewegung* (1914), nicht ohne stark polemische Beimengungen, mit seinem ehemaligen Lieblingsschüler und „Kronprinzen" abgerechnet. Ahnungsvoll hebt er hervor, daß Jung alle anstößigen Befunde der Psychoanalyse verwerfe, um in der spießbürgerlichen Welt Furore machen zu können. Von der gewaltigen Triebmelodie des Menschenlebens habe Jung nur einige kulturelle Obertöne herausgehört; er habe ein nebuloses System aufgebaut, das in seinem Mangel an Systematik und Kohärenz undurchschaubar sei. Die Zukunft werde lehren, was von einer solchen *Verbesserung der Psychoanalyse* zu halten sei.

Ausgewählte Literatur

Jung, C. G. Gesammelte Werke. 19 Bde. Olten: Walter 1964 ff.
– (1907). Über die Psychologie der Dementia praecox. Olten: Walter 1972.
– (1912). Symbole der Wandlung. Zürich: Rascher 1952.
– (1934). Wirklichkeit der Seele. Zürich: Rascher 1947.
– (1935). Über die Grundlagen der analytischen Psychologie. Frankfurt: Fischer 1975.
– (1940). Psychologie und Religion. Olten: Walter 1971.
– (1948). Über psychische Energetik und das Wesen der Träume. Olten: Walter.
– (1948). Über die Psychologie des Unbewußten. Frankfurt: Fischer 1975.
– (1957). Bewußtes und Unbewußtes. Frankfurt: Fischer 1972.
– (1958). Praxis der Psychotherapie. Olten: Walter 1971.
– (1962). Erinnerungen, Träume, Gedanken, hg. v. A. Jaffé. Olten: Walter, 9. Aufl. 1977.
– (1969). Freud und die Psychoanalyse. Olten: Walter.
– (1972). Briefe, 3 Bände. Olten: Walter.
Freud, S. (1914). Zur Geschichte der psychoanalytischen Bewegung, GW X.
Herwig, H. J. (1969). Therapie der Menschheit. München: List-Verlag.
Jones, E. (1953–57). Sigmund Freud, 3 Bände. Bern: Huber 1960–62.
Stern, P. J. (1977). C. G. Jung – Prophet des Unbewußten. München: Heyne.
Wehr, G. (1969). C. G. Jung. Reinbek: Rowohlt.

TEIL II
FRÜHE PSYCHOANALYTIKER

Wilhelm Stekel

Einleitung

In der frühen Psychoanalyse gab es pittoreske Persönlichkeiten, und eine der quecksilbrigsten Erscheinungen im Freudkreis vor dem Ersten Weltkrieg war sicherlich Wilhelm Stekel, der schon um 1902 den Weg zu Sigmund Freud fand. Der Internist wechselte bald zur Psychotherapie über und wurde im Laufe der Jahre zu einem der fruchtbarsten tiefenpsychologischen Schriftsteller, der hauptsächlich das „populäre Genre" pflegte. Stekel geriet aus verschiedenen Gründen in Verruf, ein oberflächlicher Popularisator zu sein, aber genauere Überprüfung lehrt uns, daß dieses Urteil nur zum Teil berechtigt ist. Es lohnt sich jedenfalls, Leben und Werk dieses „wilden Psychoanalytikers" einer eingehenden Prüfung zu unterziehen. Die nach seinem Tod (1940) herausgegebene *Autobiography of Wilhelm Stekel* gibt uns biographisches Material an die Hand, das allerdings mit Vorsicht zu genießen ist, da allgemein bekannt ist, daß Stekels Phantasie sich nicht immer an das Realitätsprinzip zu halten pflegte.

Stekel wurde am 18. März 1868 in Boyan, Bukowina (Alt-Österreich) als Kind jüdischer Eltern geboren. Er schildert beredt die warme Atmosphäre des kleinbürgerlichen Elterhauses, wo er trotz der Armut eine expansive Lebenseinstellung aufbauen konnte. Als junger Mann ging er nach Wien, um Medizin zu studieren. Da ihn seine Eltern nicht unterstützen konnten, verdingte er sich als zukünftiger Militärarzt, was bedeutete, daß der Staat die Studienkosten übernahm, indes der Kandidat als Gegengabe acht Jahre militärärztliche Dienstpflicht absolvieren mußte. Dies blieb jedoch durch glückliche Fügungen dem jungen Stekel erspart, der früh heiratete und sich mit primitivsten Mitteln eine Arztpraxis einrichtete.

Einer der ersten Aufsätze Stekels trug den Titel *Koitus im Kindesalter* und erweckte die Aufmerksamkeit Freuds, der die Arbeit bei Gelegenheit zitierte. Bald darauf kam eine persönliche Bekanntschaft zustande, die zu einer Miniatur-Behandlung Stekels führte, der an sexuellen Potenzstörungen litt. Stekel will Freud die Anregung zu den sogenannten „Mittwochsgesellschaften" gegeben haben, die seit 1902 im Hause Freuds stattfanden. Einige Ärzte trafen sich dort zur Diskussion über die Psychoanalyse, und es ist nicht übertrieben, zu sagen, daß Stekel eines der aktivsten Mitglieder dieser geistreichen und lebendigen Gesprächsrunde war.

Frühzeitig begann er auch in Zeitungen und Zeitschriften über psychoanalytische Themen zu publizieren. Sein gewandter Stil erleichterte ihm das Schreiben über alles und jedes, was nur irgendwie mit Psychologie in Zusammenhang gebracht werden konnte. Von Aufsätzen und Artikeln ging er später zu Büchern über, die einen breiten Leserkreis fanden. Sein literarisches Gesamtwerk umfaßt etwa zwanzig Bände, von denen die meisten recht voluminös sind.

Die Zusammenarbeit mit Freud dauerte etwas länger als die von Adler und Jung, aber auch hier mußte es mit der Zeit zum Bruch kommen. Freud schätzte Stekels kühne Kombinatorik, seinen Spürsinn für symbolische Zusammenhänge und seine Intuition für das unbewußte Seelenleben; weniger begeistert war er über Stekels Kritiklosigkeit, seinen Mangel an Selbstkritik, der von den meisten Psychoanalytikern als Zumutung empfunden wurde.

Als sich Stekel 1912/13 von Freud löste, war er bekannt genug, um eine eigene Schule der Tiefenpsychologie zu gründen. Zunächst amtierte er vier Jahre lang im Ersten Weltkrieg als Leiter eines psychiatrischen Militärspitals, aber nach 1918 setzte er sich energisch für seine „aktive Psychoanalyse" ein, die sich theoretisch und praktisch in manchen Punkten von Freuds Lehre unterschied.

Schüler und Ausbildungskandidaten aus aller Welt kamen zu ihm nach Wien, und er wurde auch nach den USA und Südamerika zu Vortragsreisen eingeladen. Eine erste unglückliche Ehe endete um 1920 durch Scheidung; dann fand Stekel die ihm gemäße „ideale Partnerschaft" (Hilda Stekel), eine Frau, die ihm menschlich und beruflich Weggefährtin sein konnte. Mit ungewöhnlicher literarischer Beweglichkeit schuf er in wenigen Jahren seine zehnbändige Serie der *Störungen des Trieb- und Affektlebens,* die vor allem durch eine reichhaltige Kasuistik imponiert; Stekel zeichnete mit flüchtig dahineilendem Stift die Porträts von Patienten mit allen möglichen Seelen-Irritationen, so daß sich seine Werke ungemein anschaulich lesen. Sein Einfallsreichtum entschädigt für die eher karge theoretische Verarbeitung der praktischen Befunde: Stekel beschrieb das „beschädigte Leben", wie er es vorfand, und erläuterte es mitunter durch skurrile Intuition, was aber den Gesamteindruck nicht allzusehr zu beeinträchtigen vermag.

1938, nach Hitlers Einmarsch, floh er aus Österreich und gelangte auf Umwegen nach London, wo er sein letztes Asyl fand. Er war zuckerkrank, entmutigt und depressiv; sein überschwengliches Temperament war durch die Zeitereignisse erloschen. Am 25. Juni 1940 beging er in einem Londoner Hotel Suizid.

Beiträge zur Mittwochsgesellschaft

Ein Bild von Stekels Persönlichkeit erhält man auch dadurch, daß man die bisher erschienenen vier Bände der *Protokolle der Wiener Psychoanalytischen Vereinigung* im Hinblick auf die „Stekeliana" durchgeht. Stekel war ein sehr aktives Mitglied der bereits erwähnten „Mittwochsgesellschaft"; oft hielt er Vorträge im Rahmen dieser kleinen Freud-Gruppe, oder es wurden Bücher von ihm kritisch diskutiert.

So erörterte man am 5. Dezember 1906 Stekels Broschüre *Die Ursachen der Nervosität* (1907), die auf ein breites Lesepublikum hin orientiert war. Die Psychoanalytiker faßten damals die Nervosität im Sinne der Freudschen „Aktualneurosen" auf: als Ursachen nervöser Störungen wurden hauptsächlich sexuelle „Abnormitäten" (Onanie, Coitus interruptus) angesehen. Stekel bezweifelte mit Recht diese Ätiologie und behauptete, daß die meisten Menschen infolge psychischer Konflikte nervös seien. Er leugnete die chimärische „nervöse Konstitution" und zeigte die verschiedenartigsten Konfliktlagen der Patienten auf, die man – seiner Meinung nach – schon durch einige klärende Gespräche beseitigen könne. Dies rief den Zorn der orthodoxeren Freud-Schüler hervor, die die Bedeutung der Sexualität nicht ausreichend gewürdigt glaubten und von einer Therapie als Lebensberatung gar nicht viel hielten. Angekreidet wurde Stekel auch folgende hübsche Fehlleistung:

Freud hat, *einen alten Aberglauben neu begründend*, der Sexualität die Hauptrolle in der Ätiologie der Neurosen zugeschrieben. (*Protokolle*, Bd. I, S. 70.)

Das Gespräch wogte hin und her und führte zu keiner Übereinstimmung. Einig war man sich lediglich darin, daß Stekel viele Neurosenprobleme sehr simplifiziert habe. Ansprechend war allerdings die therapeutische Schlußfolgerung des Autors, welcher meinte, Freude in jeder Form sei die beste Medizin gegen die Nervosität.

Einen zweiten Angriff gegen Freuds Aktualneurosen-Konzept unternahm Stekel am 24. April 1907 in seinem Vortrag über *Psychologie und Pathologie der Angstneurose*. Er kann wiederum nicht einsehen, warum der Coitus interruptus die entscheidende Ursache von angstneurotischen Beschwerden sein soll. Man dürfte die Sexualität im Seelenleben nicht verabsolutieren: der Geschlechtstrieb komme nie isoliert vor, sondern sei stets vom Lebens- und vom „Todestrieb" begleitet. Stekel spricht hier bereits vom Gegensatz des Eros und des Thanatos, ein Dualismus, der in Freuds späten Theorien (*Jenseits des Lustprinzips* usw.) sehr bedeutsam wurde. Tiefgründig erscheint auch Stekels Formel, daß jede Angst im Grunde „Todesangst" sei. Die psychischen Konflikte seien mindestens so wichtig wie das Problem der Triebabfuhr, das bei Freud einseitig betont sei. – Über das Thema Angstneurose und Angsthysterie hat Stekel noch mehrfach in der Mittwochsgesellschaft referiert.

Am 6. Mai 1908 sprach Stekel über *Einige Bemerkungen zur Genese der psychischen Impotenz* (im Anschluß an sein Buch *Nervöse Angstzustände und ihre Behandlung,* 1908). Er suchte nach den unbewußten Gründen der männlichen Koitusunfähigkeit. Dabei bestritt er, daß konstitutionelle oder angeborene Ursachen in Frage kämen. Seiner Beobachtung nach handle es sich um Männer, deren frühe sexuelle Erfahrungen (schon in der Kindheit) mit Unlust verbunden gewesen seien. So käme es zur Sexualhemmung, bei der auch „unbewußte Homosexualität" und „inzestuöse" Gefühle eine Rolle spielen können.

Auch mit diesen Thesen geriet Stekel ins Handgemenge, weil man ihm seine Blitzheilungen durch Aufklärungen nicht glauben wollte. Freud sprach von einem „Rückfall in die Oberflächenpsychologie" und betonte seinerseits die allgemeine „Aggressionshemmung" bei Impotenzpatienten, die nicht aktiv handeln gelernt haben. Oft seien es manifeste oder latente Zwangsneurotiker, die sich nirgendwo recht einlassen können.

Am 14. Oktober 1908 hielt Stekel einen Vortrag über ‚*Der Traum ein Leben'* *und seine Beziehungen zu Grillparzers Neurose* (*Protokolle,* Bd. II). Er knüpfte an das Endkapitel seines Buches *Dichtung und Neurose* (1909) an, das „Bausteine" zur Psychologie des Künstlers und des Kunstwerks liefern sollte. Stekel nannte hierbei mit Recht die Dichter große Vorläufer der Psychoanalyse. Oft hätten sie ihre Dichtungen mit Träumen verglichen.

Wie die frühe Psychoanalyse überhaupt, sucht Stekel biographische Zusammenhänge zwischen Werk und Persönlichkeit des Dichters. Bei Grillparzer betont er dessen „zwangsneurotische Züge", die unter anderem eine erotische Bindungsunfähigkeit mit sich brachten. Einzelne Teile der Grillparzerschen Dichtung werden mit seinem Vater- und seinem Mutterkomplex in Zusammenhang gebracht. Auch habe der Dichter unbewußte homosexuelle Neigungen gehabt: die Tatsache, daß eine der Figuren des Schauspiels sich von einer anderen durch einen

Dolchstoß in den Rücken umbringen lassen will, sei eine symbolische Darstellung eines homosexuellen Aktes. Grillparzer habe in seinem Tagebuch freimütig von den Affekten der Eifersucht, des Hasses, der Liebe und des Neides gesprochen – was man als neurotische Symptomatik auffassen könne. Auch die Landschaften im Theaterstück könne man sexualsymbolisch „verwerten".

Die Diskussion verneinte weitgehend die Stekelschen Positionen: er kam offenbar von seiner Rolle als „agent provocateur" in dieser Runde nicht mehr los. So fielen die Stichworte „Kritiklosigkeit", „falscher Neurosenverdacht", „Biographismus" usw.: auch könne man allzumenschliche Leidenschaften, die man beim Dichter finde, nicht einfach als „krankhaft" abtun. Des weiteren sei es unstatthaft, jede Stelle der Dichtung mit irgendwelchen lebensgeschichtlichen Fakten des Dichters „erklären" zu wollen. Man nahm sozusagen Grillparzer gegen Stekels aggressive „Pathographie" in Schutz; gewiß sei sein Liebesleben sehr schwierig gewesen, aber dies müsse nicht auf die „inzestuöse Bindung" zurückgeführt werden; es können auch der „irreale oder ideale Anspruch" sein, der die Liebeswahl eines Poeten kompliziert mache. Charakteristisch ist Stekels Schlußwort in dieser Debatte, worin er versichert, es sei ihm schon genug, daß er eine Stellungnahme von Freud provoziert habe:

> Der Kühnheiten sei er (Stekel) sich bewußt; er gehe immer weiter, als er selbst glaube. Aber doch sei es seine Überzeugung, daß das, was er geleistet habe, etwas mehr sei, als manche glauben (l. c., S. 11).

Stekels Literaturpsychologie wurde auch am 13. Januar 1909 diskutiert. Es kam wieder zu kritischen Einschränkungen, so etwa gegen die Behauptung, daß alle Dichter Hysteriker seien. Interessant ist, daß Freud in dieser Diskussion einen seiner Ansicht nach seelisch gesunden Dichter erwähnt: Friedrich Schiller. Er räumt aber ein, daß tatsächlich Hysteriker, Zwangsneurotiker und Paranoide unter den Dichtern nicht selten seien. Stekel fühlte sich – wie so oft – mißverstanden und retirierte auf die These, daß die Neurose nur *einen Teil* der dichterischen Schaffenskraft ausmache; im übrigen sei er als Popularisator nicht an große Exaktheit gebunden.

Am 31. März 1909 stellte Stekel seinen psychoanalytischen Kollegen das Thema *Zur Psychopathologie von Hauptmanns ,Griselda'* vor. Gerhart Hauptmanns Dichtung wurde als Beispiel der sadomasochistischen Beziehungen von Mann und Frau interpretiert. Das Stück scheint unter dem Einfluß der Psychoanalyse geschrieben worden sein, was Freud in der Debatte zur Bemerkung veranlaßt, die Dichter sollten nicht die Analysen poetisieren, sondern Kunst hervorbringen, die den Zuschauer oder Leser durch unbewußte Wirkungen ergreift.

Im Jahre 1910 kam es noch zu den beiden Vorträgen *Zur Psychologie des Zweifels* (19. Januar) und *Über das Gefühl des Fremdartigen im Traum* (18. Mai). Im erstgenannten Referat stellt Stekel im Anschluß an Freud fest, daß jeder Zweifel das Element des Liebeszweifels enthalte; da dies in der Zwangsneurose eine erhebliche Tragweite besitzt, könne man sagen, daß der Zwangsneurotiker an seiner eigenen Liebesfähigkeit und an der Liebe der anderen zweifle. – Das Gefühl des Fremdartigen im Traum- wie im Wachzustand wird auf die Herabsetzung des Ichgefühls zurückgeführt, die stets von einer Reduktion des Realitätssinnes begleitet sei. Am 2. November 1910 referierte Stekel über *Berufswahl und Neurose*.

Am 26. April 1911 wurde Stekels Buch *Die Sprache des Traumes* diskutiert, ein Werk, dessen Flüchtigkeit und Oberflächlichkeit bemängelt wird, wenngleich Stekels Symbolverständnis einige Anerkennung findet. Seine Bevorzugung des manifesten gegenüber dem latenten Trauminhalt lade geradezu zu superfiziellen Deutungen ein, die man schwer kontrollieren könne usw.

Aus dem Obigen sollte klar geworden sein, daß Stekel eifrig und hochbemüht in Freuds Gesprächsrunde mitarbeitete und bei viel Tadel und wenig Zustimmung treu bei der Sache blieb.

Journalistische Psychoanalyse

Dank seiner ungewöhnlichen schriftstellerischen Gewandtheit konnte Stekel mehrere Tageszeitungen mit psychoanalytischen Feuilletons beliefern, wobei er zahllose Themen in leichtfaßlicher Form bearbeitete. Solche Zeitungsartikel sind zum Beispiel unter dem Titel *Masken der Sexualität. Der innere Mensch* (Wien, o. J.) und *Wege zum Ich. Psychologische Orientierungshilfen im Alltag* (München 1972) gesammelt worden; sie enthalten lebendige Aufsätze, die sowohl von Übertreibungen als auch praktischen Lebensweisheiten wimmeln.

Stekel belehrt seine Leser darüber, daß die Neurose unter anderem darin besteht, daß man nicht mehr wollen kann: die Willenskraft aber hat man sich abgewöhnt, weil man von Kindheit an darauf trainierte, verschiedene Dinge nicht zu wollen, die etwa die Eltern von uns wollten. Der Wille ist offenbar weitgehend an ein Ja-Sagen gebunden; wer sich den Luxus der Nein-Sagerei und Nein-Macherei allzusehr leistet, darf sich nicht darüber wundern, daß ihm Zielsicherheit und Entschlossenheit fehlen, wenn es darauf ankommt, bejahend zu planen und zu handeln.

Damals, als es die Antibaby-Pille noch nicht gab, konnte man durchaus mit der Sentenz brillieren, daß Moral im Grunde nur die Angst sei, etwas könne passieren (nämlich eine Schwangerschaft). – Der fragwürdigen Sublimierungstheorie entrichtet Stekel allemal seinen Tribut, indem er jeden Jäger einen zwanghaften Mörder, jeden Schuhmacher einen Schuhfetischisten, jeden Handschuhmacher einen Handschuhfetischisten nennt. Pathologie teilt er freigebig aus, indem er – nicht ganz zu Unrecht – erklärt, daß es überhaupt keine „normalen Menschen" gäbe.

Ein Chirurg ist ein „verhinderter Sadist", ein Gynäkologe ein „verhinderter Don Juan". Schlaflosigkeit hat meistens viel mit Beischlaflosigkeit zu tun und kann durch entsprechende Maßnahmen abgestellt werden. Wer Sammler von irgendwelchen Kostbarkeiten (Briefmarken, Münzen usw.) ist, sublimiert gewissermaßen das Bedürfnis nach einem Harem: seine Sammlung ersetzt ihm die Odalisken, mit denen er nach Herzenslust liebkosen möchte. Auch der Ankauf von Sammlungsstücken ähnle der Liebeswerbung und der Eroberung im Liebesleben; da aber der Mann von Natur „polygam" sei, wende er sich nach jedem Erwerb neuen Lustobjekten zu, die er in seinen Besitz zu bringen trachtet.

Stekel nennt jeden Neurotiker einen „Schauspieler" und beschreibt recht hübsch, wie die Neurose im Leben des Betroffenen die Funktion eines Schlupfwinkels oder Alibis erlangt. Wer etwa an Zwangsgedanken oder -handlungen leidet, muß sich mit seinem zügellosen Ehrgeiz nicht mehr in die Arena des alltäglichen Lebens begeben: er rackert sich auf einem „Nebenkriegsschauplatz" ab, wo er sich ehrenvoll gegen die von ihm selbst inszenierte Neurose behauptet. Das fiktive Element im neurotischen Leben und Erleben wird von Stekel humorvoll beschrieben.

Leider erliegt er nicht selten der Versuchung, sich als Wunderheiler und Wunderdiagnostiker darzustellen. Er weiß immer sofort, was wirklich „auf dem Grunde der Seele ruht". Oft sind seine Deutungen allzu gewagt und wild: er ist sich seiner ganz sicher, wenn er etwa behauptet, eine Frau habe ein Ekzem bekommen, um sich vor sexuellen Versuchungen zu schützen, solange ihr Gatte als Soldat im Felde stand. Bei der Rückkehr des braven Soldaten verschwand das Ekzem, weil „es nicht mehr nötig war": man meint hier Georg Groddeck über das „Es" reden zu hören, das Krankheiten hervorruft und beseitigt, je nach

97

seinen dämonischen und kaum begreiflichen Gründen. (Georg Groddeck, *Das Buch vom Es*, 1923.)

Sehr feinsinnig schildert Stekel auch das Phantasieleben des Neurotikers, das meistens alle seine Realitätsbezüge überwuchert. Er wird hierbei – wie so oft – fast zum Poeten:

> An den ehernen Felsen der Wirklichkeit bricht sich der ohnmächtige Wille des Neurotikers. Sein ganzes Leben ist ein Kampf gegen die Realität. Das unüberbrückbare Mißverhältnis zwischen Kraft und Ziel verweist ihn in das Reich der Träume, wo Raum und Zeit, Vergangenheit und Zukunft in eine formlose Einheit zusammenfließen. (*Masken der Sexualität*, S. 102)

Im selben Aufsatz nimmt Stekel die Auffassung von Harald Schultz-Hencke vorweg, wonach die Neurotiker durch ganz spezifische *Erlebnislücken* gekennzeichnet sind; vieles, was man als Durchschnittsmensch erlebt, erlitten und erfahren haben sollte, fehlt in der Neurose, weil der Patient abseits von der Wirklichkeit existiert hat:

> Die Neurotiker erkranken nicht an dem, was sie erlebt haben, sondern an dem, was sie nicht erlebt haben (l. c., S. 107).

Stekel animiert seine Leser dazu, auch die Einsamkeit ertragen zu lernen. Überhaupt hat er eine pädagogische und psychohygienische Tendenz, die alle seine Darlegungen wie ein roter Faden durchzieht. Unter dem Titel „Kurzschlüsse" fügt er gegen Ende seines Buches *Masken der Sexualität* auch noch einige Aphorismen ein, von denen wir die treffendsten wiedergeben möchten:

> Gesundsein heißt, seine Vergangenheit überwinden. – Der Humorist entdeckt das Große im Kleinen und das Kleine im Großen. – Lebensfreude ist die schönste Form der Frömmigkeit. – Niemand kennt sich, der sich einbildet, sich zu kennen. Die erste Stufe der Selbsterkenntnis ist das Eingeständnis der Ohnmacht, in sich zu blicken. – In der Gleichung der Ehe wird mit zwei Unbekannten gearbeitet. – Zanken heißt, um seine Persönlichkeit kämpfen.

Solche journalistischen Aufklärungsaufsätze wurden von vielen – nicht zuletzt von den Psychoanalytikern – belächelt, aber sie erfüllten ein Bedürfnis des Publikums nach Information, die allerdings bei Stekel gelegentlich nicht gerade objektiv und zuverlässig ausfällt. Der Drang nach Geltung und Anerkennung war bei ihm so groß, daß eine ernsthafte Vertiefung in die von ihm dargestellte Themenbereiche kaum je in Frage kam. Mit erstaunlicher Geschicklichkeit raffte er überall seine Lesefrüchte und Überlegungen zusammen, die er dann mit „fliegender

Schreibfeder" aufs Papier brachte. So wurde er gewissermaßen zum psychoanalytischen „Kleingeldfabrikanten", und so hat ihn auch Franz Kafka gesehen, der 1917 an einen Freund schrieb:

> Übrigens noch eine Bitte, die gut anschließt: Im zweiten Band der „krankhaften Störungen des Trieb- und Affektlebens (Onanie und Homosexualität)" von Dr. Wilhelm Stekel oder so ähnlich (Du kennst doch diesen Wiener, der aus Freud kleine Münze macht), stehn fünf Zeilen über die „Verwandlung" (gemeint ist die Novelle Kafkas – J. R.). Hast Du das Buch, dann sei so freundlich und schreibe es mir ab. (*F. Kafka, Briefe 1902–1924*, Frankfurt, 1975, S. 169.)

In einem anderen Brief aus demselben Jahre (l. c., S. 191) nimmt Kafka auf die Stekelsche Lehre Bezug, daß jeder Neurotiker „Angst um seine Persönlichkeit" habe. Der Dichter bekennt sich ohne weiteres zu dieser Angst, indem er sehr vernünftig postuliert, man könne doch seine Persönlichkeit für sich selbst und für andere brauchen, so daß eine gewisse Fürsorglichkeit für dieses fragliche Etwas nicht als sinnlos und als Krankheitssymptom erklärt werden dürfe.

Jedenfalls wurden Stekels Vereinfachungen und Verallgemeinerungen *gelesen*: es gab damals noch wenig Konkurrenz hinsichtlich psychoanalytischer Popularisationsversuche, in denen Stekel ein so geschickter Pionier war.

Wilde Traumdeutung

Eines der ersten Werke Stekels war *Die Sprache des Traumes. Eine Darstellung der Symbolik und Deutung des Traumes in ihren Beziehungen zur kranken und gesunden Seele* (1911). Das voluminöse Werk, das mehr als fünfhundert Seiten umfaßt, soll „für Ärzte und Psychologen" ein Helfer in der Kunst der Traum-Interpretation sein.

Beeindruckend an diesem Buch ist die füllige Materialsammlung – weniger überzeugend deren theoretische Verarbeitung. Stekel hatte natürlich Freuds Traum-Buch stets vor Augen, auf welches er in Theoriefragen fast immer verweist. Er führt nur einige wenige Neuerungen ein, die allerdings von fraglichem Werte sind.

So postuliert er für das menschliche Seelenleben das Gesetz der „Bipolarität", das ein Analogon zu der von Freud und Fließ behaupteten „Bisexualität", der von Adler beschriebenen „hermaphroditischen Struktur der Psyche" und E. Bleulers „Ambivalenz" darstellt. Im Seelenleben gäbe es gegensätzliche Tendenzen, die sich in allen Phänomenen mischen: männlich und weiblich, Liebe und Haß, Altruismus und Egoismus usw. In so allgemeiner Fassung hat dies der Dichter auch schon gewußt, als er von den „zwei Seelen" sprach, die in seiner Brust wohnen.

Als ein besonders gewiegter Forscher fühlte sich Stekel auf dem Gebiet der Symbolik, wo er sehr kühne Konjekturen wagt. Seine Symbolübersetzungen sind oft atemberaubend und erinnern gelegentlich an die uralten Traumbücher, in denen man den Traum für die Zukunftsprognose auswertete. Auch die „sexuelle Deutungswut" ist sichtlich bei ihm ausgeprägt.

Wie sehr Stekel auf das Laienpublikum spekulierte, das sich mit Hilfe einer Anleitung seine Träume gerne selber deutet, läßt sich schon aus der Nennung einiger Kapitel-Überschriften entnehmen: Was die Tiere im Traum bedeuten; Was die Pflanzen bedeuten; Die Rolle des Kindes und der Verwandten im Traume; Zahnträume; Flugträume; Ammenträume; Wasser-, Feuer-, Schwangerschaftsträume; Geburtsträume; Mutterleibsträume usw. Wiewohl er verbal Freuds Meinung anerkennt, jeder Traum müsse durch die Gedankenassoziationen *des Träumers selbst* interpretiert werden, übernimmt er doch meistens die Führung, indem er sein angebliches Symbolwissen dem Traummaterial „überstülpt". So kommt es zu Deutungen, die nur zu oft gewaltsam anmuten.

Als neuestes Erkenntnis führt Stekel ein, daß in jedem Traum auch das „Todesproblem" verborgen sei. Überall finde man, wenn man nur richtig suche, die Todessymbolik und die Todesangst:

Jeder Traum ist ein Vexierbild mit der Frage: „Wo ist der Tod?" (l. c., S. 317).

Folgt man Stekel, so kann fast alles, was sich nur denken läßt, den Tod bedeuten. Auch Freud hatte in *Die Traumdeutung* die symbolische Darstellung des Todes (weggehen, abreisen, verblassen usw.) erörtert; bei Stekel nimmt dieses Thema eine Riesendimension an, die den Träumen eine fast bedrohliche Färbung gibt.

Noch willkürlicher erscheint die Zahlensymbolik, die Stekel vorbringt. So kann die 1 den Penis, den Vater oder den Tod bedeuten; die 2 ist das Paar, die sexuelle Vereinigung, die Ehe, aber auch die Hoden, die Brüste, die Hinterbacken, die Beine, die Hände; die 3 ist das (sexuelle) Dreieck, das Kind, das männliche Genitale usw. (l. c., S. 411). Mit solchen wilden Spekulationen überantwortete Stekel die Traumdeutung einer Methode, die der pathologischen Ideenflucht ähnlich sah.

Schockierend ist auch das Menschenbild, von dem er in allen seinen

Interpretationen ausgeht. So ist für ihn das Urgefühl des Menschen, mit dem er in die Welt eintritt, der Haß; die Liebe wird erst nachträglich hinzugelernt. Ebenso problematisch ist die These:

> Alle Liebe ist Eigenliebe und fängt bei der eigenen Person an. Dieser Egoismus der Liebe äußert sich in dem Umstande, daß wir immer in dem anderen uns selber lieben. Wir können es einfach nicht anders (l. c., S. 538).

Das wäre noch allenfalls diskutabel; befremdlicher ist die These, daß in jedem Menschen ein „verborgener Verbrecher" stecke, der speziell in den Träumen zum Vorschein kommen könne.

Verdienstlich an Stekels Buch ist seine Auffassung, daß der „manifeste Trauminhalt" mindestens so wichtig sei wie der „latente", dem Freud die höhere Aufmerksamkeit zuwandte. Sodann bekundet Stekels Text einen Ideenreichtum, der bei etwas mehr Selbstkritik für die Wissenschaft hätte nutzbar gemacht werden können.

Am 26. April 1911 wurde in Freuds Mittwochsgesellschaft Stekels Buch einer Kritik unterzogen (*Protokolle*, Bd. III, S. 223 f.). Die Redner trennten sich in zwei Gruppen: die einen warfen Stekel Oberflächlichkeit, Flüchtigkeit der Deutungen, theoretische Sorglosigkeit und sogar sprachliche Schlamperei vor. Die anderen anerkannten die Fülle des Materials, die trotz aller Übertreibungen imponierend wirke. Man bemängelte die These von der „Kriminalität der Kinder", die allerdings in Freuds Konzeption von der kindlichen „polymorph-perversen Sexualität" bereits angedeutet ist. Freud selbst meinte, daß Stekel die Symbolik überstrapaziert habe:

> Nicht alle Träume erfordern die Anwendung der Symbolik, und viele Träume seien mit einem bescheidenen Ausmaß von Symbolik zu lösen. Durch die Ausschließlichkeit der Symbolik ist die Traumdeutung unsicher und oberflächlich geworden (l. c., S. 225).

Psychologie der Frigidität und Impotenz

Zu diesen allgemeinsten und am weitesten verbreiteten Störungen des Liebeslebens äußerte sich Stekel in den Büchern *Die Geschlechtskälte der Frau* (1921, Bd. III des 10bändigen Werks *Störungen des Trieb- und Affektlebens*) und *Die Impotenz des Mannes* (Bd. IV, 1920). Wieder sind es stattliche Werke, reich an Falldarstellungen und literarischen Assoziationen, in denen der Autor seine Allgemeinbildung dokumentiert.

Stekel sieht in der sexuellen Unfähigkeit beider Geschlechter eine Störung der Liebesfähigkeit; wer wahrhaft lieben kann, vermag auch in der sexuellen Vereinigung sein Glück zu erleben. Nun gibt es aber vielfältige Einschränkungen des Liebenkönnens. Wichtig sind „Prägungen" aus der frühkindlichen Familiensituation, die ganz „individuelle Liebesbedingungen" schaffen, die einigermaßen erfüllt sein müssen, wenn das betreffende Individuum sich hingeben können soll. Stekel schildert merkwürdige Fixierungen, Regressionen, Traumatisierungen heranwachsender Menschen, die sich hernach in mangelhafte Empfindungsfähigkeit beim Koitus umsetzten. Das Kind, das man gewesen ist, erwacht im Sexualleben mit allen seinen Schmerzen und Freuden, und da die meisten Menschen eine frustrierende Jugendzeit erleiden, ist es kein Wunder, daß sie ihre Menschenscheu, ihre Angst, ihre Abwehr und sogar ihren Haß in ihre Intimsituationen hineintragen.

Auch schließt sich Stekel an Alfred Adler an, der den „Kampf der Geschlechter" als zentrale Ursache der sexuellen Anomalien ansah. Da wir im Patriarchat leben, spüren schon die Knaben und die Mädchen die unterschiedliche Wertung von Mann und Frau, weshalb in beiden Geschlechtern – wie Adler sagt – der „männliche Protest" entsteht. Dieser verdichtet sich zur Formel: „Ich will ein ganzer Mann werden!" Bei Männern führt das, gemäß den entsprechenden kulturellen Vorbildern, zu Härte, Aggression, Grausamkeit, Gefühlsarmut usw.; bei den Frauen veranlaßt es zum Beispiel die Ablehnung ihrer Geschlechtsrolle, die ein Sich-Hingeben, ein „Untensein" und ein Sichführenlassen erfordert. Die Revolte gegen das Frausein kann nicht selten sexuelle Anästhesie mit sich bringen.

Stekel war in der Lage, seine Patienten und Patientinnen zu „Lebensbeichten" zu animieren, und es macht einen Reiz seiner Werke aus, diese Patienten-Biographien zu lesen. Für den Kenner wird dann deutlich, wie sehr jedes sexualpathologische Phänomen in der Lebensgeschichte des Betroffenen wurzelt: in der sexuellen Abnormität konvergieren vielfältige Gefühlsdeformationen, falsche Verhaltensweisen, weltanschauliche Vorurteile u. a. m., so daß die Aufdeckung von „Urtraumen" nach Stekel eine nebensächliche Rolle in der Psychotherapie spielt. Wichtiger ist der „psychosynthetische Teil" der analytischen Kur, nämlich die Umerziehung des Patienten, die Wandlung seiner Einstellung zu Liebe, Mitmenschlichkeit, Leibhaftigkeit usw.

Man gewinnt den Eindruck, daß Stekel die orthodoxe Psychoanalyse trotz seiner lockeren Gedankenformation an manchen Stellen durch „gesunden Menschenverstand" zu korrigieren fähig war. Er begreift die verhängnisvollen Auswirkungen der traditionellen Moral, die im wesentlichen eine Moral der Triebverneinung war. Auch macht er sich zum Anwalt freierer Liebesformen, ohne den Sinn der Zweierbeziehung anzutasten. Des weiteren behauptet er sehr zu Recht, daß jede Erziehung zur Angst die Quelle von Neurosen und Sexualpathologie sei; anstelle von Angst kann man auch den Begriff „Unwissenheit" setzen.

Alles Nichtkönnen in der Sexualität ist nach Stekel ein „Nichtwollen", aber er sträubt sich, darauf den Freudschen Terminus des „Unbewußten" anzuwenden, der die Sache seiner Auffassung nach allzusehr mystifiziert. Stekel hat sehr fein beobachtet, daß Frauen und Männer, die in der Sexualität versagen, antagonistische Gefühle gegenüber dem Geschlechtspartner haben, die sie wohl kennen, wenngleich sie solche ängstlichen oder kämpferischen Gefühle an den Rand ihres Bewußtseins zu drängen pflegen. Man kann sie daher auch *nebenbewußt* nennen; erklärt man nämlich einem impotenten Mann oder einer frigiden Frau den vermuteten Emotionalhintergrund der Irritation, dann erhält man oft die Antwort: „Das habe ich schon immer gewußt! Ich habe dem nur keine Bedeutung beigemessen!" So muß man die Patienten darüber aufklären, daß sie in ihrem Sexualleben gleichsam ernten, was sie in ihrem Gefühlsleben säen: ein einfacher Zusammenhang, der den Schlüssel zu vielen Sexualneurosen bietet.

Im Buch über die Impotenz beschreibt Stekel sehr einsichtig auch die Probleme der Psychotherapie, wobei er Fragen des Widerstandes, der Übertragungsliebe und des therapeutischen Verhältnisses erörtert. Er zeigt realistisch, wie sehr die Patienten an ihrer Neurose hängen, welche ja „das Kunstwerk ihres Lebens" ist. Oft geben sie ihre Krankheit gewissermaßen nur „dem Arzt zuliebe auf". Es ist eine große Kunst, den Patienten für den Therapeuten zu begeistern und ihn dennoch in jenem Abstand zu halten, der für den Fortgang der Kur unentbehrlich ist. Stekel betont mit Recht, daß Heilung von Impotenz und Frigidität nur durch das Gewinnen einer neuen Lebensanschauung möglich ist, einer Haltung zum Leben, die trieb-, menschen- und gefühlsfreundlich ist.

Theorie der Homosexualität

Unter dem Titel *Onanie und Homosexualität. Die homosexuelle Neurose* (1921) erschien Band II des Stekelschen Monumentalwerkes, das sich durch alle *Störungen des Trieb- und Affektlebens* hindurcharbeitete. Stekels Standpunkt bezüglich der Onanie war realitätsgerechter und

„vernünftiger" als der von Freud. Freud hatte noch behauptet, daß das Onanieren eine der Ursachen der Neurose sei. Er schuf den Begriff der „Aktualneurose", wobei er meinte, daß sie im Gegensatz zur Psychoneurose direkt durch abusus sexualis (Sexualmißbrauch) bewirkt werde. So gerieten die Masturbation und der Coitus interruptus in den Verdacht, die Quelle von Neurasthenie und Angsterscheinungen zu sein. Freud behauptet sogar, beide Krankheitsformen durch Änderungen im Sexualverhalten der Patienten jählings beseitigt zu haben. Stekel hat berechtigte Zweifel an diesen Sexualkuren. Er verficht die These, daß die Onanie eine an sich harmlose sexuelle Entlastungsreaktion sei. Sie sei eine Begleit-Symptomatik von vielen Neurosen und noch tiefergehenden Gemütsirritationen, niemals aber deren Ursache. Die künstlich hervorgerufene Angst wegen der Folgen der Masturbation sei viel schädlicher als alles Masturbieren. Daher sei es an der Zeit, die Selbstbefriedigung der Kinder und der Erwachsener zu entmystifizieren.

Interessant sei es jedenfalls, die Phantasien der Menschen bei der Onanie zu studieren. Diese haben oft einen infantil-narzißtischen Einschlag. Der Masturbierende erträumt sich Situationen, in denen er groß und gottähnlich ist. Wer dem anderen Geschlecht gegenüber ängstlich und unsicher ist, findet im Onanieren ein sexuelles Ventil, mit dessen Hilfe er sich Angst erspart.

Auch in der Homosexualitätsfrage geht Stekel über Freud und vor allem über die traditionelle Psychiatrie hinaus. Er bezweifelt die üblichen Konstitutionstheorien, welche die Entstehung der Homosexualität in eine unbewiesene und unbeweisbare „Anlage" verlegen. Im Sinne Freuds erklärt Stekel, daß prinzipiell jeder Mensch die Möglichkeit der Bisexualität mit auf die Welt bringe; so muß er sich damit auseinandersetzen, daß er Gefühle für beide Geschlechter in sich vorfindet, die er nach und nach durch die Entscheidung für die Gegengeschlechtlichkeit zu einer eindeutigen Sexualdisposition zu entwickeln hat.

Nun gelingt dieser Entwicklungsprozeß nur dann, wenn der heranwachsende Mensch unter dem Einfluß der Liebe seinen – wie Stekel es ausdrückt – primären Haß überwinden lernt. Wer in unglücklichen Kindheitsverhältnissen weit mehr hassen mußte als er lieben konnte, wird in seinem späteren Leben Formen des Liebeslebens bevorzugen, in denen Hingabe nur mit Einschränkungen möglich ist. Bei Homosexuellen kommt es, infolge lebensgeschichtlicher „Ursachen", oft zum Haß gegen die Mutter, der durch eine überaus intensive „Mutterbindung" vertuscht sein kann. Dieser Haß, den man auch als Angst vor der Mutter bezeichnen kann, wird auf das gesamte weibliche Geschlecht übertragen, das phobisch gemieden wird. In vielen Fällen stammen homosexuelle Patienten aus Familien, in denen sie nur durch Frauen bemuttert, erzogen und bestraft wurden; sie erwarben hierbei eine tiefliegende Frauen-Scheu, die als Angst, Ekel und Desinteresse zum Vorschein kommen kann.

Homosexualität ist nach Stekel eine Neurose, welche die Gestalt einer Sexualneurose annimmt. Aber die Probleme solcher Patienten reichen viel weiter als deren sexueller Verhaltensmodus. Dieser sei ein Ausdruck von Narzißmus, einer Bezogenheit auf sich selbst, einem Verfangensein in sich selbst. Auch hier spielt der „Kampf der Geschlechter" mit hinein. Wer sich infolge seiner Kindheitssituation ein unrealistisches Bild vom Mann- und Frausein macht, erschrickt unter Umständen vor der Aufgabe, sich in einer andersgeschlechtlichen Beziehung bewähren zu müssen. Er wählt den scheinbar einfacheren Weg der gleichgeschlechtlichen Kontaktaufnahme, der ihn allerdings in noch viel größere Kalamitäten hineinführt; mit anderen Worten: die Furcht vor der Frau treibt den Homosexuellen dem Manne in die Arme, aber hinter der Frauenangst verbirgt sich eine allgemeine Lebensangst.

Stekel ist optimistisch hinsichtlich der Psychotherapie von Homosexuellen. Er schreibt:

> Es wirft sich die Frage auf, ob wir gut daran tun, durch eine Analyse dem Homosexuellen den Weg zum Weibe zu eröffnen... Wie meine Erfahrungen beweisen, kann die Analyse hier und da zum Erfolg führen. Allerdings nur unter gewissen Bedingungen. Der Homosexuelle muß den Willen zur Gesundheit haben. Er muß eine Änderung seiner Einstellung wirklich anstreben (l. c., S. 490).

Jeder Fall ist individuell strukturiert, und darum muß auch jede Psychotherapie ohne Schematismus produktiv-künstlerisch vorgehen. Wie bei anderen Neurosen auch, ist es bei der Homosexualität schwierig, dem Patienten zur „vollen Selbsterkenntnis" zu verhelfen. Zu diesem Zwecke muß man Fakten und Verhältnisse in das Blickfeld des Patienten „hineinrücken", die dieser konsequent nicht sehen will. Der Kranke gleicht nach Stekel einem Menschen mit Torticollis (Halsmuskelverkrampfung), der konstant in eine bestimmte Richtung sieht und den Blick in die andere Richtung meidet, weil ihm das Unlustempfindungen bringen würde. Aber die Liebe zum anderen Geschlecht ist nicht komplizierter als die zum eigenen: sie kann und wird beglückender sein, wenn die Angstschranke, die in der Kindheit entstand, überstiegen wird.

Analyse des Fetischismus

Ebenfalls ganz in der Linie der Adlerschen Individualpsychologie liegt die Deutung, welche Stekel für die fetischistische Perversion gibt (in: *Der Fetischismus*, Bd. VII, 1923). Er grenzt sich entschieden von Freud ab, der in den Perversionen „das Negativ der Neurosen" sah. Damit wurde postuliert, daß das perverse Verhalten im Grunde nur eine Weiterführung infantil-sexueller Strebungen ins Erwachsenenalter hinein bedeute. Das Kind wurde zum kleinen Perversen, der erwachsene Perverse zum großen Kind. Stekel verneint diese Hypothese und bezeichnet jede Perversion als eine Neurose. Die Unterschiede zwischen beiden Krankheitsformen sind fiktiv: es geht allemal um Lebensprobleme, die nicht auf geradem Wege bewältigt werden können, weshalb sich dem durch seine Kindheitserfahrungen schlecht vorbereiteten Individuum Fluchttendenzen aufoktroyieren, die je nach zufälligen Zusatzbedingungen „neurotisch" oder „pervers" sein können. Für alle Sexualperversionen gilt jedoch, was Stekel über den Fetischismus aussagt:

> Ja, nach meinen Erfahrungen ist er... ein Abrücken von dem Weibe, eine Flucht vor dem Weibe (l. c., S. 1).

Stekel nennt die Sexualperversionen „Paraphilien" und will damit ausdrücken, daß in ihnen die Liebesfunktion des Menschen in abwegiger Form vorliegt. Analogien zu den perversen Bedürfnissen gibt es überall im Normalleben; man darf aber nicht daraus schließen, daß das Perverse zum Normalen „hinzugehört". So liebt der Liebende ein Halsband, ein Strumpfband oder ein anderes Utensil der Geliebten, aber dieser Teil wird ihm nicht zum Ersatz für das Ganze, das heißt für die Frau. Von Fetischismus sprechen wir, wenn das Weiblichkeitssymbol (Kleidungsstück, Schuh usw.) an Bedeutung den leibhaftigen Geschlechtspartner übertrifft oder ihn ganz ersetzt.

Beim Fetischisten äußert sich das Liebesverlangen sozusagen in einer verschämten Weise, und zwar so, daß er vom eigentlichen „Sexualobjekt" unabhängig bleiben kann. Das sexuelle Interesse konzentriert sich auf etwas, was den Normalen möglicherweise reizt, im Grunde aber nebensächlich bleibt. Auffallend ist die hohe Verehrung, die der Perverse seinem Fetisch beziehungsweise seinen Fetischen zollt. Er bildet fast immer eine Ersatzreligion aus, in deren Mittelpunkt der Kultus des fetischisierten Objektes steht. Die Zuwendung zum vergötterten Lustgegenstand ist nicht nur religiös, sondern auch zwanghaft, weshalb Stekel den Fetischismus in die Gruppe der Zwangsneurosen einreiht. Tatsächlich sind die Rituale, die der fetischkranke Mensch mit seinen „Liebesutensilien" durchführt, Zwangshandlungen ähnlich; er ist so sehr an sie gebunden, daß er sich unter Umständen sogar in Gefahr begibt, um in den Besitz von Unterwäsche usw. zu gelangen. Die Unfreiheit, die wir im Bilde der Zwangskrankheit kennen, kehrt im Fetischismus wieder und ist auch in anderen Perversionen geläufig.

Der Fetisch ist Frauenersatz. Er dient zur unbewußten Entwertung der Frau, die entsprechend auch gefürchtet wird. Meistens sammeln Fetischisten viele Lustgegenstände, über deren Besitz sie sich freuen, als ob es ein „Harem" wäre. Wahrscheinlich ist es die Angst vor der Lebendigkeit eines echten Gegenübers, die den Fetischisten veranlaßt, Symbole für die „Sache selbst" einzutauschen. Furcht vor der Hingabe und Furcht vor Gefühlen überhaupt treibt die befremdlichen Gestaltungen des sexuellen Objekt-Kultes hervor, in welchem die innere Einsamkeit übertönt werden soll.

Sexualrepressive, autoritäre und religiöse Erziehung steht fast immer am Ursprung der fetischistischen und der anderen Perversionen. Wo die Frau und die Sexualität tabuisiert worden sind, ist der Zugang zu ihr gewissermaßen verrammelt; es bleibt unter Umständen nur übrig, das Sexualitäts- und Liebesverlangen in einer verstümmelten, asketischen Form zum Ausdruck zu bringen, was der Fetischismus leistet, der einen Kompromiß zwischen Onanie und „Objektbeziehung" darstellt. Der Fetischist „wählt" infolge seiner Ängste und Hemmungen einen Sexualmodus, der seinen extremen Sicherheitsbedürfnissen entspricht. Er zieht sich vor der furchterregenden Realität zurück, kultiviert das Geheimnis seines „Lasters" und quält sich mit einer unbefriedigten Sinnlichkeit ab, die niemals in den emotionellen Einklang zweier Seelen einmündet.

Schon das Sicheröffnen einem Psychotherapeuten gegenüber birgt nach Stekel die Chance der Heilung in sich. Wird das Geheimnis gelüftet, kann man die Situation im hellen Tageslicht betrachten:

Der Arzt hat einen mächtigen Helfer in der Tatsache, daß die Mitteilung der fetischistischen Phantasien zugleich eine Entwertung dieser Gebilde bedeutet... Und alle diese fetischistischen Spielereien haben etwas Lächerliches an sich. Ist der Kranke schon so weit, daß er während einer fetischistischen Phantasie sich kritisieren kann und die Lächerlichkeit nicht nur einsieht, sondern auch fühlt, so hat er die Macht, den Affektrausch zu überwinden, in den ihn seine fetischistische Phantasie versetzt hat (l. c., S. 597).

Affektrausch heißt aber auch Machtrausch: Die Patienten genießen mit ihren Fetischen machtvolle Befriedigungen ihres ansonsten frustrierten Ehrgeizes und Größenverlangens. Daher geben sie ihre Sexualanomalie nicht leicht auf. Woher sollen sie sonst einen Ersatz für das Bewußtsein nehmen, im Laster alle anderen zu überragen? Adler, mit dem Stekel weithin übereinstimmt, empfahl, den Patienten für das „Sozialinteresse" zu gewinnen, in dessen Lichte fiktive Selbstvergottung als fragwürdig und fahl erkannt wird.

Weitere Fragen der Psychopathologie

Unter dem Titel *Psychosexueller Infantilismus. Die seelischen Kinderkrankheiten der Erwachsenen* (Bd. V, 1922) handelt Stekel sexuelle Abweichungen, wie zum Beispiel den Voyeurismus, den Exhibitionismus, die Analsexualität, die Zoophilie, die Pädophilie, die Gerontophilie, ab. Ein Kernstück dieses Werkes ist das Kapitel *Jean Jacques Rousseau. Analyse eines Exhibitionisten* (l. c., S. 490–564). Es stützt sich auf genaue Kenntnis der Rousseauschen Autobiographie *(Confessions)*, in welcher sehr freimütig über die Sexualität des Autors berichtet wird.

Weitere Bände von Stekels Riesenwerk befassen sich mit den Themen: *Impulshandlungen. Wandertrieb, Dipsomanie, Kleptomanie, Pyromanie und verwandte Zustände* (Bd. VI, Wien 1922); *Sadismus und Masochismus* (Bd. VIII, Wien 1925); *Zwang und Zweifel* (Bd. IX, Wien 1927); *Die Zwangsneurose* (Bd. X, Wien 1927). Man sieht, er schritt den ganzen Kreis der „neurotischen Schöpfung" aus; nichts Neurotisches blieb seiner Schriftstellerei fremd. An literarischer Produktivität ist Stekel gewiß nicht von seinen meistens ebenfalls schreibfreudigen psychoanalytischen Kollegen zu übertreffen. Überblickt man noch seine zahlreichen Nebenwerke, die wir nicht alle erwähnen können, dann entsteht der Eindruck einer überragenden Emsigkeit, mit der die Originalität des Autors nicht Schritt halten konnte. Stekel hatte nicht den Mut wie Schultz-Hencke, der von sich behauptete, er habe alle seine Ideen „gestohlen", nämlich zwei Drittel von Freud, je ein Sechstel von Adler und Jung; bei Stekel hätte es heißen müssen: fast die eine Hälfte von Freud, fast die andere von Adler.

Und doch hat dieses monströse Kompendium der gesamten Psychopathologie unbestreitbare Verdienste, da es tief in alle Empirie des Menschenlebens eintaucht und von Fallbeschreibungen wimmelt, in denen die Patientenäußerungen ziemlich unverstellt wiedergegeben werden.

Für den angehenden wie für den erfahrenen Psychotherapeuten sind Stekels Texte anregende Lehr- und Lesebücher, die die unendliche Umfänglichkeit des Therapieproblems widerspiegeln. Stekel hatte nicht die Kraft zur Selbstbegrenzung, die Freud im hohen Maße auszeichnete; dafür aber eignete ihm eine ganz erstaunliche Rezeptivität, die sich überall ansprechen ließ, wo seelenkundliches Material zu gewinnen war. Freud hat in einer boshaften Äußerung Stekel mit jenen Schweinen verglichen, die man zum Trüffelsammeln benütze; sein Gespür für das psychologisch Interessante sei nicht leicht zu übertreffen. Diese bissige Kritik, die dem *abtrünnigen Schüler* gilt, verneigt sich gleichzeitig vor dem kundigen Symbolinterpreten und dem Kombinationskünstler, der alles und jedes in der menschlichen Psyche in Beziehung zu setzen wußte.

Abschließend referieren wir einige Gedanken Stekels über Psychotherapie, die er im Schlußkapitel des Buches *Psychosexueller Infantilismus* zur Darstellung brachte. Es sind beachtliche und beherzigenswerte Auffassungen, die unter dem Titel *Grenzen, Gefahren und Mißbräuche in der Psychoanalyse* zusammengefaßt werden.

Stekel kündigt schon um 1920 die Heraufkunft einer „psychoanalytischen Epidemie" an. Er warnt vor einer oberflächlichen Assimilation der Psychoanalyse, die mehr Schaden als Nutzen bewirken werde. Er fürchtet nicht zu Unrecht, daß in nicht allzu ferner Zeit die analytische Quacksalberei die echte Psychotherapie überwuchern werde.

Vor allem in den USA beobachtete er damals schon eine hauptsächlich „kommerzielle Psychoanalyse". Daneben entfalte sich eine analytische Handwerker-Innung, die das therapeutische Verfahren biedermännisch und oft auch geistlos betreibt. Man vergißt hierbei, daß die Analyse etwas Künstlerisches ist und eine entwickelte Intuition erfordert. Zu dieser Intuition, die das Einmalige und Unwiederholbare in jedem „Fall" sehen kann, muß beim Analytiker eine umfassende Geistesbildung hinzukommen: Literatur, Philosophie, Geschichte und andere Disziplinen gehören in das Lernpensum eines Psychotherapeuten, der sich vor Einbildung und Banausentum schützen will.

Stekel erkennt in den verschiedenen analytischen Schulen den gefährlichen Virus des Dogmatismus, der zur ideologischen Selbstabschließung und Autoritätsgläubigkeit führt. Er warnt:

Eine wichtige Bedingung des Analytikers ist seine absolute Unvoreingenommenheit. Er darf sich nicht einseitig auf eine bestimmte Lehre einstellen und die anderen Meister der Analyse vernachlässigen. Ich rate allen meinen Schülern, sich mit den verschiedensten Lehren und Richtungen bekannt zu machen und überall das Brauchbare zu benützen. Es gibt keinen Analytiker und Psychotherapeuten, bei dem man nicht etwas lernen könnte. Selbst aus fremden Irrtümern kann man fruchtbare Lehren ziehen (l. c., S. 605).

Der vielkritisierte „Eklektiker Stekel" war diesbezüglich mindestens so weise wie seine dogmatischen Kollegen, die meinten, man dürfe Wasser nur aus *einer* Quelle trinken, wenn man seinen Durst löschen wolle. Noch heute leiden Tiefenpsychologie und Psychotherapie daran, daß sich die verschiedenen Lehrmeinungen fast hermetisch gegeneinander abschließen. Auch wiederholen die Söhne und Enkel blindlings die Vorurteile, die die Väter der tiefenpsychologischen Forschung gegeneinander hatten: eine konziliante Synthese aller Schulen und Richtungen ist noch nicht in Sicht.

Freuds These von der „bloß analytischen Arbeit" des Seelenarztes wird von Stekel mit einleuchtenden Argumenten zurückgewiesen. Er bekennt sich zur *aktiven Psychoanalyse*, die behutsam, aber auch zielsicher in das Seelenleben des Patienten einzugreifen wagt.

Dies wird mit folgenden Sätzen deutlich gemacht:

Die Attitude, die Freud so lange Jahre hartnäckig verteidigt hat, zu analysieren und den Kranken nicht zu beeinflussen, ihn seinen Weg suchen zu lassen, ist unwürdig einer Wissenschaft, die eine Psychotherapie sein will. Der Arzt hat der Erzieher seiner Kranken zu sein und ihnen den Weg zur Arbeit und Gesundheit zu weisen, sie mit sanftem Zwange aus dem Reiche ihrer Phantasien herausführend zur Arbeit zu treiben, ihnen immer wieder den Spiegel ihrer träumerischen Untätigkeit vorhaltend, ihnen den Willen zur Krankheit entschleiernd und ihre Energien aufpeitschend (l. c., S. 607).

In vielen analytischen Kuren werden hauptsächlich „Verstandeseinsichten" übermittelt, die nach Stekel keine bewegende Macht im Seelenleben ausüben können. Eine gute Therapie muß das Gefühl des Analysanden ansprechen, umwandeln und erneuern. Dies kann aber nur ein Psychotherapeut zustande bringen, der selbst über große Gefühlsflexibilität oder Liebesfähigkeit verfügt. So endet auch der „hypomanische Stekel" mit einer Apologie der Liebe, die für ihn Demut und Bescheidenheit einschließt.

Ein Ausdruck dieser Seelenhaltung sind die Schlußworte zu Band X der *Störungen*; über alle Gegensätze hinweg wird dem „Meister Freud" ein Wort des Dankes zugerufen:

Ich werde nie vergessen, daß er die Fackel angezündet hat, die die Wege meiner Forschungen beleuchtet (l. c., S. 665).

Man mag Stekel skurril, journalistisch, gedankenflüchtig, narzißtisch und kindlich nennen: aus der Geschichte der frühen Psychoanalyse ist er nicht wegzudenken, und unter den ersten Analytikern war er keineswegs der schlechteste.

Stekels Persönlichkeitsbild

Wie Stekel im Kreise der Psychoanalytiker beurteilt wurde, erfährt man unter anderem aus der dreibändigen Freud-Biographie von Ernest Jones (*Das Leben und Werk von Sigmund Freud*, 1953–57), in deren Band II auf Stekel Bezug genommen wird. Jones billigt ihm zu, daß er eine natürliche psychologische Begabung gehabt habe, verbunden mit „einem ungewöhnlichen Flair, verdrängtes Material aufzudecken": auf dem Gebiete des Symbolismus habe er mehr intuitives Genie besessen als Freud selbst.

Leider habe Stekel nichts für wissenschaftliche Sorgfalt übriggehabt, was erstmals bei seinem Buch über *Die Sprache des Traumes* (1911) zum Problem für seine psychoanalytischen Kollegen geworden sei. Jones spricht sogar davon, daß Stekel „kein wissenschaftliches Gewissen" gehabt habe (l. c., S. 167); man konnte bei ihm nie sicher sein, ob er nicht regelrecht „beispielhafte Fälle aus seiner Praxis" *erfand*, wenn er als kenntnisreicher Praktiker imponieren wollte. Auch berichtete er in Diskussionen ohne Hemmungen angebliche Fakten aus seinem Leben, von denen die meisten Anwesenden wußten, daß sie fiktiv waren; Freud soll – nach Jones – mitunter daran gezweifelt haben, daß Stekel überhaupt ein Über-Ich, eine moralische Instanz in sich trage. Später, nach ihrer Trennung, sprach Freud von Stekel sogar als einem „Fall von moralischem Schwachsinn": Ganz offensichtlich war man damals gar nicht so zimperlich mit Urteilen, die den ehemaligen Anhänger und nunmehrigen Gegner völlig zu disqualifizieren geeignet waren.

Die meisten Psychoanalytiker haben sich Freuds Beurteilung angeeignet, ohne sie überprüfen zu können: Auch die Psychoanalyse ist für Vorurteilsdenken anfällig.

Ein witziges Persönlichkeitsbild von Stekel liefert uns auch Freuds Buch *Zur Psychopathologie des Alltagslebens* (1901), worin Stekel als „Lieferant" von Fehlleistungen auftritt, die zumindest teilweise seine

Charaktersignatur tragen. So erzählt Freud, daß Stekel in einer stürmischen Generalversammlung vom Präsidentenstuhl aus geäußert habe: „Wir *streiten* (schreiten) nun zu Punkt 4 der Tagesordnung." (l. c., S. 78.) Oder aus einem Behandlungsbericht Stekels:

> Ich soll einer Frau die Leviten lesen, und ihr Mann, auf dessen Bitte das geschieht, steht lauschend hinter der Tür. Am Ende meiner Predigt, die einen sichtlichen Eindruck gemacht hatte, sagte ich: „Küß die Hand, gnädiger Herr!" Dem Kundigen hatte ich damit verraten, daß die Worte an die Adresse des Herrn gerichtet waren, daß ich sie um seinetwillen gesprochen hatte (l. c., S. 78).

Auch als Mitteilung von Stekel zitiert Freud folgendes „ungeschickte Verhalten":

> Ich trete in ein Haus ein und reiche der Dame des Hauses meine Rechte. Merkwürdigerweise löse ich dabei die Schleife, die ihr loses Morgenkleid zusammenhält. Ich bin mir keiner unehrbaren Absicht bewußt, und doch habe ich diese ungeschickte Bewegung mit der Geschicklichkeit eines Eskamoteurs vollbracht (l. c., S. 195).

Es waren offensichtlich wunderliche Käuze unter jenen, die um die Jahrhundertwende die Psychoanalyse aus der Wiege hoben. Stekel war der drolligsten einer, ein großes und liebenswürdiges Kind, dem die Analytikerlaufbahn mit der Zeit zu Kopf stieg, so daß er unter jenem Größenwahn zu leiden anfing, der eine der gefährlichen Berufskrankheiten des Psychotherapeuten ist. Stekel stand mit dieser Krankheit nicht allein.

Wie Stekel Therapie zu betreiben pflegte, erfahren wir unter anderem aus A. S. Neills Autobiographie, die unter dem Titel *Neill, Neill, Birnenstiel* (1973) veröffentlicht wurde. Neills Darstellung ist zwar mit Vorbehalten aufzunehmen, da der geistreiche Erzieher für eine Pointe gewiß einen Teil der Wahrheit aufzuopfern bereit war. Aber in großen Zügen könnte sein Porträt Stekels stimmen. Neill schreibt:

> Später, in Wien, wurde ich Patient von Dr. Wilhelm Stekel ... Ich hatte ein Buch von ihm besprochen, in dem er die Ansicht vertrat, die Analysen seien zu teuer und zu langwierig. Stekel meinte, eine Analyse dürfe nicht länger als drei Monate dauern, eine Feststellung, die meiner schottischen Sparsamkeit zusagte. Stekel war ein brillanter Symboliker. Er fragte kaum je nach einer Assoziation zu einem Traum. „Ach, dieser Traum zeigt, daß Sie noch immer in Ihre Schwester verliebt sind." Ich erinnere mich nicht an irgendeine emotionale Reaktion auf irgend etwas, das Stekel sagte; es berührte meinen Kopf, aber nie meine Gefühle. Ich glaube nicht, daß es bei mir je zu einer

Übertragung auf ihn kam. Vielleicht weil er in mancher Beziehung kindisch war.

„Neill, Ihr Traum zeigt, daß Sie in meine Frau verliebt sind."

„Aber Stekel, ich mag Ihre Frau, aber sie besitzt für mich keine sexuelle Anziehungskraft."

Er brauste verärgert auf.

„Was, Sie bewundern meine Frau nicht? Das ist eine Beleidigung für sie. Alle Männer bewundern sie."

Ein andermal fragte ich, ob ich mal auf sein WC gehen könnte. Als ich zurückkam, blickte er mich schalkhaft an und zeigte mit dem Finger auf mich.

„Ach so, der Neill möchte Wilhelm Stekel sein, der König; er möchte auf seinem Thron sitzen! Ungezogener Neill!"

Meine Erklärung, ich hätte Durchfall, wischte er mit einem Gelächter beiseite. Einer seiner Lieblingsaussprüche über Freud lautete: „Ein Zwerg, der auf der Schulter eines großgewachsenen Mannes sitzt, sieht weiter als er" – eine zweifelhafte Behauptung (l. c., S. 172).

Neill ging dann zu Wilhelm Reich in die Analyse, den er bewunderte und dessen Freund er wurde: er vertauschte einen kindlichen mit einem fanatischen Sonderling, womit er allerdings zufrieden war.

In Stekels *Autobiography*, die sich übrigens gefällig liest, bestätigen sich die Eindrücke, die wir schon zusammengetragen haben. Die Diagnosen über Stekel – Kind, Narziß, hypomanische Persönlichkeit, „Journalist", Therapeut mit quacksalberischem Einschlag usw. – können beim besten Willen nicht leicht von der Hand gewiesen werden. Stekel war selbstgefällig bis zur Kritiklosigkeit. So erzählt er nebenbei, daß er nicht nur ein glänzender Medizinstudent, sonder auch einer der führenden Pazifisten um die Jahrhundertwende gewesen sei und daß er neben seiner beruflichen Tätigkeit auch Zeit für musikalische Kompositionen gefunden habe, die er später im In- und Ausland singen und musizieren hörte, ohne daß die Leute gewußt hätten, wer denn der Komponist dieser Lieder und Chorstücke sei. Natürlich hatte er die Kunst der Komposition gar nicht gelernt: sie war ihm nur so zugeflogen. Auch versuchte er sich in lyrischen und dramatischen Dichtungen, was wir beileibe nicht als Argument gegen ihn einbringen wollen. Er war nun einmal – und wollte es auch sein – der „Tausendsassa", der „Hansdampf in allen Gassen", der sich zutraute, mehr oder minder alles zu können und zu wissen.

Dahinter steckten wohl tiefliegende und unbewältigte Minderwertigkeitskomplexe, die seine psychoanalytischen Kollegen ahnten oder sahen, aber nicht beeinflussen konnten. Hinter Stekels manischem Überschwang lauerten Depressionen, denen er immer wieder anheimfiel und die möglicherweise die Hauptursache seines Selbstmordes gewesen sind.

Trotz alledem wird man zugeben, daß er ein liebenswerter und geistig produktiver Mensch war, den man im Panorama der frühen Psychoanalyse nicht missen möchte. Er war nicht der Zwerg auf der Schulter des Riesen (Freud), der weiter sah als dieser, aber auch nicht die Laus auf dem Riesenkopf, wie Freud in einer grimmigen Laune von ihm sagte.

Ausgewählte Literatur

Freud, S. (1901). Zur Psychopathologie des Alltagslebens. GW IV.
Groddeck, G. (1923). Das Buch vom Es. Psychoanalytische Briefe an eine Freundin. Frankfurt: Ullstein 1979.
Jones, E. (1953–57). Das Leben und Werk von Sigmund Freud. 3 Bde. Bern: Huber 1960–62.
Neill, A. S. (1973). Neill, Neill, Birnenstiel. Erinnerungen eines großen Erziehers, Reinbek: Rowohlt.
Nunberg, H. & Federn, E. Protokolle der Wiener Psychoanalytischen Vereinigung. 4 Bde.. Frankfurt: Fischer 1976–1981.
Stekel, W. (1909). Dichtung und Neurose. Wiesbaden: J. F. Bergmann.
– Masken der Sexualität. Wien o. J.
– (1911). Die Sprache des Traumes. Wiesbaden: J. F. Bergmann.
– (1921 ff.). Störungen des Trieb- und Affektlebens. 10 Bde. Wien: Urban & Schwarzenberg.
– (1908). Nervöse Angstzustände und ihre Behandlung. Bd. I, a. a. O. 4. Aufl. 1924.
– (1921). Onanie und Homosexualität. Bd. II, a. a. O. 2. Auflage.
– (1921). Die Geschlechtskälte der Frau. Bd. III, a. a. O. 2. Auflage.
– (1920). Die Impotenz des Mannes. Bd. IV, a. a. O.
– (1922). Psychosexueller Infantilismus. Bd. V, a. a. O.
– (1922). Impulshandlungen. Bd. VI, a. a. O.
– (1923). Der Fetischismus. Bd. VII, a. a. O.
– (1925). Sadismus und Masochismus. Bd. VIII, a. a. O.
– (1927/28). Zwang und Zweifel. Bd. IX u. X, a. a. O.
– (1950). The Autobiography of Wilhelm Stekel. The Life of a Pioneer Psychoanalyst. New York: Liveright Publishing Corporation.
– (1972). Wege zum Ich. Psychologische Orientierungshilfen im Alltag. München.

Karl Abraham

Einleitung

Karl Abraham (1877–1925) war der erste deutsche Psychoanalytiker; sein relativ kurzes Leben trug viel dazu bei, die damals allseitig angefeindete neue Wissenschaft in Deutschland zu verankern und auszubreiten. Als Gründer der „Berliner Psychoanalytischen Vereinigung" (1910) und des dortigen Ausbildungsinstitutes für Psychoanalyse (zusammen mit Eitingon) setzte Abraham einen Markstein auf dem Wege der psychoanalytischen Doktrin zur Weltgeltung; nicht umsonst genoß er bezüglich seines Charakters und seiner wissenschaftlichen Leistungen hohes Ansehen bei Freud und der jungen Analytiker-Generation, die zu ihm als einem ihrer ersten Lehrmeister aufblickte.

Karl Abraham wurde am 3. Mai 1877 als Kind einer jüdischen Familie geboren. Seine Schulzeit absolvierte er in seiner Heimatstadt Bremen; hernach studierte er Medizin in Würzburg, Berlin und Freiburg i. B. Seine erste psychiatrische Ausbildung genoß er an der Nervenklinik Dalldorf in Berlin (später Bonhoeffersche Heilanstalt). Von dort ging er nach Zürich ans „Burghölzli", wohin ihn der Ruf des damals berühmten Psychiaters Eugen Bleuler hinzog, dessen Schizophrenieforschungen Furore machten. Bleuler und sein Assistent C. G. Jung interessierten sich relativ vorurteilsfrei für die in Fachkreisen verfemte Psychoanalyse. So wurde Abraham mit Freuds Lehren bekannt; um 1907 kam es zu den ersten persönlichen Kontakten, die sich später zu einer beständigen Freundschaft auswuchsen, die erst durch den Tod Abrahams beendet wurde.

Da Abraham in der Schweiz keine guten beruflichen Aussichten hatte, ging er als Facharzt für Psychiatrie nach Berlin, um dort seine Praxis zu eröffnen. Bald darauf arbeitete er nur noch als Psychoanalytiker, was – da er allein stand – großen Mut und Widerstandskraft gegen kollektive Vorurteile benötigte. Durch sein einnehmendes Wesen und seine fachlichen Qualifikationen gelang es ihm aber, sich in einer gleichgültigen und oft sogar feindseligen Umwelt durchzusetzen. Die Berliner Ärzteschaft begann ihn nach und nach zu respektieren. Unter seiner Ägide wurden u. a. in die Psychoanalyse folgende Forscher und Autoren eingeführt, die später weit über die Fachkreise hinaus bekannt wurden:

Helene Deutsch, Edward und Joan Glover, Melanie Klein, Sándor Radó, Theodor Reik, Karen Horney. Hanns Sachs unterstützte ihn seit 1920 als Lehranalytiker in Berlin, das damals als eines der internationalen Zentren der Psychoanalyse galt.

Nach dem Ausscheiden von Jung (1913/14) wurde Abraham Präsident der Internationalen Psychoanalytischen Vereinigung, deren *Jahrbuch* er herausgab und an deren verschiedenen Zeitschriften er aktiv mitarbeitete. Im Ersten Weltkrieg war er Chefarzt einer psychiatrischen Station der deutschen Armee in Ostpreußen; bei dieser Gelegenheit sammelte er Erfahrungen über die „Kriegsneurosen", worüber er einiges publizierte. Nach dem Krieg verstärkte er seine Anstrengungen um Aufbau und Weiterentwicklung der Psychoanalyse, wovon wiederum mehrere wissenschaftliche Arbeiten Zeugnis ablegen.

Inmitten eines glücklichen Familienlebens – er war seit 1906 verheiratet und hatte zwei Kinder – und eines reichen, breit angelegten Schaffens ereilte ihn um 1923/24 eine septische Pneumonie, an der er längere Zeit kränkelte, bis er der Krankheit Ende 1925 erlag. Die Bestürzung unter den Psychoanalytikern war groß, da sie von ihm in einem so jungen Alter (Abraham wurde nur 48 Jahre alt) Abschied nehmen mußten. Am schmerzlichsten traf Freud der Verlust dieses treuesten und anhänglichsten Schülers, den er einen „rocher de bronce" (Erzfelsen) zu nennen pflegte. Er zögerte lange mit einem Kondolenzbrief an die Witwe, bis er ihr schließlich am 17. Januar 1926 schrieb:

Liebe Frau,
seit meinem Telegramm nach der Todesnachricht habe ich es aufgeschoben, Ihnen zu schreiben. Es war zu schwer, und ich hoffte, es würde leichter werden. Dann bin ich selbst krank gewesen, habe gefiebert, bin noch nicht erholt. Aber ich sehe schon, das Zögern war zwecklos, es ist heute ebenso schwer wie damals. Ich habe keinen Ersatz für ihn und keinen Trost für Sie, der Ihnen etwas Neues zu bieten hätte. Daß wir die Mißhandlungen des Schicksals resigniert ertragen müssen, wissen Sie auch; daß mir sein Verlust darum besonders schmerzlich ist, weil ich denke, meiner voraussichtlich so kurzen Lebensdauer hätte er leicht erspart werden können – diese egoistische Alterseinstellung – werden Sie erraten haben. (S. Freud/K. Abraham: *Briefe 1907–1926*, 1965, S. 371).

Tief empfundene Nachrufe auf Abraham publizierten in der *Internationalen Zeitschrift für Psychoanalyse* (Bd. XII, Heft 1, 1926) Sigmund Freud, Max Eitingon, Ernest Jones, Hanns Sachs, Sándor Radó, Theodor Reik, Max W. Wulff (loc. cit. Heft 2); Freud sprach vom Verlust einer „der stärksten Hoffnungen unserer jungen, noch so angefochtenen

Wissenschaft, vielleicht ein uneinbringliches Stück ihrer Zukunft". – Durch die politischen Ereignisse von 1933–45 geriet das Lebenswerk dieses Pioniers der frühen Psychoanalyse in Vergessenheit; erst in den letzten Jahren wurde es gewissermaßen wiederentdeckt und in textkritischen Ausgaben der Öffentlichkeit zugänglich gemacht.

Beiträge zur Psychologie der Kindheit

Die Erforschung des Kinderseelenlebens nimmt im Gesamtwerk von Abraham einen vergleichsweise schmalen Raum ein. Es lag ihm offenbar näher, von den Neurosen der Erwachsenen zurückzuschließen auf die Bedingungen der kindlichen Libidoschicksale. Nur dann und wann wandte er seine scharfe Beobachtungsfähigkeit den Kindern selbst zu, sofern ihm diese in seiner Praxis zugeführt wurden; auch der eigene Sohn und die Tochter mögen Anlaß zu manchen psychoanalytischen Feststellungen gewesen sein.

Eine frühe Arbeit Abrahams trägt den Titel: *Das Erleiden sexueller Traumen als Form infantiler Sexualbetätigung* (1907). Hierin wird behauptet, daß Kinder nicht nur passive Opfer sexueller Traumatisierungen sind, sondern mitunter ihren „Verführern" teilweise entgegenkommen. Auch sei nicht allein die Schwere des Traumas für die späteren Seelenschädigungen verantwortlich; die libidinöse „Konstitution" des Kindes, sein Entwicklungsstand und seine innere Verarbeitung des sexuellen Übergriffes müssen ebenfalls in Betracht gezogen werden.

Freuds *Drei Abhandlungen zur Sexualtheorie* (1905) gehörten neben *Die Traumdeutung* (1900) zu jenen Schriften des Meisters, die Abraham am höchsten zu schätzen wußte. In seinen eher fragmentarischen Studien zur Kinderpsychologie kommt er immer wieder auf den revolutionären Ansatz der „Libidophasen" zurück, die für ihn den Ausgangspunkt für alle kinderpsychologischen und psychotherapeutischen Überlegungen darstellen müssen. Er trug auch selbst zur Präzisierung der oralen, analen, phallischen und genitalen Libidostufe Wesentliches bei. Als Arbeiten aus diesem Forschungsbereich können etwa genannt werden: *Ohrmuschel und Gehörgang als erogene Zone* (1914); *Über die Sexualität des Kindes* (1920); *Eine infantile Theorie von der Entstehung des weiblichen Geschlechtes* (1923); *Psychoanalytische Gesichtspunkte zu einigen Merkmalen des frühkindlichen Denkens* (1923); *Eine unbeachtete kindliche Sexualtheorie* (1925).

Wie erlebt das Kind sich selbst und seine Umwelt gemäß den Organen und Organsystemen, mittels derer es seinen Umgebungskontakt, respektive seine Objektbeziehungen herstellt? Abraham beteiligte sich feinsinnig an den Spekulationen, die etwa bei Ferenczi schließlich zu einer Theorie der *Entwicklungsstufen des Wirklichkeitssinnes* (1913) führten. Wenn wir heute eine Kinderpsychologie haben, die die außer- und irrationale Sphäre des kindlichen Wachsens und Werdens begreift, so ist dies großenteils der Psychoanalyse zu danken.

Details zur Sexualtheorie

Die Beschäftigung mit der Sexualität des Kindes und des Erwachsenen zieht sich wie ein roter Faden durch die Schriften Abrahams, die Freuds Konzept von der allesbestimmenden Libido zu verifizieren suchen. In unserem Zusammenhang sei lediglich auf die beiden Studien *Über Ejaculatio praecox* (1917) und *Äußerungsformen des weiblichen Kastrationskomplexes* (1921) verwiesen. In beiden Abhandlungen zeigt sich der erfahrene Kliniker Abraham von seiner besten Seite, indem er wie immer reiche Empirie mit vorsichtiger theoretischer Auswertung verknüpft.

Es geht ihm darum, die Psychogenese von männlicher Impotenz und weiblicher Frigidität aufzuklären. Er folgt auch hier den Anregungen, die Freud auf diesem Gebiet gegeben hat. So war schon Freud der Meinung, daß Fehlentwicklungen der sogenannten „Urethralerotik" die Grundlage der vorzeitigen Samenausstoßung sein können. Abraham schließt sich seinem Mentor an und beschreibt in eindrücklichen Libidometaphern, daß der impotente Mann einen Sexualmodus aufweist, der zumindest teilweise das Urinieren kopiert: der Same fließt bei ihm ohne konvulsivische Zuckung aus, ähnlich wie wir es beim Harnstrahl gewohnt sind. Sucht man nach psychischen „Überlagerungen" dieser triebhaften Deformation, so diagnostiziert Abraham beim Ejaculatio praecox-Patienten Furcht und Feindseligkeit gegenüber der Frau. Er hat meistens Angst, die Partnerin durch aktive oder aggressive Haltungen zu schädigen, weshalb er ihr schüchtern, zögernd und gehemmt naht; zum anderen hat er aber auch den Impuls, die Frau zu schädigen, d. h. auf sie zu urinieren, respektive sie zu entwerten. Sieht man vom sexuellen Jargon ab, dann enthalten diese Äußerungen u. a. die Feststellung, daß enttäuschte Liebe zur Mutter oder allgemein auf Angst und Feindseligkeit gestimmte Erziehung das Männlichkeitsbewußtsein des Mannes vermindern, Distanzgefühle zum anderen Geschlecht hervorrufen und unweigerlich auch das Sexualgeschehen fundamental beeinträchtigen können. Die Deformation des sexuellen Aktes spiegelt dann die Beziehungsdeformation wider. Das Urinieren verhält sich zum normalen Liebesakt wie die Macht-Ohnmacht-Relation zu einer liebenden Partnerschaft, in der Austausch und Wertschätzung zustande kommen und der Narzißmus beider Beteiligter überwunden wird.

Ähnlich argumentiert Abraham bezüglich des weiblichen Kastrationskomplexes, der der Frigidität zugrundeliegt. Wie alle Psychoanalytiker postuliert er, daß das Bewußtsein, kein männliches Glied zu haben, im Leben des heranwachsenden Mädchens einschneidende Veränderungen zustandebringt. Keine Frau kann im Grunde diese schmerzliche Erfahrung ganz verwinden. Manche Frauen – nach Abraham die Wunscherfüllungs- und Rachetypen – streben lebenslänglich danach, selbst Männer zu werden, d. h. dem Manne seinen Vorrang streitig zu machen. Einige hiervon wählen die weibliche Homosexualität und fungieren dort als die „männlichen Lesbierinnen", die in diesen Partnerschaften die Führung übernehmen. So findet man in der Frigidität, wie in der Impotenz, Ängste und Feindseligkeiten, kämpferisch-resignierte Einstellungen zum Liebes- und Sozialleben, die meistens auch mit den parallellaufenden neurotischen Symptomen engstens verbunden sind. Daher muß die Psychotherapie der Störungen des Liebeslebens tief in die Gesamtpersönlichkeit eingreifen, da die Sexualität A und O der menschlichen Psyche ist.

Psychiatrische Probleme

Zu den Problemen der Psychiatrie steuerte Abraham u. a. folgende drei Abhandlungen bei: *Über die Bedeutung sexueller Jugendtraumen für die Symptomatologie der Dementia praecox* (1907); *Die psychosexuellen Differenzen der Hysterie und der Dementia praecox* (1908); *Ansätze zur psychoanalytischen Erforschung und Behandlung des manisch-depressiven Irreseins und verwandter Zustände* (1912).

Die Bedeutung dieser Studien kann nur ermessen werden, wenn man den Stand der psychiatrischen Forschung um die Jahrhundertwende in Betracht zieht. Es war dies eine Zeit stürmischer Entwicklung der Lehren vom seelisch und geistig kranken Menschen. Dies zeigte sich z. B. auch an der damals Dementia praecox (E. Kraepelin), später Schizophrenie genannten Wahnkrankheit. Kraepelin hatte noch an dieser tiefgreifenden Störung die „vorzeitige Verblödung" betont und sie somit als rein organischen Krankheitsprozess begriffen. Eugen Bleuler in Zürich jedoch, von dem der Begriff „Schizophrenie" (Spaltungsirresein) stammt, hob die innere Zerrissenheit dieser Patienten hervor und legte den Akzent darauf, daß diese in den krankheitsfreien Intervallen durchaus zu geistigen Normalleistungen aller Art befähigt seien. Auch er und sein Assistent C. G. Jung (*Zur Psychologie der Dementia praecox*, 1907) waren von einer unbekannten biologischen Ursache dieser Erkrankung – eventuell ein „Stoffwechselgift" – überzeugt; aber beide Autoren vertieften sich bereits mit hohem psychologischen Feinsinn in das Gemütsleben und in den inneren und äußeren Werdegang der Kranken, wodurch sie verblüffende Einsichten zutageförderten.

In eine ähnliche Richtung stieß auch Freud seit 1894 vor. Er nannte die Schizophrenie im Unterschied zur Hysterie, Zwangs- und Angstneurose eine „narzißtische Neurose", womit er sagen wollte, daß in ihr die Beziehung zur Umwelt entscheidend gestört sei. Die Patienten seien gleichsam ganz auf sich selbst zurückgeworfen und hätten ihre Libido von ihrer Umgebung zurückgezogen. Aber das Krankheitsverhalten sei keineswegs sinn- und bedeutungslos, wie man lange Zeit gemeint hatte. Vertiefe man sich in den Lebenslauf und vor allem in die Kindheitsgeschichte solcher Patienten, so könne man unter Umständen ihre Symptome und ihr sonderbares Verhalten überhaupt ähnlich deuten wie die neurotische Symptomatik, die Träume und die Fehlleistungen. In einer Reihe von epochemachenden Untersuchungen, unter anderem auch in einer Arbeit über die Autobiographie des schizophren gewordenen Juristen Daniel Paul Schreber (*Über einen autobiographisch beschriebenen Fall von Paranoia*, 1911), bewies Freud, daß man sich in die bisher als „uneinfühlbar" geltenden Manifestationen des Wahns auch einfühlen kann, wenn man die Hilfsmittel der psychoanalytischen Betrachtungsweise zu verwenden weiß.

In diese Debatte schaltete sich auch Abraham mit einigen bemerkenswerten Gedankengängen ein. Von Freud übernahm er die Idee, daß die Störung der Ichfunktion in der Schizophrenie sekundär sei in bezug auf die Störungen im libidinösen Bereich. Weil die Patienten ihre Umwelt nicht mehr lieben können, komme es zu einer pathologischen Übersteigerung des Ichgefühls, die u. U. zum Größenwahn führt. Der Verfolgungswahn sei die logische Folge der Größenvorstellungen: der verzweifelte Kranke fühle sich verfolgt, weil er sich autoerotisch abkapsle und damit einsam-verängstigt sei.

Es war naheliegend, daß Abraham ähnliche Überlegungen auch auf das manisch-depressive Irresein anzuwenden versuchte, das ebenfalls als

„endogene Psychose" für die Psychiater große Rätselfragen aufwarf. Auch hier wieder nahm er „libidinöse Schicksale" der frühesten Kindheit als Krankheitsursache an, die zur späteren Regression und Fixierung im Autoerotismus Anlaß geben konnten. Bezüglich der Depression hob er hervor, daß ihre emotionalen Bedingungen im Verzicht auf das „Sexualziel" lägen. Man finde massive Ambivalenzen, die zu einer gegenseitigen Lähmung der Liebes- und Haßtendenzen führen. Es sei, als ob der Patient sage: „Ich kann die Menschen wegen meines Hasses nicht lieben; das Ergebnis ist, daß ich gehaßt werde; deshalb bin ich deprimiert und hasse wieder." Nur aus dieser permanenten Haß-Stimmung seien die scheinbar unbegründeten Schuldgefühle der Patienten begreiflich. Auch die Verarmungsangst spiegle nicht nur die Angst vor dem Geldverlust, sondern den wichtigeren „Libidoverlust" wider; nur wer die Welt liebt, fühlt sich reich, indes der Lieblose auch mit vollen Geldtruhen das traurige Gefühl der Verarmung erleidet.

Nicht zu Unrecht suchte Abraham das Wesen dieser Psychosen aus den psychoanalytischen Erkenntnissen über die orale Phase und den in ihr liegenden Gefahren zu erklären. Orale Versagungen und Traumatisierungen stehen oft am Anfang solcher Krankheitsentwicklungen. Eine Psychotherapie ist nicht aussichtslos, wenn man sich mit dem Patienten gewissermaßen auf die orale Stufe seiner Entfaltung zurückbegibt, d. h. ihm mütterlich entgegenkommt und ihm durch Liebe, Zuwendung und Verstehen eine gute Aufnahme von „Objektbeziehung" ermöglicht.

Psychotherapeutische Aspekte

Von den Arbeiten Abrahams zur psychoanalytischen Behandlungsmethode erscheint uns als die reizvollste *Über eine besondere Form des neurotischen Widerstandes gegen die psychoanalytische Methodik* (1919). Es ist selbstverständlich, daß sich Abraham genau an das von Freud geforderte Therapie-Ritual hielt: seine Patienten lagen auf der Couch und mußten „frei assoziieren", d. h. alle Gedanken ohne Korrektur und Einschränkung mitteilen, die ihnen durch den Kopf gingen. Bei der Wahrnehmung und Überwachung dieses Gedankenstromes soll der Analytiker die tiefliegenden Komplexe erahnen, die den seelischen Irritationen zugrundeliegen. Durch freischwebende Aufmerksamkeit seitens des Therapeuten verbindet sich sozusagen sein Unbewußtes mit dem Unbewußten des Analysanden, so daß Deutungen möglich werden, die ins Innerste der Fremdpersönlichkeit hineinführen.

Abraham entwickelte offenbar einen bewundernswerten Scharfsinn hinsichtlich der Kombinationskunst, die vom Assoziationsverhalten des Patienten auf seine Charakterstruktur und Triebproblematik schließen läßt. Davon gibt er einige geistreiche und humorvolle Proben in dem oben genannten Aufsatz. So weist er darauf hin, daß das freie Assoziieren eine gewisse Hingabe des Patienten an den Arzt und an das Behandlungsgeschehen erfordert. Hingabegestörte Analysanden bringen das daher kaum richtig zustande. Sie querulieren und obstruieren, wobei sie mitunter eine komische Argumentation zum Vorschein bringen. Der Narzißmus der Patienten schlägt oft erstaunliche Purzelbäume, bevor die Therapie konsequent durchgeführt werden kann. So äußerte z. B. ein Analysand von Abraham, er verstehe die Psychoanalyse unzweifelhaft besser als sein Arzt, denn *er* habe doch die Neurose, und nicht der Therapeut. Es bedurfte einiger Behandlungszeit, bis er dann aber doch zugab: „Ich fange an zu verstehen, daß Sie von der Zwangsneurose etwas verstehen." (*Psychoanalytische Studien*, hrsg. v. Cremerius, 1969, S. 257).

Die Eitelkeit des Patienten führt zu allerlei Widerstandsmanövern, die Abraham witzig beschreibt. So wollen viele Analysanden lieber über die Psychoanalyse diskutieren als sie praktisch auf sich selbst anzuwenden. Andere wieder gönnen es dem Arzt nicht, daß er ihnen weiterführende und erhellende Interpretationen gibt: sie möchten auf alle Einsichten selbst und ohne fremde Hilfe kommen.

Trotzige Patienten bestätigen ihre übersteigerte Autonomiehaltung dadurch, daß sie selbst bestimmen wollen, ob, wann und wieviel sie von ihrem unbewußten Material hergeben möchten. Der Kontrollzwang, mit dem die Zwangscharaktere dauernd ihre Umgebung kontrollieren, zeigt sich in der analytischen Behandlung als Kontrolle des Arztes und des Therapieverlaufes. Sarkastisch stellt Abraham bezüglich jener Analysanden, die die Therapie in die Länge ziehen, um der Hingabethematik ausweichen zu können, fest: „Eine alte Anekdote variierend, möchte man sagen, für ihren Narzißmus sei ihnen nichts zu teuer." (loc. cit. S. 260)

Interessant sind auch Abrahams Thesen in seinen kurzen Abhandlungen über: *Bemerkungen zur Psychoanalyse eines Falles von Fuß- und Korsettfetischismus* (1912); *Sollen wir die Patienten ihre Träume aufschreiben lassen?* (1913); *Eine Deckerinnerung, betreffend ein Kindheitserlebnis von scheinbar ätiologischer Bedeutung* (1913) und *Zur Prognose psychoanalytischer Behandlungen in vorgeschrittenem Lebensalter* (1920).

Um den Reichtum von Abrahams Forschungsinteressen namhaft zu machen, erwähnen wir noch einige weitere Arbeiten zur Psychoanalyse und Psychotherapie. Einige Beachtung fand u. a. *Die Geschichte eines Hochstaplers im Lichte psychoanalytischer Erkenntnis* (1925). Darin wird der Lebenslauf eines Hochstaplers im Ersten Weltkrieg sorgfältig nachgezeichnet, der die Respektsverhältnisse der militärischen Welt auszunützen verstand, indem er sich einen Offiziersrang zueignete und damit in verschiedenen Garnisonsstädten wie der „Hauptmann von Köpenick" eine imposante Schau abzog. Abraham hatte Gelegenheit, den „Delinquenten" psychoanalytisch zu begutachten; er konnte die Hochstapelei auf tiefsitzende Minderwertigkeitsgefühle zurückführen, die aus einer lieblosen Kindheit und Jugend verständlich waren. Einige Jahre später traf er den jungen Mann im Zustand einer glücklichen Sozialisation an: er hatte eine mütterliche Gattin gefunden, die ihm die entgangene Liebe seiner Jugendjahre im reichlichen Maß zu geben wußte!

Auch „Traum und Symbolik" wurden von Abraham vielfach diskutiert. Er befaßte sich mit der *Spinne als Traumsymbol* (1922), mit der *Symbolischen Bedeutung der Dreizahl* (1923) und dem *Dreiweg in der Ödipussage* (ibid.). Eine ausführliche Untersuchung über *Hysterische Traumzustände* liegt bereits aus dem Jahre 1910 vor.

Aufschlußreich sind auch die Abhandlungen aus den späten Jahren wie etwa: *Die Psychoanalyse als Erkenntnisquelle der Geisteswissenschaften* (1920), *Psychoanalytische Bemerkungen zu Coués Verfahren der Selbstbemeisterung* (1926) und *Psychoanalyse und Gynäkologie* (1925). Da auch die Psychoanalytiker heute Spezialisten geworden sind, beeindruckt es doppelt, wie weitläufig die Themen ihrer Pioniere zu sein pflegten.

Charakterforschung

Seit Freuds Abhandlung über *Charakter und Analerotik* (1908) beschäftigten sich die Psychoanalytiker mit Charakterkunde, wobei sie – nach dem Vorbild des Meisters – die Entstehung des Charakters aus den Quellen der Partialtriebe (oral, anal, phallisch) abzuleiten pflegten. Auch Abraham reihte sich in die Gruppe der analytischen Charakterologen ein; besonders beachtlich sind seine Arbeiten *Ergänzungen zur Lehre vom Analcharakter* (1921), *Beiträge der Oralerotik zur Charakterbildung* (1924) und *Zur Charakterbildung auf der genitalen Entwicklungsstufe* (1925).

Freud hatte vom „analen Charakter" ausgesagt, daß dieser die Eigenschaften der Ordnungsliebe, der Sparsamkeit und des Eigensinns aufweise. Bei neurotischen Menschen komme es vor, daß diese Eigenschaftstrias in die unliebsamen Wesenzüge der Pedanterie, des Geizes und des Trotzes ausarte. All dies hänge davon ab, ob unter dem Einfluß der Erziehung die mit der Kotentleerung verbundene Triebbefriedigung „sublimiert" worden sei; wer durch falsche Reinlichkeitsgewöhnung und durch „Regression" im späteren Leben auf primitive Befriedigungsformen fixiert sei, falle im sozialen Umgang durch störende Charaktersymptome auf, die die menschlichen Beziehungen erheblich belasten können. Der gut sozialisierte Analcharakter sei gekennzeichnet durch Zähigkeit und Ausdauer, Leistungswille, Tüchtigkeit usw.; seine unsozialisierte Spielart jedoch beeindrucke durch die konträren Eigenschaften, eventuell auch durch sexuelle Perversionen, in denen die Analzone bedeutsam hervortritt. Das „anale Triebschicksal" determiniert demnach weite Bereiche des späteren Lebens.

Abraham zweifelte diese Hypothese Freuds in keiner Weise an und wollte sie lediglich ergänzen und verfeinern. So beschrieb er Patiententypen, die durch frühen Reinlichkeitszwang überaus gefügig werden, aber unter ihrer betonten Folgsamkeit und Korrektheit sehr viel Trotz und Auflehnungstendenz verbergen können. Eine zwanghafte Erziehung traumatisiert den kindlichen Narzißmus; man darf nie vergessen, daß das Kind bei einer relativen Autonomie bezüglich seiner Körperfunktionen ein gesundes Macht- und Selbstwertgefühl aufbaut, indes irgendwelche Vergewaltigungen in der oralen oder analen Phase tiefsitzende Ohnmachtsempfindungen zurücklassen.

An sehr suggestiven klinischen Beispielen demonstriert Abraham die innere Welt des Analcharakters, d. h. seine Regelhaftigkeit, seine Selbst- und Fremdverachtung, seine Neigung zum Schematisieren, seine ständige Antinomie zwischen „dürfen" oder „müssen", sein Pendeln zwischen Hingabe und Selbstbehauptung, das problematische Verhältnis zu Geld und Gut, Sammelbedürfnisse, Anti- oder Asexualität usw. Die weitgehende Identität von Anal- und Zwangscharakter wird auch aus Abrahams Schilderungen deutlich. Die emotionale Kargheit solcher Persönlichkeiten wird vielseitig beschrieben; allerdings wird nicht gesagt, daß ihr Problem in der allumfassenden „Angst vor der Liebe" liegt, sondern es werden nur „libidinöse Sonderbarkeiten " aufgezeigt, was dem Interesse der frühen Psychoanalyse entsprach. Ebenso wird man Deutungen wie die folgenden nicht ohne weiteres akzeptieren können:

Ich erwähne an dieser Stelle, daß im Unbewußten solcher Neurotiker ein unordentliches Zimmer, eine unordentliche Schublade usw. die Vorstellung des mit Kot gefüllten Darmes vertritt. Wiederholt hatte ich Träume zu analysieren, welche in solcher Form auf den Darm anspielten. Einer meiner Patienten brachte mir einen Traum, in welchem er seiner Mutter auf einer Leiter nachstieg, um in eine im Dachstock des Hauses gelegene Rumpelkammer zu gelangen. Es war ein Inzesttraum mit analer Koitusphantasie; der Anus war als schmale Stiege, der Darm als Rumpelkammer symbolisch dargestellt. (*Psychoanalytische Studien zur Charakterbildung*, 1969, S. 202)

Andererseits darf man durchaus zugeben, daß Abraham einen scharfen „klinischen Blick" besaß und den Typus des pessimistischen, misanthropischen, liebesunfähig-verstimmten, ängstlichen und aggressiven Menschentyps durchaus realistisch beschrieben hat.

Mit ebensolchem Realismus schilderte er den Beitrag der „Oralerotik zur Charakterbildung". Er unterscheidet beim Kleinkind die Entwicklungsphasen des Saugens und des Beißens, wobei die letztere als sadistische Komponente in den Aufbau des Charaktergefüges eingehen kann. Wer als Kind gut gesäugt und genährt wurde, behält unter Umständen zeitlebens das Grundgefühl des Optimismus bei, der demnach aus positiven oralen Erfahrungen abgeleitet wird. Um so tiefere Verstimmungen erwachsen jedoch aus negativen Ernährungsschicksalen, die eventuell zu betont feindseligen oder mißgünstigen Wesenszügen führen können. In der oralen Phase soll das Kind die Verhaltensweisen des Erlangens und des Festhaltens, in der analen Phase das Hergeben, die Ordnung und das Aufbewahren lernen. Bis in den Beruf, die Partnerwahl und die Lebensführung hinein zeigen sich die Spuren der Oralität und Analität; so wird etwa mancher einen Beamtenberuf wählen, weil er dann vom Staate als „Nährmutter" dauernd ernährt wird, ohne sich groß anstrengen zu müssen. Manche orale Typen gehen „saugend" oder „beißend" durchs Leben, was den Mitmenschen sehr zur Last fallen kann.
Abraham schreibt u. a.:

Des weiteren sind Personen mit oraler Charakterbildung dem Neuen zugänglich, im guten wie im ungünstigen Sinne, während zum analen Charakter ein konservatives, allen Neuerungen feindliches Verhalten gehört, das freilich auch am voreiligen Aufgeben des Bewährten hindert.
Ein ähnlicher Gegensatz besteht zwischen dem ungeduldigen Drängen, der Hast und Ruhelosigkeit der Menschen mit oraler Charakterbildung und der Beharrlichkeit und Ausdauer des analen Charakters, der andererseits freilich auch zum Hinausschieben und Zögern neigt. (loc. cit. S. 215)

Auch das geistige Leben der Menschen kann oral oder anal strukturiert sein. Manche nehmen viel auf, können es aber nicht verdauen, ausstoßen oder verwerten. Bei anderen kommt das Aufgenommene unverändert oben oder unten „wieder heraus", etwa im Sinne von Goethes sarkastischem Vers: „Was haben die Herrn für kurze Gedärm!" Des weiteren kann die Triebhaftigkeit des Erwachsenen übermäßige Elemente der Oralität und Analität aufweisen, was zu Störungen der Liebesfähigkeit und zu Perversionen führen mag.

Wünschbar ist das Erreichen der „genitalen Stufe der Libidoorganisation". Sie wird nach dem Absolvieren des Ödipuskonfliktes bedeutsam. Genitale Charaktere haben weitgehend die Stadien des Narzißmus überwunden und sind beziehungsfähig. Sie können lieben und sich lieben lassen. Dies rührt auch daher, daß sie die früheren Libidophasen, denen allesamt viel Gefühlsambivalenz anhaftet, ins Gesamterleben sinnvoll eingeordnet haben. Infantile Charaktere schwanken dauernd zwischen Liebe und Haß, Zuneigung und Abwendung, Beziehung und Beziehungslosigkeit. Der reife Mensch jedoch hat eine *postambivalente* Gefühlsorganisation: er kann konstant zugewendet sein, sei es in der Liebe oder in der Arbeit. Er ist über sich selbst hinausgelangt und ein Glied von Kultur und Gemeinschaft geworden.

Kulturwissenschaftliche Anwendungen der Psychoanalyse

Abraham war auch geisteswissenschaftlich stark interessiert und veröffentlichte einige Arbeiten auf diesen Gebieten, die z. T. Pionierleistungen sind. Die wichtigsten Untersuchungen dieser Art sind wohl: *Traum und Mythus. Eine Studie zur Völkerpsychologie* (1909); *Amenhotep IV. (Echnaton). Psychoanalytische Beiträge zum Verständnis seiner Persönlichkeit und des monotheistischen Aton-Kultes* (1912); *Giovanni Segantini. Ein psychoanalytischer Versuch* (1911, 1925). Der Ertrag dieser Studien soll in Kürze rekapituliert werden.

Wie alle frühen Psychoanalytiker empfand auch Abraham Freuds *Traumdeutung* als Schlüssel zum Verständnis der großen Kulturphänomene. Dieses grundlegende Werk lieferte nichts Geringeres als eine Erkenntnistheorie des bewußten und unbewußten Phantasierens. Da nun viele wesentlichen Kulturschöpfungen auf der menschlichen Phantasie beruhen, müßte es nach Abraham möglich sein, sie nach den Regeln der Freudschen Traum-Interpretation zu deuten. So kann man

z. B. auch in Mythen die Vorgänge der Verschiebung, Verdichtung, Umkehrung ins Gegenteil, Symbolisierung, der Zensur und der Verdrängung usw. nachweisen. Der Mythos wird somit vergleichbar mit den Wachträumen der Menschen: eventuell kann man ihn sogar als einen kollektiven Wachtraum eines Volkes bezeichnen. Auch hier muß man triebhafte Wünsche als die Motoren der Phantasiebildungen annehmen. Am Phänomen der sogenannten „typischen Träume" zeigt Abraham Parallelen zur Mythologie auf und folgert:

> Die typischen Träume enthalten also Wünsche, welche wir uns im wachen Leben nicht eingestehen. Im Traumleben kommen diese geheimen Wünsche zum Ausdruck. Diese vielen oder allen Träumen gemeinsamen Wünsche treffen wir nun auch in den Mythen an. (*Psychoanalytische Studien zur Charakterbildung*, 1969, S. 269)

Diese These wird nun an der Prometheus-Sage bewährt. Da Abraham weitläufige philologische Kenntnisse hatte, verweist er auf die Tatsache, daß alle Sprachen in einer sexuellen Symbolik gründen, indem sie die Dinge als „männlich", „weiblich" oder „neutral" bezeichnen. So wird gewissermaßen auch den harmlosesten Fakten ein „Geschlecht" zugeschrieben. Das sexuelle Vokabular tritt bekanntlich in sehr vielen Vorgängen und Verrichtungen zutage. Es scheint für das frühe Menschentum gebräuchlich gewesen zu sein, die Worte für das männliche und weibliche Geschlechtsorgan, für den Sexualakt usw. da und dort im übertragenen Sinne anzuwenden, z. B. etwa beim Feuermachen, Pflügen. Der „Sexualkomplex" der Menschheit steht am Ursprung von zumindest einem Teil der menschlichen Sprachschöpfungen.

Von daher hat es Abraham nicht schwer, Prometheus den Feuerbringer als „Sexualhelden" hinzustellen: Libido und Feuer lassen sich ohne weiteres vergleichen, und auch das hohle Pflanzenrohr, in dem der diebische Halbgott den kostbaren Raub verbarg, ist dem Penis analog zu denken. In der indischen Sagenwelt taucht Prometheus als „Pramantha" auf, was man mit „der Hervorreibende" übersetzen kann. Feuer-Diebstahl, Reiben von männlichem Glied und Scheide, Feuer-Erzeugung durch Holzquirl usw. werden so aneinandergereiht, womit „bewiesen" wird, daß die uralte Sage vom Koitus handelt. Im übrigen soll Prometheus auch den Göttertrank herabgebracht haben; berauschend ist aber nicht nur das göttliche Soma, sondern auch der Orgasmus. Also ist die Prometheus-Erzählung eine „Apotheose der menschlichen Zeugungskraft" (loc. cit., S. 310).

Freuds Sexualismus und Psychologismus wird von Abraham fast ohne

Einschränkungen übernommen. Sehr schön sind dann allerdings die Übertragung dieser Gesichtspunkte und ihre Anwendung auf die Religion, die Abraham als infantiles Wunschdenken charakterisiert. Sein Gedankengang kulminiert in der Auffassung:

> Mythen sind Überbleibsel aus dem infantilen Seelenleben des Volkes, und Träume stellen die Mythen des Einzelnen dar. (loc. cit., S. 312)

Auch im *Giovanni Segantini* wird eine Spur weiterverfolgt, die Freud in seiner großen Abhandlung über *Eine Kindheitserinnerung des Leonardo da Vinci* (1910) erstmals aufgezeigt hatte. Abraham analysiert den Lebenslauf und die Inhalte der künstlerischen Schöpfungen des bedeutenden Engadiner Malers, der dem Symbolismus und dem Jugendstil nahestand und in impressionistischer Manier schweizerische Gebirgslandschaften, Hirten, Bauern und Tiere meisterhaft darzustellen wußte. Abraham insistiert wie Freud im „Leonardo" auf dem „Mutterkomplex" des Künstlers, von dem seine künstlerischen Fähigkeiten und Themen, seine spätere Melancholie, eventuell sogar sein früher Tod abzuleiten sind. Bei den professionellen Kunsthistorikern fand diese Art von „Kunstpsychologie", die sich mehr mit dem Künstler als mit seiner Kunst befaßt, relativ wenig Zustimmung – sie ist aber ein guter Beitrag zur Biographik, die der Kunstwissenschaft immerhin nützliche Dienste leisten kann.

Noch eindrücklicher jedoch ist Abrahams Analyse von Amenhotep IV., jenes ägyptischen Pharaonen, der mutmaßlich der Gründer des Monotheismus ist. Amenhotep, der sich nach seiner Einführung des Aton-Kultes „Echnaton" nennen ließ, lebte im 14. Jahrhundert v. Chr. im Alten Ägypten. Er bekämpfte die Vielgötterei seines Volkes und lehrte die Anbetung des abstrakten Gottes „Wahrheit und Gerechtigkeit", als dessen Symbol er die Sonne betrachtete, weil diese alle Geschöpfe der Erde erfreue und erquicke. Wie kam der junge Herrscher zu solchen Gedanken, die ihn geradezu turmhoch über den kulturellen Stand seiner Epoche erhoben? Abraham erschließt aus den ägyptologischen Schriften, daß Echnaton eine ungewöhnlich starke Bindung an seine Mutter Teje und später an seine Gattin Nofretete hatte. Damit sei ein ödipaler Haß gegen den Vater (Amenhotep III.) verbunden gewesen. Infolge dieses Vaterhasses ließ Echnaton den väterlichen Namen auf Gebäuden und Grabdenkmälern auslöschen; er interessierte sich auch nicht für die Erhaltung des gewaltigen Imperiums, das seine Ahnen und sein Vater mit kraftvoller Eroberungslust zusammengerafft hatten.

Als zarter und verzärtelter Träumer auf dem Königsthron dichtete er erstaunlich reizvolle Gedichte, sann über Gott und Humanität nach und wurde zum Vorläufer einer vergeistigten Religiosität, die erst Jahrhunderte später im Judentum und Christentum ihre Fortsetzung fand.

Freud war begeistert über diesen Vorstoß der Psychoanalyse in das Gebiet der Geschichte. So schreibt er in seinem Brief an Abraham vom 14. 1. 1912:

> Lieber Freund, schau, schau! Amenhotep IV. in psychoanalytischer Beleuchtung. Das ist doch bereits ein großer Schritt in der ‚Orientierung'. (Freud/ Abraham: *Briefe 1907–26*, Frankfurt 1965, S. 115)

Am 3. 6. 1912 heißt es dann:

> Lieber Freund, ich habe Ihre ägyptische Studie mit dem Vergnügen gelesen, das ich aus Ihrer Schreibart wie aus Ihrer Denkart jedesmal ziehe ... (loc. cit. S. 121)

Gewiß wurde Abrahams Studie durch Freuds Interesse an den ägyptischen Altertümern mitinspiriert; sie hat aber ihrerseits unverkennbar zu Freuds spätem Moses-Roman (1937/39) beigetragen, der als Krönung seiner kulturkritischen Schriften angesehen werden kann.

Der Briefwechsel mit Freud

Das vielleicht schönste literarische Dokument, das uns Abraham hinterlassen hat, ist sein Briefwechsel mit Sigmund Freud. Er reicht von 1907–1925/26, volle achtzehn Jahre, in denen die beiden Briefschreiber private, berufliche und allgemeinmenschliche Mitteilungen austauschten. Da beide Beteiligte die Kunst des Briefeschreibens, die heutzutage in Vergessenheit zu geraten droht, mit hoher Meisterschaft beherrschten, ist ihre Korrespondenz ein document humain, das an vielen Stellen Bewunderung verdient.

Der Briefwechsel umfaßt 492 Schriftstücke – 220 von Freud und 272 von Abraham – und endet mit dem bereits zitierten Kondolenzbrief des Begründers der Psychoanalyse an die Witwe Abrahams anfangs 1926. Er beginnt mit der Zusendung einer wissenschaftlichen Arbeit von Abraham (*Über die Bedeutung sexueller Jugendtraumen für die Symptomatologie der Dementia praecox*, 1907) an Freud, die dieser wohlwollend aufnimmt und eingehend kommentiert. Sodann folgt ein geduldiges Werben des Schülers um den Meister, der ihn zunächst mit „Sehr geehrter Herr College", zwei Jahre darauf mit „Lieber Herr College" und schließlich mit „Lieber Freund" anredet. Tatsächlich entstand eine ungetrübte Freundschaft zwischen den beiden ungleichen Exponenten; Abraham fand in Freud einen geistigen Vater, indes Freud in ihm einen musterhaften und mustergültigen Sohn bekam, der sein Lebenswerk verstand und auch folgerichtig weiterzuentwickeln bestrebt war. Mit Abraham gab es keine Krisen und dramatischen Verwicklungen wie etwa mit Adler, Jung, Stekel, Rank und schließlich auch mit Ferenczi.

Probleme entstanden allerdings z. B. dadurch, daß Abraham schon sehr früh eine gewisse Skepsis gegen Jung an Tag legte, als dieser noch der „Kronprinz der psychoanalytischen Bewegung" war und Freud die allergrößten Hoffnungen in ihn setzte. Freud mahnte lange Zeit zur Vorsicht und betrieb mit unermüdlicher Energie die Aussöhnung zwischen seinen Schülern, wobei er Abraham zu bedenken gab, daß die nationalistischen, konservativen und teilweise sogar rassistischen Schweizer einen längeren und beschwerlicheren Weg zu ihm zurückzulegen hätten als sein Berliner Glaubens- und Gesinnungsgenosse, mit dem er sich eher als „geistesverwandt" fühlte. Erst 1914 sah Freud ein, daß Abrahams Warnungen berechtigt gewesen waren. Jung hatte sich immer mehr von ihm entfernt und war unter sehr unschönen Bedingungen aus der Psychoanalyse ausgetreten. Seine Rücktrittserklärung von der Präsidentschaft der Internationalen Psychoanalytischen Vereinigung wurde von Abraham und Eitingon in Berlin mit folgendem lakonischem Telegramm an Freud quittiert: „Zur Züricher Botschaft gratulieren herzlich, Abraham, Eitingon" (Freud/Abraham: *Briefe 1907–1926*, S. 168). Die Querelen mit Adler und Stekel fanden weniger Niederschlag in dieser Korrespondenz. Erst die Loslösung von Rank um 1924 rief wiederum den besonnenen Warner auf den Plan, der aber auch dieses Mal bei Freud zunächst auf taube Ohren stieß. Freud war, was seine brauchbaren und geschätzten Mitarbeiter anbetrifft, ein erstaunlich schlechter Menschenkenner; er wehrte sich immer lange dagegen, begabte Schüler fallen zu lassen. Auch werden „Geschwister-Übertragungen" mit allen Gefühlen des Neides, der Rivalität und des Kampfes um die Vaterliebe bei den frühen Psychoanalytikern eine große Rolle gespielt haben, so daß Freud fast notwendigerweise nach allen Seiten hin ausgleichend und ermahnend in Funktion treten mußte.

Beide Seiten benachrichtigten sich über ihre wechselnden Familienverhältnisse, Krankheiten der Angehörigen, wissenschaftliche Fortschritte und allgemeine kulturelle Interessen. Abraham hegte den Ehrgeiz, sich in Berlin als Privatdozent für Psychiatrie zu habilitieren; Freud steuerte zu diesem Anliegen Empfehlungsschreiben an die betreffenden Ordinarien bei, wiewohl er – darin realistischer als sein junger Kollege – die Aussichten auf eine Universitätskarriere als sehr gering einschätzte. Auch spiegelt diese Korrespondenz die beiderseitigen Erfahrungen und Schicksale im Ersten Weltkrieg wider. Trotz ernster und mitunter sogar tragischer Untertöne wird in fast allen Briefen dem Humor Platz eingeräumt. So hatte Abraham, der ein geübter Bergsteiger war, bei Gelegenheit ein Erlebnis berichtet, das er mit zwei Bergführern hatte. Diese nahmen für einen Aufstieg im Rucksack ein Stück Fleisch mit, welches durch die Hitze des Tages einen verdächtigen Geruch annahm. Es wurde gleichwohl in der Berghütte gebraten, und als der eine von den beiden beim Essen zauderte, ermunterte ihn der andere mit dem Zuruf: „Coraggio, Casimiro!" (Nur Mut, Casimir!) Diese Redewendung wurde zur stehenden Formel für beide Briefschreiber, die oft genug problematische Briefe mit den geheimen Initialen C. C. abschlossen und sich demnach „Nur Mut, Casimir", zusprachen.

An Abrahams später Erkrankung nahm Freud lebhaften Anteil, und der Tod seines Schülerfreundes drückte ihn vollends nieder. Es wird berichtet (z. B. Jones: *Das Leben und Werk von Sigmund Freud*, Bd. III, 1957), daß Freud nach 1926 mehrfach nach Abrahams Befinden fragte, wobei er schmerzlich daran erinnert wurde, daß sein ‚rocher de bronce' nicht mehr am Leben war.

Kritische Bewertung

Es ist unbestritten, daß Abraham zu den bedeutenderen Pionieren der Psychoanalyse gehört. Aber im Vergleich zu den meisten anderen Psychoanalytikern der Frühzeit ist sein literarisches Werk relativ schmal. Dies hängt gewiß nur zum Teil mit seiner kurzen Lebensdauer zusammen. Man rühmt Abraham nach, daß Genauigkeit und Knappheit die Vorzüge seines schriftstellerischen Stils gewesen seien. Viele seiner Abhandlungen umfassen nur wenige Seiten, und nur ganz selten schwang er sich zu Studien im Umfang kleinerer Bücher auf. Das ist nicht nur „preußische Nüchternheit", sondern vermutlich auch eine Kargheit der emotionalen Persönlichkeitsbasis, die das Emotionale, Blumige und die ausschweifende Phantasie verschmähte, weil sie zu einer kühnen Gedankenkombinatorik nicht fähig war.

Abraham kam wie Freud von den Naturwissenschaften her, hatte aber einen weitaus kleineren kulturellen Hintergrund, so daß er nicht in der

Lage war, die Probleme von Natur und Kultur gedanklich zu umspannen. Daher verlegte er sich darauf, psychoanalytische Spezialistenarbeit zu leisten, d. h. solide und talentiert zu untermauern, was Freud in genialen Gedankenabenteuern erobert und konzipiert hatte. Nur wenige von Abrahams Ideen sind wirklich originell; meistens sind sie kluge Abwandlungen von Grundanschauungen der Psychoanalyse, die mit guten klinischen Beobachtungen gestützt und mit „sauberen" Schlußfolgerungen bekräftigt werden. Kaum je läßt Abraham „genialische Züge" durchblicken. Es war nicht sein Ehrgeiz, ein kühner Neuerer zu sein; es genügte ihm, in einer von einem Größeren geführten Mannschaft zu dienen, und diese Treue und Verläßlichkeit im Dienst an der guten Sache war es wohl, die ihm bei den Psychoanalytikern den Ehrentitel eines „Ritters ohne Furcht und Tadel" eintrug.

Auch Gegner der Psychoanalyse anerkannten bei Abraham die Tugenden der Objektivität, der Konzilianz und Sachlichkeit. Mit fast leidenschaftsloser Klarheit verfocht er die Lehren von Freud; er war kein kämpferischer Apologet, sondern ein hochgradig vernünftiger Repräsentant einer etwas problematischen Wissenschaft, die gerade solche seriöse wissenschaftliche Arbeiter benötigte, weil in ihren von der Fachwelt diffamierten Zirkeln auch Wirrköpfe und Phantasten sich breitzumachen pflegten. Als das Berliner Psychoanalytische Institut gegründet wurde, war Abraham für fast fünfzehn Jahre die unangefochtene Integrationsfigur, die sehr verschiedenartige Menschen und Meinungen zusammenhalten konnte.

Freud war sehr froh über einen solchen treuen Schüler, nachdem er mit Adler, Jung, Stekel, Rank u. a. erhebliche Schwierigkeiten zu bewältigen hatte. Aber Bravheit und unerschütterliche Gefolgschaft ist in der intellektuellen Welt nicht unbedingt die höchste Tugend. Nietzsche hat u. a. gesagt, daß ein Jünger einen Meister am besten verstanden hat, wenn er nach entsprechender Lehrzeit den Weg zu sich selbst suche und selbst ein Meister werde. Dies wollte Abraham nicht, und das konnte er auch nicht. Seine geistige Energie war nicht groß genug, um in merklicher Weise über Freud hinausdenken zu können. Man soll dies nicht allzusehr rühmen und die Ketzer in der Psychoanalyse als willkürliche Schismatiker entwerten. Die Tiefenpsychologie hat ihren Schismen sehr viel zu verdanken, da Mannigfaltigkeit das Lebenselement der wachsenden Kultur ist.

Wenn Abraham auch nicht „groß für die Welt" war, so war er doch bedeutend für die psychoanalytische Schule, für die Gemeinschaft derer, die sich nach der Jahrhundertwende um Sigmund Freud und sein

Werk geschart haben. Die einfühlsamste Würdigung seines Lebens und Schaffens besitzen wir daher von seinem Mitstreiter jener frühen Anfänge, nämlich von Ernest Jones, der kurz nach Abrahams Tod zu einer umfassenden Darstellung von seinem oeuvre ausholte (*Karl Abraham, 1877–1925, 1926*, S. 155–183). Aus minutiöser Sachkenntnis heraus kann Jones Charakter und Lebenswerk des Frühverstorbenen so schildern, wie es der Sache angemessen war. Der englische Psychoanalytiker schließt seinen Nachruf mit den Worten:

> Im Gewirre menschlicher Leidenschaften und dem Getümmel aufeinanderprallender Gegensätze rings um ihn bewahrte er immer unerschüttert seine Festigkeit. Und das war vielleicht sein größter Wert für die Psychoanalyse. Karl Abraham war in Wahrheit ein Held in der Wissenschaft, ein Ritter ohne Furcht und Tadel. (loc. cit. S. 183)

Eine weitere schöne Einführung in Abrahams Werk findet man in der *Einleitung des Herausgebers*, womit Johannes Cremerius den Band *Psychoanalytische Studien zur Charakterbildung* eröffnet. Hier wird ein eher sachlicher Überblick über die Gesamtleistung geboten, die die schwärmerischen Töne eines Nekrologs vermeiden kann. Da uns bereits ein halbes Jahrhundert von Abrahams Tod trennt, können wir Größe und Grenzen seiner Bemühungen besser einordnen als die Zeitgenossen, die ihm nahestanden. – An einem Übermaß von Nähe krankt die Biographie, die die Tochter Abrahams herausgegeben hat (Hilda Abraham: *Karl Abraham – Sein Leben für die Psychoanalyse*, 1976); sie liefert wertvolle Information, ist aber teilweise auch „Heiligenlegende" in orthodox-psychoanalytischer Sprache.

Ausgewählte Literatur

Abraham, H. (1976). Karl Abraham – Sein Leben für die Psychoanalyse, Eine Biographie. München: Kindler.
Abraham, K. (1969). Psychoanalytische Studien zur Charakterbildung und andere Schriften, hrsg. von Johannes Cremerius. Frankfurt: Fischer.
– (1971). Gesammelte Schriften. 2 Bde., hrsg. von Johannes Cremerius. Frankfurt: Fischer.
– (1972). Schriften zur Theorie und Anwendung der Psychoanalyse. Eine Auswahl, hrsg. von Johannes Cremerius. Frankfurt: Fischer.
Freud, S. & Abraham, K. (1965). Briefe 1907–1926, hrsg. von Hilda Abraham und Ernst L. Freud. Frankfurt: Fischer.
Internationale Zeitschrift für Psychoanalyse, Band 12, 1926: Gedenkreden über Karl Abraham (Eitingon, Sachs, Radó, Reik, Wulff).

Freud, S. (1900). Die Traumdeutung. GW II/III.
- (1905). Drei Abhandlungen zur Sexualtheorie. GW V.
- (1908). Charakter und Analerotik. GW VII.
- (1911). Psychoanalytische Bemerkungen über einen autobiographisch beschriebenen Fall von Paranoia. GW VIII.
Jones, E. (1926). Karl Abraham. Internationale Zeitschrift für Psychoanalyse. Heft 2, April 1926, S. 155–183.
- (1953–57). Das Leben und Werk von Sigmund Freud. 3 Bände. Bern: Huber 1960–62.
Jung, C. G. (1907). Über die Psychologie der Dementia praecox. Olten: Walter 1972.
Roazen, P. (1976). Sigmund Freud und sein Kreis. Bergisch Gladbach: Lübbe.

Otto Rank

Einleitung

Otto Rank wurde 1884 in Wien geboren. Er entstammte einer armen, jüdischen Familie; die Eltern lebten in einer schlechten Ehe. Der junge Otto entwickelte lebhafte intellektuelle Interessen; er las viel Weltliteratur, unter anderem aber auch Werke von Sigmund Freud. Darauf basierend schrieb er als Jüngling ein Büchlein *Der Künstler. Ansätze zu einer Sexualpsychologie* (1907). Offenbar war Alfred Adler der Hausarzt der Familie Rank und wurde so auf die psychologischen Neigungen von Otto aufmerksam. Er führte ihn in den Freudkreis ein, wiewohl ein „Gewerbeschüler" zu diesem elitären Zirkel kaum zu passen schien. Freud las aber das Manuskript und beschloß, für Rank ein Stipendium aufzuwenden, damit dieser Abitur und Hochschulstudium nachholen könne. *Der Künstler* erschien im Jahre 1907 im Rahmen der psychoanalytischen Veröffentlichungen.

Freud gewann in Otto Rank einen seiner treuesten und eifrigsten Mitarbeiter. Schon 1909 publizierte Rank sein Buch *Der Mythus von der Geburt des Helden*, worin die Erkenntnisse der Psychoanalyse auf die Mythenforschung angewendet wurden. Freud selbst verfaßte hierzu einige ergänzende Beiträge. 1912 folgte das umfangreiche Werk *Das Inzestmotiv in Dichtung und Sage*. Darin konnte Rank nachweisen, daß zahlreiche uralte Sagenstoffe in offener oder verkleideter Gestalt um „Inzestprobleme" kreisen; auch in den Dichtungen vom Altertum bis zur Neuzeit fand er viele Belege für die Beschäftigung mit den inzestuösen Familienbeziehungen, welche die Psychoanalytiker mit ihrer Theorie vom „Ödipuskomplex" zum Kernpunkt der individuellen und kollektiven Seelenentwicklung gemacht hatten.

Nach seiner Doktorarbeit über *Die Lohengrin-Sage* (1911) war Rank von akademischen Belastungen frei und wurde Freuds „Privatsekretär". Nach und nach überwies ihm Freud auch Therapiefälle, die Rank als erster „Laienanalytiker" (das heißt als Nichtmediziner) behandelte. Zusammen mit Hanns Sachs wurde er Herausgeber der Zeitschrift *Imago*, die sich mit der Anwendung der Psychoanalyse auf die Probleme der geisteswissenschaftlichen Forschung befaßte. Mit demselben Psychoanalytikerkollegen schrieb Rank 1913 das Buch *Die Bedeutung der Psycho-*

analyse für die Geisteswissenschaften. Es wurde damals immer deutlicher, daß Freuds Lehre nicht nur ein Spezialfach für Mediziner und Psychiater war, sondern eine allgemeine Theorie des Menschen und seiner Kulturbestrebungen; dem trug man Rechnung, indem im wachsenden Maße Themen der Literatur, der Künste überhaupt, der Philosophie, der Geschichte, der Erziehung usw. tiefenpsychologisch durchleuchtet wurden.

Im Ersten Weltkrieg war Rank Redakteur einer österreichischen Militärzeitung in Krakau. In Polen begegnete er seiner späteren Lebensgefährtin Beata Tola Mincer, die er im November 1918 heiratete. Ranks Frau wurde bald darauf in den Freudkreis aufgenommen; später wurde sie eine geachtete Psychoanalytikerin. Freud dehnte seine Sympathie für Rank auf dessen Gattin aus; als ein Kind der beiden zur Welt kam, wurde es fast wie ein Enkelkind Freuds begrüßt. Nach dem Abfall von Adler, Jung und Stekel schien Rank dazu prädestiniert, so etwas wie ein „Nachfolger Freuds" zu werden.

Das erweckte leidenschaftliche Eifersuchtsgefühle bei den „Geschwistern" unter den Psychoanalytikerkollegen, die alle um die Gunst des Meisters warben. Diese Rivalität kam aber erst richtig zum Zug, als Rank im Jahre 1924 sein Buch *Das Trauma der Geburt* veröffentlichte. Darin wich er von den offiziellen Lehren der Psychoanalyse beträchtlich ab. Er relativierte die Tragweite der ödipalen Verstrickungen und postulierte, daß das Geburtserlebnis die Menschen entscheidend präge. Beim Geborenwerden komme es zu schweren Angstzuständen (Luftmangel, Wechsel aus dem warmen Mutterleib in die kalte Außenwelt usw.), die sich im späteren Leben allemal wiederholen, wenn irgendeine Trennung von einem schützenden Milieu ansteht. Die Bewältigung oder Nicht-Bewältigung der Angst seien die wichtigsten Schicksalskonstanten im Leben eines Menschen. Auch in der Psychotherapie werde man mit diesem Thema konfrontiert; der Patient wolle am liebsten ewig in der Behandlung bleiben. Man soll aber der Therapie einen festen Termin setzen; das provoziere alle Trennungsängste, die der Befreiung der Individualität im Wege stehen.

Ebenfalls 1924 publizierte Rank zusammen mit Sándor Ferenczi das Buch *Entwicklungsziele der Psychoanalyse.* Darin wurde bereits für kürzere seelenärztliche Behandlungen plädiert. Die Klärung der Vergangenheit des Patienten (die in den frühen Psychoanalysen Jahre in Anspruch nahm) wurde als weniger wertvoll eingestuft als die Untersuchung der Interaktion von Analytiker und Analysand (Übertragung); das Hauptproblem des Neurotikers liege in seiner Gegenwart, nicht aber in seinen Kinderjahren. Man sieht: Die Divergenzen zwischen Freud und Rank waren bereits von großem Gewicht.

Freud, der selbst schon frühzeitig Gedanken über „Geburtstraumatisierungen" formuliert hatte, war zunächst bereit, die Rankschen Neuerungen mit einigen Vorbehalten zu akzeptieren. Aber Karl Abraham in Berlin und Ernest Jones in London meldeten schwere Bedenken an. Sie verglichen die Rankschen Ideen mit denjenigen von Jung und Adler und sprachen von einem bevorstehenden Schisma. Auch Rank zeigte durch sein Verhalten an, daß er sich aus der unbedingten Anhängerschaft an Freud emanzipieren wolle.

1924 ging Rank erstmals in die USA, wo er eindrückliche Erfolge als Vortragsredner und als Lehranalytiker hatte. Bei seiner Rückkehr nach Wien fand er einen schwerkranken Freud vor; damals machte sich schon die Krebserkrankung bemerkbar, die Freuds Leben 1939 ein Ende setzte. Viele Autoren vermuten, daß Freuds Krankheit den Ablösungsprozeß bei Rank beschleunigt hat. Er war viele Jahre lang auch ökonomisch von Freud abhängig gewesen; nun mußte er sehen, wie er auf eigenen Füßen stehen konnte.

Rank legte seine Funktion als Verlagsleiter und Herausgeber psychoanalytischer Zeitschriften nieder und übersiedelte 1926 nach Paris. Wiederum war er als Therapeut und Autor sehr erfolgreich. Immer wieder unterbrach er seine Tätigkeit, um in die USA zu reisen, wo er Vorlesungen hielt. 1929 trat er aus der Wiener Psychoanalytischen Vereinigung aus. 1935 nahm er seinen Wohnsitz in den Vereinigten Staaten, was dem allgemeinen Trend der Emigranten entsprach, denen es im faschistischen Europa mehr und mehr unheimlich wurde. Die Ehe mit Tola war schon brüchig geworden, so daß Tola zunächst in Paris blieb.

Ein eindrückliches Porträt von Rank aus den Jahren 1926 bis zu seinem Tode im Jahre 1939 findet man in den *Tagebüchern* von Anaïs Nin, die zunächst seine Patientin und Schülerin, später aber auch seine therapeutische Mitarbeiterin war. Die Bemerkungen dieser fruchtbaren Romanschriftstellerin und Tagebuchschreiberin lassen erkennen, wie geist- und kenntnisreich Rank als Analytiker war, aber auch wie hilflos und unbeholfen er dem Leben gegenüberstand. Er war vermutlich seelisch angeschlagen; aber die von den orthodoxen Psychoanalytikern kolportierte Legende, daß Rank nach seiner Trennung von Freud „manisch-depressiv" war, wird durch nichts gestützt. Vor allem Ernest Jones in seiner monumentalen Freudbiographie bemüht sich eifrig um diese These, der allerdings Erich Fromm in *Sigmund Freuds Sendung* (1961) entschieden widerspricht.

Jedenfalls publizierte Rank auch sehr eifrig in den USA, und zwar Werke, die auch ein sehr kritischer Leser nicht als „verrückt" einordnen wird. Im Gegenteil: Die Bücher nach 1926 sind originell und zukunftsweisend. Wir erwähnen nur *Technik der Psychoanalyse* (1926); *Grundzüge einer genetischen Psychologie auf Grund der Psychoanalyse der Ich-Struktur*, 3 Bde. (1927); *Seelenglaube und Psychologie* (1931); *Erziehung und Weltanschauung* (1929); *Kunst und Künstler* (1930); *Beyond Psychology* (aus dem Nachlaß 1942).

1939 heiratete der inzwischen geschiedene Rank seine amerikanische Sekretärin Estelle Buel, mit der er sich auf deren Farm in Kalifornien zurückziehen wollte, um ganz der Schriftstellerei zu leben. Aber er erkrankte an einer Racheninfektion, die mit einem Sulfonamid behandelt wurde. Infolge eines allergischen Schocks starb Rank plötzlich im Oktober 1939; er war nur 55 Jahre alt geworden. Sein großer Mentor und Lehrer Freud war schon im vorangehenden Monat in London verschieden.

Psychoanalytische Mythenforschung

Rank war besonders gut disponiert, ein Gebiet der Psychoanalyse zu bearbeiten, das Freud sehr am Herzen lag: die Mythenforschung. Freud hatte bald erkannt, daß Mythos und Psychologie in einer engen Beziehung stehen; man kann den Mythos als eine „primitive Psychologie" bezeichnen, und die Psychologie hat keinen Anlaß, sich darüber zu grämen, daß die mythischen Erzählungen einen Großteil ihrer Theorien in legendärer oder märchenhafter Form vorwegnehmen. Das begriff der Begründer der Psychoanalyse unter anderem schon an seinem Konstrukt des „Ödipuskomplexes". Zu seiner Verblüffung fand er in der uralten Ödipussage oder -dichtung die ganze Konstellation der von ihm beobachteten „Familientragödie", die sich in abgeschwächter Form auch in den harmlosesten Familienbeziehungen zwischen Vater, Mutter und Kind abspielt. Jeder Kenner von Freuds Buch *Die Traumdeutung* wird sich an den berühmten Passus erinnern, in welchem der große Seelenforscher die These aufstellt, daß wir vom Ödipusdrama so erschüttert werden, weil es unsere eigene seelische Situation (zumindest in der Kindheit) so genau schildert; wir alle waren grosso modo in der Lage des thebanischen Königssohnes, nur ist der Ausgang seiner Lebensgeschichte dramatisch äußerst überhöht.

Da Rank breite Studien in Literatur- und Geistesgeschichte betrieben hatte, konnte er Freuds Anregungen weiterführen; er tat dies in den beiden Büchern *Der Mythus von der Geburt des Helden* (1909) und *Das Inzestmotiv in Dichtung und Sage* (1912). Ebenfalls kommentiert er die psychoanalytische Mythenforschung in dem mit Hanns Sachs zusammen edierten Text *Die Bedeutung der Psychoanalyse für die Geisteswissenschaften* (1913).

Wir halten uns an das letztgenannte Buch, da es die Gesichtspunkte der Psychoanalyse komprimiert zum Ausdruck bringt. Rank legt dar, daß die Psychoanalytiker sehr wohl berechtigt sind, in der Mythenkunde mitzureden, da der Mythos ein Phantasieprodukt sei, an welchem unbewußte Seelenkräfte erhebliche Gestaltung geleistet haben. Diese dichterischen Ausdrucksformen des Unbewußten, ihre Mechanismen und ihre symbolischen Darstellungsweisen bedürfen einer analytischen Klärung, da sie sonst nicht verstanden werden können.

Mythen sind, wie die Psychoanalyse meint, „Völkerträume": Also können sie auch gedeutet werden wie die Träume von Individuen, nur müssen einige Kautelen beachtet werden, da Individual- und Völkerpsychologie nicht ganz übereinstimmen. Aber immerhin dürfen wir erwarten, auch in den mythischen Erzählungen die Erscheinungen der Traumarbeit – Verschiebung, Verdichtung, Umkehrung ins Gegenteil, Symbolisierung und „sekundäre Bearbeitung" – anzutreffen. Auch sollen wir darauf achten, daß die Träume der Völker ebenso sehr „Wunscherfüllungen" sein können wie die Träume von Individuen. Natürlich interveniert da und dort die Angst, die dem Wunschdenken enge Grenzen setzt.

Berühmt und berüchtigt wurden die Psychoanalytiker dafür, daß sie in Mythen, Dichtungen und sogar religiösen Offenbarungstexten das „ödipale Dreieck" immer wieder aus Verhüllungen ans Licht zogen. Rank sagt (1913, S. 25):

Insbesondere der tragende Konflikt des kindlichen Seelenlebens, das ambivalente Verhältnis zu den Eltern und zur Familie mit all seinen vielseitigen Beziehungen (sexuelle Wißbegierde etc.), hat sich als Hauptmotiv der Mythenbildung und als wesentlicher Inhalt der mythischen Überlieferungen erwiesen. Ja es ließe sich zeigen, daß die Entwicklung der mythischen Vorstellungen in ihrem weiteren Umfang geradezu die kulturelle Einordnung des einzelnen in die Familie und dieser in die Stammesgemeinschaft widerspiegelt.

Die berufsmäßigen Mythenforscher wandten hiergegen ein, daß der Mythos in seiner Mannigfaltigkeit nicht auf das Prokrustesbett einer psychoanalytisch gesehenen „Familiensaga" gezwängt werden kann.

139

Derlei sei „reduktionistisch" im schlimmsten Sinne des Wortes. Man könne nicht kollektiv-geistige Gebilde mit einigen wenigen triebtheoretischen Parolen einordnen. Das Ganze sei viel komplizierter, und die Interpretation des Mythos als einer Tatsache des „objektiven Geistes" erfordere einen Rückgriff auf die Conditio humana und auf die speziellen historischen Verhältnisse, unter denen ein Mythos entstanden sei.

Gleichwohl hat die Psychoanalyse manchen interessanten Beitrag zum Mythenverständnis geleistet. Sie hat daran angeknüpft, daß auch der sublimste Mythos von „Menschlichem, Allzumenschlichem" handelt, und diese nüchterne Feststellung war nützlich nach all den idealistischen Höhenflügen, die religiös inspirierte Kommentatoren sich erlaubt haben.

Nachdem Rank selbst den Traum als „privates seelisches Ereignis" und den Mythos als „geistiges Kollektivwerk" gewürdigt hat, vergleicht er den Mythos mit dem „Tagtraum" und erwähnt als Beispiel den *Mythus von der Geburt des Helden*, den er so sorgfältig untersucht hat. Er schreibt (S. 31):

> Damit rücken wir die Mythen, ohne sich allzu sehr vom innern Aufbau des Traumes zu entfernen, in die Nähe besser bekannter psychischer Bildungen, die gleichsam – wie schon ihr Name andeutet – eine Mittelstellung zwischen dem Traum und jener Bewußtseinsinstanz einnehmen: nämlich in die Nähe der Tagträume. Die ehrgeizigen und erotischen Phantasien der Knaben- und Pubertätsjahre kehren in der Mythenbildung als Inhalt einer Reihe gleichlautender, vielfach voneinander unabhängiger Erzählungen wieder. So ist uns beispielsweise die Mythe von der Aussetzung des neugeborenen Helden im Körbchen und Wasser, seine Errettung und Pflege durch arme Leute und sein endlicher Sieg über die Verfolger (meist den Vater) als ehrgeizige, von erotischen Wünschen unterfütterte Phantasie der Knabenzeit bekannt, die dann im „Familienroman" der Neurotiker wiederkehrt und sich in mancher Beziehung mit den pathologischen Verfolgungs- und Größenideen gewisser Geisteskranker deckt.

Merkwürdig ist, daß es bei allen Völkern der Erde ähnliche Heldenmythen gibt, die konstante Erzählelemente aufweisen. Darunter figurieren unter anderem die bereits erwähnte „schwierige Geburt", die Gefahren am Lebensanfang, der Auszug in die Fremde, Prüfungen aller Art, der Kampf um eine „schwer zu erringende Kostbarkeit", Heimkehr usw. Was hat das alles zu bedeuten? Die Psychoanalytiker meinen, daß jeder Mensch in seiner Jugend – vor allem aber Neurotiker und Psychotiker – einen solchen „Heldenroman" ausdenkt, der mit allerlei Entstellungen das Geburtsthema und die ödipalen Verstrickungen widerspiegelt.

Da die Tiefenpsychologen großenteils hervorragende Interpretations-
künstler waren, konnten sie nicht nur in den Mythen, sondern auch in
den Kindermärchen das ganze Inventar ihrer „Familiendramatik" nachweisen. Auch Rank ist der Auffassung, daß Märchen ursprünglich nicht
für Kinder ausgedacht waren. Sie wurden den Erwachsenen erzählt, da
ihr Inhalt echte Lebensprobleme referiert, allerdings in einer fabulösen
Einkleidung. Wie immer man zu dieser These stehen mag: Auch der
besonnene Forscher auf dem Felde der Märchenkunde wird zugeben,
daß derartige Geschichten oft psychologische Weisheiten enthalten, die
sowohl dem Kinde als auch seinen Eltern nur dunkel und vage einleuch-
ten. Trotzdem bekommen Erzähler und Hörer etwas von der Lebensweisheit mit, die in den besten Märchenerzählungen enthalten ist.

Wir erwähnen hier nur einige wenige bekannte Märchenmotive.
Dornröschen kann mit einiger Phantasie als die Problematik des Über-
gangs vom Mädchen zur Frau gesehen werden; die „Weisheit der Völker" setzt voraus, daß der Mann, der das Mädchen gewinnt, es aus
einem Schlaf und einer Dornenhecke befreien muß, wenn er in ihr eine
reife Sexual- und Lebenspartnerin finden will. Schneewittchen erzählt in
bewegender Weise, welche Rivalitäten zwischen Mutter und Tochter
(und sei es auch nur die „Stiefmutter") bestehen können. Rotkäppchen
jedoch behandelt die Gefahren der Mädchenentwicklung mit deutli-
chem Hinweis auf die „bösen Männer", die als „Wölfe" im Walde
wohnen usw.

Rank hat sich nicht nur mit dem *Mythus von der Geburt des Helden*
beschäftigt, sondern auch mit dem *Inzestmotiv in Dichtung und Sage*
(1912). Er konnte hierbei ein gewaltiges Material zusammentragen, aus
dem erkennbar wird, wieviele Dichtungen aus alter und neuer Zeit um
das Inzestthema kreisen. Die Psychoanalyse nimmt das als Beleg für ihre
These, daß die Menschen von Natur zum Inzest neigen; wo ein Verbot
ist, muß es auch Wünsche geben, die dadurch blockiert werden sollen.
Das ganze Ödipustheorem setzt voraus, daß Menschenkinder durch eine
„inzestuöse Phase" in ihrer Entwicklung hindurchgehen müssen. Darum
soll auch der Dichter hiervon inspiriert sein, denn das Unbewußte ist
„zeitlos" und behält Kindheitswünsche oder -erfahrungen zeitlebens.

Aber ist der Schluß richtig, daß Inzestverbote auf Inzestwünschen
beruhen müssen? Man hat den Einwand erhoben, daß auch schon die
alten Völker das „Evolutionswidrige" im Inzest gespürt und geahnt und
darum auch dagegen Stellung genommen haben. Der Mensch bleibt
auch mit seiner Sexualität nicht gerne in der Familie stecken; das
Fremde reizt ihn, und nur der Mutlose wird sexuelle Begierden auf nahe

Verwandte richten. Anders war es vermutlich in den altägyptischen Königsfamilien: Die Pharaonen galten als Götter, und daher mußten Söhne und Töchter des Pharaos untereinander heiraten, weil eine Vermischung mit „Sterblichen" ausgeschlossen wurde.

Als treuer Freudschüler dachte Rank in seiner Frühzeit nicht an diese Alternative zur psychoanalytischen Erklärung des Inzesttabus; in imponierender Weise las er sich durch die Literatur aller Zeiten und Zonen hindurch, um mit Freud zu behaupten, daß die Inzestthematik „ubiquitär" (allgegenwärtig) sei und dementsprechend als Konstante im menschlichen Seelenleben gewertet werden müsse.

Im Schlußabschnitt von *Die Bedeutung der Psychoanalyse für die Geisteswissenschaften* erinnert Rank daran, daß auch die Religion unter den Begriff von Mythos und Märchen fällt, weshalb die angedeuteten Schlußfolgerungen (teilweise) für sie Gültigkeit besitzen. Das heißt in unserem Text folgendermaßen (1913, S. 57):

> Unter diesem Gesichtspunkt wäre die Mythen- und Märchenbildung eher als ein Negativ der Kulturentwicklung zu betrachten, gewissermaßen als Ablagerungsstelle der in der Realität unverwendbar gewordenen Wunschregungen und unerreichbaren Befriedigungen, auf die das heutige Kind zugunsten der Kultur ebenso, wenn auch schwer und ungern, verzichten lernen muß, wie seinerzeit der primitive Mensch. Diese Funktion der Aufnahme und symbolisch eingekleideten Befriedigung sozial unverwendbarer Triebregungen teilt aber der Mythus mit der Religion, mit der er lange eine untrennbare Einheit gebildet hat. Nur haben es die wenigen großen Religionssysteme der Menschheit in der Umwandlungs- und Sublimierungsfähigkeit dieser Triebe, in dem Grade der Verhüllung ihrer Befriedigung und in der dadurch ermöglichten ethischen Höhe der Gesinnung zu einer Vollkommenheit gebracht, die sie weit über den primitiven Mythus und das naive Märchen, mit denen sie doch die wesentlichen Triebkräfte und Elemente gemeinsam haben, hinaushebt.

Auch in den Religionen haben wir es mit Motiven aus der Kinderwelt und dem Kinderseelenleben zu tun – anderthalb Jahrzehnte später hat Freud in seinem Büchlein *Die Zukunft einer Illusion* (1927) den Ursprung der Religion aus der „Vatersehnsucht" abgeleitet. Da das Kind von der Ohnmacht des leiblichen Vaters enttäuscht ist, wählt es den „Vater im Himmel", der allmächtig, allgütig und allweise ist. Auch Religionen sind Tagträume und symbolische Wunscherfüllungen.

Das Trauma der Geburt

Die Psychoanalyse war von Anfang an eine „genetische Psychologie"; sie bemühte sich darum, alles Seelische aus seinen Ursprüngen heraus zu erklären. Man meinte, daß man seelische Erscheinungen verstanden habe, wenn man ihr erstes Auftreten in der Psyche festmachen konnte. Von dieser Auffassung war nicht nur Freuds Neurosentheorie, sondern auch seine Therapie bestimmt. Er war bestrebt, das Urtrauma auszugraben, und verfocht lange Zeit den Standpunkt, daß das Bewußtwerden dieser Urszene bereits therapeutisch wirksam sei.

Rank folgte Freuds Spuren, aber er wollte noch radikaler als der Meister sein. Die Psychoanalytiker fanden seelische Traumatisierungen bereits im ersten und zweiten Lebensjahr; die Frage war nun, ob man noch frühere seelische Verletzungen ausfindig machen könne. Rank postulierte, der *Akt der Geburt* sei das Urtrauma im Leben jedes Menschen. Hier liege der springende Punkt aller seelischen Entwicklungen und Fehlentwicklungen.

Auf diese Idee will Rank durch Beobachtungen innerhalb des therapeutischen Prozesses gekommen sein. Mit einiger Phantasie kann man die Geborgenheitssituation des Patienten innerhalb der analytischen Behandlung mit einem „Aufenthalt im Mutterleib" vergleichen. Wenn sich aber die Therapie ihrem Ende nähert, soll der Patient seinen Analytiker verlassen und in die Alltagswelt zurückkehren. Wiederum in metaphorischer Ausmalung kommt dies einem „Geburtsakt" gleich. Jedenfalls äußern die Analysanden Ängste vor dem Abbruch der Behandlung; mitunter produzieren sie „Geburtsträume", die angstvoll getönt sind.

Die Psychoanalyse hat ihre Adepten und Anhänger u. a. gelehrt, Meisterschaft im „Analogiedenken" zu erlangen; Ähnlichkeiten im Leben und Erleben werden kühn als „identisch" angesetzt, und so kann man alles und jedes in eine gewisse Übereinstimmung bringen. Rank schließt aus seinen Therapieerfahrungen, daß jeder Neurotiker irgendwie die „Ablösung von der Mutter" nicht vollzogen hat und daher „in den Mutterleib zurückwill". Die therapeutische Kunst soll ihn veranlassen, aufs Neue die Geburtsschmerzen zu akzeptieren, den Weg ins Freie einzuschlagen und die Mühsal des Werdens und Wachsens anzunehmen. *Geburt* und *Wiedergeburt* sind Ur-Themen des menschlichen Seins.

Übersetzt man diese Befunde in die Sprache des gesunden Menschenverstandes, so sind sie nicht so verblüffend, wie sie auf den ersten Blick hin erscheinen. Der neurotische Mensch ist meistens ein Verwöhnter und Verzärtelter. Die Familie hält ihn – oft durch ein Übermaß von

Liebe – fester, als dies ihm gut tut. Darum scheut er später vor den Aufgaben des Lebens zurück. Er will vor allem Angstfreiheit und Sicherheit haben. In eine Bildersprache transponiert kann das heißen: Im Mutterleib wäre es ihm am wohlsten! Aber das ist nicht wörtlich gemeint. Aufenthalte im Uterus bedeutet ja nur: Stille, sichere Nahrungszufuhr, Ungestörtsein, Allmacht und völlig unkompliziertes Dasein.

Da Rank seine These aber wörtlich nimmt, kann er die ganze Fülle seelischer Probleme und Pathologien mit der *Mutterleibssymbolik* abhandeln. Kinderfehler z. B. (Bettnässen, Daumenlutschen, nächtliche Angst, Eß-Schwierigkeiten) sind „Sehnsucht nach rückwärts", also Wunsch und Wille zur Rückkehr in den Uterus. Die bevorzugte Richtung der Libido ist die „Regression".

Was man als „Progression der Libido" bezeichnet (Interesse für die Außenwelt, Arbeit, Liebe usw.), ist nach Rank ein abgeleitetes, sekundäres Phänomen. Urtümlich ist nur das Interesse für die Mutter, für ihren Leib, ihren Uterus. So wollen die Kinder nicht nur wissen, wie sie geboren und gezeugt wurden, sondern auch, wie sie wieder in den Mutterleib hineingelangen könnten. Wenn Freud vom „Penisneid" der Mädchen sprach, so ergänzt Rank diese Hypothese durch den „Gebärneid" des Knaben: Er will wie die Frauen auch gebären können, und wenn er diesen Wunsch sinnvoll sublimiert, dann wird er allenfalls später ein „Werkeschaffender". Der Künstler z. B. ist mann-weiblich in seinem Wesen, was sich darin zeigt, daß er mit „Entwürfen schwanger geht", seine Pläne in einer langen Inkubation (Schwangerschaft) austrägt und schließlich „wie ein Kind in die Welt setzt".

Der Sinn der Sexualität ist die leib-seelische Vereinigung mit einem andersgeschlechtlichen Wesen. Dieses Verschmelzungserlebnis birgt hohe Quellen der Lust und des Glücks. Es wird vom erwachsenen Menschen immer wieder gesucht, weil es innere Spannungen löst, innigste Nähe zum Du hervorbringt und damit auch die Selbstachtung kräftig stützt. Rank und die Psychoanalytiker wollen aber den Sexualakt anders definieren. Er ist ein *Streben zur Wiedervereinigung mit der Mutter* (wie man vor der Geburt mit ihr eins und einig war); die Geschlechtspartnerin ist demnach nur „Stellvertreterin". Die Freudsche Ödipuskonstruktion wird hiermit bei weitem überboten. Die Rivalität mit dem Vater und die Mutter als „Liebesobjekt" verweisen auf frühere und mächtigere Konstellationen als die Dreiecks-Situation von Mutter, Vater und Kind; in die Mutter zurückzuschlüpfen und in ihr zu „wohnen" ist der tiefste Traum des Lebens!

Solche Wunschvorstellungen gibt es tatsächlich in der Psychopathologie, nämlich in den Psychosen, wo wir einen Menschentyp vor uns haben, der sich vom Leben ängstlich abwendet und den *Weg zur Mutter* (zur Verwöhnung, zum Nicht-selbst-sein-Müssen) mit allen möglichen Mitteln einzuschlagen versucht. Aber darf man die seelischen Ausartungen bei Wahnkrankheiten zum Naturgesetz der Psyche stempeln? Rank scheut nicht davor zurück, solche gewagte Interpretationen auszuspinnen. Anhand der Traumdeutungskunst hat die Psychoanalyse gelernt, daß seelische Inhalte einer willkürlichen „Vergleichstechnik" nur wenig Widerstand entgegensetzen. Warum also nicht die Metaphern von intrauterinem Ruhezustand, Durchgang durch den Geburtskanal, Angst vor dem Losgetrenntsein usw. zügellos in Funktion treten lassen?

Wir geben Beispiele für diese sprachliche Formulierungsgewalt, die sich als wissenschaftliche Erkenntnis mißversteht. Was ist der Schlaf? Ein allnächtliches Eingehen in den Mutterleib (Bett, Umhüllung durch Bettlaken, Einrollen des Leibes bis zur Fötalstellung, Wärme, Stille usw.). Was ist die Kindheit? Ein schmerzliches Verzichtleisten auf das paradiesische Leben im Uterus, ein langsames Sich-Gewöhnen an die unwirtliche Welt der Realität. Was ist Religion? Rank gibt darauf folgende Antwort (loc. cit. S. 113):

> Die letzte Tendenz aller Religionsbildung liegt in der Schaffung eines helfenden und schützenden Urwesens, in dessen Schoß man aus allen Nöten und Gefahren flüchten kann und zu dem man schließlich in ein jenseitiges, zukünftiges Leben zurückkehrt, welches das getreue, wenn auch stark sublimierte Abbild des einmal verlassenen Paradieses ist.

Beeindruckend an Ranks Buch ist die Tatsache, daß er faktisch alle Kultur- und Lebenserscheinungen in sein Schema von Geburt und Geburtrauma einfügen kann. Mythenforschung, Dichtung, Philosophie und Alltagsleben werden herangezogen, um mit Hilfe der Mutterleibs- und Geburtssymbolik eine Neuinterpretation zu finden. Der „Held in Mythos und Märchen" ist einer, der die Emanzipation von der Mutter mutig vollzieht. Die Naturphilosophie der alten Griechen fragte nach dem Urstoff, nach der „Mutter Natur" – von Thales bis Plato gibt es Mutterleibs-Symbole, und selbst das berühmte Platonische „Höhlengleichnis" muß es sich gefallen lassen, als eine Erzählung vom „Leben in utero" gedeutet zu werden.

Im ganzen ist Ranks Buch skurril, aber es hat doch bedenkenswerte Elemente und Erwägungen. Ist doch die Existenz des Menschen sichtlich vor die *Aufgabe des ständigen Werdens* gestellt, der schlecht sozialisierte Menschenkinder kaum genügen. Sie neigen zum Stillstand, der immer auch ein „Ent-werden" (Auflösung von gewordenen Strukturen) nach sich zieht. Man kann das „Mutterfixierung" nennen. Alles Festhalten am Sein kann schädlich werden; der Aufbruch zu neuen Horizonten ist die Bedingung menschlicher Gesundheit. Wenn man das die „Vaterwelt" nennen will, dann führt der Weg jedes Menschen von der Mutter zum Vater, vom Kind- zum Erwachsensein.

Neurose ist „Werdenshemmung" (V. v. Gebsattel), und Psychotherapie muß Befreiung zum inneren und äußeren Wachstum sein. Dagegen sträubt sich der Neurotiker, weil er Angst hat. Mit einiger Phantasie kann man diese Furchtsamkeit als „Geburtsangst" bezeichnen.

Anläßlich eines Psychoanalytikerkongresses 1924 begrüßte Eduard Hitschmann mit einer gewollten Fehlleistung Otto Rank als den Verfasser des Buches „Der Mythos vom Trauma der Geburt": Kürzer und prägnanter kann man die kritischen Einwände gegen den Text kaum zusammenfassen.

Wahrheit und Wirklichkeit

In diesem Buch aus dem Jahre 1929 entwirft Rank seine philosophische Variante der Neo-Psychoanalyse. Wille und Bewußtsein stehen im Zentrum seiner Überlegungen, die sich mehr mit dem „Ich" als mit dem „Es" des Menschen befassen. Als idealer Maßstab fungiert die Idee des schöpferischen Menschen, der als „Künstler" sein Ich zum Ausdruck bringt, ohne die sozialen Zwänge zu mißachten oder zu verleugnen.

Gewiß kommt der Mensch zunächst als triebhaftes Wesen zur Welt, aber für Rank sind diese Antriebe weder schlecht noch böse. Es ist die Naturausstattung des Menschen, die sozialisiert und kultiviert werden soll. Aber das eigentlich Menschliche ist nicht der Trieb, sondern der „Geist". Er hat die Aspekte der Freiheit, des Bewußtseins und des Wollens. Es ist nach Rank verfehlt, einen Gegensatz zwischen Natur und Geist zu stipulieren. Auch das Geistige gehört zur „menschlichen Natur", und seine Kräfte können aus der Vitalschicht gespeist werden.

Wille und Bewußtsein ergänzen einander. Durch beide Wesenskräfte gewinnt der Mensch eine relative Unabhängigkeit vom triebhaften Sein. Bewußtsein als Selbstbewußtsein kann hypertrophieren und damit „willenslähmend" wirken. Vor allem in der Neurose erblickt Rank eine übersteigerte Selbstbeobachtung, die eventuell das Handeln blockiert.

Rank hält es für eine wichtige Leistung, daß er den „Willen" in die Tiefenpsychologie eingeführt hat. Sowohl Freud als auch Adler hätten die Willensthematik vernachlässigt. Für die überlieferten Religionen bedeutete das Wollen sogar meistens „Sünde". Der Eigenwille des Menschen wurde verteufelt, aber gerade er ist für die Persönlichkeitsbildung von zentralem Wert.

Beim Gedanken an eine „Willenspsychologie" wird man unwillkürlich an Schopenhauer und Nietzsche erinnert, die beide in ihren Philosophien das Willensmoment stark betonten. Aber bei Schopenhauer handelt es sich um einen dumpfen, vitalen Drang, den der Philosoph sehr pessimistisch ausmalt und den er folgerichtig auch mit der Schulderfahrung notwendigerweise verknüpft. Nietzsche mit seinem „Willen zur Macht" zeichnete ein freundlicheres Bild der Willenskräfte. An ihn kann sich Rank ohne weiteres anschließen, da auch er für die Rechtfertigung des Wollens eintritt. Nur der erkrankte Wille, den man durch Pädagogik und soziale Einschränkungen verstümmelt hat, ist eine destruktive Kraft; würden wir das Wollen der Menschen von Jugend auf respektieren und ermutigen, dann wäre dieses schöpferisch und gut.

Es liegt irgendwie im Wesen aller bisherigen Gesellschaften, daß sie dem Willen des Menschen offen oder geheim einen unbarmherzigen Kampf angesagt haben. Der Mensch soll nicht wollen, was *er* will, sondern was seine Eltern, der Staat, die Kirche, seine Gesellschaftsschicht usw. wollen. So kommt es dazu, daß fast jedermann bei Willensimpulsen immer auch Schuldgefühle empfindet. Es entsteht Uneinigkeit und Zwietracht innerhalb des Ich, das geschwächt aus solchen inneren Dissonanzen hervorgeht. Allerdings kann der Wille erstarken, wenn er sich tapfer mit der ihm zugrundeliegenden Triebhaftigkeit und mit der uns umgebenden Gesellschaft auseinandersetzt. Es muß aber zuerst ein „Nein!" gewagt werden, bevor sich die Sphäre der Bejahung auftut. Im Abweisen äußerer Forderungen und Beeinflussungen entfaltet das Ich seine Eigenständigkeit. Dann kann und soll es ein „Ich-Ideal" schaffen, das ihm den Weg zur Autonomie weist.

Autonome Persönlichkeiten sind selten, und Rank findet sie am ehesten unter den Künstlern, die den Konflikt zwischen Selbstsein und Sozialisiertsein geduldig austragen und über die Schuldempfindung angesichts ihrer Individualität durch Zufälle Herr werden. Der Mensch fürchtet das Getrenntsein von der Herde; er will lieber die Anpassung, als in der Einsamkeit sein Selbst erfahren zu müssen. Die Künstler schämen sich dieses Abgetrenntseins nicht; sie stellen eine neue Verbindung durch das Werk her, welches auf einer höheren Stufe „Gemeinschaftsbildung" ermöglicht.

Der Wille des Menschen ist seine subjektive Wahrheit, und jeder ist berechtigt, diese Subjektivität auszuleben. Gleichwohl gibt es einen Wertunterschied, wenn man den Begriff der „Wirklichkeit" einführt. Nach Rank unterscheiden sich Normale, Neurotiker und produktive Menschen bezüglich des Wirklichkeitsbewußtseins.

a) *Der durchschnittliche Mensch* begnügt sich mit einer scheinhaften Realität, die aber von der Mehrheit gebilligt wird. Mithilfe von Rationalisierungen und Verdrängungen richtet er sich relativ konfliktfrei ein, aber sein Weltbild ist verarmt und eingeschränkt.

b) *Der Neurotiker* widersteht dem Nivellierungszwang. Er läßt sich infolge von Angst und Trotz nicht gleichschalten. So kommt es bei ihm zu partiellen Realitätsverlusten, da er nicht die Willenskraft besitzt, um echte Eigenständigkeit zu entwickeln. Sein Protest ist unproduktiv und erschöpft sich im Nichtmitmachen.

c) *Der Künstler* jedoch rebelliert gegen das „mittlere Menschentum", dessen „Lebenslügen" ihm gar nicht imponieren. Er bejaht seinen Eigenwillen und schafft seine subjektive Welt, der er zur allgemeinen Anerkennung zu verhelfen sucht.

Nicht nur die Umwelt ist hierbei für den schöpferischen Menschen „widerständig", sondern auch der Gattungswille in ihm selbst, der gegen den Individualwillen ständig anbrandet. Nur das *ethische Ideal* ermöglicht ein Standhalten im Konflikt zwischen Gattung und Individuum. In der Pubertät spitzt sich diese Auseinandersetzung zu, und am Schicksal der Reifejahre entscheidet sich oft der spätere Lebensweg eines Menschen. Offenbar kann der Wille sich nur am Wertbewußtsein steigern und stützen. Man kann sich keine Freiheit erobern, wenn es nicht eindeutig eine „Freiheit zu etwas" ist.

Durchschnittsmenschen erliegen dem Zwang der Umwelt, Neurotiker schlagen sich lebenslänglich mit Wille und Gegenwille im eigenen Innern herum, indes der produktive Mensch Wille, Bewußtsein und Ideal zu einer Einheit zusammenschmiedet. Rank sagt in *Wahrheit und Wirklichkeit* (S. 70):

> Während also das Ideal des Durchschnittsmenschen ist, so zu sein wie die andern, ist das Ideal des Neurotikers, er selbst zu sein, d. h. was er selbst ist und nicht, wie die anderen ihn wollen. Das Ideal der Persönlichkeit endlich ist ein eigentliches Ideal im Sinne des Begriffes, nämlich so zu sein, wie er selbst sein möchte.

Rank läßt keinen Zweifel darüber, daß der Weg zum Selbstsein immer mühsam ist. Wie kommt es zu einem „reinen Wollen" im Individuum? Zunächst will der Mensch Irreales und erhält es nicht; dann will er das, was die andern auch haben. Aber erst zuletzt erkennt er, daß er seinem Ideal folgen muß: Dann will er nur noch, was dieses Ideal verlangt, und so wird sein Wille aus „Gegenwille" und „Scheinwille" zum „schöpferischen Wollen".

Alle Menschen leiden unter Schuldgefühlen, aber nur im Künstler wird Schuld produktiv, da er seine Individualisierung mit sozialen und kulturellen Mitteln betreibt. Der schaffende Mensch trägt seine echte Daseinsschuld durch Leistung ab. Er macht seine eigene, subjektive Wahrheit zur kollektiven Wirklichkeit. Wir geben wiederum Rank das Wort (S. 78):

> Das individuell Geschaffene, das Werk, soll allgemein anerkannt werden...
> und die Schuld stellt sich ihm hemmend, aber auch stimulierend als innere
> Wirklichkeit entgegen, die ständig durch immer neue und höhere Willensleistungen überwunden wird. Wir haben es also hier mit schuldbeladenem Schaffen und mit schöpferischer Schuld zu tun, die im Gegensatz zum überindividuellen Schuldbewußtsein des neurotischen Typus etwas spezifisch Persönliches, Individuelles hat.

Rank erkennt im Neurotiker eine „unglückliche Individualität", aber immerhin: eine Individualität. So gesehen ist der neurotische Mensch nicht schlechter dran als der Angepaßt-Normale, der nicht selten jedes Individuellsein ganz aufgegeben hat. Hilft man dem Neurotiker, so kann er noch „er selbst" werden. Die Maßstäbe dazu soll man aus dem „Künstlerleben" nehmen, wo Wille, Bewußtsein und Schuld im Gleichgewicht stehen.

Der Künstler zeigt uns auch, wie der Mensch – cum grano salis – „sich selbst erlösen kann". Weder Gott noch Staat und Psychoanalyse zeigen sichere Wege zur Selbsterfüllung. Hier muß der einzelne, allenfalls schonend unterstützt durch eine Therapie, den schmalen Grat zwischen Rationalität und Irrationalität, Einordnung und Widerspenstigkeit, Geist und Trieb selber suchen und finden. Und nur durch sinnvolles Handeln wird der Mensch wirklich frei.

Grundzüge einer „Willenstherapie"

Schon 1924 hatte Rank zusammen mit Sandor Ferenczi ein Buch unter dem Titel *Entwicklungsziele der Psychoanalyse* publiziert, worin beide Autoren von der übertriebenen Vergangenheitsforschung der analytischen Therapie abrückten. Sie betonten, daß die aktuellen Probleme des Analysanden die wichtigsten seien. In der Therapeut-Patient-Beziehung komme es zum eigentlichen Heilungsvorgang. Die bewegenden Kräfte darin sind Emotionen und Einsichten, die aus der „Übertragungssituation" gewonnen werden. Ein aktives Verhalten des Analytikers sei angebracht – er dürfe nicht nur ein kühl-distanziertes Gegenüber sein.

In seinem dreibändigen Werk *Technik der Psychoanalyse* (1926, 1929, 1931) vertiefte Rank seine diesbezüglichen Lehren, die immer mehr von Freud abrückten. Er machte die Mutter zur Hauptgestalt in der Krankengeschichte der Patienten; das Übertragungsgeschehen galt ihm als Reminiszenz an dessen Mutterbeziehung in der „präödipalen Phase seines Lebens". Zeitlich gesehen durchläuft jedes Menschenkind zuerst die Mutterbeziehung, dann (nach Rank) eine allfällige Geschwisterbeziehung, und zuletzt erst tritt der Vater deutlich ins Gesichtsfeld des Heranwachsenden.

Freud war dafür, die Therapie wenn irgend möglich in der Sphäre des „Verbalisierens" zu halten; das Agieren oder Abreagieren bedeutete für ihn eine Störung des Therapieablaufs. Rank will hierin toleranter sein und den Affekten des Analysanden Äußerungsmöglichkeiten einräumen. Denn zum Studium eines Menschen gehört auch sein Affektverhalten; des weiteren kann es befreiend sein, wenn der Patient seine Affektkontrolle lockert.

Um das „Trauma der Geburt" zu reaktivieren und analytisch bearbeiten zu können, setzte Rank Behandlungstermine, das heißt er machte kürzere Therapien, und der Analysand mußte sich darauf einrichten, daß alle seine Probleme in einer festgesetzten Frist geklärt sein sollten. Da dem Neurotiker Trennungen immer schwer fallen, reagierten viele Patienten auf die deutliche Grenze der Zusammenarbeit mit dem Analytiker mit Ängsten; sie reproduzierten gewissermaßen ihre „Mutterbindung" in der analytischen Behandlung. Aber nach Rank kam es ihrer Reifung zugute – eine „unendliche Analyse" (S. Freud) schien ihm nicht zweckmäßig.

Als einen der kraftvollsten Heilfaktoren sah Rank die Therapeutenpersönlichkeit. Seiner Meinung nach war und ist es ein Irrtum, daß man solche Persönlichkeiten durch Analyse und Lehranalyse einfach „heranbilden" könne. Ausbildung schafft bestenfalls Fachwissen, aber nicht eigenständige und eigenwüchsige Charaktere. Gerade auf diese kommt es in der Therapie an; Rank sagt im Buch *Die analytische Reaktion* (in: *Technik der Psychoanalyse*, Teil II, S. 5):

Es macht bekanntlich nicht viel aus, welcher Art diese Überzeugungen des Therapeuten sind, wenn sie nur von einer starken überzeugungskräftigen Persönlichkeit getragen werden. Denn mit der besten analytischen Unterweisung von seiten des Lehrers und den besten Überzeugungen des Schülers schafft man noch keinen Psychotherapeuten, ein Beruf, zu dem man vielleicht mehr als zu jedem andern berufen sein muß. Die bekannte Tatsache, daß gerade die bisher erfolgreichsten Analytiker nicht analysiert waren, spricht deutlich für das Ausschlaggebende des Persönlichkeitsmoments.

Soll der Patient in der Therapie verändert werden, dann muß er in der Analytiker-Analysand-Beziehung neuartige Erfahrungen machen können. Erlebnisse und Erlebnisgestaltung sind charakterbildende Faktoren. Von zentraler Bedeutung ist, ob der Therapeut auf die Individualität seines Gegenübers eingehen kann. Man wird Neurotiker u. a. dadurch, daß die menschliche Umgebung von Kindheit an das Ich eines Heranwachsenden verkennt, mißachtet und unterdrückt; nur wenn in der Therapie ein gesteigertes Ich-Erlebnis erfahren wird, kann diese heilend wirken.

Im Heilungsvorgang kommt es jedoch zu einem Kampf zweier Willenskräfte. Der Patient will (aus Angst) in seinem Zustand verharren; der Analytiker will ihn daraus herausführen. Der Therapeut hat eine gewisse Überlegenheit, weil er einen positiven Willen einsetzt, indes der Patient eher mit „Gegenwillen" arbeitet. Gelingt die Therapie, dann lernt der Analysand auch „echt zu wollen". Anstatt sich mit unfruchtbaren Schuldgefühlen herumzuplagen, wählt er Ziele und Werte, die er verwirklichen will. Aber die Festigung seines Willens kann nur zustandekommen, wenn der Analytiker auch die krumme und einseitige Willensbeschaffenheit seines Analysanden respektiert. Man darf in der seelenärztlichen Behandlung weder moralisieren noch verurteilen. „Verstehen" ist das Behandlungsinstrument; ein Mensch, der verstanden wird, lernt auch sich selbst verstehen.

Aus dem „Gegenwillen" des Patienten erwächst nach und nach ein „Gesundungswille", der allein der psychischen Störung ein Ende setzen kann. Der eigentliche „Heiler" ist der Analysand selbst; niemand kann einen anderen heilen. Wenn der Analysand wirklich gesund werden will, dann wird er es auch.

Für Freud und seine orthodoxen Schüler war das Unbewußte im Menschen ein Hexenkessel voll brodelnder Triebe; für Rank ist es lediglich das Sammelbecken verleugneter Gefühle und die Summe dessen, „was der Patient nicht wissen will". Man kann und soll aber sein Wissen um sich selbst in der Therapie erweitern. Denn Verantwortung für sich selbst übernehmen kann man nur, wenn man sich selbst kennt. In diesem Sinne ist Psychotherapie ein Verfahren, das Selbsterkenntnis vermittelt. Die darauf folgende Selbsterziehung soll der Patient übernehmen; nach Rank kann kein Erwachsener erzogen werden.

Ein dominierendes Lernthema in der Rankschen Therapie ist die Dialektik von Bindung und Lösung; der Patient soll lernen, sich nach eingegangener Emotionalbeziehung auch wieder von seinem Analytiker trennen zu können. Wenn er das kann, so ist dies als ein Zeichen dafür zu begreifen, daß er zu seinen individuellen Willensaufgaben steht und nicht mehr irgendwo „Unterschlupf" sucht. Geliebtwerdenwollen um jeden Preis ist oft ein Motiv des neurotischen Charakters; aber wir sollen nicht nur nach Liebe haschen, sondern die Aufgaben des Lebens bewältigen.

Die Trennungsangst ist für Rank ein Gleichnis der Lebensangst überhaupt. Der Wille ist die Kraft, die an Angst und Schuld vorbei wertvolle Ziele erkennt und realisiert. Auch ist es die Funktion des Wollens, in der Konfrontation mit den Forderungen der Gemeinschaft das eigene Ich aufzubauen und zu verteidigen. Wille ist Aktivität und Handlung; in beiderlei liegt ebenfalls ein Angstmoment, da jede Handlung Endgültigkeit und Unabänderlichkeit in sich trägt. Daher hat man mit Recht gesagt, daß der verantwortliche Handelnde vage von Todesangst berührt wird.

Als Willenstherapeut bekämpfte Rank die „Widerstände" seiner Patienten viel weniger als die klassische Psychoanalyse: sie galten ihm als Kraftmanifestationen, die man schonen und zur Sublimierung führen muß. Ein geschickter Therapeut kann viel Widerstand vermeiden, wenn er sich in kein Gerangel mit dem Analysanden einläßt. Das vermag er aber nur, wenn er davon ausgeht, daß auch der Patient in seiner Weise recht haben kann.

Eine Ranksche Analyse sollte höchstens zehn Monate dauern. Sie durfte nicht in steriler Vergangenheitsforschung steckenbleiben; das Aktuell-Psychische war ihr Gegenstand. Zu Anaïs Nin sagte Rank (*Die Tagebücher der Anaïs Nin*, Bd. 1, 1974, S. 16):

Ich glaube nicht an langwierige Psychoanalysen. Ich halte nicht viel davon, in die Vergangenheit zurückzugehen und mit ihr die Zeit zu verschwenden. Meiner Meinung nach ist die Neurose ein virulenter Abszeß, eine Infektion. Man muß sie kräftig in der Gegenwart anpacken. Natürlich mag der Ursprung der Krankheit in der Vergangenheit liegen, aber die bösartige Krise muß man dynamisch angehen. Man muß den Kern der Krankheit angreifen, in ihren gegenwärtigen Symptomen, energisch, direkt.

Da Rank jeden Neurotiker für einen verunglückten Künstler hielt, mußte er therapeutisch darauf aus sein, die Originalität seines Gegenübers mit ihren schöpferischen Kräften zu ihrem Selbstsein zu befreien. Rank spricht zwar hauptsächlich davon, daß er die Patienten „das Wollen" lehren will; aber unter diesem Gesamttitel meinte er gewiß auch Fühlen, Denken, Handeln und „Lebenskunst" ganz allgemein. Kein Zweifel: die Ranksche Willenstherapie stellt eine Bereicherung der therapeutischen Konzepte der Tiefenpsychologie dar.

Auf dem Wege zu einer philosophischen Tiefenpsychologie

Seit seiner Trennung von Freud ging Rank darauf aus, eine Psychoanalyse zu formulieren, die eine Einordnung in die Philosophie zu vollziehen imstande ist. Zu diesem Zwecke sollte der Standort des psychoanalytischen Denkens und Handelns näher bestimmt werden – eine Aufgabe, der sich Freud als „Anti-Philosoph" nicht in ausreichender Weise unterzog. Freud war an sich ein „philosophischer Kopf", aber in seinen Lehrjahren, die noch ins 19. Jahrhundert fielen, lernte er eine rigide Ablehnung der philosophischen Spekulation, an der er lebenslänglich festhielt. Diese Philosophiefeindlichkeit hat der Psychoanalyse manchen intellektuellen und auch moralischen Schaden zugefügt.

Rank rühmt an Freud, daß er trotz seines Materialismus die „Wirklichkeit der Seele" wiederentdeckte. Leider verfälschte er diese Entdeckkung durch sein biologistisches Vorurteil: Er machte die Psyche zum Spielball triebhafter Kräfte und Mächte. So wurde die überwundene materialistische Metaphysik durch die Trieblehre hinterrücks wieder auf den Thron gesetzt.

Aber das „Unbewußte" leistete einer Reduktion auf die postulierte (sexuelle) Triebhaftigkeit einigen Widerstand; es wurden *Angst* und *Schuld* als wichtige Faktoren des unbewußten Seelenlebens sichtbar, und diese beiden Instanzen sind biologisch nicht restlos erklärbar. Gerade das Schuldproblem verweist auf die *ethische Seite* der menschlichen Natur, welche von der Psychoanalyse nur spät und auch dann nur halbherzig akzeptiert wurde. Indem Freud Mythen zum Verstehen seelischer Verstrickungen heranzog, anerkannte er auch, daß Seelisches im Grunde am besten durch seelisch-geistige Modellvorstellungen erfaßbar ist.

Eine *Kunst des Verstehens* wäre für die Psychoanalyse angemessener gewesen als eine *Technik der Analyse*, die allzu sehr vom Geiste der Naturwissenschaft imprägniert ist. Freud glaubte, bei der Beobachtung des eigenen und fremden Seelenlebens vor *Tatsachen* zu stehen (wie die Naturforscher angesichts der Natur), aber in Wirklichkeit hat der Psychologe immer mit *Interpretationen* zu tun, das heißt mit einer Auslegung von Tatsachen (die sich wesensmäßig der Kausalanalyse entziehen). Ein Begreifen der subjektiven Voraussetzungen des Verstehensvorgangs, eine ständige Kritik der Verstehensbemühung und das Wissen um deren Lückenhaftigkeit sind nach Rank Einsichten, die erst „jenseits der Psychoanalyse" zum Tragen kommen werden.

Im übrigen wurde die analytisch-therapeutische Situation noch keineswegs in ihrem vollen Erkenntnisgehalt ausgeschöpft. Nach Rank ist die Zweierbeziehung von Analytiker und Analysand eine sehr wertvolle philosophische Erkenntnisquelle. In ihr kann man das Entstehen, Sich-Entwickeln und Vergehen menschlicher Gefühlsbeziehungen eingehend studieren. Auch eine Theorie der „Liebe" (in allen ihren Arten und Ausartungen) ist aus ihr zu entnehmen. Mit den Begriffen „Übertragung" und „Widerstand" kommt man den hierbei registrierbaren Phänomenen nicht auf die Spur; das ist zu mechanistisch gedacht, und vor allem beraubt es die Gefühlsqualitäten, die zwischen Therapeut und Patient in Erscheinung treten, ihrer Aktualität und Brisanz.

Besonders in *ethischer Hinsicht* ist die analytische Situation sehr lehrreich. Hier ergibt sich ein Ich-Du-Verhältnis, das auf Offenheit, Wahrheit und Kooperation gegründet sein soll. Die wechselseitige Abhängigkeit von Ich und Du wird in der Therapiebeziehung speziell transparent.

Des weiteren liefert jede Psychotherapie Beiträge zur *Erkenntnistheorie*. Man studiert am Spezialfall von Neurosen, Psychosen und Charakteranomalien, wie bestimmte Individuen die „Wirklichkeit" erleben und wie sich diese Erfahrungsmodalität abändern läßt. Niemand hat den vollendeten und absoluten Zugang zur Realität; jedermann ist Träger und Opfer von Illusionen, Fiktionen, Ideologien und „Wahnhaftigkeit". Jede Theorie, die sich als „zweifelsfrei wahr" behaupten will, negiert die Solidarität mit den strebenden und irrenden Mitmenschen; sie wird leicht zum „Herrschaftsinstrument", womit sie Unterwerfung fordert oder einleitet.

Erkenntnistheoretische Überlegungen sollten darauf hinwirken, daß in Therapeut und Patient eine Skepsis gegenüber allen gängigen Theorien erwacht. Allzu leicht drücken sich die Protagonisten des therapeutischen Prozesses in der „psychoanalytischen Kunstsprache" aus, die Einsichten vorspiegelt, welche oft gar nicht existieren. Im Verlaufe einer gut durchgeführten Psychoanalyse kann und soll auch die tiefenpsychologische Theorie da und dort in Frage gestellt werden. Man betont die Relativität ihrer Explikationen, die – wie alles Menschliche – ein Gemisch von Wahrheit und Irrtum darstellen. Es würde den Patienten infantilisieren, wenn er das in der Therapie Gelernte dogmatisch wie religiöse Glaubenssätze mit sich herumtragen müßte.

Nach Rank beging Freud einen großen Fehler, als er die *moralischen Implikationen* der Psychotherapie ebenso wenig sah wie die *erkenntnistheoretische Problematik* jeglichen Selbst- und Fremdverstehens. Eine Neurose ist nicht einfach ein „Naturereignis" mit blockierten Trieben und daraus entstehender Angst; und seelenärztliche Behandlung ist mehr als ein „chirurgischer Eingriff" in die Seele, wobei durch zergliedernde Verstandestechnik ein gestörter Instinktablauf „freigemacht" wird. Wer die Seelenheilkunde so beschreibt, steckt noch im überholten materialistischen Denken, das nach Rank durch echte Philosophie überwunden werden soll. In *Grundzüge einer genetischen Psychologie* (Bd. II, S. 16) sagt Rank:

> Denn auch die Neurose hat sich in ultima analysis als ein moralisches Problem enthüllt, und die Therapie besteht im wesentlichen darin, das hauptsächlich durch Angst getrennte und nur durch Schuld mit dem Nebenmenschen verbundene Individuum seelisch – durch die positive Gefühlsbeziehung der Liebe – mit Mensch und Welt biologisch wie sozial wieder zu verbinden. Es ist nicht nur ein weiter Weg von der ärztlichen Therapie der seelischen Störungen, die Freud zuerst durch ein Art sexueller Diät heilen wollte, bis zum Verständnis der Neurose als eines Schuldproblems. Es sind vielmehr zwei grundverschiedene Weltanschauungen, die darin zum Ausdruck kommen, die *naturwissenschaftliche* und die *philosophische*, im engeren Sinne die *biologische* und die *ethische*. Die Psychoanalyse ist in beiden Richtungen weit vorgestoßen, aber es ist ihr nicht gelungen, das Problem in seiner vollen Tragweite und Bedeutung zu erfassen, geschweige denn zu lösen. Wir wollen ihr aber dankbar sein, daß sie dieses uralte Problem wieder aufgeworfen und neue Wege zu seinem Verständnis, vielleicht auch zu einer besseren Lösung angebahnt hat.

Die Themen der Angst, der Schuld und der Liebe sind nach Rank Belege dafür, daß eine richtige verstandene Tiefenpsychologie nicht ohne Philosophie auskommen kann. Allerdings ist er bereit zuzugeben, daß Freud in seinem Spätwerk selbst beachtliche Versuche unternommen hat, eine quasi philosophische Menschendeutung vorzulegen. Aber dieser fehlte der Anschluß an die Tradition der Philosophie des Abendlandes, die mit ein paar Hinweisen auf Plato, Empedokles, Schopenhauer und Nietzsche nicht adäquat rezipiert ist. Rank will eine solche Rezeption durchführen oder zumindest anbahnen.

Einen Vorstoß in Richtung auf eine „Philosophie der Psychoanalyse" unternimmt Rank in seinem Buch *Seelenglaube und Psychologie* (1930). Darin stellt er die Frage nach der geistesgeschichtlichen Einordnung des psychologischen Denkens der Neuzeit. Warum kam die Tiefenpsychologie gerade am Ausgang des 19. Jahrhunderts – nicht früher und nicht später? Wo liegen ihre Wurzeln und ihre Ursprünge? Schon C. G. Jung war von einer derartigen Fragestellung lebenslänglich umgetrieben. Er fand die Quellen seiner „Komplexen Psychologie" im Christentum, in der gnostischen Philosophie der frühchristlichen Epochen und in der Alchemie des 15. bis 18. Jahrhunderts. Auch Rank will Vorstufen der Psychologie ausfindig machen, und in dieser Absicht greift er tief in die Geistesgeschichte zurück.

Zunächst postuliert er als Urkraft im Menschen den „Willen" als leiblich-seelisch-geistige Macht. Das erinnert natürlich an Schopenhauer und ist auch von seiner Philosophie abgeleitet. Da der „Wille" im Naturmenschen noch dumpf, primitiv und unbewußt waltet, projizierte dieser seine Seele in die Außenwelt, wobei es zu einer übersinnlichen oder auch animistischen Weltanschauung kam. Für den Menschen der Frühgeschichte war alles beseelt, und darum rekurrierte er auf die *Magie*, wenn er das Naturgeschehen und das Schicksal beeinflussen wollte. Denn die Magie setzt voraus, daß die Welt auf unsere Praktiken „Antwort gibt", also die Wesensart eines „Du" hat. Wer Macht über andere Seelen gewinnen will, verwendet suggestive Praktiken: ähnlich geht die Magie mit der unbelebten und belebten Natur um, vor allem dann, wenn sie diese als völlig unberechenbar und unkontrollierbar erlebt. Ein englischer Forscher hat mit Recht gesagt: „Magie ist die Wissenschaft des Dschungels". Wo die Natur wild wuchert und den Menschen schier zu verschlingen droht, entwickelt er magische Techniken, die ihm doch noch Herrschaft versprechen.

Aber an einem Punkt ist menschliches Herrschenkönnen ganz unmöglich; und diese frustrierende Tatsache ist der Tod. Ihm ist jedermann ausgeliefert. Die Menschen der Vorzeit leugneten dieses Faktum, indem sie durchwegs an die Unsterblichkeit glaubten. Auch in allen großen Religionen ist dieser Glaubensartikel ein entscheidendes Element. Wir haben es hier mit einer Wunschvorstellung zu tun, die fundamental in der menschlichen Psyche verankert ist.

Da nun aber doch die Individuen sterben, kann man den Tod nicht ganz als irreal hinstellen. In der fortschreitenden Kultur wird darum die Unsterblichkeit vom Einzelnen auf das Kollektiv verlagert; das Ich stirbt, aber die Gemeinschaft lebt weiter. So treten neben den Religionen auch Ersatzreligionen auf, die der Nation, der Rasse, dem Clan usw. „ewiges Leben" garantieren.

In der Neuzeit wurden aber diese „kollektivistischen Ideologien" abgeschwächt. Seit der Renaissance und der Aufklärung unterliegen sie der Skepsis; wenn das Individuum „Unsterblichkeit" anstrebt, ist es auf sich selbst, auf das eigene Ich zurückgewiesen. Es muß sich aber auch *erkennen*, wenn es sich gegenüber der Vergänglichkeit behaupten will. Seit einigen Jahrhunderten wird die Psychologie beliebt als eine Methode der Selbsterforschung, wozu Dichtung und Philosophie Wesentliches beitrugen.

Aber der Sieg der Naturwissenschaften störte und behinderte diesen Entwicklungsprozeß. Die Naturwissenschaft entwarf ein deterministisches Weltbild, in welchem Individualität als Freiheit und Selbstgestaltung kaum noch Platz finden kann. Der Mensch wird so sehr durch die „exakte Forschung" in die Natur eingebettet, daß er als Persönlichkeit schon gar nicht mehr in Betracht kommt. Nun fällt auch der Unsterblichkeitswunsch dahin, denn ein physikochemisches Gebilde (wie der menschliche Leib definiert wird) kann sinnvollerweise ewiges Leben gar nicht wollen. Das ergibt eine schwere Enttäuschung bis in den Kern des Willensphänomens hinein. Der Wille muß einen Ausweg aus dieser weltanschaulichen Not suchen.

Er fand ihn in der Tiefenpsychologie, die zwar von Freud als „naturwissenschaftliche Psychologie" konzipiert wurde, aber im Grunde eine Verteidigung des Subjekts gegen die Nivellierungstendenzen der „objektiven Wissenschaft" darstellt. Freud nahm die menschliche Persönlichkeit sehr ernst, und trotz seiner unbeholfen-materialistischen Metapsychologie wurde er zum Initianten einer „Beziehungswissenschaft", die menschliches Wollen im Rahmen der „Personalität" vernünftig beschreibt. Hätte er noch seine Psychoanalyse durch Erkenntnistheorie und Ethik untermauert, so wäre sie ein säkulares Ereignis gewesen, nämlich das Erwachen des Menschengeistes aus einer Jahrtausende dauernden Träumerei, die nacheinander magische, religiöse und naturwissenschaftliche Gestalt annahm. Aber auch ohne das ist Freuds Ansatz zukunftsweisend; von ihm führt der Weg zu einer *personalen Psychologie*, in der der „Wille" seiner selbst weitgehend bewußt wird.

In *Beyond Psychology* (1941 posthum veröffentlicht) werden diese Gedanken weiter ausgeführt. Die Beziehungshaftigkeit der menschlichen Existenz steht nun im Mittelpunkt der Rankschen Lehre. Es gibt im Menschen ein geistiges Prinzip, das sich als Wille und Bewußtsein dokumentiert. Bewußtsein ist aber kein Sein, sondern ein Werde-Sein;

die Geburt unserer Individualität, die das Drama unseres Lebens ausmacht, vollzieht sich in einer Vielzahl von Schüben, an die erst unser Tod einen Schlußpunkt setzt. „Kreativität" ist das Gesetz, unter dem der Mensch angetreten ist. Freuds Lehre wird dem Schöpfertum des Menschen nicht gerecht, weil sie als Triebpsychologie für das Ich zu wenig Verständnis hat. Für die Psychoanalyse ist das Ich der Sklave des Es, und aus der „Sklaverei" wird man niemals die grandiosen Schöpfungen des Menschen in Kunst, Wissenschaft, Philosophie und Lebensgestaltung begreifen können. Der Wille, die Gefühle und das Denken sind die Schlüssel zum Verständnis der Conditio humana. Faßt man die menschliche Gefühlssphäre ins Auge, dann eröffnet sich der Zugang zum „Reich der Werte", die die Antriebswelt des Menschen mehr und nachhaltiger bestimmen als die Triebe, die in ihrer Dranghaftigkeit nur „blinde Impulse" auslösen können. Ranks „Willenspsychologie" meint die Psychoanalyse auch geistesgeschichtlich übergipfeln zu können, weil in ihr der „Wille" nicht nur in seiner „Triebgestalt", sondern auch in seiner „Sinnstruktur" seiner selbst bewußt wird.

Ähnlich wie Freud hatte Rank offenbar das Bedürfnis, seine Theorie mit dem „Menschheitsschicksal" zu verbinden. Er inkliniert dabei unwillkürlich zu Schopenhauer, dessen Philosophie in Ranks Spätwerk wachsende Bedeutung erlangt. Auch der Begriff „Erlösung durch die Kunst" erinnert an den Meister des pessimistischen Philosophierens.

Erziehung und Weltanschauung

In den USA hielt Rank Vorlesungen vor Sozialarbeitern und Erziehern, und die Schrift mit dem obengenannten Titel scheint aus solchen Vorträgen 1929 entstanden zu sein. Sie trägt den Untertitel *Eine Kritik der psychologischen Erziehungs-Ideologie*: Rank kämpft sich auch hier von Freud los, indem er die Errungenschaften der psychoanalytischen Pädagogik beharrlich in Frage stellt.

Tatsächlich hatte man zunächst gehofft, daß die Psychoanalyse Reformen und Revolutionen im Erziehungsdenken einleiten könne. Manche Versuche wurden gestartet; aber die Erfolge ließen zu wünschen übrig. Nun gab es gewiß unbeholfene Adepten einer psychologischen Erziehungskunst, die halb-verstandene und halb-verdaute Erkenntnisse an den Mann beziehungsweise an das Kind zu bringen beabsichtigten. So hoffte man, erzieherische Neurosenprophylaxe zu betreiben, aber auch diese unausgegorenen psychoanalytischen Erziehungsmethoden produzierten neurotische Kinder, die in keiner Weise besser waren als die Produkte der traditionellen Pädagogik. Darum wurden überall Zweifel angemeldet, ob der Psychoanalytiker der berufene Erziehungsreformer sei; man schüttete dabei das Kind mit dem Bade aus, denn trotz mancher Ausartungen enthält die Tiefenpsychologie sehr wertvolle Anregungen für eine neue Gestaltung des Erziehungsgeschehens.

Auch Rank kritisiert zu viel und zu hart die pädagogischen Eingriffe, die durch die Psychoanalyse angeregt wurden. Er holt weit aus und deutet das Erziehungsproblem mit menschheits- und kulturgeschichtlichen Erwägungen. Was er dabei im einzelnen zu den Themen Erziehung und Heilung, Sexualaufklärung und Sexualtrieb, Willenserziehung und Gefühlsbildung, Gemeinschafts-Ideologie und Individual-Entwicklung, Führerrolle und Milieu, Beruf und Begabung, Verwandtschaftsformen und Familienrolle, Selbsterziehung und Selbstführung ausführt, kann an dieser Stelle nicht wiedergegeben werden. Es sind – wie immer – kenntnisreiche Darlegungen, aber eher im Sinne einer philosophischen als einer praktischen Pädagogik. Der Erzieher, der in diesem Buch Rat und Hilfe für seinen Alltag sucht, muß leer ausgehen.

Aber in einem Punkt dieser polemischen Schrift kann man Rank sicher beipflichten: Er unterstreicht, daß Erziehung in erster Linie *Gefühlserziehung* (und nicht Trieberziehung und Intelligenzförderung) sein muß. Die Psychoanalyse war allzu sehr fasziniert von den Möglichkeiten einer freieren und besseren Sexualpädagogik; damit traf sie aber nicht den Kern des Erziehungsgeschehens, das in der Gefühls- und Willensbildung liegt. Rank ist skeptisch bezüglich der Forderung, daß alle Erzieher eine „Charakteranalyse" absolvieren sollten. Auch will er die Kinder vor einem psychotherapeutischen Furor schützen: Manche Analytiker empfahlen ja sogar prophylaktsiche Psychotherapien für Kinder, damit diese in keine Neurose hineingeraten sollten! Für Rank ist das „analytischer Fanatismus". Man soll Eltern und Erzieher nicht psychologisch überbürden, aber ihnen doch die Erkenntnisse vermitteln, die sich aus der jahrzehntelangen therapeutischen und theoretischen Arbeit der Tiefenpsychologen ergeben haben. Vor allem die „analytische Situation" könnte zum Muster und Vorbild für pädagogische Einwirkungen werden. Rank schreibt in seinem Buch (S. 165):

Auf der Suche danach müssen wir dem Problem eine neue Wendung geben. Was wir von der Psychoanalyse für die Erziehung Wertvolles und Aufbauendes erlernen können, ist weder in der persönlichen Analyse des Erziehers zu finden, noch in der Analyse des Kindes, sondern lediglich im Verständnis der Situation, welche die *Beziehung zweier Menschen beinhaltet*, von denen der eine vom andern lernt, empfängt, annimmt. Hier handelt es sich um ein Stück Wirklichkeit, und zwar um das wesentliche Stück der Wirklichkeit: das Verhältnis zum Nebenmenschen, während alles andere nur subjektive, d. h. individualpsychologische Erkenntnis darstellt. Die analytische Situation ist das Vorbild jeder erzieherischen, ja jeder menschlichen Beziehung schlechthin, wenn man sie richtig versteht und nicht im *Freud*schen Sinne historisch als „Übertragung" verstehen will. Wir können dann in der analytischen Situation die ganzen Projektions- und Entlastungsmechanismen erforschen, die nicht nur der Liebesbeziehung im engeren Sinne zugrunde liegen, sondern auch jeder religiösen, moralischen und sozialen Bindung und Wertung.

Die hier formulierte Anregung halten wir für nützlich und kostbar; ist doch in der Tat eine gut geführte Psychotherapie das Musterbeispiel der Kooperation zweier Persönlichkeiten, von denen der Wissendere und Gereiftere schonend und einsichtsfördernd mit dem weniger Wissenden und noch Ungereiften umgeht. Auch hat jede wahrhaft fachmännische seelenärztliche Behandlung die Tendenz, das anfänglich gegebene Autoritätsgefälle ständig abzubauen; das Ziel ist die schrankenlose Kommunikation zweier gleichwertiger und gleichberechtigter Partner. Gefühle spielen hierbei eine ganz wesentliche Rolle; auf der Seite des Analysanden ein Gefühls-Affekt-Gemisch, in welchem Ängste und daraus resultierende Aggressionen die Zusammenarbeit empfindlich stören können; auf der Seite des Therapeuten ein „pädagogischer Eros", der aus Verstehen, Selbst- und Fremdachtung sowie auch Humanitätsgesinnung gespeist ist. Kein Zweifel: Die Erzieher können von einer wohlverstandenen Tiefenpsychologie enorm viel lernen, aber auch die Therapeuten können bei den Pädagogen in die Schule gehen.

Kritische Bewertung

Das Lebenswerk Otto Ranks zerfällt in zwei deutlich geschiedene Abschnitte: In der ersten Phase (1906–1924) war er ein treuer Schüler Freuds, der in allen seinen Publikationen Ideen des Meisters explizierte, abwandelte und zu bestätigen suchte; in der zweiten Phase (1924–1939) ging er seine eigenen Wege und wuchs in mancher Hinsicht über die orthodoxe Psychoanalyse hinaus, indem er geisteswissenschaftliche Konzepte und philosophische Kategorien für seine „Ich- und Willenspsychologie" nutzbar machte. Dabei entstand eine Interpretation der menschlichen Existenz, die geistreich und tiefsinnig anmutet. Sie stellt aber an den Leser sehr hohe Anforderungen der Geduld und des Scharfsinns, denn Rank war ein wenig systematischer Denker und kein überragender Stilist, so daß viele seiner Formulierungen dunkel erscheinen und sich nicht leicht dem Verständnis erschließen.

Man kann Rank einen „Neo-Psychoanalytiker" nennen, weil er zu einer „Psychologie der zwischenmenschlichen Beziehungen" vorstieß und dem Ich gegenüber dem Es (im Freudschen Sinne) eine gewisse Souveränität und Eigenständigkeit einräumte. Originell war der Gesichtspunkt, daß sich das menschliche Leben als eine fortgesetzte Dramatik von Bindungen und Trennungen abspielt. Das fängt schon in der Mutter-Kind-Beziehung an, geht dann durch die verschiedenartigen Liebesbindungen hindurch und bestimmt sogar den Ablauf einer Psychotherapie, wo der Patient vom Therapeuten eine quasi mütterliche Zuwendung erhält und sich doch nach einiger Zeit wiederum selbständig machen soll. Dieses Trennungserlebnis in einer Charakteranalyse wollte Rank für eine „seelische Wiedergeburt" fruchtbar machen, weshalb er der Behandlung eine zeitliche Grenze setzte; auch war er für Kurztherapien, damit sich die Analysanden nicht auf „Behandlung als Dauerzustand" einrichten konnten. Diese Einstellung hat sich als zukunftsweisend erwiesen; abgesehen von sturkonservativen Freudianern tendieren heute viele Seelenärzte zu verkürzten Behandlungsformen, wobei man ganz im Sinne von Rank der Ich-Autonomie des Analysanden besondere Aufmerksamkeit widmet.

Durch seine Psychologie der Kunst und des Künstlers gewann Rank einen Begriff der seelischen Normalität, der ebenfalls beachtenswert ist. Für ihn war das „Seelisch-Normale" nicht die Anpassung an das Durchschnittsmenschentum, an die spießbürgerliche Existenz mit ihrer scheinbaren Problemlosigkeit. Derlei wird immer erkauft durch den „Verlust der individuellen Seele", und das galt für Rank als ein zu hoher Preis. Daher sympathisierte er mit den Neurotikern, die dem Anpassungszwang widerstehen, allerdings nur mit einem „Gegenwillen", der unproduktiv bleibt. Die richtige Antwort auf das Dilemma des Menschen zwischen farbloser Eingliederung ins Kollektiv und Vegetieren im neurotischen Schmollwinkel war für Rank das künstlerische Dasein, die Selbstverwirklichung trotz Verinnerlichung der üblichen sozialen Normen und Verhaltensweisen. Kunst entsteht durch Selbstbehauptung des Willens gegen die Mächte des Sozialen und der Triebhaftigkeit. Sie ist zunächst eine Art „Lebenskunst", aus der bei geeigneter Schulung und Ausbildung auch das Werkeschaffen hervorgehen kann. Mehr als die meisten Tiefenpsychologen hat Rank in seinen Büchern die menschlichen Gefühle, die Werterkenntnis und Wertrealisierung ins Zentrum gerückt.

Er ähnelt damit sowohl Alfred Adler als auch C. G. Jung, denen er jedoch in seinen Texten nur gelegentlich und immer sehr sparsam Anerkennung zollt. Wie letzterer hatte er ein Faible für weit ausholende geistesgeschichtliche Reflexionen, die er jedoch nicht so sehr ins Religiöse als ins Allgemein-Kulturelle und Künstlerische überleitete. Wenn man ihm auch bei solchen Auslassungen oft nicht beipflichten kann, wird man stets den umfassenden geistigen Horizont bewundern, von dem seine Überlegungen Zeugnis ablegen.

In der therapeutischen Praxis zielte Rank auf eine „Philosophie des Helfens" hin, die wertvolle Ideen zur analytischen Situation ausarbeitete. Er legte den Akzent auf die echte Kooperation von Therapeut und Patient, betonte den „emotional-korrigierenden Charakter" der Therapie und forderte vor allem die Behandlung aktueller psychischer Probleme und Konflikte, die nicht durch uferloses Zergliedern der Vergangenheit und ihrer Traumen bagatellisiert werden dürfen. Ähnlich wie später Carl Rogers sprach Rank von der „Patientenzentriertheit" der Behandlung; will man, daß der „Wille" des Patienten zu neuem Leben erweckt wird, dann muß der Analytiker Zurückhaltung üben und sich in den Dienst der Selbstentfaltung seines Gegenübers stellen. Heilen kann sich immer nur der Analysand selbst; der Therapeut ist bloß Katalysator, der den Prozeß irgendwie ermöglicht.

In der Betonung des schöpferischen Menschentums wurde Rank zu einem Vorläufer der „humanistischen Psychologie", die ihn zu ihren wichtigsten Promotoren zählt. Sein Lebenswerk ist ein Dokument des aktiven Humanismus, der Sorge für die menschliche Individualität angesichts der drohenden Vermaßung – es lohnt sich, Rank heute und in der Zukunft eingehend zu studieren.

Ausgewählte Literatur

Freud, S. (1927). Die Zukunft einer Illusion. GW XIV.
Fromm, E. (1961). Sigmund Freuds Sendung. Berlin: Ullstein.
Greulich, G. (1980). Rank und Freud – Darstellung und Vergleich ihrer Persönlichkeitstheorien. Unveröffentlichte Diplomarbeit an der FU Berlin.
Jones, E. (1953–57). Leben und Werk von Sigmund Freud. 3 Bände. Bern: Huber 1960–62.
Karpf, F. B. (1953). The Psychology and Psychotherapy of Otto Rank. Westport (USA): Philosophic Library.
Nin, A. Die Tagebücher. Band 1. München: dtv, 4. Auflage 1974.
Rank, O. (1907). Der Künstler; Ansätze zu einer Sexualpsychologie. Wien: Internationaler Psychoanalytischer Verlag.

- (1909). Der Mythus von der Geburt des Helden; Versuch einer psychoanalytischen Mythendeutung. Wien: Deuticke.
- (1911). Die Lohengrin-Sage. Wien (Dissertation an der Universität Wien).
- (1912). Das Inzestmotiv in Dichtung und Sage. Leipzig/Wien: Deuticke.
- (1913). Die Bedeutung der Psychoanalyse für die Geisteswissenschaften (zusammen mit H. Sachs). Wien: Deuticke.
- (1924). Entwicklungsziele der Psychoanalyse (Zusammen mit S. Ferenczi). Wien: Internationaler Psychoanalytischer Verlag.
- (1924). Das Trauma der Geburt und seine Bedeutung für die Psychoanalyse. Wien: Internationaler Psychoanalytischer Verlag.
- (1926–31). Technik der Psychoanalyse: Band I: Die analytische Situation (1926). Band II: Die analytische Reaktion in ihren konstruktiven Elementen (1929). Band III: Die Analyse des Analytikers (1931). Wien: Internationaler Psychoanalytischer Verlag.
- (1927/28). Grundzüge einer genetischen Psychologie auf Grund der Psychoanalyse der Ich-Struktur. Band I: Genetische Psychologie (1927). Band II: Gestaltung und Ausdruck der Persönlichkeit (1928). Wien: Internationaler Psychoanalytischer Verlag.
- (1929). Wahrheit und Wirklichkeit. Entwurf einer Philosophie des Seelischen. Wien: Internationaler Psychoanalytischer Verlag.
- (1930). Seelenglaube und Psychologie. Wien: Internationaler Psychoanalytischer Verlag.
- (1929). Erziehung und Weltanschauung (nicht publiziert. Als Übersetzung: Modern Education. New York: Knopf 1932).
- (1930). Kunst und Künstler (nicht publiziert. Als Übersetzung: Art and Artist. New York: Knopf 1932).
- (1941). Beyond Psychology. Posthum und privat veröffentlicht von Freunden des Autors. New Jersey. (Philadelphia, E. Hauser, Neuauflage: New York: Dover Publications 1958.)

Roazen, P. (1976). Sigmund Freud und sein Kreis. Bergisch Gladbach: Lübbe.
Thompson, C. (1952). Die Psychoanalyse – ihre Entstehung und Entwicklung. Zürich: Pan-Verlag.
Zottl, A. (1982). Otto Rank – Das Lebenswerk eines Dissidenten der Psychoanalyse. München: Kindler.

Sándor Ferenczi

Sándor Ferenczi wurde am 7. Juli 1873 in der nordungarischen Provinz-stadt Miskolcz geboren. Sein Vater war Buchhändler und Verleger und damit auch einer der wichtigsten Kulturrepräsentanten des Städtchens. Ferenczi zeigte als Kind vielerlei musische Interessen, studierte aber von 1890–96 in Wien Medizin. Ab 1897 arbeitete er als Sekundararzt in der neurologisch-psychiatrischen Abteilung eines Budapester Krankenhau-ses; 1904 wurde er Leiter eines neurologischen Ambulatoriums. 1907 entdeckte er für sich die Psychoanalyse. Die Zürcher Schule der Psych-iatrie um Eugen Bleuler und C. G. Jung hatte „diagnostische Assozia-tionsstudien" betrieben, die Ferenczi interessierten. Dabei stieß er auch auf Freuds *Die Traumdeutung*, ein Buch, das ihn für die neue Seelen-kunde gewann. Er suchte den Kontakt mit Sigmund Freud und hielt bereits am Ersten Internationalen Psychoanalytischen Kongreß in Salz-burg (1908) einen Vortrag über *Psychoanalyse und Pädagogik*.

Bald wurde er zu einem der Lieblingsschüler von Freud, später auch zu seinem Freund, der gelegentlich in Briefen sogar mit „lieber Sohn" angeredet wurde. Zwanzig Jahre einer engen Beziehung sollten die beiden Männer verbinden. Als Freud 1909 in die USA eingeladen wurde, um dort ein Ehrendoktorat zu erhalten, begleiteten ihn Jung und Ferenczi auf dieser Reise. Vorübergehend trat Jung in die „Sohnesrolle" bei Freud ein, aber nach seinem Abfall im Jahre 1912 wurde Ferenczi wieder Freuds Muster- und Meisterschüler, allenfalls in einer gewissen Konkurrenz zu Karl Abraham in Berlin.

Ferenczi wurde 1910 am Nürnberger Psychoanalytikerkongreß zum Initiator der „Internationalen Psychoanalytischen Vereinigung". 1913 gründete er die „Ungarische Psychoanalytische Vereinigung", deren unangefochtenes Haupt er selbst bis 1933 blieb.

Von 1914–16 war er als Regimentsarzt in Westungarn tätig. Damals fuhr er oft nach Wien, um bei Freud seine Lehranalyse zu absolvieren.

Als in Ungarn 1918 eine sozialistisch-kommunistische Revolution aus-brach, forderten die Studenten der Universität die Einsetzung von Fe-renczi als Dozenten der Psychoanalyse. Die kurzlebige ungarische Re-publik unter Bela Kun errichtete sogar einen Lehrstuhl für dieses Fach, und so wurde Ferenczi der erste psychoanalytische Hochschulprofessor (außer Freud). Aber bald kam die Republik zu Fall, und Ferenczi wurde aus der Budapester Ärztegesellschaft ausgestoßen.

Freud wechselte mit Ferenczi im Laufe der Zeit mehr als 2000 Briefe und ließ sich durch ihn auf seine Ferienreisen in Italien begleiten. Selbstverständlich wurde Ferenczi auch Mitglied des „Geheimen Komitees", das Freud zum Schutze der Psychoanalyse gründete.

In zahllosen Abhandlungen und Aufsätzen versuchte Ferenczi zur Ausweitung und Ausbreitung des psychoanalytischen Wissens beizutragen. Seine Untersuchungen befassen sich mit fast allen Teilen der Theorie und Praxis der Psychoanalyse. Am liebsten veröffentlichte dieser „Romantiker unter den Psychoanalytikern" (M. Eitingon) kurze Studien; aber diese waren in der Regel sehr gedankenreich und regten viele Diskussionen unter seinen Fachkollegen an. Freud jedenfalls schätzte an seinem Lieblingsschüler die hohe Originalität und die sprudelnde Ideenfülle.

Aber in den zwanziger Jahren ergaben sich doch Divergenzen zwischen Ferenczi und Freud, die später zu einem halben oder ganzen Bruch führten. Ferenczi experimentierte mit neuen Therapieformen, wobei er u. a. davon ausging, daß die Neurotiker in ihrer Kindheit Liebe und echte Zuneigung vermissen mußten, was der Hauptgrund ihrer Erkrankung sei. Die Therapie solle dieses Liebesmanko ausgleichen. Darum verlangte Ferenczi vom Therapeuten, er müsse sich quasi mütterlich seiner Patienten annehmen, unter Umständen sogar sie umarmen und vielleicht auch küssen. Freud, der auf dem sogenannten „Abstinenzprinzip" bestand, empfand diese Innovationen als gefährlich und abwegig. Er äußerte seine Kritik etwas hart und leitete damit den Abbruch der persönlichen Beziehungen ein. Nach der Darstellung Izette de Forests, einer Schülerin von Ferenczi, war Freud absolut verständnislos für Ferenczis neue Therapieideen; Ferenczi erzählte den Vorfall folgendermaßen (zitiert nach E. Fromm: *Sigmund Freuds Sendung*, 1961, S. 96):

Der Professor hörte sich meine Darstellung mit wachsender Ungeduld an und erklärte mir schließlich warnend, daß ich mich auf eine schiefe Ebene begeben hätte und in entscheidenden Dingen von den herkömmlichen Gebräuchen und Techniken der Psychoanalyse abwiche. Ein solches Nachgeben gegenüber den Sehnsüchten und Wünschen des Patienten, so echt sie sein mögen, müsse den Patienten in viel größere Abhängigkeit vom Analytiker bringen. Der Analytiker könne diese Abhängigkeit nur zunichte machen, wenn er sich gefühlsmäßig völlig abschalte. Von unerfahrenen Analytikern gehandhabt, werde meine Methode, meinte der Professor, nicht der Ausdruck der elterlichen Hingabe sein, sondern leicht zu sexuellen Entgleisungen führen.

Diese Warnung beendete das Gespräch. Ich streckte meine Hand zu einem herzlichen Abschiedsgruß aus. Der Professor kehrte mir den Rücken und ging aus dem Zimmer.

Gleichwohl wahrte man auf beiden Seiten den Anstand und tauschte noch freundliche Briefe aus. Ferenczi jedoch litt sehr unter Freuds Abwendung von ihm; er ging aber tapfer seinen eigenständigen Weg weiter und verfocht seine ungewöhnlichen Therapieanschauungen, die später in der Tiefenpsychologie erhebliche Beachtung fanden. Sein Schüler Michael Balint und viele andere haben sich seit 1940 um die Weiterführung von Ferenczis Impulsen für Theorie und Therapie bemüht.

Um 1930 erkrankte Ferenczi an perniziöser Anämie, ein Leiden, das damals noch nicht medizinisch beeinflußt werden konnte. Er suchte Hilfe u. a. bei seinem Freund Georg Groddeck, der ihn im Sanatorium bei Baden-Baden mit seinen neuartigen und psychosomatischen Methoden zu behandeln versuchte. Noch nahm der kranke Mann großen Anteil an Freud und der psychoanalytischen Bewegung. So riet er 1933 hellsichtig dem „Meister", er solle mit seiner Familie nach England ausreisen. Ferenczi selbst starb im Mai 1933 an seiner Anämie.

Seine gesammelten Werke sind in vier Bänden unter dem Titel *Bausteine zur Psychoanalyse* (1964) erschienen. Sie gehören zum klassischen Bestand der psychoanalytischen Weltliteratur. Trotz kleinlicher Polemiken der unbeugsamen Freudschüler (z. B. E. Jones in seiner Freudbiographie) gilt Ferenczi heute als ein großer Pionier der neuen Seelenheilkunde, die ihm revolutionäre Erkenntnisse und Einsichten verdankt.

Beiträge zur Theorie der Psychoanalyse

Ferenczi studierte immer wieder die Freudschen Publikationen und war darum bemüht, die Ideen des Meisters zu differenzieren und weiterzuentwickeln. Sein schriftstellerisches Werk ist vergleichweise (im Hinblick auf die Publikationslust der meisten Freudschüler) schmal; aber es erstreckt sich über nahezu alle Bereiche der analytischen Theorie und Praxis. Seine Arbeiten sind so geistreich und vielseitig, daß Freud in seinem Nachruf anläßlich von Ferenczis Tod im Jahre 1933 mit Recht davon sprechen konnte, daß er „alle Analytiker zu seinen Schülern gemacht habe".

Wir können in der Folge nicht alle Untersuchungen Ferenczis referieren und beurteilen. Eine Auswahl aus dem Gesamt-Oeuvre muß für unsere Zwecke genügen. Dabei werden wir hauptsächlich nur die originellsten und gedankenvollsten Studien berücksichtigen.

Paul Federn sagte in seiner Gedenkrede zu Ferenczis Tod 1933 in der

Wiener Psychoanalytischen Vereinigung (Internationale Zeitschrift für Psychoanalyse, Jgg. XIX, Heft 3):

> Ferenczi hat mit seinem Schaffen fast alle biologischen und psychologischen Probleme der Psychoanalyse umfaßt, aber auch das Kulturgeschichtliche mittelbar oft berührt, noch mehr aber andere Forscher in dieser Richtung angeregt. Manche seiner besten Funde sind noch nicht voll ausgenützt. Manche werden noch lange fortwirken und auch fruchtbare Kritik hervorrufen. Die kleinen Mitteilungen, die psychoanalytischen Ergebnisse der täglichen Arbeit sind nicht nur prägnante Beispiele der methodischen Anwendung, sondern oft auch neue und wichtige Fortführung oder Spezialisierung bekannter Grundtatsachen. Die theoretischen Folgerungen sind stets präzis und immer erfährt man etwas Wichtiges von ihm, das oft auch Ausblicke gewährt.

Wir wollen beide Aussagen anhand von Abhandlungen und Mitteilungen unseres Autors aus dem Zeitraum von 1908–1933 überprüfen. Wir setzen ein bei dem Kongreßvortrag über *Psychoanalyse und Pädagogik* und spannen den Bogen über mehrere theoretische Beiträge hinweg zu den Studien über Behandlungstechnik, die schließlich zu den umstrittenen Hypothesen Ferenczis führen. Ferenczi erfuhr viel Zustimmung und auch Ablehnung seitens seiner Psychoanalytikerkollegen; mit Gleichgültigkeit wurde keine seiner Arbeiten aufgenommen.

Psychoanalyse und Pädagogik

Ferenczi war einer der ersten Psychoanalytiker, die die Tiefenpsychologie als Grundlage einer modernen Pädagogik ins Auge faßten. Sein Vortrag am Ersten Psychoanalytischen Kongreß in Salzburg war diesem Thema gewidmet. Mit Recht hob er hervor, daß die Erkenntnisse der Neurosenlehre und der Psychotherapie für das Erziehungsgeschehen fruchtbar gemacht werden müssen. Wenn man weiß, was die Menschen in ihrer Kindheit seelisch krank macht, muß man die Erziehung so einrichten, daß sie eine Neurosenprophylaxe wird.

Die Vererbung erklärt vermutlich nur einen ganz geringen Teil der seelischen Fehlhaltungen; wichtiger ist die Erziehung, die die Trieb- und Charakterstruktur formt. Alle bisherige Pädagogik war eine „Verdrängungspädagogik"; anstatt das Vitale am Menschen zu läutern und zu sozialisieren, unterwarf sie es einem so mächtigen Verdrängungsdruck, daß „Sublimierung" in der Regel unmöglich wird. Die Folge sind dann psychische Ausfallserscheinungen verschiedenster Art.

Würde man die Menschen über eine sinnvolle Psychohygiene im

Kindesalter aufklären, so käme das nach Ferenczi einer der größten Revolutionen in der Menschheitsgeschichte gleich. Die bisherigen Revolten führten nur zum Austausch der Herrschaftseliten, aber das seelische Massenelend blieb sich allezeit gleich. Man muß neue Menschen schaffen, um bessere Zustände auf der Erde zu verwirklichen.

Sexuelle Aufklärung wird nur ein Teil dieser neuen Pädagogik sein. Allgemein muß auch der Autoritarismus und die Gewalt in der Erziehung bekämpft werden. Des weiteren wird man gut daran tun, das Kind nicht im überholten Aberglauben zu erziehen, sondern es an eine freiheitliche, vernunftgemäße Weltanschauung heranzuführen.

Alle Erziehung bedarf einer umfassenden philosophischen Anthropologie, d. h. einer Menschenkunde, die nichts am Menschen verharmlost und verdrängt. Die bisherigen Erziehungslehren waren nicht besonders wahrhaftig und redlich; das kann nun durch eine psychoanalytische Pädagogik anders werden. Ferenczi sagt (*Bausteine*, Bd. III, S. 21):

Der Mensch mit einer wahren Selbsterkenntnis, abgesehen von dem erhebenden Gefühl, welches ihm dieses Wissen verschafft, wird bescheiden. Gegen die Fehler Anderer nachsichtig, zum Verzeihen geneigt, beansprucht er für sich aus dem Spruch „tout comprendre c'est tout pardonner" nur das Verstehen – fühlt sich nicht berufen, zu vergeben. Er analysiert die Motive seiner Affekte und verhindert dadurch, daß sie in Leidenschaften ausarten. Die unter verschiedenen Schlagworten kämpfenden Menschengruppen betrachtet er mit einer Art von heiterem Humor, läßt sich in seinen Handlungen nicht von der großmäuligen „Moral", sondern von der nüchternen Zweckmäßigkeit führen, welche ihn auch anspornt, diejenigen seiner Wünsche, deren Befriedigung die Rechte anderer Menschen beeinträchtigen würde (d. h. welche in ihren Reaktionen für ihn selbst gefährlich werden können), einzuschränken und gewissenhaft zu überwachen, ohne aber ihre Existenz zu verleugnen.

Die gegenwärtige Erziehung produziert Menschen, die sich selbst nicht kennen und ihr Leben meistens auf einer „Lebenslüge" aufbauen müssen. Infolge dieser permanenten Selbstverkennung des Kulturmenschen entsteht nicht nur eine unglückliche und unfreie Lebensführung, sondern auch Unduldsamkeit und Aggression gegen andere. Der bisher führende Kulturtyp ist der harte Moralist, der sich und anderen wenig Lebensgenüsse gönnt. Ferenczi schildert die Konsequenzen der Erziehung zur Hypermoral und Aggression wie folgt (loc. cit. S. 20):

Die Überstrenge schützt den Moralisten vor der Einsicht in sich selbst und ermöglicht ihm zugleich das geheime „Ausleben" eines seiner verdrängten unbewußten Wünsche, der Aggressivität.

All dies soll keine Anklage sein; die Besten unserer heutigen Gesellschaft sind Menschen dieser Art; es sollte nur gezeigt werden, in welcher Weise die auf die Verdrängung gegründete moralische Erziehung auch in dem Gesunden ein gewisses Maß von Neurose hervorruft. Nur auf diese Weise werden solche soziale Verhältnisse möglich, wo sich hinter dem Schlagwort der Vaterlandsliebe offenbar egoistische Tendenzen verstecken können, wo unter dem Namen Volksbeglückung das tyrannische Unterjochen der individuellen Freiheit propagiert wird, die Religiosität teils als Medikament gegen die Todesangst, teils als eine erlaubte Form der gegenseitigen Unduldsamkeit geehrt wird und wo schließlich auf dem Gebiete der Sexualität niemand offen zur Kenntnis nehmen will, was im Geheimen er selber tut. Neurose und hypokritischer Egoismus sind die Folgen der dogmatischen, die wahre Natur des Menschen nicht kennenden, nicht berücksichtigenden Erziehung. Was wir in erster Reihe verurteilen müssen, ist aber nicht der Egoismus, ohne den kein Lebewesen denkbar wäre, sondern die Hypokrisie, dieses bezeichnendste Symptom der Neurose des heutigen Kulturmenschen.

Introjektion und Übertragung

Ferenczi diskutierte in dieser Studie das Phänomen der Übertragung, dessen Entdeckung er als eine der Großtaten Freuds würdigt. Der Patient in der Psychotherapie entwickelt bald eine „Übertragungsneurose", d. h. er bezieht alle seine charakterlichen und emotionalen Schwierigkeiten auf den Therapeuten, der ihm als eine Neuauflage von wichtigen Beziehungspersonen aus der Kindheit erscheint. Diese Realitätsverkennung entspringt weder einer Bosheit noch einer Dummheit; sie erfolgt fast „naturgesetzlich" in jeder analytischen Behandlung. Freud erkannte, daß diese Übertragungssituation für die Therapie sehr wesentlich ist; der Analytiker kann nun die seelischen Deformationen des Analysanden „am eigenen Leibe" erleben. Er wird zum Katalysator für viele Erinnerungs- und Wahrnehmungsprozesse, die für die Heilung unentbehrlich sind. Darum ist das Durcharbeiten der Übertragung die conditio sine qua non der analytischen Kur.

Ferenczi äußert nun die Mutmaßung, daß die Übertragung ein Spezialfall der sogenannten „Verschiebung" sei, die Freud als Traummechanismus beschrieben hat. Im Traum kommt es vor, daß Inhalte und Akzente „verschoben" werden, wobei die Kunst des Traumdeuters darin bestehen muß, diese Verschiebungen zu erkennen und zurechtzurücken. Ähnlich werden Übertragungsgefühle verschoben, wobei der Therapeut dem Patienten unter Umständen als dessen Vater, Mutter, Großvater usw. erscheinen kann.

Nach Ferenczi leidet jeder Neurotiker an einer gewissen „Übertragungssucht"; fast überall versteht er die Realität nicht sachgemäß und adäquat, sondern überträgt ziemlich willkürlich in alle Lebenssituationen seine Erfahrungen aus Kindheit und Jugend, die er dann als Wahrnehmungen mißversteht. In diesem Übertragungszwang kommt ein Hunger nach Objekten und Identifikationen zum Vorschein; der neurotische Patient will einen Großteil der Welt in sich hineinnehmen, also „introjizieren". Daher kann man als einen Hauptbefund jeder Neurose die „Icherweiterung" ansprechen; sofern diese unbewußt und unkontrolliert erfolgt, ist das betreffende Individuum ichschwach und seinen Erlebnissen hilflos preisgegeben. Affektive Energien werden an Menschen und Dinge verschleudert und fehlen dann beim Aufbau der Persönlichkeit.

Der Paranoiker ist im Vergleich zum Neurotiker konträr strukturiert. Er schließt sich engherzig und mißtrauisch von der Welt ab und erleidet so eine Ichschrumpfung. Dabei projiziert er eigene Affekte und Emotionen auf die Umwelt: Introjektion und Projektion sind Gegensätze.

Der Neurotiker gewinnt bei seiner Übertragungssucht etwas: Er vermeidet die Selbsterkenntnis, die für ihn schmerzlich ausfallen müßte. Des weiteren liegt im zwanghaften Übertragen eine Art „Selbstheilung". Die inneren seelischen Konflikte werden nun als Konflikte mit den Beziehungspersonen erlebt, wodurch sie abgeschwächt werden („verdünnt"). Auf diese Weise wird aber keine echte Gesundung erzielt; diese kommt zustande, wenn anstelle von Übertragung Einsicht in das eigene Gemüt gesetzt wird.

Vom Übertragungsphänomen her erklärt Ferenczi auch die Rätsel der Hypnose. Früher dachte man, daß Hypnose durch außergewöhnliche Seelenkräfte im Hypnotiseur zustandekommt. Die Psychoanalyse jedoch legt den Akzent mehr auf die seelische Disposition des Hypnotisierten; *er* bewirkt den Hypnosezustand, den er unbewußt sucht und haben will. Vom Hypnotiseur wird nun verlangt, daß er Mutter- und Vaterimago im Hypnotisierten erweckt. Es gibt nämlich „mütterliche" und „väterliche" Hypnose: Die erstere wirkt durch freundliches, einlullendes Zureden – die letztere durch Strenge, durch Machtgebärden und Einschüchterung. Wer immer öffentliche Hypnosedarbietungen gesehen hat, wird sich erinnern, daß der Hypnotiseur beide „Techniken" zur Anwendung bringt. Interessant ist aber, daß viele Menschen durch eine autoritäre und verwöhnende Erziehung dazu disponiert werden, einen fremden Willen anstelle des eigenen zu setzen.

Mit einer gewissen Freizügigkeit der Formulierung darf man deshalb sagen, daß der Neurotiker „wie ein Hypnotisierter" durchs Leben geht.

170

Die Gefühle, die er früher einmal gegenüber seinen Eltern aufgebaut und entfaltet hat, bestimmen seinen Lebenslauf, der dadurch einen „pathischen" Charakter erhält. Die Therapie muß dieses „Pathos" in Bewußtsein und Aktivität verwandeln, wobei Eigenwille und Eigenwüchsigkeit im Patienten kultiviert werden. Anders ausgedrückt: aus zwanghafter Introjektion soll echte Beziehungsfähigkeit werden.

Entwicklungsstufen des Wirklichkeitssinnes

Mit dieser Arbeit wurde Ferenczi zum Pionier der „Ichpsychologie", die zunächst von der Psychoanalyse vernachlässigt worden war. Freud hatte nur ziemlich global davon gesprochen, daß sich jedes Menschenkind vom Lust- zum Realitätsprinzip hin entwickeln müsse. Wer bei dieser Entwicklung auf halbem Wege steckenbleibt, wird zum Neurotiker, zum Wahnkranken oder zum Dichter; aber wie sich die Wandlung vom Lustsuchen zum Realitätsdenken vollzieht, war nirgendwo untersucht worden.

Ferenczi geht ontogenetisch vor und fragt sich, wie sich beim Kinde das Wirklichkeitsbewußtsein aufbaut. Alle Kinder durchlaufen zunächst, psychoanalytisch gesprochen, eine Phase des „Größenwahns", der abgelöst werden soll durch die Einsicht in die menschliche Begrenztheit und die eigentliche Allmacht der Naturgewalten oder der gesellschaftlichen Verhältnisse. Woher stammt nun der „Größentraum", der am Anfang jeder seelischen Entwicklung steht?

Nach Ferenczi ist das Kind im Mutterleib tatsächlich „allmächtig". Alle Nahrung wird ihm mühelos zugeführt. Erst durch die Geburt erleidet diese „Allmacht" Einschränkungen; aber die mütterliche Pflege trägt dazu bei, wiederum eine allseitige Bedürfnisbefriedigung herzustellen, ohne daß vom Neugeborenen irgendeine Gegenleistung erwartet würde.

„Seine Majestät, das Baby" kann sich grenzenloses Wunschdenken leisten, wird aber durch vielfältige Unlustreize immer wieder an seine Hilflosigkeit erinnert. Daher kann es die „bedingungslose Allmacht" nur noch halluzinatorisch erleben; in der Wirklichkeit ist es manchmal hungrig, naß und abhängig. Bald aber gewöhnt es sich gewisse „magische Gebärden" und Schreie an, mittels derer es seine Umwelt beeinflußt und bestimmt. Es kommt zu einem Zusammenspiel zwischen Kind und Pflegepersonen, wobei beide Seiten im Besitz von Machtfaktoren sind; nur noch im Schlaf ist das Kind allein souverän.

Wahrscheinlich empfinden sich die Kleinkinder wie „Zauberer", da sie durch Gesten und Rufe allerlei von ihrer Umgebung erzwingen können. Es verbleibt ihnen demnach eine „relative Allmacht", auf die zu verzichten ihnen gewiß nicht leicht fällt. Kommt Verwöhnung durch die Erzieher hinzu, dann werden die Kinder eventuell zu Neurotikern, die stets ihre Umwelt magisch kontrollieren und dominieren wollen.

So ist etwa die Hysterie eine „Gebärdenmagie", durch die ein kindlich gebliebener Mensch sich den Beziehungspersonen mitteilt und ihnen auch seinen Willen aufzwingt. Auch das Beten, das Fluchen und allerlei Alltagsverhalten ist von magischen Konzepten durchsetzt; Zauberer, Wahrsager, Magnetiseure und Kurpfuscher aller Art machen aus diesen Infantilismen Beruf und Broterwerb und können angesichts ihrer gläubigen Kundschaft recht gut davon leben.

Aber die Außenwelt macht sich mehr und mehr bemerkbar und kann nicht einfach ignoriert werden. Das Kind erfährt unweigerlich, daß es nur über einen kleinen Teil der Wirklichkeit verfügen kann; überall sonst spürt es den „Widerstand der stumpfen Welt". Um diesen abzuschwächen, werden in „animistischer Manier" die Dinge beseelt und vermenschlicht: So kann man mit ihnen „reden", d. h. jene Techniken anwenden, die im Umgang mit Pflegepersonen erfolgreich sind. In der Religion wird das Weltganze so sehr vermenschlicht (in der Person Gottes), daß man Bitten lancieren kann und „Dialoge mit dem Schicksal" führt.

Der Animismus verwendet nach Ferenczi die Erfahrung der Organe des eigenen Körpers, um sich die Welt der Dinge nahezubringen. Dadurch bekommt die Außenwelt ein „symbolisches Antlitz"; die psychoanalytische Sexualsymbolik erhält auf diese Weise ihre Daseinsberechtigung, weil vielfältige Analogien zwischen erogenen Zonen und Wirklichkeitsaspekten bestehen. Wenn sich das Kind die Wirklichkeit verständlich machen will, benützt es eindrückliche Körpererlebnisse als Schemata und Muster; von daher stammt die Ubiquität der Sexualsymbole, die man der Psychoanalyse als „Denkvergewaltigung" vorwirft.

Das Kind bleibt ein Magier, aber wenn es lernt, die Sprache für seine Allmachtsanliegen einzusetzen, hat es einen großen Schritt zur Kulturtauglichkeit, zur Vernunft und zur Realitätseinfügung getan. Doch im Hintergrund jeglichen Sprechens wirken noch „Zaubermotive" mit; redend wollen wir das Reale in unserem Sinne verwandeln, Fernwirkungen ausüben usw. Dieselbe Machttendenz durchdringt unser Denken, das ja ein „stilles Sprechen" ist. Beim Zwangsneurotiker wird die Herrschaftsambition im Denken und Sprechen besonders deutlich.

Minderwertigkeitsgefühle sind nach Ferenczi nichts Primäres (wie Alfred Adler meint); sie sind Derivate des Allmachtsstrebens, so daß man sagen kann, nur derjenige fühlt sich minderwertig, der nach Macht lüstern ist.

Zum Optimisten entwickelt sich jenes Kind, dessen Allmachtsgefühl durch die Gunst der Umstände ungebrochen bleibt; der Pessimist aber ist einer, der frühzeitig erfahren hat, daß seine Machtwünsche nicht zum Ziele kommen, aber keinen Verzicht leistet, sondern sie unterschwellig weiterhin in sich herumträgt.

Die Ablösung von den Eltern wird zur mächtigen Steigerung des Realitätsbewußtseins. Wer aber am „Ödipusproblem" scheitert, vollzieht diese Ablösung schlecht oder gar nicht, weshalb er lebenslänglich zwischen Allmachtswünschen und Ohnmachtsgefühlen hin- und herpendelt.

Realitätserfahrung ist gebunden an die Entfaltung des Ich, der „Ichtriebe". Bei den Sexualtrieben bedeutet „Realismus" den Übergang von der Autoerotik zur Heterosexualität. Nur in der gelingenden Sexualbeziehung wird das Sexuelle realistisch und dialogisch; in der Onanie, in den Perversionen, in den Sexualstörungen überhaupt dominiert die narzißtische Allmachtstendenz, die aber nie zur echten Befriedigung führt.

Regrediert die Libido infolge äußerer Hindernisse oder allgemeiner Schwäche der Ichorganisation, so reißt sie in der Regel das Ich auf frühe Stufen der Wirklichkeitserfahrung zurück: darum sind primitive Sexualverhaltensmuster nahezu immer verbunden mit Realitätsentfremdung und Ich-Abbau.

Ferenczi wagt auch stammesgeschichtliche Hypothesen, die sich angesichts seiner Theorie der „Entwicklungsstufen des Wirklichkeitssinnes" aufzudrängen scheinen. Auch die Menschheit als Ganzes unterliegt einem säkularen Prozeß, in welchem sie vom Wunsch- und Allmachtsprinzip zum Realitätsbewußtsein fortschreitet. Animismus, Magie und Religion kennzeichnen Ausgangspunkte dieses Weges, an dessen Ende Vernunft und Wissenschaft stehen sollen. In den Kindermärchen haben wir einen Nachhall der magischen Epochen vor uns. Auch die Religion hält am Zauberglauben fest, der schon lange obsolet geworden ist.

Zur Nosologie der männlichen Homosexualität

Schon in Freuds *Drei Abhandlungen zur Sexualtheorie* (1905) wird das Thema der Homosexualität in einer neuartigen Weise erörtert. Zumin-

dest ein Teil der Homosexuellen wird nicht mehr als Opfer einer obskuren „Konstitution" betrachtet; es gibt offenbar erziehungs- und entwick-
lungsbedingte Inversion, wobei frühe Triebschicksale als formgebend
anerkannt werden. Freud ist der Meinung, daß bei einer gewissen Zahl
von Patienten dieser Art eine sexuelle Umstellung und „Heilung" durchaus möglich sei.

Auch Ferenczi schließt sich dieser Theorie an. Er knüpft an Isidor
Sadger an, der bei Homosexuellen beobachtete, daß sie in der Regel in
der Kindheit eine intensive Mutterbindung hatten und durch ihre Homosexualität diese Bindung unbewußt aufrechterhalten wollen. Einerseits liebt der Homosexuelle in seinem Partner sich selbst (Narzißmus);
andererseits identifiziert er sich mit der Mutter und läßt sich dementsprechend durch einen Mann „lieben".

Ferenczi führt die Begriffe einer „aktiven" und „passiven Homoerotik" ein. Es handelt sich hierbei um zwei verschiedene Formen der
Inversion, die auf unterschiedliche Entwicklungsstörungen zurückgehen.

Nur der passive Homosexuelle fühlt sich als Frau, der aktive jedoch
als Mann. Der passive Typ sucht reifere und stärkere Männer, der aktive
wählt Knaben mit femininen Aspekten; der erstere hat gute Beziehungen zu Frauen, indes der letztere Abneigung gegen sie empfindet.

Beim passiven Homosexuellen mag allenfalls die Konstitution eine
wichtige Rolle spielen. Aber die Erziehung und Umwelt drängen viele
Kinder dieser Art ebenfalls von der Heterosexualität weg. Verzärtelung
zum Beispiel gibt fast immer zur „Verweiblichung" Anlaß. Auch vater-
los aufgewachsene Knaben entwickeln eine Sehnsucht nach einem
männlichen Führer und Beschützer, die sie dann in der Homosexualität
ausleben.

Die passiven Homosexuellen sind fast immer Zwangsneurotiker. Sie
haben in ihrer frühen Werdensphase eine mächtige Hingabestörung
erworben. Meistens wuchsen sie in einer emotional kargen Atmosphäre
auf, so daß sie zeitlebens Hingabe als „Hergabe" fürchten und meiden.
Das andere Geschlecht als bevorzugtes Objekt der Hingabe für den
Mann wird von ihnen mit phobischen Akzenten versehen. Sie entwerten
die Frau, um nicht durch sie in Gefühlssituationen zu geraten, die sie als
„Selbstverlust" einstufen.

Der passive Homosexuelle heißt bei Ferenczi „Subjekt-Homoeroti-
ker", der aktive jedoch „Objekt-Homoerotiker". Der letztere will um
keinen Preis in die Einflußsphäre des „Weiblichen" gelangen, weshalb
er sich in die Männerwelt einkapselt. Dennoch zeigt sich in der Liebes-

wahl des Jünglings eine Neigung zum weiblichen Geschlecht, da der junge Mann noch „androgyn" wirkt, d. h. noch nicht die Ausprägung der männlichen Geschlechtscharaktere demonstriert und da und dort an das andere Geschlecht erinnert. Die homosexuelle Paarbildung hat auch sonstige Anklänge an das Mann-Frau-Verhältnis, dem der Invertierte trotz seiner gewaltigen Fluchttendenzen seinen Tribut entrichten muß.

Die Tatsache, daß viele Männer homosexuell werden (etwa drei bis fünf Prozent), erinnert uns nach Ferenczi daran, daß das Verhältnis der Geschlechter an überlieferten Vorurteilen und Fehlhaltungen krankt. Aber auch die Beziehung von Mann und Mann sowie von Frau und Frau ist im Patriarchat schief angelegt. Männer stehen dauernd im Konkurrenzkampf zueinander und haben es sehr schwer, Sympathiegefühle füreinander zu entwickeln [dasselbe gilt (abgeschwächt) für Frauen]. Da die Liebe zum Manne für den Mann verbaut ist, übersteigert er die Anbetung der Frau, was kaum zu realistischen Liebesbeziehungen führen kann. Die Aufspaltung der Frauenwelt in Göttinnen und Mütter auf der einen Seite und Sexualobjekten oder Prostituierten auf der anderen Seite ist ein Nebenprodukt der patriarchalischen Lebensformen und der religiösen Moral. Am Don-Juanismus zum Beispiel kann man zeigen, daß der Kampf der Geschlechter entbrennt, wenn es keine Gefühlserziehung in der Kindheit gibt und wenn die Liebe zum Kampfplatz für Aggressionen und Eitelkeiten wird.

Ferenczi plädiert dafür, daß wir in der Zukunft lernen, unter Männern Freundschaft zu halten und die Frauen maßvoll oder vernünftig zu lieben. Dann wird es vermutlich auch weniger Homosexualität und sexuelle Perversionen geben; der Sexus könnte zum Glücksspender für die Menschen werden. Moral, Religion und Patriarchat müssen hierbei einer Revision unterzogen werden.

Versuch einer Genitaltheorie

Es ist oft hervorgehoben worden, daß Freud bei strenger wissenschaftlicher Selbstzucht starke spekulative Neigungen in sich beherbergte: Vor allem in seinem Alterswerk kam diese Tendenz zum Durchbruch, die aber auch schon in der Frühzeit der Psychoanalyse unverkennbar war. Dementsprechend schätzte Freud am meisten jene Schüler, die über die Tatsachenforschung hinaus zu weitläufigen gedanklichen Synthesen fähig waren. Ferenczi war einer dieser „synthetischen Geister", ein Grund, der ihn zum guten Gesprächspartner für Freud werden ließ.

Die unzweifelhaft spekulativste Arbeit Ferenczis ist der *Versuch einer Genitaltheorie*, den der Verfasser selbst bei Gelegenheit ein „wissenschaftliches Märchen" nannte. Ferenczi schrieb diese Untersuchung bereits 1914, als er in einem kleinen Ort Ungarns als Militärarzt diente und sehr viel freie Zeit hatte. Er trug seinen Text Freud und anderen Psychoanalytikern mehrfach vor, bis er sich in den zwanziger Jahren entschloß, ihn zu publizieren.

Das Schwierige an dieser Abhandlung liegt wohl darin, daß sie psychoanalytische, biologische, abstammungsgeschichtliche und quasi-philosophische Überlegungen in sich vereint. Beweise für seine Gedankengänge kann der Autor kaum vorlegen; er benützt überall „Analogieschlüsse", die mehr für seine etwas ungezügelte Phantasie als für seine kritische Besonnenheit zeugen.

Ferenczi fängt bei der Ontogenese an und fragt sich, welche Triebregungen am Ejakulationsakt im Koitus beteiligt sein mögen. Da es sich hier um einen „genitalen Vorgang" handelt, drängt sich dem Analytiker die Vermutung auf, es könnten in ihm auch „anale" und „urethrale" Libidokomponenten mitwirken. Wissen wir doch, daß die reife Genitalität aus den prägenitalen Vorstufen herauswächst und daß bei allfälligen Sexualstörungen dieses „Prägenitale" in Form von Fixierungen und Regressionen dominant wird. Ferenczi meint nun, daß im Koitus eine „Amphimixis" analer und urethaler Erotismen zustande kommt, d. h. es vermischen sich in ihm Erregungsweisen der Urethra und des Afters, die ja in unmittelbarer Nachbarschaft der Sexualorgane liegen.

Bestätigung für diese kühne Hypothese: In manchen Fällen von Ejaculatio praecox hat man den Eindruck, daß die betreffenden Patienten in die Vagina „urinieren" – es kommt zu keiner kraftvollen Ausstoßung des Samens, eher zu einem „Rinnenlassen". In anderen Fällen ergibt sich ein „Sexualstottern", das – wie die analytische Theorie lehrt – mit Stuhlverhaltung, Geiz, Hingabeunfähigkeit parallel läuft.

Ferenczi befaßte sich 1913 mit den *Entwicklungsstufen des Wirklichkeitssinnes*. Schon damals deutete er an, daß es auch „Entwicklungsstufen des erotischen Realitätssinnes" gebe. Hier müßte man die Entfaltung der Erotik vom Säugling an der Mutterbrust bis zum koitierenden Erwachsenen in Betracht ziehen. Saugen, beißen, onanieren und koitieren liegen auf einer fortschreitenden Entwicklungslinie. Diese hat nach Ferenczi eine eindeutige Zielrichtung, nämlich die „Rückkehr in den Mutterleib". Dort wurde erstmals eine Art kosmische Lust erlebt, und um diese wiederzuerleben, wird das umständliche Kopulationsverfahren eingeleitet. Die weibliche Vagina ist ein Ersatz für den Mutterleib. Das

Erlöschen der sexuellen Spannung im Koitus führt zu einem tiefen Schlaf, der an den Dauerschlaf des Foetus in utero erinnert.

Da die Liebenden im Koitus ganz vereint sind und allen Trieben im Sinne der Psychoanalyse eine „regressive Tendenz" eignet, muß man annehmen, daß es irgendwann eine Einheit von „Männlich-Weiblich" gab, die durch Evolutionsvorgänge aufgehoben wurde. In beiden Geschlechtern ist die Möglichkeit zur andersgeschlechtlichen Entwicklung vorhanden; es entscheidet sich in Frühstadien der Ontogenese, ob ein Individuum das eine oder das andere wird. Gab es ein Analogon zu dieser „Bisexualität" und der daraus entspringenden „Monosexualität" in der grauen Vorzeit des Lebens auf der Erde? Ferenczi meint derlei phantasiemäßig erschließen zu können. Das Leben existierte vorerst nur im Meere. Ei-Abgabe und Besamung erfolgte im Wasser (wie bei Fischen) ohne Direktkontakt von Männchen und Weibchen. Als die Fische „an Land gingen", mußten die Keimzellen eine Herberge erhalten – die Kopulationsorgane mußten andere Gestalt bekommen. Es kam zum Geschlechterkampf, wobei das Weibchen den kürzeren zog. In seinem Aufsatz *Männlich und Weiblich* (1929, S. 462) referiert Ferenczi diesen Vorgang wie folgt:

Die Tendenz, die Keimzellen zum Ersatz für den Verlust der See-Existenz im Innern eines nahrung- und feuchtigkeitspendenden Organismus unterzubringen, und die Sehnsucht, dieses Glück der Keimzellen wenigstens symbolisch und halluzinatorisch mitzugenießen, erwachte wohl in beiden Geschlechtern. Demgemäß entwickelten beide das männliche Geschlechtswerkzeug, und es kam vielleicht zu einem großartigen Kampfe, dessen Endausgang darüber zu entscheiden hatte, welchem Geschlecht die Leiden und Pflichten der Mutterschaft und das passive Erdulden der Genitalität zugeschoben werden soll. In diesem Kampfe erlag nun das weibliche Geschlecht, entschädigte sich aber dadurch, daß es verstand, aus Not und Leiden Frauen- und Mutterglück zu schmieden. Ich will auf die Bedeutsamkeit dieser Leistung und auf ihre psychologischen Folgen später noch zurückkommen, will aber gleich hier bemerken, daß dieser Vorgang – falls er sich bewahrheitet – nicht nur die größere physiologische und psychologische Kompliziertheit des Weibes zu erklären hilft, sondern das Weib, zumindest im organischen Sinne, als ein feiner differenziertes, das heißt an kompliziertere Verhältnisse angepaßtes Wesen erscheinen läßt. Das Männchen hat seinen Willen dem Weibchen aufgedrängt und ersparte sich so eine Anpassungsleistung, es blieb primitiver; das Weibchen hingegen verstand es, sich nicht nur an die Schwierigkeiten der Umwelt, sondern auch an die Brutalität des Mannes anzupassen.

Infolge dieser Urzeitereignisse steht nach Ferenczi der Mann geistig und moralisch höher, das Weib jedoch ist biologisch und emotional im Vorrang: die patriarchalischen Vorurteile werden hier bestätigt.

Ernst Haeckel hat schon im 19. Jahrhundert das sogenannte „biogene-
tische Grundgesetz" formuliert. Danach rekapituliert der Embryo vieler
Tierarten in den Frühstadien der Entwicklung im Großen und Ganzen
die Geschichte und Schicksale der Gattung; aus diesem Grunde hat der
menschliche Embryo etwa sechs Wochen nach der Befruchtung des Eies
Kiemen, weil wir alle von den Fischen abstammen, die sich im Meere
tummelten. Ferenczi ist geneigt, dieses „Grundgesetz" auch auf die
menschliche Sexualität zu übertragen. Kann man nicht, bei geeigneter
Dechiffrierung, an den Wesenszügen des Sexuellen erkennen, was die
Menschheit im Verlaufe ihres Werdens erlebt und erlitten hat? Das ist
wohl möglich, wenn man ein „Übersetzungskünstler" ist. Ferenczi gibt
eine „synoptische Tabelle", wobei er Artschicksale und individuelle
Sexualentwicklung zusammenstellt (*Versuch einer Genitaltheorie*, 1924,
S. 92):

	Phylogenese	*Ontogenese*
I. Katastrophe	Entstehung organi-schen Lebens	Reifung der Ge-schlechtszellen
II. Katastrophe	Entstehung individuel-ler einzelliger Wesen	„Geburt" d. reifen Keimzellen aus d. Keimdrüse
III. Katastrophe	Beginn der geschlecht-lichen Fortpflanzung	Befruchtung
	Artentwicklung im Meere	Embryonalentwick-lung im Mutterleibe
IV. Katastrophe	See-Eintrocknung, Anpassung ans Land-leben	Geburt
	Entwicklung v. Tier-arten mit Begattungs-organen	Entwicklung des Pri-mats der Genitalzone
V. Katastrophe	Eiszeiten, Mensch-werdung	Latenzzeit

Man muß dieses Schema wie folgt lesen: In der Reifung der Geschlechts-
zellen wiederholt sich (abgekürzt) die Entstehung des organischen Le-

bens; in der Geburt der reifen Keimzellen aus der Keimdrüse haben wir einen Nachhall der Entstehung individueller einzelliger Wesen vor uns; Befruchtung und Embryonalentwicklung im Mutterleibe „rekapitulieren" den Beginn der geschlechtlichen Fortpflanzung und die Artentwicklung im Meere; Geburt und Entwicklung des Primats der Genitalzone sind „Erinnerungen" an den Übergang vom See- zum Landleben und die darauf folgende Entstehung von zweierlei Begattungsorganen; die sexuelle Latenzzeit vom 6. bis 12. Lebensjahr „erinnert" an die Schrecken der Eiszeit, als alles um die Erhaltung des Lebens ging und die sexuellen Vergnügungen zurücktreten mußten.

Das ist in der Tat sehr märchenhaft, und niemand weiß, ob sich das alles wirklich begründen läßt. Ferenczi stößt hier von der Psychoanalyse zu einer „Bioanalyse" vor, wobei er analytische Gedankenmodelle zum Verstehen biologischer Vorgänge phantasiereich benützt.

Wir haben zum Beispiel Sexualorgane, um durch sie alle libidinösen Spannungen loszuwerden, die den Organismus am ruhigen Funktionieren hindern; der Kopf, der handeln will, muß das Lustbedürfnis abspalten, denn die Handlung ist dem Realitätsprinzip unterworfen. Darum sind Kopf und Sexualorgane polar angeordnet, nämlich weit auseinanderliegend – auch darin zeigt sich das Kontradiktorische an ihnen.

Alles Sexuelle weist nach rückwärts, in die Vergangenheit des Individuums und der Gattung. Z. B.: Krankheit der Organe ist eine Regression ins „Onanistische", weil der Gesamtorganismus offenbar den einzelnen Organen die angemessene Befriedigung nicht sichert. Das kranke Organ wird gleichsam zum Sexualorgan – es erhält auch die Aufmerksamkeit und Zuwendung, die eigentlich dem Sexualvollzug bzw. der Liebe gelten sollte. Irgendwie liegt auch im Krankheitsgeschehen eine Realitätsabwendung, ein Autoerotismus, ein Autismus; vielleicht können viele Krankheiten leichter und besser geheilt werden, wenn man diese „Triebverstrickung" aufzuheben weiß.

Ferenczi behauptet sogar, daß die Krankheitslehre der Zukunft eine „Psychiatrie des Lebendigen" sein müsse; man wird mit Erkrankungen so umgehen, als ob sie „Geistesstörungen des Organismus" seien. Diese Idee nimmt ahnungsvoll die Entwicklung der Psychosomatik vorweg.

Psychoanalytische Dynamismen wie Verdrängung und „Wiederkehr des Verdrängten" haben in der Geschichte des Lebens auf der Erde nach Ferenczi eine erhebliche, vermutlich sogar ausschlaggebende Rolle gespielt. So kann, in einer neueren Formulierung ausgedrückt, aus der Psychoanalyse ein „Paradigma" (Th. S. Kuhn) werden, das alle Wissenschaften vom Leben beeinflussen und umgestalten wird.

Das Ende von Ferenczis Spekulationen bezüglich der „Genitaltheorie" ist geradezu eine Kosmologie, die sich über die Entstehung des Weltalls, des Lebens usw. verbreitet. Freuds Konzept vom Lebens- und Todestrieb wird hierbei ohne weiteres übernommen. Es wird postuliert, daß sogar die „tote Materie" schon Lebensimpulse in sich enthält. Daher wird vielleicht das Leben nie ganz aussterben; ein Hin- und Herwogen zwischen Leben- und Sterbenwollen ist der kosmische Prozeß.

Im Tode findet der Mensch nicht nur seine Ruhe, sondern kehrt auch in den Kosmos zurück, der für Ferenczi ein Analogon zum Mutterleib wird. Darum sehen Verstorbene so friedlich aus; Tod, Schlaf und Begattung bilden eine innere Einheit.

Man liest Ferenczis „Wissenschaftsmärchen" mit einiger Skepsis, muß aber doch zugeben, daß Freuds Lieblingsschüler ein großer Erzähler war, der auch unglaubwürdige Theorien spannend und stellenweise sogar überzeugend zu präsentieren weiß. Er ähnelte damit dem „Meister", der ebenfalls ein „Erzähler" von hohen Graden war und selbst problematische Lehren suggestiv vorzutragen wußte.

Das Problem der Unlustbejahung

Freud publizierte im Jahre 1925 eine Studie über *Die Verneinung*, die Ferenczi ebenfalls zu eindringlichen Überlegungen anregte. Was bedeutet die Verneinung im Seelenleben des Menschen? Sie hat offenbar gewisse Ähnlichkeiten mit der Verdrängung gemeinsam; was dem Ich nicht genehm ist, wird abgewiesen und ins Unbewußte verdrängt. Aber ein Teil der Wirklichkeit ist „verdrängungsresistent"; hier behilft sich das Ich damit, daß es zur Verneinung greift, um sich das Unangenehme oder Unakzeptable vom Leibe zu halten. In diesem Sinne ist das Verneinen eine Hilfsfunktion, die dann zum Zuge kommt, wenn das Verdrängen sein Ziel nicht erreicht.

Das sieht wie eine gedankliche Spielerei aus, ist aber eine bedeutsame anthropologische Erkenntnis. Aus ihr können Schlußfolgerungen über das Verhältnis des Menschen zur Welt und zu sich selbst gezogen werden. Die Psychoanalyse behauptet, daß das Kind primär ein lustsuchendes Wesen ist. Seine Wirklichkeitswahrnehmung ist zunächst völlig diffus; es hat keine Kenntnis der Menschen und Dinge. Vermutlich gibt es im Unbewußten nur das „Ja!", aber in einer sehr undifferenzierten

Form. Wenn das Kind nun auf seine Befriedigungen warten muß, ist es gezwungen, sich mit der Realität auseinanderzusetzen. Es entwickelt Wünsche, Affekte und Emotionen. Im Widerspiel von „Verlieren und Wiederfinden" entstehen Objektperzeptionen, wobei gelernt wird, Wünsche aufzuschieben, da ihre Befriedigung in der Zukunft erfolgen wird. Jeder Aufschub von Triebbefriedigung, der nicht zum Trauma wird, erweitert und stärkt das seelische Organ, das überhaupt als „Hemmungsorgan" verstanden werden muß. Der gehemmte Trieb wird zur seelischen Innerlichkeit. Ist das Luststreben noch roh und ungeformt, so „verneint" es alle Objekte, die nicht seiner Befriedigung dienen. Die entwickelte Psyche jedoch kann auch jene Wirklichkeit anerkennen, die sich ihm verweigert. Sie unterwirft sich dem Realitätsprinzip, bejaht und verneint in adäquater Weise und wird so ihrer Orientierungsfunktion gerecht.

In der Neurose konstatieren wir ein Übermaß von Verdrängungen und Verneinungen, wodurch der „Wirklichkeitssinn" entscheidend geschwächt wird. Man muß den Neurotiker zur Realitätseinsicht erziehen.

Durch die Übertragungssituation kann der Psychotherapiepatient seine in der Kindheit mißlungene „Realitätsbewältigung" neu in Angriff nehmen. Der Analytiker verhilft ihm dazu, auch unlustvolle Lebenskonstellationen objektiv wahrzunehmen. Es kommt zu einer genaueren Abgrenzung zwischen innerer und äußerer Realität. Am Vorbild des Therapeuten lernt der Analysand, daß man auch ohne Allmachtsallüren leben und handeln kann. Auf diese Weise wird der Raum der Wirklichkeit, den man bejahen kann, wesentlich ausgeweitet. Populär gesprochen: Aus einem Verdränger und Neinsager wird der Patient ein Jasager und ein Erkennender.

In seiner Untersuchung sagt Ferenczi (*Bausteine*, Bd. I, S. 86):

Freud entdeckte im psychologischen Akte der Verneinung der Wirklichkeit eine Übergangsphase zwischen ihrer Ignorierung und ihrer Anerkennung; die fremde, daher feindliche Außenwelt wird trotz der Unlust bewußtseinsfähig, indem sie mit dem negativen Vorzeichen der Verneinung versehen wird; sie wird geleugnet. In dem Negativismus, der Beseitigungstendenz, sehen wir also noch immer die verdrängenden Mächte, die im Primärvorgang zur vollen Ignorierung jeder Unlust führen, am Werke; die negativ-halluzinatorische Ignorierung gelingt nicht mehr voll, die Unlust wird nicht mehr ignoriert, sondern als Negation immerhin Inhalt der Wahrnehmung. Sofort erhebt sich natürlich die Frage, was noch geschehen muß, um auch das letzte Hindernis der Anerkennung aus dem Wege zu räumen und die Bejahung einer Unlust, d. h. die volle Aufhebung der Verdrängungstendenz zu ermöglichen.

Die Antwort auf die genannte Frage kann nicht allzu schwierig sein. Die Therapie erzieht den Patienten zur Unlusttoleranz, indem sie eine „Neuordnung seiner Gefühlseinstellungen" bewirkt. Sie verhilft dabei dem Eros zum Primat im Seelenleben, setzt ihn anstelle von Angst und Aggression, die die großen Verdrängungsurheber sind. Nur im Verzicht auf Verdrängen, Verleugnen und Verneinen kann das Ich wachsen und sich entwickeln. Auch ein nur summarischer Überblick über Erziehungstechniken und Kulturinhalte läßt uns erkennen, daß ein Erdübel der bisherigen Menschenformung im Überwiegen der Verneinung über die Bejahung besteht.

Probleme der Behandlungstechnik

Ferenczi war ein bedeutender klinischer Forscher, und viele seiner Beiträge knüpfen an die alltägliche Erfahrung des Analytikers an, der in seiner Sprechstunde wichtige Beobachtungen zu machen vermag. Im Jahre 1912 erschien die Arbeit über *Passagère Symptombildungen während der Analyse* mit dem Untertitel *Passagère Konversion, Substitution, Illusion, Halluzination, ‚Charakterregression' und ‚Ausdrucksverschiebung'*. Sie beschreibt vielfältige Beobachtungen aus dem Therapiealltag, die der Therapeut in der Regel nicht leicht einordnen kann.

Der Ausgangspunkt ist Freuds *Psychopathologie des Alltagslebens* (1901). Darin wurden sogenannte „Symptomhandlungen" untersucht, d. h. unauffällige und scheinbar sinnlose Handlungen der Menschen, die sich bei näherem Zusehen fast wie neurotische Symptome darstellen. Vergreifen, Verlegen, Vergessen, Verschreiben, Unfälle, Spielen mit Gegenständen usw. wurden in Freuds Text geistreich abgehandelt und in die allgemeine Neurosenlehre eingefügt.

Ferenczi lenkte seine Aufmerksamkeit nicht nur auf Funktionsstörungen des willkürlichen Muskelsystems, sondern auch auf Veränderungen von Körperfunktionen, bei denen man kaum von Bewußtseinskontrolle sprechen kann. So konstatierte er bei seinen Patienten an bestimmten Stellen des therapeutischen Dialogs Änderungen des Atemrhythmus, der Stimmhöhe, plötzlichen Urin- oder Stuhldrang, Schwindelgefühle, Zahnschmerzen, starken Speichelfluß, Kältegefühle, Schläfrigkeit usw. Alle diese Zustände oder vegetativen Veränderungen ließen sich nach Ferenczi als „Symptome" deuten. Die Analysanden „antworteten" mit diesen Reaktionen auf den jeweiligen Stand der analytischen Situation. Man mußte annehmen, daß durch die Behandlung irgendwelche libidinöse Impulse sich dem Bewußtsein näherten und kurz vor ihrem Auftauchen im Wachdenken eine „Verdrängung" erfuhren; so teilten sie in „symbolischer Gestalt" die Problemlage des Patienten mit. Ferenczi insistierte auch darauf, daß alle diese passagèren Symptome mit dem Übertragungsphänomen im Zusammenhang standen; man mußte sich fragen, was sie im Kontext der Analytiker-Analysand-Beziehung bedeuteten und inwiefern der Analytiker an ihrer Entstehung mitbeteiligt sei.

Anders formuliert heißt das: Bei passagèren Symptomen ist man berechtigt die Frage aufzuwerfen, was der Patient dem Therapeuten auf diese ungewöhnliche Weise sagen und mitteilen will. Symptome sind in diesem Falle „verschleierte Kommunikationen"; sofern sie richtig entschlüsselt werden, beflügelt das den Gang der Therapie, weil der Patient unmittelbar der Funktionsweise seines Unbewußten gewahr wird.

Passagère Symptome sind ebenso informativ wie freie Assoziationen; sie sind Paraphrasen und Akzentuierungen des mündlich geäußerten Materials, oft sogar tieferen Einblick ins Getriebe des Seelenlebens gewährend als die Worte, die der Bewußtseinskontrolle unterliegen.

Mit der Beachtung einer derartigen Symptomatik erweiterte Ferenczi das Beobachtungsfeld des Analytikers. Er vollzog aber auch noch einen zusätzlichen Schritt, indem er die Therapeuten dazu aufforderte, solche Symptome nicht einfach abzuwarten, sondern sie eventuell sogar zu provozieren. Denn jede starke affektive Reaktion bringt wertvolles psychisches Material zum Vorschein. Wenn der Patient „mit dem Körper" reagiert, darf man sicher sein, daß man zentrale Erlebniselemente berührt hat.

Ein solches Vorgehen widersprach gewissermaßen der Freudschen Regel, daß der Analytiker „passiv" bleiben solle. Aber auch Freud hielt sich nicht allzu genau an diese Vorschrift. Gelegentlich empfahl er zum Beispiel Patienten mit Platzangst, sich nach draußen zu begeben, um mit der fundamentalen Verängstigung konfrontiert zu werden. Es widersprach eigentlich Freuds Temperament, nur der „Spiegel von Patientenreaktionen" zu sein; der Meister griff in der Regel sehr nachdrücklich ins Behandlungsgeschehen ein, und Ferenczi folgte mit seinen Innovationen nur den Spuren des Schöpfers der Psychoanalyse.

Man erfährt viel vom Patienten, wenn er reflektiert *und* wenn er agiert; beiderlei Verhaltensweisen sind Elemente der analytischen Kur, wenngleich die Analytiker im allgemeinen das Reflektieren des Analysanden bevorzugen: es ist weniger anstrengend als die „Aktion". Immer aber sind dabei „Übertragungsphänomene" im Spiel, die nach Ferenczi als Kernpunkt aller Deutung ins Visier genommen werden sollen.

Oft erhält man genaueste Auskunft über den Stand der Übertragungssituation, wenn man vom Inhalt der Patientenäußerungen absieht und eher die formalen Elemente der analytischen Situation ins Auge faßt. So sind etwa wichtig: der Stimmungsgehalt der freien Assoziationen, Variationen im Gebrauch der Stimme und Intonation, Sprechen und Schweigen, Körperhaltungen, Mimik und Gestik.

Mit Recht legte Ferenczi im Laufe der Zeit immer mehr Gewicht auf „die Bewältigung der Gegenübertragung". War er sich doch darüber klar geworden, daß die Gefühle und Einstellungen des Analytikers einen unsäglich großen Einfluß auf den Patienten ausübten. Der Therapeut muß durch langjährige Berufserfahrung lernen, seine Anteilnahme, seine Güte, Strenge und Sympathie sorgfältig zu dosieren. Er soll sich an das Behandlungsgeschehen einigermaßen spontan hingeben, daneben aber auch kontrollieren können, wie weit er sich in die Problematik des Analysanden verstrickt. Jedenfalls spüren die Patienten einen Großteil der unbewußten Gefühle des Seelenarztes, und nicht selten benützen sie ihr halbbewußtes Wissen, um den Analytiker zu manipulieren und die Kur aufzuhalten.

So ist gewiß auf der Therapeutenseite Vorsicht am Platze; aber man darf diese nicht zu weit treiben. Überkontrollierte Therapeuten vermitteln ihren Patienten zu wenig Gefühlswärme, und das stört nach Ferenczi die Analyse vermutlich viel mehr als ein gelegentliches Überschießen der Solidarität und Mitempfindung. In Michael Balints Formulierung der von Ferenczi empfohlenen Grundhaltung lesen wir daher (*Die technischen Experimente Sándor Ferenczis*, 1966):

> Erstens solle er [der Analytiker] sich gehenlassen und den Assoziationen und Phantasien des Patienten in der Art freier Assoziationen folgen; aber auf gewisse automatische Zeichen aus dem Vorbewußten solle er dieses intuitive Erfassen unterbrechen und beides, das vom Patienten produzierte Material und seine eigenen Reaktionen darauf, einer kritischen Prüfung unterwerfen, einer Art Realitätsprüfung, um zu sehen, ob und welche Deutung an dieser Stelle gegeben werden könnte.

Ferenczi gilt als Promotor der sogenannten „aktiven Technik" in der Psychotherapie, aber er betonte ausdrücklich, daß er sich auf freundliche Ratschläge oder Vorschläge beschränke und *den Patienten* aktiv werden lasse. Aber immerhin steuerte er bewußt die Wiederholung frühkindlicher Versagungssituationen bei seinen Analysanden an, um die persönlichkeitsprägenden Konstellationen einer erneuten, günstigeren Bearbeitung zu unterziehen. Er ließ sich damit in ein sehr enges

Verhältnis zu seinen Schützlingen ein, und auf dieser Basis entstanden seine weiteren Innovationen der analytischen Therapie.

Seit 1927 erschienen einige Publikationen von Ferenczi, die Stationen auf diesem neuen Weg einer „Therapie in der Regression" bedeuten. Wir nennen hier nur: *Die Elastizität der psychoanalytischen Technik* (1927/28); *Das unwillkommene Kind und sein Todestrieb* (1929); *Relaxationsprinzip und Neokatharsis* (1929); *Kinderanalysen mit Erwachsenen* (1931); *Sprachverwirrung zwischen den Erwachsenen und dem Kind* (*Die Sprache der Zärtlichkeit und der Leidenschaft*) (1932).

In der allgemeinen Crux zwischen „Gewähren" und „Versagen" in der Psychoanalyse neigte Ferenczi in seiner Spätzeit immer mehr dazu, seinen Patienten erst nach einer langen Phase der Regressionserlaubnis Versagungen zuzumuten. So bekennt er in seinem Aufsatz *Relaxationsprinzip und Neokatharsis* (in *Bausteine*, Bd. III, S. 486):

> In einem Gespräch mit Anna Freud über gewiße Maßnahmen meiner Technik machte sie die treffende Bemerkung: „Sie behandeln ja Ihre Patienten, wie ich die Kinder in den Kinderanalysen". Ich mußte ihr recht geben und erinnere daran, daß meine letzterschienene kleine Arbeit über die Psychologie der unerwünschten Kinder, die später in die Analyse kamen, eine Art gemütliche Vorbehandlung der eigentlichen Widerstandsanalyse vorausschicken mußte. Die soeben vorgeschlagenen Relaxationsmaßnahmen verwischen den bisher zu scharf gefaßten Unterschied zwischen der Analyse der Kinder und Erwachsenen gewiß noch mehr. Zweifellos war ich bei dieser Annäherung beider Behandlungsarten von Eindrücken beeinflußt, die ich bei Georg Groddeck, dem mutigen Vorkämpfer der Psychoanalyse organischer Leiden empfing, als ich bei ihm wegen einer organischen Erkrankung Hilfe suchte. Ich gab ihm recht, als er es versuchte, seine Patienten zu kindlicher Naivität aufzumuntern, und sah auch die Erfolge, die er damit erzielte. Ich meinerseits aber blieb nebst dem auch der altbewährten Versagungstechnik der Analyse treu und trachte durch takt- und einsichtsvolle Verwendung beider mein Ziel zu erreichen.

Ferenczi war tief beeindruckt durch die Tatsache, wie viele Neurotiker ehemals ungeliebte oder doch schlecht geliebte Kinder waren. Er war auch der Meinung, daß ein Mangel an Liebe in den frühen Kindheitszeiten den Lebenswillen des Kindes fundamental schwäche; zahlreiche Kinderkrankheiten entspringen nicht primär einer Infektion, sondern dem Todestrieb des „unwillkommenen Kindes", das in einer emotional kalten Umwelt nicht leben kann oder will. Dazu kommen noch „sexuelle Übergriffe" der Erwachsenen, die zahlreicher sind, als man gewöhnlich meint. Schon Freud war auf dieses Faktum gestoßen, als er seine hysterischen Patientinnen sorgfältig explorierte. Er erschrak aber vor diesem Befund und vertrat dann die Auffassung, daß es sich um Phantasien der

Hysterikerinnen handle: Das Kind bilde sich die sexuellen Attacken lediglich ein. Ferenczi hingegen meint in *Relaxationsprinzip und Neokatharsis* (in *Bausteine*, Bd. III, S. 484):

> Die hysterischen Phantasien lügen nicht, wenn sie uns davon erzählen, daß Eltern und Erwachsene in ihrer erotischen Leidenschaftlichkeit Kindern gegenüber in der Tat ungeheuer weit gehen, andererseits geneigt sind, wenn das Kind auf dieses halb unbewußte Spiel der Erwachsenen eingeht, die sicherlich unschuldigen Kinder mit harten, dem Kinde ganz unverständlichen, es schockartig erschütternden Strafen und Drohungen zu bedenken. Ich bin heute wieder geneigt, nebst dem Ödipuskomplex der Kinder die verdrängte und als Zärtlichkeit maskierte Inzestneigung der Erwachsenen in ihrer Bedeutsamkeit höher einzuschätzen.

Macht man mit solchen ehemals schlecht geliebten Kindern eine Erwachsenenanalyse, dann muß man ihnen gestatten, in ihre schlimmen Kinderjahre gewissermaßen zurückzukehren, was nach Ferenczi zu Reproduktionen gewaltiger Traumatisierungen führt, die als große Krisen in der Übertragungssituation zum Vorschein kommen. Ferenczi empfahl, alle diese Therapiedramen ruhig und freundlich durchzustehen, um die innere Spaltung im Seelenleben des Patienten zur Heilung zu bringen. Ohne „Verwöhnung" durch den Therapeuten komme man hierbei nicht weit; in *Kinderanalysen mit Erwachsenen* (in *Bausteine*, Bd. III, S. 503) heißt es:

> Das Verfahren, das ich meinen Analysanden gegenüber anwende, kann man mit Recht eine Verzärtelung nennen. Mit Aufopferung aller Rücksichten auf eigene Bequemlichkeit gibt man den Wünschen und Regungen, soweit als irgend möglich, nach. Man verlängert die Analysenstunde, bis eine Ausgleichung der vom Material angeregten Emotionen erreicht ist; man läßt den Patienten nicht allein, bevor die unvermeidlichen Konflikte in der analytischen Situation durch Aufklärung der Mißverständnisse und Rückführung auf die infantilen Erlebnisse in versöhnlichem Sinne gelöst sind.

Nach Ferenczi soll der Analytiker für seine Patienten „Mutter" und „Vater" sein, aber der eben zitierte Passus läßt durchblicken, daß die mütterliche Komponente in Ferenczis Wesen und Behandlungstechnik schließlich immer mehr in den Vordergrund trat. Er wollte den „Raum der Therapie" zu einer Art „Kinderzimmer" ausbauen, in welchem uralte Frustrationen und Versagungen abreagiert und annulliert werden können. An der Ehrlichkeit und Offenheit des Therapeuten, aber auch an seiner warmherzigen und gütigen Zuwendung, heilt das innere Gespaltensein des Analysanden, der nicht seelisch erkrankt wäre, wenn in seiner Kindheit nicht Lüge, Verdrängung und Traumatisierung an der Tagesordnung gewesen wären.

Relaxation, Gewährenlassen, Zärtlichkeit und Güte des Analytikers, Regression des Patienten in frühe Kindheitsphasen: diese Parolen Ferenczis wurden von seinen Kollegen in der Psychoanalyse mit Unfreundlichkeit und Skepsis aufgenommen. Freud selbst befürchtete ein allzu enges Intimwerden zwischen Therapeut und Patient; er warf Ferenczi regelrecht vor, er werde „Pettingparties" in der analytischen Situation provozieren. Inzwischen hat sich aber gezeigt, daß vor allem in Fällen von schwerer Neurose und Psychose die Ferenczische „Zuwendungstherapie" durchaus ihre Berechtigung zu haben scheint. Analytische Kühle, Distanziertheit und Zurückhaltung kann bei schweren psychischen Erkrankungen vom Analysanden als „seelische Grausamkeit" des Analytikers empfunden werden. Gewiß spielte in Ferenczis Modifikationen der Behandlungstechnik auch sein eigener Wunsch nach Geliebt-werden-Wollen hinein; aber das war vermutlich kein Manko in seiner Persönlichkeit, sondern eine Bedingung seiner therapeutischen Existenz. Wahrscheinlich hat jeder gute Analytiker in seinem Gemüt intensive Liebesbereitschaft und Liebessehnsucht; kontrolliert er diese Dispositionen, kann er seinen Patienten emotional nahekommen.

Kritische Bewertung

Ferenczi war eine der liebenswürdigen Gestalten im Kreise der Freudschüler, eine Persönlichkeit mit hoher Allgemeinkultur und solidem wissenschaftlichen Hintergrund. Sein Enthusiasmus für die Psychoanalyse war schier grenzenlos; er übertrug sich auf Schüler und Anhänger, die Ferenczi in Ungarn und anderswo gewann. Zu der von ihm gegründeten „Budapester Schule" gehörten immerhin Analytiker wie Stefan Hollos, Sándor Radó, Melanie Klein, Clara Thompson, Michael Balint, Aurel Kolnai und Géza Róheim; in seinen späten Jahren war Ferenczi mit Groddeck durch eine enge Freundschaft verbunden.

Ferenczi war scheinbar einer der treusten Freudianer, aber nach der Aussage von Clara Thompson war er zugleich auch „ein geheimer Rebell". Das Verlangen nach Eigenständigkeit und Eigenwüchsigkeit in geistiger Hinsicht blieb lange in ihm unterdrückt, aber die Entwicklungen seiner Spätzeit zeigen, daß es in ihm lebendig war. Darum führte ihn sein Weg zuletzt von Freud weg; aber das war keine Fehlentwicklung, wie etwa Jones und andere behaupten, sondern ein folgerichtiger Ausbau der analytischen Theorie und Praxis.

Ferenczi war ein „Meister der kleinen Form", und der Leser seiner

Schriften muß sich darauf einstellen, oft nur in kurzen Hinweisen Informationen zu erhalten, die andere Autoren in langatmigen Abhandlungen ausbreiten. Um nur ein Beispiel für viele zu geben: Ferenczi überlegte sich bei Gelegenheit, ob man nicht gewisse Träume eigens träumt, um sie einer spezifischen Person mitteilen zu können; in diesem Sinne wären dann Träume „verstümmelte Kommunikationen", und wir erhalten aus ihnen den Beleg, daß der Mensch andauernd kommunikativ lebt: „Seele ist Mitteilsamkeit". Er erinnert sich an einen kleinen Vers von Lessing, der humoristisch genau das über Träume aussagt; auf das Zitat hin gibt er einen Zweizeilenkommentar, der diesen Zusammenhang erläutert!

Aber auch zu größeren Abhandlungen besaß Ferenczi ausreichend Geduld, Wissen und Organisationskraft des Geistes. Seine Interessen galten der Biologie, der Pädagogik, der Soziologie, der allgemeinen Psychologie, der Psychiatrie und der Medizin. Allein schon seine vielen Buchbesprechungen demonstrieren, daß er sich zeitlebens mit allen diesen Wissenschaftsbereichen genau auseinandersetzte.

Am stärksten jedoch war sein Einsatz für die klinische Arbeit. Er wurde mit der Zeit zu einem der erfahrensten Praktiker der Psychoanalyse, zu einem Spezialisten auch „für aussichtslose Fälle". Immer von Neuem suchte er Zugänge zur Seele der Kranken, und anstatt schwierige Behandlungen aufzugeben, änderte er lieber die Behandlungskonzeption, bis sich doch irgendwelche Erfolge einstellten.

Eine gewisse Grenze Ferenczis lag darin, daß er trotz seiner späten Rebellion doch ein „orthodoxer Freudianer" blieb. Das bedeutete, daß er niemals ernstlich den Materialismus, den Biologismus, die Triebspsychologie, die Metapsychologie usw. in Zweifel zog. Ähnlich wie Freud blieb er damit der Weltanschauung des 19. Jahrhunderts verhaftet; der Weg von der Psychoanalyse zu einer umfassenden Kulturpsychologie war ihm verbaut.

Hubert Walter kritisiert daher eine bestimmte Enge und Einseitigkeit in Ferenczis Gesamtwerk mit folgenden Worten (*Sándor Ferenczi*, in: Rattner: *Wandlungen der Psychoanalyse*, 1980, S. 84/85):

Schließlich hat Ferenczi mit seiner Kritik des psychoanalytischen Abstinenzprinzips zukunftsweisend gewirkt. Seine Auffassung, der Analytiker müsse den Analysanden lieben und annehmen, um ihm helfen zu können, ist eine richtige Idee. Nicht die intellektuelle Deutung, sondern die gefühlsmäßige Korrektur ermöglicht beim Patienten die Heilung. Es ist jedoch mehr als fraglich, ob allein das Geben von Liebe jenes von Ferenczi gesteckte hohe Ziel erreichen kann, wonach eine Charakteranalyse (wenigstens vorübergehend) mit jeder Art von Über-Ich aufzuräumen habe. Ferenczis Therapie ähnelt eher einer Regression zu zweit, die – abgekoppelt von kulturell-gesellschaftlichen Problemen – introspektive Blindheit zu beseitigen und hierdurch seelische Gesundung zu erreichen sucht. Die Aufhebung introspektiver Blindheit muß aber durch eine Aufhebung kulturell-gesellschaftlicher Blindheit ergänzt werden, will der Therapeut nicht unversehens in die Gefahr geraten, zum Handlanger des gerade herrschenden Realitätsprinzips zu werden und auch den Wirklichkeitssinn des Patienten an dieses anzupassen. Wirkliche Hilfe zu einem kraftvollen Wachstum der Persönlichkeit kann nicht beim Gewähren einer warmen, akzeptierenden Gefühlsatmosphäre verweilen, so wichtig dies auch ist; sie muß auch eine fortwährende Auseinandersetzung mit den neurotisierenden kulturell-gesellschaftlichen Mißständen wie Ausbeutung, Autoritarismus, Religion usw. beinhalten. Ferenczi scheint letztlich die durchdringende Macht solcher persönlichkeitsdeformierender gesellschaftlicher Verhältnisse unterschätzt zu haben.

Von diesen Einwänden abgesehen, wird man doch zugeben müssen, daß Ferenczis Werk in die Zukunft gewirkt hat: Manche seiner Ideen und Anregungen sind in die sogenannte „Neopsychoanalyse" eingegangen. Niemand kann bestreiten, daß Ferenczi zu den klassischen Autoren der Psychoanalyse gehört.

Ausgewählte Literatur

Balint, M. (1958). Sándor Ferenczis last years (Brief an den Herausgeber des International Journal of Psycho-Analysis). Übersetzung bei Fromm (1970). Die Krise der Psychoanalyse. Frankfurt: Suhrkamp, S. 203 ff.
– (1966). Die technischen Experimente Sándor Ferenczis. Psyche XX.
– (1970). Sándor Ferenczi. Einleitung des Herausgebers. In Ferenczi, Schriften zur Psychoanalyse. Bd. I., Frankfurt: Fischer.
Dahmer, H. (1976). Sándor Ferenczi. Sein Beitrag zur Psychoanalyse. In Psychologie im 20. Jahrhundert, Bd. II, Freud und die Folgen (1). Zürich: Kindler.
Dupont, J. (1972). Einleitung. In Ferenczi, Schriften zur Psychoanalyse II. Frankfurt: Fischer.
Eitingon, M. (1933). Abschiedsworte an Sándor Ferenczi, Imago XIX.
Federn, P. (1933). Sándor Ferenczi (Gedenkrede). Internationale Zeitschrift für Psychoanalyse XIX.
Ferenczi, S. (1922). Populäre Vorträge über Psychoanalyse. Wien: Internationaler Psychoanalytischer Verlag.
– (1964). Bausteine zur Psychoanalyse. Bd. I: Theorie; Bd. II: Praxis; Bd. III. Arbeiten aus den Jahren 1908–1933; Bd. IV: Gedenkartikel, Kritiken und Referate, Fragmente, Bibliographie, Sachregister. Bern: Huber.
– (1970/72). Schriften zur Psychoanalyse. Auswahl in zwei Bänden. Frankfurt: Fischer.
Freud, S. (1911). Formulierungen über die zwei Prinzipien des psychischen Geschehens. GW VIII.

- (1912). Ratschläge für den Arzt bei der psychoanalytischen Behandlung. GW VIII.
- (1913). Zur Einleitung der Behandlung. GW VIII.
- (1914). Erinnern, Wiederholen und Durcharbeiten. GW X.
- (1923). Dr. Sándor Ferenczi (zum 50. Geburtstag). GW XIII.
- (1925). Die Verneinung. GW XIV.
- (1933). Sándor Ferenczi. GW XVI.
Fromm, E. (1961). Sigmund Freuds Sendung. Kap. VI. Berlin: Ullstein 1967.
- (1965). Die Psychoanalyse – Wissenschaft oder Doktrin. In: Das Christusdogma und andere Essays. München: dtv.
- (1970). Die Krise der Psychoanalyse. In: Analytische Sozialpsychologie und Gesellschaftstheorie. Frankfurt: Suhrkamp.
Loch, W. (1975). Rezension von: Ferenczi, Schriften zur Psychoanalyse II, 1972. In: Psyche XXIX.
Lorand, S. & Ferenczi, S. (1966). Pioneer of pioneers. In: F. Alexander, S. Eisenstein & M. Grotjahn (Ed.). Psychoanalytic Pioneers. New York: Norton.
Paál, J. (1975). Bericht von der Ferenczi-Gedenkfeier in Budapest am 1. Juni 1974. Psyche XXIX, 1975.
- (1977). Psychoanalyse in Ungarn. In: Psychologie im 20. Jahrhundert, Bd. III, Freud und die Folgen (2). Zürich: Kindler.
Roazen, P. (1976). Freud und sein Kreis. Bergisch-Gladbach: Lübbe.
Simmel, E. (1933). Gedenkrede für Sándor Ferenczi. In: Imago XIX.
Thompson, C. (1952). Die Psychoanalyse. Ihre Entstehung und Entwicklung, Kap. 9. Zürich: Pan-Verlag.
Walter, H. (1980). Sándor Ferenczi. In: Josef Rattner, Wandlungen der Psychoanalyse. Wien: Europaverlag.
Wyss, D. (1961). Sándor Ferenczi. In: Die tiefenpsychologischen Schulen von den Anfängen bis zur Gegenwart. Göttingen: Vandenhoeck & Ruprecht.

Theodor Reik

Einleitung

Theodor Reik wurde am 12. Mai 1888 in Wien geboren. Er entstammte einer jüdischen Kleinbürgerfamilie, deren materieller Status eher kläglich war. Unter großen Entbehrungen studierte er Literatur, Psychologie und Philosophie an der Wiener Universität. 1910 stieß er auf Freuds Buch *Die Traumdeutung,* was ihn veranlaßte, den Begründer der Psychoanalyse persönlich aufzusuchen. Bald darauf wurde er sein Schüler und promovierte mit der ersten psychoanalytischen Doktorarbeit unter dem Titel *Flaubert und seine ,Versuchung des heiligen Antonius': ein Beitrag zur Künstlerpsychologie (1912).*

Während des Ersten Weltkrieges diente Reik in der österreichischen Armee. 1914–15 hatte er gleichwohl eine Lehranalyse bei Karl Abraham in Berlin absolviert. Da er Nichtmediziner war, konnte er zunächst nicht als Psychotherapeut praktizieren; er gehörte aber Freuds „Mittwochsgesellschaft" an und genoß die Sympathie seines großen Mentors, der ihn auch jahrelang mit Geldbeträgen unterstützte. Nach dem Krieg war er mit Hanns Sachs und Otto Rank zusammen Mitglied der „Psychoanalytischen Triade", die ihr besonderes Interesse der Anwendung der Psychoanalyse auf geisteswissenschaftliche Themen zuwandte.

Schon 1915 war die Abhandlung *Pubertätsriten der Wilden* erschienen, die den von Freud gestifteten Preis für die beste Arbeit auf dem Gebiet der angewandten Psychoanalyse erhielt. Zuvor waren die literaturpsychologischen Texte *Dichtung und Psychoanalyse* (1912) und *Arthur Schnitzler als Psycholog* (1914) publiziert worden, die Reik als einen feinsinnigen Literaturinterpreten auswiesen. Daher wurde er in den zwanziger Jahren an das Berliner Psychoanalyse-Institut als Lehrer und Lehranalytiker berufen, wo er erfolgreich unterrichtete.

Eigentlich berühmt wurde er durch religionspsychologische Untersuchungen und durch sein Buch *Geständniszwang und Strafbedürfnis* (1925). Darin zeigte er in einem umfassenden Zusammenhang den „Bekenntnisdrang des Unbewußten" auf, das trotz aller Verdrängungen irgendwie auf Umwegen zum Tageslicht vorstößt. Aus der Kommunikation ausgeschlossene Seeleninhalte wollen immer kommuniziert sein; besonderes Gewicht erhält der Geständniszwang in der Sphäre der

Kriminalität, wo es ganz erstaunliche Beispiele von kriminellem Selbstverrat gibt.

1925 wurde Reik in Wien Opfer einer Anklage wegen Kurpfuscherei, weil er als Nichtarzt die Psychoanalyse ausübte: ein Patient, der sich geschädigt glaubte, hatte den Stein ins Rollen gebracht. Es kam zu leidigen juristischen Streitigkeiten, die allerdings den Gewinn brachten, daß Freud in seiner Abhandlung *Die Frage der Laienanalyse* (1926) eine prinzipielle Klärung der Zusammenarbeit zwischen Ärzten und Nichtärzten in der Psychoanalyse formulierte. Seiner Meinung nach sind „Laienanalytiker" unentbehrlich für die geistige Weiterentwicklung seiner Lehre in Theorie und Praxis, da von der Medizin allein kaum jener umfassende Horizont bereitgestellt werden kann, den eine moderne Seelenheilkunde benötigt.

1935 erschien Reiks Buch *Der überraschte Psychologe. Über Erraten und Verstehen unbewußter Vorgänge*. Der Autor war damals bereits in Holland, da er sich durch den seit 1934 in Österreich herrschenden Austrofaschismus beengt gefühlt hatte. 1938 konnte Reik mit seiner Familie in die USA einreisen, wo er sich in New York niederließ. Dort hatte er als Laienanalytiker wiederum bedeutende Anfangsschwierigkeiten, da die amerikanische Gesellschaft für Psychoanalyse Freuds Standpunkt in der Frage der Laienanalyse nicht teilte. So bekam er keine Vollmitgliedschaft in der New Yorker Psychoanalytischen Vereinigung und mußte in den ersten Jahren in Amerika materielle Not erdulden.

Er ließ sich aber nicht entmutigen und publizierte in den USA hervorragende Bücher, die weithin Beachtung fanden. Dabei rückte er erstmals in seinem Leben von seinem hochverehrten Lehrmeister Sigmund Freud ab; in den USA wurde Reik zum „Neo-Psychoanalytiker", d. h. zu einem Autor, der grundlegende Dogmen und Lehrsätze der Psychoanalyse in Frage stellte. Das wird zum Beispiel sichtbar in den Büchern *Aus Leiden Freuden – Masochismus und Gesellschaft* (1940), *Von Liebe und Lust* (1949), *Hören mit dem dritten Ohr* (1948) und *Geschlecht und Liebe* (1945).

Reiks Stellung festigte sich damals derart, daß er 1948 seine eigene „National Psychological Association for Psychoanalysis" gründen konnte, in welcher er eine Gruppe von Schülern und Mitarbeitern um sich vereinigte. Des weiteren gab er die Zeitschrift *The Psychoanalytic Review* heraus.

In seinen Spätjahren publizierte er die kunstpsychologischen Texte *The Secret Self* (1953) und *The Haunting Melody* (1960). Er war immer schon für die schönen Künste sehr empfänglich gewesen, und alle seine

Bücher enthalten viele Anekdoten und Bemerkungen über Literatur, Musik und bildende Kunst. Im Ausklang seines literarischen Schaffens kehrte er schließlich zu den religionspsychologischen Interessen seiner Frühzeit zurück; er schrieb zuletzt eine biblische Tetralogie, die Geschichten des Alten Testamentes psychologisch deutete.

Da Reik selbst in seinen Spätjahren zur Neopsychoanalyse tendierte, möchte man meinen, daß er zu Erich Fromm, Karen Horney, Harry Stack Sullivan u. a. Zugang hätte finden können, die ähnliche Ambitionen hatten wie er selbst. Dem stand jedoch Reiks polemischer Charakter entgegen, der ihn in allerlei Scharmützel mit seinen psychoanalytischen Kollegen verstrickte. Das betraf auch Schüler und Mitarbeiter, so daß er am 31. Dezember 1969 als 81jähriger eher vereinsamt in einem ärmlichen Milieu in New York starb.

Studien zur Religionspsychologie

Nachdem Reik sich als psychoanalytischer Literaturwissenschaftler einen Namen gemacht hatte (*Richard Beer-Hoffmann,* 1912; *Flaubert und seine ,Versuchung des heiligen Antonius',* 1912; *Arthur Schnitzler als Psycholog,* 1914), wandte er sich religionspsychologischen Fragen zu. Alle frühen Psychoanalytiker waren mächtig beeindruckt durch die Vorstöße, die Freud auf diesem Felde unternahm. Schon 1907 war der Aufsatz *Zwangshandlungen und Religionsübungen* erschienen. Mit der ihm eigenen Kühnheit zog Freud darin Parallelen zwischen den Symptomen der Zwangsneurose und den religiösen Verhaltensweisen. Er wagte sogar die Formulierung, jede Zwangsneurose sei gleichsam eine Privatreligion, die Religionen jedoch seien nichts anderes als „kollektive Zwangsneurosen". Auch sie dienen der Triebabwehr, dem lebensfremden Perfektionismus und der Angstbewältigung.

Noch dramatischere Schlußfolgerungen zog Freud in seinem Buch *Totem und Tabu* (1912/13). Darin leitete Freud die Entstehung der Religionen vom Ödipuskomplex ab. Er entwarf einen „Urzeitroman"; die Menschheit habe in ihrer Frühzeit in Horden zusammengelebt, die von gewalttätigen Urvätern beherrscht wurden. Diese Väter kastrierten und verjagten ihre Söhne, um allein alle Frauen zu besitzen. Die enterbten Kinder taten sich zusammen und töteten den Tyrannen, worauf ihnen Mütter und Schwestern als „Sexualobjekte" zur Verfügung standen. Aber in einem Akt der Reue verzichteten sie auf diese Frauen (Inzestverbot); den toten Vater erhoben sie in den Himmel und verehrten ihn als Gott. Seither wird die Menschheit von irrationalen Schuldgefühlen beherrscht, die eine wichtige Quelle des religiösen Empfindens sind. Überhaupt ist Religion nur „Vatersehnsucht"; Menschen, die nicht mündig werden können oder wollen, brauchen den „Vater im Himmel", um in kindlicher Geborgenheit leben zu können. Freuds Religionsanalyse gipfelte in der Aufforderung, auf derlei Illusionen zu verzichten und die Realitäten des Daseins ins Auge zu fassen.

In seinem späten Werk *Myth and Guilt* (1957, S. 10) berichtet Reik in der Rückschau:

> Am 30. Juni 1913 feierten wir *Totem und Tabu* bei einem Abendessen, das wir auf dem Konstantinhügel im Prater veranstalteten, einem hübschen Restaurant auf einem kleinen Hügel (von dem aus man auf die Nußbäume des alten Parks schauen konnte, in dem wir als Kinder gespielt hatten). Von diesem Abendessen sprachen wir spaßend wie von einem totemistischen Mahl. Freud war in sehr guter Stimmung. Zuweilen blickte er gedankenvoll auf eine alte ägyptische Tierplastik, die ihm ein früherer Patient zu dieser Gelegenheit geschenkt hatte. Ich bin sicher, daß wir mehr als zwölf Personen an dem Tisch waren, aber irgend etwas muß mich an Christus und seine Apostel beim letzten Abendmahl erinnert haben.

Um Freuds Befunde auszubauen und detaillierter zu begründen, stürzte sich Reik nun in weitläufige theologische Studien, so daß er beinahe der religionspsychologische Experte unter den Psychoanalytikern wurde. Aber er stand mit seinen Interessen durchaus nicht allein; nahezu alle Freudschüler waren militante Atheisten, und beinahe jeder wollte in die Fußstapfen von Feuerbach, Nietzsche und Freud treten, die die Wahngebilde der Religion entschleierten und der Vernunft freie Bahn verschafften. Zu Reiks Publikationen in diesem Bereich gehören u. a.: *Probleme der Religionspsychologie,* 1919; *Der eigene und der fremde Gott,* 1923; *Dogma und Zwangsidee,* 1927; *Myth and Guilt,* 1957.

Reik war zunächst ein braver Freudschüler, der nur wenig über den Meister hinauszudenken vermochte. In seinen *Problemen der Religionspsychologie* modifiziert er die Freudschen Thesen lediglich dahingehend, daß mit dem Urvater-Mord der Kampf zwischen Vätern und Söhnen natürlich kein Ende genommen habe; denn die Söhne wurden zu Vätern und mußten von ihren Kindern eine ähnliche Revolte fürchten, wie sie sie unternommen hatten. Ein Nachhall davon sei der Brauch der „Couvade" bei den Naturvölkern; dort muß nämlich der Gatte einer gebärenden Frau eine gewisse Zeit „im Kindbett" liegen, womit er den „Vatermord" sühnt und von seinem Kind getrennt bleibt.

Interessanter ist die Schrift *Dogma und Zwangsidee,* die den christlichen Glauben einer eingehenden Analyse unterzieht. Auch die Christuslegende muß im Zusammenhang mit den Konzepten von *Totem und Tabu* gesehen werden. Vor dem Erscheinen des „Erlösers" hatten die Juden eine passiv-masochistische Einstellung zu ihrem (gewalttätigen) Gott. Mit Christus wurde wieder einmal eine Sohnesrevolte vollzogen. Aber Christus erlag seinen Widersachern; seine Anhänger erhoben ihn zum Gott, womit sie sich selbst zu den Verkündigern des „wahren Glaubens" machten. Wer noch dem alten Glaubensbekenntnis anhing, wurde verketzert; bis zum heutigen Tag haftet den Juden der Makel an, den Sohn Gottes nicht erkannt und anerkannt zu haben.

In der alten Kirche stritt man jahrhundertelang über Person, Wesensart und Rangstellung von Christus. Die theologischen Spitzfindigkeiten, die hierbei ventiliert wurden, sind für uns Menschen der Gegenwart kaum noch nachvollziehbar; für den Religionspsychologen können sie jedoch sehr aufschlußreich sein. So gab es verschiedene Sekten unter den Kirchenvätern, die sich anhand dieses Problems voneinander trennten und einander leidenschaftlich bekämpften. Die Thesen waren etwa: 1. Gott und Christus sind wesenseins; 2. Gott und Christus sind wesensgleich; 3. Gott und Christus sind wesensähnlich; 4. Gott und Christus sind wesensunähnlich.

Der moderne Mensch möchte angesichts solcher Haarspaltereien gerne achselzuckend seiner Wege gehen. Im Altertum aber konnte es Gut und Leben kosten, wenn man der „unrichtigen Hypothese" anhing. Der berühmte englische Historiker Gibbon, dessen Buch *Der Untergang des römischen Weltreiches* (1776–88) eine der historiographischen Meisterleistungen des 18. Jahrhunderts ist, sprach in diesem Zusammenhang spöttisch vom „wichtigen Doppellaut", weil in der griechischen Sprache die genannten Wesensbestimmungen nur in einem Diphthong variieren. Wehe den Christen, die die falsche Partei ergriffen; auch für sie gab es Ketzerverfolgung und Scheiterhaufen.

Was geschah „hinter der Szenerie" dieser Theologenquerele, die nach Reik nur Fassade anderer kollektivpsychologischer Dynamismen war? Die Christen wollten nicht als Vatermörder erscheinen, und als sie nach und nach die „Wesenseinheit" von Gott und Christus als Dogma durchsetzten, wurde die Christusrevolte verharmlost und damit konservativen Geistern schmackhaft gemacht. Athanasius siegte über Arius, aber im Grunde ging es gar nicht um die Meinungsdivergenz der Kirchenväter, sondern um die Verdrängung des „Urvatermordes" in Form von Dogmenkonstruktion.

Reiks Hypothese wurde übrigens angefochten durch Erich Fromm in seiner Abhandlung *Die Entwicklung des Christusdogmas – Eine psycho-analytische Studie zur sozialpsychologischen Funktion der Religion* (1930). Da Fromm über eine gründlichere soziologische und vor allem auch marxistische Schulung verfügte als Reik, konnte er die Wandlungen in der Christusauffassung besser mit sozialökonomischen Basisprozessen verknüpfen. Nach Fromm wurde Christus nach und nach als „gott-wesensgleich" definiert, weil die Klientel des Christentums sich in den ersten Jahrhunderten unserer Zeitrechnung grundlegend veränderte. Zuerst waren die Anhänger des neuen Glaubens Sklaven, gesellschaftliche Randexistenzen, Frauen. Dann aber traten auch vornehme Kreise dem siegreichen Glaubensbekenntnis bei. Für diese Elite war es unannehmbar, daß ihr „Heiland" ein Aufständischer sein sollte; er mußte aus Gott kommen und mit ihm „wesensgleich" sein. Der wachsende Konservatismus des Christenglaubens erzwang so eine Dogmenveränderung, die bis in die heutige Theologie hinein gültig geblieben ist.

Die hauptsächlichen Verlierer bei diesen Theologenstreitigkeiten waren auch die Juden. Sie hatten nun nicht nur einen obskuren Revolutionär namens Jesus Christus kreuzigen lassen, sondern Gottes Sohn und damit gewissermaßen „Gott selbst". Das Etikett der „Gottesmörder" haftete fortan an ihnen und begründete die auf ihnen lastende Verfemung und Verfolgung über zwei Jahrtausende hinweg.

Wenn der Vater-Sohn-Konflikt gemäß den Erkenntnissen der Psychoanalyse Familien- und Gesellschaftsleben, Künste, Geistesleben überhaupt usw. durchzieht und sogar den Kernpunkt aller seelischen Erkrankungen bedeutet, dann muß auch die Religion hiervon ihre entscheidenden Themen und Glaubensvorstellungen bekommen. So kann es kein Zufall sein, daß im Christentum Gottes Sohn hingeopfert wird, angeblich um die Sünden der Menschheit auf sich zu nehmen. Psychoanalytisch gesprochen, ist das Sohnesopfer zunächst ein Sieg der Vaterinstanz; aber in der innigen Verehrung des Sohnes kamen revoltierende Tendenzen zum Tragen, die durch das Dogma der „Wesenseinheit" wiederum beschwichtigt wurden. Wir sehen in diesem Sachverhalt eine Ambivalenz zwischen rebellischen und unterwürfigen Seelenregungen, wie wir sie aus jeder Neurose, vor allem aus der Zwangsneurose kennen.

Bei den Zwangsneurosen wird u. a. beobachtet: starke analsadistische Triebkomponenten, Ambivalenzen des Gefühls- und Affekthaushaltes, Tendenz zum Rationalisieren, Zwangsgedanken und Zwangshandlungen, Angst vor Spontaneität und Hingabe, Konzentration auf Kleinstes und Unwesentliches, starre Verhaltensmuster usw. Reik will nun, entschiedener als Freud, alle diese Zwangsdynamismen in der Geschichte von Religion und Theologie nachweisen, wobei ihm das Dogma als „kollektive Zwangsvorstellung" erscheint. Sie ist nötig für eine seelisch und geistig unreife Menschheit, die sich an unerschütterliche Glaubenslehren anklammern will, um das freie und schöpferische Denken zu vermeiden. Wird sich dieser verhängnisvolle „Wille zur intellektuellen Unfreiheit" je in irgend einer Zukunft ändern? Reik ist skeptisch und sagt am Ende seines Buches (S. 130):

> Wir sind am Ende unserer Untersuchung angelangt. Unser Blick hat das Werden des religiösen Dogmas verfolgt; er darf sich auch auf seine Zukunft richten. Mit der Zersetzung der Religion in der Kulturmenschheit muß auch das Dogma fallen und mit ihm wird die rationale Theologie, die Apologetik und Dogmatik, verschwinden. Gewiß bedeutet dies nicht das Ende des Dogmas überhaupt. An die Stelle des religiösen Dogmas wird ein anderes, vielleicht das sozialistische oder das wissenschaftliche, treten. Seine Erscheinungsformen und psychischen Wirkungen werden von denen des religiösen nicht wesentlich verschieden sein.

Und weiter führt er an dieser Stelle aus:

> Die Fähigkeit, zu zweifeln und insbesondere die, den Zweifel längere Zeit zu ertragen, gehört zu den seltensten auf diesem Planeten. In Wahrheit ist der Mensch jenes Säugetier, das die Ungewißheit sehr schlecht verträgt und eine tiefe Sehnsucht nach festen Überzeugungen hat. Das Bedürfnis nach sofortiger und unumstößlicher Sicherheit und Gewißheit zeigt, wie wenig sich der Mensch seit Jahrtausenden entwickelt hat.
> So wird sich der vielleicht imaginäre Fortschritt der Menschheit höchstens darin äußern, daß das Objekt des Dogmas durch ein anderes ersetzt wird. Die Menschheit ist nicht kapabel, das Dasein ohne Illusion zu ertragen. Es ist dabei nicht wesentlich, welchen Inhalt diese Illusion hat. *Plus que ça change, plus c'est la même chose.*

Das tönt weit pessimistischer als bei Freud, der dem „Gott Logos" (der Vernunft) in der Zukunft der menschheitlichen Entwicklung etwas bessere Chancen einräumte. Aber das Zeitgeschehen im 20. Jahrhundert bot für allzu optimistische Zukunftsentwürfe nicht gerade sehr viel Unterstützung.

Reik wurde auch später von den Fragen der Religionspsychologie nicht losgelassen. Auf das Buch *Myth and Guilt* (1957) wurde bereits hingewiesen. In *Mystery of the Mountain* (1958) untersuchte er die Erzählung von der Gesetzgebung durch Moses auf dem Berge Sinai – eine Legende, die Thomas Mann in seiner köstlichen Novelle *Das Gesetz* ins Humorvolle hinüberspielen läßt. *The Creation of Woman* (1960) deutet den Mythos von der Erschaffung Evas auf originelle Weise; Reik meint, daß sich im Gedanken, Eva sei aus einer Rippe Adams hervorgegangen, eine Erinnerung an uralte „Initiationsriten der Männer" enthüllt. In *The Temptation* (1961) wird das Abraham-Isaak-Drama auf dem Berge Moriah interpretiert; wieder soll ein Sohn für die Vatersouveränität geopfert werden. Mit dem Buch *Pagan Rites in Judaism* (1964) beschließt Reik seine religionspsychologischen Studien, die so manches Licht auf alttestamentarische Gedankengänge werfen.

Reiks religionspsychologische Forschungen bieten für Theologen und Psychologen mannigfache Anregungen; sie sind – wie alles von diesem Autor – in glänzendem Stil geschrieben.

Beiträge zur Kriminalpsychologie

Ein Schlüsselbegriff der Psychoanalyse ist die „Verdrängung"; dies bezeichnet den Tatbestand, daß bewußtseinsfähige Seeleninhalte ins Unbewußte abgedrängt werden, weil sie den Ansprüchen der Moral, des Stolzes oder der Egozentrizität nicht genügen. Verdrängt werden Gedanken, Gefühle, Erinnerungen und vor allem Triebregungen. Aber alles Seelische hat offenbar die Eigenschaft, kommunikativ zu sein; daher hält das Verdrängte im Unbewußten nicht still, sondern strebt auf vielen Wegen und Umwegen danach, wieder bewußt zu werden. Es benützt zu diesem Zwecke Träume, Fehlleistungen, neurotische Symptome, Ausdrucksphänomene u. a. m. Ungeachtet dessen, daß am Saum des Bewußtseins starke Abwehrmechanismen errichtet werden, gelingt es dem Verdrängten stets, in mehr oder minder symbolischer Gestalt ins Bewußtsein einzudringen und auch sich der Umwelt mitzuteilen. Freud war so beeindruckt durch dieses Faktum, daß er den Ausspruch prägte, kein Mensch könne ein Geheimnis bewahren; es ströme aus allen seinen Poren in die Kommunikation ein und könne durch einen aufmerksamen Beobachter wahrgenommen werden.

Der Fachausdruck für diese Eigentümlichkeit des Seelenlebens heißt „Geständniszwang"; diesem Thema widmete Reik 1925 eine Monographie (*Geständniszwang und Strafbedürfnis – Probleme der Psychoanalyse und der Kriminologie*), die ihm als Psychoanalytiker internationales Prestige eintrug. Von da an wurden Reiks Schriften in der Psychoanalytischen Bewegung als Texte von Rang beachtet und gewürdigt.

Das Wort „Geständnis" kommt aus der juristischen Terminologie. Der Delinquent gesteht dem Untersuchungsrichter seine Tat, was erst dem Prozeß und dem Urteil das wahre Gewicht gibt. Verweigert die verdächtigte Person das Geständnis, so muß der Indizienbeweis angetreten werden, der immer dem Irrtum ausgesetzt sein kann. Daher bemüht sich jede strafrechtliche Untersuchung um das Geständnis des Angeklagten.

Der Begriff „Geständniszwang" jedoch betrifft einen anderen Sachverhalt. Die Kriminologen kennen Fälle, wo der Verbrecher durch unerklärliche Motive dazu getrieben wird, sein mühsam geheim gehaltenes Verbrechen selbst zu verraten. So schrieb ein Mörder in einer deutschen Kleinstadt um die Jahrhundertwende, der fieberhaft von der Kriminalpolizei gesucht wurde, an diese Behörde: „Den Schuster findet Ihr doch nicht!" – wodurch die Fahndung erfolgreich wurde. Ein anderer Mörder, der todbringende Bakterien als „Mordwaffe" einsetzte, beklagte sich beim Bakteriologischen Institut, bei seinen Versuchen an *Menschen* hätten sich die Bakterien als unwirksam erwiesen. Ähnlich verräterisch ist das Hinterlassen einer Brille am Tatort oder gar einer Visitenkarte. Bei anderen Delikten zog es den Täter immer wieder zum Tatort, wo er festgenommen werden konnte usw.

Der Verbrecher ist offenbar häufig seiner Untat seelisch und moralisch nicht gewachsen. Er steht unter Gewissensdruck; dieser kommt erst zur Ruhe, wenn das Geständnis erfolgt und die Strafe einsetzt. Man kann daraus den Schluß ziehen, daß der Mensch „unheilbar ethisch und moralisch" oder immerhin besser ist, als man meint. Sogar gänzlich verwahrloste Kriminelle haben unbewußte moralische Maßstäbe und Kriterien, die ihre Taten zu schwer tragbaren Belastungen werden lassen.

Hier kann nun die Psychoanalyse zur Klärung herangezogen werden. Sie beschreibt am Menschen nicht nur ein triebhaftes Es und ein von diesem weitgehend bestimmtes Ich, sondern auch ein Überich oder Gewissen, in welchem verinnerlichte Beziehungspersonen aus der Kindheit und auch die Gesellschaft mit ihren Wertbegriffen zu Wort kommen. Die Stimme des Gewissens ist Niederschlag und Echo früherer „Objektbeziehungen". Auch enthält das Gewissen das Ichideal, d. h. ein meistens hochgestecktes Strebensziel, von dem aus unser Verhalten beurteilt und bewertet wird. Sofern wir diesem Ideal nicht genügen, entsteht ein Schuldgefühl, das sogar ein „Strafbedürfnis" nach sich zieht.

Geständniszwang, Schuldgefühl und Strafbedürfnis erhalten in der Psychoanalyse eine viel weitläufigere Bedeutung als in der Kriminologie. In Freuds Sicht erscheint schon das neurotische Symptom als ein eigenartiger Kompromiß innerhalb dieser Trias. Jede Symptomatik erzählt uns vom geheimen Luststreben des Patienten, wobei das daran anknüpfende Leiden irgendwie auch Schuldbewußtsein und Straftendenzen befriedigt. Der Leser von Freuds *Studien über Hysterie* (1895) wird gewiß den Fall der Elisabeth von R. in Erinnerung behalten, an dem Freud erstmals hysterische Symptome als „Mitteilungen" deutete; die *Steh- und Gehunfähigkeit* der Patientin hieß als „Geständnis", daß sie das „Alleinstehen im Leben" trostlos fand und daß es mit ihr im allgemeinen „nicht weitergehe".

So fließt durch das Seelenleben des gesunden und kranken Menschen ein Strom von Mitteilungsdrang, der verbal und nicht-verbal in Erscheinung tritt. Gerade in der Psychoanalyse hat man gelernt, solche Kommunikationen wahrzunehmen und umsichtig zu interpretieren.

Das Interesse für „Geständnisphänomene" reicht weit über die Sphären der Kriminologie und Psychotherapie hinaus. Erkennen wir doch daran die soziale Natur des Menschen, sein Bedürfnis, von der Gemeinschaft durch keine Geheimnisse und Hinterhältigkeiten getrennt zu sein. Reik sagt bezüglich des Verbrechers (S. 119):

> Im Geständnis hat sich der Verbrecher der Gemeinschaft gegenüber zu seiner Untat bekannt, wie einmal das Kind zu seinem Schlimmsein gegenüber dem wirklichen Vater oder dessen Stellvertreter. So wie aber das Geständnis des Kindes unbewußt eine neue Liebeswerbung darstellt, einen Versuch, das verlorene Objekt wiederzugewinnen, so zeigt der Übeltäter, indem er sich im Geständnis als strafwürdig bezeichnet, die Absicht, sich wieder der Gesellschaft einzureihen.

Etwas Ähnliches gilt aber auch für den Homo religiosus. Nicht nur in der christlichen Religion gibt es die Institution und das Sakrament der Beichte, wodurch der Gläubige seinem Priester und damit seinem Gott alle seine Verfehlungen anvertrauen und nach einer angemessenen Buße von ihnen ledig gesprochen werden kann. Die Kirche hat aus diesem Bedürfnis der Menschen ihr Kapital geschlagen; indem sie jedem „Sünder" die Möglichkeit bot, sich verbal von seinen Sünden entlasten zu können, gewann sie Macht über die Seelen, die unweigerlich an jene Menschen und Mächte gebunden werden, bei denen sie ihre wirklichen und eingebildeten Vergehen „deponieren" dürfen.

Auch die Dichter sind große „Bekenner", und es war Goethe, der seine Werke „Bruchstücke einer großen Konfession" nannte. Dostojewski, Tolstoi und andere Schriftsteller haben im Medium ihrer Werke umfassende „Beichten" über ihr Leben und ihre „Sündhaftigkeit" abgelegt, wodurch diese Texte nicht nur literarischen, sondern auch ethischen Rang erhalten.

Reik überträgt sein Konzept auf die Kinderpsychologie und Pädagogik, wo wir die Phänomene von Schuldgefühl, Strafbedürfnis und Geständniszwang mitunter in völliger Offenlegung studieren können. Kinder im Stadium der Gewissensbildung reagieren oft sehr freimütig auf ihre kindlichen Vergehen; sie scheinen mitunter eine Strafe anzustreben, um ihren Gewissensdruck zu mildern. Jedenfalls bekennen sie direkt oder indirekt ihre Missetaten, die der Erwachsene infolge sozialer Strafangst eher verschweigt.

Jedes Geheimnis vereinsamt den Menschen und entzieht ihn der liebenden Kommunikation, die er braucht, um leben und atmen zu können. Im Geständniszwang soll die Brücke zum Du und zum Wir hergestellt werden (S. 199):

> Der unbewußte Geständniszwang aber beweist, daß die Verstellung und die Lüge eine Last sind und tief im menschlichen Seelenleben eine Sehnsucht nach Wahrheit wirkt. Durch das wissenschaftliche Geständnis der Analyse wird, möchte man hoffen, auch der moralische Mut zur Aufrichtigkeit in der Gemeinschaft wachsen. Dazu gehört es aber, sich zu seinen Trieben und zu den Gewissensmächten, die ihnen entgegenstreben, zu bekennen; *sich zu sich selbst zu bekennen*. Das Durchdringen der Psychoanalyse müßte das Ende des seelischen *make belief* des einzelnen und der Gesellschaft bedeuten.

Der Text über *Geständniszwang und Strafbedürfnis* ist nur der erste Teil von Reiks kriminalpsychologischen Studien; der zweite Teil folgte unter dem Titel *Der unbekannte Mörder* (ebenfalls 1925, Neuausgabe 1978). Hier wird der Bogen der Betrachtung noch weiter gespannt. Reik stand mit seinen Untersuchungen zur Kriminalpsychologie unter den Psychoanalytikern nicht allein; einige Jahre später publizierten Franz Alexander und Hugo Staub ihre Arbeit (*Der Verbrecher und sein Richter,* 1929); auch Erich Fromm schaltete sich in diese Debatte ein (*Zur Psychologie des Verbrechers und der strafenden Gesellschaft,* 1931). Alle diese Analytiker erhofften sich von der Psychoanalyse eine grundlegende Veränderung der kriminologischen Theorie und Praxis – eine Hoffnung, die allerdings keine Erfüllung fand.

Reik in seinen beiden genannten Publikationen ist noch der nüchternste dieser Utopisten. Er ist sich wohl bewußt, daß die Juristen einen sehr konservativen Stand darstellen, der nicht leicht bereit ist, auf überlieferte Vorstellungen und Praktiken zu verzichten. Daher will er lediglich ein wenig psychoanalytisches Gedankengut in das Rechtswesen einschmuggeln; die wahre Sprengkraft von Freuds Lehre in bezug auf die Fragen der Kriminalität wird bei ihm nur andeutungsweise enthüllt.

Denn die Psychoanalyse als eine deterministische Psychologie kann den traditionellen Schuldbegriff, auf dem die ganze Rechtsprechung beruht, kaum anerkennen. Sie sieht im Kriminellen ein Opfer einer unglückseligen Sozialisation, meistens auch tragischer sozialer, ökonomischer und familiärer Verhältnisse. Die Gesellschaft ist nicht unschuldig an den Delikten, die sie später hart und grausam bestraft. Das gilt nicht nur für die Eigentumsvergehen, bei denen man in einem gewissen Prozentsatz den Eindruck bekommt, daß die Reichen die Armen für allfällige Übergriffe bestrafen. Auch beim Mord bewahrt der Staat eifersüchtig ein Monopol; er darf ungestraft Millionen Menschen (z. B. im Krieg) abschlachten, aber der kleine psychopathische Mörder wird unbarmherzig zur Rechenschaft gezogen.

Reik unternimmt eigentlich keinen Versuch, uns ausführlich über die Psyche des Mörders aufzuklären. Manche Psychoanalytiker wollten die Disposition zum Mord aus dem Ödipuskomplex herleiten; aber da viele friedliche Neurotiker ebenfalls Ödipuskomplexe haben, ist der Erklärungswert einer solchen Hypothese sehr klein. Tiefer führt der Gedanke, den Freud in seinem kurzen Aufsatz *Einige Charaktertypen aus der psychoanalytischen Arbeit* (1915) unter dem Titel *Die Verbrecher aus Schuldbewußtsein* diskutiert hat. Darin wird angenommen, daß Verbrecher *vor* der Tat an einem drückenden Schuldbewußtsein leiden, und daß die Tat dazu dient, diesem Schuldgefühl sekundär einen Inhalt zu geben. Einen derartigen Gedankengang hat Nietzsche bereits im *Zarathustra* im Kapitel *Vom bleichen Verbrecher* formuliert. Auch dort wird die Tat oder Untat als Rationalisierung eines *präexistenten* Schuldbewußtseins gedeutet. Tatsächlich scheint der Kriminelle infolge der überaus mangelhaften Wertrealisierung in seinem Leben dunkel von Schuldempfindungen heimgesucht zu werden. Da ihm aber die meisten sozialen und kulturellen Handlungsmöglichkeiten verbaut sind, stürzt er sich in sein Delikt, das er gemäß seiner falschen Wertmaßstäbe als „Heldentat" und Wertverwirklichung einstuft.

Auch Dostojewski hat in *Schuld und Sühne* ein ähnliches Konzept mit psychologischer Meisterschaft erläutert. Sein Held Raskolnikow ist ein verbummelter Student, der schon seit langem keine Vorlesungen mehr besucht. Sein „Studium" wird unter großen Opfern von seiner verwitweten Mutter finanziell unterstützt. Aber Raskolnikow liegt in seinem Bette und überläßt sich fruchtlosen Grübeleien. Eine seiner Hauptfragen ist: „Bin ich Napoleon oder eine Laus?" Er entscheidet sich für das erstere, muß aber auch den Beweis dafür antreten. Da entsteht in ihm der Plan, eine alte Wucherin zu töten. Das wird auch – mit Herzklopfen und Panik – ausgeführt. Aber nun hat sein Schuldbewußtsein realen Inhalt, und angesichts des geschickten Verhaltens des Untersuchungsrichters bricht Raskolnikow schließlich zusammen und gesteht seinen Mord. An diesem Geständnis ist auch die Liebe zur Prostituierten Sonja beteiligt, die mit Raskolnikow in die Verbannung nach Sibirien ziehen wird.

Die in einem Zustand der Geistesverwirrung begangene Untat ist größer als die Seele des Verbrechers, weshalb er meistens darunter leidet. Vielleicht kommt es auch darum zum Selbstverrat, vielleicht enden auch darum ziemlich viele Mörder durch Selbstmord.

Auch die Gesellschaft selbst wird durch Morde eigentümlich tangiert. Wir sind erschüttert über solche Taten, in denen ein Mitmensch aus einem lebendigen Wesen in eine „Sache" verwandelt wird. Schon Tiere empfinden eine Art von Grauen angesichts toter Artgenossen; ähnlich geht es dem Menschen, und die meisten Schwerverbrecher haben es sich nicht richtig ausgemalt, was sie bei der von ihnen verursachten Tötung fühlen werden.

Der kaltblütige Killer des Kriminalromans ist nur ein Produkt der Phantasie der Autoren. Es braucht sehr viel, um die Schwelle zu überschreiten, die von der Mitmenschlichkeit zur Anti-Menschlichkeit führt; Dostojewski hat dies bei seinem Raskolnikow ausgezeichnet beschrieben. Und so mancher Autor, der die kläglichen Gestalten auf einem Gefängnishof geschildert hat, schüttelte den Kopf darüber, daß unsere Gesellschaft solche Jammerfiguren nur mit einem Riesenaufgebot an Polizisten, Richtern, Staatsanwälten, Gefängnisbeamten usw. bekämpfen kann und keine bessere Lösung für die Misere der Delinquenz findet.

Reik hat die kriminologische Literatur gründlich zur Kenntnis genommen und schildert in seinem Werk Mordfälle und ihre „gesellschaftliche Rezeption" mit aller wünschenswerten Akribie. Bei den Naturvölkern galt eigentlich jeder Todesfall als Mordfall; natürliche Todesursachen waren kaum bekannt. Daher hatten schon die Primitiven eine Art „Indizienbeweis", der voller Zauberglauben war. Wir lächeln darüber, aber Reik meint, auch unsere modernen wissenschaftlichen Indizienverfahren enthalten noch viel vom „magischen Weltbild".

Da wir selbst Triebverdränger sind, schaudert es uns vor dem Kriminellen, der scheinbar seinen Trieben freie Abfuhr erlaubt. Im Sinne der Psychoanalyse haben aber sehr viele Menschen bewußte und unbewußte Tötungswünsche in sich; daher ist unser phobisches Verhalten gegenüber dem Kriminellen auf einer gewissen Unredlichkeit aufgebaut. Würden wir zu unseren vielfältigen Aggressionen uns authentischer einstellen, wäre es möglich, vom „Bruder Verbrecher" zu reden. Aber gerade das will der Klein- und Spießbürger auf keinen Fall. Reik sagt mit Recht (S. 252):

> Die Gesellschaft befreit sich von dem Verbrecher, wie die Gemeinschaft wilder Stämme von dem Mitglied, das ein wichtiges Tabu gebrochen hat. Es ist insbesondere die infektiöse Macht des Tabus, die gefürchtet wird und in der Freud die unbewußte Versuchungsangst aller Mitglieder der Gemeinschaft aufgedeckt hat. Diese Versuchungsangst darf sich auf die starken unterdrückten Triebregungen des einzelnen, der dieselben antisozialen Taten begehen möchte, stützen. Der Schrecken über das Verbrechen, das Sühneverlangen, das dringende Bedürfnis, den Täter zu eruieren, das alles sind Zeugnisse der Abwehr jener eigenen verdrängten Regungen. In allen, im Richter, in den anderen gerichtlichen Funktionären, im Publikum wirken dieselben unbewußten Tendenzen, die zum Mord drängten. Es ist, wie wenn diese durch einen Mordfall einer Versuchung ausgesetzt würden, durchzubrechen. Die reaktiv verstärkte Gegenregung wird sich in dem Drang, den Mörder zu finden und zu strafen, äußern. Mögen wirtschaftliche und andere soziale Momente hier auch einspielen, vielleicht ist die besondere Hast, die Eile, in der die Prozeßführung, die Beweiserhebung und -würdigung sowie die Verurteilung vor sich geht, ebenfalls auf Rechnung jener Abwehr der eigenen verborgenen Triebregung zu setzen.

Als emanzipatorische Wissenschaft stellt die Psychoanalyse das Strafrecht und die Rechtsprechung in Frage. Sie muß aber bei diesem kühnen Vorgehen beweisen, daß ihre Vertreter auch einiges vom Rechtswesen verstehen; bei Reik ist dies jedenfalls durchaus gegeben. Was er über Indizienbeweise, über Justizirrtümer usw. zu sagen hat, wird auch den Fachjuristen interessieren, wenn er reif ist zur Goetheschen Aussage, die bekennt: „Ich habe noch nie von einem Verbrechen gehört, zu dem ich nicht auch fähig gewesen wäre!"

Theorie des Masochismus

Die befremdlichen Phänomene des Masochismus haben bereits vor dem Aufkommen der Psychoanalyse das Interesse der psychiatrischen Forschung auf sich gezogen. Schon R. von Krafft-Ebing beschreibt in seiner *Psychopathia sexualis* (1886) eindrückliche Beispiele aus dem Bereiche des Sexuallebens; der Schriftsteller Leopold von Sacher-Masoch (nach dessen Namen der Fachausdruck gebildet wurde) veröffentlichte seit 1870 Romane, in denen der männliche Held von gewalttätigen Frauen mißhandelt und unterjocht wurde, aber durch sein Sklaventum zu sexuellen Genüssen kam (*Venus im Pelz*, 1870; *Grausame Frauen,* 1907 usw.).

Freud befaßte sich mit diesem Thema systematisch in seinen *Drei Abhandlungen zur Sexualtheorie* (1905). Er verwies vor allem auf den inneren Zusammenhang von Masochismus und Sadismus; beide Strebungen kommen in der Regel in enger Verkoppelung vor, so daß man stets vom „Sadomasochismus" sprechen soll. Entsprechend seinen mehrfachen Anläufen zu einer allgemeinen Sexualtheorie schwankte Freud zwischen den Annahmen eines primären Sadismus oder eines primären Masochismus; in seiner späten Trieblehre entschied er sich dafür, daß am Ursprung eine masochistische Beschaffenheit des Trieblebens stehe – der Sadismus aber sei eine sekundäre Triebbildung, nämlich die Ablenkung der Todestriebenergie nach außen durch den Eros oder die Lebenstriebe. Beim Masochisten komme es durch Erziehung und Schicksalsversagungen zur Triebentmischung; die Abfuhr nach außen wird gesperrt, und darum tendiere das Individuum zur Selbstquälerei und zur Selbstzerstörung. Der Masochismus ist nichts anderes als ein blockierter und fehlgeleiteter Aggressionstrieb, der selbst wiederum im „Todestrieb" wurzelt.

Diese und andere Erklärungen der Psychoanalytiker erschienen Theodor Reik nicht ausreichend; daher widmete er eines seiner bedeutendsten Werke diesem Fragenkomplex – er publizierte es 1940 erstmals in englischer Sprache unter dem Titel *Masochism in Modern Man;* auf deutsch ist es 1977 mit der Überschrift erschienen: *Aus Leiden Freuden – Masochismus und Gesellschaft.*

Das Thema „Masochismus" ist verwirrend genug. Man denke etwa an folgende Phänomene, die das Gemüt des Laien wie auch des Forschers gewiß mit Staunen erfüllen müssen.

1. In vielen Tageszeitungen gibt es Annoncen, in denen Prostituierte ihren „Kundendienst" als „strenge Domina" anpreisen. Es ist bekannt, daß solche käufliche Damen über ein ganzes Instrumentarium an Folter- und Quälwerkzeugen verfügen, welches von der Peitsche bis zu Ketten und Aufhängevorrichtungen reicht. Sie werden nicht so selten von „Kunden" frequentiert, die es sich viel kosten lassen, von der Domina beschimpft, geschlagen und torturiert zu werden; die Quälerei führt zur Ejakulation oder leitet einen Koitus ein, der Entspannung bringt. In manchen Fällen will der Klient als „Hund" behandelt werden, um sexuell genußfähig zu werden; er fordert die Frau auf, auf ihm zu reiten, ihm Schmerzen zuzufügen usw.

2. Viele Menschen haben einen Charakter, in dem Demut, Unter-

würfigkeit, Selbstlosigkeit, Selbstverneinung eigentümlich hervortreten. Solche Menschen suchen Lebenssituationen auf, in denen sie ausgenützt und ausgebeutet werden; sie wollen oder können sich nicht für ihre eigenen Interessen einsetzen. Sie glorifizieren die Selbstverkleinerung, als ob derlei ein „Adel" wäre. Derartige Charaktere sind entweder religiös oder stammen aus zwanghaft-moralischem Milieu, wo „Armut, Keuschheit und Gehorsam" als Kardinaltugenden anerzogen wurden.

3. Zur Selbstverneinung als Lebensform gehören wohl auch jene Charaktere, die leicht Unfälle und Mißerfolge auf sich ziehen, oft krank werden und irgendwie immer zum Leiden inklinieren. Eventuell ist auch der Suizid ein masochistischer Akt.

4. Noch dramatischer zeigt sich die Selbstpreisgabe im politischen Feld und in den Massensituationen. Wir haben es in unserem Jahrhundert tausendfältig erlebt, daß breite Volksgruppen sich einer kläglichen Führerschicht unterwarfen und einen sogenannten „Führer" zu ihrem Abgott erhoben. An solche Führerpersönlichkeiten wurde blind geglaubt – für sie ging man in den Tod und war auch bereit, Millionen Menschen auf ihr Kommando hin auszurotten. Erich Fromm sprach in diesem Zusammenhang von der „Furcht vor der Freiheit"; seiner Meinung nach ist dies die Grundkrankheit des modernen Menschentums, das seit der Reformation den sozialen und seelischen Masochismus auf sein Banner schrieb. Weil unendlich viele Menschen ihr Ich und ihre Individualität loswerden wollen, sind sie eine leichte Beute für die Diktatoren, die auch durch praktizierte Gewalttätigkeit ganze Völker nivellieren und verängstigen. Die masochistische Geisteshaltung der Menschheit hat die größten Katastrophen der Neuzeit heraufbeschworen.

Diese und manche andere Phänomene sollen durch eine psychologische Masochismustheorie gedeutet werden. Reik kannte die psychoanalytische Literatur zu seinem Thema sehr genau und war auch in klinischer Hinsicht glänzend über die Masochismustherapie informiert: daher konnte er in seinem 500-Druckseiten-Buch eine hervorragende Darstellung zuwegebringen, die jeder Psychoanalytiker eingehend studieren sollte.

Freud unterschied nicht nur zwischen einem sexuellen und einem moralischen Masochismus; er beschrieb auch den „femininen Masochismus", wobei er die Behauptung wagte, daß der Geschlechtscharakter der Frau von einem „originären Masochismus" geprägt sei. Frauen neigen von Natur zum Dulden, Leiden und Sich-Unterwerfen. Das ist vermutlich arg patriarchalisch gedacht. Immerhin muß jede Masochismuslehre auch das Mann-Frau-Thema anvisieren und die Frage aufwerfen, ob der Masochismus überwiegend eine „geschlechtsspezifische Eigenschaft" sei.

Das Paradoxe am Masochismus ist die Tatsache, daß in ihm Leiden, Schmerz und Demütigung aktiv aufgesucht werden; das steht im Widerspruch dazu, daß alle Lebewesen eigentlich nach Lust, Glück, Schmerzfreiheit, Macht oder Daseinsexpansion streben. Nur der Mensch ist scheinbar fähig, diese natürliche Strebensrichtung außer Kraft zu setzen. Reik zitiert nachdenklich die Äußerung eines Engländers, der nach außerordentlichen sportlichen Anstrengungen deklarierte: „Der Mensch ist ein masochistisches Tier!"

Aber vielleicht sind die Selbstschädigungen der Masochisten gar nicht ihr Hauptziel; sie könnten sich bei näherer Betrachtung lediglich als „Umwege" zu jener Selbstbehauptung und Machterweiterung erweisen, die wir in der Natur und in der Menschenwelt als Normalkonstante finden. So lautet Reiks Vermutung, und sein Werk will diese Hypothese verifizieren.

Welche Merkmale bietet der Masochismus dem „klinischen Blick"? Nach Reik enthält diese Seelenverirrung ein besonders ausgeprägtes Phantasieleben, einen bestimmten Spannungsablauf mit „Suspense" und einen „demonstrativen Charakter".

Der Masochist führt in seiner Phantasie ein verborgenes Leben. Um zu seiner Perversion fähig zu sein, muß er allerlei szenische Veranstaltungen in seinem Gemüt praktizieren. Der der Außenwelt dargebotene Aspekt der Selbstverkleinerung oder Selbstbeschädigung ist meistens nur Ouvertüre oder Teilstück eines „Psychodramas", in welchem der Held siegt, triumphiert und allen überlegen ist. Alle Neurotiker bevorzugen die Imagination, weil sie in ihrer Sphäre den Einspruch der Realität weniger fürchten müssen.

Unter „Suspense" versteht Reik das Faktum, daß Masochisten sich in der Mitte zwischen Angst und Lust zu halten pflegen und bei der ängstlichen Spannung lange verweilen; die Begierde löst sich nicht in ihnen, weil derlei Schrecken produzieren kann. Psychoanalytisch gesprochen: die „Vorlust" ist im Masochismus beliebter als die „Endlust".

Die „Endlust" ist Hingabe und führt zum Mitmenschen oder Partner hin; das fürchtet aber der Masochist, und auch in seiner inneren Unselbständigkeit oder Substanzlosigkeit verbleibt er lieber im Mittelzustand, wo Begierde und Verängstigung einander die Waage halten.

Das Demonstrative am Masochisten besteht darin, daß sowohl sein sexuelles als auch sein charakterliches Verhalten die Mitmenschen beeindrucken, provozieren und eventuell auch leiden machen soll. Reik konstatiert daran etwas Falsches und Heuchlerisches – dasselbe hat auch Nietzsche beobachtet, als er einen Ausspruch der Bibel folgendermaßen umwandelte: „Wer sich selbst erniedrigt, will (nicht: wird) erhöhet werden!"

Man soll sich immer daran erinnern, daß seelische Eigenschaften polar strukturiert sind; ist im Bewußtsein die eine Qualität ausgeprägt vorhanden, dann darf es uns nicht wundern, wenn im seelischen Hintergrund ihr Gegensatz kräftig hervortritt. Unterwürfige Masochisten können sehr wohl aggressiv und herrschsüchtig sein. Ihre Demut ist das Vorspiel, welchem konsequent als Nachspiel die Machtdemonstration folgt. In Polemik gegen Karen Horney sagt Reik (S. 199):

> Wären wir nicht durch die Analyse imstande, hinter die Schattenspiele der Bewußtseinsvorgänge zu sehen, wer könnte im Masochismus Trotz, Rachsucht, Spott und Hohn, eine mörderische Satire erkennen? Und wer hat sie bisher selbst mit Hilfe der Analyse erkannt? Wurde nicht immer die äußerste Sanftmut und Unterwürfigkeit, die völlige Hingabe und Abhängigkeit des Masochisten als hervorstechendstes Kennzeichen hervorgehoben? Das Verhalten des Masochisten rechtfertigt gewiß ein solches Urteil, wenn man es nur obenhin beurteilt. Auch viele Analytiker ließen sich so durch oberflächliche Züge täuschen. Nach K. Horney ist die eigentliche Absicht des Masochisten völliges Aufgeben der eigenen Persönlichkeit, Untergehen im anderen. All sein Streben sei darauf gerichtet, von seinem Selbst erlöst zu werden, sein Ich zu verlieren. Wie man leicht erkennt, ist die hier vertretene Ansicht die gegenteilige: Auf einem eigenartigen Umweg sucht der Masochist, sein Ich zu behaupten, den eigenen Willen durchzusetzen. Der Masochist ist ein Revolutionär in der Selbstaufgabe. Das Lammfell, das er trägt, verbirgt einen Wolf. Die Nachgiebigkeit schließt den Trotz ein, die Gefügigkeit die Widerborstigkeit. Unter der Sanftmut ist Härte, unter der Unterwürfigkeit Aufruhr verborgen.

Der Masochist spielt in seinem sozialen und sexuellen Leben eine „Rolle", die er sich in einer unglücklichen Kindheit zugelegt hat; er bietet uns eine spezifische Außenseite dar, aus der wir auf seine Innenseite schließen müssen. Jedenfalls ist die „Mitmenschlichkeit" in dieser Perversion oder Charakterstruktur nicht gut entfaltet. Eher schon der „trotzige Gehorsam", das Sich-quälen-Lassen eines Quälgeistes, der Machthunger eines Sklaven, das Märtyrerideal mit dem Schielen auf einen Logenplatz im Himmel. Wer seinen eigenen Willen scheinbar aufgibt, behält im Hintergrund seiner Psyche einen desto energischeren Vorsatz, über alle Widerstände und Widersacher letztlich siegen zu können.

Man kann demnach – nach Reik – von der „Geburt des Masochismus aus dem Geiste der sadistischen Phantasie" sprechen. Auch die Lieblosigkeit steht an seiner Wiege, und eine gewisse soziale Unbeholfenheit oder Ungeschicklichkeit dem Leben gegenüber erleichtert die Ausbildung dieses Fehlverhaltens. Im sozialen und kulturellen Bereich kann diese „Verzweiflung am eigenen Selbst" dazu führen, daß ganze Volksmassen sich Diktatoren und anderen „Führern" auf Gedeih und Verderb übergeben, wobei sich die Massenmitglieder am Gottähnlichkeitswahn der von ihnen bestellten und hochgejubelten „Untermenschen" aufgeilen, weil diese ihnen ein allgemeines „Übermenschentum" zusprechen.

Im gewissen Sinn arbeitet der Masochist auch mit dem Gegensatzpaar „männlich-weiblich", das im Patriarchat eine extrem kontradiktorische Ausgestaltung erfährt. Der patriarchalische Mann will stets ein „Supermann" sein und fürchtet, in eine feminine, d. h. unterlegene Position zu kommen. Wenn der Masochist sich scheinbar feminin gebärdet, ist dies nur der Startpunkt zu einer trotzigen, männlichen Auflehnung. Auch die Frauen lernen im Patriarchat „durch Schwäche herrschen". So spiegelt sich in der masochistischen Psyche der säkulare „Kampf der Geschlechter", der auch in allen anderen Neurosen und Perversionen mit den Händen zu greifen ist.

Die Frau hat nach Reik keine „anima naturaliter masochistica", aber Erziehung und Kulturumstände legen es ihr nahe, mit masochistischen Mitteln um Selbstbehauptung zu kämpfen. Überall, wo das Seelenleben auf seinem Wege zu Expansion und Daseinsfülle auf mächtige Widerstände trifft, schlägt es Umwege ein, um die Urziele des Lebendigen durch scheinbar konträre Ausweichbewegungen zu erreichen.

Reik liefert auch eindrückliche Erläuterungen zur „Charakterologie des Masochisten". Im Unterschied zur orthodoxen Psychoanalyse sieht er den Schwerpunkt der masochistischen Grundorientierung nicht im Triebleben allein; das Ich oder der Charakter ist an der Ausbildung dieses Fehlverhaltens nach der Fifty-fifty-Regel mitbeteiligt. Masochisten haben tiefsitzende „narzißtische Narben", die sie durch Stolz und Eitelkeit zu schützen versuchen. Man findet in ihnen ein eigentümliches Gemisch von Demut und Trotz, Unterwerfung in der Gegenwart mit dem Endziel eines Triumphes in der Zukunft. Die Liebesfähigkeit ist allemal sehr eingeschränkt. Aber das Bedürfnis, geliebt zu werden, ist oft maßlos gesteigert.

Auch der Racheaffekt fehlt nicht in diesem Charakterbild. Man kann „hinter dem Vorhang des Leidens" mitunter prächtig kämpfen und siegen. Und man kann auch sein Leid wie eine Auszeichnung vor sich her tragen. Reik sagt (S. 310):

> Der Anspruch, besser zu sein als die Umgebung, mag verborgen sein, dem Bewußtsein der Person selbst, die ihn erhebt, fern; er ist doch als eine der stärksten Lustgewinne im sozialen Masochismus anzuerkennen. Man hat bisher, soviel ich sehen kann, den Zug der Überlegenheit, ja gelegentlich der Überheblichkeit im masochistischen Charakter nicht gesehen. Die Demut und betonte Abhängigkeit, die Schwäche und Unterwürfigkeit haben diese Tendenzen bisher unerkennbar gemacht. Der Anspruch, an seelischen und moralischen Qualitäten überlegen zu sein, wird indessen durch das unterwürfige, selbsterniedrigende Benehmen des Masochisten nicht entkräftet, nur verdeckt. Auch wird die Demut durch gelegentliche Anfälle von Hochmut, der sich hinter ihr verbirgt, durchbrochen. Sie ist einem dünnen Firnis zu vergleichen, der die tiefere Schicht nur oberflächlich schützt.

Innerhalb dieser Charakterstruktur spielen auch das Schuldgefühl und das neurotische „Strafbedürfnis" eine beträchtliche Rolle; man soll aber nie übersehen, daß man sich auch durch Schuldbekenntnisse über andere erheben kann, und daß man mit Selbstbestrafungen andere (die Bezugspersonen) merklich leiden zu lassen vermag. Wer nicht gut ist zu sich selbst, ist auch zu den Mitmenschen lieblos.

Was Freud den „moralischen Masochismus" nennt, erscheint bei Reik unter dem Titel „sozialer Masochismus". Der sexuelle und der soziale Masochismus bilden eine Einheit, wenngleich das Vorhandensein des einen nicht notwendig die Koexistenz des anderen voraussetzt. Im ersteren Fall haben wir eine perverse sexuelle Befriedigung vor uns; im anderen entdeckt Reik vor allem aggressive Komponenten, die das Bild beherrschen. Der soziale Masochist ist „aggressionsgeladen", trotz seiner „Schuldgefühle" und „Strafbedürfnisse". Schuldgefühl ist immer soziale Angst; und diese Angst befällt vor allem jene, die emotional- und beziehungsgestört sind. Wir verwundern uns über die scheinbar grundlosen Schuldgefühle der Masochisten, aber diese sind eigentlich nur Ausdruck der Angst, die in solchen isolierten Charakteren frei flottiert.

Aggression, Ehrgeiz und Rachsucht sind die Motoren sozialmasochistischer Seelenzustände. Diese Masochisten suchen die Glorie des Märtyrertums; sie wollen der Welt demonstrieren, daß sie „die besseren Menschen sind". Sie folgen den Spuren der christlichen Heiligen aus der Frühzeit unserer Religion, die die wahren Lehr- und Weltmeister in der hohen Kunst des Sozialmasochismus waren. Bei ihnen fehlte auch nicht das Einander-Übertrumpfen-Wollen, der versteckte Kampf gegen eine

Welt der Herrschaft, die man unterminieren wollte. Man ging sogar in den Tod, weil man des Himmels gewiß war. So mancher Masochist von heute trägt eine unsichtbare Märtyrerkrone, die er sich von den Heiligen jener frühen Jahrhunderte erborgt hat.

Darum ist der Masochismus in der Psychotherapie schwer heilbar. Die Patienten widerstreben einer Seelenveränderung, weil sie ja auf ihre Art Lust, Prestige, Weltüberlegenheit usw. haben. Sie bleiben innerlich stationär nicht wegen einer rätselhaften „negativen therapeutischen Reaktion" oder gar wegen eines dominierenden „Todestriebes", sondern weil sie harte Kämpfer um Vorrang und „Heiligkeit" sind und demgemäß auf jedermann herabsehen.

Manchmal heilt das Schicksal den Masochismus, indem es dem „Leidensseligen" so viel Unglück, Einschränkung und Elend zumutet, daß er sich doch zum Realitätsprinzip, zur Solidarität und zur aktiven Lebensgestaltung durchringt. Da aber viele soziale und kulturelle Tüchtigkeiten im Masochisten brachliegen, stellt die innere Umkehr für ihn ein großes Problem dar; es ist leichter, im Schmollwinkel des Masochismus viele Qualen zu erdulden als sich mit der Wirklichkeit produktiv auseinanderzusetzen.

Reik wiederholt gewissermaßen die Einsichten von Nietzsche, der anläßlich seiner psychologischen Analyse der christlichen Religion und ihrer Repräsentanten immer wieder auf das hohe Maß von Aggression hinwies, welches die Verkünder der Gottes- und Menschenliebe inspirierte. Die Geschichte des Christentums hat uns deutlich genug belehrt, daß Masochisten gewaltige Sadisten sein können, wenn sie an der Macht sind.

Reiks Buch ist eine geistreiche Monographie über ein wichtiges Thema der modernen Seelenkunde. Es ist gehaltvoll und klar geschrieben. Die Masochismusformel „Sieg durch Niederlage" prägt sich dem Leser vortrefflich ein. Gerne hätten wir uns zur Erklärung für den Masochismus noch einen Katalog der Lebensthemen und -bereiche gewünscht, die der Masochist durch seine Fehlhaltung „ausklammert": Er vermeidet echte Zärtlichkeit und Liebe, „personalen Kontakt", Freiheit und Lebensfreude, denn das alles hat er in seiner Sozialisation schlecht gelernt. Vielleicht gelangt man zur merkwürdigen masochistischen Seelenverbiegung, um jene „Rufe des Lebens" nicht zu hören, die man in der Kindheit als fern, fremd oder verrufen wahrzunehmen glaubte.

Geschlecht und Liebe

Wie Reik in seinem Büchlein *Dreißig Jahre mit Sigmund Freud* (1956) versichert, hat er zeitlebens den Begründer der Psychoanalyse bewundert und verehrt; die Geburt seines Geistes fand eigentlich erst statt, als er Freud und seinen Kreis kennenlernte. Aber auch Freud war nur ein Mensch und kein Halbgott; nach dessen Tode im Jahre 1939 (im englischen Exil) löste sich Reik mehr und mehr von seinem großen Lehrer, wenngleich er eine gewisse Verbundenheit immer aufrechterhielt. Nur mußte er im Laufe der Zeit erkennen, daß die orthodox-psychoanalytischen Theorien keineswegs das Nonplusultra der psychologischen Forschung darstellten. Man mußte über ihre Engen und Einseitigkeiten hinauswachsen, wenn man dem menschlichen Seelenleben in seiner Fülle und Reichhaltigkeit gerecht werden wollte.

Einen entschiedenen Schritt der Trennung von der Freudschen Psychoanalyse vollzog Reik mit seinem Buch *Geschlecht und Liebe* (1945, dt. 1965). Dieses Werk entstand in den USA; es zeigt bereits die Einflüsse der „neuen Welt". Polemische Tendenzen gegen die Psychoanalytikerkollegen machen sich in ihm deutlich bemerkbar. Reik hatte enorme Schwierigkeiten mit der amerikanischen Psychoanalytiker-Vereinigung, und vielleicht hat auch das dazu beigetragen, daß seine Abgrenzung gegen die Freudsche Orthodoxie kühn und konsequent durchgeführt wurde. Es wurde hierbei eine Solidarisierung mit der „Neo-Psychoanalyse" ins Werk gesetzt, wobei Reik unberechtigterweise behauptet, daß er der Urheber dieses „Revisionismus" sei; H. Schultz-Hencke ist ihm in dieser Hinsicht um einige Jahre zuvorgekommen.

Geschlecht und Liebe gibt eine Theorie des Liebeslebens, welche die psychoanalytische Libidotheorie kurzerhand über Bord wirft. Die Liebe ist kein Derivat der Sexualität, und sie kann nicht aus der postulierten Entfaltung von angeblichen „Libidophasen" abgeleitet werden.

Liebe und Sexus sind von verschiedener Art und Abstammung. Alle diesbezüglichen Probleme geraten in ein schiefes Licht, wenn man den Primat des Sexus im Seelenleben deklariert und das gesamte Emotional- und Geistesleben aus ihm deduzieren will. Freud weitete den Begriff des Sexuellen so sehr aus, daß er auch auf nicht-sexuelle Sphären der Psyche paßte; aber was ist damit gewonnen, wenn wir den Phänomenen einen falschen Namen geben! Reik zitiert eine Anekdote, wonach Abraham Lincoln mit einem dickköpfigen Bauern diskutierte und am Schluß seinem Widersacher einen wichtigen Hinweis gab (S. 21):

„Überlegen wir mal", sagte Lincoln zu dem Bauern, „wie viele Beine hat eine Kuh?"

„Vier natürlich", kam sofort die Antwort.

„Richtig", sagte Lincoln. „Jetzt nehmen wir mal an, wir nennen den Kuhschwanz auch ein Bein. Wie viele Beine hätte dann die Kuh?"

„Na, fünf natürlich."

„Da irren Sie sich", sagte Lincoln. „Nur weil man einen Kuhschwanz ein Bein nennt, ist es noch lange kein Bein!"

Ebenso kann man sagen, nur weil man Liebe und Zärtlichkeit eine Form der Sexualität nennt, sind sie noch lange nicht sexuell. Zuneigung und Sexualität sind noch nicht dasselbe, weil man für beide denselben Namen anwendet.

Die Neo-Psychoanalyse anerkennt, daß es neben den Sexualtrieben autochthone Ichtriebe gibt, die nicht aus der Triebhaftigkeit entspringen und ihre eigenen Zielsetzungen haben. Sie sind vermutlich auch mächtiger als das Sexuelle; will man Seelisches tiefgründig verstehen, dann muß man zuerst ihren Einfluß würdigen und hernach das Sexuelle in Betracht ziehen. Da Freud hierin den kontradiktorischen Standpunkt einnahm, führte er die Psychoanalyse auf Irrwege, auf welchen sie heute noch hilflos umherwandelt.

Freuds „Libido" setzt sich aus „perversen Strebungen" zusammen, die angeblich durch Erziehung ins normale Sexualleben einmünden können. Kommt es zur Ausbildung von Perversionen, dann gilt dies lediglich als Fortführung kindlicher Sexualbetätigung; das Kind wird so zu einem kleinen Perversen, und der erwachsene Perversionspatient erscheint als ein großes Kind. Dem ist aber gewiß nicht so; das Rätsel der Perversion ist nicht von der Sexualität her zu lösen, sondern von der Theorie des Ichs und seiner Entwicklung. Pathologisch deformierte Ichtriebe und die daraus entstehenden Aggressionen sind die Quellen jeglicher Perversität. Sadismus, Masochismus, Exhibitionismus, Voyeurtum, Prostitution usw.: In ihnen ist aller Lustgewinn gebunden an ein Scheitern von Kommunikation und Kooperation. Das kranke oder schwache Ich erzwingt einen Sexualmodus, bei dem „liebende Gemeinschaftsbildung" ausgeschlossen wird. Perversionen wurzeln in Ängsten und aggressiven Impulsen, die sich des Sexuellen als eines Hilfsmittels bedienen, um einen Geschlechtspartner zu überwältigen, zu demütigen und zu beherrschen.

Wenn wir diese neopsychoanalytische Lehre akzeptieren, erhalten wir eine neue Sicht für alle Erscheinungen des menschlichen Liebeslebens. So kann zum Beispiel auch die Homosexualität nicht mehr in die Kategorie „Triebverirrung" eingereiht werden. Nach Reik haben die Psychoanalytiker, in der Gefolgschaft von Freud, die angebliche „Bisexualität" des Menschen allzu kritiklos für die Erklärung der sexuellen Inversion eingesetzt. Man sprach auch nebulos von „latenter Homosexualität", die selbst dann behauptet wurde, wenn der betreffende Patient nie homosexuelle Wünsche verspürt hatte. Freundschaft, Kameradschaft unter Gleichgeschlechtlichen, ja sogar Rivalität und kämpferische Auseinandersetzung wurden als „Homosexualität in der Latenz oder Sublimierung" eingestuft. Für die Freudianer hatte jedermann eine „gleichgeschlechtliche Anlage", wobei die „manifest Homosexuellen" allenfalls eine kräftigere Disposition oder entsprechende traumatisierende Lebenserfahrungen aufwiesen.

Reik findet in den Homosexuellen keine spezifische Konstitution, wohl aber eine lebensgeschichtliche Furcht oder Abneigung bezüglich der Frauen, in die auch patriarchalische Vorurteile hineinspielen. Mit Hilfe der Phantasie deutet der Homosexuelle seinen Geschlechtspartner als Frau um; oft ist es auch eine unbewußte „Rache an den Frauen", die ihn in die Arme eines Mannes treibt. Wiederum sind es Ich-Faktoren, die einem merkwürdigen Modus der Sexualität zugrunde liegen. Das Ich mit seiner Vergangenheit, mit seinen Emotionen und Wertungen, seinen Strebenszielen und seiner Weltanschauung erzeugt seltsame Sexualformationen, die der Psychoanalytiker genau so wie sein Patient mißversteht, wenn er sich im Sexuellen allein auf die „Ursachensuche" begibt.

Da Reik schon auf polemischer Fahrt ist, macht er radikal reinen Tisch; er deklariert (S. 63): „Sublimierte Sexualität gibt es nicht." Nach Freud sollte es möglich sein, sexuelle Strebungen durch Aufschub und Ablenkung in soziale und kulturelle zu verwandeln. Nach Reik ist das ein Phantom. Er sagt (S. 65):

Die Annahme, daß der primitive Geschlechtstrieb als Stufe zu hohen kulturellen Zielen benutzt werden kann, ist ebenso töricht wie die Behauptung, daß das Bedürfnis, zu urinieren, abgelenkt und die daraus sich ergebende Energie zur Erreichung edler Ziele benutzt werden kann. Zunächst erscheint der Gedanke der Sublimierung des Geschlechtstriebes plausibel und geistreich. Man denkt an Liebesgedichte, an Beethovens Sonaten, an alle die vielen großen menschlichen Leistungen, die auf die psychische Energie der unerfüllten Liebe, des Begehrens und der Sehnsucht zurückgehen. Es besteht kein Zweifel, daß viele Mühlen von diesem Wind getrieben werden. Aber diese große Sehnsucht ist nicht mehr der reine Geschlechtstrieb. Das ist die Liebe, die ihrem Ursprung und ihrem Wesen nach etwas ganz anderes ist. Die Psychoanalytiker sehen nur die Kraft der Sexualität und weigern sich, jene andere Macht anzuerkennen, die doch letzten Endes für alle diese Dinge verantwortlich ist.

Das Sexuelle ist ein biologisches Bedürfnis, dessen Ziel Entspannung und Lust ist. Liebe hingegen sucht Glück, Nähe zu einem Partner, Dialog, wechselseitige Förderung. Man heilt in der Psychotherapie einen Menschen, indem man ihn liebesfähig macht, was sexuelle Kompetenz mit sich zu bringen pflegt. Nicht aber heilt man Patienten, indem man ihnen sexuelle Abreaktion empfiehlt. „Liebe", meint Reik, „nicht Sexualität ist das Problem der Neurose" (S. 80):

> Wir messen die psychische Gesundheit eines Menschen an folgenden Maßstäben: Inwieweit ist er imstande zu lieben und zu arbeiten, zärtlich zu sein und das, was er tun will, zu leisten? Beide Aufgaben sind sozialer Natur und haben die Leistung als gemeinsamen Nenner, denn Liebe ist ebenfalls eine persönliche Leistung. Das Ziel ist die Selbsterfüllung, die über das Egoistische hinausgeht. Wenn es sich nicht lohnt, danach zu streben, lohnt sich gar nichts auf dieser Welt.

Von einem solchen Ansatz her muß die Psychoanalyse tatsächlich an Haupt und Gliedern revidiert werden. Reik leistet dies in seinem Buch mit Bravour und Geschicklichkeit. Nachdem die Psychoanalytiker jahrzehntelang um eine Theorie der Sexualität als Grundlage des Seelenlebens bemüht waren, fordert Reik als Basis für die Tiefenpsychologie eine umfassende Theorie der Liebe.

Für die sexuelle Befriedigung sind Partner offensichtlich austauschbar; nur gewisse Geschmacksgrenzen müssen hierbei eingehalten werden. In der Liebe meint man eine einzige und nicht ersetzbare Person; und diese Persönlichkeit repräsentiert Werte, die für den Liebenden „hoch- oder höchstrangig" sind. Man liebt immer nur „das Wertvolle" – sofern man dieses in einem Menschen realisiert glaubt, bindet man sich emotional an ihn und will mit ihm verschmelzen.

Nach Reiks Konzeption steht am Anfang des Liebens das Selbstwertstreben des Liebenden. Jeder hat ein Ichideal vorschweben, das er zu verwirklichen trachtet. Oft ist aber dieses Ideal sehr hoch angesetzt und kann kaum erreicht werden. Daher empfindet der Mensch im Laufe der Zeit sein eigenes Ungenügen, welches nicht selten in Unzufriedenheit und Selbsthaß umschlagen kann. Entdeckt er nun einen möglichen Partner des anderen Geschlechts mit bestimmten Vorzügen, so fühlt er eventuell Neid und Eifersucht; sofern diese Regungen aber überwunden werden, machen sie der Liebe Platz. Liebe wäre demnach überwundene Rivalität und Selbstglorifikation. Als Kronzeugen zitiert Reik Goethe, welcher meinte, gegen übergroße Vorzüge eines anderen gäbe es kein Rettungsmittel als die Liebe.

In der Liebe kommt unser Selbstwertstreben vorübergehend zur Ruhe, wenn wir einen Menschen für uns gewinnen, der jene Werte verinnerlicht hat oder zu haben scheint, die wir selbst sehnsüchtig erstrebt haben. Das ist der Kern der „romantischen Liebe". Natürlich hält sich diese Romantik nicht auf die Dauer; wenn der Glanz, den die Phantasie um das geliebte Du gewoben hat, zerstiebt, dann regredieren die beiden Partner nicht selten zu jenen Kämpfen und Rivalitäten, die nach Reik den Startpunkt des Liebesbedürfnisses bilden. Das schwache Ich bevorzugt das Entwerten, da es zum Hochschätzen und Bewundern nicht intakt genug ist. Viele Ehen werden zum Verzweiflungskampf schwacher Iche gegeneinander, in denen nicht genug Generosität und Geduld vorhanden ist, um in wechselseitiger Anerkennung zu leben.

Reik konkretisiert seine Auffassung von Liebe und Sexus in zahlreichen Kapiteln, die nahezu alle Fragen des gesunden und kranken Liebeslebens abhandeln. So diskutiert er u. a.: Emotionale Bereitschaft; Das Wesen der romantischen Liebe; Die Brücke der Phantasie; Sexuelle Aufklärung und Märchen; Das Bedürfnis sich zu rächen; Anmerkungen zur Eifersucht; Bemerkungen über die Untreue; Blick auf die Promiskuität; Psychologie der Geschlechtsbeziehungen; Die menschliche Würde in der Sexualität; Der Wunsch begehrt zu werden; Begegnung und Verschmelzung.

Das Buch über *Geschlecht und Liebe* ist wohl eines der schönsten unseres Autors. Er hat in ihm gleichsam die Summe seiner Lebenserfahrung gezogen. So klingt denn dieser gut lesbare Text in einer poetischen Formulierung aus, die wir dem Leser nicht vorenthalten wollen (S. 258):

Bei der Aufführung dieser Symphonie, die wir das Leben nennen, spielt der Geschlechtstrieb bei den ersten Violinen mit, aber das Ich ist der Konzertmeister. Die Stimme seines wunderbaren Instrumentes mag von Zeit zu Zeit einmal übertönt werden, aber sie bleibt hörbar bis zum Schluß. Und manchmal schweigen alle anderen Instrumente des Orchesters. Der Konzertmeister spielt ein Solo – voller Sehnsucht und Zärtlichkeit –, das Zwischenspiel der Liebe. Wenn die anderen Geigen in seine Melodie einfallen, führen sie das Orchester in mächtigem Einklang zu einem Höhepunkt der Seligkeit.

Aus der Werkstatt des Psychoanalytikers

Freud und viele andere Psychoanalytiker haben Schriften zur Behandlungstechnik in der Psychotherapie verfaßt, um den wissenschaftlichen Nachwuchs für die therapeutischen Aufgaben zu schulen. Aber in all diesen Texten ist eine gewisse Schwierigkeit unverkennbar: Die Arbeit des Psychoanalytikers enthält viele künstlerische Elemente, die man rational nicht formulieren kann. Das Hauptwerkzeug jedes Psychotherapeuten ist seine eigene Persönlichkeit; was er im Verlaufe jahrelanger Berufsausübung verstehen lernt, verschmilzt mit seinen Charakterkonstanten, und es ist fraglich, ob derlei als „Lehre" mitgeteilt werden kann. Gleichwohl gibt es viel Lernbares im Therapeutenberuf: daher hat es immer seine Berechtigung, wenn der Erfahrene für die Unerfahrenen aus der Schule plaudert.

So geht auch Reik daran, in seinem Buch *Hören mit dem dritten Ohr – Die innere Erfahrung des Psychoanalytikers* (1948, dt. 1976/83) sein Berufswissen grundlegend zu formulieren. Er packt dabei die komplizierte Aufgabe an, sozusagen die „Bedingungen der Möglichkeit der Psychotherapie" ans Licht zu heben.

Seit jeher hat man geahnt, daß das Verstehen der Fremdpersönlichkeit mit dem Selbstverständnis des Verstehenden irgendwie gekoppelt ist. Daher kann man die These proklamieren, daß man nur zum Analytiker werden kann, wenn man die Forderung „Erkenne dich selbst!" mit Radikalität und Hartnäckigkeit im eigenen Leben praktiziert hat.

Selbstverstehen erfolgt aber nicht durch Introspektion, sondern durch vielfältige zwischenmenschliche Beziehungen, durch Studium der Psychologie, der Literatur, der Philosophie und mancher anderer geistiger Disziplinen. Aber alle diese Studien werden kaum sehr fruchtbar sein, wenn der Erforscher des eigenen Selbst nicht von starken ethischen Impulsen animiert ist. Der Akt der Selbsterkenntnis ist immer im wesentlichen ein moralischer Akt.

Wir setzen von jedem Analytiker voraus, daß er ein Medizin- oder Psychologiestudium absolviert hat, sich an einem tiefenpsychologischen Institut ausbilden ließ und durch die eigene Charakter- und Lehranalyse die Voraussetzungen für den Therapieberuf erwarb. Aber auch wenn alle diese Bedingungen brav und schulgemäß erfüllt wurden, ist noch keine Gewähr vorhanden, daß die Patienten durch ihren Therapeuten eine echte analytische Kur vermittelt bekommen. Reik insistiert mit Recht darauf, daß jenseits aller „Schulverpflichtungen" die Psychoanalyse ein geistiges Abenteuer darstellt, welches Analytiker und Analysand stets vor neue Fragen und Aufgaben zu stellen pflegt.

Eine nie erlahmende Lern- und Wandlungsbereitschaft ist demnach die Voraussetzung für diesen unmöglichen Beruf, der nach Reik manchmal eher wie eine Heimsuchung als wie ein bürgerlicher Job empfunden wird. Wer kann von sich behaupten, daß er gerne zum „unendlichen

Lernen" bereit ist? So etwas spricht sich leicht aus, aber in der Praxis neigen wir alle zur Routine, zum Schematisieren und zur inneren Erstarrung.

Freud hat daher seinen Schülern mehrfache „Nachanalysen" empfohlen, die sich etwa jeweils in einem Fünfjahresabstand ereignen sollten. In den Zwischenzeiträumen solle der Analytiker die hohe Kunst der Selbstanalyse üben, von der ja auch Freuds Lebenswerk seinen Ausgangspunkt genommen hat. Aber wie viele Analytiker haben die Kraft, den Mut und die Hellhörigkeit, die man für jedes selbstanalytische Bemühen benötigt? Auch in der Psychoanalyse gilt der antike Ausspruch: Quod licet Jovi, non licet bovi. (Frei übersetzt: Was das Genie Sigmund Freud konnte, ist für Otto Normalverbraucher kaum realisierbar.)

Zum Glück lernt jeder Therapeut viel von seinen Patienten, wenn er einigermaßen offen für deren Nöte und Wesenseigentümlichkeit ist. Wer jahrelang die Lebensverstrickungen vieler Menschen anhört, erfährt zwangsläufig viel über sich selbst. So kann der Analytiker durch seinen Beruf an innerer Weite und Lebenskenntnis merklich zunehmen.

In der psychoanalytischen Behandlung soll bekanntlich Unbewußtes bewußt gemacht werden; dies geschieht mit Hilfe von freien Assoziationen, Traumdeutungen, Interpretation von Fehlleistungen, Studium der Lebensgeschichte, Beobachtung des Patientenverhaltens in der Therapie und im Übertragungsgeschehen. Der Analysand soll hierbei mit seinem unbekannten Selbst bekannt gemacht werden. Aber ist dies auch praktisch möglich? Reik zitiert mit Behagen die Meinung Dostojewskis aus den *Aufzeichnungen aus dem Untergrund* (1863/64), die jedem Psychologen zu denken geben müssen:

In den Erinnerungen eines jeden Menschen gibt es Dinge, die er nicht allen mitteilt, sondern höchstens seinen Freunden. Aber es gibt auch Dinge, die er nicht einmal den Freunden aufdeckt, sondern nur sich selbst, und auch das nur unter dem Siegel der Verschwiegenheit. Schließlich aber gibt es auch noch Dinge, die der Mensch sogar sich selber zu sagen fürchtet, und solcher Dinge sammelt sich bei jedem anständigen Menschen eine ganz beträchtliche Menge an. Und zwar läßt sich noch folgendes sagen: je mehr er ein anständiger Mensch ist, desto mehr wird es solcher Dinge bei ihm geben. Wenigstens habe ich mich erst vor ganz kurzer Zeit entschlossen, mich einiger meiner früheren Erlebnisse zu erinnern, bisher aber habe ich sie immer umgangen, und das noch dazu immer mit einer gewissen Unruhe.

Vor dieser Schwelle steht nicht nur der Analysand, sondern auch sein Therapeut. Werden sie beide aufrichtig genug sein, um diese Hürde zu nehmen? Reik will seinen Lesern hierzu verhelfen, indem er seine eigenen Erfahrungen ausbreitet und sie mit einer Fülle von Reflexionen verbindet, die – wenn nicht lehrreich – zumindest diskutabel sind.

Die Grundthese ist, daß man mit dem „dritten Ohr" (der Ausdruck stammt von Nietzsche) hören lernen muß. Natürlich muß man auch mit dem „dritten Auge" sehen lernen, mit dem Herzen denken, mit dem Kopf fühlen. Fürwahr, die Psychoanalyse ist ein „unmöglicher Beruf".

Seit circa 1920 gab es eifrige Diskussionen unter den Analytikern über Modifikationen der Freudschen Behandlungstechnik. Diese war langwierig und umständlich; Freud empfing seine Patienten über Jahre hinweg sechs Mal in der Woche, und er beklagte sich sogar gelegentlich darüber, daß die Unterbrechung der Therapie an den Sonntagen die Arbeit meistens erschwere. Abtrünnige und loyale Freudschüler waren darum bemüht, abgekürzte Behandlungsformen zu entwickeln; es sollten Zeit und Kosten gespart werden. Freud war skeptisch gegen solche Modifikationsversuche, wenngleich er deren Berechtigung mitunter auch zugab.

Wilhelm Stekel z. B. setzte sich für die aktive Behandlungstechnik ein: Man sollte nicht mehr den Patienten uferlos „frei assoziieren" lassen und auch nicht abwarten, bis er selbst zu seinen Assoziationen die geeignete Sinndeutung fand; die Ideen des Analytikers waren für Stekel wichtiger als die des Analysanden. Damit wurden allerdings suggestive Elemente in die Therapie eingeführt. – Otto Rank propagierte die „Terminsetzung"; nach einer gewissen Zeit sollte das Ende der Therapie fixiert sein, so daß der Patient alle seine Kräfte zusammennehmen müsse, um in der begrenzten Frist seine Probleme zu bearbeiten. Rank behauptete, daß derlei „wie ein Geburtserlebnis" wirke. – S. Ferenczi vertrat den Standpunkt, daß alle Neurotiker in ihrer Kindheit zu wenig Liebe und Wärme erhalten hatten; dieses Manko müsse in der Therapie ausgeglichen werden. Darum solle der Therapeut aus der von Freud praktizierten emotionalen Zurückhaltung heraustreten. Ferenczi umarmte seine Patienten und gab sich „wie eine liebende Mutter", was allerdings – nach Freud – die Gefahren gefühlsmäßiger Unüberschaubarkeiten heraufbeschwor. – W. Reich schließlich bemühte sich um eine „aktive Widerstandsanalyse"; vorerst sollten alle Widerstände des Patienten gezielt und energisch ausgeräumt werden, damit der Weg zum Unbewußten sich freilegen lasse. Vorsichtige Analytiker befürchteten bei dieser Methode eine gewisse Vergewaltigung des Patienten.

Vor dem Hintergrund dieser Diskussionen in der Psychoanalyse sind Reiks Ausführungen in *Hören mit dem dritten Ohr* zu sehen und zu bewerten. Er stellt sich, wie so oft, auf den Freudschen Standpunkt und verteidigt diesen gegen die Neuerer in der Behandlungstechnik. Freud wollte schonend und behutsam vorgehen; daher war er skeptisch gegen Terminsetzungen, gegen „Patientenliebkosung" und gegen Reichs „impetuöses Gebaren", hinter welchem auch die theoretische Vorstellung stand, daß die „volle Orgasmusfähigkeit" als Kernpunkt der seelischen Gesundheit zu betrachten sei.

Nach Freuds Vorstellungen sollte der Analytiker nach Möglichkeit vermeiden, in der Behandlung zu schematisieren und zu rationalisieren. Er sollte sein Unbewußtes arbeiten lassen; das Unbewußte des Therapeuten sollte wie ein Telefonapparat auf das Unbewußte des Patienten eingestellt werden: jenseits des Bewußtseinsdialoges müsse es zu einem Gespräch der beiden Unbewußten kommen. Damit wurde ein „künstlerisches Element" in die Therapie eingeführt. Auch Reik insistiert stark auf diese „Kunstkomponente" und äußert sich fast höhnisch über die „Kopfgeburten" vieler Analytiker, die keinen Mut zur Spontaneität und zur Regelwidrigkeit haben. Man solle in jede Behandlungsstunde gehen wie Napoleon in eine Schlacht; auf seine Strategie hin befragt, sagte der erfahrene Schlachtenlenker lediglich: „Ich fange an, und dann sehe ich weiter!" Ähnlich voraussetzungslos ist jede Therapie durchzuführen. Hat man auf diese Weise Neues erfahren und gefunden, dann allerdings kommen Theorie und Rationalität zu ihrem Recht. Aber immer müssen hierbei Selbst- und Fremdanalyse Hand in Hand gehen. Die Aufklärungen über das Unbewußte unseres Gegenübers ist stets mit Erkenntnis eigener unbewußter Seeleninhalte verbunden. Der entspannte und innerlich wache Analytiker geht nicht „systematisch" vor; er erlaubt sich geistige Rösselsprünge. Reik sagt mit Recht (S. 497):

Es gibt eine Ordnung, die das Unbewußte des Patienten und des Analytikers leitet; die Analyse gehorcht dem Gesetz, durch das sie sich entfaltet. Aber ihre Ordnung ist bestimmt durch die wechselseitige Aktion des Unbewußten. Die Analyse verfolgt ihr Ziel auf Wegen, die erst in einem folgenden Stadium des Prozesses sichtbar werden. Im Gegensatz zur systematischen und kämpferischen Vorgehensweise der Analyse, die uns empfohlen wird, lobe ich den prinzipiellen Ausschluß von Ordnung und Zwang in der Technik, das Fehlen jedes bewußten und starren Arrangements. Ich bekenne mich als Gegner jeder Art von bewußter Mechanisierung der analytischen Technik. Die Ordnung, die man uns aufzwingen will, entspricht den Anstrengungen so vieler Bediensteten, die in der Tat Ordnung auf unseren Schreibtischen machen und rücksichtslos aller Unordnung ein Ende setzen, aber durch ihren blinden

Ordnungssinn stupide und gefühllos die Früchte jahrelanger mühsamer Arbeit beiseitefegen oder zerstören.

Reik weist auf die allzeit bestehende Gefahr hin, daß geistig unbedarfte Analytiker die Freudschen Erkenntnisse und Schlüsselbegriffe dazu verwenden, das Seelische zu kategorisieren und alles Rätselhafte schnell auszuklammern. Aber das Seelenleben enthält nun einmal Wunder und Rätsel. Daher soll man die psychoanalytische Fachsprache nicht leichtfertig anwenden, sondern sich allemal zuerst mit einer bestimmten „Sprachlosigkeit" der Erfahrung des Fremdseelischen aussetzen, bis einem die geeigneten Worte und Wendungen aus dem Unbewußten zuströmen. Besonders schlimm ist der Fall, wenn Adepten der Psychoanalyse ihre Patienten dazu erziehen, ihre Erlebnisse und Empfindungen elegant in die neue Sprache des „Psychoanalesischen" zu übertragen, ohne dabei im Verständnis voranzukommen.

Wer wahrhaft in die analytische Deutungs- und Verstehenskunst hineinwächst, hat nach Reik den „Mut zum Nichtverstehen", aus dem erst das eigentliche Verstehen hervorgehen kann. Man wird hier an die „docta ignorantia" (wissende Unwissenheit) des Sokrates erinnert; nur wer es wagt, Nichtwissen in sich zuzugeben, kann neues Wissen erlangen. Der Durchschnittsmensch und Dummkopf weiß alles: aber seine Einsichten taugen nicht viel.

Reik empfiehlt den Analytikern jene intellektuelle Redlichkeit und Geduld, die er an Freud so sehr bewunderte. Er sagt (S. 520):

Eine der wichtigsten Bedingungen für dieses Nicht-Verstehen ist ein ungewöhnliches Ausmaß an intellektuellem Mut. Ich meine hier nicht den Mut zu gestehen, daß wir etwas nicht verstanden haben, das sonst für jeden sonnenklar ist. Diese Art Mut würde etwas Äußerliches bezeichnen, etwas von sekundärem Charakter. Was ich meine, ist eher der Mut, beim Denken auf das zu verzichten, was allgemein verständlich, plausibel und vernünftig ist. Es braucht Mut, der Versuchung zu mißtrauen, alles zu verstehen und nicht mit einer Wahrnehmung zufrieden zu sein, nur weil sie offensichtlich ist. Es braucht Mut, dem gesunden Menschenverstand zu mißtrauen. Es erfordert Aufrichtigkeit, unserer eigenen intellektuellen Ungeduld zu widerstehen, unserem Verlangen, alles intellektuell zu meistern und Assoziationen im Sturm zu nehmen. Und es erfordert Mut, nicht den Weg des geringsten intellektuellen Widerstands, des schnellen und mühelosen Verstehens zu beschreiten.

Aber wenn die Psychoanalyse in ihrer Ausübung auch eine Kunst ist, so ist sie doch in ihrem Alltag ebenfalls ein „Handwerk" und eine Wissenschaft, d. h. sie verfügt über fundamentale Theorieeinsichten und eine rationale Praxis, die man sehr wohl lehren und lernen kann. Ein Großteil von Reiks Buch ist der Erläuterung solcher Praxiselemente gewidmet. Der Leser erfährt u. a. viel über Behandlungsatmosphäre, Annäherung der beiden Protagonisten, bewußte und unbewußte Beobachtung, gleichschwebende Aufmerksamkeit, Einsicht, Vermuten, Verstehen, neurotische Tarnungen, Gedächtnis und Erinnerung und die Beziehungen zwischen zwei Unbewußten. Sehr eindrücklich sind zum Beispiel Reiks Hinweise auf die Bedeutung der Stimme und der Stimmschwankungen in der Therapie. Was der Patient nicht mit Worten sagt, sagt er eventuell durch Stimmvariationen (S. 154):

> Jeder hat zusätzlich zu den uns bekannten Merkmalen gewisse Stimmodulierungen – Tonhöhe, Timbre, Sprechrhythmus –, die wir nicht bewußt beobachten. Daneben spielen Tonvariationen, Pausen, Betonung, individuelle Nuancen in der Aussprache eine Rolle. All dies gehört nicht in das Gebiet der bewußten Beobachtung, und dennoch verrät es uns eine Menge über eine Person. Eine Stimme, die wir hören, ohne den Sprecher zu sehen, kann uns manchmal mehr über ihn sagen, als wenn wir ihn beobachten würden. Nicht was die Worte sagen, ist von Bedeutung, sondern wie sie gesagt werden. Der Ton wird wichtiger als der Inhalt. „Sprich, damit ich dich sehen kann", sagte Sokrates.

Alle Formen des Ausdrucks müssen in der Psychotherapie berücksichtigt werden. Ein guter Analytiker achtet auf winzige Reize, die von seinem Gegenüber ausgehen; er nimmt alles ernst, was ihm an kaum merklichen Eindrücken übermittelt wird. Es bedarf allerdings einer sehr entspannten und lockeren Haltung, um „mikropsychologische" Erfahrungen machen zu können. Anfänger in der Psychoanalyse sind meistens noch viel zu unsicher, um sich ihrem emotionalen Gespür überlassen zu können. Daher entgeht ihnen meistens der „Selbstverrat des Patienten", dem nach Freud alle seine Geheimnisse „aus seinen Poren tropfen". Der Polemiker Reik tadelt an seinen Berufskollegen mit harten Worten die Unfähigkeit, sich auf die eigene Persönlichkeit als Wahrnehmungsinstrument zu verlassen; seiner Meinung nach können sich viele Therapeuten nicht selbst vergessen, weshalb sie der Perzeption unbewußter Prozesse unübersteigbare Hindernisse entgegensetzen. So heißt es auf Seite 328 unseres Textes:

> Analytiker, wie sie oft in psychoanalytischen Instituten ausgebildet werden, sind Deutungsautomaten, ungebundene analytische Intelligenzen, Personen, ohne Persönlichkeiten zu sein. Ruhe und kontrolliertes Beobachten gilt ihnen mehr als Einfühlungsvermögen, Objektivität bei der Beurteilung mehr als Empfindung und Gefühl. Wenn sie hinter dem Patienten sitzen, versuchen sie alles zu sein außer sie selbst. Doch wird nur derjenige, der ganz in sich hineinhört, ein guter Psychoanalytiker.

Kritische Bewertung

Reik hat nahezu fünfzig Bücher über Psychologie und Psychoanalyse veröffentlicht und gehört somit zu den literarisch produktivsten Freudschülern, die allesamt tüchtige Schriftsteller waren und teilweise hervorragend zu formulieren wußten. Sie übernahmen vom „Meister" nicht nur die Lehre, sondern auch die einprägsame Diktion, die Kunst der wissenschaftlichen und literarischen Darstellung. Für alle diese Wiener Intellektuellen war es selbstverständlich, daß sie sich für weite Bereiche des Geisteslebens interessierten. Sie nahmen am regen Musikbetrieb Wiens teil, sie lasen die Klassiker der Weltliteratur sowie die zeitgenössischen Literaten und befaßten sich auch mit der Philosophie, sofern sie Berührungspunkte mit der Psychoanalyse aufweist.

Reiks Hauptinteressen galten der psychoanalytischen Praxis, der Religionspsychologie, der psychoanalytischen Kriminologie, dem Masochismusthema, dem Problem des Liebeslebens und der religiösen Tradition des Judentums. In seinen Büchern über diese Fragenkomplexe wendet er meistens Freudsche Gesichtspunkte an, die er erst im amerikanischen Exil durch die Neo-Psychoanalyse ersetzt.

Alle seine Bücher sind nicht nur belehrend, sondern auch unterhaltend geschrieben. Sie wimmeln von Anekdoten und literarischen Reminiszenzen; fast jeder größere Abschnitt wird durch eine sentenziöse Formulierung abgeschlossen, die sich dem Gedächtnis des Lesers einprägt. Man hat diesen Texten eine gewisse Nähe zum „Feuilletonismus" vorgeworfen; aber unseres Erachtens ist dies weder Makel noch Mangel, sondern ein Zeichen dafür, daß der Autor kein „Fachidiot" war und daß ihm auch bei streng wissenschaftlichen Überlegungen stets ein Witz oder eine geistreiche Anspielung einfiel. Reiks Stärke liegt in der Allgemeinverständlichkeit seiner Publikationen, die auch in Laienkreisen viel Anklang fanden.

Er war gewiß ein schwieriger Charakter, der an seinen Psychoanalytikerkollegen einen früh erworbenen „Bruderkomplex" abreagierte. Immer wieder ließ er sich mit ihnen in Scharmützel und Polemiken ein, die Freud sorgenvoll registrierte. Er ermahnte seinen Protégé zur Friedfertigkeit, hatte aber nur geringen Erfolg damit. Stets brach die Aggressivität von neuem durch, und Rank, Sachs, Reich, Fromm und viele andere Freudschüler bekamen Reiks polemische Ausfälle zu spüren. Es lag eine sadomasochistische Komponente in seinem Charakter, und daher ist es nicht verwunderlich, daß er eines seiner Hauptwerke dem Masochismusthema widmete.

In den USA gründete Reik seine eigene Schule und Zeitschrift (*The Psychoanalytic Review*), durch die er sein Lebenswerk festigen und sichern wollte. Aber er blieb doch im Schatten anderer analytischer Schulen und Bewegungen, und in seinen späten Jahren scheint er einer gewissen Resignation verfallen zu sein. Doch auch in dieser Spätzeit schrieb er noch wundervolle Bücher wie *The Secret Self* (1953) und *The Haunting Melody* (1960). In anderen Schriften dieser Epoche seines Schaffens kehrte er zu biblischen Studien zurück, wie ja auch Freud sein Oeuvre durch die grandiose Moses-Interpretation abschloß.

Reik hat seinen unanfechtbaren Platz in der Geschichte der psychoanalytischen Bewegung. Als „Laienanalytiker" steht er neben Otto Rank, Hanns Sachs, Oskar Pfister, Anna Freud, Melanie Klein u. a. durchaus in der vordersten Linie der ersten Generation der Freudianer, die der Lehre des Meisters universelle Geltung zu verschaffen suchten.

Gewisse Grenzen Reiks werden sichtbar in seiner Politikfremdheit, in seinem Pessimismus und seinem Psychologismus, der große und wichtige Fragen des menschlichen Geistes- und Kulturlebens einer rein psychologischen Betrachtungsweise unterwirft. Sieht man von dieser Einseitigkeit ab, dann kann man Theodor Reik als klugen und belesenen Autor gelten lassen, der psychologische Umsicht und Fachkenntnis mit literarischer Vielseitigkeit verbindet.

Ausgewählte Literatur

Alexander, F. & Staub, H. (1929). Der Verbrecher und sein Richter. In: A. Mitscherlich (Hrsg.), Psychoanalyse und Justiz. Frankfurt: Suhrkamp 1971.

Cremerius, J. (1976). Einführung. In Theodor Reik, Hören mit dem dritten Ohr (S. 7 ff.). Frankfurt: Fischer.

Fenichel, O. (1935). Zur Theorie der psychoanalytischen Technik. Internationale Zeitschrift für Psychoanalyse, Bd. XXI, S. 78 ff.

Freud, S. (1895). Studien über Hysterie. GW I.

– (1905). Drei Abhandlungen zur Sexualtheorie. GW V.

– (1907). Zwangshandlungen und Religionsübungen. GW VII.

– (1912). Ratschläge für den Arzt bei der psychoanalytischen Behandlung. GW VIII.

– (1912/13). Totem und Tabu. GW IX.

– (1915). Die Verbrecher aus Schuldbewußtsein. In Einige Charaktertypen aus der psychoanalytischen Arbeit. GW X.

– (1926). Die Frage der Laienanalyse. GW XIV.

Fromm, E. (1930). Die Entstehung des Christusdogmas und andere Essays. München: Szczesny 1965.

– (1931). Zur Psychologie des Verbrechers und der strafenden Gesellschaft. Imago 17, 226–251.

Kiernan, T. (1976). Psychotherapie. Kritischer Führer durch Theorien und Praktiken. Frankfurt: Fischer.

Lindner, R. (Hrsg.) (1953). Explorations in Psychoanalysis. Essays in Honor of Theodor Reik. New York: Norton.

Natterson, J. M. (1966). Theodor Reik. In Franz Alexander, Samuel Eisenstein & Martin Grotjahn (Hrsg.), Psychoanalytic Pioneers, S. 249 ff. New York: Norton.

Rattner, J. (1974). Neue Psychoanalyse und intensive Psychotherapie. Frankfurt: Fischer.

Reich, W. (1933). Charakteranalyse. Frankfurt: Fischer, 3. Aufl. 1973.

Reik, T. (1912). Flaubert und seine „Versuchung des heiligen Antonius". Minden.

– (1915). Die Pubertätsriten der Wilden. In Probleme der Religionspsychologie, 1. Das Ritual. Leipzig 1919.

– (1923). Der eigene und der fremde Gott. Frankfurt: Suhrkamp 1973.

– (1925). Geständniszwang und Strafbedürfnis. In Psychoanalyse und Justiz (Hrsg. Tilmann Moser). Frankfurt: Suhrkamp 1971.

– (1925). Der unbekannte Mörder. Hamburg: Hoffmann & Campe 1978.

– (1927). Dogma und Zwangsidee. Stuttgart: Kohlhammer 1973.

– (1933). New Ways in Psychoanalytic Technique. International Journal of Psychoanalysis, Vol. XIV, S. 321.

– (1935). Der überraschte Psychologe. Über Erraten und Verstehen unbewußter Vorgänge. Leiden.

– (1940). Aus Leiden Freuden. Hamburg: Hoffmann & Campe 1977.

– (1944). A Psychologist Looks at Love. In Of Love and Lust. New York 1957.

– (1945). Geschlecht und Liebe. München: Kindler 1965.

– (1948). Hören mit dem dritten Ohr. Hamburg: Hoffmann & Campe 1976.

– (1949). Fragments of a Great Confession: A Psychoanalytic Autobiography. New York: Norton 1965.

– (1956). Dreißig Jahre mit Sigmund Freud. München: Kindler 1976.

– (1957). Myth and Guilt. New York: Norton.

– (1958). Mystery of the Mountain. New York: Norton.

– (1963). Das Verlangen, geliebt zu werden. München: Kindler 1974.

Scharfenberg, J. & Spiegel, Y. (1973). Einführung. In Theodor Reik, Dogma und Zwangsidee. Stuttgart: Kohlhammer.

Sherman, M. (1971). Dr. Theodor Reik: A Life Devoted to Freud and Psychoanalysis. Psychoanalytic Review 1971, Vol. LVII, No. 4, S. 535.

Anna Freud

Einleitung

Anna Freud war das jüngste Kind des Schöpfers der Psychoanalyse; sie war dazu berufen, sein Lebenswerk weiterzuführen. Die übrigen fünf Kinder wählten andere Berufe und Lebensaufgaben; allein Anna wurde Psychoanalytikerin und später auch Nachfolger des Vaters als Leiter der psychoanalytischen Bewegung. Als Forscherin wurde sie eigenständig im Bereich der Kinderpsychoanalyse und Kindertherapie. Sie blieb aber doch geistig immer in den Fußstapfen ihres Vaters, der in ihrem Leben gewaltigen Raum einnahm. Daher wohl blieb Anna auch unverheiratet und scheint kaum je eine Intimbeziehung zu einem Mann gehabt zu haben. Freud nannte sie selbst in seinen späten Jahren seine Antigone und spielte damit auf die Tochter des Ödipus an, die im Dienste ihres Vaters aufging. In der Tat waltet über Anna Freuds Lebenslauf eine Art Ödipus- oder Elektraschicksal, wobei man von einer glücklich kompensierten inneren Tragik sprechen kann. Durch wissenschaftliche Leistungen und Übernahme menschlicher Verantwortung gelang dieser Frau eine erfolgreiche Daseinsbewältigung, bei der jedoch dem kundigen Psychologen gewisse Dissonanzen unüberhörbar sind.

Anna Freud wurde am 3. Dezember 1895 in Wien geboren. Freud stand damals mitten in der Ausarbeitung der Psychoanalyse; er publizierte in jenem Jahr zusammen mit Josef Breuer seine *Studien über Hysterie*. Bald nahm er auch sein epochemachendes Werk *Die Traumdeutung* (1900) in Angriff.

Anna scheint sich im Heranwachsen viel stärker an ihren imposanten Vater als an die bescheidenere Mutter angelehnt zu haben. Sie absolvierte die Schulen als gute Schülerin und erhielt 1911 das Reifezeugnis. Anschließend befaßte sie sich mit Pädagogikstudien und wählte den Lehrerinnenberuf. Sie war offenbar eine gute Lehrerin und konnte ihre Schüler für sich und den Stoff begeistern.

Seit 1914 wurde sie zu Freuds „Privatschülerin" in der Psychoanalyse. Sie absolvierte sogar beim Vater eine „Analyse", was nach den später formulierten Richtlinien der Internationalen Psychoanalytischen Vereinigung eigentlich völlig „stilwidrig" war. Aber für Freud galten eben nicht dieselben Regeln wie für seine Mitarbeiter und Schüler. Er stand auch später durchaus zu dieser Lehranalyse seiner Tochter. Als ihn 1935 Edoardo Weiß anfragte, ob er seinen eigenen Sohn analysieren sollte, erwiderte der Meister mit folgenden Worten:

> Was die Analyse Ihres hoffnungsvollen Sohnes betrifft, so ist das gewiß eine heikle Sache. Bei einem jüngeren Bruder möchte es leichter gehen, bei der eigenen Tochter ist es mir gut geraten, bei einem Sohn hat es besondere Bedenken.
> Nicht, daß ich direkt vor einer Gefahr warnen könnte: es kommt offenbar alles auf die beiden Personen und ihr Verhältnis zueinander an. Die Schwierigkeiten sind Ihnen bekannt. Ich würde mich nicht wundern, wenn es Ihnen trotzdem gelänge. Es ist für den Fremden schwer zu entscheiden. Ich würde Ihnen nicht dazu raten und habe kein Recht, es Ihnen zu untersagen.

Jedenfalls machte Anna schnell Karriere innerhalb der Psychoanalyse. Sie hörte in der Zeit des Ersten Weltkrieges Vorlesungen bei ihrem Vater und frequentierte auch Stationsvisiten in der Wiener Psychiatrischen Universitätsklinik, die unter der Leitung des berühmten Julius Wagner-von Jauregg stand. Paul Schilder und Heinz Hartmann, die beide später psychoanalytisch orientierte Psychiater wurden, nahmen sie hierbei in ihre Obhut. Seit 1921 konnte sich Anna Freud „Psychoanalytikerin" nennen.

Sie wurde auch 1924 in das „Geheime Komitee" aufgenommen, welches über die Belange der Psychoanalyse zu wachen hatte. Seit 1922 war sie Mitglied der Wiener Psychoanalytischen Vereinigung. Sie wandte sich speziell der Kinderanalyse zu. Zu deren Pionieren gehörten neben ihr selbst u. a. Hermine von Hug-Hellmuth, Melanie Klein, August Aichhorn, Siegfried Bernfeld, Hans Zulliger, Heinrich Meng.

Ab 1923 wurde Annas Leben wesentlich erschwert durch Freuds Krebskrankheit, die die letzten Jahre seines Daseins überschattete. Freud wollte bald keine andere Pflegerin haben als Anna; sie vereinbarten, daß alle Hilfeleistungen sachlich und ohne Sentimentalität erfolgen sollten. Dieses Kunststück wurde von Vater und Tochter tatsächlich vollbracht; es wird aber seinen Preis gehabt haben. Freud selbst hielt sich tapfer bis zum Ende und blieb produktiv bis in die letzten Phasen seines Leidens.

Seit 1926 wirkte Anna Freud an der *Zeitschrift für psychoanalytische Pädagogik* mit. Sie lehrte am Wiener Psychoanalytischen Institut und hielt Vorträge über Kindererziehung und -therapie. 1927 erschien ihr Buch *Einführung in die Technik der Kinderanalyse;* 1930 folgte *Einführung in die Psychoanalyse für Pädagogen.* Freud war sichtlich stolz darauf, daß seine Tochter Anna das von ihm vernachlässigte Gebiet der pädagogischen Psychologie so sachkundig bearbeitete – er rühmte ihre Leistung fast so, wie wenn sie ein „Familientriumph" wäre.

Nebenbei betreute Anna Freud auch einen Montessori-Kindergarten, wie sie überhaupt großen Respekt vor der Lehre dieser italienischen Ärztin und Kinderpsychologin hatte.

Anna war natürlich von vielen jungen Männern innerhalb der Psychoanalyse umschwärmt, und es gab immer wieder Gerüchte, daß sie den einen oder anderen Freudschüler heiraten würde. Aber sie war emotional spröde und konnte sich für keinen entscheiden.

Leichter gelangen ihr Frauenfreundschaften, sofern es sich um echte Persönlichkeiten handelte, die auch für die Psychoanalyse engagiert waren. Sie entwickelte zum Beispiel eine freundschaftliche Beziehung zu Lou Andreas-Salomé. Später freundete sie sich mit Dorothy Burlingham an, einer sehr reichen Amerikanerin, die geschieden war und mit ihren Kindern nach Wien kam, um bei Freud eine Analyse zu absolvieren. Die Freundschaft mit Dorothy Burlingham währte ein Leben lang.

1936 publizierte Anna Freud ihr Buch *Das Ich und die Abwehrmechanismen*. Es erschien zu Freuds achtzigstem Geburtstag, und auch hier war der Vater stolz auf die Errungenschaft seiner Tochter. Mit diesem Werk wurde Anna Freud zu einer Bahnbrecherin der analytischen Ichpsychologie, die damals im wachsenden Maße beachtet und bearbeitet wurde.

Als 1938 die Deutschen in Österreich einmarschierten, begleitete Anna ihre Eltern in die Emigration nach England. Nach Freuds Tod im Jahre 1939 wurde sie Mitglied der Englischen Psychoanalytischen Vereinigung, wo sie allerdings infolge ihres Status als „Laienanalytikerin" nicht unangefochten blieb. Sie übernahm aber Lehr- und Therapieaufgaben, die ihren Ruf immer mehr festigten.

Von 1940 an leitete Anna Freud zusammen mit Dorothy Burlingham die „Hampstead Nurseries", ein Heim für Kriegskinder. Sie sammelte hierbei reichhaltige Erfahrungen im Umgang mit kriegsgeschädigten Kindern, die ausgebombt wurden, ihre Eltern verloren und ähnliche Katastrophen erlebten. Ihre Erkenntnisse wurden ausgewertet in den Aufsätzen *Kriegskinder* (1949) und *Anstaltskinder* (1950), die in deutscher Sprache in dem Buch *Heimatlose Kinder* (1971) abgedruckt wurden.

Als man 1945 darangehen konnte, eine internationale Zeitschrift für Kinderanalyse (unter dem Titel *The Psychoanalytic Study of the Child*) zu gründen, war Anna Freud in führender Weise mitbeteiligt. In diesem Publikationsorgan veröffentlichte sie später zahlreiche Abhandlungen.

Seit 1947 widmete sie sich in ihrer eigenen Kinderklinik in Hampstead der Ausbildung von Kinderanalytikern. Sie leitete viele Kurse und wurde zur Lehr- und Kontrollanalytikerin für eine ganze Generation von Kinderpsychologen. Aber auch namhafte Psychoanalytiker suchten gerne ihren Rat und ihre Hilfe; sie wurde zur „Great old Lady" der Psychoanalyse.

Ihr Hauptwerk erschien 1965 unter dem Titel *Normality and Pathology in Childhood*, das 1968 durch sie selbst als *Wege und Irrwege in der Kinderentwicklung* ins Deutsche übertragen wurde.

Sie erhielt eine beträchtliche Anzahl von akademischen Ehrungen, was man besonders hoch in Rechnung stellen muß, weil Anna Freud kein eigentliches Hochschulstudium absolviert hat. Aber vielleicht ist ein Teil der vielen Ehrendoktorate, die sie in Empfang nehmen konnte, auf das schlechte Gewissen der westlichen Kulturwelt zurückzuführen, die Sigmund Freud so lange die Anerkennung verweigerte. Man ehrte gewissermaßen in Anna Freud ihren Vater, der nur einmal (1909 an der Clark University in USA) einen Ehrendoktor erhielt. Bei Anna Freud waren es circa fünf Ehrendoktorate, neben manchen anderen Auszeichnungen, von denen sich Freud kaum hätte träumen lassen.

1971 betrat sie wiederum den Boden Österreichs, um an einem Kongreß teilzunehmen und sich durch ihre Heimatstadt ehren zu lassen. – Anna Freud starb am 8. Oktober 1982 in London.

Einführung in die Technik der Kinderanalyse

Im Jahre 1927 publizierte Anna Freud ihr Buch mit dem obengenannten Titel, das ihr Erstlingswerk und doch auch einer der klassischen Texte der Psychoanalyse ist. Es handelt sich um vier Vorträge, die am Lehrinstitut der Wiener Psychoanalytischen Vereinigung gehalten wurden.

Den eigentlichen Auftakt zur Kinderanalyse bildete allerdings Freuds Abhandlung *Analyse der Phobie eines fünfjährigen Knaben* (1909), die in die Fachliteratur unter dem Titel *Der kleine Hans* eingegangen ist. Darin analysierte der Schöpfer der Psychoanalyse die Kastrationsängste eines Sohnes aus dem engsten Mitarbeiterkreis, der im Vorfeld der Ödipussituation eine Pferdephobie bekam, die ihn daran hinderte, auf die Straße zu gehen.

Auch C. G. Jung publizierte damals kinderanalytische Studien (*Konflikte der kindlichen Seele*), bei denen man aber kaum von „Therapie" sprechen konnte.

Anna Freud erst griff dieses Problem umfassend und systematisch auf. Fast gleichzeitig mit ihr entwickelten Melanie Klein und Hans Zulliger kindertherapeutische Modellvorstellungen.

Kann man Kinder überhaupt „analysieren"? Ist dies denn wirklich wünschbar, oder muß man vom Furor analyticus der Psychotherapeuten reden? Gewöhnlich sollten Erziehung und Heilerziehung ausreichen, um das Kind durch das Labyrinth seines Entwicklungsweges hindurchzuführen. Da es aber offensichtlich echte Kinderneurosen gibt, ist die Frage nicht abwegig, wie man analytische Techniken auf das Kind anwenden kann. Man meint hiermit, man solle dem Kind unbewußte Seeleninhalte bewußt machen, in seine Triebökonomie eingreifen, mit ihm eine Übertragungsbeziehung aufbauen usw. Anna Freud hat diese Probleme umsichtig erörtert, wobei sie gewisse Radikalismen und Einseitigkeiten vermied, die man vor allem der Schule von Melanie Klein anlasten kann. Letztere kopierte beinahe Erwachsenenanalysen beim Kind, was zu Gewaltsamkeiten führte, die stellenweise grotesk anmuten.

Die „Kleinianer" träumten sogar von der „prophylaktischen Analyse" der Kinder; man sollte jedes Kind schon analytisch vorbilden, damit es in Zukunft einen Neurosenschutz genieße. So weit wollte Anna Freud mit ihrem gesunden Menschenverstand nicht gehen. Sie beschränkte die Kinderanalyse auf Interventionen bei echten Erziehungsschwierigkeiten und neurotischen Erkrankungen im Kindesalter.

Ein Handicap der Kinderanalyse besteht darin, daß das Kind nicht aus eigenem Antrieb und Leidensdruck in die Therapie kommt. Es ist der Wunsch der Eltern, der die Behandlungssituation konstelliert. Immerhin kann es dem geschickten Kindertherapeuten gelingen, das Kind für sich und für die Therapie zu gewinnen; aber meistens ist dies umständlicher als in der Erwachsenenbehandlung, wo man einen „Behandlungspakt" schließen kann, indem man als Therapeut die Therapiebedingungen offen formuliert.

Nach Anna Freud haben Kinder doch nicht selten „Krankheitseinsicht", wenn man ihnen ihre Schwierigkeiten in kindgemäßer Sprache erklärt. Sie sind auch bereit zur Mitarbeit, wenn die Sitzungen für sie interessant sind und ihnen Erleichterungen schaffen.

Ähnlich wie August Aichhorn postulierte Anna Freud, man müsse „immer auf der Seite des Kindes stehen", wenn man ihm wahrhaft helfen will. Das eigentlich bedrängte Wesen ist das Kind, wenn sich auch die Eltern hilfesuchend und klagend an uns wenden. In der Regel ist die Kinderneurose nur ein Spiegelbild der Eltern- und Partnerschaftsneurose, die am Kind zum Ausbruch kommt. Aber das wollen Vater und Mutter meistens nicht wissen; der Kinderanalytiker soll die „Unarten des Kindes" beseitigen, ohne die Eltern in ihrem Charakter, ihrer Lebensführung und Lebenseinstellung in Frage zu stellen. Das bewirkt in fast jeder Kindertherapie irgendwann eine Kalamität, wo man die Konfrontation mit den Eltern wagen muß.

Anna Freud machte die Erfahrung, daß man Kinder nur dann seelisch führen kann, wenn man sich an die Stelle ihres Ichideals setzt. Der Therapeut muß dem Kinde imponieren, gefallen, ihm Eindruck machen. Er soll Spielkamerad, Beschützer, Gesprächspartner und Helfer in vielen Situationen sein. Das Gold der Analyse muß hierbei mit den unedlen Metallen der Erziehung und Suggestion „legiert" werden. Aber so unedel sind diese Metalle nicht; auch in jeder Erwachsenentherapie kann man suggestiv-pädagogische Elemente kaum vermeiden.

Heutzutage ist Kindertherapie weitgehend „Spieltherapie"; in jenen frühen Jahren wurde – und vermutlich mit Recht – versucht, mit den Kindern Gespräche zu führen. Aber schon Melanie Klein bot ihren kindlichen Patienten eine Puppenspielwelt an, wobei sie alle spielerischen Gestaltungen mit psychoanalytischen Kommentaren begleitete. Ließ etwa ein Kind zwei Eisenbahnwägelchen zusammenstoßen, so mutete die radikale Analytikerin ihrem jugendlichen Patienten die Deutung zu, er (sie) habe einen elterlichen Koitus belauscht; des weiteren wurden viele Interpretationen mit den Geschlechtsorganen und den Sexualvorgängen überhaupt in Zusammenhang gebracht. Anna Freud hatte nichts gegen Spieltechniken einzuwenden (sie benützte sie auch maßvoll), aber sie verweigerte sich solchen geschraubten Deutungsmethoden, die schon in der Erwachsenenanalyse nur Widerstand und Unverständnis beim Patienten hervorrufen.

Aber wie soll man analytisch mit dem Kinde sprechen? Man muß wohl vom kindlichen Alltag ausgehen, von den Auseinandersetzungen mit den Eltern und Geschwistern, den Sorgen in der Schule, der Erfahrung des Leibes und seiner Krankheiten usw. Anna Freud beobachtete, daß Kinder viel psychologisches Verständnis haben. Sie begreifen seelische Zusammenhänge mindestens so gut wie Erwachsene; man soll diese Einsichten jedoch in eine Sprache einkleiden, die das Kind versteht.

Der Hebelarm aller seelischen Wandlungen in der Therapie ist die Übertragungsbeziehung. Da nun die Kinder fast immer bei ihren Eltern wohnen und an sie emotional gebunden sind, hat es der Therapeut nicht leicht, ihre positiven Gefühle auf sich zu ziehen. Anna Freud schreibt über diesen Sachverhalt (loc. cit. S. 57):

Das Kind ist nicht wie der Erwachsene bereit, eine Neuauflage seiner Liebesbeziehungen vorzunehmen, weil – so könnte man sagen – die alte Auflage noch nicht vergriffen ist. Seine ursprünglichen Objekte, die Eltern, sind noch in Wirklichkeit, nicht wie beim erwachsenen Neurotiker in der Phantasie, als Liebesobjekte vorhanden, zwischen ihnen und dem Kind bestehen alle Relationen des täglichen Lebens, alle Befriedigungen und Enttäuschungen werden noch realiter an ihnen erlebt. Der Analytiker tritt als eine neue Person in diese Situation ein, er wird sich wahrscheinlich mit den Eltern in die Liebe oder den Haß des Kindes zu teilen haben. Es besteht aber für das Kind keine Nötigung, ihn ohneweiters mit den Eltern zu vertauschen, er bietet, den ursprünglichen Objekten gegenüber, nicht alle jene Vorteile, die der Erwachsene findet, wenn er seine Phantasieobjekte gegen einen wirklichen Menschen vertauschen darf.

Freud empfahl dem Erwachsenenanalytiker kühle Zurückhaltung, sachliches Auftreten und die Spiegelfunktion, die dem Patienten seine seelischen Reaktionen möglichst objektiv zurückspiegelt. Aber das ist nach Anna Freud in der Kindertherapie nicht angebracht. Man muß sich mit dem Kinde emotional einlassen, wenn man in seinem Seelenhaushalt etwas bedeuten will. Auch wenn keine „Übertragungsneurose" entsteht (weil das Kind überwiegend auf die Eltern bezogen bleibt), kann man auf die häusliche Problematik einwirken, wobei Informationen der Eltern nützlich oder gar unentbehrlich sind. Oft wird der Kindertherapeut sogar das Elternhaus des Kindes aufsuchen, um sich an Ort und Stelle über die bestehenden Verhältnisse sachkundig zu machen. Man sieht: Erwachsenen- und Kindertherapie sind in wesentlichen Punkten verschieden, aber beide Methoden können einander fruchtbar beeinflussen.

Sehr vorteilhaft ist es mehrheitlich, wenn die Eltern dem Kinderanalytiker eine gewisse Autorität einräumen, so daß dieser gewissermaßen „oberhalb der Elternfunktion" plaziert wird. Das erlaubt dem Kinde, auf seinen Therapeuten zu hören und seine Richtlinien zu akzeptieren. Es kommt aber auch nicht selten vor, daß die Eltern eine Einschränkung ihrer Machtbefugnisse nicht tolerieren; sie wollen die Liebe des Kindes nicht mit einem Außenstehenden teilen. Dann wird mitunter die Behandlung frühzeitig abgebrochen. Es ist nicht leicht, sich in die psychische Dynamik einer neurotischen Familie einzuschalten. So manche kranke Ehe *braucht* ein seelisch krankes Kind, um nicht auseinanderzubrechen. Droht eine Gesundung des Kindes durch Psychotherapie, muß man sich auf erhebliche Widerstände der neurotischen Familie gefaßt machen, die das Kind zwar gesund haben will, aber mit seiner Gesundheit nichts anzufangen weiß.

Auch in der Kindertherapie heilt man durch Eros, durch Verstehen und durch „emotional korrigierende Erfahrung". Anna Freud legt besonders den Akzent auf den Abbau von einem rigidem Überich; der Therapeut, der zunächst zum Überich-Ersatz wird, soll durch antriebsfreundliches, mildes und gewährendes Verhalten diese Überich-Umwandlung begünstigen. Erziehen und analysieren gehen hierbei Hand in Hand. Im Kapitel *Zur Theorie der Kinderanalyse* sagt Anna Freud abschließend (loc. cit. S. 99):

Jetzt aber noch ein Wort über die pädagogische Einstellung des Kinderanalytikers. Wenn wir erkannt haben, daß die Mächte, mit denen wir bei der Heilung der kindlichen Neurose zu kämpfen haben, nicht nur innere sind, sondern zum Teil auch äußere, dann haben wir auch ein Recht zu fordern, daß der Kinderanalytiker die äußere Situation, in der das Kind steht, richtig einzuschätzen versteht, ebenso wie wir verlangen, daß er die innere Situation des Kindes zu erfassen vermag. Für diesen Teil seiner Aufgabe aber braucht der Kinderanalytiker theoretische und praktische pädagogische Kenntnisse. Sie ermöglichen es ihm, die Erziehungseinflüsse, unter denen das Kind steht, zu durchschauen, zu kritisieren und – wenn es sich als notwendig erweist – den Erziehern des Kindes für die Dauer der Analyse ihre Arbeit aus der Hand zu nehmen, um sie selbst zu verrichten.

Der Idealfall jeder Kindertherapie ist natürlich die parallellaufende analytische Behandlung von Eltern und Kindern. Nur wenn die Eltern selbst bereit sind, sich erziehen und umerziehen zu lassen, kann dem Kinde eine wahrhaft große Entwicklungschance eingeräumt und angeboten werden. Aber noch sind jene Eltern selten, die sich bewußt sind, daß sie Einsicht, Erkenntnis und Förderung genau so nötig haben wie ihr Kind; man will das seelisch desorientierte Kind zum Analytiker bringen, wie man ein Auto in der Reparaturwerkstatt abstellt, damit man es wieder später „fahrtüchtig" abholen kann. Das Wirken von Anna Freud hat sicherlich viel dazu beigetragen, daß ein neues Erziehungsbewußtsein heute häufiger ist als in den frühen Jahren der Psychoanalyse. Aber noch ist viel Aufklärungsarbeit zu leisten.

Psychoanalyse für Pädagogen

1928 hielt Anna Freud vier Vorträge für Horterzieherinnen und Lehrer, in denen sie den Pädagogen psychoanalytische Erkenntnisse nahezubringen versuchte. Sie adoptierte hierbei offensichtlich den Sprechstil ihres Vaters, als dessen Repräsentant sie die Erzieher ansprach.

Sie referiert in schlichter Weise die grundlegenden Anschauungen der Psychoanalyse und bekämpft den „Vererbungswahn", der alle Eigenschaften des Kindes auf biologische Dispositionen zurückführen will. Seit Freud wissen wir, daß die Lebensgeschichte vom Anfang an vielleicht noch mehr ins Gewicht fällt als die hypothetischen „Anlagen", mit denen die traditionelle Erziehung viele ihrer Fehlschläge zu erklären (und zu bemänteln) wußte. Schlechte Erziehungsresultate sollen nicht so sehr den „Genen" als vielmehr der Unkenntnis und der mangelnden Reife der Eltern angelastet werden. Wie chaotisch und trostlos wachsen viele Kinder heran! Wir ernten hernach in der Psychopathologie und im Gesellschaftsleben, was wir in der Kinderstube gesät haben. Die Kindheit ist entscheidend für das spätere Leben des Menschen, und die Erziehung beginnt unmittelbar nach der Geburt: Mit diesen Thesen stimmt Anna Freud ihr Pädagogenpublikum auf die Rezeption der Tiefenpsychologie ein.

Natürlich legt sie den Akzent auf das kindliche Triebleben, auf die „Ödipus-Verstrickungen", auf den Kampf der Geschwister gegeneinander, auf Neid, Eifersucht und Rivalität bezüglich der Gunst und Liebe der Eltern. Die Psychoanalyse lehrt, daß „verstehende Liebe" das A und O der gesunden Kindesentwicklung ist; wo eine Familie daran Mangel leidet, kann nichts Gutes aus ihr hervorgehen. Anna Freud zitiert die eindrückliche Aussage eines Achtjährigen, der in einer schlechten Ehe der Eltern lebte und hellsichtig formulierte: „Wenn der Vater die Mutter nicht liebt, dann liebt auch die Mutter den Vater nicht, dann können sie mich auch nicht gern haben, dann mag ich sie auch nicht; und dann taugt die ganze Familie nicht." Dieser kleine Psychologe hat in der Tat das Ergebnis familienpsychologischer Forschungen unübertrefflich und lakonisch zusammengefaßt.

Vom heutigen Standpunkt sind manche Zweifel erlaubt an Anna Freuds Bild vom egoistischen, triebhaften, fast „bösartigen" Menschenkind, das erst durch die Erziehung gezähmt und domestiziert werden muß. Wir denken heute doch, daß die sozialen Bereitschaften des Kindes sehr früh erwachen (z. B. schon im Lächeln während der sechsten Lebenswoche), und daß am naturalistischen Modell vom „Tier im Kinde" manche Korrekturen angebracht werden sollen. Jedenfalls ist das Kind gewiß kein kleiner „Perverser", wie denn auch der erwachsene „Sexualperverse" nicht einfach ein „großes Kind" darstellt. Wenn Kinder sich besudeln, exhibitionieren, sexuelle Tatsachen erspähen usw., dann hat dies offenbar einen ganz anderen Sinn, als wenn Erwachsene, die sexualkrank sind, ähnliche Verhaltensweisen an den Tag legen.

Ein schulpflichtiges Kind, das gesittet in der Schulbank sitzt und dem Unterricht zu folgen versucht, ist nach Anna Freud bereits ein großartiges Produkt erzieherischer Leistungen; schließlich stand am Ursprung ein schreiender, schmutziger, lusthungriger Säugling, der nun – nach angemessener „Sublimierung" – geduldig den Worten des Lehrers lauscht. Aber gleichwohl mißlingt die Erziehung in einer ganz wesentlichen Hinsicht. Ähnlich wie Sigmund Freud bemängelt Anna den Intelligenzverfall bei den Kindern, wenn sie schon einen gewissen Erziehungsprozeß hinter sich haben. Sie sagt (S. 43):

Wer Gelegenheit hat, mit drei- bis vierjährigen Kindern zu verkehren oder zu spielen, der ist überrascht von dem Reichtum ihrer Phantasie, der Größe ihres Gesichtskreises, der Klarheit ihres Verstandes und der unerbittlichen Logik ihrer Fragen und Schlußfolgerungen. Die gleichen Kinder im Schulalter werden dem Erwachsenen im näheren Umgang eher einfältig, flach und wenig interessant erscheinen. Man fragt erstaunt, wo die Gescheitheit und die Originalität des Kindes eigentlich hingeraten. Die Psychoanalyse verrät uns, daß diese Gaben des Kindes den Anforderungen, die man an es gestellt hat, nicht standgehalten haben; sie sind nach Ablauf seiner ersten fünf Lebensjahre so gut wie untergegangen. Es ist offenbar nicht so ungefährlich, Kinder zur Bravheit zu erziehen. Die Verdrängungen, die dazu nötig sind, die Reaktionsbildungen und Sublimierungen, die aufgebaut werden müssen, werden mit einem ganz bestimmten Preis bezahlt. Man opfert für sie die Ursprünglichkeit des Kindes gleichzeitig mit großen Stücken seiner Energien und Begabungen. Wenn uns die größeren Kinder im Vergleich mit dem Kleinkind als beschränkt und inaktiv erscheinen, so ist der Eindruck ein durchaus richtiger. Die Einschränkungen, die man ihrem Denken auferlegt und die Hemmnisse, die man ihren ursprünglichen Betätigungen in den Weg gestellt hat, äußern sich in der Folge als Beschränktheit ihres Denkens und Hemmung ihrer Handlungsfähigkeit.

Es rächt sich demnach schwer, daß unsere übliche Erziehung eine „Verdrängungs- und Repressionspädagogik" ist; da aber die Eltern selbst Produkte einer solchen „Erziehungskunst" sind, geben sie den Autoritarismus und die Sexualfeindlichkeit nolens volens an ihre Kinder weiter, die später als Eltern wiederum das Defizit an Antriebsfreundlichkeit an ihre Kinder „vererben". So kommt es nie zu einer wahrhaft naturgemäßen Aufzucht der jungen Generation; immer wird die Natur des Kindes irgendwie vergewaltigt und in künstliche Formen gepreßt. Wir sollten uns aber endlich überlegen, ob der Erziehungszwang nicht doch in Frage gestellt werden könnte. Bis jetzt hat man die gesellschaftlich formulierten Erziehungsziele ohne jede Anfechtung übernommen. Wie aber würde ein Erziehungsziel aussehen, das nicht gesellschaftliche Interessen, sondern allein das *Wohl des Kindes* in den Mittelpunkt stellen würde? In ihrem 1934 veröffentlichten Aufsatz *Die Erziehung des Klein-*

kindes vom psychoanalytischen Standpunkt aus rekapituliert Anna Freud die Vielfalt der Erziehungsvorstellungen und Praktiken, aus denen in geschichtlichen Epochen alle möglichen Menschentypen mehr oder minder gewaltsam hervorgebracht wurden; es gelang zwar meistens, aber in der Regel auf Kosten des Kindes:

> Unter den Produkten, die die Erzieher zu liefern hatten, finden wir etwa: kriegerische junge Spartaner, oder den schönen Künsten hingegebene Athener, oder demütige Asketen, wie die Kirche des Mittelalters sie brauchte, heroische Junker oder Ritter, ergebene Untertanen, brave, auf den Erwerb eingerichtete Bürger, vor nichts zurückschreckende Revolutionäre oder friedliche Arbeiter.
> Es ist nicht merkwürdig, daß diese Forderungen gestellt werden. Sie entsprechen jedesmal vollkommen den Bedürfnissen der erwachsenen Gesellschaft. Merkwürdig ist nur, daß die Erzieher sich zu jeder Zeit mit der gleichen Begeisterung auf ihre Aufgaben gestürzt haben. Nehmen wir an, man würde Beamten und Arbeitern einer Fabrik in ähnlicher Weise zumuten, aus den gleichen Rohstoffen, etwa in kriegerischen Zeiten Kanonenkugeln, in friedlichen Zeiten Wollwesten und Federbetten zu erzeugen. Ich glaube nicht, daß die Zuversicht, mit der die Angestellten an die Arbeit gehen würden, dort so groß wäre wie die der Erzieher unter den gleichen Verhältnissen (A. Freud 1934 in: Meng (Hg.), *Psychoanalytische Pädagogik des Kleinkindes* 1973, S. 106).

Gerade die Psychoanalyse kann uns aber lehren, neue Erziehungsziele ins Auge zu fassen. Der Mensch ist nicht einfach für die Gesellschaft da; er ist als Persönlichkeit und Individuum Selbstzweck. Das sollte jede moderne Pädagogik nicht übersehen.

Anna Freud nimmt die „Antipädagogik" vorweg, wenn sie eine Einschränkung der Erziehung empfiehlt, d. h. eine erzieherische Abstinenz, da sich die Eltern klar darüber sein sollten, daß sie selbst nicht besonders gut erzogen sind. Daher soll man kindliche Unarten „ausreifen" lassen; Gewalt in der Pädagogik ist nicht angebracht. Sie kommt meistens dem Versuch gleich, Spatzen mit Kanonen zu bekämpfen. Aber ein Kanonenschuß trifft nicht die kleinen Fehler des Kindes, sondern das weite Umfeld des gesunden Seelenlebens, welches bei hartem pädagogischem Eingreifen zerstört wird.

Der Pädagoge soll sich mit der Psychoanalyse befassen, damit er eine dynamische Kinderpsychologie in die Hand bekommt und zugleich auch sich selbst im erzieherischen Prozeß besser verstehen kann. Anna Freud gibt ihren Zuhörern zu bedenken (S. 59):

Ich meine, die Psychoanalyse leistet der Pädagogik auch heute schon dreierlei. Sie eignet sich zur Kritik der schon bestehenden Erziehungsformen. Als psychoanalytische Psychologie, als Lehre von den Trieben, vom Unbewußten, als Libidotheorie erweitert sie, wie Sie sich in den ersten drei Vorträgen überzeugen konnten, die Menschenkenntnis des Erziehers und schärft sein Verständnis für die komplizierten Beziehungen zwischen dem Kind und dem erziehenden Erwachsenen. Als eine Behandlungsmethode schließlich, als Kinderanalyse, bemüht sie sich, Schäden wieder auszubessern, die dem Kind während des Erziehungsprozesses zugefügt wurden.

Der Erzieher in Hort und Schule muß sich bewußt sein, daß er von den Kindern nicht so wahrgenommen wird, wie er wirklich ist. Die Kinder „übertragen" ihre Elternerfahrung auf Erzieher und Lehrer; sie sehen diese im Lichte jener Schicksale, die sie im Elternhause erlebt und erlitten haben. Auch wenden sie ihre erworbenen charakterlichen Dispositionen uneingeschränkt auf Kindergarten und Schule an; man hat bereits mit „ausgeprägten Persönlichkeiten" zu tun, auch wenn diese erst fünf bis sechs Jahre alt sind. Gelingt es dem Erzieher, durch vorbildhafte Einwirkung anstelle der Elternimago zu treten und gewissermaßen zum Ichideal des Kindes zu werden, dann kann er wichtige Charakterveränderungen einleiten. Er muß sogar zum „gemeinsamen Überich" aller Kinder einer Klasse werden, damit diese ihre Gegensätze und Feindseligkeiten unterdrücken und zu einer echten Gemeinschaft werden. Mit Hilfe der Tiefenpsychologie kann der Erzieher seiner Aufgabe, die schwierig genug ist, besser gerecht werden.

Das Ich und die Abwehrmechanismen

Ein ganz zentraler Begriff der Psychoanalyse ist die „Verdrängung"; sie bezeichnet den Tatbestand, daß das Ich und das Überich (Gewissen) unakzeptable Triebregungen, Affekte, Vorstellungen und Erinnerungen von sich fernzuhalten pflegen und ins Unbewußte abdrängen. Aber man darf sich so einen Vorgang nicht als endgültig und abgeschlossen denken; das Verdrängte strebt immer ins Bewußtsein und ans Tageslicht, so daß das Ich eine mühevolle „Gegenbesetzung" aufrechterhalten muß, um es ständig niederzudrücken. Es muß sozusagen stets „nachgedrängt" werden, damit die Verdrängung nicht lückenhaft wird und zusammenbricht. Gleichwohl äußern sich dann die verdrängten Strebungen in Träumen, Fehlleistungen, Symptomen und Symptomhandlungen, ja sogar im Charakter und im alltäglichen Verhalten.

Die Verdrängung selbst ist jedoch ein Spezialfall der „Abwehr"; in ihr wehrt sich das Ich gegen jede Bedrohung seiner Integrität und Sicherheit. Die Abwehr kann sich richten gegen innere Reize (Triebe), gegen Erinnerungen und Phantasien, aber auch gegen bestimmte Situationen, denen sich das Ich nicht gewachsen fühlt. Wahrscheinlich darf man formulieren, daß die Abwehr ein *archaischer Ich-Dynamismus* ist und deshalb ein zwanghaftes Gepräge aufweist. Sie verläuft weitgehend unbewußt und stellt das Baumaterial vieler neurotischer Phänomene dar. Darum stieß Freud schon 1894 auf diese Problematik, als er seine Abhandlung über die *Abwehrneuropsychosen* schrieb. Er wies Abwehrmechanismen in der Hysterie, der Zwangsneurose, der Angstneurose und der Paranoia nach. Später trat dieses Thema in den Hintergrund, aber mit dem Interesse für die Ichpsychologie wurde es wieder aktuell. So findet man es zum Beispiel erörtert in Freuds *Hemmung, Symptom und Angst* aus dem Jahre 1926; es wird der Frage nachgegangen, wie das Ich seine Konstanz bewahren kann, wenn es vielfältigen Angsteinflüssen ausgesetzt ist. Solche Ängste stammen bekanntlich aus der Bedrohung seitens der Triebschicht, der Außenwelt und der Gewissensfunktion: Findet das Ich keine sozialen und kulturellen Lösungen für diese Beunruhigungen und Frustrationen, so greift es auf die Abwehrmechanismen zurück, um sich zu stabilisieren.

Anna Freuds Buch aus dem Jahre 1936 will einen Großteil der Abwehrmechanismen beschreiben, aber die Autorin ist sich klar darüber, daß sie nur einen Ausschnitt aus dem riesigen Feld der Abwehrerscheinungen beleuchten kann. Zur „Abwehr" eines Menschen gehören etwa auch Körperhaltungen, Mimik und Gestik, auffälliges Benehmen, vielleicht auch die Charakterstruktur als Ganzes; Wilhelm Reich hat nicht zu Unrecht vom „Charakterpanzer" gesprochen, den er als „Außenansicht der Neurose" beschrieb. Beschränkt man sich auf die hauptsächlichen Abwehrtechniken, so kommt man nach Anna Freud auf ca. zehn Dynamismen, die man in folgender Weise auflisten kann:

1. Verdrängung; 2. Regression; 3. Reaktionsbildung; 4. Isolierung; 5. Ungeschehenmachen; 6. Projektion; 7. Introjektion; 8. Wendung gegen die eigene Person; 9. Verkehrung ins Gegenteil; 10. Sublimierung. In ihrem Büchlein führt Anna Freud zwei weitere Abwehrtypen ein, die sozusagen ihren eigenständigen Beitrag zur „Lehre von der Abwehr" darstellen; es sind dies: 11. Die Identifizierung mit dem Angreifer; 12. die altruistische Abtretung.

Wir geben einen kurzen Überblick über die bereits von anderen Autoren erkannten Abwehrmechanismen und schildern hernach Anna Freuds Zusätze zu diesem Theorem.

Die *Verdrängung* haben wir bereits weiter oben erläutert. Unter *Regression* versteht die Psychoanalyse das Zurückgehen des Individuums auf ein schon überwundenes Stadium seiner Persönlichkeitsentwicklung; unter dem Druck der Umstände erweist es sich oft als nützlich, gewisse Entwicklungsschritte rückgängig zu machen, um sich infantiler und triebhafter zu gebärden. Denken und Verhalten werden hierbei stark vereinfacht. An sich ist Regression im Seelenleben normal (Schlaf, Phantasie, Traum usw.); aber bei einem gewissen Größengrad stört sie die Umweltorientierung und die soziale Einfügung.

Reaktionsbildungen sind „Gegenbesetzungen" gegen Triebe, Affekte und Charakterzüge, die aus Gründen der Erziehung oder des Ichideals nicht akzeptiert werden können. Dabei wird das „Objekt der Reaktion" nicht eigentlich überwunden, sondern nur zurückgedrängt. Es handelt sich um prägenitale Regungen, etwa Liebe zu Schmutz und Kot, Exhibition, unsoziale Wesenszüge usw. Die Reaktionsbildung schafft eine soziale Fassade, aber „dahinter" wimmelt es von primitiv-archaischen Strebungen. Vor allem in der Zwangsneurose haben wir es mit vielen Reaktionsbildungen zu tun. So ist etwa der Zwangsneurotiker sehr reinlich, gewissenhaft, schamhaft, moralisch usw., aber bei genauerem Zusehen entdecken wir an ihm auch die gegenteiligen Regungen, die er peinlich von seinem Bewußtsein fernhält. Scham, Ekel und Mitleid (Moral) sind exquisite Abwehrmechanismen, die auch in die Charakterstruktur eingehen und oft genug nur Scheinlösungen von Triebproblemen darstellen.

Isolierung und *Ungeschehenmachen* werden allgemein als Bestandteile der „Zwangsstruktur" definiert. Der Zwangscharakter oder Zwangsneurotiker ist ein Meister in der Kunst, Gedanken und Verhaltensweisen so zu isolieren, daß deren Verbindung zur Gesamtpersönlichkeit und deren existentiellen Anliegen völlig unterbrochen ist. Oft wird der Akzent des Lebens und Erlebens auf Nebensächlichkeiten abgewälzt, so daß Bagatellen zum Hauptanliegen der Lebensführung zu werden scheinen. – Das Ungeschehenmachen betrifft das Annullieren von Gedanken, Worten und Vorfällen, wobei man so tut, als ob man für das Geschehene nichts könne und gar nicht dabei anwesend gewesen sei. Es ist sozusagen ein Kopf-in-den-Sand-Stecken, eine Vogel-Strauß-Politik.

Auch die *Projektion* ist ein allgemein-menschliches Verhalten. Man verlagert hierbei mißliche und unangenehme Seelenanteile, die man dumpf und dunkel bei sich selbst registriert, auf andere Menschen und Menschengruppen. Projektionen dienen der seelischen Entlastung; der

Projektionstyp steht selbst mit reiner Weste da, weil er mit seinen Mängeln und Defekten immer „die anderen" belastet. Natürlich bieten soziale Vorurteile weiten Raum für diese Techniken der systematischen Unehrlichkeit gegen sich selbst. Aber auch in engen zwischenmenschlichen Beziehungen spielt die Projektion eine wichtige und verhängnisvolle Rolle. Sie zerstört Partnerschaften, erschwert Zusammenarbeit und Zusammenleben. Aufhebung von Projektionen kommt immer der Selbsterkenntnis zugute. Entwicklung ist nur möglich, wenn man jene Fehler, die man leidenschaftlich am anderen bekämpft, an sich selbst wahrnimmt und korrigiert.

Der Ausdruck *Introjektion* stammt von S. Ferenczi (*Introjektion und Übertragung,* 1909). Dieser Vorgang muß symmetrisch zur Projektion gedacht werden. Hier wird die Außenwelt ins Ich aufgenommen, und nicht das Ich mit seinen Schwächen in die Umwelt projiziert. Der Paranoiker ist nach Ferenczi ein Projektionstyp; der Neurotiker jedoch meistens ein Introjektionstyp. In der zügellosen Hineinnahme der Umwelt ins Ich verliert sich der neurotische Mensch an tausenderlei Beziehungsmöglichkeiten; man kann bei ihm gewissermaßen von „Übertragungssucht" reden. Eine schärfere Abgrenzung gegen die Menschenwelt gehört zum Erziehungsprogramm jeder Neurosentherapie, die den unkontrollierten *Hang zum Introjizieren* beseitigen muß, um das neurotische Ich zu stärken.

Die *Wendung gegen die eigene Person* bedeutet eine Art „Rückzug der Libido auf oder in das eigene Ich". Irgendwie wird die Beziehung zum Objekt gestört und unterbrochen; daraufhin wird das Ich zum Gegenstand des Triebes, was mit Kontakt- und Realitätsverlust einhergeht. Auch die *Verkehrung ins Gegenteil* wird hierbei ins Spiel gebracht. So kann aus Sadismus Masochismus werden, aus Voyeurismus Exhibitionismus usw.

Die *Sublimierung* schließlich bedeutet den Ersatz von triebhaften und egoistischen Tendenzen durch emotional-geistige und soziale; sie stellt das Hauptziel jeglicher Erziehung und Sozialisation dar. Unter dem Einfluß einer guten und tragenden Elternbeziehung gelingt jedem Menschenkind in einem bestimmten Ausmaß das Sublimierungsanliegen: So entsteht der Mensch als „Kulturtyp", wie er für Gesellschaft und Kultur nützlich ist.

Anna Freuds Erweiterung der „Abwehrlehre" betraf, wie bereits erwähnt, die *Identifizierung mit dem Angreifer* und die *altruistische Abtretung.*

Die erstere hat offensichtlich die Funktion, angsterregende Lebenssituationen durch Imitation der Angstquellen zu bewältigen. So erschien etwa ein sechsjähriger Junge, den Anna Freud behandelte, eines Tages in der Sprechstunde in einer Art „Kriegsausrüstung"; er hatte Tags zuvor einen Zusammenstoß mit seinem Lehrer, der zu einem Sportunfall führte. Nun war er selbst der potentielle Aggressor, was sein Selbstgefühl unverkennbar stärkte. Ein anderes Kind, das vom Zahnarzt geplagt wurde, wollte Gegenstände kaputtmachen, um seine gefühlte Ohnmacht zu kompensieren.

Auch Freud selbst verwies schon darauf, daß Kinder, die schmerzliche ärztliche Behandlungen erleiden mußten, meistens im Spiel sich zum Arzt machen, um die erlebte Aggression durch aktive Imitation zu bewältigen. Eine ganze Reihe von Kinderspielen macht sich die Umwandlung *vom passiven Erdulden zum aktiven Gestalten* zunutze, was allgemein als lustvoll empfunden wird.

Die *altruistische Umwandlung* wird an Menschen beobachtet, die irgendwann in ihrer Entwicklung auf Expansionen und Triebbefriedigungen verzichten, hernach aber um so hartnäckiger diese Befriedigungsmöglichkeiten irgendwelchen Beziehungspersonen verschaffen wollen. Ein berühmtes Beispiel hierzu findet man in der Weltliteratur im *Cyrano de Bergerac* des französischen Autors Edmond Rostand. Cyrano ist ein edler Ritter, der infolge einer überaus häßlichen Nase für die Frauenliebe als untauglich erscheint. Er liebt seine schöne Kusine Roxane, die er aber an seinen Freund Christian „abtritt". Er verfaßt für ihn die herrlichsten Liebesbriefe und spricht ihm sogar die Liebesworte vor, mittels derer der Schönling um Roxane werben soll. Im Krieg beschützt er seinen Nebenbuhler bis zur Selbstaufopferung.

Das Buch über *Das Ich und die Abwehrmechanismen* wurde Freud zu seinem 80. Geburtstag im Jahre 1936 gleichsam als Geschenk überreicht. Der greise Vater war enorm stolz auf seine Tochter, die damit in seine geistige Erbschaft eintrat. Daher hieß es in einem Brief an Arnold Zweig vom 13. Februar 1935 mit hoher Befriedigung:

> Ich muß mich mahnen, daß meine Tochter Anna gegenwärtig zu gute analytische Funde macht und wie alle sagen, in meisterhaften Vorträgen darüber berichtet.

Aber auch Sorgen fehlten nicht im Gemüt des weitblickenden Vaters, der seine Tochter auf dem Wege zur Intellektualität und inneren Einsamkeit sah. In einem Brief an Lou Andreas-Salomé vom 6. Januar 1935 schrieb Freud:

Was an mir noch erfreulich ist, heißt Anna. Bemerkenswert, wieviel Einfluß und Autorität sie unter der analytischen Menge gewonnen hat, – leider viel davon von der Analyse wenig veränderter Menschenstoff. Überraschend auch, wie scharf, klar und unbeirrbar sie den Stoff bewältigt, wirklich unabhängig von mir, höchstens katalytisch dirigiert. Sie werden sich freuen, wenn Sie ihre nächsten Arbeiten lesen. Natürlich gibt es manche Sorgen, sie macht es sich zu schwer, was wird sie anfangen, wenn sie mich verloren hat, ein Leben in asketischer Strenge?

Wege und Irrwege der Kinderentwicklung

In diesem Werk, das 1965 erstmals unter dem englischen Titel *Normality and Pathology in Childhood* erschien, zieht Anna Freud das Fazit aus jahrzehntelanger Beschäftigung mit der Kinderpsychologie und Kinderpsychoanalyse. Es ist eine meisterhafte Darstellung dessen, was die Tiefenpsychologie zum Verständnis des seelisch gesunden und kranken Kindes beiträgt und welche Therapiemöglichkeiten sie im Falle von psychischer Abnormität zur Verfügung stellt.

Als die Psychoanalyse geschaffen wurde, setzte man zunächst in sie gewaltige Hoffnungen auf Umgestaltung und Verbesserung der Erziehung im Sinne einer Prophylaxe psychischer Erkrankungen. Von einer analytischen Pädagogik erwartete man „neurosenfreie Kinder", die eine bessere Welt herbeiführen könnten. Aber diese kühnen Erwartungen haben sich nicht erfüllt. Auch Eltern mit psychoanalytischen Kenntnissen erzogen oft genug neurotische Kinder, und die früher oder später „analysierten kleinen Patienten" wurden keine besonders herausragenden Exemplare von Kulturträgern und Freiheitsaposteln. In vielen Fällen wurde sogar – vielleicht nicht zu Unrecht – von „psychoanalysegeschädigten Kindern" gesprochen. Der Aufbau einer wahrhaft tiefenpsychologischen Erziehung und eines dementsprechenden Neurosenschutzes scheint schwieriger zu sein, als es sich die erste Generation der Psychoanalytiker träumen ließ.

Immerhin gab und gibt es einige Errungenschaften, die die Tiefenpsychologie für die Erzieher zustande gebracht hat. Wir wissen heute, daß man die sexuelle Neugier der Kinder und allfällige Spielereien mit den Sexualorganen nicht tabuisieren darf; wir gönnen dem Kinde eine gewisse Triebhaftigkeit und verzögern tunlichst die Domestizierung und Sozialisierung, damit das Es nicht zugunsten des Ich verkrüppelt wird, was bekanntlich auch dem Ich schwere Schäden zufügt. Angst, Aggression und Schuldgefühle werden seit den Bemühungen der Analytiker sorgfältiger und schonender behandelt. Man weiß heute, daß das kindliche Ich gestärkt werden muß, wenn später ein arbeits- und liebesfähiger Mensch sich entwickeln soll. Psychoanalytische Aufklärung der Eltern hilft viel, aber man muß wissen (loc. cit. S. 17 f.), daß

> die psychoanalytische Pädagogik hinter dem Ziel zurück[bleibt], das sie sich eingangs gesteckt hat. Die unter dem neuen Regime aufgewachsenen Kinder mögen in mancher Hinsicht anders sein als die Kinder früherer Generationen. Sie sind aber nicht freier von Angst und Konflikten und darum neurotischen und anderen psychischen Störungen nicht weniger ausgesetzt. Der Fehler liegt hier nicht in einem Versagen des erzieherischen Handelns, sondern in unseren unberechtigten Erwartungen... die Suche nach einer eindeutigen „Wurzel der Neurose" [ist] so unrealistisch... wie die Hoffnung auf eine auf Erziehung gegründete Neurosenprophylaxe. Psychoanalytische Erfahrung zeigt, daß die Neurosen der Preis sind, den die Menschheit für die Kulturentwicklung zahlt... Konfliktfreiheit und Einheitlichkeit der Person sind also unerfüllbare Ideale für den Kulturmenschen. Das meiste, was eine verständnisvolle Erziehung hier leisten kann, ist, dem einzelnen Kind zu Konfliktlösungen zu verhelfen, die mit einem Modikum [ein bestimmtes Maß, J. R.] von psychischer Gesundheit verträglich sind.

Anna Freuds Buch ist klar gegliedert und unterteilt sich in folgende Abschnitte: 1. Die psychoanalytische Psychologie der Kindheit und ihre Quellen; 2. Die Beziehungen zwischen der Kinderanalyse und der Erwachsenenanalyse; 3. Die normale Kinderentwicklung – Maßstäbe und Beurteilung; 4. Die pathologische Kinderentwicklung.

Da die beiden ersten Abschnitte gewissermaßen eine Rekapitulation aus Anna Freuds früheren Schriften darstellen, beschränken wir uns auf einige Hinweise zu den Abschnitten 3 und 4.

Schon Erik H. Erikson hat in *Kindheit und Gesellschaft* (1950) eine Stufenfolge von kindlichen Entwicklungsschritten skizziert, die absolviert werden müssen, wenn das Kind im späteren Leben ins „Stadium der Reife" gelangen soll. Es gibt offenbar einige grundlegende „Tugenden" (im Sinne von Tüchtigkeiten), die man im Jugendalter assimilieren oder erwerben soll, damit die seelisch-geistige Gesamtentwicklung darauf aufbauen kann. Auch Anna Freud hat ein solches Entwicklungsschema im Sinn, wenn sie „psychische Entwicklungslinien" beschreibt, entlang derer sich die Entfaltung der seelischen Normalität und Funktionstauglichkeit vollzieht. Der psychoanalytisch geschulte Kinderbeobachter wird auf folgende „Aufgaben" für das Kind achten, wenn es sich zufriedenstellend mit den vielfältigen Anforderungen seitens seiner Triebwelt, seines Gewissens und der Außenwelt auseinandersetzen soll:

a) Das Kind muß von der infantilen Abhängigkeit zu einem erwachsenen Liebesleben hingeführt werden;

b) Das Kind muß im wachsenden Maße körperliche Selbständigkeit erlangen; darin sind u. a. inbegriffen rationelles Essen, Reinlichkeit, Verantwortlichkeit für den eigenen Körper;

c) Das Kind muß auf den Egoismus verzichten lernen und offen sein für Freundschaft und Teilnahme an der menschlichen Gemeinschaft;

d) Das Kind soll den Weg finden von der Autoerotik zum Spielzeug und vom Spiel zur Arbeit;

e) Alle diese Entwicklungslinien sollen halbwegs in Harmonie absolviert werden, d. h. in wechselseitiger Übereinstimmung und in altersgemäßer Entfaltung.

Auch die Psychoanalyse bestätigt die alte Goethesche Einsicht, daß man „erzogene Kinder gebären könnte, wenn nur die Eltern erzogener wären". Nach Anna Freud sind die Eltern meistens nicht in der Lage, den zentralen und unabweislichen Bedürfnissen des Kindes gerecht zu werden. So sollten sie z. B. dem Kinde anfänglich die Möglichkeit einer echten Symbiose mit der Mutter anbieten; dann sollte das Kind in einer verläßlichen Umwelt seine Orientierungsfunktionen aufbauen; es bedarf hierzu geliebter Beziehungspersonen, die es ihm erlauben, seine narzißtische Libido in Objektlibido zu verwandeln; schließlich muß es geduldig zur Triebbeherrschung und Triebkontrolle angeleitet werden; es muß Vorbilder um sich haben, die seine Überichbildung fördern können.

Da die Eltern selbst große seelische Schwierigkeiten haben, sind sie der kindlichen Entwicklung durchaus nicht immer freundlich gesinnt. So lernen wir etwa aus Mutter-Kind-Analysen folgendes (loc. cit. S. 53):

a) daß für viele Eltern ihr Kind entweder eine Idealfigur oder ein Objekt aus ihrer eigenen Vergangenheit vorstellt, daß ihre Bindung an das Kind von dieser irrealen Beziehung abhängt und daß das Kind sich im Sinn dieser Phantasien entwickelt, um sich die Zuneigung der Eltern zu erhalten, auch wo seiner eigenen Natur Zwang damit angetan wird;

b) daß viele neurotische oder psychotische Eltern das Kind in ihr pathologisches System einbeziehen und seine eigenen Entwicklungsbedürfnisse vernachlässigen;

c) daß manche Mütter tatsächlich ein Symptom mit dem Kind teilen und gemeinsam mit ihm in Form einer *folie à deux* agieren;

d) daß der pathogene Einfluß auf das Kind um so stärker ist, je mehr er sich auf Seite der Eltern in tatsächlichen Aktionen, nicht nur in Phantasien äußert; im letzteren Fall kann die Analyse des Kindes als Therapie genügen, im ersteren ist die Behandlung des verantwortlichen Elternteils notwendig...

Kinderneurosen sind ein Produkt aus den Neurosen der Eltern, unglücklichen Ehen, Erziehungsfehlern und Irrwegen der kindlichen Entwicklung. Oft kann die Kindertherapie nur auf das Kind einwirken, weshalb so manche Fälle einer Heilung erheblichen Widerstand entgegensetzen.

Anna Freud beschreibt wichtige neurotische Symptome an Kindern, mit denen der Kinderanalytiker meistens konfrontiert wird. So sucht man seinen Rat z. B. bei Schlafstörungen, bei Eß-Schwierigkeiten, bei Kinderängsten, bei gestörtem Benehmen der Kinder bzw. Charakteranomalien und bei eigentlichen Kinderneurosen.

Faktisch leiden viele Kinder schon an Phobien, Angstneurosen, Zwangsneurosen, Hysterien und manchmal auch an Psychosen. Vor allem in der Pubertät spitzen sich seelische Entwicklungskrisen dramatisch zu und können schwere neurotische und andere Verstrickungen zutagefördern. Seelische Zusammenbrüche, Suizidalität, Psychosen und andere Zustandsbilder sind beim Übergang vom Jugendalter zum Erwachsenwerden nicht selten.

Die Kinder- und Jugendlichentherapie läuft nicht durchwegs parallel zur Erwachsenentherapie. Man muß stets auf die besonderen Gegebenheiten des Kindes- und Jugendalters Bezug nehmen. Auch hat jeder Fall seine eigene Struktur; daher wird man gut daran tun, immer „individualisierend" zu behandeln. Anna Freud sagt am Ende ihres gehaltvollen und lehrreichen Buches (S. 212):

Die Psychopathologie der Kindheit ist also, soweit unsere Erfahrung reicht, alles eher als eindeutig. Sie beruht auf einer Unzahl sich widersprechender Einflüsse und erzeugt eine Unzahl widerspruchsvoller Krankheitsbilder. Je mehr therapeutische Möglichkeiten eine Behandlungsmethode dem Kind eröffnet, desto größer ist infolgedessen die Aussicht, daß seine vielseitigen therapeutischen Bedürfnisse in ihr Befriedigung finden können.

Für die Anwendung der Kinderanalyse über das Gebiet der infantilen Neurose hinaus spricht auch noch eine weitere Überlegung. Nur die analytische Methode dient gleichzeitig zwei Zielen: der Therapie und der Forschung. Wo wir auf sie verzichten, verzichten wir auch auf ein weiteres Vordringen in die noch dunklen Gebiete der infantilen Psychopathologie. Es ist nicht unmöglich, daß in der Zukunft unsere diagnostischen Unterscheidungen scharf genug sein werden, um uns zu berechtigen, die Therapie eines Kindes von vornherein auf einen einzigen Heilungsfaktor einzuschränken. Der jetzige Stand unserer Kenntnisse gibt uns noch kein Recht zu solcher Sicherheit. Ehe wir mehr wissen, tun wir besser daran, mit einer Methode zu arbeiten, die den Therapeuten zu neuen Einsichten führt und dem Kind erlaubt, seinen eigenen Weg zur Heilung oder Besserung einzuschlagen.

Kritische Bewertung

J.-P. Sartre erzählt bei Gelegenheit, er glaube, daß er kein Überich habe, sein Vater habe die Höflichkeit besessen, bald nach der Geburt seines Söhnchens zu sterben, weshalb die Überichbildung unterblieben sei. Alle seine Freunde, meint Sartre, wanken daher unter dem Gewicht des Vaters, der ihnen auf den Schultern sitze; er allein aber gehe frei und unbefangen, weil er ohne väterliche Einschränkungen aufgewachsen sei. Ob das richtig ist, mag man füglich bezweifeln – denn es gab immerhin den Großvater Karl Schweitzer, der vermutlich beim kleinen Jean-Paul zur Überich-Figur wurde; auch zeigen Sartres Leben und seine fieberhafte Produktivität nicht unbedingt einen deutlichen Überich-Mangel an. Wie dem auch sei: Bei Anna Freud ist es gewiß, daß die mächtige Vaterfigur ihr Leben nachhaltig beeinflußt hat. Da wurde so viel Überich konstelliert, daß zur Führung eines eigenwüchsigen und eigenständigen Lebens nicht sehr viel Freiraum blieb. Anna Freud hat ihr Dasein dem Dienste ihres Vaters geweiht; sie war nicht nur seine Pflegerin in der Zeit der schweren Krankheit, sondern sie wurde auch die *Fortsetzerin seines Lebenswerkes,* der Psychoanalyse.

Es kann niemand bezweifeln, daß sie zu einer hervorragenden Kennerin aller theoretischen und praktischen Probleme der Psychoanalyse wurde. Ihr Schwerpunkt lag immer bei der Kinder- und Jugendpsychologie, aber sie äußerte sich auch zu vielen anderen Fragen der modernen Seelenkunde, wie sie sich im Werke ihres Vaters präsentierte. Aber eigentümlicherweise blieb sie damit immer *innerhalb der psychoanalytischen Orthodoxie;* es gibt kaum einen Hinweis darauf, daß sie sich ernsthaft mit den konkurrierenden Richtungen der Tiefenpsychologie auseinandersetzte, etwa mit den Schriften von Adler, Jung, Stekel, Fromm, Horney, Sullivan, Schultz-Hencke, Binswanger, Boss und vielen anderen. Für Anna Freud war offenbar alles, was nach Freud kam, nur dann relevant, wenn es innerhalb der eigentlichen Freudschule erdacht und erprobt worden war. Sie kannte vermutlich gar nicht den „radikalen Zweifel", den Descartes als Methode allen Philosophierens rühmte; der Ansatz war für sie bereits gefunden, und es galt nur noch, ihn zu erweitern, zu verfeinern und einer widerstrebenden Welt klarzumachen.

Sie blieb im Lichte oder im Schatten ihres Vaters und befand sich wohl dabei. Bei ihm hatte sie eine persönliche und wissenschaftliche Ausbildung erhalten; andere Lehrer und Vorbilder gab es nicht in ihrem Leben. Da sie kein eigentliches Universitätsstudium absolviert hatte, war ihr Bildungsfundament eher schmal. Es gibt in ihren Schriften keine Anzeichen philosophischer und weltliterarischer Bildung, keine geschichtlichen, mythologischen oder künstlerischen Anmerkungen, wie sie etwa das Oeuvre der Pioniere der Tiefenpsychologie so reizvoll machen. Anna Freud war eine tüchtige Praktikerin, die sich bemühte, ein theoretisches Fundament für ihre begrenzte Praxis auszuarbeiten. Daher ihre Konzentration auf Kinderpsychologie und -therapie, mit wenigen, gelegenheitsbedingten Abschweifungen in andere Bereiche des psychoanalytischen Diskurses.

Man hat davon gesprochen, daß sie „ein Leben für das Kind" führte. Zweifelsohne hat sie, zusammen mit Dorothy Burlingham, in ihrer Hampstead Clinic bei London großartige therapeutische und didaktische Arbeit geleistet. Sie betreute nicht nur zahlreiche Kinder, sondern gründete daselbst auch ein Ausbildungsinstitut, in welchem Kinderanalytiker eine gründliche und systematische Schulung erfuhren. Auch publizierte sie in der Zeitschrift *The Psychoanalytic Study of the Child* zahlreiche wissenschaftliche Arbeiten, die das neue Fach der Kinderpsychoanalyse solide fundierten.

Sie war eine geschätzte Vortragende, die ähnlich wie ihr Vater meisterhaft die Kunst der Rede beherrschte. Sie sprach immer frei und ohne Notizen, und es gab kaum je eine Situation, wo sie ins Stocken geriet und vom reinen, melodischen Fluß ihrer Rhetorik im Stich gelassen wurde. Als sie 1948 in Genf an einem Psychoanalysekongreß das Hauptreferat hielt, sagte der Kongreßleiter mit echt französischer Courtoisie (aber ohne zu übertreiben!): „Madame Freud hat uns einen Vortrag gehalten, der als Kunstwerk an ein Requiem von Mozart erinnert!"

Man gab ihr zahlreiche akademische Ehrungen, durch die man eventuell wiedergutmachen wollte, was man beim Vater an Nichtbeachtung und Schmähungen verschuldet hatte. Ähnlich wurden ja auch Darwins Söhne in den Adelsstand erhoben, den man dem berühmten Vater verweigert hatte. So wurde Anna Freud die beliebteste und geehrteste Psychoanalytikerin der Gegenwart, wenngleich ihr Lebenswerk vergleichsweise schmal und nur teilweise originell ausfiel.

Ausgewählte Literatur

Besser, R. (1977). Leben und Werk von Anna Freud. In Psychologie im 20. Jahrhundert, Bd. II: Freud und die Folgen (2). Zürich: Kindler.

Bolland, J. & Sandler, J. (1977). Die Hampstead-Methode. München: Kindler.

Bornstein, B. (1966). Die Analyse eines phobischen Kindes. Psyche XX, 721–760.

Erikson, E. (1950). Kindheit und Gesellschaft. Stuttgart: Klett, 5. Aufl. 1974.

Frankl, L. (1973). Die „Hampstead Child Therapy Clinic". In Gerd Biermann (Hrsg.), Handbuch der Kinderpsychotherapie, Bd. 1, 3. Auflage. München: Kindler.

Freud, A. Die Schriften der Anna Freud. 10 Bde. München: Kindler 1980.

– (1927). Einführung in die Technik der Kinderanalyse. München: Reinhardt 1979.

– (1930). Psychoanalyse für Pädagogen. Bern: Huber, 5. Auflage 1971 (a).

– (1932). Psychoanalyse des Kindes. Zeitschrift für psychoanalytische Pädagogik VI, 5–20.

– (1932). Erzieher und Neurose. Zeitschrift für psychoanalytische Pädagogik VI, 393–402.

– (1934). Die Erziehung des Kleinkindes vom psychoanalytischen Standpunkt aus. In Heinrich Meng (Hrsg.), Psychoanalytische Pädagogik des Kleinkindes. München: Reinhardt 1973.

– (1936). Das Ich und die Abwehrmechanismen. München: Kindler, 11. Auflage 1978.

– (1945). Indikationsstellung in der Kinderanalyse. Psyche XXI, 1967, 233–253.

– (1950). Probleme der Lehranalyse. Psyche XXIV (1970) 565–576.

– (1950). Beiträge der Psychoanalyse zur Entwicklungspsychologie. Psyche XII (1957) 174–198.

– (1959). Probleme der Pubertät. Psyche XIV (1960) 1–23.

– (1965). Some Recent Developments in Child-Analysis. Psychotherapy and Psychosomatics XIII, 36–46.

– (1965). Wege und Irrwege in der Kinderentwicklung. Stuttgart: Klett, 2. Auflage 1971.

– (1966). Eine Diskussion mit René Spitz. Psyche XXI (1967) 4–15.

– (1969). Schwierigkeiten der Psychoanalyse in Vergangenheit und Gegenwart. Frankfurt: Fischer 1972.

– (1969). Adolescence as a Developmental Disturbance. In Serge Lebovici (Hrsg.), Adolescence. New York: Norton.

– (1971). Heimatlose Kinder. Zur Anwendung psychoanalytischen Wissens auf die Kindererziehung. Frankfurt: Fischer.

– (1976). Die Beziehung zwischen Kinderheilkunde und Kinderpsychologie. In Gerd Biermann (Hrsg.), Handbuch der Kinderpsychotherapie, Ergänzungsbd. München: Reinhardt.

– & Bergmann, T. (1965). Kranke Kinder. Frankfurt: Fischer 1977.

E. C. M. Frijling-Schreuder. Buchbesprechung zu „The Writings of Anna Freud", In Psyche XXIX, 1975, 1141–1145; Psyche XXXI, 1977, 276–279, 1144–1149.

Freud, S. (1900). Die Traumdeutung. GW II/III.

– (1909). Analyse der Phobie eines fünfjährigen Knaben. GW VII.

– (1926). Hemmung, Symptom und Angst. GW XIV.

Frommknecht, M. (1980). Anna Freud. In Josef Rattner, Wandlungen der Psychoanalyse. Wien: Europa-Verlag.

Peters, U. H. (1979). Anna Freud, Ein Leben für das Kind. München: Kindler.

Rattner, J. (1978). Tiefenpsychologie und Erziehung. Unveröffentlichtes Manuskript.

Springer-Kremser, M. (1980). Psychoanalytische Pädagogik. In Psychologie im 20. Jahrhundert, Bd. XI. Zürich: Kindler.

Stork, J. (1976). Die seelische Entwicklung des Kleinkindes aus psychoanalytischer Sicht. In Psychologie im 20. Jahrhundert, Bd. II: Freud und die Folgen (1). Zürich: Kindler.

Wyss, D. (1961). Die tiefenpsychologischen Schulen von den Anfängen bis zur Gegenwart. Göttingen: Vandenhoeck & Ruprecht.

Helene Deutsch

Helene Deutsch wurde am 9. Oktober 1884 als Tochter eines jüdischen Rechtsanwaltes in Przemyśl (Polen) geboren. Die Stadt gehörte damals zu Österreich-Ungarn, das von der Habsburger Monarchie beherrscht wurde. Die jüdische Minderheit stellte in der Regel die Bildungsschicht solcher Provinzstädte dar. Daher konnte Helene Deutsch als Heranwachsende ein Universitätsstudium ins Auge fassen, was in jenen Jahren für eine Frau noch ein großes Wagnis bedeutete.

Vorerst wollte sie Juristin und Führerin der Frauenemanzipation werden. Frühzeitig erwachte ihr politisches Interesse, da sie die Geliebte eines polnisch-jüdischen Sozialisten (Herman Liebermann) wurde. Mit Liebermann zusammen lernte sie die Sozialistenführer jener Epoche kennen, wobei ihr Rosa Luxemburg einen besonders starken Eindruck machte. Auch die hervorragende Pazifistin Bertha von Suttner wurde für sie zur Leitfigur; sie träumte in jungen Jahren davon, sich als Politikerin einen Namen zu machen.

Aber sie entschied sich doch für das Studium der Medizin, welches sie in Wien – der Hauptstadt des Kaiserreiches – absolvierte. 1910 bestand sie ihr Doktorexamen und ging bald darauf für ein Studienjahr nach München, wo sie ihren späteren Gatten Felix Deutsch kennenlernte. Auch Deutsch war Arzt und widmete sich der Inneren Medizin; Helene jedoch wandte sich der Psychiatrie zu.

Sie wurde (unbezahlte) Assistenzärztin an der Psychiatrischen Universitätsklinik, die unter der Leitung des berühmten Psychiaters Wagner-von Jauregg stand. Seit 1911 hatte Helene Deutsch psychoanalytische Literatur gelesen und gelegentlich auch Vorlesungen bei Sigmund Freud gehört. Sie war so fasziniert von den Erkenntnissen der neueren Seelenheilkunde, daß sie beschloß, ihre Position unter den Psychiatern aufzugeben. Es war nämlich kaum denkbar, der offiziellen Psychiatrie anzugehören und sich zum Freudschen Kreis zu bekennen. 1918 meldete sich Helene Deutsch bei Freud zu einer Lehranalyse an. Sie hatte das Glück, angenommen zu werden, und ihre Karriere in der Psychoanalyse begann.

Sie galt als einer der Lieblinge Freuds, der ein Faible für schöne und kluge Frauen hatte. Helene wurde bald eine prominente Figur in der jungen Psychoanalytikergeneration. Nachdem sie noch eine „Nachanalyse" bei Karl Abraham in Berlin absolviert hatte, beteiligte sie sich am

Wiener Psychoanalytischen Institut, wo ihre Vorlesungen und Fallseminare sehr geschätzt wurden. Freud überwies ihr auch gerne schwierige Fälle, da er ihre Kompetenz als Psychoanalytikerin sehr hoch einschätzte.

Auch Felix Deutsch interessierte sich im wachsenden Maße für die psychoanalytische Forschung und leistete vorwiegend Beiträge zur damals entstehenden psychosomatischen Medizin. Als Freud 1923 an Krebs erkrankte, war Deutsch vorübergehend sein medizinischer Betreuer. Persönliche, fast freundschaftliche Kontakte mit der Familie Freud waren nicht selten.

1925 publizierte Helene Deutsch im Wiener Psychoanalytischen Verlag ihr Buch *Zur Psychoanalyse der weiblichen Sexualfunktionen*. Damit wurde sie, gemeinsam mit Karen Horney, zur führenden Vertreterin der analytischen Untersuchungen zur Theorie der Weiblichkeit.

Freud selbst veröffentlichte in den folgenden Jahren Beiträge zum weiblichen Geschlechtscharakter, die aber in beträchtlicher Weise patriarchalische Vorurteile zum Ausdruck brachten. Auch Helene Deutsch lehnte sich vorerst an die in der Psychoanalyse geltenden Überzeugungen aus dem Geiste des Patriarchats an, konnte sich aber in späteren Arbeiten einigermaßen davon befreien. Für den Wert ihrer frühen Arbeit spricht immerhin das Urteil von Karen Horney, die in einer ausführlichen Besprechung feststellte, es sei

von höchstem Wert, daß eine Unternehmung wie die Erörterung der ganzen Spannweite weiblicher Sexualfunktionen unter dem Blickwinkel der Psychoanalyse überhaupt versucht wird... Man kann einer Landschaft nicht gerecht werden, wenn man sie nur auf den Hauptdurchgangsstraßen bereist, und in gleicher Weise kann diese Besprechung, die sich streng an die Hauptgedanken halten muß, der wahren Fülle an Beobachtungen und Gedanken, die dieses Werk enthält, nicht gerecht werden.

Nachdem Helene Deutsch 1930 an einer Konferenz für psychische Hygiene in den USA teilgenommen hatte, übersiedelte sie 1934 in die Vereinigten Staaten, da damals in Österreich bereits ein „Klerikofaschismus" regierte, der die Schrecken der späteren Naziherrschaft teilweise vorwegnahm. Helene und Felix Deutsch gingen nach Boston (Massachusetts), wo sie mit Stanley Cobb zusammenarbeiteten, der sich für die psychoanalytische Medizin interessierte. Bald war Helene Deutsch eine führende Gestalt in der amerikanischen Psychoanalyse. Sie festigte ihr Prestige noch mehr, als 1944/45 ihr zweibändiges Werk *The Psychology of Women* erschien. Dieses Standardwerk von ca. 800

Druckseiten erlebte viele Auflagen und wurde in acht Sprachen übersetzt; in deutscher Sprache erschien es unter dem Titel *Psychologie der
Frau* im Jahre 1948/54.

Helene Deutsch wehrte sich zeitlebens dagegen, als Spezialistin der
„Frauenpsychologie" abgestempelt zu werden; tatsächlich hat sie auch
zahlreiche Studien über andere Bereiche der Tiefenpsychologie geschrieben. Da aber das genannte Werk ein „Klassiker" der modernen
Seelenkunde wurde, konnte die Autorin nichts dagegen ausrichten, daß
ihr Name hauptsächlich mit diesem Buch verbunden blieb.

Als Psychoanalytikerin in Boston wuchs Helene Deutsch mehr und
mehr in die Rolle einer „Great Old Lady" der Psychoanalyse hinein. Sie
war bis ins hohe Alter hinein als Therapeutin, Lehrerin und Ausbilderin
tätig. Auch Felix Deutsch hatte in den USA Erfolg in den von ihm
gewählten Spezialgebieten, aber er blieb – wie schon in Wien – ein wenig
im Schatten seiner erfolgreicheren Frau. Er starb 1964 im Alter von
achtzig Jahren.

Helene Deutsch überlebte ihn um nicht weniger als achtzehn Jahre.
Sie kränkelte viel im hohen Alter, aber ihre literarische und ihre therapeutische Produktivität blieben ungebrochen. 1967 z. B. veröffentlichte
sie die Monographie *Ausgewählte Probleme der Adoleszenz*; 1965 waren
Neurosen und Charaktertypen erschienen. 1973 publizierte sie ihre Autobiographie unter dem Titel *Selbstkonfrontation*.

Helene Deutsch starb am 29. April 1982 im hohen Alter von 98 Jahren
in ihrem Hause in Cambridge (Massachusetts).

Sigmund Freuds Theorie der Weiblichkeit

Helene Deutsch gilt als orthodoxe Psychoanalytikerin, und als sie über
das Thema der Frauenpsychologie arbeitete, schloß sie sich ziemlich
dicht an die Freudschen Auffassungen an. Der Meister hatte jedoch
sichtlich Mühe mit dem Verständnis der weiblichen Natur; er soll bei
Gelegenheit zu Marie Bonaparte (sinngemäß) gesagt haben: „Trotz
mehr als dreißigjährigem Studium der Frauenpsyche kann ich auch
heute noch nicht die Frage beantworten: *Was will das Weib?*" Diese doch
etwas merkwürdige Äußerung scheint die Verlegenheit widerzuspiegeln,
die Freud als Mann gegenüber dem anderen Geschlecht empfand. Immerhin versuchte der große Psychoanalytiker in drei Abhandlungen
herauszufinden, „was das Weib will". Es handelt sich um: *Einige psychische Folgen des anatomischen Geschlechtsunterschiedes* (1925); *Über die*

weibliche Sexualität (1931); *Die Weiblichkeit* (1933). Um Helene Deutschs Ansichten zu verstehen, müssen wir kurz Freuds diesbezügliche Theorien rekapitulieren.

Das Mädchen hat nach Freud eine andere psychosexuelle Entwicklung als der Knabe. Die orale und die anale Phase werden von beiden Geschlechtern ähnlich absolviert; aber in der phallischen Phase (3.–5. Jahr) macht das Mädchen die erschreckende Entdeckung, daß es keinen Penis besitzt. Die Klitoris als „kleines, verstecktes Organ" kann mit dem eindrücklichen männlichen Organ nicht konkurrieren. Das Mädchen reagiert auf diese „Zurücksetzung" mit dem *Penisneid,* der für sein Seelenleben ausschlaggebende Bedeutung gewinnt. Der Knabe jedoch, der die „Verstümmelung" des Mädchens wahrnimmt, erleidet eine mächtige *Kastrationsangst;* er fürchtet, daß auch er seines kostbaren Gliedes beraubt werden könnte. In zwei Richtungen kann sein Verhältnis zum anderen Geschlecht durch die Beobachtung von dessen Kastriertsein bestimmt werden: Entweder er empfindet Abscheu vor den „unzulänglichen Frauen" oder er entfaltet triumphierende Geringschätzung für diese Menschengruppe. Daraus entsteht die patriarchalische Grundhaltung, eventuell aber auch Homosexualität und manche Perversionen.

Im Hintergrund jeder weiblichen Psyche bildet sich ein „Männlichkeitskomplex" aus. Das Mädchen fixiert sich unbewußt auf die Hoffnung, doch noch irgendwann einen Penis zu bekommen. Aber ein dauerndes Minderwertigkeitsgefühl wegen des tiefsitzenden Mangels bleibt erhalten. Die meisten Frauen teilen nach Freud die männliche Überzeugung von der „Minderwertigkeit des weiblichen Geschlechts", wenn sie auch diese schmerzliche Idee überspielen und kompensieren.

Aus dem Penisneid der Frau leitet Freud die größere Neigung des weiblichen Geschlechts zur Eifersucht ab. Rivalität und Konkurrenzgefühl sind bei den Frauen starke psychische Komponenten.

Auch hadert jedes Mädchen mit seiner Mutter, weil es diese für seinen Penismangel verantwortlich macht. G. B. Shaw hat einmal gesagt, daß es nur *eine* Frau im Leben einer englischen Mistress gibt, gegen die sie mehr Abneigung empfindet als gegen ihre ältere Schwester: es ist ihre Mutter! Die sexuelle Betätigung des Mädchens ist im Heranwachsen sparsamer als die des Knaben; das „minderwertige Organ" verleidet den Frauen das Onanieren. Mit der sexuellen Unterdrückung läuft auch ein Lahmlegen der Aggression parallel; daher neigen – nach Freud – die Frauen zur Passivität und zum Masochismus. Das Stadium des „Weibseins" wird eigentlich nur erreicht, wenn diese Aktivitätshemmung wirklich vollzogen wird.

Beim Knaben kommt es nach der ödipalen Phase zum „Untergang des Ödipuskomplexes", der eine moralische und soziale Entwicklung einleitet. Beim Mädchen ist dieser „Untergang" nur andeutungsweise zu finden; daher bildet das weibliche Geschlecht – immer nach Freud – ein nur *rudimentäres Überich oder Gewissen* aus. Das sittliche Niveau der Frauen sei allgemein geringer als das der Männer. Sie haben weniger Rechtsgefühl, Realitätsbewußtsein und Vernunft. Die genannten Tugenden sind allerdings auch bei den Männern nur lückenhaft ausgeprägt. Aber Freud ist doch geneigt, im patriarchalischen Geiste einen *fundamentalen Wertunterschied* zwischen Mann und Frau zu postulieren.

So gelangt er denn dazu, für die weibliche Psyche die Eigenschaftstrias „Infantilismus, Masochismus und Narzißmus" als grundwesentlich anzunehmen. Frauen sind kindischer, unterwürfiger und eitler als Männer. Sie bleiben „familiengebunden" und wachsen nicht in die Kultur hinein.

In *Neue Folge der Vorlesungen zur Einführung in die Psychoanalyse* (1933) steigert Freud noch seine patriarchalische Kritik am weiblichen Geschlecht, bei der er offenbar weitgehend vernachlässigt, was die Männerkultur den Frauen an Hindernissen für die Persönlichkeitsbildung und -entfaltung in den Weg legt. Er meint, wie ein unbefangener Naturforscher die Frauenpsyche studieren zu können, hat aber bei seinen Beobachtungen nur Frauen vor sich, die bereits durch die verheerenden Einflüsse des Patriarchats geschädigt und korrumpiert wurden.

Wiederum hält er den Masochismus für eine „echt weibliche Eigenschaft". Die Sexuallibido ist für ihn eine „männliche Strebung"; sofern sie bei der Frau in Erscheinung tritt, haben eben die Frauen auch an der „Männlichkeit" Anteil (Theorie der Bisexualität des Menschen). Frauen sind von Natur weniger aggressiv, trotzig und selbstgenügsam als Männer; daher werden sie in ihrem Leben durch das Zärtlichkeitsbedürfnis bestimmt, welches sie gefügig und abhängig macht.

Um zum „Vollweib" zu werden, muß das onanierende Mädchen seine Sexualempfindung von der Klitoris auf die Vagina verlagern. Eine solche Verlagerung kommt in der männlichen Reifung nicht vor; daher ist das Sexualleben des Mannes etwas unkomplizierter. Meistens gelingt der erwähnte Entwicklungsschritt bei der Frau schlecht; die Folge ist Frigidität oder eine andere Anomalie der Sexualempfindung.

Auch muß das Mädchen das erste Sexualobjekt (die Mutter) gegen den Vater eintauschen. Der Knabe jedoch darf beim weiblichen Geschlecht verbleiben. Die Beziehung des Mädchens zum Vater ist genau so erotisch wie die des Knaben zur Mutter; in der „Ödipalität" will es vom Vater ein Kind haben und sich an die Stelle der Mutter setzen.

Das Kastrationsgefühl des Mädchens kommt erst dann zur Ruhe, wenn dieses als erwachsene Frau ein Kind *(einen Knaben)* geboren hat. Darum lieben die Mütter die Knaben mehr als die Mädchen. Allerdings gelten sie im Patriarchat mehr, wenn sie Männer gebären und nicht Frauen.

Eitel und schamhaft sind die Frauen, weil sie ihren fundamentalen physischen Mangel vergessen machen wollen. Mode, Schmuck usw. kompensieren den ursprünglichen Penisverlust.

Fragt man sich, was die Frauen bisher für die Kultur geleistet haben, so ist Freud nicht bereit, der weiblichen Schöpferkraft viel Anerkennung zu zollen. In der Frühzeit des Menschengeschlechtes mögen die Frauen „das Flechten und Weben" erfunden haben. Wie aber kam das nach Freud relativ unintelligente weibliche Geschlecht zu dieser Erfindung? Man höre und staune: Die Frauen verfilzten ihre Schamhaare, bis diese fest aneinander hafteten. Nach diesem Muster entwarfen sie die Kunst des Webens und Flechtens, die demnach aus einer „somatischen Vorlage" stammt.

Freud erschrickt selbst vor dieser Konjektur und wendet sich etwas beschwörend an seine imaginären Zuhörer mit den Worten: „Wenn Sie diesen Einfall als phantastisch zurückweisen und mir den Einfluß des Penismangels auf die weibliche Psyche als eine fixe Idee anrechnen, bin ich natürlich wehrlos."

Da der *Neid* die Grundkraft der weiblichen Psyche ist, hat die Frau weniger Gerechtigkeitssinn, soziales Interesse und Sublimierungsfähigkeit als der Mann. Mit dreißig Jahren ist sie in der Regel bereits „starr und unveränderlich"; Männer jedoch können sich bis ins hohe Alter verändern und entfalten. Um seine harten Formulierungen etwas abzuschwächen, beendet Freud seinen Diskurs mit dem tröstlichen Hinweis, daß wir „das Weib nur insofern beschrieben haben, als sein Wesen durch seine Sexualfunktion bestimmt wird". An anderer Stelle betont er, daß das Weib trotz seiner geschilderten Mängel doch „auch ein Mensch sei".

Gewiß hat Freud ziemlich scharfsinnig manche Mängel der durch die patriarchalischen Lebensformen geschädigten Frauenpsyche ins Auge gefaßt. Er unterschätzt aber durchwegs die sozialen, ökonomischen, religiösen und erzieherischen Repressionen, denen die Frauen seit jeher in der Männerkultur ausgesetzt waren. In seiner Kritik an den „Weibern" reiht er sich unwillkürlich ein in die Gesellschaft der radikalen Frauenkritiker oder gar Frauenhasser, die von den Verfassern der Bibel bis zu den Kirchenvätern, von Schopenhauer über Nietzsche zu Weininger, von Strindberg zu Möbius und vielen anderen Apologeten des *männlichen Superioritätswahnes* reichen. Psychoanalytikerinnen wie Helene Deutsch und Karen Horney hatten große Mühe, die Vorurteile des Meisters zu überwinden und eine humanere Sicht der Frauenpsyche zu propagieren.

Psychologie der Frau

In seiner Vorlesung über das Thema *Die Weiblichkeit* (in: *Neue Folge der Vorlesungen zur Einführung in die Psychoanalyse,* 1933, S. 120) sagte Freud in einer cheveralesken wie auch etwas herablassenden Wendung zu seinen Zuhörern:

> Über das Rätsel der Weiblichkeit haben die Menschen zu allen Zeiten gegrübelt... Auch Sie werden sich von diesem Grübeln nicht ausgeschlossen haben, insoferne Sie Männer sind; von den Frauen unter Ihnen erwartet man es nicht, sie sind selbst dieses Rätsel.

Hier irrte sich Freud ganz sicherlich. Denn schon gab es unter seinen Schülerinnen hervorragende Analytikerinnen, die sich gezielt und bewußt mit dem Rätsel der „Weiblichkeit" auseinandersetzten. Karen Horney und Helene Deutsch waren nicht die einzigen Autoren, die wichtige Beiträge zu dieser Fragestellung lieferten. Da die Psychoanalyse immer auch die Selbsterkenntnis des Therapeuten voraussetzt, mußten sich eigentlich alle Therapeutinnen auf den Weg machen, Verständnis für die weiblichen Existenzprobleme zu gewinnen; die eigene Person bot sich hierbei als wichtigstes Studienobjekt an. Überblickt man zudem die Entwicklung der „Frauenforschung" in den letzten fünfzig Jahren, dann erweist sich Freuds Statement als ein banales patriarchalisches Vorurteil, das in keiner Weise aufrechterhalten werden kann.

Es liegen seither nicht nur die zwei voluminösen Bände von Helene Deutschs *Psychologie der Frau* vor, sondern auch – um nur herausragendste Beispiele zu nennen – Simone de Beauvoirs *Das andere Geschlecht* (1949, deutsche Ausgabe 1951), Betty Friedans *Der Weiblichkeitswahn* (deutsch 1966), Germaine Greers *Der weibliche Eunuch* (deutsch 1971), Kate Milletts *Sexus und Herrschaft* (deutsch 1971), Elisabeth Badinters *Die Mutterliebe* (deutsch 1981), Nancy Fridays *Wie meine Mutter* (deutsch 1980), Germaine Greers *Die heimliche Kastration* (deutsch 1984) und hunderte weitere Schriften von Rang und Bedeutung. Kein Zweifel: Die Frauen sind mindestens so gut geeignet wie die Männer, den Rätseln der Weiblichkeit nachzuspüren und deren Lösung zu suchen.

In *Zur Psychoanalyse der weiblichen Sexualfunktionen* (1925) stand Helene Deutsch noch uneingeschränkt unter dem Einfluß von Freuds Weiblichkeitstheorie. Sie übernahm seinen „Sexismus" fast kritiklos. Aber sie ging von ihrer gelebten und klinischen Erfahrung aus, wodurch ihr immerhin einige originelle Funde und Formulierungen gelangen. So hatte etwa Karen Horney kurz zuvor die These aufgestellt, daß die Identifizierung einer Frau mit ihrem Vater meistens zu einem Manko an Weiblichkeit führe. Dem widersprach Helene Deutsch, indem sie darauf verwies, daß eine gute Vaterbindung für ein Mädchen zur Quelle der Persönlichkeitsentwicklung werden könne. Das war vermutlich autobiographisch, denn Helene hatte ihren Vater sehr geliebt und war von ihm mächtig gefördert worden.

Auch verteidigte sie unterschwellig den „Männlichkeitskomplex" der Frauen, den ihre Psychoanalytikerkollegen als durchwegs „neurotisch" abqualifizierten. Nach Helene Deutsch sind Männlichkeitsattitüden für die Frau im Patriarchat „emanzipatorische Haltungen", die die Selbstbehauptung ermöglichen und begünstigen. Daher kann man sie zum „normalen Entwicklungspensum" der Frauen rechnen.

Auch wehrte sie sich dagegen, daß Freud die Libido als von „männlicher Natur" beschrieb; ihrer Meinung nach gab und gibt es eine „verkannte Libido des Weibes". Freud hatte wohl in patriarchalischer Manier „aktiv" und „männlich" gleichgesetzt; da aber die Aktivität durchaus auch zum weiblichen Verhaltensprogramm gehört, ist dies eigentlich ein Denkfehler, der korrigiert werden muß.

Für Helene Deutsch war die Sexualität nur ein Teil des Menschenlebens und nicht unbedingt – wie Wilhelm Reich etwas später sagte – der Mittelpunkt des existentiellen Dramas. Es stiegen ihr damals schon gewisse Zweifel auf, ob Penis und Vagina tatsächlich die Hauptfaktoren in der Bildung des männlichen und weiblichen Geschlechtscharakters sind; gesellschaftliche Einflüsse haben mindestens so viel Bedeutung wie die „Anatomie". Aber die ausführlichere Würdigung dieses Sozialfaktors geschah dann erst in der *Psychologie der Frau*.

Penisneid und Kastrationsangst sind bestimmt grundlegende Elemente der psychischen Entwicklung, aber sie müssen in eine Gesamtschau des Seelenlebens integriert werden. Nur aus einer solchen heraus können seelische und sexuelle Störungen begreiflich gemacht werden.

Der erste Band von Helene Deutschs *Psychologie der Frau* behandelt u. a. die Themen: Vorpubertät, Frühpubertät, Pubertät und Adoleszenz, Menstruation, Erotik – die feminine Frau, Die weibliche Passivität, Der weibliche Masochismus, Aktivität der Frau – Der Männlichkeitskomplex und die weibliche Homosexualität. In einem Schlußkapitel werden noch „Die Umwelteinflüsse auf die Psychologie der Frau" gewürdigt.

Überraschenderweise findet sich in dieser Aufzählung nicht das Kindesalter; Helene Deutsch mochte sich wohl gesagt haben, daß dieser Fragenkomplex von ihren psychoanalytischen Kollegen ausreichend erörtert worden ist. Zudem ist sie darum bemüht, in allen Abschnitten auf die Kindheitsthematik irgendwie zurückzukommen.

Der Sinn der Pubertät ist offenbar, aus dem Knaben einen Mann, aus dem Mädchen eine Frau zu machen. Aber die Entwicklungsphasen für beide Geschlechter verlaufen nicht ganz analog, weil die biologischen und psychischen Voraussetzungen nicht identisch sind.

Als „Vorpubertät" bezeichnet Helene Deutsch den letzten Ausläufer der „Latenzzeit", nämlich jene Phase in der Entwicklung der Libido, in welcher die Triebansprüche für die Heranwachsenden weitgehend verstummen. Das schafft einen Freiraum für eine Verstärkung des Ichaufbaues. Derlei haben Knabe und Mädchen sehr nötig, um die Stürme des Pubertätserlebens besser bestehen zu können.

Hier kommt es zu einem „Aktivitätsschub", der unter günstigen Bedingungen in soziale und kulturelle Kanäle einfließt. Die Kinder von etwa zwölf Jahren sollen lernen, sich der Realität anzupassen und die Umwelt zu bewältigen. Vorhandene Begabungen werden mobilisiert. Auch Ehrgeizziele und Identifizierung mit (vorbildlichen) Erwachsenen spielen hierbei eine erhebliche Rolle.

Wenn es dem Mädchen gelingt, seine affektiven Bindungen zu seiner Kindheit zu lockern, wird es frei zur Wahl „neuer Objekte", d. h. zum Eingehen von Beziehungen, die nicht durch kindliche Verhaltensmuster allein geprägt sind. Helene Deutsch spricht regelrecht von einer „Offensive" der Kinder in der Vorpubertät, die durch das Herauswachsen aus familiären Fesseln möglich wird. Kritik an den Eltern und Idealisierung von Fremdpersonen (z. B. Lehrern) gehen dabei Hand in Hand. Auch ältere und gleichaltrige Freundinnen können als Ideal gewählt werden. Man steht an der „Schwelle des Lebens" und sucht einen Weg, um sich mit der gefährlichen Wirklichkeit auseinanderzusetzen. Das von Hermine von Hug-Hellmuth herausgegebene *Tagebuch eines halbwüchsigen Mädchens* (Wien 1923), von dessen Echtheit (die lange umstritten war) Helene Deutsch überzeugt ist, schildert sehr eindrücklich die Erlebniswelt dieser frühen Jahre.

Von der „Vorpubertät" sollte die „Frühpubertät" nach Deutsch genau unterschieden werden. Aber auch in der letzteren geht es hauptsächlich darum, die selbständige Persönlichkeit gegenüber der Umwelt abzugrenzen und durchzusetzen. Mit dem Wunsch nach Selbständigkeit wächst die Angst vor der verantwortlichen Lebensführung, deren Aufgaben als bevorstehend empfunden werden. Mut und Schwächegefühl sind die Pole, zwischen denen das Erleben der Heranwachsenden oszilliert.

In der Frühpubertät beginnen die Sexualorgane eine größere Rolle im Erlebnishaushalt zu spielen. Sobald die Menstruation auftritt, wird das Mädchen drastisch daran erinnert, daß es zum „Weibsein" bestimmt ist. Allfällige Männlichkeitsträume, die man oft genug in Mädchenseelen vorfindet, werden nachdrücklich desavouiert. Das bedeutet natürlich nicht, daß sie auch unbedingt aufgegeben werden; die Psychoanalyse behauptet, daß der „Peniswunsch" in der weiblichen Psyche prinzipiell unausrottbar sei.

Mädchenfreundschaften sind wichtig in dieser Zeit der Selbstsuche und der Geschlechtsrollenfindung. Eine Art „ödipaler Auseinandersetzung" mit den Eltern wird zu einer Neuauflage früherer kindlicher Emotionen und Konflikte. Die Frühpubertierenden suchen auch Gruppen von Gleichaltrigen, um die Macht des Elternhauses relativieren zu können. Gibt es Mißlichkeiten im häuslichen Zusammenleben, so kann es in diesem Alter bereits zur Verwahrlosung kommen. Angeleitet von älteren „Freundinnen" versuchen sich Mädchen von 13–15 Jahren darin, erwachsene Frauen zu spielen, wodurch bedeutsame Entwicklungsschritte übersprungen oder eliminiert werden. Reale sexuelle Erlebnisse in der Frühpubertät müssen skeptisch bewertet werden, wenngleich man sie nicht dämonisieren soll, wie dies in der Vergangenheit meistens geschehen ist.

Pubertät und Adoleszenz sind die „Zeit der Reife", und innerhalb der Kultur ist dies ein Entwicklungsabschnitt, der nie ohne Krisen verläuft. Hier ist die Integration des Trieblebens in die Persönlichkeit eine der schwerwiegendsten Aufgaben. Aber auch die Beziehung zu sich selbst und zur sozial-kulturellen Umgebung muß neu strukturiert werden.

Die Pubertät wird in der Regel durch einen „Narzißmusschub" eingeleitet, und Helene Deutsch propagiert, diesen nicht unbedingt als „neurotisch" abzuqualifizieren. Der Narzißmus kann auch ein „ichstärkendes Element" beinhalten. Die Wendung der Libido gegen die eigene Person kann dazu dienen, dem Ich Durchsetzungskraft zu geben: und das hat der Heranwachsende allemal bitter nötig.

Der Narzißmus wird aber rasch angekränkelt durch das lebhafte Bedürfnis zu lieben und geliebt zu werden. Mitunter wird zuerst ein

„Traumgeliebter" gewählt, den man von ferne anschwärmen kann. Es gehört zu einer „Kulturpubertät", daß eine gewisse Zeit der Entwicklung vorerst in der Phantasie vorweggenommen wird. Fehlt diese Phantasieetappe mit ihrem Aufblühen von Sehnsucht und Träumerei, dann werden wir „Lücken" in der psychischen Ausstattung der Persönlichkeit wahrnehmen.

Kommt es zu neurotischen Erkrankungen in diesem Alter, so hat man meistens mit „regressiven Wendungen" zu tun, d. h. in der Angst vor den nötigen Entwicklungsschritten erfolgt ein Rückzug ins familiäre Hinterland, welches aber emotional und affektiv heftig abgelehnt wird. Neurosen im Jugendalter sind Kampfhaltungen gegen die Familie, zugleich aber auch Fluchtmanöver vor den drohenden Gefahren der Liebe und des Erwachsenwerdens.

Helene Deutsch, die Freuds Patriarchalismus zu überwinden bemüht ist, fällt diesem doch zum Opfer, wenn sie die gelingende Entwicklung zur Weiblichkeit abhängig macht von einem „Passivitätsschub", der in der Mädchen-Pubertät angeblich unentbehrlich ist. Nur aus der bejahten Passivität gewinnt die Frau jene Eigenschaften, die sie „weiblich" machen. Hieraus erwachsen ihr Gefühlsreichtum und Intuition, Phantasie und große Identifizierungsbereitschaft. Das Passivsein ist – so Freud und Deutsch – in der Biologie der Frau angelegt.

Es ist aber auch durchaus möglich, daß die Kultur erst den Frauen das Passivsein auferlegt. Sie benachteiligt die Frau an allen Ecken und Enden; wie sollte das nicht auch Einfluß auf das mögliche Verhaltens-Gegensatzpaar aktiv-passiv haben! Helene Deutsch schildert sehr ausführlich, welchen Einfluß z. B. die Menstruation auf das weibliche Seelenleben ausübt. Es wäre denkbar, daß dieser Vorgang vom aufgeklärten und seelisch stabilen Mädchen wie andere physiologische Periodizitäten aufgenommen würde. In Wirklichkeit aber wird die Monatsblutung sehr oft zur schweren psychischen Belastung.

Man kennt Fälle, daß Mädchen bei der ersten Mensis Suizid versuchten, weil sie sich von einer unheilbaren Krankheit befallen glaubten. In anderen Fällen brechen Neurosen und Psychosen aus, weil das rätselhafte Bluten einen ohnehin labilen Seelenaufbau zerrüttet. Die psychosomatische Medizin weiß seit langem, daß viele Menstruationsbeschwerden auf fehlgeleiteten Einstellungen zur Menstruation, zur Sexualität und zum Frausein überhaupt beruhen. Das ist wohl kaum ein autochthones Produkt der Frauenpsyche; die Umwelt legt solche Vorurteile nahe, ohne sie explizit formulieren zu müssen.

Schon seit Jahrtausenden bezeichnet das Patriarchat die Menstruation als einen (berechtigten) Fluch, der auf den Frauen liegt. Bei den Naturvölkern gibt es zahlreiche Tabus, die menstruierende Frauen betreffen. Diese werden regelrecht als „öffentliche Gefahr" angesehen.

In der „Historia naturalis" des Römers Plinius heißt es über die Frauen in der Menstruationsphase: „Sie vernichten Ernten, zerstören Gärten und junge Pflanzen, bringen die Früchte der Bäume zum Abfall, töten Bienen, verursachen Fehlgeburten der Stuten, machen Wein zu Essig, lassen Milch sauer werden usw."

Die menstruierende Frau gilt als unrein, weil Frauen an sich schon von den Männern das Prädikat der „Unreinheit" zugewiesen bekommen. Aristoteles nannte die Frau einen „unvollkommenen Mann"; die Kirchenväter behaupteten, daß die „ganze Frau in ihrem Uterus enthalten sei"; andere Autoren führten alles Unheil des Menschengeschlechtes auf Eva zurück. Die Menstruation wurde als Zeichen der Verfluchung aller Weiblichkeit interpretiert.

Eine der schwächsten Stellen in Helene Deutschs Buch ist das Postulat der „naturgegebenen" Passivität der Frau und auch ihrer fast „physiologischen" Sexualgehemmtheit. Der Autorin ist selber nicht wohl bei dieser verkappten „Beschimpfung" des weiblichen Geschlechts. Daher schlägt sie Umformulierungen vor, die das Negative ihrer Aussagen bemänteln sollen. So lesen wir auf S. 172:

Als weitere Merkmale der Weiblichkeit haben wir die stärkere Wendung zur Passivität und die Intensivierung des Masochismus genannt. Wenn wir uns entschließen, anstatt von der „Wendung zur Passivität" von einer „nach innen gerichteten Aktivität" zu sprechen, dann bekommt der Ausdruck „weibliche Passivität" einen lebendigeren Inhalt, und die in ihm liegende Atmosphäre der Untätigkeit, Leere, Unbeweglichkeit wird dadurch gemildert. Die „Aktivität nach innen" bekommt den Charakter einer Funktion; sie drückt etwas Positives aus und ist vielleicht auch imstande, die Feministen unter uns zu beruhigen, die in der dem Weibe zugeschriebenen „passiven" Rolle oft ein negatives Werturteil sehen.
Auf denselben Bahnen wie die „Aktivität nach innen" bewegt sich der „weibliche Masochismus". Wenn wir einen Analogieschluß ziehen, dann können wir sagen: die weibliche „Aktivität nach innen" ist ein Analogon zu der gesteigerten männlichen Aktivität nach außen, ihr Masochismus ein Analogon zu seiner Aggression, die besonders gegen das Ende der Adoleszenz die männliche Aktivität begleitet.

Nun ja, so ungefähr sagen es die Kirchenväter, die Philister und Sigmund Freud auch. Um eine „wahrhaft weibliche Frau" zu werden, bleibt den Frauen nichts anderes übrig, als auf Aktivität und Selbstbehauptung weitgehend zu verzichten. Wollen sie gar intellektuell und sehr lebenstüchtig sein, so geht das allemal nur unter einem gewissen Verzicht auf die rätselhafte und wertvolle „Weiblichkeit" vor sich!

Wie will man die „ursprüngliche Neigung" der Frau zur Passivität, zum Masochismus usw. begründen? Auch Helene Deutsch kann nur *vage biologische Analogieschlüsse* anbieten. Wie so oft in männlichen Traktaten wird die meistens passive Rolle des Tierweibchens in Erinnerung gerufen; auch das festsitzende Ei, das die beweglichen Spermien erwartet, wird natürlich zitiert. Aber dieser Biologismus beweist wenig oder gar nichts. Es ist die Crux des psychoanalytischen Frauenbildes, daß es Vorurteile des Patriarchats in wissenschaftlicher Verbrämung präsentiert.

In jeder orthodox-psychoanalytischen Darstellung der Frauenpsyche wird nicht nur die weibliche Passivität, sondern auch das Masochismusthema breit ausgeführt. Auch Helene Deutsch unterliegt diesem „Systemzwang". Interessant sind ihre Ausführungen zur *Psychologie der Prostitution,* wo man tatsächlich weiblichen Masochismus in mehr oder minder großer Reinkultur vorfinden kann. Die Prostituierte ist teilweise Opfer von Verführung und „Druck der Verhältnisse", sehr oft aber auch zu ihrem Beruf hingezogen durch soziale Unangepaßtheit, masochistische Tendenzen und einen infantilen Narzißmus. Sie ist jedenfalls auch auf der „Flucht vor der Weiblichkeit", die sie in ihrer Kindheit meistens als Form der Unterlegenheit und des Unterprivilegiertseins erfahren hat. Daher „wählt" sie männliche Attitüden, wirbt um den Mann, überspringt die Hürde der Schamhaftigkeit und bekämpft die „anständige Gesellschaft" durch Praktizierung und Propagierung des „Lasters".

Aber auch hier würde man fehlgehen, individuelle Tragödien für solche Fehlentwicklungen allein verantwortlich zu machen. Die sexuelle Repression und die Entwertung der Frau im Patriarchat sind wichtige Quellen des Dirnentums. Die Dirne ist in erster Linie Opfer, sekundär erst revoltierend gegen Religion, Moral und Sittenkodex.

Ein „naturgegebener Masochismus der Frau" erscheint als sehr zweifelhaft. Sofern es überall masochistische Weiblichkeit gibt, ist die Frau – wie S. de Beauvoir sich im Anschluß an Sartre ausdrückt – Opfer und Mitschuldige zugleich. Helene Deutsch sagt auf S. 252:

Eine kleine Stenotypistin, die ihren Chef vergöttert – wer er auch sein mag – und sich seine schlechtesten Launen gefallen läßt, angeblich um die Stelle nicht zu verlieren; die feinsinnige Frau, die den brutalen Gatten nicht verlassen kann, weil sie ihn „trotzdem" (meist deswegen) liebt; die aktive, hochbegabte Mitarbeiterin, die der Produktion des Meisters ihre ganze intuitive Begabung geopfert hat, in dieser Rolle glückselig ist und die erotische Sehnsucht verdrängt; die sklavische Bäuerin, die sich von ihrem alkoholischen Mann prügeln läßt und traurig erklärt: „Er liebt mich nicht, denn er prügelt mich nicht mehr"; die Heldin und die Dirne, alle sind sie glücklich oder unglücklich, je nach dem Ausmaß der Verwertung und Verarbeitung ihres weiblichen Masochismus. Vom Gelingen oder Mißlingen dieser Verarbeitung hängt es ab, ob es zu einer harmonischen Entwicklung zur „Weiblichkeit", zum neurotischen Konflikt oder zur Ausbildung einer pathologisch masochistischen Persönlichkeit kommt.

In allen Beispielen, die wir hier aufgezählt haben, sind die Grenzen zwischen „normal" und „pathologisch" fließend. Gemeinsam ist allen die Tatsache, daß, in welcher Form auch die masochistische Komponente auftreten mag, sie als Lustquelle oder Lustbedingung vollkommen unbewußt bleibt. Sogar diejenigen, bei denen das quantitative Ausmaß weitgehend das „Normale" übersteigt, wissen nicht, daß sie die Situation provozieren oder sie wegen und nicht trotz des Leidens ertragen.

Mit dem Thema „Prostitution" hat Helene Deutsch auch schon die Frage nach dem „Männlichkeitskomplex der Frau" berührt, der sie ein weiteres Kapitel ihres Buches widmet. Sehr viele Frauen in der Männerkultur können sich mit einer passiv-masochistischen Existenz nicht abfinden. Sie streben nach dem Ideal der Männlichkeit, wobei sie allerdings viele weibliche Qualitäten aufgeben müssen. Daß dies kein seltener Fall ist, wußte schon Immanuel Kant, der in seiner „Anthropologie" sagt, daß „jede Frau in der Kultur ein Mann sein will".

Vielleicht war das in den Zeiten des Matriarchats anders. Helene Deutsch ist sachkundig genug, um die Forschungen von J. J. Bachofen zu zitieren, der am Anfang der Kulturgeschichte matriarchalische Gesellschaften zu sehen glaubte: in ihnen war die Frau herrschend und kulturbestimmend. Aber wir wissen nichts Genaues von diesen Frühkulturen, die auch von anderen Autoren (bis zu Friedrich Engels) als Gegenbild zum Patriarchat beschrieben wurden.

Nach Deutsch ist besonders die „intellektuelle Frau" in Gefahr, einen lebenswidrigen „Männlichkeitskomplex" auszubilden. Das bezahlt sie mit einer Verarmung des Gefühls, der Intuition und der „warmen, fühlenden Weiblichkeit". Allerdings haben neuere Forschungen ergeben, daß intellektuell tüchtige Frauen durchaus nicht gefühlskälter sind als ihre „weiblicheren Geschlechtsgenossinnen"; im Gegenteil, ihr Anteil an der so häufigen Frigidität ist merklich geringer!

Als Beispiel einer Frau mit Männlichkeitskomplex untersucht Helene Deutsch George Sand, die durch ihre Romane und autobiographischen Schriften ein vorzügliches Material für eine „Psychographie" darbietet. Man weiß, daß George Sand nicht nur einen männlichen Schriftstellernamen wählte, sondern auch in ihrem Privatleben männlichen Allüren huldigte; ihre Liebhaber waren in der Regel feminine, jünglingshafte Männer (A. de Musset, Chopin). Dahinter steckt die Tragödie einer fehlgeschlagenen Weiblichkeitsentwicklung, wie – in diesem Falle! – Deutsch überzeugend nachweist.

In der Nähe des Männlichkeitskomplexes der Frau „wohnt" die weibliche Homosexualität, welcher Helene Deutsch ein aufschlußreiches Kapitel ihres Werkes widmet. Ähnlich wie Freud glaubt sie nicht an eine biologische Verursachung dieser Variante des Sexuallebens. Der psychische Faktor ist gewichtiger als alles Biologische, wenngleich es Fälle geben mag, wo die Verlockung durch anatomische und hormonelle Abweichungen besonders ins Gewicht fällt.

Genau wie die männlichen Homosexuellen bilden die Lesbierinnen „Paare", die das Modell der Mann-Frau-Beziehung irgendwie imitieren. Die eine Frau wirbt aktiv um die andere und verhält sich im Geschlechtsakt „männlich"; die andere läßt sich erobern und übernimmt die Rolle der Sich-Hingebenden.

Auch das Mutter-Kind-Modell wird oft in solchen Beziehungen nachgeahmt. Die eine Partnerin ist die Mutter, die andere das Kind; man schließt sich zusammen zu einer Symbiose, in der die „böse Welt" ausgeklammert und eliminiert ist.

Es führen sicherlich viele Wege in die weibliche Homosexualität, so daß man multikausale Überlegungen anstellen muß, um diese Abart des Liebeslebens zu begreifen. Die Angst vor der Frauenrolle ist in zahlreichen Fällen dominant. Die spätere Lesbierin hat in ihrer Kindheit das Frauenschicksal als so belastend erlebt, daß sie ihm ausweichen will.

Nach Helene Deutsch ist aber nicht nur der „abschreckende Vater" für solche Schicksalsverstrickungen maßgeblich. Auch die Pathologie der Mutterbeziehung ist nicht zu übersehen. Wenn das Mädchen beim Heranwachsen an der Mutter scheitert, behält es unter Umständen lebenslänglich eine „Sehnsucht nach der Mutter", die allenfalls in der Homosexualität gestillt werden kann. Auch ist das Mutterschicksal eines Kindes vorbildlich für seine Weltbeziehung überhaupt; man gewinnt den Eindruck, daß die lesbische Liebe (wie Homosexualität unter Männern) mehr Aggression und Haß enthält, als sich die betroffenen Individuen klarzumachen wissen.

Der Eros des Kulturmenschen ist oft legiert mit Regungen von Feindseligkeit, die seine naturwüchsigen Erscheinungsformen unterdrückt und Perversion zum Vorschein bringt. Erosmangel und Rudimentärentwicklung der Persönlichkeit hängen meistens zusammen.

Band 2 von Helene Deutschs *Psychologie der Frau* ist unseres Erachtens weniger originell als der erste; er befaßt sich mit allen Aspekten der Mutterschaft, die offenbar von der Autorin als Zentralpunkt des Frauenlebens betrachtet wird. Erörtert werden etwa folgende Themen: Mutterschaft als soziales und biologisches Problem; Mutterschaft – Mütterlichkeit – Sexualität; die Vorphasen der Mutterschaft: In der Kindheit und in der Pubertät; Psychologie des Sexualaktes; Probleme der Konzeption – Psychologische Vorbedingungen der Schwangerschaft; Psychologie der Schwangerschaft; Psychologie des Entbindungsaktes; Wochenbett – Laktation – Erste Beziehung zum Kind; Beziehungen zwischen Mutter und Kind; Die illegitime Mutterschaft; Adoptivmutter; Stiefmutter; Klimakterium.

Überblickt man diese gewaltige Themenfülle, so muß man gewiß zugeben, daß Helene Deutsch eine „Enzyklopädie des Frauenschicksals" geschrieben hat. Es handelt sich um einen weithin konservativen Traktat; sozialkritische Töne werden ganz selten hörbar. Aber immerhin hatte Helene Deutsch in ihrer Jugend eine „sozialistische Phase" absolviert. Ganz auszulöschen war dieser „Sozialismus" nicht; er wird vernehmlich etwa in der folgenden Passage (Bd. 1, S. 324), wo immerhin von der Hoffnung auf eine zukünftige sozialere Welt die Rede ist:

> Es unterliegt auch keinem Zweifel, daß die individuelle Konkurrenz und alles, was mit ihr zusammenhängt, in einer individualistischen Gesellschaftsordnung stärker hervortritt, und es besteht berechtigte Hoffnung, daß eine mehr kollektivistische Form des sozialen Lebens die zum unerträglichen Siedepunkt aufgestiegene Konkurrenzbeziehung der heutigen Menschen zueinander und zur Gesellschaft in eine Gruppenkonkurrenz verschieben, verdünnen und somit erträglicher gestalten wird. Sicher bedeutet die Unterbringung der individuellen Gefühle in einer Gruppenformation einen besseren Schutz gegen deren Überwucherung. Vielleicht wird auch eine solche Gesellschaftsform auf die Intensität und Häufigkeit der neurotischen Erkrankungen einen günstigen Einfluß haben. Die Informationen aus Ländern mit kollektivistischer Gesellschaftsform sind noch zu spärlich, um eine solche Aussage bestätigen zu können.

Durch den Verzicht auf jeglichen Utopismus und fast ganz auf Sozialkritik (die man etwa in August Bebels klassischem Werk *Die Frau und der Sozialismus* findet) gewinnt Helene Deutschs Buch eine Nüchternheit und einen Realismus, den viele Leser als Vorzug bewerten werden.

Kritische Bewertung

Helene Deutsch hat mehrere Bücher und zahlreiche Abhandlungen veröffentlicht, aber für die Fachwelt wurde sie doch – gegen ihren Willen – zur Verfasserin von *Psychologie der Frau,* das sicherlich ihr „opus magnus" ist. Auf ca. 800 Druckseiten hat sie ihr gewaltiges Wissen über die Frauenpsyche ausgebreitet und vermutlich dabei auch eine verhüllte Autobiographie geschrieben.

Mit diesem Buch hat sie sich viel Ansehen als Therapeutin und Lehranalytikerin erworben, aber da in den vergangenen Jahrzehnten mehrere enzyklopädische Darstellungen der Frauenseele und des Frauenlebens erschienen sind, ist man unwillkürlich geneigt, Helene Deutschs Leistung an derjenigen anderer Autorinnen zu messen. Sie schneidet dabei teilweise gut und teilweise weniger gut ab. Man denke etwa an Simone de Beauvoirs Buch *Das andere Geschlecht,* das übrigens mehr als zwanzig Mal die *Psychologie der Frau* mit Zustimmung zitiert. Aber de Beauvoirs Meisterwerk ist viel weltoffener und kulturhaltiger, geistreicher und „philosophischer" als die *Psychologie der Frau,* die allzusehr „Klinikduft und Neurosenluft" atmet. Nun ist angesichts der großen Verbreitung von Neurosen bei beiden Geschlechtern durchaus nichts gegen den „Pathologismus" einzuwenden, sofern er uns die Normalpsyche im Vergrößerungsglas der abnormen Verhältnisse oft deutlicher zeigt als schönfärberische Beschreibungen der angeblichen „Normalität". Aber Helene Deutsch tut ein wenig des Guten zuviel und breitet vor uns hauptsächlich eine „Krankheitslehre" aus, die das Weib – wie die Psychoanalytiker in ihrem Sachlichkeitsfanatismus schreiben – in erster Linie in seinen möglichen Fehlentwicklungen demonstriert.

Erstaunlicherweise wird auch hierbei von der Weltliteratur, die immerhin viele prachtvolle Schilderungen der weiblichen Existenzweise und ihrer Problematik enthält, nur sehr sparsamer Gebrauch gemacht. Es mögen etwa zwanzig Hinweise auf weltliterarische Beispiele einer Weiblichkeitspsychologie in den Text eingestreut sein; angesichts dessen, was de Beauvoir diesbezüglich bietet, ist dies karg und dürftig und beweist wieder einmal, wie schwer es die Mediziner haben, sich auch in den Geistes- und Humanwissenschaften ein wenig umzusehen. Freuds Beispiel hat hier offenbar nicht sehr kräftig eingewirkt; denn der Meister der Psychoanalyse verankerte seine Lehre in einer sehr breit gesehenen „Menschenkunde", die nicht nur in den Naturwissenschaften, sondern eben auch in der schönen Literatur, der Geschichtsschreibung und der Kunstdeutung ihre Stützpfeiler besaß.

Die Feministinnen haben Helene Deutsch heftig angegriffen, und das wahrscheinlich nicht zu Unrecht. Man hat ihr vorgeworfen, daß sie die Mentalität der Frau aus Passivsein, Masochismus und Narzißmus zusammensetze. Tatsächlich gibt es so manche Stellen in Deutschs Buch, die wie eine Empfehlung zum „wirklichen Frausein" tönen, wobei den patriarchalischen Vorstellungen der Vergangenheit mehr Tribut entrichtet wird, als nötig und wünschbar erscheint.

Paul Roazen, der unserer Autorin eine einfühlsame und sehr kenntnisreiche Biographie gewidmet hat, schreibt auf S. 345 seines Buches *Freuds Liebling Helene Deutsch,* dt. 1989):

> Von den frühen siebziger Jahren an hatte sich die Zeitströmung abrupt gegen Helenes Werk gewandt. Als Feministinnen die Behandlung des Freudschen Systems mit unfreundlichen Blicken betrachteten, wurde Helene zur Zielscheibe gutgemeinter Kritik. Sie jedoch, die schon lange eine Feministin war, bevor sie in Freuds Kreis eintrat, war ihrer selbst so sicher, daß sie kaum eine Reaktion auf die Angriffe gegen ihre bahnbrechenden Ideen zeigte. Helene sah zu, wie jene Vertreter der Psychoanalyse unbestreitbar modern wurden, die öffentlich Freuds Ansichten über die Frauen widersprochen hatten. Helene, von der man wußte, daß sie persönlich mit Freud verbunden war und niemals mit dem psychoanalytischen Establishment gebrochen hatte, zahlte den unvermeidlichen Preis für ihren früheren Erfolg. Menschen, die ihr Brot als sogenannte Fachleute für die Seele verdienen, müssen mit einem natürlichen Ressentiment rechnen. Gerade jetzt äußern Feministinnen wieder eine günstigere Meinung über die Bedeutung der Psychoanalyse in der Geistesgeschichte, aber es ist noch nicht weithin bekannt geworden, wie sehr Helenes Ansatz ihr eigener war – und wie sehr er sich von dem Freuds unterscheidet.

Wie immer man in dieser Frage denken mag: Im Gruppenbild des Psychoanalytikerclans erscheint Helene Deutsch als eine eigenwillige und kraftvolle Gestalt, die die mittelmäßigen Freudschüler doch einigermaßen überragt.

Ausgewählte Literatur

Badinter, E. (1981). Die Mutterliebe. München: Piper 1981.
Beauvoir, S. de (1949). Das andere Geschlecht. Reinbek: Rowohlt 1960.
Deutsch, H. (1925). Zur Psychoanalyse der weiblichen Sexualfunktionen. Wien: Internationaler Psychoanalytischer Verlag.
– (1930). Psychoanalyse der Neurosen. Wien: Internationaler Psychoanalytischer Verlag.
– (1944/45). Psychologie der Frau. 2 Bände, Bern: Huber 1948/54.
– (1965). Neuroses and character types: Clinical psychoanalytic studies. New York: International Universities Press.

- (1967). Selected Problems of Adolescence. New York: International Universities Press.
- (1969). A psychoanalytic study of the myth of Dionysos and Apollo. New York: International Universities Press.
- (1973). Selbstkonfrontation (Autobiographie). München: Kindler 1975.
Freud, S. (1925). Einige psychische Folgen des anatomischen Geschlechtsunterschieds, 1925, GW XIV.
- (1931). Über die weibliche Sexualität. GW XIV.
- (1933). Neue Folge der Vorlesungen zur Einführung in die Psychoanalyse. GW XV.
Friday, N. (1977). Wie meine Mutter. Frankfurt: Fischer 1980.
Friedan, B. (1963). Der Weiblichkeitswahn. Reinbek: Rowohlt 1966.
Greer, G. (1970). Der weibliche Eunuch. Frankfurt: Fischer 1971.
Horney, K. (1967). Die Psychologie der Frau. München: Kindler 1977.
Hug-Hellmuth, H. von (Hrsg.) (1923). Tagebuch eines halbwüchsigen Mädchens. Wien: Internationaler Psychoanalytischer Verlag, 3. Aufl.
Milett, K. (1983). Sexus und Herrschaft. Hamburg: Kiepenheuer & Witsch.
Roazen, P. (1976). Sigmund Freud und sein Kreis. Bergisch Gladbach: Lübbe.
- (1985). Freuds Liebling Helene Deutsch – Das Leben einer Psychoanalytikerin. München: Verlag Internationale Psychoanalyse 1989.

Wilhelm Reich

Einleitung

In der Studentenrevolte von 1968 wurde der beinahe in Vergessenheit geratene Wilhelm Reich zu einer Leitfigur der rebellischen Jugend. Seine Werke wurden von renommierten Verlagen neu aufgelegt, aber auch in billigen Raubdrucken massenhaft verbreitet. Man entnahm aus diesen Texten die Aufforderung zum Ungehorsam, zur Auflehnung gegen Staat, Gesellschaft, Militarismus und Moral. Studenten zitierten nicht nur „Make love, not war", sondern analysierten eingehend die „emotionale Pest", das heißt den Faschismus in allen seinen Abwandlungen und Verkleidungen. Dabei konnten sie einiges von Willi Reich lernen, der 1933 bereits eine *Massenpsychologie des Faschismus* publiziert hatte.

Wer war dieser umstrittene Psychoanalytiker, der 1957 in einem amerikanischen Gefängnis – angeklagt wegen medizinischer Scharlatanerie und „Mißachtung des Gerichts" – an einem Herzversagen starb? Dem abenteuerlichen Charakter dieses Mannes entsprach ein pittoresker Lebenslauf, an welchem allerdings die chaotischen Zeitereignisse wesentlich mitbeteiligt waren.

Reich wurde am 24. März 1897 in Dobzau (Galizien) geboren. Seine Eltern waren assimilierte Juden; der Vater besaß ein Landgut und gehörte damit der oberen Mittelschicht an. Wilhelm und sein drei Jahre jüngerer Bruder Robert wuchsen als freie Landkinder heran. Doch diese Jugend wurde, als Reich zwölf Jahre alt war, durch den Suizid der Mutter mächtig überschattet. An diesem Freitod soll Wilhelm mitschuldig gewesen sein, da er ein Liebesverhältnis der Mutter zu seinem Hauslehrer dem Vater verriet. Der Vater selbst starb bald darauf an Tuberkulose.

Der 17jährige Wilhelm Reich übernahm die Leitung des Landguts, schloß aber auch seine Gymnasialbildung ab. Beim Ausbruch des Ersten Weltkrieges ging der Besitz der Familie verloren. Reich wurde 1918 aus dem Kriegsdienst entlassen und begann seine Studien 1919 als bettelarmer Student. Zuerst versuchte er es mit der Jurisprudenz, ging aber schnell zur Medizin über. Er las viel in jener Zeit, und besonders die Philosophen Nietzsche, Bergson, F. A. Lange beeinflußten ihn sehr.

Auch Ibsen und Max Stirner gehörten zur Lektüre dieses jungen Mediziners, der sich einen weiten geistigen Horizont zu verschaffen suchte.

Aber sein spezielles Interesse galt der „Sexuologie". Zusammen mit anderen Studenten gründete er einen diesbezüglichen Arbeitskreis, in welchem er bald eine führende Rolle einnahm. Natürlich stieß er hierbei auf Freuds Werke, die er leidenschaftlich zu studieren begann. Er besuchte auch den Schöpfer der Psychoanalyse, der ihm Literaturmaterial schenkte. Schon damals will Reich die Ahnung gehabt haben, daß „das Sexuelle" Zentrum und Hauptinhalt des menschlichen Seelenlebens sei.

1920 trat Reich in die Wiener Psychoanalytische Gesellschaft ein. Ein Jahr später heiratete er Annie Pink, eine Medizinstudentin, die ebenfalls psychoanalytisch engagiert war. 1922 erwarb er den Titel eines Dr. med.; es war für ihn klar, daß er sich voll und ganz der Psychoanalyse widmen wollte.

1924 arbeitete er an der Psychoanalytischen Poliklinik in Wien, deren Vizedirektor er zwischen 1928 und 1930 war. Eine eigentliche Lehranalyse hatte er nicht absolviert. Einige Anläufe zur Charakteranalyse sind gescheitert; es ist nicht ersichtlich, ob Reich oder seine Analytiker daran schuld waren. Damals war man sehr lax in der Ausbildung von analytischen Therapeuten.

Reich interessierte sich sehr für die analytische Therapietechnik, für die es in jener Ära wenig Anleitung gab. Er war beteiligt an der Gründung eines Therapieseminars, das er schon als junger Arzt und Analytiker leitete. 1927 mußte er einige Monate in Davos verbringen, da er an Tuberkulose erkrankt war. An derselben Krankheit war sein Bruder Robert im Vorjahr verstorben.

Reich war nicht nur fasziniert von der Psychoanalyse, sondern auch vom Marxismus. Er studierte *Das Kapital* von Marx und suchte Anschluß an die kommunistische Partei. 1927 erschien sein erstes Buch unter dem Titel *Die Funktion des Orgasmus*. Es wurde von den Psychoanalytikern kühl aufgenommen, da es die „orgastische Potenz" als Schlüssel zur seelischen Gesundheit deklarierte. Reich nahm an, daß er damit durchaus auf dem Boden der reinen Freudschen Lehre stand; aber Freud selbst schrieb in jener Zeit in einem Brief an Lou Salomé:

Wir haben hier einen Dr. Reich, einen braven, aber impetuösen jungen passionierten Steckenpferdreiter, der jetzt im genitalen Orgasmus das Gegengift jeder Neurose verehrt. Vielleicht könnte er aus Ihrer Analyse der K. etwas Respekt vor der Komplikation des Seelischen lernen. (Brief vom 9. Mai 1928)

1928 trat Reich in die kommunistische Partei ein, was seinen Gegensatz zu den meisten Psychoanalytikern – die bürgerliche Liberale oder gar Konservative waren – verschärfte. Er bemühte sich um eine Synthese von marxistischem und psychoanalytischem Gedankengut in seiner Schrift *Dialektischer Materialismus und Psychoanalyse,* die 1930 erschien. 1929 reiste er nach Moskau, wo ihm manches imponierte, anderes aber seine Zweifel erweckte. Hinsichtlich der Notwendigkeit einer sozialen Revolution zur Lösung der Gegenwartsprobleme war er jedoch von jeglicher Skepsis frei.

Um 1930 übersiedelte er nach Berlin, wo er die „Sexpol-Bewegung" gründete, eine Vereinigung zur politischen und sexuellen Befreiung der Volksmassen. Sie hatte großen Zulauf seitens der linksorientierten Bevölkerung; es gab bald auch einen „Reichsverband für proletarische Sexualpolitik", der zunächst von der kommunistischen Parteiführung akzeptiert wurde, schließlich aber als „bürgerliches Ablenkungsmanöver" Ablehnung erfuhr. Reich, der schon bei den Psychoanalytikern unbeliebt geworden war, verlor auch seinen Rückhalt bei den Kommunisten. Durch den Sieg des Nationalsozialismus im Jahre 1933 wurde Berlin für ihn ein heißes Pflaster.

1933 flüchtete er nach Wien und von da ging er nach Kopenhagen. Hier schloß er seine zweite Ehe mit Elsa Lindenberg, einer politisch aktiven Tänzerin der Berliner Oper; die Dissonanzen mit Annie, die, wie er, Psychoanalytikerin war, hatten sich in den Jahren zuvor so verschärft, daß eine Scheidung unumgänglich erschien.

Charakteranalyse und *Massenpsychologie des Faschismus* wurden im Unglücksjahr 1933 publiziert; sie sind wohl die bedeutendsten Werke Reichs aus seiner rein psychoanalytischen Periode. Aber schon in Dänemark machte sich ein Ausstieg aus der Psychoanalyse bemerkbar. Reich hatte postuliert, daß das Aufbrechen der „Charakterwiderstände" ein erstes Anliegen der analytischen Therapie sein müsse. Solche Widerstände lokalisierten sich seiner Meinung nach nicht nur in psychischen Phänomenen, sondern auch in Muskelverspannungen, Steifheit von Haltung und Mimik. Um hier helfend einzugreifen, dürfc der Therapeut nicht nur auf der verbalen Ebene verbleiben; Reich begann seine Patienten „physiotherapeutisch" zu behandeln, um den „Muskelpanzer" zu attackieren. Er nannte dieses Verfahren „Vegetotherapie".

Von Dänemark ging er nach Malmö in Schweden, wo er physiologische Forschungen zum Verstehen der organismischen Existenz und der orgastischen Potenz einleitete. 1934 war er in Oslo; der Leiter des Psychologischen Instituts der Universität, Harald Schjelderup, war ihm wohlgesinnt und erlaubte ihm den Aufbau und die Benützung elektrischer und optischer Apparaturen, die ihm für seine „Bionversuche" unentbehrlich waren. Denn aus dem Psychoanalytiker war ein „Lebensforscher" geworden. Reich wollte die Ur-Rätsel des Lebens lösen. So behauptete er 1936, die Entstehung von Kleinstlebewesen aus anorganischer Substanz beobachtet zu haben. Weiterhin studierte er die Elektrophysiologie von Angst und Sexualität, Krankheit und Gesundheit.

Die Kommunistische Partei und die Psychoanalytische Vereinigung schlossen ihn aus ihren Reihen aus. Aber Reich gewann neue Freunde und Anhänger. So etwa traf er in Oslo 1937 mit A. S. Neill zusammen, der sein Patient, Schüler und lebenslänglicher Kamerad wurde. Auch unter den skandinavischen Ärzten bildete sich eine Fraktion von „Reichianern", die sich für „Orgonologie" und „Vegetotherapie" interessierten.

Da in Norwegen eine Kampagne gegen Reich in Gang kam (er wurde als Pornograph und Quacksalber verdächtigt), emigrierte der vielgescholtene Mann 1939 in die USA. Er erhielt einen Lehrauftrag an der New School for Social Research in New York, wo eine Elite der deutschsprachigen Emigranten dozierte. Auch Bronislaw Malinowski, der polnisch-englische Ethnologe, war dort tätig; mit ihm hatte Reich schon 1933 Beziehung aufgenommen, da er sich mit dessen Arbeiten über das Geschlechtsleben der Naturvölker befaßt hatte. Auch Erich Fromm und Karen Horney lehrten an der New School, und Horkheimer und Adorno begannen an dieser Institution ihre Studien über den „autoritären Charakter".

Reich war in New York als Psychoanalytiker und Vegetotherapeut erfolgreich, aber sein Ehrgeiz blieb auf höhere Ziele gerichtet. Zusammen mit seiner dritten Frau Ilse Ollendorff installierte er wieder seine „Orgonlaboratorien" und forschte nach den Geheimnissen des Kosmos. 1940 glaubte er, die „Lebensenergie" in der Atmosphäre selbst entdeckt zu haben. Er registrierte sie im Blau des Himmels und fühlte sich eingetaucht in gewaltige Energieströme, die die Natur und den menschlichen Organismus durchfluteten. Um diese „Lebenskraft" einzufangen und nutzbar zu machen, baute er „Orgonakkumulatoren". Es waren Blechgehäuse mit verschiedenen Isolierungsschichten, und die Theorie besagte, daß man mit solchen Apparaten seelische und körperliche Krankheiten günstig beeinflussen könne.

Von da an überschlugen sich die angeblichen Erkenntnisse der „Orgonphysik" und der entsprechenden „Orgontechnologie". Reich behandelte Krebskranke in seinen Metallkästen und deklarierte, daß sich auch unheilbare Fälle merklich besserten. Auf seiner Ranch in Rangeley (im Staate Maine) war er in einer Person Lehranalytiker, Orgonphysiker, Wettermacher, Krebsforscher, Experimentator mit radioaktiven Stoffen und schließlich sogar UFO-Beobachter, da er davon überzeugt war, daß sich außerirdische Mächte für seine Arbeiten interessierten. Dafür konnten keine Beweise erbracht werden; aber die amerikanische Gesundheitsbehörde (FDA) nahm Interesse am Universalforscher, der 1954 wegen Quacksalberei vor Gericht zitiert wurde. Diese Umtriebe endeten mit der Inhaftierung Reichs und der gerichtlichen Anordnung zur Vernichtung seiner Akkumulatoren und seiner Schriften. Am 3. November 1957 starb der herzkranke Reich im Zuchthaus Lewisburg in USA.

Anfänge eines Psychoanalytikers

Als Wilhelm Reich im Jahre 1920 in die Wiener Psychoanalytische Gesellschaft eintrat, war er noch Medizinstudent; für seine immerhin recht unkonventionell akzeptierte Aufnahme mußte er ein Referat halten, und er wählte das Thema: „Libido-Konflikte und Wahngebilde in Ibsens ,Peer Gynt'". Der Text dieses Essays umfaßt nicht weniger als sechzig Druckseiten – der Autor geht im wesentlichen orthodox-psychoanalytisch vor, indem er die Dichtung mit psychopathologischen Kategorien untersucht und nach den Erlebnissen des Dichters forscht, die sein Schauspiel motiviert haben mögen. Das ist nicht besonders originell, aber es zeigt sich deutlich Reichs intellektuelle Energie, die ihn befähigte, große Gedankenmassen zu ordnen und ziemlich klar darzustellen.

Er hielt im Laufe der Jahre einige Vorträge bei den Psychoanalytikern und verfaßte mehr als ein Dutzend Abhandlungen, in denen sich mehr und mehr einige Leitlinien seines Interesses herauskristallisierten. Man kann diese unter folgenden vier Punkten zusammenfassen:

1. War Freuds Theorie der Neurosenätiologie vollständig?
2. War seine Trieblehre richtig und umfassend?
3. War eine wissenschaftliche Theorie der psychoanalytischen Technik möglich?
4. Was machte die sexuelle Unterdrückung notwendig?

Schon Freud hatte entschieden auf eine „naturwissenschaftliche Psychologie" hingezielt, aber er war universell wissenschaftlich gebildet und konnte so auch Fragestellungen der Geistes- und Humanwissenschaften für seine Forschung und Praxis nutzbar machen. Bei manchen seiner Schüler jedoch wirkte sich der naturalistisch-rationalistische Ansatz verhängnisvoll aus. Sie nahmen die These vom „Tier im Menschen" im Sinne eines engstirnigen Materialismus auf, so daß sie nur rein biologische Antriebe in der Menschennatur glaubten registrieren zu dürfen. Von daher war es nicht weit zu einem „Pansexualismus", den Freud selbst eigentlich weitgehend vermieden hatte. Auch Reich tappte in diese „sexualistische Falle" und hielt sich für den wahren Fortsetzer Freuds, als er in jedem Falle von Neurose die „unbefriedigte Sexualität" ans Licht zog.

Reich hatte eine Aversion gegen „Sinndeutungen" in der Psychologie, die er etwas abschätzig als „Imitationen der Geisteswissenschaft" bis zum Mystizismus hin bezeichnete. Er wollte *medizinischer Ursachenforscher* sein, und für ihn galt die stillschweigende Voraussetzung, daß ein seelisches Phänomen nur dann erklärbar sei, wenn man seine handfesten materiellen Ursprünge ins Auge faßte. Das war gewissermaßen der Inhalt des Schwurs, den im Jahre 1842 Freuds verehrter Lehrer Ernst Brücke und sein Kollege Emil Dubois-Reymond leisteten und der auch für Freud selbst lebenslänglich mustergültig blieb:

Im Organismus sind ausschließlich die elementaren physikalischen und chemischen Kräfte am Werke. Die gegenwärtig noch ungeklärten Phänomene müssen entweder mit der physikalisch-mathematischen Methode in ihrer spezifischen Funktion erforscht, oder es müssen neue Kräfte definiert werden. Diese müssen den der Materie inhärenten, chemisch-physikalischen Kräften ebenbürtig und auf die Vorgänge der Anziehung und Abstoßung reduzierbar sein...

Es ist von Reich bezeugt, daß er in seiner Frühzeit die *Geschichte des Materialismus* von Friedrich Albert Lange, einige Werke von Nietzsche und Bergson sowie auch von Max Stirner und selbstverständlich Karl Marx eingehend studiert hat. Daraus hätte er die Chance entnehmen können, über einen primitiven Materialismus hinauszuwachsen. Aber offenbar hatte er kein Organ für subtile philosophische Überlegungen. Er wurde ein Sexualphilosoph mit sehr eigenwilliger Provenienz, der Einseitigkeiten der Psychoanalyse noch übergipfelte und schließlich einem scheinbar *naturwissenschaftlichen Mystizismus* verfiel.

Aber in seinen Anfängen wahrte er noch Vernunft und Augenmaß. Wir finden unter seinen frühen Schriften von 1920 bis 1927 (die in zwei Bänden vorliegen) etwa folgende Untersuchungen:

Der Koitus und die Geschlechter; Trieb- und Libidobegriffe von Forel bis Jung; Über Spezifität der Onanieformen; Zwei narzißtische Typen; Zur Trieb-Energetik; Über Genitalität; Der psychogene Tic als Onanie-äquivalent; Weitere Bemerkungen über die therapeutische Bedeutung der Genitallibido; Eine hysterische Psychose in statu nascendi; Der triebhafte Charakter; Genitalität in der Theorie und Therapie der Neurose.

Hier wird erkennbar, daß Reich durchaus als konventioneller Psychoanalytiker anfing und erst nach und nach zum „Steckenpferdreiter" wurde, als den ihn Freud später ironisch glossierte. Es muß irgendetwas in seinem eigenen Wesen gegeben haben, was ihn die bunte Vielfalt der seelischen Erscheinungswelt auf die Sexualität reduzieren ließ. Vielleicht war es sein deutlich hypomanischer Zustand, seine herrschsüchtig-autistische Verfassung, die im Mitmenschen ein gefühlsmäßig und geistig bestimmtes Gegenüber nicht wahrhaben konnte. Menschen wurden ihm zu Verkörperungen von Orgasmus oder Nicht-Orgasmus, eine gradiose Vereinfachung, wie sie im Weltbild von Paranoikern nicht selten vorkommt.

Die Funktion des Orgasmus

Reichs Ausarbeitung seiner Orgasmustheorie beanspruchte den Zeitraum von 1920 bis 1927. Er fügte sich zunächst in das Team der Psychoanalytiker ein und produzierte theoretische Arbeiten, die teilweise die Zustimmung seiner Kollegen erhielten. Im Psychoanalytischen Ambulatorium wurde er mit den Neurosen der sozialen Unterschicht konfrontiert, die sich mitunter drastischer und bedrängender zeigten als die „Mittelstandsneurosen". Solche klinische Beobachtungen gaben Anlaß zur Formulierung der Abhandlung unter dem Titel *Der triebhafte Charakter* (1925), in welcher sich bereits Reichs Interesse am Charakter und seiner Pathologie bekundet.

Damals gewann er die Überzeugung, daß es keine neurotischen Symptome ohne Erkrankung des Gesamtcharakters gibt. Für viele Psychoanalytiker stellte die neurotische Symptomatik eine Art Fremdkörper im sonst intakten Seelenleben dar. Diesen Irrtum korrigierte Reich ähnlich wie vor ihm Alfred Adler; die seelische Irritation affiziert immer die Persönlichkeit als Ganzes, weshalb auch die psychologische Kur dieser Totalität gewidmet sein muß.

Wo aber waren Zentrum und springender Punkt der Neurose zu suchen? Freud hatte frühzeitig die beiden Gruppen der „Aktual-" und

„Psychoneurosen" unterschieden. Bei den ersteren nahm er an, daß die Angst und andere psychosomatische Symptome direkt durch „sexuellen Abusus" entstünden; Onanie, Coitus interruptus und ähnliche Sexualpraktiken wurden als Ursache namhaft gemacht. Konnte das *abwegige Sexualverhalten* abgestellt werden, so kam es zur Beseitigung der störenden Symptome; psychologische Nachforschungen erübrigten sich in der Regel.

Bei den Psychoneurosen gab es kompliziertere Verhältnisse. Besonders für die Hysterie und die Zwangsneurose wurde der *lebensgeschichtliche Kontext* für entscheidend wichtig gehalten. Darum ging es hier um die minutiöse Aufklärung des inneren und äußeren Werdeganges der Patienten, um die Aufdeckung von Urszenen und Urtraumen. Allerdings erklärte Freud beiläufig, daß sich auch die psychoneurotische Symptomatik um einen „aktualneurotischen Kern" zu gruppieren pflege. Die *Stauung sexueller Energie* wurde hiermit zum Angelpunkt der neurotischen Entwicklungen überhaupt, und sogar noch der späte Freud drückte die etwas illusionäre Hoffnung aus, es könne eines Tages die mühevolle analytische Therapie durch irgendwelche hormonale oder medikamentöse Beeinflussung der zugrundeliegenden Libidoblockade ersetzt werden.

Reich knüpfte durchaus an Freud an, als er seine orgasmustheoretischen Überlegungen weiter ausbaute. Hatte doch Freud selbst in *Zur Geschichte der psychoanalytischen Bewegung* (1914) jene Bemerkung seines Lehrers J.M. Charcot referiert, daß für die meisten Fälle von Neurose gelte: „Es ist immer die ‚chose génitale', immer, immer!" Und der berühmte Frauenarzt Chrobak in Wien hatte seinem jüngeren Kollegen Freud, als er ihm eine hysterische Patientin zur Behandlung anvertraute, gesagt: „Wir kennen nur zu gut das einzige Rezept für solche Fälle, aber wir können es nicht verschreiben. Es lautet: Recipe. Penis normalis, dosim. Repetatur!" Somit schien Chrobak die Auffassung zu vertreten, zur Heilung der Hysterie sei „wiederholte sexuelle Befriedigung" das beste und wirksamste Mittel. Diese Volksweisheit leuchtete auch Reich ein, und er beschloß, den Kampf um die *natürliche Genußfähigkeit des Menschen* aufzunehmen.

Schon 1923 will er beobachtet haben, daß 100% seiner weiblichen und 70% seiner männlichen Patienten an Frigidität bzw. Impotenz litten. Grobe genitale Störungen erschienen somit als das Leitsymptom jeglicher Neurose, vielleicht sogar als ihr energetischer Mittelpunkt. Als Reich dies im Kreise der Psychoanalytiker vortrug, stieß er auf energische Kritik. Es wurde behauptet, daß es viele sexuell potente oder empfindungsfähige Neurotiker gebe, weshalb eine übermäßige Akzentuierung der Orgasmusfunktion überflüssig sei.

Reich nahm nun die Sexualität seiner Patienten genauer unter die Lupe. Dabei konnte er bestätigen, daß so manche neurotische Menschen wohl sexuell funktionstauglich waren, aber diese „Tauglichkeit" erwies sich bei näherem Zusehen als sehr problematisch. Männer können allenfalls die Scheide penetrieren und in ihr ejakulieren, aber die *Gefühlsqualitäten* in diesem Akt sind mitunter sehr karg und unbefriedigend. Frauen ihrerseits empfinden vielerlei vage Lustgefühle, aber die „restlose Hingabe" bleibt ihnen versagt.

Für Reich war nur dann „sexuelle Normalität" garantiert, wenn das sexuelle Geschehen an seinem Höhepunkt in Unwillkürlichkeit, Bewußtseinsschwund und *Entladung des ganzen Erregungspotentials* durch eine Serie von lustvollen Körperzuckungen erfolgt. Das nannte er die „orgastische Potenz", und an diesem Maßstab gemessen erwies sich das Gros seiner Patienten als „relativ impotent".

Für die Psychotherapie wurde damit die Aufgabe formuliert, die Orgasmusfähigkeit in diesem Sinne herzustellen. Erst dann sei allen Krankheitssymptomen die Basisenergie entzogen und die Gefahr von Rückfällen gebannt. Reich nannte diese Sicht „Sexualökonomie".

Wichtig war in diesem Zusammenhang die Unterscheidung von „Vorlust" und „Endlust", die schon Freud in seinen *Drei Abhandlungen zur Sexualtheorie* (1905) eingeführt hatte. Vorlust gewinnt man im Liebesspiel durch Umarmungen, Streicheln, Küsse usw. Dabei kommen die sexuellen Partialtriebe zum Zug, deren Eigentümlichkeit es ist, daß sie wohl Sexualspannung hervorrufen können, aber nie völlige Entspannung des Gesamtorganismus bewirken. Erst die gelingende genitale Vereinigung führt zum vollendeten Abströmen jeglichen Angespanntseins, zur Hingabe an das Strömen der biologischen Energie. Reich konstatierte, daß viele Neurotiker Vorlustbefriedigungen ausgiebig anstreben und die Endlust vermeiden, weil sie Angst davor haben und überstarke Empfindungen nicht ertragen.

Reich beschreibt die orgastische Potenz u. a. folgendermaßen (*Die Funktion des Orgasmus*, S. 86):

Der Orgasmus fällt bei beiden Geschlechtern intensiver aus, wenn die Höhepunkte der genitalen Erregung zusammenfallen. Das kommt bei Menschen, die die Zärtlichkeit und Sinnlichkeit auf einen Partner konzentrieren können und entsprechenden Widerhall finden, sehr häufig vor und ist die Regel, wenn die Liebesbeziehung weder innerlich noch äußerlich gestört ist. In solchen Fällen ist zumindest die bewußte Phantasietätigkeit restlos ausgeschaltet; das

Ich erfaßt die Lustempfindungen, auf die es ungeteilt eingestellt ist. Die Fähigkeit, sich trotz mancher Widersprüche mit der gesamten affektiven Persönlichkeit auf das orgastische Erleben einzustellen, ist eine weitere Eigenschaft der orgastischen Potenz.

Störungen dieser Form von Genitalität sind nicht nur ein Symptom neben gleichwertigen Symptomen, sondern A und O jeglicher Neurose. Der orgastisch behinderte Mensch hat Unordnung in seinem Libidohaushalt, und die unverwertete sexuelle Energie erzeugt die psychischen und psychosomatischen Symptome. *Impotenz* und *Frigidität* sind „der Schlüssel zum Verständnis der Ökonomie der Neurosen" (S. 87).

Damit hatte Reich zumindest mit einem Bein den Boden der Psychologie verlassen und befand sich auf dem Terrain der Biologie oder physiologischen Psychologie. Nun eröffnete sich ihm der Ausblick auf eine „Naturwissenschaft des Seelenlebens", auf die er von Anfang an hinstrebte. Die eigentliche Causa in der psychischen Pathologie war für ihn ein vegetativer, bioelektrischer und „nervöser" Vorgang; das Psychische geriet in den zweiten Rang als „Epiphänomen". Allerdings gab Reich zu, daß die aufgrund der Sexualstauung entstandenen seelischen Komplikationen auf das genitale Erleben zurückwirken und diesbezügliche Hemmungen aggravieren. So können schon kleine Störungen des sexuellen Energieausgleichs unterstützt durch den *neurotischen Überbau* zu fundamentalen Orgasmusproblemen und Neurosen Anlaß geben. Aber der *ursprüngliche Libidostau* ist das Urphänomen; er spielt in der Sexualökonomie dieselbe zentrale Rolle wie der Ödipuskomplex in der Psychoanalyse.

Für Reich zeigte sich nun der Ausblick auf weite Felder von neuartiger Forschung und Praxis. So schreibt er in unserem Text (S. 91):

Die klinische Arbeit am Kranken führte eine Richtung gerade bis zum heutigen Stande der sexualökonomischen Experimentalarbeit fort.

Eine zweite Richtung zweigte mit der Frage ab: „Woher stammt und welche Funktion hat die soziale Unterdrückung des Geschlechtslebens?"

Die erste Problemlinie gab viel später, erst ab 1933, einen biologischen Seitenzweig der Sexualökonomie ab, die Bionforschung, die sexualökonomische Krebsforschung und die Untersuchungen an den Erscheinungen der Orgonstrahlung.

Die zweite Linie spaltete sich rund sieben Jahre später wieder auf in die eigentliche Sexualsoziologie auf der einen und die politische Psychologie auf der anderen Seite.

Zunächst jedoch führte die erste Problemlinie zur sogenannten „Charakteranalyse", zum Studium des neurotischen Charakters und seiner Widerstände in der Therapie, im Sexualakt und in seinen Ausdrucksbewegungen überhaupt.

Charakteranalyse

Im Jahre 1933 veröffentlichte Reich sein Buch über *Charakteranalyse,* das auf mehr als 300 Druckseiten die Konsequenzen aus seinen Anschauungen über die Neurose zur Darstellung bringt. Es ist ein gewichtiger Beitrag zur psychoanalytischen Theorie und Therapie, vermutlich der „klassischste" Text aus der umfänglichen Buchproduktion unseres Autors. Reich führte hier neue Gesichtspunkte ein, die auch heute noch bedenkenswert und anregend sind.

Zunächst wird von ihm die Frage aufgeworfen, warum die therapeutischen Bemühungen der Psychoanalyse oft keinen Erfolg zeitigen. Mit dieser Frage sahen sich die Analytiker in den zwanziger Jahren immer deutlicher konfrontiert. Freud selbst sagt in seinen Spätschriften, der überragende Wert seiner Erkenntnisse liege mehr in ihren Erweiterungen zum Verständnis der Conditio humana, nicht aber unbedingt in den durch sie eröffneten Heilungsmöglichkeiten. Damals wurde auch der Begriff der „negativen therapeutischen Reaktion" eingeführt; man verstand darunter die *intensive Abwehr der Kur* von seiten des Patienten, der trotz aller Einsichten nicht gesund werden könne oder wolle. Zur Erklärung zog man einen primären oder sekundären seelischen Masochismus heran, den man letztlich im metaphysisch postulierten „Todestrieb" verankerte. Die verinnerlichte Destruktionskraft im Analysanden galt nun als der Störfaktor in der analytischen Therapie, der mitunter als unüberwindlich erschien.

Reich war mit dieser Auskunft nicht zufrieden und ventilierte die Frage, warum der Genesungswille in vielen Patienten einfach nicht zum Tragen komme. Er vermutete Lücken in der Behandlungstechnik, die man nicht als „unausweichliches Schicksal" hinnehmen müsse.

Sein erster Zweifel richtete sich auf die *passive Behandlungsweise,* die in der Psychoanalyse üblich war. Man legte die Analysanden auf die Couch und überließ sie ihren „freien Assoziationen"; diese waren oft so unergiebig und langweilig, daß auch routinierte Analytiker in den Sitzungen zum Einschlafen neigten. Reich hielt das von Freud angegebene „Setting" (Modell) nicht für ein Dogma. Es lag wohl auch nicht in seinem Temperament, andauernd dem vor sich hinschwatzenden Patienten zuzuhören, ohne selbst verbal einzugreifen.

Nach Freuds Angaben sollte man den Analysanden weitgehend selbst bestimmen lassen, was er in seinen Therapiesitzungen ansprechen wolle. Die in der Regel anfangs einsetzende „positive Übertragung", das heißt die an Verliebtheit in den Therapeuten grenzende positive Gefühlslage des Patienten sollte hierbei als Vehikel der Therapie ausgiebig benützt werden. „Negative Übertragung" (also Haß und Abneigung in der Therapie als Neuauflage ehemaliger Elternbeziehungen usw.) sollte erst zur Sprache kommen, wenn sie störend auf den Behandlungsverlauf einwirke, und wenn der Patient scheinbare Analogien zwischen Analytiker und Elternfiguren thematisiere.

Nun beobachtete Reich jedoch, daß sich sehr oft auch in der guten Kooperation der Analysanden sehr viel „Negativismus" bekundete; fast alle Patienten brachten *Mißtrauen* und *Aversionen* in die Therapie, so daß die „negative Übertragung" auch bei bester Zusammenarbeit stets irgendwo im Hintergrund lauerte. Er zog daraus den Schluß, daß es von Vorteil war, die kritische Haltung des Patienten aktiv anzugehen, bevor sie von selbst ans Tageslicht drängte. Dies erleichterte die wirkliche Kooperation und verstärkte positive Übertragungsdynamismen. Reich hatte damit einen *Fundamentalwiderstand* attackiert, der ein Therapiehemmer ersten Ranges war.

So betonte er sehr eindringlich die Notwendigkeit der „Widerstandsanalyse", was durchaus im Geiste Freuds konzipiert war. Reich ging sogar über Freud hinaus, indem er Widerstandselemente nicht nur im Reden und Verhalten des Analysanden, sondern auch in Körperhaltung, Affektlahmheit und Konformismus aufdeckte. Dabei scheute er sich nicht vor kräftigen Auseinandersetzungen mit seinem Gegenüber; er wußte, daß jeder Patient unwillkürlich im Analytiker einen „Störenfried seines neurotischen Gleichgewichts" sehen mußte, weshalb Distanzeinstellung bis zum Haß fast „naturgegeben" zur Therapie gehörten. „Ich begann", schreibt Reich,

die latente Haßhaltung der Kranken, die nie fehlte, allmählich zu begreifen. Blieb man nicht in der affektlosen Assoziation stecken... ging man an die charakterliche Abwehrhaltung des Kranken heran, dann wurde er böse ... Er klagte über Öde im Erleben. Zeigte man ihm jedoch dieselbe Öde in der Art seiner Mitteilungen, in seiner Kühle, in seinem hochtrabenden oder unechten Wesen, ärgerte er sich. Das Symptom, einen Kopfschmerz oder einen Tic, empfand er als fremd. Sein Wesen dagegen war er selbst. Er fühlte sich beunruhigt, wenn man es ihm zeigte ... Allmählich begriff ich, daß eben dieses

Wesen die kompakte zähe Masse bildet, die den analytischen Bemühungen im Wege stand.

Erst nach Wegräumen der *Charakterwiderstände* kann man nach Reich an das Unbewußte des Patienten herankommen. Darum soll man sehr detailliert die charakterlichen Verhaltensweisen und Ausdrucksformen interpretieren. Nicht nur die neurotischen Symptome zehren die Libido des Analysanden weitgehend auf, so daß für Arbeit und Liebesleben wenig übrig bleibt; auch der Charakter in allen seinen Anomalien ist ein „Libidokonsument", und erst die aus ihm befreite Libido kann zum Neuaufbau der Persönlichkeit nutzbringend verwendet werden.

Manche Analytiker (z. B. Glover, Alexander) versuchten, zwischen Symptom- und Charakterneurosen zu unterscheiden. Reich bezweifelt mit Recht den Wert einer solchen Differenzierung: Wie kann es Symptome ohne die Basis eines neurotischen Charakters geben? Auch akute und chronische Neurosen sind in dem einen Merkmal gleichartig, daß ihnen ein neurotischer Charakter zugrundeliegt. Dieser entsteht in der Kindheit; es hängt von den Zufällen des Lebens ab, ob der neurotische Charakter spezifische Symptome, akute oder chronische Neurosen ausbildet. *Der Charakter kann ebenso analysiert werden wie die Symptome.* Er hat seine Entstehungsquellen, seine Vorgeschichte, seine dynamische und ökonomische Bedeutung. Im Charakter finden sich alle Selbstschutztendenzen vereinigt, alle Abwehrmechanismen gegen die Angst wie auch alle vitale Energie (die man „Libido" nennen kann); er ist das „Wie" im Verhalten des Patienten, welches alles „Was" untermalt. Zugleich bedeutet er die Form der Lebensanpassung, die der Neurotiker gefunden hat. *Die Therapie muß diese Form zerstören, da sie pathologisch ist; alle Heilung äußert sich dann in einer Charakterveränderung.*

Der charakterliche Panzer ist der formierte, in der psychischen Struktur chronisch konkretisierte Ausdruck *narzißtischer Abwehr*. Zu den bekannten Widerständen, die gegen jedes neue Stück unbewußten Materials mobilisiert werden, gesellt sich ein konstanter Faktor *formaler Art* hinzu, der vom Charakter des Patienten ausgeht. Wegen dieser Herkunft nennen wir den konstanten formalen Widerstandsfaktor ‚Charakterwiderstand'. (S. 65)

Die Erkenntnis, daß in die Charakterstruktur der meisten Kulturmenschen ein erhebliches Maß von *erstarrter Liebesfähigkeit* und *verfestigter Haßbereitschaft* eingeht, darf bedeutend genannt werden. Reich sah hier, daß der Charakter entwickelt wird, um Haß und Liebe zu binden – Charakterwandlung soll vor allem die letztere aus der Erstarrtheit lösen und neu verfügbar machen.

Auf diese Weise wurde Reich ein Promotor der *analytischen Ichpsychologie* und *Charakterkunde*. Freud hatte sich zunächst auf die Erforschung des „Es" konzentriert; aber das Ich und das Überich zogen immer mehr die Aufmerksamkeit der Psychoanalytiker auf sich. Auch hatten Freud, Abraham und Jones interessante Beiträge zur Charakterologie geliefert. So hatte sich zum Beispiel Freud mit dem sogenannten *Analcharakter* befaßt (1908) und dabei Charakterzüge (wie etwa Reinlichkeit, Gewissenhaftigkeit, Ordnungsliebe und Eigensinn sowie deren Gegenteil) aus Libidoschicksalen und der Reinlichkeitserziehung abgeleitet. Für die Psychoanalyse wurde hiermit die These von den „angeborenen Charaktereigenschaften" fragwürdig; man konnte wohl gewisse Triebdispositionen als eventuell hereditär anerkennen, aber die Ausgestaltung von Verhalten und Wesenszügen unterlag, wie die klinische Erfahrung lehrte, weitgehend der erzieherischen Formung. Der Charakter erschien somit als etwas Erworbenes und nicht Angeborenes.

Reich konnte diese Grundhaltung durchaus bestätigen. Auch er insistierte auf den Triebschicksalen als charakterformende Momente. Triebe und ihre Verdrängungen gehen als Bausteine in den Charakter ein. Je mehr ein Kind im Verlaufe seines Heranwachsens verdrängen muß, um so mehr muß sich sein Ich verhärten, um seine Brüchigkeit zu verbergen. So kommt es zu einer fast automatisch wirksamen Abwehr von Triebansprüchen durch die sogenannte *Charakterpanzerung*. Mit dieser plastischen Formulierung bezeichnete Reich die Einbuße an Lebendigkeit und Flexibilität, die sich immer bei der Neurotisierung der Gesamtpersönlichkeit einstellt. Je weniger das Ich gepanzert ist, um so realitätstüchtiger und liebesfähiger kann es werden.

In Reichs Sicht entwickelt der Mensch seinen Charakter, um den Druck seiner Verdrängungen zu mildern und das Ich zu festigen. Der Narzißmus spielt in der Charakterbildung eine erhebliche Rolle. Das Ich soll durch seine Charaktereigenschaften vor Wertverminderung, vor Unlust und Angst geschützt werden. Ist der Sicherheitsapparat allzu massiv gebaut, dann erschwert er aber auch alle Selbstwertstrebungen, die Tendenzen zu Lustgewinn und Sicherheit. Ein charaktergepanzerter Mensch vermeidet Gefahren, versäumt aber auch viele Entwicklungsmöglichkeiten. Das ist die Crux jeder Neurose, und aus diesem Grunde muß der Charakterpanzer in der Therapie „aufgebrochen" werden. Das ist auch deshalb sinnvoll, weil er irgendeine Kindheitssituation verewigt, die längst nicht mehr aktuell ist; so bedeutet sein Schutz meistens mehr Schaden als Gewinn, und viele neurotische Reaktionen hängen direkt von ihm ab, weil er zur Quelle von Angst und Frustration wird.

Reich plädiert für eine trieb- und antriebsfreundliche Erziehung, die eine Verhärtung des Charakters unnötig macht. Vorschriften- und Verbotspädagogik behindern die „Selbstregulierung des Kindes", die in der Regel vernünftiger ausfällt als die „sittliche Lenkung durch Erwachsene". A. S. Neill hat dieses Konzept Reichs sehr wirksam auf die *Erziehung in Summerhill* angewendet.

Was aber soll unter einem reifen und gesunden Charakter verstanden werden? Schon Freud hatte Anläufe zur Bestimmung der sogenannten *genitalen Charakterstruktur* gemacht. Der voll entwickelte Mensch wächst über prägenitale Charaktermodalitäten hinaus. Orale, anale und phallische Bedürfnisse unterstellen sich bei ihm dem Primat der Genitalität, das heißt er ist vor allem auf die Werte der Liebe, der Kooperation und des Kulturinteresses ausgerichtet.

In diese Richtung weist auch seine *Sublimierungsfähigkeit*. Der neurotische Charakter setzt sich mit seinen Triebansprüchen durch „Abwehrmechanismen" (Scham, Ekel und Angst) auseinander; diese drängen den Trieb mit hohen Unkosten zurück, machen ihn aber kaum kulturfähig. Das echte Sublimieren jedoch besteht aus einem geradlinigen Triebverzicht und einer daraus gewonnenen Freiheit gegenüber dem Triebdruck, was der Kulturleistung zugutekommt. So gesehen, muß das analytische Behandlungsziel als eine *Umwandlung von Abwehrmechanismen in Sublimierungen* bezeichnet werden. Zu diesem Zwecke muß allerdings so mancher uralte Trieb- und Moralkonflikt neu aktiviert werden, damit die aus der Verdrängung befreite Libido andere Verwertung finden kann.

Schon Karl Abraham hatte beobachtet, daß genitale Charaktere aus der *ambivalenten* Gefühls- und Affektwelt der Prägenitalität herauswachsen; sie können lieben ohne zu hassen, jasagen ohne Nein zu sagen, bewundern ohne zu verachten, vertrauen ohne Angst zu haben usw. Reich ergänzt diesen Befund durch den Hinweis, daß erst der *genitalproduktive Mensch* richtig denken und fühlen kann. Vernunft ist eigentlich nur ein anderes Wort für Genitalität. Wenn Freud die „Herrschaft der Vernunft im Seelenleben" als Hauptziel der Psychoanalyse und Psychohygiene nennt, dann meint er damit auch die genitale Reife, also die volle orgastische Potenz. Wir geben hier eine längere Textstelle aus Reichs *Charakteranalyse* (S. 201) wieder:

Wie der genitale Charakter in keiner Hinsicht steif und krampfhaft ist, so auch nicht in den Formen seiner Sexualität. Da er befriedigbar ist, ist er zur Monogamie ohne Zwang oder Verdrängung fähig, aber er ist bei rationaler

Begründung auch schadlos fähig zum Wechsel des Objekts oder zur Polygamie. Er klebt nicht an seinem Sexualobjekt aus Schuldgefühl oder moralischen Rücksichten, sondern er hält es aus seinem gesunden Verlangen nach Lust fest: weil es ihn befriedigt. Er kann polygame Wünsche ohne Verdrängung bezwingen, wenn sie in Widerspruch zu seiner Beziehung zum geliebten Objekt stehen; aber er ist auch imstande, ihnen ohne Schaden nachzugeben, wenn sie ihn allzusehr stören. Den dadurch entstehenden aktuellen Konflikt erledigt er in realitätsentsprechender Weise.

Neurotische Schuldgefühle sind kaum vorhanden. Seine Sozialität beruht nicht auf verdrängter, sondern auf sublimierter Aggression und auf seiner Eingeordnetheit in die Realität. Das bedeutet aber nicht, daß er sich der Realität immer beugt; im Gegenteil, gerade der genitale Charakter vermag infolge seiner der heutigen gesellschaftlichen Situation widersprechenden Struktur – ist doch unsere Kultur durchaus moralisch-antisexuell – sie zu kritisieren und zu verändern; seine geringe Lebensängstlichkeit bewahrt ihn vor Konzessionen an die Umwelt, die seiner Überzeugung widersprechen.

Wenn der Primat des Intellekts eine Forderung der gesellschaftlichen Entwicklung und ihr Ziel ist, so ist er ohne den genitalen Primat undenkbar, weil die Vorherrschaft des Intellekts nicht nur dem irrationellen Sexualleben ein Ende macht, sondern gerade selbst die geordnete Libidoökonomie zur Voraussetzung hat. Genitaler und intellektueller Primat gehören ebenso zueinander, einander wechselseitig bedingend, wie Libidostauung und Neurose, Über-Ich (Schuldgefühl) und Religion, Hysterie und Aberglauben, prägenitale Libidobefriedigung und die heutige Sexualmoral, Sadismus und Ethik, Sexualverdrängung und Vereine zur Hebung gefallener Mädchen.

In der Schilderung des „genitalen Charakters" können wir Reich weitgehend folgen, wenn auch Vorbehalte bleiben. Er zeigt plastisch den Gegensatz zwischen neurotischem und genitalem Charakter auf, wobei die Differenz sicher nicht nur auf sexuellem Gebiet liegt. Das ganze Leben und Erleben des „genitalen Menschen" ist freier, spontaner, unbefangener, schöpferischer. Man kann auch Reich beipflichten, wenn er der heutigen Gesellschaft und ihrer Wirtschaftsordnung jegliche Affinität zum genitalen Charakter abspricht. Was die gegenwärtige Geldwirtschaft mitsamt ihrer asketischen Moral und Religion hervorbringt, sind wohl überwiegend anale und orale Charaktere. Das soziologische Gegenstück zum genitalen Charakter wäre wohl das humanistisch-sozialistische Gesellschaftsideal. Der Kampf für die seelische Gesundheit des Menschen muß auf individueller und sozialer Ebene ausgefochten werden. Im Grunde ist die psychoanalytische Therapie ein kleines Modell einer Menschheit, die sich verständigt und in Friede, Freiheit und gegenseitiger Hilfe zusammenlebt. Der Analytiker, der dies nicht einsieht, ist wohl kaum ein Therapeut, der die innersten Kräfte des Patienten mobilisieren kann.

Hier beginnt sich Reichs Weg von Freud zu trennen. Gegen das Ende des Buches *Charakteranalyse* versucht er eine Explikation des Masochismusproblems, welche zur Diskussion der Freudschen Todestrieb-Hypothese überleitet. Reich kann in der ganzen belebten Natur keinen Todestrieb erkennen und meint auch – mit Recht – in der neurotischen Autoaggression eben nur den Ausdruck eines neurotischen, sexualgestörten Charakters zu sehen. Nicht nur der Todestrieb ist anzuzweifeln; auch die damit verbundenen Freudschen Mutmaßungen über den angeborenen Destruktionstrieb sind vage Spekulationen.

Was man an destruktiven Regungen im Menschen vorfindet, ist nicht autochthones Triebmaterial, sondern erzieherisch und gesellschaftlich deformiertes Streben, das sicher harmloser ist, als es sich unter den heutigen Bedingungen darstellt. Der Marxist Reich schließt sein Buch mit den über Freud hinausweisenden Worten:

> Wir rennen also keine offenen Türen ein, wenn wir behaupten, daß der Todestrieb Tatbestände biologisch erklären soll, die bei konsequenter Fortführung der alten Theorie aus der Struktur der heutigen Gesellschaft sich ableiten. Es bleibt noch zu beweisen, daß die ‚nicht bewältigbaren destruktiven Antriebe‘, denen das Leiden der Menschen zugeschrieben wird, nicht biologisch, sondern gesellschaftlich begründet sind, daß es die Hemmung der Sexualität durch die autoritäre Erziehung ist, die die Aggressivität zu einem nicht bewältigbaren Anspruch macht, indem sich gehemmte Sexualenergie in Destruktivität umsetzt. Und die nach Selbstzerstörung ausgehenden Tatsachen unseres Kulturlebens sind nicht Erscheinungen von ‚Selbstvernichtungstrieben‘, sondern von sehr realen destruktiven Absichten einer an der Unterdrückung des Sexuallebens interessierten Schicht der privatwirtschaftlichen Gesellschaft. (S. 287/8)

Am Ende seines Buches äußert sich Reich noch detaillierter zum Masochismusthema, das sich von seinem Ansatz her besser bewältigen läßt als durch die Metaphysik des Todes- und Destruktionstriebes. Nach Reich ist sowohl der moralische als auch der sexuelle Masochismus nicht auf Primärtriebe im Menschen zurückzuführen; es handelt sich immer um Kunstprodukte einer fehlgeschlagenen Entwicklung der Gesamtpersönlichkeit. Der „Wille zum Leiden" im masochistischen Charakter ist nur ein Vordergrundsphänomen; dazu gehört auch in der Regel eine Tendenz zur symbiotischen Abhängigkeit, Angst vor dem Alleinsein und Verlassenwerden und Flucht vor dem eigenen Selbst in tausenderlei Varianten. Wo aber findet sich der Schlüssel zum Masochismusrätsel?

Reich stützt sich hier auf ein Modell des „Kulturmenschen der patriarchalisch-autoritären Ära". In diesem Menschentyp unseres Zeitalters findet er an der seelischen Oberfläche eine „künstliche Maske der Selbstbeherrschung, der zwanghaft unechten Höflichkeit und der gemachten Sozialität". Das ist die Fassade, die den meisten Kulturmenschen gewaltsam anerzogen wird. Unter dieser Schicht treffen wir bei sorgfältiger Analyse eine zweite Schicht an, die dem Freudschen Unbewußten entspricht und in welcher „Sadismus, Habgier, Lüsternheit, Neid, Perversionen aller Art usw. in Schach gehalten sind, ohne jedoch das Geringste an Kraft einzubüßen". Freud hat diese „seelische Unterwelt" irrtümlich als „menschliche Natur" interpretiert. Gehen wir aber noch tiefer, dann entdecken wir nach Reich eine dritte und letzte Schicht, den „biologischen Kern", in dem „natürliche Sozialität und Sexualität, spontane Arbeitsfreude, Liebesfähigkeit" zu finden sind.

Masochismus ist nun aus der deformierten Menschennatur entspringende Lustangst und Furcht vor der Freiheit, nicht aber Naturbestandteil im Menschen. Religionen des Leidens und der Unterwürfigkeit sind aus der verkrüppelten Triebhaftigkeit entstanden und wollen diese verewigen. Religion bedeutet immer Zwangsmoral – wo aber liegen die Ursprünge der letzteren, die irgendwann in der Menschheitsgeschichte zur Vorherrschaft kam?

Der Einbruch der sexuellen Zwangsmoral

Die Psychoanalyse war von Anfang an auch „kulturpsychologisch" interessiert, und Freud hatte bereits 1911 in *Totem und Tabu* den Versuch unternommen, den Ursprung von Sitte, Moral und Religion aus seinen Erkenntnissen in der Neurosenlehre abzuleiten. Dabei war er zur Schlußfolgerung gekommen, daß der Ödipuskomplex an der Entstehung dieser wichtigen kulturellen Gegebenheiten wesentlich beteiligt sei. In seiner gedanklichen Konstruktion war es der „Vatermord in Urzeiten" und das daraus folgende Schuldgefühl, in welchen man die Keimzelle aller ethisch-religiösen Gebote (z. B. Du sollst nicht töten!; Ehre Vater und Mutter! usw.) zu erblicken habe. Religion wurde damit zur „Vatersehnsucht" (Anbetung des Vaters im Himmel), und Ethik wurde ein Reaktionsprodukt auf aggressive Handlungen und Dispositionen.

Diese Theorie war geistreich, aber unbefriedigend. Sozialwissenschaftlich orientierte Freudschüler konnten kaum akzeptieren, daß zentrale gesellschaftliche Tatsachen aus innerfamiliären Krisen und Konflikten deduziert wurden. Für die Analyse der Gesellschaft braucht es Konzepte, die der sozietären Existenz des Menschen angemessen sind.

Auch Reich fand die psychoanalytische Kulturphilosophie unzulänglich, besonders als Freud um 1930 in *Das Unbehagen in der Kultur* viele kulturelle und politische Mißstände (z. B. Krieg und soziale Ungerechtigkeit) auf den konstitutionellen „Aggressionstrieb" des Menschen zurückführte. Dies kam einer stillen Rechtfertigung trostloser sozialer Zustände gleich. Wenn die „menschliche Natur" so sadomasochistisch war, wie Freud sie beschrieb, dann war es mehr oder minder aussichtslos, irgendeinen radikalen Fortschritt anzustreben.

In seinem Buch aus dem Jahre 1932, welches den Titel *Der Einbruch der Sexualmoral – Zur Geschichte der sexuellen Ökonomie* trägt, liefert Reich eine Alternative zur psychoanalytischen Kulturkritik. Er ergänzt hierbei Freud durch Marx bzw. Engels, fundiert aber seine Überlegungen mehr in der „materialistischen Geschichtsauffassung" als in der Tiefenpsychologie.

Er war damals schon – wie bereits erwähnt – zur Auffassung gelangt, daß „sexuelle Stauungen" die Hauptenergie zur neurotischen Symptombildung liefern. Würden die Menschen im Sexualakt absolute Entspannung finden, dann gäbe es kein Frustrationspotential in ihnen; sie könnten mit ihren Mitmenschen in Frieden leben und wären so produktiv und in sich ruhend, daß jeglicher Neurose der Boden entzogen wäre. Da wir nun aber eine „neurotische Menschheit" seit jeher vor uns haben, muß irgendwann in der Geschichte der „Sündenfall" erfolgt sein, der das orgastische Lebensglück entscheidend beeinträchtigt.

Freud hatte die „soziale Frage" links liegengelassen, da er unpolitisch oder doch bürgerlich-konservativ war. Für ihn bedeutete die Sexualverdrängung eine Urtatsache des kulturellen Lebens, schier unvermeidlich beim Aufbau der Zivilisation. Reich als „dialektischer Materialist" jedoch sieht die Familienerziehung eingebettet in das Sozialleben, welches durch Herrschaft des Menschen über den Menschen, Ausbeutung und Klassenantagonismus gekennzeichnet ist. Daher kann er die Frage aufwerfen: „Welche gesellschaftliche Funktion hat die Familienerziehung und die von ihr bewirkte Sexualverdrängung?"

Kein Zweifel, daß diese Problemstellung von großer Relevanz ist. Die Gesellschaft braucht die Sexualverdrängung, um die Menschen seelisch zu „verkleinern", das heißt sie unmündig und masochistisch zu halten. Die Familie als „Agentur der Sozietät" (E. Fromm) ist die Produktionsstätte sadomasochistischer Charaktere, die den üblichen Autoritarismus in Sklaven und Sklavenhaltern verewigen. Dabei ist die Sexualunterdrückung ein Bestandteil innerhalb der *Deformierung der Menschennatur,* ohne die eine „unmenschliche Welt" gar nicht bestehen könnte.

Moral ist ein Herrschaftsinstrument, und dasselbe gilt von der Religion. Beide Kulturgebilde entspringen – nach Reich – einer pervertierten Triebhaftigkeit, die durch sie noch zementiert wird. Der Kampf um eine lebensfreundlichere Moralität und Weltanschauung wird nur dann Erfolg haben, wenn man den breiten Volksmassen den Weg zur sexuellen Freiheit weist.

Die *Sexualökonomie* ist demnach der Schlüssel zur *Nationalökonomie* und zur wahren *politischen Revolution*. Letztere muß das Patriarchat in allen seinen Formen abbauen, die sexuellen Beschränkungen aufheben, die „Zwangsehe der Gegenwart" lockern, Sexualpolitik mit Kulturpolitik verbinden.

Das Fundament für diese Thesen entnimmt Reich u. a. der Schrift von Friedrich Engels *Vom Ursprung der Familie, des Privateigentums und des Staates* (1884) und den Feldforschungen des englisch-polnischen Ethnologen Bronislaw Malinowski, die 1929 unter dem Titel *Das Sexualleben der Wilden in Nordwest-Melanesien* publiziert wurden. Auch die Texte anderer Völkerkundler (Morgan, Cunow, Westermarck usw.) werden von Reich mitverwertet.

Seine Hypothese ist etwa folgende: Am Geschlechtsleben der heutigen Wilden kann man gelegentlich noch erkennen, wie vermutlich die sexuellen Lebensformen der Urzeit beschaffen waren. Die Trobriands-Insulaner, die Malinowski jahrelang beobachtet hat, zeigen uns eine bemerkenswerte sexuelle Freizügigkeit, die vor allem auch in der Kindererziehung zum Tragen kommt. Die Heranwachsenden auf diesen Inseln dürfen bis zum Erwachsenenalter sexuell „experimentieren", weshalb sie denn auch von Hemmungen, Verdrängungen und Sexualneurosen frei zu sein scheinen. Auch gibt es unter ihnen nur sehr wenige andere Neurosen, Selbstmorde und Psychosen.

Nicht weit von den Trobriands leben auf den sogenannten Amphlett-Inseln Eingeborene ähnlicher Rassenzusammensetzung, bei denen man sexuelle Verklemmtheit, Vergewaltigungen, Unfreundlichkeit, Haß und Bösartigkeit registrieren kann. Sie sind in vieler Hinsicht ein Gegentyp zu den Trobriands, denen man soziale Vorbildlichkeit zusprechen darf. Woher kommt der Unterschied zwischen diesen beiden Volksgruppen?

Nach Reich liegt die fundamentale Differenz in dem Faktum, daß die Trobriands matriarchalisch oder matrilinear organisiert sind, indes die Amphlett-Insulaner unter der Herrschaft des Patriarchats, des Privateigentums und einer asketischen Moral stehen. „Mutterherrschaft" (wie sie erstmals von J. J. Bachofen für die graue Vorzeit als gültig beschrieben wurde) oder doch von der Mutter hergeleitete Familienabhängigkeit ist meistens mit sexueller Freiheit und allgemeinem Antiautoritarismus verbunden. Werden aber patriarchalische Zustände eingeführt, dann sind sie fast gesetzmäßig von Herrschaft, Askese, Egoismus, Gewalttätigkeit und wirtschaftlicher Vormachtbildung begleitet.

Genau das hat Friedrich Engels in seiner genannten politisch-historischen Kampfschrift behauptet. Er postulierte einen sogenannten „Urkommunismus", in dem alle Frauen und Männer untereinander Verkehr hatten und wo es weder Privateigentum noch Familien gab. Das Gut der Gemeinschaft gehörte allen gemeinsam, und diese Menschen mögen friedlich und kooperativ nebeneinander existiert haben.

Dann aber erwarben mächtige Persönlichkeiten (Häuptlinge, Priester) Privateigentum an Produktionsmitteln, die sie an ihre Kinder vererben wollten. Auch die Frau wurde zum Besitz des Mannes; die Kinder, die sie gebar, wurden als „Fortsetzer des Vaters" angesehen – damit trat die *patriarchalische Familie* in die Welt, die historisch gleichzeitig mit dem *autoritären Staat,* dem *Militarismus* und der *ökonomischen Ausbeutung* ist. Diese Gesellschaftsform, in deren Endzeit wir heute noch leben, hat den Menschen unterjocht und seelisch verstümmelt: durch sie wurde er zu einer Karikatur dessen, was er von seiner Natur her sein könnte. Patriarchat, Gewaltherrschaft, religiöser Mystizismus, sexuelle Not der Massen und wirtschaftliches Elend sind die Konstanten einer Kultur, die zum Untergehen bestimmt ist.

In Reichs Text lesen wir etwa die folgenden Sätze:

> Die naturwüchsige Gesellschaft kannte keine Sexualunterdrückung, so wenig wie sonst eine natürliche Organisation von Lebewesen. Erst die Privatwirtschaft und das keimende Patriarchat schufen all die ökonomischen Interessen, die seither die gesellschaftliche Basis für die sexualverneinende Moral und die durch sie gestörte sexuelle Ökonomie der Menschen abgeben. Aus den fortlaufenden und sich entwickelnden Phasen der Privat- und Warenwirtschaft schöpft die negative Sexualmoral ständig ihre Daseinsberechtigung, aber auch ihre Widersprüche. Sie etabliert sich schließlich im Kapitalismus als ausgesprochen reaktionärer Faktor, wird einer der Hauptpfeiler der Kirche, bringt die unterdrückten Klassen auch sexuell in eine bestimmte Abhängigkeit vom Kapital und seiner Ordnung und schafft, indem sie die gesamte Erziehung in und außerhalb der Familie und die gesamte Sexualforschung beeinflußt, bei den Massenindividuen von Kindheit auf seelische Strukturen völlig im Sinne der Interessen der herrschenden Klasse. Sie interessiert uns daher nicht nur akademisch-theoretisch, sondern in erster Linie praktisch vom Standpunkt der proletarischen Revolution, der sie als hemmender Faktor entgegenwirkt. Denn die bürgerliche Familie wird durch die Sexualunterdrückung, die sie leistet, auch um sich selbst ideologisch zu reproduzieren, zur wichtigsten Ideologiefabrik des Kapitals. (S. 92/3)

Schon Freud hatte von drei fundamentalen Hemmungen im Menschen gesprochen, die seiner Emanzipation im Wege stehen: Es sind dies die autoritäre, die sexuelle und die religiöse Denkhemmung. Alle drei sind miteinander verkoppelt – wer eine davon beheben möchte, muß immer auch die beiden anderen anvisieren.

Reich ist sich hierüber wohl im klaren, möchte aber doch offensichtlich den Schwerpunkt in der sexuellen Gehemmtheit ansetzen. Daher formuliert er am Ende seiner Darlegungen eine Reihe von Gesichtspunkten, die wir in Verkürzung wiedergeben:

1. Die Sexualunterdrückung ist die mächtigste Waffe des gesellschaftlichen Autoritarismus. Sie ist die Quelle der Unfähigkeit aller Menschen, ihre Rechte wahrzunehmen und ihr Leben vor dem Übergriff durch Staat und unmenschliche Wirtschaft zu schützen.

2. Sexuelle Repression ist die Grundlage der Massenneurosen, unter anderem auch des Faschismus. Man kann diese „emotionale Pest" nur besiegen, wenn geeignete sexuelle Aufklärung erfolgt.

3. Bei der Ermöglichung „orgastischen Glücks" würden die Menschen intelligenter, leistungs- und liebesfähiger. Sexuell befriedigte Menschen demonstrieren auch die ursprüngliche Güte in der menschlichen Natur.

4. Wer in seinem Liebesleben unglücklich ist, benötigt die Vertröstung auf himmlische Freuden, um nicht ganz zu verzweifeln. Sexuell frustrierte Volksmassen werden immer in die Scheinparadiese der Religion entfliehen, da sie auf Erden von Unlust gequält sind.

In Rußland nach der bolschewistischen Revolution (1917) gab es Ansätze zur sexuellen Befreiung, die aber bald rückgängig gemacht wurden. Mit der Wiederkehr der alten Sexualgesetze und des überlieferten Puritanismus stützte Stalin sein Terrorregime, das alle Errungenschaften der gesellschaftlichen Umwälzung zunichte gemacht hat. Noch schlimmer wirkten sich Sexualverdrängungen im Faschismus aus, den Reich mit dem Etikett der „emotionalen Pest" versieht.

Massenpsychologie des Faschismus

Zwischen 1930 und 1933 beobachtete Reich in Deutschland das Anwachsen der nationalsozialistischen Flut, die schließlich in die Machtergreifung Hitlers einmündete. Ein Versuch, sich die massenpsychologische Grundlage dieses politischen Phänomens zu erklären, liegt in dem 1933 erschienenen Buch *Massenpsychologie des Faschismus* vor. Es zeigt

Vorzüge und Einseitigkeiten des Reichschen Denkens mit besonderer Prägnanz auf. Auch hier wiederum soll die „Sexualökonomie" den Schlüssel zum Verständnis der Politik bieten.

Warum hat die Arbeiterbewegung versagt? Wieso konnte die politische Reaktion siegen, obgleich Millionen Deutsche antikapitalistisch orientiert waren? Ein elender Mystizismus, wie ihn die nationalsozialistische Ideologie darstellte, erfaßte wie ein Lauffeuer die Volksmassen, die ihre eigene Knechtung bejubelten. Reich ist sich bewußt, daß man hier vor einer psychologischen Problematik steht, die mit ökonomischen Schlagworten und Theorien allein nicht bewältigt werden kann. Der in der marxistischen Bewegung stark vernachlässigte *subjektive Faktor* müsse zur Deutung der Massenpsychosen herangezogen werden. Wie sieht es in der Seele des Menschen aus, der dem exzessiven Nationalismus, Rassismus und Imperialismus so mühelos erlag? An dieser Stelle muß der Marxismus durch die Psychoanalyse ergänzt werden.

Die Ideologie ist nicht nur ein Derivat der ökonomischen Basis; sie wirkt immer auch auf die Ökonomie zurück und beeinflußt diese. Kein Zweifel, daß der Nationalsozialismus zunächst in den kleinbürgerlichen Schichten seine lebhafteste Resonanz fand. Der Kleinbürger wurde zutiefst angesprochen von einer Lehre, die nicht nur seinem Autoritätsbedürfnis Genüge tat, sondern auch alle seine traditionellen Vorurteile bestätigte. Angesichts der Herausforderung durch Sozialismus und Kommunismus blieb es Hitler vorbehalten, die Ideologie von der *mystischen Volksgemeinschaft* noch einmal zu retten. Das Bürgertum, dem Klassenkampf immer ein Greuel ist, war glücklich darüber, die *soziale Frage* im Nebel rassischer und völkischer Selbstbeweihräucherung verschwinden zu sehen. Auch das Großkapital und der Militarismus erahnten ihren Vorteil und erniedrigten sich zum Steigbügelhalter des fanatischen „Trommlers", der die Nation wieder zu militarisieren versprach. Im Rahmen der marxistischen Konzeptionen war es schwierig, einen derartigen Rückfall in die Barbarei bei höchstentwickeltem Industriepotential begreiflich zu machen. Auch Reich tastet sich hier mühsam voran:

Die Feststellung, daß sich die Ideologie langsamer umwälzt als die ökonomische Basis, erfährt hier bestimmte Präzision. Da die psychischen Strukturen, die einer bestimmten historischen Situation entsprechen, in der frühen Kindheit in den Grundzügen formiert werden und einen weit konservativeren Charakter haben als die technischen Produktivkräfte, so ergibt sich, daß mit der Zeit die psychischen Strukturen hinter der Entwicklung der Seinsverhältnisse, denen sie entsprangen und die sich rasch weiterentwickeln, zurückbleiben und mit den späteren Lebensformen in Konflikt geraten. Das ist der Grundzug des Wesens der sog. Tradition ... (S. 33).

Der Marxist muß sich fragen, was die Entwicklung des „Klassenbewußtseins" im Arbeiter hemmt, und zum Verständnis dieses Phänomens sollte er sich der Tiefenpsychologie bedienen. Die sozioökonomischen Erklärungsschemata reichen nicht aus. Die Psyche der nicht-revoltierenden Arbeiterschaft sollte einer psychologischen Analyse unterzogen werden. Auch die psychologische Situation des Kleinbürgers verdient gründlichere Betrachtung. Dabei muß die Frage aufgeworfen werden, wie sich ein ungerechtes Gesellschaftssystem in den seelischen Strukturen der in ihm lebenden Unterdrücker und Unterdrückten verankert. Denn offenbar bedarf es eines besonderen Formungsprozesses, um die Menschen der ökonomischen und politischen Tyrannei gefügig zu machen. Der Marxismus hat dieser Formung und Prägung zu wenig Aufmerksamkeit gewidmet.

Die *Familie* erscheint Reich als die Pflanzstätte der reaktionären, autoritätsgläubigen Persönlichkeit. Sie spiegelt im Kleinen die gesellschaftlichen Verhältnisse im Großen wieder. Die Gesellschaft überläßt es der Familie, aus dem biologischen Rohmaterial den an sie angepaßten *Untertan und Staatsbürger* zu machen. Zu diesem Zwecke verwendet die Familienerziehung *sexuelle Repression* und *autoritäre Verängstigung,* welche alle kindlichen Autonomiebestrebungen zunichtemachen. Reich betont die umfassende *Gefühlspädagogik,* die alle möglichen expansiven Regungen und Bestrebungen beschneidet. Er ist aber besonders durch die Sexualunterdrückung beeindruckt:

> Als Vorstufe dazu [nämlich zur Erzeugung des braven Staatsbürgers] durchläuft das Kind den autoritären Miniaturstaat der Familie, an deren Struktur sich das Kind zunächst anpassen muß, um später dem allgemeinen gesellschaftlichen Rahmen einordnungsfähig zu sein. Die Umstrukturierung des Menschen erfolgt – das muß genau festgehalten werden – zentral durch Verankerung sexueller Hemmung und Angst am lebendigen Material der sexuellen Antriebe (S. 51).

Würden die Menschen – so Reich – ihre sexuellen Interessen erkennen und wahrnehmen, wäre es auch leicht für sie, ihre ökonomischen Benachteiligungen zu bekämpfen. *Sexuelle Aufklärung* wird somit zum Korrelat der *politischen Agitation.* Hat man einmal die Sexualität befreit, ist die totale Befreiung nur noch ein weiterer Schritt. Die Nationalsozialisten haben die Dynamik sexueller Triebe besser verstanden als ihre marxistischen Konkurrenten. In Reichs Interpretation wird der

Faschismus im wesentlichen zu einem Problem der *Massenerotik* – die faschistische Ideologie und Praxis sei durchwegs gespeist von verdrängten und damit entstellten *Sexualtrieben,* die sich in *mystischer und aggressiver Verkleidung* Befriedigung zu verschaffen suchten.

Warum konnte Hitler die Massen mitreißen? Seine Persönlichkeit allein reicht nicht aus, um derartige Massenwirkungen verständlich zu machen. Die individuelle Psychologie des Diktators muß weitgehend mit der kollektiven Psychologie der von ihm geführten Massen übereinstimmen. Hitler war nur ein *Sprachrohr* der Volksschichten, die ihn zur Macht trugen. In seiner pathologischen Psyche waren offenbar dieselben Deformationen in etwas ausgeprägterer Weise vorhanden als in den Millionen seiner Gefolgsleute. Jedenfalls ist der Nationalsozialismus Zeichen einer *Massenerkrankung* und nicht *Schöpfung eines einzelnen Verrückten.* Verrückte können nur dann als Massenagitator Erfolg haben, wenn ihre wahnhaften Ideen und Zielsetzungen der psychischen Struktur des von ihnen verleiteten Volkes entsprechen.

Reichs Kommentare über die Persönlichkeit Hitlers sind nur ein vager Abglanz dessen, was wir durch die Forschungen von Horkheimer und Adorno über „die autoritäre Persönlichkeit" wissen. Wenn irgendjemand, so war Hitler eine autoritäre Persönlichkeit. Er hat diese Grundstruktur, die ihm und seinen unzähligen Anhängern gemeinsam war, noch überhöht, indem er sie durch paranoide, zwanghafte, extremaggressive Eigenschaften akzentuierte. Man kann sich darüber wundern, daß ein solcher *Psychopath aus der Gosse* im 20. Jahrhundert noch ein Weltreich zu erobern imstande war.

Durch geschickte Manipulation erweckte der Nationalsozialismus bis zu seiner Machtergreifung den Eindruck, daß er auch einen „sozialistischen Kern" habe. Spätestens nach dem Mord an Röhm und seinen SA-Paladinen wurde diese Vorspiegelung liquidiert, und der rein kapitalistische Charakter der faschistischen Bewegung trat ans Licht. Im Taktieren war Hitler seinen marxistischen Widersachern zweifellos überlegen. Vor allem die Psyche des Kleinbürgers und des politisch ungeschulten Arbeiters vermochte er intuitiv zu erfassen. Selber ein autoritärer Mensch reinsten Wassers, baute er den Nationalsozialismus in einer Weise auf, die auf jeglichen *autoritätsgläubigen Menschen* eine unerhörte Faszinationskraft ausüben mußte.

Die nationalsozialistische „Weltanschauung" bleibt auch heute noch der vollständigste Katalog autoritärer Denk- und Glaubensartikel. Alles, was dem Spießer heilig ist, wird darin sakral verklärt: Blut und Boden, Familie, Mutterschaft, Ehre und Pflicht, Hingabe an Volk und

Nation, Unterwerfung und Herrschaftsbedürfnis. Der Staat selbst wird als eine große, autoritär geführte Familie beschrieben, in der eine starke Vaterfigur den „Kindern" alle Entscheidungen abnimmt. Die von patriarchalischen Vätern gedrillten Söhne hatten es offenbar nicht schwer, den Diktator mit ihrer innerpsychischen *Vaterimago* zu identifizieren. In der Familie hatten sie gehorchen gelernt. Der Staat übernahm die *sadomasochistischen Charaktere* und gliederte sie in seine Hierarchie ein. Reich sieht diese Dynamik, bringt sie jedoch sofort in seinem Sexualkonzept unter: der Hauptfaktor in der Erziehung zum politischen Masochismus sei die *Sexualrepression*. Würde man die Sexualität den Kindern freigeben, so hätten sie später keine Inklination zum sadomasochistischen Lebensprinzip. Onanieangst und Sexualunterdrückung erscheinen hier als wichtigste Quellen für religiösen Mystizismus und politischen Masochismus. Aus dem pädagogisch initiierten Kampf gegen natürliche sexuelle Antriebe sei alles nachfolgende Unglück abzuleiten: familiäre Abkapselung der Individuen, Ichschwäche, kitschige Sentimentalität, Haß gegen Fremde und Andersartige, ideologische Verlogenheit. So wird der Nationalismus als Gefühlswallung zu einem Derivat verdrängter Sexualtendenzen. Man muß sich allerdings fragen, ob eine aus der Verdrängung befreite Sexualität so ohne weiteres schon den Zugang zum Erkennen nationalistischer und rassistischer Verblendungen öffnen würde. Die Triebpsychologie überspringt weitgehend die Domäne der Gefühle, weil sie diese als bloße Ableger von Triebregungen beurteilt. Aber Gefühle sind nicht bloß „zielgehemmte Triebe". Diese Freudsche Hypothese wird für Reich kaum zum Problem. Er erhofft sich von der Triebbefreiung ohne weitere Umwege die Befreiung der Menschheit von jeglichem politischen und sozialen Zwang.

Die eigentlichen Triebverdränger sind nach Reich die Kleinbürger, aber auch das Proletariat ist stark von kleinbürgerlichen Normen und Verhaltensmaßstäben abhängig. Der Nationalsozialismus hat weite Kreise der Arbeiterschaft anzusprechen gewußt. Vielen Arbeitern imponierten die kleinbürgerlichen Lebensformen: Sie ahmten sie dementsprechend nach. Die marxistische Bewegung ließ dieses kleinbürgerliche Denken und Fühlen weitgehend intakt, weil sie sich hauptsächlich auf die ökonomische Argumentation konzentrierte. Reich ist der Meinung, daß man die ökonomische Kritik durch die Sexualaufklärung hätte erweitern müssen. Nur so hätte man den „Kleinbürger im Proletarier" zu überwinden vermocht. Hierzu war die Sozialdemokratie nicht imstande, weil sie selbst „kleinbürgerlich durchseucht" war. Die Sozialdemokraten waren nicht in der Lage, ihre Millionen Parteimitglieder und Wähler zu sozialistischen Menschen zu erziehen. Sie taten nichts oder zu wenig, um ihre Anhänger der bürgerlichen Gesellschaft, Moral und Lebensanschauung zu entfremden, so daß der Nationalsozialismus viele solcher Pseudo-Sozialisten ohne allzugroße Umschulung in seine Reihen integrieren konnte.

War der Nationalsozialismus demnach ein „sexuelles Massenphänomen"? Bei Reich wird jedenfalls Politisches auf Sexualverdrängung und sexuelle Frustration zurückgeführt. Die Rassentheorie bringt für ihn in erster Linie eine *sexuelle Phobie* zum Ausdruck, die aus inzestuösen Phantasien gespeist wird. Daher die häufige Verwendung der Vokabeln *Blutschande* und *Blutvergiftung* in den nationalsozialistischen Texten. Auch Hitlers fanatische Ergüsse über den Zusammenhang von Ausbreitung der Syphilis und mangelhafter Sexualdisziplin im rassisch angekränkelten Volke werden mit dem Inzestmotiv in Verbindung gebracht. Aber der Judenhaß z. B. hat wohl nicht nur sexuelle Quellen. Der sexuelle Jargon drängt sich gewiß bei allen *xenophoben Verunglimpfungen* mit einer gewissen Zwanghaftigkeit auf, aber nur das orthodoxpsychoanalytische Ohr überhört die Sprache des *Macht- und Herrschaftsstrebens,* die sich noch aufdringlicher als die sexuelle und anale Polemik im Vorurteilsdenken breitmacht. Die Rassentheorie schmeichelt dem individuellen und kollektiven *Größenwahn.* Daß sie auch ein Ventil für unterdrückte Sexualstrebungen ist, mag als ein Nebengewinn gelten – der *Wille zur Macht* scheint hier aber der Sexualität übergeordnet zu sein. Er ist auch der Motor von Verdrängung und Projektion: In seinem Interesse wird die entwertete Antriebsregung geleugnet oder auf passend zur Verfügung stehende *Minoritäten* abgewälzt. Die Herabwertung der fremden Rassen und Nationen dient direkt der Höherwertung der eigenen Rasse und Nation. Auch die Vergottung des autoritären Staates mitsamt seinem Führerprinzip atmet durchaus den Ungeist des Machtwahns, der im Faschismus die *eigentliche psychische Dominante* ist.

Welche komischen Auswüchse zügelloses Sexualdenken treiben kann, bekundet Reich im Kapitel *Die Symbolik des Hakenkreuzes* (S. 147 f.). Wie kam es zur Massenwirksamkeit dieses Symbols, das altgermanischen Ursprungs zu sein scheint?

Auf die von Reich vorgeschlagene Lösung würde man wohl nie kommen, wenn man nicht Vorübung in jenem psychoanalytischen Symboldeuten hätte, das aus dem harmlosesten Gegenstand Sexualbedeutung herauszupressen versteht. Schon Freuds *Vorlesungen zur Einführung in die Psychoanalyse* (1916/17) hatten jedem länglichen Gegenstand als

Traumsymbol kurzerhand Penisrepräsentation aufgebürdet; jede konkave Traumerscheinung hingegen galt als Vagina; reiten, fliegen, gehen, fahren usw. erschienen dem Meister als Koitus-Symbolisierungen. Wilhelm Reich folgt auf den Spuren Freuds, wenn er das Hakenkreuz zeichnerisch mit zwei Köpfen versieht und nunmehr darin ein Paar in innigster Verschlingung (Koitus) erblickt:

> Es ist also anzunehmen, daß dieses Symbol, das zwei ineinandergeschlungene Gestalten darstellt, auf tiefe, unbewußte Schichten des Seelischen einen großen Reiz ausübt, der umso stärker ausfallen muß, je unbefriedigter, unbewußt oder bewußt sexuell sehnsüchtiger der Betreffende ist. (S. 153)

Im Kampfe gegen den Bolschewismus bediente sich der Faschismus häufig sexueller und sentimentaler Argumente, vor allem, wenn er den „Kulturbolschewismus" aufs Korn nahm. Letzterem wurde die Zerstörung aller emotionalen und familiären Bindungen angelastet, wobei das Schreckgespenst einer sittenlosen und erotisch verwahrlosten Menschheit heraufbeschworen wurde. Die faschistischen Spießer trafen vollkommen den Ton, der in Spießerohren Wohlklang erzeugte; wer sich auf die Seite von Sitte und Moral schlägt, kann der Zustimmung des Kleinbürgers in allen Volksschichten gewiß sein. Reich erkennt hier auch die große Bedeutung von Religion und Kirche im politischen Kampf. Er definiert die Kirche als eine „internationale sexualpolitische Organisation des Kapitals" (S. 169): Indem die Kirchen die Volksmassen mit dem Opium der Religion versehen, machen sie diese unfähig, sich für ihre realen irdischen Belange einzusetzen. Diese Religionskritik, die ganz im Marxschen Sinne die Kritik der bestehenden sozialen Verhältnisse durch eine Destruktion des religiösen Denkens und Fühlens einleitet, ist bei Reich „sexualökonomisch" orientiert:

> Wir müssen notgedrungen dem Kampf auf weltanschaulichem und kulturellem Gebiet, *dessen Zentrum die Sexualfrage ist,* ausweichen, solange wir nicht über die notwendigen Kenntnisse, die erforderliche Schulung verfügen, diesen Kampf siegreich zu führen. Gelingt es uns aber, einen festen Standort in der Kulturfront zu gewinnen, so bekommen wir alle Mittel in die Hand, dem wirtschaftspolitischen Kampf die Wege zu ebnen. Denn es sei nochmals gesagt: *Die Sexualhemmung versperrt dem durchschnittlichen Jugendlichen den Weg zur roten Front.* (S. 183)

Nach dieser Konzeption werden religiöse Gefühle in der Kindheit hauptsächlich durch sexuelle Einschüchterung konstelliert. Die Angst vor der genitalen Sinnlichkeit übersetze sich z. B. in Marien- und Jesusverehrung. Damit werde den verstümmelten Trieben ein ideales Objekt angeboten, wobei infantile und masochistische Triebregungen eindeutig bevorzugt werden. *Keuschheit* wird gepredigt, wo *Unterwerfung* gemeint wird. So kommt das pathologische Selbstgefühl des autoritären Charaktertypus zustande, der über einer chaotischen Trieb- und Impulssphäre sein übersteigertes Tugendideal errichtet, mit Tugendwerten wie Ehre, Bescheidenheit, Pflichterfüllung, Gehorsam, Konformismus usw. Das korrumpierte seelische Organ, das für Lustgewinnung nicht mehr oder nur teilweise tauglich ist, übergibt sich der religiösen und nationalen Ekstase:

> Der Schluß ist gültig, daß dem religiösen Empfinden der Boden restlos entzogen wäre, wenn nicht nur die soziale Macht der Kirche beseitigt und dem religiösen Empfinden eine intellektuelle Kraft gegenübergestellt, sondern darüber hinaus die Gefühle, die das religiöse Empfinden speisen, selbst bewußtgemacht würden und ihnen freie Bahn geschaffen wäre. Da die unwiderlegbare psychoanalytische Erfahrung besagt, daß das religiöse Empfinden gehemmter Sexualität entspringt, daß in gehemmter Sexualerregung die Quelle der religiösen Empfindung zu suchen ist, so folgt daraus der zwingende Schluß, daß *klares sexuelles Bewußtsein* und *natürliche Ordnung des sexuellen Lebens das Ende des mystischen Empfindens jeder Art sein muß, daß also die natürliche Geschlechtlichkeit der Todfeind der Religion ist.* (S. 238)

Die Parole heißt demnach, Sexualpolitik zu treiben. In Massenversammlungen soll die sexuelle Not der Menschen zur Sprache kommen. Der Jugend muß umfassende sexuelle Aufklärung vermittelt werden. Frauen sollen auf die Abtreibungsproblematik, Empfängnisverhütung usw. angesprochen werden. Im sexuellen Bedürfnis der Menschen liegt ein revolutionäres Potential, das der Marxismus noch nicht mobilisiert hat. Die *Sex-Pol-Bewegung* wird dies nun leisten. An der Sexualfront muß dem Faschismus der Kampf angesagt werden. Hier muß man seinen reaktionären Charakter entlarven, was – so Reich – an dieser Stelle leichter ist als auf sozialökonomischem und wirtschaftlichem Gebiet. Selbst das Kind kann und soll schon sexualpolitisch erfaßt werden:

> Wenn die bürgerliche Kinderbewegung alles besser kann, eines kann sie nicht, unter keinen Umständen: Nämlich den Kindern sexuelles Wissen, sexuelle Klarheit bringen, ihnen die sexuelle Unterdrücktheit bewußt machen. Das kann *nur* das Proletariat, erstens weil es kein Interesse an der sexuellen Unterdrückung der Kinder hat, vielmehr gerade das gegenteilige, zweitens weil das proletarische Lager von jeher der Anwalt der konsequenten sexuellen Aufklärung der Kinder war. Diese mächtige Waffe blieb bisher ungenützt... (S. 265)

Die Idealisierung, die das Proletariat im Marxismus als revolutionäre Instanz genoß, wird somit auch sexualpolitisch untermauert. Im Proletariat könne die sexualpolitische Arbeit auf schönstes Entgegenkommen rechnen. Gebe man den Kindern das sexuelle Interesse frei, so erzieht man aus ihnen Revolutionäre. Auch Frauen werden revolutionär, wenn man sie sexuell bewußt macht. Eine vor nichts zurückschreckende Sexualpolitik (S. 269) kann die Frauen von der politischen Reaktion loslösen. Eine internationale sexualpolitische Bewegung soll der marxistischen Internationalen eingegliedert werden.

Auf dem Wege zur Verstiegenheit

In einem Buch aus dem Jahre 1956 hat Ludwig Binswanger unter dem Titel *Drei Formen mißglückten Daseins* die Charaktereigenschaften der Verstiegenheit, der Verschrobenheit und der Manieriertheit als Grundformen des schizophrenen Menschseins feinsinnig untersucht. Er zeigte damit die innere Verwandtschaft von psychischer Normalität, Psychopathie und Schizophrenie auf. Der Laie (und oft auch noch der traditionell orientierte Psychiater) glaubt an klaffende Abgründe zwischen den drei genannten Seelenzuständen; dem ist aber nicht so, denn die Übergänge sind fließend, und so mancher „Normale" läßt durch verstiegene, verschrobene und manierierte Wesenszüge erkennen, daß er von einer schweren Gemütskrankheit nicht weit entfernt ist.

Auch Reich war bis in die Mitte der dreißiger Jahre nicht manifest krank. Er war ein erfolgreicher Therapeut und ein fruchtbarer Schriftsteller; als Ehegatte war er schwierig, aber daraus konnte nichts abgeleitet werden. Noch publizierte er in jenen Jahren eifrig seine Bücher, die man zwar einseitig nennen konnte, aber unlogisch und unzusammenhängend waren sie nicht. Er schrieb damals über politische und psychologische Themen; so etwa erschien 1936 *Die Sexualität im Kulturkampf,* und das Manuskript über *Menschen im Staat* (1953) wurde im selben Jahr fertiggestellt.

Das eigentlich „Verstiegene" begann um 1936, als Reich in Dänemark, Norwegen und Schweden mit seiner „Vegetotherapie" direkte Techniken der Muskelentspannung anzuwenden versuchte. Damit setzte er sich über die „Abstinenzregel" hinweg, die Freud zum Schutze des Patienten und des Therapeuten formuliert hatte.

Aber auch das vegetotherapeutische Vorgehen kann noch eine gewisse Logik für sich beanspruchen. Wenn Reich der Meinung war, daß der Charakterpanzer als Abwehr der Angst auch Muskelverspannungen mit sich bringt, dann war es nur folgerichtig, daß er seine Patienten auf ihre Verspanntheiten und Atemfehler hin beobachtete und ihnen Anweisungen zur Entspannung gab. Es scheint, daß er in manchen Fällen die Patienten nackt oder halbnackt vor sich liegen hatte; vermutlich faßte er auch diese oder jene verkrampfte Muskelgruppe an, um sie zu lockern. Angeblich wurden hierdurch viele vergessene Erinnerungen frei gemacht, und der Strom der Assoziationen floß lebhafter.

1936 ging Reich nach Oslo, wohin ihn der Leiter des dortigen Psychologieinstituts an der Universität, Harald Schjelderup, eingeladen hatte. Er errichtete an dieser Institution ein eigenes Labor, das er aus seinen Einkünften und aus Spenden von Kollegen und Patienten finanzierte. Mit starken Mikroskopen und elektronischen Apparaten wollte er seine Lebens- und Sexualforschung gründlich fundieren.

Zunächst studierte er die elektrischen Potentialschwankungen auf der Haut im Ruhezustand, bei schmerzhaften oder lustvollen Reizen. Solche „psychogalvanische Phänomene" waren schon von Veraguth, Jung u. a. m. beobachtet worden; man hatte auf ihnen aufbauend den sogenannten „Lügendetektor" entwickelt, der eine Zeitlang in der Kriminologie im Einsatz war.

Aber dann kam es zur Erforschung der „Bione". Reich glaubte damals, unter seinen Augen die Entstehung von Vorformen des Lebens aus anorganischen Substanzen registrieren zu können. Solche Lebenspartikel, die sich ihm im Mikroskop als bewegliche Bläschen zeigten, nannte er „Bione".

Über die nun folgende atemberaubende Entwicklung des „Bionforschers" Reich möge man seine eigenen Schriften seit 1940 nachlesen; auch David Boadella (1983), Wolf E. Büntig (1982), Ilse Ollendorff-Reich (1975) und Charles Rycroft (1972) (letzterer sehr kritisch) haben darüber berichtet. Reich selbst schreibt in *Die Entdeckung des Orgons* (1927, S. 330):

Die ‚Bione' sind mit Orgonenergie geladene mikroskopische Bläschen, die durch Glühen und Quellen organischer und anorganischer Materie entstehen. Sie pflanzen sich wie Bakterien fort. Sie entstehen auch spontan im Erdboden oder, wie bei der Krebserkrankung, aus zerfallender organischer Materie ... Die Orgonenergie ist auch im Erdboden, in der Atmosphäre und am pflanzlichen und tierischen Organismus visuell, thermisch und elektroskopisch nachweisbar.

1937 entfesselten norwegische Psychiater eine Pressekampagne gegen Reich, die zu seiner Ausweisung führte. Nach Zwischenaufenthalten in Dänemark emigrierte er 1939 nach New York; man hatte ihm einen Lehrauftrag an der New School for Social Research verschafft. Wo immer er nun hinkam, war er nicht nur Therapeut und Dozent, sondern auch Laborforscher; oft richtete er mit erheblichen Geldmitteln imposante Laboratorien ein, in denen er den Lebensprozeß, die Bione, seelische und körperliche Erkrankungen und neuartige Heilmethoden experimentell erkundete. In New York fand er seine dritte Frau Ilse Ollendorff, die für ihn eine ausgezeichnete Mitarbeiterin wurde.

Nachdem er die Orgonenergie im Sand des Meeres, in der blauen Farbe des Himmels, in den elektrischen Stürmen der Atmosphäre, im Glitzern der Sterne usw. entdeckt hatte, drängte sich ihm der Gedanke auf, man müsse diese „Lebenskraft" durch geeignete Apparaturen einfangen, konzentrieren und für den Menschen nutzbar machen.

So schuf er seit 1940 „Orgonakkumulatoren", das heißt Kästen aus Holz, Metall und Isoliermaterial, die angeblich größere Orgonmengen in sich aufspeichern konnten. Hielt man sich längere Zeit in solchen „Telefonkabinen" auf, dann erwärmte sich der Organismus und erhielt ein höheres energetisches Niveau als sonst üblich war. Nicht nur Neurotiker oder psychosomatische Kranke wurden in solchen Orgonkästen behandelt; auch unheilbar Krebskranke wurden „orgonotisch" therapiert, angeblich mit merklichen Heilerfolgen. 1942 gründete Reich das *International Journal of Sex-Economy and Orgone Research.* Auch ein eigener Verlag für solche Schriften wurde ins Leben gerufen.

Im US-Staat Maine kaufte Reich eine herabgekommene Ranch und richtete auf ihr seine Wohnstätte und seine Laboratorien ein. Dieses Forschungszentrum wurde „Orgonon" getauft. Dort sollte die „bioelektrische Energie des Kosmos" studiert und technisch verwertet werden. Selbst Albert Einstein sollte vor den Wagen dieses Projekts gespannt werden. Reich suchte den Gelehrten auf und überließ ihm sogar einige Apparaturen; aber der geniale Physiker winkte ab und wollte mit der „Orgonomie" nichts zu tun haben.

Reich erklärte sich seine Fehlschläge durch die Annahme einer weltweiten Verschwörung gegen seine Person und seine Arbeit. Aus dem ehemaligen Kommunisten war inzwischen ein Bolschewikenhasser geworden; also nahm er an, daß Moskau und die Rockefellers gegen ihn intrigierten, da sie wußten, daß er die Mittel in der Hand habe, Kapitalismus und Kommunismus durch die „Arbeitsdemokratie" zu ersetzen. Merkwürdigerweise erhoffte er sich viel Unterstützung durch die Regierung Eisenhower, wie er überhaupt zuletzt politisch ziemlich konservativ wurde.

Sein imaginärer Hauptfeind war „Modschu"; dieses Wort hatte er durch die Zusammenziehung der beiden Namen Mocenigo und Dschugaschwili gebildet. Mocenigo war ein Venezianer, der den Philosophen Giordano Bruno (um 1600) mit falschen Versprechungen nach Italien gelockt hatte, wo er ihn dann der Inquisition übergab; Dschugaschwili jedoch war der bürgerliche Name von Stalin. Reich selbst sah sich einer ähnlichen Verschwörung wie der Renaissancedenker ausgesetzt; er meinte, daß sich die Geheimdienste der Länder mit ihm befaßten und daß man überall wohl wisse, welche Erkenntnisse er gewonnen habe.

Sogar im Kosmos schien man auf ihn aufmerksam geworden zu sein. Als er seine Apparate auf einige Fixsterne richtete, glaubte er zu beobachten, daß deren Licht blaß wurde. Er postulierte, daß außerirdische Existenzen sich durch ihn bedroht fühlen könnten und einen „Krieg der Sterne" vorbereiteten. Natürlich beschäftigte er sich auch mit den UFOs und teilte der amerikanischen Raumfahrtbehörde Wahrnehmungen über solche Flugobjekte mit. Immer schriller rief er in die Welt hinaus, die ihm den Ruhm und die Anerkennung versagte. Auch der Zulauf durch gutgläubige Schüler und der florierende Verkauf von Orgonakkumulatoren konnte ihn nicht beruhigen.

Das Ende war Verfolgungswahn, der konsequenterweise auch eine – wenn auch ungerechtfertigte – Verfolgung durch die Gesundheitsbehörden nach sich zog. Reich hatte sein trauriges Schicksal vorweggenommen, als er in seiner Spätzeit die Bücher *Rede an den kleinen Mann* (1948) und *Der Christusmord* (1953) schrieb. In beiden Texten erhebt er Anklage gegen eine mörderische Welt, die vom „Mittelmaß" beherrscht wird und wahre Menschenfreunde verfolgt und kreuzigt. Zuletzt hatte sich der Atheist Reich sogar mit Christus identifiziert.

Reichs Persönlichkeit

Reichs Persönlichkeit und sein Werk sind eine Einheit, und darum kann man bei der Einschätzung seiner Lehre kaum ohne Würdigung seiner Charakterstruktur auskommen. In der Folge gehen wir von der Überzeugung aus, daß Reichs Leben die „Geschichte einer Paranoia" darstellt; gewiß wurde die Krankheit erst jenseits seiner Lebensmitte manifest, aber Vorstufen davon können bereits in früheren Phasen der Entwicklung konstatiert werden.

Wir wissen von Reich, daß er in relativer sozialer Isolierung aufwuchs. Auch zu seinem Bruder Robert scheint er wenig Beziehung gehabt zu haben; er sprach nie von ihm, obwohl dieser erst mit 26 Jahren starb. Schlimm scheinen die Komplikationen in seinem Elternverhältnis gewesen zu sein; er trug – wie bereits erwähnt – angeblich die Schuld am Selbstmord der Mutter, da er deren Liebesbeziehung zum Hauslehrer dem Vater verriet.

An der hohen Intelligenz des jungen Reich wird niemand zweifeln können. Er schlug sich gut in der Gesellschaft der Psychoanalytiker, die er schon als Student mit geistreichen Abhandlungen überraschte. Auffällig ist jedoch sein starkes Interesse für „Sexuologie": Es wurde zum Angelpunkt seiner Forschungen, die in der Frühzeit immerhin zu scharfsinnigen und exzellent formulierten Ergebnissen führten.

Freuds Unbehagen an diesem monoman auftretenden Sexualwissenschaftler innerhalb der Psychoanalyse hielt sich zunächst in Grenzen, ergab aber bald ein spürbares Abrücken von Reich, in dessen Charakter eine *arg bedrängende Komponente* unübersehbar war. Auch die anderen Psychoanalytiker hielten Abstand zu Reich, dem es offenbar nicht gegeben war, Autoritäten und Gleichgestellte für sich zu gewinnen.

Anders war es mit Gefolgsleuten, die ehrfürchtig oder doch gutgläubig zu ihm aufblickten. Da konnte er freundlich, wohlwollend und sogar charmant sein; aber seine *Führungsrolle* durfte nicht angetastet werden.

Er war ein politischer Kopf, und als solcher eigentlich auch ein *Machtmensch* mit gewaltigen Ambitionen. Dies mag ihn veranlaßt haben, eine Bewegung zur „Sexualpolitik" auf Massenbasis zu gründen; er war einer der rhetorisch brillantesten Sexualaufklärer, die in den zwanziger Jahren Furore machten. Sah er sich bereits als Parteichef einer politisch relevanten Gruppe von Sexualrevolutionären, die die Geschicke Deutschlands und Europas umgestalten konnten? Ganz ist diese Vermutung nicht von der Hand zu weisen. Im norwegischen Exil im Jahre 1936 hörte er im Beisein von Freunden Ravels „Bolero" auf einem Grammophon; man fragte ihn, was er sich dabei denke, und er gestand, er sehe sich an der Spitze eines Triumphzugs in die Hauptstadt Berlin einziehen, auf einem weißen Pferde sitzend!

Macht, Größe, Forscherruhm und Einzigartigkeit in einer verständnislosen Welt waren Leitideen seines Strebens und Wirkens. Bei solch angespanntem Geltungshunger mußte die *Gefühlsentwicklung* zu kurz kommen. Drei Ehen dieses Psychoanalytikers scheiterten an seinem harten, fanatisch gesinnten und patriarchalischen Wesen. Theoretisch verkündete er die Freiheit aller Menschen, aber als Liebespartner war er *dominierend, eifersüchtig, affektgeladen,* durchaus mit *Macho-Tendenzen* behaftet. So ließ er seine dritte Gattin Ilse Ollendorff – wenn sie verreiste – schwören, daß sie ihm treu bleiben werde; er selbst nahm aber in der Zeit ihrer Abwesenheit das Recht auf Seitensprünge in Anspruch.

Eine seiner beiden Töchter ohrfeigte der radikale Kommunist Reich zu Weihnachten, weil das Kind anstelle der „Internationale" das Lied „Oh Tannenbaum" sang. Das ist vielleicht ein winziges Detail der Persönlichkeitsbeobachtung; aber wir meinen auch in diesem Faktum die Gefühlskargheit und Sturheit des „großen Orgontheoretikers" zu erkennen.

Er verlor die Realität im wachsenden Maße aus den Augen, weil er rigid und unflexibel vom Wunsch beherrscht war, einer der genialsten Wissenschaftler aller Zeiten zu werden. Da er ein Nachkriegsstudium (unter sehr erleichterten Bedingungen) absolviert hatte, waren seine Kenntnisse in den meisten Forschungsdisziplinen sehr bescheiden. Gleichwohl mutete er sich zu, *Grundfragen fast aller Sphären der Wissenschaft und Technik* im jähen Ansturm lösen zu können: Er gebärdete sich dabei mit einem Sendungsanspruch, der die Diagnose „Größenwahn" aufdrängt.

In einem phantastischen „Ein-Mann-Unternehmen" thematisierte er in wenigen Jahren die Fragen nach der Entstehung des Lebens, der Krebskrankheit, des guten und schlechten Wetters, der außerirdischen Existenzen, der Neurosenlehre und Psychotherapie, der Psychosomatik und der Kosmologie. Im nahezu wilden Taumel jagte er durch die Serie seiner Experimente hindurch, entwarf Theorien am laufenden Band und erwartete Bestätigung von der Kulturwelt, deren Skepsis und Stillschweigen er als persönliche Beleidigung empfand. Immer mehr isolierte er sich vom wahren Dialog; wohl suchte er diese oder jene Fachautorität auf, nicht aber um sich belehren zu lassen, sondern um einen Anhänger zu werben. Der Teufelskreis von *Einsamkeit und Größenanspruch* wurde immer enger, und der im Zirkel laufende Prophet stets angespannter, weil sich weder Ruhm noch Anerkennung einstellen wollten.

Ein tragisches Schicksal braute sich über ihm zusammen. Seine „Orgon-Akkumulatoren" fanden wohl bei leichtgläubigen Menschen einigen Absatz, aber kühlere Betrachter brachten bald das Argument der Scharlatanerie und Quacksalberei ins Spiel. Reich war nicht der Mann, angesichts einer gerichtlichen Bedrohung zurückzustecken; er ging wie immer aufs Ganze, und damit leitete er seinen Untergang ein.

Will man ein objektives Bild von Reichs Persönlichkeit erarbeiten, dann muß man sowohl seine Kritiker als auch seine Bewunderer zu Wort kommen lassen. Manès Sperber erzählt z. B. im zweiten Band seiner Autobiographie (*Die vergebliche Warnung*, 1975), daß er in seinen Berliner Jahren gelegentlich mit Willi Reich diskutiert habe; wenn sie am Anfang des Gesprächs einige Meter von einer Hauswand entfernt standen, waren sie nach kurzer Zeit bis an die Wand gerückt, denn der wild argumentierende Reich drückte buchstäblich seinen Dialogpartner „an die Wand"! Auch Ilse Ollendorff in ihrer ausgewogenen und eher liebevollen Biographie muß viele Wesenszüge berichten, die die ungestüme und ungebrochene Expansionskraft Reichs dokumentieren.

Anders urteilt A. S. Neill, der Reich sehr zugetan war, da er sich als Schüler und Freund des Meisters fühlte. Und doch muß auch Neill sich wie folgt äußern:

> Als wir im Jahre 1947 und 1948 gemeinsam in den Wäldern von Maine spazierengingen, kam es vor, daß er plötzlich stehenblieb und mir die Frage entgegenschleuderte: „Glaubst du, daß ich verrückt bin, Neill?" Meine Antwort war immer dieselbe: „So verrückt wie ein Wasserhuhn!" In Momenten wie diesen sehe ich sein freundliches Gesicht vor mir, und die visuelle Erinnerung erfüllt mich mit Schmerz. Ich kann einfach nicht glauben, daß Reich verrückt wurde. Er mag durchaus zu Wahnvorstellungen fähig gewesen sein. Wir alle haben mehr oder weniger paranoide Phantasien... Als er auf Anordnung des Richters von Psychiatern untersucht wurde, erklärten diese ihn für geistig gesund. In einem meiner letzten Briefe an ihn sagte ich ungefähr folgendes: „Wenn Dulles und Ike und Macmillan und Chruschtschow alle geistig gesund sind, dann bist Du wahnsinnig – und ich bin für Wahnsinn."
> (*Reich als Mensch*, 1958. In: Ilse Ollendorff-Reich: *Wilhelm Reich*, 1975)

Bronislaw Malinowski bescheinigt ihm 1938 „schöpferisches und gründliches Denken" sowie einen „offenen Charakter und unerschrockene Ansichten". Damals war Reich allerdings noch auf dem Höhepunkt seiner intellektuellen Kraft. Aus derselben Zeit urteilt der norwegische Reichschüler Ola Raknes, er sei ein hervorragender Dozent gewesen, „freundlich, herzlich und ausgesprochen liebenswürdig". All das mag auch die Wahrheit sein, schließt aber nicht aus, daß hinter dieser urbanen und intelligenten Fassade der paranoide Prozeß bereits im Gange war.

Ilse Ollendorff, die ihn um 1940 kennenlernte, berichtet von seiner *Wichtigtuerei* und *Autoritätsgläubigkeit,* die damals schon störend hervortraten. Wenn ihn ein Patient aufsuchte, setzte sich Reich an sein Mikroskop und ließ den Besucher warten, um zu zeigen, daß er zu einem Forscher kam, der in seine Beobachtungen vertieft war. Hatte jemand Rang, Titel oder Einfluß, dann wurde der große Sexualrevolutionär sehr bemüht und trachtete danach, den „wichtigen Menschen" für sich zu gewinnen. Seine ganze Betriebsamkeit von 1940 bis zu seinem Tod trägt Elemente von *schlechter Schauspielerei* in sich, und unwillkürlich wird man an Goethes Ausspruch über den Physiognomiker und Pfarrer Lavater (in Zürich) erinnert: „Er betrog sich und andere."

In seinem Gedicht „Mausoleum" (1975) faßt H. M. Enzensberger unser Urteil über Reichs Persönlichkeit treffend zusammen:

> Unter dem Banner des Marxismus: vergilbte Hefte. Im Ernst, er kämpfte gegen die Unterdrückung, hat vielen geholfen ...
> Danach nur noch Kauderwelsch, Science Fiction. Lebensbläschen gegen die emotionale Pest. Vegeto-Bio-Orgon-Energetik, kurz: Der Orgasmus ist der Orgasmus ist der Orgasmus.
> O Dr. Mabuse! O Maniak der Erlösung! O Rosenkreuzer des Ficks!
> O Billiger Jakob der Wissenschaft! O Bauchredner Christi!
> O hilfloser Helfer der Menschheit! O mystischer Technokrat!
> O Kabbalist aus dem Horrorfilm! O kaputter Befreier!
> ... Er, der Entdecker,
> in Handschellen vorgeführt, verweigert jegliche Auskunft.
> Sein Plädoyer ist wirr, er stockt, endlich verstummt er.

Ausgewählte Literatur

Binswanger, L. (1956). Drei Formen mißglückten Daseins. Tübingen: Niemeyer.

Boadella, D. (1983). Wilhelm Reich. Frankfurt: Fischer.

Büntig, W. E. (1982). Das Werk von Wilhelm Reich und seinen Nachfolgern. Kindlers Psychologie des 20. Jahrhunderts, Tiefenpsychologie, Bd. 3. Zürich: Kindler 1982.

Dahmer, H. (1972). Wilhelm Reich – seine Stellung zu Freud und Marx. In H. P. Gente (Hrsg.), Marxismus, Psychoanalyse, Sexpol, Bd. II. Frankfurt: Fischer.

Fallend, K. (1988). Wilhelm Reich in Wien. Wien: Geyer Edition.

Freud, S. (1895). Über die Berechtigung, von der Neurasthenie einen bestimmten Symptomenkomplex als „Angstneurose" abzutrennen. GW I.

– (1895). Zur Kritik der „Angstneurose". GW I.

– (1908). Charakter und Analerotik. GW VII.

– (1912/13). Totem und Tabu. GW IX.

– (1914). Zur Geschichte der psychoanalytischen Bewegung. GW X.

– (1917). Vorlesungen zur Einführung in die Psychoanalyse. GW XI.

– (1920). Jenseits des Lustprinzips. GW XIII.

– (1930). Das Unbehagen in der Kultur. GW XIV.

Gente, H.-P. (Hrsg.) (1970). Marxismus, Psychoanalyse, Sexpol, Bd. I. Frankfurt: Fischer.

– (Hrsg.) (1972). Marxismus, Psychoanalyse, Sexpol, Bd. II. Frankfurt: Fischer.

Haensch, D. (1975). Repressive Familienpolitik. Hamburg: Rowohlt, 7. Auflage.

Horney, K. (1939). Neue Wege in der Psychoanalyse. München: Kindler 1973.

Kiernan, T. (1976). Psychotherapie. Kritischer Führer. Frankfurt: Fischer.

Krieger, H. (1976). Wilhelm Reich, der Mann, der an unsere tiefsten Ängste rührte. Berlin: Ullstein, 3. Auflage.

Lorenzer, A. (1973). Über den Gegenstand der Psychoanalyse. Frankfurt: Suhrkamp.

Lowen, A. (1976). Bioenergetik. München: Scherz-Verlag.

Ollendorff-Reich, I. (1975). Wilhelm Reich. München: Kindler.

Raknes, O. (1973). Wilhelm Reich und die Orgonomie. Frankfurt: Fischer.

Rattner, J. (1974). Neue Psychoanalyse und intensive Psychotherapie. Frankfurt: Fischer.

Reich, W. (1920–1927). Frühe Schriften. 2 Bände. Frankfurt: Fischer 1983/1985.

– (1925). Der triebhafte Charakter. Graz: Styria 1975.

– (1927). Die Funktion des Orgasmus, Die Entdeckung des Orgons I. Frankfurt: Fischer 1972.

– (1929). Dialektischer Materialismus und Psychoanalyse. Graz: Styria 1975.

– (1930). Die charakterologische Überwindung des Ödipuskomplexes. Underground Press. Berlin 1974.

– (1932). Der Einbruch der Sexualmoral, wiederveröffentlicht als: Der Einbruch der sexuellen Zwangsmoral. Frankfurt: Fischer 1975.

– (1933). Charakteranalyse. Frankfurt: Fischer, 3. Aufl. 1973.

– (1933). Die Massenpsychologie des Faschismus. Frankfurt: Fischer 1974.

– (1934). Was ist Klassenbewußtsein? (unter dem Pseudonym Ernst Parell veröff.). Graz: Styria 1972.

– (1936). Die Sexualität im Kulturkampf. Neudruck unter dem Titel: Die sexuelle Revolution. Frankfurt: Fischer 1971.

– (1948). Rede an den kleinen Mann. Frankfurt: Fischer 1985.

– (1948). Der Krebs, die Entdeckung des Orgons II. Frankfurt: Fischer 1976.

– (1953). Der Christusmord. Menschen im Staat. Frankfurt: Fischer 1982.

– (1954). Wilhelm Reich über Sigmund Freud. Berlin: Rotationsdruck 1969.

Rübsam, E. Der heilige Wilhelm Reich und sein Fetisch Genitalität, in: Das Argument 60, Berlin 1970.

Rycroft, C. (1972). Wilhelm Reich, München: dtv.

Schneider, M. (1973). Neurose und Klassenkampf. Reinbek: Rowohlt.

Sperber, M. (1975). Die vergebliche Warnung. München: dtv 1979.

TEIL III
NEOPSYCHOANALYSE

Harald Schultz-Hencke

Einleitung

Schultz-Hencke wurde am 18. 8. 1892 in Berlin geboren. Er entstammte väterlicherseits einer Beamtenfamilie; von mütterlicher Seite her scheint er sogar königlicher Abstammung gewesen zu sein: jedenfalls verbreitete er gerne die Erzählung, daß seine Großmutter dieser Linie mit dem englischen König Eduard VII. ein Verhältnis unterhalten habe, bevor sie mit ihrer unehelichen Tochter nach Deutschland ging, um dort zu heiraten. Schultz-Henckes Mutter war eine der ersten Graphologinnen in Berlin; von ihr erhielt er frühe Anregungen in psychologisch-geisteswissenschaftlicher Richtung.

Da die Mutter sehr krank war (Tbc), durfte sie ihren Kindern (Schultz-Hencke hatte noch einen Bruder, der im Ersten Weltkrieg fiel) keine Zärtlichkeiten zuteilwerden lassen. So scheinen die beiden Knaben in einer emotional sterilen Atmosphäre aufgewachsen zu sein. Das merkte man dem späteren Habitus des bedeutenden Psychologen und Psychoanalytikers an. Er war meistens steif, zwanghaft, hyperintellektuell und rationalistisch; nicht umsonst trug sein Hauptwerk den charakteristischen Titel *Der gehemmte Mensch* (1940).

Schultz-Hencke studierte Medizin an der Universität Freiburg im Breisgau. Daneben interessierte er sich für Biologie, Philosophie, Geschichte, Soziologie, Ethnologie und auch Nationalökonomie. Er trat auch in die Jugendbewegung ein. 1914 meldete sich der Student als Kriegsfreiwilliger; da er aber kränklich war, wurde er 1916 in die Heimat zurückversetzt.

Seit 1913 beschäftigte er sich mit Psychiatrie. In diesem Zusammenhang las er erstmals ein Buch von Freud und erhielt den „bleibenden Eindruck, daß hier im ersten Ansatz ein Weg beschritten war, der wenn überhaupt einer zum Ziele führen könnte – einmal zur Aufhellung rätselhafter psychologischer Tatbestände und Zusammenhänge beizutragen vermöchte." Schultz-Hencke war sofort davon überzeugt, daß Freud ein Genie war, und er beschloß, auf dessen Spuren Forschung zu betreiben.

Nach seiner fachärztlichen Ausbildung in Neurologie und Psychiatrie absolvierte Schultz-Hencke seit 1922 seine Lehranalyse am Berliner

Psychoanalytischen Institut. Man erkannte früh seine ausgezeichneten Fähigkeiten; zusammen mit Otto Fenichel gründete er ein „Kinderseminar", worin die jungen Kandidaten der Psychoanalyse die Auffassungen ihrer Lehranalytiker diskutierten und hinterfragten.

Schultz-Hencke weigerte sich, ein orthodoxer Freudianer zu werden. Er fand, daß auch bei Adler und Jung wichtige Gesichtspunkte formuliert worden waren. Seinen eigenwilligen Standpunkt deutete er 1927 in seiner *Einführung in die Psychoanalyse* an. Schon damals verzichtete er auf die Libidotheorie, die er für ein pseudonaturwissenschaftliches Konstrukt hielt. Auch gegen die Sexualtheorie machte er seine Skepsis geltend. Noch prägnanter brachte er seine Auffassungen in *Schicksal und Neurose* (1931) zum Ausdruck.

Als im Jahre 1933 der Nationalsozialismus an die Macht kam, wurden Psychoanalyse und Individualpsychologie mehr und mehr ausgeschaltet. Sie galten als „rassenfremde Psychologien", die eliminiert werden sollten. Unter der Leitung von M. H. Göring, eines entfernten Verwandten des Reichsmarschalls, wurde 1936 in Berlin das „Deutsche Institut für psychologische Forschung und Psychotherapie" gegründet, das gegenüber dem Regime absolut „linientreu" war. An diesem Institut konnten „arische" Psychoanalytiker weiterarbeiten, nur mußten sie tunlichst die psychoanalytische Terminologie einschränken oder vermeiden. Die Analytische Psychologie von C. G. Jung war in keiner Weise behindert; hatte sich doch der wendige Schweizer beim Faschismus angebiedert und mit äußerst feindlichen und vorurteilsbehafteten Proklamationen gegen Freud und Adler nicht gespart. Der Mystizismus Jungs entsprach auch weitgehend der damaligen Blut-und-Boden-Ideologie; von Bedeutung war auch, daß Jung sich zum Präsidenten der „Allgemeinen Ärztlichen Gesellschaft für Psychotherapie" wählen ließ, wobei er Nachfolger von Ernst Kretschmer wurde.

In diesem Milieu hatte Schultz-Hencke hervorragende Chancen, seine Eigenständigkeit zu entfalten. Es ist nicht klar zu ersehen, ob er zum nationalsozialistischen Mitläufer wurde. 1934 veröffentlichte er einen Aufsatz unter dem Titel „Die Tüchtigkeit als psychotherapeutisches Ziel"; die darin geäußerten Anschauungen können als eine gewisse Annäherung an den seinerzeit beliebten Tonfall interpretiert werden. Andererseits berichtet Werner Kemper von einem Gespräch, das zwischen Institutsleiter Göring und Schultz-Hencke stattfand; der letztere soll angeblich dabei gesagt haben, er sei kein Nationalsozialist und wolle auch nie einer werden. Das war mutig bis zur Tollkühnheit, soll aber keine Konsequenzen für den freimütig Sprechenden gehabt haben.

1940 erschien Schultz-Henckes Hauptwerk *Der gehemmte Mensch,* das vom Autor als „Entwurf eines Lehrbuches der Neo-Psychoanalyse" bezeichnet wurde. Es war unzweifelhaft ein großer Wurf, bestechend durch seine scharfsinnigen Beschreibungen und Begriffsbestimmungen sowie durch die ungewöhnliche Genauigkeit, mit der der Verfasser auf alle Fragen der Tiefenpsychologie und Psychotherapie einging. Man sprach bald darauf von einer „vierten Schule" der Psychoanalyse, wobei man vor allem die anthropologische Fundierung des Schultz-Henckeschen Konzepts rühmend hervorhob. Aber das grundgelehrte Buch fand auch Kritiker wegen seines schwerfälligen Stils; G. R. Heyer, ein prominenter Jungianer am Berliner Institut, soll gesagt haben, er äße lieber eine Schachtel Streichhölzer als zehn Seiten Schultz-Hencke zu lesen – aber das war eine Äußerung eines nicht unbedingt freundlichen Rivalen, dem die Erfolge Schultz-Henckes vermutlich Kopfschmerzen bereiteten.

Schultz-Hencke überstand die Kriegsjahre in Berlin. Nach Kriegsende gründete er zusammen mit Werner Kemper das „Zentralinstitut für psychogene Erkrankungen", das von der Krankenversicherung als Kostenträger übernommen wurde. Beim Wiederaufbau der Internationalen psychoanalytischen Vereinigung machten die Psychoanalytiker Schwierigkeiten, als es darum ging, Schultz-Hencke und seine Anhänger zu integrieren; so bildeten die Schultz-Henckeaner ihre eigene Fraktion, die in der Bundesrepublik sehr einflußreich wurde. Schultz-Hencke publizierte 1949 sein *Lehrbuch der Traumanalyse* und 1951 sein *Lehrbuch der analytischen Psychotherapie;* beide Texte sind durchaus im Geiste von *Der gehemmte Mensch* geschrieben, ebenfalls außergewöhnlich gründlich, mit umständlicher Gedankenführung, aber auch mit tiefgründiger Gelehrsamkeit.

Später folgte noch das Buch *Das Problem der Schizophrenie* (1952).

Schultz-Hencke war ein vortrefflicher Redner und hatte als Schulgründer und Lehrer beträchtlichen Erfolg. Beinahe wäre er nach Kriegsende an der neugegründeten Humboldt-Universität Professor geworden; aber da dies mit einer Übersiedlung in den Ostteil der Stadt verbunden gewesen wäre, verzichtete er auf den Professorentitel. Um so eifriger war er bemüht, das „Zentralinstitut für psychogene Erkrankungen der KVA" zu einer Stätte der Forschung, Therapie und Lehre auszubauen. Seine Mitarbeiterin Annemarie Dührssen hat später dieses Institut von ihm übernommen.

Schultz-Hencke starb bereits als 61jähriger nach einer relativ harmlosen Blinddarmoperation infolge mehrfacher Embolien. Er wurde am

27.5.1953 in Berlin bestattet. Die Schultz-Hencke-Gruppe ist heute noch eine lebendige Forschungsgemeinschaft in der Bundesrepublik.

Neurosenlehre als Theorie des „gehemmten Menschen"

Nach Schultz-Henckes eigener Aussage sind seine Ideen ein Amalgam aus Freud, Adler und Jung; er selbst will nur einen winzigen Prozentsatz an Eigenständigkeit zu den Gedanken seiner „Vorläufer" beigefügt haben. Aber das ist wohl eine Untertreibung; seine Form der „Neo-Psychoanalyse" hat durchaus etwas Originelles, und ihr Urheber hat nicht nur die Tiefenpsychologie, sondern auch die Biologie, die Philosophie und angrenzende Humanwissenschaften in seine Lehre „hineingearbeitet".

Wie alle neo-psychoanalytischen Freudkritiker stieß sich Schultz-Hencke am psychoanalytischen Triebbegriff und dem Konstrukt der „Libido", das ihm zugrundelag. Triebe sind erschlossene seelische Instanzen, die nicht direkt beobachtet werden können. Freud nennt sie in ihrer Undurchschaubarkeit „mythische Mächte", und es ist nach Schultz-Hencke für eine Wissenschaft nicht sehr günstig, ihre Theorien auf „Mythen" zu basieren. Mißverständnisse aller Art tun sich auf, und der ganze Streit um den „Pansexualismus" hätte vermieden werden können, wenn Freud nur das „sexuell" genannt hätte, was der übliche Sprachgebrauch auch so zu bezeichnen pflegt.

Aggression und Besitzstreben werden z. B. normalerweise nicht sexuell genannt. Daher moniert Schultz-Hencke schon 1931 in *Schicksal und Neurose* (S. 28):

> Durch die Freudsche Psychoanalyse ist die genitale Sexualität zunächst einmal stark in den Vordergrund geschoben worden, denn es waren ursprünglich in erster Linie genitale Impulse, deren Vorhandensein beim Patienten vermißt wurden und deren Auftreten sich im Laufe der Analyse ergab. Sehr bald wurden mit diesen Genitalimpulsen verkoppelt aggressive gefunden, also ein zweites Gebiet, das im Laufe der Forschung eine immer mehr zunehmende Selbständigkeit erwarb. Zu diesen beiden Gruppen von Impulsen gesellten sich weiterhin die des Besitzwillens. *In der psychoanalytischen Terminologie wurden dann alle drei Gruppen, unter Erweiterung des Begriffes sexuell, als sexuelle Triebtendenzen zusammengefaßt.*

Vermutlich von Ludwig Klages übernahm Schultz-Hencke das Konzept, das Seelenleben durch eine Vielzahl von „autochthonen Antriebserlebnissen" oder Bedürfnissen bewegt zu sehen. Dabei wollte er in der Nähe der faktischen Erfahrung bleiben; er beschrieb jene Antriebsarten, die man bei unbefangener Beobachtung des Seelischen an sich selbst und anderen registrieren kann. So sind es demnach vier grundlegende Formen des Antriebs, die man im normalen und im pathologischen Seelenleben unterscheiden kann. Das Begreifen dieser vier Antriebe und ihrer möglichen Hemmungen ist die Eintrittspforte in die Schultz-Henckesche Psychopathologie, aber auch zur Charakterkunde, zur allgemeinen Psychologie und zur Psychohygiene. In seinen beiden Büchern *Der gehemmte Mensch* und *Lehrbuch der Psychotherapie* hat Schultz-Hencke sein Theorem mit großer Klarheit und Anschaulichkeit dargestellt.

„Antrieb" ist etwas Neutraleres als „Trieb", aber auch hier ist die biologische Basis der menschlichen Psyche „mitgedacht", denn eine vom Leib losgelöste Seele würde gewiß keine „Bedürfnisse" in sich verspüren. Schultz-Hencke, der auch an der Psychosomatik lebhaft interessiert war, hat sich in seinem „Lehrbuch" über den Leib-Seele-Konnex unter dem Titel „Die Gleichzeitigkeitskorrelation" geäußert. Er vertritt hierbei den Standpunkt, daß in der jetzigen Situation der Forschung davon ausgegangen werden kann, daß immer Psychisches mit Physischem parallel auftritt. Es ist aber zweckmäßig, von der psychologisch gesehenen Erlebniswelt auszugehen, und in dieser gibt es eben die Antriebe und Bedürfnisse, in denen sich die Ganzheit des Menschen kundtut. Ein „Antriebskatalog" beinhaltet gewissermaßen die Ausrüstung, mit denen der Mensch den Aufbau seiner Persönlichkeit betreibt.

Schon Freud lieferte eine „Tafel der Antriebe", aber diese ist nach Schultz-Hencke zu karg und zu oberflächlich ausgefallen. Es genügt nicht, im Seelenleben orale, anale, phallische und genitale Bedürfnisse zu konstatieren. Das ist nicht eigentlich falsch, aber unvollständig. Schultz-Hencke ergänzt und erweitert die Freudschen Befunde, indem er das Schema der „prägenitalen Libidostufen" hinter sich läßt und eine Entwicklungspsychologie liefert, die realistischer und lebensnäher zu sein scheint als die Freudsche.

Freud läßt bekanntlich das Seelenleben des Säuglings beginnen mit „polymorph-perversen" Regungen – was immer das bedeuten soll. Nach Schultz-Hencke aber ist das Urtümlich-Seelische ganz schlicht „intentionales Antriebserleben", das heißt Zuwendung zur Welt und Teilhabe an ihr. Schon in den ersten Lebenswochen knüpft das Neugeborene ein Band zur Welt, die ihm durch die Mutter respektive durch die nahrungsspendende Brust repräsentiert wird. Das Kind ist „neugierig" auf seine Mutter; es will sie tasten und fühlen. „Intentionalität" ist die Urströmung in der Psyche, und vom Schicksal dieses Erlebnisstromes im ersten Lebensjahr hängt viel von der späteren Ausgestaltung der Person ab.

Bald wird das Intentionale überlagert durch das oral-kaptative Erleben, nämlich durch den Wunsch, von der Welt Besitz zu ergreifen. Dem trugen die Psychoanalytiker Rechnung, indem sie den Oraltrieb als einen „Wunsch nach Einverleibung" beschrieben. Schultz-Hencke will nur darauf insistieren, daß das In-den-Mund-Nehmen von allem und jedem nur eine Konkretisierung eines allgemeinen „Habenwollens" ist, das etwa im ersten Lebensjahr an Bedeutung gewinnt. Mit gezielten Bewegungen ergreift der Säugling die Welt und will sie festhalten.

Nach dem „Entwicklungsfahrplan" der Psychoanalyse folgt auf die Oralität die Analität, die anale Phase. Hier geht es um die Reinlichkeitserziehung des Kindes; es soll lernen, seinen Stuhlgang geregelt abzugeben. Aber gerade an diesem Punkt entbrennen auch Kämpfe zwischen Erzieher und Kind. Es braucht Zeit und Geduld, bis das Kind sich dieser vom Erwachsenen auferlegten Ordnung fügt. Fast scheint es so, als ob es seine Exkremente behalten oder nur dann hergeben möchte, wenn es ihm selbst gefällt. Schultz-Hencke verallgemeinert wiederum das Thema der „analen Lust" und spricht davon, daß es „retentives Antriebserleben" gibt, nämlich Wunsch und Wille zu behalten, was man besitzt. Davon ist die Stuhlverhaltung nur Musterbeispiel und durchaus nicht das wichtigste. Der Mensch will festhalten, was er hat. Es gehört zu seiner psychischen Gesundheit, daß er das können soll. Wer aber in der Kindheit von seinen Erziehern allzu viel gedrillt und „geführt" wurde, kann das unter Umständen nicht. Seine diesbezüglichen Antriebe können „gehemmt" sein.

Sobald das Kind stehen und gehen kann, bemächtigt es sich auch motorisch der Umwelt. Es geht an die Dinge heran. Beim Spielen will es das Innere der Spielsachen sehen und „zerstört" sie möglicherweise. Die Psychoanalytiker sprachen von einem „Aggressionstrieb", der diesem Geschehen zugrunde liegen soll. Darin ist impliziert, daß der Mensch von Natur ein destruktives Wesen sei. Schultz-Hencke widerspricht diesem uralten Vorurteil, das schon in den abendländischen Religionen nachhaltig kolportiert wird. Nach seiner Ansicht ist die Urform der Aggression das ad-gredi, also das Herangehen. ·Läßt man ein Kind diesbezüglich frei walten, dann wird es kaum lebenslängliche Zerstörungslust entwickeln; wohl aber mag die kindliche Unbeholfenheit dazu führen, daß infolge ungezielter Motorik oder mangelhaften Verstehens so mancher Gegenstand ungewollt zerstört wird. Dabei fühlt das Kind vermutlich auch Macht und Souveränität; vielleicht ermöglicht ein Zerstörendürfen in der Kindheit die spätere Schaffenskraft und Werkfreude, die Elemente der psychischen Gesundheit sind. In Goethes *Dichtung und Wahrheit* wird berichtet, daß der kleine Johann Wolfgang, nicht ohne Zustimmung freundlicher Nachbarn, alle Tassen und Töpfe des Hauses aus dem Fenster warf und seine Freude daran hatte, wie sie auf der Straße zerscherbelten. Die hinzukommende Mutter sah das Unglück, das aber nicht mehr zu ändern war; sie beteiligte sich unter Gelächter am Zerstörungswerk, bis fast kein Geschirr mehr übrig blieb.

Voll ausgelebte Motorik und „Aggression" (in diesem Sinne) stärkt nach Schultz-Hencke das Selbstwertgefühl. Eine frühe Hemmung dieses Antriebes jedoch führt zu vielen seelischen „Ausfallerscheinungen".

Schon die Psychoanalyse sprach von einer Harnerotik, von einer Lust am Urinieren. Auch Schultz-Hencke glaubt, ein spezifisches „urethrales Antriebserleben" ausmachen zu können. Es ist mit dem „aggressiven Geltungsstreben" verbunden, hat aber auch Beziehungen zur Erotik und Sexualität. Das „Wasserlassen" ist ein Sich-Verströmen; beim Manne mit seinem Penis kann es „gezielt" erfolgen, bei der Frau ist es eher ein „Rinnenlassen". Gibt man der Phantasie freien Raum, dann kann man postulieren, daß das „urethrale Thema" Zusammenhänge mit dem Ehrgeiz und der Hingabe hat. Wer diese Funktion in der Kindheit nicht beherrschen lernt, möchte sich im Übermaß hingeben; wer zu früh und zu streng dazu angeleitet wurde, hat eventuell im Geltenwollen und im Lieben empfindliche Lücken.

Die letzte Phase der kindlichen Libidoentwicklung ist nach Freud die „ödipale"; sie tritt im fünften oder sechsten Lebensjahr ein. Nun will z. B. der Knabe sich mit der Mutter vereinigen und den Vater ausschalten; er will sich zum „Herrn der Familie" machen, nicht selten sogar mit den dazugehörigen sexuellen Phantasien. Nur ein Abbau des „Ödipuskomplexes" öffnet die Wege zu einer gesunden seelischen Entfaltung; wer auf dieser Stufe des Seelenlebens „fixiert" bleibt, wird ein Neurotiker oder sonstwie arg behinderter Mensch.

Dieser dramatisierten Theorie setzt Schultz-Hencke eine maßvollere Überlegung entgegen. Er nennt als letzten Anteil des „Antriebsrepertoires" das zärtliche und das sexuelle Motiv. Beide sind autochthon, das heißt nicht aufeinander reduzierbar. Nach Freud sollte die Zärtlichkeit nur eine zielgehemmte Form des Sexualstrebens sein. Schultz-Hencke erwidert darauf, daß die zärtliche Komponente in der Psyche früher in Erscheinung tritt als die sexuelle. Darum soll man ihr die Autonomie

315

belassen. Die zärtliche oder liebende Interaktion zwischen Mutter und Kind beginnt am ersten Lebenstag. Von ihrem Verlauf hängen wahrscheinlich die viel späteren Ausgestaltungen des Sexuellen ab. Wer nicht lieben kann, wird kümmerliche Formen des Sexuallebens „wählen", die keinen emotionalen Austausch beinhalten. Andererseits gibt es auch eine spezifische Sexualerziehung, die ebenfalls entwicklungsmäßig hochbedeutsam ist. Aber Sexus und Liebe sollen nicht als identisch angesehen werden.

Wir haben nun sechs Antriebsformen kennengelernt, die man nach Schultz-Hencke in drei Strebensarten zusammenfassen kann. So hat der Mensch offenbar *Besitzstreben* (intentional, oral-kaptativ, anal-retentiv), *Geltungsstreben* (anal-aggressiv, motorisch-aggressiv, urethral) und *Liebesstreben* (zärtlich, erotisch, sexuell). Will man ihn angemessen beschreiben und verstehen, dann muß man diese drei großen Themen des Lebens und Erlebens im Auge behalten. Auch in der Psychopathologie hat man stets mit Defektformen dieser Strebensarten (zu viel oder zu wenig) zu tun. Schultz-Hencke sieht einen Beleg für die Richtigkeit seines anthropologischen Ansatzes darin, daß es in fast allen Religionen, die die menschliche Expansivität bekämpfen oder einschränken wollen, die Empfehlung von *Armut, Keuschheit* und *Gehorsam* gibt. Wer also die „menschliche Natur" dämpfen und einengen will, wendet sich instinktiv gegen den Besitzwillen, den Ehrgeiz und den Sexus; daher haben die Asketen aller Länder und Zeiten auf Geld und Gut verzichtet, weltlicher Ehre entsagt, sich strengen Regeln unterworfen und vor allem der Liebe und dem Sexualtrieb einen unerbittlichen Kampf angesagt; der mitunter sogar bis zur Selbstentmannung führte.

Es gehört aber zu einem voll entfalteten Menschsein, daß die Menschen besitzen und gelten dürfen, und daß sie auch der Liebe und der Sexualität sich mit Genuß und Freude zuwenden. Wer diese „Ur-Antriebe" schädigt oder drosselt, verstümmelt das Menschliche, auch wenn er erhabene Begründungen für seine Propagierung von „Anti-Natur" angibt.

Erziehung und Hemmungsgeschehen

Die Antriebe des Menschen sind nach Schultz-Hencke zunächst ungeformt und ungesteuert; sie bedürfen der Lenkung, um eine sozial und kulturell adäquate Form zu finden. Es ist die Aufgabe der Erziehung, dem Kinde zur Ordnung in seiner Antriebswelt zu verhelfen. Dabei kann es allerdings zu Fehlsteuerungen, „Verdrängungen" und Antriebsauslöschung kommen.

Man muß davon ausgehen, daß es nicht in jedem Falle – vom Kinde her gesehen – gleich günstige Voraussetzungen für das pädagogische Einwirken auf das kindliche Expansionsbedürfnis gibt. Früher hat man im Zuge des „Vererbungswahns" allzu viel in die „Erbsubstanz" hineingeheimnist; die Tiefenpsychologie hat im Gegenzug dazu die Bedeutung der Umwelteinflüsse auf die seelische Entwicklung mit Recht sehr betont. Nach Schultz-Hencke sollen wir aber heute ein vernünftiges Maß im Streit zwischen „Erbe und Umwelt" finden; gewiß ist das Hereditäre früher überschätzt worden, aber ganz ohne Einfluß ist die „angeborene Disposition" auch wieder nicht. Erschwerungen für die Erziehungsaufgabe können aus drei vage bestimmbaren Anlagequellen fließen.

a) Es ist möglich, bei manchen Kindern eine primäre *Hypersensibilität* anzunehmen. Solche Kinder sind reizbarer als andere; sie sind stärker für Angst und Verstimmungen anfällig. Nimmt die Erziehung nicht darauf Rücksicht, dann treibt sie solche zarte Wesen in die Gehemmtheit hinein. Ein bloß durchschnittliches Erziehungsklima reicht allenfalls nicht aus, um die Expansionskraft der Hypersensiblen mehr oder minder ungebrochen zu lassen. Sie benötigen besonders viel Wärme und Ermutigung.

b) Andere Kinder wiederum neigen zur *Hypermotorik*. Ihr Bewegungsdrang ist überdurchschnittlich. Nun sind aber unsere kulturellen Verhältnisse im allgemeinen „bewegungsfeindlich". Leicht phlegmatische Kinder haben es besser innerhalb der Einengungen, welche die Zivilisation fast zwanghaft uns allen auferlegt. Der Hypermotoriker jedoch stößt allenthalben auf Schranken; viele pädagogische Konflikte können sich hier entzünden, gefolgt von Strafen und Liebesentzug. So ist auch da der Hemmungsvorgang „begünstigt".

c) Noch schlimmer ist das Schicksal von Menschenkindern, die zur *Hypersexualität* disponiert sind. Das sexuelle Bedürfnis der Menschen ist sehr unterschiedlich; bei Erwachsenen kann man Fälle beobachten, die drei Mal pro Tag Koituswünsche empfinden und praktizieren – andere wieder begnügen sich mit einem Koitus in drei Monaten. Hier hat natürlich bereits auch die Erziehung eingewirkt; gleichwohl sind wir nach Schultz-Hencke berechtigt, ganz autochthone „Quantitäten", je nach Individuum, als gegebene Sexualmotivation anzusetzen.

Da unsere Kultur die Sexualität mit besonderer Bevorzugung verdrängt und verneint, werden hypersexuelle Individuen im Laufe ihrer Sozialisation häufiger und heftiger mit ihrer Umwelt zusammenstoßen.

317

Der ganze Apparat der Verängstigungen und der Schuldgefühle wird auf sie losgelassen. Sie werden mit Gewalt und mit Hilfe von „Ideologie" erzogen, beziehungsweise „verstümmelt". Das wird fast immer neurotische Folgen haben oder Perversionen mit sich bringen.

Natürlich können sich auch bei einem Kinde gleich zwei bis drei genetische Varianten einstellen; man kann sowohl hypersensibel als auch hypermotorisch und hypersexuell sein. Viele massive Erziehungsfehlschläge stellen sich bei solchen „schwierigen Kindern" ein, die besonders viel Verständnis von Seiten der Erzieher fordern.

Aber alle komplizierten Dispositionen können entschärft und in kulturell wertvolle Verhaltensmodalitäten umgewandelt werden, wenn die Erziehung gut, antriebsfreundlich und geduldig ist. Vor allem die konstante Liebe der Erwachsenen trägt viel dazu bei, Antriebe zu steuern und zu sozialisieren. Das spätere Lebensschicksal des Kindes hängt immer von Vernunft und Reife seiner Eltern ab.

Die psychoanalytische Neurosenlehre postulierte, zumindest in ihren Anfängen, bestimmte seelische Traumen als „Ursachen" für Gemütserkrankungen. Aber nach und nach wurde man sich klar darüber, daß nicht unbedingt vereinzelte schwere „Verletzungen" für die Störungen des Seelenlebens haftbar gemacht werden müssen; viel häufiger sind langdauernde „atmosphärische Einwirkungen", die weitreichendere Folgen haben als genau umschreibbare, lokalisierbare Traumatisierungen.

Als solche Langzeit-Hemmungsfaktoren nennt Schultz-Hencke in erster Linie *verwöhnende* oder *harte und strenge Erziehung*. Die *Lieblosigkeit* kann als eine Form der Härte verstanden werden. Wo immer Kinder entweder in einem Treibhausklima oder bei einem Übermaß von Autoritarismus und Gefühllosigkeit aufwachsen, erhalten sie zu wenig Ermutigung für ihre Zuwendung zur Welt. Sie müssen sich in sich selbst verkapseln; sie werden nicht frei und unbefangen ihre spontanen Wünsche und Bedürfnisse anmelden lernen.

Verwöhnung ist eigentlich auch eine Art von Härte; wenn nämlich die Kinderstube alles und jedes „erlaubt", dann wird das Kind eines Tages auf die ganz andersartigen Verhältnisse der Wirklichkeit mit Erschütterung und Nicht-Begreifen reagieren. War zuerst pädagogische Weichheit im Spiel, dann liefert die „durchschnittliche Realität" die entsprechende Härte nach. Auf die „Ungehemmtheit" im Elternhaus folgt die mehr oder minder schwere „Gehemmtheit" im Alltagsleben.

Ebenfalls belastend ist der Wechsel von Verwöhnung und Härte beim Erziehen; auch kann es vorkommen, daß der eine Erzieher verzärtelnd, und der andere – aus kompensatorischen oder charakterlichen Gründen – hart und streng vorgeht.

Ob nun Wechselbad-Pädagogik oder Einseitigkeit in der einen oder anderen Richtung stattfindet: das Kind erhält keine angemessene Förderung und wird auf sich selbst zurückgeworfen. Es ergibt sich eine Schwächung der Gesamtpersönlichkeit, spürbar am Ausfallen an sich normaler Expansivreaktionen. Schultz-Hencke beschreibt das in *Der gehemmte Mensch* folgendermaßen (S. 40–43):

> Die expansiven Kräfte eines Kindes werden durch Strafen, z. B. körperliche, die im entsprechenden Alter ja ganz den eigenen aggressiven Neigungen des Kindes entsprechen, gar nicht so leicht gelähmt. Umhüllt aber eine Mutter ihr Kind mit überströmender Liebe, gewöhnt sie es an den Genuß einer solchen immerwährenden weichen Geborgenheit, so wird es ihr leicht gelingen, durch moralisierendes Verhalten die natürliche Expansion des Kindes zu unterbinden. Das Kind fürchtet dann den Verlust der Liebe, d. h. den Verlust der weichen Atmosphäre, und verzichtet auf seine unerwünschten, kaptativen, retentiven, aggressiven und sexuellen Tendenzen ...
>
> Da, wo das Kind sich eigentlich im Ansatz ganz ursprünglich frei entfalten müßte, tut es das nicht. Es nimmt nicht, wo es nehmen sollte, es lernt nicht nein sagen, wo es das Leben später fordert, es lernt sich nicht behaupten, wo es das gesundermaßen sollte, es wagt nicht, da sexuell zu sein, in Forschungsdrang, Phantasien oder sexuellen Spielereien, wo die Ungehemmten es sind.

Aber was tritt nun an die Stelle der Antriebserlebnisse? Schultz-Hencke spricht von „Lücken im Seelenleben" – dort, wo etwas erwartet wird, ist ganz einfach „nichts". Oder es zeigt sich eine diffuse Verängstigung anstatt von geäußerten Bedürfnissen. Die Angst ist der große „Lückenbüßer" in der menschlichen Psyche. Dort, wo normale Entfaltung fehlt, machen sich Furcht und Angst breit.

Die „Lücken" sind aber meistens nicht „makropsychologisch" konstatierbar; zu ihrer Feststellung benötigt man „Mikropsychologie", das heißt sehr genaues Hinsehen und Hinhören. Nur diesem zeigt sich hinter dem groben Gehemmtsein (etwa Schüchternheit) die Vielzahl von *feineren Antriebshemmungen*, die schicksalhafte Bedeutung erlangen.

Ist ein wesentlicher Antrieb gehemmt, so fallen nicht nur Bedürfnisspannungen aus, sondern auch Gedanken, Erinnerungen, Gefühle, Wahrnehmungen, Handlungen usw. Ein ganzes „Seelenkompartiment" ist blockiert, und die entsprechende Gehemmtheit breitet sich über die Gesamtpersönlichkeit aus. Schultz-Hencke hat wohl richtig gesehen, daß ein entscheidender Befund an Neurotikern und „Normalen" das Hemmungsphänomen ist; eine Zeitlang wollte er dem auch Rechnung tragen durch eine Umbenennung der Psychoanalyse in den Begriff

„Desmolyse" (Lösen von Fesseln, desmos [griechisch] bedeutet „Fessel"); aber er hat sich dann doch für den Firmennamen Neo-Psychoanalyse entschieden, da dieser Ausdruck verständlicher und eingängiger ist.

Da nun aber Antriebe Naturfaktoren im Menschen sind, lassen sie sich niemals ganz austreiben und zurückdrängen. Wo sie entfaltungsgeschädigt sind, bleiben „Sprengstücke" erhalten, die dann und wann ins Bewußtsein einbrechen. Auch bildet sich aus verstümmelten Antrieben ein Sammelsurium von „Haltungen", die flottierenden Charakter haben, das heißt, sie füllen in diffuser Weise das Vorbewußte oder das Bewußtsein aus. Der gehemmte Mensch ist fasziniert von oder ausgeliefert an die Inhalte seiner Hemmung. Er kreist um seine „Lücken", kann sie aber nicht schließen. Daran können Kompensationen und Überkompensationen anknüpfen. Der Phantasie ist hier viel Raum gegeben. Auch das irrationale Denken spielt da hinein.

Schultz-Hencke unterscheidet zwischen gesunden und neurotischen Haltungen oder Haltungsgefügen. Erstere sind angstfrei, zielsicher und wertorientiert; in den letzteren spielen Angstvermeidung und Sicherheit die Hauptrolle.

Die Folgen der Gehemmtheit

Wenn das Expansive oder das „Es" des Menschen gehemmt wird, hat dies weitreichende Konsequenzen für Struktur und Gestaltung der Gesamtpersönlichkeit. Es ist ein großes Verdienst Schultz-Henckes, daß er die Kompliziertheit des seelischen Gefüges innerhalb von Normalität und Neurose prägnant sichtbar gemacht hat. Hier kommt es uns darauf an, die Umrisse seiner Neurosenpsychologie zu skizzieren.

Der antriebsgehemmte Mensch entwickelt regelmäßig den Charakterzug der *Bequemlichkeit*. Seine gesamtpsychische Aktivität ist gedämpft, vor allem im Bereich der Hemmungssphäre. Man erinnere sich nur an brave, stille und häusliche Kinder, die der Stolz ihrer Eltern sind; sie haben gute Chancen, neurotisch zu werden. Natürlich steckt in dieser Vorliebe für das Bequeme auch eine Mutlosigkeit. Was als „naturgegebenes" Phlegma erscheint, ist weithin das Resultat von Entmutigung, Angst und Gewöhnung, andere machen zu lassen. Verantwortungsscheu gehört ebenfalls zu diesem Strukturbild. Nicht immer kann die Bequemlichkeit leicht diagnostiziert werden. Die Menschen gehen zwangsläufig ihren Beschäftigungen nach, da sie auf Einkommen angewiesen sind. Erst beim Freizeitverhalten wird unter Umständen der „Phlegmatiker" erkennbar; auch wenn man die Themen „Liebe" und „Selbstentfaltung" in Betracht zieht, kann man kaum zweifeln, ob Initiative oder Nicht-Initiative vorliegt.

Das Gegenstück zur Bequemlichkeit sind die *Riesenerwartungen*. Sie stellen *Ansprüche* dar, die der Gehemmte offen oder geheim an die Umwelt heranträgt. Je neurotischer ein Mensch ist, umso mehr will er „haben" oder „sein", ohne sich dafür anstrengen zu müssen. Er will gelten, ohne zu leisten. Es soll ihm alles in den Schoß fallen, und andere sollen sich bemühen, ihm das Leben zu erleichtern. Spielen die Mitmenschen in diesem schlechten Spiel nicht mit, dann entstehen Ressentiments, Ärger und Wut. Auch mit Trauer kann man diese Frustrationen abreagieren. Bequemlichkeit und Riesenansprüche werden immer auch in die psychotherapeutische Behandlung mitgebracht. Da soll dann der Therapeut die ganze Aufräumungs- und Entwicklungsarbeit vollbringen; der Patient will „von selbst" gesund werden. Völlig fremd ist ihm mitunter der Gedanke, daß hierzu die Mühe der Selbsterkenntnis, der Arbeit am Charakter und der seelischen Wandlung notwendig ist. Oft sind Hemmung, Bequemlichkeit und Riesenerwartungen so ineinander „verfilzt", daß Schultz-Hencke mit Recht von einer *Hemmungs-Trias* spricht.

Aber auch bei dieser Trias hat es nicht sein Bewenden. Sie zieht weitere Folgeerscheinungen nach sich, die die Therapie der Neurose so langwierig und umständlich machen. Bequem-anspruchsvolle Menschen gelangen nicht dazu, eine günstige *Arbeitstechnik* aufzubauen. Darum sind sie meistens im Beruf nicht allzu erfolgreich, zumindest nicht so erfolgreich, wie sie von ihren Dispositionen und Chancen her sein könnten. Da nun das Arbeitsleben eine der wichtigsten Quellen der Selbstachtung ist, entbehren sie die diesbezügliche Stütze ihres Selbstwertgefühls. Sie haben Grund und Anlaß, sich „minderwertig" zu fühlen. Ihr Wissen bleibt lückenhaft, und ihr Können läßt überall zu wünschen übrig. Und doch sind sie prestigehungrig, aber die „böse Welt" ist nicht bereit, ihnen Anerkennung für nichts zu geben. Das führt zur Verstärkung und Verewigung der ursprünglichen Hemmung.

Ein Großteil unseres Glücks und unserer Zufriedenheit im Leben stammt von der richtigen Beurteilung und Behandlung unserer Mitmenschen. Der gehemmte Mensch versäumt auch hier sehr viele Lernmöglichkeiten, da er in sich selbst verstrickt ist und „aus dem Innern nicht nach draußen kommt". Er erwirbt daher zu wenig *Menschenkenntnis*. Meistens stört es ihn empfindlich, daß er so weit weg von den anderen ist: Er möchte gerne an sie herankommen. Aber dazu fehlen ihm Voraussetzungen aller Art; vor allem die Angst trennt ihn von der Umgebung. Auch ist der Blick des ängstlich-wünscheerfüllten Menschen sehr stark „subjektiv"; die Franzosen sagen zum Beispiel: „Jeder glaubt besonders gern, das was er fürchtet und das, was er wünscht." Nun, der furchtsame und anspruchsvolle Neurotiker täuscht sich oft über seine Beziehungspersonen, und da er sich selbst wenig kennt, begreift er auch nicht viel von den anderen.

Man kann es auch so formulieren: Jeder Neurotiker lebt in einer illusionären, fiktiven Welt. So meint er allenfalls, daß alle und jeder ihn mütterlich versorgen müssen, daß ihm das Leben keine Verluste und Niederlagen bereiten darf, daß ihm Ehre und Ruhm „gratis" zuteil werden müssen, und daß man ihn lieben soll, weil er die Liebe „so sehr benötigt". Das schon von Freud hervorgehobene feindselige Verhältnis zur Wirklichkeit in allen Neurosen wird aus diesen Wunschvorstellungen heraus erklärbar; denn die Realität ist widerspenstig gegen alle Unproduktiven und Maßlosen; schon die Tätigen und Maßvollen haben viel am „Widerstandscharakter der Welt" zu leiden.

Da die gehemmten Antriebe „unter Druck" stehen, entladen sie sich mitunter auf Umwegen. Dort, wo Expansion aus irgendwelchen Gründen doch möglich ist, gibt es überschießende Reaktionen, auffallende Leistungen oder Pseudoleistungen. Man muß wohl echte und weniger echte *Überkompensationen* unterscheiden; bei den ersteren steht die ganze Persönlichkeit hinter dem höheren Maß von Können und Wissen, indes bei den letzteren etwas Fieberhaftes, Unruhiges in die demonstrative Zurschaustellung von Expansivität hineingerät. Ähnlich unsolid sind auch die *Ersatzbefriedigungen* strukturiert. In ihnen weicht das Expansionsbedürfnis von schwierigen auf einfache Lebensbereiche zurück; anstelle von Arbeit tritt Spiel, anstelle von Sexualität der Genuß von Nahrung usw.

Esther und Wolfgang Zander fassen in ihrer Abhandlung über „Die Neo-Psychoanalyse von H. Schultz-Hencke" (1982, S. 456) Schultz-Henckes Konzept in einem vortrefflichen Schema zusammen (s. Abb. S. 323).

Es wäre noch zu ergänzen, daß der Mensch als „geistiges Wesen" seine Gehemmtheit nicht nur in der Sphäre der Antriebe und der Charaktermerkmale zum Ausdruck bringt, sondern auch in der *Ideologie*, in der *Weltanschauung*. Zu jeder Hemmung gehört auch ein mehr oder minder geistiger „Überbau", der das gebremste Antriebserleben rechtfertigt und konsolidiert. So wird etwa der oralgehemmte Menschentyp eine „Theorie der Anspruchslosigkeit" vertreten, die er ohne weiteres in die

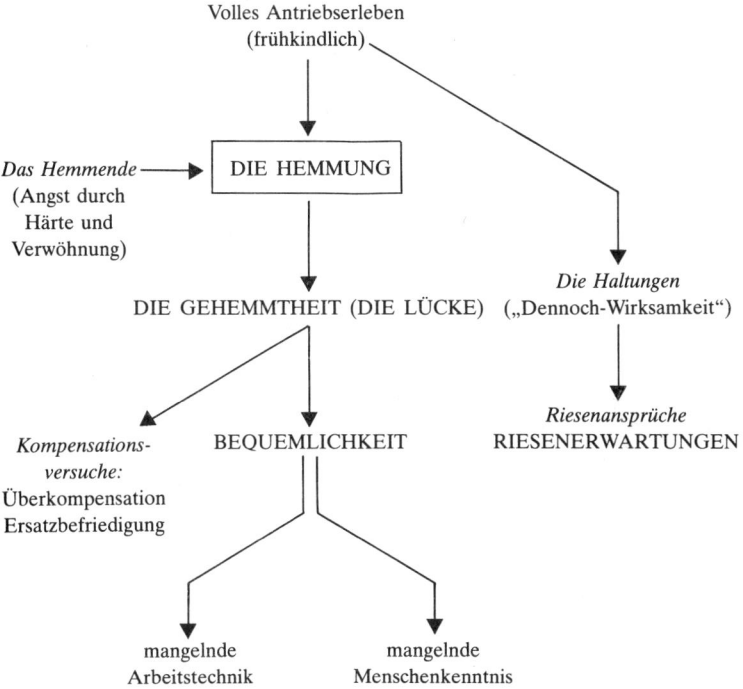

überlieferte christliche Religion einfügen kann; analgehemmte Charaktere, denen das Hingeben oder Behalten schwerfällt, postulieren Ideologien der Sparsamkeit oder Ausgabefreudigkeit (aus „volkswirtschaftlichen Gründen"); unter den Aggressionsgehemmten finden sich lautstarke Revoluzzer und Anhänger von „Law and Order"; und die Sexualgehemmten schließlich träumen sich in jene Zeiten zurück, in denen „der Großvater die Großmutter heiratete", oder sie befinden sich unter den „Enthemmten der Gegenwart", bei deren exzessivem Liebesleben man unter der Decke der Freizügigkeit noch alle alten Hemmungsstrukturen am Werke sieht. Für den genauen Betrachter hat die „sexuelle Revolution", die von den einen gerühmt und von den anderen beklagt wird, noch gar nicht stattgefunden. Das Gehemmtsein hat lediglich seine Äußerungsform geändert, und das ist gewiß kein großer Fortschritt.

Da nun die Hemmungsstruktur so komplex und vielgliedrig ist, darf man nicht erwarten, sie in einer auf ihr aufruhenden Neurose schnell und mühelos beseitigen zu können. Schultz-Hencke vergleicht jede Neurose mit einem Tropenbaum, der nicht nur mit Erdwurzeln im Boden verankert ist, sondern auch Luftwurzeln hat, die ihm zusätzlich Halt geben. Das „Ausgraben" oder Erinnern des Kindheitstraumas hilft wenig („Stamm durchsägen"); man muß auch alle Folgeerscheinungen durcharbeiten („Luftwurzeln kappen").

Neurosenentstehung und Neurosenformen

Hemmungen sind noch keine Neurose, und es müssen spezifische Faktoren hinzukommen, um aus einer Blockade des Antriebserlebens eine manifeste seelische Krankheit zu machen. Im übrigen hat man immer mit individuellen Fällen zu tun; in seinem *Lehrbuch der analytischen Psychotherapie* (Stuttgart 1951, S. 87) erinnert Schultz-Hencke daran, daß man gefaßt darauf sein muß, eine unendliche Vielfalt von „Lebenserscheinungen" in der „Neurosenlehre" vorzufinden. Es gibt z. B.:
a) Leichte Hemmungen mit leichten Folgeerscheinungen;
b) Leichte Hemmungen mit schweren Folgeerscheinungen;
c) Schwere Hemmungen mit leichten Folgeerscheinungen;
d) Schwere Hemmungen mit schweren Folgeerscheinungen.

Aber keiner dieser Befunde aus dem seelischen Hintergrund muß zu „neurotischen Symptomen" Anlaß geben. Wenn ein Mensch in sehr günstigen Lebensumständen ist, empfindet er keine Notwendigkeit, auf die kleinen oder mittleren Belastungen mit einer Symptomatik zu reagieren. Die Brüchigkeit seiner Innenwelt zeigt sich erst, wenn ernstliche Lebensschwierigkeiten auftauchen. Ähnlich stürzt auch eine schlecht konstruierte Brücke erst dann ein, wenn schwergewichtiges Material über sie hinweg transportiert wird.

Im Anschluß an Freud meint Schultz-Hencke, daß der Auslöser von Neurosen jeweils die *Versuchungs- und Versagungssituation* ist. Bei Versuchungssituationen handelt es sich um Konstellationen, in denen ein Mensch „von außen" auf seinen gehemmten Antrieb hin „angesprochen" wird. Besitz, Geltung, Liebe oder Sexualität „bieten sich ihm an"; er kann sie aber nicht recht ergreifen. Es ist die „Wurst, die vor der Nase hängt«, und die man nicht zu packen wagt. Das seelische Gleichgewicht wird durch die Versuchung erschüttert; ein „Antriebssprengstück" droht sich in Bewegung zu setzen.

Versagung bedeutet den Verlust von gewohnten Expansionsmöglichkeiten. Seelisch stabile Menschen können solche Verluste ausgleichen, indem sie die verbliebene „Restexpansion"mobilisieren. Der gehemmte Charaktertyp ist hierzu nicht oder nur sehr beschränkt in der Lage. Jede Schlappe des Lebens gilt ihm leicht als eine totale Niederlage. Er verliert schneller die Hoffnung als andere. Resignation ist eine Eintrittspforte in die Neurose.

Der Ausbruch der neurotischen Erkrankung ist mit „Schicksalsverstrickungen" verknüpft, aber diese sind nicht immer deutlich zu erkennen. Für eine schwere Gehemmtheit reicht unter Umständen ein winziger Schicksalsschlag aus, um das neurotische Panoptikum zu entfesseln; leichte Hemmungen bedürfen einer schlimmen Daseinsnot, um krankheitsbildend zu wirken. Man kann von einer „Ergänzungsreihe" sprechen, wobei innere und äußere Faktoren zusammenspielen.

Abgesehen von mehr oder minder zufälligen Belastungen sind es die *Schwellensituationen des Lebens*, die neurotogen wirken. In solchen Übergangszonen muß der Mensch sich wandeln und weiterentwickeln – das ist infolge des Gehemmtseins erschwert. Folgende Schwellen sind neurosenpsychologische relevant:

1. Geburt eines Geschwisters;
2. Eintritt in Kindergarten und Schule;
3. Pubertät;
4. Berufswahl und Berufslehre;
5. Erste Liebe;
6. Erste Sexualerfahrung;
7. Ehe, Scheidung;
8. Kinder;
9. Klimakterium;
10. Altwerden und Berufsausstieg; Tod nahestehender Personen.

Wir können nun dazu übergehen, die grundlegenden Neurosenstrukturen nach Schultz-Hencke zu beschreiben. Es sind dies gemäß seinem Konzept: Die schizoide Struktur; die depressive Struktur; die zwangsneurotische Struktur; die hysterische Struktur; die neurasthenische Struktur; allfällige Mischstrukturen.

Bei der „schizoiden Struktur" liegt die seelische Traumatisierung bereits in den ersten beiden Lebensjahren. Wenn das Kind nicht ausreichend Wärme und Geborgenheit in dieser Frühphase erlebt, kann es sich nicht in die Welt hinein entfalten. Als Ursachenfaktoren können hier eine Neurose der Mutter, unglückliche Ehe, die mütterliche Ungeschicklichkeit, Bedrängnisse der gesamten Familie usw. namhaft gemacht werden. Jedenfalls kann so schon ein Säugling eine gewisse Heimatlosigkeit erleben. Die frühe Bindung zur Umwelt wird nur schwach entwickelt; es gibt weder „Neugier" noch „Appetenzverhalten" bezüglich der menschlichen und dinghaften Umgebung.

Natürlich stoppt derlei vor allem die Gefühlsentwicklung des Kindes. Wir finden dann später im Leben Menschen, die distanziert, isoliert, gefühlskarg und eventuell sogar weltabgewandt sind. Man nennt sie „schizoide Charaktere", und man hat von ihnen gesagt, daß sie „kontaktarm" seien. Manche von ihnen sind ausgeprägte „Rationalisten", um das Manko an Gefühl zu überkompensieren. Andere wieder verlegen sich auf die Zwanghaftigkeit, auf das Formale, Fassadenhafte. Auch Skurrilität und Exzentrizität kommen häufig vor. Solche Menschentypen haben es jedenfalls – bei entsprechenden Versuchungs- und Versagungssituationen – nicht weit zur Psychose. Wenn sie schizophren werden, brechen sie die schwachen Brücken zur Umwelt fast ganz ab.

Hat ein Kind das erste Lebensjahr erfolgreich absolviert und setzt seine Traumatisierung eher in der „oralen Phase" ein, dann kommt es zur Hemmung der oral-kaptativen Antriebe, des Habenwollens. Nach Schultz-Hencke tut sich hierbei ein Weg in die „depressive Struktur" auf. Es werden nämlich, suggeriert durch eine entsprechende Umgebung, Haltungen der Bedürfnislosigkeit, der Gefügigkeit und der Opferbereitschaft eintrainiert. Doch hinter dem vordergründigen Verzichten-können und auch -wollen brodeln dann intensive Wünsche der Habgier und einer dumpfen Aggressivität. In solchen scheinbar passiven Menschen kann es viel Wut, Zorn und Ressentiments geben. Vor allem, wenn ihnen das Leben mächtige Versagungen auferlegt, erscheint ihnen die Welt als ein „feindliches Ungetüm", gegen das man sich kaum zur Wehr setzen kann. Sie erleben die Wirklichkeit als eine mögliche Alternative von Fressen- und Gefressenwerden.

Sie haben nicht gelernt, für ihre Ziele zu kämpfen, und wenn man sie ihnen nicht schenkt und präsentiert, haben sie umfassenden Groll gegen alle und jeden. Besonders enge Beziehungspersonen unterliegen dieser unterschwelligen Feindseligkeit, die kaum je im Bilde der Depression fehlt. Man hat mit Recht beim Melancholiker gesagt, daß seine Selbstanklagen verhüllte Anklagen gegen andere Menschen sind. Jedenfalls erleben es die „Nächststehenden" solch depressiver Menschen, daß ihre eigene Stimmung ständig herabgedrückt wird. Man kann auch durch Trauer über die Mitmenschen herrschen und ihnen das Leben schwer machen. Nietzsche hat in Vorwegnahme tiefenpsychologischer Befunde erklärt: „Alles Klagen ist ein Anklagen; alles Sich-Freuen ist ein Loben." Der Depressive ist demnach ein „Ankläger".

Die „zwangsneurotische Struktur" entspringt einer Hemmung der motorisch-aggressiven Antriebe. Kinder sind im allgemeinen lebhafter, als es den Erwachsenen lieb ist. Durch Gebote und Verbote, durch Anweisungen und Regeln wird dieser Motorik rasch eine Schranke gesetzt. So kommt es im dritten bis fünften Lebensjahr (aber auch schon vorher) zu Zusammenstößen zwischen Kind und Umwelt. Sofern dem Kind allzu wenig Freiraum gelassen wird, werden seine Bewegungsimpulse in die Hemmung und Verdrängung gewiesen. Starke Ambivalenzen machen sich dann im Seelenleben breit; jeder Bewegungsdrang wird sozusagen mit einem Bewegungsverbot gekoppelt. Solche Menschen sind hernach im Leben auch physisch steif, zähflüssig, bewegungsarm, „mechanisiert", verhärtet.

Strenge und starre Moral liefert einen Überbau zum Zwangscharakter. Die Familientypen, in denen dieser „gedeiht", können im Sinne der Familienforschung mit dem Etikett „Familie als Zuchthaus, Kaserne und Kloster" bezeichnet werden. Der Zögling derartiger lebensfeindlicher Anstalten oder Institutionen ist meistens gehemmt aggressiv, aber hinter seiner Wohlerzogenheit lauert viel Widerspenstigkeit und Aufsässigkeit. Das Phantasieleben solcher Menschen wird in der Regel sadomasochistisch getönt sein. Erlittene und ausgeübte Gewalt zieht derartige Charaktere außerordentlich an. Ihre Mitmenschlichkeit ist an der Wurzel geschädigt.

Gleichwohl können sie im Leben Erfolg haben, denn unsere Kultur bevorzugt geradezu den Zwangstypus. Ein Betroffener kann als Schullehrer, Richter, Beamter, Politiker, Geschäftsmann, Theologe, beim Militär usw. Karriere machen. Bricht aber die Zwangsneurose aus, dann überflutet eine chaotisch-ungeordnete Gefühlswelt sein Ich, das sich mühsam mittels Zwangsgedanken und Zwangshandlungen zu stabilisieren sucht.

Die Tiefenpsychologie hat ihre Forschungen beim Thema der Hysterie begonnen, und Freuds klassische Untersuchungen stellten bereits die Grundzüge der „hysterischen Struktur" fest (*Studien über Hysterie*, 1895). Nach Schultz-Hencke muß man die Entstehung dieser menschlichen Einengung und psychischen Pathologie im vierten und fünften Lebensjahr lokalisieren. Da sollte es zur „Realitätszuwendung" kommen; das Kind soll Wunsch und Wirklichkeit genau unterscheiden lernen. Hysteriker wachsen jedoch in einer Familie auf, für die man den Ausdruck „Familie als Schaubühne" geprägt hat. Einflußreiche Familienmitglieder lieben theatralische Gesten, Aufregungen über Nichtigkeiten, gehaltloses Getue. Das davon geformte Kind zieht sich ins

Phantasieleben zurück. Beim Heranwachsen verdrängt es vor allem das Sexuelle, aber auch die Möglichkeit von echten Gefühlsbindungen. Immer schon hat man das Infantile und Juvenile an hysterischen Charakteren hervorgehoben. Sie sind Schauspieler ihrer selbst, und nicht selten auch ein wenig „Schmierenschauspieler". Echtheit und innere Substanz muß man bei ihnen nicht suchen. Meistens üben sie viele Leidensgebärden ein, mittels derer sie sich vor dem realen Leben drücken wollen. Die „Flucht in die Krankheit" wurde hier erstmals beobachtet.

Die „neurasthenische Struktur" stellt nach Schultz-Hencke ein Gemisch aller bereits diskutierten Strukturen dar.

In der Neurosenlehre gibt es überhaupt kaum „reine Typen"; immer kommt es zu Legierungen mit dem Vorherrschen der einen oder anderen Symptomatik. Schultz-Henckes Neurosentheorie ist weitgehend analog mit der psychoanalytischen, aber sie ist im Detail recht treffend und genau ausgearbeitet.

Neopsychoanalytische Psychosomatik

Da Schultz-Hencke theoretisch auf dem Boden der „Gleichzeitigkeitsrelation" steht, ist es für ihn selbstverständlich, daß die Dynamismen der Neurosenlehre auch für den Körperbereich des Menschen irgendwie Gültigkeit haben; jeder Deformation des Antriebserlebens müssen kleinere oder größere somatische Funktionsstörungen entsprechen. Natürlich ist das eine Grundlage für psychosomatisches Denken.

Die Psychosomatik ist ein legitimes Kind der tiefenpsychologischen Forschung. Schon Freud war aufgefallen, daß manche Patienten gelegentlich anstelle von Neurosen Körperkrankheiten entwickelten. Georg Groddeck, der „wilde Psychoanalytiker", machte aus diesen Beobachtungen eine Theorie der leib-seelischen Erkrankungen, die allerdings sehr spekulativ und stellenweise phantastisch war. Nach der Meinung Groddecks sind nahezu alle Krankheiten „Selbstdarstellungen des Unbewußten"; spricht man den Kranken auf seine unbewußte Problem- und Konfliktlage an, so kann das den Heilungsprozeß erleichtern.

Spätere psychoanalytische Beiträge zur Psychosomatik waren maßvoller als die Groddeckschen Auslassungen über das „Es" und seine wahrhaft verblüffende Rolle in Gesundheit und Krankheit. Aber erst seit dem Ende des Zweiten Weltkrieges hat die Tiefenpsychologie in der Medizin eine Reform oder Revolution eingeleitet, in der wir noch mittendrin stecken.

Schultz-Hencke äußert sich in seinem *Lehrbuch der analytischen Psychotherapie* (1951) sehr besonnen zu einer tauglichen Systematisierung der psychosomatischen Krankheitsbegriffe. Mit Recht wendet er sich gegen jene Versuche vieler Psychoanalytiker, die das aus dem Hysteriekonzept stammende „Konversionsmodell" auf alle psychosomatischen Erkrankungen übertragen wollen: Die Hysterie kann aus gewissen Vorstellungen heraus körperliche Lähmungen und andere Ausfallserscheinungen hervorbringen, die nicht selten irgendeine sexuelle oder andere Situation „symbolisieren". Das ist in der Hysterie so, aber man würde fehlgehen, wenn man dies „mutatis mutandis" auf andere Krankheiten des Organismus transponieren wollte. Es ist fraglich, ob etwa ein Magengeschwür, ein hoher Blutdruck, eine Magersucht, eine Verstopfung, ein Asthma usw. „symbolisch" gedeutet werden dürfen.

Und wenn Symbolik „mit im Spiele ist", dann ist es vermutlich nicht der einzige Geschehensgrund. Wir haben ein Ursachen- und Konditionenbündel vor uns, das man sorgsam entflechten muß.

Da vielleicht mehr als fünfzig Prozent der Patienten in der internistischen Allgemeinpraxis an psychosomatisch bedingten Störungen leiden, kommt einer leicht faßlichen Theorie solcher Krankheitserscheinungen eine erhebliche Bedeutung zu. Schultz-Hencke ist in der Lage, ein derartiges Theorem zu liefern. In seinem genannten „Lehrbuch" tabelliert er die wesentlichen Grundantriebe, die im Verlaufe der Sozialisation gestört werden können. Dann stellt er die Organe daneben, die eine gewisse Verwandtschaft (Affinität) zum jeweiligen Hemmungsgeschehen haben. Des weiteren folgen die Funktionsanomalien, die sich allenfalls zur eigentlichen Krankheit verdichten können. Wir setzen hier das Schultz-Henckesche Schema (loc. cit. S. 135) in unseren Text ein, da es unseres Erachtens mit außergewöhnlicher Klarheit eine Orientierung in der Psychosomatik erlaubt (s. Abb. S. 330).

Nach diesem Hinweis auf Schultz-Henckes psychosomatische Erwägungen wenden wir uns seiner „Charakterologie" zu, die ebenfalls von ihm einleuchtend behandelt wurde.

Charakterologie als Hemmungslehre

Unter dem Titel „Erscheinungsweisen des Gehemmten" gibt Schultz-Hencke in seinem Hauptwerk *Der gehemmte Mensch* eine kleine Charakterkunde, die besonders reizvoll zu lesen ist. Im sonst eher abstrakten, fast zähflüssigen Tenor seines Oeuvres mutet dieser Abschnitt wie

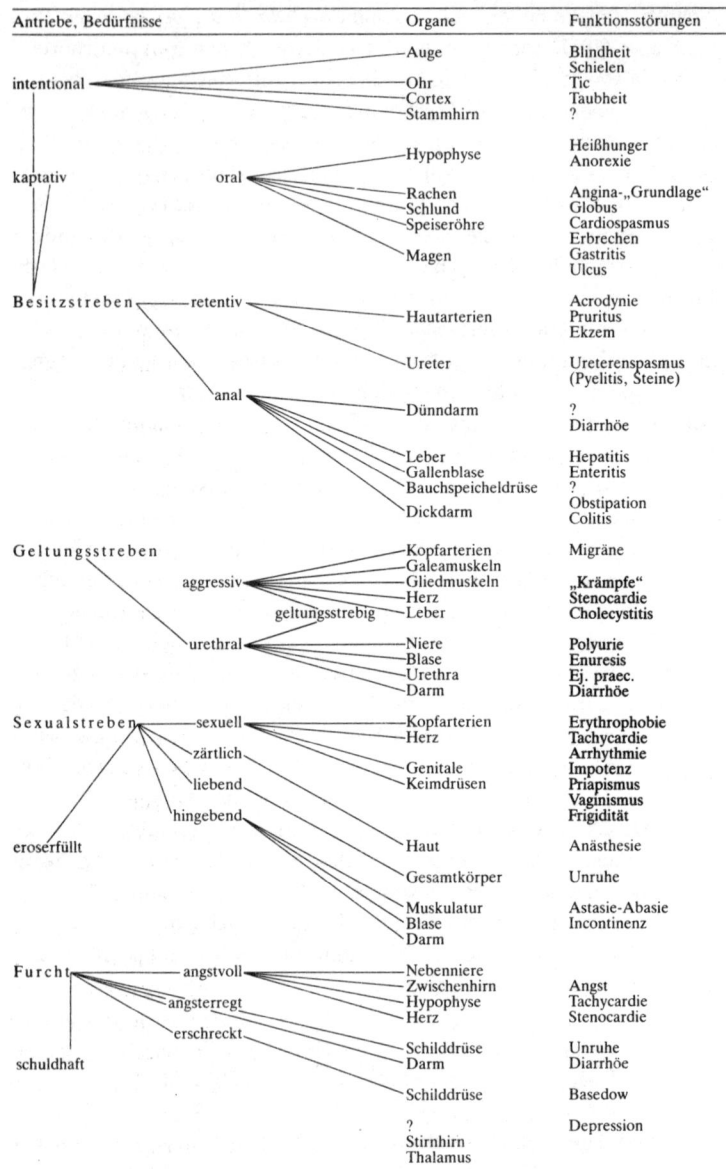

Antriebe, Bedürfnisse			Organe	Funktionsstörungen
intentional			Auge	Blindheit
				Schielen
			Ohr	Tic
			Cortex	Taubheit
			Stammhirn	?
kaptativ	oral		Hypophyse	Heißhunger
				Anorexie
			Rachen	Angina-„Grundlage"
			Schlund	Globus
			Speiseröhre	Cardiospasmus
				Erbrechen
			Magen	Gastritis
				Ulcus
Besitzstreben	retentiv			Acrodynie
			Hautarterien	Pruritus
				Ekzem
			Ureter	Ureterenspasmus
				(Pyelitis, Steine)
	anal		Dünndarm	?
				Diarrhöe
			Leber	Hepatitis
			Gallenblase	Enteritis
			Bauchspeicheldrüse	?
			Dickdarm	Obstipation
				Colitis
Geltungsstreben	aggressiv	geltungsstrebig	Kopfarterien	Migräne
			Galeamuskeln	
			Gliedmuskeln	„Krämpfe"
			Herz	Stenocardie
			Leber	Cholecystitis
	urethral		Niere	Polyurie
			Blase	Enuresis
			Urethra	Ej. praec.
			Darm	Diarrhöe
Sexualstreben	sexuell		Kopfarterien	Erythrophobie
			Herz	Tachycardie
	zärtlich			Arrhythmie
			Genitale	Impotenz
	liebend		Keimdrüsen	Priapismus
				Vaginismus
	hingebend			Frigidität
eroserfüllt			Haut	Anästhesie
			Gesamtkörper	Unruhe
			Muskulatur	Astasie-Abasie
			Blase	Incontinenz
			Darm	
Furcht	angstvoll		Nebenniere	
			Zwischenhirn	Angst
	angsterregt		Hypophyse	Tachycardie
			Herz	Stenocardie
	erschreckt		Schilddrüse	Unruhe
schuldhaft			Darm	Diarrhöe
			Schilddrüse	Basedow
			?	Depression
			Stirnhirn	
			Thalamus	

ein Muster an Lebensnähe an; der Autor hat sich diesmal dazu durchgerungen, seinen lehrhaft didaktischen Ton abzustreifen und versucht sich als Porträtist menschlicher Charaktertypen, was ihm sehr gut gelingt.

Er beschreibt u. a. verschiedene *Laster* (Habgier, Geiz, Verschwendungssucht, Ungeduld, Neid und Eifersucht, Herrschsucht, Jähzorn, Eitelkeit, Don Juanismus, Dirnentum), *Erlebnisweisen* (Sarkasmus, Ironie, Humor, Temperamente, Kontemplation, Mystik, Askese usw.) und *typische Entwicklungsbilder* (stille Kinder, laute Kinder, gehemmte Jugendliche, Duckmäuser, Streber, haltlose Jugendliche, Vagabunden, Gefügige, Unterwürfige, Gesellschaftslöwen, Ultrakonservative, „unschuldig Verfolgte", Lügner, Hochstapler, unberufene Propheten, ultraradikale Kritiker). Der Reichtum dieser Darstellungen kann natürlich kaum annähernd referiert werden.

Bei den Lastern geht es Schultz-Hencke darum zu zeigen, daß hinter scheinbaren „Ungehemmtheiten" im Grunde doch auch wieder Hemmungen anzutreffen sind. So reiht er gewissermaßen alle Laster in die Psychopathologie ein und diagnostiziert in ihnen eine tiefe Persönlichkeitsstörung – eine Erkenntnis, die sicherlich für die Ethik und Morallehre hochrelevant ist. So liegt etwa in der Habgier oft eine Hemmung des Liebesstrebens, und kompensatorisch erfolgt der übermäßige Ausbau des Habenwollens. Geiz beruht auf Entwicklungsstagnation und innerer Leere; da will man denn zumindest alles behalten, was man besitzt. Beim Verschwender kommt allenfalls eine Gehemmtheit der Aggression (im Sinne von ad-gredi) zum Tragen; oft wird „aus Rache verschwendet", weil man sich gegen eine bestimmte Person sonst nicht behaupten kann. Aber auch die Fähigkeit, etwas festzuhalten, kann irgendwie geschädigt sein; darum „wirft man das Geld zum Fenster hinaus".

Ungeduld kann von überspitzten kaptativen und retentiven Haltungen ausgelöst sein; kaum steht man vor einer Aufgabe, will man sie schon gelöst „haben", und ist auch nicht in der Lage, seine Kräfte und Bereitschaften zu zügeln. Auch bei Neid und Eifersucht spielen Haben- und Behaltenwollen eine extreme Rolle. Besonders in der letzteren wird das Feld der Liebe von habgierigen und ängstlichen Impulsen überflutet. Wiederum bemerkt man viele aggressive Impulse, die Toleranz und echte Zuwendung nicht aufkommen lassen.

Herrschsüchtige Menschen sind meistens kompetenzgeschädigt; im Aufbau ihres Lebenkönnens, in ihrer sozialen Geschicklichkeit gibt es empfindliche Lücken, die durch den Machtwillen überspielt werden. Auch der Jähzornige hat nach Schultz-Hencke eigentlich Aggressionshemmungen, so merkwürdig sich das anhören mag. Aber er versäumt sehr oft die guten Chancen der Selbstbehauptung und muß dann durch Affektstürme seine Rechte anmelden und durchsetzen.

Ebenfalls Hemmungen im Selbstwertstreben und im Liebenkönnen finden wir bei der Eitelkeit. Nur wer sich selbst gar nicht recht lieben kann, verfällt auf den Irrweg, sich über die erzwungene Bewunderung anderer ein etwas kümmerliches Selbstgefühl zu verschaffen. Von Don Juan sagte mit Recht ein Franzose: „Er war nicht Manns genug, um zu haben (und festzuhalten)." So erscheint dann die berühmte Leporelloliste („In Spanien tausendunddrei!") nicht mehr so imposant wie vorher.

Von den „typischen Entwicklungsbildern" nennen wir nur das stille und das laute Kind, die dem Erzieher zu schaffen machen. Stille kann Expansionsgehemmtheit sein, indes Lärmmachen übersteigertes Geltungsstreben und Hemmung im Liebenkönnen bedeuten kann. Duckmäuser, Streber und haltlose Jugendliche sind irgendwie verängstigt, und schon ihre innere Unstetigkeit verweist uns darauf, daß in ihrem Haltungsgefüge einiges nicht in Ordnung ist. Vagabunden haben irgendwann im Verlaufe ihrer Sozialisation intensive Heimatlosigkeit empfunden, weshalb sie nirgendwo recht Wurzel schlagen können.

Berücksichtigt man die Gesellschaftslöwen, die Ultrakonservativen, die „unschuldig Verfolgten", die Lügner und Hochstapler, die unberufenen Propheten und die ultraradikalen Kritiker, so kann man die Gesamtthese formulieren, daß Schultz-Hencke wohl ein normatives Bild vom Menschen vorschwebt, in welchem Antriebsfreundlichkeit, soziale Einfügung, produktive Persönlichkeitsentwicklung, Echtheit und innere Autonomie entscheidende Wertmaßstäbe bilden. Wenn der „gehemmte Mensch" in die Pathologie hinüberführt, so soll das keineswegs die Schlußfolgerung nahelegen, daß der „enthemmte Mensch" weniger pathologisch sei. Die Hemmungslehre will uns darauf aufmerksam machen, daß der Mensch sich, grob gesprochen, aus Expansionskraft (vitaler Art) und Steuerungsvermögen (selbst wiederum aus der Vitalität abgeleitet, aber doch dem „Geistigen" zugehörig) zusammensetzt. Nur ein ausgewogenes Zusammenspiel beider Faktoren ist „gesund".

Man muß die diesbezüglichen Schultz-Henckeschen Darlegungen im Original nachlesen; sie sind anschaulich, stellenweise humorvoll und trotz des unerquicklichen Themas fast etwas beschwingt.

Psychotherapeutische Verfahren

Nachdem der Leser so viel von psychischer Pathologie vernommen hat, wird er begreiflicherweise darauf gespannt sein, wie Schultz-Hencke die Möglichkeiten der Psychotherapie und Krankenheilung einschätzt. Er äußert sich hierüber ziemlich ausführlich in seinem *Lehrbuch der analytischen Psychotherapie* (S. 252 f.).

Schultz-Hencke unterscheidet zwischen autonomen, nomothetischen und esoterischen Verfahren in der Psychotherapie; daneben läßt er auch noch pragmatische Methoden gelten. Autonome Psychotherapie ist im wesentlich identisch mit der Psychoanalyse im Sinne von Freud und Schultz-Hencke: Hier soll der Mensch den Weg zu sich selbst finden, ohne groß vom Therapeuten geführt und beeinflußt zu werden. Als nomothetisch oder wertesetzend wird Adlers „Individualpsychologie" eingestuft, die den Menschen zur Gemeinschaft hinführen möchte. Esoterik jedoch entspricht dem Verfahren von C. G. Jung, dessen „Analytische Psychologie" vor allem jene Menschen anzog, die sowohl gehemmt waren als auch sich elitär fühlten. Für solche Menschen war es wohl beglückend, Mitglieder einer Gruppe von „Geheimwissern" zu werden, die aus dem abendländischen Schlamassel in die östlichen Weisheitslehren, in eine Pseudoreligiosität und in eine bilderreiche „Urerfahrung" (mit Archetypen und sonstigen Figuren aus dem Seelengrund) flüchten konnten. So wurde soziale Isolierung durch Einführung in eine tiefenpsychologische Geheimwissenschaft überspielt.

Zu den pragmatischen Verfahren zählt Schultz-Hencke das autogene Training von I. H. Schultz, Hypnose, „seelsorgerliche Aussprachen" usw.

Das autonome Vorgehen: In dieser Beziehung schwebt Schultz-Hencke vor, daß der Psychotherapeut ein hohes Maß „Antriebsfreundlichkeit" an den Tag legt und dem vor ihm sitzenden oder liegenden Patienten viel Wohlwollen und „Entwicklungskredit" entgegenbringt. Da es so viele mögliche „Menschenbilder" gibt, soll der Analytiker darauf verzichten, den ihm anvertrauten Patienten nach irgendeinem Bilde formen zu wollen. Jeder hat das Recht auf seine eigene Individualität, und vor allem bedenklich wird die Sache dann, wenn Seelenärzte sich wie Halbgötter benehmen und Menschen nach ihren eigenen Modellvorstellungen zurechtschneidern. Das ist übrigens eine unwillkürliche Voraussetzung bei jedermann, daß er beim Begriff *Normalität* stets an sich selbst denkt; *abnorm* sind immer die anderen! Nach Schultz-Hencke sollte der Therapeut aufgrund seiner Lehranalyse in der Lage sein, von solchen narzißtischen Einseitigkeiten Abstand zu nehmen.

Freud selbst empfahl dem Analytiker, „unbeteiligt wie ein Spiegel" das Wesen des Analysanden zurückzuspiegeln. Aber der große Lehrmeister der Psychotherapeuten hielt sich gar nicht an seine eigene Vorschrift; viele seiner ehemaligen Patienten berichten, daß er warm menschlich reagierte, auch zornig und unmutig sein konnte und den „Menschen Freud" vor seinem Gegenüber nicht verbarg. Daher ist es fraglich, ob man die Methode der Autonomie je rein verwirklichen kann. Es ist schon genug, wenn man die Individualität des Analysanden zu achten „versucht".

Wichtig ist für Schultz-Hencke, daß der Therapeut selbst keine Angst vor Trieben, Antrieben und aus dem Rahmen fallenden Verhaltensweisen hat. Er soll nicht befürchten, daß jede Abweichung vom Durchschnitt gleich zur extremen Pathologie Anlaß gibt.

Das nomothetische Vorgehen: Die Nomothetiker unter den Psychotherapeuten wollen – nach Schultz-Hencke – nicht so sehr Triebe und Antriebe aus der Gehemmtheit und Verdrängung befreien, sondern eher die Patientenpersönlichkeit in ihrer „Moral" stärken und die Anpassung an das gesellschaftliche Leben konsolidieren. Das setzt voraus, daß sie selbst die Welt der Triebe und Antriebe nicht allzu hoch bewerten; wichtiger ist ihnen der Ich- oder Überich-Anteil des menschlichen Seelenlebens.

Schultz-Hencke verleugnet nicht seine Skepsis gegenüber den Nomothetikern; er meint, sie seien sich ihres Moralisierens weitgehend unbewußt und hätten eine Abneigung gegen die genauere Zergliederung seelischer Tatbestände. So schreibt er im „Lehrbuch" (S. 254):

Auf der einen Seite gehört zu einer nomothetischen Einstellung, besonders dann, wenn sie nach „üblicher" Auffassung moralisierenden Charakter hat, daß der Betreffende nicht nur „nichts" von dieser Einstellung „weiß", sondern sie – darauf angesprochen – sogar lebhaft bestreitet. Zweitens aber gehört dazu in der Regel, daß die Betreffenden nur sehr bedingt zu analysieren, d. h. Mikro-Psychologie zu treiben geneigt sind. Denn wer scharf, d. h. mikropsychologisch auf die menschliche Natur und ihre „Gründe" hinblickt, muß weitgehend „unbekümmert" sein, nicht in „Sorge". Er muß selbst „instinktiv" so „gelagert" sein, seine „Existenz" muß von der Art sein, daß sie das Bild des faktischen Menschen nicht nur ruhig erträgt, sondern im allgemeinen sogar „gemütlich" bejaht. Es ist fraglich, ob diese Charakteristika für den nomothetisch geneigten Psychotherapeuten gelten, und daher ist ihm selbst in der Regel „das Analysieren", wenn auch nicht verhaßt, so doch „an-rüchig".

Er räumt aber auch ein, daß der Wettstreit zwischen „Autonomen" und „Nomothetikern" die Sache der Psychotherapie vorangebracht hat, und daß der Disput zwischen diesen beiden Möglichkeiten des therapeutischen Verhaltens noch lange nicht entschieden ist. Tatsächlich kann man sich fragen, ob das viele „Analysieren" und „mikropsychologische Zergliedern" immer viel bringt; auch eine „Wiedererziehung des Wollens" (Dubois) kann ausreichend und zweckmäßig sein.

Das esoterische Vorgehen: Hier sind, wie bereits erwähnt, die Jungianer gemeint, denen gegenüber Schultz-Hencke fast noch skeptischer ist als gegenüber den Adlerianern. Er ist jedoch bereit zuzugeben, daß isolierte Introvertierte, versponnene Grübler, europamüde Asienliebhaber, Verehrer von pittoresken Fremdreligionen, Bewunderer der religiösen Bilderwelt usw. bei den Esoterikern Zuflucht, Gemeinschaft und Lebensorientierung finden können. Tatsächlich hat C. G. Jung eine sehr zusammengewürfelte Gesellschaft um sich geschart, in der es etwa unkonventionelle Pastoren beider christlicher Bekenntnisse, Indologen, Neu-Buddhisten, Parapsychologen und auch schlichte Frömmler gab, die alle in der „Analytischen oder Komplexen Psychologie" einen guten Religionsersatz sahen. Hier wurde eine Art geistiges oder geistliches Interesse anstelle der Seelenheilung gesetzt. Aber immerhin war auch Jung trotz seiner oft abstrusen Theoriebildungen „nebenbei" ein Mensch mit mehr oder minder gesundem Menschenverstand und einer gewissen Bodenständigkeit, so daß er wankenden Seelen schon irgendeinen Halt bieten konnte.

Das pragmatische Vorgehen: Dieses entbehrt einer tiefenpsychologischen Theorie und ist mehr übend und zudeckend als einsichtsvermittelnd und aufdeckend. So kann man etwa via autogenes Training bestimmt leichtere Nervosität und „unkomplizierte Neurosen" abbauen oder doch mildern. Nur sind die Rezidive gar nicht selten, weil der Patient doch wieder in seine Lebensumstände hineingerät und die ihn aufwühlenden Erlebnisse nicht anders oder neuartig verarbeiten kann. Dasselbe gilt für die Hypnose, die man vor der Jahrhundertwende rühmte; sie macht eventuell vom Hypnotiseur abhängig und ist keine wirklich „humane Methode".

Kritische Bewertung

Wir haben bereits angedeutet, daß es nicht leicht ist, Schultz-Hencke zu lesen; im Gegenteil: es ist oft sogar eine Quälerei. Der Stil dieses grundgescheiten und ehrlich bemühten Autors ist zwanghaft, skrupulös; er liebt die umständliche Auswalzung aller seiner Gedanken und scheut nicht davor zurück, jedes Detail hin- und herzuwenden. Auch scheint er dem Vorurteil zu unterliegen, daß eine wissenschaftliche Darlegung nicht bunt und farbig, sondern staubtrocken und nüchtern sein muß. In dieser Beziehung hätte er viel von Freud, Adler und Jung lernen können, die nicht nur bedeutende Wissenschaftler, sondern auch hervorragende Stilisten waren. Es ist immer beglückend, wenn ein wissenschaftlicher Text auch etwas Kunstsinn verspüren läßt. Das ist bei Schultz-Hencke leider sehr wenig der Fall.

Eine solche stilistische Unzulänglichkeit läßt immer auch auf eine tiefere Persönlichkeitsproblematik schließen; denn – wie die Franzosen sagen – „der Stil ist der Mensch". Schultz-Hencke war nach der Aussage aller, die ihn kannten, ein sehr schwieriger, selbst wohl auch ziemlich „gehemmter Mensch". I. H. Schultz schreibt in seinem *Lebensbilderbuch eines Nervenarztes* (Stuttgart 1971), S. 113 ff), daß er ein „Psychomathematiker" mit einer „gewollt-positiven Weltanschauung" gewesen sei. Man habe ihn nie entspannt und locker gesehen. Dem entspricht eine Äußerung einer Berliner Mitarbeiterin aus derselben Zeit (1930–45), bei Schultz-Hencke habe man stets den Eindruck gehabt, daß er mit einem Gewehrlauf im Rücken dahergehe. Horst-Eberhard Richter nennt ihn in *Die Chance des Gewissens* (1986, S. 68) einen „zarten, überaus sensitiven Mann", der „die Dominanz aus enormer narzißtischer Verletzlichkeit suchte". Das größte Gewicht kommt wohl einer Charakterisierung durch Werner Kemper zu, der jahrelang mit Schultz-Hencke zusammenarbeitete. Kemper sagt im Sammelband *Psychotherapie in Selbstdarstellungen* (hg. von Pongratz, 1973, S. 314–17):

Ich zähle ihn zu den bedeutendsten, begabtesten, universal gebildetsten Persönlichkeiten, denen ich in meinem Leben begegnet bin –, aber auch zu den umstrittensten, insbesondere innerhalb unserer eigenen psychoanalytischen Gesellschaft, und nicht nur hinsichtlich der von ihm vertretenen Positionen. Er zählt zu den von mir Beneideten: ... Sieben Jahre älter als ich, gehörte er noch zu den ganz wenigen, die nicht nur ihr eigenes Fachgebiet souverän beherrschten; er verfügte auch sonst über exakte Kenntnisse, z. B. in der Astronomie, Physik, aber auch in der Philosophie und Soziologie, und ebenso in der Biologie. Insbesondere hinsichtlich bestimmter Spezies der von ihm geliebten Pflanzen- und Tierwelt (z. B. der Schmetterlinge und Vögel) besaß er ein nahezu enzyklopädisches Wissen ...

Ich habe mich oft gefragt, wie dieser so liebenswerte und außerordentliche Mensch es zuwege gebracht hat, so vielfach verkannt und heftig abgelehnt zu werden. Er war ein mit sich selbst weitgehend zerfallener Mensch.

Wir erwähnen diese Urteile nicht, um ein „argumentum ad hominem" zu führen (d. h. gegen den Menschen zu argumentieren); aber in einem Forschungsbereich wie Tiefenpsychologie und Psychotherapie haben die persönlichen Eigenheiten des Forschers einen gewaltigen Einfluß auf seine Forschungsresultate und Theoriebildungen.

So kann man nicht umhin festzustellen, daß die Neo-Psychoanalyse Schultz-Henckes trotz ihrer feinsinnigen Beobachtungen und der überragenden Gründlichkeit ihres Urhebers im Ganzen als ein trockenes Begriffssystem anmutet, dem der Hauch inneren Lebens und zum größten Teil jegliche „Anmut" verlorengeht. Der „Wille zur Exaktheit" hat hier alle Finessen des Unwägbar-Emotionalen verdrängt. Manchmal wird man sogar an die bittere Bemerkung von Ronald Laing erinnert, der in jeder starren Systematik der Existenz selbst schon eine Art von „Wahnsinn' zu entdecken glaubt, auch wenn das System zum Verstehen und Heilen von psychopathologischen Zuständen errichtet wurde.

Besonders deutlich wird das unseres Erachtens im *Lehrbuch der Traumanalyse* (1949), das wir bisher übergangen haben. Hier gibt Schultz-Hencke einen Katalog möglicher Traumbruchstücke und Träume, die schematisch nach seiner „Hemmungs-Tafel" gedeutet werden können. Dieses „Lehrbuch" verhält sich zu Sigmund Freuds Werk *Die Traumdeutung* (1900) wie „ein Fahrplan der Bundesbahn zu einer wirklichen Reise durch die Landschaften der Bundesrepublik". Und dennoch kann man auch in ihm gewisse Einsichten registrieren, die dem berufsmäßigen Seelenarzt nützlich sind.

Überhaupt soll man die Schultz-Hencke-Lehre trotz ihrer Einseitigkeiten nicht unterschätzen. Sie ist in der Tat ein interessantes Amalgam von Freud, Adler und Jung, erweitert durch anthropologische und medizinische Erkenntnisse von weittragender Bedeutung. Auch hat sie einen „aufklärerischen Grundzug"; dieser Autor paktierte nicht mit der Religion, wie er auch dem Nationalsozialismus offenbar mit mutiger Kritik gegenüberstand. Aber über das liberal-bürgerliche Denken wuchs Schultz-Hencke nicht hinaus – in diesem Sinne ist sein System „deutsch" und „zeitbedingt"; es wird in der Zukunft der Tiefenpsychologie doch überwiegend eher historisches Interesse erwecken.

Ausgewählte Literatur

Freud, S. (1895). Studien über Hysterie. GW I.
- (1900). Die Traumdeutung. GW II/III.
Kemper, W. (1973). In Pongratz (Hrsg.), Psychotherapie in Selbstdarstellungen. Bern: Huber.
Richter, H.-E. (1986). Die Chance des Gewissens. Hamburg: Hoffmann und Campe.
Schultz, I. H. (1971). Lebensbilderbuch eines Nervenarztes. Stuttgart: Thieme.
Schultz-Hencke, H. (1927). Einführung in die Psychoanalyse. Göttingen: Vandenhoeck & Ruprecht 1972.
- (1931). Schicksal und Neurose. Jena: G. Fischer.
- (1940). Der gehemmte Mensch. Stuttgart: Thieme 1973.
- (1947). Die psychoanalytische Begriffswelt. Göttingen: Vandenhoeck & Ruprecht 1972.
- (1949). Lehrbuch der Traumanalyse. Stuttgart: Thieme 1968.
- (1951). Lehrbuch der analytischen Psychotherapie. Stuttgart: Thieme 1970.
- (1952). Das Problem der Schizophrenie. Stuttgart: Thieme.
Seibt, F. (1977). Psychoanalytische Charakterlehre. München: Reinhardt.
Wyss, D. (1972). Die tiefenpsychologischen Schulen von den Anfängen bis zur Gegenwart. Göttingen: Vandenhoeck & Ruprecht, 4. erweiterte Auflage.
Zander, E. & W. (1977). Die Neo-Psychoanalyse von H. Schultz-Hencke. In: Die Psychologie des 20. Jahrhunderts. Tiefenpsychologie, Bd. 3. Zürich: Kindler.

Erich Fromm

Einleitung

Erich Fromm ist der Schöpfer einer soziologischen Psychoanalyse und darüber hinaus einer religiös fundierten psychoanalytischen Anthropologie. Das Menschenbild, von dem er ausgeht, ist inspiriert durch die Erkenntnisse von Karl Marx und Sigmund Freud, aber seine tieferen Ursprünge scheinen in der Bibel zu liegen. So wurde Fromm trotz seiner entwickelten Rationalität und Intellektualität im Laufe seines Lebens mehr und mehr zu einem halb-mystischen Gottsucher, ein Umstand, der für seinen großen literarischen Erfolg bei breiten Leserschichten gewiß ins Gewicht fiel. Manche seiner Bücher wurden zu Bestsellern, und der späte Fromm war nahezu ein Prophet im Lager ökologischer Rebellen und „alternativ" denkender Aussteiger.

Erich Fromm wurde am 23. März 1900 in Frankfurt als Kind orthodox-jüdischer Eltern geboren. Beide Eltern entstammten rabbinischen Familien; vor allem auf der Seite des Vaters gab es in der Aszendenz berühmte jüdische Schriftgelehrte. Fromm wuchs als einziges Kind in einer talmudgesättigten Atmosphäre auf. Er genoß frühzeitigen Bibelunterricht und wollte selbst dereinst ein Verkünder alttestamentarischer Weisheit werden.

Den 14jährigen Knaben erschütterte der Ausbruch des Ersten Weltkrieges und die damit verbundene Entfesselung nationaler und sadistischer Leidenschaften. Er begann, Skepsis gegenüber den staatlichen Autoritäten zu empfinden. Ein von ihm verehrter Englischlehrer im Gymnasium bestärkte ihn in dieser Haltung. Angesichts der dramatischen Zeitereignisse vertiefte er sich immer wieder in die Bibel, wo ihn die Botschaft der Propheten von einem kommenden Zeitalter beeindruckte, in welchem die Völker „Pflugscharen aus ihren Schwertern und Winzermesser aus ihren Lanzen schmieden werden" (Jes. 2,4).

Fromm studierte zunächst den Talmud bei einigen bekannten Rabbinern, immatrikulierte sich aber auch für Jura an der Frankfurter Universität. Doch das Studium der Rechtswissenschaft behagte ihm nicht; er ging nach Heidelberg, um bei Alfred Weber (1868–1958) – dem Bruder von Max Weber – Soziologie zu studieren. Schon 1922 promovierte er bei ihm mit einer Dissertation über „Das jüdische Gesetz".

Aber auch die Soziologie genügte seinem Wissensdrang nicht. Schon 1921 hatte er die elf Jahre ältere Psychiaterin Frieda Reichmann kennengelernt, die in Heidelberg ein psychoanalytisches Sanatorium (1924) aufbaute. Frieda Reichmann war eine Schülerin von Kurt Goldstein und J.H. Schultz gewesen. Sie ging dann zur Psychoanalyse über und wurde eine hervorragende Psychotherapeutin. Fromm verliebte sich in sie und heiratete sie im Jahre 1926. Von ihr wurde er angeregt, selbst eine psychoanalytische Ausbildung zu absolvieren. Mit dem Einstieg in die Psychoanalyse war eine Abkehr vom orthodoxen Judentum verbunden.

1929 wurde Fromm zum Mitbegründer des süddeutschen Instituts für Psychoanalyse in Frankfurt. Seine Ausbildung am Berliner Psychoanalytischen Institut war damals noch im Gange; seine Lehranalytiker waren Hanns Sachs und Theodor Reik. Da er bereits durch einige wissenschaftliche Arbeiten auffiel, wählte man ihn zum Mitglied des Instituts für Sozialforschung in Frankfurt, das damals unter Max Horkheimer eine Synthese von Psychoanalyse und Marxismus anstrebte. Fromm schien für das Horkheimerteam der geeignete Mann zu sein, einen solchen Brückenschlag von der Tiefenpsychologie her anzubahnen.

Die Ehe mit Frieda Fromm-Reichmann zerbrach im Jahre 1931. 1933 finden wir Fromm in Chicago, wo er Gastvorlesungen an der Universität hielt. 1934 ging er nach New York, wo er wiederum mit der emigrierten Horkheimer-Gruppe zusammenarbeitete; auch stand er in intensivem Kontakt mit H.S. Sullivan und Karen Horney, mit welcher er schon in Deutschland befreundet war.

Im Jahre 1941 erschien Fromms Buch *Die Furcht vor der Freiheit*. Es machte seinen Autor schlagartig berühmt, da es eine ausgezeichnete Kombination von soziologischen und psychologischen Analysen bot, die das damals hochaktuelle Problem der Faschismusanfälligkeit breiter Volksmassen zu erklären versuchte. Trotz seines literarischen Erfolges hatte Fromm Mühe, seine Stellung in der New Yorker Psychoanalytischen Gesellschaft zu behaupten; man betrachtete ihn als einen „Laienanalytiker" und wollte seine Lehr- und Praxisbefugnisse einschränken. Dies führte zur Trennung von der orthodoxen Psychoanalyse und später auch von der Horney-Gruppe.

1944 heiratete Fromm Henny Gurland, die aber schon 1952 starb. 1947 publizierte er *Psychoanalyse und Ethik,* wiederum ein bedeutendes Werk, das sich um eine Revision der psychoanalytischen Theorie und Praxis bemühte. 1951 wurde Fromm Professor für Psychoanalyse an der Autonomen Universität von Mexiko. 1953 ging er seine dritte Ehe mit Annis Freeman ein. 1955 veröffentlichte er sein drittes Hauptwerk unter dem Titel *Der moderne Mensch und seine Zukunft,* das durch eine sorgfältige Analyse des Entfremdungsproblems gekennzeichnet ist.

Seine Lehrtätigkeit in Mexiko war sehr erfolgreich. Er widmete sich vor allem der Ausbildung von zukünftigen Psychoanalytikern und betrieb Feldforschung in mexikanischen Dörfern. Er publizierte weiterhin zahlreiche Bücher, die einen großen Leserkreis ansprachen. In den Jahren um 1960 versuchte er einen Einstieg in die Politik, indem er mit der kleinen sozialistischen Partei in den USA zusammenarbeitete und Wahlkampfhilfe für den demokratischen Präsidentschaftskandidaten Eugene Mc Carthy leistete. Aber ein Herzinfarkt zwang ihn zum Rückzug aus allen politischen Aktivitäten.

1969 entdeckten Fromm und seine Frau das milde Klima des Kantons Tessin in der Schweiz; ab 1974 wohnten sie ganzjährig dort in Locarno. 1973 gab Fromm noch sein umfängliches Buch *Anatomie der menschlichen Destruktivität* heraus; es war eine überaus gründliche Untersuchung des Aggressionsthemas, mit Kampfstellung gegen die Instinkttheorie von Konrad Lorenz (und vorher schon von Sigmund Freud) und die oberflächlichen Erklärungen der Behavioristen. Der Text wurde viel beachtet und war zeitweise auf der Bestsellerliste.

Den größten literarischen Anklang fand jedoch Fromms Büchlein *Die Kunst des Liebens* (1956), das in viele Fremdsprachen übersetzt und in Millionen-Auflagen verbreitet wurde. Es wurde geradezu zu einem Kultbuch mancher Aussteiger-Gruppen und Alternativ-Bewegungen. Kritiker merkten jedoch an, daß der gefeierte Autor zu einem Prediger der „Liebeskunst" geworden sei und schwierige Gesellschaftsprobleme mit moralistischen Ermahnungen zu lösen unternahm.

Noch mehr Anlaß für Kritik bot die wachsende Neigung des alternden Erich Fromm für religiöse Thesen und Verkündigungen. Es war gewissermaßen ein Wiedererwachen seiner frommen Kindheit, die zeitweise durch das Engagement für den Marxismus und die Psychoanalyse verdeckt war. Aber einen religiösen Trend hatte der ehemalige Talmud-Schüler stets. Nicht umsonst wurde er beauftragt, die renommierten Terry-Lectures über *Psychoanalyse und Religion* (1950) zu halten, worin er ein beredtes Bekenntnis zu einer „nichttheistischen und rationalen Religiosität" ablegte. Ähnlich argumentierte er auch in *Die Herausforderung Gottes und des Menschen* (1966) und in seinem Spätwerk *Haben oder Sein* (1976). Immer mehr wuchs er in einen „Propheten-Gestus" hinein, der vor allem bei Theologen viel Sympathie fand. Seit 1977 nahm seine Schaffenskraft merklich ab. Er war aber immer noch geistig aktiv bis zu seinem Tod am 18. März 1980.

Soziologische und psychoanalytische Anfänge

Wilhelm Dilthey hat schon vor der Jahrhundertwende darauf aufmerksam gemacht, daß es lohnenswert ist, die „Jugendgeschichte" der Denker zu studieren. In den Jugendschriften der Philosophen zeigen sich immer bereits die Ansätze zum späteren System oder zur ausgearbeiteten Weltanschauung; oft sind diese Keimformen des Denkens unentbehrlich zum tieferen Verständnis dessen, was der Schriftsteller mitzuteilen hat. Auch bei Wissenschaftlern und Dichtern ist es sinnvoll, die jugendlichen Anläufe und Versuche zu berücksichtigen, aus denen hernach die reife Leistung erwächst.

Fromm hat im Zeitraum zwischen 1930 und 1940 eine ganze Anzahl kleinerer Abhandlungen veröffentlicht, in denen sich sein zukünftiges Gedankensystem ankündigt. Es sind dies u. a. die Texte: *Das Christusdogma* (1930); *Zur Psychologie des Verbrechers und der strafenden Gesellschaft* (1931); *Über Methode und Aufgabe einer analytischen Sozialpsychologie* (1932); *Die psychoanalytische Charakterologie und ihre Bedeutung für die Sozialpsychologie* (1932); *Die sozialpsychologische Bedeutung der Mutterrechtstheorie* (1934). Weitere Arbeiten beschäftigten sich mit dem Thema „Autorität und Familie", welches das Horkheimerteam gemeinsam in Angriff nahm.

Es ging dem frühen Fromm darum, seinen Marxismus mit der Psychoanalyse in Einklang zu bringen. Das unternimmt sehr sachkundig der Aufsatz *Über Methode und Aufgabe einer analytischen Sozialpsychologie*. Fromm reihte sich ein in die Gruppe der „Freudomarxisten", zu denen etwa Wilhelm Reich, Otto Fenichel und Siegfried Bernfeld gehörten. Alle diese Autoren waren der Meinung, daß die Psychoanalyse durch die Marxsche Gesellschaftskritik und den „historischen Materialismus" ergänzt werden solle; sie sahen aber auch in der psychoanalytischen Theorie ein wertvolles Supplement des Marxismus, der überwiegend mit nur ökonomischen Kategorien arbeitete.

Marx und Engels hatten erklärt, daß das ökonomische Sein der Menschen ihr Bewußtsein bestimmt; die Art, wie die Menschen ihren Lebensunterhalt produzieren, determiniert ihre Gesellschaftsformen und ihre Ideenwelt. Das „Geistige" hat immer ein sehr handfestes „materielles Substrat"; will man den inneren Gehalt gedanklicher Systeme (seien diese nun Sitte und Moral, wissenschaftliche Anschauungen, Philosophien, politische Lehren) ergründen, dann muß man danach fragen, von welchem ökonomischen und gesellschaftlichen Hintergrund sie sich abheben. Das war „ideologiekritisch" konzipiert: Der Marxismus ist in

diesem Teil seiner Lehre ein Glied in der Kette der großen „Ideolo-
gieentlarvungen", die von Francis Bacon, Helvétius, Feuerbach, Schopenhauer, Nietzsche u. a. betrieben wurden.

Fraglich ist aber bei diesem Konzept, wie sich die Ökonomie und
Gesellschaftsverfassung in Ideologie umsetzt. Hier besteht nach Fromm
eine Lücke, die durch die Psychoanalyse geschlossen werden kann. Wir
beobachten nämlich, daß jede säkulare Wirtschaftsform (Feudalismus,
Kapitalismus usw.) einen entsprechenden Menschen- und Charaktertyp
benötigt, der sie entwickelt und trägt. So konnte etwa das Mittelalter
(grob gesprochen) mit „oralen Menschen" auskommen, aber der Kapitalismus der Neuzeit brauchte und schuf „anale Charaktere", d. h. Menschen, die sparsam, arbeitsam, eigensinnig, „asketisch" waren. Der
Protestantismus war die geeignete Religion für eine diesbezügliche Um-
formung der „Menschennatur". Die Familie als „Agentur der Gesellschaft" wirkt auf die Triebhaftigkeit des Menschen ein und erzeugt jene
Persönlichkeiten, die die Gesellschaft wünscht. Erziehung, Ethik, Propaganda, Religion und Justiz prägen dem Einzelnen jenen „Gesellschaftscharakter" auf, den die „herrschenden Klassen" für wünschenswert halten. Eine „analytische Sozialpsychologie" kann in diesen Prozeß
hineinleuchten und damit – nach Fromm – zu einem Instrument der
Emanzipation werden.

Vor allem die psychoanalytische Charakterologie ist für den Sozialfor-
scher nützlich. Fromm knüpft an die Forschungen von Freud und Karl
Abraham an, die den analen und den oralen Charaktertyp beschrieben;
später wurden auch die Konturen des phallischen und genitalen Charakters sichtbar gemacht. Fromm fügt hier bei, daß nicht nur Individual-,
sondern auch Gesellschaftscharaktere und der „Geist der Zeit" libido-
theoretisch verstanden werden können. Er kommt wieder auf den Zusammenhang zwischen Kapitalismus und Analität zurück:

Als die Hauptcharakterzüge des bürgerlichen Geistes glaubten wir annehmen
zu dürfen: einerseits die Einschränkung des Genusses als Selbstzweck (speziell
der Sexualität), den Rückzug von der Liebe und die Ersetzung dieser Positionen durch die lustvolle Rolle des Sparens, Sammelns und Besitzens als Selbstzweck, der Pflichterfüllung als obersten Wert, der rationalen ‚Ordentlichkeit'
und der mitleidslosen Beziehungslosigkeit zum Mitmenschen. (*Analytische
Sozialpsychologie und Gesellschaftstheorie*, 1970, S. 65)

Wir hören hier bereits die Töne, die in „Haben oder Sein" zu einer
mächtigen Sinfonie oder dem Oratorium einer „genital-produktiven
Verlockungsmelodie" anschwellen. Der Gesellschaftskritiker Fromm

zeigt aber nicht nur die menschliche Verkümmerung in der kapitalistischen Kultur- und Geisteswelt auf. Er kritisiert auch ihre Justiz, die einen riesigen Strafapparat (der sehr kostspielig ist) aufzieht, welcher eine Kriminalität bekämpft, die die Gesellschaft selbst durch Armut, soziale und erzieherische Mißstände, durch Triebrepression und kollektive Unvernunft hervorruft.

Aber in diesem Wahnsinn ist sehr wohl Methode: Wiewohl man längst weiß, daß der Verbrecher ein „Opfer der Verhältnisse" ist, müssen Justiz, Gefängnisse, Strafprozesse, ja sogar die Todesstrafe in vielen Ländern aufrechterhalten werden, weil sie „herrschaftsstabilisierend" sind. Die Psychoanalyse erläutert, daß der strafende Staat und die strafenden Eltern (vor allem der Vater!) „psychologisch identisch" sind; so empfinden die unterdrückten Volksmassen die Obrigkeit als etwas Väterliches, dem sie sich masochistisch unterwerfen. Der in der Familie eingeübte Masochismus wird zum Herrschaftskitt; „die Strafjustiz (jedoch) ist gleichsam der Stock an der Wand, der auch dem braven Kinde zeigt, daß der Vater ein Vater und das Kind ein Kind ist" (loc. cit. S. 139). Schon Joseph de Maistre hatte im frühen 19. Jahrhundert proklamiert, daß der Henker (selbst wenn er wenig zu tun hat) ein wichtiger Faktor in der Aufrechterhaltung der sozialen „Ordnung" ist.

Fromm fühlte sich begreiflicherweise zur Mutterrechtstheorie von J. J. Bachofen hingezogen. Schon Marx und Engels begrüßten freudig diese spekulative Lehre, da sie einen „Urkommunismus" zu bestätigen schien, welcher den „Kommunismus der Zukunft" eventuell zu stützen vermochte. Patriarchat, Privateigentum und Herrschaft des Menschen über den Menschen (samt Ausbeutung) gehören für den Marxismus innerlich zusammen. Sollte nicht demgemäß der Sozialismus eher matriarchale Züge betonen? Fromm jedenfalls vertiefte sich ausgiebig in die Schriften des großen Basler Mutterrechtsentdeckers und eiferte selbst für den Abbau des patriarchalischen Sündenfalls, der für ihn das Unglück der Menschheitsgeschichte darstellt. In der Tat könnte die zukünftige Kultur viel dabei gewinnen, wenn Gleichwertigkeit und Gleichberechtigung der Frau durchgesetzt würde.

Die geistvollste Arbeit Fromms aus seiner Frühzeit ist unseres Erachtens die Studie über *Das Christusdogma*. Sie wendet die analytische Sozialpsychologie auf ein Problem der Religionsgeschichte an. Warum hat sich die Christuslehre in den ersten Jahrhunderten des Christentums entscheidend gewandelt? Nach Fromm müssen der Ideenveränderung soziale und ökonomische „Basisprozesse" zugrunde liegen.

Für den frühen Fromm ist Religion ein exquisites Hilfsmittel der

„Klassenherrschaft"; sie macht die Menschen unselbständig und bietet illusionäre Befriedigungen und Vertröstungen, die nie eingelöst werden. Fromm schreibt ihr eine dreifache Funktion zu (S. 24):

> Die Religion hat also eine dreifache Funktion: für alle Menschen die des Trostes für die allen vom Leben aufgezwungenen Versagungen, für die große Masse die der suggestiven Beeinflussung im Sinne ihres psychischen Abfindens mit ihrer Klassensituation und für die herrschende Klasse die der Entlastung vom Schuldgefühl gegenüber der Not der von ihr Unterdrückten.

Zunächst hieß es im Christentum, Christus sei ein *Mensch*, den Gott zu sich emporgehoben habe. Nach Fromm war dies eine Ideologie des palästinensischen Proletariats, welches damit eine latente Feindschaft gegen die sozialen Oberschichten dokumentierte. Später breitete sich die christliche Religion im römischen Imperium aus. Begüterte und vornehmere Gesellschaftskreise schlossen sich diesem Bekenntnis an. Nun konnte das „adoptianische Christusdogma" nicht mehr genügen. Es wurde ersetzt durch das Dogma von der *„Wesensgleichheit"* zwischen Christus und Gottvater". Eine derartige Ideologie paßte besser zu den selbstbewußten Sozialgruppen, die zu Christen geworden waren. Auch verstärkte der überall betonte „Autoritarismus Gottes" die gesellschaftliche Autorität und entmutigte Aufstandsregungen, die den Bau des Römerreiches gefährden konnten.

Die Furcht vor der Freiheit

1941 erschien unter dem obgenannten Titel in den USA dieses Buch, das von vielen für Fromms sozialpsychologisches Hauptwerk gehalten wird; es ist in der Tat zu einem Klassiker der humanistischen Psychoanalyse geworden. Es versuchte eine Antwort auf die damals alle denkenden Zeitgenossen bewegende Frage, woher die Anziehungskraft der totalitären Ideologien und Bewegungen auf die Menschen unseres Jahrhunderts stammt. Fromm lehnt sich an Freud und Marx an, um die psychologischen Rätsel des Faschismus und des Bolschewismus zu klären.

Fromm ist der Meinung, daß die Psychologie von einem expliziten Begriff der menschlichen Natur ausgehen muß. So kann sie die Feststellung wagen, daß der Mensch auf Freiheit hin angelegt ist; aber ob und wie er diese Freiheit verwirklicht, hängt sehr von individuellen und gesellschaftlichen Gegebenheiten ab. Dasselbe gilt auch für die Individualität oder das menschliche Einzelsein: An sich ist der Mensch etwas unverwechselbar Einmaliges, aber er kann dieses Individuelle verleugnen und verdrängen, da er sich eventuell vor dem sozialen Isoliertsein und vor der Verantwortung fürchtet.

Fromm geht weit in die Geschichte zurück, um die Situation des modernen Menschen zu interpretieren. Er unterscheidet zwischen primären und sekundären Bindungen, um die Problematik von Individualität und Freiheit zu verdeutlichen. Zunächst ist das Menschenkind innerhalb der Familie und des Clans symbiotisch geborgen und weiß noch nichts von seinem Ich-Selbst-Sein. Im Verlaufe seiner Entwicklung jedoch erlebt es eine Trennung von diesen Symbiosen; meistens jedoch erfährt es diese unter dem Aspekt der Angst und wird eifrig bestrebt sein, durch sekundäres Verflochtensein „Ersatzsymbiosen" zu schaffen. Von daher kommt der Titel „Furcht vor der Freiheit"; nach Fromm zieht sich durch die ganze Geschichte hindurch die Tendenz der Menschen, im Kollektiv unterzutauchen, um das Geschenk des Freiseins irgendwie loszuwerden.

Charakteristisch hierfür ist die Lage des europäischen Menschen zwischen Mittelalter und Renaissance. In den mittelalterlichen Zuständen erkannten sich die Menschen überwiegend nur als Rasse, Volk, Partei, Stand, Korporation, Familie usw.; das Subjektive mußte damals erst entdeckt werden. Dies war die Funktion der Renaissance, die man mit Recht als „Entdeckung des Individuums" gekennzeichnet hat. Damals wollten die Menschen als Persönlichkeit Geltung und Ruhm erlangen und als Einzelne gekannt und geliebt werden. Aber das waren nur wenige Auserwählte; nach Fromm ertrug die große Majorität die Auflösung sozialer und feudaler Bindungen und den Übergang zum Frühkapitalismus schlecht. Die Reformation war eine Antwort auf die allgemeine Verunsicherung in der Massenpsyche. Die Theologie von Luther und Calvin entsprach ziemlich genau den seelischen Bedürfnissen breiter Volksschichten. Beide Reformationstheologen sprachen von der erdrückenden Allmacht Gottes und der Ohnmacht des Menschen, von der Unfreiheit des Willens, von der Prädestination und der göttlichen Gnadenwahl. Fromm ist der Auffassung, daß der Frühkapitalismus solche dogmatische Elemente sehr gut gebrauchen konnte. Damit beeinflußte er den „Gesellschaftscharakter" des Mittelstandes und der unteren Volksschichten, die durch solche Ideologien zur Arbeit, zur Sparsamkeit, zum Asketizismus und zum zwanghaften Pflichtgefühl bestimmt wurden. Die Religion wurde so zu einem exquisiten geistigen Produktionsfaktor der Neuzeit. Was die ökonomischen Bedingungen dem Menschen von außen auferlegten, verlangte die religiöse Dogmatik durch

inneren Gewissenszwang und durch Stillung des kollektiven Heilsbe-
dürfnisses.

So wurde die Reformation gewissermaßen ein Vorspiel zu den totalitären Gesellschaftsformen unserer Epoche. Fromm verbreitet sich weitläufig über den Autoritarismus unserer Lebens- und Wirtschaftszu-
stände. Sie alle sind nicht dazu angetan, den Menschen zum Bewußtsein
seiner Freiheit gelangen zu lassen. Marx und seine Schüler haben darauf
hingewiesen, wie sehr der moderne Produktionsprozeß die menschliche
Entfremdung fördert. Wir sind alle in eine ungeheure Maschinerie eingespannt, die wir weder verstehen noch überblicken. Von daher erfährt
das Individuum seine grenzenlose Bedeutungslosigkeit, über die es sich
gerne hinwegtäuscht. Es greift zu sogenannten „Fluchtmechanismen",
die den Sinn haben, Angst und Isolierung zuzudecken.

Fromm beschreibt drei Fluchtmechanismen, nämlich die „autoritären
Tendenzen", den „Zerstörungstrieb" und die „automatische Anpassung". In allen drei Fällen besteht die große Verwirrung darin, daß die
„Freiheit von" nicht durch eine sinngemäße „Freiheit zu" ergänzt wird.
Durch die Wahl positiver Freiheitsziele allein kann man der Gefahr
entgehen, sekundäre Bindungen aufzubauen, die zu einem individuellen
und kollektiven Gefängnis werden.

Autoritarismus oder Sadomasochismus ist nicht, wie die Psychoanalyse sagte, ein sexuelles Phänomen, sondern eine Charakterhaltung, die
auf Angst vor dem Selbstsein beruht. Der Masochist fühlt seine wirkliche oder vermeintliche Bedeutungslosigkeit und will sich von einem
stärkeren Individuum oder einem Kollektiv abhängig machen, an deren
Stärke er teilzunehmen wünscht. Der Sadist sucht Gottähnlichkeit, indem er Menschen wie Dinge behandelt, gewaltsam über sie verfügt und
sie zu entwürdigen trachtet. Freud hat schon darauf aufmerksam gemacht, daß Masochisten und Sadisten wesensverwandt sind; er zeigte
den sogenannten „moralischen Sado-Masochismus" auf, der darin besteht, daß in jedem Knecht ein potentieller Tyrann und in jedem Tyrannen ein zur Macht gekommener Sklave steckt.

Kapitalismus, Protestantismus und die noch vorhandenen Überreste
des Feudalismus haben den Gesellschaftscharakter in Europa allgemein
autoritär ausgestaltet, so daß wir davon ausgehen können, wie sehr
herrschende und beherrschte Volksschichten auf der Suche nach irrationalen Autoritäten sind, denen sie blindlings folgen dürfen. Der autoritäre Mensch hat eine Weltanschauung, in der die absolute Abhängigkeit
von Gott, vom Schicksal, von der Obrigkeit, von der Wirtschaft, von der
Vergangenheit usw. ausdrücklich betont wird. Die eigene Nichtigkeit

wird übertönt durch den lauthals ausgesprochenen Stolz, bestimmten sozialen Gruppen, Religionen, Völkern, politischen Bekenntnissen usw. anzugehören. Durch Herabsehen auf angeblich minderwertige Menschen erhöht der Autoritäre sich selbst. Von da ist es nicht weit bis zum „Zerstörungstrieb", den Fromm als zweiten Fluchtmechanismus beschreibt. Im Gegensatz zu Freud anerkennt er keinen biologischen Destruktions- oder Todestrieb. Seine These resümiert er wie folgt (loc. zit. S. 181):

> Es scheint: die Summe zerstörerischer Tendenzen steht im gleichen, direkten Verhältnis zu dem Ausmaß, in dem die Lebensentfaltung geschmälert ist, wobei wir nicht etwa an individuelles Versagtsein dieses oder jenes Verlangens denken, sondern an die Vereitelung des Lebensganzen, an die Blockierung der Selbstbestimmung, die Verhinderung freitätigen Wachstums aller menschlichen Fähigkeiten.
> Das Leben besitzt seinen eigenen inneren Auftrieb. Es will wachsen, blühen, sich kundtun; es will gelebt werden. Und es ist, als wenn Leben, dem der Lebenswille und die Lebenssäfte abgegraben werden, eine Zersetzung erfahre, durch die seine, aufs Leben gerichteten Energien sich der Zerstörung zuwenden.
> Der Trieb zum Leben und der Trieb zur Zerstörung sind nicht von einander unabhängig, sondern stehen zueinander in umgekehrtem Verhältnis: Je mehr der Lebenstrieb durchkreuzt und unterbunden wird, um so stärker der Trieb der Zerstörung; je mehr sich das menschliche Dasein entfalten kann, um so geringer die Kraft der Zerstörung und um so seltener.
> Der Zerstörungstrieb ist die Folge des ungelebten Lebens.
> Alle gesellschaftlichen und persönlichen Lebensbedingungen, die auf die Unterdrückung eigenen Lebens hinauslaufen, erzeugen eine Leidenschaft zur Zerstörung. Diese bildet sozusagen das Reservoir, aus dem die besonderern feindseligen Tendenzen gegen andere oder das eigene Sein gespeist werden.

Nach Fromm hat der moderne Mensch viel zu wenig Möglichkeiten, um ein produktives Leben (aus sich selbst heraus) zu führen. Gerade in der Neuzeit besteht ein wuchtiger Druck zur automatischen Anpassung, der wir uns nur schwer entziehen können. Jedermann meint zwar, er sei „er selbst"; aber in Wirklichkeit sind sein Denken, Fühlen und Verhalten fast durchgehend normiert, und die Sozietät in uns bestimmt darüber, was wir für wahr, für wertvoll und für schicklich halten. Die überragende Macht des „Man" oder der kollektiven Lebensform in jedem von uns hat auch Heidegger in seiner Existenzphilosophie grundlegend erörtert. Dieses überall zur Herrschaft gelangte Man-Selbst-Sein ist nach Fromm einer der schlimmsten Feinde der demokratischen Entwicklung. Hier knüpft nun die „Psychologie des Nazismus" (S. 203–233) an.

Fromm setzt sich gegen die Marxisten zur Wehr, die im Faschismus nur ein ökonomisch-politisches Problem sahen; aber auch die Psychologen hatten Unrecht, als sie den Ausbruch der nationalsozialistischen Massenpsychose mit nur psychologischen Kategorien verstehen wollten. Fromms Sozialpsychologie kombiniert beide Betrachtungsweisen.

Natürlich war es wichtig, daß Deutschland den Krieg verlor, daß es verarmte und schwer unter der Last des Versailler Vertrages zu tragen hatte. Dann folgte die Wirtschaftskrise samt Inflation; die Verelendung war tatsächlich groß. Aber nach Fromm wurde besonders das Kleinbürgertum zum Träger von Hitlers Massenbewegung. Diese Schicht war gewissermaßen in derselben Lage wie das Bürgertum im Reformationszeitalter. Es verlor autoritäre Bindungen und suchte einen Ersatz dafür. Hitler, vom Großkapital, vom Militär und von der Kirche mächtig unterstützt, bot einen autoritären Staat, der das untergegangene Kaisertum mit allen seinen Hierarchien in karikaturhafter Abwandlung zu neuem Leben erweckte. Mit den Begriffen Rasse, Volk, Nation, Reich usw. wurden sekundäre Bindungen etabliert und Lebensformen geschaffen, in denen sich die autoritären, sadomasochistischen und automatisch angepaßten Kleinbürger austoben konnten. Das allgemeine Gottähnlichkeitsstreben mußte aber scheitern, da es den Widerstand einer ganzen Welt auf den Plan rief, die sich nicht von jenen Untermenschen beherrschen lassen wollte, die sich selbst als germanische Übermenschen ausgaben.

Fromm vertritt aber nicht die Meinung, daß die Demokratie nach dem Sieg über den Faschismus gesichert sei. Er diagnostiziert in den demokratischen Staaten eine gefährliche Affinität zum Diktatorischen, da man nicht bereit ist, die Kräfte des Individuums zu fördern und wirtschaftliche und kulturelle Freiheit zu erweitern. Beschwörend hebt er gegen Ende seines Buches hervor (S. 268):

> In unsern Tagen erreichte die Freiheit den kritischen Punkt, an welchem sie, von ihren eigenen Dynamismen getrieben, in ihr Gegenteil umzuschlagen droht. Die Zukunft der Demokratie hängt ab von der Verwirklichung des Individualismus, der seit den Zeiten der Renaissance das ideologische Ziel im Denken der Neuzeit war. Die kulturelle und politische Krise von heute rührt nicht davon her, daß in unserer Welt zu viel Individualismus ist, sondern kommt daher, daß das, was wir für Individualismus gehalten haben und vielfach noch halten, zur leeren Hülse geworden ist. Der Sieg der Freiheit ist nur dann möglich, wenn sich die Demokratie dahin entwickelt, daß in ihr das Ziel und der Zweck der Kultur und Zivilisation das Individuum ist, sein Glück, sein Gedeihen; daß das Dasein keine Rechtfertigung im Erfolg oder in sonst etwas suchen muß und das Individuum keiner Außenmacht untergeordnet ist,

die mit ihm nach ihrem Gutdünken verfährt und umspringt – sei diese Macht der Staat oder die Wirtschaft – sondern daß die Demokratie eine Gesellschaft errichtet, in welcher das Gewissen und die Ideale des Menschen keine Verinnerlichungen äußerer Einflüsse, sondern in Wahrheit *sein* sind: Ausdruck der Ziele, die aus den Besonderheiten und Anlagen seines Ichs hervorgehen.

Psychoanalyse und Ethik

1947 publizierte Fromm in den USA sein Buch *Man for Himself. An Inquiry into the Psychology of Ethics* (dt. mit obigem Titel 1954), das wie eine Fortsetzung von *Die Furcht vor der Freiheit* anmutet. Fromm war sich wohl bewußt, daß er damit eine grundlagentheoretische Pionierarbeit für die Psychoanalyse leistete. Denn Freud hatte behauptet, daß seine Tiefenpsychologie keinen Bedarf an ethischen Untersuchungen habe; in einem berühmten Ausspruch sagte er sogar, das Moralische verstehe sich von selbst. Diesem Postulat schlossen sich nicht alle Tiefenpsychologen an. Alfred Adler und C. G. Jung hatten großes Interesse an den Traditionen der philosophischen Ethik, und auch andere Analytiker befaßten sich mit Fragen einer Psychologie der Moral. Aber das Gros der Freudianer folgte den Spuren des Meisters und teilte dessen Phobie vor philosophischen und ethischen Forschungen.

Fromm ist sogar der Meinung, daß eine humanistische Ethik die notwendige Basis jeder psychoanalytischen Praxis sein müßte. Es sei unabdingbar, über Begriffe wie Tugend, Laster, Gut und Böse, Wert und Unwert Klarheit zu erlangen. Einem solchen Ziele will sein Buch dienen.

Er grenzt zu Beginn die autoritäre von der humanistischen Ethik ab. Die erstere schreibt dem Menschen Gebote und Verbote gleichsam von außen vor; die letztere untersucht das Wesen des Menschen und erkennt jene Wege und Hilfsmittel, die zu seiner Selbstverwirklichung beitragen. Für sie gilt, daß das Wohl des Menschen das einzige Kriterium für ethische Werte ist; der Autoritarismus jedoch schätzt in erster Linie Gehorsam und Unterwürfigkeit, und es ist ihm gleichgültig, wie sich der Mensch bei der Befolgung der strengen ethischen Richtlinien befindet.

Ethik ist für Fromm fast so etwas wie „Lebenskunst". Dies ist eine Kunst, die jedermann zu lernen hat, wenn er sein Leben glücklich und erfolgreich bewältigen will. Denn das menschliche Dasein ist nicht so sehr etwas Gegebenes, als vielmehr eine Aufgabe; im Maße, wie er dieser Aufgabe gerecht wird und seine Möglichkeiten ergreift, wird der Mensch glücklich. Tugend bedeutet demgemäß nach Fromm entfaltete

Kraft, und Laster ist nur Fehlentwicklung und Verantwortungslosigkeit gegenüber sich selbst.

Wird der Mensch durch gesellschaftliche Bedingungen dazu gezwungen, im Widerspruch zu seiner Natur zu leben, dann bezahlt er das mit dem Verlust von innerer und äußerer Entwicklung und dem Versiegen wahrhaftiger Produktivität. Fromm sagt z. B. (loc. cit. S. 37):

> Der Mensch kann sich der Sklaverei anpassen, doch reagiert er darauf durch Nachlassen seiner intellektuellen und moralischen Fähigkeiten. Ebenso kann er sich einer Kultur anpassen, die von gegenseitigem Mißtrauen und Feindseligkeit erfüllt ist, aber seine Reaktion besteht darin, daß er schwach und steril wird. Der Mensch kann sich auch kulturellen Verhältnissen anpassen, die von ihm eine Unterdrückung seiner sexuellen Triebe verlangen, aber seine Anpassung hat die Entwicklung der von Freud aufgewiesenen neurotischen Symptome zur Folge. Der Mensch kann sich fast allen kulturellen Typen anpassen; stehen diese aber im Widerspruch zu seiner Natur, dann stellen sich geistige und emotionale Störungen ein, die ihn allmählich zwingen, diese Verhältnisse zu ändern, da er seine Natur nicht ändern kann.

Sowohl die Ethik als auch die Psychoanalyse bedürfen klarer Feststellungen hinsichtlich dessen, was als „menschliche Natur" verstanden werden soll. Fromm entwirft ein solches gedankliches Modell im Anschluß an Aristoteles, Spinoza, John Dewey und Sigmund Freud. Aber vor allem bei letzterem bringt er entscheidende Korrekturen an, weil Freuds Sicht durch materialistische und naturwissenschaftliche Vorurteile eingeengt war.

Die Natur des Menschen ist nach Fromm durch seine biologische Schwäche und durch seine existentiellen und historischen Widersprüche gekennzeichnet. So steht der Mensch zwischen Leben und Tod, Einsamkeit und Verbundenheit, Freisein und Determinismus, Wahrheitsbedürfnis und Selbsttäuschung, Trieb und Vernunft, Zweifel und Glaubensbedürfnis. Man könnte noch andere Dichotomien und Disharmonien namhaft machen; aber schon hier wird erkennbar, daß die Situation des Menschen immer prekär ist und daß er sein Leben stets in latenter Unsicherheit verbringt. Wo immer er eine Möglichkeit wählt, kommt eine andere zu kurz: Nie geht die Rechnung seines Daseins ohne einen Rest auf.

In dieser allgemeinen Ungewißheit bildet der Mensch einen „Charakter" aus, nämlich eine relativ permanente Form, in welche seine Lebensenergie einströmt und ihm einen gewohnheitsmäßigen Umgang mit Menschen und Dingen gestattet. Der Charakter ist sowohl Erziehungsprodukt als auch Selbstschöpfung des Kindes. Fromm hat bereits in *Die*

Furcht vor der Freiheit verschiedene Aspekte der Charakterbildung differenziert; hier sagt er nun (S. 75):

> Der Charakter hat jedoch nicht nur die Funktion, dem Einzelwesen ein folgerichtiges und „vernunftmäßiges" Handeln zu ermöglichen. Er bildet gleichzeitig die Basis für dessen gesellschaftliche Anpassung. Der Charakter des Kindes wird durch den Charakter der Eltern geformt, deren Art entsprechend es sich entwickelt. Der Charakter der Eltern und ihre Erziehungsmethoden werden wiederum durch die gesellschaftliche Struktur ihres Kulturraumes bestimmt. In der Regel ist die Familie das „psychische Agens" der Gesellschaft. Indem sich das Kind seiner Familie anpaßt, erwirbt es den Charakter, der es später zu seiner Aufgabe im gesellschaftlichen Leben befähigt. Das Kind eignet sich den Charakter an, durch den es das tun will, was es tun muß und dessen Kern es mit den meisten Gliedern der gleichen Gesellschaftsklasse oder des gleichen Kulturbereichs teilt. Bis zu welchem Grade der Charakter durch soziale oder kulturelle Vorbilder geformt wird, zeigt sich darin, daß die meisten Glieder einer Gesellschaftsklasse oder eines Kulturbereichs bestimmte Charakterelemente gemeinsam haben, so daß man von einem „sozialen Charakter" sprechen kann.

Die Frommsche Charakterologie hat viel Ähnlichkeit mit derjenigen von Freud, nur mit dem Unterschied, daß sie auf das fragliche libidotheoretische Fundament verzichtet. Für Freud waren Charakterzüge Derivate von Triebschicksalen; so behauptete die berühmte Abhandlung über „Charakter und Analerotik" aus dem Jahre 1908, daß die Charakterzüge Reinlichkeit, Ordnungsliebe, Gewissenhaftigkeit und Eigensinn auf Fixierungen und Regressionen (oder Sublimierungen) „analer Triebe" zurückzuführen seien. Fromm ist wie Sullivan „interpersonell" orientiert; für ihn entsteht der Charakter aus zwischenmenschlichen Beziehungen, und somatische Erscheinungen sind nicht Ursachen, sondern Folgen oder Parallelphänomene menschlicher Interaktion.

In Fromms „rezeptiver Orientierung" erkennen wir den Freudschen Oralcharakter; in der „ausbeuterischen Orientierung" und in der „Hamster-Orientierung" wird der Analtyp sichtbar; und die „Markt-Orientierung" schließlich hat deutliche Affinitäten zum phallischen Charakter in der Psychoanalyse. Was neu hinzukommt, ist bei Fromm eine subtile Beschreibung dieser Charaktertypen und auch ihre soziologische Verankerung. Denn das Individuum kann nicht für sich allein einen Charakter ausbilden. Es ist Bestandteil einer Gesellschaftsschicht, die eben einen analogen „Gesellschaftscharakter" hat, der durch die Eltern (nach Fromm „Agenten der Gesellschaft") dem Kinde via Erziehung und Vorbild übermittelt wird. So kommt die Ähnlichkeit der Reaktionen in ganzen Klassen und Gesellschaftstrukturen zustande.

Alle obigen Charakterhaltungen sind nach Freud prägenital und nach Fromm „unproduktiv". Das bedeutet, daß in ihnen der Mensch noch nicht zur inneren Unabhängigkeit und Freiheit gelangt: Er bleibt „außenbestimmt". Fromm verwendet einen Großteil seines Buches zur Charakterisierung der „produktiven Lebenseinstellung", die für ihn die Eintrittspforte zum wahren Ethos des Menschen ist.

Produktiv ist der Mensch, wenn er aus sich selbst heraus lebt, wenn er arbeits- und liebesfähig ist und die Kraft hat, den gesellschaftlichen Zwängen Widerstand zu leisten. Meistens versteht man unter Produktivität irgendein materiell faßbares Tun; aber nach Fromm ist der wichtigste Gegenstand der Produktivität der Mensch selbst. Selbstgestaltung und Selbstentfaltung werden hier zur zentralen Aufgabe des Daseins.

Um das zu veranschaulichen, erläutert Fromm die Kennzeichen des echten Selbstinteresses, des humanistischen Gewissens, der authentischen Lebensfreude und des „rationalen Glaubens". Er widerlegt die uralte (religiöse) Auffassung, daß Nächstenliebe irgendwie mit Selbstverneinung verbunden sein muß; wer sich selbst liebt, kann in Wirklichkeit auch andere lieben, und die Haltung der Liebesfähigkeit ist eine einheitliche, sei sie nun auf das Ich, das Du oder das Wir bezogen. Das Gewissen ist nicht eine außermenschliche Instanz, die uns Gebote eines Gottes, eines Wertreichs usw. übermitteln soll. Es ist der „Mahnruf des Menschen an sich selbst", die Stimme unserer liebevollen Besorgtheit um unser eigenes Ich und dessen Entwicklungsmöglichkeiten. Was Freud als triebunterdrückendes Überich beschrieb, tut Fromm als „autoritäres Gewissen" ab; das „humanistische Gewissen" ist nicht nur Repräsentant der Eltern und Autoritäten oder gar „verinnerlichter Aggressionstrieb", sondern eben der Ruf des Menschen und seiner Freiheit. Des weiteren zerstört Fromm das Vorurteil, daß man Freude und Glück in einer Konsumentenhaltung gewinnen kann. Schon Spinoza hat gesagt: „Freude nenne ich die Bewegung des Menschen von geringerer zu höherer Vollkommenheit hin." Und weiter: „Glückseligkeit ist nicht der Lohn der Tugend, sondern die Tugend selbst." Daraus ist zu lernen, daß die humanistische Ethik dem Menschen nur empfehlen kann, sich autonom und kraftvoll zu entwickeln: Alle übrigen Probleme lösen sich dann von selbst.

Damit wird die gesamte ethische Fragestellung enorm entspannt. Vom ethischen Autoritarismus her sind wir gewöhnt zu vernehmen, daß das menschliche Gutsein ständig durch den „Sündenfall" und das „immanente Böse bedroht sei. Bei Fromm bekommen wir in erfreulicher Weise andere Töne zu hören; er sagt (S. 248):

Die autoritäre Ethik impfte den Menschen die Vorstellung ein, es bedürfe einer gewaltigen und unermüdlichen Anstrengung, um gut zu sein; der Mensch müsse sich ständig bekämpfen, und jeder falsche Schritt könne verhängnisvoll werden. Diese Auffassung ergibt sich aus der autoritären Prämisse. Wäre der Mensch ein so böses Wesen und wäre Tugend nur der Sieg über sich selbst, dann würde diese Aufgabe tatsächlich als abschreckend schwierig erscheinen. Ist Tugend aber dasselbe wie Produktivität, dann ist es durchaus kein so mühsames und schwieriges – wenn auch nicht einfaches – Unterfangen, sie zu erreichen. Wie wir zeigten, ist der Wunsch, seine Kräfte produktiv zu gebrauchen, dem Menschen angeboren, und seine Anstrengungen richten sich vor allem darauf, die in ihm und seiner Umwelt vorhandenen Hindernisse aus dem Wege zu räumen, die seiner Neigung im Wege stehen. So wie der steril und destruktiv gewordene Mensch in zunehmendem Maße gelähmt und sozusagen in einem *circulus vitiosus* gefangen wird, so gewinnt ein Mensch, der sich seiner eigenen Kräfte bewußt ist und sie produktiv verwendet, an Stärke, Glauben und Glück. Er ist weniger und weniger in Gefahr, sich selbst entfremdet zu werden. Das Erlebnis von Freude und Glück ist nicht nur, wie wir nachgewiesen haben, das *Ergebnis* eines produktiven Lebens, sondern auch dessen Stimulans. Aus dem Geist der Selbstkasteiung und des Kummers mag die Verdrängung des Bösen erwachsen, aber es gibt nichts, was dem Guten im humanistischen Sinne förderlicher wäre als eben das Erlebnis von Freude und Glück, das jede produktive Tätigkeit begleitet. Jede Steigerung der Freude, die eine Kultur bieten kann, wird mehr zur sittlichen Erziehung ihrer einzelnen Glieder beitragen als alle Strafandrohungen und Tugendpredigten.

So klingt denn dieses Buch in einer optimistischen Grundtendenz aus, wiewohl es sich redlich über alle Schwierigkeiten äußert, die den Menschen am Produktivwerden hindern. Kein Zweifel, daß damit für die Psychoanalyse und für die „Standortbestimmung des Menschen unserer Zeit" wesentliche Einsichten gewonnen wurden.

Der moderne Mensch und seine Zukunft

Dieses Buch Erich Fromms aus dem Jahre 1955 (in den USA unter dem Titel *The Sane Society* erschienen) ist ein ehrgeiziges Unterfangen: Es will die seelische und geistige Erkrankung der gegenwärtigen Gesellschaftsstruktur auf den Begriff bringen. Fromm ist sich wohl bewußt, daß es schwierig ist, von einer „Menschheitsneurose" zu sprechen. Beim einzelnen Neurotiker hat man als Kontrast die Gruppe der angeblich normalen Menschen, die unauffällig funktionieren und keine manifesten Symptome aufweisen. Woher aber soll man den Hintergrund nehmen, auf dem sich die Gesellschaftspathologie abhebt? Schon Sigmund Freud sah dieses Problem in *Das Unbehagen in der Kultur* (1930), forderte aber bereits in diesem Text eine „Pathologie der kulturellen Gemeinschaften", von der er sich wichtige Aufschlüsse über den Zustand der Menschheit versprach.

Fromm verweist auf die hohe Zahl der Morde, Selbstmorde und Alkoholiker in den Kulturländern, um daraus die Behauptung abzuleiten, daß es um die sogenannte „Normalität des Kulturmenschen" schlecht bestellt sei. Wo aber Millionen Menschen an seelischen Ausfallserscheinungen leiden, ist es vielleicht besser, von „Defekt" anstatt Neurose zu sprechen. Wir stehen offenbar vor der Tatsache, daß der Zivilisationsprozeß den Menschen nicht zur seelisch-geistigen Reife führt, sondern aus ihm nur eine Karikatur dessen macht, was er von seinem Wesen her sein könnte.

Fromm hat einen expliziten Begriff von der „menschlichen Situation" oder „menschlichen Natur", der für ihn einen Schlüssel zur von ihm vertretenen humanistischen Psychoanalyse bedeutet. Dieser geht aus von der Dichotomie menschlicher Möglichkeiten; so stehe der Mensch vor der Wahl zwischen „Verbundenheit versus Narzißmus", „Schöpferischer Kraft versus Zerstörungstendenz", „Brüderlichkeit versus seelischer Inzest" und „Individualität versus Herdengleichheit." Diese Alternativen sind immer mit dem Menschsein gegeben; die bisherige Kultur entwickelte im Menschen überwiegend narzißtische, zerstörerische, inzestuöse und Herden-Tendenzen, so daß die große Majorität aller Kulturmenschen sich nur zu einem kümmerlichen Grad von Reife entfalten konnte. Das erkennt man auch daran, daß sehr selten die Vernunft zu ihrer vollen Funktionstauglichkeit entwickelt wird. Der Mensch braucht nach Fromm ein übergreifendes „System der Orientierung und der Hingabe", aber dieses erscheint zumeist in Gestalt von irrationalen Lebens- und Weltbildern, die das geistige Wachstum blockieren. Es geht hier offensichtlich um die Idee einer Vernunftreligion, die Fromm den bis jetzt dominierenden „irrationalen Religionssystemen" entgegenstellen will.

Seine Formulierung zum Thema der seelischen Normalität ist eindrücklich:

Geistig-seelische Gesundheit ist gekennzeichnet durch die Fähigkeit, zu lieben und schöpferisch zu sein; durch die Erhebung über die inzestuöse Bindung an Clan und Boden, durch ein Gefühl der Identität auf Grund des Erlebens seiner selbst als Subjekt und Organ der Eigenkräfte und durch Erfassung der Realität in uns und um uns, das heißt durch die Entwicklung von Objektivität und Vernunft. (Loc. cit. S. 65)

Gemessen an diesem hohen Maßstab schneidet der Gegenwartsmensch nicht gut ab. Fromm beschränkt sich auf den Durchschnittsmenschen im Kapitalismus der westlichen Kultur, deutet aber auch an, daß die Menschen in den sogenannten sozialistischen Ländern nicht unterschiedlich sind. Er konzentriert sich u. a. auf die Analyse des „Sozial- oder Gesellschaftscharakters", d. h. die Charakterstruktur, die von den meisten Angehörigen einer Gesellschaft geteilt wird. Der Sozial-Charakter unserer Zeit ist jedenfalls ein im Freudschen Sinne „prägenitaler", also ein System von Einstellungen und Verhaltensweisen, in welchem weder produktive Arbeitsfähigkeit noch echte Liebeszuwendung möglich sind. Gemäß seinen früheren Untersuchungen beschreibt Fromm den Menschen unserer Tage als ein Gemisch von oralen, analen, phallischen Tendenzen, die allenfalls noch durch die „Marktorientierung" zu ergänzen sind, jene Haltung nämlich, in der der Mensch sich selbst als eine Ware betrachtet, die möglichst teurer an die Umwelt verkauft werden soll.

Eine tiefere Einsicht in dieses menschliche Desaster bietet nach Fromm die Idee der Entfremdung, die in den Werken von Karl Marx breit ausgeführt worden ist. Nach Marx liegt der Sündenfall des Kapitalismus darin, daß er den Menschen, der seinem Wesen nach Person ist, wie eine Ware kauft, verkauft, verbraucht und vergeudet. In einer Gesellschaftsstruktur, in der das Geld der allgemein verehrte Gott oder Götze ist, muß sich auch der Mensch nach seinem Geld- oder Einkommenswert verrechnen und für die eigentlichen Werte des Lebens und der Persönlichkeit blind werden. Fromm hält die Marxsche Gesellschaftsanalyse weithin für richtig, ist aber doch bestrebt, sie im Detail an die Zustände des heutigen Menschentums anzupassen. Er diagnostiziert beim Menschen der Gegenwart einen Trend zur Anonymität, zum Konformismus, zur Konsumhaltung, zur Außenorientierung (David Riesman) und zur Gleichgültigkeit gegenüber allen wahrhaft existentiellen Problemen. So kommt es zu einer Abdankung des Menschen vor den technischen und wissenschaftlichen Leistungen, die er selbst geschaffen hat; die Dinge sitzen im Sattel, und der Mensch, der ihr Herr und Meister sein sollte, wird mehr von ihnen bestimmt, als daß er sie lenkt und leitet.

In Wirtschaft und Politik zeigen sich die Entfremdungsphänomene mit erschreckender Deutlichkeit. Aber auch die Wissenschaft trägt dazu bei, den entfremdeten Menschen zu schaffen und zu bestätigen, indem sie seine Personalität mißachtet und ihn als Maschine, Roboter, Computer, Reflexautomat oder Libidoreservoir beschreibt. So laufen wir Gefahr, einer kollektiven Neurose oder Schizophrenie zu erliegen, indes man uns anpreist, wir stünden auf den höchsten Höhen der Kultur und Zivilisation.

Als Gewährsleute seiner Diagnostik führt Fromm Kultur- und Sozialkritiker wie Jacob Burckhardt, Proudhon, Tolstoi, Thoreau und E. Durkheim an. Des weiteren stützt er sich auf die Sozialisten und Soziologen R. H. Tawney, Elton Mayo, Lewis Mumford sowie auf Aldous Huxley, dessen negative Utopie in *Brave New World* (1931) Fromm als einigermaßen realistisch unterschreibt. Sowohl Kapitalismus als auch Kommunismus streben eine Zukunftsgesellschaft an, in welcher der Mensch Wert und Würde verliert, nur noch Roboter und Konsumautomat ist und alle Träume von einer Gesellschaft in Freiheit, Vernunft und Selbstentfaltung zu Schanden werden läßt.

Faschismus, Nationalsozialismus, Stalinismus und Superkapitalismus sind nach Fromm Formen eines „autoritären Götzendienstes", der unser Schicksal besiegeln wird, wenn wir uns nicht zu sozialistischen Lebens- und Wirtschaftsformen durchringen. Unter Sozialismus versteht Fromm nicht Marxismus, Kommunismus oder Bolschewismus; er plädiert für einen libertären Sozialismus in der Nachfolge von Robert Owen, Fourier, Proudhon, Peter Kropotkin, Gustav Landauer und dem „humanistischen Marx", der von Sozialdemokraten und Bolschewiken weder ausreichend verstanden noch in die Praxis umgesetzt wurde.

Die theoretischen Erwägungen Fromms zu diesem Thema sind sehr erhellend; weniger klar sind seine Vorschläge, wie man „Wege zur Gesundung" beschreiten kann. Er gibt Anregungen, wie man den Kapitalismus umbauen und den Bolschewismus humanisieren kann. Weder die Experimente der Labour-Party noch der schwedische Sozialstaat können ihn befriedigen. Er begibt sich auf die Suche nach einem „humanistischen Sozialismus", kann aber doch nur kleine Vorschläge zur Arbeiter-Selbstverwaltung, zur Mitbestimmung im Betrieb, zur genossenschaftlichen Produktion machen. Dennoch imponiert sein Ethos, das nach einer kulturellen Erneuerung sucht. Aber ob tausende „Nachbarschaftsgruppen" von je 500 Menschen als Zentren der kulturellen Umgestaltung je funktionstauglich sein werden? Solche Gruppen sollten nach unserem utopisch gesinnten Autor einmal im Monat zusammenkommen, ihre Funktionäre und Ausschüsse wählen und die wichtigsten politischen, sozialen und kulturellen Probleme diskutieren. Werden solche Zufallsgemeinschaften nicht in Schwatzbuden und uferlose Streiterei ausarten? Der entfremdete Mensch von heute ist nicht in der Lage, objektiv umfassende Probleme zu diskutieren; eher schon wird er sich ins Schlepptau von fragwürdigen Führergestalten begeben, die für ihn denken, argumentieren und handeln.

Am Ende seines Buches schlägt Fromm einen beschwörenden Ton an und will uns dazu ermutigen, die Vermassung, das Wirtschaftsdenken, den Autoritarismus und den Irrationalismus zu verabschieden. Sollte uns das nicht gelingen, dann heißt die Alternative zur Kulturentwicklung und Menschwerdung des Menschen kollektive Vernichtung und entsetzliches Chaos. Das ist die Wahl, vor der der Mensch der Gegenwart steht (loc. cit. S. 321):

> Unsre einzige Alternative zu Robotertum ist humanistischer, demokratischer Sozialismus. Das Problem liegt nicht in erster Linie in der gesetzlichen Regelung der Besitzverhältnisse noch im Teilen der *Profite*; es geht um das Teilen der *Arbeit* und des *Erlebens*. Veränderungen der Eigentumsverhältnisse müssen in dem Maße vorgenommen werden, wie sie nötig sind, um eine Werkgemeinschaft zu schaffen und zu verhindern, daß das Gewinnmotiv die Produktion in sozial schädliche Bahnen lenkt. Die Einkommen müssen einander so weit angenähert werden, daß sie jedermann eine würdige Existenz ermöglichen und verhüten, daß wirtschaftliche Unterschiede fundamental verschiedene Lebenserlebnisse bedingen. Der Mensch muß in seinen obersten Platz in der Gesellschaft wieder eingesetzt werden, er darf nie mehr ein Mittel, niemals ein Ding zur Benutzung durch andre oder durch sich selber sein. Der „Gebrauch" des Menschen durch den Menschen muß aufhören; die Wirtschaft muß der Höherentwicklung des Menschen dienen. Das Kapital hat im Dienst der Arbeit, die Dinge haben im Dienste des Lebens zu stehen. An Stelle der ausbeutenden und hortenden Orientierung, die im 19. Jahrhundert vorherrschte, und der heutigen Marktorientierung muß die *produktive Orientierung* das Ziel werden, auf das alle gesellschaftlichen Maßnahmen gerichtet sind.

Anatomie der menschlichen Destruktivität

Dieses letzte große Werk Erich Fromms erschien auf Englisch im Jahre 1973 und auf Deutsch 1974; es ist sein umfänglichster Text und vermutlich sein Opus magnum, die Summe eines gelehrten Lebens, das von Anfang an auf „interdisziplinäre Forschung" angelegt war. In diesem Buch erweist sich der Autor als kenntnisreich in nahezu allen Wissenschaften vom Menschen, die er spannend und informativ zu präsentieren weiß.

1963 war das Buch von Konrad Lorenz *Das sogenannte Böse. Zur Naturgeschichte der Aggression* erschienen. Es wirkte wie eine Sensation, da Lorenz in blendendem Stil Ergebnisse seiner Verhaltensforschung an Tieren auf Reaktionen des Menschen übertrug. Er vertrat dabei ähnlich wie Freud die These von einem angeborenen Aggressionstrieb, der fast notwendigerweise zu „innerartlichen Kämpfen und Feindseligkeiten" führen müsse. Mit hübschen Beispielen aus der Tier- und Menschenwelt veranschaulichte Lorenz seine Lehre, die weithin begeisterten Anklang fand. Manche Kritiker haben wohl mit Recht vermutet, daß dies auch politische Hintergründe haben könne. Noch stand man unter dem unmittelbaren Eindruck der gewalttätigen Exzesse, die im Faschismus, im Krieg und in der Nachkriegszeit stattgefunden hatten. Indem Lorenz die Ursache individueller und kollektiver Sadismen in die „menschliche Natur" verlegte, exkulpierte er alle Kriegsverbrechen und auch die gesellschaftlichen Verhältnisse, die ihnen zugrundelagen. So mancher ehemalige Nationalsozialist und Kriegsteilnehmer konnte sich erleichtert sagen, daß er je nur „das sogenannte Böse" praktiziert habe; er hatte eben den naturnotwendigen „Aggressionstrieb" abreagiert, und dagegen konnte ja niemand ankommen. Selbst die niedlichen Zierfische, die Ratten, die Tauben und die Graugänse, die Lorenz beschrieb, handelten nicht anders. Jedes konservative und reaktionäre Gemüt fühlte sich durch die Schlußfolgerungen des berühmten Verhaltensforschers enorm bestätigt.

Andererseits sahen sich alle freiheitlich denkenden Wissenschaftler durch das Buch von Lorenz herausgefordert und versuchten eine Widerlegung seiner Theorien und Konstruktionen. Fromm zieht mit seinem souveränen Buch gewissermaßen das Fazit einer Anti-Lorenz-Literatur, die zahlreiche Titel umfaßt. Aber auch Freud mußte hierbei kritisch erörtert werden; denn auch er hatte ziemlich willkürlich einen Aggressions- und Todestrieb angenommen, womit er die Vielfalt feindlicher Gefühle und Handlungen in der Menschenwelt erklären wollte.

Fromms Argumentation stützt sich auf Forschungsresultaten der Neurophysiologie, der Tierpsychologie, der Paläontologie, der Anthropologie und der Psychoanalyse. Er bezieht Frontstellung gegen den Behaviorismus, der in der Aggression lediglich ein „erlerntes Verhalten" sieht. Gewiß spielt das Lernen bei der Feindseligkeit des Menschen eine erhebliche Rolle, aber man darf nach Fromm die biologische Ausstattung des Menschen nicht überspringen, wenn man die Destruktivität diskutiert. Es ist jedoch nicht nötig, einen „natürlichen Aggressionstrieb" anzunehmen; es genügt, wenn man die Aggression zu den „Möglichkeiten" des Menschen zählt und die Bedingungen herausarbeitet, unter denen sie exzessive oder katastrophale Grade und Dimensionen erreicht.

Fromm unterscheidet drei Arten der Aggressivität. Die erste ist die defensive Aggression, die man nicht „böse" nennen kann. Sie besteht in der Abwehr von Angriffen und ist eine Form von Selbstbehauptung. Ein Großteil aller menschlichen Aktivitäten, die kampfähnlich sind, fällt in diese Kategorie; das widerspricht nicht der These von der „natürlichen Friedfertigkeit des Menschen".

Es gibt aber auch eine „bösartige Aggression", und sie bekundet sich in Phänomenen, die Fromm unter den Titeln „Sadismus" und Nekrophilie" zusammenfaßt. Beide Formen dieser Destruktivität sind weder instinktiv noch triebhaft; sie entsprechen nach Fromm Charakterhaltungen oder Charakterdeformationen, die erziehungs- und kulturbedingt sind.

Den Sadismus hat Fromm bereits in seinen früheren Büchern als Manifestation des oral-sadistischen, ausbeuterischen und hortenden Charakters beschrieben. Sadistische Menschen sind ängstlich, kleinmütig und beziehungsarm; sie kompensieren diese gefühlte Schwäche, indem sie die absolute Herrschaft über andere Menschen anstreben. Sie trachten nach einer pathologischen Gottähnlichkeit; wenn ihr menschliches Gegenüber zu einem totalen Objekt, zu einem zitternden Stück Fleisch, zu einem aller Freiheit beraubten Wesen herabgewürdigt ist, kommt der Taumel der Größe über sie, und sie fühlen sich vorübergehend sicher und autonom. Eine autoritäre Erziehung fördert die Ausbildung sadistischer Charaktere, und auch die sexuelle Repression begünstigt den „Sado-Masochismus". Nach Fromm spielt auch die Klassenlage hier hinein; seiner Meinung nach ist das Kleinbürgertum, eingezwängt zwischen Proletariat und Großbürgertum, besonders für sadistische Regungen anfällig. Fromms Faschismus-Analyse hat diesen Punkt, wie bereits erwähnt, deutlich hervorgehoben.

Indes der Sadist die Starken anbetet und die Schwachen verachtet, hat der sogenannte „Nekrophile" eine Leidenschaft zum Toten und eine Aversion gegen das Lebendige. Nekrophilie ist ein Phänomen der Sexualpathologie, aber in diesem Bereich sehr selten. Es handelt sich um krankhafte Männer, die von weiblichen Leichen sinnlich angezogen werden; gelegentlich kommt es sogar zu entsprechenden sexuellen Handlungen. Aber Fromm benützt diesen Begriff in einem übertragenen Sinn, wo er sozial und kulturell relevant ist.

Das Wort Nekrophilie (in diesem Sinne) stammt von dem spanischen Dichterphilosophen Miguel de Unamuno. 1936 hielten die Faschisten in der Universität Salamanca eine Versammlung ab, in der einer ihrer Generäle ausrief: „Es lebe der Tod!" Das war die Parole der Franco-Partei, die damals im mörderischen Bürgerkrieg alle Widersacher zu vernichten beabsichtigte. Unamuno protestierte gegen diesen Kampfschrei, nannte den General einen lebensfeindlichen Krüppel und seine Haltung „Nekrophilie." Fromm diagnostiziert nun bei ca. zehn Prozent der Menschen unserer Tage eine nekrophile Grundorientierung, die sich oft mit Sadismus vermischt, aber nicht mit ihm identisch ist.

Der Gegensatz „Biophilie" kontra „Nekrophilie" wurde von Fromm bereits in einem früheren Text („Die Seele des Menschen. Ihre Fähigkeit zum Guten und zum Bösen", 1964) eingeführt. Es handelt sich um eine Analogie zum Freudschen Gegensatzpaar Eros und Todestrieb; nur will Fromm das Triebhafte daran nicht gelten lassen. Für ihn ist ein biophiler Mensch einer, der Freude an allem Lebendigen und an allem Wachstum hat. Der Nekrophile ist das Gegenteil; ihn zieht Zerstückelung, Zerfall, Krankheit und Tod an. Man gewinnt den Eindruck, daß Fromm unter diesem Begriff einen extrem schizoiden Menschentyp mit Gefühlsarmut und innerer Gleichgültigkeit beschreibt, der am Sinn des Lebens verzweifelt ist und dementsprechend gelangweilt oder destruktiv reagiert.

Für die Sadisten und die Nekrophilen gilt die Formulierung Fromms, daß das „ungelebte Leben" zur Quelle von Menschen- und Lebensfeindlichkeit wird. An Biographien von Stalin, Himmler und Hitler, die Höhepunkte unseres Textes ausmachen, veranschaulicht Fromm „idealtypisch" je eine Fallgeschichte von Sadismus (Stalin und Himmler) und Nekrophilie (Hitler). Es kommt hierbei zu sehr eindringlichen Studien, die nicht nur den Psychologen, sondern auch den Politologen interessieren werden. Vor allem die Charakteranalyse Hitlers ist sehr aufschlußreich.

Aber die Nekrophilie beschränkt sich nicht nur auf die Gestalten fragwürdiger Politiker und blutrünstiger Generäle, die Tausende oder Millionen Menschen für ein Phantom vom Ruhm und ihre destruktiven Leidenschaften hinopfern. Fromm beobachtet das Nekrophile auch bei jenen Naturwissenschaftlern und Technikern, die die lebendige Welt zerstückeln, atomisieren, kontrollieren und manipulieren wollen. So sind unter Umständen auch glänzende Maschinen, Strukturen aus Aluminium und Glas usw. Symbole einer Lebensfeindlichkeit, die sich als Triumph der Technik maskiert. Eine Wirtschaft, die den Erdball ausbeutet und verwüstet, kann durchaus in ihrem Wesen als nekrophil bezeichnet werden. Und sogar eine Seelenkunde, die den Menschen in eine Vielfalt von mechanisch zusammenwirkenden Teilstrebungen und Trieben aufgliedert, entbehrt nicht eines nekrophilen Einschlags. Man ahnt, daß Fromm an dieser Stelle sogar die Psychoanalyse anklagt, sie hätte den Sinn für die Biophilie verloren und laufe Gefahr, die Partei für den Mechanismus und den Tod zu ergreifen.

Fromms Werk mündet in eine biophile Ethik ein, eine Beschwörung nämlich, das Lebendige zu schützen und zu bewahren. Fromm ist zutiefst der Überzeugung, daß der Mensch nicht böse von Natur aus ist. Der Zivilisationsprozeß, die Mißstände in Politik und Wirtschaftsleben, die unbeholfene Erziehung sowie die ökonomische und psychische Not der Volksmassen haben bei vielen die Lebensenergie ins Nekrophile transformiert. Aber das heißt nicht, daß wir in alle Zukunft zerstörerischen Leidenschaften folgen müssen. Unsere Diagnostik des Sadomasochismus und der Nekrophilie muß vervollkommnet werden, damit wir dereinst die Prediger des Todes und der Zerstörung rechtzeitig entlarven können, bevor wir ihnen die Macht übergeben haben, mit der sie uns in den Abgrund führen. Fromm empfindet sich wohl als „Arzt der Kultur", der an ihrem Krankenbett steht und in einer lebensgefährlichen Krise nach der rettenden Arznei sucht: Es scheint, daß er dem Verständnis der vorliegenden Erkrankung sehr nahegekommen ist.

Revision der Psychoanalyse

Nachdem wir den Inhalt der vier Hauptwerke Fromms in großen Zügen referiert haben, bleibt uns noch übrig, die drei Pfeiler seiner Lehre darzustellen: Es handelt sich um die Psychoanalyse, den Marxismus und die Religion. Man kann sich darüber streiten, welcher dieser Pfeiler die Hauptstütze von Fromms Sozial- und Lebensphilosophie bedeutet; er selbst hätte eventuell der Psychoanalyse den Vorrang gegeben. War er doch stolz darauf, 35 Jahre lang den Beruf eines praktizierenden Psychotherapeuten ausgeübt zu haben; auch nannte er sein System gerne „humanistische Psychoanalyse." Aber auch jene haben nicht ganz Unrecht, die Fromm als einen religiös-sozialistischen Schriftsteller bezeichnen: Vor allem im Alter wurde diese Tendenz seines Wirkens dominant.

Über Psychoanalyse äußert sich Fromm in allen seinen Schriften, besonders aber in *Psychoanalyse und Ethik, Märchen Mythen Träume, Jenseits der Illusionen, Analytische Sozialpsychologie und Gesellschaftstheorie, Sigmund Freuds Sendung, Sigmund Freuds Psychoanalyse – Größe und Grenzen* und *Anatomie der menschlichen Destruktivität.*

Bei einem hervorragend marxistisch geschulten Autor wie Fromm kann es nicht verwundern, daß er trotz allem Enthusiasmus für Freuds

Genie auch Kritik an diesem großen Lehrmeister der Psychologie anzubringen hat. Nach Fromm ist Marx der umfänglichere Geist als Freud; seine Philosophie ist weltumspannender und welthaltiger als die Psychoanalyse, die für einen Marxisten leicht in die Nähe einer „bürgerlichen Ideologie" gerät. Daher darf und muß sie einer Ideologiekritik unterworfen werden, die ihre epochale, klassenmäßige und schichtspezifische Begrenztheit aufzeigt.

Marx ging vom „historischen Materialismus" aus, indes Freud durch seine akademischen Lehrer (z. B. Ernst Brücke) in der Richtung eines mechanischen Materialismus instruiert wurde, den er zeitlebens nicht abzulegen vermochte. Das zeigt sich vor allem in seiner Libidotheorie, die in Analogie zur Physik ein energetisches Konstrukt einführt, das für die Deutung menschlicher Verhaltensweisen sehr unzulänglich ist. Fromm, der auch die Frühschriften von Marx eingehend studiert hat, verlangt ein subtileres Modell der menschlichen Natur, in welchem auch für die Begriffe der Freiheit, Selbstgestaltung und Selbstschöpfung des Menschen Raum bleibt. Inwiefern Fromm die Freudsche Charakterologie unter Ausschaltung des Libidotheorems interpersonell umdefiniert hat, haben wir bereits weiter oben eingehend erläutert.

Ideologiekritisch läßt sich auch die Vorstellung des Menschen als eines homo sexualis nicht aufrechterhalten. So mögen allenfalls Angehörige der bürgerlichen und großbürgerlichen Schicht den Menschen sehen und empfinden; da sie von materieller Not wenig tangiert sind, kommt es ihnen so vor, als ob die Sexualität das Hauptproblem des Daseins wäre. Wo aber der wahrhaftige Existenzkampf mit all seiner Dramatik durchgekämpft wird, ist man sich gewiß im klaren, daß man zumindest mit Friedrich Schiller vom Triebpaar „Hunger und Liebe" sprechen muß; und selbst das ist nicht genug, denn der Mensch hat auch Triebregungen, die autochthon auf das Soziale, Kulturelle und Geistige zielen.

Auch den Ödipuskomplex entlarvte Fromm als ein Konstrukt der bürgerlich-patriarchalischen Familie und der sie umgebenden Gesellschaftordnung. Wo das Individuum in einer autoritär strukturierten, vaterbestimmten Welt aufwächst, ergeben sich gewiß häufig jene Komplikationen, die Freud unter dem Titel „Ödipuskomplex" beschrieb; aber sie treten nicht mit Naturnotwendigkeit auf. Fromm vermutet, daß sich im Matriarchat die Konflikte zwischen Väter und Söhnen nicht so radikal zugespitzt haben. In den zwanziger Jahren stützten sich viele Wissenschaftler auf die Feldforschungen von Bronislaw Malinowski, der bei Eingeborenen in der Südsee (den Trobriands), die eine matrilineare

Gesellschaftsverfassung haben, zwar auch einen „Familienkernkomplex" feststellte, aber diesen bezüglich Vater und Sohn als völlig undramatisch beschrieb. Wo die Väter keine absolute Macht über die Söhne besitzen und wo die Frauen nicht durch eine vorherrschende Ideologie in ein halbes Kindsein zurückgedrängt werden, entstehen offenbar nicht die pathologischen Verwicklungen, die den Inhalt der Ödipalität ausmachen.

Fromm belegt seine Deutung auch mit einer neuen Interpretation der antiken Ödipustragödie (Sophokles). In seiner Sicht hat eigentlich Laios den Totschlag durch Ödipus selbst verschuldet; patriarchalische Autokraten erzeugen rebellische Söhne. Auch gibt die Tragödie keinen Hinweis darauf, daß Ödipus die alternde Jokaste begehrt habe. Er nahm sie zur Frau, nachdem er die Rätsel der Sphinx gelöst hatte, weil die Verehelichung mit der ihm unbekannten Mutter zwingend mit dem Ergreifen der Königswürde in Theben verbunden war. Nimmt man noch den ganzen Verlauf der Ödipustrilogie des Sophokles hinzu, dann erkennt man sowohl in Ödipus als auch in seinem Nachfolger Kreon zwei patriarchalische Charaktere, die gegen ihre Söhne wenig günstig gestimmt sind. Im Hintergrund des dramatischen Geschehens verspürt Fromm wie Bachofen die säkulare Auseinandersetzung zwischen Matriarchat und Patriarchat; letzteres trug den Sieg davon und hat eine recht unglückselige Entwicklung der Kultur und der Menschheit eingeleitet.

Alle Freudomarxisten und auch die liberalen Freudianer stießen sich an Freuds „Psychologie der Frau", die extrem patriarchalische Züge aufweist. Freud bescheinigte bekanntlich den Frauen die „naturgemäßen" Charakterzüge des Masochismus, Narzißmus und Infantilismus. Es ist wohl zuzugeben, daß er damit zumindest teilweise in der Nähe der Empirie blieb; aber er übersah völlig, daß die heute vorfindbaren Wesenseigenschaften der Frau ein Kunstprodukt patriarchalischer Erziehung und Gesellschaftsordnung sind. Auch müßte man der Ehrlichkeit halber feststellen, daß die Männer unserer Kultur ungefähr in demselben Maße wie die Frauen masochistisch, narzißtisch und infantil sind. Aber Freud, der offenbar auf sein Mannsein stolz war, überging diese Beobachtung und stellte herablassend fest, daß man ungeachtet aller Unvollkommenheiten der Frau einräumen müsse, daß sie neben ihrem „Weibsein" immerhin „auch ein Mensch sei." Das nähert sich bedenklich jenem Biertischgespräch, in dem Männer über die Frauen schnödeten, bis schließlich einer von ihnen die Diskussion mit der fragwürdigen

Verteidigung beendete: „Vergeßt bitte nicht, daß die Frauen immer noch das Beste in der Art sind, was wir haben!"

Als Neopsychoanalytiker (wie Schultz-Hencke, Horney und Sullivan) konnte sich Fromm in keiner Weise mit dem Freudschen Aggressions- und Todestrieb befreunden. Auch die Freudomarxisten sahen darin ein „spätbürgerliches Philosophem", Ausdruck von Freuds eigenem Pessimismus und auch von der Lebensstimmung des Bürgertums, das als eine vom Untergang bedrohte Klasse gekennzeichnet wurde. Wie Fromm den Todestrieb aus dem „ungelebten Leben des Menschen" ableitet. haben wir bereits expliziert. – Auch die Traumdeutungsmethode der Psychoanalytiker findet bei ihm eine herbe Kritik; anstelle der analytisch-reduktiven Technik der Psychoanalyse möchte er eine „anagogische" setzen, die im Traum ein undeutliches Bewußtsein der aktuellen Situation des Träumers postuliert und zugleich auch die meist vage Andeutung von zukünftigen Entwicklungsmöglichkeiten, die der Traumdeuter ans Licht heben soll.

Sehr ausführlich befaßt sich Fromm mit Freuds Persönlichkeit in *Sigmund Freuds Sendung.* Dieses Büchlein ist eine Kontrastschrift zur Jonesschen Freudbiographie, die eine einzigartige Glorifikation des Schöpfers der Psychoanalyse darstellt. Fromm zeigt nun aber auch Engen und Einseitigkeiten in Freuds Persönlichkeit auf. Er tut dies behutsam und taktvoll, da er selbst ein großer Freudverehrer ist.

Weniger freundlich geht er mit der derzeitigen offiziellen Psychoanalyse um, der er Dogmatismus, Bürokratisierung, Institutionalisierung und unschöpferischen Geist vorwirft. Ein Großteil der heutigen Psychoanalytiker hat von Freud einen einträglichen Beruf übernommen, der soziales Prestige genießt und Integration in die bürgerliche Scheinkultur ermöglicht. Freuds Kulturkritik wird von der Majorität seiner Nachfolger nicht weitergeführt; man benimmt sich so, als ob die Psychoanalyse bloß eine medizinische Spezialdisziplin wäre. Aber ihre Aufgabe ist viel größer; in *Analytische Sozialpsychologie* (1970, S. 227) betont Fromm:

> Abschließend sei gesagt, daß die kreative Erneuerung der Psychoanalyse nur möglich ist, wenn sie den positivistischen Konformismus überwindet und wieder zu einer kritischen, herausfordernden Theorie im Sinne eines radikalen Humanismus wird. Diese revidierte Psychoanalyse wird dann fortfahren, noch tiefer in die Unterwelt des Unbewußten hinabzusteigen, sie wird allen gesellschaftlichen Arrangements, die den Menschen entstellen und deformieren, mit Kritik begegnen, und sie wird sich den Prozessen zuwenden, die zur Anpassung der Gesellschaft an die Bedürfnisse des Menschen führen können, anstatt zur Anpassung des Menschen an die Gesellschaft. Anders ausgedrückt: sie wird die psychischen Phänomene studieren, die die Pathologie der gegenwärti-

gen Gesellschaft ausmachen: Entfremdung, Angst, Vereinsamung, die Furcht vor tiefen Empfindungen, den Mangel an Aktivität, den Mangel an Freude. Diese Symptome haben die zentrale Rolle übernommen, die die sexuelle Unterdrückung zu Freuds Zeiten innehatte, und psychoanalytische Theorie muß in der Weise formuliert werden, daß sie die unbewußten Aspekte dieser Symptome und die pathogenen Bedingungen in Gesellschaft und Familie verständlich macht, die sie hervorbringen. Es wird die spezifische Aufgabe der Psychoanalyse sein, die „Pathologie der Normalität" zu untersuchen, die chronische, geringgradige Schizophrenie, die von der kybernetisch organisierten, technologischen Gesellschaft von heute und morgen erzeugt wird.

Marxismus, Sozialismus und Utopie

Über den Sozialisten Fromm wollen wir uns etwas knapper äußern. Er war ein „gelernter Marxist", der die Schriften des Stammvaters aller „wissenschaftlichen Sozialisten" bis in jedes Detail studiert hatte. Aber auch die außermarxistische Tradition des sozialistischen Denkens war ihm sehr vertraut. So scheint er sich gründlich mit den antiautoritären Formen des Sozialismus und Kommunismus befaßt zu haben. In manchen seiner Schriften bevorzugt er eindeutig diese Linie, die von Proudhon über Kropotkin zu Gustav Landauer und anderen Freiheitsaposteln führt. Was aber Fromm stets wieder zu Marx hinzog, war sein umfassender Geist und seine philosophische Präzision, die durch kaum einen der Marxgegner im linken Lager erreicht wird.

Aber ein Psychoanalytiker und Humanist wie Fromm mußte auch gegenüber dem Marxismus viele Vorbehalte haben. Wer sich genauer darüber informieren will, möge u. a. *Jenseits der Illusionen* (1962), *Das Menschenbild bei Marx* (1961), *Der moderne Mensch und seine Zukunft* (1955) und manche der kleineren Schriften lesen. Immer ergänzt Fromm den traditionellen Marxismus durch libertäre Gesichtspunkte, in denen auch das psychologische Moment mächtig hervortritt.

Obwohl Marx ein Aufklärer, Atheist und Materialist war, gingen in sein System viele hegelianische Konzepte ein, die sich mit einem unterschwelligen alttestamentarischen Prophetismus und mit einem persönlichen Autoritarismus zu einem festen Amalgam verbanden. Daraus entsprangen seine deterministische Geschichtsauffassung (die allerdings bei den Marxologen umstritten ist), seine prophetische Verkündigung des Geschichtsverlaufs, die Kreierung eines auserwählten Volkes in Gestalt des Proletariats, seine Staatsgläubigkeit und sein Utopismus.

Sucht man eine gemeinsame Quelle für alle diese Mängel, dann könnte man unter Umständen darauf verweisen, daß Marx noch keine zureichende Psychologie besaß, die seine ökonomischen und politologischen Befunde hätte stützen können. Unpsychologisch war etwa sein verhängnisvoller Glaube, daß eine sieghafte proletarische Partei zunächst einen kraftvollen Staat gestalten müsse, der den Schritt vom Kapitalismus zum Sozialismus zu vollziehen habe. Dabei werden die neuen Machthaber nach Marx nach und nach alle Herrschaftspositionen dem Volke übergeben; sie werden freiwillig jedes Vorrecht, das sie sich zuerst aus Gründen der Revolutionsdurchführung angeeignet haben, wieder abtreten, damit das Volk sich selbst innerhalb des Sozialismus-Kommunismus regieren oder verwalten könne. Die Erfahrungen seit Marxens Tod haben aber gezeigt, daß eine solche Überlegung extrem unpsychologisch ist; wer die Macht besitzt, entsagt ihr nicht von selbst. Es entstehen neue Ausbeuterschichten, die sich kaum von den früheren unterscheiden. Herrschaftsapparat, Bürokratie, Justiz, Militarismus usw. bilden sich genau so heraus wie gehabt; oft durchläuft sogar das Revolutionsregime eine Phase des mörderischen Terrors, in welchem nicht nur die „Klassenfeinde", sondern auch die Revolutionäre selbst dezimiert werden.

Marx idealisierte das Proletariat und seine Führer. Der Ökonomismus seiner Theorie (der bestimmt auch hervorragende soziologische und volkswirtschaftliche Entdeckungen enthielt) bestimmte seine sozial-demokratischen und kommunistischen Nachfolger, ihr gesamtes Interesse auf Wirtschaftsfragen und auf die Eroberung der Staatsmacht zu verlegen. Die Umerziehung der Volksmassen und ihrer Führungsclique wurde sträflich vernachlässigt. Als Folge davon blieb die kleinbürgerliche Mentalität in den Revoluzzern erhalten: und das entschied fast überall das Schicksal der erfolglosen und erfolgreichen politischen Bewegungen.

Fromm predigt einen humanistischen Marxismus, wie er auch eine humanistische Psychoanalyse gelehrt hatte. Er hatte Kontakte mit der jugoslawischen „Praxisgruppe", sympathisierte natürlich mit dem „Prager Frühling" und kommunizierte mit freiheitlichen Sozialisten in Ost und West. Aus den Frühschriften von Marx („Das Menschbild bei Marx") glaubte er eine Orientierung für einen neuen „Revisionismus" zu entnehmen, der besser als derjenige von Eduard Bernstein revolutionären Geist und menschenfreundliche Gesellschaftsumwandlung miteinander vereinigen könnte.

Dem frühen und späten Marx entnahm Fromm das idealistische Pathos, das sich gegen eine Welt auflehnt, die den grundlegenden Unterschied zwischen Person und Sache negiert. Der Warenfetischismus der neuzeitlichen Gesellschaft ist nach Fromm ein Erbübel. Die menschliche Entfremdung hat die von Marx diagnostizierte Form angenommen, daß der Mensch sich mit den Produkten seiner eigenen Schöpferkraft verwechselt und sich selbst als Ware einschätzt, verkauft und verbraucht. Die Menschenwürde wird allenthalben – im Kapitalismus wie im Bolschewismus – mit den Füßen getreten. Dagegen empört sich der sozialistische Humanist Fromm, der an die Möglichkeit eines Lebens der Menschheit in Freiheit, Vorurteilslosigkeit, gegenseitiger Hilfe und wirtschaftlichem Reichtum glaubt.

Im Alter scheint dieser Glaube bei Fromm ins Wanken geraten zu sein; er wich daher in einen nebulosen Utopismus aus, in dem das religiös-chiliastische Moment stärker hervortrat. Das ist wohl der Sinn seines Buches *Haben oder Sein;* mit Engelstönen werden die Zeitgenossen beschworen, die verfluchte Habenorientierung aufzugeben und sich ganz auf den „Seinsmodus" einzustellen. Was das genauer bedeutet, kann man wohl nur aus den religiösen (und philosophischen) Grundüberzeugungen des Autors entnehmen.

Autoritäre contra humanistische Religion

Die Psychoanalyse hat seit ihren Anfängen Beiträge zu einer kritischen Religionspsychologie geliefert. Freud selbst gab hierzu den entscheidenden Auftakt. Schon 1908 veröffentlichte er eine Abhandlung, in welcher er die Rituale der Zwangsneurotiker mit den Verhaltensweisen religiöser Menschen verglich; die These, die seinen Erörterungen zugrundelag, war offenbar die Analogie zwischen Religion und Zwangsneurose. 1912/ 13 folgte das Buch *Totem und Tabu.* Darin ging Freud den Ursprüngen der religiösen Überzeugungen nach und konstruierte einen „Urzeitroman." Danach lebten die Menschen der fernsten Vergangenheit in Horden zusammen, die von mächtigen Vatergestalten beherrscht wurden. Die unterdrückten Söhne, die auch unter sexuellen Versagungen litten, sollen den Hordenvater oft getötet haben. Aus Reue über diese Untat wählten sie ein Totemtier, das den Vater symbolisierte; dieses Tier durfte nicht gejagt und verzehrt werden. Ein weiteres Gebot der „Brüdergesellschaft" war die Exogamie; die Frauen des eigenen Clans durften nicht geheiratet werden. Später wurde der Urvater in den Himmel entrückt: so entstand Gott-Vater, der geistige Konturen annahm. Am Ursprung des Gottesglaubens steht demnach der Ödipuskomplex, und Religion ist nach Freud nichts anderes als „Vatersehnsucht." – Noch drastischer argumentierte Freud in *Die Zukunft einer Illusion* (1927). Hier wurde die religiöse Weltanschauung als Illusion definiert und damit in die Nähe der Wahnvorstellungen gerückt. Ähnlich wie Feuerbach und Nietzsche postulierte Freud, daß nur durch die Aufhebung religiöser Vorurteile die menschliche Autonomie zustande kommen könne; Religion sei Infantilismus, der den Menschen geistig einenge und politisch beherrschbar mache. Nach der Überwindung des Glaubens erst werde der Mensch erwachsen sein.

Erich Fromm hat, wie wir weiter oben darlegten, in seiner Frühzeit ähnliche Töne angeschlagen. Im „Christusdogma" sagte er u. a. über die Religion, sie habe die

Aufgabe, die psychische Selbständigkeit der Masse zu verhindern, sie intellektuell einzuschüchtern, sie in die gesellschaftlich notwendige infantile Gefügigkeit den Herrschenden gegenüber zu bringen. Sie hat aber gleichzeitig noch eine wesentlich andere Funktion, sie soll nämlich den Massen ein gewisses Maß an Befriedigung bieten, das ihnen das Leben soweit erträglich macht, daß sie nicht den Umschlag von der Position des gehorsamen in die des aufrührerischen Sohnes vornehmen. (Christusdogma, S. 22)

Aber zwanzig Jahre später kehrte Fromm halbwegs zu dem religiösen Ursprüngen seiner Kindheit und Jugend zurück. Er publizierte eine ganze Anzahl von Texten, die sich mit Religion befaßten. Hier seien nur einige besonders wichtige erwähnt: *Psychoanalyse und Religion* (1950); *Zen-Buddhismus und Psychoanalyse* (1960); *Die Herausforderung Gottes und des Menschen* (1966); *Haben oder Sein* (1976).

In allen diesen Texten leugnet Fromm den überlieferten Theismus; infolge seiner marxistischen und psychoanalytischen Vergangenheit konnte er sich nicht dazu entschließen, den Glauben an einen personalen Gott zu propagieren. Aber immerhin verwendet er laufend den Begriff „Gott" und beteuert, daß er damit keinen „Gott im Himmel" meine. Er unterscheidet zwischen autoritären und humanistischen Religionen. Die ersteren verlangen die Anerkennung einer unsichtbaren Macht, vor der der Mensch ein Nichts ist. Ihre Haupttugend ist der Gehorsam, und die Kardinalsünde ist der Ungehorsam. Solche Religionen sind immer auch mit der politischen Unterjochung und der ökonomischen Ausbeutung des Menschen verbunden. Die humanistische Religion jedoch bejaht die Kraft und die Eigenständigkeit des Menschen. Beispiele humanistischer Religionen sind der Frühbuddhismus, der Taoismus, die Lehren Jesajas, Jesu, Sokrates', Spinozas usw. Als Prototyp einer autoritären Religion wählt Fromm den Calvinismus, aber auch das Luthertum und die katholische Kirche passen in sein Autoritäts-schema.

Man fragt sich nur, warum Fromm von Gott redet, wenn er doch mit seiner Religiositätsform die freie Selbstverwirklichung des Menschen meint. Aber schon Freud hat betont, daß die meisten Intellektuellen in Religionsfragen zur Unredlichkeit neigen; sie dehnen und strecken die Begriffe solange, bis alles hineinpaßt, was immer sie wollen. So sagt Fromm mit Recht, daß der Mensch ein „System der Orientierung und Hingabe" benötige; das ist schon wahr, aber es steht nirgendwo ge-schrieben, daß man derlei „Religion" nennen muß. Auch hat der Mensch ein Bedürfnis, die Sinnfrage zu stellen und überall Sinnstruktu-ren wahrzunehmen; doch macht man sich wiederum einer Begriffsver-fälschung schuldig, wenn man „Sinn" mit „Gott" gleichsetzt. Des weite-ren kennt der Mensch Lebenswerte, und einer der höchsten davon ist offenbar die menschliche Persönlichkeit. Auch hier gehen die Gläubigen einen Schritt weiter und behaupten, daß der oberste Wert nur Gott sein könne. Sofern man einen anderen Wert als Gott an die Spitze stellt, gilt man bereits als Götzendiener; demnach muß der Höchstwert immer Gott genannt werden. Auch Fromm spielt diese semantischen Spiele, erklärt aber stets aufs neue, wenn er Gott sage, sei stets nur der Mensch gemeint.

Fromm hat viel Zeit und Mühe darauf verwendet, die Bibel – und das heißt bei ihm besonders das Alte Testament – als das Dokument eines radikalen Humanismus zu interpretieren. In seiner Sicht werden die Propheten zu Sozialkritikern, Pazifisten, Fortschrittsgläubigen und Hu-manisten: Es ist nicht unser Amt, die Berechtigung dieser eigenwilligen Deutungen zu untersuchen. Auch geht Fromm der historischen Ent-wicklung des Gottesbegriffs nach.

Da er die Existenz Gottes ablehnt, ist eigentlich mit der Wandlung der Gottesvorstellungen die menschliche Kulturentwicklung gemeint. Je souveräner und selbstsicherer der Mensch wird, umso mehr rückt er von jenem Herrschergott ab, den die autoritäre Theologie mit Vorliebe in Szene setzt. Zuletzt wird Gott für Fromm lediglich die „X-Erfahrung", d. h. ein Gedankengespenst, in das man menschliche Vollkommenheits-wünsche hineingeheimnissen kann. In der X-Erfahrung weiß man um die Tatsache, daß das Leben zutiefst problematisch und zwiespältig ist; man fühlt eine Werthierarchie, in der Vernunft und Liebe hoch oben rangieren; man erkennt auch, daß man andere Menschen nie als Mittel zum Zweck gebrauchen darf; man öffnet sein Ich weit für die Welt und erlebt diese selbst als „Transzendenz." Der Leser kann nun selbst urteilen, ob diese Beschreibungen dem Kriterium einer Religion gerecht werden. Fromm jedenfalls hebt hervor (R. Funk, 1983, S. 153)

> Die Wahrheit der humanistischen Religion erweist sich in ihrer Realisierung: Dort, wo der Mensch seine eigenen Kräfte mobilisiert und so die neue Identität selbst sucht, dort findet er auch seine Identität. Es geht nicht um das Denken in Begriffen, sondern um die Erfahrung aufgrund produktiver Tätigkeit; nicht um Theologie als Frage nach dem Gottesverständnis, sondern um den richtigen Weg (‚Halacha‘), ‚Gott‘ als X zu erfahren; nicht um Religion als Fixierung einer bestimmten Göttererfahrung in Glaubenssätzen, sondern um ein religiöses Ethos und um das Erleben der höchsten Werte Vernunft und Liebe; nicht um Interpretation, sondern um Veränderung: Die Erfahrung der neuen Einheit des Menschen mit sich und der Welt ‚liegt letztlich nicht im Denken, sondern im Tun, im Erleben der Identität.‘ Denn Realisierung der X-Erfahrung heißt ‚Bekehrung zu einer humanistischen ‚Religiosität‘ ohne Religion, ohne Dogmen und Institutionen...‘.

Die Theologen reagierten ambivalent auf dieses Jonglieren zwischen Humanismus und Religionen; viele waren davon angesprochen und suchten den Dialog mit diesem psychoanalytischen Gottsucher, der zugleich auch ein Gottesleugner war. Fromm seinerseits liebte mit zunehmendem Alter den Umgang mit aufgeschlossenen Repräsentanten der Religion. Schon in den Fünfzigerjahren hatte er Kontakt mit dem zenbuddhistischen Autor Daisetz T. Suzuki, dessen Bücher in den USA sehr erfolgreich waren. Der über 80jährige Suzuki war eine Persönlichkeit, die die Lehren des Zen glaubhaft verkörperte. Fromm hielt mit ihm zusammen Seminare in Mexiko ab und glaubte, in der psychoanalytischen Erfahrung Parallelen zu den Erlebnissen der Meister und Schüler des Zen zu sehen.

In Europa schließlich war Fromm ein gern gesehener Gast bei theologisch inspirierten Tagungen, und seine Sozialphilosophie gab manchem Pfarrer wertvolle Anregungen für erbauliche Predigten. Der Theologe Rainer Funk schloß sich besonders an ihn an; er wurde zu seinem Privatassistenten und hat später sehr gründliche und umfangreiche Arbeiten über seinen Lehrer veröffentlicht. Funk ist auch der Herausgeber von Fromms Gesammelten Werken, die in der Deutschen Verlagsanstalt (1980/81) erschienen sind.

Nimmt man die zehn Bände dieser voluminösen Gesamtausgabe zur Hand (und jeder Psychologe und Psychotherapeut sollte sie in seiner Bibliothek stehen haben), dann kann man kaum darüber hinwegsehen, daß Fromm – trotz aller Vorbehalte gegen manche seiner Inkonsequenzen, die wir in unseren Text haben einfließen lassen – ein sehr kenntnisreicher, scharfsinniger und wohlmeinender Autor war. Alle seine Schriften sind in einem klaren und eingängigen Stil geschrieben; daher sind sie in der Laienwelt besonders gut aufgenommen worden. Aber auch die Fachleute können bei Fromm einiges profitieren. Wenn wir auch im folgenden Abschnitt einige kritische Anmerkungen zu Fromms Lebenswerk machen werden, möchten wir doch an dieser Stelle hervorheben, daß unser Autor im Bereich der Psychoanalyse durch seine Humanität, seinen Idealismus, seinen „sozialen Enthusiasmus" eine der erfreulichsten Erscheinungen der Gegenwart ist. So manche seiner ihn als „Revisionisten" herabsetzenden Kollegen könnten bei ihm eine ganze Menge lernen.

Kritische Bewertung

Arthur Koestler in seinem Buch *Der göttliche Funke* (1966) behauptet, daß der schöpferische Akt in den Künsten und Wissenschaften oft durch eine sogenannte „Bisoziation" gekennzeichnet sei; er bestehe in der Zusammenführung zweier heterogener Gedankenreihen, die sich wechselseitig erhellen. Das ist offenbar Fromm mit dem Marxismus und der Psychoanalyse gelungen; mehr als viele andere Forscher befaßte er sich mit beiden Teilen dieser Synthese, und man kann ihn sicher als einen ebenso kompetenten Marxisten wie auch Psychoanalytiker bezeichnen.

Aber man kann es nie allen Leuten recht machen; die Marxisten warfen Fromm vor, er habe den Marxismus psychoanalytisch verwässert, und die Psychoanalytiker waren unzufrieden darüber, daß Fromm sie mit politischen oder gar revolutionären Erwägungen belästigte. Als ein Beispiel für die ersteren kann hier Herbert Marcuse genannt werden; als gewiegter Gesellschaftskritiker monierte er zum Beispiel, daß Fromm in einer unmenschlichen Gesellschaft die Pflege humaner Tugenden empfehle – derlei sei ein Widerspruch in sich selbst. Da diese Denkweise für viele mehr oder minder revolutionäre Kritiker charakteristisch ist, wollen wir das Zitat Marcuses aus *Eros und Zivilisation* (1957, S. 112) wiedergeben:

> Fromm ruft all die altehrwürdigen Werte der idealistischen Ethik wieder ins Leben, als hätte noch nie jemand ihre konformistischen und repressiven Züge aufgewiesen. Er spricht von der produktiven Verwirklichung der Persönlichkeit, von Fürsorge, Verantwortung und Respekt vor den Mitmenschen, von produktiver Liebe und Glück – als könnte der Mensch tatsächlich all das in einer Gesellschaft ausüben, die Fromm selbst als völlig „entfremdet" und von

den Konsum-Beziehungen des „Markts" beherrscht darstellt – und dabei geistig gesund und voller „Wohlgefühl" bleiben.

Wir wollen uns nicht in den Streit der Marxisten untereinander einschalten; hierzu fühlen wir uns nicht ausreichend sachkundig. Uns interessiert mehr jener Fromm, der Theorie und Praxis der Psychoanalyse zu revidieren unternahm. Was er dabei bezüglich der theoretischen Unzulänglichkeiten des psychoanalytischen Gedankensystems zu bemängeln hatte, möchten wir weithin unterschreiben. Fromm hatte sich sehr gründlich in die gesamte Psychoanalyse vertieft; seine philosophischen und soziologischen Kenntnisse erlaubten es ihm, Abstand zu Freuds Lehre zu gewinnen und diese ideologiekritisch zu bearbeiten. Er weist tatsächlich viele Schwachstellen in den Freudschen Konzeptionen nach, die dem Geist des 19. Jahrhunderts entstammten. Störend wirkt für uns nur, daß er meistens für sich selbst die Entdeckerrolle in bezug auf derartige Unbeholfenheiten der Theorie beansprucht, ohne mitzuteilen, daß er darin fast immer schon Vorläufer und Wegbereiter in der Psychoanalyse selbst hatte. So nimmt er etwa sehr selten auf Alfred Adler und C. G. Jung Bezug, die lange vor ihm ähnlich gegen Freud opponiert hatten. Adler wird von Fromm in der Regel mit der Formel „oberflächlicher Aufklärer und Rationalist" abgetan; für Jung wird neben notwendigen Respektsbezeugungen das abwertende Epitheton „dunkler Mystiker" gebraucht.

Weniger überzeugend wirkt Fromm dort, wo er zur psychotherapeutischen Praxis Stellung bezieht. Er hat nie eine komplette Falldarstellung veröffentlicht; sofern er von praktischen Erfahrungen berichtet, bleiben die geschilderten Analysanden eigentümlich blaß, und ihre Symptomatik scheint irgendwie zurechtgerückt, um ein theoretisches Postulat des Autors zu unterstützen. Auch die Traumdeutungen, die er mitteilt, lassen nicht genügend Zusammenhang mit der Persönlichkeit und Lebenssituation des Träumers erkennen. Hier drängt sich der Verdacht auf, daß Fromm nicht mit seinem ganzen Herzen Therapeut war; er übte diesen Beruf aus, um eine empirische Basis für seine spekulativen Neigungen zu haben. Selbst ein so behutsamer Kritiker wie G. Chrzanowski (1982, S. 376) betont: „Als Kliniker und als Neuerer auf dem Gebiet der Analyse hat er seine Grenzen, die hauptsächlich in seinem dogmatischen Moralismus und in seiner mangelnden Sorgfalt für klinische Details liegen."

Die bereits mehrfach von uns erwähnte Hinwendung zu einer versponnenen Religiosität, die weder Fisch noch Vogel, d. h. weder echte

Religion noch redliche Aufklärungsphilosophie ist, ist ebenfalls als Störungsfaktor in Fromms Werk zu verzeichnen. Wir glauben, daß hierbei seine Lebensgeschichte und seine Charakterstruktur eine entscheidende Rolle spielen. Fromm wuchs als Einzelkind in einer neurotischen Ehe auf und beschreibt sich selbst als einen jungen Neurotiker, aus dem später vermutlich ein alter und erwachsener Neurotiker wurde. Wahrscheinlich hatte er überdurchschnittliche Kontakt- und Beziehungsschwierigkeiten; oft muß Gott für den fehlenden Mitmenschen einspringen. Sodann spürte Fromm, dessen Liebesbedürfnis (Bedürfnis nach Geliebtwerden) wir als sehr groß ansetzen, daß er mit einer religiös verschleierten Botschaft fast überall ankommen konnte. Sein Kompromißlertum entsprang einer tiefsitzenden Schwäche; dies beeinflußte gewiß Stil und Gehalt seiner Texte. G. K. Mainberger sagt aus Anlaß von „Haben oder Sein" mit Recht (Reif, 1978, S. 263):

> Konkret kommt es dabei auf die Vermischung von Wissenschaft und Erbauung heraus. Fromm verquickt analytische Rede mit theologischer Deklaration. Als Psychoanalytiker spielt er sich die Prophetie zu, um mit ihr die Lücken der analytischen Aussagen stopfen zu können. Umgekehrt erhält im Frommschen Zusammenhang die Prophetie unversehens den Schein von Exaktheit und Unfehlbarkeit, die aber aus der Psychoanalyse entlehnt sind, so daß man schließlich doch noch vermuten könnte, die Psychoanalyse sei so etwas wie eine Prophetie.

Blickt man auf Persönlichkeit und Gesamtwerk unseres Autors zurück, dann wird man an eine Anekdote erinnert, die James Boswell in seinem Buch „Leben und Meinungen von Dr. Johnson" mitteilt. Der Biograph wanderte mit Johnson irgendwo und fragte ihn, ob dieser oder jener Berg außerordentlich hoch sei. Johnson erwiderte darauf: „Außerordentlich hoch ist er nicht, aber er ist eine beträchtliche Erhebung." Etwas Ähnliches kann man in übertragenem Sinne von Fromms Oeuvre sagen.

Ausgewählte Literatur

Chrzanowski, G. (1982). Das psychoanalytische Werk von Karen Horney, Harry Stack Sullivan und Erich Fromm. In Kindlers Psychologie des 20. Jahrhunderts, Tiefenpsychologie. Bd. 3. Weinheim: Beltz.

Fages, J. B. (1981). Geschichte der Psychoanalyse nach Freud. Berlin: Ullstein.

Freud, S. Gesammelte Werke. Frankfurt: Fischer 1968 ff.

Fromm, E. Gesamtausgabe. 10 Bde. Stuttgart: Deutsche Verlagsanstalt 1980/81; München: dtv 1989.

- Schriften aus dem Nachlaß. Bd. 1–3, hrsg. v. R. Funk. Weinheim: Beltz 1989/ 90.
- (1941). Die Furcht vor der Freiheit, Zürich: Steinberg Verlag 1945.
- (1947). Psychoanalyse und Ethik. Zürich: Diana Verlag 1954.
- (1950). Psychoanalyse und Religion. Zürich: Diana-Verlag 1966.
- (1951). Märchen, Mythen, Träume. Zürich: Diana-Verlag 1956.
- (1955). Der moderne Mensch und seine Zukunft. Frankfurt: Europäische Verlagsanstalt 1960.
- (1956). Die Kunst des Liebens. Berlin: Ullstein 1971.
- (1960). Zen-Buddhismus und Psychoanalyse. Frankfurt: Suhrkamp 1972.
- (1961). Das Menschenbild bei Marx. Frankfurt: Europäische Verlagsanstalt 1963.
- (1961). Sigmund Freuds Sendung. Berlin: Ullstein.
- (1962). Jenseits der Illusionen. Zürich: Diana-Verlag 1967.
- (1963). Das Christus-Dogma und andere Essays. München: Szczesny-Verlag 1965.
- (Hg.) (1965). Socialist Humanism. USA: Doubleday & Company.
- (1966). Die Herausforderung Gottes und des Menschen. Zürich: Diana-Verlag 1970.
- (1968). Revolution der Hoffnung. Stuttgart: Klett 1971.
- (1970). Analytische Sozialpsychologie und Gesellschaftstheorie. München: Suhrkamp.
- (1973). Anatomie der menschlichen Destruktivität. Reinbek: Rowohlt 1974.
- (1976). Haben oder Sein. Stuttgart: Deutsche Verlags-Anstalt.
- (1981). Sigmund Freuds Psychoanalyse – Größe und Grenzen. München: dtv.
- (1982). Über den Ungehorsam. Stuttgart: Deutsche Verlags-Anstalt.
Funk, R. (1978). Mut zum Menschen. Stuttgart: Deutsche Verlags-Anstalt.
- (1983). Erich Fromm. Reinbek: Rowohlt.
Kolbe, C. (1986). Heilung oder Hindernis. Stuttgart: Kreuz-Verlag.
Marcuse, H. (1957). Eros und Zivilisation. Stuttgart: Klett.
Rattner, J. (Hg.) (1979). Pioniere der Tiefenpsychologie. Wien: Europa-Verlag.
Reif, A. (Hg.) (1978). Erich Fromm, Materialien zu seinem Werk. Wien: Europa-Verlag.

Karen Horney

Einleitung

Karen Horney wurde am 16. September 1885 als zweites Kind eines Kapitäns norwegischer Abstammung in Hamburg geboren. Ihre Mutter war Holländerin und wesentlich jünger als ihr Gatte. Neben Karen wuchs noch ein vier Jahre älterer Bruder in der Familie auf, mit dem das Mädchen innig verbunden war. Kapitän Wackels war ein schwieriger, patriarchalisch gesinnter Mann. Die Ehe hatte unter seinen Stimmungsschwankungen zu leiden, und die Mutter trennte sich vom Vater im Jahre 1904.

Sehr mühsam mußte sich Karen Wackels von ihrem Vater die Erlaubnis zum Studium erobern; sie konnte dann doch für Medizin immatrikulieren und begann ihr Studium 1906 in Freiburg. 1909 heiratete sie den Wirtschaftsfachmann Oskar Horney; anschließend zog das Paar nach Berlin. Aus der Ehe gingen drei Töchter hervor, von denen eine (Brigitte) als Filmschauspielerin berühmt wurde. Eine andere Tochter wurde Psychoanalytikerin wie ihre Mutter.

Mit ihrer psychoanalytischen Ausbildung begann Karen Horney schon vor ihrem Studienabschluß (1911); sie absolvierte eine Lehranalyse bei K. Abraham, mit deren Resultat sie jedoch nicht zufrieden war. Daher wurde sie hernach nochmals Analysandin bei Hanns Sachs. Schon 1915 wurde sie Sekretär der rasch anwachsenden Berliner Psychoanalytikergruppe und half bei dem Aufbau von deren Poliklinik und Ausbildungsinstitut. Sie wurde auch rasch Dozentin, Lehr- und Kontrollanalytikerin. 1917 veröffentlichte sie ihre erste psychoanalytische Abhandlung und bald darauf folgte eine langwierige Auseinandersetzung mit Freuds Weiblichkeitstheorie.

Seit 1915 wohnte die Familie Horney in einem eigenen Haus in Dahlem. Oskar Horney war Direktor beim Industriemagnaten Hugo Stinnes, der sich vor und nach dem Ersten Weltkrieg enorm bereicherte. Auch Horney profitierte von den Einnahmen dieses Unternehmens; aber auf der Höhe der Inflation im Jahre 1923 verlor er sein Vermögen und wurde schwer krank. Das Paar hatte sich schon vorher auseinandergelebt. Sie trennten sich 1926, und Karen Horney nahm mit ihren Töchtern eine mehr im Zentrum von Berlin gelegene Wohnung.

Von den bereits erwähnten Studien zur Psychologie der Frau seien hier nur die wichtigsten genannt. Es sind dies: *Beiträge zum weiblichen Kastrationskomplex* (1912); *Zur Genese des weiblichen Kastrationskomplexes* (1923); *Der Männlichkeitskomplex der Frau* (1927). In diesen Aufsätzen versucht sich Horney sachte von der orthodoxen Psychoanalyse zu emanzipieren. Aber noch war sie nicht so weit, eine gedankliche Alternative zur Freudschen Lehre zu sehen. Sie war fest integriert in der Berliner Psychoanalytikergruppe. Zu ihren Freunden zählten damals Ernst Simmel, Siegfried Bernfeld, Georg Groddeck, Erich Fromm u. a. m.

1932 verließ Horney Deutschland und arbeitete zunächst in Chicago mit Franz Alexander zusammen. Bald darauf schloß sie sich den New Yorkern Psychoanalytikern an. Unter diesen standen ihr besonders nahe H. S. Sullivan, Clara Thompson, W. Silverberg, Erich Fromm. Die Erfahrungen und Erlebnisse im neuartigen kulturellen Milieu der USA verhalfen ihr wesentlich zur Klärung ihres eigenen Standpunktes. Schon 1937 kam ihr erstes grundlegendes Buch unter dem Titel *Der neurotische Mensch unserer Zeit* heraus. 1939 folgte *Neue Wege in der Psychoanalyse*. Beide Texte hatten großen literarischen Erfolg. Um Horney sammelte sich bald eine Clique, die sich im New Yorker psychoanalytischen Institut zu isolieren begann.

Die linientreuen Freudschüler fühlten sich unbehaglich in der Zusammenarbeit mit Horney, von deren abweichenden Auffassungen sie meinten, sie würden die Ausbildungskandidaten desorientieren. Es kam zu einem dramatischen Ausscheiden des Horneyflügels; 1941 gründete Horney zusammen mit Fromm, Sullivan, Clara Thompson u. a. die „Association for the Advancement of Psychoanalysis." Zum Freundeskreis in dieser Epoche ihres Lebens gehörten außer den bereits Genannten noch Margaret Mead, Ruth Benedict, A. Kardiner, A. Maslow und Paul Tillich. Diese Assoziation erlebte zwei produktive Jahre, zerbrach dann aber doch auch an Rivalitätskämpfen. Fromm, Sullivan und Thompson gingen ihre eigenen Wege; Horney, die bereits eine der bekanntesten amerikanischen Psychoanalytikerinnen war, schuf sich ein eigenes Institut, das ganz nach ihren Richtlinien arbeitete.

1942 veröffentlichte sie ihr Buch *Selbstanalyse*. Sie lehrte am „American Institute for Psychoanalysis" und bildete viele junge Psychoanalytiker heran. 1945 erschien *Unsere inneren Konflikte*. Aber auch in ihrer eigenen Schülergruppe blieben ihr Konflikte nicht erspart. Es kam zu Spaltungen, wie man überhaupt die Geschichte der Tiefenpsychologie als eine Geschichte fortlaufender Schismen beschreiben kann.

Seit 1950 begann Horney zu kränkeln, ohne daß eine eigentliche Krankheit festgestellt werden konnte. In jenem Jahr erschien ihr Buch *Neurose und menschliches Wachstum,* das von vielen für ihr Meisterwerk gehalten wird. Aber zu jenem Zeitpunkt war Horney bereits innerlich vereinsamt und abgekämpft; ein Symptom hierfür mag eine gewisse Zuwendung zum Zen-Buddhismus gewesen sein, der ihr durch Daisetz Suzuki nahegebracht wurde. Eine Reise nach Japan im Sommer 1952 weist in dieselbe Richtung. Wenige Monate hernach wurde bei Horney ein Primärkrebs der Gallenwege in der Leber diagnostiziert. Sie erlag dieser Krankheit am 4. Dezember 1952 in New York.

Von der Theorie der Weiblichkeit zur Kritik der Psychoanalyse

Die Psychoanalyse war und ist eine patriarchalische Psychologie. Das kommt deutlich in Freuds Äußerungen über die Psyche der Frau zum Vorschein; er hat sich auch mehrfach explizit zur Theorie der Weiblichkeit geäußert, so z. B. in *Über die weibliche Sexualität* (1931) und *Die Weiblichkeit* (1933). Merkwürdigerweise haben fast alle Psychoanalytikerinnen keinen Anstoß an Freuds Patriarchalismus genommen. Sie unterwarfen sich willig den Vorurteilen, die in unserer Kultur seit Jahrtausenden gängig sind. Horney war aber nicht geneigt, dieses Spiel mitzumachen. Sie empörte sich dagegen, jene Beschimpfungen zu akzeptieren, die in der imponierenden Sprache der Wissenschaft formuliert wurden; hieß es doch bei Freud mit schlichter Selbstverständlichkeit, daß die Frau von ihrem Wesen her infantil, masochistisch und narzißtisch sei.

Als Urtatsache des weiblichen Seelenlebens fand Freud den Kastrationskomplex, der mit einem ausgeprägten „Penisneid" verbunden ist. In der Zeit der kindlichen Sexualforschung (phallische Phase) könne das Mädchen nicht umhin, den anatomischen Unterschied zwischen Mann und Frau festzustellen. Es glaube sich dabei um ein wichtiges Organ verkürzt, und es kann sich den Penismangel nur so erklären, als ob ihm irgendwann ein organischer Schaden zugefügt worden sei. Daraus leite es dann seine eigene Unterlegenheit und die Überlegenheit aller Männer ab. Das hat weitreichende Folgen für die gesamtpsychische Entwicklung. Freud ist sehr pessimistisch bezüglich der menschlichen Entfaltungschancen der Frau. Diese komme nie über den Ödipuskomplex hinaus, gelange kaum je zu einer wesentlichen Überich-Bildung und bleibe in der Regel in charakterlichen und sexuellen Entwicklungskomplikationen gefangen. Freud beschreibt die Folgen des weiblichen Kastrationskomplexes in drei Varianten (GW, Bd. XV, Seite 522):

Die erste führt zur allgemeinen Abwendung von der Sexualität. Das kleine Weib, durch den Vergleich mit dem Knaben geschreckt, wird mit seiner Klitoris unzufrieden, verzichtet auf seine phallische Betätigung und damit auf die Sexualität überhaupt wie auf ein gutes Stück seiner Männlichkeit auf anderen Gebieten. Die zweite Richtung hält in trotziger Selbstbehauptung an der bedrohten Männlichkeit fest; die Hoffnung, noch einmal einen Penis zu bekommen, bleibt bis in unglaublich späte Zeiten aufrecht, wird zum Lebenszweck erhoben, und die Phantasie, trotz alledem ein Mann zu sein, bleibt oft gestaltend für lange Lebensperioden. Auch dieser ‚Männlichkeitskomplex' des Weibes kann in manifest homosexuelle Objektwahl ausgehen. Erst eine dritte, recht umwegige Entwicklung mündet in die normal weibliche Endgestaltung aus, die den Vater als Objekt nimmt und so die weibliche Form des Ödipuskomplexes findet.

Sieht man von der schwerfälligen psychoanalytischen Fachsprache ab, in der diese Charakterisierungen abgefaßt sind, dann ist es kaum zu übersehen, daß hier die männliche Seelenentwicklung als der Normalfall betrachtet wird, indes die weibliche Psychologie mit pathologischen Kategorien erörtert wird. Freud versteigt sich sogar gelegentlich zum Kommentar, daß „das kleine Mädchen ein kleiner Mann sei" (Bd. XV, S. 126). Das halte allerdings nur bis in den Zeitraum der ödipalen Phase vor. Schon vorher komme es beim Mädchen zur katastrophalen Diagnose des „Penismangels", der mit intensiven Ressentiments gegen die Mutter verbunden ist: Das Kind könne sich sein anatomisches Defizit nur so erklären, als ob es von der Mutter in entscheidender Weise benachteiligt worden sei. Es werte daher die Mutter ab und stelle den Vater auf ein imaginäres Podest. Alle weiblichen Minderwertigkeitsgefühle führt Freud auf diese Konstellation zurück. Später im Leben könne der Penismangel allenfalls durch Ausbildung der sekundären Geschlechtsmerkmale, durch die Erlangung von körperlicher Schönheit, durch die Eroberung eines Mannes und durch die Geburt eines – wenn möglich männlichen – Kindes ausgeglichen werden.

Helene Deutsch, eine prominente Freudschülerin aus Wien, hat die psychoanalytischen Invektiven gegen die Frau noch etwas radikalisiert. In ihrer zweibändigen *Psychologie der Frau* (1944/45) wiederholt sie die Freudsche These vom weiblichen Infantilismus, Narzißmus und Masochismus. Im letzteren sieht sie geradezu die Elementarkraft des weiblichen Seelenlebens. Ihrer Auffassung nach will die Frau beim Geschlechtsverkehr unterjocht und gedemütigt werden; sie nähre auch immer masochistische Phantasien anläßlich der Menstruation, der Geburt und des Aufziehens von Kindern. Besonders die Mutterschaft sei ein spezifisch masochistisches Phänomen.

Horney war nicht bereit, solchen offenkundigen Patriarchalismus widerstandslos zu übernehmen. Es war offenbar genug gesunder Menschenverstand in ihr vorhanden, um die Kulturbedingtheit dieser „weiblichen Untugenden" zu sehen. Überdies gab es ausreichend Vorläufer auf diesem Gebiet, die den Zusammenhang zwischen den seelischen Fehlentwicklungen der Frau und ihrer sozialen und kulturellen Stellung hervorgehoben haben. Schon vor der Jahrhundertwende war das Buch des Sozialistenführers August Bebel *Die Frau und der Sozialismus* erschienen. Darin wurden die Frauen mit den Proletariern verglichen; in Bebels Sicht war ihre Position sogar noch benachteiligter als die des Arbeiters, der immerhin auch inmitten der Verelendung noch die patriarchalischen Vorrechte für sich beanspruchen darf.

Innerhalb der Tiefenpsychologie hat Alfred Adler schon seit 1912 alle Minderwertigkeitsgefühle der Frau mit der männlichen Vorherrschaft in Gesellschaft und Kultur in Verbindung gebracht. Er diagnostizierte bei beiden Geschlechtern ein Macht- und Geltungsstreben in Form des sogenannten „männlichen Protestes"; jede Frau im Patriarchat möchte bewußt oder unbewußt lieber ein Mann sein, aber nur wenige neurotische Männer werden den Wunsch in sich verspüren, lieber zum weiblichen Geschlecht überzuwechseln. Adlers Individualpsychologie sah in der Gleichwertigkeit und Gleichberechtigung der Frau eine der wichtigsten Voraussetzungen für eine allgemeine psychische Hygiene.

Horney bezweifelt nicht, daß Freuds Lehre vom Infantilismus, Masochismus und Narzißmus der Frau eine empirische Basis besitzt. Tatsächlich werden die Frauen in der Männerkultur eher zur Kindlichkeit neigen, denn man erzieht sie suggestiv in dieser Richtung. Wenn die Frau von Kindheit an zutiefst vom Gefühl der eigenen Geringwertigkeit durchdrungen ist, dann kann sie kaum geneigt sein, die Verantwortung für sich selbst und die Welt zu übernehmen. Der Mann im Patriarchat bevorzugt regelrecht die „Kindfrau", weil diese seinen Überlegenheitsvorstellungen schmeichelt. So müssen die Frauen, um den Männern zu gefallen, auf das eigene Erwachsensein und -werden verzichten; daraus entsteht ein tragischer Konflikt zwischen Geliebt-sein-Wollen und Emanzipation der Persönlichkeit. Ibsen hat dieses Problem in *Nora oder ein Puppenheim* tiefgründig diskutiert und schon vor 1900 ins Bewußtsein gehoben.

Auch der Masochismus der Frau ist zweifelsohne kulturbedingt. Masochismus ist nicht einfach „Lust am Leiden"; es ist viel eher die Angst vor Liebesverlust, die den Hang zur Unterwürfigkeit, zur Unauffälligkeit und Unscheinbarkeit hervortreibt. Der Masochist und die Masochistin sind ängstliche Menschen, die nach Sicherheit unter dem Schutz eines mächtigeren und eventuell auch gewalttätigen Partners suchen. Aber die Gewalttätigkeit ist nicht eigentlich das Ziel ihrer Wünsche; sie wird lediglich in Kauf genommen, da masochistische Menschen macht- und autoritätsgläubig sind und unter Umständen Brutalität als Stärke mißverstehen. Im übrigen sind sie selbst auch nicht wenig machtlüstern; denn der Masochist spürt ganz gut, daß sein sadistischer Partner auch von ihm abhängig wird und auf Umwegen beeinflußt und gelenkt werden kann. Es ist merkwürdig, daß Freud und die Psychoanalytiker nicht beachtet haben, wie sehr Erziehung und Gesellschaftsordnung die Frau in den Masochismus hineindrängen. Selbst Goethes Iphigenie, die die reinste Humanität verkünden soll, spricht den vielfach zitierten Satz: „Dienen lerne das Weib, denn durch Dienen gelangt sie zur Herrschaft."

Dasselbe gilt für den oft gelästerten Narzißmus der Frau. Er wird gezüchtet durch die unterschiedliche Behandlung der Mädchen und Knaben in der Kindheit, durch das Vorbild der Mütter, durch die Erschwerung von Berufskarrieren für Frauen usw. Ein Geschlecht, daß sich nicht in erster Linie durch Handlungen und Wertverwirklichungen bestätigen kann, ist nolens volens auf den eigenen Körper als zentrale Tatsache seiner Existenz verwiesen. Schönheit, Jugend und Anmut des Leibes sind die wichtigsten und wertvollsten „Betriebskapitalien" der Frau. Durch sie kann sie Geltung und Ansehen erlangen und gesellschaftliche Erfolge bewirken.

Alle psychoanalytischen Metaphern, die zum Beispiel den weiblichen Busen, das Kind und den erfolgreichen Gatten als „Penisersatz für die Frau" würdigen, sind durchdrungen von der patriarchalischen Vorurteilsstruktur und definieren unwillkürlich die Frauen als das „andere Geschlecht" (Simone de Beauvoir), welches von vornehercin durch einen Mangel charakterisiert wiid. So dachten allerdings schon die alten Griechen und die frommen Kirchenväter; Aristoteles etwa beschreibt die Frau als einen „unvollkommenen Mann", und Thomas von Aquino hat als maßgeblicher Kirchenlehrer die große Weisheit kolportiert, man könne die Frau im gewissen Sinne „nur durch ihre Mängel definieren". Es wäre erheiternd, wenn es nicht traurig wäre, daß der Atheist und Kirchenfeind Sigmund Freud angesichts der Frauenfrage mit den christlichen Mönchen, Büßern und Asketen in einem Boot sitzt. Vor allem vom Christentum her ist eine trübe Flut von gefährlichen Fehlurteilen in die abendländische Kultur eingeströmt; man denke etwa nur an den Mythos vom Sündenfall, an die Hexenverbrennungen des Mittelalters und die politische und soziale Deklassierung der Frau bis in die unmittelbare Gegenwart hinein. Sogar Wissenschaft und Literatur haben sich an dieser Verfemung beteiligt. Schopenhauer, Strindberg, Möbius, Weininger und viele andere haben die „Misogynie" (Frauenfeindschaft) in den Rang einer fragwürdigen Ideologie erhoben. Daß Freud auf ihren Spuren folgt, ist unter anderem auch daraus ersichtlich, daß er und die Psychoanalytiker konsequent immer vom „Weibe" reden.

Horneys Abhandlungen über die Theorie der Weiblichkeit sind eine ausgezeichnete Kritik an den diesbezüglichen Einseitigkeiten der Psychoanalyse; sie wurden unter dem Titel *Die Psychologie der Frau* (1967; dt 1977) in einem Sammelband dem Lesepublikum zugänglich gemacht.

Der neurotische Mensch unserer Zeit

Als Alfred Adler bei Gelegenheit über sein Verhältnis zur Psychoanalyse befragt wurde, antwortete er darauf etwas schelmisch: „Ich bin der Gefangene, der sie nicht losläßt." Damit verwies er auf einen Witz, den man in Österreich zur Zeit des ersten Weltkrieges erzählte. Ein österreichischer Soldat hatte unweit des Schützengrabens einen feindlichen Soldaten überwältigt. Er rief: „Herr Leutnant, ich habe einen Gefangenen gemacht". Darauf der Leutnant: „Es ist gut. Bringen Sie ihn her." Und der Soldat: „Ich kann nicht. Er läßt mich nicht los." Ähnlich glossierte Adler seine Beziehung zu den Psychoanalytikern, wenn er meinte, daß diese sich mit „rasender Geschwindigkeit" auf seine Theorien zubewegten, allerdings die meisten seiner Funde mit einer anderen Nomenklatur versahen.

Daran fühlt man sich erinnert, wenn man das genannte Buch von Karen Horney zur Hand nimmt, das eine glanzvoll formulierte allgemeine Neurosenlehre bietet. Die spezielle Neurosenlehre befaßt sich mit dem Eigentümlichkeiten der einzelnen Neurosenarten, wie etwa Hysterie, Zwangsneurose, Angstneurose und Depressionen; die allgemeine Neurosenlehre sieht von den Unterschieden bei diesen psychischen Erkrankungen ab und beschreibt den neurotischen Menschentypus überhaupt. Horney war eine ausgezeichnete Beobachterin, und so konnte sie das Erscheinungsbild des neurotischen Menschen vortrefflich skizzieren. Sie strebt dabei eine Revision der orthodoxen Psychoanalyse an, wobei sie sich auf Freud bezieht, dessen Konzepte sie umformuliert.

Ähnlich wie Adler geht es ihr um den „neurotischen Charakter", der für sie im Zentrum der Betrachtungen steht. Wer neurotisch ist, hat eindrückliche Charakterdeformationen, aus denen die ganze Fülle der Symptome hervorzugehen pflegt. Symptome sind aber keineswegs notwendig für eine Neurose; es gibt symptomarme und symptomlose Neurosen, die mindestens so gravierend sein können wie jene Krankheiten, die durch auffällige Zwangshandlungen, hysterische Anfälle oder Angstzustände imponieren. Die Charakteranalyse des Neurotikers ist theoretisch und praktisch von weittragender Bedeutung.

Horney hebt hervor, daß die Übergänge zwischen „normal" und „neurotisch" fließend sind. Man findet ähnliche Einstellungen und Haltungen bei seelisch gesunden und kranken Menschen; aber das Neurotische fällt auf durch Starrheit der Reaktionen und auch dadurch, daß es die Entfaltung des Menschen ernstlich behindert. Sigmund Freud suchte einen Zugang zur Neurosentheorie, indem er alle seine Beobachtungen und Erfahrungen auf das bekannte Libidokonzept bezog. Damit wurde die Neurose hauptsächlich zu einer „triebhaften Angelegenheit"; Horney meint aber, daß das Sexuelle immer nur einen Teil der Neurose ausmache und niemals deren Fundament bedeute. Im Mittelpunkt jeder neurotischen Störung finden wir Gefühls- und Charakteranomalien, die zu beschreiben hohe Kunst der „phänomenologischen Forschung" ist.

Adlers Ausgangspunkt in der Neurosenlehre war der Befund, daß seelisch kranke Menschen unter Minderwertigkeitsgefühlen leiden, die sich zu einem Minderwertigkeitskomplex verdichten können. Horney sagt prinzipiell dasselbe, wenn sie beim Neurotiker eine wesentlich gesteigerte „Grundangst" konstatiert. Angst ist nicht dasselbe wie Furcht. Furcht hat in der Regel einen konkreten Anlaß und hält sich ungefähr in jenen Grenzen, die durch das Ausmaß der wirklichen Gefahr gegeben sind. Angst jedoch kommt von innen, ist irrational und führt zu einem quälenden Gefühl des Ausgeliefertseins. Neurotiker haben infolge unglückseliger Kindheitserlebnisse zu wenig Geborgenheitserfahrung in ihrer Welt. Daher sind sie ständig durch Angst in Atem gehalten und müssen versuchen, sich mit ihr zu arrangieren. Alle dabei entstehenden Symptome sind entweder unmittelbarer Ausdruck der Angst oder ein Versuch von deren Abwehr; ähnlich argumentieren alle Neopsychoanalytiker, ob sie nun von „Hemmungen" (H. Schultz-Hencke), „Furcht vor der Freiheit" (E. Fromm) oder „Wahrnehmungsverzerrungen" (H. S. Sullivan) sprechen.

Entscheidend ist natürlich die Frage, wie es zu einer gesteigerten Grundangst kommt. Freud hat bekanntlich mehrere Angsttheorien vorgelegt. Anfänglich meinte er, daß nicht zur Abfuhr gelangte sexuelle Erregung die Ursache der Angst sei (Aktualneurose). Später betonte er mehr die seelischen Angstbedingungen. 1926 sprach er von der „Kastrationsangst" als der hauptsächlichen Quelle aller Verängstigungen im Leben des Normalen und des Neurotikers. Damit wurde die Ödipussituation zum Schlüssel für jegliches Angstverständnis. Das Kind, das mit dem gleichgeschlechtlichen Elternteil in einen grundlegenden Konflikt gerät und den andersgeschlechtlichen Elternteil in irgendeiner Form begehrt, fürchtet Repressalien und Beeinträchtigungen: Jede Angst ist in diesem Sinne eine Verlustangst, und die sogenannte Kastration bezeichnet nur symbolisch die Einschränkung von Freiheit und Integrität.

Horney hält den Ödipuskomplex nicht für eine Naturgegebenheit beim Menschen, sondern für ein Kunstprodukt bestimmter kultureller Verhältnisse und auch erzieherischer Fehlhaltungen. Als Ursprung der Angst sieht sie ungünstige Erziehungsweisen wie etwa Verwöhnung, Härte und Strenge oder Lieblosigkeit. Wo immer die notwendige Geborgenheit fehlt, bleibt das Kind heimatlos und hat Angst in bezug auf die Welt und die Mitmenschen. Sehr oft entwickelt sich Feindseligkeit als eine kompensatorische Angstabwehr. Dabei ergibt sich meistens ein Teufelskreis; verstärkte Angst macht aggressiv, und die eigene Feindseligkeit läßt erwarten, daß auch die anderen negativ auf uns reagieren werden: so wird zusätzliche Verängstigung hervorgerufen. Viele Charakterzüge werden eigens entwickelt, um die Angst in Schach zu halten. Horney gruppiert die seelischen Phänomene in vier Gruppen, die das betroffene Individuum vor dem Angstaffekt schützen sollen; es sind dies zwanghafte Suche nach Liebe, Formen der Unterwürfigkeit, Machtstreben und Distanzhaltung.

In fast allen Neurosen findet man ein buntes Gemisch dieser vier Abwehrtendenzen. Aus ihnen entspringt das Leiden des Neurotikers an sich selbst und der Umwelt; das Sexuelle ordnet sich diesen Charakterhaltungen sinngemäß ein, hat aber niemals den Rang einer ursprünglichen Kausalität. Ähnlich wie Adler erklärt Horney, daß man genau jenen Sexualmodus aufweist, der der Durchsetzung der charakterlichen Grundstrebungen dient; die Libido ist keine faktisch gegebene Naturkraft, mit der man rechnen kann, sondern aufgepeitschtes oder gedrosseltes Bedürfnis, das je nach Lebensplan und Situation an- und abgestellt werden kann.

Überhaupt geht es in der Neurose nicht so sehr um Lustgewinn als vielmehr um Sicherheit. Wer Angst hat, will in erster Linie nicht unterliegen oder zugrunde gehen. Daher ist das Sicherheitsbedürfnis in jedem psychopathologischen Zustand enorm. Man kann sogar sagen, daß es das Liebesverhalten, das Sich-Unterwerfen, die Machtgier und die Flucht vor Menschen und Problemen bedingt. Um sich sicher fühlen zu können, muß der Neurotiker eng gefaßte Spielregeln wählen, die ihm vertraut sind und die ihm gestatten, sein Leben unter Kontrolle zu halten. Daraus erwachsen vermutlich auch die bereits weiter oben erwähnte Starrheit seiner Reaktionen und das Zurückbleiben hinter seinen wahren Möglichkeiten. Denn um die Chancen des Lebens zu nützen, muß man für sie offen sein; Angst aber ist eine Weise des Verschlossenseins, und in ihrem Bereich gibt es meistens nur Stagnation.

Schon Alfred Adler war aufgefallen, daß der Neurotiker ausgeprägte Charakterzüge hat, die seinem Geltungswunsch dienen und ihm Unterlegenheit ersparen sollen. Horney beschreibt sehr eindrücklich den neurotischen Ehrgeiz, den Neid, die Überempfindlichkeit, die Habgier, die Schüchternheit, die Eitelkeit usw. Meistens nennt man solche Charaktereigenschaften beim Namen, ohne sich darüber Rechenschaft abzulegen, daß sie „strukturelle Gebilde" sind; sie bestehen aus zahlreichen seelischen Elementen, die man deutlich machen muß, wenn man den Sinn der Charaktereigentümlichkeit begreifen will. Horney leistet Beträchtliches in der Analyse der erwähnten Charakterstrukturen. Bedauerlich ist, daß sie Mühe darin hat, Adler als einen Vorläufer dieser „Charakteranalyse" anzuerkennen. Sie sagt bloß auf S. 118:

Es ist das Verdienst Alfred Adlers, die Wichtigkeit dieser Bestrebungen, die Rolle, die sie in neurotischen Manifestationen spielen, und die Masken, unter denen sie auftreten, gesehen und betont zu haben. Adler nimmt jedoch an, daß diese Bestrebungen die vorherrschenden Züge in der menschlichen Natur seien und keine Erklärung ihrer Existenz erfordern, daß sie bei Neurotikern in intensivierter Form vorkommen, führt er auf Inferioritätsgefühle und körperliche Unzulänglichkeiten zurück.

Dieses Zitat bezieht sich auf das Streben nach Macht, Ansehen und Besitz, was Adler unter dem Titel „Geltungsbedürfnis" zusammenzufassen pflegte. In einer Fußnote behauptet Horney, daß Adler ein Gefolgsmann von Nietzsche gewesen sei – etwas, das in dieser Weise kaum bewiesen werden kann. Denn für Adler war der Mensch in erster Linie ein soziales Lebewesen; Machtgier galt ihm als pathologische Entartung, als Reaktion auf unerträgliche Angst oder Minderwertigkeitsgefühle.

Nach dieser Abwertung von Adler fährt Horney damit fort, in seinem Sinne die Persönlichkeit des Neurotikers zu schildern. Sie diagnostiziert wie er ein erhebliches Konkurrenzbedürfnis im neurotischen Menschen, das ihn dazu drängt, sich immer und überall mit anderen zu vergleichen. Dieser Ehrgeiz stammt aus der verzärtelnden Erziehung, innerhalb welcher der spätere Patient eine Prinzenrolle spielen durfte oder sich doch in eine solche phantasiemäßig selbst hineinsteigerte. Die Gottähnlichkeitswünsche solcher Charaktere können kaum groß genug gedacht werden. Sie führen auch dazu, daß sie in der psychotherapeutischen Behandlung unter Umständen dem Analytiker keinen Erfolg gönnen, weil dies in ihren Augen eine Überlegenheit seinerseits wäre. Aus zwanghafter Rivalität kann demnach der Patient die eigene Heilung sabotieren, denn er steht unter dem Bann absoluter Autonomievorstellungen.

Selbst in die Beziehungen der Geschlechter fließt neurotisches Konkurrenzbedürfnis ein und verunmöglicht liebende Kooperation und Kommunikation. Die Liebe ist sehr anfällig für Störungen durch neurotische Charakterzüge, was sich allemal auch auf die Sexualität auswirkt.

Ebenfalls wie Adler notiert Horney den „zitternden Ehrgeiz" des Neurotikers, der oft seine Erfolge vereitelt, weil er prinzipiell vor Wettbewerben zurückweicht. Solche Menschen stehen sich irgendwie selbst im Wege; einerseits wollen sie andere überragen, aber andererseits fürchten sie die Isolierung des Erfolgreichen, der allenfalls Neid und Erbitterung auf sich zieht. Aus dieser Ambivalenz heraus kann sich der neurotische Mensch nicht zwischen Macht und Liebe entscheiden; weil er beides will, erreicht er nicht selten wenig oder gar nichts.

Ein sehr aufschlußreiches Kapitel ihres Buches widmet Horney den neurotischen Schuldgefühlen. Diese wurden von der Psychoanalyse ihrer Meinung nach mißdeutet; Freud z. B. sprach von verinnerlichter Aggression, von übersteigerter Überich-Reaktion oder gar von Neigungen zur Selbstdestruktion. Horney, die schärfer beobachtete, sah in vielen neurotischen Selbstvorwürfen Scheinmanöver, die im Grunde nichts mit Ethik und Moral zu tun haben. Man kann Schuldgefühle zum Ausdruck bringen, um in einer moralisierenden Umgebung als großer Selbstkritiker dazustehen. Auch entwaffnet man die Kritik der anderen, wenn man selbst schon auf sich herumhackt und sich kleinmacht; meistens fühlen sich dann die Mitmenschen genötigt, ihr zerknirschtes Gegenüber moralisch aufzurichten und zu loben. Des weiteren sind neurotische Schuldgefühle eine Abwehr der Furcht vor Mißbilligung. Man darf sie nicht isoliert sehen, sondern als Elemente des neurotischen

Lebensplanes, der einer gewissen Egozentrizität nie entbehrt. Schon Nietzsche und Freud ahnten in den Selbstanklagen mancher Menschen eine versteckte Aggression gegen ihre Umgebung.

Auch der Masochismus des Neurotikers ist kein isolierbares Phänomen. Er ist nicht triebhaft und enthält per se auch keine „libidinöse Befriedigung". Eher kann man schon annehmen, daß er zu den Kriegskosten gehört, die der Neurotiker zu zahlen bereit ist, um sich den für ihn zu schwierigen Lebensanforderungen zu entziehen.

Mit einer vagen Kulturkritik beendet Horney diesen Band, der weit mehr Individualpsychologie als Psychoanalyse enthält, so daß man an die Äußerung eines amerikanischen Kritikers erinnert wird, welcher schrieb: „Karen Horney hat wieder einmal ein wunderbares Buch von Alfred Adler geschrieben."

Neue Wege in der Psychoanalyse

Nachdem Horney ihren Emanzipationsprozeß von der orthodoxen Psychoanalyse mit ihren Abhandlungen über die „Psychologie der Weiblichkeit" und mit ihrem Buch über „Die neurotische Persönlichkeit unserer Zeit" begonnen hatte, setzte sie ihn sehr erfolgreich in *Neue Wege in der Psychoanalyse* (1939) fort. Dieser Text ist eine überaus sorgfältige Diskussion der Frage, was hinsichtlich Theorie und Praxis noch „tot oder lebendig in der Psychoanalyse" sei. Horney anerkennt durchaus Freuds überragende Forscherqualitäten, fühlt sich aber keineswegs verpflichtet, seine Lehren als Dogma zu übernehmen. Was sie an Einwänden gegen fast alle „heiligen Kühe der Psychoanalytiker" vorzubringen hat, ist großenteils sehr überzeugend. Bedauerlich ist nur, daß sie ihre Vorläufer im Bereiche dieser Kritik nicht genügend würdigt. Wohl erwähnt sie im Vorwort, daß sie Schultz-Hencke und Wilhelm Reich in mancher Hinsicht verpflichtet sei; auch Horkheimer und Erich Fromm werden dankbar genannt. Aber Alfred Adler, C. G. Jung, Fritz Künkel, Otto Rank und manche andere werden an entscheidenden Textstellen nur mit Fußnoten berücksichtigt, wobei jedes Mal auch einschränkende Kommentare zum allfälligen Lob beigefügt werden. Es war offenbar Horney nicht gegeben, ihren Vorgängern im vollen Maße Tribut zu entrichten; vermutlich wollte sie selbst als der bedeutende Reformator der Psychoanalyse dastehen. Sieht man von dieser Kleinlichkeit und Unkollegialität ab, dann kann man durchaus zugeben, daß *Neue Wege in der Psychoanalyse* ein großer Wurf ist.

Ist es eine Revolution oder Revision in der Tiefenpsychologie? Herbert Marcuse war der Meinung, die Bemühungen von Horney, Fromm und Sullivan seien mit jener Tendenz im Marxismus zu vergleichen, die das radikale Marxsche Denken im Sinne der deutschen Sozialdemokratie abgeschwächt und verwässert habe – man erinnert in diesem Zusammenhang an den deutschen Sozialdemokraten Eduard Bernstein, der ein Prototyp dieses „Revisionismus" war. So werden auch Horneys Auffassungen bei Marcuse als „revisionistische" Schmalspur-Psychoanalyse abgetan; der Neo-Marxist wirft den Freudkritikern vor, sie hätten eine „affirmative" Abwandlung des Freudianismus geschaffen, nämlich eine Psychologie und eine Therapie, die die nahtlose Einfügung des neurotischen Menschen in die bestehende Gesellschaftsordnung anstrebe.

Dieses Argument sei vorerst dahingestellt; es ist eine politische Argumentation, die von einem Standpunkt ausgeht, der selbst kritische Überprüfung benötigt. Aber der Tiefenpsychologe wird doch manches revolutionäre Element in Horneys Psychoanalyse-Kritik nicht übersehen. Sie legt gleichsam alle Freudschen Konzepte auf die Goldwaage, und man kann sagen, daß sie in der Kunst des Wägens und Abwägens recht souverän anmutet.

Ein erster Angriffspunkt ist die Libidotheorie. Sie ist schon von Alfred Adler, C. G. Jung und Harald Schultz-Hencke in ihrem Wert massiv angezweifelt worden. Das Konzept der Libido als einer allgemeinen psychischen Energie mit sexueller Tönung ist von Freud aus dem physikalischen Weltbild seiner Epoche übernommen worden. Für die Physik jener Zeit erwies es sich als sehr hilfreich, tausendfältige Phänomene der Natur auf die ihnen zugrundeliegende elektromagnetische Energie zu beziehen. Es ist aber sehr fraglich, ob derlei auch in der Sphäre des Psychischen sinnvoll und nützlich ist. Ein psychischer Energetismus führt zu Konstrukten, die in keiner Weise verifizierbar sind. Es läßt sich auch kaum nachweisen, daß in der Seele Energiebeträge verschoben, sublimiert und transformiert werden. Das ist nur eine Bildersprache, die das Prestige der physikalischen Wissenschaft entlehnt, um sich eine Exaktheit zu erschleichen, die es in der Psychologie nicht gibt.

Freud wurde zur Libidotherorie verleitet, weil er als Grundkraft des Psychischen einen ziemlich weit aufgefaßten Sexualtrieb angenommen hatte. Auch das war ein Relikt des 19. Jahrhunderts. Darwins Evolutionslehre hatte die Abstammung des Menschen aus dem Tierreich ziemlich einwandfrei erwiesen. Wenn nun der Mensch ein tierähnliches Wesen sein soll, dann muß die Psyche auch „biologischer Natur" sein. Da drängt sich der Trieb als Hauptmotor des Seelenlebens auf; Seeli-

sches und Geistiges wird dementsprechend als zielgehemmte oder sublimierte Triebhaftigkeit definiert. Besondere Opposition erregte der angebliche „Pansexualismus" Freuds; in diesem war inbegriffen, daß alle
Lust per se Sexuallust sei. Die Psychoanalytiker haben zwar zu ihrer
Verteidigung angeführt, daß Freud immer von einem Dualismus der
Seelenkräfte ausgegangen sei; am Anfang habe er den Sexualtrieben die
nichtsexuellen Ichtriebe entgegengesetzt. Aber schon in der zweiten
Trieblehre wurden die letzteren der sogenannten „Ichlibido" zugeordnet, so daß in der Einheit von Ich- und Objektlibido ein „homo libidina-
lis" zustande kam.

Horney moniert mit Recht, daß das selige Lächeln des gesättigten
Kindes an der Mutterbrust nicht mit dem lustvollen Entspanntsein des
Erwachsenen nach dem Koitus gleichgesetzt werden kann; auch die
Zufriedenheit nach der Darmentleerung kann nur mit Mühe als „sexu-
elle Erfüllung" gedeutet werden. Die Psychoanalyse begeht hier einen
Denkfehler, den schon Abraham Lincoln bei einem Bauern gemäß
folgender Anekdote sehr treffend korrigierte:

Lincoln fragte den Bauern: „Wie viele Beine hat eine Kuh?" Der Bauer
erwiderte: „Vier." Darauf Lincoln: „Und wenn man den Schwanz der Kuh ein
Bein nennt – wie viele Beine sind es dann?" „Fünf", sagte der Bauer. „Nein",
lautete Lincolns Belehrung, „auch wenn man einen Schwanz ein Bein nennt,
ist es noch lange kein Bein!"

Ähnlich müßte man den Psychoanalytikern zu bedenken geben, daß
orale, anale und „phallische" Funktionslust noch lange nicht „Sexualität" sei, wenn man übereinkommt, derlei „sexuell" zu nennen. Horneys
Einwände gegen diese Ausweitung des Sexualbegriffes stellen eine Um-
formulierung von Kritiken dar, die in gleicher oder ähnlicher Weise von
Adler, Jung und Schultz-Hencke geäußert wurden. Alle diese Autoren
meldeten Skepsis an, als die Psychoanalyse die allgemeine Wißbegierde
von der sexuellen Neugier, die Malkunst von analsexueller „Schmier-
lust", die dichterische Phantasie vom „Voyeurismus", chirurgische Neigungen vom „Sadismus" usw. ableitete. Gewisse Zusammenhänge mögen, vor allem bei sehr schwachen Kulturleistungen auf den genannten
Gebieten, vorhanden sein; aber eine „Stringenz" zu behaupten, ist
sicherlich fabulös.

Auch begeht Freuds Charakterologie den Fehler, neurotische Charakterzüge in der Fixierung oder Regression auf Stadien der prägenitalen Triebentwicklung ursächlich begründet zu sehen; Horney ist mit den
anderen Freudkritikern der Meinung, daß z. B. Verstopfung nicht die

Ursache des Geizes sei, sondern daß eine geizige Mentalität sich im Zurückhalten von Gefühlen, Gedanken – und von Kot ausdrücken könne. Wer generell unter dem Einfluß von Verwöhnung eine „rezeptive Gefühlslage" aufgebaut hat, wird dem Essen und Trinken etwa übermäßig Raum in seinem Leben geben; aber auch dies ist nicht Ursache seiner Rezeptivität, sondern ein „Begleitphänomen".

Auch das Theorem vom Ödipuskomplex ist nach Horney revisionsbedürftig. Es setzt bekanntlich eine spontane sexuelle Zuwendung des Kindes zum andersgeschlechtlichen Elternteil voraus, verbunden mit leidenschaftlicher Rivalität bezüglich des gleichgeschlechtlichen Elternteils. In Freuds dramatisierender Sprache kommt es hierbei zu Beischlaf-, Zeugungs- und Todeswünschen; so gesehen, ist die ödipale Situation enorm krisenhaft, und von ihrer Bewältigung hängt die spätere psychische Gesundheit ab.

Ähnlich wie Adler und Jung ist Horney für eine „Abwiegelung" hinsichtlich des postulierten Ödipusdramas. Sie glaubt, daß sexuelle Empfindungen zwischen Kind und Eltern vorkommen, aber kaum in dem Maße, wie es Freud beschreibt. Sofern dies doch der Fall ist, haben wir es bereits mit einer seelischen Fehlentwicklung zu tun. In der Regel provozieren die Eltern selbst die sexuelle Note im kindlichen Gefühlsleben; übertriebene Zärtlichkeit, eigene verdrängte Sexualwünsche mögen hierbei die Hauptrolle spielen. Oft kommt es zur elterlichen Rivalität bezüglich der Liebe des Kindes. Letzteres spürt den Konflikt bei den Eltern und wird sich unter Umständen zur stärker verwöhnenden Instanz hingezogen fühlen. Die Psychoanalyse sieht in ausgeprägt ödipalen Verstrickungen die Ursache späterer Neurosen; aber nach Horney ist „Ödipalität" bereits Ausdruck einer Kinderneurose, nämlich dafür, daß das Kind seelisch in der Familiensphäre steckengeblieben ist.

Gültig an Freuds diesbezüglichen Konzepten bleibt die These, daß die Kindheitsschicksale für die Zukunft des Menschen maßgebliche Bedeutung besitzen. Aber nicht im Sinne eines „Wiederholungszwanges", der zur gleichsam „mechanischen Wiederholung" von früheren Nöten und Verstrickungen zwingt. Horney sagt mit Recht, daß die Kindheit den Charakter prägt und dieser die Summe aller Sicherheitstendenzen und Reaktionsgewohnheiten beinhaltet, mit denen das Kind und der Heranwachsende Angst abzuwehren pflegen; da diese „Tendenzen" starr und zwanghaft sind, erwecken sie den Eindruck eines „Wiederholungszwanges". Es ist aber für die Therapie günstiger, die innere Dynamik dieser Charaktertendenzen (mit dem sie bedingenden Zentrum in Gestalt der „Grundangst") zu durchleuchten, als sie auf ein Kindheitsschema zurückzuführen: die Gegenwartsanalyse ist demnach wichtiger als die Rekonstruktion der Vergangenheit. Auch hier wird ein Dogma der Psychoanalyse in Frage gestellt. Oft haben die Analytiker im Zuge langwieriger „Vergangenheitserforschung" die aktuelle Situation der Patienten vernachlässigt. Aber der Mensch lebt in der Gegenwart, und aus ihr wachsen seine Freuden und seine Leiden; darum ist es klüger, von ihr in der seelenärztlichen Behandlung zu reden, was natürlich nicht heißt, daß man das Gewesene ausklammern soll.

Ein weiterer Kritikpunkt der „Neopsychoanalytiker" ist die Freudsche „Narzißmustheorie". Darin wird ausgesagt, daß der Mensch ein primär narzißtisches Wesen sei: zunächst sei er in sich selbst verliebt, und die Liebe sei sekundäres Entwicklungsprodukt. Im späteren Leben kann, unter dem Einfluß von Frustrationen und Versagungen, eine Rückkehr zum „infantilen Narzißmus" stattfinden; jede psychische Krankheit hat solche autoerotische, autistische oder narzißtische Ingredienzen, und speziell die Schizophrenie gilt als Krankheit des „Selbstverliebtseins". Im Gegensatz hierzu betont Horney, daß Narzißmus eine Form von Selbsthaß sei. Trostlose Kindheitserlebnisse werfen den Menschen möglicherweise auf sich selbst zurück; er wird dann selbstbezogen und kontaktfeindlich, um weiteren Enttäuschungen vorzubeugen. Hierzu ein aufschlußreiches Zitat von Horney (S. 98):

Freud nimmt an, daß sowohl die normale Selbstachtung wie die Selbstüberhebung narzißtische Phänomene sind, die sich nur quantitativ unterscheiden. Nach meiner Meinung ist diese mangelnde klare Unterscheidung zwischen den beiden Einstellungen zum Ich verwirrend: Der Unterschied zwischen Selbstachtung und Selbstüberhebung ist nicht quantitativer sondern qualitativer Art. Wahre Selbstachtung beruht auf Qualitäten, die jemand tatsächlich besitzt, während bei der seelischen Inflation dem Ich und der Umwelt Eigenschaften oder Taten ohne entsprechende Fundierung präsentiert werden. Falls die übrigen Vorbedingungen gegeben sind, können narzißtische Tendenzen entstehen, sobald die Selbstachtung und andere die individuelle Spontaneität betreffenden Eigenschaften unterdrückt werden. Daher schließen sich Selbstachtung und Selbstüberhebung gegenseitig aus.
Schließlich ist der Narzißmus nicht ein Ausdruck der Eigenliebe, sondern der Entfremdung vom eigenen Ich. Einfacher ausgedrückt, jemand klammert sich deshalb an Illusionen über sich selbst, weil und soweit er sich selbst verloren hat.

Ebenfalls nicht unangefochten bleibt Freuds Idee eines „Todestriebes", der in jedem Menschen angelegt sei und auf Selbstdestruktion oder Destruktion der Umgebung hinarbeite. Mithilfe dieser Lehre wollte Freud einerseits das gewaltige Ausmaß an Aggression im Menschenleben erklären, andererseits wollte er verständlich machen, warum so viele Menschen an Selbstverneinung kränkeln, die bis zur Melancholie und zum Freitod führen kann. Auch hier ist nach Horney Freuds „Triebpsychologie" auf falscher Spur. Gewiß gibt es Aggressionen und Selbstverneinungen, aber diese lassen sich besser aus Sozialisation und Kultureinflüssen herleiten. Würde man bei jedem pathologischen Phänomen einen entsprechenden „Trieb" postulieren, dann verfiele man in den Fehler jenes Kandidaten bei Molière, der auf die Frage, warum Opium einschläfere, die banale Antwort gibt: „Weil es eine einschläfernde Kraft besitzt!" Mit bloßer Nomenklatur erklärt man nichts, und der „Todestrieb" scheint eine „Interpretation durch Namengebung" zu sein.

Des weiteren verfällt der Revision der Begriff der „Übertragung". An sich bedeutet er eine großartige Entdeckung Freuds: Der Begründer der Psychoanalyse sah, daß er die Neurose des Patienten nicht nur aus dessen Schilderungen über sein Leben und allfälligen Beziehungsschwierigkeiten entnehmen konnte, sondern auch aus dessen Verhalten innerhalb der Therapie. Immer ergab sich eine „Übertragungsneurose", d. h. der Analysand demonstrierte ad oculos, wie er menschliche Beziehungen erlebte und gestaltete. Im Kontakt mit dem Therapeuten werden uralte Verhaltens- und Gefühlsmuster „reaktiviert"; der Patient scheint in seinem Gegenüber die Eltern, Lehrer und andere Autoritätspersonen (via Projektion und Wahrnehmungsfälschung) vor sich zu haben. Nur so seien leidenschaftliche Liebes- und Haßreaktionen bezüglich des „neutralen Analytikers" zu begreifen.

Freuds Übertragungsmodell ist hilfreich in der Therapie, aber auch hier spielt ihm das mechanistisch-kausale Denken empfindliche Streiche. Die Analytiker-Analysand-Beziehung ist nicht einfach eine Neuauflage der Eltern-Kind-Beziehung; das würde sie zu einer „Irrealität" machen. In Wirklichkeit stehen sich doch im Therapiegeschehen zwei leibhaftige Menschen gegenüber, die emotional aufeinander bezogen sind. Liebe und Haß in seelenärztlicher Behandlung haben oft ihre Gründe in den vorhandenen oder fehlenden Qualitäten des Therapeuten, im Gelingen oder Mißlingen seines analytischen Eingreifens. Therapie ist nicht Wiederholung der Kindheit, sondern ein neues Kapitel im Leben des Rat- und Hilfesuchenden. Blickt man auf den Charakter des Patienten, dann ist es gar nicht verwunderlich, daß er auch dem Analytiker gegenüber sich so verhält wie im Leben auch; Neurosen sind, wie Horney sagt (S. 169), letzten Endes der Ausdruck von Störungen innerhalb menschlicher Beziehungen; die analytische Beziehung ist eine spezielle Form dieser Beziehungen, und Störungen müssen hier ebenso auftreten wie anderswo; die besonderen Bedingungen, unter denen eine Analyse geleitet wird, ermöglichen es, diese Störungen hier genauer als sonst zu untersuchen und den Patienten von ihrem Vorhandensein und von der Rolle, die sie spielen, zu überzeugen. Wenn die Idee der Übertragung so von dem theoretischen Beiwerk des Wiederholungszwanges gelöst wird, wird sie die Ergebnisse zeitigen, die sie ihrem Gehalt nach zu leisten fähig ist.

Da Freuds Menschenbild „biologistisch" war, konnte er den Zusammenhang zwischen Kultur und Neurosen nicht ausreichend würdigen. Er war zwar ein bedeutender Kulturkritiker, wie wir aus seinen Spätschriften besonders prägnant erfahren. Aber irgendwie erschrak er doch vor den Konsequenzen seiner Erkenntnis; oft finden wir ihn bemüht, für Schäden, die die Kultur an den Individuen anrichtet, letztere bezüglich ihrer „Triebnatur" anzuschuldigen. Dies nahm der Freudschen Psychologie ihren Stachel und machte sie für ideologische Klein- und Spießbürger weitgehend annehmbar.

Auch fehlte Freud trotz seiner Belesenheit das Rüstzeug zu umfassenden Kulturvergleichen. Infolge dessen beschrieb er die „bürgerliche Mentalität" seiner Epoche als „menschliche Natur". Er neigte dazu, die bürgerliche Moral und Ethik absolut zu setzen – nur in ihren Sexualvorschriften attackierte er sie heftig.

Nach Horney ist unsere Kultur in ihrer Widersprüchlichkeit der wahre Urheber der Neurosen. Nicht die Triebausstattung des Menschen, sondern die unmenschlichen Verhältnisse, in die er hineingeboren wird, machen viele Menschen seelisch krank. Tiefenpsychologie muß daher immer in Kulturkritik einmünden. Würden wir in einer Welt der gegenseitigen Hilfe, der Solidarität und der Vernunft leben, dann kämen Ängste und Abwehrmechanismen weniger zum Tragen.

Im Schlußteil ihres Buches wendet sich Horney gegen Freuds Theorie der „Zerlegung der Persönlichkeit in Es, Ich und Überich". Diese Lehre schaffe drei Teiliche, die sich mehr oder minder autonom gegenüberzustehen scheinen und meistens untereinander in Konflikte geraten. Dies seien künstliche Konstrukte; oft habe der Patient ein Interesse daran, solche „Instanzen" zu kreieren oder zu imitieren, um der Verantwortung für sein Tun und Lassen zu entgehen. Was Freud als Überich beschreibt, ist nur ein neurotisches Gewissensphänomen. Das Gewissen des Gesunden ist nicht so hart, zwanghaft und triebunterdrückend. Auch die neurotischen Schuldgefühle dürfe man nicht – wie die orthodo-

xen Psychoanalytiker – allzu wörtlich nehmen. Der Analysand dekla-
miert seine Schuldhaftigkeit, aber meistens ändert er sich nicht; demnach sind die Selbstbeschuldigungen der Depressiven mit Vorsicht zu
genießen; sie sind kein moralisches Phänomen, sondern ethische Spie-
gelfechterei. Oft ist es für den Patienten leichter, im moralischen Sumpf
zu wühlen, als sich zu ändern und sich dem Leben zu stellen.

Kein Wunder, daß nach solchen Darlegungen auch die übliche Therapie der Psychoanalyse von Horney kritisiert wird. Sie ist für kürzere
Analysen, die die Charakterprobleme stärker berücksichtigen als die
Erarbeitung der Kindheitsanamnese. Sie spricht ethischen Beeinflussungen in der Therapie das Wort und plädiert für eine Annäherung des
analytischen Verfahrens an den „gesunden Menschenverstand".

Der präzis und scheinbar nüchtern formulierte Text ist offensichtlich
ein souveränes Werk, eine Überprüfung der Psychoanalyse, wie sie nur
aus vollendeter theoretischer und praktischer Sachkenntnis erfolgen
konnte. Mit „Neue Wege in der Psychoanalyse" hatte sich Horney einen
der vordersten Ränge unter den psychoanalytischen Schriftstellern er-
rungen.

Selbstanalyse

Dieses Buch aus dem Jahre 1942 ist wohl der umstrittenste Text, den
Horney publiziert hat. Es befaßt sich mit der Frage, ob man sich selbst
als Patient „analysieren" könne. Dieses Thema hat die Psychoanalyse
seit ihren Anfängen beschäftigt. Sigmund Freud unternahm bekanntlich
in seinem Werk *Die Traumdeutung* (1900) den heroischen Versuch,
mittels einer Selbstanalyse in die unbewußten Tiefen seiner Persönlichkeit vorzudringen. Er benützte seine eigenen Träume hierbei als Wegweiser; von jedem Traum angeregt, unternahm er weitläufige Exkursio-
nen in die Gefilde der Erinnerung, wobei anhand des Traumgeschehens
längst verklungene Ereignisse seiner Kindheit und Jugend wachgerufen
wurden. Man kann durchaus den Standpunkt vertreten, daß Freud in
Die Traumdeutung eine Art von Autobiographie geschrieben hat, die
ihm zu erhöhter Selbsterkenntnis verhelfen sollte. Denn das gelebte
Leben eines Menschen ist wie ein Spiegel, in dem er sich selbst an-
schauen kann. Freud meinte zwar, er habe dieses Buch geschrieben, um
die Erschütterung zu bewältigen, die durch den Tod seines Vaters (1896)
ausgelöst worden sei; der Tod des Vaters sei „das wichtigste Ereignis im
Leben eines Mannes". Diese These ist, zumindest in Freuds Fall, sehr zu

bezweifeln; Jakob Freud spielte damals im Leben seines Sohnes Sigmund keine große Rolle mehr. Viel eher ist daran zu denken, daß der durch Neurosenbehandlungen innerlich beunruhigte Begründer der Psychoanalyse nach einem Halt in sich selbst suchen mußte; diesen fand er in der Selbstanalyse, in der Erarbeitung der eigenen Lebensgeschichte.

Später, als man im Zuge der Ausbildung von Psychoanalytikern die Forderung nach einer „Lehranalyse" jedes Kandidaten erhob, wurde Freud gelegentlich mit der Frage konfrontiert, wie es denn mit seiner eigenen Lehranalyse stehe. Er pflegte darauf zu antworten, er habe diese in seinem Buch *Die Traumdeutung* absolviert. Wer ein „guter Träumer" sei, könne bei hochentwickelter Redlichkeit und Erkenntnisbemühung die Konturen der eigenen Persönlichkeit für sich selbst sichtbar machen. Nun ist es ziemlich zweifelhaft, ob der Freudsche Selbstversuch als gelungen betrachtet werden darf. Und wenn dies auch der Fall wäre, muß man an das alte lateinische Sprichwort erinnern: Quod licet Jovi, non licet bovi (Was dem Zeus erlaubt ist, ist dem Ochsen nicht gestattet).

Man möge nicht vergessen, daß Freud ein psychologisches Genie war. Bei seiner Selbstanalyse fällt ins Gewicht, daß er nicht ein „Herr Jedermann" war. Er untersuchte die eigene Persönlichkeit mit dem geschulten Scharfsinn eines erfahrenen Wissenschaftlers. Die Kombinatorik, die er hierbei ins Spiel bringt, ist allemal verblüffend. Auch war seine Wahrheitsliebe und Schonungslosigkeit gegen sich selbst weit überdurchschnittlich entwickelt. So konnte er aus seinen Träumen tatsächlich viel Erkenntnismaterial entnehmen. Auch verfügte er über einen gewaltigen wissenschaftlichen Erkenntnisstand, in den er seine Befunde einordnen konnte. Vermutlich entging er so den tausendfältigen Selbsttäuschungen, die bei den Bemühungen von Durchschnittsmenschen am Wege lauern (vgl. dazu Anzieu 1990).

Wie sehr jegliche Selbstanalyse in die Irre gehen kann, sieht man zum Beispiel an dem berühmten Versuch von Rousseau in seinen „Bekenntnissen". Auch Rousseau wollte ganz ehrlich sein, und tatsächlich hat er etwa bezüglich seiner sexuellen Eigenheiten und Perversionen in diesem autobiographischen Text viel gewagt. Und doch muß der kritische Betrachter urteilen, daß die „Bekenntnisse" durchwegs in den Bann von Rousseaus paranoiden Charakter geraten. Sie werden zu einer Anklage- und Verteidigungsschrift, die zeigen soll, wie der Verfasser überall Verfolgungen erlitt und es doch „immer so gut meinte". Die Eitelkeit jedes Menschen ist so penetrant, daß sie in der Regel jeden selbstanalytischen Versuch unterminiert. So wird denn meistens die Selbstanalyse zur kümmerlichen Glorifikation des eigenen Ich; die Schattenseite der Persönlichkeit wird tunlichst ausgespart.

Angesichts dieser Sachlage muß man den Kopf darüber schütteln, daß Horney mit ihrem Buch die Laienwelt dazu ermutigen wollte, „in Selbstanalyse zu machen". Sie war zwar vorsichtig genug, von jedem Selbstanalytiker zu verlangen, daß er zuvor eine fachgerechte psychoanalytische Behandlung haben sollte. Die Selbstanalyse sollte nur in freiwilligen oder erzwungenen Pausen der echten Psychoanalyse stattfinden. Der bereits geschulte Patient sollte in allfälligen Notlagen versuchen, sich selbst auf die Spur oder die Schliche zu kommen. Horney unterscheidet hierbei zwischen gelegentlicher und systematischer Selbstanalyse. Von der letzteren bietet sie den Fall Clare, einer Patientin, die bei ihr in langjähriger Behandlung stand. Clare war offenbar eine Frau, die zu jenem Typus gehörte, den Horney unter dem Titel „das Verlangen nach Liebe" beschrieb. Solche masochistische Menschen neigen dazu, um der Liebe willen, die sie dringend benötigen, sich einem Liebespartner zu unterwerfen, das eigene Ich zu unterdrücken und den eigenen Standpunkt zu verleugnen. Angeblich war Clare in ihren Partnerschaftsschwierigkeiten in der Lage, sich durch systematische Selbstanalyse am eigenen Schopf aus dem Sumpfe ihres Masochismus zu ziehen. Horney empfiehlt regelrecht, daß der Patient in schwierigen Lebenslagen mit dem Bleistift freie Assoziationen aufs Papier werfen soll; dann soll er entschlüsseln, was ihm sein Unbewußtes in dieser Lebenslage mitteilt.

J.-B. Pontalis in seinem Buch *Nach Freud* (1965; dt. 1974) behauptet im Kapitel „Die falschen Wege der Psychoanalyse oder Karen Horneys Kritik an Freud", daß Horneys Anweisung zur Selbstanalyse in merkwürdiger Weise den amerikanischen „Do it yourself-Verfahren" nahekomme. So gebe es in amerikanischen Frauenmagazinen (in den europäischen inzwischen auch schon) eine Reihe von Testfragen, durch die jede Frau feststellen kann, „ob ihr Verlobter neurotisch sei". Die kluge Leserin muß nur das entsprechende Rechteck ankreuzen:

a) Hat er ein (neurotisches) Verlangen nach Beifall?

b) Hat er ein (neurotisches) Geltungsbedürfnis?

c) Ist er gehemmt? Das heißt: fürchtet er, sich festzulegen, Entscheidungen zu treffen, Pläne zu machen?

d) Zeigt er manchmal heftige Aggressivität, oder glaubt er, er werde unterdrückt, was auf das gleiche herauskommt? (Hier wird erklärt, daß die psychischen Phänomene komplex sind.)

e) Und eine Frage, deren Beantwortung freigestellt wird: Wie verhält er sich auf sexuellem Gebiet? (loc. cit. S.177)

Ganz so schlimm steht es bei Horney sicherlich nicht; denn ihr Buch gibt ihr Gelegenheit, sich geistvoll über den analytischen Prozeß zu äußern, den Anteil des Patienten und des Analytikers an der Psychotherapie glanzvoll transparent zu machen. Auch beschreibt sie sehr eingehend die Stadien der analytischen Einsicht und referiert nebenbei ihre eigene Neurosenlehre. Gleichwohl wird es dem Leser unbehaglich, wenn er erfährt, daß Patienten von Horney via Selbstanalyse einen spontan auftretenden funktionellen Kopfschmerz, einen akuten Angstanfall, die Furcht vor öffentlichen Auftritten, funktionelle Magenverstimmungen usw. zu bewältigen vermögen (S. 114). Solche Symptome sind gewöhnlich tief im Charakterganzen verankert, und mit ein paar „freien Assoziationen" kommt man ihnen nicht bei.

Vielleicht wäre Horney ihrem Thema besser gerecht geworden, wenn sie ihr Buch nicht der Selbstanalyse, sondern der *Selbsterkenntnis* gewidmet hätte. Letztere ist zweifelsohne das umfassendere Phänomen; es gibt auch eine reiche Tradition des Nachdenkens hierüber, die über die Befunde der Psychoanalyse hinausreicht. Von der Selbsterkenntnis wissen wir, daß sie nicht durch „psychologische Nabelschau" gewonnen werden kann. Sie verlangt allemal die Einheit von Selbsterkenntnis, Menschenkenntnis und Weltkenntnis; nur durch das Studium der Mitmenschen und der Weltverhältnisse in ihrer gewaltigen Kompliziertheit kann es dem Individuum gelingen, *rückwirkend* auch das Verständnis seiner selbst zu entfalten. Ähnliches meint wohl auch Goethe, wenn er in einem bekannten Ausspruch sagt, die Forderung „Erkenne dich selbst!" sei ihm immer wie ein Postulat geheim verschworener Priester erschienen, die den Menschen durch Unmögliches in die Irre führen wollten – in Wirklichkeit erkenne der Mensch sich selbst, insofern er die Welt erkenne, und die Welt verstehe er, indem er sich selbst begreife.

Die Selbstanalyse im Horneyschen Sinne stellt eine Verniedlichung und Verharmlosung des Prozesses der Selbsterkenntnis dar. Ähnliche Formalismen wie Horney hat früher schon Fritz Künkel unter dem Titel „Selbsterziehung des Charakters" propagiert. Es werden hierbei zwanghafte Anweisungen gegeben, die der Leser möglicherweise mit Behagen liest, aber kaum je zu praktizieren in der Lage ist. Es kommt dann zu jener peinlichen Situation, die Goethe im „Faust" mit dem spöttischen Vers glossiert:

Das rühmen die Schüler allerorten;
sind aber doch keine Weber geworden.

Auch fehlt bei den Anleitungen zur Selbstanalyse der entscheidende Hinweis, daß nur jener wahrhaftige Selbsterkenntnis für sich erobern kann, der von einem sittlichen Impetus beseelt ist. Der Anfang eines erhöhten Selbstverständnisses ist somit moralischer Natur; nur wenn der Mensch wirklich besser werden will, erträgt er die Einsicht in seine Fehler und Schwächen, ohne davor in „Widerstände" auszuweichen. Karl Jaspers sprach in diesem Zusammenhang von der sog. „Trans-Aszendenz". Das Transzendieren ist eine Eigentümlichkeit des Menschen, nämlich das mutige Überschreiten der jeweiligen Grenzen; aber das genügt noch nicht, und im Wort „Aszendenz" liegt der Hinweis auf die Höherentwicklung, auf den Aufstieg der sittlichen Persönlichkeit. Alfred Adler hat dasselbe mit einfacheren Worten ausgedrückt. Er meinte, wachsende Selbsterkenntnis sei ein Geschenk für jene, deren Gemeinschaftsgefühl in Entfaltung begriffen sei. So muß man also allen Menschen, die „Selbstanalyse" anstreben, raten, sie mögen ihre sozialen Beziehungen ausbauen und differenzieren, am Kulturgeschehen teilnehmen, die eigenen Kenntnisse und Fertigkeiten in ihrer ganzen Breite fördern: daraus wird sich ein vertieftes Selbststudium ganz zwanglos und „nebenbei" ergeben.

Im übrigen möge man sich auch an den aufschlußreichen Satz von Kurt Lewin erinnern: „Wenn du einen Menschen *verstehen* willst, dann versuche ihn zu *ändern!*" Diese These kann ohne weiteres auf die Selbsterkenntnis übertragen werden. Nur derjenige dringt in die Tiefen seiner eigenen Persönlichkeit vor, der sich ehrlicherweise verändern, d. h. sich entwickeln will. Zuerst kommt die Entwicklungsbemühung, nachträglich die dabei gewonnene Selbsterkenntnis. Indem Horney in ihrem Buch den Schwerpunkt auf das selbstanalytische Verfahren legt, lenkt sie von der eigentlichen Persönlichkeitsentwicklung ab.

Gleichwohl ist ihr Text lesenswert, da er von der Neurosenlehre, von der Psychotherapie und vom Studium des Menschen handelt. Horneys Wissen um den Menschen und seine Verstrickungen kommt auch darin eindrücklich zur Geltung.

Unsere inneren Konflikte

Auch in diesem Buch (1945) gibt Horney eine allgemeine Neurosenlehre, die sich durch Anschaulichkeit und Lebendigkeit auszeichnet. Für sie ist die Neurose eine Störung der Gesamtpersönlichkeit, die sich vor allem in Beeinträchtigungen auf dem Felde der Zwischenmenschlichkeit äußert. Charakteranomalien stehen im Mittelpunkt der Betrachtung. Diese sind zu verstehen als eine Verarbeitung erzieherischer und kultureller Einflüsse, nicht aber als Derivat von Triebfaktoren und Triebschicksalen. Horney will ganz schlicht beschreiben, wie der „phänomenologische Befund" der Neurosen aussieht; theoretische Konstrukte sollen nur sehr sparsam angewendet werden.

Unübersehbar ist die Tatsache, daß jeder Neurotiker ein Opfer heftiger psychischer Konflikte ist. Es kommt aber sehr darauf an, worin man das konfliktuöse Element sehen will. Freud postulierte bekanntlich eine Dichotomie zwischen Trieb- und Ichansprüchen, die die neurotische Psyche zu zersprengen droht. Horney definiert den „Grundkonflikt" völlig anders. Der Mensch hat die Möglichkeit, im Verhältnis zu den Mitmenschen drei Wege einzuschlagen:

1. zu den Menschen hinzustreben (Liebeshunger, Masochismus, Anlehnungsbedürftigkeit);
2. gegen die Menschen anzukämpfen (Aggression, Sadismus, Machtgier);
3. von den Menschen wegzustreben (Distanzierung, Schizoidie, Kontaktscheu).

Wenn sich ein Mensch resolut für *eine* dieser drei Tendenzen entscheiden kann, wird er einseitig, muß aber nicht neurotisch erkranken. Der seelisch Gesunde verfügt über alle drei Verhaltensmöglichkeiten und setzt diese je nach Situation und Bedarf ein. Der Neurotiker jedoch wird hin- und hergerissen zwischen den drei Reaktionsmodalitäten und kann zwischen ihnen nicht eindeutig wählen. Er will Liebe und Macht und Sicherheit zugleich, und das gibt seiner Psyche das Merkmal der Uneinheitlichkeit und Dissoziation.

Neurose ist aber nicht nur eine seelische Krankheit, sondern auch ein (schlechter) Selbstheilungsversuch. Chaotische Regungen werden im Seelenleben des Menschen nicht gut ertragen. Schon die Abwendung von den Menschen ist eine Bemühung, das Durcheinander von Liebessehnsucht und Machtambitionen zu harmonisieren; wer weniger mit den Menschen zu tun hat, spürt auch weniger Konflikte in sich und genießt das, was dem Neurotiker am meisten zum Strebensziel wird: namlich Ruhe und Sicherheit. Aber diese relative Angstfreiheit ist prekär; denn die Außenwelt tritt immer mit ihren Forderungen an den Menschen heran und verlangt stets neue Stabilisierungsversuche. So muß der neurotische Mensch zu allerlei zusätzlichen Maßnahmen greifen, die seinen Grundkonflikt zum Schweigen bringen. Der Kampf gegen die innere und äußere Not wird zur hauptsächlichen Lebensaufgabe, die alle anderen Aufgaben der Kultur und der Mitmenschlichkeit in den Hintergrund drängt.

Was Horney als „Hinwendung zu den Menschen", „Abwendung von den Menschen" und „Feindseligkeit gegen die Menschen" beschreibt, wurde in der tiefenpsychologischen Literatur auch schon vor ihr sorgfältig analysiert. Fast alle Autoren seit Freud betonten den Sadomasochismus der Neurotiker, das heißt das Hin- und Herschwanken zwischen anlehnungsbedürftigen und übersteigert selbstbehauptenden Regungen. Manche Autoren sprachen von der sogenannten „Bisexualität" in der Neurose; dabei setzten sie im patriarchalischen Sinne Liebeshunger mit „weiblich", Kämpfertum und Grausamkeit mit „männlich" gleich. Alfred Adler nannte dieses Ineinander von Masochismus und Sadismus im neurotischen Seelenleben den sogenannten „psychischen Hermaphroditismus". Eugen Bleuler rubrizierte diese Neigung zum Beherbergen von gegensätzlichen Tendenzen im Seelischen unter dem Begriff „Ambivalenz". C. G. Jung schließlich meinte, ein Wesenszug der seelischen Krankheit bestehe darin, daß kein Gleichgewicht zwischen Extraversion und Introversion gefunden werde; als extravertiert kann man die masochistische und die sadistische Ausrichtung auf die Menschen bezeichnen, indes der Introvertierte sich von den Menschen abkehrt.

Horney porträtiert sehr eindrücklich die drei Strebensrichtungen des Menschen. In gewissem Sinne schafft sie damit eine Typologie, die Analogien mit der Jungschen Typenlehre und anderen Typenmodellen aufweist. Bei genauerem Zusehen zeigt sich, daß nicht alle drei Strebensrichtungen gleichrangig sind; Hinwendung und Kampfbereitschaft sind die primären Antworten auf eine erhöhte Grundangst, indes die Abwendung von den Menschen bereits einen Kompromiß darstellt, der die fundamentale innere Aufspaltung beschwichtigen muß. Der schizoide Faktor in den Neurosen ist demnach sekundär. Horney beschreibt das folgendermaßen (S. 79):

Die wichtigste Funktion neurotischer Distanzierung also besteht darin, größere Konflikte um ihre Wirkung zu bringen. Sie ist das radikalste und wirkungsvollste Bollwerk, das gegen sie errichtet werden kann. Als einer von vielen neurotischen Wegen zur Herstellung künstlicher Harmonie ist diese Haltung der Versuch einer Lösung durch Ausweichen. Aber es ist keine wahre Lösung, weil das zwanghaft heftige Verlangen nach Kontakten sowohl als nach aggressiver Herrschsucht, Ausnützung und Auszeichnung bestehen bleibt und nicht nachläßt, den Betroffenen zu quälen, wenn nicht gar zu lähmen. Solange die einander entgegengesetzten Wertkategorien aufrechterhalten bleiben, können wahrer innerer Friede oder Freiheit nicht erreicht werden.

Aber die Abwendung von den Mitmenschen bedeutet immer auch einen „Weltverlust"; das neurotische Ich wirft einen Teil seiner Beziehungsmöglichkeiten weg, und innere Vereinsamung tritt anstelle des Umweltkontakts. Das zieht auch eine Verstärkung der „Ichhaftigkeit" auf Kosten der „Sachlichkeit" (Fritz Künkel) nach sich; damit entfallen die Ideale, die dem normalen Seelenleben Ziel und Richtung anweisen. Der Neurotiker gleicht das Idealdefizit durch Schaffung eines „idealisierten Ebenbildes" aus. Er vergöttert gleichsam sich selbst, indem er wie Narziß sich selbst als Idol anbetet. Aber derlei Idole entspringen einem Mangel an Selbstwertgefühl und können keine Entwicklung begünstigen. Horney beschreibt dieses pathologische Phänomen folgendermaßen (S. 83):

> Das idealisierte Ebenbild hat im Gegensatz zu echten Idealen eine statische Eigenschaft. Es ist kein Ziel, nach dessen Erfüllung gestrebt, sondern eine fixe Idee, die angebetet wird. Ideale haben eine dynamische Eigenschaft: der Mensch entwickelt den notwendigen Antrieb, um ihnen näherzukommen; sie sind eine unentbehrliche und unschätzbare Quelle des Wachstums und der Entwicklung. Das idealisierte Ebenbild ist ein ausgesprochenes Hindernis des Wachstums, weil es Unzulänglichkeiten entweder ableugnet oder einfach verachtet. Echte Ideale machen einen Menschen demütig, das idealisierte Ebenbild macht anmaßend.

Im „idealisierten Ebenbild" erkennen wir mühelos Adlers „Persönlichkeitsideal" und Freuds „Ich-Ideal". Vor allem die Übereinstimmung mit dem erstgenannten Begriff ist frappant. Aber Horney setzt sich über solche intellektuelle Prioritäten souverän hinweg; sie behauptet einfach, ihre Vorgänger hätten das Phänomen nicht so klar und umfassend gesehen wie sie selbst. Man kann hierin durchaus anderer Meinung sein: Adlers Theorem aus dem Jahre 1912 hatte bereits sehr klar fomuliert, daß das Hauptgeschehen in der Neurose die Ausbildung eines fiktiven, realitätsfremden Persönlichkeitsideales sei, in welchem der Patient alle seine wirklichen und irrealen Minderwertigkeiten als kompensiert ansetzt. So kommt es zu einem Weltbild mit neurotischen Fiktionen, das den Zugang zur Realität verrammelt. Der Neurotiker zappelt im Netz seiner kindheits und erziehungsbedingten Selbsttäuschungen, die die Tragödie seines Lebens konstellieren.

Der Kampf um das idealisierte Ebenbild schwächt alle Bestrebungen zur Realitätsanpassung und konkreten Lebensgestaltung. Er leitet auch eine beträchtliche Selbstentfremdung ein: der Patient verliert das Interesse am wirklichen Leben, das er Tag für Tag führt, und lebt in einer Zukunft, die niemals faßbare Gestalt annehmen kann. Das macht den lähmenden Charakter solcher Pseudoideale aus. Man wird entscheidungsunfähig, wenn die Phantasie überwuchert und das wirklich Gegebene phobisch abgelehnt wird. Man kann auch nichts aus Fehlern lernen, weil solche im Idealselbst keinen Platz finden. Psychisches Wachstum fällt aus, solange man einem Phantom nachläuft, für welches auf Erden keine Realisierungsmöglichkeiten disponiert sind.

Ein weiteres Stadium in diesem Prozeß der Selbstentfremdung ist das sogenannte „Externalisieren". Das entspricht der bereits bekannten „Projektion" der psychoanalytischen Autoren; aber wiederum deklariert Horney, daß sie nicht dasselbe meint wie jene, die das Projizieren ins Auge gefaßt haben. Projektion bedeutet die Verlagerung eigener Schwächen und Deformationen auf andere, wo sie leichter bekämpft werden können. Auf solche Weise kommt eine billige Aufwertung des zur Projektion Neigenden zustande; er verschiebt seinen „Schatten" (C. G. Jung) auf die Mitmenschen und steht mit einer makellosen weißen Weste da. Das Projizieren ist also eine gewisse Unredlichkeit; vom moralischen Standpunkt muß es als minderwertig bezeichnet werden. Gleichwohl kommt es unendlich oft vor; es ist gewissermaßen die Lieblingsbeschäftigung aller kleinkarierten Menschen, die sich eine Pseudovollkommenheit erschleichen, ohne sich anstrengen zu müssen. Alle Vorurteile verwenden als Bausteine Projektionselemente; der „Andere" ist böse, hinterhältig, lasterhaft, teuflisch, gemein usw., damit wir gut, tugendhaft, engelsgleich und vornehm sein können.

In Horneys Externalisierungsbegriff liegt aber mehr als im Projektionsgedanken. Der Neurotiker, der sich im Gewirr masochistischer und sadistischer Seelenregungen von den Mitmenschen abwendet, vollzieht auch eine Abwendung vom eigenen Leben. Dabei kommt eine Selbstentfremdung zustande, infolge derer innerseelische Vorgänge so erlebt werden, als ob sie sich in der Außenwelt abspielen würden. Das eigene Ich wird gleichsam leer und leblos. Alles, was wichtig ist, gehört der Umwelt an; die eigene Person ist eine leere Kapsel. Der Vorteil, der dabei gewonnen wird, ist ein Abwälzen von Verantwortung. Da das Lebenszentrum „draußen" ist, kann man keine Pflicht haben, es moralisch unter seine Obhut zu nehmen. Dementsprechend hat jeder Neurotiker unzählige Vorwürfe in petto, das heißt er ist ein Künstler im Konstruieren von Schuldzuweisungen, die ihn selbst von jeder Verantwortlichkeit freisprechen. Eine der schwierigsten Aufgaben der Psychotherapie besteht darin, diese Externalisierungsvorgänge rückgängig zu machen; der Patient muß lernen, für sich selbst verantwortlich zu werden.

Diesen Selbstverlust in der Neurose hat kaum jemand so hellsichtig beschrieben wie Sören Kierkegaard, der all dies aus eigenster, schmerzlicher Erfahrung kannte. Aber wie existiert man mit einem angeschlagenen, durch Selbsthaß ins Exil verwiesenen Selbst? Das innere Gleichgewicht ist gestört, und der ganze Seelenaufbau ähnelt dem „Turm von Pisa", der so schief im Raum steht, daß man dauernd seinen Einsturz befürchten muß. Horney weist darauf hin, daß Folgeerscheinungen dieser allemal prekären „Stabilität" gewisse Eigenschaften sind, die alle klarblickenden Forscher an neurotischen Menschen registriert haben: Stützmaßnahmen, die den Umgang mit Neurotikern im allgemeinen recht schwer machen, sind etwa Verblendung, Fragmentierung des Erfahrungsmaterials, starrsinniger Rationalismus, gekünstelte Selbstbeherrschung, eigenwillige Rechthaberei, ausweichendes Benehmen und Zynismus. Sie beschreibt diese Züge im Detail, aber wir müssen hierauf nicht Bezug nehmen.

Steht jemand im Kampf mit der Welt und hat als „Abwehrfront" überwiegend nur Zinnsoldaten und Pappkameraden einzusetzen, dann muß er wohl oder übel auch Opfer von tausendfältigen Befürchtungen und Ängsten werden. Der Neurotiker zittert dauernd vor Gefahren. Er ist nicht Herr im eigenen Haus und will doch die Mitmenschen liebend oder hassend unterjochen und in seinen Dienst stellen. Das ergibt einen circulus vitiosus, der sich mit der Zeit radikalisiert. Jede Neurose tendiert zur Verschlimmerung, es sei denn, daß günstige Lebensumstände oder Therapie die Selbsterkenntnis fördern. Aber Stolz und Überempfindlichkeit machen Spontanheilungen zu einer Seltenheit, und auch die seelenärztliche Behandlung prallt oft genug an Mauern, die die Prestigepolitik des Kranken errichtet. Dieser nimmt lieber die Verarmung seiner Persönlichkeit in Kauf als eine Veränderung, die er nicht überblicken und kontrollieren kann.

So münden Horneys Beschreibungen in eine Analyse der Hoffnungslosigkeit ein, die man kaum je im Bilde der expliziten Neurose vermißt. Da der Neurotiker den „Sinn seines Lebens" nur in der Selbstverteidigung und Abwehr der Lebensforderungen sieht, empfindet er sein Dasein weitgehend als „sinnlos"; denn „Sinn" kann nur Tragfähigkeit besitzen, wenn es ein überpersönlicher und allgemeingültiger Sinn ist. Von daher kommt das Lichtlose und Lastende ins Neurotikerdasein hinein; fast alle seelisch Kranken sprechen davon, daß sie keinen Weg nach vorne sehen, daß sie nicht weiter wissen und von Untergangsphantasien bedroht sind.

Das hat Freud unter anderem zur Einführung seines „Todestriebes" veranlaßt, den Horney im Anschluß an Adler, Reich, Fromm, Schultz-Hencke u. a. m. als unnötige Konstruktion denunziert. Der neurotische Mensch ist nicht hoffnungslos infolge einer „Triebentmischung", sondern wegen falschen Einstellungen und Wertorientierungen. Korrigiert man diese, dann können die Lebenstriebe (Eros) den angeblichen Todestrieb durchaus in Schach halten.

Eine Analyse des Sadismus als einer reaktiven Verhaltensweise ohne Triebgrundlage beschließt den Band, in welchem Horney das Universum der Neurose gekonnt ausleuchtet. Andere unglücklich zu machen und sie zu beherrschen ist eine rettende Planke, an die sich manche Schiffbrüchige klammern, wenn ihr Eigenleben und ihre Selbstwertverwirklichung gescheitert sind. Man geht fehl, wenn man den Sadismus als „Urtrieb im Menschen" definiert.

Neurose ist ein ethisches Versagen, und Psychotherapie muß daher Ermutigung zum Aufbau der Person sein, die verantwortlich und kooperativ im Leben steht. Horneys Buch kulminiert in psychotherapeutischen Erwägungen, die das Therapiegeschehen sowohl in seinem erkenntnismäßigen als auch sittlichen Aspekt würdigen.

Neurose und menschliches Wachstum

In ihrem letzten und umfänglichsten Buch von 1950 diskutiert Horney nochmals die Eigenart der neurotischen Psyche und erweitert die Befunde ihrer vorangehenden Werke. Im Schlußkapitel dieses Textes rekapituliert sie ihren Werdegang als Forscherin und anerkennt auch Abhängigkeiten von anderen Pionieren der Tiefenpsychologie. Sie weist allerdings darauf hin, daß Freud immer Ausgangspunkt und Gegenpol ihrer theoretischen Weiterentwicklungen gewesen sei. Von ihm habe sie am meisten gelernt, sei aber auch immer wieder gezwungen gewesen, gegen ihn Stellung zu beziehen.

Zunächst sah sie in der Neurose in erster Linie eine Störung der zwischenmenschlichen Beziehungen des Patienten. Der Ursprung solcher Kalamitäten liege nicht in der Triebsphäre, sondern in kulturellen Bedingungen und erzieherischem Fehlverhalten. Aus letzterem gehe allemal eine verstärkte Grundangst hervor, die durch starre Verhaltensmuster in Schach gehalten wird. Verängstigte Menschenkinder bewegen sich zwanghaft zum Menschen hin, von den Menschen weg oder kämpfen gegen ihre Mitmenschen; aber da dies meistens *nicht situationsadäquat* ist, verliert sich ihr Lebenslauf in ungelösten Konflikten.

Solche Konflikte werden durch Selbstidealisierung gelöst oder doch zugedeckt. Damit wurde Horney, wie sie selbst sagt, auf die „intrapsychische Konfliktzone" in der Neurose aufmerksam. Sie begriff, daß Neurotiker stets ein übersteigertes Ichideal aufbauen, an welchem sie zäh festhalten, wiewohl es völlig irreal sein kann. Das „idealisierte Selbst" ist nicht nur eine Summe von Selbsttäuschungen über die eigene Person, sondern geradezu ein „Frankensteinsches Ungeheuer", welches der realen Persönlichkeit des Patienten Blut, Kraft und Energie entzieht. Der neurotische Mensch will sich im allgemeinen mit der Realität nicht einlassen, weil er hierbei die liebgewordenen Illusionen über sich korrigieren müßte. Sein ganzes Wesen ist darauf ausgerichtet, einen *Traum von Gottähnlichkeit* zu verwirklichen, und das entfremdet ihn notwendigerweise dem realen Leben.

Das idealisierte Selbst bedingt als Charaktereigenschaften immer einen gesteigerten Stolz und Riesenansprüche an das Leben und die Mitmenschen: damit hat man in jedem Falle von Neurose zu rechnen. Auch strebt jeder Neurotiker nach Ruhm, Macht, Erfolg und Triumph – er will Anerkennung um jeden Preis, aber ohne spezielle Verdienste. Auch unterwirft er sich einem „tyrannischen inneren System", da er im Kampf mit der Umwelt liegt und den Zwang verspürt, wenig Angriffsflächen zu bieten. Daraus erwächst ihm sein „Vollkommenheitsstreben", das allerdings oft merkwürdige Betätigungsfelder wählt, die *außerhalb des Kulturnutzens* liegen.

Horney meint gefunden zu haben, daß in der Neurose intensiver Selbsthaß und Selbstverachtung liegen, die im idealisierten Selbst verankert sind. Wer leidenschaftlich strebt, ein irreales Selbstbild zu verwirklichen, muß sein wahres Selbst als unbequeme Last empfinden. Denn dieses wahre Selbst erinnert daran, daß man begrenzt, unvollkommen und von anderen abhängig ist. Anerkennt man diesen Befund, dann wird man auch der Formel zustimmen, daß die Neurose „eine Störung in der Beziehung zu sich *und* den anderen ist."

Aber was ist das „wahre Selbst"? Horney ist sich bewußt, daß sie hier einen ziemlich unklaren Begriff einführt. Sie spricht davon, daß nur die Entfremdung vom wahren Selbst den Aufbau des idealisierten Selbst erzwingt. Stolz oder Eitelkeit hindern den Neurotiker daran, sein wahres Selbst zu akzeptieren. Letzteres ist voller konstruktiver Kräfte; aber der seelisch kranke Mensch „wählt" die „obstruktiven Kräfte", die er aus seinem idealisierten Selbst herleitet, weil diese seinem (neurotischen) Wunschbild schmeicheln. Psychotherapie soll den Patienten zur echten Selbstverwirklichung zurückführen, was immer auch bedeutet, daß er alle „Scheinmanöver" aufgeben muß. Wir werden alle durch unsere Kultur verleitet, den Schein höher zu schätzen als das Sein; und die Neurose ist nur ein Spezialfall unseres selbstentfremdeten Lebens. Die einzelnen Neurosenarten sind nach Horney durch eine Charaktertypologie einzuordnen, die selbst wieder in einer Typologie der „Pseudolösungen innerer Konflikte" begründet ist.

Horney gleitet in die mythologische Sprechweise ab, wenn sie den Aufbau eines idealisierten Selbst mit dem „Teufelspakt" vergleicht, der in der Weltliteratur oft genug geschildert worden ist. Dabei verkauft der „Sünder" seine Seele, und der Teufel gibt ihm für diesen kostbaren Schatz „weltlichen Plunder" (Macht, Größe, Ruhm, sinnliche Lust), aber letzten Endes müssen diese Genüsse teuer bezahlt werden. Man verliert sein „Seelenheil", wenn man sich dem Teufel übergibt. Auch der Neurotiker büßt seine „heile Seele" ein, wenn er den Phantomen seiner Selbstvergottung nachjagt.

Richtig ist wohl, daß sich ein lebenslänglicher Kampf zwischen dem idealisierten Selbst und dem wahren Selbst abspielt. Zu einem Frieden zwischen den beiden Instanzen kann es kaum kommen: sie gleichen Feuer und Wasser, Wirklichkeit und Wahn. Auch der Psychotherapie gelingt nie ein völliger Ausgleich in diesem Antagonismus; wenn es hoch kommt, kann sie einen Kompromiß finden, durch den das idealisierte Selbst immerhin einen Teil des wahren Selbst zum Zuge kommen läßt.

Wo immer aber das scheinhafte Streben zur Realisation des Phantomselbst dominiert, haben wir es mit einem *moralisch-ethischen Versagen* zu tun. Denn Selbsterkenntnis und Selbstverwirklichung (die eigentlichen Aufgaben des Menschseins!) müssen verfehlt werden, um das idealisierte Selbst auf den Thron zu erheben. Es liegt demnach allemal eine menschliche Tragik vor, wenn sich psychopathologische Zustände ergeben. Nur infolge großer innerer und äußerer Not sowie langdauernder psychischer Desorientierung übergibt sich der Mensch dem Selbsthaß und dem Streben nach Phantomen, in denen er weder Halt noch Stütze finden kann. Wir stehen hier vor der Alternative zwischen Selbstverwirklichung und Selbstzerstörung: und die Neurotiker geraten in die letztere hinein, weil ihnen der Zugang zur ersteren verrammelt scheint. Horneys Menschenbild ist optimistisch, und sie glaubt, daß jeder Mensch einen konstruktiven Gebrauch seiner Kräfte und Möglichkeiten lernen kann, wenn er eine vernünftige Erziehung erhält oder später im Leben durch Lebenserfahrung oder Psychotherapie eine innere Wandlung vollzieht. Sie versteht „Neurose und menschliches Wachstum" als ein Lehrbuch der „Welt- und Lebensbejahung".

Wir haben weiter oben das „wahre Selbst" als einen unklaren Begriff bezeichnet. Horney versucht am Anfang ihres Buches diesen Ausdruck zu umschreiben. Sie sagt (S. 15):

> Unter welchen Bedingungen auch immer ein Kind aufwächst – wenn es nicht schwachsinnig ist, wird es lernen, irgendwie mit anderen auszukommen, und sich wahrscheinlich einige Fertigkeiten aneignen. Daneben verfügt das Kind aber auch über Kräfte, die nicht erworben oder durch Lernen entwickelt werden können. Es ist nicht nötig, ja nicht einmal möglich, eine Eichel zu lehren, wie sie ein Eichbaum wird. Gibt man jedoch einer Eichel die Chance, so werden sich die ihr eigenen Möglichkeiten entfalten. Ähnlich verhält es sich mit dem menschlichen Individuum: Wenn man ihm die Chance gibt, strebt es danach, seine spezifisch menschlichen Möglichkeiten zu entwickeln. Der Mensch wird dann die einzigartigen Kräfte seines wahren Selbst entfalten: die Klarheit und Tiefe seiner eigenen Gefühle, Gedanken, Wünsche und Interessen; die Fähigkeit, seine eigenen Möglichkeiten zu erschließen; die Stärke seiner Willenskraft; die besonderen Fähigkeiten oder Begabungen, die er unter Umständen besitzt; die Möglichkeit, sich selbst zu offenbaren und sich mit seinen spontanen Gefühlen zu anderen Menschen in Beziehung zu setzen. Dies alles wird ihn mit der Zeit befähigen, seine Wertmaßstäbe und Ziele im Leben selbst zu finden. Kurz gesagt, wenn der Mensch im wesentlichen nicht abgelenkt wird, entwickelt er sich zur *Selbstverwirklichung hin.* Aus diesem Grund spreche ich an dieser Stelle und das ganze Buch hindurch vom *wahren Selbst* als der zentralen inneren Kraft, die – allen menschlichen Wesen gemein und dennoch einzigartig in jedem – die tiefe Quelle des Wachstums ist.

Wollte man diese Umschreibung knapp zusammenfassen, dann müßte man hervorheben, daß die „seelische Normalität" offenbar mit einer „schlicht-kreatürlichen Lebensführung" identisch ist, das heißt mit der Anerkennung der Realität, mit einer Kombination von Mut und Demut, von Strebsamkeit und Selbstbescheidung und vor allem mit einer möglichst weitgehenden Solidarität mit den Mitmenschen. Noch kürzer wäre die Formulierung: Es geht um die *Echtheit,* um *redliche Auseinandersetzung mit den Schwierigkeiten der Welt und des eigenen Daseins.* Dem weicht der ängstliche und größensüchtige Neurotiker aus; mit Hilfe der Phantasie konstruiert er eine Lebenslüge, in deren Netzen er zappelt, ohne einen Ausweg zu finden. Man hat mit Recht die Neurose eine „Erkrankung der Phantasie" (C. G. Jung) genannt. Nach Horney ist sie eine Krankheit von Denken, Fühlen, Wollen und Phantasieren.

Seit Freud wissen wir, daß die Neurose nicht nur eine Krankheit, sondern auch ein *Versuch der Selbstheilung* ist. Auch der Neurotiker macht, wie wir alle, mit seinen unzulänglichen Mitteln aus dem Leben das Beste, was für ihn erschwinglich ist. Auch Horney betont nachdrücklich *diesen* Aspekt aller Symptome und Fehlbildungen: sie sollen ein „seelisches Gleichgewicht" herstellen. So ist etwa die Unterdrükkung des wahren Selbst auch ein Faktor der Spannungsminderung; es würde den Patienten innerlich zerreißen, wenn er dauernd sein wahres und sein idealisiertes Selbst gegeneinander ausspielen müßte. Konflikte können nur vorübergehend, nicht aber dauernd ertragen werden.

Ein anderes „Heilmittel der Neurose" ist die *Projektion;* sie besteht in der Verlagerung eigener Schwächen und Probleme nach außen. Oft bekämpft man die eigenen Schwierigkeiten an den Mitmenschen.

Psychische Fragmentation bedeutet, daß man das ganzheitliche Erleben aufsplittert in Teile, die nicht mehr verstanden werden können. So kann man Kausal- und Sinnzusammenhänge auflösen, bis man nur noch vor „unbegreiflichen Fakten" steht.

Gefühle werden meistens streng kontrolliert und unterdrückt. Denn sie sind eine Gefahrenquelle für prekäre psychische Haltungen – wo sie unvermeidlich sind, werden sie durch die Angst blockiert.

Der wichtigste Abschnitt von „Neurose und menschliches Wachstum" ist der Einführung einer *Neurosen- und Charaktertypologie* gewidmet. Horney unterscheidet zwischen folgenden Formen der Lösung neurotischer Urkonflikte: a. Die expansiven Lösungen: der Reiz der Meisterschaft; b[1]. Die Selbstverleugnung als Lösung: der Reiz der Liebe; b[2]. Morbide oder krankhafte Abhängigkeit; c. Resignation: der Reiz der Freiheit. Was das im Detail bedeutet, muß in der Folge erklärt werden.

a) In den *expansiven Lösungen* identifiziert sich der Mensch mit seinem idealisierten Selbst und will die Lebensschwierigkeiten mindestens zum Teil meistern. Erfolg und Überlegenheit sind die Leitsterne dieses Typus, der Angst und Hilflosigkeit wie die Pest meidet. Diese Menschengruppe will auf direktem Wege „vollkommen" werden.

Diese aktiven Kämpfer um Vollkommenheit lassen sich nach Horney in drei unterschiedlichen Gruppen zusammenfassen; es sind dies die Narzißten, die Perfektionisten und die arrogant-rachsüchtigen Charaktere. Auf diese drei Untergruppen innerhalb des „Reizes der Meisterschaft" müssen wir nun eingehen.

1. Narzißmus oder Eitelkeit oder „Selbstverliebtheit" ist ein wohlbekannter „neurotischer Trend". Meistens versteht man auch darunter eine gewisse Aufgeblasenheit, Egozentrik, ängstliche Sorge um das eigene Wohlergehen und Rückzug von den anderen Menschen. Vielleicht meint Horney hier etwas ähnliches wie Künkel, der vom „Star" spricht. Jedenfalls beschreibt sie einen Menschentyp, der die Mitmenschen gewinnen und faszinieren kann, aber stets darauf bedacht ist, der eigenen Glorifizierung zu dienen. Sachbezogenheit ist ihm natürlich weitgehend

fremd. Er hat ein angeschlagenes Lebensgefühl, das er prunkvoll übertönt.

2. Perfektionismus oder Zwanghaftigkeit besteht im starren Befolgen von Maßstäben, Prinzipien und Schmalspurwertungen. Wie der Typ 1 ist auch dieser Typ 2 ein „Fassadenmensch", der Vortrefflichkeit „mimt", aber die eigene Kläglichkeit verdrängt. Er will fehlerlos und „mustergültig" sein. Seine Spontaneität verkümmert oft.

3. Der arrogant-rachsüchtige Typ ist in Künkels Terminologie der „Cäsar". Er strebt immer und überall Herrschaft und Macht an. Er will über andere siegen und triumphieren. Als literarische Beispiele solcher Charaktere nennt Horney die Medea des Euripides, Kapitän Ahab in „Moby Dick" von Herman Melville und Julien Sorel in „Rot und Schwarz" von Stendhal.

Der seelische Hauptwert in Arroganz und Rachsucht ist Härte, Unangreifbarkeit und Sieg. Jede Beeinträchtigung der Herrschaft kann mit Affektausbrüchen beantwortet werden. Die Mitmenschen werden unterworfen und in Abhängigkeit gehalten. In der Psychotherapie zeigt dieser Neurotiker nicht selten die „negative therapeutische Reaktion", das heißt, er will sich nicht helfen lassen, weil er vom Analytiker nicht abhängig sein will. Er trägt seinen permanenten Machtkampf auch ins therapeutische Verhältnis hinein. Er will lieber gefürchtet als geliebt werden.

b) In den selbstverleugnenden Lösungen wird die Liebe (vor allem als Geliebtwerden!) zum hohen und höchsten Wert des Seelenlebens erhoben. Wir haben es hier offensichtlich mit dem Künkelschen „Heimchen" zu tun, eventuell auch mit dem „Masochismus" der psychoanalytischen Autoren. Der Selbstverleugner „verkleinert" sich allemal und unterliegt einem psychischen Schrumpfungsprozeß. Er hat Angst vor den anderen und will sie beschwichtigen. Mit Selbstanklagen kommt er den erwarteten Anklagen der Mitwelt zuvor. Er vermeidet Stolz, Triumph und Überlegenheit; so ist er weithin der Gegentyp zum „expansiven Charakter".

Aber man soll die Unterwürfigkeit und die propagierte Minderwertigkeit dieses Menschentyps nicht für bare Münze halten. Auch er will Größe und Sicherheit, aber auf *indirektem Wege*. Bestimmte Sozialisationsbedingungen determinieren die Wahl dieses „Umweges", aber die allgemeinen Ziele der Neurotiker bleiben erhalten, auch wenn sie scheinbar das „ideale Selbst" zugunsten einer kläglichen Selbstattrappe opfern.

Demonstrative Selbstverneinung kann in psychische und psychosomatische Krankheit übergehen, wobei die Autoren in solchen Erkrankungen sowohl Selbstbestrafungen wie auch Bestrafung der Umwelt mutmaßen. In der Liebe hängt sich der Selbstverleugner nicht ungern an seinen expansiven Gegentyp an, dessen Härte, Durchsetzungskraft und „Egoismus" er (oder sie) bewundert. Wo es dem Typ a an Hingabe fehlt, hat der Typ b davon ein Übermaß; aber die wahre Liebe ist es wohl auch nicht. Eher schon sollten wir an ein neurotisches Falsifikat des Sich-Hingebens denken, welches nicht so sehr die Person des Du im Auge hat, sondern den eigenen Selbstschutz und die Selbsterhöhung.

Selbstverleugner und Masochisten machen die Liebe oft zum Hauptthema ihrer Lebensführung. Sie neigen dazu, dabei Abhängigkeiten zu schaffen, in denen ihre Individualität unterzugehen droht. Aber gerade das wollen sie zum Teil; denn ihr Selbsthaß ist erst dann zeitweise beruhigt, wenn das Selbst ganz im Gegenüber aufgeht. Frauen in unserer Kultur sind aus Erziehungsgründen in diesem Typus häufiger zu finden als Männer.

c) In den „resignativen Lösungen " wird „Reiz der Freiheit" ausgekostet, aber diese Freiheit wird erlangt durch Rückzug von den inneren Konflikten aus Gründen der Bequemlichkeit und der Angstminderung. Das erinnert an Künkels „Tölpel", der mit den Mühen und Sorgen des Lebens nichts mehr zu tun haben will; er verschanzt sich hinter seiner scheinbaren Unempfindlichkeit und Gleichgültigkeit, aber in seinem tiefsten Innern träumt er von Selbstherrlichkeit und Triumph über alles und jedes. Was Horney zu diesem Typ schreibt, ist mindestens teilweise identisch mit dem „schizoiden Charakter" der psychoanalytischen Autoren.

Aus einem handelnden Menschen wird so ein Betrachter, ein „meditativer Typ", der sich nirgendwo engagiert. Distanz ist überall die Parole, aber auch Distanz zu sich selbst. Das daraus entstehende Phlegma ist kaum zu übersehen. Wünsche werden unterdrückt, weil sie die Ruhe des Seelenlebens stören. In der Weltliteratur ist der „Oblomow" von Gontscharow das eindrücklichste Beispiel eines solchen Lebensstils.

Der resignierte Mensch ist nach Horney sehr empfindlich gegen Einfluß, Druck, Zwang oder Fesseln irgendwelcher Art. Jede Form von Bindung erscheint ihm als ein Gefängnis, dem er nicht mehr entrinnen kann. Er will vor allem „frei von" sein, nicht aber „frei zu etwas". In der Psychotherapie neigt er dazu, alles vom Analytiker zu erwarten; der Gedanke ist ihm völlig fremd, daß er sich selbst für seine Genesung oder Entwicklung einsetzen muß.

Natürlich spielt auch hier in der Anamnese eine spezifische Erziehung oder Dressur die wesentliche Rolle. Man kann zur Passivität und Immobilität regelrecht erzogen werden.

Horney unterteilt diesen Typus in die drei Untertypen der „verfestigten Resignation", der „rebellierenden Resignation" und der Entartung in Form des „oberflächlichen Lebens". Sie schildert im Detail diese Prototypen des „beschädigten Daseins"; interessant ist, daß sie seelischgeistige Oberflächlichkeit in die Neurosenlehre einfügt.

Damit beenden wir die Darstellung dieser Typologie, die man als wesensverwandt mit den Typenlehren von Freud, Adler, Jung, Künkel u. a. betrachten muß.

Horneys Buch ist dadurch ausgezeichnet, daß es sehr breit alle Lebenserscheinungen der beschriebenen Charakter- und Neurosentypen zu erfassen versucht. Aber mit der Zeit wird man etwas müde davon, alle diese Unarten und Abwegigkeiten des „neurotischen Menschen" aufgezählt zu bekommen; Horney hat sich ein Ungeheuer geschaffen, das sie „den Neurotiker" nennt und gleichsam mit einer Philippika denunziert. Das läßt den Verdacht beim Leser aufsteigen, daß dieses Werk u. a. auch ein Racheakt gegen alle jene Patienten ist, welche die Therapeutin Horney im Laufe eines langen Analytikerlebens geplagt, „ausgequetscht" und bedrängt haben. Zumindest ein Teil der Psychotherapieliteratur hat wohl diese „kathartische" Sinnrichtung; auch Seelenärzte sind nur Menschen, und da ihnen ihr Beruf ein Übermaß an Geduld, „Masochismus" und menschliche Solidarität abverlangt, neigen sie dazu, sich literarisch an allen jenen Plagegeistern zu rächen, die sie auf der Couch oder im Gespräch mit allen ihren Negativismen und Lebenslügen tolerieren mußten.

Was *Neurose und menschliches Wachstum* so erfolgreich auf dem (besonders amerikanischen) Büchermarkt werden ließ, ist gewiß seine darstellerische Schlichtheit und die Anschaulichkeit seiner Überlegungen. Jeder ehrliche Leser wird zugeben, daß er beim Lesen von Horneys Ausführungen alle seine Beziehungspersonen, Freunde und Bekannte an sich innerlich vorüberziehen läßt; man denkt immer an „die anderen", wenn in so suggestiver Form vom „Neurotiker" die Rede ist. Das ist bestimmt nicht Horney anzulasten, sondern eine Eigenschaft des „durchschnittlichen Lesers"; aber Horney hat dem Vorschub geleistet, weil sie allzu sehr typisierend, kritisierend und beinahe auch herablassend über die neurotischen Menschentypen doziert, so daß sich die Abwehr und Selbstbehauptung der Autorin unweigerlich mit den entsprechenden Eigenschaften des „psychologischen Normalverbrauchers" bei der Lektüre verbindet.

Gleichwohl ist *Neurose und menschliches Wachstum* ein bemerkenswertes Buch, selbst wenn man es als Zwitter zwischen einem Lehrbuch und einem populären Einführungstext einstufen muß.

Kritische Bewertung

Horneys Verdienste für die Tiefenpsychologie sind kaum zu bestreiten; ihr literarisches Werk ist umfänglich, gut lesbar und – innerhalb von gewissen Grenzen! – durchaus originell. Man pflegt ihre Lehre der „humanistischen Psychoanalyse" oder der „humanistischen Psychologie" zuzuordnen. Im Sinne der letztgenannten vertritt sie die Idee einer „dritten Kraft", das heißt einer gedanklichen Bewegung, die über die orthodoxe Psychoanalyse und den Behaviorismus hinausweist, indem sie spontane, schöpferische und auf Kulturleistung gerichtete Tendenzen in der menschlichen Natur anerkennt. Ähnlich wie Schultz-Hencke, Erich Fromm, H. S. Sullivan, aber auch schon Alfred Adler, Otto Rank (in seiner Spätzeit) und Carl Rogers rückt Horney vom psychoanalytischen Determinismus und von der Libidotheorie ab, um den Menschen als partiell freies und wesentlich soziales Geschöpf zu beschreiben. Sie hat viele Engen und Einseitigkeiten der Psychoanalyse überwunden.

Ihre Charakterologie und Neurosenlehre stellen den wertvollsten Teil ihres Oeuvres dar. Sie sind „phänomenologisch" konzipiert, und wollen demnach eher beschreiben und verstehen als erklären und kausal ableiten. Darum wird die Entstehung seelischer Deformationen in der Kindheit (ein zentraler Wissensbestand jeglicher Tiefenpsychologie) bei Horney fast immer nur andeutungsweise erwähnt. Sie hat sich mit Erziehungsfragen nie systematisch auseinandergesetzt. Was sie bietet, ist eine Erwachsenenpsychologie.

Und doch setzt sich die psychoanalytische Herkunft und Schulung dieser hochbegabten Autorin an vielen Stellen ihres Werkes immer noch durch. Wir meinen sie zum Beispiel darin zu sehen, daß Horney den Menschen in viele (fast autonome) seelische Instanzen aufspaltet, zwischen denen sich heftige Konflikte und Auseinandersetzungen vollziehen. Diese Fragmentarisierung der psychischen Totalität hat etwas „Naturwissenschaftlich-Analytisches" an sich; sie widerspricht dem Geist der Phänomenologie, dem ganzheitlichen Schauen und Erleben, welches dem Verstehen des Menschen am ehesten angemessen ist.

Horney setzte sich lebenslänglich mit Freud auseinander, und fast alle Neuerungen, die sie in Theorie und Praxis der Psychoanalyse einführte, werden von den Freudschen Konzepten kritisch abgehoben. Oft sind ihre Kritiken sehr einleuchtend und faktisch auch weiterführend; bedauerlich bleibt nur, daß sie viel zu sparsam davon Kenntnis nimmt, daß andere psychoanalytische Autoren schon vor ihr dieselben Wege gegangen sind, auf denen sie über Freud hinauszuschreiten unternimmt. Es ist schon viel, wenn sie solche Vorläufer in Fußnoten erwähnt. In manchen Fällen kann sie nicht umhin, auf derartige Parallelerscheinungen ihrer Freudkritik Bezug zu nehmen, aber dann kommentiert sie in der Regel die Arbeit des sie antizipierenden Autors meistens mit dem Epitheton „oberflächlich", „nicht in meinem Sinne" und „rationalistisch". Vor allem Alfred Adler, dem sie unendlich viel zu verdanken hat oder hätte, wird selten freundlich erwähnt. Aber auch Schultz-Hencke, C. G. Jung, W. Reich u. a. hätten wohlwollendere und ausführlichere Hinweise von Seiten Horneys verdient.

Die bereits erwähnte Mittelstellung des Horneyschen Schrifttums zwischen Fachwissenschaft und Populärliteratur hat ihr den Massenerfolg gesichert; aber er wurde – wie alle ihre Kritiker betonen – durch Konzessionen an den Publikumsgeschmack (in den USA!) erkauft. Daher fällt manchmal diesbezüglich der Vorwurf des „mangelhaften Tiefsinns"; Herbert Marcuse zum Beispiel verteidigt nachdrücklich Freud gegen die „Revisionisten" (Horney, Fromm und Sullivan), weil dieser trotz mancher theoretischer Fragwürdigkeiten tief ins Innere der menschlichen Natur hinabgeleuchtet habe. Autoren wie Horney jedoch bevorzugten die glatte Oberfläche, die Harmlosigkeit psychischer Anpassungsprobleme. Bei Freud lerne man die Tragik des menschlichen Daseins kennen, indes die „Revision" nur von „Produktivität", „glücklicher Anpassung" und „beschaulichem In-der-Welt-Sein" rede. Das ist wohl nicht ganz gerecht, aber etwas Wahres ist damit ausgesprochen.

Der Psychoanalytiker vom Fach vermißt bei Horney nicht nur den ganzen Bereich der Psychosomatik (sie schreibt, als ob der Mensch fast nur „aus Seele" bestehe!), sondern auch sorgfältige Falldarstellungen, an denen man die Wirkungsweise ihrer Theorie und Therapie überprüfen könnte. Was immer sie an praktischen Behandlungsbeispielen erwähnt, bleibt eigentümlich blaß und diffus. Fast scheint es, als hätte sie sich nur mit „Beratungspraxis" abgegeben; aber sie versichert doch allemal, daß sie die Problematik ihrer Patienten gründlich und umfassend durchgearbeitet habe. Das wird wohl bei ihrer Sachkenntnis dem wirklichen Tatbestand entsprechen; aber in ihren Beschreibungen kommt davon nur wenig zum Vorschein.

Auch der philosophische Horizont von Horney war vergleichsweise ziemlich schmal. Sie propagiert lediglich ein paar „humanistische Schlagworte", aber man würde sich wünschen, genauer zu erfahren, wie sie über die menschliche Natur, die Struktur der Gesellschaft, den Aufbau der Person, die Problematik der Werte usw. denkt.

Gegen Neuerungen im therapeutischen „Setting" scheint sie auch ziemlich stark abgeschirmt gewesen zu sein. Sie arbeitete offenbar nur mit der Diwanmethode, vermutlich ergänzt durch freie Gespräche. Mit gruppentherapeutischen Methoden wußte sie nichts anzufangen. Auch legt sie allzuviel Wert auf die Traumdeutung, die gerade durch die neueren Entwicklungen in der Tiefenpsychologie in ihrer Tragweite relativiert wurde.

Wir haben ebenfalls schon im Text angedeutet, daß Horney in einem Großteil ihrer Befunde die Konzepte Freuds und anderer Autoren einfach umbenennt, was statthaft ist, aber nicht mit großem Originalitätsanspruch vorgetragen werden darf. Böswillige Kritik könnte sogar sagen, daß ein Teil ihrer Entdeckungen nur „begrifflicher Natur" ist; sie hat gute Begriffe geschaffen, die das von anderen Gefundene trefflich zum Ausdruck bringen.

Wer sie persönlich kannte, schildert Horney als einen sehr liebenswerten Menschen mit kräftiger Ausstrahlung. Aber es muß auch manchen unverheilten Riß in ihrer Persönlichkeit gegeben haben, den sie durch hektische Aktivität, Hinneigung zum Zen-Buddhismus (Beziehung zu Suzuki) und mangelhafte Schonung ihrer Gesundheit zum Ausdruck brachte. Sie war gewiß ein bedeutender Mensch, aber im Vergleich mit der geistigen Spannweite der „Väter der Tiefenpsychologie" mutet sie eher wie ein Talent und nicht wie ein Genie an.

Ausgewählte Literatur

Anzieu, D. (1990). Freuds Selbstanalyse. 2 Bde. München, Wien: Verlag Internationale Psychoanalyse.

Adorno, T. W. (1952). Zum Verhältnis von Psychoanalyse und Gesellschaftstheorie. Psyche 1952, S. 1.

Chrzanowski, G. (1977). Das psychoanalytische Werk von Karen Horney, Harry Stack Sullivan und Erich Fromm. In Die Psychologie des 20. Jahrhunderts, Band III, S. 475. Weinheim: Beltz.

Deutsch, W. (1944/45). Psychologie der Frau. 2 Bde. Bern: Huber 1948/54.

Freud, S. (1900). Die Traumdeutung. GW II/III.

– (1905). Drei Abhandlungen zur Sexualtheorie. GW V.

– (1914). Zur Geschichte der psychoanalytischen Bewegung. GW X.

– (1920). Jenseits des Lustprinzips. GW XIII.

- (1930). Das Unbehagen in der Kultur. GW XIV.
- (1931). Über die weibliche Sexualität. GW XIV.
- (1932). Warum Krieg? GW XVI.
- (1933). Die Weiblichkeit. GW XV.
Fromm, E. (1970). Analytische Sozialpsychologie und Gesellschaftstheorie. Frankfurt: Suhrkamp.
Heigl, F. (1964). Gemeinsamkeiten der Neurosenlehren von E. Fromm, K. Horney und H. Schultz-Hencke, verglichen mit der Psychoanalyse S. Freuds. In Fortschritte der Psychoanalyse. Bd. 1, S. 75. Göttingen: Hogrefe.
Horney, K. (1923). Zur Genese des weiblichen Kastrationskomplexes. Internationale Zeitschrift für Psychoanalyse, S. 12.
- (1926). Die Flucht aus der Weiblichkeit. Internationale Zeitschrift für Psychoanalyse, S. 360.
- (1927). Der Männlichkeitskomplex der Frau. Archiv für Frauenkunde, 13, 141–154.
- (1931). Der Kampf in der Kultur. In Das Problem der Kultur und die ärztliche Psychologie. Leipzig.
- (1933). Die Verleugnung der Vagina. Internationale Zeitschrift für Psychoanalyse, S. 372.
- (1937). Der neurotische Mensch unserer Zeit. München: Kindler 1964.
- (1939). Neue Wege in der Psychoanalyse. München: Kindler 1973.
- (1942). Selbstanalyse. München: Kindler 1974.
- (1945). Unsere inneren Konflikte. München: Kindler 1973.
- (1946). Are You Considering Psychoanalysis. New York.
- (1949). Ziele der analytischen Therapie. Psyche 1951, S. 1.
- (1950). Neurose und menschliches Wachstum. München: Kindler 1975.
- (1967). Die Psychologie der Frau. München: Kindler 1977.
Kelman, H. (1967). Karen Horney on Feminine Psychology. American Journal of Psychoanalysis, S. 163.
- (1971). Helping People: Karen Horney's Psychoanalytic Approach. New York: Science House.
Kelman, N. (1954). In Memoriam Karen Horney. American Journal of Psychoanalysis, S. 5.
Marcuse, H. (1955). Kritik des Neo-Freudianischen Revisionismus. In Triebstruktur und Gesellschaft S. 234. Frankfurt: Suhrkamp 1970.
Moulton, R. (1975). Early Papers on Women: Horney to Thompson. American Journal of Psychoanalysis, S. 207.
Pontalis, J. P. (1965). Nach Freud. Frankfurt: Suhrkamp 1974.
Rubins, J. L. (1980). Karen Horney – Sanfte Rebellin der Psychoanalyse. München: Kindler.
Stange, R. (1957/58). Die psychoanalytische Behandlungstechnik nach Karen Horney. Zeitschrift für Psychosomatische Medizin, S. 117.
Strauß, B. (1976). Die Kritik der Frankfurter Schule an der Revidierten Psychoanalyse am Beispiel Karen Horney. Diplomarbeit am Soziologischen Institut der Freien Universität, unveröffentlichtes Manuskript. Berlin.
Thompson, C. (1952). Die Psychoanalyse: Ihre Entstehung und Entwicklung. Zürich: Pan-Verlag.

Harry Stack Sullivan

Einleitung

Innerhalb der Neo-Psychoanalyse hat Harry Stack Sullivan ein System geschaffen, das man am besten durch die Formel „Psychiatrie der zwischenmenschlichen Beziehungen" kennzeichnen kann und das ein eigentümliches Amalgam von Psychoanalyse, Individualpsychologie, Sozialpsychologie, Feldtheorie und psychologischer Anthropologie darstellt. Sullivans Lehre hat sich derzeit in den USA großen Einfluß erobert und gilt als eine der wichtigsten Erscheinungen im psychiatrisch-psychologischen Denken der Gegenwart. Im deutschen Sprachbereich ist diese „Interpersonale Theorie" noch wenig bekannt; nur wenige von Sullivans Büchern wurde ins Deutsche übersetzt (*Das psychotherapeutische Gespräch,* 1954, dt. 1976 und Die interpersonale Theorie der Psychiatrie, 1953, dt. 1980). Es ist zu hoffen, daß diese bedeutsame Sozial- und Entwicklungspsychologie wachsende Verbreitung findet.

Harry Stack Sullivan wurde am 21. Februar 1892 als Sohn eines Farmers irischer Abstammung in Norwich im Staate New York geboren. Er wuchs als Einzelkind auf, da seine Geschwister schon in früher Kindheit gestorben waren. Die häuslichen Verhältnisse des zukünftigen Psychotherapeuten waren prekär. Die Mutter war kränkelnd und ewig klagend, der Vater lebte ganz in sich zurückgezogen. Aufgrund dieser Familiensituation hatte der junge Sullivan große Mühe, sich in seiner Umwelt zurechtzufinden. Armut, Einsamkeit, vorurteilsvolle Umgebung – zeitweise war er der einzige Katholik unter Protestanten und wurde in seiner Schulklasse gänzlich isoliert –, Repressionen aller Art warfen ihre Schatten auf diese Kindheit, die extrem neurotisierend war.

Gleichwohl war Sullivan ein guter Schüler, der die Aufmerksamkeit seiner Lehrer auf sich zog, so daß ihm am Ende der Schulzeit der Schritt zum Hochschulstudium gelang. Die Wahl des Medizinstudiums scheint dann – wie bei Sigmund Freud – eher zufällig erfolgt zu sein. Sullivan hatte u. a. auch Fähigkeiten und Interesse für Physik, wandte sich aber der Medizin zu, wobei er sich sehr bald für Psychiatrie zu interessieren begann. Gegen Ende des Ersten Weltkrieges befand er sich als junger Arzt im St.-Elisabeth-Hospital in Washington und arbeitete mit William Alanson White zusammen. White stand der damals noch sehr umstrittenen Psychoanalyse aufgeschlossen gegenüber und lenkte Sullivans Studium in diese Richtung, in die sich der junge Psychiater schnell mit Feuereifer einarbeitete. In seinen *Conceptions of Modern Psychiatry* (1940) berichtet Sullivan über den Stand seines tiefenpsychologischen Wissens gegen Ende des Ersten Weltkrieges:

> Ich kann den Wunsch nicht unterdrücken, an diesem Punkte autobiographisch zu werden. Meine psychoanalytische Lektüre begann mit Harts *The Psychology of Insanity,* Jungs *Die Psychologie der Dementia praecox,* worauf Freuds *Drei Abhandlungen zur Sexualtheorie* folgten; darauf Jungs *Psychologie der unbewußten Prozesse,* Ferenczis *Beiträge zur Psychoanalyse,* Freuds *Traumdeutung* und *Psychopathologie des Alltagslebens.* Dann kam Kempfs *Psychopathologie* mit ihren Falldarstellungen von kaum überbietbarer Bedeutung. Ich habe den Eindruck, daß meine übrige Lektüre – Freuds Analyse des Schreber-Falles und Groddecks *Das Buch vom Es* ausgenommen – [. . .] rein psychoanalytischer Darstellungen dem Gesetz des Vergessens anheimfiel. (L. c., S. 178)

Unter Whites Führung begann Sullivan, schizophrene Patienten psychotherapeutisch zu behandeln. Freud selbst hatte noch vor der Psychotherapie bei Psychotikern gewarnt, weil er der Meinung war, daß diese „narzißtischen Neurosen" infolge von „Übertragungsunfähigkeit" keine Behandlungserfolge erbringen würden. White jedoch – wie auch Adolf Meyer, dessen „Psychobiologie" in der amerikanischen Psychiatrie den Geist des Fortschritts verkörperte – war der Meinung, daß schizophrene Psychosen durchaus einfühlbar und damit behandlungsfähig seien, wenn man ein ausreichendes Maß von Geduld und Verstehen aufwenden könne.

1923 wurde für Sullivan im Sheppard-and-Enoch-Pratt-Hospital (Towson, Maryland) eine spezielle Schizophrenen-Abteilung eröffnet, an der er seine neuen Therapiemethoden erproben konnte. Er behandelte ausschließlich jugendliche Schizophrene männlichen Geschlechts, bei denen er aufsehenerregende Heilungsresultate erzielte. Entsprechende Publikationen zwischen 1925 und 1930 machten ihn unter den Psychiatern der USA bekannt. Im Gegensatz zur damals vorherrschenden und noch heute weit verbreiteten Lehrmeinung verfocht er die Ansicht, daß die Schizophrenie lebensgeschichtliche Quellen und Ursachen habe. Sie sei eine Konsequenz einer unglückseligen Sozialisation in der frühen Kindheit, die angesichts mittlerer oder schwerer Lebensprobleme in einen seelischen Zusammenbruch einmünde. Bei entsprechender Pflege und seelisch-geistiger Führung könne das invalide oder zerbrochene Ich des Patienten wieder regeneriert werden. Die Schizophrenie sei mit den Neurosen wesensverwandt, ähnliche – aber nicht identische – Therapieformen könnten bei ihr nutzbringend angewandt werden.

Um 1930 übersiedelte Sullivan nach New York, wo er eine psychotherapeutische Privatpraxis eröffnete. Hier sammelte er reichhaltige Erfahrungen in der Psychotherapie neurotischer Patienten. Gleichzeitig lehrte er bis 1933 an der Maryland School of Medicine.

Da er sich noch keiner eigenen Charakter- und Lehranalyse unterzogen hatte (eine 75-Stunden-Therapie, die er angeblich in Chicago als Zwanzigjähriger gehabt haben soll, ist in der biographischen Sullivan-Literatur umstritten; siehe hierzu A. H. Chapman, *Harry Stack Sullivan*, 1976), absolvierte er eine 300-Stunden-Analyse bei Clara Thompson, einer Schülerin von Ferenczi. Clara Thompson berichtet, daß sie diese Analyse abgebrochen habe, da sie durch Sullivans geistige Überlegenheit nur sehr bedingt therapeutisch auf ihn habe einwirken können. Dieses Bekenntnis erhält doppeltes Gewicht, wenn man das Buch von Clara Thompson (*Die Psychoanalyse*, 1952) zur Hand nimmt. Die Autorin erweist sich hierin als eine hervorragende Kennerin von Theorie und Praxis der gesamten Psychoanalyse.

In den dreißiger Jahren kamen – auf der Flucht vor dem nationalsozialistischen Deutschland – Erich Fromm und Karen Horney nach New York, mit denen Sullivan bald engen Kontakt aufnahm. Zusammen mit diesen beiden bedeutenden Psychoanalytikern entwickelte er die neoanalytische Gedankenrichtung, die schließlich in der Washington School of Psychiatry ihr Sammelbecken fand. Diese Forschergruppe suchte Anschluß an die übrigen Sozialwissenschaften; es kam zur Zusammenarbeit mit Ethnologen (R. Benedict, M. Mead, B. Malinowski u. a.), Linguisten (E. Sapir) und anderen namhaften Soziologen, Psychologen und Psychiatern. Durch die Gründung der W. A. White Psychiatric Foundation wurden Mittel bereitgestellt, die 1938 auch die Herausgabe der Zeitschrift *Psychiatry* ermöglichten. Dieses Periodikum mit dem Untertitel *Zeitschrift für die Biologie und Pathologie zwischenmenschlicher Beziehungen* wurde zum wichtigsten Sprachrohr der Sullivan-Schule im angelsächsischen Bereich. Sullivan selbst redigierte die Zeitschrift bis zu seinem Tode im Jahre 1949.

Sullivan schrieb ungern Bücher. So kommt es, daß zu seinen Lebzeiten nur ein einziges Werk publiziert wurde; es handelt sich um die Vorlesungsreihe *Conceptions of Modern Psychiatry* (1940). Alle anderen Bücher von Sullivan wurden aus dem Nachlaß herausgegeben. Das bedeutsamste hiervon ist wohl *Die interpersonale Theorie der Psychiatrie* (1953, dt. 1980), ebenfalls aus Vorlesungen entstanden, die Sullivan in

New York und Washington hielt. Dazu kommen noch weitere Publikationen, die alle im Laufe der Jahre zu „psychiatrischen Bestsellern" wurden.

Während des Zweiten Weltkrieges war Sullivan in Psychiater-Kommissionen des amerikanischen Heeres tätig. Er war „Patriot" und meinte, sich in Kriegszeiten für die militärischen Belange des Staates einsetzen zu müssen, doch schon während dieser Zeit beschäftigte er sich auch intensiv mit Fragen des psychologischen Wiederaufbaus nach Kriegsende. So publizierte er Abhandlungen über das Vorurteil, über die psychische Gesundheit beim einzelnen und bei den Massen und über die „Psychiatrie der Völker".

Er war Mitarbeiter der UNESCO und der Weltgesundheitsorganisation, in deren Beratergremien er tätig war. Am 14. Januar 1949 starb er an einer Apoplexie in einem Hotel in Paris, wohin ihn die Teilnahme an einer Konferenz für Psychohygiene geführt hatte.

Über Sullivans Lebensgeschichte und Charakter ist nicht allzuviel bekannt, da er auch gegenüber Freunden und Kollegen wenig mitteilsam war. Es scheint jedoch außer Zweifel zu stehen, daß er viele Belastungen seiner problematischen Kindheit und Jugend nicht aufzuarbeiten und zu bewältigen imstande war. So versichert sein Biograph Chapman, daß Sullivan zeitlebens nie eine heterosexuelle Intimbeziehung einging und daß er homosexuell gewesen sein soll. Diese Homosexualität mag mitbedingt haben, daß er fast nur mit männlichen Schizophrenen (jugendlichen Alters) psychotherapeutisch zu arbeiten pflegte; bei weiblichen Patienten fühlte er sich unbehaglich. Er nahm auch einen Jüngling zu sich und adoptierte ihn. Mit ihm bildete er eine Lebensgemeinschaft, die bis zu Sullivans Tod währte. Im Umgang mit Menschen blieb Sullivan scheu und zurückhaltend, allerdings konnte er gebenüber Fachkollegen und Mitarbeitern gelegentlich auch sehr aggressiv sein. Diese Charakterhaltung führte im Laufe der Jahre zu einer wachsenden Vereinsamung. Dazu kamen später Herz- und Gefäßleiden, denen er schließlich erlag.

Sullivans Beiträge zur Tiefenpsychologie, Psychotherapie und Psychiatrie sind wesentlich für die Wissenschaft dieses Jahrhunderts. Gleichwohl weisen sie Engen und Einseitigkeiten auf. So kennt Sullivans Psychiatrie kaum Fragen der Kultur- und Gesellschaftskritik; sie ist fast durchwegs ein „gesellschaftsimmanentes System", im Gegensatz zu den Lehren von Fromm, Horney, aber auch von Freud und Adler. Daher verwundert es nicht, daß sich Sullivan gemäß seinem letzten Wunsch nach katholischem Ritual und mit militärischen Ehrenbezeugungen (er war Hauptmann der Reserve) begraben ließ.

Entwicklungspsychologie

Entsprechend Sullivans Leistungen, die vor allem im Bereich Entwicklungspsychologie, Psychopathologie, Psychotherapie und Sozialpsychologie liegen, seien in der Folge die diesbezüglichen Gedankengänge in vereinfachter Form dargestellt. Dem „Entwicklungsprinzip", das bei Sullivan im Mittelpunkt steht, kommt dabei besondere Bedeutung zu.

Bei der Geburt ist der Mensch nach Sullivan einem Tier vergleichbar. Er ist zunächst nur ein bio-psychischer Organismus, der um Selbsterhaltung ringt. Es bedarf vielfältiger Stadien der Entwicklung, damit aus diesem „Menschen-Tier" ein sozialer und kultureller Mensch wird. Schlägt während dieser Entwicklung etwas fehl, ist mit späteren psychischen Funktionsentgleisungen oder Ausfallerscheinungen zu rechnen.

Sullivan unterscheidet drei Formen der Welt- und Selbsterfahrung. Der Säugling etwa nimmt die Welt zunächst so diffus wahr wie eine Amöbe, die lediglich unterscheiden kann, wo in der Umwelt Wärme und Kälte, Nahrung und Nahrungsmangel, Licht und Dunkelheit vorhanden sind. Diese rein stimmungsmäßige, nebulose Orientierung in der Welt nennt Sullivan die *prototaxische Wahrnehmungsweise*. Später wird dieses Gestimmtsein überlagert durch präzisere Wahrnehmung, die aber noch nicht in Worten fixiert und kommuniziert werden kann. Sullivan spricht vom *parataxischen Erleben* und bezeichnet es als hochgradig subjektiv. Die dritte und höchste Stufe der Welterfahrung ist das *syntaxische Leben und Erleben*. Hier können Erfahrungen in Worte gekleidet, mitgeteilt und an der Erfahrung anderer überprüft und korrigiert werden. Das „Syntaxische" ist die Stufe der Soziabilität und Kulturleistung. In seelischen Krankheitszuständen überwiegen oft das prototaxische und parataxische Verhaltensmuster. Die Patienten reagieren rein stimmungsmäßig und mit eigenartigen Wahrnehmungsverzerrungen (Parataxien) auf ihre Umgebung. Kann all dies verbalisiert und auf die Stufe der Syntax gehoben werden, dann besteht die Möglichkeit einer gemeinsamen Bewährung (consensual validation) der Welt-Beurteilung, wodurch man der „Wahrheit des sozialen Lebens" näherrückt.

Ein anderes Begriffssystem, womit Sullivan die Auseinandersetzung des Individuums mit seiner Umwelt beschreibt, ist *Euphorie* und *Spannung*. Seiner Meinung nach tendiert jeder Organismus zur Spannungsfreiheit, da Angespanntsein Unlust mit sich bringt. Euphorie oder Glücksgefühl entspringt diesem entspannten Zustand in einer konfliktfreien Umwelt. Das Vorbild für euphorisches Lebensgefühl ist etwa der Säugling, der im Zustand der Sättigung an der Mutterbrust in den Schlaf sinkt. Alle Ängste, triebhaften Bedürfnisse und Umweltkonflikte erhöhen den Spannungszustand des biopsychischen Organismus. Man kann nun das Seelenleben des Menschen unter der Perspektive betrachten, daß dieses sich stets der Spannungen zu entledigen und auf Euphorie hinzustreben bemüht ist. Man erkennt hier das Freudsche Konzept vom Nirwanaprinzip, das bis auf Schopenhauer zurückgeht: der Psyche wird die Zielvorstellung zugeschrieben, stets Ruhe anzuvisieren und zu erhalten, was von anderen Autoren als sehr fraglich hingestellt wird.

Wie alle Tiefenpsychologen, sieht auch Sullivan in der Mutter-Kind-Beziehung das grundlegende menschliche Kontaktverhältnis, welches Voraussetzung und Modell für alle späteren zwischenmenschlichen Beziehungen wird. Die Mutter stellt in den ersten beiden Lebensjahren so etwas wie ein Ersatz- und Hilfs-Ich für das noch realitätslose Kleinkind dar. Sie übernimmt für es die wichtigsten seelischen Funktionen und Beitragsleistungen, so daß man sagen kann, daß jeder Mensch zeitlebens vom frühkindlichen Umgang mit seiner Mutter geprägt ist.

Diese frühe Mutter-Kind-Beziehung beschreibt Sullivan u. a. mit dem Begriffspaar *Angst* und *Sicherheit*. Angst ist die massivste Unlust und Spannung überhaupt, die dem Menschen widerfahren kann. Die Hauptquelle solcher Spannung liegt für das Kleinkind immer in der Beziehung zu seiner Mutter. Wenn diese nämlich seelisch krank, nervös, unglücklich, beziehungsgestört, überarbeitet oder in Not ist, so wird sie in der Pflege und Ernährung des Kindes unwillkürlich ihr eigenes Angespanntsein auf ihr Kind übertragen. Diese unmittelbare Gefühlsansteckung von Mutter und Kind, aber auch von Mensch und Mitmensch überhaupt, nennt Sullivan *Empathie*. Er ist der Auffassung, daß von den ersten Lebenstagen an jeder Mensch die Gefühle seiner menschlichen Umgebung „instinktiv" mitbekommt und von ihnen beeinflußt wird. Die Stimmungslage der Mutter geht somit stets auf ihr Kind über. Hat die Mutter Angst, so wird auch ihr Kind ängstlich, was die Kooperation zwischen beiden verhindert. Das ängstliche Kind schreit, weint und kann unter Umständen nicht essen, was wiederum die Angst der Mutter zu steigern vermag. Dies wiederum wirkt auf das Kind zurück, so daß sich Mutter und Kind wechselseitig in sich steigernde Angstzustände hineinmanövrieren. Ist dies häufig der Fall, entartet die seelische Entwicklung des Kindes ins Pathologische.

Wer Angst hat, strebt nach Sicherheit und Euphorie oder zumindest nach Spannungslosigkeit. Man kann das Verhalten des Kindes oft als eine Summe von Sicherungsmanövern und Entspannungsversuchen beschreiben. Besonders unglücklich sind jene Kinder, die Angstfreiheit,

Sicherheit und Spannungslosigkeit nur im Schlaf und in der Apathie finden: dies kommt einem Rückzug aus einer als unfreundlich empfundenen Welt gleich und dient möglicherweise als Vorbild für spätere neurotische oder psychotische Rückzugsbewegungen.

Freud beschrieb die Seelenentwicklung des Kindes als eine Abfolge von prägenitalen Entwicklungsstadien der Libido, also der *oralen, analen* und *phallischen Phase,* die zur *ödipalen Phase* überleiten. Sullivan hielt diese Konstruktion für spekulativ und lehnte den psychoanalytischen Libidobegriff mit allen seinen Implikationen ab. Gleichwohl bestätigte er, daß Freud durch seine Theorie etwas Wesentliches aufgezeigt habe. Und zwar geht es um die Beobachtung, daß die soziale Beziehung des Kleinkindes zur Umwelt über bestimmte „Zonen der Wechselwirkung" erfolge, d. h. über bestimmte Körperzonen, mit denen in phasenmäßiger Abfolge die soziale Kontaktnahme stattfindet. So ist tatsächlich zunächst der Mund wichtigste „Zone der Wechselwirkung", dann der Anus, später die Geschlechtsorgane. Läßt man die hypothetische Libido aus dem Spiel, darf man sagen, daß jeder Mensch von seiner frühkindlichen Ernährung, Reinlichkeitserziehung usw. geprägt bleibt. Auch erfolgen im Erwachsenenleben vielerlei Kontakte über die genannten Zonen der Wechselwirkung, die sozusagen „Kanäle der Interaktion" sind. Man wird daher in der Anamnese von Neurosen und Psychosen auf das Ernährungsschicksal und die Reinlichkeitsgewöhnung des Patienten großes Gewicht legen und sich fragen, wie er als Kind „sozialisiert" wurde.

Innerhalb der prototaxischen und parataxischen Welterfahrung der ersten beiden Lebensjahre kristallisieren sich für das Kind zwei „Mutterbilder" heraus, und zwar die „gute Mutter" und die „böse Mutter", bzw. zunächst die gute Mutterbrust und die böse Mutterbrust. Erstere ist die ruhige und entspannte Mutter, die Nahrung, Wärme und Geborgenheit vermittelt. Aus rätselhaften Gründen jedoch kann dieselbe Mutter gelegentlich angespannt, angsterregend und dysphorisch wirken. Der Säugling ist zunächst nicht in der Lage, die wechselnden Zustände der Mutter einzuordnen und bildet sich daher die genannten „mythischen Figuren", die ein primitives Weltbild konstellieren, das zwischen den Polen der Angst und der Sicherheit seinen Platz findet. Überwiegt in der kindlichen Erfahrung die „böse Mutter", so kann man annehmen, daß das Kind oft lebenslänglich ein ungutes Lebensgefühl, eine diffuse Feindseligkeitserwartung und Lebensangst mit sich herumtragen wird.

Der oben geschilderte Vorgang zeigt bereits das Kleinkind auf dem Weg zur Wahrnehmungssynthese und Welterkenntnis. Während der

Säugling erinnerungslos von einem Seelenzustand in den anderen übergeht, entwickeln sich im zweiten Lebensjahr bereits merkliche „Wahrnehmungskerne", die vielfältige Eindrücke und Erfahrungsmuster kondensieren. Die Mutterbrust und später die Mutter selbst werden Objekte des Erkennens und Wiedererkennens. Allerdings kann es zu Dissoziations- und Desintegrationserscheinungen in der Wahrnehmungswelt kommen, wenn die Mutter allzuoft zwischen wohltuender und erschreckender Erscheinungsweise abwechselt. Das Kind sieht sich dann einem irrationalen Erscheinungswechsel ausgesetzt, den zu begreifen es unter Umständen aufgibt. Es nimmt die Welt als „Stätte der Irrationalität" hin, wie man dies bei vielen psychischen Krankheitsbildern zu hören bekommt.

Sullivans Lehre vertritt eine dynamische Entwicklungspsychologie, die auf jeder Stufe der kindlichen Entfaltung die möglichen Probleme und Konflikte ins Auge faßt, an denen das Kind sein Wachstum und seine Reifung bewähren muß. Alle Interaktions-Schicksale finden ihren Niederschlag im kindlichen Selbst, so daß der erwachsene Mensch gewissermaßen ein Resümee seiner emotional bedeutsamen Bezugspersonen und Beziehungs-Ereignisse ist.

Das Kind baut nicht nur die Bilder einer „guten Mutter" und einer „bösen Mutter" auf, ein analoger Vorgang bezieht sich auch auf das kindliche Ich selbst. So wird das Kind in den ersten zwei bis drei Jahren die drei Instanzen des „guten Ichs", des „bösen Ichs" und des „Nicht-ichs" schaffen, wodurch es in seiner Weise auf die erzieherischen Beeinflussungen seitens der Umwelt reagiert. Das „gute Ich" ist die Summe jener Regungen und Wesensbeschaffenheiten, die die Zustimmung der Mutter und anderer Bezugspersonen finden. Das „böse Ich" ist all das, was von dieser Umwelt verneint und mit Tabu belegt wird; das Kind verinnerlicht die Werturteile seiner Umgebung, kann aber nicht verhindern, daß auch tabuisierte Strebungen in seinem Innern lebendig und wirksam bleiben. In das „Nicht-Ich" werden alle Tendenzen verdrängt, die nicht nur negiert, sondern geradezu mit panischer Angst belegt werden. Der Unterschied zwischen „bösem Ich" und „Nicht-ich" ist der Verdrängungsgrad. Je mehr ein Kind an natürlichen Regungen in sein „böses Ich" und „Nicht-Ich" abspalten muß, um so gravierender verarmt sein Ich. Die „Ich-Schwäche" entsteht demnach hauptsächlich durch die Verdrängungsarbeit seitens der Erzieher. In der späteren Seelenkrankheit brechen „böses Ich" und „Nicht-ich" ins Bewußtseins ein und bewirken umfassende Panik, die zu einem „Ich-Zusammenbruch" führen kann. Angesichts des Umstandes, daß Verdrängung und Abspaltung von wesentlichen Strebungen das Ich schwächen, befürwortet Sullivan eine Erziehung, die „böses Ich" und „Nicht-Ich" möglichst klein hält sowie „Ich-Stärkung" und „Ich-Integration" unterstützt. Zur Ich-Stärke gehört zum Beispiel das sogenannte „Machtprinzip", worunter allerdings nicht die Herrschaft des Menschen über andere Menschen verstanden wird; Macht im Sinne von Sullivan heißt, daß der Mensch sich selbst, seinen Körper und seine Umweltgegebenheiten unter Kontrolle bringen kann und geschickt den Anforderungen des Lebens zu genügen vermag. Je besser die Fähigkeiten und Fertigkeiten eines Kindes ausgebildet werden, um so souveräner fühlt es sich in sich selbst und bezüglich seiner Mitwelt. Solche ich-intakten Menschen sind auch kontaktfähiger und lebensfreudiger. Machtgierige und herrschsüchtige Charaktere jedoch sind jene, bei denen dieses primäre Machtprinzip schlecht oder gar nicht entwickelt wurde. Wer also ungeschickt, unbeholfen, selbstverachtend und kleinmütig ist, neigt dazu, durch Tyrannei über andere diese tiefgefühlten Mängel zu verschleiern.

Nach Sullivan soll man den Lebenslauf des Kindes als eine Abfolge von Lernschritten betrachten. Lernen ist so etwas wie „organisierte Erfahrung". Zu dieser Organisation seiner Eindrücke und Erlebnisse ist das Kind nur dann befähigt, wenn es nicht Opfer von Angst und Panik ist, denn Verängstigung und Lernmöglichkeit sind komplementär, d. h. je größer die erstere, um so kleiner die zweite. Das Kind kann sein Selbst, seine Umweltkontakte, sein Weltverstehen, seine Geschicklichkeiten, seine Euphorie und Spannungsfreiheit nur in dem Maße entfalten, als die Erzieher in der Lage sind, es vor Lebensangst zu schützen. Je geringer die Angst des Kindes ist, um so besser wird sich sein „Selbst-System" entwickeln. Dieses enthält das Insgesamt aller Seelenregungen des Kindes, die von der Umwelt mit Zustimmung, Bejahung, Zärtlichkeit und Aufmerksamkeit bedacht werden. Nach Sullivan ist das Ich des Menschen gleichsam verinnerlichte Zuwendung seitens bedeutsamer Bezugspersonen (reflected appraisal). Darum ist es so wichtig für das Kind, daß es in einer Umgebung aufwachsen kann, die ihm Freundlichkeit, Wohlwollen, Ermutigung und Lebenshilfe bieten kann. Das Selbst ist die zentrale Instanz im Seelenleben:

> Der Selbst-Dynamismus ist gegründet auf der Erfahrung von Zustimmung und Ablehnung, von Belohnung und Strafe. Die Besonderheit des Selbstdynamismus besteht darin, daß er jeweils seiner Entwicklungsstufe gemäß funktioniert, von Beginn an. Je mehr er sich entfaltet, um so eher gleicht seine Funktion einem Mikroskop. Da die Zustimmung der Beziehungsperson sehr wichtig ist, da Mißbilligung jede Befriedigung verunmöglicht und Angst her-

vorruft, wird das Selbst äußerst bedeutsam. Es ermöglicht ein genaues Betrachten der Umstände des Kindes, welche Zustimmung und Ablehnung erzeugen, aber wie ein Mikroskop behindert es das Wahrnehmen der übrigen Welt. Wenn man durch ein Mikroskop schaut, sieht man nur, was im Blickfeld liegt. So ist es mit dem Selbst-Dynamismus. Er hat die Tendenz, die Aufmerksamkeit zu fixieren auf jene Beziehungen zur „bedeutsamen Person", die Bejahung oder Verneinung erhalten. Und diese Eigentümlichkeit, eng verbunden mit Angst, bleibt von da an durchs ganze Leben erhalten ... Der Rest der Persönlichkeit bleibt außerhalb des Bewußtseins. Seine Impulse und Zustände werden nicht vermerkt. (*Conceptions*, S. 20 f.).

Hier deutet Sullivan an, daß jedes Ich sich selbst und die Umwelt mit „auswählender Unaufmerksamkeit" betrachtet – ein Vorgang, den S. Freud mit dem Begriff der Verdrängung beschrieben hat. Die Therapie hat die Aufgabe, Lücken der inneren und äußeren Wahrnehmungswelt zu schließen, d. h. die Aufmerksamkeit zu erweitern und zu vervollständigen. Natürlich ist dies mit der sogenannten Ich-Stärke und Ich-Erweiterung identisch.

Sullivan liebte den Freudschen und Jungschen Begriff des Unbewußten nicht, da in beiden Fällen das Unbewußte als eigenmächtige, substanzielle Seeleninstanz (bei Freud das Es, bei Jung das geheimnisvolle, von Archetypen erfüllte *kollektive Unbewußte*) erscheint. Für ihn ist das Unbewußte lediglich eine Zusammenfassung aller seelischen Vorgänge, die sich am Saum des Bewußtseins abspielen und beinahe absichtlich, infolge von Angst, nicht wahrgenommen und beachtet werden. Aufgrund dieses Verdrängtseins entbehren die unbewußten Inhalte weitgehend der sprachlichen Formulierung, können deshalb anderen Menschen nicht mitgeteilt werden und äußern sich z. B. als nervöse Symptome, psychosomatische Erscheinungen, Traumbilder und Tagesphantasien. Gelingt es der Psychotherapie, aus solchen „verdeckten" Seelenprozessen „offene" und mitteilbare Regungen zu machen, so vergrößert sie den Aktionsraum des Ich und vermehrt seine Beziehungsfähigkeit.

Überhaupt ist sprachliche Kommunikation ein wesentlicher Faktor in Sullivans Gesundheitsbegriff. Prototaxische und parataxische Erfahrungsweisen sind, wie bereits erwähnt, so diffus und subjektiv, daß sie nicht in allgemeingültiger Sprache formuliert werden können. Je umfänglicher das Gebiet derartiger Wahrnehmungs- und Erlebnisverzerrungen ist, um so mehr ist das Individuum von seiner Umwelt abgeschnitten. Da es nicht viel kommunizieren kann, fühlt es sich einsam und verängstigt. Es geht deshalb darum, den Sprachschatz des Menschen zu erweitern, seine Aufmerksamkeit gegenüber dem Leben zu erhöhen, seine inneren und äußeren Scheuklappen abzubauen. Wo das Gespräch hinreicht, entsteht Bewußtsein, wobei aus *Es* sozusagen *Ich* wird. Das ist nach Sullivan auch der einzige, rational faßbare Sinn von Sublimierung. Er nannte die Auffassung von Freud, Sexualität könne durch Triebverzicht in Geist verwandelt werden, spöttisch „psychologische Alchemie". Sublimierung ist der Lernprozeß des Individuums, das fähig wird, sprachlose oder spracharme Beziehungsmuster in kommunikatives Denken und Verhalten umzusetzen. Je kommunikativer ein Mensch denkt und erlebt, um so sicherer und angstfreier kann er sein. Freuds Sublimierungsmodell erinnert allzusehr an die Theorie der Mönche und Nonnen, die durch Triebverneinung frömmer und engelhafter werden wollten. Sullivan will sich damit begnügen, durch gut funktionierende Lernprozesse das soziale Element bis in die Triebhaftigkeit des Menschen hineinzutragen, denn diese ist nicht wesensmäßig asozial, wie Freud meint; ein nicht allzusehr verzogener Mensch hat gewissermaßen immer auch „erzogene und kulturfähige Triebe".

Sullivan beschreibt sehr umsichtig alle Phasen des menschlichen Lebenslaufs: Frühkindheit, Kindheit, Knaben- und Mädchenalter, Vorpubertät, Pubertät, Präadoleszenz und Adoleszenz. Er schildert Entwicklungsgefahren, die dem Heranwachsenden auf diesem schwierigen Weg in das Labyrinth der Kultur auflauern können. Wo immer „normgemäße Reifungschritte" unterbleiben, entstehen Lücken im Bewußtsein und im Persönlichkeitsaufbau, in die dann die spätere Neurose und Psychose sozusagen „einbrechen" kann. In der Psychotherapie soll darum immer die Entwicklungs-Biographie des Patienten sorgsam nachgezeichnet werden, damit verständlich wird, warum er in gewissen Bereichen der Interaktion Ausfälle und Defizite aufweist. All dies kann durch Nacherziehung ausgeglichen werden, was jedoch ein mühevolles und langwieriges Unterfangen ist.

Psychopathologie

Die Entwicklungspsychologie eröffnet für Sullivan den Zugang zur Psychopathologie. Nur wenn man alle seelischen Entwicklungsstufen – vom ersten Lebenstag an, mit besonderer Berücksichtigung der frühen Kindheit – überblicken kann, versteht man Wesen und Beschaffenheit der psychischen Krankheiten. Denn diese stellen jeweils Rückgriffe und Fixierungen auf kindliche Verhaltensmuster dar. Was als Seelenkrankheit beeindruckt, ist gewissermaßen ein Stehenbleiben auf einer unzulänglichen Frühform des Selbst, das sich unter ungünstigen Einflüssen nur lückenhaft konstituieren konnte. Daher können Neurosen und Psychosen geheilt werden, wenn man das ursprüngliche Entwicklungsdefizit nachholen kann. Stärker als Freud betont Sullivan die Einheit von neurotischen und psychotischen Erkrankungen. Die Entwicklungshemmung in der Psychose ist auf einen früheren Zeitpunkt zu datieren als diejenige der Neurosen, aber prinzipiell sind es ähnliche Krisen und Katastrophen, die zu leichten und schweren psychischen Fehlentwicklungen Anlaß geben.

Im Mittelpunkt der gesamten Psychopathologie steht die Angst, deren zentrale Bedeutung für das Seelenleben bereits geschildert wurde. Seelische Störungen sind Ausdruck und Abwehr von erhöhter Lebensangst. Da die Verängstigung selbst immer aus gestörten zwischenmenschlichen Beziehungen stammt, läßt sich der Kreislauf nachzeichnen, den das gestörte Individuum durchläuft: infolge vermehrter Grundangst muß es neurotische oder psychotische Symptome als „Sicherheitsmanöver" ausbilden, die Symptomatik behindert dann die Zwischenmenschlichkeit, daraus erwächst wiederum Angst, die noch mehr „Sicherungen" nötig macht. So zappelt das irritierte Individuum im Netz seiner Ängste und Abwehrtendenzen, woraus es ohne Hilfe von außen kaum einen Ausweg finden kann.

Die gesamte Neurosenlehre von Sullivan fußt nicht so sehr auf einer Theorie der Triebe, sondern vielmehr auf einer Theorie der Emotionen. Die Neurose ist primär eine Erkrankung des Gefühlslebens. Als menschliche Grundgefühle, die hierbei in Betracht kommen, sind u. a. zu nennen: Furcht, Zorn, Wut, Haß, Trauer, Schuld, Neid, Eifersucht; natürlich läßt sich dieser Katalog der Gefühlsreaktionen noch erweitern. Sullivan beschreibt sehr feinsinnig die Phänomenologie der genannten Gefühle, die seines Erachtens die wichtigsten Strukturbestandteile jeder neurotischen und psychotischen Seelenverfassung ausmachen. Gefühle sind nicht Ableger des Sexualtriebes oder einer mythologisch anmutenden *Libido;* sie sind ganzheitliche Manifestationen der Gesamtpersönlichkeit, bewußte und unbewußte „Stellungnahmen" zu den Problemen des Lebens und Zusammenlebens. Daher fragt Sullivan, ähnlich wie Adler, nicht nach der *Ursache* des Gefühls, sondern nach seinem *Sinn, Ziel* und *Zweck.* Mit Gefühlen wollen wir uns selbst und unsere Umwelt suggestiv beeinflussen. Sie sind sozusagen „Dampf im seelischen Getriebe", die Schwungkraft, die das Räderwerk in die beabsichtigte Richtung dreht. Dies kann man auch durch die Symptomatologie und Charakterologie der Neurosen belegen. Sullivan handelt mit großer Sachkenntnis die klassischen Neurosen- und Psychoseformen ab, wobei er, wie bereits gesagt, die Theorie der Schizophrenie in die Neurosenlehre einfügt. Neurosen und Psychosen sind nur graduell verschiedene „Dissoziationen der Persönlichkeit", die durch Angst, mangelndes Selbstwertgefühl und große Selbstverachtung ausgelöst werden. In keinem psychopathologischen Zustandsbild fehlen irritierte Selbsteinschätzung, Heimatlosigkeit und Ungeborgenheit des Patienten in der mitmenschlichen Welt. Allerdings betont Sullivan, daß im Menschen ein gewaltiges Streben zu den Mitmenschen und zur seelischen Gesundheit hin verankert ist. Zeigt man dieser Tendenz gangbare Wege auf, so darf man auf ein Entgegenkommen des seelisch kranken Menschen rechnen:

> Es gibt keine Ausnahme von der Regel, daß – wann immer der Patient auch nur einen schwachen Schimmer von Hoffnung erhält – er auch streben wird, gesund zu werden. (*Clinical Studies in Psychiatry*, 1956, S. 265)

Wir verdanken Sullivan eine neuartige Beschreibung der klassischen Neurosen- und Psychosenformen – Hysterie, Zwangsneurose, Depression, Hypochondrie und Schizophrenie – in einer Terminologie der Zwischenmenschlichkeit und der aktiven Anpassung des Individuums an das Leben. In diesem Sinne ist jede seelische Störung nicht ein kausales Geschehen, dem der Patient „von außen her" ausgesetzt ist; sie ist eine pathologische Form der Selbsterhaltung und Selbstverwirklichung unter dem Leitstern der Angst und des Sicherheitsstrebens, wobei die soziale Basis der Persönlichkeit infolge unglücklicher Kindheitserlebnisse zu schmal angesetzt ist.

Am Krankheitsbild der hypochondrischen Lebenseinstellung z. B. läßt sich dies nachvollziehen. Der Hypochonder ist übermäßig stark an seinem angeblich schlechten Gesundheitszustand interessiert und macht sein Körperempfinden zum einzigen Thema, das er „eines Mitteilungsversuches innerhalb seiner sozialen Beziehungen für wert hält" (*Clinical Studies*, S. 78). Angst und Unsicherheit, das Mißverhältnis zu sich selbst und zu den Mitmenschen wird in Krankheitsformen ausgedrückt; Müdigkeit und nervöse Körpersymptome sind auf diese Weise Mitteilungen über ungute Gefühle den Beziehungen und den Aufgaben gegenüber. Mit Krankheiten kann man im allgemeinen leicht Zuwendung, Entlastung und Unterstützung erwirken; man kann sie als Entschuldigung verwenden, wenn man den „Anstrengungen" der Freundschaft und Liebe ausweichen will. Ein solcher Mensch fühlt sich überhaupt zu schwach, zu geben und auch größere Gefühlsstürme zu ertragen; so ist z. B. sein Selbst auch von Bedürfnisspannungen schnell überfordert.

Auch beim Zwangsneurotiker steht das Sicherheitsstreben im Vordergrund. Er versucht, das spontane und kaum kontrollierbare Leben durch „Rituale", „Umwegigkeiten" und „Zwangshandlungen" berechenbar und vorhersehbar zu machen. Hinter dieser Haltung verbirgt sich große Gefühlsarmut und auch Feindseligkeitserwartung, die dann zu Unduldsamkeit und feindseliger Intoleranz den Mitmenschen gegenüber führt. Es geht dann mehr um Scheinwerte wie Sauberkeit, Ordnung und Regelhaftigkeit als um schöpferische Werte in Kunst, Wissenschaft, Gemeinschaft und Liebe. Das Richtige zu sagen wird wichtiger als das Richtige zu fühlen. Sullivan spricht von *Wortmagie,* bei der die Sprache in autistischer Weise zum Selbstschutz verwendet wird. Auch Hingabe und menschliche Nähe lassen sich mit dem zwangsneurotischen Lebensgefühl kaum in Einklang bringen. Wie ein Stotterer bremst der zwanghafte Mensch jede Spontaneität und Überschwenglichkeit im Umgang mit dem Mitmenschen, so daß Nähe und damit verbundene Ängste erst gar nicht aufkommen können. Vielfach erstrecken sich unbewußte Zweifel auch auf die Frage der Geschlechtszugehörigkeit: „Bin ich ein Mann oder bin ich eine Frau?" Die Unsicherheit kreist um das Thema: „Bin ich überhaupt liebenswert? Wird mich jemand lieben?" Diese verborgenen Ängste lassen auch die Therapie, bei der es immer um Offenheit, Spontaneität, Verstehen und Hingabe geht, zu einer großen Geduldsprobe werden:

Sie [die Zwangsneurotiker, Verf.] sehen mit erstaunlicher Klarheit voraus, was sie ängstlich machen könnte. All dies behandeln sie oft mit „auswählender Unaufmerksamkeit", und wenn sie etwas erzählen, so scheint dies lückenlos, als ob an diesen Punkten nichts geschehen wäre. So – hauptsächlich wegen dieser hochentwickelten Fähigkeit zur Voraussicht – sind Zwangsneurotiker unbewußt daran interessiert, ihre eigentlichen Lebensverhältnisse unklar und undeutlich darzustellen. Nicht daß sie etwa absichtlich die Zeit totschlagen wollten und das Gesundwerden sabotieren, aber sie haben so unglückselige Erfahrungen in ihrem früheren Leben gehabt, daß es ihnen nichts ausmacht, mißverstanden zu werden. Sie leben geradezu in der Furcht, verstanden zu werden, fürchten, daß Klärung in mitmenschlichen Beziehungen sie als „unheilbar schlecht" erweisen würde. Nun, sie denken nicht, daß sie schlecht seien, sie fürchten es. (*Clinical Studies,* S. 283)

Da, wo die neurotischen Sicherheitsmechanismen des Selbst nicht mehr ausreichen, kann es bei größeren Belastungen und Anforderungen zu psychotischen Reaktionen kommen. Erforscht man die Kindheit solcher Menschen, so zeigt sich, daß sie in mehrfacher Hinsicht zutiefst verunsichert verlief (Sullivans Beobachtungen beschränkten sich hierbei auf männliche Schizophrene). Es handelt sich immer um eine Vielzahl von Umständen aus Kindheit und Jugend, die später schizophrenieauslösend sein können: So ist sehr häufig die Zeit der intensiven Bindung an die Mutter in einem ungesunden Maße verlängert, ohne daß die Mutter Geborgenheit und Liebe geben kann. Die Beziehung zum Vater ist vielfach von Eifersucht und Haß geprägt, und in der Ehe der Eltern gibt es große Unstimmigkeiten. Die Mutter dominiert und bedroht den Vater in seiner Selbstachtung. Im Knabenalter wird das Kind von den Gleichaltrigen ängstlich ferngehalten, so daß es keine soziale Geschicklichkeit im eher gleichberechtigten Umgang mit den Spielgefährten erwerben kann. Die Folge ist, daß es empfindliche Mängel in seiner Selbstachtung erleidet und sich mehr und mehr in Ausweich- und Ersatzmanöver flüchten muß. So ist es in der Zeit der Vorpubertät bereits „anders als die anderen"; sein sonderlinghaftes, seltsames Verhalten, seine Zweifelsucht, Entscheidungsunfähigkeit und unrealistischen Ansprüche bekommt nun auch die weitere Umwelt zu spüren, ohne dies wirklich verstehen zu können. Hinzu kommt die gefühlsarme und sexualfeindliche Familienatmosphäre, die dem Kind widersprüchliche und verwirrende Gefühle und Vorstellungen über das andere Geschlecht und die Liebe vermittelt; die Frau erscheint z. B. gleichzeitig als sündhaft und heilig, als dominante Mutterfigur und sexuell forderndes Wesen. Es verwundert nicht, daß der Jugendliche vor der Heterosexualität zurückschreckt und vielleicht auf der Stufe eines vorpubertären homosexuellen Umgangs mit Gleichaltrigen stehenbleibt oder sexuelle Strebungen überhaupt aus dem bewußten Erleben abspaltet. Das Resultat ist eine oberflächliche Anpassung, ein labiles Gleichgewicht ohne Schutz gegen die große innere Einsamkeit, Depressivität, Angst und Feindseligkeit.

Viele Verhaltensweisen können Anzeichen einer späteren Schizophrenie sein. Dazu gehört das Gefühl, von anderen gekränkt zu werden, durch sie geschädigt, beleidigt, verleumdet oder verachtet zu werden. Solche Gefühle sind vereinzelt jedem Menschen bekannt und finden sich bei allen seelischen Störungen; besonders in der Pubertät erleben sehr viele Menschen Gefühle der Überforderung, die zu psychose-ähnlichen Zuständen führen, vergleichbar mit Alpträumen, von denen Sullivan sagt, daß sie mit der Struktur der Schizophrenie identisch sind. Der psychisch gefestigtere Mensch kann sich aus solchen Wahnvorstellungen und Angstträumen befreien, sich Hilfe und Ermutigung holen, während der Schizophrene in ihnen untergeht.

Sullivan betont immer wieder, daß die Übergänge vom bloß nervösen

Zustand zur Schizophrenie fließend sind und daß Psychosen leichter verhindert werden könnten, würde den Jugendlichen mehr Aufmerksamkeit geschenkt werden. Vor jedem psychotischen Zusammenbruch unternimmt der „Kranke" eine Reihe von verzweifelten Anpassungsversuchen, die von der Umgebung nicht verstanden werden. Wären die Erzieher besser ausgebildet, so würden sie sehen, daß der Jugendliche vor seinen Aufgaben, sei es in der Liebe, im Arbeitsbereich oder in seinen Beziehungen, zurückweicht und diese Flucht mit allerlei Abwehrreaktionen vor sich selbst und den anderen zu verschleiern versucht. Mit künstlichen Posen und Erregungszuständen versucht er seiner Situation zu entrinnen, oder er sucht Entlastung, indem er Schuld und Schande auf andere schiebt. Viele flüchten in Krankheit oder Rauschmittelgebrauch. Das Ziel ist die Absperrung gegen die Umwelt, der Schutz des Selbst. Es sind aber Sicherungsmaßnahmen, die das seelische Elend vertiefen und einen aussichtslosen inneren Kampf auslösen, der alle Kräfte aufzehrt und zu einem Zusammenbruch führen muß, wenn keine Hilfe von außen kommt.

Das Wesen der schizophrenen Reaktion liegt für Sullivan in einer als ausweglos erlebten Konfliktsituation zwischen der Befriedigung elementarer Bedürfnisse nach Nähe, Zärtlichkeit, Sexualität, Anerkennung und Erfolg einerseits und dem Bedürfnis nach Sicherheit, Angstfreiheit und Selbstachtung andererseits. Die vermeintliche Ausweglosigkeit löst mehr und mehr Panik aus, so daß das Selbst alle Realitätsorientierung verliert und sich angesichts der Bedrohung von innen (Sehnsucht nach Liebe, Selbstachtung und Macht) und von außen (die feindlichen anderen) aufgibt. Dieser Zustand hochgradiger Erregtheit (Katatonie) und angsterstarrter krampfhafter Unbeweglichkeit (Stupor) ist das eigentliche Bild der Schizophrenie. Er ist vergleichbar mit dem lähmenden Schrecken, mit dem man aus einem Alptraum hochschreckt, ohne sich von ihm befreien zu können. Der Katatone fühlt sich von einer universalen Gefahr bedroht. Er hat erlebt, daß in seltsamer und undurchschaubarer Weise sein Handeln immer vergeblicher und immer irrtümlicher wurde, und er ist zu dem Schluß gelangt, daß er „verrückt" ist. Alles um ihn herum ist furchterregend, ohne daß man für diese wahnhaften (parataxischen) Traumbilder Worte oder eine Bedeutung finden kann. Der Kranke befindet sich in einer Situation, in der alles ihn dringend auffordert, etwas zu unternehmen, ohne daß er weiß, was zu unternehmen wäre. Deshalb die stuporöse Unbeweglichkeit, die in Wirklichkeit höchste Sprungbereitschaft ist. Gelegentlich „erwacht" der Kranke aus der Starre und handelt gezielt, um diese unheimliche Macht zu bannen. Er bedroht vielleicht sich selbst (Selbstmordversuch) oder andere, oder er versucht, durch magische Handlungen und Gesten seine Umwelt zu überzeugen, daß er selbst eine übermenschliche Macht geworden ist. Bei ihm dreht sich alles nur noch um große Gefahren, Angriff, Verteidigung, erbärmliche Schwäche und übermenschliche Stärke. Deshalb auch die Vergiftungsängste und die Furcht vor fremden Einflüssen oder feindseligen Personen, Ängste, die sich bei allen Formen beginnender Schizophrenie finden, ohne daß sie im eigentlichen Sinne schon paranoid sind.

Für Sullivan ist die Paranoia ein möglicher „Ausweg" aus der katatonen Verzweiflung. Sie ist der Versuch einer Selbstheilung, ein Verhaltensmuster, das bereits durch Kindheit und Familienverhältnisse angebahnt wurde. Menschen, die tadellos, unfehlbar und erfolgreich sein wollen und die trotz ihrer feindseligen Tendenzen etwas erreichten, greifen eher zu paranoidem Abwehrverhalten. Kultur und Gesellschaft kommen dieser Einstellung entgegen, denn es ist allgemein üblich, Mißstände und Notlagen auf Sündenböcke abzuwälzen und die Schuld auf andere zu schieben. Rassenwahn, Fremdenhaß, politische und religiöse Ideologien sind Vorbilder im Verachten und Herabsetzen. Sie verlocken dazu, sich durch Mißachtung anderer selbst aufzuwerten.

Bei der paranoiden „Selbstheilung" kehrt der Kranke gleichsam mit erhobenem Haupt in die Gemeinschaft zurück, allerdings ist er von nun an gezwungen, ständig andere zu verdächtigen und herabzusetzen, um damit das Gefühl der eigenen Wertlosigkeit und Nichtigkeit niederzuhalten.

Nicht allen Schizophrenen steht der paranoide Dynamismus offen, auch wenn sie selbst jahrelang Sündenböcke für andere und Zielscheibe für Anschuldigungen und Mißachtung gewesen sind. Ohne therapeutische Hilfe kann es im Falle einer Häufung schizophrener Episoden zur völligen Abwendung von den Menschen kommen, was irrtümlicherweise als „vorzeitige Verblödung" (Hebephrenie) bezeichnet wurde. Tatsächlich hat der Kranke alle Hoffnung auf Menschlichkeit aufgegeben. Er hat sich völlig von der Welt zurückgezogen und vegetiert, ohne Rücksicht auf das Urteil der Umwelt, auf einer gewissermaßen biologischen Ebene vor sich hin. Er zieht sich auf seinen Körper und dessen lustspendende Zonen zurück und verzichtet ganz auf Achtung und Wertschätzung. Mit seiner Unsauberkeit, Obszönität und dumpfen Gleichgültigkeit bringt er seine Hoffnungslosigkeit zum Ausdruck, wohl aber auch eine geheime „Größe", denn er hat scheinbar die „Kraft", gesellschaftliche Normen und Tabus zu überschreiten und bei seinen Mitmenschen Abscheu und Schrecken auszulösen.

Sullivan hat niemals daran gezweifelt, daß die Schizophrenie, trotz des zumeist dramatischen und beängstigenden Erscheinungsbildes, nicht auf Vererbung und Konstitution zurückgeführt werden kann. Ursache sind hauptsächlich die bedrückenden Lebenserfahrungen dieser Menschen:

> Was irgendeine genetische Basis der Geisteskrankheiten anbetrifft, so habe ich dazu eine sehr einfache Haltung: nicht bewiesen ... Ich hege nicht den Schatten eines Zweifels in meinem Innern, daß Geisteskrankheiten aus Lebenserfahrungen herrühren. (*Clinical Studies*, S. 359)

Psychotherapie

Hinsichtlich der psychotherapeutischen Theorie und Praxis verdanken wir Sullivan wertvolle Neuerungen, die weit über das orthodox-psychoanalytische Verfahren hinausführen. Er lehnte es ab, mit dem Patienten endlos Träume zu deuten, Kindheitserlebnisse zu rekonstruieren und „Sexualromane zu dichten". Für ihn war das Hauptanliegen der Therapie, mit dem Patienten zusammen dessen Verhaltensmuster zu erforschen, die ihm im Leben – d. h. im Umgang mit sich selbst und seinen Beziehungspersonen – besondere Schwierigkeiten machen. Dabei sollte der Therapeut nicht die Rolle des kühlen und unbeteiligten Betrachters spielen. Sullivan war der Meinung, daß die wichtigsten Daten für die Einschätzung eines anderen Menschen nur durch „teilhabende Beobachtung" gewonnen werden können. Man muß mit dem Analysanden in eine emotionale Beziehung eintreten, wenn man erfahren will, wie er wirklich ist. Freuds Theorie, daß man sich als Analytiker „wie ein Spiegel" verhalten sollte, war für Sullivan nicht nachvollziehbar. Nur als lebendiger, engagierter Gesprächspartner kann der psychologische Berater auf sein Gegenüber „persönlichkeitsfördernd" einwirken.

Nun zeigen sich aber die Lebensschwierigkeiten und Verhaltensmuster des Analysanden nicht nur in seiner Lebensführung, sondern ganz unmittelbar auch in der therapeutischen Sprechstunde und in der Kontaktnahme mit dem Therapeuten. Dies hat Freud mit dem Begriff der „Übertragung" deutlich gemacht. Der Arzt erlebt „am eigenen Leib", welche Wahrnehmungsverzerrungen, Einstellungs- und Verhaltensstörungen bei seinem Gesprächspartner vorliegen. Dies ist von großem Nutzen für die Klärungsprozesse beim Analysanden, der direkt in der therapeutischen Beziehung erleben kann, wer er ist. Allerdings muß der Therapeut zu diesem Zweck einen Bewußtseinsstand erreicht haben, der ihm ermöglicht, das, was sich in seinen zwischenmenschlichen Beziehungen abspielt, genau zu erkennen, zu überprüfen und in Worte zu fassen. Der Therapeut sollte ein „Experte in Zwischenmenschlichkeit", ein reifer, vernünftiger und lebensfreundlicher Mensch sein. Es wird von ihm verlangt, daß er ein Künstler in der Gesprächsführung ist, der einen Dialog lehrreich, angstfrei, weltoffen, intellektuell und emotional anregend führen kann:

Der Therapeut muß entdecken, wer der Analysand ist – das heißt, er muß noch einmal aufrollen, welcher Gang der Ereignisse dazu geführt hat, daß der Analysand derjenige ist, der er ist, was für einen Hintergrund er hat und was für Erfahrungen er gemacht hat. Und während er sich vor Augen hält, wer der Betreffende ist, muß der Therapeut erfahren, was dieser Mensch an seinem Leben für problematisch hält und was er als schwierig empfindet... Er [der Therapeut, Verf.] sollte sich am besten vor Augen halten, daß es in unserer Gesellschaft genügend Ansatzpunkte gibt, mit denen sich bei jedem Menschen Schwierigkeiten rechtfertigen lassen, wie überlegen er auch sein mag... Wir dürfen... annehmen, daß alle Menschen einige Lebensschwierigkeiten haben. Ich glaube, es liegt in unserer Gesellschaftsordnung, daß niemand eine Lebensweise finden und aufrechterhalten kann, die zu völliger Zufriedenheit und angemessener Selbstachtung führt. (*Das psychotherapeutische Gespräch*, 1976, S. 15)

Der Arzt reagiert als Gesamtpersönlichkeit auch mit seinem Unbewußten auf das Unbewußte des Patienten, ein Vorgang, den Freud als „Gegenübertragung" beschrieben hat. Auch Sullivan macht darauf aufmerksam, daß in jeder Psychotherapie die Gefahr besteht, vom Patienten angesteckt zu werden, also eine gefühlsmäßige Infektion zu bekommen. Der Analysand hat unbewußt ein Interesse daran, seinen Helfer „miterkranken" zu lassen, ihm seine Sicht der Welt aufzunötigen. Gegen diese Suggestivkraft besonders der seelischen Irritation muß man sich innerlich anstemmen und die richtige Mitte zwischen Nähe und Distanz gewinnen. Der Therapeut gleicht hierbei dem Wanderer auf einem schmalen Grat; er hat eine sehr schwierige und ernste Arbeit zu vollbringen.

Beim heutigen Stand der Schulung und Ausbildung sind noch nicht viele Analytiker in der Lage, ihren Analysanden als souveräne Lehrmeister in zwischenmenschlichen Fragen gegenüberzutreten. Theoretische Studien und Kenntnisse taugen im Grunde wenig; der Therapeut muß in der „Kunst des Lebens" erfahren sein und einen Standort gewonnen haben, der ihn von eingeengten Lehrmeinungen und spitzfindigem Etikettieren befreit.

Sullivan spricht sich für ein größtmögliches Maß an Schlichtheit und

„durchschnittlicher Menschlichkeit" beim psychologischen Ratgeber aus; er sollte sich mit dem Problem der persönlichen Eitelkeit gründlich auseinandergesetzt haben. Jede Unsachlichkeit und Ichbezogenheit beim Therapeuten wird vom Patienten fast halluzinatorisch erfühlt und zum unübersteigbaren Hindernis in der Therapie aufgebaut. Im Kampf, der nun entbrennt, wird die eigentliche Aufgabe der Therapie vergessen, nämlich Selbsterkenntnis des Patienten in die Wege zu leiten.

In jeder gut geleiteten seelenärztlichen Behandlung entwickelt sich ein dialektisches Verhältnis zwischen Arzt und Patient. Beide lernen voneinander, beide bringen sich in neuer Weise in Erfahrung, beide haben die Chance einer inneren Weiterentwicklung. Sullivan betont oft diese Wechselseitigkeit der Therapie, die für beide eine Fahrt in unbekanntes Land ist. Immer sollte man sich vor Augen halten, daß man den Patienten nicht oder noch nicht kennt, selbst wenn man mit ihm schon über längere Zeit hinweg das Gespräch geführt hat. Diese Offenheit des Therapeuten kommt nur zustande, wenn er eine relativ angstfreie, in sich ruhende Persönlichkeit ist. Nervöse, unruhige und unsichere Psychologen werden ihr Gegenüber allzu rasch einordnen und festlegen wollen, da sie ihr Urteil nicht lange in der Schwebe halten können. Im Grunde muß man das verletzte, beschämte und in der Kindheit eingemauerte Selbst des Patienten befreien, was nur möglich ist, wenn der Therapeut sein eigenes Selbst entfaltet und gefestigt hat, so daß er mit Behutsamkeit im Umgang, mit Sympathie und Beständigkeit die Angst und Menschenscheu des Analysanden beschwichtigen kann. Psychotherapie ist eine Um- und Neuerziehung des Menschen, eine subtile Kleinarbeit, die vielfältige Selbsterkenntnis vermitteln muß; nur so können sich Selbstachtung und Lebensorientierung für den Analysanden eröffnen.

> Ob die soziale Heilung erreicht wird oder nicht, gleichviel, ein Mensch, der sich selbst kennt, ist seelisch gesund. Er ist sich der Möglichkeiten bewußt, die sich ihm bieten. Er schätzt sich selbst ungefähr so ein, wie er es verdient. Er kennt und erhält zumeist auch die Befriedigungen, deren er bedarf, und er ist großenteils sicher im Leben. (*Conceptions Of Modern Psychiatry*, S. 237)

Diese Sicherheit erwächst allerdings nur aus sozialer Beitragsleistung, in die die Selbsterkenntnis und Selbsterziehung jeweils einmünden muß. Sullivan zweifelt nicht, daß der vollentwickelte Mensch alles daransetzt, an der Lösung gemeinsamer Probleme der sozialen Gruppen und der Menschheit mitzuarbeiten. Vernunft, Reife und Verantwortung gehören zusammen; sie sind das ethische Ziel jeglicher Psychotherapie.

Sozialpsychologie

Psychiatrie ... ist das Studium der Prozesse, die sich zwischen Menschen abspielen. Das Gebiet der Psychiatrie ist das der zwischenmenschlichen Beziehungen, und zwar unter allen und jeden Bedingungen, in welchen solche Beziehungen stattfinden. Es wurde erkannt, daß eine Persönlichkeit niemals isoliert werden kann vom Komplex der zwischenmenschlichen Beziehungen, in welchen die Person lebt und ihr Dasein hat. (*Conceptions of Modern Psychiatry*, S. 10)

Mit diesem Ansatz stellt sich Sullivan auf den Standpunkt, daß der Mensch ein durch und durch soziales Wesen ist. Jedes Individuum wächst und gedeiht in der Atmosphäre vielfältiger Sozialkontakte. Wer oder was ein Mensch ist, läßt sich nur umschreiben durch die verschiedenen Rollen, die der einzelne innerhalb der Zwischenmenschlichkeit spielt. Ein Mensch hat so viele „Selbste", als er in Beziehung zu emotional bedeutsamen Personen und Gruppen zu entwickeln fähig ist; er ist gewissermaßen nichts anderes als die „Summe seiner sozialen Beziehungen". Von da aus gesehen erscheint die Idee einer abgegrenzten Individualität, die nach Lust und Laune mit der Umwelt in Austausch tritt, als eine irrige Annahme und wissenschaftliche Illusion. Alle seelischen Akte und Einstellungen verweisen auf den Mitmenschen, nichts gehört dem Individuum allein. Der Mensch ist aus „sozialem Stoff" geschaffen, und nur die Abgrenzung der Körper im Raum läßt die trügerische Vorstellung entstehen, daß auch die Seelen voneinander isoliert leben könnten. Es wird übersehen, daß der ganze psychische Bestand eines Menschen durch Sozialisation und Akkulturation innerhalb der Beziehungen erworben wird. Sullivan drückt dies durch den von Lewin in die Sozialwissenschaften eingeführten Begriff des „Feldes" aus. Die Menschen existieren in „sozialen Feldern", und die Eigenschaften, die an ihnen sichtbar werden, sind nicht nur durch ihr Inneres (Bewußtsein, Unbewußtes), sondern auch durch die Konstellationen des Feldes selbst bedingt. Daher muß man jeden Charakter immer innerhalb seiner Situation beschreiben, an welcher sich seine Merkmale, Vorzüge und Schwächen dokumentieren. In verschiedenen Situationen kann ein und derselbe Charakter ziemlich verschiedenartig reagieren.

So mannigfaltig die Reaktionsweisen der Menschen sein mögen, es gibt auch Konstanten in der menschlichen Natur. Im Gegensatz zu Freud und Jung postuliert Sullivan, daß der Mensch „von Natur aus" eher zu Kooperation und Solidarität neigt. Nur unter pathologischen Bedingungen entartet sein Streben ins Aggressive und Asoziale. Ähnlich wie A. Adler ist Sullivan von der natürlichen Gutartigkeit des Menschen überzeugt:

> Es ist eine gute Doktrin, daß der Mensch wesensmäßig gutwillig und nicht böswillig ist; daß – sofern man ihm die Möglichkeit einräumt – er sich in Richtung auf wechselseitiges Verstehen und gegenseitige Hilfe bewegt, nicht in Richtung auf Betrug und Ausbeutung der weniger Glücklichen. Vor allem der Psychotherapeut, aber nicht jeder Psychotherapeut, kennt überzeugende Gründe für diese altruistische Auffassung des Menschen, indes ihre letztendliche Gültigkeit mutmaßlich erahnt wird von jedermann, der noch Hoffnung auf Erweiterung und Bereicherung seiner mitmenschlichen Beziehungen hat. (*The Fusion of Psychiatry and Social Science*, 1964, S. 153)

Es ist die Aufgabe der Psychopathologie zu zeigen, wie ungünstige soziale und familiäre Beziehungen diese Menschenfreundlichkeit des Menschen in Isolation, Angst, Haß, Feindseligkeit und Destruktion verwandeln. In diesem Sinne ist Psychiatrie auch Psychohygiene. Dabei soll man speziell auf die Verhältnisse achten, in denen Individuen und soziale Gruppen mit Angst infiziert werden. Angst ist der Schlüssel zur individuellen und kollektiven Neurose, wobei Angst und Aggression eng zusammengehören; letztere ist sozusagen immer die Antwort auf erstere. Wenn die Furcht überkompensiert wird, entsteht Feindseligkeit, ein Zusammenhang, der im Leben der Individuen und der Völker „mit den Händen zu greifen ist".

Mit besonderer Eindringlichkeit wandte sich Sullivan gegen die Vorurteile, deren verhängnisvolle Bedeutung im zwischenmenschlichen und zwischenstaatlichen Leben er in mehreren Abhandlungen analysierte. Diese Denkschematismen und stereotypen Urteile entstammen einem primitiven Denken, das offensichtlich auf Angstvermeidung abzielt. Alles Fremdartige und Ungewohnte erweckt beim Menschen zunächst Angst und Mißtrauen. Wenn es aber gelingt, dieses Fremde und irgendwie Auffallende abzuwerten, ist man selbst aufgewertet. Diese Dynamik steckt hinter religiöser, politischer, rassistischer und sonstiger Intoleranz. Die heftigsten Vorurteilsträger sind innerlich unsichere Menschen, die mittels ihrer Vorurteile Sicherheit, Beruhigung, Überlegenheit und Gottähnlichkeit anstreben. Wer auf diese archaische Art seine Daseinsangst überdecken will, ist eine erhebliche Gefahr für seine Mitmenschen und für die Menschheit. Im Vorurteil liegt Selbsthaß und Menschenhaß, so daß ein solches Denken leicht zu Verfolgung, Ausrottung und Niedertracht führen kann. Das Vorurteil ist nach Sullivan wesensmäßig antidemokratisch und antihuman, wie z. B. das Rassenproblem in den USA zeigt:

Es ist klar: wenn wir uns einer nationalen Solidarität annähern wollen, müssen wir eine humanistische Haltung annehmen, nicht eine autoritäre, eine ausbeutende oder gleichgültige Haltung gegenüber diesen zahlreichen Mitbürgern. Als Psychiater muß ich davor besonders warnen, sie als Zielscheibe für unsere eigenen verdrängten Impulse zu nehmen; die Tatsache, daß sie eine schwarze Haut besitzen, daß sie an unseren Puritanismus nicht so gut angepaßt sind, darf nicht mißbraucht werden, um unsere eigenen Fehler auf sie zu projizieren. Sie verdienen, für voll genommen zu werden, und der Schandfleck eines Rassenproblems in den USA mag so mit der Zeit verschwinden. (*The Fusion of Psychiatry and Social Science*, S. 107)

Hinter vielen Vorurteilen kommt nicht nur schlecht kompensierte Lebensangst, sondern auch die von Kindheit an verdrängte Sexualität zum Vorschein. Hier schließt sich Sullivan ohne weiteres S. Freud an, der in der Sexualverdrängung eine der entscheidenden Ursachen für „das Unbehagen in der Kultur" sah.

Sullivan spricht davon, daß heute noch eine „archaische Sexualkultur" gepflegt wird, d. h. es kommt zu Herabwürdigung des Sexuellen, Unterdrückung, Fehlinformation und Diffamierung. Die Folge davon sind viele psychogene Erkrankungen, die bei offener und ruhiger Erörterung der Sexualität zu beheben und zu verhindern wären. Onanie- und Sexualängste treiben zahllose Jugendliche in Panik und Psychose. Die Kultur schadet sich selbst, wenn sie kein vernünftiges Arrangement mit dem sexuellen Bedürfnis findet oder zuläßt.

Sullivan verlangte von den Psychiatern, daß sie sich um Kultur- und Menschheitsfragen kümmern sollten. Er forderte eine „Psychohygiene für die Welt", d. h. die Anwendung psychiatrischer und psychopathologischer Erkenntnisse auf die Probleme des Alltagslebens. Von einer Verschmelzung aller hier zuständigen Sozial- und Humanwissenschaften erhoffte er sich eine Wendung im Menschheitsschicksal, auf dessen bedrohliche Zukunftsaussichten er öfters hinwies.

Kritische Bewertung

Sullivans Lehre überzeugt durch die systematische Geschlossenheit und den Reichtum empirischer Daten, die sie wissenschaftlich zu verarbeiten und einzuordnen weiß. Viele Engen und Einseitigkeiten des orthodox-psychoanalytischen Denkens werden hierbei – u. a. durch den Bezug zu den Sozialwissenschaften – überwunden. Im ganzen gewinnt man den Eindruck einer pragmatischen Theorie, die sich nirgendwo in gewagte Spekulationen einläßt, sondern sich an die Erfahrungswirklichkeit hält.

Dennoch sind auch bei Sullivan Mängel in Theorie und Praxis nicht zu übersehen. Er gibt kaum je ausführliche Falldarstellungen, so daß man schwer beurteilen kann, wie er konkret therapeutisch gearbeitet hat. Auffallend ist, daß er die sexuellen Abweichungen fast nicht erörtert, und es ist anzunehmen, daß das Ausmaß seiner eigenen sexuellen Verdrängungen groß war. Wahrscheinlich fühlte er sich nicht in der Lage, diese Thematik als Therapeut anzugehen. Auch war er nicht sehr interessiert an den Problemen der Kindererziehung, obwohl sie für den Tiefenpsychologen als mögliche Neurosenprophylaxe und als Hauptursache aller seelischen Fehlentwicklungen große Bedeutung besitzt. Sullivan war in seinen Interessen eher eingeengt und konzentrierte sich ganz auf die Psychologie und Therapie der Schizophrenie und der Neurosen. Hierin liegt seine Größe, aber auch seine Grenze; gemessen am geistigen Horizont von Freud, Adler und Jung mutet diese „interpersonale Psychiatrie" sehr spezialistisch an. Ein Hauch von „Fachwissen" liegt auf ihr, und der Weg zum Weltinteresse, den die Psychoanalyse einschlug, ist ihr versperrt. Auch steht Sullivan jeder Gesellschaftskritik fern. Für ihn scheint seelische Gesundheit in der Anpassung an die bestehende Gesellschaftsform zu liegen. An einigen Stellen kritisiert er bestimmte Formen des Lebens und der Moralität; dennoch bleibt er weitgehend ein Verfechter des *american way of life,* der sich mit Fragen der Religionskritik, des Sozialismus, der Aufklärung, des Humanismus, der Menschheits- und Kulturgeschichte fast nicht beschäftigt.

Es fehlt ihm neben der Soziologie auch der „philosophische Horizont", der die Lehren von Freud, Adler, Jung, Fromm etc. so reizvoll und diskussionswürdig macht. Die Biographen berichten, daß Sullivan kein großer Leser war. Er war ein Empiriker, der die Lehren der amerikanischen Psychiatrie, der Soziologie und Sozialforschung, des sogenannten Operationalismus zum größeren Teil assimiliert hat; von Marx und Kropotkin, Schopenhauer und Nietzsche, Kant und Dilthey, Heidegger und Nicolai Hartmann, Husserl und Scheler weiß er hingegen nichts. Angeblich befanden sich in seinem Bücherregal hauptsächlich Kriminalromane, bei denen er Entspannung suchte. Er war sich kaum bewußt, daß Tiefenpsychologie philosophisch sein muß und den Anschluß an die große Philosophie suchen sollte, um nicht in geistlosem „Szientismus" zu versinken.

Die persönlichen Schwächen eines Psychologen kommen in seiner Lehre zum Vorschein. So scheiterte Sullivan am Sexualproblem, in vielen zwischenmenschlichen Beziehungen, in der Bewältigung von Angst und Verdrängung. Gleichwohl besitzt er menschliche und wissenschaftliche Größe. Er hat kraft seines Wissens und seiner Menschenliebe neue Wege der Psychotherapie beschritten und in seiner Weise den Kampf gegen Unvernunft und Vorurteil aufgenommen.

Ausgewählte Literatur

Chapman, A. H. (1976). H. S. Sullivan – His Life and His Work. New York: Putnam.

Neel, A. F. (1974). Handbuch der psychologischen Theorien. München: Kindler.

Rattner, J. (1969). Psychologie der zwischenmenschlichen Beziehungen – Eine Einführung in die neopsychoanalytische Sozialpsychologie von H. S. Sullivan. Olten: Walter.

Sullivan, H. S. (1940). Conceptions of Modern Psychiatry. New York: Norton.

– (1953). Die interpersonale Theorie der Psychiatrie. Frankfurt: Fischer 1980.

– (1954). The Psychiatric Interview. New York: Norton.

– (1954). Das psychotherapeutische Gespräch. Frankfurt: Fischer 1976.

– (1956). Clinical Studies in Psychiatry. New York: Norton.

– (1962). Schizophrenia as a Human Process. New York: Norton.

– (1964). The Fusion of Psychiatry and Social Science. New York: Norton.

Thompson, C. (1952). Die Psychoanalyse. Zürich 1982.

Wiegand, R. (1973). Gesellschaft und Charakter. München: Kindler.

Frieda Fromm-Reichmann

Einleitung

Frieda Fromm-Reichmann, deren Hauptleistungen in der tiefenpsychologischen Schizophrenentherapie und den damit verbundenen theoretischen Konzepten liegen, wurde am 23. Oktober 1889 in Königsberg (Ostpreußen) geboren. Sie war die Tochter eines jüdischen Bankiers, eines Vaters, der an seinen beiden Töchtern mit großer Liebe und Fürsorglichkeit hing. Frieda selbst scheint schon in ihrer Kindheit und Jugend „protektive Haltungen" eingeübt zu haben, die sie später in ihrem Therapeutenberuf souverän praktizierte: ihre Schwester erinnerte sich zeitlebens daran, daß sie als Kind von einem Hunde angefallen wurde; die etwas ältere Frieda warf sich zwischen das Tier und das Schwesterlein, indem sie rief: „Du brauchst keine Angst zu haben!" Irgendwie mutet dieser Vorfall wie ein Vorspiel zum darauffolgenden Therapeutenleben an.

Frieda Reichmann studierte Medizin in Königsberg und schloß dieses Studium im Jahre 1914 ab. In der Kriegszeit arbeitete sie unter Kurt Goldstein in der Betreuung hirnverletzter Soldaten. Goldstein, der von der Gestaltpsychologie beeinflußt war, beschrieb sehr sorgfältig die Physiologie und Pathologie der Gehirnfunktionen unter einem „existentiellen" Gesichtspunkt; er wurde damit zu einem Pionier der modernen Ganzheitsmedizin.

Nach dem Krieg ging Frieda Reichmann nach Dresden, wo sie eine Stelle im Sanatorium Weißer Hirsch annahm. Dieses stand damals unter der Direktion von I. H. Schultz, der durch sein „autogenes Training" weltberühmt wurde. Eine weitere Ausbildungsstation der lernbegierigen Psychiaterin war die Psychiatrische Universitätsklinik in München, deren Vorstand Emil Kraepelin war. Er schuf das damals vollständigste Lehrbuch der Psychiatrie und führte auch den Begriff der Dementia praecox ein, womit man die Gruppe der schizophrenen Erkrankungen bezeichnete.

Anfangs der Zwanzigerjahre wurde Frieda Reichmann mit der Psychoanalyse bekannt und fand damit den geistigen Mittel- und Schwerpunkt ihres Lebens. Ihre psychoanalytischen Lehrjahre umfaßten den Zeitraum von 1923–1935; aber schon um 1930 eröffnete sie in Heidelberg ein privates Sanatorium, in welchem neurotische und psychotische Patienten behandelt wurden.

Erich Fromm scheint damals eine Charakteranalyse bei ihr absolviert zu haben. Daraus entwickelte sich bald eine enge Zusammenarbeit, aus der auch eine Ehe entstand. Mit Fromm zusammen gründete Frieda Reichmann den Südwestdeutschen Studienkreis für Psychoanalyse, der mit dem Frankfurter Institut verbunden war. Auch die Berliner Psychoanalytische Vereinigung protegierte diese Neugründung, die das Zentrum für analytische Theorie und Praxis im süddeutschen Raum wurde.

In diesem Bereich war auch Georg Groddeck tätig, der in Baden-Baden ein Sanatorium besaß; dort behandelte er körperlich und seelisch kranke Menschen, wobei er zum Pionier der psychosomatischen Medizin wurde. Groddeck war ein recht unkonventioneller Mensch und ein „wilder Analytiker"; er pflegte nicht schulmäßig vorzugehen, sondern verließ sich auf seine sprunghafte Intuition, mittels derer er seine Patienten ingeniös und gewaltsam von ihrer Krankheit befreite. Nicht nur Frieda Reichmann, sondern auch Karen Horney und Erich Fromm ließen sich von Groddecks kühnen Gedanken anregen und fördern.

Durch den Nationalsozialismus wurde Frieda Fromm-Reichmann aus Deutschland vertrieben. Sie wanderte zunächst ins Elsaß aus, um einige Krankenbehandlungen noch zu Ende führen zu können. Dann ging sie nach Palästina, konnte aber dort nicht so recht Fuß fassen. 1935 emigrierte sie in die USA, wo sie ihre zweite Heimat fand.

Zunächst übernahm sie eine Vertretung in Chestnut Lodge (Maryland), einem Sanatorium, in dem psychisch schwerkranke Patienten betreut wurden. Dort arbeitete sie unter Dexter M. Bullard, der bald ihre hohen Berufsqualitäten schätzen lernte. Aus der Assistenzstelle wurde eine zwanzigjährige Zusammenarbeit mit dem Psychiaterstab von Chestnut Lodge, das nicht zuletzt wegen Frieda Fromm-Reichmann zu einem Zentrum erfolgreicher Schizophrenentherapie wurde. Auch H. S. Sullivan war ein führender Psychiater an dieser Klinik. Er entwickelte in den Dreißigerjahren seine „interpersonelle Psychiatrie", zu deren Anhängerin auch Frieda Fromm-Reichmann wurde. Eine lebenslängliche Freundschaft verband sie mit diesem genialen Theoretiker und Praktiker, der der amerikanischen Psychopathologie neue Wege wies.

Sullivan gründete seine eigene Zeitschrift *Psychiatry,* die im Untertitel das „Studium zwischenmenschlicher Beziehungen" als Programm formulierte. Hier arbeitete Frieda Fromm-Reichmann eifrig mit; sie wurde auch dem Lehrkörper der „Washington School of Psychiatry" zugeordnet und war „Direktor of Psychotherapy" in Chestnut Lodge.

Sie entfaltete an dieser Klinik eine segensreiche und weithin anerkannte Tätigkeit; vor allem widmete sie sich der Therapie von Wahnkrankheiten, also der Schizophrenie und des manisch-depressiven Irreseins. In diesen damals noch als aussichtslos und jeglicher psychologischen Einwirkung unzugänglich geltenden Krankheitsformen erzielte sie bewundernswerte Therapieresultate, die die Fachwelt alarmierten. Ihre Geduld, ihre Güte, ihr Einfühlungsvermögen und ihre schlichte Menschlichkeit öffneten ihr auch die Seelen und die Herzen wahnkranker Menschen, die sich längst von ihrer Mitwelt abgewendet hatten. Wie sie dabei vorging, kann der Leser etwa aus dem Buch von Hanna Green: *Ich hab dir nie einen Rosengarten versprochen* (1978) entnehmen; Hanna Green hat in verschlüsselter Form ihre Erlebnisse in Chestnut Lodge beschrieben und dabei ihrer Psychotherapeutin ein großartiges Denkmal gesetzt.

Die Ehe mit Erich Fromm war schon in den frühen Dreißigerjahren beendet worden. Gleichwohl blieben Frieda Reichmann und Fromm in einer Beziehung der Zusammenarbeit und des Gedankenaustausches; auch Fromm wurde ja Mitglied der „Washington School of Psychiatry" und publizierte wichtige Aufsätze in Sullivans Zeitschrift. Sowohl er als auch Frieda Reichmann können der „Neopsychoanalyse" zugerechnet werden, die sie mit Sullivan, Horney, Clara Thompson und vielen anderen aus der Wiege hoben.

Frieda Reichmann war kein Buchschreiber; sie veröffentlichte ihre Ideen und Ergebnisse in gediegenen Abhandlungen, die von weitreichender Literaturkenntnis, vielseitiger praktischer Erfahrung und theoretischer Belesenheit Zeugnis ablegen. In deutscher Sprache liegen von ihr die Sammelbände *Intensive Psychotherapie* (1978) und *Psychoanalyse und Psychotherapie* (1959) vor, die für jeden Psychologen und Therapeuten reiche Belehrung vermitteln. – Frieda Reichmann starb am 28. April 1957 als Achtundsechzigjährige in Chestnut Lodge.

Tiefenpsychologische Schizophreniclehre

Frieda Fromm-Reichmann veröffentlichte zunächst kleinere Abhandlungen im Stile der orthodoxen Psychoanalyse und der offiziellen Psychiatrie. Sie brauchte mehr als ein Jahrzehnt, um jene Forschungsthematik zu finden, welcher sie ihre ganze Energie widmen sollte; auch lernte sie, aus der „gelebten Erfahrung" heraus zu schreiben, mit einem eigenen, unverwechselbaren Stil. Sie wurde zu einer der fruchtbarsten

Forscherinnen auf dem Felde der Psychosen, d. h. der Wahnkrankheiten, die sich erst in unserem Jahrhundert einem genaueren Verständnis erschlossen. Frieda Fromm-Reichmann stand an der vordersten Front der Schizophrenentherapie, die sich durch die Erkenntnisse Freuds und seiner Nachfolger entwickeln ließ.

Wahnkrankheiten galten lange Zeit als unbegreifliche, kaum durchschaubare Irritationen des menschlichen Gemüts. Im Altertum und Mittelalter sah man sie als eine göttliche Heimsuchung an, also auch als Folge von Sünde. Seit dem 18. Jahrhundert kamen wissenschaftliche Erklärungen der Psychosen ins Gespräch. Man erkannte, daß wahnkranke Menschen irgendwie doch nicht allzu weit von den „psychisch Normalen" entfernt sind. Schon Immanuel Kant betonte, daß der Psychotiker einem Menschen ähnelt, welcher träumt; Schopenhauer bestätigte diese Auffassung und erklärte in seinem Hauptwerk (*Die Welt als Wille und Vorstellung*, 1819, 2. Band), wahnhafte Ideen bemächtigen sich der Seele, weil der Kranke andere Ideen, die für ihn sehr schmerzhaft oder verängstigend seien, unbedingt „verdrängen" wolle. Im Zuge dieser Verdrängung entsteht eine Art „Schlafzustand des Geistes"; der Wahnsinnige ist ein Mensch im *permanenten Wachtraum*, den er selbst nicht beenden kann.

Aber das 19. Jahrhundert als Epoche der Biologie suchte die Gründe des Wahns in Hirn- oder Stoffwechselanomalien. Emil Kreapelin in München nannte die Hauptgruppe der Wahnkrankheiten „Dementia praecox", womit er darauf hinwies, daß der Wahnsinn eine „vorzeitige Verblödung" sei. Dem widersprach Eugen Bleuler in Zürich, der 1911 diese Krankheit Schizophrenie oder Spaltungsirresein taufte; für ihn war der Hauptbefund nicht Intelligenzverlust, sondern eine eigentümliche Aufspaltung der Persönlichkeit mit verworrenen gedanklichen Assoziationen, wahnhaften Realitätsverkennungen, Halluzinationen und Desorientierung im Raum oder in der Zeit. Nach Bleuler (*Dementia praecox oder die Gruppe der Schizophrenien*) kommt es bei diesen Erkrankungen mitunter zu Spontanheilungen; in den Zwischenräumen der einzelnen Schübe ist die Intelligenz der Patienten nicht selten wieder intakt.

Sowohl Bleuler als auch sein Assistent C. G. Jung nahmen an, daß gewisse Stoffwechselgifte oder hormonelle Anomalien die Grundlage der Schizophrenie seien. Da ihnen aber bereits die Schriften Freuds zur Neurosenlehre bekannt waren, versuchte vor allem der letztere eine psychologische Interpretation der schizophrenen Psychose (in: *Zur Psychologie der Dementia praecox,* 1907). Es gelang ihm offensichtlich, wichtige Ausdrucksformen und Ideen des Wahnes aus der *Lebensge-*

schichte der Patienten abzuleiten. So bekamen die merkwürdigen Gedankenproduktionen plötzlich einen Sinn und waren nicht mehr Resultate eines zerstörten Nervenapparates. Aus dem Psychotiker, der zunächst den Psychiatern als der „ganz andere" erschienen war, wurde nun der „verwirrte Mitmensch", den allenfalls die Bedrängnisse seines Lebens in den Wahn hineinmanövriert hatten.

Das war auch die Meinung Sigmund Freuds, der schon 1894 eine psychologische Deutung wahnhafter Vorgänge vorgelegt hatte. Bald darauf unternahm Freud eine große Studie über die „Denkwürdigkeiten eines Geisteskranken", nämlich die Autobiographie des sächsischen Senatspräsidenten Schreber, der an einer Paranoia erkrankt war und hernach seine Erinnerungen an die Krankheit niederschrieb. Was Freud in diesem Zusammenhang äußerte, wurde zum Grundstein der modernen Schizophrenielehre.

Aber Freud wagte es noch nicht, solche Patienten in die analytische Behandlung zu nehmen. Er stellte fest, daß die Schizophrenie zu den „narzißtischen" Krankheitszuständen zu rechnen sei. In ihr sei der Patient „übertragungsunfähig", d. h. er könne keine Gefühle auf den Psychotherapeuten übertragen (im Gegensatz zu den Neurotikern). Daher sei jede Psychotherapie aussichtslos, es sei denn, daß sich die Methoden der seelischen Krankenbehandlung grundlegend weiterentwickeln würden. Ähnlich wie Eugen Bleuler konnte sich Freud nicht so recht in diese Kranken hineindenken. Bleuler sagte nach lebenslänglichem Studium der Schizophrenie, diese Patienten seien ihm im Grunde „fremder als die Vögel in seinem Garten". Und Freud schrieb gelegentlich in einem Brief: „Ich mag diese Patienten nicht... Ich ärgere mich über sie... Ich empfinde sie so weit entfernt von mir und allem Menschlichen." (Roazen 1976, S. 151)

Erst die zweite und dritte Generation der Psychoanalytiker konnte eine andere Sichtweise auf die Schizophrenen, die Manisch-Depressiven und ähnlich schwer gestörte Menschen entwickeln. Pioniere auf diesem Gebiet waren etwa Paul Federn, H. S. Sullivan, G. Schwing, Mad. Séchehaye, L. Binswanger, M. Boss, John Rosen und viele andere.

Frieda Fromm-Reichmann lernte aus den Anschauungen von Freud und H. S. Sullivan, wobei ihr vor allem das US-amerikanische Milieu dazu verhalf, unkonventionelle und neuartige Gesichtspunkte zu entwickeln. In den USA hatte schon in den Zwanzigerjahren unter dem Psychiater Adolf Meyer (einem gebürtigen Schweizer) sich ein Konzept der Schizophrenie durchzusetzen begonnen, das jede „Hirn- und Stoffwechselmythologie" in den Hintergrund drängte. Nach Meyer und seinen Schülern sollte man im Schizophrenen einen Menschen sehen, der in seiner Kindheit verschiedene entscheidende „Lebenstechniken" nicht gelernt hatte; darum erfolgt sein Zusammenbruch, wenn er bestimmten sozialen Belastungen ausgesetzt ist, denen er sich nicht gewachsen fühlt. Die Therapie muß in einem *Wiederaufbau der sozialen Anpassungs- oder Leistungsfähigkeit* bestehen.

In Chestnut Lodge fand Frieda Fromm-Reichmann ein Psychoanalytikerteam, das gewillt war, mutige Vorstöße ins Neuland der Psychosentherapie zu unternehmen. Wichtig war für diese Psychiatergruppe auch die Einsicht der tiefenpsychologisch inspirierten Kinderpsychologie, daß in den ersten Lebensjahren die fundamentalen Trieb- und Emotionalschicksale sich abspielen. Es eröffnete sich der Ausblick in die Möglichkeit, durch ein verbessertes *Verstehen der Frühsozialisation* wahnkranke Menschen begreifen und heilen zu können.

„Analytisch orientierte Psychotherapie von Psychosen" (Fromm-Reichmann) steht in einem gewissen Gegensatz zu allen somatisch ausgerichteten Behandlungsverfahren, die noch immer bei den Psychiatern als das Nonplusultra der Kur von Wahnkrankheiten gelten. In den üblichen Nervenkliniken werden Schizophrenien etwa mit Insulinkuren, mit Elektroschocks, mit Rauwolfiapräparaten und ähnlichen „Tranquilizern" behandelt; die Erfolge sind nicht besonders eindrücklich, aber der Behandler muß sich hierbei nicht allzu sehr engagieren, denn die „materielle Therapie" ist mit einer Reihe von überschaubaren und kontrollierbaren Eingriffen „abgetan". Nicht so in der Psychotherapie: Hier will der Therapeut zusammen mit dem Kranken die Lebensgeschichte des letzteren erforschen und seine psychischen Dispositionen bis in alle Einzelheiten nachvollziehen. Daher dauert eine Psychosentherapie in der Regel einige Jahre; sie stellt außerordentlich hohe Anforderungen an beide Beteiligte, und auch hier ist der Ausgang immer ungewiß. Frieda Fromm-Reichmann erklärt aus ureigenster Erfahrung, daß zur Psychosenbehandlung nur jene Therapeuten geeignet sind, die neben vielfältigen analytischen Kenntnissen auch ein hohes Maß von *Geduld* mitbringen; wer diese nicht hat, soll sich eher der Neurosenbetreuung widmen, wo günstige Resultate leichter und schneller zu erzielen sind.

Die Schwierigkeiten einer psychologischen Kur bei Schizophrenen beginnen schon von Anfang an; der Kranke ist scheinbar nicht an seiner Heilung interessiert. Er hat eine symbolische Mauer um sich gezogen. Seine befremdlichen Symptome, seine Ichbezogenheit, seine Kommunikationsstörung oder -verweigerung, seine Regressionen, seine Ängste und Aggressionsbekundungen, sein Mißtrauen usw. machen es dem

Analytiker sehr schwer, an sein Gegenüber heranzukommen. Der Psychotiker ist ein „Aussteiger aus der sozialen Welt". Er steht den Mitmenschen eigentümlich fern, leidet darunter und ist doch auch innerlich froh darüber, daß niemand an ihn herankommt; das entspricht seiner *subjektiven Lebenserfahrung,* den erlittenen Schicksalen und der Lehre, die er aus ihnen zog. Die analytische Forschung formuliert daher: Psychosen sind nicht nur Krankheiten, sondern auch Selbstheilungsversuche; der Kranke hat die Summe aus seinen Ängsten und Unfähigkeiten gezogen und sich durch die Krankheit „stabilisiert".

Mit den Augen eines modernen Psychoanalytikers gesehen, sind – nach Frieda Fromm-Reichmann – auch Psychotiker „Menschen wie wir alle", nur mit etwas größeren Problemen hinsichtlich der Selbstverwirklichung und der sozialen Effizienz. Jede Überheblichkeit der „Normalen" ihnen gegenüber ist fehl am Platze; die sogenannten Normalen sind vermutlich „nur etwas anders verrückt" als die Insassen der psychiatrischen Kliniken. Wer sich mit solchen Patienten mit wirklicher Sachkenntnis einläßt, kann von ihnen sehr viel lernen. Wir müssen uns allerdings in ihnen spiegeln, und ihre Störungen als das Spiegelbild unserer eigenen Schwächen und Unzulänglichkeiten sehen. Daher sagt Frieda Fromm-Reichmann mit Recht:

> Wenn man den Umgang mit geistig gestörten Patienten von diesem Standpunkt aus beurteilt, ist es keine Übertreibung zu sagen, daß die Geisteskranken, die angeblich ihren Verstand in ihren zwischenmenschlichen Kämpfen verloren haben, für die geistig Gesunden von Nutzen sein *können,* indem sie ihnen helfen, wirklich *ihren* Verstand zu finden, der in den Verzerrungen, den Dissoziationen, den heuchlerischen Anpassungen . . ., die die moderne Kultur den heutigen Menschen aufzwingt, häufig verloren gegangen ist. (Fromm-Reichmann 1978, S. 43 f.)

Gewiß ist eine Psychose qualitativ und quantitativ von einer Neurose unterschieden. Der Neurotiker hat noch ein *relativ intaktes Ich,* das über geeignete Abwehrmechanismen verfügt, welche eine Orientierung in der Umwelt ermöglichen. Anders der Schizophrene: Er erleidet aus sehr mannigfachen Gründen einen *Ich-Zusammenbruch;* sowohl durch äußere wie innere Bedrängnisse gibt sich das Ich des Kranken auf, wird überflutet von Es-Impulsen und empfindet sich als Opfer einer umfassenden „Weltangst", die kastastrophale Auswirkungen auf die Selbstachtung, die Sicherheit und die Kontaktfähigkeit nach sich zieht. Es erfolgt in der akuten Krankheit eine massive *Regression,* wobei der Patient sich in ein *Kindheitsstadium seiner Entwicklung* zurückzieht, wo er in archaischer Weise Menschen und Dinge erlebt. Der Rückweg aus dem Wahn ist schwierig und mühsam. Er würde an Angst, Panik und Verzweiflung vorbeiführen, die die Ausbildung des Wahnsystems notwendig machten. Darum sträubt sich der Kranke gegen die Therapie, wiewohl der Wunsch nach Genesung tief in seinem Innern doch lebendig bleibt.

Reflektiert man die Psychogenese der Psychose, so muß man – nach Frieda Fromm-Reichmann – bis in die frühe Vorgeschichte des Kranken zurückdenken. Anfängliche und fundamentale Sozialisationsprozesse müssen hier schief gelaufen sein. In der Mutter-Kind-Beziehung soll das Kleinkind erste Gefühlskontakte anknüpfen, soziales Sprechen und Handeln lernen, sich mit der Welt verständigen und den Mitmenschen als Partner erleben. Viele Kinder aber geraten in eine *Narziß-Situation* hinein, d. h. in eine emotionale Selbstgenügsamkeit, die der Entwicklung der Persönlichkeit enge Grenzen setzt. Gleichwohl können viele äußerliche Anpassungen vollzogen werden, so daß die Umwelt meint, der Heranwachsende sei „in Ordnung". Aber schon die Pubertät kann eine solche scheinbare Einfügung ins zwischenmenschliche Dasein über den Haufen werfen; folgen dann die Belastungen des Berufes, des Liebes- und Sexuallebens, des Kampfes um den Erwerb, der allgemeinen Dichotomien von Individuum und Gesellschaft usw., dann bricht das *labile Gleichgewicht der schlecht sozialisierten Person* zusammen und das Wahngeschehen kann in Gang kommen.

Der Schizophrene wendet sein Interesse von der Welt ab, weil er sich in ihr nicht zurechtfindet und ihre Lebensbedingungen für sich unangemessen findet. Dieser Rückzug wird immer durch starke Affekte ausgelöst, begleitet und abgesichert: Im Vorfeld des Wahns empfindet sich der Patient als Spielball von heftigen Gemütsbewegungen, z. B. von Angst, Aggression, Neid, Eifersucht, Haß, Mißtrauen, umfassende Unsicherheit, Zweifel und Verzweiflung. Mächtige Kleinheitsgefühle werden kompensiert durch latenten oder manifesten Größenwahn. Der Feindseligkeitskoëffizient der Wirklichkeit wird als maßlos empfunden. Hinzu kommt, daß die innerseelische Problematik nach außen projiziert wird, wodurch sich die Welt „mythischen Kategorien" einordnet. Das Ich des Kranken fühlt sich wie eine Nußschale auf dem Ozean, wie ein Schifflein, das notwendigerweise untergehen muß.

Alles, was der Patient an Sprachverwirrung, an Stupor, an Stereotypien, an Anomalien des Benehmens und Verhaltens aufweist, ist *Ausdruck von Angst und auch Abwehr gegen sie.* Wir haben hier einen Menschen vor uns, der in der bestehenden sozialen Welt „keinen Platz für sich finden konnte". Heilung heißt nun nicht, daß wir ihn an die konventionelle Welt anpassen sollen; dazu ist er oft nicht recht in der Lage. Frieda Fromm-Reichmann formuliert das Therapieziel anders:

> Der Therapeut sollte wissen, daß seine Rolle zu Ende ist, wenn diese Menschen imstande sind, selbst – ohne Verletzung ihrer Mitmenschen – ihre eigenen Quellen der Befriedigung und Sicherheit zu finden, unabhängig von der Zustimmung ihrer Nachbarn, ihrer Familie und der öffentlichen Meinung. Solch eine Haltung ist erforderlich, weil in der Regel die Heilung eines Schizophrenen nicht in der Umwandlung der schon vor der Krankheit bestehenden Persönlichkeit in eine andere Art von Persönlichkeit besteht. In diesem Sinne ist Schizophrenie keine Krankheit, sondern ein spezifischer Persönlichkeitsstatus mit eigenen Lebensformen. Ich bin davon überzeugt, daß viele Schizophrene gesund werden könnten, wenn das Ziel der Behandlung im Sinne der Bedürfnisse der schizoiden Persönlichkeit... verstanden würde, und... nicht im Sinne des nicht schizophrenen, konformistischen „guten Staatsbürgers", des Psychiaters. (Fromm-Reichmann 1978, S. 206)

Die Psychiater der Vergangenheit empfanden sich immer als Funktionäre der Gesellschaft; deshalb internierten sie die Schizophrenen und kümmerten sich kaum um sie als „Mitmenschen", da scheinbar keine Hoffnung bestand, aus ihnen „gesellschaftsfähige Staatsbürger" zu machen. Heute soll sich der Psychotherapeut eher als „Funktionär des Patienten" fühlen; es geht darum, diesem wieder ein menschenwürdiges Leben zu ermöglichen, ohne Rücksicht auf die Frage, ob das auch eine Integration in die üblichen Lebensformen mit sich bringt. Nach Frieda Fromm-Reichmann bleiben auch geheilte Schizophrene nicht selten „schizoid", d. h. etwas abgekapselte Persönlichkeiten, die für eine durchschnittliche und konventionelle Lebensführung nichts übrig haben. Sie suchen eventuell nicht ihr Glück in Ehe und Familie, vermeiden die alltäglichen Bindungen und Verpflichtungen und haben auch eine gewisse Skepsis gegen den lärmigen und seelenlosen Betrieb der Öffentlichkeit. Eine gewisse Anzahl von ihnen entwickelt künstlerische Neigungen, da sie in den Phasen ihres Krank- und Gesundseins Erfahrungen gemacht haben, die sie zum Ausdruck bringen wollen. Der Psychiater kann solchen Menschen nur dann wirklich helfen, wenn er den Konventionalismus des Durchschnittsmenschen in sich überwunden hat. Schon die Zusammenarbeit mit solchen Kranken erfordert sehr viel *echtes Selbstsein* und eine „kreatürlich-schlichte Lebenseinstellung", die leider auch bei Seelenärzten selten sind. Frieda Fromm-Reichmann besaß diese Eigenschaften in hohem Maße: daher hatte sie Erfolge in der Psychosentherapie, die in der Fachwelt Aufmerksamkeit erregten.

In ihrem Buch *Psychoanalyse und Psychotherapie* rekapituliert sie ihre Einsichten aus vieljährigem Umgang mit geisteskranken Patienten folgendermaßen (1959, S. 20):

1. Schwere geistige Störungen, wie die Psychosen, können potentiell durch eine Zusammenarbeit zwischen der gestörten Person und dem Psychiater als einem mitwirkenden Beobachter mit einer modifizierten Art der Psychoanalyse – der dynamisch orientierten Psychotherapie – erfolgreich behandelt werden, sogar wenn sie schon viele Jahre lang bestanden haben.
2. Ein Mensch kann aus einer schweren Geistesstörung als ein Künstler von Rang hervorgehen. Die negativen Aspekte in seiner pathogenen Anamnese, der Ausdruck seiner darauf folgenden geistigen Störung – also seine Symptomatologie – oder seine innere Reaktion auf beides können in etwas Positives umgewandelt werden.
3. Die emotionalen und geistigen Störungen sind nur in ihrem Ausmaß, nicht aber in ihrem Wesen von den emotionalen und geistigen Reaktionen und Ausdrucksformen der sogenannten gesunden Menschen verschieden.
4. Der Psychiater, der verstehen will, was diese Menschen mitzuteilen haben, muß besondere Sensitivität und Wachheit besitzen und Rücksicht nehmen auf die vergangenen und gegenwärtigen Leiden dieser Patienten. Wie beeinflussen diese Sensitivität und Wachheit und die Rücksichtnahme, die der Psychiater in seinem Umgang mit den geistig Verletzten und Gestörten entwickeln muß, das Verhältnis zu den geistig Gesunden?

Aus diesen Worten tönt genügend deutlich an, daß die üblichen Verfahren der Psychotherapie nicht ohne weiteres auf die Psychoanalyse der Psychosen übertragen werden können und daß nicht jeder Psychotherapeut für diese äußerst komplizierten Fälle die hinreichende Eignung besitzt. Die Psychosentherapie stellt die höchsten Anforderungen an die schwierige Kunst der seelenärztlichen Kur und Beeinflussung; man wird hier als Arzt und Psychiater „auf Herz und Nieren geprüft", und wer selbst in seiner Mitmenschlichkeit, in seiner Authentizität und in seinem tiefenpsychologischen Fachwissen nicht ganz auf der Höhe ist, soll lieber die Hände davon lassen. Er wird sonst nicht nur seine schwerkranken Patienten schädigen, sondern auch allenfalls selbst psychischen Schaden davontragen. In der seelischen Krankenbehandlung besteht durchwegs die Gefahr der „psychischen Infektion", und in der Psychosentherapie ist sie noch gesteigert. Daher bedarf dieser Teil oder Aspekt des Analytikerberufes besonderer Kenntnisse, Schulung und Kompetenz, die nicht beim Durchschnittspsychiater vorausgesetzt werden dürfen.

Wiewohl Frieda Fromm-Reichmann hauptsächlich vom Problem der Schizophrenie fasziniert war, bemühte sie sich auch um eine Klärung des Themas der „manisch-depressiven Wahnzustände", die auch „zyklisches

Irresein" genannt werden. Die manisch-depressive Psychose ist ein eigenständiges Krankheitsbild, das aber nicht ganz scharf vom schizophrenen Zustand abgegrenzt werden kann. Solche Patienten erleiden schwere Depressionen, welche von manischem Überschwang abgelöst werden. In der Depression fühlt sich der Kranke klein, schuldig, wertlos und sogar lebensunwert; in der Manie jedoch verfällt er in Größen- und Allmachtswahn, mutet sich enorme Kraftleistungen zu, bei denen alle kritischen Einwände seines Überichs verstummen. Schon Freud deutete diese Form des Wahnsinns als ein Alternieren von hypertropher Überichfunktion und einem Verschwinden der Gewissensinstanz im manischen Ich und Es; rätselhaft bleibt der zyklische Vorgang, bei dem vermutlich hormonale Einflüsse eine wichtige Rolle spielen.

Nach Fromm-Reichmann können psychogenetische Gesichtspunkte auch auf den manisch-depressiven Patienten angewendet werden. Auch hier erfolgt eine Schädigung in der Frühkindheit, in jenem Stadium, wo das Kind als Persönlichkeit sich von der Mutter abgrenzen will und soll. Die Mütter der Manisch-Depressiven akzeptieren jedoch ihr Kind nur in seiner Abhängigkeit und Gefügigkeit; Expansionsregungen werden systematisch entmutigt. Auch wird dem Kinde ein mächtiges, konventionelles Überich eingepflanzt. Der Übergang von der Familie in die Umwelt findet meistens nur sehr lückenhaft statt. Kontakte mit Menschen werden hergestellt, bleiben aber fast immer oberflächlich. Der „manisch-depressive Charakter" ist dadurch gekennzeichnet, daß innere Leere durch ein „Verschlingenwollen" anderer kompensiert wird.

Die Beziehungen zur Mitwelt werden nur schematisch und undifferenziert erlebt. Angst vor Einsamkeit beherrscht das Seelenleben, aber es besteht keine Fähigkeit, wirklich zu den anderen zu gelangen. Der manisch-depressive Zusammenbruch setzt meistens bei irgendeinem Liebes- oder Prestigeverlust ein; die entfesselte manische Psychose soll die Depression abwehren, wird aber immer durch die depressive Folgeerscheinung quittiert. Psychotherapie ist auch hier möglich, aber sie stellt fast noch höhere Anforderungen als die Schizophrenenbehandlung.

Intensive Psychotherapie

Frieda Fromm-Reichmann ist in der Schule der orthodoxen Psychoanalyse herangewachsen und arbeitete zunächst genau nach den Richtlinien, die Freud in seinen behandlungstechnischen Schriften angegeben hatte. Als sie sich aber mit der analytischen Psychosentherapie befaßte, erkannte sie bald, daß Modifikationen der Therapie nicht zu umgehen waren. Der Umgang mit schizophrenen Patienten erzwingt sozusagen eine „menschlichere Form" der seelenärztlichen Kur, bei der wirklicher Gefühlsaustausch und echte Kommunikation möglich sind.

Freuds psychoanalytisches Verfahren ist ursprünglich aus der medizinischen Behandlungsweise hervorgegangen. In der Medizin ist der Arzt weithin Subjekt, der Patient aber in der Regel „Objekt". Im Idealfall der Chirurgie wird letzterer sogar oft narkotisiert, damit man einen Eingriff an ihm ungestört vollziehen kann. Aber auch in den übrigen Teilen der medizinischen Heilkunst läßt der Patient irgend etwas an sich geschehen, das er meistens gar nicht begreift und auch nicht begreifen soll. Nur selten ist er dazu aufgerufen, aktiver *Partner des Heilungsvorganges* zu sein; allerdings bahnt sich in den letzten Jahrzehnten hierin eine wesentliche Wandlung an.

Da Freud – sehr mit Recht – um sein Ansehen unter seinen ärztlichen Kollegen besorgt war, entwickelte er eine Therapieform, die das Modell der Körpermedizin imitierte. Er lagerte den Patienten auf eine Couch, ließ ihn „frei assoziieren" und setzte sich hinter ihn, um ihn „objektiv und sachlich" wie ein Untersuchungsobjekt studieren zu können. Er verlangte vom Psychotherapeuten, daß dieser wie ein Spiegel die Probleme und Nöte des Analysanden „unverzerrt" widerspiegeln solle; seine eigene innere Beteiligung am Prozeß solle kleingehalten und immer kontrolliert werden. Das Modell, das hierbei im Hintergrund stand, war dasjenige der exakten naturwissenschaftlichen Forschung. Hier geht es auch darum, einen sachlichen Befund zu erheben, ohne die eigenen Emotionen einzumengen. Freud leitete seine Schüler dazu an, „Naturforscher des Seelenlebens" zu sein; und bis in die Behandlung hinein sollte dieses Ideal gültig bleiben.

Aber die analytische Therapie ließ sich offenbar nicht in dieses Prokrustesbett einzwängen. Freud in seiner realistischen Unbestechlichkeit wurde sich schnell gewahr, daß sowohl Patient als auch Therapeut mit starken Gefühlsregungen auf die seelenärztliche Behandlung reagierten. Bei längerer Zusammenarbeit dieser beiden Protagonisten entwickelte sich eine lebhafte Beziehung zwischen ihnen, die das ursprüngliche Arzt-Patient-Verhältnis aufsprengte. Der Analysand zeigte Regungen der Verliebtheit, des Hasses, des Begeistertseins und der Enttäuschung, die weit über das hinausgingen, was Körpermediziner mit ihren Patienten erlebten; der Analytiker jedoch trug innerlich seine Patienten auch in seinem Privatleben mit sich herum, sorgte sich um sie, fühlte Sympathien und Antipathien, die sein seelisches Gleichgewicht in Frage stellen konnten. Freud nannte diese als „gesetzmäßig" erkannten Vorgänge „Übertragung" und „Gegenübertragung". Seiner Meinung nach übertrug der Patient emotional gefärbte Beziehungen aus seiner Vorzeit und Entwicklung auf den Therapeuten; dem Therapeuten selbst pflegt aber Ähnliches zu geschehen, indem auch er Gefühlsbedürfnisse und Reminiszenzen aus seiner Vergangenheit dem Analysanden „überzustülpen" neigt.

Jede Neurose wird in der Psychotherapie zu einer „Behandlungsneurose", d. h. der Patient konzentriert seine Krankheit oder Störung auf die therapeutische Situation selbst und auf den Therapeuten. Das ist in keiner Weise ein Nachteil für die Behandlung; denn nun kann der Behandler die Schwierigkeiten und psychischen Deformationen seines Gegenübers „am eigenen Leib erleben". Auch die Gegenübertragungsreaktionen des Arztes sind nicht unbedingt ein „Störfaktor"; sie sind ein wichtiges diagnostisches Hilfsmittel, sofern der Therapeut in der Lage ist, sie rechtzeitig wahrzunehmen und sich ihrer stets bewußt zu bleiben. Was Freud in diesem Zusammenhang entdeckte, war die Tatsache, daß jede Psychotherapie nicht nur ein „Behandlungsverhältnis", sondern eine „existentielle Kommunikation" darstellt. Man kommt hier mit einer technisch-sachlichen Haltung nicht durch. Der Analytiker wird in die Bedrängnisse seines Schützlings hineingezogen, und er kann ihm nur dann wahrhaft helfen, wenn er sich einbeziehen läßt und aus diesem Verstricktsein zusammen mit dem Patienten einen Ausweg findet.

Frieda Fromm-Reichmann hatte als Mensch und Therapeut so viel innere Substanz, daß sie sogar mit ihren psychotischen Patienten ein enges und intimes Arbeitsverhältnis aufbauen konnte, das von den üblichen ärztlichen Distanzierungstechniken weitgehend frei war. Sie sah ihre Rolle und Aufgabe darin, in den Wahn des Patienten „einzusteigen", den vorhandenen Wall von Angst und Aggression zu durchbrechen und die Dynamik der Psychose mit dem Patienten gemeinsam zu studieren.

Beim neurotischen Analysanden kann man sich in der Therapie stark auf verbale Mitteilungen stützen. Der Schizophrene jedoch ist mitunter sehr wortkarg oder verbirgt sich hinter kryptischen Auslassungen, artifiziell abgeänderten Sprechweisen oder gar hinter einem Wortsalat bzw. Kauderwelsch, dem scheinbar kein Sinn zu entnehmen ist. Daher ist man bei ihm darauf angewiesen, *nichtsprachliche Kommunikationen* zu beachten, etwa Mimik, Gestik, Haltung und Bewegungen (was natürlich auch in der Neurosentherapie eine wichtige Rolle spielt!). Sehr oft *agiert* der psychotische Patient seine innere Not; zum *Reflektieren* muß er erst durch die Therapie erzogen werden. Solche Aktionen können Tics, Stereotypien, Wutausbrüche, Destruktivitäten, Selbstbeschmutzung usw. sein. Begreiflicherweise wirkt derlei auf den Arzt abstoßend oder erschreckend. Er muß aber verstehen, daß er hier auf „Widerstandsmanöver" des angsterfüllten Patienten stößt, der isoliert bleiben will, weil er Sozialkontakte von Kindheit an als frustrierend und schädigend erlebt hat. Der Therapeut darf auf diese Abwehrtechniken nicht mit eigener Abwehr antworten. Es wäre auch verfehlt, wenn er seine durch das Patientenverhalten angeschlagene Selbstachtung durch Imponiergehabe, Eitelkeit und Aggression von seiner Seite her ausgleichen wollte. Wenn er genügend Selbstachtung und Berufskenntnis besitzt, wird für ihn derlei nicht nötig sein. Er kann am Patienten und am Heilungsanliegen ruhig festhalten, auch wenn sein psychotischer Schützling die Kooperation ständig durchkreuzt. Man muß eben wissen, daß der Patient in einer gewaltigen Zwickmühle lebt; er sehnt sich nach Nähe und lebendiger Entfaltung, aber er fürchtet beides fast mit tödlicher Angst. Frieda Fromm-Reichmann sagt:

> Der Arzt, der die Symptome des Patienten bekämpft, ist Gegenstand seiner freundlichen Gefühle, insofern er damit der Genesungstendenz des Patienten entgegenkommt. Gleichzeitig klammert sich der Patient aber an seine Symptome wegen ihrer Abwehrfunktion. Dadurch wird der Psychotherapeut dann wieder zum Objekt der Feindseligkeit, da seine ärztlichen Bemühungen darauf abzielen, den Patienten dieser seiner Schutzwehr zu berauben. (Fromm-Reichmann 1959, S. 37)

Von besonderem Nutzen ist in der Psychosentherapie, wenn der Therapeut mit schier unendlicher *Geduld* ganz langsam vorgeht und seinem Patienten Zeit läßt, die schwierigen inneren Umstellungen sozusagen „millimeterweise" zu vollziehen. Man hat psychotherapeutisch geheilte Schizophrene, die eine vieljährige seelenärztliche Behandlung hinter sich hatten, gefragt, was denn für sie im Therapiegeschehen am belastendsten gewesen sei; die Antwort lautete mitunter nach einer fünf- bis zehnjährigen Therapie: „Daß alles so furchtbar schnell ging!"

Nach Frieda Fromm-Reichmann kann man Schizophrene nur heilen, wenn es dem Therapeuten gelingt, ein mächtiges Vertrauensverhältnis aufzubauen. Er muß gewissermaßen beim Patienten in die „Mutterfunktion" eintreten, denn die Mutter ist die erste menschliche Persönlichkeit, zu der das Kind ein „Urvertrauen" entwickeln kann und soll. Fehlt es an dieser primären und unmittelbaren Geborgenheit, dann können alle übrigen Entwicklungsprozesse nur sehr unzulänglich absolviert werden.

Schizophrene Patienten prüfen ihre Therapeuten oft monate- und jahrelang, bevor sie bereit sind, ihnen ihre Geheimnisse und Intimitäten preiszugeben. Da sie unendlich viel von ihrem therapeutischen Mentor erwarten, werden sie leicht enttäuscht und beantworten solchen angeblichen „Verrat" oder solche Frustration mit Rückzug, Verschlechterung des Zustandes und Feindseligkeit. Man darf ihnen das nicht zur Last legen, denn sie ähneln emotional kleinen Kindern, die auch unter Umständen jeden Verhaltensfehler der Erwachsenen überinterpretieren. Im Durcharbeiten von Übertragung und Gegenübertragung liegt nicht nur das Geheimnis jeder Neurosen- sondern auch Psychosentherapie.

Frieda Fromm-Reichmann behandelte ihre psychotischen Patienten liebevoll und pflegend wie kleine Kinder, aber sie nahm sie auch ernst als erwachsene Persönlichkeiten, die sie ja auch waren. Es ist wichtig in der Psychosentherapie, den Analysanden nicht auf seine „Hilflosigkeitsrolle" festzulegen; würde man das tun, so könnte er seine zusammengebrochene Selbstachtung nicht wieder aufbauen. Ein Gemisch von notwendiger Verwöhnung und doch auch fast nüchterner Haltung kennzeichnete die Schizophrenentherapie Fromm-Reichmanns, die offenbar von ihren Analysanden als echt und urwüchsig empfunden wurde. Sie behandelte nirgendwo „schematisch", sondern verließ sich auf ihre Intuition und Selbstsicherheit, mit der sie auch dann rechnen konnte, wenn die Therapie äußerste Anforderungen an sie stellte. In ihren Ratschlägen für ihre Kollegen verwies sie immer darauf, daß man als Analytiker *einen eigenen Therapiestil* entwickeln müsse, der innig mit der Persönlichkeit selbst verwoben sei.

Die Individualität des Psychiaters entscheidet über den Therapieverlauf. Dieser muß

> seinen eigenen Stil finden, wie er psychotherapeutisch an den Schizophrenen herangehen soll. Was technische Einzelheiten betrifft, ... hatte ich einmal sehr ausgesprochene Ansichten und Empfindungen. Jetzt halte ich das für unwichtig, solange sich der Therapeut über die dynamische Bedeutung dessen, was er und der Patient tun und was zwischen ihnen vorgeht, im klaren ist und er wachsam darauf acht gibt. (Fromm-Reichmann 1978, S. 244)

Michael Balint hat mit Recht deklariert, daß die Patienten in der Psychotherapie vor allem „die Droge Arzt" benötigen; was der Arzt als Persönlichkeit ist, muß als der stärkste Heilfaktor der Psychoanalyse (und vielleicht auch der Medizin im Ganzen) gelten. Leider haben wir noch keine detaillierte „Pharmakologie für diese Droge". Ähnlich wie manche Heilmittel in genauer Dosierung heilen, aber bei unbesonnener Anwendung zum Gift werden können, ist auch die Therapeutenpersönlichkeit nur dann heilsam, wenn sie in vernünftiger, emotional differenzierter Weise dem Patienten „verabreicht" wird.

Wir stoßen hier auf die Frage nach der Persönlichkeit des Therapeuten, welche Frieda Fromm-Reichmann in ihren Schriften mehrfach eingehend studiert und beschrieben hat. So erwähnt sie in lapidarer Formulierung, daß ein Therapeut in erster Linie ein Mensch sein müsse, der „zuhören" kann. Das scheint etwas Leichtes zu sein, ist aber in Wirklichkeit eminent schwierig. So wird etwa das Zuhörenkönnen des Analytikers beeinträchtigt durch seine eigenen Ängste, durch ungeordnete Lebensführung, durch materielle Sorgen, durch mangelhafte wissenschaftliche Schulung, durch Eitelkeit, Größenwahn und Minderwertigkeitskomplexe. Das bedeutet: Wenn der Therapeut nicht in der Lage ist, sein eigenes Leben einigermaßen befriedigend und erfolgreich zu gestalten, wird er den Patienten in irgendeiner Form für persönliches Prestige, für Abreaktionen und Angstabwehr-Manöver „verwenden". Neurotische und schizophrene Analysanden sind aber sehr hellhörig für derartige Ichhaftigkeit des Arztes; sie beantworten diese mit Rückzug oder wachsender Verschlossenheit, da sie an alte Beziehungserfahrungen erinnert werden, wo sie ebenfalls von anderen Menschen mißbraucht oder mißverstanden wurden.

Fromm-Reichmann verlangt vom Therapeuten nicht nur echtes Hingegebensein an seinen Beruf, sondern auch eine weltanschauliche Gesinnung, in der die Entwicklungsmöglichkeit des Menschen (jedes Menschen!) auch theoretisch fixiert und untermauert ist. Menschen, die aus lebensgeschichtlichen Gründen Pessimisten, Misanthropen, Anankasten (Zwangscharaktere) sind, taugen in keiner Weise für die Psychotherapie. Man muß an den Menschen glauben können, wenn man ihn verändern will. Fromm-Reichmann stimmt mit Sullivan in der Überzeugung überein, daß in jedem Menschen – wie irritiert er auch sei – ein unstillbares Bedürfnis nach Entwicklung und Entfaltung angenommen werden darf. Der Mensch will das Gute und das Soziale – sobald er einen Weg sieht, auf dem er dieses verwirklichen kann, ohne in Angst und Verzweiflung zu geraten. Das gilt auch für die regredierten und scheinbar kulturfeindlichen Schizophrenen, die in unseren Heilanstalten verkümmern, weil sich niemand in ihre autistische Phantasiewelt hineinwagt und Korrekturen an ihren Einstellungen und Verhaltensweisen anbringt.

Analytisch orientierte Therapie der Psychosen glaubt nicht nur an den unverwüstlichen sozialen und kooperativen Kern im Menschen, sondern auch an gewisse Lebenswerte, die mit der menschlichen Natur in Zusammenhang stehen und Leitsterne für menschliches Verhalten bedeuten. Solche Werte sind Arbeits- und Liebesfähigkeit, Würde der menschlichen Persönlichkeit, Kooperation und Kommunikation, Wachstum, Entwicklung, Freiheit der Person, Sicherheit usw.

Wenn man Fromm-Reichmanns Äußerungen über Psychotherapie und die Psychotherapeutenpersönlichkeit eingehend studiert, kann man über die Frage nicht hinwegsehen, ob der durchschnittliche Arzt und Psychiater solchen Berufsanforderungen überhaupt gewachsen sei. Auch Freud war sich über dieses Problem genau im Klaren; darum forderte er seit 1910 die „Lehranalyse" jedes Adepten der psychoanalytischen Disziplin, die auf einer vorangehenden Charakteranalyse aufbauen sollte; alle fünf Jahre sei es angezeigt, daß der berufstätige Psychoanalytiker noch eine Kontrollanalyse absolvieren solle, denn bei der Berufsausübung käme es zu Neuauflagen alter neurotischer Verhaltensmuster, und mit der Zeit sei es durchaus möglich, daß ein Therapeut durch seine Patienten vielfältig „angesteckt" werde und selbst in den Status der Behandlungsbedürftigkeit gerate.

Das war gewiß weitsichtig gedacht, und seit dem Bestehen psychoanalytischer Ausbildungsinstitute wird jeder Kandidat eifrig analysiert und „lehranalysiert". Gleichwohl kann man nicht sicher sein, daß nicht auch stark neurotische Persönlichkeiten die analytischen Kurse und Schulungsveranstaltungen mehr oder minder „unangetastet" überstehen. Sie legen sich dann eine „Analytiker-Persona" zu, d. h. eine Berufsmaske, mittels derer sie „fachgemäß" zu agieren wissen, aber ihre Persönlichkeit im Hintergrund kann durch hysterische, zwanghafte, depressive, angsterfüllte und psychotische Merkmale gekennzeichnet sein. Diese Hintergrundsperson tritt dann im Laufe der Berufskarriere immer wieder in Funktion; sie kann mitunter sogar nach und nach die Führung übernehmen. Die Folgen für die Patienten sind natürlich verheerend.

Man kann nicht darauf warten, daß nur geniale Persönlichkeiten wie Freud, Adler, Sullivan, Fromm-Reichmann usw. den Psychotherapeutenberuf ergreifen, sondern man muß ein Berufskader erziehen, das trotz geistigen Mittelmaßes seine Aufgaben sorgfältig und tüchtig bewältigen kann. Man soll aber auch nicht vergessen, daß der echte Psychotherapeut kein geschickter „Behandlungstechniker" ist; nach Freuds Worten soll er „Erzieher, Lehrer, Aufklärer, Künder einer freien Weltanschauung" sein. Fromm-Reichmann entsprach offenbar diesen weitgehenden Forderungen; sie kann ein Vorbild für die Therapeuten der Zukunft sein.

Der Mensch zwischen Einsamkeit und Gemeinschaft

Frieda Fromm-Reichmanns Denken war weiträumig, und neben ihrer Beschäftigung mit psychiatrischen und psychotherapeutischen Problemen reflektierte sie oft die Conditio humana, die Stellung des Menschen in der Welt. Jede seelenheilkundliche Thematik führt ja irgendwie immer auch zu philosophischer Besinnung; ein Psychotherapeut ohne Philosophie ist eigentlich nur ein „Psychotechniker", und es ist fraglich, ob er an die tieferen Probleme seines Berufes herankommt.

Im Zuge solcher Reflexionen interessierte sich Frieda Fromm-Reichmann für das Thema „Einsamkeit", und sie sammelte in ihren letzten Jahren Material zu einem Aufsatz, der als Fragment posthum erschienen ist („Über die Einsamkeit", in: *Psychoanalyse und Psychotherapie*, 1959, S. 380–393).

Einsamkeit gibt es im Normalleben und in der Psychopathologie: Für Frieda Fromm-Reichmann gilt die These, daß sehr viele psychische Störungen und Geisteskrankheiten mit der Vereinsamung einer Persönlichkeit zusammenhängen. Sehr selten haben die Psychiater hierüber Studien veröffentlicht. Sie scheinen von einer gewissen Angst vor dieser Fragestellung nicht frei zu sein, was man begreifen kann, weil Einsamsein nach der Meinung unserer Autorin zu den *traumatischsten Situationen* gehört, die es überhaupt im Menschenleben gibt.

Man muß allerdings verschiedene Arten von Einsamkeit genau unterscheiden. Schöpferische Persönlichkeiten suchen oft das Alleinsein, um sich besser auf ihre Schöpfungen konzentrieren zu können. Sie bleiben dabei aber innerlich mit der Gemeinschaft und Gesellschaft in Fühlung. Sie sind sozusagen „allein, aber nicht einsam". In unserem „Jahrhundert der Barbarei" (K.-H. Deschner) wurden viele politische und andere Gefangene im Krieg oder in autoritären Staaten einer zermürbenden Einzelhaft unterworfen, die den Willen und die Widerstandskraft des Häftlings brechen sollte. Manche wurden hierbei gemütskrank, andere aber überstanden diese Traumatisierung, weil sie durch *Gesinnung und Weltanschauung* eine innere Stütze in sich selbst fanden. Einsamkeit muß demnach nicht zur psychischen Erkrankung Anlaß geben.

Schlimm werden die Folgen der Vereinsamung jedoch, wenn letztere bereits im frühen Kindesalter einsetzt. Schon Tierexperimente zeigen, daß isoliert aufwachsende Tierkinder irreversible Defekte in ihrem Sozialverhalten aufweisen. René Spitz konnte an Säuglingen beobachten, daß eine Trennung von der Mutter und ein Mangel an Liebe zur „anaklitischen Depression" führt, wobei ebenfalls Entwicklungsschäden auftreten, die nur korrigiert werden können, wenn das einsame Kind zu seiner Mutter zurückkommt. Wer in seiner Kindheit viel allein gelassen worden ist, ist vermutlich „allergisch" auf Kontaktverlust; er kann derartige Frustrationen weniger gut überstehen und wird etwa im Falle einer Partnerlosigkeit die entsprechende „Trauerarbeit" oder Neuorientierung schwer vollziehen können.

Nach Sullivan hat der Mensch ein *unabweisliches Bedürfnis nach sozialer Intimität;* dieses ist genau so dringend wie das Verlangen nach Nahrung, Schlaf, Schmerzfreiheit usw. Kontaktmangel ist fast immer mit fundamentaler Verängstigung verbunden: Angst kommt nur zur Ruhe, wenn der Mensch in tragende soziale Bindungen eingebettet ist. Das Du gibt dem Ich günstigenfalls das Bild seiner selbst und die Bestätigung seines Seins; fehlt dieser Existenzfaktor, dann erleidet das menschliche Dasein eine Erschütterung, die einem Erdbeben gleichkommt.

Alle psychiatrischen Patienten haben Phasen von Vereinsamung hinter sich, in denen niemand da war, der sie verstand, mit ihnen mitfühlte und ihr Kommunikationspartner war. Der vereinsamte Patient entwickelt mannigfaltige Symptome. So kann etwa Süchtigkeit jeder Art die Einsamkeit betäuben. Anfälle von Eßsucht, Alkoholismus, Drogenmißbrauch usw. kommen meistens bei schmerzlich gefühltem Alleinsein zustande; natürlich kann das Sich-allein-Fühlen auch in der Nähe von Mitmenschen vorkommen, wenn man diese nicht liebt oder sich von ihnen nicht geliebt fühlt. Zum Alleinsein gehören nach Frieda Fromm-Reichmann auch sehr oft die Emotionen der Hoffnungslosigkeit, des Grauens, der Eindruck von „Sinnferne" bis zum Todeswunsch hin. Man fühlt sich auf die „nackte Existenz" zurückgeworfen. Eine Patientin von Frieda Fromm-Reichmann kleidete diese Existenzerfahrung in einem Gedicht in folgende Worte:

Ist denn hier gar niemand?
Und ist
Denn gar niemand hier?
Ich klopfe an die eichene Tür.
Wird sie sich denn
Nie wieder öffnen?
Ich rufe nach dir –

Hörst du denn nicht?
Ist denn niemand
In der Nähe?
Muß denn diese leere Stille sein?
Und ist da niemand, der mir
Antwortet?
Ich kenne den Weg nicht,
Ich fürchte zu fallen.
Und ist denn gar niemand hier? (Fromm-Reichmann 1978, S. 387 f.)

Eine andere Patientin schrieb unter dem Titel „Der leere Platz" die bewegenden Worte:

Niemand kommt hierher,
Nicht am Morgen und nicht am Abend.
Die trostlosen Gräser
Wachsen, wo man sie nicht sieht.
Nur ein wilder Hase,
Verirrt sich hierher,
Und dann ist er fort.
Der Wirt ist das Schweigen,
Es wohnt hier das Grau.

Die Tatsache, daß so viele Menschen in unserer Kultur an Gemütskrankheiten scheitern, läßt darauf schließen, daß der Mensch in unserer Gesellschafts- und Wirtschaftsordnung allzu viel „allein gelassen wird". Wir lernen in der üblichen Sozialisation uns für den Daseinskampf zu rüsten, Geld zu verdienen, der Eitelkeit zu frönen und das „Spiel der Macht" mitzuspielen, von dem unsere Politiker besessen sind. Aber wir lernen den Mitmenschen nicht richtig lieben und verstehen, und darum gibt es *Epidemien der Einsamkeit,* die ebenso ernstgenommen werden sollten wie jene Epidemien, die durch Krankheitserreger zustande kommen.

Psychotherapie gelingt nur dann in befriedigender Weise, wenn der Therapeut die innere Vereinsamung des Patienten, die *aus lebensgeschichtlichen Quellen und seiner aktuellen Situation* stammt, aufheben kann. Hierzu reichen Worte und Gefühle nicht aus; es kommt auf Einfühlung oder Empathie an, die der Arzt nur anbieten kann, wenn er um die Probleme der Einsamkeit weiß und liebend und verstehend über sie hinweggekommen ist.

Kritische Bewertung

Frieda Fromm-Reichmann war eine große Praktikerin der analytischen Psychosentherapie, aber man würde fehlgehen, wenn man ihre bahnbrechenden Leistungen allein auf praktische Errungenschaften reduzieren würde. In der seelenärztlichen Krankenbehandlung gehen theoretische und behandlungstechnische Fortschritte immer Hand in Hand; es ist unmöglich, bessere Therapien zu vollbringen, ohne eine tiefere Einsicht in das Krankheitsgeschehen erlangt zu haben. So besteht kein Zweifel darin, daß Fromm-Reichmann wie kaum ein anderer Analytiker in das Wesen des Wahns eingedrungen ist. Aus ihrem enormen Verständnis für die prekäre Lebens- und Krankheitssituation des psychotischen Patienten erwuchsen ihr die bewundernswerten therapeutischen Interventionsmöglichkeiten, die neue Maßstäbe in der Behandlung von wahnkranken Menschen gesetzt haben.

Was war das Geheimnis dieser kleinwüchsigen Frau, die so vielen seelisch leidenden Menschen zu helfen wußte und Hoffnung und Zuversicht in zusammengebrochene Seelen zu „transfundieren" vermochte? Ihre Freundin Edith Weigert schreibt im „Vorwort" zu *Psychoanalyse und Psychotherapie* (1959, S. 11) folgendes über sie:

Es scheint mir, daß Frieda Fromm-Reichmanns Erfolge nicht nur auf ihren Kenntnissen und ihrer Erfahrung beruhten, sondern auch auf ihren ungewöhnlichen Charaktereigenschaften, mit denen sie an ihre Versuche heranging. Sie war ein mutiger Mensch. Das bedeutet nicht, daß sie frei von Ängsten war. Sie war sehr empfindsam, sonst hätte sie nicht ihren Patienten so weit in die Tiefe ihrer Verzweiflung folgen können, in die Schrecken ihrer Einsamkeit und ihrer zerstörerischen Wut. Aber sie schreckte vor nichts zurück. Sie war ganz bei ihren Patienten. Ich neige dazu anzunehmen, daß solch ein Mut von seiten des Therapeuten, der über die Ängste in der zwischenmenschlichen Situation hinausgeht, ein wichtiger Faktor in der Beschwichtigung der Ängste des Patienten ist. Frieda Fromm-Reichmann erkannte die extravaganten Leidenschaften hinter der psychotischen Übertragung. Und noch mehr als das: sie entdeckte die häufige Neigung der Psychiater, sich in die defensive Gegenübertragung zu flüchten, wenn der Angriff der Verzweiflung des Patienten zu viel für ihn wird. Aber sie flüchtete sich nie in professionelle Abgebrühtheit oder Indifferenz, in psychiatrisches Getue, in eine sentimentale Konspiration mit dem Infantilismus des Patienten oder in moralische Ermahnungen, die den Patienten nur noch mehr mit seinen vernichtenden Schuldgefühlen belasten würden. Sie trat dem Patienten fest gegenüber, unter Einsatz ihrer ganzen Persönlichkeit – einfach und geradezu, ohne Prätentionen oder übergroßen Ehrgeiz – indem sie die Barrieren der Konventionalität beiseitefegte. Sie blieb die ganze Zeit über wach, schenkte dem Kranken ihre volle Aufmerksamkeit, die nicht durch Vorurteile eingeschränkt und nur auf das gerichtet war, was hinter der Übertragung und Gegenübertragung in dem zwischenmenschlichen Verhältnis von Arzt und Patient liegt.

Frieda Fromm-Reichmann blieb kinderlos, und es scheint, daß sie für ihre psychotischen Patienten ein „Muttergefühl" einsetzte, das in ihrem sonstigen Leben unbefriedigt blieb. Sie war auch in einem hohem Maße von Kameradschaftsgeist und Mitmenschlichkeit erfüllt, und vielleicht hat diese Charakterdisposition dazu geholfen, Menschen, die sich in ihren Wahn verstiegen hatten, zur Gemeinschaft und Gesellschaft zurückzuführen. Das Schicksal einer Jüdin in einer vorurteilsverseuchten, fanatischen Umwelt wird ebenfalls dazu beigetragen haben, Verständnis zu gewinnen für jene Parias der „Kulturwelt", die in den Nervenkliniken versenkt und vergessen ein trauriges Leben führen müssen.

Fromm-Reichmann war nicht nur eine hervorragende Klinikerin, sondern auch eine begeisternde Lehrerin der Psychoanalyse und Psychotherapie. In Chestnut Lodge war sie Lehranalytikerin für zahlreiche junge Therapeuten, die von ihr maßgeblich geprägt wurden. Zu ihren namhaftesten Schülern gehören u. a. Silvio Arieti, O. A. Will, H. Searles, die sich in der Schizophrenentherapie einen Namen gemacht haben.

Es fehlte nicht an Ehrungen in diesem Psychiaterleben, das so ganz der Idee der Hingabe an den Arztberuf geweiht und gewidmet war. Im Jahre 1952 erhielt Fromm-Reichmann den Adolf-Meyer-Preis für ihre Beiträge zum Verständnis der Psychosen und Neurosen. 1955 hielt sie die Akademische Vorlesung vor der Amerikanischen Psychiatrischen Gesellschaft. Während der Jahre 1955/56 durfte sie in Stanford (Californien) im „Center for Advanced Studies in the Behavioral Sciences" ein Forschungsjahr verbringen, wo sie interdisziplinär Studien betrieb. 1957 hätte sie am Internationalen Kongreß für Psychiatrie in Zürich ein Hauptreferat halten sollen; sie starb kurz davor, und ihr Vortrag mußte durch eine ihrer Mitarbeiterinnen verlesen werden.

Ihre Freunde und Kollegen wissen zu berichten, daß es manche Schatten in diesem reichen und tätigkeitserfüllten Dasein gab. Es war aber nicht Frieda Fromm-Reichmanns Art, andere damit zu belasten; sie wollte allein mit ihren Schwierigkeiten fertig werden. Es war offenbar das Glück und der Triumph ihres Lebens, daß sie ein „Helfer für andere" war; so wuchs sie zu einer inneren Größe hinauf, die wir vielfach als vorbildlich empfinden.

Ausgewählte Literatur

Arieti, S. (1974). Interpretation of Schizophrenia, New York: Norton. 2. Auflage.

Bleuler, E. (1911). Dementia praecox oder die Gruppe der Schizophrenien. Reprint München: K. Saur 1978.

Foudraine, J. (1976). Wer ist aus Holz? Neue Wege der Psychiatrie. München: Piper.

Freud, S. Gesammelte Werke. Frankfurt: Fischer 1968 ff.

Fromm-Reichmann, F. (1924). Über Psychoanalyse. Deutsche medizinische Wochenschrift, 50. Jg., S. 758–771.

– (1924). Zur Soziologie der Neurosen. Zeitschrift für die gesamte Neurologie und Psychiatrie, 89. Bd. S. 60–67.

– (1927). Das jüdische Speiseritual. Imago, XIII, S. 235–246.

– (1929). Zur psychoanalytischen Trieblehre. Zeitschrift für psychoanalytische Pädagogik III, S. 266–268.

– (1930). Pädagogische Diskussionsbemerkungen zur psychoanalytischen Trieblehre. Zeitschrift für psychoanalytische Pädagogik IV, S. 38–44.

– (1931). Zur Entstehungsgeschichte sozialer Minderwertigkeitsgefühle. Zeitschrift für psychoanalytische Pädagogik V, S. 19–29.

– (1932). Kindliche Darmträgheit infolge falscher Erziehung. In: H. Meng (Hrsg.), Psychoanalytische Pädagogik des Kleinkindes, München: Reinhardt 1973.

– Zur Bedeutung der Angehörigenaussage in der Psychotherapie. Nervenarzt IV, S. 257–268.

– (1978). Intensive Psychotherapie, Stuttgart: Hippokrates.

– (1959). Psychoanalyse und Psychotherapie. Stuttgart: Klett-Cotta.

Frommknecht, M. (1980). Frieda Fromm-Reichmann. In Josef Rattner: Wandlungen der Psychoanalyse. Wien: Europaverlag.

Green, H. (1978). Ich hab dir nie einen Rosengarten versprochen. Hamburg: Rowohlt.

Jung, C. G. (1907). Über die Psychologie der Dementia praecox. Olten: Walter 1972.

Matussek, P. (Hrsg.) (1976). Psychotherapie schizophrener Psychosen. Hamburg: Hoffmann & Campe.

Roazen, P. (1976). Freud und sein Kreis. Bergisch Gladbach: Lübbe.

Schopenhauer, A. (1819). Die Welt als Wille und Vorstellung. 2 Bde. Wiesbaden: Brockhaus 1972.

TEIL IV
EIN NEO-ADLERIANER

Fritz Künkel

Einleitung

Fritz Künkel war einer der namhaftesten Schüler Alfred Adlers in Deutschland, der die Individualpsychologie zu einer „Angewandten Charakterkunde" weiterentwickelte. Er wurde am 6. 9. 1889 in Stolzenberg, Kreis Landsberg an der Warthe, geboren. Nach dem Studium der Medizin spezialisierte er sich auf Nervenheilkunde und Psychotherapie, wobei er in Berlin eine sehr florierende Praxis aufbaute.

Zunächst war er ein getreuer „Adlerianer", aber in den späten zwanziger Jahren kam seine eigene Gedankenwelt zum Durchbruch. So veröffentlichte er von 1928–1935 sein sechsbändiges Hauptwerk der „Angewandten Charakterkunde", nämlich: *Einführung in die Charakterkunde* (1928); *Charakter, Wachstum und Erziehung* (1931); *Charakter, Liebe und Ehe* (1932); *Charakter, Einzelmensch und Gruppe* (1933); *Charakter, Leiden und Heilung* (1934); *Charakter, Krisis und Weltanschauung* (1935). Diese und manche andere Bücher erzielten hohe Auflageziffern. Künkel arbeitete viel mit evangelischen Pastoren zusammen und verschmähte nach 1933 auch nicht die Angleichung an das „völkisch-nationale System". So gab er gewissermaßen unfreiwillig seinem ehemaligen Lehrer Alfred Adler recht, der die Innovationen des eigenwilligen Schülers als „nicht sattelgerechte Abwandlung der Individualpsychologie" abtat. Jedenfalls kam es anfangs der dreißiger Jahre zur unversöhnlichen Trennung zwischen Adler und Künkel; die christlich-nationalistischen Tendenzen des deutschen Charakterologen waren für den Schöpfer der individual-psychologischen Lehre unannehmbar.

Weitere Publikationen Künkels sind u. a.: *Vitale Dialektik* (1929); *Das Wir. Grundbegriffe der Wir-Psychologie* (1938); *Krisenbriefe. Über den Zusammenhang von Wirtschafts- und Charakterkrise* (1932); *Grundbegriffe der politischen Charakterkunde* (1933) sowie verschiedene Schriften über Jugendpsychologie und Jugendcharakterkunde.

Trotz eindeutiger Anpassung an den Nationalsozialismus zog es Künkel nicht ins Dritte Reich zurück, als er beim Ausbruch des Zweiten Weltkrieges auf einer Vortragsreise in den USA weilte: er ließ sich in Los Angeles nieder, wo er ein „Institut für Pastoralpsychologie" leitete. In seiner amerikanischen Zeit schrieb er das Buch *My dear Ego – a look in the mirror;* in deutscher Sprache erschien 1957 *Die Schöpfung geht weiter. Eine psychologische Untersuchung des Matthäus-Evangeliums.* Damit hatte Künkel folgerichtig seine stets religiös betonte Charakterpsychologie in eine psychologische Theologie einmünden lassen. Er starb am 4. April 1956 in den USA.

In den siebziger Jahren wurden die meisten seiner Werke neu aufgelegt. Da sie allesamt in einer sehr eingängigen und leicht verständlichen Sprache geschrieben sind, hatten sie wiederum beim Lesepublikum einigen Erfolg. Künkel war ein guter Beobachter, der praktische Erfahrungen genau darzustellen vermochte; des weiteren verfügte er über ein umfangreiches theoretisches Wissen, in dem Tiefenpsychologie, Religionswissenschaft und Philosophie stark repräsentiert waren. Man hat ihn den „produktivsten und konstruktivsten Kopf, der aus der Individualpsychologie hervorgegangen ist" (Johannes Neumann) genannt; dies ist wohl übertrieben, da viele Theorien Künkels großenteils wie „Umbenennungen" von Adlers Befunden und Thesen anmuten. Gleichwohl lohnt sich die Auseinandersetzung mit seinen Lehren sehr, da diese oft genug wie ein Amalgam von Tiefenpsychologie und Existenzphilosophie erscheinen. So manches Konzept dieser „Charakterkunde" formulierte bereits in den Dreißigerjahren ein christlich-existenzialistisches Menschenbild, von dem der Tiefenpsychologe einiges lernen kann. Andererseits ist nicht zu übersehen, daß der weltanschauliche Konservatismus dieses Autors zu vielen Fehlkonstruktionen führt, die sich extrem ungünstig gegen den Humanismus von Freud und Adler abheben. Künkel stand in der NS-Zeit C. G. Jung näher, dessen reaktionär-mystische Tendenzen ebenfalls Verwandtschaft zur „braunen Ideologie" aufwiesen.

Theoretische Grundbegriffe

Künkel nannte seine Lehre „vitale Dialektik", was zunächst an die Philosophie Hegels erinnert. Aber so ehrgeizige Ambitionen wie die Hegelsche Theorie vom dialektischen Dreitakt der Weltgeschichte (These, Antithese, Synthese usw.) will die „angewandte Charakterkunde" nicht realisieren. Sie spricht lediglich davon, daß der Mensch Subjekt und Objekt zugleich ist. In allen Lebensäußerungen kommen beide Modalitäten des menschlichen Seins koexistent vor. Auch in der Beziehung zu den Mitmenschen ist es unvermeidlich, daß wir stets als Subjekt (aktiv, autonom) und als Objekt (passiv, rezeptiv) fungieren.

Der Mensch hat es nicht leicht, beide Existenzweisen zu akzeptieren. Denn das Subjektsein bringt Freiheit und Verantwortung mit sich, wogegen sich verängstigte und kleinmütige Charaktere aufzulehnen pflegen. Durch das Objektsein mag man der Last der Selbstverwirklichung wohl entgehen; aber Glück ist in dieser Lebensform kaum zu finden. Es ist die große Tragik des Menschenlebens, daß unter den derzeitigen Kulturbedingungen kaum jemand ein ausgewogenes Verhältnis zwischen „Subjektität" und „Objektität" zustandebringt. In der Charakterpathologie fallen uns daher verschiedene Typen auf, die nur die *eine* Seite dieser Polarität zu verwirklichen suchen, was allemal das Selbstwerden und die menschlichen Umweltkontakte erheblich belastet.

Künkel bezeichnete seine Dialektik als „vital", weil er eine eigenständige „Wissenschaft des Lebendigen" formulierte. Er lehnte eindeutig den Materialismus und das naturwissenschaftliche Kausaldenken in der Erforschung menschlicher Subjekte und ihrer Lebensgestaltung ab. Lebensvorgänge enthalten zwar auch kausale Abläufe, sind aber wesensmäßig „final" orientiert: sie haben ein Ziel und einen Zweck. Daher kann die Tiefenpsychologie keine Naturwissenschaft sein, wie es die Psychoanalyse z. B. sein wollte; Adler hingegen nahm von den energetischen und kausalistischen Konstruktionen der Freud- und Jungschule entschieden Abstand, als er die „teleologische Betrachtungsweise" in das tiefenpsychologische und psychotherapeutische Denken einführte. Auch Künkel suchte im Seelischen nicht „Ursachen", sondern „Sinngebungen": mehr als die meisten Autoren betonte er die schöpferischen Potenzen im Ich oder Selbst, das niemals Gegenstand einer „objektivistischen Analyse" sein könne.

So gelangte er u. a. zum „nonischen Prinzip" seiner Charakterologie. Dieses besagt, daß man die seelischen Lebensvorgänge nicht mit den räumlich-materiellen Kategorien beschreiben kann. Mit den üblichen Sprachmitteln kann man hauptsächlich nur sagen, was das Seelische und die Subjektivität „nicht ist": man nähert sich sozusagen durch negative Aussagen („Nonik") dem Wesen des Psychischen an und kreist es durch Aussagen ein, deren unerreichbarer Zielpunkt im Unendlichen liegt. Eine Abwandlung dieser Idee ist bei Künkel die sogenannte „Herkologie": Herkos ist die griechische Bezeichnung für Zaun, Grenze, Schranke. So wird der Charakterologie die Aufgabe zugewiesen, die Begrenzungen und Einschränkungen des Subjektseins und der Freiheit zu erkunden und gerade durch das Bewußtmachen dieser umwelts- oder schicksalsbedingten, aber auch selbstverschuldeten Einengungen der Subjektität die Autonomie des Menschen zu befreien.

Ähnlich wie Adler sah Künkel die menschliche Persönlichkeit als Einheit und Ganzheit, so daß er die psychoanalytischen Strukturmodelle (Ich, Es und Überich) und die Lehre von den nahezu als Teilpersönlichkeiten agierenden „Partialtrieben" negierte. Man kann einen Charakter nur verstehen, wenn man seine einheitliche Zielstrebigkeit begreift, d. h. die Ziele und Werte erahnt, auf die hin der Mensch sein Leben entworfen hat. Da der Mensch ein Gemeinschaftswesen ist, bedürfen wir nicht so sehr einer Ich- als einer Wir-Psychologie; alles menschliche Tun und Lassen ist Auseinandersetzung und Stellungnahme bezüglich der „wirhaften Grundverfassung" unserer Existenz, wobei auch die defizienten Modi des Miteinander (Einsamkeit, Eigensinn, Eigenbrötelei, Kontaktscheu usw.) stets die notwendige soziale Verwurzelung einer wahrhaft produktiven Existenzweise erkennen lassen. Künkel untersucht die lebensgeschichtliche Bewegungsformel der Menschen hinsichtlich der zahllosen „Wirhaftigkeiten", aus denen der Lebenslauf von der Geburt bis zum Tode besteht.

Allgemeine Neurosenlehre

Für Künkel muß jede Neurosentheorie in einer Charakterkunde fundiert sein. Erst die charakterologischen Erkenntnisse machen den inneren Aufbau einer Neurose verständlich und sind auch der Schlüssel zur Interpretation spezieller seelischer Erkrankungen.

Adler konzipierte das Seelenleben als ein Gegeneinanderwirken der fundamentalen Tendenzen des ‚Gemeinschaftsgefühles' auf der einen, des ‚Minderwertigkeitsgefühls' und ‚Geltungsstrebens' auf der anderen Seite. Je mehr ein Mensch mit seinen Mitmenschen und der Kultur verbunden ist (‚Sozialinteresse'), um so weniger gerät er in den pathologischen Einflußbereich des Minderwertigkeitskomplexes und des daraus resultierenden Machtstrebens. Künkel formuliert diesen Befund in etwas anderer Sprache, indem er vom Antagonismus zwischen ‚Sachlichkeit' und ‚Ichhaftigkeit' spricht. Auch er konstatiert eine umgekehrte Proportionalität zwischen beiden Seelenfaktoren: je kleiner die Sachlichkeit in einem Menschen, um so mehr Ichhaftigkeit finden wir in ihm; wer aber lernt, sachlich zu sein, wird sein Ich mehrheitlich in der Hingabe an überpersönliche Ziele und Werte empfinden. Man muß das verwendete Wort richtig deuten: Sachlichkeit ist keineswegs mit Kälte und Nüchternheit identisch. Künkel denkt eher an den Bedeutungsgehalt ‚sachgemäß', so daß man etwa von einem Liebenden sagen kann, seine Form von Sachlichsein bestehe in Zuwendung und Güte, Verstehen und Großherzigkeit, Anerkennung und Gefühl für das Du usw.

Ichhaftigkeit bedeutet Angst vor dem Leben und vor den Mitmenschen, Selbstbewahrung und übersteigertes Sicherheitsstreben. Nicht zu Unrecht erwähnt die Psychiatrie und Psychopathologie bei allen seelischen Krankheitsformen den Faktor des Narzißmus oder Autismus (in der Sprechweise der Psychoanalyse: Autoerotismus): der seelisch kranke Mensch kreist fast immer um sich selbst und hat die Mitmenschen, die Gemeinschaft und die vorwärtsstrebende Kultur weniger im Sinn.

Je nach dem Überwiegen des Ichhaften oder des Sachlichen in einem Menschen gestaltet sich auch seine Reaktion auf die Umwelt: Ichhaftigkeit ist mit Irritierbarkeit, Sachlichkeit ist mit Sensibilität verbunden. Wer irritierbar ist, stößt sich oft an seiner Umgebung wund; wer sensibel ist, erlebt differenziert und genau die seelische Beschaffenheit seiner Mit- und Gegenspieler, hat aber Verständnis für sich selbst und die anderen. Von der Neurose bis zur Psychose hin beobachten wir massive Steigerungen des Irritiertseins, die zu verschiedenen Manifestationen der Kontaktscheu und der Weltflucht führen; wird ein neurotischer Patient durch psychotherapeutische Behandlung gesund, dann wird er sachlicher und sensibler, wodurch seine Teilhabe am gesellschaftlichen Leben und am Kosmos in seinen vielen Gestalten bereichert wird.

Auf Grund seiner Wir-Psychologie behauptet Künkel, daß jeder Mensch in ein ‚Ur-Wir‘ hineingeboren wird. Mutter und Kind stellen zunächst eine ‚Symbiose‘ dar, die beiden Beteiligten Glück, Freude und Gesundheit spendet. Früher oder später kommt es aber notwendigerweise zum ‚Wir-Bruch‘: die Mutter enttäuscht oder frustriert das Kind, so daß dieses sich auf sich selbst zurückgeworfen fühlt und sein Ich nunmehr als abgegrenzte und der Welt entgegengesetzte Einheit erfährt. Je eher und je radikaler die Auflösung der Mutter-Kind-Einheit erfolgt, um so schwerer wird die ‚Einreifung‘ des Kindes in Kultur und Gesellschaft: es machen sich Kinderfehler und Kinderneurosen bemerkbar, die erkennen lassen, daß eine kindliche Werdenshemmung konstelliert wurde, die die Lösung der sozialen Aufgaben erschwert oder verunmöglicht. Wer so in einen psychischen Engpaß hineingerät, hat nicht nur Mühe mit dem ‚Einreifen‘, sondern auch mit dem ‚Ausreifen‘; jeder Neurotiker bleibt in wesentlichen Punkten ein Kind, das sich verzweifelt gegen das Heranwachsen und das Übernehmen von Verantwortung für sich selbst und für andere sträubt.

Der Charakter ist gewissermaßen das Resultat frühkindlicher ‚Wir-

Schicksale' und der Traumatisierungen im Hinblick auf das Selbstwerden im Rahmen mitmenschlicher Verbundenheit. Charakterzüge sind Antworten des Kindes auf die biologischen, sozialen, familiären, kulturellen Gegebenheiten, die es in seiner Frühzeit vorfindet: in jeder Charaktereigenschaft mischen sich sachliche und ichhafte Regungen, aber weitgehend handelt es sich um Defensivmaßnahmen, die bewirken sollen, daß man den Wir-Bruch der Kinderjahre in seiner gewaltigen Erschütterung nicht noch einmal erleben muß.

Künkel definierte vor allem die neurotischen Charaktermerkmale als 'Dressate', d. h. als selbstgeschaffene Imperative und Verhaltensregeln, mit denen die Menschen ihren 'Lebenskampf' zu bestreiten versuchen. Ein Charakter ist nicht das Produkt aus irgendwelcher biologisch-psychischer Vererbung und der jeweiligen Umwelteinflüsse. Er ist vergleichbar mit einer Gesetzgebung, durch die ein Volk sich den Rahmen seiner kulturellen Lebensformen schafft. Nur ist hier der Gesetzgeber ein (kindliches) Individuum, das sich auf Grund seiner Erfahrungen gewisse Maximen und zwanghafte Verhaltensmuster bildet, mit denen es sich gegen den wirklichen oder vermeintlichen Zwang der Umgebung zur Wehr setzt.

Dressate gleichen einem Ich-Panzer, der ein ängstliches und unsicheres Ich gegen eine feindliche Umwelt beschützen soll. Aber unter einer Panzerung kann das spontane und produktive Leben kaum erblühen; Künkel spricht in diesem Zusammenhang von 'Psychosklerose' und ist der Meinung, daß eine Neurose um so schwerer und therapeutisch widerständiger ist, je sklerotischer das betreffende Seelenleben unter dem Einfluß von allerlei Gefahren geworden ist. Kann eine Psychotherapie diesen aus Angst und Abwehr geschaffenen Schutzwall um das Innere eines Menschen abbauen, so kommt seine Vernunft und Freiheit zum Tragen – er wird spontaner und gelöster in seinem Daseinsvollzug, was immer auch eine Erhöhung der Liebes- und Leistungsfähigkeit mit sich bringt.

Künkel gibt folgende Beispiele für Dressate, die unter der Einwirkung unverständiger oder unwissender Erziehungspersonen entstehen:

In dem einen Kind entsteht das Dressat: 'Du darfst nie eine eigene Meinung haben', in dem anderen: 'Kinder haben keinen eigenen Willen', in dem dritten: 'Man darf sich nie einem anderen anvertrauen', in dem vierten: 'Man darf sich nicht freuen', in dem fünften: 'Man darf keine Gefühle haben', in dem sechsten: 'Man muß immer das Gegenteil von dem tun, was der andere sagt', in dem siebenten: 'Man muß alles entzwei machen.' – Es läßt sich leicht vorstellen, wie tief derartige Gesetze, die dem Kinde zur zweiten Natur werden, die Lebensentfaltung beeinträchtigen müssen. (*Einführung in die Charakterkunde,* 1928, 1975, S. 28)

Der Sinn des Charakters und seiner Dressate besteht darin, daß sie die unendliche Mannigfaltigkeit des Lebens kanalisieren und regulieren. Wahrnehmung, Motivation, Erlebnisse, Stimmungen und Zielsetzungen werden weitgehend durch die Dressat-Summe des Individuums bestimmt. Im Zusammenspiel mit den Mitmenschen gelingt es meistens, sie zu Reaktionen zu veranlassen, die die eigenen Dressate bestärken. Man kann hierin regelrecht von einem ,Wiederholungszwang' (Freud) sprechen.

Die vier Charaktertypen

Wie alle Tiefenpsychologen sieht auch Künkel in der Erziehung die charakterbildende Macht par excellence. Jeder Mensch trägt lebenslänglich die Spuren seiner frühen Sozialisation mit sich herum. Man kann einen Charakter nur dann tiefgründig verstehen, wenn man die Kindheitsbedingungen kennt, unter denen er entstanden ist.

Jeder Mensch ist zwar eine Individualität, aber man kann die Menschen in ,Typologien' gruppieren, wo eine Vielfalt von Charakteren gemäß ihren Übereinstimmungen und Unterscheidungsmerkmalen zusammengefaßt sind. Bekannt sind etwa die Typenlehren von Ernst Kretschmer, Eduard Spranger, C. G. Jung, Erich Jaensch u. a. m.; in ihnen wird mehr oder minder erfolgreich versucht, die unendliche Mannigfaltigkeit menschlicher Persönlichkeitsgestalten nach biologischen, psychischen oder geistigen Gesichtspunkten zu ordnen. Bei Künkel finden wir vier ,Idealtypen' möglicher Lebenseinstellungen, die auf spezifische Kindheits- und Erziehungsvoraussetzungen zurückgeführt werden, aber auch die unterschiedlichen Aktivitätsgrade der Zöglinge in Rechnung stellen. Dabei handelt es sich allemal um *Formen der Ichhaftigkeit,* die durch partielles Scheitern der Ein- und Ausreifung zustande kommen. Wer nämlich vorwiegend seelisch gesund oder sachlich ist, wird dem Leben gegenüber freie und offene Haltungen einnehmen, die man ,typologisch' kaum fixieren oder formulieren kann. Nur erstarrte Charaktere passen in den Rahmen der Typenlehre. Solche psychosklerotische Persönlichkeitsstrukturen gibt es in folgenden Gestalten: 1. Das Heimchen; 2. Der Star; 3. Der Cäsar oder Nero; 4. Der Tölpel.

1. Die Entstehung des Heimchentyps muß – wie bei den anderen

Typen auch – aus der dynamischen Wechselwirkung zwischen Kind und Umwelt abgeleitet werden. Sofern die Umgebung zu hart oder zu weich erzieht und auf ein Kind mit eher verminderter Vitalität trifft, bildet sich ein mutlos-verzärtelter Charakter heraus, der seinen Selbstschutz nur durch Fremd- oder Selbstverwöhnung glaubt gewährleisten zu können. Die bewußten und unbewußten Einstellungen eines derartigen Menschenkindes werden in Richtung auf gesteigerte Anlehnungsbedürftigkeit hin entwickelt. Die daraus hervorgehende Persönlichkeit ist dann schwach, zeigt aber auch noch demonstrative Wesenszüge der Schwäche und Ängstlichkeit, die als permanente Botschaft an die Umwelt zu verstehen sind. Das ‚Dressat‘ des Heimchens ist etwa: ‚Ich bin so klein und unselbständig; ihr müßt mir alle helfen und die Lasten des Lebens nach Möglichkeit abnehmen!‘

Angst, Schüchternheit, verminderter Aktionsradius, Rückzugstendenzen und evtl. psychosomatische Symptome sind die Merkmale des Heimchens, das ‚passiv-ichhaft‘ seine Lebensschwierigkeiten anzugehen, resp. ihnen auszuweichen versucht. Es stellt gewissermaßen eine Leidenshaltung zur Schau und leidet wirklich an der Härte der Außenwelt. Es fühlt sich allein und im Stich gelassen. Die anderen Menschen, mit denen es in Beziehung steht, erscheinen ihm als ‚weiße‘ oder ‚schwarze Riesen‘, d. h. als übermächtige Helfer oder als Gegenspieler, gegen die man ohnehin nicht ankommt. Sein Weg von der Minus- zur Plusposition führt über die Inanspruchnahme anderer: je mehr man sich mit ihm und seinen Nöten befaßt, um so ‚bedeutender‘ fühlt es sich. Künkel weist auch darauf hin, daß der geschilderte Typ kaum je *nur Heimchen* ist: es gibt, wie bei den anderen Typen auch, Mischformen der Ichhaftigkeit, und so mancher ist da und dort lebenstüchtig, an anderen Stellen jedoch ein ‚Teil-Heimchen‘.

2. Auch der Star stammt aus Verwöhnung und übermäßiger Beachtung, aber er reagiert aktiv auf die sozial-hemmende Umgebung. Er richtet sein Leben auf die Bewunderung von Seiten der Mitmenschen aus. Eitelkeit ist einer seiner hervorstechendsten Charakterzüge. Dazu gehört wesensmäßig immer auch Überempfindlichkeit, ‚Wille zum Schein‘ (Nietzsche) und maßloses Geltungsstreben. Der Beifall anderer ist sein eigentliches Lebenselement. Sein Dressat lautet: Nur wer mich anhimmelt, ist mir wahrhaft freundlich gesinnt! Sobald jemand Kritik zu üben wagt, fühlt sich der Star in seiner Primadonnenrolle angetastet. Er reagiert mit Angst oder Aggression oder beidem.

So gibt es Menschen, die auf Grund ihrer Sozialisation fast fanatisch dem Erfolg und Applaus nachjagen und darin kaum zur Ruhe kommen.

Für sie ist das Leben eine Schaubühne, auf der sie ihre echten oder vermeintlichen Glanzleistungen zu vollbringen haben. Immer leben sie in Anspannung, da sie größer, hübscher, klüger und tüchtiger erscheinen wollen, als sie in der Realität sind. Sie gehen gleichsam auf den Zehenspitzen, was immerhin sehr anstrengend ist. Verlieren sie ihr entzücktes Publikum, so laufen sie Gefahr, innerlich zusammenzubrechen. Dann fallen sie auf den Status des Heimchens zurück und brillieren nunmehr mit ihren Ängsten und Symptomen, die ebenfalls Beachtung und Aufmerksamkeit erzwingen. – Es ist allerdings zu sagen, daß Künkels Beschreibungen nur für den ‚Pseudo-Star‘ gelten; es wäre sehr gefehlt, z. B. jeden Schauspieler, der berufsmäßig in die Star-Rolle hineinwachsen muß, als notwendigerweise ‚ichhaft‘ zu bezeichnen. Es gibt Künstler der Darstellung und Selbstdarstellung, die nicht mit ihren neurotischen Karikaturen verwechselt werden dürfen; aber bei genauerem Zusehen wird man finden, daß auch großartige Stars aller Künste zumindest ‚Anflüge‘ von den geschilderten Star-Allüren haben.

3. Der Nero oder Cäsar ist das Produkt einer harten und lieblosen Erziehung, auf die er mit Aktivität und noch größerer Härte antwortet. Hier steht der Eigenwille und der Eigensinn im Vordergrund. Solche Menschenkinder wollen herrschen und ihre Umwelt in den Griff bekommen. Oft entwickeln sie, wenn die kulturellen Bedingungen nicht allzu schlecht sind, die Eigenschaften der Geduld, des Leistungswillens, der Ausdauer und Zähigkeit, was Künkel mit dem Begriff des ‚großen Spannungsbogens‘ zusammenfaßt. Dieser Typ hat unzweifelhaft Führungsqualitäten, die allerdings auch zur Tyrannei ausarten können. Der ‚vernünftige Cäsar‘ ist unter Umständen mutig und teilweise sachorientiert. Er setzt sich aktiv und kämpferisch mit der Realität auseinander, der er seine Idee oder sein Gesetz aufzuprägen versucht. Oft ist das Selbstvertrauen sehr stark betont, bei den eher pathologischen Fällen jedoch unverkennbar als Überkompensation extremer Minderwertigkeitsgefühle. Künkel sagt über diese Charakterstruktur u. a.:

Psychologisch gesehen ist der Nero ein Mensch, der in seiner Kindheit gelernt hat, daß seine Mitmenschen ihm nicht helfen, daß er sich selber helfen muß, und – was das Wichtigste ist – daß er selber imstande ist, sich zu helfen. Alle anderen Menschen sind seine Werkzeuge oder gar Feinde. Er nützt sie aus, läßt sie nur gelten, solange sie ihn anerkennen und ihm dienen; sobald er ihrer nicht mehr sicher ist, geht er rücksichtslos gegen sie vor. Freundschaft, Dankbarkeit und Treue sind ihm fremd. Ja, er trägt meist ein Gesetz in sich, das ihm rundweg verbietet, Gefühle zu haben oder doch wenigstens Gefühle zu zeigen. (*Das Wir*, 1938, 1974, S. 64)

Bricht der Nero oder Cäsar zusammen (weil er in seinem Herrschaftsanspruch scheitert), dann kann er zum Tölpel werden.

4. Der Tölpel ist einer, der durch eine harte und lieblose Erziehung erdrückt wurde und sich aus Selbstschutz auf sich selbst zurückgezogen hat. Er lebt abgekapselt und kümmert sich im Grunde um nichts und niemanden. Infolge seiner Entmutigung verweigert er partiell oder total die Einfügung in Kultur und Gesellschaft. Er will seine Ruhe haben und vermeidet daher tunlichst die soziale Interaktion. Oft legt er eine Pose an den Tag, als ob ihn die Welt und die Mitmenschen einfach nicht interessieren würden: dies ist jedoch nur die vordergründige Verhaltensweise, indes im Hintergrund ein oft universeller Trotz jegliche Form von Mitspielen und von Beitragsleistung verhindert.

Tölpelhafte Menschenkinder reduzieren die ‚Lebensfront‘, um sie überschaubar zu halten, sich nicht anstrengen zu müssen und auch keine Niederlagen zu erleiden. Das Geltungs- und Machtstreben kann in solchen passiven und trägen Charakteren ganz enorm sein. Es verbirgt sich hinter der Inaktivität, die den Anschein von Stumpfheit erweckt. Tatsächlich können Tölpel oft als schwachsinnig eingestuft werden, ohne es wirklich zu sein. Sie lassen sich zu wenig mit ihrer Umwelt ein und können daher ihre Intelligenz nicht entwickeln. Herrscht die Gleichgültigkeit über längere Zeit hinweg vor, so ergibt sich ein faktisches Trainingsmanko an sozialen und kulturellen Verhaltensformen, wodurch die Betreffenden den durchschnittlichen Lebensanforderungen nicht gewachsen sind. Bedrängt sie das Leben allzusehr, so kommt es evtl. zu seelisch-geistigen Zusammenbrüchen, d. h. psychosomatischen Störungen oder gar Psychosen.

Künkel führt viele Erscheinungsweisen des sogenannten ‚Begabungsmangels‘ auf ‚Teil-Tölpeltum‘ zurück, also auf Entmutigung und daraus folgender Interesselosigkeit. Der Erzieher darf hier nicht zu rasch die Flinte ins Korn werfen. Viele faule und gleichgültige Kinder sind ganz einfach entmutigt und kontaktarm, so daß man Intelligenz und Begabung mächtig verbessern kann, wenn man den Lebensmut und das soziale Verbundensein zu bekräftigen vermag. Auch der Tölpel ist ein ‚Dressur-Phänomen‘, das umdressiert oder umerzogen werden kann. Kriminelle sind oft ‚Mischungen‘ von Cäsaren und Tölpeln, sofern sie z. B. in Banden führend sind und aktive Verbrechen durchführen. Allerdings gibt es unter ihnen auch Heimchen, die sich ängstlich und unterwürfig den als Riesen erlebten Bandenführern anschließen und unter ihrem Kommando Untaten vollbringen, die sie selbst weder planen noch in Angriff nehmen würden.

Künkels Typologie ist lebensnah und plastisch formuliert, so daß sie sich bei Pädagogen und Psychologen einiges Prestige erworben hat. Allerdings muß man sich klar darüber ein, daß Typenlehren so wohlfeil sind wie Brombeeren: man kann sie nach Wunsch und Laune in beliebig großer Zahl produzieren. Das Individuum in seiner Einmaligkeit und Einzigartigkeit fällt jedoch meistens durch dieses grobe Sieb der Auswahl und Beschreibung hindurch. Wer sich auf das formelhafte Typisieren verläßt, läuft Gefahr, die individuellen Seelengestalten zu übersehen, d. h. die Individualität auf das Prokrustesbett zwanghafter Formeln zu spannen.

Sehr anschaulich hat Künkel die Probleme der Partnerwahl und des Partnerschaftsschicksals seiner vier Charaktertypen in seinem Buch ‚Charakter, Liebe und Ehe' dargestellt, wo er sich auch über die Ehe-Problematik im Gesamten weitläufig äußert.

Das Wesen der Neurose

Aus den obigen Darlegungen kann nun genauer die Grundstruktur des neurotischen Menschen ans Licht gehoben werden. Sofern in der Kindheit durch frühen und verheerenden ‚Wir-Bruch' akzentuierte ‚Ichhaftigkeit' entstand, bleibt die ‚Subjektität' des Heranwachsenden schwach und muß sich durch Psychosklerose, Dressate und andere ‚Abwehrtendenzen' vor dem Leben in seiner Fülle und Reichhaltigkeit schützen. Derart ‚reduzierte' Menschen haben es u. a. schwer, als Subjekt und Objekt zugleich zu existieren: sie träumen von einem Lebensmodus, wo sie entweder nur ‚frei' oder aber determiniert wie die materielle Dingwelt sind. Ihre Daseinsweise ist der Sadomasochismus in seinen tausendfältigen Abwandlungen, nicht aber das Bewußtsein von Freiheit und Verantwortung, das trotz aller Gebundenheit an Zeit, Raum, Gesellschaft, Köperlichkeit usw. zum ‚Menschlichsten am Menschen' gehört. Neurose ist für Künkel primär eine Verleugnung der Tatsache, daß jedermann – in Grenzen – Herr seines Schicksals ist. Neurotische Erkrankungen stoßen uns nicht von außen zu: sie sind selbstgeschaffene Seelenstörungen, die die Lebensangst niederhalten und die Anforderungen der Gemeinschaft vermindern sollen.

Dies ist nun offensichtlich die finale Deutung der Neurose, die Adler als einer der ersten Tiefenpsychologen erkannt und begründet hat. Demnach mögen zwar die Symptome neurotischer Irritationen bei einem traumatischen Anlaß scheinbar ‚kausal' entstehen. Aber das Ursache-Wirkungs-Denken greift hier zu kurz: richtiger ist die Auffassung, daß Symptome zielgerecht und zweckhaft in den ‚Lebensplan‘ eines Menschenkindes eingefügt sind, von außen und von innen ‚andressiert‘, um eine prekäre Selbstachtung zu stützen und zu verstärken.

Der Neurotiker liegt zwar vermeintlich im Kampf gegen seine Symptome, aber bei genauerer Betrachtung wird deutlich, daß er die bekämpfte Symptomatik dringend braucht, um ein Alibi für sein auf Leiden und Lamentieren eingeschränktes Lebensunternehmen zu haben. Symptome erhöhen bekanntlich den Geltungswert mancher Patienten in ihrem spezifischen Milieu, wo Kranksein und Kränkeln meistens den ‚Familienstil‘ ausmachen. So schafft sich jedes menschliche Subjekt den Rahmen von Gesundheit und Krankheit, innerhalb dessen es gemäß seinem Mut und seiner Beziehungsfähigkeit sinnvoll agieren kann.

Demnach entdecken wir in jeder Neurose eine ganze Reihe von *Lebenslügen:* die neurotische Persönlichkeit stellt ihre Symptomatik als ‚äußeres Schicksal‘ dar, wiewohl sie selbst deren Urheber ist; sie kreist dauernd um ihre Symptome, um sich nicht mit Arbeit, Liebe und Sozialfragen befassen zu müssen; sie will angeblich die seelische Irritation und ihre psychosomatischen Folgeerscheinungen loswerden, wäre dann aber in einer argen Verlegenheit bezüglich der aktiven Sinngebung des Lebens in der mitmenschlichen Welt. So will der Neurotiker gewissermaßen ein unlösbares Problem – etwa die ‚Quadratur des Zirkels‘ – lösen, nämlich symptomfrei sein, ohne die Aufgaben des Lebens tapfer und solidarisch anzugehen. Man kann aber nicht ‚Ausweicher‘ sein und zugleich das Glück des mutigen Überwinders genießen. Man kann nicht die ganze Aufmerksamkeit des Seelenlebens auf die (absolute) Sicherheit fixieren und daneben auch noch produktiv und liebesfähig sein. Wer die Wirklichkeit (und ihre Belastungen) ausklammern will, muß sich nicht wundern, wenn ihm die Anreize zur schöpferischen Entwicklung fehlen.

Künkel zeigt diese Dynamik an den verschiedenen Neurosenformen sehr prägnant auf. Immer rekurriert er auf die Charakterbeschaffenheit, um Symptomwahl und Symptomschicksale verständlich zu machen. So meint er etwa, daß die Claustrophobie (Angst vor dem Eingeschlossenwerden) die typische Symptomatik für Stars und Cäsaren sei: da diese schrankenlos expandieren wollen, fühlen sie sich durch faktisch gegebene Einengungen ‚persönlich beleidigt‘ und reagieren mit Angstanfällen. Die Agoraphobie (Angst vor freien Plätzen und Straßen) jedoch betrifft Stars und Heimchen, die die Dressate der Schutzbedürftigkeit verinnerlicht haben und dagegen revoltieren, daß man sie allenfalls allein und unbeachtet lassen könnte. Angst ist überhaupt ein Kernproblem jeglicher Neurose. Sie ist kein Ergebnis irgendwelcher Libidomechanik, sondern der Hinweis darauf, daß der von ihr betroffene Mensch keinen tragfähigen Modus der Selbstwerdung und Wir-Gestaltung gefunden hat und daher mehr um sich selbst als um die innerweltlichen Gegebenheiten kreist. Künkel drückt dies in vortrefflichen Formulierungen aus:

> Wir sagen lieber, daß der Vollneurotiker seine Lebensarbeit durch die Arbeit der Neurose ersetzt. Die Neurose wird zu seiner wichtigsten, wenn nicht gar zu seiner einzigen Beschäftigung. Sein Leben erschöpft sich in der Flucht vor dem Leben; seine Produktivität leistet Wunder über Wunder auf der negativen Seite. Um nicht auf der hellen Seite produktiv werden zu müssen, produziert er dauernd neue Sicherungen; er wird ein Meister in der Abwehr gegen die Meisterprüfung des Lebens. (*Charakter, Leiden und Heilung*, 1934, S. 145)

Angstneurose, Hysterie, Zwangsneurose, Depressionen, Psychosen und ähnliche Störungen dokumentieren allesamt das Scheitern verängstigter Subjekte, die Freiheit und Verantwortung zu umgehen glauben, wenn sie sich hinter einem ,Symptomwall' verbergen und geschäftig ihre Symptome sowohl erzeugen als auch bekämpfen. Man muß die Patienten dazu anleiten, von diesem unnützen Gebaren loszukommen, was immer auch Erziehung zum Subjektsein, zur Realität, zum Miteinandersein, zum aktiv-passiven Existieren in der gemeinsamen Welt aller Menschen bedeutet.

Charaktertherapie und Selbstanalyse

Auch zur Psychotherapie bezieht Künkel in origineller Weise Stellung. Angesichts seiner Konzeptionen wird es nicht verwundern, daß er ihre Aufgabe in erster Linie als ,Charakteranalyse' definiert. Dies bedeutet für ihn eine psychologische Behandlung des ganzen Menschen im Gegensatz zur analytischen Zergliederung irgendwelcher Teilbefunde. Hierzu bedarf es sowohl einer rationalen als auch einer emotionalen Einwirkung auf den Patienten; genauer gesagt: Analytiker und Analysand müssen in eine langdauernde verstandes- und gefühlsmäßige *Wechselwirkung* zueinander eintreten, in deren Verlauf die Ziele und Zwecke des letzteren in Richtung auf Lebens- und Gemeinschaftsfreundlichkeit hin abgeändert werden sollen. Nur sofern ein Mensch die bewußten und unbewußten Zielsetzungen seiner Lebensführung umgestaltet, kann er über seine seelischen Einengungen, Symptome und Ineffizienzen hinauswachsen. Was in der Psychotherapie wirklich heilt, ist die Wandlung im Werthorizont einer Persönlichkeit, wobei immer tiefgreifende Änderungen in der Grundstimmung, in der geistigen Verfassung und in der Motivationsbasis des Betreffenden zustandekommen.

. Von seinen theologischen Ausgangspunkten her neigte Künkel dazu, den Verlauf des therapeutischen Prozesses etwas zu dramatisieren, wobei er ein quasi-religiöses Vokabular für seine Beschreibungen bevorzugte. Demnach führt der Weg zur psychischen Genesung angeblich nur über fundamentale ‚Krisen' zum inneren und äußeren Wachstum; nur wer den Tiefpunkt seiner neurotischen Verirrungen erreicht habe, sei wahrhaft bereit, sich grundlegend umzustellen. So müsse der Mensch erst ein gerütteltes Maß an Not, Leid und Schicksalsschlägen hinnehmen, bis ihm die Bedeutung der Hingabe an das Leben und der echten Wirhaftigkeit aufgeht. Kritiker haben darauf hingewiesen, daß dies einigermaßen dem Gedankenschema der Pastoraltheologie entspricht, wo ebenfalls von Sünde, Umkehr und Erlösung gesprochen wird. Alfred Adler z. B. bemängelte die harte, moralistische Tendenz dieser ‚Krisenkunde' und ‚Krisentherapie', indem er die Meinung vertrat, man könne die therapeutische Intervention so schlicht und humorvoll gestalten, daß es dem Patienten oft erspart bleibe, in die tiefsten Tiefen seiner Verstrickungen hinabzusteigen. Allerdings deutet auch Künkel gelegentlich eine derartige Auffassung an, neigt aber doch überwiegend dazu, seine Therapiekonzepte mit eher grellen Farben zu malen, was offenbar dem moralisierenden Grundzug in seiner Persönlichkeit entsprach.

Sehr aufschlußreiche Kommentare zur Psychotherapie findet man im Buch *Charakter, Leiden und Heilung* (1934). Darin stellt sich Künkel bereits sehr entschieden auf den Boden der Gruppenpsychotherapie, die seinen ‚wir-psychologischen' Anschauungen mehr entgegenkommt als die Individualtherapie. Mit Recht hebt er hervor, daß die ‚heilende Gruppe' mehr Kraft und Vernunft als der einzelne Therapeut besitzt. Auch kommt es in ihr weniger zu extremen Übertragungsbeziehungen, die die ruhige Klärungsarbeit sehr beeinträchtigen können. Die Zweierbeziehung in der Therapie (Analytiker und Analysand) ist oft ein Tummelplatz wilder Projektionen, verschleierter Anspruchshaltungen, geheimer und offener Widerstände, vielfältiger Kampfhaltungen auf allen Ebenen der Interaktion usw.: kein Therapeut ist so perfekt, daß er in diesem Dschungel emotionaler Verflechtungen dauernd den Überblick behalten kann. In der gut geleiteten Gruppe jedoch wird von vornherein das Übertragungsgeschehen etwas neutralisiert; es kommt zwar immer noch zur Geltung und ist ein lehrreiches Studienfeld für die Selbsterkenntnis von Analysand und Analytiker, aber die Anwesenheit mehrerer Gruppenmitglieder ermöglicht besser eine Richtigstellung der neurotischen Optik als die Intimität des Zweiergespräches, wo der Therapeut mit seinem autoritären Übergewicht allzusehr als das alleinige Orakel der Wahrheit gilt. Denn ‚Wahrnehmungsverzerrungen' sind bekanntlich nicht nur das Privileg des Patienten; auch Analytiker können hierin Beträchtliches leisten, sehr zum Schaden der Menschen, die sich ihrer Seelenführung anvertrauen.

Künkel fordert die ‚Vielsprachigkeit' solcher Therapiegruppen, womit er meint, es müßten darin alle möglichen Weltanschauungen, Meinungen, Geisteshaltungen usw. repräsentiert sein. Es ist aber wohl zu viel verlangt und grenzt an unfreiwilligen Humor, wenn er sagt:

> Nun wird auch verständlich, warum ein Theologe, ein Philosoph und wenn möglich auch ein Kenner der chinesischen und indischen Weltanschauungen für die heilende Gruppe unentbehrlich ist (loc. cit. S. 191).

In dieselbe allzu-polyglotte Tendenz gehört auch der Hinweis, daß die Therapie mit Gymnastik, Atemschulung, Ernährungsinstruktion, Suggestion, Meditation und ‚autogenem Training' (J. H. Schultz) verbunden sein soll. Damit wird das psychotherapeutische Programm unseres Erachtens überdehnt, wenngleich Hinweise auf Sport, gesunde Ernährung und Entspannung sehr wohl in das Therapiegespräch eingestreut werden können. Künkel spielt hier offensichtlich den ‚Hansdampf in allen Gassen'; er will als der große Synthetiker auftreten, der alles und jedes in seiner ‚Charakterkunde' zu vereinigen weiß.

In seinem Buch *Die Arbeit am Charakter* (1929, 16. Aufl. 1932) propagiert Künkel auch die ‚Selbstanalyse', wenngleich er – wie alle Tiefenpsychologen – um die Gefahren der Selbsttäuschung und Selbstverkennung genau Bescheid weiß. Er gibt aber in seiner gewohnt kraftvollen Darstellungsweise ein Bild vielfältiger menschlicher Fehlhaltungen, wobei er jedes Kapitel mit kursiv gedruckten ‚Regeln' zur Selbsterziehung abschließt. Im Zuge dieser Denk- und Verhaltensanweisungen kommen mitunter akzeptable Einsichten über Gründe und Hintergründe der Lebensprobleme zum Vorschein; die Frage ist nur, ob diese rationalen Hinweise irgendetwas Unbewußt-Emotionales in Bewegung setzen können. Künkel ist Moralist und Voluntarist reinsten Wassers, wenn er das Menschenleben schön übersichtlich in Aufgaben und Anforderungen aufteilt und überall erklärt, wie man es ‚machen' muß, um alles psychohygienisch, fromm und ethisch bewältigen zu können. Wiederum erscheinen hier *Elemente einer Zwanghaftigkeit,* die durch den theologischen Zuckerguß, der allen Ausführungen übergestülpt wird, nicht abgemildert, sondern eher noch akzentuiert werden. Durch die scharfsinnigen Überlegungen des kenntnisreichen Charakterologen zieht sich durchwegs ein Predigtstil hindurch, der störend wirkt und dem Wesen der Psychotherapie in vielen Punkten sehr widerspricht.

Erziehung und Charakterkunde

Die pädagogischen Konsequenzen seiner Theorie zog Künkel in seinem Buch *Charakter, Wachstum und Erziehung* (1931, 4. Aufl. 1975). Wiederum macht sich die Nähe zur Adlerschen ‚Individualpsychologie‘, die durch die ‚vitale Dialektik‘ und ‚Charakterkunde‘ angeblich überwunden wurde, in sehr vielen Thesen und Themen deutlich bemerkbar.

Künkel geht davon aus, daß Kind und Mutter zunächst in einem ‚Ur-Wir‘ miteinander vereinigt sind. Je mehr die Mutter dazu befähigt ist, dem Kinde eine solche wirhafte Beziehung anzubieten, um so leichter erfolgt die Einreifung in die Gemeinschaft. Das ist genau das, was Adler als ‚Gemeinschaftsgefühl‘ bezeichnete, wobei auch er die Lehre vertrat, daß das Sozialinteresse und die Kontaktfähigkeit der Mutter der stärkste Erziehungsfaktor ist, den wir überhaupt kennen. Ist die bemutternde Person (es muß nicht die leibliche Mutter sein!) beziehungs- und dialogfähig, dann entwickelt sie ein feines Gespür für die werdende Persönlichkeit ihres Kindes, dessen Eigenaktivität ihren Erziehungsbemühungen auf halbem Wege entgegenkommt. Mütter, die selbst in einer inneren und äußeren Entwicklung drinstehen, werden meistens nicht eigentlich ‚erziehen‘, sondern mit ihren Kindern eine lebendige Beziehung eingehen, in der beide Beteiligten wachsen und sich entfalten. Die sogenannten ‚Erziehungsprogramme‘ laufen nicht selten schon darum in die falsche Richtung, weil sie von der Voraussetzung ausgehen, daß nur das Kind erzogen werden muß; Künkel betont mit Recht, daß Erzieher *und* Zögling der Erziehung bedürfen, und daß diese schwere Aufgabe am besten gelingt, wenn der Erzieher am eigenen Charakter arbeitet, so daß er mehrheitlich absichtslos als Vorbild und Lebenspartner auf das Kind ‚pädagogisch‘ einwirkt.

Das Ur-Wir soll möglichst solide und reichhaltig auf- und ausgebaut werden. Je mehr präverbale und verbale Gemeinsamkeit in dieser frühen Entwicklungsphase strukturiert werden kann, um so gesünder wird die ‚Lebensbasis‘ des zukünftigen Erwachsenen. Dennoch ist es unvermeidlich, daß irgendwann einmal der ‚Wir-Bruch‘ eintritt, d. h. daß das

Kind sich von den Erwachsenen mißverstanden, enttäuscht und im Stich gelassen fühlt. Damit wird es auf sich selbst zurückgeworfen und entdeckt die ‚Einsamkeit seines Ichs‘, die in der Geschichte der Selbstwerdung der Person einen fundamentalen Einschnitt darstellt.

Nun kommt es aber sehr darauf an, ob die Umwelt einfühlsam genug ist, um die Werdens- und Wachstumskrisen des Kindes, die auf die kleineren oder größeren Beziehungskatastrophen folgen, mit Geduld und Feinsinn zu beantworten. Fordert die beginnende Ichhaftigkeit des Zöglings die Ichhaftigkeit des Erziehers heraus, so versteifen sich bald die Fronten im Erziehungsgeschehen: beide Protagonisten beginnen, sich ängstlich, feindselig und verständnislos gegenüberzustehen. Das Kind muß sich dann aus Selbstschutz verhärten und Formen der ‚Psychosklerose‘ in sein Beziehungsgefüge einschalten. So schafft es sich seine Dressate, die alle den geheimen Sinn haben, die furchtbare Erfahrung des ‚Wir-Bruchs‘ nicht noch einmal in ihrer ganzen Wucht durchleben zu müssen. Das dialektische Lebensgeschehen wird in die Kanäle neurotischer Erlebnisverarbeitung eingekapselt.

Das gesunde Leben folgt nach Künkel den Spielregeln der ‚vitalen Dialektik‘, d. h. es schreitet von der These über die Antithese zur Synthese weiter. Jede Herausforderung durch die Wirklichkeit kann und soll durch das Subjekt ‚produktiv‘ angegangen werden. Zur Synthese gehören u. a. der Aufbau immer breiterer sozialer Beziehungen, das Erlernen von Kenntnissen und Fertigkeiten, die Eingliederung in die Kultur, das Ausreifen der Persönlichkeit, die Selbstfindung im Rahmen gemeinschaftlicher Beitragsleistung. Hat das Kind aber den Mut und die Weltoffenheit durch einschneidende oder niederdrückende Erziehungsschicksale eingebüßt, so ist es zur ‚synthetischen Leistung‘ nicht mehr gut in der Lage; es beschränkt sich dann weitgehend auf die ‚Katathese‘, also die Eliminierung jener Aufgaben und Wirklichkeitszonen, denen es sich nicht gewachsen fühlt. Bei einem relativ großen Maß von Ausklammerung der Realität entstehen Neurosen, Perversionen, Psychosen, Suchtkrankheiten u.a.m. Wer sich von der Mitwelt und Mitmenschlichkeit entfernt, verarmt in seinem inneren Gehalt und seiner äußeren Lebensführung, wobei er sich mit seiner neurotischen Symptomatik einen Ersatz für das ungelebte Leben, Lieben und Werden schafft.

Schon bei den Kindern finden wir in deutlichster Ausprägung die ichhaften Charaktertypen des Heimchens, des Stars, des Cäsars und des Tölpels. Sie alle sind Erziehungsopfer und nicht etwa konstitutionelle Mißgeburten, wie der pädagogische Fatalismus wahrhaben will. Künkel beschreibt eindrücklich die Probleme des Spielens, des Begreifens, der

Hemmungen, der Gruppenbildung, der Autorität, der Disziplin usw. Er geht auch auf Fragen der Heilpädagogik ein, die er als Aufklärung, Umgewöhnung und ,Verlebendigung' des in Entwicklungssackgassen geratenen Kindes versteht.

Weniger glücklich sind die ideologischen Partien dieser charakterologischen Erziehungskunde formuliert. Der Autor verbreitet sich über die nationale und religiöse Erziehung in der Familie, in der Schule und im Jugendverband. Dabei kommt es immer wieder zur massiven Anpassung an den völkisch-nationalen Ungeist, der damals im nationalsozialistischen Deutschland die Alleinherrschaft für sich beanspruchte. Künkel entblödet sich nicht, vom militärischen Gehorsam im Kriege zu schwärmen und von den ,bluthaften Begrenzungen' der kindlichen Einsicht zu sprechen, womit er zu erkennen gibt, daß für ihn das *große Wir* mit dem faschistischen Staat und seiner konformistischen Kirche zusammenfällt. Wohin eine solche ,Wir-Bildung' und ,Hingabe an die Allgemeinheit' führt, hat dann die Menschheit in den grauenhaften Jahren von 1933–1945 mit aller Radikalität erlebt und erlitten.

Weltanschauliche Formulierungen und Vorurteile

Auch Alfred Adler sah in der Förderung des Gemeinschaftsgefühles das zentrale Erziehungsziel, aber er legte unerbittlich Wert darauf, daß dies nicht im Sinne der Einfügung in die *bestehenden Gemeinschaften* fehlinterpretiert wurde. Da wir in einer neurotischen Menschenwelt leben, enthalten alle konkreten Wir-Bildungen ein Gemisch von Sozialinteresse, Minderwertigkeitsgefühlen und Geltungsstreben. Fast jede faktische Gemeinschaft grenzt sich mehr oder minder eigensinnig und eigensüchtig gegen die übrige Menschheit ab und verfolgt nicht selten egoistische Zielsetzungen, die sich um das Wohl der Gesamtheit sehr wenig kümmern. Allein schon die Geschichte der Staaten, Parteien, Religionen, Kirchen, wirtschaftlicher Interessengruppen usw. lehrt uns, daß man sehr oft ,Gemeinschaft' sagen, aber ,Machtpolitik' meinen kann. Das Gemeinschaftsethos wurde und wird seit jeher für die niederträchtigsten und böswilligsten Absichten eingespannt und mißbraucht.

Daher vertrat Adler den Standpunkt Immanuel Kants, der die Ausrichtung des Individuums auf ein ,Reich der Zwecke' forderte, in welchem dereinst kein Mensch mehr für den anderen ein Mittel zum Zweck sein werde; jeder werde ,Zweck an sich selbst' sein dürfen. Demnach ist die Gemeinschaft, für die wir leben und arbeiten sollen, eine ,transzendentale Idee', d. h. ein zukünftiges Ideal, das uns in der Gegenwart Ziel und Richtung weisen soll. In seinen pädagogischen Schriften behauptete Kant sogar, wer ein Kind bloß zur Brauchbarkeit für die bestehende Welt erziehe, mache aus ihm einen Parasiten; denn der Fortschritt komme nur dadurch zustande, daß Menschenkinder über die jeweilige Gegenwart hinauswachsen und in die Zukunft schreiten. So ist es ungemein gefährlich, den Menschen unkritisch die ‚Wir-Bildung' anzupreisen, ohne ihnen zu sagen, daß man der Kultur am besten dient, wenn man die derzeitigen Formen des Lebens und der Vergesellschaftung sowohl bejaht als auch verneint, d. h. sich *kritisch* mit ihnen auseinandersetzt. Künkel kam auf sehr langen Umwegen zu dieser Einsicht. Im ‚Vorwort' zur zwölften Auflage seiner *Einführung in die Charakterkunde* (1957) empfiehlt er immer noch den Weg vom Ich zum Wir, beeilt sich aber, dies folgendermaßen zu präzisieren:

> Nur ein kurzer Zusatz ist nötig, oder kaum noch nötig, nach den Erfahrungen der letzten zwanzig Jahre: die ‚Sachlichkeit', von der dieses Buch handelt, kann nicht mehr auf das sachliche Interesse – nämlich der Selbstentfaltung – einer Familie, einer Stadt oder eines Landes beschränkt bleiben. Wirhafte Sachlichkeit ist das Interesse an der Erhaltung und Entfaltung der Menschheit als Ganzes. Die Ichhaftigkeit eines Volkes ist genauso lebenswidrig, und darum krankhaft, wie die Ichhaftigkeit des Einzelmenschen. Das ‚Wir', in das wir hineinwachsen müssen, ist das Menschheits-Wir, der religiöse (nicht der politische) Organismus der Nationen. Wir müssen die Ichhaftigkeit im Individuum überwinden, ehe wir hoffen können, das Wir der Menschheit zu schaffen.

Diese braven Sätze wurden im californischen Exil geschrieben, nachdem die Blut- und Boden-Mythologie, in die sich Künkel so begeistert eingelassen hatte, nicht nur Deutschland, sondern eine halbe Welt in Schutt und Asche gelegt hatte. In Schillers ‚Wallenstein' wird ein Heerführer, der mit beträchtlicher Verspätung am Ort der Vereinbarung eintrifft, mit den Worten begrüßt: ‚Spät kommt Ihr, doch Ihr kommt, Graf Isolan; der weite Weg entschuldigt Euer Säumen...'

Aber Künkel war nicht nur Nationalist, Rassist und protestantischer Prediger, sondern auch ein hochgebildeter und leidenschaftlich engagierter Tiefenpsychologe, den man wegen seiner ideologischen Scheuklappen nicht einfach ad acta legen soll. Er wußte viel und hatte offenbar weitläufige praktisch-klinische Erfahrungen. Noch heute lesen sich seine Texte frisch und lebendig wie eh und je, und so manches, was in der neueren tiefenpsychologischen und psychotherapeutischen Literatur als der ‚letzte Schrei der Wahrheit und Weisheit' angepriesen wird, wurde mitunter schon in den charakterkundlichen Werken der dreißiger Jahre angetönt oder explizit ausgearbeitet.

Verdienstvoll ist unter anderem, daß Künkel damals bereits von Subjekthaftigkeit, Freiheit und Verantwortung des Menschen sprach, was später die existenzphilosophischen Schulen (Daseinsanalyse, Phänomenologie, Existenzanalyse und Logotherapie usw.) mit großem Triumphgeschrei als gewaltige Novität in die Welt gesetzt haben. Auch vollzog er geschickt die Abkehr vom naturwissenschaftlichen Materialismus, mit dem die Psychoanalyse von den Freudschen Anfängen her wie mit einem schlimmen und schwer zu verkraftenden Erbteil behaftet war und ist. Künkel versuchte, aus den Einseitigkeiten von Freud, Adler und Jung zu lernen; in mancher Hinsicht sah er klarer als die ‚Väter der Tiefenpsychologie‘, da er wissenschaftstheoretisch und philosophisch informiert war und dementsprechend die unüberprüften ‚Vorannahmen‘ von Psychoanalyse, Individualpsychologie und Komplexer Psychologie sich einigermaßen transparent zu machen vermochte.

Die religiöse Herkunft setzte dieser Kritikfähigkeit gewisse Grenzen, wie man etwa auch aus dem Alterswerk *Die Schöpfung geht weiter. Eine psychologische Auslegung des Matthäus-Evangeliums* (Konstanz 1957) entnehmen kann. Als psychologischer Bibel-Kommentator zeigt Künkel mit ausreichender Deutlichkeit, daß sein Herz nicht so sehr an Wissenschaft und Philosophie, sondern viel eher an Religion und Theologie hing. Er wetteifert mit den Theologen in der Interpretation dunkler und unerklärlicher Textstellen der Bibel, womit er auch an seinem Lebensende zu erkennen gab, daß der Sinn des Lebens für ihn der ‚Weg zu Gott‘ war.

Kritische Überlegungen

Da wir schon weiter oben so manche Bedenken gegen die Künkelsche Charakterkunde und Weltanschauungslehre geäußert haben, müssen an dieser Stelle nur noch einige zusammenfassende Bemerkungen plaziert werden. Wir wollen mit unserer Kritik sparsam sein, da uns mehr daran liegt, die Leistungen eines Autors in den Vordergrund zu rücken.

Künkel ist zwar ein ausgezeichneter psychologischer Schriftsteller, aber die faschistoiden Stellungnahmen in seinen Werken lassen uns sehr daran zweifeln, ob er als Seelenarzt jene Wirhaftigkeit zu repräsentieren wußte, die er in den höchsten Tönen zu preisen weiß. Er war wohl ein gefühlsmäßig eher karger Mensch; die Gefühlsarmut, die seine Schriften in ihrer gekonnten Rhetorik überdecken, kommt unseres Erachtens in seinen kriegerischen, sadomasochistischen, patriotischen und kleinbürgerlichen Beispielsammlungen zum Vorschein, die häufig genug abstoßend wirken. Kriegsverherrlichung, Machtpolitik, nationale Heuchelei, Gewaltsamkeiten aller Art werden zu oft in diese Texte eingeschmuggelt, um noch an die ‚Ethik der Infinalität' unseres Autors glauben zu können. Das ‚infinale Leben' galt Künkel als Inbegriff der Hingabe an das allumfassende Werden, das allein dem Menschen die Sinnerfahrung zuteilwerden lassen kann. Er selbst jedoch verlor sich in sehr billigen und voreiligen Zielsetzungen, die dem humanistischen Ethos in keiner Weise entsprechen. So fehlt auch in seinem Werk das wichtige Ingrediens der Gesellschaftskritik, weshalb Dirk Möller mit Recht sagt:

> Zu unserer heutigen Therapie gehört auch das emanzipatorische Element der Befreiung von gesellschaftlichen Zwängen und die Verteidigung gegen den Übergriff des Staates in die Lebenssphäre des Individuums.
> Wir möchten versuchen, den Menschen aus dem Tiefschlaf der Selbstverständlichkeit zu wecken und ihn aus seinen masochistischen Versteinerungen zu befreien. (‚Darstellung Künkels dialektischer Charakterkunde', Berlin 1976, Manuskript.)

In Künkels Werk fehlt tatsächlich der Geist der Emanzipation; um so mehr ist der Ungeist des Autoritarismus zu verspüren, der sich mit der tiefenpsychologischen Wissenschaft und der psychotherapeutischen Heilkunst verträgt wie Feuer und Wasser.

Ausgewählte Literatur

Künkel, F. (1928). Einführung in die Charakterkunde. Stuttgart: Hirzel, 16. Aufl. 1975.
– (1929). Die Arbeit am Charakter. Schwerin: Bahn, 16. Auflage 1932.
– (1931). Charakter, Wachstum und Erziehung. Stuttgart: Hirzel, 4. Auflage 1975.
– (1932). Charakter, Liebe und Ehe. Stuttgart: Hirzel, 4. Auflage 1973.
– (1932). Krisenbriefe, Über den Zusammenhang von Wirtschaftskrise und Charakterkrise. Tübingen: Iva, 2. Aufl. 1977.
– (1933). Charakter, Einzelmensch und Gruppe. Stuttgart: Hirzel, 4. Auflage 1976.
– (1934). Charakter, Leiden und Heilung. Stuttgart: Hirzel, 3. Auflage 1976.
– (1935). Charakter, Krisis und Weltanschauung, Umarbeitung von ‚Vitale Dialektik'. Stuttgart: Hirzel, 3. Auflage 1976.
– (1938). Das Wir. Die Grundbegriffe der Wir-Psychologie. Darmstadt: Meyer, 4. Auflage 1974.

– (1957). Die Schöpfung geht weiter. Eine psychologische Auslegung des Matthäus-Evangeliums. Konstanz.

Künkel, F. & Künkel, R. Mensch und Gemeinschaft. Kleine Schriften zur Individualpsychologie. Berlin o. D.

Jacoby, H. (1974). A. Adlers Individualpsychologie und die dialektische Charakterkunde. Frankfurt: Fischer.

Möller, D. (1976). Darstellung Künkels dialektischer Charakterkunde und weiterführende Gedanken zur Prävention und Therapie. Diplomarbeit am Psychologischen Institut der Freien Universität Berlin (unveröffentlicht).

TEIL V

AUF DEM WEG ZUR PSYCHOSOMATIK

Georg Groddeck

Einleitung

Georg Groddeck wurde am 13. Oktober 1866 als Sohn eines Arztes in Bad Kösen geboren. Seine Schuljahre absolvierte er zum Teil in der Landesschule Pforta, in der auch Nietzsche herangebildet worden war. Nach Abschluß seiner Gymnasialzeit ging Groddeck nach Berlin, wo er Medizin studierte. Da sein Vater bereits gestorben war, konnte er das Studium nicht finanzieren: so verpflichtete er sich als Militärarzt. Später wurde Groddeck Schüler des Dermatologen Schweninger, der als Bismarcks Leibarzt berühmt geworden war. Von diesem Mentor wurde er zu verschiedenen Praktiken der Naturheilkunde inspiriert, die für sein ärztliches Wirken stets eine bedeutende Rolle spielte.

Um 1913 lernte Groddeck, der sich als Kurarzt in Baden-Baden niederließ, die Schriften von Sigmund Freud kennen. Sie veranlaßten eine Revolution in seinem Denken. Schon 1917 publizierte er ein kleines Buch mit dem Titel *Psychische Bedingtheit und psychoanalytische Behandlung organischer Leiden.* Im Mai 1917 nahm er erstmals Briefkontakt mit Freud auf. Dieser Briefwechsel dauerte bis in das Jahr 1934 hinein. Freud schätzte es offensichtlich, Groddeck in den Reihen der Psychoanalytiker zu sehen. Er hielt zwar viele seiner Theorien für einseitig, war aber doch geneigt, den Autor radikal-psychoanalytischer Bücher als „enfant terrible" in seiner Schülerschar zu tolerieren.

Als Freud an Krebs erkrankte (seit 1923), bemühte sich Groddeck immer wieder, ihn zu einem Kuraufenthalt in seinem Sanatorium Marienhöhe zu bewegen. Der Schöpfer der Psychoanalyse ließ sich jedoch nicht zum Kurpatienten machen: Die höflichen Ablehnungen lassen erkennen, daß die Beziehung zwischen Groddeck und Freud von gewissen Schwankungen nicht frei war. Die anfängliche Wertschätzung für Groddeck hielt in den Kreisen der Psychoanalytiker nicht an; was zunächst als Begründung einer analytischen Psychosomatik erschien, erwies sich bei näherem Zusehen doch als vielfältig gewagte Spekulation, die dem Ansehen der Tiefenpsychologie nicht immer zuträglich war.

Groß war dagegen Groddecks Erfolg als Sanatoriumsarzt. Er verwendete bei seinen meist chronisch kranken Patienten eine Kombination von Massage, Physiotherapie und Psychoanalyse, auf die Patienten, die von anderen Ärzten oft schon aufgegeben waren, außerordentlich gut reagierten. Trotz seiner Sympathie für die Freudsche Lehre wurde Groddeck ein Modearzt für die Bourgeoisie und den Adel; in seinen „Lebenserinnerungen" (in: *Der Mensch und sein Es,* 1970) verweilt er sorgsam bei all den Aristokraten und Fürstlichkeiten, die ihn konsultierten und sich von ihm behandeln ließen. Auch mit dem Grafen Hermann Keyserling trat er in Kontakt und referierte bei Gelegenheit an dessen „Schule der Weisheit" in Darmstadt. In zahlreichen Büchern vertrat er seine meistens sehr unkonventionellen Gedanken zur Medizin und Psychologie, die eine Reform des Arzttums anstrebten.

Groddeck entfaltete eine weitreichende Tätigkeit, in der auch das soziale Engagement nicht fehlte. Gleichwohl klingen in seinen Texten stark konservative Töne an, die es dem heutigen Leser schwermachen, sich in Groddecks Mentalität zu versetzen. Persönliche Eitelkeit, nationalistische Selbstüberhebung, diffuse Religiosität und zügellose Kombinatorik machen sich in seinen Texten breit, die mitunter auch höchst originell sein können. – Groddeck starb am 11. Juni 1934 auf Schloß Knonau in der Schweiz.

Briefwechsel mit Sigmund Freud

Am 27. Mai 1917 wandte sich Groddeck erstmals mit einem Brief an Freud, worin er den Weg schildert, der ihn zur Psychoanalyse führte. Er bekennt reuig seine früheren Angriffe gegen die psychoanalytische Doktrin, in denen er seine Unkenntnis zu Markte getragen habe. Zuletzt aber habe er doch Freuds Bücher gelesen, die auf ihn eine umwerfende Wirkung ausgeübt hätten. – Da er den Begriff des Unbewußten auch auf die organischen Funktionen und Erkrankungen ausgedehnt habe, sei er nicht sicher, ob er sich Psychoanalytiker nennen dürfe. Freud möge selbst entscheiden, ob er einen solchen Schüler haben wolle, der eventuell die Psychoanalyse diskreditieren könne.

Schon drei Wochen später antwortete Freud, daß er Groddeck nicht den Gefallen tun könne, ihm zu bescheinigen, er sei kein Psychoanalytiker. Er erhebe Anspruch auf ihn und müsse behaupten,

daß Sie ein prächtiger Analytiker sind, der das Wesen der Sache unverlierbar erfaßt hat. Wer erkennt, daß Übertragung und Widerstand die Drehpunkte der Behandlung sind, der gehört nun einmal rettungslos zum wilden Heer. Ob er das „Ubw" auch „Es" nennt, das macht keinen Unterschied (*Der Mensch und sein Es,* S. 14).

Die Ausweitung der Psychoanalyse auf die Organerkrankung ist nach Freud wünschbar und zukunftsverheißend. Gewiß habe der „psychische Faktor" einen ungeheuren Einfluß auf das Körpergeschehen; nur solle man nicht die Grenzen zwischen Psyche und Physis verwischen, denn das Seelische sei nicht „alles am Menschen". Krankheiten entstehen wohl nicht nur aus psychischer Determination: Würde man dies behaupten, so nähere man sich in gefährlicher Weise der Mystik, vielleicht auch einer vagen Naturphilosophie, in deren Dunkelheit alle Katzen grau sind.

Groddeck insistierte jedoch auf seinem allmächtigen Es, für welches das Bewußtsein nur ein willen- oder einflußloses Anhängsel sei. So entspann sich der Briefwechsel zwischen den Protagonisten, der von beiden Seiten als fruchtbar empfunden werden konnte. Groddeck wurde von Freud dazu eingeladen, in den psychoanalytischen Zeitschriften zu publizieren. Freud vermittelte auch die Beziehung zu Ferenczi, der später ansatzweise die Rolle eines Lehranalytikers für Groddeck übernahm.

Am 19. Oktober 1919 kündigte Groddeck die Sendung eines „psychoanalytischen Romans" an, den er in einer „Anwandlung von Laune" geschrieben habe. Es war das Buch *Der Seelensucher,* das bereits bei einigen Verlegern die Runde gemacht hatte, aber nirgendwo angenommen worden war. Der Roman gefiel Freud; stellenweise erinnerte er ihn sogar an den *Don Quijote* des Cervantes. Das Buch erschien schließlich 1921 – trotz des Protests einiger Psychoanalytiker gegen den seltsamen Text – im „Internationalen Psychoanalytischen Verlag" in Wien.

Damit war Groddeck in die Psychoanalyse integriert. Auf dem Haager Kongreß der Psychoanalytiker unmittelbar nach dem Ersten Weltkrieg betrat er die Rednerbühne und eröffnete seinen Kongreßvortrag mit den Worten: „Ich bin ein wilder Analytiker." Als solcher wurde er in der Tat von vielen betrachtet, und seine Publikationen fanden sowohl begeisterte Zustimmung als auch kopfschüttelnde Ablehnung.

Gegen Ende 1920 annoncierte Groddeck die Arbeit an einem Werk, das seine Anschauungen „verständlich und ruhig auseinandersetzen solle". Es werde darin viel „Mystik und Phantasie" zur Sprache kommen. Freud ermutigte seinen Briefpartner, und bald kamen die ersten quicklebendigen *Briefe über das Es* in Wien an.

Das Buch vom Es kam 1923 heraus; im selben Jahr erschien Freuds Abhandlung *Das Ich und das Es,* die sich zur Groddeckschen Namengebung bekannte, aber auch hervorhob, daß Nietzsche der Stammvater dieser Idee sei. Freud wies darauf hin, daß sein „Es" mit demjenigen von Groddeck nur Ähnlichkeit zeige; im Grunde handle es sich um verschiedene Konzeptionen. Groddeck reagierte mit gekränktem Autorenstolz. An seine spätere zweite Frau, Emmy von Voigt, schrieb er unter anderem:

> *Das Ich und das Es* ist hübsch, aber für mich ganz belanglos. Im Grunde eine Schrift, um sich der Anleihen bei Stekel und mir heimlich bemächtigen zu können. Dabei hat sein Es nur bedingten Wert für die Neurosen. Er macht den Schritt in das Organische nur heimlich, mit Hilfe eines von Stekel und Spielrein genommenen Todestriebes. Das Aufbauende meines Es läßt er beiseite, vermutlich um es das nächste Mal einzuschmuggeln. Manches Spaßhafte ist darin (*Der Mensch und sein Es,* S. 103).

So kam es zu Verstimmungen zwischen dem Meister und seinem „ergebenen Schüler", dessen Ergebenheit allerdings großen Schwankungen unterlag. Immerhin übersetzte Groddecks Frau, eine Schwedin, Freuds Buch *Zur Psychopathologie des Alltagslebens* in ihre Heimatsprache. Briefe wurden aber seltener gewechselt. Freuds *Selbstdarstellung* (1925) wurde von Groddeck begeistert gewürdigt; am 13. Oktober 1926 schrieb Freud anläßlich von Groddecks 60. Geburtstag nach Baden-Baden:

> Mein Ich und mein Es beglückwünschen Ihr Es zur vollendeten Tat und hoffen, daß es seinem unerforschlichen Ratschluß gefallen wird, sich eine lange Lebensfrist zu gönnen (*Der Mensch und sein Es, S. 81).*

Auch Anna Freud nahm Beziehung zu Groddeck auf, der trotz seiner Divergenzen der Psychoanalyse treu blieb und sich bis an sein Ende als Gefolgsmann von Freud empfand. Am 6. März 1934 ging der letzte Brief von Baden-Baden nach Wien; im Juni desselben Jahres starb Groddeck.

Autobiographische Fragmente

In einem Brief an Ferenczi vom 12. November 1922, der mit der Anrede „Lieber Sándor" beginnt, schreibt Groddeck den bemerkenswerten selbstkritischen und sehr nachdenklichen Satz nieder:

> Daß wir unsere eigenen Komplexe in wissenschaftliche Entdeckungen projizieren, versteht sich von selbst. Wie sollten wir sonst auch nur das geringste entdecken (*Der Mensch und sein Es,* S. 116).

Nach diesem Bekenntnis muß es als verlockend erscheinen, Groddecks „Lebenserinnerungen" zur Hand zu nehmen, die im obengenannten Buch unter dem Titel *Biografisches* publiziert worden sind (S. 267 ff.).

Sie wurden nach dem Überschreiten des sechzigsten Lebensjahres verfaßt und geben ein treffendes Porträt des Autors, seiner Schwächen und seiner Vorzüge.

Groddeck erzählt von sich, daß er auch als Erwachsener noch die Handschrift eines achtjährigen Jungen behalten habe. Er sei innerlich langsam und schwer, und da er unleserlich schreibe, müsse er annehmen, daß er viel zu verstecken habe.

Wie es sich für einen orthodoxen Psychoanalytiker gehört, verweilt er sehr ausgiebig und liebevoll bei sexuell getönten Kindheits- und Jugenderinnerungen. Er war das jüngste Kind einer Arztfamilie. Offenbar spielte er in frühen Jahren ein bißchen die Rolle des Familienclowns, der vor allem seinen älteren Brüdern viel Anlaß zum Lachen und Spotten gab. Verschiedene Umstände trugen auch dazu bei, seinen Narzißmus kräftig zu fördern. Bis zu seinem vierzehnten Lebensjahr war er Bettnässer, so daß er schon aus kompensatorischen Gründen darauf angewiesen war, sein Selbstwertgefühl zu stützen. So bekennt er stolz den Ausspruch, der in seiner Familie beliebt war: „Es gibt gute Menschen und es gibt böse Menschen; und es gibt die Groddecks!"

Der hochmütige „Familienroman" wurde jedoch erheblich gedämpft durch die Armut, in welche die Familie durch die finanzielle Ungeschicklichkeit des Vaters hineingeriet. Nach dem materiellen Zusammenbruch in Kösen ging der Vater nach Berlin, wo er Kassenarzt wurde. Er starb kurz vor dem Studienbeginn seines Sohnes Georg, der bei seinen Brüdern ausreichend Unterstützung fand, so daß er das Studium vollenden konnte.

Als junger Arzt suchte sich Groddeck einen Ersatzvater in Ernst Schweninger, mit dem ihn schließlich ein Schüler- und Freundesverhältnis verband. Schweninger war ein Arzt von Format, eine kraftvolle Persönlichkeit, die sogar dem eisernen Kanzler Bismarck das Geständnis abrang: „Bisher habe *ich* alle meine Ärzte behandelt; erst Schweninger hat *mich* in die Kur genommen!" Groddeck lernte bei seinem väterlichen Freund eine Mischung von Naturheilkunde, Physiotherapie und Medizin, die er später bei seiner oft auch aristokratischen Klientel mit Erfolg anwendete.

Als Sanatoriumsvorsteher waltete er offenbar patriarchalisch; er animierte seine Patienten mit Milde und Gewalt dazu, gesund zu werden. Seine kulturellen Interessen waren weitläufig; aber in all dem lag etwas Verspieltes, Verträumtes und sehr Eigenwilliges. Mit seiner kindlichen Unmittelbarkeit konnte Groddeck gewiß beeindrucken und Sympathie gewinnen; bei genauerem Zusehen jedoch entdeckt man bei ihm Züge der Selbstgefälligkeit, eine sehr bürgerliche Horizontverengung, die durch mystische Nebel umschleiert wird.

Unverkennbar ist aber auch an ihm, daß er Arzt aus Leidenschaft war. Im ärztlichen Beruf fand er zur Bescheidenheit, indem er begriff, daß die Ärzte die Natur unterstützen müssen, die besser heilen und helfen kann als der Mensch.

Von der Naturheilkunde zur Psychoanalyse

Welchen Weg Groddeck zur Psychoanalyse zurückzulegen hatte, kann man am besten ermessen, wenn man seine Frühschrift aus dem Jahre 1913 zur Hand nimmt, welche den seltsamen Titel *Nasamecu* trug: das japanisch klingende Zauberwort wurde gebildet nach dem uralten Ausspruch: *Natura sanat, medicus curat* (Die Natur heilt, der Arzt pflegt). Dieser Text ist neuerdings mit der verständlicheren Überschrift *Die Natur heilt...* (1976) von Helmut Siefert wieder herausgegeben worden. Er umfaßt Vorträge, die Groddeck innerhalb des Baden-Badener Konsumvereins hielt und bei Arbeitern und Bürgern großen Anklang fanden. Es ging ihm darum, Gesundheitspflege zu lehren, wobei er von vornherein darauf verzichtete, sich mit dem Mantel der „Wissenschaftlichkeit" zu drapieren.

Groddecks damalige Gesundheitspropaganda war gewissermaßen eine Theorie des „naturgemäßen Lebens", die er sprachgewandt und suggestiv verfocht. Er forderte bereits energisch, daß man nicht Krankheiten, sondern kranke Menschen behandeln solle. Über die krankmachende Funktion der Bakterien und Bazillen setzt er sich allzu souverän hinweg und behauptet, daß derjenige, der nicht krank werden will (oder sich nicht davor fürchtet), auch vor Erkrankungen gefeit sei. Schon in dieser Publikation zeigt sich das menschliche „Es" in seiner Allmacht und Allwissenheit – allerdings weiß es noch nichts von der Psychoanalyse. Im Gegenteil: Groddeck beschimpft auf erstaunlich untolerante Weise die psychoanalytische Doktrin, wobei er Ausdrücke gebraucht, deren er sich später zu schämen hatte. Drei bis vier Jahre später sollte aus dem Saulus ein Paulus werden.

Groddeck sagt über die Psychoanalyse unter anderem folgendes:

Die ganze Bewegung wirkt etwa so, als wenn man jemandem den Gebrauch der Morphiumspritze freigeben wollte, mit dem Befehl, alle, die Schmerzen haben, zu spritzen. Es sind bisher großenteils Ärzte, die das gefährliche Gift der Psychoanalyse handhaben. Aber lange wird das nicht dauern. In den

Kreisen der Ärzte wird diese Kunst nicht bleiben. Sie wird sich ausbreiten wie eine Seuche, hat sich schon ausgebreitet . . . Wer ein einziges Mal ein unglückliches Geschöpf gesehen hat, das, ohne Heilung zu finden, durch die Hände gewiegter und gewissenhafter Psychoanalytiker gegangen ist, der kann sich eine Vorstellung machen, was bei blöder Pfuscherei daraus werden wird. Dabei ist der Philisterhochmut schon so geschwollen, daß man glaubt, alle Geheimnisse des Denkens und Dichtens zu verstehen, weil man es jetzt in Büchern druckt, daß Träume sexuell gedeutet werden können und daß Kinder gewöhnlich mehr von der Welt wissen, als prüde und blinde Eltern für wahr halten (l. c., S. 109/10).

Aber schon 1917 hieß es unter dem Titel *Psychische Bedingtheit und psychoanalytische Behandlung organischer Leiden* ganz anders: Nun ist Groddeck vom furor psychoanalyticus erfaßt worden und überbietet mit seiner Deutungswut die radikalsten Psychoanalytiker, indem er sogar Organerkrankungen auf Komplexe, unbewußte Absichten und Willkürhandlungen des Es zurückführt.

So deutet er unter anderem einen kurzfristigen Anflug von Angina, indem er sich daran erinnert, daß er am Tage der Halsentzündung Rivalitätsgefühle gegenüber Freud empfand, weil er sich eingestehen mußte, daß dieser ihm in der Entdeckung des Unbewußten im Seelenleben „zuvorgekommen sei". Ein Gespräch über „Gauner" wurde offenbar vom Es nicht genau verstanden, worauf es den „Gaumen" affizierte. Uralte Scharlach-Ängste der Kindheit wurden beim Betrachten des Exanthems (Ausschlag) einer jugendlichen Patientin reaktiviert; das Unbewußte begnügte sich aber nicht mit bloßen Erinnerungen, sondern imitierte die scarlatinöse Erkrankung, die in den Jugendjahren eine beunruhigende Rolle gespielt hatte. Das Bewußtmachen dieser und anderer Zusammenhänge bewirkte wahre Wunder: Groddeck erklärt, daß er noch am selben Tag die Entzündung zum Abflauen brachte, ohne ein Medikament eingenommen zu haben. Die richtige psychoanalytische Interpretation ist das beste Heilmittel, das einem Patienten verschrieben werden kann; Gedanken und Worte heilen besser als Drogen und sogar physiotherapeutische Methoden, wenn sie umsichtig und einfühlend angewendet werden.

Schon in dieser ersten psychoanalytischen Abhandlung plädiert Groddeck für konsequente Symboldeutung aller organischen Störungen und Befunde. Die Ärzte sollten sich daran gewöhnen, dem Es auf die Schliche zu kommen. Auf dem Wege der sprachlichen Verständigung mit dem Kranken kann man das Es dazu animieren, seine Not oder seine Absicht durch weniger deletäre Manifestationen kundzutun, als dies in

Krankheiten geschieht: Sagt man dem Patienten die Wahrheit und erzieht ihn dazu, die Wahrheit zu ertragen, dann braucht er keine unbewußten Verschleierungsmanöver, in denen seine Gesundheit zugrunde
geht und eventuell auch sein Leben bedroht wird. Sehr schön endet der
Traktat mit den Worten:

> Ich bin darauf gefaßt, daß meine Mitteilungen selbst bei Psychoanalytikern –
> nicht bei allen – Befremden erregen werden, geschweige denn bei Ärzten, die,
> wie es mir früher ging, über die Lehre Freuds falsch unterrichtet sind. Ich habe
> mich bemüht, einseitig zu sein, und weiß eingestandenermaßen, welche Fehler
> hierdurch in die Darstellung gekommen sind. Mir kam es hier nur darauf an,
> so deutlich wie möglich auszusprechen, daß die Beschränkung psychoanalyti
> scher Behandlung auf das Gebiet der Neurose den Kenntnissen über die
> Wirkung der Analyse nicht entspricht. Diese Grenze ist zu eng. – Die Psycho
> analyse darf und wird vor organischen Leiden nicht haltmachen. Wie weit ihr
> Machtbereich geht, wird sich zeigen (l. c., S. 45).

Der Psychoanalytiker als Romancier

Es ist merkwürdig, daß die Psychoanalytiker, die doch so produktive
Autoren waren und enorm viel Anschauungsmaterial über das menschliche Seelenleben besaßen, bis jetzt noch nicht als Romanschriftsteller
hervorgetreten sind. Die Analytiker überließen es den berufsmäßigen
Schriftstellern, die Funde der Psychoanalyse in Romanform einzukleiden; tatsächlich haben die bedeutenden Autoren unseres Jahrhunderts
sehr viel tiefenpsychologische Erkenntnis in ihre Erzählungen und
Schauspiele eingearbeitet, so daß man fast in jedem beliebigen Text
stets auch „Psychoanalytisches" findet. Kafka, Thomas Mann, Schnitzler, Hofmannsthal, Döblin, Broch, Joyce, Musil und viele andere müßten genannt werden, wenn man den Einfluß von Freuds Theorien auf die
Erzählkunst seit der Jahrhundertwende würdigen möchte.

Groddecks Roman aus dem Jahre 1921 erhielt seinen Titel *Der Seelensucher* von Otto Rank. Es ist fraglich, ob man ihn wirklich als episches
Erzählkunstwerk in Betracht ziehen kann: es ist ein Amalgam von
romanhafter Handlung und psychoanalytischem Traktat.

Die Hauptfigur des Romans ist August Müller, ein wohlhabender
Müßiggänger, dem eine beträchtliche Erbschaft ein Privatgelehrtendasein ermöglicht. Müller lebt friedlich mit seiner verwitweten Schwester
Agatha zusammen, deren Tochter Alwine ihm ans Herz gewachsen ist.
Die Handlung des Romans beginnt damit, daß im Hause der Geschwister eine Wanzenplage einsetzt, die das Leben der drei Hausbewohner

völlig desorganisiert. Müller begibt sich auf die Wanderschaft, um den Wanzen und der Herrschaft seiner geliebten Schwester zu entrinnen. Als Wanderer streift er den alten Adam ab und nennt sich fortan Thomas Weltlein, der gleichsam inkognito die Welt neu kennenlernen will. Was Weltlein auf einem Streifzug durch das damalige Deutschland in Erfahrung bringt, ist allerdings nicht viel: Die Anklänge an den traditionellen Vagabundenroman erschöpfen sich bald, und der Held verwandelt sich in einen Miniatur-Zarathustra, der der aufhorchenden Umgebung das Evangelium eines psychoanalytischen Pansexualismus verkündet. Wie Nietzsches Zarathustra wird auch er von seinen Zuhörern nicht verstanden und akzeptiert.

Beinahe gerät Weltlein als Landstreicher ins Gefängnis, besucht dann einen Arztfreund, mit dem er in Kneipen Höhepunkte des Daseins erlebt, und frequentiert schließlich eine Versammlung von Frauenrechtlerinnen, die er durch extrem patriarchalische Reden zu sprengen weiß. Da ihn seine Schwester inzwischen gefunden hat und wieder einfangen möchte, nimmt er nochmals Reißaus und begibt sich per Eisenbahn auf eine Vergnügungsreise nach Berlin.

Weltlein doziert, wo immer er kann und darf, und fast immer zitiert er ohne Namennennung *Das Buch vom Es,* von dem inspiriert er seine Umgebung auf sexualsymbolische Zusammenhänge aufmerksam macht. Auf einer Sozialistenversammlung in Berlin kommentiert Groddeck-Weltlein sogar die sozialistischen Theorien vom Allgemeinwohl mit folgenden Worten:

> Das Allgemeinwohl, sage ich, ist nichts weiter als eine Zusammenfassung der Worte ‚alle‘ und ‚mein Wohl‘, das heißt mit anderen Worten: Alle sollen für mein Wohl tätig sein, und das ist auch das Ziel, dem die Beglücker der Allgemeinheit zustreben. Sie suchen ihr eigenes Glück und behängen diesen sehr natürlichen Trieb mit einem schönen Kleid, das aber, wie alle Kleider, betont, was es verbirgt: siehe den Ausschnitt der Frauen und den Hosenstall der Männer. Ist das nun nicht gemein? Allgemein ist dasselbe wie: alles ist mein (*Der Seelensucher,* S. 237).

Groddeck verbirgt keineswegs, daß er aus der konservativen Ecke kommt, und das einzige Revolutionäre, das er anzuerkennen bereit ist, sind sexualpsychologische Gewagtheiten, die den puritanischen Bürger damals noch aufschrecken konnten. Für die soziale Frage hat Groddeck-Weltlein nur folgende Kalauer übrig:

Sozial, so zieh, Aal! Es ist die Aufforderung des Menschen an den Nachbar, für ihn den Karren zu ziehen. Aal – zieh dem Aal das Fell ab. Was wieder Doppelbedeutung sein würde, da Aal gleich der Schlange steht. Vielleicht erklärt sich daraus die wachsende Begeisterung der Frau für soziale Tätigkeit (l. c., S. 237).

Für diejenigen, die in den Künsten der psychoanalytischen Ideenflucht nicht zu Hause sind, sei hier bemerkt, daß der Verfasser schlankweg die sozialen Interessen der Frauen auf ihr Interesse am männlichen Penis (Aal, Schlange) reduziert. Psychoanalytiker mochten das zu jenen Zeiten noch geistreich nennen; heute finden wir es mehr als abgeschmackt.

Auch in Berlin erlebt Weltlein nichts Umstürzendes. Der einzige Gewinn seiner Reise ist ein Student, der sich ihm anschließt; dem können im Gespräch viele Sexualweisheiten untergejubelt werden. Am Ende des Romans steigt Weltlein ins hocharistokratische Milieu hinauf, womit angedeutet wird, daß der Verfasser sich bei Prinzen und Grafen gut auskennt. Dann scheint der Roman mit dem Tode des August Müller-Weltlein zu enden.

Er ist aber nicht zu Ende. In einem später verfaßten „Zweiten Teil" des Buches ist der angeblich einem Eisenbahnunfall erlegene Held wieder vorhanden und heiratet seine Nichte Alwine, mit der er sich auf Hochzeitsreise begibt. Wahrscheinlich unterrichtet er auch seine Gattin in Sexualpsychologie, die für ihn Leidenschaft und Lebensinhalt geworden ist. Jedenfalls bringt er der Geliebten in den Finalsätzen des Buches bei, daß sie ihm „Mutter und Geliebte" sein müsse.

Groddecks Buch ist offensichtlich ein Monstrum, und nach dem Willen des Verfassers sollte es auch nichts anderes sein. Das Romanfragment wurde von den Psychoanalytikern sehr verschieden aufgenommen. Hans von Hattingberg sprach nicht zu Unrecht davon, es sei ein „Embryo mit übergroßen Geschlechtsorganen". Hanns Sachs veröffentlichte in *Imago* eine wohlwollende Kritik, die vermutlich durch Freuds Urteil beeinflußt war. Für die breite Öffentlichkeit war der Text kaum zu konsumieren: er setzte genaue Kenntnis der Psychoanalyse voraus, auf die an allen Ecken und Enden des Buches angespielt wird. In der jüngsten Vergangenheit jedoch fand *Der Seelensucher* wieder Interesse, aber auch die heutigen Leser kommen aus dem Kopfschütteln nicht heraus, wenn sie Groddecks Ausführungen über sich ergehen lassen.

Groddeck wehrte sich später dagegen, daß man seinen Roman als sexualistischen Text aufgefaßt habe. In einem Kommentar zu seinem Buch sagte er:

Freuds Lehre hat an sich mit dem, was man Erotik nennt, nicht das Mindeste zu tun, und wir, die wir uns mit mehr oder minder Recht seine Schüler nennen, ebensowenig; wenn wirklich einer von uns Lust haben sollte, es dem Narren mit der Lupe gleich zu tun, so soll man ihm den Seelensucher zu lesen geben, damit er entweder sich über sich selber gesund lacht oder an seiner Wut erstickt.

Nicht Freud hat den Menschen mit dem Hinterteil auf die Welt gesetzt, er saß schon darauf, ehe Freud geboren ward; nicht Freud gab dem Menschen Figürchen und Vergrößerungsglas in die Hand, er nimmt ihm beides als gütiger Lehrer fort und dreht ihn mit sanfter Hand der Welt zu: Sieh, wie groß die Erde ist und wie klein das Dingchen, das dir so wichtig vorkommt; schau dich um, das bißchen Freude, das die Sexualität macht, kannst du überall finden. Die Welt ist durchtränkt davon. (*Der Seelensucher*, S. 377).

Die letzten Sätze beziehen sich auf die Titelvignette der Erstausgabe des Romans, welche einen Mann auf der Erdkugel sitzend zeigt, der mit einer Lupe die Geschlechtsorgane einer weiblichen Figur untersucht.

Man kann es gewiß auch so sagen: aber der Zweifel verstummt nicht, ob man dem Embryo nicht doch hätte normale Geschlechtsorgane wachsen lassen können.

Das Es und das Ich

Im April 1921 sandte Groddeck fünf „psychoanalytische Briefe an eine Freundin" an Freud, der sich für die Texte unmittelbar nach dem Empfang mit begeisterten Worten bedankte. Freud fand die Briefe „charmant" und drängte auf deren Fortsetzung. Für Stil und Rede fand er die Bezeichnungen „bestrickend" und „musikalisch". Bald folgten weitere Episteln, die vom Empfänger als „anmutig" charakterisiert wurden. Allerdings fanden nicht alle Deutungen Groddecks seine Zustimmung; in manchen Punkten wurde Freud an Wilhelm Stekel erinnert, der „wilde Psychoanalyse" betrieben hatte. Nach der Ankunft der dritten Briefsendung jedoch schrieb Freud an den Verfasser:

> Ebenso faszinierend wie die früheren, vielleicht minder mutwillig. Schon seiner Eindringlichkeit wegen soll diese Produktion, die das wirklich Neue an der Psychoanalyse betont, unter die Leute kommen, ihre Vorurteile und Beengtheiten auflockern und sie zu kräftigen Schimpfentladungen anregen. (*Der Mensch und sein Es*, S. 47).

Ende 1921 waren die „Freundinnen-Briefe" abgeschlossen, und 1923 erschienen sie unter dem Titel *Das Buch vom Es* im Internationalen Psychoanalytischen Verlag in Wien. Es waren inzwischen 34 Briefe geworden, die in ihrer Gesamtheit – wie ein Rezensent schrieb – ein „Brevier des Freudianismus" darstellten. Mit leichter Hand skizzierte Groddeck alle Theorien der Psychoanalyse, die er durch Fall-Beschreibungen und Selbstanalysen geistvoll veranschaulichte. Dabei scheute er vor sehr gewagten Gedankengängen nicht zurück. Manche Kritiker stießen sich daran, aber Hanns Sachs und Michael Balint rühmten das Werk in Rezensionen, und Karen Horney schrieb am 12. Juli 1923 an den Verfasser:

> Und damit komme ich zu dem, was mich an Ihrem Buch am meisten erfreut hat: Das ist die grandiose Offenheit..., mit der Sie sich selbst in diesem ganzen Wirrwarr der unbewußt bleibenden Kräfte einbeziehen! Das ist ganz famos. (*Das Buch vom Es*, 1979, S. 13).

Mit dem Begriff „Es" hatte Groddeck einen neuen Terminus für das Unbewußte eingeführt, der bald darauf auch von Freud in seinem Buch *Das Ich und das Es* (1923) verwendet wurde. Aber beide Autoren sind hierin nicht originell; sie stehen unverkennbar in der Nachfolge von Schopenhauer und Nietzsche, den ersten hervorragenden Es-Psychologen.

Bei Schopenhauer finden wir das Es als die Summe aller unbewußten Lebenskräfte in Gestalt des „Willens", welcher im Sinne des Philosophen ein „Wille zum Leben" ist. Dieser dunkle animalische Drang beherrscht fast vollständig das Bewußtsein; Schopenhauer doziert in tausendfältigen Abwandlungen, daß der Intellekt immer nur denkt, was der Wille will. Wir meinen unser Leben zu planen und zu lenken, aber wir werden von Drängen und Trieben „gelebt". Das Unbewußte greift mächtig in unser Schicksal ein, indes das Bewußtsein Rationalisierungen erfindet, die den Eindruck erwecken sollen, daß wir vernünftig und überlegt handeln. Dies ist jedoch ein Wahn oder eine Illusion: Genauere Lebenskenntnis lehrt, daß man zwar „Ich" sagt, aber daß es das „Es" ist, welches handelt.

Dieser Gedanke wurde von Nietzsche weitergeführt, der eine ähnlich herbe Kritik am Souveränitätsphantom des bewußten Ich übt (zum Beispiel in *Jenseits von Gut und Böse*, 1886, 1. Kap., 16. Abschnitt), das von unbewußten und untergründigen Mächten gesteuert wird. Wir nehmen die Vorstellungen unseres Bewußtseins als die Ursachen unserer Handlungen: in Wirklichkeit sind sie jedoch nur Begleiterscheinungen des Lebensprozesses, der aus ganz anderen Quellen strömt und fließt.

Aus dieser Konzeption, die auch schon von der romantischen Medizin (zum Beispiel Carus) vorweggenommen wurde, entwickelt Groddeck

eine Apologie des Unbewußten, die an Kühnheit und Kombinationswill-
kür fast alles überrundet, was bei den Psychoanalytikern in ihrer ohnehin sehr wagemutigen Frühzeit üblich war. Seiner Meinung nach kann
das Es alles, was immer es nur will: es kann gesund und krank machen,
es erzeugt Symptome und Leiden nach seinem Gutdünken, es regiert
über Leib und Seele wie ein Gott, dem nichts widerstehen kann. Es läßt
sich durchaus die Auffassung vertreten, daß Groddeck zum „Panpsychismus" überging, indem er die Konturen zwischen Leib und Seele
völlig verwischte. Alle Beobachtungen am Leibe wurden so in Ausdrucksphänomene der Psyche uminterpretiert, was mitunter sehr witzig
und geistreich sein kann, aber vom Standpunkt der Wissenschaft aus
gesehen höchst fragwürdig ist. Die These, daß der Mensch von seinem
Es gelebt wird, mag partiell richtig sein; sie wird aber zur Unwahrheit,
wenn man vergißt, daß auch das Ich das Leben bestimmt und daß das
Biologische eine Eigendynamik besitzt, die nicht immer das Seelische
„zum Ausdruck bringt".

Groddeck glaubt an die allmächtige Libido und ist in der Lage, in
allen Lebensäußerungen Sexualität zu erkennen. Das konnten die anderen Psychoanalytiker auch; sie werden aber von Groddeck übertroffen,
wenn es darum geht, gewissermaßen „ideenflüchtig" eine Assoziation an
die andere zu reihen, bis man die Resultate des Denkens bekommt, die
man haben möchte. So wird für den analytisch inspirierten Arzt alles
zum „Symbol": Der Deutungszwang artet ins Gewaltsame aus, dem sich
die Fakten fügen müssen, damit der Interpret immer Recht behält. Hier
einige Proben für halsbrecherische „analytische Funde":

Ein gut Teil der Mutterliebe zum Kind stammt aus der Liebe, die die Mutter
für ihren Geschlechtsteil hat und aus Onanie-Erinnerungen (l. c., S. 60)
...Hier kommt es nur auf die Tatsache an, daß Mutter und Tochter stets und
ohne Ausnahme Nebenbuhlerinnen sind und infolgedessen auch den gegenseitigen Haß der Nebenbuhlerinnen haben (S. 85) ...Ich glaube, daß der Mensch
das Bett erfinden mußte, weil er von der Sehnsucht nach dem Mutterleibe
nicht loskommt (S. 91) ...Denn nur der stirbt, der sterben will, dem das
Leben unerträglich wurde (S. 114).

Solche Äußerungen könnte man hundertfach zusammensuchen, und
manche von ihnen erwecken den Anschein von Humor, von Skurrilität
und Paradoxie. Aber es geht nicht darum, ihren Autor lächerlich zu
machen und ihm Zensuren zu erteilen. Der eigentliche Sinn seiner
Übertreibungen muß ans Licht gehoben werden, wenn man bestrebt ist,
die Texte besser zu verstehen, als ihr Urheber sie verstanden hat.

Groddeck steht mit verblüffender Konsequenz auf dem Boden der Teleologie, das heißt der Idee der Zweckmäßigkeit in allen Lebenserscheinungen. Leben verhält sich nicht in erster Linie gemäß den „Ursachen", die es treiben; es erstrebt vielmehr Ziele und Zwecke, die sogar allfällige Ursachen in ihren Dienst nehmen können. Daher kann man durchaus zum Beispiel jede Erkrankung daraufhin „abfragen", was der leib-seelische Organismus „damit will". Nicht immer wird man dabei zu rational faßbaren Resultaten kommen; da aber die Medizin jahrhundertelang einseitig auf die *Kausalität* fixiert war, wird es ihr nicht schaden, wenn man das Pendel entsprechend stärker nach der Seite der *Finalität* ausschlagen läßt. Das ist Groddecks Intention, und es mag wahrscheinlich an seinem Charakter liegen, daß er diese berechtigte Kehrtwendung des medizinischen Denkens sehr provokant vollzieht, um seine Fachkollegen zu schockieren und aus ihrem dogmatischen Schlummer aufzuwecken.

Die Ärzte müssen und sollen in Zukunft lernen, die Sprache des Es zu verstehen, welche Symbolsprache ist und den Leib und seine Symptome als Vokabular benützt, um lebenswichtige Absichten zum Ausdruck zu bringen. Was ergibt sich daraus, wenn wir die Erkenntnisse der Psychoanalyse auf die Tatsachen des körperlichen Krankseins übertragen? Der Ertrag solcher Bemühungen ist größer, als die traditionelle Organmedizin in ihrer Borniertheit meint. Krankwerden ist eine Leistung des Organismus. Es muß lebensgeschichtlich, sexualpsychologisch und symbolisch verstanden werden. So ist etwa, wie Groddeck sagt, die Erkrankung nicht selten eine unbewußte Rückwendung zur Mutter: Wir werden krank, um wieder Kinder sein zu können und die Mutter-Imago in uns wiederzubeleben, mit der wir oft noch stärker verbunden sind, als es uns gut tut.

Sodann sollte der Stellenwert der Krankheit im Lebensganzen gesehen werden. Man wird nicht einfach „zufällig" krank: zu den äußeren Bedingungen müssen stets auch innere hinzukommen, die etwa die allgegenwärtigen Erreger erst virulent machen oder den Organismus so lähmen, daß Bakterien oder Viren in ihm überhandnehmen können. Oft ist eine Erkrankung der Ausweg aus einer Konfliktlage, die durch sie vergessen und verdrängt werden kann. Der Arzt hilft nicht ausreichend, wenn er nur somatisch therapiert; er muß die Situation des Patienten klären, damit dieser das Leiden in seine Biographie einordnen kann, was meistens die Heilung beschleunigt und auch stabilisiert.

Übertragung und *Widerstand,* die uns aus der psychoanalytischen Kur bekannt sind, spielen auch beim Erkranken und Geheiltwerden eine erhebliche Rolle. Der Arzt muß nach Groddeck die Widerstände erkennen und wegräumen, die den Patienten daran hindern, gesund zu werden. Psychologische Krankenbehandlung ist „Widerstandsanalyse". Oft wird der Patient gesund, weil er eine quasi-erotische Bindung an den Arzt aufbaut und „ihm zuliebe" gesundwerden will. Verschlechtert sich das Verhältnis von Patient und Therapeut, dann ist das meistens mit Verschlimmerungen des Krankheitszustandes verbunden. So ist die Erkrankung fast immer auch ein zwischenmenschliches Phänomen, durchaus nicht nur ein Geschehen in einem monadischen Organismus, der von der Umwelt abgekapselt ist. Ohne analytische Klärung dieser Relationen bleibt die Heilkunde unvollständig; sie kann sogar zum hochwissenschaftlichen „Pfuschertum" werden, das technische Perfektion mit emotionalem Schwachsinn kombiniert.

Solche Ideen, von denen es in Groddecks Buch nur so wimmelt, versöhnen mit seinem sexualistischen Deutungszwang, der stellenweise an das bitterböse Wort von Karl Kraus erinnert, Psychoanalyse sei die Krankheit, die sie zu heilen vorgibt. Auch Karl Popper sagt bei Gelegenheit, die besten Objekte für die Psychoanalyse seien die Psychoanalytiker selbst, da sie offenbar von jenem „Pansexualismus" erfüllt seien, den sie ihren Patienten aufoktroyieren wollen.

Auf rund 300 Druckseiten sammelt Groddeck alles, was an der Psychoanalyse „shocking" ist. Aber zwischendurch erklärt er souverän, wie das Es des Arztes das Es des Patienten ansprechen müsse, damit der Genesungswille gefördert werde. Er lehrt auch, daß der Arzt sich nicht als der große Heiler aufspielen soll: er steht im Dienste der Natur, die krank machen und auch heilen kann. Ist er Mediziner *und* Psychoanalytiker, dann überblickt er das gesamte Menschenwesen, das im Spezialistentum der modernen Medizin in Departements aufgesplittert wird, die voneinander nichts mehr wissen und auch nichts wissen wollen.

Der Psychoanalytiker als Sprach- und Kunstforscher

Freud hatte Interesse an der Sprachforschung und war – nicht zu Unrecht – der Meinung, daß auch die Sprachforscher viel von der Psychoanalyse profitieren könnten. Daher empfand er es als große Genugtuung, als von der Sprachwissenschaft her Brücken zu seinen Auffassungen geschlagen wurden. So veröffentlichte der schwedische Germanist Hans Sperber 1912 in der psychoanalytischen Zeitschrift *Imago* einen Aufsatz *Über den Einfluß sexueller Momente auf Entstehung und Ent-*

wicklung der Sprache. An vielen alten Sprachen belegte Sperber die These, daß die sexuellen Bedürfnisse die sprachlichen Fähigkeiten des Menschen geschaffen und vorangetrieben haben. Ursprünglich hätten die Sprachlaute den Sinn gehabt, den Sexualpartner anzulocken; die erste Sprache des Menschengeschlechtes war Sexualsprache. Später wurden auch die notwendigen Arbeiten der Menschen durch rhythmische Sexuallaute schmackhaft gemacht; sexuelles Interesse wurde damit auf Arbeitstätigkeit verlagert. So verwenden viele Naturvölker für Feuermachen, Pflügen usw. ein eindeutig sexuelles Vokabular; die Sexualität durchdringt den Sprachschatz der Menschen bis in alle Einzelheiten hinein. Für Freud bedeutete diese Lehre eine wertvolle Bestätigung seiner Symboltheorie: Wenn dies annähernd richtig war, dann ließ sich begreifen, warum der Traum – der die Ursprache der Menschheit wiederbelebt – so leicht mit sexuellen Anspielungen umgehen kann und in seinen mannigfachen Erscheinungen Sexualwünsche zum Ausdruck zu bringen pflegt.

Auch Groddeck wollte auf diesem Gebiet der analytischen Forschung dilettieren und veröffentlichte daher das Buch *Der Mensch als Symbol – Unmaßgebliche Meinungen über Sprache und Kunst* (Neuausgabe 1976), das die oft tollkühnen Deutungen von Sperber und Freud um einiges überbietet.

Die Grundidee des Buches ist, daß alles Menschliche symbolisch in Erscheinung tritt und daß die Polaritäten männlich-weiblich und kindlich-mannbar in allen unseren Lebensphänomenen enthalten sein müssen. Von daher bezieht Groddeck die Meinung, daß man überall in Sprache und Kunst sexuelle Wurzeln aufdecken kann, wenn man nur tief genug zu graben wagt. Mit Hilfe von Wörterbüchern aus mehreren Kultursprachen und einigen Gemälden der europäischen Malerei soll dieses Postulat verifiziert werden.

Mit der Etymologie (Wissenschaft vom Ursprung und der Entwicklung der Sprachen; Worterklärung) kann man – vor allem wenn man Laie ist! – tatsächlich Zauberkunststücke vollbringen: Man kann alles mit allem in Beziehung setzen. Auf Grund freier gedanklicher Assoziationen können unendlich viele Wörter zu Derivaten von Penis und Vagina, Brust und Hoden, Same und Ei, Koitus und Empfängnis, Mund und After usw. uminterpretiert werden. So prägten etwa die Griechen das Wort Kanon als Maßstab der Kunst: Polyklets Statue des Doryphoros (Speerträger) war ein „kanonisches Muster". Nun bedeutet Kanon im Griechischen so etwas wie gerader Stab, Rohr. Hierzu Groddeck:

Die Ableitung vom aufgerichteten Gliede ist nicht zu bezweifeln. Ich meine, daß solch ein Wort wie Kanon mehr über die Macht des Eros auf allen Lebensgebieten sagt als lange Abhandlungen. (l. c., S. 83).

Oder das englische Wort „pal", das Genosse und Kamerad bedeutet. Groddeck fällt dazu sofort „Phallus" ein, was aber kein Wörterbuch bestätigt. Die Etymologen bringen das lateinische Wort „palus" mit „pax" zusammen, wobei das letztere „der Friede" heißt. Hierzu Groddeck:

> Es fragt sich nur, ob der Mensch den Frieden nicht doch als Ruhe nach dem Liebeskampf, als Erschlaffen nach der Erektion aufgefaßt hat. Mich würde eine solche Annahme befriedigen. (l. c., S. 84).

Gerade der letzte Satz ist sehr verräterisch: Es geht darum, den Autor zu befriedigen, nicht aber darum, die Wahrheit oder Wahrscheinlichkeit zu finden. Noch schlimmer sieht es aus, wenn Groddeck sich der Kunstanalyse zuwendet. Die Gemälde, an denen er seinen psychoanalytischen Kunstverstand übt, sind u. a.: „Venus" von Lucas Cranach, „Anatomie des Dr. Tulp" von Rembrandt, „Die drei Lebensalter" von Sassoferrato, „Madonna mit der Sternenkrone" von Dürer, „Die Erschaffung des Menschen" von Michelangelo, „Der Arzt" von Jan Steen, „Madonna mit musizierenden Engeln" von Hans Memling, „Der Sündenfall" von Dürer, „Die Erschaffung der Frau" von Michelangelo. Es braucht nicht betont zu werden, daß in allen diesen Bildern Sexualität gefunden werden kann, und zwar an Stellen, bei denen der Laie dies nicht im Traume vermutet hätte. Man höre Groddeck über Rembrandts berühmte „Anatomie des Dr. Tulp":

> Das Bild zeigt, als Symbol gesehen, die einzelnen Schicksalsstadien des männlichen Mannes. In der Hintergrundsgruppe beginnt die Erregung: Die Begierde des Erzeugens ist in dem einen Augenzeugen lebhaft, seine Erregung ergreift noch nicht den anderen, aber das Membrum verwandelt sich in den Phallus. Der Mann, der das veranschaulicht, unterbricht sein Lesen; Lesen ist, symbolisch aufgefaßt, Phantasie über das Weibliche. – Die zweite Gruppe zeigt beide testes (Zeugen) in höchster Spannung und den stehenden Mann (Ständer) in voller Aktion. Er ist der einzige, der einen Hut trägt und sein Kragen ist halb offen, beides Symbole der Vereinigung mit dem Weibe. (l. c., S. 11).

Wie sagte Goethe über gewaltsame Interpretationen in Literatur und Kunst:

Im Auslegen seid frisch und munter.
Legt Ihr's nicht aus, so legt Ihr's unter.

Der Psychoanalytiker als Literaturforscher

Da Groddeck selbst ein „halber Literat" war (schon 1905 veröffentlichte
er den Roman *Ein Kind der Erde* und einige andere Dichtungen), war es
naheliegend, daß er sich auch der Psychoanalyse der Literatur zuwandte, wobei er dem Beispiel Freuds folgen konnte, der seit jeher
Psychologie und Literaturkenntnis zu verbinden suchte. Berühmt ist vor
allem Freuds Interpretation *Der Wahn und die Träume in W. Jensens
,Gradiva'* (1907); dazu kamen aber noch manche andere Literaturdeu-
tungen, und viele Psychoanalytiker wurden nach dem Vorbild des Meisters (dilettantische) Literaturforscher, die an Romanen und Schau-
spielen die analytischen Funde verifizierten.

Wenn Groddeck über Meisterwerke der Dichtung referierte, war er
sich wohl bewußt, daß er zur Beurteilung der schriftstellerischen Fein-
heiten nicht übermäßig kompetent war; er benützte die Texte lediglich
als Anschauungsmaterial zum Studium des Menschen, vor allem des
Unbewußten. So hielt er 1927 an der Lessing-Hochschule in Berlin vier
Vorträge über die Themen: *Der Ring des Nibelungen, Peer Gynt, Faust,
Der Struwwelpeter.* Publiziert wurden die Referate unter dem bezeich-
nenden Titel *Vier Lehrbücher der Psychoanalyse.* Groddeck verschmäht
es, eine rein literaturwissenschaftliche Exegese der Texte zu geben; er
will über sie „frei assoziieren" und aussprechen, was ihm als Psychoanalytiker dazu einfällt.

Seine Assoziationen sind allerdings – wie könnte es bei ihm anders
sein – sehr schmalspurig auf die Sexualsymbolik ausgerichtet. Wagners
Tondichtung wird vor allem daraufhin abgefragt, inwiefern sie über den
Mutterkomplex des Mannes Auskunft gibt. Siegfried liebt zwar Brünn-
hilde, aber wenn man mit Groddeck „hinter die Phänomene" schauen
lernt, dann kann man in den Zügen der Geliebten auch seine Mutter
Sieglinde erkennen, die an seiner Geburt starb. Ewig drängt es den
Mann zur Mutter hin, und das „Weib" – wie Groddeck stets zu sagen
liebt – ist nur ein Ersatz für das Mütterliche, dem das fundamentale
männliche Sehnen gilt.

Dasselbe kann man offenbar auch an *Peer Gynt* zeigen. Das Verhältnis von Aase und Peer ist, wenn man es so haben will, „inzestuös".
Darum ist Peer so selbstsüchtig und kann Frauen nicht lieben oder ernst

nehmen. Bis er endlich Solveig findet, die so lange und geduldig auf ihn wartet, wie eine Mutter auf ihr Kind warten kann. Der Heimkehrer Peer, der alle Meere der Welt und des Wahnsinns befahren hat, wird schließlich eine Solveig finden, die in Jahrzehnten der Treue und Liebe seiner Mutter ähnlich geworden ist. In Groddecks Worten:

> Deutlicher kann es die Dichtung nicht machen, daß Aase die Mutter und Geliebte, Solveig die Geliebte und Mutter ist. (*Psychoanalytische Schriften zur Literatur und Kunst,* S. 151).

Auch Goethes *Faust* scheint für Groddeck keine andere Lehre zu bieten. Es ist – wie dem Leser eröffnet wird – ein Sexualdrama hohen Ranges. Was bedeutet Mephisto für den kundigen Interpreten? Er symbolisiert den Geschlechtsteil des Mannes: Darum trägt er die Hahnenfeder und das rote Wams, „beides Wahrzeichen lüsterner, immer bereiter Leidenschaft" (l. c., S. 172). Darum wird Gretchen so eng und bang, wenn sie ihn sehen muß. Auch der Schlüssel, der Faust zu den Müttern führt, ist der Penis; dasselbe ist Euphorion, der zum Himmel fliegt und dann so verderblich „abschlafft". Goethe war eben ein großer Erotiker, und Groddeck ist ein fanatischer Sexualforscher, der Sexualsymbole am *Faust* und hernach auch am *Struwwelpeter* findet.

Kritische Bewertung

Wie umstritten Groddecks Persönlichkeit und Lehre auch sein mag, so besteht doch kaum eine Meinungsverschiedenheit darüber, daß er mit dabei war, als die psychosomatische Medizin aus der Wiege gehoben wurde. Er war ein Geburtshelfer der neuen Disziplin, die inzwischen eine gewaltige Bedeutung für das medizinische Denken und Handeln erlangt hat und mutmaßlich alle Begriffe der Heilkunde fundamental verändern wird. Die Psychosomatik war gewissermaßen schon im Freudschen Ansatz enthalten; das Unbewußte und seine Triebe spielen die determinierende Rolle im Menschenleben, das heißt auch in Gesundheit und Krankheit. Wenn das richtig war, dann mußte es nicht nur eine „Ursache" für Erkrankungen geben, sondern auch jeweils einen „Sinn"; somit ergab sich die scheinbar paradoxe Frage für die Forschung, was die unbewußte Psyche mit physischen und psychischen Störungen „will", woraufhin sie tendiert, wenn sie in spezifischen Belastungssituationen Ängste, Depressionen, Zwänge, Hysterie und eben auch Organkrankheiten „erzeugt".

Schon Alfred Adler griff die Freudschen Anregungen in seiner Früh-schrift *Studie über Minderwertigkeit von Organen* (1907) auf und sprach vom Organdialekt, also von einer Organsprache, womit das Individuum sich selbst und seiner Umwelt Stimmungen, Meinungen und Stellung-nahmen mitteilt, die es mit der üblichen Umgangssprache nicht ausdrük-ken kann. Man müsse solche deformierten Mitteilungen durch sachge-rechte Deutungen gleichsam „übersetzen", wobei eine Bewußtseinser-weiterung beim Patienten zustandekommt, die heilend wirkt. Wenn Freud später sagte, wo Es war, soll Ich werden, dann meinte er dasselbe: Das Wissen von unbewußten Mechanismen erweitert den Freiheitsspiel-raum des Menschen und verschafft ihm auch mehr Kontrolle über die Körperfunktionen, die entgleisen, wenn die Beziehungswelt des Patien-ten gestört ist.

Groddecks Aufsatz über *Psychische Bedingtheit und psychoanalyti-sche Behandlung organischer Leiden* (1917) griff unbedenklich in die medizinische Somatologie hinein und verfocht glänzend die tiefenpsy-chologische Ableitung der Organkrankheiten, was damals für die Fach-wissenschaft noch ein tabuisiertes Gebiet war. 1922 folgte Felix Deutsch mit seiner Abhandlung *Psychoanalyse und Organkrankheiten:* der Bann war gebrochen, und der erstaunliche Aufschwung des psychosomati-schen Prinzips in den vergangenen Jahrzehnten zeigt, wie fruchtbar diese Neuerung in Medizin und Psychologie war. Freud stieß sich daran, daß Groddeck seinem Es gottähnliche Züge zuschrieb und damit die Grenzen zwischen Bios und Psyche radikal auflöste; aber Oskar Pfister berichtete bei Gelegenheit (in: Schweizerische Zeitschrift für Psycholo-gie, IX, Nr. 2, S. 153), Freud habe ihm nach dem Erscheinen des *Buches vom Es* gesagt: „Groddeck hat sicher zu vier Fünfteln recht mit seiner Zurückführung organischer Leiden auf das Es und vielleicht trifft er auch mit dem Rest das Richtige."

Neben dieser Pioniertat verblassen dann der oft kindische Sexualis-mus Groddecks, seine monomanen Konstruktionen, die auf ein grundle-gend gestörtes Verhältnis zur Wissenschaft und Philosophie verweisen. Groddeck blieb ein Kind und hielt es offenbar nicht für nötig, seine Gedanken an der Realität sorgfältig zu überprüfen. Das Bedürfnis, Wundermann und Wunderheiler zu sein, war übermächtig in ihm. Dazu kam eine kleinbürgerliche Beschränktheit des Blickwinkels, die einem patriarchalisch-konservativen Weltbild entsprang, in dem Romantik und Religiosität eine etwas schwache Wissenschaftsgesinnung überwucher-ten.

Philosophisch gesprochen, begeht Groddeck laufend Sünden gegen die Lehre von der kategorialen Gesetzlichkeit im Schichtenbau der Natur und der menschlichen Existenz (N. Hartmann). Danach gibt es Schichten in der Welt und im Menschen, die gleichzusetzen ein „ontologischer Fehler" ist. So ist etwa die „tragende Schicht" im Kosmos und im Menschendasein das *materielle Sein,* zu dessen Erfassung das quantitative Denken, das Kausal- und das Energieprinzip notwendig sind. Darüber liegt die Schicht *Leben,* welche die Materie durchdringt und überformt; für das Lebendige gelten die Prinzipien der Struktur, der Ganzheit, der Teleologie und der Selbsterhaltung. Die *seelische Schicht* ist mit dem lebendigen Sein untrennbar verbunden; sie ruht ihm auf, wobei eine Wechselwirkung zwischen Bios und Psyche zustande kommt. Das *geistige Sein* schließlich wird von allen „darunterliegenden Schichten" getragen, ist von ihnen weitgehend determiniert und dennoch auch frei. Unter „Geist" kann man den „Abstand des Menschen zu sich selbst" verstehen, das heißt seine Fähigkeit zur Reflexion, zur Vernunft, zur Selbstgestaltung und zum Weltbegreifen.

Wer erkenntnistheoretisch „sauber" denkt, wird sorgfältig vermeiden, die Macht der einzelnen Schichten ins Überdimensionale auszuweiten, respektive Gesetze, die für die eine Schicht gelten, auf die anderen Sphären willkürlich zu übertragen. So hat gewiß die Seele Einfluß auf ihren Leib, wie auch der Leib die Seele bestimmt. Wir wissen aber nichts davon, daß etwa das Seelische die Materie direkt – ohne Mitwirkung des Leibes – bewegen könnte. Für Groddeck in seinem Panpsychismus besteht hier gar keine Schwierigkeit. Er ist unbedenklich der Meinung, daß zum Beispiel der im Es vorhandene Wille zum Sterben die Gewehrkugel „herbeiholen" kann, welche den Soldaten tötet. Das Groddecksche Es ist sogar fähig, den Ziegel vom Dach zu lösen, der den Passanten tötet, wenn er, also sein Es, vom Leben genug hat. Das mündet in die Gedankenspielerei der Telepathie und Telekinese ein, wobei letztere behauptet, der Mensch könne durch Geisteskraft allein schon die träge Materie in Bewegung setzen.

Die moderne Ontologie denkt mit Max Scheler und Nicolai Hartmann ganz anders. Sie schreibt den „unteren Schichten" (Materie, Leben) tragende Funktionen zu; hier walten kraftvoll wirkende Gesetze, die Seele und Geist nicht eliminieren, wohl aber für ihre Zwecke „listig" verwerten können. Gemessen an den materiellen und vitalen Ereignisverkettungen ist der menschliche Geist beinahe ohnmächtig; er erlangt Verfügungsgewalt über Naturkräfte außerhalb seiner selbst, indem er diesen wuchtigen Tendenzen Werte und Ziele vorhält, die den dumpfen Drang des Lebens und seiner Triebe kanalisieren und sublimieren.

Als „Getragene" haben Seele und Geist keine Allmacht über die Wirklichkeit und das leibliche Dasein. Es führt zur schlechten Poesie, wenn man dem Psychischen die Fähigkeit einräumt, sich seine biologische Konstitution selbst zu gestalten. Krankheit kann gewiß seelisch bedingt sein; es gibt aber auch Körperkrankheiten und Konstitutionsschicksale. Wer das verkennt, betreibt romantische Medizin, allerdings mit einer Verzögerung von rund 150 Jahren. Das spekulative Denken der Romantik war teilweise eine nützliche Korrektur der materialistischen Dogmatik, die im Aufklärungszeitalter zu sehr ins Kraut schoß; indem Groddeck unkritisch „naturphilosophische" Spekulationen der Goethezeit wiederbelebt, geht er zumindest teilweise noch hinter die Aufklärung zurück und bekennt sich zu einem Mystizismus, der für uns Heutige längst überholt ist.

Ausgewählte Literatur

Deutsch, F. (1922). Psychoanalyse und Organkrankheiten. Internationale Zeitschrift für Psychoanalyse, Bd. 8, 290–306.

Freud, S. . Briefe 1873–1939. Frankfurt: Fischer 1960.

Groddeck, G. (1913). Natura sanat, medicus curat (Nasamecu). Der gesunde und kranke Mensch, gemeinverständlich dargestellt. Leipzig: Hirzel – Nachdruck unter dem Titel: Die Natur heilt... Die Entdeckung der Psychosomatik, Wiesbaden: Limes 1976.

– (1917). Psychische Bedingtheit und psychoanalytische Behandlung organischer Leiden. Leipzig: Hirzel. Auch in Psychoanalytische Schriften zur Psychosomatik, hrsg. v. G. Clauser. Wiesbaden: Limes 1966.

– (1921). Der Seelensucher. Ein psychoanalytischer Roman. Neudruck Berlin: Medusa 1979.

– (1923). Das Buch vom Es. Psychoanalytische Briefe an eine Freundin. Neudruck Frankfurt: Fischer 1979.

– (1964). Psychoanalytische Schriften zur Literatur und Kunst, ausgew. und hrsg. v. E. Roeder v. Diersburg. Wiesbaden: Limes.

– (1970). Der Mensch und sein Es. Wiesbaden: Limes.

– (1974). Verdrängen und heilen. Aufsätze zur Psychoanalyse und psychosomatischen Medizin, hrsg. v. M. Honegger. München: Kindler.

– (1976). Der Mensch als Symbol – Unmaßgebliche Meinungen über Sprache und Kunst. Neuausgabe, München: Kindler.

– (1978). Psychoanalytische Schriften zur Literatur und Kunst, ausgew. v. H. Siefert. Frankfurt: Fischer.

Roeder, E. von Diersburg (1961). G. Groddecks Philosophie des Es. Zeitschrift für philosophische Forschung, Bd. 15, 131–138.

Siefert, H. (1979). S. Freud, G. Groddeck und die psychosomatische Medizin. In Praxis der Psychotherapie und Psychosomatik, Bd. 24, 63–78.

Will, H. (1984). Die Geburt der Psychosomatik. München: Urban & Schwarzenberg.

Franz Alexander

Einleitung

Franz Alexander wurde am 22. 1. 1891 in Budapest geboren. Sein Vater war Philosophieprofessor und wurde mit seinen weitläufigen Interessen für den Sohn vorbildlich. Zunächst wollte Alexander Archäologie studieren, entschloß sich dann aber zum Medizinstudium, das er in Göttingen begann. Nach der Teilnahme am Ersten Weltkrieg ging er nach Berlin, wo er der erste Student am dort gegründeten Psychoanalytischen Institut unter Karl Abraham wurde. Später absolvierte er eine Ausbildung bei Sigmund Freud in Wien und ergänzte sie durch eine Lehranalyse bei Hanns Sachs. So vorbereitet, wurde er Assistent am Berliner Institut. 1920 erhielt er von Freud einen Preis für die beste klinische Abhandlung des Jahres unter dem Titel *Kastrationskomplex und Charakter;* 1927 veröffentlichte er sein Buch *Psychoanalyse der Gesamtpersönlichkeit.* Im Rahmen seiner Institutsarbeit interessierte sich Alexander auch für die Probleme der Kriminalpsychologie, und es entstand mit Hugo Staub zusammen das Buch *Der Verbrecher und seine Richter. Ein psychoanalytischer Einblick in die Welt der Paragraphen* (1929).

Da unter Alexanders Schülern und Ausbildungskandidaten viele Amerikaner waren, wurde er 1930 in die USA eingeladen und bekam das Angebot, in Chicago zu arbeiten. Außerdem erhielt er bald darauf an der dortigen Universität den ersten Lehrstuhl für Psychoanalyse. Da er sich jedoch im Universitätsmilieu, wo die Vorurteile gegen die analytische Therapie noch allzu groß waren, nicht wohl fühlte, beendete er vorerst seine Lehrtätigkeit und gründete das Chicagoer Institut für Psychoanalyse, dessen Direktor er 25 Jahre lang blieb. Unter seiner Leitung wurde wichtige psychoanalytische Forschungsarbeit geleistet.

1938 wurde er Professor für Psychiatrie an der Universität von Illinois; während seiner Lehrtätigkeit trug er viel zur Annäherung von psychiatrischem und tiefenpsychologischem Denken bei. Besonders konzentrierte er sich auf die Probleme der Psychosomatik, wobei er als Mitarbeiter hervorragende Wissenschaftler, wie etwa Flanders Dunbar, Stanley Cobb und Carl Binger, gewinnen konnte. Mit ihnen zusammen gab er die Zeitschrift *Psychosomatic Medicine* heraus, die im wesentlichen von seiner Geisteshaltung bestimmt wurde. In einem vielbeachteten

Buch über *Psychosomatische Medizin* (1950) hat Alexander seine Erkenntnisse über die seelischen Ursachen körperlichen Krankseins eindrucksvoll zusammengefaßt.

1956 wurde Alexander zum Direktor des psychiatrischen Forschungs-Departements am Mount Sinai Hospital in Los Angeles ernannt. Dort widmete er umfangreiche Studien der Untersuchung des psychotherapeutischen Prozesses. Auch wandte er sich allgemeinen Kulturfragen zu, über die er 1960 sein Buch *The Western Mind in Transition* publizierte. Dieses Werk enthält einen autobiographischen Kern, befaßt sich aber auch mit den wissenschaftlichen, philosophischen, künstlerischen und allgemein-zivilisatorischen Wandlungen unserer Epoche.

Alexander war eine Schlüsselfigur der amerikanischen Psychoanalyse, zu deren akademischer und öffentlicher Geltung er entscheidende Leistungen erbracht hat. Er war nicht nur Fachmann für die psychoanalytische und die psychosomatische Spezialwissenschaft, sondern auch ein Mann von universalem geistigen Horizont und Engagement: Freuds Vorbild scheint in ihm stets lebendig geblieben zu sein. Am 8. März 1964 ist er in Palm Springs (Kalifornien) gestorben.

Psychoanalyse der Gesamtpersönlichkeit

Alexander eroberte sich rasch Freuds Wertschätzung; seine Arbeiten wurden mit großem Respekt aufgenommen. So publizierte er *Einige unkritische Gedanken zu Ferenczis Genitaltheorie* (1925), die Freud „mit besonderem Vergnügen" las; an Ferenczi schrieb er:

> Der Junge ist doch etwas außergewöhnlich Gutes, eine so feine Arbeit habe ich lange nicht gelesen, sie macht ihm Ehre (Zit. n. Jones, *Sigmund Freud,* 1957, Band III, S. 140).

Am 17. Mai 1926 schrieb Freud an Alexander selbst unter anderem:

> Lieber Herr Doktor!
> Überflüssig Ihnen zu versichern, daß mich Ihr Brief sehr gefreut hat. Vielleicht ebenso überflüssig zu wiederholen, daß wir Sie alle zu den stärksten Hoffnungen für die Zukunft zählen (Jones, l. c., S. 516).

Dieses hohe Lob erwarb sich Alexander anläßlich der Veröffentlichung seines Buches *Psychoanalyse der Gesamtpersönlichkeit. Neun Vorlesungen über die Anwendung von Freuds Ichtheorie,* 1927, dem Freud nachrühmte, daß es seinen eigenen Abstraktionen Leben eingehaucht habe.

Es handelt sich um zwei Vorlesungsreihen, die Alexander 1924 und 1925 im Berliner Psychoanalytischen Institut gehalten hatte. Man merkt dem Text an, daß der Autor sich stark mit Freud identifiziert hatte; bis in den Stil und in die Gedankenführung hinein kopiert er dessen *Vorlesungen zur Einführung in die Psychoanalyse*. Sein Überblick über die tiefenpsychologische Theorie und Praxis war tatsächlich imponierend. Auch scheint er begriffen zu haben, daß die „Ich-Psychologie" zum zukunftsreichsten Gebiet der Psychoanalyse werden sollte. Heinz Hartmanns Arbeit über *Ichpsychologie und Anpassungsproblem* (1939) wurde dann wegweisend für dieses Feld der Forschung, auf dem neue Horizonte erschlossen wurden.

In *Psychoanalyse der Gesamtpersönlichkeit* erscheint Alexander als orthodoxer, konservativer Freudianer, der alle Lehren seines Meisters ohne kritische Einwände referiert. Aus heutiger Sicht ist manches davon schwer zu assimilieren. So wird zum Beispiel vom Fall einer verheirateten Frau im mittleren Alter berichtet, die Mutter dreier Kinder war und an Platz- und Straßenangst litt. Sie konnte nicht allein auf die Straße gehen, da sie die Vorstellung hatte, sie würde ohnmächtig hinfallen; in Begleitung verschwand diese Angst.

Am meisten ängstigte sie sich in belebten Straßen, zum Beispiel Tauentzien-, Leipziger- und Friedrichstraße (in Berlin). Da auf diesen Straßen die Prostitution blühte, gelangte Alexander zur Deutung, die Platzangst habe den Sinn, unbewußte Prostitutionsphantasien niederzuhalten. Es muß für die gutbürgerliche Dame ein gewaltiger Schock gewesen sein, daß ihre Ängste als Prostitutionswünsche interpretiert wurden; wir möchten bezweifeln, daß eine solche Interpretation den Heilungsprozeß entscheidend gefördert hat.

In einem anderen Fall berichtet Alexander von einem vierzigjährigen Transvestiten, der seine sexuelle Befriedigung fand, wenn er als Dienerin verkleidet einer „strengen Herrin" dienen konnte. Er verlangte nicht Schläge von der dominierenden Frau, sondern lediglich ein Waschverbot: Schmutzig zu sein bildete den Kern seiner masochistischen Phantasien, mittels derer er sich den Orgasmus verschaffen konnte. Im Geiste der damaligen Psychoanalyse wurde nun das „Urtrauma" gesucht, auf das dieses seltsame Verhalten „zurückgeführt" werden konnte. Man fand es schließlich im pädagogischen Verhalten einer sadistischen Erzieherin in den Kindheitsjahren, die den Knaben wegen einer Missetat in den Kamin gesperrt hatte. Darauf folgten Transvestitionstendenzen; der Junge versuchte sich durch Anziehen von Frauenkleidern mit dem als überwältigend empfundenen weiblichen Geschlecht zu identifizieren.

Hiervon wird nun seine Perversion abgeleitet: nach heutigen Begriffen eine „Schmalspuranalyse". Die Theorie der Perversionen wurde erst in den dreißiger und vierziger Jahren (V. v. Gebsattel, H. Kunz, E. W. Straus, M. Boss u. a.) auf einem erweiterten anthropologischen Fundament aufgebaut.

Das Eindrucksvollste an diesem frühen Text von Alexander ist wohl seine „allgemeine Krankheitstheorie auf der Grundlage der Trieblehre von Freud" (S. 195 f.). Darin wird Freuds Alterskonzeption vom Gegeneinanderwirken des Eros und des Todestriebes (Thanatos) im Menschen auf eigentümliche Weise fruchtbar gemacht. Freud sah in diesen beiden Grundtrieben mythische Wesenheiten, die das Lebensgeschehen ausmachen. Nur durch sinnvolle Legierung von Liebe und Destruktion könne der Mensch überleben; wo es zur Triebentmischung komme, wende sich der Todestrieb nach innen oder nach außen und erscheine als Selbst- oder Fremddestruktion.

Diese metaphysische Lehre wurde von vielen Freud-Schülern nicht akzeptiert, da man sie als pessimistisch und vor allem als wissenschaftlich kaum begründbar ansah. Alexander versucht dennoch, diese an Platon und Empedokles erinnernde Theorie anzuwenden und eine Krankheitsdeutung zu formulieren, die Eros und Destruktion als den Schlüssel zu fast jeglichem Krankheitsgeschehen aufzeigt. Aus der Psychoanalyse ergibt sich, daß der Mensch erkrankt, wenn er einen „Objektverlust" erleidet, das heißt, wenn sein Liebesverlangen durch Partnerverlust irgendwelcher Art frustriert wird. In vielen Fällen können Menschen solchen Liebesentzug nicht durch neue Bindungen ausgleichen. Auch sind sie nicht in der Lage, die „freigewordene Libido" auf ihr eigenes Ich zu konzentrieren: Verlust an Objekten sollte „normalerweise" dazu führen, daß man das eigene Ich pflegend und liebend behandelt, damit es zu neuer Beziehungsaufnahme fähig wird.

Wo infolge bestimmter (frühkindlicher) Entwicklungsvoraussetzungen eine derartige Flexibilität des Trieb- und Emotionallebens nicht besteht, kann Frustration in der Liebe eine „Entmischung" von Eros und Todestrieb einleiten. Die durch Liebe nicht mehr gemilderte Aggression kann sich nach außen entladen und wird zur Belastung der Umwelt, die unter aggressiven Menschen sehr zu leiden hat. Oft kommt aber die Aggression gegen die Umgebung infolge von Angst und Hemmung nicht zum Ausbruch; dann muß sie sich nach innen kehren, wo sie unter noch unbekannten Bedingungen Krankheitsphänomene auslöst. Krankheit wird so zur selbstverursachten „Leistung des Subjekts", das seine Trieb- und Gefühlsprobleme am erkrankten Organ abreagiert. Da dieses meistens Pflege und Fürsorge erfordert, kann man auch die „unbeschäftigte Libido" in der Erkrankung nutzbar machen. Die Patienten reden von ihren Symptomen, von der gestörten Körperfunktion und vom erkrankten Leib oft mit einer Hingabe, die eigentlich einem Liebespartner zu gönnen wäre. Daraus wird verständlich, warum Krankheiten leichter heilen, wenn der Erkrankte neue Hoffnung zum Leben und Lieben in sich entwickeln kann. Eine Heilkunde, die dieses Namens würdig wäre, muß demnach nicht nur den Körper untersuchen und behandeln, sondern auch die Gesamtsituation des Patienten, der öfter an Hoffnungslosigkeit und enttäuschter Liebe als an Bakterien und Viren erkrankt. – Mit diesen Überlegungen befindet sich Alexander bereits auf dem Wege zur Psychosomatik, in deren Bereich er seine wichtigsten wissenschaftlichen Leistungen vollbringen sollte.

Psychoanalytische Kriminologie

Wertvolle Pionierarbeit leistete Alexander auf dem Gebiet der Kriminalpsychologie, als er zusammen mit dem Juristen Hugo Staub – der sein Schüler war – das Buch *Der Verbrecher und seine Richter. Ein psychoanalytischer Einblick in die Welt der Paragraphen* (1929) herausgab. Dieses Werk ist unter dem Titel *Psychoanalyse und Justiz* von A. Mitscherlich 1971 wiederveröffentlicht worden, wobei auch Theodor Reiks Abhandlung *Geständniszwang und Strafbedürfnis* (1925) in den Sammelband aufgenommen worden ist.

Es ist naheliegend, die psychoanalytischen Neurosenbefunde auf den Kriminellen und die kriminellen Delikte zu übertragen. August Aichhorn hatte schon 1925 in seinem Buch *Verwahrloste Jugend* eine Psychologie der Asozialität geliefert, die als wegweisend empfunden wurde. Nun äußerten sich auch Alexander und Staub zur „Theorie des Verbrechens", wobei sie im großen und ganzen Anregungen von Freud folgen konnten.

Wie das moderne Strafrecht interessiert sich die Psychoanalyse nicht nur für die delinquenten Taten, sondern auch – und vor allem – für den Täter, dessen Tat-Motive sie untersuchen will. Ohne Erkenntnis der Psyche des Kriminellen ist seine Tat rätselhaft und meist unerklärlich. Man kann natürlich auf biologische Dekadenz und Degeneration schließen, aber das moderne Bewußtsein sträubt sich gegen solche Hypothesen, die durch nichts bewiesen sind. Im psychoanalytischen Sinne ist der Kriminelle „ein Mensch wie wir alle"; nicht qualitative, sondern quantitative Bestimmungen unterscheiden ihn vom Nicht-Delinquenten, so daß ermittelt werden muß, warum er in seine Delinquenz hineingerät.

Freud definierte das Kind als ein zunächst unsoziales Wesen, das mühevoll durch Erziehung und Kultureinwirkung „sozialisiert" werden muß. Auf diesem schwierigen Wege von der angeborenen Triebhaftigkeit zur späteren Sozialeingliederung sind viele Entgleisungen möglich: die orale Entwöhnung, die Reinlichkeitserziehung, die Zähmung primitiver Eitelkeit und die „ödipale Situation" stellen Kreuzwege der Entwicklung dar, an denen die Sozialisation entweder in die Neurose oder in die Kriminalität einmünden kann. Alexander und Staub betonen dies schon am Beginn ihres Buches:

> Es soll schon an dieser Stelle hervorgehoben werden, was unsere spätere Darstellung erweisen wird: daß Psychoneurose und Kriminalität soziale Anpassungsdefekte sind, die sich weniger in ihrem psychologischen Inhalt, als vielmehr in ihrer Dynamik unterscheiden. Beide, Neurotiker und Verbrecher, sind an dem Unvermögen gescheitert, ihre konfliktvollen Beziehungen zu der Familie in sozialem Sinne zu lösen. Was der Neurotische in für die Umgebung harmlosen Symptomen symbolisch zur Darstellung bringt, führt der Kriminelle in realen Handlungen aus. Dieser wichtige Umstand eröffnet uns die methodologische Möglichkeit, den psychischen Inhalt der kriminellen Tat aus der Psychoanalyse der Neurosen zu verstehen (*Psychoanalyse und Justiz,* 1971, S. 236).

Führt man jedoch den Begriff des Unbewußten aus der Neurosenlehre in die Kriminalpsychologie ein, dann erhebt sich die große Frage, ob man noch von Verantwortung, Schuld, Sühne, Strafe und Willensfreiheit sprechen kann. Dem neurotisch erkrankten Menschen billigen wir zu, daß er seine Symptome unwillkürlich produziert und nicht dafür angeschuldigt werden kann, solange er nicht die innere Symptomdynamik durchschaut und den Stellenwert seiner Dysfunktionen innerhalb der gesamten Lebensführung und Lebensgeschichte begriffen hat. Erst wenn er um die Entstehung und Bedeutung seines Symptoms Bescheid weiß, kann er es bewußt „in den Griff bekommen". Vorher nützen Ermahnungen und Willensbestrebungen nichts.

So gesehen enthält die Psychoanalyse einen Sprengstoff, der einen Teil der bisherigen Justiz aus den Fugen heben könnte. Daher haben Richter und Staatsanwälte „Widerstände" gegen die psychoanalytischen Lehren, die ihnen Einblick in die Gemütsbeschaffenheit der Täter verschaffen und damit viele „Schuldsprüche" entkräften. Die Autoren sind aber diplomatisch genug, um die Vertreter der Justiz nicht vor den Kopf zu stoßen. Sie schaffen eigens eine Rubrik der „neurotischen Verbrecher", für die sie eine analytische Aufklärung der Delikte fordern; daneben aber behaupten sie, daß es auch „normale Kriminelle" gibt, die keine „Symptomdelikte" begehen, sondern „einfach" gemäß ihrem asozialen Über-Ich ihre aggressive oder perverse Triebhaftigkeit abreagieren. Diese Einteilung, die vom heutigen Standpunkt aus gesehen problematisch ist, sollte wohl um 1930 das Anstößige an der psychoanalytischen Kriminologie mildern, indem man nur jene Kriminelle in Schutz nahm, die aus „innerpsychischen Konflikten heraus" delinquent werden.

Jedenfalls betonen die beiden Autoren, daß man bei Neurotikern und Kriminellen die Reichweite der bewußten Kontrolle erweitern kann, sofern man solche gestörte Menschen einer Psychoanalyse unterzieht; das Fernziel derartiger Bestrebungen müßte sein, Bestrafung durch Behandlung und Heilung zu ersetzen. Richter und Staatsanwälte, die psychoanalytische Erkenntnisse erwerben, werden sich besser in Menschen mit delinquenten Schicksalen einfühlen können. Sie werden auch dazu beitragen, daß innerhalb der Gesellschaft der primitive Racheaffekt überwunden wird, den wir immer noch gegen Kriminelle hegen, ähnlich wie man vor Jahrhunderten noch hysterische Frauen als „Satansbrut" dem Scheiterhaufen überantwortete.

Alexander und Staub wollen die Strafjustiz keineswegs abschaffen, sondern sie lediglich humanisieren. Der Psychoanalytiker im Strafprozeß soll nicht blindlings alles entschuldigen, was der Täter getan hat: Er soll aber als Sachverständiger begreiflich machen, wie individuelle und soziale Verstrickungen den Menschen in Delikte hineintreiben können, denen er selbst beinahe als ein Fremder gegenübersteht. Auch soll er den in der Gesellschaft üblichen Irrtum zerstören, daß die Strafe unter heutigen Gefängnisbedingungen irgend jemanden bessern kann; sie wirkt nicht einmal abschreckend, wie oft doziert wurde. Viele Delinquenten sind sogar infolge ihrer sadomasochistischen Gemütsverfassung von einem „unbewußten Strafbedürfnis" getrieben; die Strafe besänftigt ihre auto-aggressiven Regungen, so daß sie hernach wieder unbekümmerter gegen die Gesellschaft handeln können. Freud hat den „Verbrecher aus Schuldgefühl" (ähnlich wie vor ihm Nietzsche) beschrieben, bei dem die *vorbestehenden* Schuldgefühle zum Motiv der Tat werden. Und diese kommen erst zur Ruhe, wenn Bestrafung eingetreten ist, wonach sich der Teufelskreis wieder in Gang setzt.

Anhand von einigen lebendig beschriebenen Fällen zeigen Alexander und Staub, wie hilfreich die Psychoanalyse in der Prozeßordnung sein kann. Der erstere hat dann in den USA diese Forschungen weitergeführt und 1935 zusammen mit William Healy das Buch *Roots of Crime* publiziert. Andere Autoren sind in seine Fußstapfen getreten; so etwa Paul Reiwald mit seiner Untersuchung *Die Gesellschaft und ihre Verbrecher* (1948). Im deutschen Sprachbereich hat sich auch Tilmann Moser (*Jugendkriminalität und Gesellschaftsstruktur,* 1970) für die psychoanalytische Kriminologie eingesetzt. Es bleibt aber in der Zukunft noch vieles in dieser Richtung zu tun.

Pionierarbeit in der Psychosomatik

Schon sehr bald merkten die Psychoanalytiker, daß ihre Betrachtungsweise auch auf Organkrankheiten angewendet werden kann. In Konfliktsituationen, die bei bestimmten Patienten den Ausbruch einer Neurose erwarten lassen, tritt sehr häufig eine somatische Störung auf, die wie ein „Neurosenersatz" anmutet. Die Überlegung war naheliegend, daß zumindest ein Teil der organischen Erkrankungen auf denselben Gesetzmäßigkeiten beruht, wie wir sie aus der Neurosenlehre kennen. Vorgänge wie „Objektverlust", seelische Frustrationen, Versuchungs- und Versagungssituationen, langdauernde Verängstigungen können ebenso Krankheitsursachen sein wie Bazillen, Bakterien, Viren und andere Kleinstlebewesen. Aus der Psychoanalyse ergaben sich fast zwangsläufig die Ansätze zu einer psychologischen Medizin, die den kranken Menschen ganz anders zu beurteilen und zu erfassen vermochte als die Medizin des späten 19. Jahrhunderts.

Diese war einseitig materialistisch und naturwissenschaftlich orientiert. Sie anerkannte lediglich materiell greifbare Krankheitsfaktoren, und eines ihrer Ideale war, für jede Erkrankung die spezifische „handfeste Ursache" zu finden, die sich mit materiellen Hilfsmitteln (Chirurgie, Chemotherapie usw.) beseitigen ließe. Physik, Chemie, Biologie usw. galten als die Grundlagenwissenschaften dieser Heilkunde, die die Krankheit als Störung in der *Maschine Mensch* respektive im *Menschentier* verstand. Der Arzt selbst fühlte sich hierbei als hochqualifizierter Techniker oder Veterinär, der zu seinen Patienten durchwegs in einem Subjekt-Objekt-Verhältnis stand.

Mit dieser nüchternen und sachbezogenen Haltung vermochte man tatsächlich sehr viele Körper-Irritationen zu enträtseln und therapeutisch anzugehen. Dennoch wuchsen die Bäume der naturwissenschaftlich-materialistischen Medizin nicht in den Himmel. Sie scheiterte zum Beispiel an den Neurosen, für die man im Körpergeschehen vergeblich nach Ursachen suchte. Es war Freuds revolutionäre Tat, daß er – zusammen mit Josef Breuer – anhand der Hysterien zeigen konnte, wie wichtig seelische Faktoren für körperlich in Erscheinung tretende Krankheiten sein können. Damit wurde ein neues Prinzip in die medizinische Fachwissenschaft eingeführt: Gefühle, lebensgeschichtliche Ereignisse, Einstellungen und Motivationen, Beziehung zum eigenen Ich und zur Umwelt rückten in den Rang von Krankheitsdeterminanten auf, was in der Ära vor Freud noch als phantastischer Irrtum angesehen worden war. Es war ein Affront für die „exakten Wissenschaftler" im weißen Ärztekittel, daß sie sich nun um das Innenleben ihrer Patienten bemühen sollten. Verstehen einer Erkrankung heiße unter Umständen, den ganzen Menschen und seine Schicksale zu begreifen, was nur möglich sei, wenn man über längere Zeit hinweg mit dem Patienten eine dialogisch-partnerschaftliche Beziehung eingehe.

Die meisten Mediziner waren nicht geneigt, Freud auf seinem steilen und von Vorurteilen übersäten Weg zu folgen. Schließlich gab man gezwungenermaßen die Funde der Neurosenpsychologie und -therapie zu, weigerte sich aber, diese Denktechniken auf die somatische Medizin zu übertragen. Einzelne psychoanalytische Forscher erkämpften dann die Zugänge zur Psychosomatik, das heißt zum Konzept der seelischen Ursachen körperlichen Krankseins. Franz Alexander leistete in diesem Bereich bahnbrechende Arbeit, die weltweite Bestätigung und Anerkennung gefunden hat.

In seinem Chicagoer Institut für Psychoanalyse begann er 1933 mit Untersuchungen zur psychosomatischen Grundlagenforschung, die er 1950 unter dem Titel *Psychosomatic Medicine* herausgab. Das Buch wurde in mehrere Fremdsprachen übersetzt, selbstverständlich auch ins Deutsche. Sehr einprägsam schildert der Autor, wie die moderne Heilkunde nach langen Um- und Irrwegen den „kranken Menschen" wiederentdeckte, den sie im Laufe des 19. Jahrhunderts beinahe aus den Augen verloren hatte. Psychiatrie und Psychoanalyse waren das Ferment in der Umwandlung der versteinerten Verhältnisse, die durch ein Übermaß an Naturwissenschaft und Technologie in der Medizin entstanden waren. Freuds Beitrag zu einer menschengemäßen Diagnostik und Therapeutik kann kaum hoch genug eingeschätzt werden. Aber auch die Gestaltpsychologie, die Neurologie und die Endokrinologie trugen viel zur Veränderung des geistigen Klimas bei, wodurch man lernte, nicht nur nach den „Ursachen", sondern auch nach dem „Sinn" des Krankseins zu fragen.

Alexander findet es notwendig, zwischen Konversionsneurose, vegetativer Neurose und psychogener organischer Störung zu unterscheiden. In der Konversionshysterie beispielsweise zeigt die Patientin körperliche Symptome (etwa eine hysterische Beinlähmung), die als unbewußte „Ausdrucksbewegung" (wie Lachen und Weinen) gedeutet werden kann. Das gelähmte Bein kann „sagen", daß die Kranke fühlt, „es gehe mit ihr nicht vorwärts".

Anders bei vegetativen Neurosen: Sie bekunden einen psychophysischen Spannungszustand (plus Hemmung), der Organe in ihrer Funktion stört, aber schwerlich „ausdruckspsychologisch" eingeordnet werden kann. Jedenfalls kommt es hier nicht zu „symbolischen Ausdrucksphänomenen"; Alexander interpretiert die vegetativen Symptome als Anpassungsvorgänge in Ausnahmezuständen. Aber auch hier greift das Seelenleben tief ins Körpergeschehen ein und kann zu Funktionsentgleisungen führen, die sich schließlich in bleibenden Schädigungen des somatischen Substrates niederschlagen. Das ergibt dann die „psychogenen organischen Störungen", die sich an Zahl und schicksalhafter Tragweite durchaus mit den bakteriellen Erkrankungen messen können.

Das Wort „Psychosomatik" legt bedauerlicherweise die Auffassung nahe, als ob es eine „Psyche" und ein „Soma" gebe, die sich wechselseitig beeinflussen können. Natürlich ist das nicht so gemeint: das Seelische ist ein Teil der organismischen Gesamtfunktion. Leib und Seele sind nur zwei Aspekte des einheitlichen und ganzheitlichen Funktionierens des Lebewesens Mensch. Dennoch ist es aus praktischen Gründen üblich, von seelischen und somatischen Faktoren zu sprechen. Mit dem „Seelischen" meint man, grob gesprochen, das Verhältnis zu sich selbst und zu den Mitmenschen, die triebhaft und emotional fundierten Beziehungsmuster, in denen ein Mensch lebt. Neu ist die Einsicht, daß Lebensgeschichte und Beziehungsschicksale alle Organfunktionen beeinflussen.

Noch wissen wir nicht genau, warum Konfliktkonstellationen im einen Fall eine Neurose, im anderen Fall eine „Organkrankheit" und im dritten Fall möglicherweise eine Psychose hervorrufen. Hier ist viel Raum für Konstitutions-Spekulationen, bei denen sich das Für und Wider im Unbestimmbaren und Nebulosen verlieren.

Die Psychoanalyse jedoch ist gewohnt, lebensgeschichtlich zu forschen, bis sie an jenes X stößt, daß wir „Anlage", „Erbmasse" oder „Zufall" nennen. Da sie mit ihren Methoden sehr vieles klarstellen kann, was sonst im Dunkel der Unwissenheit verbleiben würde, ist sie in allen Krankheitsbereichen ein unentbehrliches Diagnose- und Therapiemittel, das durch nichts ersetzt werden kann.

Psychosomatische Krankheiten sind Reaktionen des Menschen im

Rahmen seiner gesamten Lebensführung. Sie entspringen unbewußten Kampfhaltungen oder Fluchttendenzen, die durch eine spezifische Lebenssituation „hervorgerufen" werden. Wie ein Mensch eine bestimmte Konstellation in der Liebe, in der Arbeit und in der Mitmenschlichkeit empfindet, können wir nur verstehen, wenn wir seine individuelle Werdensgeschichte (bis in die früheste Kindheit hinein) zur Kenntnis genommen haben. Dann begreifen wir unter Umständen, warum er auf gewisse Anforderungen des Lebens mit einer Erkrankung „antwortet". Können wir ihm diese ungute Antwort erklären und einsichtig machen, dann bahnen wir unwillkürlich auch den Weg zu einer reiferen und gesünderen Stellungnahme, die der Krankheit nicht bedarf, um irgendwelche Konflikte lösen zu können.

Alexander und sein Forscherteam suchten für jede psychosomatische Störung spezielle emotionale Auslösefaktoren. Nach ihrer Theorie gibt es „Persönlichkeitstypen", die für bestimmte Krankheiten „disponiert" sind; sodann aber gibt es auch spezielle Konfliktlagen, die zur Ausbildung gewisser Organkrankheiten „tendieren". Dieses Zusammenwirken von Persönlichkeitsartung und Konfliktsituation muß bei psychosomatischen Krankheitsfällen sorgfältig studiert werden. Der globale Hinweis auf die „psychische Verursachung" nützt dem Kranken nicht viel; man muß ihm sagen können, auf welche Konstellation er mit „krankhaften Mitteln" reagiert, damit er den „Teufelskreis" abstellen kann, in den er hineingeraten ist. Alexander neigt dazu, die *pathologische Lage* für noch wichtiger als die *pathologische Persönlichkeit* zu halten, und hat deshalb für die häufigsten psychosomatischen Irritationen Situationsfaktoren-Modelle ausgearbeitet. Wir referieren nur einige Ausschnitte aus seinen reichhaltigen Überlegungen.

1. *Störungen des Magen-Darm-Traktes:* Hier hat man mit Krankheitsbildern, wie zum Beispiel Eß- und Appetitstörungen, Anorexia nervosa (Magersucht), nervösem Erbrechen, Kardiospasmus, Magengeschwür, Zwölffingerdarmgeschwür, chronischem Durchfall, spastischer Kolitis und Colica mucosa (Dickdarmentzündungen), chronischer psychogener Verstopfung und anderem mehr zu tun. Bei allen diesen Krankheiten muß man sich daran erinnern, daß Essen und Ausscheiden zwei stark vom Psychischen abhängige Funktionen sind. Die Psychoanalyse hat die entwicklungsgeschichtlichen Probleme beider Organ- und Existenzbereiche unter dem Titel der „oralen" und „analen" Phase der Libidoentwicklung beschrieben. Darin wird gezeigt, daß die Kinder nur dann gut essen, verdauen und ausscheiden lernen, wenn sie mit ihren frühkindlichen Kontaktpersonen in einem guten gefühlsmäßigen Austausch ste-

hen. Beziehungsstörungen führen zu Anomalien des Eß- und Defäzier-Verhaltens, an denen man einen feinen Indikator der allgemeinen Sozialisierung des Menschenkindes besitzt. – So entspringt etwa das Magengeschwür einem inneren Konflikt zwischen passivem Gefüttertseinwollen und aktivem Unabhängigkeitsstreben. Solche Patienten können in dauernder Verdauungsbereitschaft sein, weshalb sie ihre Magenschleimhaut mit der körpereigenen Säure „auffressen". Ehrgeizhaltung und Aggressivität bei verdrängten Anlehnungswünschen können zur Ulceration des Magens führen, den man durch Medikamente vorübergehend „beschwichtigen" kann, wobei die Fehleinstellung des „Magenneurotikers" nur durch Psychotherapie ernstlich zu verändern ist. Meistens greift der Chirurg zum Operationsmesser und entfernt den Übersäuerungsmagen, so daß sich die Neurose ein anderes Organ zur Manifestation suchen muß. Besser wäre es jedoch, den oft „leistungsfanatischen" Ulcustyp zur „Gelassenheit" anzuleiten, damit er in seinem Autonomiestreben nicht seine naturgegebene biologische Basis zerstört. – Auch Verstopfung und Durchfall haben mit den Problemen der Hingabe und Selbstbehauptung, des Gefühlsaustausches und des Leistungswillens, des Selbstseinkönnens und der Beziehungsfähigkeit einen viel engeren Konnex, als sich dies die traditionelle Organmedizin träumen ließ.

2. *Störungen der Atmungsfunktion:* Hinsichtlich des Bronchialasthmas erkannte die Chicago-Gruppe, daß es symbolisch einen „Schrei nach der Mutter" bedeuten kann; spätere Autoren haben beigefügt, daß es sich auch um einen „Schrei gegen die Mutter" handelt. Tatsächlich sind es oft Menschen, die von der Mutter abgelehnt wurden und in einem emotionalen Vakuum aufwuchsen. Dies führt zur Ichschwäche, die sehr ins Gewicht fällt, wenn jählings Situationen auftreten, in denen Autonomie gefordert wird. Der verängstigte Patient „regrediert" dann gleichsam in den Säuglingszustand, den er in seiner Atemnot drastisch dokumentiert. Das unverarbeitete Trauma der Trennung von der Mutter ist die psychologische Grundlage des Asthmaanfalles, der durch die körperlichen Allergiereaktionen allein meistens nicht erklärt werden kann.

3. *Störungen der Herzfunktion:* Auch hier gibt es ein breites Spektrum von Krankheiten, die die Herzrhythmusstörungen, die essentielle Hypertonie (hoher Blutdruck), den Herzinfarkt usw. umfassen. Die Psychoanalytiker sprechen in diesem Zusammenhang von „chronisch gehemmten aggressiven Antrieben", die zum Beispiel den Blutdruck emporschnellen lassen. Die Verdrängung feindseliger Tendenzen bewirkt ein „Dampfkesselgeschehen"; oft sind beim Hypertoniker auch

die sexuellen Triebe unterdrückt, so daß er sich nirgendwo entspannen kann. Feindseligkeit zieht fast immer auch Furchtsamkeit nach sich, ein Faktor, der ebenfalls den Blutdruck erhöht. Man muß diese Patienten das „Leben und Lebenlassen" lehren, damit ihr Kreislauf nicht dauernd überfordert wird.

4. *Kopfschmerzen, Migräne:* Über den Migränepatienten schreibt Alexander unter anderem:

> Es hat den Anschein, als ob bei Migränekopfschmerzen der gleiche Zustand vorliegt, wie er schon beim Hypertonus beschrieben wurde – nämlich das Fehlen spezifisch-psychoneurotischer Symptome, die für den Abfluß aufgestauter Feindseligkeitsantriebe geeignet wären . . . Fromm-Reichmanns Beobachtungen, daß in diesen Fällen die feindselige neidische Einstellung spezifisch gegen intellektuelle Leistungen [anderer] gerichtet ist, könnte sich als signifikant betreffs der Organwahl erweisen. (l. c., S. 121).

Unzufriedenheit mit der eigenen Intellektualität im weitesten Sinne des Wortes könnte sich demnach in Kopfschmerz umsetzen!

5. *Hautkrankheiten:* Die Haut ist nicht nur ein wichtiges Stoffwechsel-, sondern auch ein Ausdrucksorgan: viele seelische Stimmungen und Verstimmungen spiegeln sich in der Haut wider, so daß man diesbezüglich die Haut mit dem Auge verglichen hat. Wahrscheinlich haben viele Hautkrankheiten mit „unbekannter Ursache" einen psychischen Hintergrund; fast sicher gilt dies für Ekzeme verschiedener Art, für Urtikaria (Nesselfieber), für plötzlichen Haarverlust (Alopecia areata) und plötzliches Ergrauen (Canities) sowie für Haut-Allergien.

6. Weitere psychosomatische Überlegungen äußert Alexander zu den *Thyreotoxikosen,* den *Ermüdungszuständen,* zum *Diabetes mellitus* (Zuckerkrankheit), zur *rheumatischen Arthritis* und zur *Unfallpersönlichkeit.* Der zum Unfall neigende Mensch zum Beispiel hat oft unbewußte Motive, die seinen Zusammenstoß mit der Umwelt buchstäblich herbeiziehen; oft geht dem ganzen Geschehen ein aggressives Gefühl gegen eine Beziehungsperson voraus, die man nicht attackieren will oder kann. Die Aggression bleibt dann im Subjekt in der Schwebe und sucht sich widerständige Objekte, an denen sie sich „bricht". Angst und Schuldgefühle motivieren solche Unfälle, die psychoanalytisch auch als „Selbstbestrafung" gedeutet werden. Ungestüme Menschen mit tiefem Groll gegen alle Autoritätspersonen verursachen mehr Unfälle als andere Charaktere, vor allem wenn sie ein strenges Über-Ich besitzen, das ihre Impulsivität drosselt und bis zum Explodieren zurückdrängt. – Selbstverständlich gehören auch die *Sexualstörungen* in den Bereich der

Psychosomatik. Alexander hat in seinem Buch dieses Kapitel durch seine Mitarbeiterin Therese Benedek abhandeln lassen. Hier verfügt die Psychoanalyse über einen besonders reichen Erfahrungsschatz: in der Neurosenpsychologie ist die Sexualität am längsten und am gründlichsten untersucht worden, so daß ihre leib-seelischen Implikationen auch für den Laien schon transparent sind.

Alexanders Buch ist ein Meisterwerk der ruhig-sachlichen Darstellungsweise, die in ihrer Nüchternheit wohl auch die Mediziner der alten Schule ansprechen und überzeugen kann. Die psychotherapeutischen Methoden werden in diesem Text nur kurz angedeutet. Es waren so viele Vorurteile über die Krankheitsgenese wegzuräumen, daß der Autor sich darauf konzentrieren mußte und die Therapiefrage mit Recht vernachlässigen durfte.

Prinzipien der Psychotherapie

Zu den theoretischen und praktischen Problemen der seelenärztlichen Behandlung nahm Alexander unter anderem in drei Publikationen Stellung; F. Alexander and T. M. French: *Psychoanalytic Therapy* (1946); *Fundamentals of Psychoanalysis* (1948); *The Scope of Psychoanalysis 1921–1961, Selected Papers* (1961). Vor allem der letztgenannte Band, der Untersuchungen aus vier Jahrzehnten enthält, gibt einen schönen Überblick über die Spannweite von Alexanders Interessen, die über seine eigentlichen Fachgebiete hinaus auch in die Soziologie, Politik, Ästhetik, Philosophie und Literatur hineinreichten.

Auf dem Gebiet der Therapie war Alexander ein maßvoller Neuerer, der das Freudsche Erbe weiterzuentwickeln versuchte. Die „amerikanische Szene" gab ihm Anlaß, das strenge orthodox-psychoanalytische Verfahren in etwas geschmeidigere Behandlungsmethoden umzuwandeln.

Natürlich sah auch er im Übertragungsgeschehen den eigentlichen Hebelarm der analytischen Kur. Gewiß soll der Patient „Erinnerungsarbeit" leisten, intellektuelle Einsicht in die Dynamik seiner Psyche erhalten und vielfältige emotionale und geistige Unterstützung bekommen. Was ihn aber wirklich aus den eingefahrenen Bahnen seines Verhaltens und Reagierens „heraushebt", ist nach Alexander die „emotional-korrigierende Erfahrung" in den Übertragungs-Auseinandersetzungen. Indem der Patient an entscheidenden Kreuzwegen seiner Behandlung erlebt, daß der Therapeut auf seine Verhaltensmuster anders – und verstehender – reagiert als seine Eltern und frühkindlichen Beziehungs-personen, gewinnt er den Mut zur inneren Umstrukturierung, die seine Persönlichkeit dauerhaft verändert.

Die Tatsache, daß sich die Neurose des Patienten in der Therapie in eine „Übertragungsneurose" umsetzt, ist ein fast gesetzmäßiges Ereignis in der analytischen Behandlungssituation. Zur Milderung dieser oft zugespitzten Bindung an den Therapeuten empfiehlt Alexander „Be-handlungspausen", in denen der Analysand Selbstbesinnung – ohne Kontrolle durch den Analytiker – vollbringen soll. Jede gute Therapie erfordert Nähe und Distanz zum Patienten; der geschulte Therapeut muß spüren, wann sein Schützling allzu nahe an ihn herangeht, das heißt, wann Distanzierungen notwendig und nützlich sind.

Auch soll man nie vergessen, daß eine Psychoanalyse nicht der Ersatz für das „gelebte Leben" sein kann. Dem verängstigten und kontaktar-men Patienten wäre es nicht selten ganz recht, sich behaglich in der Therapie einzurichten und die Lebensaufgaben ungelöst zu lassen, de-ren befriedigende Lösung er sich ohnehin nicht zutraut. Da ist es nun die Pflicht des Analytikers, dem Analysanden nach einem ausreichenden Geborgenheits-Angebot nahezulegen, sich in Arbeit, Liebe und Ge-meinschaft zu bewähren. Psychotherapie ist kein Selbstzweck: sie hat nur dann ihre Funktion erfüllt, wenn die Ichstärke und die Lebens-Effizienz des Behandelten merklich anwachsen.

Interessant ist Alexanders Auffassung über die Bedeutung der frühen Kindheitserinnerungen in der Therapie. Nach Freud war es eines der therapeutischen Ziele, die Frühkindheit bewußt zu machen; Bewußt-werdung von „Urszenen" hieß beinahe schon „Heilung". Alexander kann dem Sich-Erinnern keinen hohen Therapieeffekt beimessen. Er vertritt die These, daß das Wiedererscheinen der Kindheit im Gedächt-nis ein *Zeichen* des inneren Wachstums sei, nicht aber dessen *Ursache*. Der Sich-Entwickelnde kann sich an mehr erinnern als der Mensch in der Stagnation.

Alexander hebt bemerkenswerterweise hervor, daß sich die neuroti-schen Dynamismen des Patienten meistens sehr bald an den Behand-lungsstil des Therapeuten anpassen, so daß die Interventionen des letz-teren mit der Zeit eher unwirksam werden. Es stellt sich ein Mechanis-mus ein, der an ein Beispiel aus der Körpermedizin erinnert: neue Antibiotika können zunächst Bakterienstämme mühelos abtöten, aber nach und nach gewöhnen sich die Bakterien auch an die stärksten Mittel, bei deren Zufuhr sie weiterhin fröhlich gedeihen. Daraus ist für die Psychotherapie abzuleiten, daß der Analytiker seine Analysanden immer wieder durch neuartige Vorgehensweisen überraschen muß, um deren Entwicklung in Gang zu halten. Verfällt der Arzt in Routine, dann kommt es zu „Behandlungsgewöhnungen", die beide Beteiligte mehr oder minder einschläfern. Aber zumindest in diesem Bereich gibt es der Herr den Seinen nicht im Schlafe. Je wacher und flexibler der Patient durch die belebende Gegenwart seines therapeutischen Mentors wird, um so eher wird er den Anforderungen des Gemeinschaftslebens gewachsen sein.

Dabei kommt eine Dialektik zum Tragen, die für den Analysanden wertvoll ist: durch günstige Erfahrungen in der Übertragungssituation wird er imstande sein, außerhalb der Therapie gute Leistungen zu erbringen. Dadurch aber kann er das Übertragungserlebnis noch besser und tiefgründiger in sich aufnehmen, so daß er noch mehr arbeits- und liebesfähig wird. Solche Entfaltungen kann der Therapeut nur einleiten, wenn er für jeden Fall sozusagen eine eigene Methode erfindet.

Alexander plädiert für eine allgemeine Psychohygiene, die zur geistigen Ausrüstung von jedermann werden soll. Er kämpft für eine Kultur, die das Wissen um das unbewußte Seelenleben des Menschen voll und ganz integriert hat.

Psychologische Kulturanalyse

Man kann die Probleme unserer Zeit politisch, ökonomisch, geschichtlich, soziologisch usw. studieren. Alexander plädiert dafür, bei der Betrachtung der Verwirrungen unserer Epoche den „Faktor Psychologie" nicht zu vergessen, der uns Einblick in die verborgenen Motivationen der Menschen gewährt. Als Psychoanalytiker fühlte er sich angesichts des Zweiten Weltkrieges dazu gedrängt, auch eine Diagnose für unsere Epoche zu stellen; die Frucht dieser Überlegungen ist sein Buch *Irrationale Kräfte unserer Zeit. Eine Studie über das Unbewußte in Politik und Geschichte* (1942, dt. 1949). Er widmet dieses Werk seinen „beiden großen Lehrern Bernard Alexander und Sigmund Freud". Der erstere war sein Vater.

Da wir in einem Zeitalter der entfesselten Gewalt leben, sucht Alexander deren historische Ursprünge zu ermitteln. Er wendet sich zurück zum Anfang der Neuzeit, als die Menschen das Mittelalter hinter sich ließen und nach neuen Formen des Denkens und des Zusammenlebens suchten. Zunächst kam es zu utopischen Phantasien (Morus, Campanella, Bacon), die sich teilweise an Platons „Der Staat" anlehnten und in irgendeiner fernen Zukunft Träume der sozialen Vernunft oder der entwickelten Technologie ansiedelten. Der sogenannte „Frühsozialismus" (Owen, Fourier, Saint-Simon usw.) wollte dergleichen experimentell verwirklichen, aber die Versuche sozialer Neuordnungen scheiterten meistens kläglich. Realistischer war die liberale Philosophie des Bürgertums (Locke, Hume, Kant), die die Aufklärung zuwege brachte und weithin den Parlamentarismus durchzusetzen vermochte.

Alexander hat offenbar große Sympathie für die Denker der bürgerlichen Demokratie, indes er die Lehren der revolutionären Sozialisten eher mit Skepsis schildert. Bedeutende Fehler des Marxschen Systems sieht er zum Beispiel darin, daß Marx und Engels ihre Hoffnung auf Weiterentwicklung der Gesellschaft einzig und allein in die Revolution setzten, indes die Geschichte zu lehren scheint, daß friedliche Evolutionen uns besser und schneller voranbringen als gewaltsame Umstürze.

Zudem hat sich die Erweiterung der staatlichen Machtsphäre gar nicht als günstig erwiesen. Die Bürokratie und die mit ihr verbundenen militärischen und parteizentrierten Eliten wurden zu einer neuen herrschenden Klasse, die um nichts humaner ist als ihre kapitalistischen oder feudalistischen Vorgänger. Die „proletarische Welt" ist nicht schöner und menschenfreundlicher als die bürgerliche: Marx, Lenin und andere, die spöttisch auf ihre utopistischen Vorläufer herabblickten, waren viel mehr Utopisten, als sie selbst wußten und wahrhaben wollten.

Kenntnisreich schildert Alexander den Weg Deutschlands in die nationalsozialistische Misere als Produkt langdauernder historischer Fehlentwicklungen. Das deutsche Bürgertum wurde niemals so autonom und staatstragend wie etwa die bürgerlichen Gruppierungen in England, Frankreich und Amerika. Im Grunde war schon der imperialistische Staat Bismarcks ein Modell für den Faschismus, der sich nicht umsonst als Fortsetzer des aggressiven Preußentums verstand (Friedrich der Große wurde in der Hitlerzeit oft verklärt). Natürlich trieben auch der verlorene Krieg von 1914–18, Arbeitslosigkeit und Inflation, vor allem aber die Bedrohung der Bourgeoisie durch die machtvollen Arbeiterparteien breite bürgerliche Volksschichten in den Nationalsozialismus, der die Probleme der Zeit und der Welt auf dem Boden einer „kollektiven Psychose" zu lösen versprach. Für den Psychiater und Seelenarzt ist es von hohem Wert, das massenpsychotische Phänomen des Faschismus zu analysieren und damit den Menschen unserer Epoche deutlicher sehen zu lernen.

Alexander skizziert die Geschichte der „Gewaltphilosophie", die von Machiavelli über Fichte und Hegel zu Treitschke, Nietzsche, Pareto und

Sorel führt. Tatsächlich haben die Philosophen und Gesellschaftswissenschaftler, die sich von der Macht und Gewalt blindlings faszinieren ließen, das geistige Klima vorbereitet, in dem dann Nationalsozialismus und Faschismus gedeihen konnten. Gegen solche Ideologien, die vor allem in Krisenzeiten zahllose Gefolgsleute finden, muß wieder an die europäische Vernunfttradition angeknüpft werden, die Alexander besonders prägnant im Liberalismus, in der Psychoanalyse und in der Geschichte der Wissenschaften überhaupt repräsentiert sieht. Eine Synthese soziologischer, psychoanalytischer und politologischer Gesichtspunkte könnte seiner Meinung nach im Laufe der Jahre zu einer „Therapie der Gesellschaft" werden, durch welche die Gegenwartskultur den Weg „von der Unvernunft zur Vernunft" finden sollte.

Hier wird allerdings erkennbar, daß der politisierende Psychoanalytiker dazu neigt, kollektive Kulturphänomene zu vereinfachen, indem er die Konzepte, die ihm bei der Erfassung des Einzelmenschen hilfreich sind, allzu unvermittelt auf die Kultur anzuwenden versucht. Dies ist auch ein Vorwurf, den man den Neo-Freudianern (Fromm, Horney, Sullivan) gemacht hat. Alexander fühlt sich diesen Autoren nahe, verbleibt aber letztlich im Umkreis der orthodoxen Freudschen Lehre, die seines Erachtens von der Neo-Psychoanalyse zu global kritisiert worden ist.

Aber er korrigiert immerhin das Freudsche Menschenbild, das für seine demokratischen Lebensanschauungen nicht so recht als Fundament taugen will. Freud sah im Menschen fast ein wildes Tier, das nur mit Mühe domestiziert werden kann. Vor allem im Spätwerk des Begründers der Psychoanalyse kommt immer wieder die Formel vom „homo homini lupus" zum Vorschein, obwohl sie seit jeher zur Stützung autoritärer und aggressiver Ideologien verwendet wurde. Alexander meint zwar, daß der Mensch mit aggressiven Tendenzen ausgestattet sei, aber auch unausrottbare soziale Bedürfnisse in sich trage, die ihn dazu motivieren, mit den Mitmenschen in Solidarität und gegenseitiger Hilfe zusammenzuleben.

Die Demokratien hätten weit größere Chancen als die Diktaturen, die Krise der Epoche zu überleben; durch Erziehung und Kulturarbeit sei es möglich, die „einigenden oder zentripetalen Kräfte der Gemeinschaft" zu fördern, so daß Friede und Freiheit für alle denkbar werden.

Gewaltherrschaft und Eroberungspolitik sind nach Alexander pathologische Erscheinungen des Gesellschaftslebens. Man muß die Menschennatur regelrecht vergewaltigen, bis die Menschen fähig sind, ihre Artgenossen zu knechten oder gar zu töten. Was wir als Aggression im

Individual- und Völkerleben kennen, ist die Pervertierung normaler Expansionsbedürfnisse, die nur bei massiver Hemmung in den Sadomasochismus ausarten. Läßt man die Menschen frei, dann kooperieren sie lieber, als daß sie einander versklaven würden. Herrschaft und Knechtschaft sind gewissermaßen Überbleibsel aus der menschlichen Vorgeschichte, die in die Gegenwart hineinragen. Eine aufgeklärte Menschheit wird lieben und produktiv leben lernen, wobei ihr die Haßtiraden der Diktatoren kaum noch etwas zu sagen haben werden.

Wo sind die Ansätze zu einer solchen Zukunft einer humanen Gesellschaft und der „reifen Menschen", die sie zu tragen vermögen? Hier erliegt Alexander leider der Versuchung, in einer Art von „Emigranten-Mentalität" seine neue Heimat in den USA zu glorifizieren. Mit Recht lehnt er den bolschewistischen Antipoden der bürgerlichen Demokratie als verlogen und unfrei ab, aber er wird merkwürdig illusionär, wenn er daran geht, das „demokratische Amerika" zu beschreiben. Die amerikanischen Pioniere, die den wilden Westen bezwangen und sich den Weg durch die Steppen und Savannen bahnten, werden ihm unversehens zu Prototypen des „demokratischen Menschen", als ob es keinen Genozid an den Indianern gegeben hätte. Des weiteren fällt ein rosenrotes Licht auf die frühe amerikanische Republik, die sich vom englischen Mutterland loslöste und einen Staat der Farmer, Handwerker und Geschäftsleute gründete. Die Verdienste von George Washington, Thomas Jefferson und anderen seien unbestritten; man möge aber nicht vergessen, daß das freie republikanische Gemeinwesen in der westlichen Hemisphäre die Sklaverei der Neger zur Grundlage hatte, ein Faktum, das der Bürgerkrieg von 1861–65 nur sehr partiell zum Verschwinden brachte. Alexander sieht auch als höflicher Einwanderer darüber hinweg, daß die USA seit dem 19. Jahrhundert in der Weltpolitik eine ähnliche aggressiv-imperialistische Rolle gespielt haben wie etwa Deutschland, Japan, England usw.

Vernachlässigt man diese Einseitigkeiten, dann darf man das Buch *Irrationale Kräfte unserer Zeit* als den beeindruckenden Versuch eines Psychoanalytikers bewerten, aus der Enge seines Behandlungszimmers den Blick auf die Menschheit als Ganzes zu richten und eine Erziehung zu fordern, die nicht nur das Denken, sondern auch die Triebe und Leidenschaften sozialisiert; hiervon sei, wenn überhaupt, das Heil der Zukunft zu erhoffen.

Psychoanalyse und ihre Nachbar-Disziplinen

Vor die Frage gestellt, ob die Psychoanalyse eine Wissenschaft oder eine Weltanschauung sei, hätte Alexander gewiß eher für deren Wissenschaftscharakter optiert, obwohl er sich hiermit in einen bestimmten Gegensatz zu Freud selbst begab. Freud schuf eine „psychoanalytische Bewegung", die einen beinahe politischen Charakter hatte: in ihm war der Geist der Aufklärungsepoche lebendig, und so tendierte er darauf, eine Schülergruppe um sich zu sammeln, die sein Ideal der Vernunft und Vorurteilsfreiheit in die von pervertierten Trieben und Ängsten geplagte Welt hinaustragen sollte. Die frühen Freud-Anhänger fühlten sich zumindest teilweise als „seelenärztliche Revolutionäre", die nicht nur ein neues Kulturbewußtsein, sondern regelrecht auch eine neue Kultur heraufführen wollten. Alexander erinnert sich etwas nostalgisch an diese heroische „Kampfzeit" der zwanziger Jahre, in denen er zur Psychoanalyse stieß; aber er ist der Meinung, daß mit diesem prometheischen Heroismus nichts mehr auszurichten ist, da sich die Tiefenpsychologie Rang und Würde in der akademischen Welt erobert hat, wo sie auch seiner Auffassung nach hingehört.

Als Therapieform gehört sie nach Alexander zur Medizin überhaupt, als Theorie des menschlichen Unbewußten zur Psychologie und Psychiatrie. Das Chicago-Institut für Psychoanalyse war daher besonders bemüht, die Erkenntnisse Freuds und seiner Schüler mit diesen Nachbar-Wissenschaften zu verschmelzen. Auch wurden Brücken zur Erziehungswissenschaft, zur Ethnologie (M. Mead, R. Benedict, G. Bateson und andere), zur Soziologie usw. geschlagen; unter Alexanders behutsamer Leitung expandierte das psychoanalytische Wissen in den Korpus der übrigen Humanwissenschaften. Anders als Freud vermied er tunlichst Konfrontationen mit anderen Gedankensystemen; so sagt er von sich selbst:

> Ich bin kein Revolutionär, weder nach meinem Temperament noch nach meiner Vorliebe. Ich glaube an Evolution und Synthese. (*The Scope of Psychoanalysis*, 1961, S. 545)

In diesem Sinne betrachtet er auch die Psychoanalyse nicht so sehr als radikalen Bruch mit der europäischen Geistestradition; er nennt sie vielmehr eine Weiterführung der besten Überlieferungen des abendländischen Denkens, denen er sich zugehörig fühlt. Als er sich an Freud anschloß, wollte er nicht – wie so manche Schüler des Meisters – ein Außenseiter der Wissenschaft werden. Er nahm das Schicksal der

Außenseiterposition auf sich, weil es damals noch unvermeidbar war; sein Lebenswerk jedoch war darauf gerichtet, sich in der Welt der Wissenschaften seinen Platz zu erobern und nicht unbedingt eine Revolte gegen die „gewachsenen Denkformen" der Wissenschaftskultur zu führen.

Wie Freud selbst ordnete er die Tiefenpsychologie in die Naturwissenschaften ein, deren Exaktheitsanspruch in einer gemäßigten Weise auch auf die psychotherapeutische Theorie und Praxis übertragen werden sollte. Für philosophischen Höhenflug des Gedankens hatte er weniger übrig. So berichtet er über seine „Eindrücke vom Vierten Internationalen Kongreß für Psychotherapie", der 1958 in Barcelona stattfand (*The Scope of Psychoanalysis*, S. 548 f.), daß ihn die Denkakrobatik der „Daseinsanalytiker" und „Existenzpsychologen" gar nicht zu überzeugen vermochte. Dennoch ringt er sich das relativ milde Urteil ab:

> Der Kongreß in Barcelona hinterließ mir den Eindruck, daß die existenzialistische Bewegung zum aktuellen und operationalen Wissen der Psychoanalyse nichts beiträgt, aber eine allgemeine Orientierung enthält und als tiefgründige Kulturrevolte gegen die entmenschlichenden Bedingungen des modernen Lebens zu betrachten ist. Aber ihre Terminologie ist vage und dunkel, ihr Stil leidenschaftlich, und sie stellt einen Rückfall in die scholastische Denkform dar, indem sie Beschreibungen und Bewertungen durcheinanderbringt. (l. c., S. 555).

Die Vermischung von Psychologie, Psychotherapie und Religion, wie sie etwa Frankl, v. Gebsattel und auch Binswanger versuchten, war Alexander fremd; er befürchtete hierbei einen Mangel an intellektueller Redlichkeit, eine Tugend, die zeitlebens für ihn sehr hoch in der Hierarchie der Werte stand.

Kritische Bewertung

Aufschlußreich ist Alexanders früheste Kindheitserinnerung, die er in *The Scope of Psychoanalysis* wiedergibt:

> Ich war fünf Jahre alt und saß spielend in meines Vaters Bibliothek. Zuoberst auf den Buchregalen standen die Büsten von Aristoteles, Plato, Spinoza, Kant, Voltaire und Diderot: sie schauten alle auf mich herab. Ich hockte auf dem Fußboden und versuchte die goldenen Lettern auf einem Buchrücken zu entziffern, der sich hoch oben im Regal befand. Endlich gelang mir das und ich rief triumphierend aus: „Diderot". Mein Vater saß an seinem Schreibtisch und schrieb gerade ein Buch über Diderot, den größten Rationalisten, den gelehrtesten Exponenten einer Religion der Vernunft und der Wissenschaft. Als ich mich der Psychoanalyse zuwandte, repräsentierte sie für mich nicht eine Revolution im Geistesleben, sondern die Fortführung unbeirrbarer Wißbegierde,

des Versuches nämlich, auch die irrationalen Komponenten des menschlichen Verhaltens auf rationaler Basis zu begreifen. (l. c., S. 546).

In diesen Sätzen ist unseres Erachtens der „ganze Alexander" bekenntnismäßig repräsentiert. Er wurde ein Aufklärer, wie sein Vater und wie Freud. Da er aber nicht die Leidenschaft des Umstürzlers in sich fühlte, verarbeitete er in ruhig-sachlicher Weise die kühnen Errungenschaften, die andere für ihn und vor ihm zuwegegebracht hatten. Er scheint sich in wissenschaftlicher Hinsicht für solide höhere Durchschnittlichkeit entschieden zu haben, respektive sein Temperament und seine geistige Vitalität scheuten vor extremen Höhe- und Tiefpunkten existentieller Erfahrung zurück. Im Bereich des geordneten und systematisierbaren Wissens entfaltete er eine erstaunliche Energie, belebt durch mitmenschliche Konzilianz und humorvolle Güte, die ihn für fast drei Jahrzehnte zur unbestrittenen Leitung des Chicago-Instituts für Psychoanalyse legitimierten. Bewundert wurden seine Eigenschaften als Therapeut und Lehrer; er fand Anerkennung nicht nur bei den Psychoanalytikern, sondern auch in den übrigen Fakultäten, bei denen er ein gern gesehener Gast und Dozent war. Seine größten Verdienste liegen wahrscheinlich in der Psychosomatik, das heißt in der Anwendung der Psychoanalyse auf die sogenannten „menschlichen Krankheiten"(A. Jores).

In seinen späteren Jahren warnte er sehr oft vor der Gefahr der Vermassung in den westlichen und östlichen Gesellschaftsformen, die er als Bedrohung des menschlichen Individuums durch eine ungezügelte Technologie empfand. Wie die meisten liberalen Geister insistierte er auf die Rechte der Individualität: es schien ihm unmöglich, die Kultur zu erhalten und weiterzuentwickeln, wenn man nicht vielen einzelnen das Experiment eines eigenständigen und innovationsfreundlichen Lebens gestattet. So sagte er im Anschluß an seinen Vater, daß nur derjenige, der ein Stück Wüste um sich schaffen könne, befähigt sei, in unseren Tagen Kunst in die Welt zu setzen. Seine Spätschriften münden auf allen Wegen in einen geist- und verantwortungsvollen Humanismus ein, in dem das Erbe von zwei Jahrtausenden europäischen Kulturlebens lebendig ist.

Ausgewählte Literatur

Aichhorn, A. (1925). Verwahrloste Jugend. Bern: Huber, 8. Aufl. 1974.
Alexander, F. (1925). Einige unkritische Gedanken zu Ferenczis Genitaltheorie.
   Internationale Zeitschrift für Psychoanalyse, Band XI, Oktober.
– (1927). Psychoanalyse der Gesamtpersönlichkeit, Leipzig.

– & Hugo Staub (1929). Der Verbrecher und seine Richter. Ein psychoanalytischer Einblick in die Welt der Paragraphen. Neudruck in A. Mitscherlich (Hrsg.). Psychoanalyse und Justiz. Frankfurt: Suhrkamp 1971.
– (1935) & Healy, W. (1935). Roots of Crime. New York.
– (1942). Irrationale Kräfte unserer Zeit. Stuttgart 1949.
– (1950). Psychosomatische Medizin. Grundlagen und Anwendungsgebiete. Berlin: De Gruyter, 3. Auflage 1977.
– & T. M. French (1946). Psychoanalytic Therapy. New York.
– (1948). Fundamentals of Psychoanalysis. New York.
– (1960). The Western Mind in Transition. New York.
– (1961). The Scope of Psychoanalysis 1921–1961. Selected Papers. New York.
– & S. T. Selesnick (1966). The History of Psychiatry. New York.
Grotjahn, M. (1966). Franz Alexander, 1891–1964. In Psychoanalytic Pioneers, ed. Franz Alexander, S. Eisenstein & M. Grotjahn. New York Basic Books.
Hartmann, H. (1939). Ichpsychologie und Anpassungsproblem. Stuttgart: Klett, 2. Aufl. 1960.
Jones, E. (1960/62). Das Leben und Werk Sigmund Freuds. Bern: Huber.
Moser, T. (1970). Jugendkriminalität und Gesellschaftsstruktur. Frankfurt: Suhrkamp.
Reik, Th. (1925). Geständniszwang und Strafbedürfnis. In A. Mitscherlich (Hrsg.). Psychoanalyse und Justiz. Frankfurt: Suhrkamp 1971.

Viktor von Weizsäcker

Einleitung

Viktor von Weizsäcker wurde am 21. April 1886 in Stuttgart als Sohn des württembergischen Ministerpräsidenten Karl Freiherr von Weizsäcker geboren. In der streng protestantischen Familie erhielt er eine sorgfältige Erziehung im Geiste des Humanismus. Als Studienfach wählte er Medizin, war aber gleichermaßen an der Philosophie interessiert. Schon als Student wandte er sich der Physiologie unter Johannes von Kries (Freiburg i. B.) zu, den er zeitlebens als seinen großen Lehrer verehrte. Bei Wilhelm Windelband wurde er in das philosophische Denken eingeführt: so prägte ihn der Neukantianismus in seinen Jugendjahren, und sein späteres ärztliches Lehren und Forschen verblieb stets im Spannungsfeld zwischen Philosophie und Medizin.

Bei Ludolf Krehl in Straßburg wurde er Assistent in pathologischer Physiologie, in deren Bereich seine ersten größeren Arbeiten fielen. Dann begann er sich für innere Medizin und Neurologie zu interessieren. Auf diesem Weg gelangte er zur Neurosenpsychologie und zur Psychoanalyse. Obwohl er in der exakten naturwissenschaftlichen Methodik der Laboratoriumtechnik erzogen worden war, erkannte er sehr bald die Tragweite des psychoanalytischen Forschungsansatzes, dem er sich mit bemerkenswerter Vorurteilsfreiheit anschloß. In ihm sah er eine Möglichkeit, die Philosophie in die Innere Klinik einzuführen:

> Die Psychoanalyse ... erlaubte dies, denn sie war selbst eine Klinik, ein Stück praktischer Medizin. Aber sie war, ihren gegenteiligen Versicherungen zum Trotz, auch eine Art von Philosophie, denn sie handelte nun endlich einmal wieder vom Menschen (*Natur und Geist*, 1954, S. 43).

So geriet Weizsäcker in den Bannkreis des Freudschen Denkens, von dem er sich eine Revolution der gesamten Medizin erhoffte. Er begriff als einer der ersten, daß das psychotherapeutische Vorgehen eine tiefgreifende Wandlung des Arzt-Patienten-Verhältnisses überhaupt beinhaltete: dieses Verhältnis sollte in der Zukunft aus einer Subjekt-Objekt-Beziehung in echte Partnerschaft übergehen, da man nur in einer partnerschaftlichen Auseinandersetzung mit dem Kranken erfahren kann, wer er ist und woran er wirklich leidet. Weizsäcker entschied sich unter dem Einfluß der Psychoanalyse dafür, seine beträchtlichen moralischen und geistigen Kräfte in den Dienst der „Humanisierung der Heilkunde" zu stellen.

Die Wendung zur „anthropologischen Medizin" und zur Psychosomatik wurde eingeleitet durch sein bedeutendes Werk *Der Gestaltkreis. Theorie der Einheit von Wahrnehmen und Bewegen* (1940), auf das wir noch eingehen werden. Weizsäcker wurde Professor für Neurologie in Heidelberg, also Lehrer eines Faches, mit dem er eigentlich nur noch zur Hälfte verbunden war. Die Hauptfragen, um die seit der Zeit nach dem Ersten Weltkrieg seine Forschungstätigkeit kreiste, waren: Wie kann man die Neurosenpsychologie auf die Krankheiten der inneren Medizin anwenden? Was bedeutet Krankheit jenseits der naturwissenschaftlich faßbaren Vorgänge, nämlich als „Existenzkrise"? Was ist der Mensch, dessen gesunde und kranke Lebenserscheinungen uns zum Anlaß für unsere Selbstbesinnung hinsichtlich unserer Stellung im Kosmos und in der Kulturgemeinschaft werden sollen?

Die Psychoanalyse wurde damals noch durch enorme Widerstände seitens der medizinischen Fachwissenschaft in ihrer Ausbreitung behindert. Daher war es für sie von großem Nutzen, daß ein geachteter Neurologe vom Range Weizsäckers sich auf ihre Seite schlug. Das konnte in jenen Jahren – und vor allem nach 1933 – zur beruflichen Kaltstellung oder Ächtung führen. Weizsäcker scheute auch vor heftigen Debatten nicht zurück, wenn es galt, die psychologische und medizinische Anthropologie zu verteidigen.

Trotz seiner Hochschätzung für Freud kam es nur zu einem einzigen Besuch in der Berggasse 19 in Wien im Jahre 1926, der feinsinnig in *Natur und Geist* geschildert wird. Nach einem inhaltsreichen Gespräch verabschiedete sich Weizsäcker mit dem Hinweis darauf, daß es wohl kein Zufall sei,

daß mein Besuch bei ihm gerade auf den Allerseelentag fiele. Das war nämlich der Fall. Der unerwartete Erfolg war, daß Freud erstaunt frug: wieso? Ich kam etwas in Verwirrung und versuchte zu erklären, ich sei „im Nebenamte wohl auch etwas Mystiker". Darauf aber wandte er sich mir rasch zu und sagte mit einem geradezu entsetzten Blick: „Das ist ja furchtbar!" Einlenkend sagte ich: „Ich will damit sagen, daß es auch etwas gibt, was wir nicht wissen", worauf er: „Oh, darin bin ich Ihnen über!" (l. c., S. 124).

Weizsäckers Abhandlungen gefielen Freud sehr, und so wurden Briefe ausgetauscht, in denen es an Komplimenten nicht mangelt. Die weltanschaulichen Gegensätze ließ man beiseite, weil darüber wohl kaum eine

Übereinstimmung hätte erzielt werden können. Weizsäcker war und blieb ein frommer Christ, der es zeitlebens nicht begreifen konnte, daß Freud in *Die Zukunft einer Illusion* (1927) die Religion als eine „Menschheitsneurose" definiert hatte. Sehr merkwürdig und blamabel ist, daß er in der NS-Zeit, als er von einem nationalsozialistischen Aktivisten über seine Einstellung zur „Bücherverbrennung" (der auch Freuds Werke zum Opfer fielen) befragt wurde, die Antwort gab: das sei ein mittelalterlicher Brauch, der seiner Meinung nach *nur* bei Freuds Büchlein über die Religion berechtigt sei (l. c., S. 135).

Weizsäckers Frömmigkeit reichte offenbar nicht hin, um auch dem „Bruder Atheist" dieselben Rechte der Meinungsfreiheit zuzubilligen wie den Theologen und den Traktätchenschreibern aller Konfessionen, die seit Jahrhunderten ihre oft unqualifizierten Elaborate ins menschliche Geistesleben einströmen lassen. Das deutet eine Grenze im Humanismus religiös-konservativer Menschen an, und es liegt eine gewisse Tragik darin, daß auch weltoffene und kultivierte Köpfe zu Fanatikern werden, wenn die Berechtigung ihrer metaphysischen Bekenntnisse in Frage gestellt wird.

1933 veröffentlichte Weizsäcker seine Studie *Körpergeschehen und Neurose*. Dann kam es zur Publikation von *Arzt und Kranker* (1941) und *Pathosophie* (1956). Größere Publikumskreise wurden angesprochen mit Büchern wie: *Am Anfang schuf Gott Himmel und Erde. Grundfragen der Naturphilosophie* (1954); *Soziale Krankheit und soziale Gesundung* (1955); *Menschenführung* (1955). Weizsäcker war literarisch recht produktiv, und seine Pionierarbeit für die Psychosomatik und die medizinische Anthropologie wirkte im Laufe der Zeit „schulbildend". Es sammelten sich Schüler und Anhänger um ihn, die seine Forschungsintentionen aufnahmen und weiterführten. Zum 70. Geburtstag ehrten diese Mitarbeiter den Forscher mit dem schönen Sammelband *Viktor von Weizsäcker – Arzt im Irrsal der Zeit* (hrsg. v. Vogel, 1956). Zusammen mit Dieter Wyss gab Weizsäcker auch den Band *Zwischen Medizin und Philosophie* (1957) heraus.

Gestalten wie diese geistvolle Persönlichkeit, deren Interessenkreis medizinische Grundlagenforschung, Psychoanalyse, Psychosomatik, Philosophie usw. umspannte, sind heute selten geworden; Viktor von Weizsäcker ist am 9. 1. 1957 als hochgeachteter Wissenschaftler und Menschenfreund in Heidelberg gestorben.

Beiträge zur Psychosomatik

Das Studium psychosomatischer Erkrankungen lag Weizsäcker besonders am Herzen, und auf diesem Felde hat er wohl sein Bestes geleistet. In Abkehr von der naturwissenschaftlichen Medizin verfocht er die These, daß Krankheit einen biographischen Sinn habe und eine „Leistung des Subjekts" sei. Sie könne nur aus der Lebensgeschichte und der sozialen Situation des Patienten verstanden werden. Leib, Seele und Geist des Menschen seien an ihr beteiligt. Man sieht zu wenig, wenn man sich auf die gestörte Körpermaschinerie konzentriert. Das mag dem Kranken recht sein, der ähnlich wie die Ärzte daraufhin erzogen ist, die somatischen Symptome als das A und O seiner Notlage zu betrachten. Weniger deutlich sieht er die Lebenskrise, welche sich in seiner Erkrankung kundtut. Auch weiß er meistens nicht, daß er sich grundlegend innerlich wandeln muß, um wahrhaft gesund zu werden. Der Griff zur Droge und zum Operationsmesser ist gewissermaßen der „einfachere Weg": er führt aber selten zur fundamentalen Heilung, viel öfter zur Chronifizierung der Krankheit.

Warum erkrankt der Mensch? Warum erkrankt er „hier und jetzt"? Warum gerade an dieser Krankheit und nicht an einer anderen? Von diesen Fragen weiß die traditionelle Medizin zu wenig. Sie spricht von Infektion, Überbeanspruchung, Konstitution und Zufall, aber sie begreift nicht, daß die Erkrankung einen Sinn und Zweck, ein Telos haben kann. Sie ist die Antwort des Menschen auf eine Konfliktsituation, die er mit psychischen und geistigen Mitteln nicht bewältigen kann. Daher spricht er mittels Organsprache oder Organdialekt (A. Adler), was für ihn selbst und seine Umgebung kaum dechiffrierbar ist.

Man muß nach Weizsäcker den Menschen in die sozialen und kulturellen Ordnungen eingefügt sehen. Die wichtigste, vom Leben geforderte Leistung ist, dieser allumfassenden Ordnung zu entsprechen. Gelingt dies nicht, so kommt es zu Alarmreaktionen der psychophysischen Existenz. Die Psychoanalytiker sprachen davon, daß die Tatsache von „Objektverlusten" krank machen kann. Das ist sicherlich nicht falsch gesehen: Wer Liebesverlust erleidet, wird größere Mühe haben, die Ordnungen der Gemeinschaftswelt zu akzeptieren. Bei entsprechender Vorgeschichte ist er geneigt, sich gegen die notwendigen Lebensvollzüge zu stemmen, was unter Einfluß von Angst und Aggression somatische Funktionen zur Entgleisung bringt. Man wird krank, weil man schlecht liebt und in der Kooperation versagt. So hat Krankheit den Aspekt einer „sittlichen Verfehlung", was uns allerdings kein Recht gibt, den Patienten moralisch zu verurteilen. Sein ethisches Manko ist nicht größer als das unsrige, und Zufälle entscheiden darüber, daß er krank wird und wir vielleicht gesund bleiben.

Den psychoanalytischen Begriff der „Konversion" lehnt Weizsäcker als „kausal und energetisch" ab. Darin wurde behauptet, daß pathologische seelische Erregungen in Körpersymptome „konvertiert" werden können – eine Erklärungsweise, die zum Beispiel bei der Analyse der Hysterie Anwendung fand. Weizsäcker plädiert eher dafür, das Verhältnis von Leib und Seele als „Stellvertretung" zu deuten; Seelisches vertritt Leibliches, und Leibliches steht für das Seelische. So kann etwa eine Angina anstelle einer Entscheidung in Liebes- und Sexualfragen in Betracht kommen. Oder eine Tuberkulose bricht aus, weil in der Liebe eine Versagung eintrat und der notwendige Verzicht nicht geleistet werden konnte. Als Exempel für die Angina berichtet Weizsäcker:

> Ein junges Mädchen wird mit starker Angina, unfähig auch nur zu sprechen, in die Klinik eingeliefert. Ein junger Arzt äußert nach der Untersuchung: „Na, da haben Sie sich ja was Schönes geholt", worauf sie spricht und sagt: „Das ist immer noch besser, als ein Kind kriegen."Später stellt sich heraus, daß sie am Vortage dem Drängen eines Verehrers, welches solche Folgen hätte haben können, widerstanden hat (*Körpergeschehen und Neurose*, 2. Aufl., 1947, S. 139 f.).

Die meisten Psychosomatiker stimmen darin überein, daß das „ungelebte Leben" in der Krankheit wirksam werde. Nur muß man die Idee des „Ungelebten" möglichst genau fassen. Was ausbleibt, ist die bewußte Entscheidung, die Verzicht, Neinsagen oder Bejahung sein kann. Dies würde allerdings heißen, die Verantwortung für sich selbst und den Lauf der Dinge zu übernehmen. Das gerade wagt der psychosomatische Patient nicht. Er hat nicht nur Konflikte (wie jedermann), sondern er verdrängt sie; oft verdrängt er sogar noch diese Verdrängung. So wird seine Konfliktlage „tief ins Körpergeschehen hinein" verlagert, wo sie die Symptome erzeugt. Weizsäcker redet hier von „Unwahrhaftigkeit", was der psychoanalytischen Denkmodalität entspricht, die die Neurose mit der verfehlten „Lebenswahrheit" in Zusammenhang bringt.

Wer seine Konflikte bewußt erlebt und durch Handeln löst, wird nicht krank. Denn in der Handlung verbindet er sich trotz Infragestellung durch seine Situation wieder mit der Welt. Anders derjenige, der ängstlich zurückweicht. Für ihn kommt es zur „Krise des Subjekts", die mit Weltverlust und Ich-Einschränkung einhergeht. Hier setzt dann die Krankheit an, deren äußerstes und unglückseliges Fernziel der Tod ist, in welchem wir sowohl unsere Welt wie auch das Ich ganz einbüßen. So leuchtet in jeder Erkrankung offen oder heimlich die Todesgefahr auf; Krankheit heißt: sich gegen den Tod wehren.

Der Kranke aber soll von seinem Arzt biologische, psychologische und geistige Unterstützung erhalten. Er bedarf des Medikamentes oder des chirurgischen Eingriffs, aber auch des verstehenden Umgangs, der durch sittlich-moralische Führung ergänzt wird. Um letztere bieten zu können, muß sich der Arzt mit dem Patienten solidarisch fühlen. Er hat schließlich kein „Objekt" zu behandeln, sondern übernimmt als Subjekt die Auseinandersetzung mit einem anderen Subjekt, das heißt, er geht eine Ich-Du-Beziehung ein. Diese Beziehung kann aber nur fruchtbar werden, wenn sie in gemeinsamer Hinwendung zum Wir, zur Gesellschaft und Kultur strukturiert wird. Hilfeleistung erfordert Gegenseitigkeit, und sei es auch nur, daß der Gebende den Nehmenden und der Nehmende den Gebenden durch „Mitsein" bereichert. Aber beide Beteiligte des „Gestaltkreises der Therapie" können sich nur aufeinander beziehen (einander „begegnen"), wenn sie sich als „Glieder der Menschheit" verstehen und verständigen.

Als Weizsäcker im Jahre 1932 eine seiner ersten psychosomatischen Fallstudien an Freud sandte, nahm dieser die Anwendung des psychoanalytischen Denkens auf die Organmedizin mit einem „seltenen Ausmaß an Befriedigung und Anregung" entgegen und schrieb unter anderem an den Autor:

Der... Teil der Arbeit, in dem sie die gemeinsamen Gesichtspunkte für psychische und organische Krankheit zu bestimmen suchen, bringt das, was uns neu ist und uns aufhorchen macht, gerade darum, weil wir uns durch gelegentliche Beobachtungen den Grenzen dieses unerforschten Gebietes genähert haben. Wir sind auf die psychogenen Faktoren organischer Krankheiten aufmerksam geworden, haben verstehen können, daß sich eine Neurose oft durch eine Krankheit ablösen läßt... Die allem Kranksein gemeinsamen Gesichtspunkte der Unterbrechung, Wendung, Krise u. a. bereiten uns auf wichtige Neuheiten vor... Ihre Arbeit, die ganze Richtung Ihres Arbeitens, eröffnet uns... hoffnungsvolle Aussichten (zitiert in *Körpergeschehen und Neurose*, S. 7).

Der Gestaltkreis

Weizsäckers Hauptwerk trägt den Titel *Der Gestaltkreis. Theorie der Einheit von Wahrnehmen und Bewegen* und erschien im Jahre 1940. Es ist ein schwer lesbarer Text, der Themen der Biologie, Medizin, Psychologie und Philosophie behandelt. In unserem Zusammenhang müssen wir uns auf jene Teile des Werkes beschränken, die markant zum Verständnis der menschlichen Natur und zu den Problemen der Tiefenpsychologie und Psychotherapie beitragen.

Weizsäcker hat jahrzehntelang als experimentierender Physiologe und Neurologe gearbeitet und dabei ein umfassendes biologisches Grundlagenwissen gewonnen. So wurde ihm mit der Zeit deutlich, daß die moderne Biologie und Medizin auf Fundamenten ruhen, die einer Kritik oder Korrektur bedürfen. Noch immer sind wir der Metaphysik des Descartes hörig, der das denkende Ich der räumlichen Umwelt gegenüberstellte und die Lebewesen – dem Raume zugeordnet – wie Maschinen abhandelte. Dies führte zum Materialismus des 18. und 19. Jahrhunderts, der das Leben als eine höhere Form von Mechanismus begriff. Die Reflexologie von Pavlov und der Behaviorismus von Watson sind Ausläufer dieser Bewegung, die die körperlichen und seelischen Lebensvorgänge der „exakten Wissenschaft" zugänglich machen wollte. Das in Physik und Chemie so erfolgreiche Begriffsinstrumentarium von Energie, Materie, Kausalität und Quantität sollte mehr oder minder uneingeschränkt auf das Studium des Lebens angewendet werden. Dies ergab manche Anfangserfolge, führte jedoch Biologie, Medizin und Psychologie in eine Krise, die wir heute noch nicht ganz hinter uns gelassen haben. Daher die Suche nach einer Lebenswissenschaft, die auch „Lebensphilosophie" ist.

Weizsäcker bekennt sich zu der Absicht, das Subjekt in die Biologie einzubringen. Er setzt bei einer Reform der Wahrnehmungslehre an. Unter Wahrnehmung verstehen wir ein durch die Sinnesorgane vermitteltes, bewußtes Erfassen von Umweltgegenständen, aber auch das Innewerden der Regungen unserer eigenen Innenwelt. Seit jeher ist bekannt, daß wir „selektiv" wahrnehmen: die Auswahl dessen, was wir beachten, hängt von unserer Aufmerksamkeit, unserem Interesse, unseren Motiven und unseren Stimmungen ab. Die biologistische Doktrin war sehr erfinderisch in gewissen Hypothesen, wonach Empfindungsreize unsere Wahrnehmungsorgane treffen und dann über die entsprechenden Nerven den Reiz „ins Zentrum" senden, das heißt ins Hirn oder Rückenmark, wo die nervösen Impulse „verarbeitet" werden. Dies ist nicht eigentlich falsch gesehen, aber es schneidet aus einem komplexen Vorgang ein Detail heraus und deformiert auf diese Weise die wesentlichen Verhältnisse.

Weizsäcker erklärt kategorisch, daß jedes Lebewesen mit seiner Umwelt existentiell verbunden ist und sich in ihr durch Wahrnehmung *und*

Bewegung orientiert. Darum kann man das Wahrnehmen nur im Hinblick auf das Sich-Bewegen, die Motorik aber nur durch die Perzeption begreifen. Wahrnehmung und Bewegung sind eine Einheit: ein Gestaltkreis. Sie stellen eine „kohärente Beziehung" zur Umgebung her, indem sie den Organismus mit der Welt verflechten. Wir fassen ein Wahrnehmungsobjekt ins Auge, indem wir uns motorisch darauf ausrichten. So folgt der Blick etwa einem Schmetterling, wobei zahllose Anpassungsreaktionen der Augen- und eventuell Körpermuskulatur notwendig sind, um das flatternde Lebewesen stets im Blickfeld behalten zu können. Andererseits können wir uns nur im Gelände bewegen, wenn wir „Schritt für Schritt" durch Wahrnehmung kontrollieren und uns an die veränderlichen Bedingungen anpassen.

Wahrnehmung und Bewegung hängen in einem Gestaltkreis zusammen; dasselbe gilt für die Relation Organismus und Umwelt. Im letzteren Fall ist die Kohärenz so mächtig, daß wir in eine „Krise" geraten, wenn die Beziehung zwischen Ich und Umwelt gelockert wird. Weizsäcker und seine Mitarbeiter zeigten dies an Experimenten mit künstlich erzeugtem Drehschwindel. Man kann einen Menschen in einen Drehzylinder setzen, den man in rasche Drehung versetzt. Dadurch werden die Orientierungspunkte hinfällig, die die aufrechte Haltung und den möglichen Bewegungsvollzug garantieren: die Versuchsperson erleidet Schwindelgefühle. Das mag für den Physiologen oder Neurologen interessant sein, der Betrachtungen über das Gleichgewichtsorgan im Ohr anstellen kann. Für uns ist wichtiger die Parallele, die Weizsäcker zum allgemeinen Weltverhältnis des Menschen zieht, den es existentiell schwindelt, wenn sich für ihn Ordnungen und zwischenmenschliche Beziehungen lockern oder auflösen. Wir leben dauernd auf die Welt hin und werden von ihr getragen. Krise nennen wir jene Zuspitzung unserer Existenz, in der wir soziale, kulturelle und ethische Haltepunkte zu verlieren meinen; darauf antworten wir unter Umständen mit Krankheit oder aber auch mit innerem und äußerem Wachstum, durch Leistungen des Werdens und der Entwicklung.

Das Wahrnehmungsorgan ist nicht einfach ein Photoapparat, der „Bildchen" ins Hirn sendet. Das Subjekt selbst nimmt seine Welt wahr. Seine Wahrnehmungen haben ansatzweise schon intellektuelle Ingredienzien, das heißt, im Wahrnehmen selbst wird die Umwelt schon gegliedert und auch „verstanden". Nur so kann die Perzeption in Handlung übergehen. Wahrnehmung ist Erlebnis und Vergegenwärtigung, die nahtlos mit unserem Handelnkönnen verwoben sind.

Alle Versuche der Reflextheorie, die Bewegungen der Lebewesen zu deuten, sind nach Weizsäcker insofern mangelhaft, als der „Vorsatz der Bewegung"in ihnen ausgeklammert ist. Lebendiges bewegt sich in seiner Umwelt nicht nach Ursachen, sondern nach Motiven. Ein Fundamentalmotiv ist, die Beziehung zur Umgebung aufrechtzuerhalten. Was sich hierbei an Reflexen abspielt, ist wissenschaftlich relevant; man darf aber nicht vergessen, daß „Leitungen im Organismus" gegenüber den „Leistungen des Organismus" eine nur dienende Funktion haben. Die Einführung von „Subjekt" und „Leistung" in die Medizin ermöglichte es Weizsäcker, die Krankheiten nicht nur als Kausalgeschehen zu deuten, sondern in ihnen eine „pathologische Selbstverwirklichung" zu erkennen.

Noch hat man in Medizin und Biologie nicht ausreichend begriffen, was es bedeutet, die „Subjektivität des Lebensträgers" ins Auge zu fassen. Weizsäcker sagt lapidar: „Der Gegenstand des Biologen ist eben ein Objekt, dem ein Subjekt einwohnt" (*Der Gestaltkreis*, S. 150). Auf menschlicher Stufe ist dieses Subjekt eine Person, das heißt ein Ich, welches in Du- und Wir-Beziehungen lebt. Übersieht man die soziale Dimension des personalen Lebens, dann ist Erkrankung der Betriebsunfall einer Maschine, in die Fremdkörper eingedrungen sind oder an welcher Abnützungserscheinungen festgestellt werden müssen. Diese Krankheitsinterpretation ist lückenhaft. Sie führt auch zu unzulänglichen Therapiemethoden, die die körperliche Apparatur zwar gut behandeln, aber der *Person* keine Hilfestellung gewähren. Einen Körper kann man technisch und medikamentös beeinflussen; einer Person muß man Umgang, Begegnung und Beziehung anbieten. Auch Arzt und Patient müssen einen „Gestaltkreis" konstellieren, worin Geben und Nehmen, Anrede und Antwort, Führung und Verstehen „kreisförmig" stattfinden.

Weizsäcker tendiert auf eine dramatische oder tragische Lebensauffassung hin, wenn er betont, daß das Menschenleben eine Abfolge von Krisen darstellt. Wir leben im und durch das Subjekt-Objekt-Verhältnis, das kein fester Besitz ist, sondern stets aufs Neue erobert werden muß. Denn Unstetigkeit und Krise kennzeichnen unsere Objekt-Beziehungen, in denen unser prekärer Status in der Welt sichtbar wird. Dieser Status kann nicht mit dem Begriffsrepertoire der Naturwissenschaft beschrieben werden. Man muß hier nach Weizsäcker zu den sogenannten „pathischen Kategorien" greifen, um die Modalitäten unserer Existenz deutlich zu machen. Solche „Existenziale" (wie es Heidegger nannte) sind zum Beispiel: Vorsatz, Erwartung, Bedrohung, Überraschung, Gefahr, Sicherung, Willkür, Freiheit, Entscheidung, Beschränkung. Sie sind lebenswissenschaftliche oder philosophische Kategorien, die eine neue Krankheitslehre fundieren können. Die Begriffe der „Freiheit" und der „Notwendigkeit" führen ins Innerste des „pathosophischen Weltbildes". Sie tragen dem Umstand Rechnung, daß der Mensch nicht nur lebt, sondern auch „gelebt wird". Dennoch kann und soll er aus seiner Existenz etwas machen, was aber nur gelingt, wenn er den vorgegebenen Bedingungen gerecht wird. In Weizsäckers Worten: Wollen und Müssen sind keine Gegensätze. Wir können nur wollen, wenn wir dem Müssen nicht ausweichen.

Man sieht ohne weiteres, daß Weizsäcker das Biologische und Medizinische dem Ethischen und Religiösen annähern, vielleicht sogar unterordnen will. Imponierend ist hierbei, daß er nicht einfach ethisch-religiöse Traktat-Weisheiten propagiert, sondern aus tiefer anthropologischer Erkenntnis heraus nach einem Weltbild sucht, in welchem der Mensch „Geborgenheit im Kosmos" finden kann.

Philosophie des Leidens und der Leidenschaft

Seine vielfältigen Bemühungen um eine systematische Grundlegung von Medizin und Psychotherapie krönte Weizsäcker mit seinem Alterswerk *Pathosophie* (1956), das auf 400 Druckseiten souverän die neue Sicht von Gesundheit, Krankheit und Heilung darstellt. Das Buch ist eine Revolte gegen das naturwissenschaftlich-materialistische Weltbild der bisherigen Heilkunde, die vom Unlebendig-Anorganischen ausging und lebendige Menschen als „Objekte" sah und behandelte. Demgegenüber erklärt Weizsäcker kategorisch, daß man das Leben nur erforschen kann, wenn man sich seinem Strom überläßt. Leiden und Leidenschaft werden so zu Erkenntnismodalitäten, wobei man Kategorien dieser „Lebenserfahrung"formulieren kann, die tiefer hinabreichen als die Verstandeskategorien der Wissenschaft. Daraus läßt sich sogar ein „pathisches Weltbild" ableiten, das eine medizinische Philosophie oder eine anthropologische Medizin konstituiert.

Im Umgang von Menschen mit Menschen werden pathische Erlebnisse relevant. Sie gruppieren sich um die Lebensbereiche des Dürfens, des Müssens, des Wollens, des Sollens, des Könnens: diese fünf Hilfszeitwörter werden als das „pathische Pentagramm" zusammengefaßt, da sie auch im Leben zusammengehörig sind.

Im Dürfen ist der Freiheitsbegriff enthalten, der in der Psychoanalyse offensichtlich zu kurz gekommen ist. Um so umfassender wird er in der

Existenzphilosophie und in der Phänomenologie abgehandelt. Der Mensch ist wesensmäßig frei, was allerdings nicht die vielfältigen Zwänge seines Lebens (das Müssen) ausschließt. Er ist sowohl „frei von" als auch „frei zu". Freud konzentrierte sich darauf, Fesseln des Infantilismus und der Triebverdrängung zu lösen; er überließ es aber seinen Patienten, aus ihrem neu gewonnenen Freiheitszustand zu machen, was sie wollten. Es ist nach Weizsäcker wichtig, in der Psychotherapie von Anfang an den Freiheitsspielraum des Analysanden beim Namen zu nennen, damit er die Autonomie seines Lebens wahrnimmt.

Im Müssen wird der Zwang anvisiert: Das Leben findet viele „Kausalitäten" vor, mit denen es sich auseinandersetzen muß. Bejahung des Müssens ermöglicht das Dürfen und Können. Wer sich verzweifelt gegen allen Zwang anstemmt, wird unfreier als jener, der sich mit ihm fruchtbar ins Verhältnis zu setzen weiß. Eine Existenz ohne Müssen ist ein Phantom: Nur infantil gebliebene Menschen träumen hiervon, und die Folge ist, daß sie vom Leben gefährlicher bezwungen werden als der Realist, der die „Macht der Dinge" anerkennt.

Ein lateinisches Sprichwort sagt: Den Wollenden führt das Schicksal, indes es den Nichtwollenden verdirbt! Wollen ist nach Weizsäcker mit dürfen und können verwandt. In ihm zeigt sich die Freiheit, aber das Freisein wird nur zugänglich, wenn wir unser Können im weitesten Sinne des Wortes einüben. Es besteht eine Wechselwirkung zwischen „Wollenkönnen" und „Könnenwollen": Was nicht bloß als Sprachspiel aufgefaßt werden soll. Tatsächlich entspringt der Wille der Gewöhnung, sich und die Welt (die „Hemmschuhe") zu überwinden; und Überwindung ist die Leistung jener, die sich von früh an ans Wollen gewöhnt haben.

Im Sollen tritt die Dimension des Ethischen in Erscheinung. Auch sie wurde in der Psychoanalyse arg vernachlässigt; Freud hatte sie zwar stets „im Sinn", aber infolge seines materialistischen Weltbildes konnte er sie (die Ethik) nicht in sein System direkt einbeziehen. Dennoch kann man Menschen nur verstehen, wenn man auch die sittlichen Forderungen berücksichtigt, die ihren Lebensweg gleichsam beleuchten.

Das Können schließlich wird als „Können des Lebens" verstanden. Leben ist Leiden und Leistung. Es hat eine Zeitstruktur, die selbst wiederum „geleistet" wird: Vergangenheit, Gegenwart und Zukunft werden in jedem Augenblick durch Handlung und Entscheidung „zusammengehalten". Krankheit entsteht unter anderem, wenn diese Zusammenfügung der Zeitdimensionen mißlingt, das heißt, wenn das Lebenkönnen anhand der inneren oder äußeren Widerstände erlahmt.

In allen fünf pathischen Kategorien redet man unweigerlich vom „Subjekt"; dürfen, müssen, sollen, wollen und können sind an die Existenz eines Ich gebunden, das sich mit der Welt und den Menschen „in Beziehung setzt". Alle diese Funktionen sind „sinnträchtig": sie zielen auf Selbstverwirklichung hin. Krankheit muß als beeinträchtigte Selbstverwirklichung verstanden werden. Ein anderes Wort hierfür ist: Werdenshemmung.

An der Psychoanalyse bemängelt Weizsäcker, daß sie das Menschenleben durch den (umfassend gesehenen) Sexualtrieb begreiflich machen wollte. Dem wird nun entgegengehalten, daß die Ernährung (das Nutritive) mindestens so wichtig ist wie die Sexualität. Es wäre durchaus denkbar, eine Tiefenpsychologie zu konstruieren, die dem Nahrungstrieb eine ebenso universelle Bedeutung einräumen würde, wie Freud dies bezüglich des Eros tat. Natürlich wäre dann nur eine Einseitigkeit durch eine andere vertauscht. Aber die Psychologie des Hungers und der Sättigung ist interessant und sollte in einer zukünftigen Krankheitslehre einen Stellenwert erhalten.

Oft erleben wir in der Psychosomatik, daß Ernährung und Sexus einander vertreten können. Bei magersüchtigen Patientinnen lokalisiert sich der Aufstand gegen die Frauenrolle, gegen die Liebe und das Erwachsenenleben am Ernährungsgeschehen: Sie hungern sich unter Umständen zu Tode, um der Erotik auszuweichen. Fettsüchtige sind oft sexuell gehemmt, und die Nahrungsaufnahme ersetzt ihnen die sexuelle Aktivität. Auch ist es schwierig, Erkrankungen des Magen-Darm-Traktes „sexuell" zu interpretieren: hier geht es öfter um Berufsschicksale, materielle Sorgen, Kampf mit der Umwelt. Auch die übrigen psychosomatischen Krankheiten lassen sich besser einordnen, wenn man das gesamte Lebensgeschehen ins Auge faßt und sich nicht von einem einzigen Thema faszinieren läßt.

Sehr bedeutsam in Weizsäckers Buch ist die Einführung des Krankheitsschemas: Neurose – Biose – Sklerose. Es stellt sozusagen eine Stufenfolge des Krankwerdens oder Krankseins dar. In der Neurose ist hauptsächlich die Interaktion mit der Umwelt blockiert; der soziale Umgang erweist sich in erster Linie als gestört. Geht die Störung tiefer, dann erfaßt sie auch Körperfunktionen, die mehr oder minder entgleisen können. Länger dauernde Funktionsanomalien führen zu irreversiblen Veränderungen, zu Narbenbildungen, Gewebstod, allenfalls sogar zum Absterben des Organismus. So kündigt sich in jeder Sklerose der Tod an, den wir als Gegenpol des gesunden Lebens zu betrachten haben. Die drei Stufen sind nicht säuberlich voneinander zu trennen.

Viele Neurosen sind mit Biosen vermischt; oft lösen neurotische und psychosomatische Erkrankungen einander ab. Wenn wir den Menschen durch psychologische Behandlung psychisch gesund machen können, dann wird er meistens auch physisch gesünder, da er die „Ordnungsleistungen des Lebens" besser bewältigt. Allerdings ist und bleibt der Tod der größte Gegenspieler des Lebens, was Freud in seiner Theorie vom Todestrieb sinnvoll zum Ausdruck brachte.

Hier eine bezeichnende Textprobe für Weizsäckers Betrachtungsweise:

> Mehr von der Nähe ist uns dann oft der Fall begegnet, daß ein wegen Psychoneurose oder Organneurose in Psychotherapie oder Psychoanalyse befindlicher Patient plötzlich eine Organkrankheit, zum Beispiel eine tonsilläre Angina, bekommt; dann war es möglich, eine ganz minuziöse Verzahnung zwischen der psychischen und der somatischen Struktur, eine Fortsetzung der seelischen Dramatik in der körperlichen zu erkennen, so als ob das gleiche Stück und dasselbe Problem nun mit anderen Schauspielern weitergespielt würde (*Pathosophie*, S. 108).

Verblüffend ist der Gesichtspunkt, durch den Psychose und Organkrankheit in ihrer Verwandtschaft herausgestellt werden: Weizsäcker meint, in organischen Erkrankungen benähmen sich die Organe „verrückt", so daß man solche Krankheiten auch als „Psychoseersatz" auffassen kann. Psychotisch wird vielleicht jener, der den Ausweg aus Schwierigkeiten in eine Organerkrankung nicht findet. Wird das Individuum physisch krank, dann erhält es vermehrte Beachtung der Umwelt, sein Status hebt sich an, es wird verwöhnt und gepflegt: all dies macht eventuell die Entwicklung einer Psychose „unnötig".

Eine solche Art von Denken nennt Weizsäcker „antilogisch", und er plädiert dafür, daß die Lebensvorgänge in ihrer Abweichung von der Logik und der Rationalität deutlich gesehen werden. Die ganze Naturwissenschaft verfehlt solche Krankheitseinsichten, da sie dem Logisch-Rationalen allzusehr verpflichtet ist. In Anlehnung an Pascal postuliert Weizsäcker die Notwendigkeit eines „esprit de finesse", welcher den Sinn für Nuancen schult. Stark und schwach, grob und fein, klar und unklar, mehr und weniger werden als Eigenschafts-Gegensatzpaare einander gegenübergestellt, mit eindeutiger Bevorzugung von schwach, fein, unklar und weniger, weil Leben und Krankheit mit diesen Adjektiven besser und sachadäquater beschrieben werden können.

Hier münden Weizsäckers Darlegungen ins Dunkle und Rätselvolle ein, wie überhaupt ein Dunstschleier über seinen philosophischen Erörterungen zu liegen scheint. Es geht wohl darum, das Ungenügen eines nur naturwissenschaftlichen Weltbildes aufzuzeigen. Die Naturwissenschaft mit ihrem Geist des Quantitativen, des Kausalen, des Energetischen, des Machbaren usw. wird als „stark, grob und klar" denunziert: das Lebendige aber ist leidenschaftlich, irrational, geschichtlich und biographisch. Hier ist nicht „Herrschen und Machen" die Parole, sondern Leben, Leiden, Wachsen und Werden. Exakte Wissenschaft und Technik haben für Weizsäcker eine Affinität zum Tode, zum Anti-Göttlichen und Anti-Menschlichen – wenn er eine „Lebenswissenschaft" propagiert, dann ist für ihn auch eine Theologie darin enthalten, weil er Gott und Mensch wahrscheinlich auch als einen „Gestaltkreis" sah, wo fugenlos Wirkung und Gegenwirkung zusammenfließen.

Realistischer wird dann allerdings sein *Entwurf einer speziellen Krankheitslehre* (l. c., S. 217 ff.), der subtile Überlegungen zur Psychosomatik präsentiert. Er will eine psychosomatische Medizin begründen, die auf einer neuen Psychologie (einer Weiterbildung der Psychoanalyse) und einer neuen Somatologie basiert. Dabei interpretiert er – wie nach ihm auch die „Daseinsanalyse" von Binswanger und Boss – den „geistigen Sinn der biologischen Funktionen". So ist etwa die Atmung ein Austausch mit der uns umgebenden Luftwelt; asthmatische Atembeschwerden können geistig eine Blockade des Individuums bezüglich seiner sozialen und kulturellen Umgebung „bedeuten". Ernährung ist die Aneignung fremder Stoffe und deren Integration in den Organismus. Ernährungsstörungen beleuchten unter Umständen blitzlichtartig die allgemeine „Aneignungsfähigkeit" des Patienten oder auch die Tatsache, daß er mit Fakten konfrontiert ist, die er nicht schlucken, verdauen und annehmen kann. Was die Verdauung im Physischen ist, ist die Wert-Assimilation im Seelischen und Geistigen: Viele Magen-Darm-Beschwerden lassen sich verstehen, wenn man nach Umständen im Leben des Betroffenen sucht, in denen er „neue Werte" ergreifen und akzeptieren müßte. Die Gangart im Seelischen und Geistigen kehrt dann gleichsam auf der somatischen Stufe wieder: Abänderung der unheilvollen Mechanismen muß seelisch-geistig erfolgen, wenn der Organismus gesund werden soll. „Natur und Geist" werden in dieser Psychosomatik als Einheit gesehen, und das ist eine wichtige Pionierleistung.

Noch bedeutsamer erscheinen uns Weizsäckers Ausführungen zum Thema der „Biographik" (S. 241 ff.). Diese ist für ihn der Psychoanalyse übergeordnet: Biographische Medizin befaßt sich nicht nur mit den seelischen Schicksalen des Menschen, sondern mit seinen psychischen und somatischen Werdensverläufen, nicht nur mit seiner Vergangenheit und Gegenwart, sondern auch mit seiner Zukunft. Sie beschreibt den Patienten ganzheitlich, das heißt, alles und jedes an ihm verdient gleichwertige und gleichrangige Beachtung. Vor allem begreift sie Krankheit als Folge des „ungelebten Lebens", als „Verwirklichung des Unmöglichen" im Leben des Patienten. Sie geht mit dem Kranken durch alle Phasen seines Lebens hindurch und verweilt sehr ausgiebig bei seinen Zukunftsplänen und Zukunftsentwürfen, die mitunter für Krankheit und Gesundheit noch wichtiger sind als seine vergangenen Traumatisierungen, Fixierungen und „Triebschicksale". Auch sieht sie Krankheit als eine „Schöpfung des Subjekts", wofür es Verantwortung übernehmen soll. Obwohl Erkrankung Unfreiheit ist, hat sie Wurzeln in der Freiheit des Menschen, in seiner Selbstwahl.

Psychotherapie als Menschenführung

In einer Schrift unter dem Titel *Menschenführung* (1955) hat Weizsäcker aufschlußreiche Gedanken über die psychotherapeutischen Probleme veröffentlicht. Er geht aus von dem einfachen Akt des „Ermahnens", womit die Menschen im Alltagsleben einander zu beeinflussen versuchen: die Ermahnung appelliert an den Willen; sie soll einen Menschen veranlassen, irgend etwas zu tun oder zu meiden. Nun kann man bei seelischen Störungen kaum je etwas mit Willensappellen ausrichten. Der Patient hat meistens den lebhaften Wunsch, gesund zu sein oder sich zu verändern, aber er kann dies mit bewußten Entschlüssen nicht erreichen. Es müssen also Wege gefunden werden, um ihm eine Umstrukturierung seines unbewußten Seelenlebens zu ermöglichen.

Der Freudsche Übertragungsbegriff kehrt bei Weizsäcker unter dem Namen der „Vitalbindung" wieder: man muß zum Patienten eine grundlegende Beziehung aufbauen, wenn man auf ihn einwirken will. Ohne emotionale Wechselwirkung bleibt alles Miteinanderreden bodenlos. Man knüpft gewissermaßen an die Eltern-Kind-Beziehungen an, wenn man sich gefühlsmäßig mit Analysanden einläßt. Der Therapeut muß aber – im Unterschied zu den meisten Eltern – die Kunst des Bindens und Lösens beherrschen, wenn er die Entwicklung seiner Patienten wahrhaft fördern will. Vitalbindungen entarten oft genug in Symbiosen, in denen der Übergang aus dem Zweipersonenkontakt zur größeren Umwelt schlecht bewältigt wird.

Im Umgang mit Analysanden in der Psychotherapie empfiehlt Weizsäcker die „Scham", das heißt den Respekt vor der Fremdpersönlichkeit, die man betreuen, aber nicht überwältigen soll. Es ist nicht leicht, die Mitte zwischen Nähe und Distanz einzuhalten; von beiden Seiten kann hiergegen „gesündigt" werden, weshalb Weizsäcker sagt:

> Man sieht doch viel öfter, daß der Patient sich schämt, aber der Arzt sich gar nicht schämt, sondern er fragt ganz schamlos und kniet förmlich auf der Seele des Patienten. Oder auch umgekehrt: der Patient würde sich so herzlich gern dekuvrieren, wenn der Arzt nur nicht so schamhaft sein wollte und gar nicht nach dem Intimen fragte ... das Mißverhältnis der Scham der beiden Partner ist das Unerfreuliche (l. c., S. 28).

Beide Beteiligten des therapeutischen Prozesses müssen sich weiterentwickeln, wenn dem Patienten wesentlich geholfen werden soll. Weizsäcker legt vor allem den Akzent auf die Notwendigkeit der Entwicklung des Therapeuten, was in der analytischen Literatur oft übersehen wird. Widerstände beim Analysanden können ihren Ursprung nicht selten in der Seele des Analytikers haben. Hat er nämlich selbst wichtige Probleme des Lebens, der Arbeit und der Liebe nicht voll bewältigt, dann werden im Therapiedialog unsichtbare Mauern entstehen, welche die Dialogpartner nicht übersteigen können. Man sagt im allgemeinen, daß der Therapeut stärker (gesünder) sein solle als sein Patient: gemeint sind aber nicht vitale Kräfte, sondern „die Kräfte der Intelligenz, des Wissens, der Güte, der Weisheit" (l. c., S. 32). Man kann als Arzt seine Analysanden nicht weiterbringen, als man selbst ist, was jedoch nicht bedeutet, daß man nur verstehen kann, was man selbst erlebt hat. Verstehen reicht über das Erlebte hinaus, wenn man sich für Neues und Unerwartetes offenhalten kann. Dies ist aber bereits eine „geistige Lebenseinstellung", so daß man die Psychotherapie als ein Geist-Geschehen definieren muß. Überzeugen, Entwicklungsimpulse setzen, Mut zur Wandlung hervorrufen: all dies kann nur im Medium geistiger Austauschvorgänge stattfinden.

Aus einer Vitalbindung soll in der Psychotherapie eine geistige Beziehung zwischen Analytiker und Analysand werden. In diesem Sinne ist etwa die Franklsche Idee von der „Logotherapie" vertretbar. Alle neurotischen Fehlhaltungen sind „ungeistig", das heißt, sie stellen ein Stehenbleiben auf egozentrischen Lebens- und Verhaltensmustern dar. Neurotiker handeln nicht „allgemeingültig", sondern wie es ihnen ihre Angst, ihre Begierde, ihre Unwissenheit und ihr Vorurteil eingibt. Sie sind irgendwie verschlossen gegen die Gesetze des Lebens und der Entwicklung, der gemeinschaftlich-gesellschaftlichen Existenz. Diese

„Geistlosigkeit" zu durchbrechen, ist das sittliche Hauptziel der therapeutischen Intervention, die demnach nicht nur in den Bereich der ärztlichen Kunst, sondern auch der ethisch-moralischen Einwirkung von Menschen untereinander fällt.

Gewiß ist der Patient nicht frei in seinem Verhalten (Kindheit, Jugend, soziale, ökonomische und andere Bedingungen determinieren ihn), aber er kann und soll gleichwohl die Verantwortung für sich und die Welt übernehmen. Diese sittliche Paradoxie ist in der Therapie unvermeidlich. Sehr schön betont Weizsäcker, daß es nicht nur darum geht, den Patienten „historisch exakt abzuleiten", sondern vielmehr um seine Wandlung, für die man eine allzu gründliche „Kindheitsforschung" ruhig preisgeben kann. Es ist sowieso unmöglich, die Vergangenheit eines Menschen „objektiv zu ermitteln": in dem Moment, wo man ihn behandelt, wirkt man bereits auf seine Erinnerung ein, so daß er bei verschiedenen Therapeuten ganz verschiedene Kindheiterlebnisse reproduzieren wird. Das Phantom der Objektivität stammt aus der naturwissenschaftlichen Erkenntnis, kann aber nicht auf die Zwischenmenschlichkeit übertragen werden. Hier ist „verstehend helfen" wichtiger als „sachlich begreifen".

Die Psychotherapie soll den Patienten „autonom machen", aber die seelische Autonomie wird meistens von Analytikern und Analysanden mißverstanden. Man wird nicht unabhängig und frei, wenn man sich als losgelöstes und zu nichts verpflichtetes Individuum sieht: Autonomie heißt immer Übernahme sozialer Pflichten und Verantwortungen, und nur jener wird das Glücksgefühl des inneren Freiseins erleben, der bereit ist, sich für die Mitmenschen und die Kultur voll und ganz zu engagieren. Weizsäcker sieht hier ein großes Problem:

> Ich halte es für eine ganz fundamentale Schwäche der modernen ärztlichen Psychotherapie, daß sie einen rein privatpersönlichen, einen rein individuellen Charakter hat ... Gewöhnlich also befindet sich der ärztliche Psychotherapeut in der Verlegenheit, zwar Methoden zu besitzen, aber kein konkretes, durch Institutionen gegebenes Ziel der Seelenführung. Allgemeine Formeln wie Dienst an der Gemeinschaft oder Gesellschaft, Überwindung des Egoismus bleiben ja fast wirkungslos, wo nicht gesagt wird, welche Gemeinschaft, welche und wie geartete Gesellschaft gemeint sei (l. c., S. 66).

Dies ist sicherlich ein wunder Punkt. Soll der Therapeut den Patienten zur Kirche hinführen oder zu einem politischen Programm? Beides wäre sehr fragwürdig. Aber „tendenzlos" kann er auch nicht bleiben. Seine geistigen, politischen und ethischen Tendenzen bekunden sich in seinen

Deutungen, in seiner Stimme, in seiner Mimik und Gestik, in allen seinen bewußten und unbewußten Stellungnahmen. Daher ist es wohl am besten, wenn die beiden Partner des Therapiedialogs in eine offene Auseinandersetzung über die Themen der Weltanschauung eintreten. Hierin vollendet sich wahrscheinlich die therapeutische Kunst, die das „ärztliche Behandeln" zugunsten des mitmenschlichen Wahrheitssuchens überwinden muß. Am Ende einer guten Therapie besprechen zwei freie Menschen die Situation der Welt und der Menschheit, der sie sich zugehörig fühlen, indem sie sich in ihrer „Humanität" bestärken.

Christentum und Wissenschaft

Der Leser von Weizsäckers Schriften kann sich kaum des Eindrucks erwehren, daß in ihnen ein halber oder Dreiviertel-Theologe die Fragen der Medizin und Psychotherapie abzuhandeln versucht. Stellenweise wird die „Gottsuche" darin so vorrangig, daß sie die wissenschaftliche Klarheit vernebelt. Es ist nicht von ungefähr, daß sich Weizsäcker ganz gerne einen „konservativen Revolutionär" und einen „atheistischen Christen" nannte: er oszilliert gleichsam zwischen einem schlichten Glaubensbekenntnis und hochintellektueller Wissenschaft und Philosophie, so daß man sich mit einer gewissen Widersprüchlichkeit seiner Denkbewegung abfinden muß.

So hielt er zum Beispiel 1919/20 an der Heidelberger Universität Vorlesungen über *Grundfragen der Naturphilosophie,* die er hernach unter dem Titel *Am Anfang schuf Gott Himmel und Erde* (1954) publizierte. Er brachte eine große Bibel in den Hörsaal mit und las daraus die Schöpfungsgeschichte vor. Hernach vollbrachte er das Kunststück, die Ergebnisse der modernen Naturwissenschaft mit dem Bibelbericht zu konfrontieren, woraus eine Kritik der ersteren erwuchs, die sich maßlos dem Geiste des Quantitativen, des Kausalen, des Logischen und des Rationalen verschrieben habe. Der Autor rekapituliert selbst in späteren Jahren den Inhalt seiner Vorlesungsreihe folgendermaßen:

> Der Grundton der Vorträge war, soviel ich mich erinnern kann, daß der moderne Naturbegriff aus dem Schöpfungsgedanken durch Entgottung, Entseelung und Entmenschung entstanden sei und daß diese Beraubungen ein Unheil für unsere Erkenntnis, ja unser ganzes Sein wären. Ich sagte auch, daß an die Stelle der Offenbarung der Religion die Erkenntnistheorie der Philosophie getreten sei, daß aber nun die mechanistische Naturerklärung der Idee der Schöpfung wieder weichen müsse (*Begegnungen und Entscheidungen,* 1949, S. 7/8).

Das tönt wie eine Rückwendung ins frühe 18. Jahrhundert oder in die politische und religiöse Romantik, der Weizsäcker tatsächlich verpflichtet ist. Es wird dann aber sogleich auch hochaktuell, wenn er davon spricht, daß Lebens-Erkenntnis nicht im einsamen Denken gewonnen wird, sondern des Dialoges und der gemeinschaftlichen Denkbemühung bedarf. Das wirkt bis in die Psychotherapie hinein, wo es wenig nützt, wenn der Therapeut viel Kluges über seinen Patienten weiß, was dieser aber nicht miterkannt und mitvollzogen hat: heilend wirkt im therapeutischen Prozeß die dialogisch gefundene Wahrheit, bei der beide Beteiligte kaum sagen können, wer ihr „Geber" und wer ihr „Nehmer" ist.

Untersucht man die stark autobiographischen Aufzeichnungen der *Begegnungen und Entscheidungen,* dann wird man auch gewahr, wie viele Kontakte Weizsäcker mit Theologen und religiösen Propagandisten zeitlebens gepflogen hat. Bedeutende Protestanten, Juden und Katholiken waren ihm freundschaftlich verbunden. Mit Martin Buber und Josef Wittig zusammen gab er von 1926–1930 die drei Bände der Zeitschrift *Die Kreatur* heraus. Sie war nicht gerade eine theologische Publikation, aber das religiöse Motiv war der „rote Faden", der alle ihre Texte zusammenhielt. Bei der Rückschau auf seinen ziemlich großen Freundes- und Bekanntenkreis erwähnt Weizsäcker unter anderen Franz Rosenzweig, Karl Barth, Romano Guardini, Werner Picht und noch manche andere, die im religiösen Denken der Gegenwart eine beachtliche Rolle gespielt haben. Nicht ohne Genugtuung erzählt er die Bemerkung eines Hörers seiner Hochschulvorlesungen, der zu einem anderen Hörer kopfschüttelnd gesagt habe: „Er ist ein schwäbischer Grübler!" Und tatsächlich wird man immer wieder an den Pietismus in Schwaben erinnert, wenn man Weizsäckers lebenslängliches „Vermitteln" zwischen Christentum und Wissenschaft rezipiert und dabei noch zusätzlich in Betracht zieht, daß ihn Atheisten wie Freud und Sartre offenkundig ebenfalls fasziniert haben. Daher kommt es bei ihm zu Äußerungen, an denen die Theologen aller Schattierungen gewiß keine Freude haben können:

Die Kirche ist für mich ein historisches, der Gottesbegriff ein philosophisches Problem, und beides ist für mich im strengen Sinne nur insofern Teil meiner religiösen Existenz, als es sich in die mystische, und zwar die geistige Gestalt der Mystik wandelt. Ich bin gegenüber dem Gottesbegriff aller Arten der Blasphemie, des Sakrilegs fähig; der Atheismus hat für mich keine Schrecken, und der Ausruf „Gott ist böse" drängt sich mir in verschiedenen Lebenslagen auf die Zunge. Pantheistische, polytheistische, heidnische, buddhistische, indisch-brahmanistische oder mohammedanische Weisheiten leuchten mir von

Fall zu Fall ein, und ich habe wenig apologetische Fähigkeit zu Gunsten der christlichen Lehre ... Ich weiß selbst nicht, ob ich ein Christ bin oder nicht (*Begegnungen und Entscheidungen*, S. 142).

So hatten die Naturwissenschaftler, die Mediziner, die Psychoanalytiker und die Theologen ihre liebe Mühe mit Weizsäcker, der von allen genannten Disziplinen etwas in sich trug und doch keiner ganz angehören wollte. Daher war er vielleicht besonders anregend für die einen wie die anderen. In welch verschiedene Richtungen die stimulierende Kraft seines Forschens und Besinnens ausstrahlte, kann man etwa ermessen, wenn man den von Paul Vogel zum 70. Geburtstag Weizsäckers herausgegebenen Sammelband *Arzt im Irrsal der Zeit* (1956) zur Hand nimmt, in welchem 21 namhafte Wissenschaftler sich zur Forschungsweise des Gefeierten bekennen. Unter den großen Rubriken *Zwischen Theologie und Physik, Zur Anthropologie, Zur Psychologie* und *Zur Klinik* findet man Aufsätze von M. Buber, C. F. von Weizsäcker, R. Siebeck, F. J. J. Buytendijk, A. Mitscherlich, G.-R. Heyer, P. Vogel, P. Christian, E. Wiesenhütter, H. Ruffin u. a. m. Das ist unzweifelhaft der Hinweis auf eine bedeutende Spannweite des Geistes, die bei Weizsäcker in Erscheinung trat und gewissermaßen auch „schulbildend" wurde. Man kann wohl von einer Heidelberger Schule der Psychosomatik sprechen, die von Weizsäcker aus der Wiege gehoben wurde und später durch Mitscherlich, Vogel, Plügge, Christian, Derwort, Wiesenhütter und Kütemeyer ihre Entfaltung fand. Wer in der Gegenwart psychosomatische Medizin betreibt, wird an allen Ecken und Enden auf Gedankengänge Weizsäckers stoßen, denen die zeitlose Frische der Wahrheitsfindung anhaftet.

Kritische Bewertung

Freud, der Aufklärer, Materialist und Rationalist, mußte sich frühzeitig daran gewöhnen, daß er Freunde, Förderer und Gefolgsleute fand, die seiner Wissenschaftsgesinnung und Weltanschauung ziemlich fern standen. So mag er wohl auch über Weizsäcker seinen Kopf geschüttelt haben, den er als aufgeschlossenen Neurologen sehr schätzen, als theologisierenden Philosophen jedoch kaum anerkennen konnte. Aber das „wilde Heer der Psychoanalyse" setzte sich ohnehin aus einem bunten Gemisch von sehr verschiedenartigen Gestalten zusammen, so daß es nicht mehr darauf ankam, in welche Scheune jemand sein weltanschauliches Heu einzufahren beliebte. Die Hauptsache war, daß er die wesentlichen Funde der Psychoanalyse als Forschungsbasis zu akzeptieren bereit war. Bei Weizsäcker war dies unverkennbar gegeben, wenngleich er mit seinem eigentümlich bohrenden und weitschweifig ausgreifenden Denken stets aus der Helligkeit des Vernunftlebens ins Halb- oder Ganzdunkel des Übersinnlichen zu streben scheint.

Das macht unseres Erachtens den Stil seiner Werke, den manche als poetisch bewundern, ziemlich schwerfällig, diffus und schillernd. Freud, der nach Weizsäcker ein „in der Welt heimatloser Atheist" war, schreibt einen klaren, funkelnden und geistvollen Stil; sein Kritiker jedoch, der angeblich „in Gott geborgen lebte", quält sich selbst und seine Leser durch Gedankensequenzen hindurch, die eigentümlich matt und unkohärent anmuten. Bei Freud spricht trotz aller Engen und Einseitigkeiten seines Systems, die aus seiner Epoche und aus seiner Persönlichkeit stammen, ein „siegreicher Geist" zu uns, der heroisch den Widerstand seines Stoffes und der „stumpfen Welt" zu besiegen vermochte; anders bei Weizsäcker, bei dem wir eher das Gefühl haben, in die Gedankenwelt eines „Überwältigten" einzutreten, der durch Erziehung, Tradition, gesellschaftliche Bindungen, soziale und metaphysische Vorurteile gefesselt wurde. Dies mag seinen Erkenntniswillen, der immer noch überdurchschnittlich war, gelähmt haben. Eine sozusagen „fromme Scheu" dämpfte dieses Denken, das viel öfter an scheinbar unübersteigbare Grenzen gelangte, als es den Gegebenheiten der Sache selbst entsprach. So kann man auf Weizsäckers Wissenschaftsbeitrag jene Worte anwenden, die er selbst über Paracelsus schrieb, Worte, die Größe und Begrenzung seines Bemühens aufzeigen:

> Wer an Gott glaubt, der will die Welt nicht erklären, nein, nur begreifen, erkennen als Gottes Werk. Die Welt ist für ihn ein Werk der Schöpfung, der Mensch ein Geschöpf, die Natur ist Kreatur. Und so kann seine Lehre kein solches harmonisches Gebilde sein, denn sie hat ja ihre Bedingungen nicht in sich selbst, sie hat sie ja vom Schöpfer empfangen – wie sollte sie jene Harmonie besitzen? (*Bilden und helfen. Hippokrates und Paracelsus,* 1923, S. 18).

Ausgewählte Literatur

Freud, S. (1927). Die Zukunft einer Illusion. GW XIV.
Rad, M. v. (Hrsg.) (1974). Anthropologie als Thema von psychosomatischer Medizin und Theologie. Stuttgart: Kohlhammer.
Siebeck, R. & Weizsäcker, V. von (1947). Die Medizin in der Verantwortung. Zwei Vorträge. Tübingen (Schriftenreihe der evang. Akademie, Reihe 5,2).

Vogel, P. (Hrsg.) (1956). Viktor von Weizsäcker. Arzt im Irrsal der Zeit. Eine Freundesgabe zum siebzigsten Geburtstag. Göttingen: Vandenhoeck & Ruprecht.

– (1926). Seelenbehandlung und Seelenführung nach ihren biologischen und metaphysischen Grundlagen betrachtet. Gütersloh.

– (1929). Kranker und Arzt. Berlin.

– (1930). Soziale Krankheit und soziale Gesundung (erweiterter Vortrag). Berlin.

– (1933). Körpergeschehen und Neurose. Analytische Studie über somatische Symptombildungen. Stuttgart: Köhler 1947.

– (1934). Wege psychophysischer Forschung. Festrede. Heidelberg.

– (1935). Ärztliche Fragen. Vorlesungen über allgemeine Therapie. Leipzig: Thieme.

– (1935). Studien zur Pathogenese. Leipzig: Thieme.

– (1937). Ludolf von Krehl. Gedächtnisrede. Leipzig: Thieme.

– (1940). Der Gestaltkreis. Theorie der Einheit von Wahrnehmen und Bewegen. Leipzig: Thieme.

– (1941). Klinische Vorstellungen. Stuttgart: Hippokrates.

– (1941). Arzt und Kranker. Leipzig: Thieme.

– (1942). Gestalt und Zeit. Halle: Niemeyer.

– (1943). Wahrheit und Wahrnehmung. Über das Nervensystem. Zwei Vorträge. Leipzig: Köhler & Amelang.

– (1946). Anonyma. Bern: Francke. (Sammlung Überlieferung und Auftrag).

– (1947). Der Begriff der Allgemeinen Medizin. Einführung in die Schriftenreihe „Beiträge aus der Allgemeinen Medizin". Stuttgart.

– (1947). Euthanasie und Menschenversuche. Heidelberg.

– (1947). Fälle und Probleme. Anthropologische Vorlesungen in der Medizinischen Klinik (Beiträge aus der Allgemeinen Medizin). Stuttgart: Köhler.

– (1948). Der Begriff sittlicher Wissenschaft. Frankfurt: Schulte-Buhnke.

– (1948). Grundfragen medizinischer Anthropologie. Tübingen.

– (1949). Begegnungen und Entscheidungen. Stuttgart: Köhler.

– (1950). Diesseits und Jenseits der Medizin. Stuttgart: Köhler.

– (1951). Der kranke Mensch. Stuttgart: Köhler.

– (1954). Am Anfang schuf Gott Himmel und Erde. Göttingen: Vandenhoeck & Ruprecht.

– (1954). Natur und Geist. Göttingen: Vandenhoeck & Ruprecht.

– (1955). Soziale Krankheit und soziale Gesundung, bearbeitet von R. Piehler. Göttingen: Vandenhoeck & Ruprecht, 2. Auflage.

– 1955). Menschenführung. Göttingen: Vandenhoeck & Ruprecht.

– (1956). Pathosophie. Göttingen: Vandenhoeck & Ruprecht, 2. Aufl. 1967.

– & Wyss, D. (1957). Zwischen Medizin und Philosophie. Göttingen: Vandenhoeck & Ruprecht.

Wyss, D. (1977). Die tiefenpsychologischen Schulen von den Anfängen bis zur Gegenwart. Göttingen: Vandenhoeck & Ruprecht, 5. erw. Aufl.

TEIL VI
PSYCHOANALYTIKER DER DRITTEN GENERATION

Erik H. Erikson

Einleitung

Erik H. Erikson wurde am 15. Juni 1902 in Frankfurt a. M. geboren. Seine Mutter trennte sich von seinem Vater und heiratete später einen Kinderarzt. Nach seinen Schuljahren in Karlsruhe geriet Erikson in eine psychische Krise und konnte sich für keinen Beruf entscheiden. Er unternahm eine Wanderung durch Europa und versuchte eine Bildhauer-Ausbildung, die ihm nach zwei Studienjahren in Florenz einige Erfolge brachte.

1927 wurde er Privatlehrer an jener Schule in Wien, die Dorothy Burlingham für die Kinder amerikanischer Eltern gegründet hatte, die Analysanden von Freud und seinen Mitarbeitern waren. So kam Erikson mit der Psychoanalyse in Berührung: 1928 begann er eine Therapie bei Anna Freud und nahm auch an ihrem „Kinderseminar" teil. 1933 war seine Instruktion als Kinder- und Erwachsenen-Analytiker beendet. Über Dänemark emigrierte er in die USA, wo er sich in Boston niederließ. 1934 hatte er Forschungsaufträge an der Harvard University; einen regulären Doktortitel konnte er jedoch nicht erwerben, da ihm die formell-akademische Arbeitsweise nicht zusagte. Künstlerisch-philosophische Tendenzen bedeuteten ihm mehr als trockene Wissenschaft, was seinen späteren literarischen Arbeiten sehr zugute kam.

1936 befaßte er sich mit ethnologischen Problemen und untersuchte das Erziehungsverhalten der Sioux-Indianer, wobei er sein Augenmerk auf die unterschiedlichen Wert-Welten verschiedener Kulturen richtete, durch die sich verschiedenartige Volkscharaktere ausprägen.

1939 übersiedelte Erikson nach Kalifornien, wo er sich der Erforschung der Verbindungslinien zwischen Anthropologie, Psychoanalyse, Geschichtswissenschaft einerseits und der Krankengeschichte von einzelnen andererseits widmete. Feldforschungen bei den Yurok-Indianern führten ihn zu einem Volksstamm, der nach der Sicht der orthodoxen Psychoanalyse die Wesenszüge des Analcharakters aufwies. Hierbei wurde ihm klar, daß psychopathologische Kategorien in der Völkerkunde nur mit Vorsicht anzuwenden sind, da man Gefahr läuft, die eigene Kultur zu verabsolutieren und als Maßstab der „Normalität" hinzustellen. Als Frucht solcher Überlegungen entstand 1950 sein Buch

Kindheit und Gesellschaft, durch das Erikson weit über die Fachkreise hinaus bekannt und berühmt wurde.

Er erhielt Lehraufträge von zahlreichen Universitäten und einen Ehrendoktor der Universität Berkeley. Besonders wandte er sich der Ausbildung von jungen Psychoanalytikern zu. Gemäß dem Rang, den er in der psychoanalytischen Welt einzunehmen begann, wurde er 1956 nach Frankfurt eingeladen, um den Festvortrag zur hundertsten Wiederkehr von Freuds Geburtstag zu halten: er sprach über das Thema *Der erste Psychoanalytiker* (in: *Einsicht und Verantwortung. Die Rolle des Ethischen in der Psychoanalyse*, 1964).

1960 gab Erikson seine therapeutische Arbeit auf und befaßte sich im Rahmen seiner erneuten Professur an der Harvard University mit der Ausarbeitung psychoanalytischer Biographien bedeutender Persönlichkeiten. Seine Bücher *Der junge Mann Luther* (1958) und *Gandhis Wahrheit* (1969) sind der Ertrag solcher Studien, die eine Synthese der Tiefenpsychologie und der Geschichtswissenschaft anstreben. Auch andere Bücher von Erikson schlagen Brücken zwischen der Psychoanalyse und den Human- oder Geisteswissenschaften.

Psychoanalyse und Ich-Psychologie

Will man Eriksons Denkansatz verstehen, dann muß man sich daran erinnern, daß er ein Schüler von Anna Freud war. Wie Freuds berühmte Tochter ging er von der Kinderpsychologie und Kindertherapie aus. Aber Anna Freud blieb eine orthodoxe Psychoanalytikerin, indes Erikson in vielen Punkten über die traditionelle Psychoanalyse hinauswuchs. Bei diesen Emanzipationsversuchen waren ihm einige Theorien von Anna Freud und Heinz Hartmann besonders nützlich.

Im Jahre 1936 publizierte die erstere ihr Buch *Das Ich und die Abwehrmechanismen,* das gewissermaßen Sigmund Freud zu seinem achtzigsten Geburtstag überreicht wurde. Man nennt diesen Text den Grundstein der analytischen Ich-Psychologie. Dies ist etwas übertrieben, denn schon in Freuds frühen Schriften werden die Probleme des Ichs immer wieder angetönt und erörtert. Richtig ist allerdings, daß Anna Freud die ich-psychologischen Erkenntnisse in ein System zusammenfügte, das in seiner Art imponierend erschien.

Das schmale Büchlein befaßt sich unter anderem mit Erscheinungen wie Regression, Unterdrückung, Reaktionsbildung, Isolation, Ungeschehenmachen, Projektion, Introjektion, Wendung gegen das eigene

Selbst, Verleugnung, Identifikation mit dem Angreifer und Sublimierung: in all diesen Vorgängen sieht Anna Freud Techniken des Ichs, mittels derer es sich gegen seine inneren Triebe und gegen die äußeren Gefahren wehrt. Da hiermit das Ich in seiner Selbstbehauptung zum Gegenstand analytischer Untersuchung gemacht wurde, rückte es in den Brennpunkt des Interesses und verdrängte das Es und seine Triebwelt, wovon Freud sichtlich mehr fasziniert war als vom Ich.

Noch deutlicher zeigt sich diese Tendenz bei Heinz Hartmann, der als der „führende Theoretiker innerhalb der orthodoxen Psychoanalyse" (Roazen 1976, S. 492) bezeichnet wird. Hartmann veröffentlichte sein einflußreiches Buch *Ich-Psychologie und Anpassungsproblem* im Jahre 1939. Auch er folgte der Spur der jüngeren Analytiker-Generation (H. Schultz-Hencke, E. Fromm, K. Horney u. a.), welche die Bedeutung der Sexualität im Seelenleben einschränken und die Ich-Prozesse aufwerten wollten. Hartmann sprach von einer „konfliktfreien Zone im Ich", welche nicht den von Freud beschriebenen Dynamismen der direkten Triebbedrängnis unterlag; in der Konsequenz einer solchen Hervorhebung lag die Anerkennung einer gewissen Autonomie des Ichs. Roazen sagt hierüber:

Nach Hartmanns Argumentation ... war im Laufe der Jahre lediglich folgendes geschehen: eine Ichfunktion, nämlich die der Abwehr, habe auf Kosten anderer Funktionen wie Wahrnehmung, Aufmerksamkeit, Urteil und so weiter eine alles überragende Bedeutung erlangt, wodurch es in der Psychoanalyse zu einer künstlichen, unausgeglichenen Überbetonung des Pathologischen gegenüber der normalen Psychologie gekommen sei. (L. c. S. 493)

Trotz dieser abweichenden Gesichtspunkte vermochte Hartmann eine autoritative Stellung in der psychoanalytischen Orthodoxie zu gewinnen; in seinem amerikanischen Exil rückte er geradezu zur Position eines „Premierministers der Psychoanalyse" (Roazen, S. 493) auf. Zusammen mit Ernst Kris und Rudolf Löwenstein war er führend in der Herausgabe der Zeitschrift *The Psychoanalytic Study of the Child*, die im angelsächsischen Sprachraum hohes Ansehen erwarb.

Ohne die Vorarbeit der genannten Ich-Psychologen wäre wohl Eriksons Lebenswerk kaum zustandegekommen. Er ist einer der fruchtbarsten Geister unter den psychoanalytischen Reformern, die maßvoll Freuds Theorien ergänzen und erweitern.

Kindheit und Gesellschaft

Eriksons Durchbruch zu internationaler Bekanntheit erfolgte durch das Buch *Kindheit und Gesellschaft* (1950). Dieses Werk, das in zwölf Sprachen übersetzt wurde, gilt als eine Synthese der psychologischen, anthropologischen und ethnologischen Forschung. Als besonders verdienstvoll empfand man allgemein, daß darin die Wechselwirkung zwischen den Formen der Säuglings- und Kindererziehung einerseits und den Lebensformen und Lebenszielen der Gesellschaft andererseits begreiflich gemacht wurde.

Ebenfalls wichtig ist in *Kindheit und Gesellschaft* die Einführung des Begriffs der Identität, aus dem Erikson ein zentrales Element der analytischen Untersuchungen machte. Er geht der Frage nach, wie der heranreifende Mensch zum konstanten Bewußtsein seiner selbst – seiner Stärken und seiner Schwächen – gelangen kann. Dabei beschränkte er sich nicht auf die frühkindliche Entwicklung, sondern bezog auch „postödipale Entwicklungsphasen" in seine Überlegungen ein. Auch konzentrierte er sich nicht allzusehr auf die pathologischen Möglichkeiten; die „normalen" Kräfte und Potenzen im Menschen erweckten sein tiefergehendes Interesse, so daß sich sein Buch sehr wohltuend von vielen anderen Texten abhebt, die sich fast ausschließlich mit der Psychopathologie im Kindesalter befassen.

Trotz seiner Bewunderung für Sigmund Freud fühlte sich Erikson in keiner Weise genötigt, die Theorien des Meisters über Kindheit und Charakterentwicklung für unabänderlich zu halten. Er entwirft Gedankenmodelle, die die Engen und Einseitigkeiten der traditionellen Psychoanalyse erkennen lassen. Wie alle Neopsychoanalytiker anerkennt Erikson, daß Freuds Modell der Libidophasen erzieherisch bedeutsam ist; aber wie für Sullivan und Fromm ist es für ihn fraglich, ob der Libidojargon zureicht, die tatsächlichen Vorgänge zwischen Kind und Eltern zu beschreiben. Was sich zwischen Erzieher und Zögling abspielt, sind keine Trieb-Dynamismen, wohl aber soziale Interaktionen. Es handelt sich um emotionale Wechselwirkungen, wobei Einflüsse von A nach B und von B nach A verlaufen, d. h. Kind und Eltern sind sowohl Zögling als auch Erzieher:

> Eltern, die die Entwicklung einer Anzahl von Kindern miterleben, müssen fortgesetzt einer Anforderung gewachsen sein: sie müssen sich zusammen mit den Kindern entwickeln. Wir verfälschen die Situation, wenn wir in der Weise abstrahieren, daß wir annehmen, die Eltern „hätten" bei der Geburt des Kindes diese oder jene eigene Persönlichkeit und verstießen nun, statisch

beharrend, gegen das arme kleine Ding. Dieses schwache und beständig sich ändernde kleine Wesen nämlich setzt die ganze Familie in Bewegung. Kleine Kinder beherrschen und erziehen ihre Familien genau so weitgehend, wie sie von jenen beherrscht werden: wir können ruhig sagen, daß eine Familie ein Kind erzieht, indem sie von ihm erzogen wird. (L. c. S. 63)

Ein neues Modell von *acht Phasen der seelischen Entwicklung* ist das Glanzstück von *Kindheit und Gesellschaft* und auch der Schlüssel zu den übrigen Ausführungen dieses Buches. Erikson verwandelt das karge Schema der oralen, analen, phallischen und ödipalen Phase der Libidoorganisation, wie es die frühe Psychoanalyse formuliert hatte, in ein tiefgründiges Konzept der menschlichen Reifungsschritte, die von der Kindheit zum Erwachsensein führen sollen. Dabei geht es um den sukzessiven Erwerb von grundlegenden Tugenden im Sinne von Tauglichkeiten, auf denen jegliche Lebens- und Kooperationsfähigkeit beruht. Die beschriebenen Kardinaltugenden folgen einander in spezifischen Entwicklungsabschnitten – jede folgende kann und muß auf den vorangehenden aufbauen. Das Kind geht dabei „Schritt für Schritt" vor, indem es im wachsenden Maße in die Gesellschaft hineinexpandiert. Jeder neue Schritt bringt gewisse Reifungskrisen mit sich, nach deren glücklicher Absolvierung das Individuum sozialer und produktiver wird. Im Laufe einer solchen Entwicklung vergrößert sich gleichsam das ethische Potential eines Menschen; das Ziel menschlicher Entfaltung aber ist das Reif- und Ganzwerden der Person, mit anderen Worten: die Entwicklung der Persönlichkeit.

a) Die erste und allem zugrunde liegende Tauglichkeit, die das Kind lernen soll, ist *Vertrauen* zu seiner menschlichen Umgebung. Natürlich steht hier die Mutter als Pflegerin und Betreuerin an der vordersten Front. Es kommt darauf an, daß das Kind an ihr häufig genug die Erfahrung der Zuverlässigkeit machen kann. Dies ist die Grundlage seines späteren Identitätsgefühles, der unbewußten und bewußten Auffassung, daß es selbst und die Welt „in Ordnung" sei und daß den Anforderungen der Umwelt irgendwie entsprochen werden kann. Sowohl Erfüllung als auch Versagung von kindlichen Bedürfnissen können zu diesem Urvertrauen beitragen, sofern es sich nicht um launische und willkürliche Reaktionsweisen handelt; die Hauptsache für das Kind scheint es zu sein, daß es seine soziale Umgebung als sinnorientiert und sinnverwirklichend erlebt:

565

Die Eltern müssen das Kind nicht nur durch gewisse Verbote und Erlaubnisse lenken können; sie müssen auch imstande sein, in dem Kinde eine tiefe, fast körperliche Überzeugung zu wecken, daß das, was sie tun, sinnvoll ist. Letzten Endes werden Kinder nicht durch Versagungen neurotisch, sondern durch den Mangel oder Verlust der sozietären Bedeutung dieser Versagungen. (L. c. S. 243)

b) Geht es im ersten Stadium der Entwicklung um Einverleibung von Nahrung und Liebe, so hat die zweite Phase das Thema des Festhaltens und Loslassens. Hier wird, auf primitiver Stufe, *Autonomie* eingeübt, indem sich das Kind muskulär seiner Umgebung zu bemächtigen versucht (Sitzen, Stehen, Gehen, Greifen). Es muß ihm hierbei ein Freiraum geschaffen werden, wo es seine Kräfte in Funktion treten lassen kann. Erlebt es zu viel Zwang und Einschränkung auf dieser Stufe, so kann es in seiner Ich-Autonomie fundamental geschädigt werden. Es entwickelt dann Scham und Zweifel, d. h. eine Art von Verfangensein in seine eigene Innerlichkeit, die es hindert, nach außen kraftvoll wirksam zu werden. Autonomie basiert auf Urvertrauen; ist letzteres schon deletär, dann kann die erstere nur fragmentarisch in Erscheinung treten. Kompensatorische Zerrformen autonomen Verhaltens sind u. a. Trotz, Haß und sinnlose Auflehnung. Kinder, die nicht gelernt haben, autonom zu sein, glauben nicht daran, sich in Verständigung mit anderen durchsetzen zu können; daher rebellieren sie ziel- und zwecklos, um sich ein angebliches Ich-selbst-Sein vorzuspielen.

c) Hat man Vertrauen und Autonomie, so kann man auch Initiative entfalten. Diese dritte Stufe der Seelenentwicklung umfaßt *das Machen* im weitesten Sinne des Wortes. Man expandiert in die Welt, um sie zu ergreifen und umzugestalten. Auch menschliche Beziehungen erfordern Initiative, d. h. Spontaneität, Ausdauer und Konsequenz. Fehlen diese Grundeigenschaften, dann verstrickt sich das Individuum in Schuldgefühle, die stets auch Handlungsersatz sind. Kinder im Alter von drei bis fünf Jahren sind normalerweise sehr handlungsfreudig. Ein Aspekt davon ist ihre Wißbegierde: sie wollen alles und jedes erfragen, um besser damit umgehen zu können. Stoppt man durch falsche Erziehung diesen Aktivitätsdrang, so wird das Kind auch intellektuell und moralisch handlungsunfähig werden. Es wird etwa zeitlebens grübeln, anstatt zu handeln, sich Selbstvorwürfe machen, anstatt Taten der Liebe und der sozialen Nützlichkeit zu vollbringen.

d) Nun kommt das Kind in das Schulalter, wo man bereits wirkliche *Leistungen* von ihm fordert. Wiederum werden nur jene Kinder aufgabengerecht handeln können, denen man zuvor die entscheidenden Entwicklungsschritte ermöglicht hat. Hat das Kind keine ausreichenden Voraussetzungen für schulische und soziale Leistungsfähigkeit, so fällt es notwendigerweise den Minderwertigkeitsgefühlen anheim. Es vergleicht sich mit anderen und schneidet hierbei eher schlecht ab. Dies bringt Selbstverachtung mit sich. In seiner Not strebt dann das Kind aus der größeren Sozialwelt heraus und in die Familienwelt zurück, was Freud unter dem Titel „Ödipussituation" beschrieb:

> Wenn das Kind verzweifelt, weil es mit den Werkzeugen und Handfertigkeiten nicht zurechtkommt oder weil es unter seinen Werk-Gefährten keinen eigenen Stand finden kann, so kann es die Hoffnung aufgeben, sich schon mit den Großen identifizieren zu können... Wenn das Kind die Hoffnung auf eine solche werkmäßige Anlehnung verliert, so wird es auf die isolierte, weniger werkzeugbewußte, familiäre Rivalität der ödipalen Periode zurückfallen. Das Kind verliert so das Vertrauen sowohl zu seinen Fähigkeiten in der Werkzeugswelt wie in der Anatomie und glaubt sich zur Mittelmäßigkeit oder zu einem Krüppeldasein verdammt. (L. c. S. 254)

Wiederum kommt es zu einem partiellen „Identitätsverlust", der spätere Neurosen konstelliert. Leistung ist eine der stärksten Stützen der Selbstachtung; daher soll man Kinder bewußt zum Leistenkönnen erziehen.

e) Damit ist zur *Ich-Identität* übergeleitet, die etwa in der Pubertät zum Tragen kommen soll. Der Heranwachsende, der sich in die Gesellschaft einzufügen bereit oder auch willig ist, gelangt damit zu einem einigermaßen klaren Bewußtsein seiner selbst: er weiß, wer er ist und was er will. Hat er aber die vorangehenden Schritte nicht günstig absolvieren können, dann ist ihm seine zukünftige Rolle in der Gemeinschaft weniger deutlich; er strukturiert in seinem Innern ein nur diffuses Bild seiner selbst, der Welt und der Mitmenschen. Da er ein schwaches Ich hat, neigt er dazu, sich von der Gesellschaft vorprogrammierte „Rollen" suggerieren zu lassen; er definiert sich durch die Gruppe, der er gerade zugehört. Dies können Cliquen und Banden sein, aber auch Großgruppen wie Nation, Armee, Kirche oder Sekte, Rasse, Klasse usw. Das Fehlen der eigenen Identität macht die Menschen so anfällig für die Verführungen durch totalitäre Massenbewegungen, in denen man sich selbst vergessen kann; gleichzeitig gewinnt man durch die Identifikation mit einem vergotteten „Führer" so etwas wie eine Schein-Identität. In unserem Jahrhundert haben viele Menschen der Verlockung von Schein-Identitäten innerhalb politischer Heilslehren in bedenklicher Weise nachgegeben; durch Volk, Partei, Rasse und Übermenschentum täuschten sie sich über den Mangel eines eigenen Selbst hinweg und überlieferten sich einem zügellosen Fanatismus.

f) Nur wer eine gewisse Identität erworben hat, kann wahrhaft *mit einem Du intim werden*. Liebe ist die Beziehung zwischen zwei Personen, wo jede die andere wirklich meint und auch fördern will. Die Freudsche genitale Phase der Libidoentwicklung erhält bei Erikson ihren Schwerpunkt im Liebenkönnen, was gewiß nicht mit sexueller Funktionstauglichkeit gleichzusetzen ist. In der Liebe muß man einander vertrauen können und man muß imstande sein, Arbeit, Sexualität und Erholung mit den Wünschen und Forderungen eines Du in Einklang zu bringen. Hat man die hierzu nötigen Voraussetzungen in der Kindheit nicht erworben, so wird man dazu neigen, ein Leben in emotionaler Isolierung zu führen, was bekanntlich sexuelle Genußfähigkeit nicht ausschließen muß. Aber Zärtlichkeit und Eros werden in einem solchen Leben nur karg repräsentiert sein.

g) Auf Urvertrauen, Autonomie, Initiative, Leistung, Identität und Intimität beruht die *zeugende Fähigkeit* des Menschen, die keineswegs auf das Kinderzeugen beschränkt werden soll. Erikson denkt hier an die möglichen Formen produktiver Existenz, die im menschlichen Zusammenleben, aber auch im Schaffen von Kulturwerten verwirklicht werden können. Daher sagt er:

> Die zeugende Fähigkeit ist also in erster Linie das Interesse an der Stiftung und Erziehung der nächsten Generation, obwohl es einzelne gibt, die, sei es durch Unglück, sei es wegen besonderer und echter Gaben, die in anderer Richtung liegen, diesen Trieb nicht ihren eigenen Nachkommen zuwenden. Der Begriff der zeugenden Fähigkeit soll auch tatsächlich die populären Begriffe wie Produktivität und Schöpfertum in sich schließen... (L. c. S. 261)

h) Das letzte Ziel der Entwicklung, alle vorangehenden Ziele zusammenfassend, kann man die *Ich-Integrität* nennen. Hier ist die Persönlichkeit zum Ganzen geworden, was nicht mit Bildungsniveau verwechselt werden darf. Für Erikson ist es ausgemacht, daß ein „weiser Inder, ein echter Gentleman und ein alter Bauer sich gegenseitig an diesem Stadium erreichter Integrität zu erkennen vermögen" (l. c. S. 264). Der integre Mensch wird seinen Platz in der Kultur suchen und finden. Er reiht sich ein in die Kette der Geschlechter als Gebender und Empfangender. Er lebt im Blick auf die Menschheit: er ist ein Mitmensch im eigentlichen Sinne des Wortes geworden.

In späteren Publikationen hat Erikson sein genetisches Schema der Ichentwicklung ein bißchen modifiziert, indem er den beibehaltenen acht Phasen noch weitere Begriffe zuordnete, die durchaus in der Linie seiner bisherigen Überlegungen liegen. So heißt denn die Reihenfolge der Tugenden, die nacheinander entwickelt werden sollen, etwa auch: Hoffnung – Willenskraft – Zweckhaftigkeit – Können – Treue – Liebe – Fürsorge – Weisheit.

In Feldforschungen bei den amerikanischen Sioux- und Yurok-Indianern konnte Erikson zeigen, daß jede Kultur innerhalb der allgemeinen anthropologisch vorgesehenen „Tugendserie" bestimmte Akzente setzt, wodurch Erziehung und Volkscharaktere dann voneinander abweichen. Dies illustrierte er individualpsychologisch an Kurzbiographien von Hitlers und Gorkis Jugendzeit, in denen er eine Synthese von Geschichtsschreibung und Persönlichkeitspsychologie anvisiert. Hierbei verwendet er überall – manifest oder unausgesprochen – sein Schema von den acht Phasen, das für seine Entwicklungs- und Erziehungspsychologie so wichtig ist, daß wir es auch graphisch aus seinem Text übernehmen wollen.

	1	2	3	4	5	6	7	8
VIII Reife								Ich-Integrität gegen Verzweiflung
VII Erwachsenen-Alter							Zeugende Fähigkeit gegen Stagnation	
VI Frühes Erwachsenen-Alter						Intimität gegen Isolierung		
V Pubertät und Adoleszenz					Identität gegen Rollenkonfusion			
IV Latenz				Leistung gegen Minderwertigkeitsgefühl				
III Lokomotorisch genital			Initiative gegen Schuldgefühl					
II Muskulär-anal		Autonomie gegen Scham und Zweifel						
I Oral-sensorisch	Urvertrauen gegen Mißtrauen							

(Aus: Erikson, *Kindheit und Gesellschaft*, 5. Aufl., Stuttgart 1973, S. 268.)

Ethnologische Beiträge

Da Erikson persönlichen Kontakt mit Margaret Mead, Ruth Benedict, Gregory Bateson und anderen Ethnologen und Anthropologen pflegte, nahm er auch lebhaften Anteil an völkerkundlichen Forschungen, sofern sie mit Psychoanalyse verknüpft werden konnten. So beauftragte ihn die amerikanische Regierung mit einem Forschungsprojekt, welches ein Indianer-Reservat in Süd-Dakota betraf: es sollte für die Apathie der dort ansässigen Sioux-Indianer eine Erklärung finden.

Erikson lenkte sein Augenmerk auf die Wertvorstellungen der erwachsenen indianischen Bevölkerung und suchte diese mit den Erziehungsgebräuchen der Frühkindheit in Zusammenhang zu bringen. Nun beobachtete er, daß die Sioux-Kinder einige Jahre lang intensiv von ihren Müttern gestillt werden. So kommt es unweigerlich zu oralen Fixierungen, denn man läßt die Kinder nie lange schreien und verabreicht ihnen freigebig die willkommene Nahrung, mit der man sie regelrecht verwöhnt. Im Kontrast hierzu steht allerdings die Tatsache, daß Sioux-Mütter ihre Kinder mit dem Kopf auf den Boden schlagen, wenn diese sie in die Brust beißen. Dabei kommt es dann zu mörderischen Schreianfällen der auf diese Weise „geknufften" Kinder, was aber von den Erwachsenen ungerührt als ein positives Zeichen angesehen wird: wütend-schreiende Kinder sind angeblich solche, die später gute Büffeljäger und Kämpfer gegen die Feinde werden. In diesem Sinne ist die Sioux-Erziehung ein Gemisch von Verzärtelung und Aggressions-Dressur. Die erwachsenen Indianer sind dann freigebig, solidarisch mit dem eigenen Stamm und grausam gegen Stammesfeinde, was offenbar der Erziehungserfolg ist, welcher in der Sioux-Gesellschaft angestrebt wird.

Da die Analerziehung – die über Festhalten und Loslassen im späteren Leben ganz allgemein entscheidet – auch sehr frei ist, hängt der Sioux-Indianer nicht sehr an seinem Besitz. Als Kämpfer ist er durchwegs patriarchalisch gesinnt: die Mädchen unterstehen bereits den Knaben, und erwachsene Frauen haben den Männern zu dienen. Letztere sind nicht nur grausam gegen andere, sondern auch gegen sich selbst. Bei ritualisierten Tänzen kommt es immer wieder vor, daß sich die (männlichen) Tänzer Stücke aus ihrem Muskelfleisch herausreißen; damit sollen wohl kriegerische Tugenden bekundet werden; eventuell spielt auch das Vergeltungsgesetz eine Rolle, welches für eigene Brutalität irgendwelche Selbstopfer fordert („Aug um Auge, Zahn um Zahn").

Eine solche Erziehung und Charakterprägung eignet sich nach Erikson für Jäger und Krieger, nicht aber für Menschen, die in den engen Grenzen eines Reservats friedlich vor sich hinleben sollen. So kann man die Apathie der jetzigen Sioux-Indianer begreifen als einen Verlust früherer Lebensformen und Identitäten, für die kein Ersatz gefunden wurde.

Andere Beobachtungen machte Erikson bei den Yurok-Indianern, die im Norden Kaliforniens leben. Sie sind Fischer und ernähren sich hauptsächlich von Lachs, der reichlich in ihren Flüssen zu finden ist. Der Fluß, der das Hauptnahrungsmittel des Stammes heranbringt, gilt fast als heilige Wesenheit: er muß sehr rein gehalten werden; man darf in ihn nicht urinieren oder menstruieren, und wer Geschlechtsverkehr hatte, muß sich zuerst im Bade reinigen, bevor er ins Wasser gehen darf.

Die Yuroks säugen ihre Kleinkinder nur ein halbes Jahr lang. Sie betonen die Reinlichkeitserziehung, da sie ja auch den Fluß extrem sauber halten müssen. So kommt es zu einem „analen Volkscharakter", dem Züge der Zwanghaftigkeit sein Profil geben: die Yuroks sind sparsam, streitsüchtig und raffgierig. Sie sind seßhaft und hängen sehr an ihren Örtlichkeiten. Durch magische Praktiken suchen sie Einfluß zu gewinnen auf die Lachsmenge in den Strömen und auf das Glück beim Fangen der Tiere, wovon ihr Lebensunterhalt bestritten wird.

Sehr verdienstlich ist u. E. der Umstand, daß Erikson sich nicht nur auf die Analyse primitiver Gesellschaften beschränkt, sondern auch den Menschen der westlichen Zivilisation in seine Betrachtungen einbezieht. Sehr aufschlußreiche Überlegungen knüpfte er u. a. an die Situation des deutschen Volkes an, das nach dem verlorenen Ersten Weltkrieg, nach der Demütigung durch die Friedensverträge, infolge von Inflation, Massenarbeitslosigkeit und beunruhigenden sozialen Erschütterungen in eine schwere Identitätskrise hineingeriet, die gleichzeitig auch eine Autoritätskrise war. Der Demagoge Hitler versprach seinen Volksgenossen die Wiederherstellung der autoritären Lebensformen, die durch Krieg und Nachkriegszeit zerrüttet worden waren. Sein beispielloser Erfolg hatte sicherlich sehr viele Ursachen: eine davon ist die Verschränkung von individueller und kollektiver Pathologie, indem der Monomane und Paranoiker in der Führerrolle seinem Volk einen Weg zur Identitätsfindung im kollektiven Größenwahn zeigte. Der heutige Mensch, der in seiner Sozialisation selten bis zum Erwerb der Tugenden Liebe, Fürsorge, Identität und Weisheit gelangt, ist für Aggression und Machtgier sehr anfällig.

Ich-Identität und Psycho-Historie

Erikson hat den Begriff der Ich-Identität in die psychoanalytische und sozialwissenschaftliche Betrachtungsweise eingeführt, was von vielen Autoren als ein hilfreiches Element der Forschung in den Humanwissenschaften aufgenommen wurde. Nach seiner eigenen Aussage sollte damit

> ein spezifischer Zuwachs an Persönlichkeitsreife angedeutet werden, den das Individuum am Ende der Adoleszenz der Fülle seiner Kindheitserfahrungen entnommen haben muß, um für die Aufgaben des Erwachsenenlebens gerüstet zu sein. (*Das Problem der Ich-Identität*, in: *Identität und Lebenszyklus*, 1959, S. 123)

Kinder leben nach Erikson relativ unbewußt in den Tag hinein. Spätestens in der Pubertät kommt es zu Ansätzen eines Erwachens: der Jugendliche beginnt sich seiner Rolle in der Menschenwelt bewußt zu werden. Die Gesellschaften haben seit jeher gewußt, daß dieser Übergang von der Lebensform des Kindes zu der des Erwachsenen krisenreich und gefährlich ist; daher gab es zu allen Zeiten und in allen Zonen „institutionalisierte psychosoziale Schonzeiten" (Aufschübe), in denen junge Menschen die Möglichkeit der Selbstfindung ausprobieren konnten.

Für den Psychoanalytiker ist es naheliegend anzunehmen, daß persönliche Identität durch Identifikationsprozesse zustandekommt: gibt es von Kindheit an tragfähige Objektbeziehungen, dann verinnerlicht der Heranwachsende jene Beziehungspersonen, die er geliebt oder bewundert hat, wodurch sich seine Persönlichkeit festigt. Charakter, Persönlichkeit und Ich-Identität sind bei Erikson fast Synonyme; man sieht nicht recht ein, warum er diese alten und bewährten Begriffe verschmäht und sie durch einen neuen Terminus ersetzt.

Hat man aber einen grundlegenden Begriff verändert, dann muß man sogleich auch eine ganze Reihe anderer Begriffe umformulieren. Wo Tiefenpsychologie und Psychopathologie bisher von Selbstverlust und Charakteranomalien sprachen, redet Erikson nur noch von „Identitätsdiffusion", was einen Vorgang bezeichnet, in dem ein Ich oder Selbst nicht die Kraft besitzt, sich gegen die Umwelt zu behaupten. Dies gilt dann z. B. als die Ursache jugendlicher Verwahrlosung, die zur Bildung von Banden führen kann, in welchen haltlose junge Menschen eine Pseudo-Identität aufbauen können. Auch die Zugehörigkeit zu dogmatisch-totalitären Massenbewegungen oder auch Ideologien kann solche Pseudo-Identitäten hervorbringen. Ähnliches hat Freud im Zusammenhang mit seiner Theorie der Überich-Entstehung und Überich-Pathologie beschrieben; man denke vor allem an seine tiefgründigen Ausführungen in *Massenpsychologie und Ich-Analyse* (1921). Des weiteren besteht eine Verwandtschaft zu den Gedanken des amerikanischen Soziologen David Riesman (*Die einsame Masse*), der von außengelenkten Persönlichkeiten in unserer Zeit sprach, welche sich nur dadurch definieren können, daß sie mit irgendeiner Majorität übereinstimmen bzw. von ihrer sozialen Umgebung nicht merklich abweichen.

Gesunde Ich-Identität kann nach Erikson nur gewonnen werden, wenn man die Reifungsschritte von der Frühkindheit bis zur Pubertät einigermaßen „normgemäß" absolviert hat, d. h. nach und nach (epigenetisch) jene Tugenden erwarb, die man in den verschiedenen Altersstufen erwerben kann und soll. In abgekürzter Formulierung kann man etwa sagen, daß man ein „kindliches Kind", ein „jungenhafter Jugendlicher" sein muß, um später ein „erwachsener Erwachsener" zu werden. Diese scheinbar anspruchslosen Ideale sind gar nicht so leicht zu verwirklichen; viel öfter kommt es zu Zerrformen dieser Entwicklungsstadien. Voltaire scheint Erfahrungen dieser Art zu meinen, wenn er geistreich behauptet: „Wer nicht die Vernunft seines Lebensalters hat, hat alle Übel dieser Altersstufe."

Gelingende Identitätsfindung bringt mit sich, daß der Mensch befähigt wird, „zu arbeiten und zu lieben", d. h. daß er das Wagnis der Intimbeziehung zum anderen Geschlecht eingehen und ein produktives Leben führen kann. Wer vor diesen Lebensaufgaben zurückschreckt, ist oft magisch angezogen durch die „Flucht in die negative Identität": viele junge Menschen erleben sich am intensivsten in Situationen und Lebensführungen, durch die sie Wertsetzungen ihrer Eltern und Gesellschaft durchkreuzen oder verneinen. Will man solche Menschen zur Gemeinschaft zurückführen, muß man sich sehr davor hüten, ihre negative Selbstdefinition zu bekräftigen; dies geschieht z. B. dann, wenn jugendliche Verwahrloste als Verbrecher abgestempelt und dementsprechend behandelt werden. Irgendwo in seinem tiefsten Innern genießt der so in die Kriminalität abgeglittene Mensch sein Ausgestoßensein, das ihm zum „Identitätsersatz" wird: er weiß nun immerhin, was er in den Augen der anderen ist und sein kann, und oft ist er stolz auf seinen Ausnahmestatus, der von den „gewöhnlichen Menschen" sichtbar abgehoben ist.

Erikson spricht viel von Anpassung des Heranwachsenden an seine soziale Umwelt, aber man sollte vorsichtig sein, wenn man ihn der „Anpasserei" bezichtigt (dies geschieht etwa in dem Buch von Elrod u. a., *Der Wolf im Schafspelz – Erikson, die Ich-Psychologie und das Anpassungsproblem*, 1978). Erikson ist sich wohl bewußt, daß menschliche Umwelten in dynamischer Entwicklung sind und daß eine Einfügung in sie keine masochistische Selbstverleugnung sein soll. Aber er betont nachdrücklich, daß die Lebensformen und die Institutionen einer bestehenden Gesellschaft für sich entwickelnde Individuen zumindest vorläufige Zielpunkte der individuellen Entfaltung bedeuten, die man nicht ohne weiteres überspringen oder eliminieren kann. Damit wehrt er sich gegen utopisches Zukunfts-Konstruieren, wie es in revoltierenden Bewegungen aller Art sehr gebräuchlich ist. Erikson plädiert für ein Ernstnehmen der gegenwärtigen Welt (ihrer Einrichtungen, Ideologien und Lebensanschauungen), die nur von jenen verändert werden kann, die sich in ihrer Jugend durch die ältere Generation erziehen und formen ließen. Die Unerzogenen und Ungeformten haben kaum je Identität genug, um die harte Arbeit des geistigen oder sozialen Fortschritts in Angriff nehmen zu können.

Man kann dies einen „liberalen Humanismus" nennen, was unseres Erachtens keine Abwertung zu sein braucht. Denn von dieser Optik her eignete sich Erikson ein feines Gespür für die geschichtliche Situation bedeutender Persönlichkeiten an, die die Tendenzen ihrer Epoche wahrnahmen und produktiv zum Ausdruck brachten. Auch eröffnete er Zugänge zu einem Feld neuer Forschungsmöglichkeiten, die man unter dem Titel „Psycho-Historie" zusammenfassen kann. Wer nämlich psychoanalytische Fallstudien und weitreichende Geschichtskenntnis zu verbinden weiß, der müßte nach Erikson in der Lage sein, Geschichte lebensnah und „menschengemäßer" zu schreiben. Erikson selbst hat dies hauptsächlich auf dem Gebiet der Biographie versucht.

Der junge Mann Luther

Da Erikson eine Synthese von psychoanalytischen, soziologischen und historischen Methoden der Forschung anstrebte, mußte es für ihn verlockend erscheinen, anhand einer bedeutenden geschichtlichen Persönlichkeit seine Interpretationskunst zu bewähren. So entstand das Buch mit dem Titel *Der junge Mann Luther. Eine psychoanalytische und historische Studie* (1958). Es sollte u. a. aufzeigen, wie Martin Luther aufgrund seiner Kindheitskonflikte und Jugendkrisen zum Reformator wurde: ein ehrgeiziges Unterfangen, dem wohl nur ein partieller Erfolg beschieden war.

Als Kenner vieler biographischer Werke wendet sich Erikson gegen die häufige Praxis, ein Menschenleben aus der einseitigen Sicht einer einzigen Wissenschaft zu erläutern. Seine eigene „psychohistorische Zielsetzung" formuliert er folgendermaßen:

Wir wollen deshalb verfolgen, wie der junge Martin nach einer trüben und harten Kindheit in eine schwere Identitätskrise geriet, für die er in klösterlicher Stille Heilung suchte; wie er in der Stille „besessen" wurde; wie er, besessen, allmählich *seine* Sprache sprechen lernte; wie er, des Sprechens mächtig, nicht nur sich aus dem Kloster und einen guten Teil seines Vaterlandes aus der Römischen Kirche heraus-redete, sondern für sich und die ganze Menschheit ein neues ethisches und psychologisches Bewußtsein in Worte faßte, und wie am Ende auch dieses Bewußtsein vernichtet wurde durch die Rückkehr der Dämonen, welcher Art sie auch gewesen sein mögen. (1958, dt. 1975, S. 50)

Erikson referiert in seinem Buch verschiedene biographische Erklärungsansätze, läßt aber keinen Zweifel daran, daß die Entwicklungsgeschichte menschlicher Größe und menschlichen Versagens nicht ursächlich erklärt, wohl aber verstehend nachvollzogen werden kann. Hierbei scheut er sich nicht, vage Kenntnisse von Fakten spekulativ auszuweiten. So ist er z. B. der „instinktiven Überzeugung", daß Luthers Sprachgewalt als Redner und Schriftsteller aus einer guten frühen Mutterbeziehung resultiere, obgleich Luther selbst eher das Gegenteil berichtet. Dies hinwiederum erklärt Erikson mit dem Hinweis, daß es im düsteren 16. Jahrhundert gegen den guten Ton verstieß, beglückende und erfreuliche Erlebnisse zu preisen.

Erikson interessiert sich vor allem für den jungen Luther, der noch auf der Suche nach seiner Identität war. Bekanntlich entschloß sich der erfolgreiche Theologiestudent Luther ziemlich überraschend, ins Kloster zu gehen. In qualvoller Auseinandersetzung mit der Ordensdisziplin rang er um seinen Gottesglauben, der von Anfechtungen aller Art nicht frei war. In den Klosterjahren formte sich seine Persönlichkeit, die in ganz Deutschland bekannt wurde, als der Dr. Martin Luther im Jahre 1517 seine fünfundneunzig Thesen gegen den Ablaß und andere kirchliche Mißbräuche an der Türe der Wittenberger Schloßkirche anschlug.

Erikson bezeichnet Luther als einen „homo religiosus", d. h. als einen Menschen, in dessen Leben die Frage nach der eigenen Integrität zentral gewesen sei. Identität und Integrität sind zwei Begriffe aus dem Eriksonschen Vokabular der menschlichen „Tugendentwicklung", auf die wir bereits eingegangen sind. Zur Integrität gehört der Wunsch nach Vertrauen und Treue, sodann aber auch die Überprüfung von Institutionen, deren Vertrauenswürdigkeit nicht als unantastbar erscheint.

Luther war jahrelang erfüllt von gewaltigen Skrupeln; als Kind des Spätmittelalters externalisierte er diese in Gestalt von Teufeln und Höllenwesen, die ihm schrecklich zu schaffen machten. Später fand er im

Papst und in der Kirche andere Widersacher, die er mit der vollen Wucht seiner Leidenschaften bekämpfen konnte. Die Klosterjahre waren sein „Moratorium", d. h. die Zeitspanne der Auseinandersetzung mit den eigenen Entwicklungskrisen und der Neurose, woraus er als Kämpfer für eine neue Form der Gottesbeziehung und Lebensanschauung hervorging. Mit pittoresker Darstellungskraft läßt Erikson erahnen, wie groß die inneren und äußeren Nöte eines Menschen sind, der die traditionellen Schutzwälle elterlicher und gesellschaftlicher Wertvorstellungen durchbricht und die Menschheit mit neuen Einsichten, Theorien und Weltbildern bereichert.

Luther hatte ein schwieriges Vater-Verhältnis und konnte in seiner Jugend sowohl an seinen Vater als auch an Gott nur mit Angst denken. Die unterdrückte Rebellion gegen den gewalttätigen Hans Luder – so nannte sich der Vater – kam später im Aufstand gegen die katholische Kirche zum Vorschein. Allerdings schwankte Luther sehr zwischen Rebellion und Gehorsamswünschen. Er schüttete seinen Zorn über die kirchlichen Instanzen aus, war aber ohne weiteres bereit, ein gehorsamer „Fürstenknecht" zu werden. In den Bauernaufständen beeilte er sich, den Fürsten zu Hilfe zu kommen, und verdammte alle Versuche, die aus der Reformation sozialpolitische Befreiungsforderungen ableiten wollten.

Erikson will sich nicht nur in den Menschen Martin Luther, sondern auch in die Weltanschauung des spätmittelalterlichen Menschentums einfühlen. Er will den geschichtlichen Augenblick herausarbeiten, in dem Luthers Persönlichkeit zur Wirkung kam. Individuum und Zeitgeist stehen immer in einer vielfältigen Wechselwirkung.

So muß man die Gestalt Luthers auf dem Hintergrund des Mittelalters und der Renaissance sehen. Letztere befreite den Menschen von seinen tiefliegenden Ängsten und Gewissenskrupeln und gab ihm neue Kräfte zur Welteroberung und Wissenserweiterung. Sie bejahte das Sinnenleben und einen kraftvollen Lebensstil, basierend auf einer Verankerung im Diesseits, welches die mittelalterlichen Doktrinen verteufelt hatten. Was der Renaissance nach Erikson fehlte, war die Begründung einer neuen Moral. Luther habe sich an diese „Schmutzarbeit" herangewagt, indem er die Kirche selbst nach hohen moralischen Richtlinien beurteilte, was zu ihrer Verwerfung führen mußte. Damit schuf er gewissermaßen ein neues Gewissen, das Gewissen des einfachen Mannes. So hat nicht nur die Renaissance das menschliche Individuum entdeckt (wie Jacob Burckhardt sagt); auch die Reformation war in ihrer Weise eine Entdeckung der menschlichen Individualität, die bis dahin unter der kirchlichen Scheinmoral und der Last des kollektiven Überichs der feudalen Gesellschaftsstruktur verkümmerte.

Erikson hat mit seiner Biographie dem jungen Luther eine Huldigung erwiesen, die nicht unproblematisch ist: so sparte er aus seiner Untersuchung den autoritär-fanatischen Reformator aus, dessen spätere Jahre und Lebenseinstellungen bei weitem nicht so sympathisch sind wie seine Anfänge. Um Luther zu rühmen, wird sogar behauptet, daß er der menschlichen Arbeit eine ähnliche Bedeutung beigemessen habe wie Karl Marx. Sodann wird auch ein Vergleich zwischen Luther und Sigmund Freud durchgeführt, wogegen sich der Schöpfer der Psychoanalyse sicherlich „mit Händen und Füßen" gewehrt haben würde. Der Atheist und Aufklärer Freud hat es nicht „verdient", mit dem aggressiven und doktrinären Religionserneuerer des 16. Jahrhunderts in einen Topf geworfen zu werden.

In seiner konservativen Kompromißbereitschaft unterläßt es Erikson, die Wege aufzuzeigen, die u. a. auch von Luther zur deutschen Autoritätsvergötterung der Neuzeit führen. Tatsächlich finden wir bei Luther tausendfältige Anweisungen zur blinden Obrigkeitsverehrung, und auch der barbarische Antisemitismus fehlt nicht, der von 1933 bis 1945 „geschichtsbestimmend" wurde.

Hätte Erikson nicht um die Gunst der amerikanischen protestantischen Theologen (die ihm reichlich zuteil wurde) gebuhlt, dann hätte er ein weit negativeres Charakterbild des großen Reformators zeichnen müssen. In diesem Bilde dürfen die Wesenszüge der wilden Rechthaberei, der paranoiden Grundstimmung (die sich im dauernden Kampf gegen den Teufel und andere Widersacher niederschlug), der Grobschlächtigkeit usw. nicht fehlen. Selbst die Obstipation, unter der er viele Jahre lang litt, wird von Erikson nicht erklärt; wir führen sie auf ein „Gefühlsmanko" zurück, eine Unterdrückung weicher, hingebender Gefühle. Luther war – wie es die Amerikaner nennen – ein „toughminded man"; ein hartgesottener Geselle, einer, in dem viel mehr Willenskraft und Sturheit als Einsicht und Toleranz vorhanden war. Aber das machte ihn zweifelsohne geeignet für sein „Reformationsgeschäft". Denn mit zarten und einsichtsvollen Gedanken wäre er beim „Volke" (und „Volk" waren nicht nur die Bauern und Bürger, sondern auch der Adel bis zu seinen höchsten Spitzen hinauf) gewiß nicht angekommen.

Voltaire hat bei Gelegenheit gesagt: „Wenn das Volk sich einmischt, dann ist alles verdorben". Luther, der als Theologe bedeutend war, war selbst „Volk", wenn man ihn mit den Maßstäben der damals bereits diskutierten humanistischen und klassisch-griechischen Philosophie mißt. Dieser derbe Mönch, der sich mit seinen „fundamentalistischen Thesen" ins Zeitgespräch der Renaissance einschaltete, zerstörte das subtile Denken der Humanisten, entfesselte den „Bildersturm" und eine allgemeine in der Zeit liegende „Tendenz zur Entsublimierung", die sich im Auftauchen vieler Bußprediger und Erweckungsredner beinahe durchzusetzen begann. Niemand wird leugnen, daß Luther so manchen Mißbrauch der katholischen Kirche mit Recht angriff. Aber er verfiel selbst in theologischen Dogmatismus und propagierte ein düsteres Welt- und Menschenbild, in dem er sich selbst als einen ziemlich „mittelalterlichen Menschen" kundgibt. Luther war, wie Nietzsche meinte, ein Fortschritt, der mit vielen Rückschritten verkoppelt war. Das entsprach seiner in einigen Hauptpunkten mißglückten Persönlichkeitsbildung, an der die frommen Geschichtsschreiber und der kompromißbereite Psychohistoriker Erikson geflissentlich vorbeisehen. Wie so viele „Führer" in der Geschichte bietet Luther ein zwiespältiges Bild; „Glaubenshelden" sind übrigens selten oder nie Helden des Geistes und der Humanität.

Gandhi und die Idee der Gewaltlosigkeit

1962 wurde Erikson nach Indien eingeladen, um eine Vortragsreihe über den „menschlichen Lebenszyklus" zu halten. Kurz vorher hatte er an einer Abrüstungskonferenz der Amerikanischen Akademie der Künste und Wissenschaften teilgenommen. Beunruhigt durch das internationale Wettrüsten und die damit verbundenen Gefahren für den Weltfrieden, traf er in Indien ein, wo er Menschen begegnete, die unmittelbar mit dem Lebenswerk Gandhis verbunden gewesen waren. Durch die Bewunderung für diesen großen politischen Führer entstand in Erikson der Wunsch, mittels einer zweiten psychoanalytischen Biographie der Friedensidee zu dienen. Gandhi schien ihm einer der wenigen Menschen unseres Jahrhunderts zu sein, die eine radikale Alternative zum Aggressionsverhalten in der Politik geschaffen hatten.

Erikson verbrachte einige Zeit in der indischen Stadt Ahmedabad, die zum Ausgangspunkt der Laufbahn Gandhis als Volksführer geworden war. In dieser Provinzhauptstadt fand 1917 ein Streik der Textilarbeiter statt, an dem der „Mahatma" führend beteiligt war.

Durch die Einführung von Billigtextilien hatte der englische Kolonialismus der indischen Webwirtschaft schweren Schaden zugefügt. Millionen Menschen wurden des Existenzminimums beraubt, ohne einen Ausweg aus ihrem Elend sehen zu können. Gandhi war achtundvierzig Jahre alt, als er in Ahmedabad zu einer Kampagne aufrief, in der er die ersten und grundlegenden Versuche einer Mobilisierung des Volkes zur Behebung sozialer Mißstände machte.

Bei Luther befaßte sich Erikson mit der Identitätsfindung eines jungen Mannes; seine Gandhi-Biographie konzentriert sich auf einen Politiker und geistigen Führer in der Phase der Lebensmitte. Dies ist, nach dem Eriksonschen Schematismus, die Lebensepoche der „Generativität", ein Lebensalter also, in welchem Verantwortung und Führung in der Gesellschaft übernommen werden kann. In diesem Alter definieren Männer und Frauen ihre Zukunftsideen, sofern sie Persönlichkeiten im echten Sinne des Wortes sind. Der Durchschnittsmensch verharrt im Rahmen der vorgezeichneten Möglichkeiten und kümmert sich gewöhnlich nur um sich selbst, um seinen Partner, um seine Kinder und eventuell um seine berufliche Sphäre. Kraftvolle und verantwortungsbewußte Menschen jedoch wollen ins Kulturleben eingreifen und zukünftige Entwicklungen anbahnen.

Gandhi hatte für sich die Aufgabe gewählt, sein Volk sozialpolitisch zu erneuern. Diesem Ideal war er fast gänzlich hingegeben, so daß er seiner Frau und seinen Kindern eher mit Distanz verbunden war. Der Psychoanalytiker kann aus seiner Jugendgeschichte mancherlei an seiner Lebensführung begreiflich machen; aber er muß sich davor hüten, die Größe eines Mannes aus seinem Ödipuskomplex zu erklären, den er doch definitionsgemäß mit vielen harmlosen Zeitgenossen teilt. Erikson schildert behutsam Gandhis Kindheit, aus der wir entnehmen können, daß er der jüngste Sohn eines wirtschaftlich und politisch mächtigen Mannes war und eine gediegene Erziehung genoß, in der eine liebevoll Mutter und ein pflichtbewußter Vater harmonisch zusammenwirkten. Aber verstehen wir Gandhis späteren Mut und seine unerbittliche Konsequenz, wenn wir erfahren, daß er als Kind seine Schwester neckte und seine Umgebung listig auf die Probe zu stellen wußte? Erikson läßt das Rätsel der persönlichen Ausstrahlungskraft eines produktiven Menschen unerklärt, da er weiß, daß unser psychologisches Instrumentarium nicht in alle Zonen der menschlichen Individualität hineinreicht.

Gandhi war ein schüchterner und selbstbewußter Junge, ernst und humorvoll, eigenwillig und kooperativ. Durch seine vornehme Herkunft war er in der Lage, Rechtswissenschaft zu studieren. Als Rechtsanwalt ging er nach Südafrika, wo viele seiner Landsleute lebten. Dort wurde er bereits von den Ideen Tolstois inspiriert, die damals in der intellektuellen Welt bedeutenden Einfluß ausübten. Im südafrikanischen „Probierfeld" wurden jene Strategien vorbereitet, die später zur Befreiung des indischen Subkontinents von der englischen Kolonialherrschaft führen sollten.

Damals wurde die Lehre von „Satyagraha" entwickelt, was man etwa mit „Wahrheitskraft" oder auch „gewaltloser Widerstand" übersetzen kann. Sie war gewissermaßen die Anwendung der Tolstoischen Parole: „Widersteht nicht dem Bösen!" Tolstoi und Gandhi waren der Meinung, daß man mit friedfertigen Methoden mehr erreichen könne als mit Kampf. Sofern größere Menschengruppen ohne Gewalt humanitäre Ziele anstreben, kann zwar der Gegner solche Bewegungen anfänglich durch Brutalität niederhalten; auf die Dauer jedoch siegt der moralisch Überlegene, da auch sein unverständiger und antihumaner Feind einsehen muß, auf welcher Seite Recht und Vernunft stehen. Diese Haltung der indischen Freiheitskämpfer hatte tatsächlich riesigen Erfolg; es lag keine Übertreibung darin, wenn man sagte, daß das englische Weltreich zu zittern begann, sobald Gandhi aus Protest über Tage und Wochen hinweg jegliche Nahrung verweigerte und ein „heiliges Fasten"deklarierte. So kam es, daß der „halbnackte Fakir", über den Churchill noch gespottet hatte, zu Verhandlungen mit dem englischen Vizekönig in Indien eingeladen wurde und dort die Forderung des indischen Volkes anmelden konnte. Gandhi erzog sein Volk zu politischen Kraftproben, die in der Kulturwelt Aufsehen erregten.

Gandhis politische Klugheit führte ihn dazu, die Kolonialmacht immer dort zu treffen, wo sie am verwundbarsten war, ohne sich in kriegerische Verwicklungen einzulassen. So geriet er eines Tages auf die Idee, das englische Salzmonopol in Indien in Frage zu stellen: er zog mit seinen Anhängern ans Meer und gewann aus selbsterstellten Salinen billiges Salz, dessen Preis weit unter jenem lag, zu welchem die Regierung das Genußmittel anbot. Manche Psychoanalytiker (z. B. Ernest Jones) sehen eine Identität zwischen Salz und menschlichem Samen (beide sind lebenswichtig!), woraus die Interpretation abgeleitet werden kann, daß Gandhis Salzproduktion auf eine „Entmannung des Kolonialismus" hinzielte. Erikson referiert solche Deutungen mit leichter Ironie, grenzt sich aber doch nur unmerklich von ihnen ab, so daß er sich zumindest teilweise jener Skurrilität schuldig macht, für die die Psychoanalyse in den Kulturwissenschaften mitunter berüchtigt wurde.

Ebenfalls etwas fraglich sind die Parallelen, die Erikson zwischen Freud und Gandhi zu ziehen versucht. Schon bei Luther hatte er gewaltsam eine Seelenverwandtschaft zwischen dem Reformator und dem Schöpfer der Psychoanalyse konstruiert. Nun geht es darum, die Methode der „Wahrheitskraft" (Satyagraha) mit der analytischen Therapie gleichzusetzen. In beiden Disziplinen werde nicht nur die Behebung äußeren Leidens angestrebt, sondern ein Aufklärungs- und Veränderungsprozeß, der das Wesen des Menschen betrifft. Beiden Methoden sei das Bestreben gemeinsam, den Menschen zu lehren, aus unvermeidbaren Konflikten gestärkt und tugendhafter hervorzugehen. Satyagraha tritt dem äußeren Feind, die Psychoanalyse dem inneren Feind (der Neurose) gegenüber. Der Zwang bestehender Moral soll in beiden durch Überzeugungskraft und Wahrheitsliebe überwunden werden.

Kritische Würdigung

Erikson hat viele neue Gesichtspunkte in die Psychoanalyse eingebracht. Er machte aus ihr eine multidisziplinäre Forschung, indem er tragfähige Brücken zur Sozialwissenschaft, zur Pädagogik, zur Biographik, zur Geschichtsschreibung, zur Ethnologie und Anthropologie schlug. Auch ethische und allgemeinphilosophische Probleme gehören zum Inventar seiner Denkbemühungen, die in relativ leicht-faßlichen Büchern weit über die Fachwelt hinaus Anklang fanden.

Die Theorie der Lebenszyklen, der vielfältigen Krisen in der Ich-Entwicklung und des kontinuierlichen „Tugenderwerbs" in allen Lebensphasen stellt eine große Bereicherung des analytischen Forschungsrepertoires dar. Damit wurde die Psychoanalyse aus ihrer engen Verhaftung an das Pathologische befreit; die „normalen Ich-Strukturen" wurden Gegenstand einer Seelenkunde, die fast allen Wissenschaften vom Menschen ein wertvolles Intrumentarium zur Verfügung stellen kann. Vor allem die Pädagogik und die Psychotherapie profitieren von Eriksons Begriffen der *Ichidentität* und der *natürlichen Reifungskrisen*, die ein helles Licht auf die Bedingungen des persönlichen Wachstums inmitten von gesellschaftlichen und kulturellen Wandlungen werfen.

Sehr rühmenswert sind Eriksons psychoanalytische Biographien (Luther, Gandhi), die sich fast gänzlich von der üblen Manier früherer Autoren freihalten, welche aus der Lebensgeschichte ihres Helden eine sexuelle Chronique scandaleuse machten. Erikson ist nicht auf der Suche nach allfälligen Perversionen der großen Männer, deren seelischen Werdegang er schildert. Der gewaltlose Widerstand ist, nach Gandhi, kein masochistisches Erdulden unmenschlicher Machenschaften, da er auf der aktiven Entfaltung kooperativer Lebensliebe in einer feindseligen Welt beruht. Erikson schließt daraus, daß sowohl Psychoanalyse als auch Satyagraha Wissen und Können, Geduld und Verstehen, Konsequenz und Konzilianz benötigen. So schärfte Gandhi seinen Anhängern z. B. ein (1969, dt. 1978, S. 267):

> Glaubt mir, daß ein Mann, dem es an Mut und Mannhaftigkeit gebricht, niemals ein Kämpfer im passiven Widerstand sein könnte.

Als Psychoanalytiker kann Erikson nicht darüber hinwegsehen, daß Gandhi starke antisexuelle Züge aufweist, indem er oft genug seine Abneigung gegen die Sexualität zum Ausdruck brachte. Gandhi trank auch keine Milch, da diese ihn zu sehr an die Brüste der Frau erinnerte. Seit dem vierzigsten Lebensjahr verzichtete er auf den sexuellen Verkehr; allerdings ist von dem alternden Gandhi bekannt, daß er junge Frauen aus seiner Umgebung bat, mit ihm das Bett zu teilen, um seinen fröstelnden Körper zu erwärmen. All dies sind Verdrängungen und Ambivalenzen, die man aus dem Bilde des großen Mannes nicht wegretuschieren soll. Menschliche Größe wird innerhalb unserer Kultur nicht selten durch partielle Selbstvergewaltigung erreicht, wobei der „hervorragende Mensch" nur vorsichtig sein soll, seine eigenen Triebverunstaltungen nicht auch anderen Menschen aufzuoktroyieren. Daher findet man in Eriksons Buch einen fiktiven Brief an Gandhi, worin dieser beschworen wird, er möge keine asketischen Ideale propagieren, da Askese und Grausamkeit meistens Hand in Hand gehen. Diesen Pseudo-Brief verwendet Erikson im Gandhi-Buch als eigenartiges Stilmittel, welches erkennen läßt, daß ihn mächtige positive Übertragungsgefühle mit dem indischen Volksführer verbinden, dem er ein würdiges Denkmal gesetzt hat.

Er würdigt alle bekannten psychosexuellen Fakten als Teilstücke der Biographie, aber er ordnet derartige Befunde geistreich in die Gesamtpersönlichkeit des Heros ein. Daher konnten fromme Lutheraner und Anhänger des Mahatma ohne weiteres das Luther- und das Gandhi-Buch akzeptieren, da sie die beiden Texte nirgendwo als anstößig empfanden – Klagen wegen Respektlosigkeit waren bei frühen psychoanalytischen Psycho- oder Pathographien ungemein häufig! –; es ist allerdings zu fragen, ob Erikson mit seiner freundlichen Behutsamkeit nicht oft ins Kompromißlertum verfällt, dem es darum geht, nicht anzuecken, so daß die Darstellungen dem Publikumsgeschmack weit entgegenkommen.

Man kann Erikson einen genialen Autodidakten nennen, denn er hat ohne abgeschlossene akademische Ausbildung weitreichenden Einfluß auf die universitären Disziplinen gewonnen. Er ist eigentlich nur ein halber Wissenschaftler: zur anderen Hälfte scheint er ein Künstler und Lehrer zu sein. Gerade diese heute seltene Mischung der Persönlichkeitskomponenten ermöglicht ihm eine unkonventionelle Denk- und Arbeitsweise, die nicht nur die Fachleute, sondern auch die Laien anzusprechen weiß.

In politischer Hinsicht scheint Erikson den gesellschaftlichen Institutionen mehr Kredit einzuräumen, als man mit einem kritischen Forschungsstil zu verantworten vermag. Man kann aus seinen Schriften herauslesen, daß er die Pflege der Tradition übermäßig betont und die revoltierende Gesinnung mit Skepsis beurteilt. Er bemängelt Details an unserem Kultur- und Gesellschaftsleben, hütet sich aber davor, dieses als Ganzes zu hinterfragen. Gleichwohl ist sein Beitrag zur Entwicklungs- und Kulturpsychologie sehr bedeutend.

Ausgewählte Literatur

Adams, E. C. (1977). Das Werk von Erik H. Erikson. In Psychologie des 20. Jahrhunderts. Bd. III. Zürich: Kindler.

Coles, R. (1974). Erik H. Erikson. München: Kindler.

Elrod, N., Heinz, R. & Dahmer, H. (1978). Der Wolf im Schafspelz. Erikson, die Ich-Psychologie und das Anpassungsproblem. Frankfurt: Campus.

Erikson, E. H. (1950). Kindheit und Gesellschaft. Stuttgart: Klett, 5. Auflage 1974.

– (1958). Der junge Mann Luther. Frankfurt: Suhrkamp 1975.

– (1959). Identität und Lebenszyklus. Frankfurt: Suhrkamp 1966.

– (1964). Einsicht und Verantwortung. Frankfurt: Fischer 1971.

– (1968). Jugend und Krise. Stuttgart: Klett, 3. Aufl. 1980; München: dtv 1988.

– (1969). Gandhis Wahrheit. Frankfurt: Suhrkamp 1978.

– (1975). Lebensgeschichte und historischer Augenblick. Frankfurt: Suhrkamp 1977.

– (1978). Kinderspiel und politische Phantasie. Frankfurt: Suhrkamp.

Freud, A. (1936). Das Ich und die Abwehrmechanismen. München: Kindler, 8. Auflage 1973.

Freud, S. (1921). Massenpsychologie und Ich-Analyse. GW XIII.

Hartmann, H. (1939). Ich-Psychologie und Anpassungsproblem. Stuttgart: Klett, 2. Auflage 1960.

Roazen, P. (1976). Sigmund Freud und sein Kreis. Bergisch-Gladbach: Lübbe.

Wyss, D. (1966). Die tiefenpsychologischen Schulen von den Anfängen bis zur Gegenwart. Göttingen: Vandenhoeck & Ruprecht.

Alexander Mitscherlich

Einleitung

Alexander Mitscherlich wurde am 20. September 1908 in München geboren. Er kam aus einer großbürgerlichen Familie, in deren Aszendenz bekannte Wissenschaftler und Industrielle zu finden sind, so u. a. der Erfinder der Sulfit-Zellulose-Herstellung, die die Massenproduktion von Papier aus Holz ermöglichte. Mitscherlich war das einzige Kind seiner Eltern. Er wählte zunächst als Studienfächer Geschichte, Philosophie und Literaturwissenschaft; um 1930 arbeitete er an einer Dissertation über die Luther-Darstellungen im 19. Jahrhundert. Diese Abhandlung wurde 1933 von der „gleichgeschalteten" Universität München nicht angenommen. Mitscherlich brach dieses Studium ab und ging nach Berlin, wo er eine Buchhandlung eröffnete; daneben widmete er sich dem Studium der Medizin. Da die Geheime Staatspolizei auf ihn aufmerksam geworden war, flüchtete er in die Schweiz und studierte in Zürich weiter. Bei einem Besuch in Deutschland wurde er von den Nationalsozialisten verhaftet und acht Monate lang gefangengehalten. Nach seiner bedingten Freilassung durfte er in Heidelberg sein Studium fortsetzen, wo Viktor von Weizsäcker (*Der Gestaltkreis*) sein akademischer Lehrer wurde.

Auch Freuds Lehren traten damals in sein Blickfeld. Er begeisterte sich für die Psychoanalyse, der er später seine ganze Lebensarbeit widmen sollte. Er habilitierte sich 1946 in Neurologie mit der Schrift *Vom Ursprung der Sucht*. Des weiteren veröffentlichte er damals ein Büchlein mit dem Titel *Freiheit und Unfreiheit in der Krankheit*.

Seit 1949 leitete Mitscherlich in Heidelberg die neugegründete Abteilung für psychosomatische Medizin; 1952 wurde er zum außerplanmäßigen, 1958 zum außerordentlichen und 1966 zum ordentlichen Professor ernannt. Von 1967 an wohnte er in Frankfurt am Main, wo er seit 1960 Direktor des Instituts und Ausbildungszentrums für Psychoanalyse war, welches 1967 den Namen „Sigmund-Freud-Institut" erhielt und in die Universität eingegliedert wurde. Mitscherlich erhielt einen Lehrstuhl für Psychologie und sammelte viele Schüler um sich, die heute an zahlreichen Hochschulen als „Mitscherlich-Söhne" das Fach Psychoanalyse repräsentieren.

Nach dem Ende des Zweiten Weltkrieges schien es fast, als würde Mitscherlich die Laufbahn eines Politikers wählen. Tatsächlich war er eine Zeitlang Minister für Ernährung und Gesundheit in der amerikanischen Besatzungszone. Man bot ihm einflußreiche politische Posten an, aber nach einer tiefgehenden persönlichen Krise entsagte er dieser Karriere und wandte sich ganz der wissenschaftlichen Forschung und therapeutischen Praxis zu. Im Laufe der Jahre entwickelte er sich zum *Praeceptor Germaniae* in Sachen der Psychoanalyse. Er publizierte zahlreiche Bücher und Zeitschriftenartikel, gab gemeinsam mit anderen (H. Kunz, W. Hochheimer) seit 1947 die Zeitschrift *Psyche* heraus, die das Organ der orthodoxen Psychoanalyse im deutschsprachigen Bereich wurde. Daneben betätigte er sich als Herausgeber der Werke von Sigmund Freud und anderer Literatur psychoanalytischer Herkunft. Mit vielbeachteten Stellungnahmen griff er mitunter ins politische Tagesgeschehen ein, so daß er mit der Zeit zu einem bedeutenden Kulturfaktor der Bundesrepublik wurde. Man ehrte ihn 1969 mit dem Friedenspreis des deutschen Buchhandels. Mitscherlich lebte mit seiner ebenfalls therapeutisch und publizistisch tätigen Gattin Margarete Mitscherlich-Nielsen in Frankfurt; er starb dort am 26. Juni 1982.

Begegnung mit der Unmenschlichkeit

Der Nationalsozialismus mit seiner ins Extrem gesteigerten Barbarei ist das Schlüsselerlebnis zu Mitscherlichs Weltanschauung und Wissenschaftsbemühungen: durch sein gesamtes Werk zieht sich wie ein roter Faden der Aufschrei, daß „so etwas nicht hätte möglich sein dürfen". Mitscherlichs therapeutische und theoretische Lebensarbeit ist eine Art Vergangenheitsbewältigung des Grauens, welches in ihm durch die Hitlerherrschaft ausgelöst wurde. Er kommt schwer von den Eindrücken der Jahre 1933–1945 los; sie sind sein Bildungserlebnis *par excellence*, von dem er das Pathos seiner Anklage und seines Aufrufes bezieht.

So war auch einer seiner Einstiege in die Wissenschaft eine Dokumentation des Nürnberger Ärzteprozesses, d. h. ein Bericht über das Gerichtsverfahren der Alliierten gegen jene NS-Ärzte, die sich in Nazideutschland verbrecherischer Experimente an KZ-Insassen und Gefangenen des Regimes schuldig gemacht hatten. Unter dem Titel *Medizin ohne Menschlichkeit* publizierten dann Mitscherlich und sein Mitarbeiter Fred Mielke erstmals diese Dokumente (1960).

Mitscherlich war im Auftrag der Westdeutschen Ärztekammer und des Amerikanischen Militärgerichtshofes als Sachverständiger bei den Verhandlungen zugegen, in denen Ärzte befragt und abgeurteilt wurden, die etwa Unterkühlungs-, Fleckfieber-Impfstoff-, Knochenverpflanzungs-, Eiterungs-, Gas- und Gift-„Versuche" an den Opfern des Nationalsozialismus durchgeführt hatten. Des weiteren wurden bekanntlich Geisteskranke getötet (Euthanasie-Programm), Skelettsammlungen von „jüdischen und bolschewistischen Untermenschen" angelegt und Massensterilisationen (gegen den Willen der Betroffenen) praktiziert. Mitscherlich zeichnet diese Untaten mit Akribie auf und klagt den deutschen Menschen an, daß er in seinem unreflektierten Obrigkeitsgehorsam zu allem und jedem fähig sei, wenn er lediglich durch einen Befehl von oben ausreichend abgesichert werde. Als Gegenbeispiel wird im *Vorwort* die These aufgestellt, daß etwa englische Soldaten bei Tötungsbefehlen ihre Offiziere fragen würden, wo denn die Order sei, die zu einem unmenschlichen Kommando Berechtigung erteile. Hier – wie so oft bei Mitscherlich – taucht der „häßliche Deutsche" auf. – In einer späteren Auflage (1977) sieht sich Mitscherlich jedoch genötigt, seine Berichte etwas zu korrigieren. Inzwischen sind uns z. B. Nachrichten aus der UdSSR zugekommen, die unwiderleglich klarmachen, daß auch dort Dissidenten als „Geisteskranke" in Nervenheilstätten festgehalten und von Ärzten mit Drogen vollgepumpt werden, welche sie seelisch und körperlich ruinieren; Kriege und Bürgerkriege in Vietnam, Korea, Algerien usw. haben die alte und erschreckende Wahrheit bestätigt, daß in allen Völkern unter dem Druck von Militarismus und (mißbrauchter) politischer Macht *grosso modo* alle Verbrechen gegen die Menschlichkeit möglich sind, in denen die Faschisten exzelliert haben.

Huldigung an Freud oder die „Wahl eines Helden"

Erschreckt durch die Grausamkeit einer Welt, die ihn wahrscheinlich schon in seiner Kindheit mit diffusem Entsetzen erfüllte, fand Mitscherlich in Freud und der Psychoanalyse Richtpunkte für sein Streben und Wirken, die ihm Auswege aus den Gefühlen der Angst und der Sinnlosigkeit zeigten. Er schloß sich mit ungewöhnlicher Intensität geistig an den Schöpfer der psychoanalytischen Lehre an; man kann regelrecht sagen, daß er sich ihn zum „Helden seiner Seele" erwählte, d. h. zum Vorbild und Fixpunkt für die gesamte Lebenspraxis. An zahlreichen Stellen seiner Schriften huldigt er Freud fast uneingeschränkt; er bekennt sich gerne als „orthodoxer Psychoanalytiker", der in den Fußstapfen des großen Meisters bereit wäre, bis an die Grenzen der intellektuellen Welt zu gehen.

Abweichungen von Freuds „reiner Lehre" gelten ihm meistens als „Verdünnungsformen", die in keiner Weise zu rechtfertigen sind. Er teilt sogar mit, daß wir uns immer noch in der „Nachhut jener Expedition" befinden, „zu der Freud vor 85 Jahren aufgebrochen ist" (*Versuch, die Welt besser zu bestehen. Fünf Plädoyers in Sachen Psychoanalyse*, 1970, S. 66). Jungs und Adlers Abfall von Freud werden kurzerhand als Ab- und Ausweichen vor der „Zumutung der intellektuellen Hölle", d. h. als eine Resignation gegenüber den geheiligten Konventionen und der Meinung der Mehrheit abgetan (l. c. S. 82). Modifikationen der zeitraubenden und überaus kostspieligen analytischen Therapie finden bei ihm ebenfalls keine Gnade. Wer das Diwanverfahren abändert, gibt in seinen Augen die Forschung auf (S. 102), und zwar zugunsten des „materiellen Aufstiegs" und der „Verbesserung des Images".

Treue zu Freud ist in Mitscherlichs Oeuvre oberstes Gebot. Man soll die „Standardlehre" und die „Standardmethode" nicht antasten: sie sind von Freud geschaffen, also gewissermaßen „tabu". Mitscherlich wählte offenbar für sich den Beruf eines Statthalters der Psychoanalyse in der Bundesrepublik, dem eher die Aufgabe zufiel, das geistige Erbe Freuds zu verwalten als zu mehren: eine Anforderung, der er sich mit Bravour unterzog.

Der Psychoanalytiker als Sozialpsychologe

In Mitscherlichs Werken finden sich nur wenige Falldarstellungen, und auch sie entbehren der plastischen Anschauungskraft: man kann sich des Eindrucks nicht erwehren, daß die Stärke unseres Autors weniger in der Einfühlung in konkrete Einzelfälle als vielmehr in der Untersuchung von Gruppenprozessen und in politisch-sozialen Schlußfolgerungen aus der analytischen Praxis liegt. In der Tat beschäftigen sich die wichtigsten Arbeiten Mitscherlichs mit Sozialpsychologie; Anleitungen zur therapeutischen Praxis sind bei ihm selten und haben geringeres Gewicht. Er spekuliert lieber über die Schicksale des Menschen in unserem Jahrhundert, über die allgemeinen Kulturnotstände und die Wege, die allenfalls zu einer befriedeten Welt führen könnten. Solche Themen werden u. a. diskutiert in: *Auf dem Weg zur vaterlosen Gesellschaft* (1963), *Die Idee des Friedens und die menschliche Aggressivität* (1969) und *Massenpsychologie ohne Ressentiment* (1972).

Von der „vaterlosen Gesellschaft" sprach bereits der Psychoanalytiker Paul Federn im Jahre 1919. Federn knüpfte an Theorien Freuds über die Psychologie der Massen (*Massenpsychologie und Ich-Analyse*, als Buch 1921 erschienen) und die Gedankengänge aus *Totem und Tabu* (1912/13) an. Freud hatte behauptet, daß die Menschen der Frühzeit in Horden zusammenlebten, die unter der Herrschaft von tyrannischen Vätern standen; diese beanspruchten alle Frauen für sich und kastrierten ihre Söhne, vertrieben sie oder töteten sie gar. Die terrorisierten Söhne mögen sich oft zusammengetan haben, um ihren grausamen und wollüstigen Vater zu ermorden. Da sie aber ambivalente Gefühle gegen den Ermordeten hatten, verzichteten sie auf die Frauen, um deretwillen sie zum Urverbrechen geschritten waren; so entstand eventuell das Inzesttabu, nämlich das Verbot, mit Frauen aus der eigenen Familie oder Sippe Geschlechtsverkehr zu haben. Der tote Vater wurde in den Himmel projiziert und als Gott verehrt. Ein irdisches Symbol für ihn (Tier, Pflanze oder auch ein materieller Gegenstand) wurde zum „Totem", das den Zusammenhalt des Clans garantieren sollte. Totemismus und Inzestverbot haben nach Freud eine gemeinsame Wurzel. – Das uralte Drama zwischen Vätern und Söhnen ist aber seit der Urzeit nicht erloschen. Spuren davon sind bis in die genetische Ausrüstung des Menschen übergegangen: jeder Knabe lernt die Ödipusproblematik kennen, er erlebt im fünften oder sechsten Lebensjahr Relikte der Vater-Sohn-Auseinandersetzungen der Frühmenschheit, wobei mitunter die kindliche Angst den Vater zum bösartigen Hordenführer emporstilisiert, der kastrieren und töten kann.

In dem Verhältnis der Masse zu ihrem Führer sah Freud eine Parallele zum Kind-Vater-Verhältnis, zur oben geschilderten Problematik der Ur-Familie. Dies gilt vor allem für die sogenannten organisierten Massen wie etwa Heer und Kirche. Die Angehörigen einer Armee oder einer Religion erblicken in ihrem Führer so etwas wie einen „Übervater"; sie schreiben ihm oft beinahe göttliche Qualitäten zu. Sie fühlen sich als Kinder ihres Abgottes, für den sie vorübergehend ihre Antagonismen vergessen und so die „Einheit der Masse" herstellen, welche ihr eine gewaltige Durchschlagskraft im Guten wie im Bösen verleiht. Der Führer wird an die Stelle der individuellen Ich-Ideale gesetzt, wodurch eine unglaubliche Vereinheitlichung der Massenmenschen zustande kommt. Die Verehrung als Halbgott, die ihm zuteil wird, macht ihn nicht selten größenwahnsinnig. Die blinde Masse folgt seinen herostratischen Unternehmungen, die früher oder später in den Abgrund führen. Die politischen Ereignisse in unserem Jahrhundert zeigen dies deutlich genug.

Schon Federn (*Zur Psychologie der Revolution. Die vaterlose Gesellschaft*) sah in der Abschaffung der Vatergläubigkeit einen Ausweg aus den politischen Katastrophen der Geschichte. Die Heldenverehrung hat der Menschheit bis anhin nicht viel Positives gebracht: die stilisierten Übermenschen erkrankten allzuoft am Machtwahn und praktizierten den Machtmißbrauch bis zum kollektiven Untergang. Revolutionäre Bestrebungen jedoch ähneln einem Wiedererwachen der Brüdergemeinschaft, die in der Urzeit gewissermaßen eine Art von „Demokratismus" gegen den „Autoritarismus der Väter" setzte. Zwar haben die Revolutionen unserer Tage meistens ihre Dekadenz darin gezeigt, daß die vereinigten Brüder sich doch wieder einem Supervater unterstellten (Stalin, Mao usw.), wodurch viele Errungenschaften des revolutionären Prozesses verlorengingen. Werden die Menschen je so weit gelangen, daß sie die quasi-religiöse Vatersehnsucht aufgeben und als solidarische Brüder und Schwestern ohne Autoritätshörigkeit ihre Schicksale selbst in die Hand nehmen?

Diese Frage (oder auch die Hoffnung auf eine positive Antwort) ist der Impuls zu Mitscherlichs sozialpsychologischen Schriften, vor allem aber zu seinem Buch über die vaterlose Gesellschaft. Mit sehr breiter Argumentation demonstriert er die Abwertung der Väter in unserer Epoche, die im Grunde schon in jenen Jahrhunderten begann, als man einen englischen (Karl I., 1649) und einen französischen König (Ludwig XVI., 1793) köpfte. Die Deutschen haben es, wie Max Weber in privaten Aussprachen zu bemerken pflegte, versäumt, einen ihrer „Väter-Könige" ins Jenseits zu befördern – dies erkläre unter Umständen das Ausbleiben sozialer Revolutionen in ihrem Lande der extremen Autoritätsfixierung und der autoritären Verblendung.

Mitscherlich folgt den Spuren Freuds und Le Bons (*Psychologie der Massen*, 1895), indem er die Gefahren aufzeigt, die in der Massenexistenz als solcher wurzeln. Er weiß aber auch, daß die Entstehung immer größerer Menschenmassen das schier unvermeidliche Schicksal der Gegenwart und Zukunft ist. Wie wird man große Menschengruppen zu einer friedlichen Koexistenz auf der Erde anleiten können? Aggressives Zusammenprallen von Völkern und Machtblöcken kann man sich im Zeitalter der Atombombe nicht mehr leisten. Wie aber wird die Aggression des Menschen in Schach zu halten sein?

Anläßlich seiner Rede zur Verleihung des Friedenspreises des deutschen Buchhandels 1969 (*Über hergestellte Dummheit*, in: *Das Ich und die Vielen*, hrsg. von G. Kalow, 1978) kommt Mitscherlich auf diese Fragen zu sprechen und drückt seine umfassende Skepsis gegen die

Herrschenden aller Zeiten und Zonen aus, deren Weisheit ihm äußerst prekär erscheint. Heftig kritisiert er die Ablehnung der Geburtenkontrolle durch die katholische Kirche, die uns einer Überbevölkerungskatastrophe entgegentreibt. Dann verweist er auf die „martialische Tradition der Kulturvölker", die den Krieg als eine Fortsetzung der Politik mit anderen Mitteln anpreist oder doch akzeptiert. Dagegen wendet er sich leidenschaftlich, knüpft aber sofort eine resignierte Betrachtung über den „unausrottbaren Aggressions- und Destruktionstrieb im Menschen" an, der alle Friedenshoffnungen zur Utopie werden läßt. Es folgt aber auch eine Erörterung der „hergestellten Dummheit" in Erziehung und Massenbeeinflussung; diese kann und soll durch alle denkenden Menschen in ihre Schranken gewiesen werden. Mitscherlich entläßt seine Leser mit der Empfehlung, man möge durch Kritik und Selbstkritik auf eine Ichstärkung bei möglichst vielen Zeitgenossen hinarbeiten, damit eines Tages doch noch der Weltfriede in irgendeiner Form kommen kann.

Im Kampf um die Psychosomatik

Mit großem Engagement setzt sich Mitscherlich für die Anerkennung des psychologischen Denkens innerhalb der medizinischen Praxis ein. Seine beiden Bände *Krankheit als Konflikt. Studien zur psychosomatischen Medizin* (1966/67) erzielten hohe Auflageziffern; sie haben bei Ärzten und noch viel mehr bei Medizinstudenten psychosomatische Überlegungen angeregt, d. h. ein Bewußtsein dafür, daß es seelische Ursachen für körperliches Kranksein gibt.

Mehr als die Hälfte der Krankheiten mit eindeutigen Körperbefunden haben ihren Ursprung im Seelenleben der Patienten, in ihrer „Erlebnisverarbeitung", in der Pathologie ihres zwischenmenschlichen Schicksals. Dieser neue Gesichtspunkt in der Lehre von der Krankheitsgenese stellte ein Skandalon für die traditionelle Medizin dar. Diese war (und ist immer noch) gewissermaßen eine auf menschliche Maßstäbe zugeschnittene „Veterinärmedizin": sie hatte den Menschen nur als biologischen Organismus im Blickfeld und untersuchte minutiös das gesunde und kranke Reagieren dieses Lebewesens, dessen Personalität (Selbstbewußtsein, Freiheit, Wertbewußtsein, Mitmenschlichkeit, Schicksal und Selbstachtung) man geflissentlich übersah. Daher bestand auch die Therapie in einer chemisch-physikalischen Einflußnahme: man suchte und fand Medikamente, die den gestörten Chemismus der Lebensabläufe in Ordnung bringen, oder man entwickelte mit technischer Meisterschaft chirurgische Methoden, mittels derer die ärztlichen Techniker die funktionsgestörte Körpermaschine reparieren sollten. Diese Ruhmestaten der naturwissenschaftlich-materialistischen Medizin sollen weder angezweifelt noch rückgängig gemacht werden: aber offenkundig vermögen sie nicht alle Erkrankungen zu heilen, weshalb eine Erweiterung der theoretischen Konzepte ein dringendes Desiderat für die medizinische Forschung und Praxis der Zukunft darstellt.

Wie alle einsichtigen Psychosomatiker sieht Mitscherlich in Freuds Neurosenlehre den Schlüssel zu einer vertieften Erkenntnis dessen, was den Menschen krank macht und eventuell auch chronischen Krankheitszuständen überantwortet. Natürlich gibt es auch ein rein somatisches Krankwerden des Menschen: man denke etwa an Infektionen, die sehr oft wie „Naturvorgänge" ablaufen, d. h. sie sind Kämpfe zwischen Kleinstlebewesen (Bakterien, Bazillen, Viren usw.) und dem Wirtsorganismus, die durch materielle Einwirkungen (z. B. Chemotherapie, Antibiotika) günstig beeinflußt werden können. Andererseits gibt es aber auch Störungen, bei denen nichts Materielles ursächlich im Spiele zu sein scheint: dies sind die Neurosen und eben auch die psychosomatischen Krankheiten, die nur aus der Lebensgeschichte heraus verständlich werden, da sich in ihnen das individuelle und soziale Scheitern eines Menschen im Hinblick auf seine kulturelle Selbstverwirklichung kundtut. Gegen diese Irritationen ist die traditionelle Medizin mit ihrem Riesenaufwand an Technologie und Chemotherapie meistens machtlos. In solchen Fällen muß man einem Menschen helfen, die Souveränität über sein Schicksal zu erlangen, und es ist uns bis jetzt keine Operation oder Droge bekannt, die solches zu leisten vermag. In den psychotherapeutischen Verfahren hingegen wurden Methoden der Selbsterkenntnis und Lebenskenntnis ausgearbeitet, die eine Selbstwerdung der Person ermöglichen: sie stellen bei solchen Krankheiten die Methode der Wahl dar.

Mitscherlich setzt sich mit den bisherigen psychosomatischen Theorien auseinander, die auf dem Boden der Tiefenpsychologie, der Ganzheitsmedizin (V. v. Weizsäcker) und ähnlichen Richtungen entstanden sind. Die meisten Lehrmeinungen kommen darin überein, daß die psychosomatische Erkrankung in der entgleisten Lebensführung wurzelt: wenn ein Mensch in seinen sozialen Leistungen versagt, gerät (bei bestimmten biologischen Dispositionen oder Fixierungen, die aus der infantilen Entwicklungsgeschichte stammen) das Körpergeschehen in Unordnung. Als Charakteranomalie beginnt, was als Körperpathologie endet. Fast alle Autoren heben die Rolle der Angst bei solchen Funktionsentleisungen hervor; daneben kommen aber auch Wut und Zorn, Neid, Eifersucht, Streß, Trauer und Kleinmut ursächlich in Frage. Mitscherlich schließt sich hierin Freud an, indem er bei neurotischen und psychosomatischen Erkrankungen den „Objektverlust" als Hauptursache hinstellt: wer eine für ihn wichtige Beziehungsperson verliert oder zu verlieren fürchtet, gerät in einen seelischen Alarmzustand, in dem Angst und die anderen genannten Affekte wirksam werden. Ist nun das betroffene Individuum durch den Verlauf seiner Lebensgeschichte auf solche Rückschläge nicht vorbereitet oder gar allergisch, kommt es zur Regression und allenfalls auch zur Somatisierung, die stets Ausdruck von Hilf- und Hoffnungslosigkeit sind. Das Leistungsversagen verwandelt sich in ein leib-seelisches Funktionsversagen, welches unter Umständen auch zu sicht- oder faßbaren Organschädigungen führen kann. Die Krankheit ist Reaktion und Leistung des Menschen in einer scheinbar aussichtslosen Lage. Die Therapie muß die Zusammenhänge zwischen Lebenslauf und Krankwerden erfassen, Einsicht und Hoffnung vermitteln und durch Persönlichkeitsveränderung die Widerstandskraft gegen das Schicksal stärken.

Mitscherlichs Gedanken zur Psychosomatik grenzen sich gegen die bekannten Theorien von Walter Cannon, Flanders Dunbar, Franz Alexander, Otto Fenichel, Hans Selye u. a. ab, verbleiben aber stets im Bannkreis der Freudschen Metapsychologie, für die Kranksein und Krankwerden mit libidinösen Problemen zu tun haben muß. Glücklicherweise beschränkt sich aber Mitscherlich nicht auf Erörterungen über Triebdynamik, sondern gibt auch breit angelegte Darlegungen des *emotionalen Hintergrundes* der seelisch-leiblichen Störungen.

Man vermißt allerdings bei diesen gelehrten Untersuchungen eine Diskussion der Thesen von Arthur Jores (*Der Mensch und seine Krankheit*), der mit dem Begriff der menschlichen Krankheit viel zum Verständnis jener Irritationen beigetragen hat, die aus Sackgassen des Werdens und Wachsens entstehen können. Des weiteren wird die gesamte Daseinsanalyse mit Stillschweigen übergangen, wiewohl gerade Ludwig Binswanger und Medard Boss sehr deutlich herausgearbeitet haben, wie infolge von lebensgeschichtlich bedingtem Verstimmtsein und entsprechender Verängstigung angesichts unlösbar erscheinender Lebenskonflikte das „Leben" des Menschen in ein „Leiben" umschlägt, d. h. die Konfliktbewältigung, die durch Leistung nicht geschafft werden kann, wird im Medium des krank werdenden Organismus ausgetragen, was bekanntlich soziale und menschliche Erleichterungen (Freud spricht von „Krankheitsgewinn") mit sich bringt.

Krankheit als Konflikt: Mitscherlich sieht hier sehr klar, daß nur eine Konflikttheorie des menschlichen Daseins Einfühlung in jene Krankheiten gewährt, die biographisch und zwischenmenschlich strukturiert sind. Er beklagt das Unverständnis der traditionellen Medizin und ihrer Repräsentanten, sieht aber doch da und dort schon einen Lichtblick, der von Weizsäckers Zukunftsvision, die Ärzte würden dereinst auch Tiefenpsychologen sein, als möglich erscheinen läßt.

Parallelen zwischen Individual- und Kollektivpsychologie

In ihrem Buch *Die Unfähigkeit zu trauern* (1967) befassen sich Alexander und Margarete Mitscherlich mit kollektivpsychologischen Problemen, die sie nach den Regeln der Psychoanalyse – die primär eine Individualpsychologie ist – zu klären versuchen. Hauptsächlich geht es dabei um die „deutsche Tragödie", d. h. die politischen Ereignisse in Deutschland nach dem Ersten Weltkrieg. Die Nation als Ganzes wird sozusagen auf die Couch gelegt; der Analytiker als Politikwissenschaftler lauscht den geschichtlichen Ereignissen, die er wie freie Assoziationen als Symptome unbewußter Konflikte und Konstellationen auslegt.

Der Ausdruck „Unfähigkeit zu trauern" stammt von Freud und wurde anläßlich der Untersuchung von Trauer, Depression und Melancholie verwendet (*Trauer und Melancholie*, 1917, S. 428 f.). Dabei prägte der Begründer der Psychoanalyse das schöne Wort von der „Trauerarbeit". Für die normale Trauer gilt, daß sie sich mit der Tatsache eines Objektverlustes (z. B. Verlust eines geliebten Menschen) auseinandersetzt: durch intensives Denken an den verlorenen Mitmenschen oder Liebespartner errichtet der Trauernde die geliebte Person im eigenen Innern und bereichert dadurch sein Ich, wodurch die Beziehungslücke kompensiert wird. In der neurotischen Trauer und in der psychotischen Melancholie scheint das zentrale Geschehen ein „Ichverlust" zu sein, den der Patient durch seine wahnhaften Vorstellungen und Verhaltensweisen zu bearbeiten versucht. Es kommt zu keiner kulturell wertvollen Trauerarbeit, sondern lediglich zu Selbstzerstörungstendenzen, in denen auch Feindseligkeit gegen die Umwelt mitschwingt.

Lassen sich derlei Überlegungen auf die Kollektivpsyche übertragen? Mitscherlich bejaht diese Hypothese und rekonstruiert ein Stück deutscher Geschichte unter psychoanalytischen Aspekten. Demnach hat die Nation in Hitler ein geliebtes Führungsobjekt besessen und hernach verloren. Der „Führer" war das Ich-Ideal von Millionen gläubiger Deutscher, die bereit waren, für ihn in den Tod zu gehen, Verbrechen zu verüben und eine Welt in Schutt und Asche zu legen. Er war das Überich des gesamten Volkes (von wenigen Ausnahmen abgesehen). Nach Mitscherlichs Auffassung hätte sein Tod im Jahre 1945 normalerweise eine nationale Trauer auslösen müssen. Statt dessen zeigte man sich eher entlastet, wurde durch die unsäglichen Anstrengungen des Wiederaufbaus in Anspruch genommen und schuf in relativ kurzer Zeit das „Wirtschaftswunder", das zu einem neuen kollektiven Hochgefühl Anlaß gab. Der Nationalsozialismus und seine Untaten im Krieg wie auch in der Vorkriegszeit wurden vergessen bzw. verdrängt. Es entstand ein Tabu, an das kaum noch gerührt wurde. Der unaufgearbeitete Faschismus ging im großen und ganzen in die politische Struktur der Bundesrepublik ein, die sich derzeit wieder wirtschaftliche und militärische Weltgeltung zu verschaffen weiß. Man lebt weiter, als ob es Hitler und die Seinen nicht gegeben hätte. Dagegen empört sich Mitscherlich, der der deutschen Nation „verordnet", ihre Geschichte, ihre Jugendtraumen und vor allem die Delinquenz der Jahre von 1933–1945 analytisch zu reflektieren, damit derlei in Zukunft nicht mehr vorkommen kann.

Das ist ein an sich interessanter und beherzigenswerter Ansatz, nur beschränken sich unsere beiden Autoren auf die Forderung nach einem deutschen Schuldbekenntnis, ohne genügend hervorzuheben, daß der „Faschismus in seiner Epoche" (E. Nolte) doch ein Weltphänomen, nicht bloß ein deutsches Erzeugnis gewesen ist. Die ganze Welt des 20. Jahrhunderts war und ist von der faschistischen Pest infiziert: es handelt sich wohl, wie die Marxisten nicht müde werden zu betonen, um eine Verfallserscheinung des von Sozialismus und Kommunismus bedrohten Bürgertums. Es gab faschistische Verbrecherregime in Europa und im Fernen Osten (z. B. Japan), indes die Sympathisanten auch in jenen Nationen zahlreich waren, die schließlich mit gewaltigen Opfern an Menschen und Material ihre diktatorischen Rivalen im Kampf um die Weltmacht niederwarfen. Daher soll man gewiß die deutschen Kriegsverbrechen nicht bagatellisieren, aber man soll auch in Erinnerung behalten, daß Verbrechen und selbst Völkermord zum Wesen rücksichtsloser staatlicher Machtpolitik gehören.

Mitscherlich klagt die Deutschen an und fühlt sich mit Recht gerade als Deutscher dazu berufen. Er ist jedoch u. E. nicht kühn genug, die tiefsten Quellen der faschistischen Schmutzwelt anzutasten. Er bekämpft die Symptome, geht aber nicht an den Herd der Krankheit. Der

Schoß, aus dem eine Bewegung wie der Faschismus geboren werden konnte, ist u. E. die ökonomische Ausbeutung des Menschen durch den Menschen, das sind Nationalismus, Militarismus, Rassismus, die religiös-masochistische Demutshaltung, der Autoritarismus in allen seinen Spielarten: dieser Schoß ist heute noch so lebendig wie eh und je. Will man die Völker umerziehen, muß man ihr *Verhältnis zur Autorität* klären. Hierin ist Mitscherlich ein eher vorsichtiger Kulturkritiker, wiewohl auch er weiß, daß die in der Kindheit eingeübte Autoritätsgläubigkeit schuld daran ist, daß die Menschen auf Befehl zu jeder Fremd- und sogar zur Selbstdestruktion bereit sind. Was nützt es nun, in der trostlosen deutschen Vergangenheit herumzuwühlen, wenn die Geschichte aller Völker der Erde dieselbe Lektion erteilt, daß nämlich Individuen und Cliquen, sobald sie an der Macht sind, so oft zu psychotischer Entartung neigen und die ihnen infolge einer spezifischen Untertanen-Pädagogik völlig hörigen Nationen in jeglicher Form zu pervertieren vermögen!

Mitscherlich spricht vom „unglaublichen Gehorsam" der Deutschen zwischen 1933 und 1945 und stellt die Frage: „Welches Volk wäre sonst bereit, die sich langsam als wahnhaft offenbarenden Ziele seiner Führung mit solcher Geduld, mit solcher Ausdauer auch in der Selbstzerstörung zu verfolgen?" Wir antworten darauf: Jedes Volk könnte so weit kommen; die Diktatur müßte nur psychologisch schlau vorgehen und mit Hilfe der traditionellen Erziehung und der Massenmedien alle Vorurteile im Menschen mobilisieren.

Eine nachträgliche Trauerarbeit des deutschen Volkes kann gewiß nicht schaden, aber ein Heilmittel gegen die Krankheiten des sozialen und kulturellen Lebens ist damit höchstens partiell gewonnen. Wie alle (orthodoxen) Psychoanalytiker ist auch Mitscherlich von der Vergangenheit magisch angezogen: im Geiste der Psychoanalyse soll immer ein Vergangenes bewältigt werden. Zum Thema der Konstruktion einer menschenwürdigen Zukunft, die sich nie zwingend aus irgendeiner Vergangenheitsanalyse ergibt, äußert sich der Autor wenig. Mitscherlich wirkt recht phantasielos, wenn er von der berechtigten Anklage zum notwendigen Zukunftsentwurf überwechseln soll: er spricht nur von der Psychoanalyse als einem Instrument zu vertiefter Menschenkenntnis und erhofft offenbar durch sie eine Neuregelung der zwischenmenschlichen und zwischenstaatlichen Beziehungen. Mitscherlich ist jedoch im Grunde ein großer Pessimist hinsichtlich der „Kultureignung des Menschen". Wie Freud und so viele scharfe Kritiker der menschlichen Natur läßt er sich sehr breit über die destruktiven Impulse im Seelenleben des

Menschen aus, spekuliert über Aggressions- und Todestriebe, und für Optimismus bleibt wenig Raum.

So liegt eine eigentümliche Zwiespältigkeit in Mitscherlichs Ideen und Deduktionen: er setzt sich mit bewundernswertem Pathos für die Humanität ein, die aber angesichts der von ihm propagierten Theorien fast illusorisch anmutet. Wenn der Mensch wirklich, wie Freud, die Bibel und auch Mitscherlich behaupten, eine *aggressive Bestie* ist, dann würde er kaum etwas Besseres als Krieg und Faschismus verdienen. Er kann dies aber nicht sein, denn Diktatur und entsprechende Erziehung müssen erhebliche Anstrengungen machen und Zwangsmaßnahmen ergreifen, soll diese angebliche naturhafte Bestialität *zeitweise* die Oberhand gewinnen. Das wird in Mitscherlichs kulturkritischen Schriften viel zu wenig ins Licht gerückt.

Ziemlich unklar bleiben auch Mitscherlichs Analysen über die Relativierung der Moral, die Identifikationsschicksale in der Pubertät, die Änderungen im Wesen der politischen Autorität, die proklamierte und praktizierte Toleranz, das soziale und das persönliche Ich usw. Die Ambition des Buches *Die Unfähigkeit zu trauern* ist edel und anerkennenswert: ob aber mit diesem Text wirklich die Grundlagen kollektiven Verhaltens geklärt sind, vermag der Leser nach Beendigung dieser Lektüre nicht zu entscheiden.

Psychoanalyse als orthodoxe Psychotherapie

Wie sehr Mitscherlich im Bannkreis des Freudschen Denkens geblieben ist, erkennt man auch an seinem Spätwerk *Der Kampf um die Erinnerung* (1975), das sich grundsätzlich mit Fragen der psychoanalytischen Therapie und Theorie befaßt. Das Werk erläutert gewissermaßen den Standpunkt Freuds in etwas modernisierter Terminologie; prinzipiell wird aber kaum eine These angezweifelt oder aufgegeben, die der Begründer der Psychoanalyse aufgestellt hat. Verblüffend ist auch, daß sich Mitscherlich nur selten mit den Innovationen und Modifikationen der analytischen Behandlungstechnik auseinandersetzt, die von anderen tiefenpsychologischen Schulen geschaffen wurden: C. G. Jung z. B. wird nur im Rahmen eines offenkundigen therapeutischen Fehlverhaltens auf zwei Seiten erwähnt (S. 151 f.), und Alfred Adler wird mit dem Hinweis abgetan, daß seine Organminderwertigkeitslehre kein Passepartout für die Einschätzung neurotischer Entwicklungen sei (S. 250); vergeblich sucht der Leser nach einer sachlichen Erörterung der seelenheilkundlichen Auffassungen von Harald Schultz-Hencke, Karen Horney, Harry St. Sullivan, Victor Emil von Gebsattel, Ludwig Binswanger, Medard Boss usw.; auch die seit Jahrzehnten erfolgreich praktizierte und sich entfaltende gruppenpsychotherapeutische Bewegung wird keiner Aufmerksamkeit gewürdigt. Für Mitscherlich scheint nur das beachtenswert und gültig zu sein, was Freud selbst gedacht und empfohlen hat: er ist ein Dolmetscher der Freudschen Genialität, die es ihm gestattet, die Errungenschaften nicht-freudianischer Richtungen und Lehrmeinungen konsequent zu übersehen.

So liefert er uns ein Kompendium der reinen Lehre Freuds, die er durch Beiträge linientreuer Psychoanalytiker bereichert. Wo er Kollegen zitiert, handelt es sich fast immer um Aufsätze aus seiner Hauszeitschrift *Psyche* oder anderssprachigen Organen der orthodoxen Theorie. Damit bleibt er undialogisch und doziert mit Beharrlichkeit alles, was in den Kreisen der konservativen Psychoanalyse für wahr und wichtig gilt.

Wie schon der Titel des Buches sagt, ist für den Autor die Psychoanalyse ein Kampf um die Erinnerung. Auch dies wiederholt eine alte Freudsche Position: es wird angenommen, die seelische Erkrankung entstamme vergessenem und verdrängtem Erlebnismaterial, das aus dem Unbewußten heraus pathogen wird. Aufdecken und Ausfüllen von Erinnerungslücken des Patienten: dies war eine der ersten Formeln der analytischen Therapie. Gewiß kam später der Hinweis auf die ebenso wichtige Übertragungsthematik hinzu: von Freud selbst kam die einprägsame Empfehlung, die Therapie müsse in der Übertragung kämpfen und siegen. So wurde das Verhältnis von Seelenarzt und Patient zum eigentlichen Agens der Behandlung. Im Übertragungsgeschehen zeigt sich das ganze unbewußte Seelenmaterial sozusagen *in vivo* und kann dadurch dem Patienten überzeugungskräftiger demonstriert werden. Darüber ist sich Mitscherlich auch im klaren, aber er insistiert allzusehr auf die Erinnerungsarbeit, die für ihn das analytische Verfahren *par excellence* bedeutet. Kaum ein Seitenblick erfolgt auf jene Lehrmeinungen, die die Aufhellung der Gegenwart und Zukunft des Patienten für ebenso zentral halten wie die Vergangenheitsarchäologie. Hier scheint Mitscherlich in der psychoanalytischen Ära der Jahre 1895–1915 stekkengeblieben zu sein.

Auch sieht er offensichtlich die Dialektik der Arzt-Patienten-Beziehung sehr linear und spricht stets davon, daß der Therapeut den Analysanden therapiert; er müßte aber nach neueren Einsichten sagen, daß die Heilung nur zustande kommt, wenn beide Protagonisten des Therapieprozesses in eine gemeinsame Entwicklung hineingeraten und daß allgemein die Wandlung des Analysanden eine Wandlungsbereitschaft des Analytikers voraussetzt. Diese Idee einer Wechselwirkung in der Psychotherapie überschreitet bei weitem Mitscherlichs Ermahnungen an den Therapeuten, er müsse aus dem neurotischen Rollenspiel aussteigen können, keine Vergeltung gegen Aggressionen üben und Rücksichtnahme wie auch Einfühlung vorleben (l. c. S. 23 f.). Es ist evident, daß dies gewiß nicht alle Analytiker können, selbst wenn sie die Lehrgänge der psychoanalytischen Institute absolviert haben. Verzichtet man auf den ärztlichen Autoritarismus, dann soll man sich auch nicht schämen zuzugeben, daß man als Therapeut eigentlich lebenslängliche Therapie genauso nötig hat wie die Patienten: also soll die Behandlung ein *solidarischer Lernprozeß* sein, in welchem beide Beteiligte ihre gemeinsame Kulturschädigung erkennen und verbalisieren, wobei das reifere Selbst sein entwicklungsgehemmteres Gegenüber wohlwollend und (beinahe) freundschaftlich auf dem Weg zur wachsenden Reife mitnimmt.

Mitscherlich plädiert für die Diwanmethode und das freie Assoziieren, ohne auch nur in Erwägung zu ziehen, ob nicht eventuell der *therapeutische Dialog* – der demokratischer und lebensnäher ist als das distanzierte analytische Zergliedern – effektiver sein könnte als die Therapieanordnung, die Freud schon vor der Jahrhundertwende inauguriert hat.

In Mitscherlichs Buch wird die gesamte Erfahrungswelt der Psychotherapie ausschließlich auf die metapsychologischen Konstrukte der Freudschen Trieb- und Libido-Metaphysik bezogen. Der Verfasser gibt sich als großer Triebtheoretiker, der in die Dynamik von Trieb- und Objektbesetzungen, von aggressiven und sexuellen Energieverschiebungen usw. genauestens eingeweiht ist. Eine Beschreibung der Interaktion zwischen dem Patienten und dem Therapeuten ist in unserem Text nicht zu finden. Das Therapiegeschehen und die in ihm gewonnenen Befunde werden auf das Prokrustesbett der Freudschen Terminologie gezwängt, wodurch alle Lebensnähe verlorengeht. Zuletzt haben wir anstelle eines leibhaftigen Menschen den imaginären Kampf zwischen Eros und Thanatos, zwischen Libido und Destrudo, Verdrängtem und Zensur, Unbewußtem und Bewußtsein vor uns. Das mechanistische Seelenmodell der Psychoanalyse feiert allenthalben seine Auferstehung in Mitscherlichs Buch, das im Grunde ein Resümee von Freuds gesammelten Therapie- und dazugehörigen Theorieabhandlungen darstellt. Es kehrt bei unserem Autor alles wieder, was man schon in Freuds Werken – nur ist es dort eleganter formuliert – lesen kann: das Konstanz- und das Nirwanaprinzip, der Todes- und Destruktionstrieb, die Topik, die Dynamik und die Triebökonomie, das Lust- und das Realitätsprinzip, die seelischen Primär- und Sekundärreaktionen usw. Das ganze Arsenal des psychoanalytischen Systems wird in Bewegung gesetzt, ohne daß irgendeine Fundamentalannahme kritisch hinterfragt würde.

Für den Patienten, dem dieser Text (er nennt sich im Untertitel *Psychoanalyse für fortgeschrittene Anfänger*) in die Hände gerät, ergibt sich u. E. kein allzu großer Gewinn: er mag schaudern vor dem Triebchaos, das er seine Seele nennt, aber er wird kaum begreifen, wer er ist und was die Gesellschaft, in der er lebt, zu bedeuten hat. Auch hier wieder umgibt ein Hauch von Resignation Mitscherlichs Darlegungen, die Freuds düsteres Menschenbild auf Fragen der Psychotherapie projizieren.

Der Psychoanalytiker als Städteplaner

Eine eigentümliche Stellung in Mitscherlichs Gesamtwerk nimmt die Schrift *Die Unwirtlichkeit unserer Städte. Anstiftung zum Unfrieden* (1965) ein. Es ist erstaunlich, daß der vielbeschäftigte Analytiker und Hochschulprofessor sich auch damit beschäftigte, die Programme und Formen der bundesdeutschen (und sogar weltweiten) Städteplanung im Hinblick auf ihre Irrationalität und Asozialität zu überprüfen. Mitscherlich ist empört darüber, daß die Chancen einer Neugestaltung des zeitgenössischen Stadtbildes nach dem Zweiten Weltkrieg sinnlos vertan wurden. Auf den Trümmerfeldern hätte man seiner Ansicht nach soziale und menschenfreundliche Städte errichten können und sollen. Daß dies nicht geschah, lasse ein Versagen der verantwortlichen Politiker erkennen, zugleich aber auch die Unzulänglichkeit unserer Eigentumsbegriffe, die längst überholt sind. So sei z. B. das Eigentumsrecht an Grund und Boden ein unüberschreitbares Hindernis sinnvoller Raum- und Lebensgestaltung in den Städten. Im Mittelalter gab es eine Zweiteilung des Eigentums, die heute noch aktuell wäre: der Boden gehörte der Stadt, und nur die Häuser auf den Grundstücken waren privates Eigentum. So konnte man die Interessen der Allgemeinheit innerhalb der Städte wirksam vertreten. Heute ist dies kaum noch möglich, da sich der Kapitalismus davor fürchtet, das Eigentumsrecht anzutasten. Man ruft das Schreckgespenst des Kommunismus zu Hilfe, um darüber hinwegzutäuschen, daß es nicht nur die Alternative rücksichtslose Verstaatlichung oder unbeschränkte Willkür in der Wirtschaft gibt, sondern daß ein Mittelweg durchaus möglich ist und auch gefunden werden kann.

Mitscherlich nennt seine kleine Schrift ein Pamphlet und drückt sogar die vage Hoffnung aus, sie könnte zu einer Revolution in Deutschland führen. Er weiß aber genausogut wie seine Leser, daß diese Revolte gegen die Hauseigentümer und die Grundstückspekulanten nicht kommen wird: die Menschen machen keine Revolutionen wegen veränderter Stadtplanungen, sondern nur wenn es um ihr Leben, um ihre Freiheit und ihre Zukunft geht.

Gewiß bauen die finanziell potenten Eigentümer in den Stadtzentren ihre Betonburgen aus Glas und Stahl bzw. draußen in den Vorstädten ihre stillosen Villen und Eigenheime, die mehr Statusmanifestation sind als Kunstempfinden demonstrieren. Aber wie soll das geändert werden, wenn nicht die Gesellschaft als ganzes in eine Revolte einbezogen wird? An die Idee einer tiefgreifenden Umwandlung des Gesellschaftskörpers wagt der Autor dieses Manifestes nicht zu rühren. Er bleibt in der Rolle des Moral- und Sittenpredigers, der Mißstände anprangert, ohne von der Oberfläche in die Tiefe vorzustoßen.

Mögen die Städteplaner und Stadtpolitiker entscheiden, was sie aus Mitscherlichs Vorschlägen machen können oder wollen. Für den tiefenpsychologischen Leser ist dieser Text schwer einzuschätzen: keiner der großen Pioniere der modernen Seelenheilkunde hat sich so im Detail auf Kommunalpolitik eingelassen. Mitscherlich ist ein Sonderfall, und die Vermutung (die auch anderweitig gestützt werden kann) liegt nahe, daß er mit der einen Hälfte seines Herzens ein Politiker, mit der anderen Hälfte jedoch ein Tiefenpsychologe war.

Kritische Betrachtungen

Man hat den großartigen literarischen Stil von Henri Bergson nicht zu Unrecht als eine „stets von neuem überwundene Kraftlosigkeit" bezeichnet: tatsächlich zeugen Glanz und Farbe in der künstlerischen Ausdrucksweise des genialen französischen Philosophen immer wieder von einem zarten Kraftgefühl, das auf dem Hintergrund eines fast lähmenden Vergänglichkeitsbewußtseins seine außerordentliche sprachliche Differenziertheit entfaltet. Bei Mitscherlich scheint uns etwas anderes zu begegnen: auch seine Schreibweise ist von einer matten Zartheit, erhebt sich aber kaum je zu jenen geistigen Filigranfiguren, die man an Bergson so bewundert hat. Über tausend Seiten hinweg doziert hier ein deutscher Professor seine Psychologie, die das bunte Leben in etwas schematische Deduktionen eingefangen hat. Von dieser Buntheit und

Unberechenbarkeit des Lebendigen ist dann nur noch wenig zu verspüren. Mitscherlich schreibt an sich gewandt, aber nie fühlt man das Vergnügen, das nur dann entsteht, wenn dem Autor das Schreiben Vergnügen bereitet. Alle seine Werke sind an Freud orientiert, aber sie muten eigentümlich freudlos an: sie begeistern nicht, sie zünden nicht und regen auch nicht zu kühnen oder übermütigen Gedanken an. Man findet fast keinen Scherz, keinen Witz, wie er aus dem Überschwang gekonnten Denkens entspringt. Tiefer Ernst ist vorherrschend, oft sogar die Trauer des Bußpredigers, die in das Grausen einer gelehrten Kassandra umschlägt, welche überall Elend und Untergang wittert.

Die Lektüre von Mitscherlichs Texten macht nicht heiter, und sie ist auch weniger belehrend, als man auf den ersten Blick hin meinen könnte. Es bedarf immer mehrfacher Anläufe eines gutwilligen Empfängers, wenn er in die oft umständlichen Gedankengänge eindringen will, wobei man am Ende eigentlich nicht viel Substantielles in Händen hat.

Auffallend an unserem Autor ist eine Technik des Sowohl-als-auch-Denkens, das den Leser frustrieren kann. Wir heben zwei Beispiele von vielen für die oft ambivalente Argumentationsweise hervor.

1. Mitscherlich ist ein echter Humanist und Pazifist, dessen Sinnen und Trachten wahrhaft darauf gerichtet ist, ein friedliches Zusammenleben der Menschen dieser Erde zu begünstigen. Er weiß um die erzieherischen und kulturellen Hindernisse, die sich einer kooperativen Menschengemeinschaft über die nationalen, religiösen und rassischen Schranken hinweg entgegenstellen. Daneben kennt er auch die tausendfältigen Frustrationen und Verwirrungen, die die Kultur dem durchschnittlichen Menschen zumutet, so daß dieser fast notwendigerweise ein Opfer von Angst- und Aggressionsgefühlen wird. Daraus würde sich nun logisch ergeben, daß Mitscherlich mit dem ganzen Gewicht seiner Persönlichkeit für eine humanere Erziehung und für den Abbau kollektiver Vorurteile einsteht – er tut dies aber immer nur bedingt, weil er am Freudschen Vorurteil von der bösartigen Natur des Menschen haftenbleibt, der nur durch Zwang zu Vernunft und Mitmenschlichkeit gebracht werden kann.

Sehen wir jedoch von den kulturbedingten Deformationen des Gegenwartsmenschen (und des Menschen der bisherigen Geschichte) ab, so können wir ohne weiteres die Aussage wagen, daß der Mensch nicht natürlicherweise böse ist und daß er unter menschengerechten Bedingungen durchaus kommunikativ, sozial und entwicklungsfreudig sein würde. Mitscherlich liebt überall die düsteren Töne, und da sein Abgott Freud ihm in der Verteufelung der Menschennatur vorangegangen ist,

601

drängt sich ihm nicht der Schatten eines Zweifels auf, ob denn das Menschenbild der Bibel, Machiavellis, Hobbes' und der Sozialdarwinisten tatsächlich auch richtig sei.

Das Denken in den Alternativlösungen ergibt den Vorteil, daß man im „konservativen Lager" (in welchem bereits Konrad Lorenz einen Ehrenplatz einnimmt) angenehm auffällt; den Fortschrittlichen entrichtet man seinen Tribut, indem man gegen Kulturzwänge, Autoritätserziehung und Vorurteils-Indoktrination wettert. Da Mitscherlich sich gegen konträre Positionen beiderseits verneigen will, muß er zwischen den Fronten stehenbleiben.

2. In erkenntnistheoretischer Hinsicht huldigte Freud einem etwas naiven Positivismus, der in seiner Naturwissenschaftsgläubigkeit und in seinem Materialismus verankert war. So hielt er die Psychoanalyse für ein naturwissenschaftliches Verfahren, indes er selbst unzählige Beispiele aus den Human- und Geisteswissenschaften heranzieht, um seine Deutungsmethoden zu veranschaulichen. Viele Freudschüler übernahmen unbesehen die Doktrin, daß die Psychoanalyse eine Naturwissenschaft des Seelenlebens sei. Sie verwende Induktion und Deduktion und stelle aufgrund von gefundenen Tatsachen Hypothesen und Theorien auf, die durch die Fakten verifiziert und falsifiziert werden. Erst später dämmerte den Analytikern die Einsicht, daß im therapeutischen Gespräch die geisteswissenschaftliche Hermeneutik (Auslege- und Interpretationskunst) am Werke ist, nämlich jene Denktechnik, mittels derer schon seit Jahrhunderten Kunstwerke, literarische Texte, geschichtliche Überlieferung usw. verstanden und interpretiert werden. Eine Theorie des Verstehens (im Sinne von Wilhelm Dilthey u. a.) gibt dem Psychotherapeuten mehr als eine Logik der Induktion; sie läßt ihn auch begreifen, wie sehr Fremd- und Selbstverstehen miteinander verbunden sind und daß ein Studium der Humanwissenschaften (die mit Produkten des Menschen oder dem Menschen selbst zu tun haben) besser auf die analytische Tätigkeit vorbereitet als das Studium der Medizin, die heute noch weitgehend im Geiste der Naturwissenschaften befangen ist. Das weiß Mitscherlich; aber auch hier wieder nimmt er nicht ausdrücklich Stellung und hält sich an vage Formulierungen, die die Psychoanalyse eine erklärende Naturwissenschaft, aber auch eine hermeneutische Interpretationstechnik nennen. Der Leser bleibt verwirrt, da ihm Begriffe präsentiert werden, die an das berühmte „hölzerne Eisen" erinnern.

Des weiteren befremdet an unserem Autor der orthodoxpsychoanalytische Dogmatismus, auf den wir bereits weiter oben hingewiesen haben. Mitscherlich kritisiert die Schulmedizin wegen der Enge ihrer Konzeptionen, die für Psychoanalyse und Psychosomatik lange Zeit keinen Raum boten. Wenn es aber um die Diskussion nicht-orthodoxer Schulen und Lehrmeinungen innerhalb der Tiefenpsychologie geht, ist er selbst dogmatisch und vermeidet echte Auseinandersetzungen mit abweichenden Denkweisen, die er fast ebenso bagatellisiert, wie die Psychoanalyse von ihren Gegnern bagatellisiert wurde. Es ist bedauerlich, daß er so wenig auf die anderen tiefenpsychologischen Richtungen eingeht, deren hauptsächliches Delikt darin besteht, daß sie sich von Freuds Lehren mehr oder minder weit entfernt haben.

Mitscherlichs eigenständigste Leistung liegt wohl im Brückenschlag zwischen Psychoanalyse, Sozialpsychologie, Soziologie und Politik: er ist einer der wenigen politischen Köpfe unter den Psychoanalytikern Deutschlands. Ebenfalls rühmenswert ist an ihm die Tatsache, daß er eine ganze Generation junger Psychotherapeuten herangebildet hat, die von ihm so viele Denkanstöße empfingen, daß sie auch über ihn hinauswachsen konnten. Man darf nicht vergessen, daß Mitscherlich die ersten Marksteine für die Anerkennung der Psychoanalyse in Deutschland setzte, nachdem diese Lehre von 1933 bis 1945 verfemt war und nach Kriegsende nahezu am Punkt Null ihren Wiederaufstieg begann.

Ausgewählte Literatur

Freud S. (1912/13). Totem und Tabu. GW IX.
– (1917). Trauer und Melancholie. GW X.
– (1921). Massenpsychologie und Ich-Analyse. GW XIII.
Le Bon, G. (1895). Psychologie der Massen. Stuttgart: Kröner, 15. Aufl. 1982.
Mitscherlich, A. (1946). Freiheit und Unfreiheit in der Krankheit. Frankfurt: Suhrkamp 1977.
– (1963). Auf dem Weg zur vaterlosen Gesellschaft. Ideen zur Sozialpsychologie. München: Piper.
– (1965). Die Unwirtlichkeit unserer Städte. Anstiftung zum Unfrieden. Frankfurt: Suhrkamp.
– (1966/67). Krankheit als Konflikt. Studien zur psychosomatischen Medizin. 2 Bde. Frankfurt: Suhrkamp.
– (1969). Die Idee des Friedens und die menschliche Aggressivität. Frankfurt: Suhrkamp.
– (1970). Versuch, die Welt besser zu verstehen. Fünf Plädoyers in Sachen Psychoanalyse. Frankfurt: Suhrkamp.
– (1972). Massenpsychologie ohne Ressentiment. Frankfurt: Suhrkamp.
– (1975). Der Kampf um die Erinnerung. Psychoanalyse für fortgeschrittene Anfänger. München: Piper.

Mitscherlich, A. & M. (1967). Die Unfähigkeit zu trauern. München: Piper.
Mitscherlich, A. & Mielke, F. (1960). Medizin ohne Menschlichkeit. Frankfurt: Fischer.
Kalow, G. (Hrsg.) (1978). Das Ich und die Vielen. Parteinahmen eines Psychoanalytikers. München: Piper.

Alfred Lorenzer

Einleitung

Alfred Lorenzer wurde am 8. 4. 1922 in Ulm geboren. Während des Weltkrieges begann er ein Medizinstudium, das er – wegen eines Kriegsleidens – erst 1952 abschloß. Sodann studierte er einige Semester Psychologie und verfaßte eine konstitutionspsychologische Dissertation bei Ernst Kretschmer in Tübingen. Von 1954 bis 1960 arbeitete er an der Tübinger Psychiatrischen Universitätsklinik, wo er sich u. a. mit dem Problem des sensitiven Beziehungswahns beschäftigte. Seine psychoanalytische Ausbildung absolvierte er bei Felix Schottländer in Stuttgart. Der Entschluß, sich ganz der Psychoanalyse zuzuwenden, entstand im Rahmen von Fragestellungen, die um die Psychologie der Opfer des Nationalsozialismus kreisten: Lorenzer begann sich zu fragen, wie die traumatische Zerstörung menschlicher Persönlichkeiten unter den extremen Bedingungen der nationalsozialistischen Konzentrationslager zustande gekommen war. Von daher war es naheliegend, die Einwirkung sozialer Prozesse auf den Menschen überhaupt zu studieren, was Lorenzer zur „psychoanalytischen Sozialpsychologie" hinführte.

So wechselte er 1960 an die psychosomatische Klinik in Heidelberg über, die unter der Leitung von Alexander Mitscherlich stand.

1963 wurde er Oberassistent am Sigmund-Freud-Institut in Frankfurt; 1969/70 habilitierte er sich an der Philosophischen Fakultät für das Fach „Psychologie, insbesondere Psychoanalyse und Sozialpsychologie". 1971 war er kurzfristig Psychologieprofessor in Bremen; seit 1974 lehrt er Soziologie (Sozialisationstheorie) an der Universität Frankfurt.

Zur Theorie des Symbols

Das Problem der Symbolik nimmt heute in den Humanwissenschaften und in der Philosophie einen breiten Raum ein. Auch die Psychoanalyse mußte sich von Anfang an mit der Erörterung des Symbolbegriffs befassen. In ihren späteren Entwicklungen kam es zu Wandlungen in der Symbolauffassung, die mit Veränderungen der psychoanalytischen Lehre selbst parallel laufen. Lorenzer widmet diesem Thema eine seiner frühesten Untersuchungen unter dem Titel *Kritik des psychoanalytischen Symbolbegriffs* (1970).

Freud sprach bereits im Jahre 1894 in Falldarstellungen vom sogenannten Erinnerungssymbol. Damit bezeichnete er die Tatsache, daß neurotische Symptome eine Art Erinnerungszeichen an bedeutsame, aber vergessene oder verdrängte Vorfälle in der Lebensgeschichte der Patienten sind. So hatte etwa eine Patientin Freuds einen hysterischen Gesichtsschmerz, der einem manche Jahre zurückliegenden Vorfall entsprach, wo sie von ihrem Gatten in einer Weise behandelt wurde, die einem „Schlag ins Gesicht" gleichkam. Der Schmerz symbolisierte die Demütigung, die sie damals empfunden hatte. Eine andere Kranke litt an einem stechenden Schmerz im Fuß, welcher erstmals auftrat, als sie in Gesellschaft von der Furcht befallen wurde, „nicht das rechte Auftreten zu haben". In einem weiteren Fall kam es zu einem Schmerz zwischen den Augen einer Patientin, weil ihre Großmutter sie „bohrend" angesehen hatte, so als könne sie in ihr Hirn hineinsehen.

Lorenzer bezieht sich auf diese Beispiele und kommentiert, daß in ihnen allen der menschlichen Phantasie Symbolisierungsfähigkeit eingeräumt wird. Sind es doch eigentlich nicht Ereignisse und Geschehnisse, von denen die Patienten primär berichten, sondern Erlebnisse, die die innere Verarbeitung schwer definierbarer äußerer Fakten widerspiegeln. So scheint jeder Mensch in einer für ihn eigentümlichen Bedeutungswelt aus selbstgeschaffenen Symbolen zu leben, die den Besonderheiten seines Emotional- und Phantasielebens entsprechen. Das Begreifen des Sinnes dieser Symbole läßt uns den Kern einer Individualität verstehen.

Der Weg zu dieser Erkenntnis war lang und gewunden. In seinem Buch *Die Traumdeutung* (1900) führte Freud auch feststehende Symboldeutungen ein, die insgesamt so etwas wie einen „Sexualcode" ausmachen. Mit Hilfe eines solchen Symbol-Lexikons kann man viele Traumbilder fast wie mit einem Wörterbuch übersetzen. Es definiert die disparatesten Bilder und Denkinhalte durch das Vokabular einer gelegentlich monoman anmutenden Sexualsprache, bei der Penis, Vagina, Koitus und sekundäre Geschlechtsmerkmale für fast jedes Traumbild eingesetzt werden können.

Es war Freuds große Errungenschaft gegenüber der antiken und mittelalterlichen Traumdeutung, daß er die Einfälle des Träumers zur Trauminterpretation für wesentlicher ansah als die Meinungen des Traumdeuters. Dieser Fortschritt wurde zumindest teilweise wieder aufgegeben durch die Formulierung der Sexual-Symbolik, unter deren Anleitung man die Träume sozusagen „vom Blatt" übersetzen konnte, ohne den Träumer lange anzuhören, um den Kontext seines Traumes genau zu ermitteln. Damit wurde einer gewissen Zügellosigkeit im Traumdeuten Tür und Tor geöffnet. Manche Psychoanalytiker wurden zu wilden Traumdeutern (W. Stekel z. B.), deren Interpretationen sehr gewagt ausfielen. Freud hat sich dann auch von solchen Vereinfachungen strikt abgegrenzt.

Ebenfalls genial war an Freud, daß er im Traum eine „Sprache" sah, und zwar die Sprache des Unbewußten. Er wurde als Traumdeuter unwillkürlich zum Sprachforscher, ohne sich grundlegend als solcher zu verstehen. So nannte er die Traum-Symbolik eine „Grundsprache des Menschengeschlechtes" und stellte Überlegungen über die urtümliche Bedeutung von Wörtern (*Über den Gegensinn der Urworte,* 1910) wie auch über die Sprachentstehung (*Vorlesungen zur Einführung in die Psychoanalyse,* 1917) an. Sprache und Geschichte wurden so zum Gegenstand seiner Forschung, die er selbst jedoch stets als einen Zweig der Naturkunde begriff. Ohne es deutlich zu wissen und wahrhaben zu wollen, wechselte er häufig genug vom naturwissenschaftlichen Beobachten und Erklären zum hermeneutischen (geisteswissenschaftlichen) Verstehen über, da ihn der Gegenstand seiner Forschung selbst zu einer doppelgleisigen Methode zu drängen schien. Dies kann nach Lorenzer u. a. auch an der Symbol-Thematik aufgezeigt werden.

Lorenzer verweist bei der Behandlung des Symbol-Themas auf Ernst Cassirer (*Philosophie der symbolischen Formen,* 1923), der den Menschen als ein „animal symbolicum" definiert hat. Damit wollte er zum Ausdruck bringen, daß die gesamte menschliche Geistestätigkeit im Symbolgebrauch begründet ist. Im Medium der von ihm selbst geschaffenen Symbole vollzieht der Menschengeist seine Selbstentfaltung und Selbstverwirklichung. Lorenzer zitiert folgendes Cassirer-Zitat:

Unter einer „symbolischen Form" soll jede Energie des Geistes verstanden werden, durch welche ein geistiger Bedeutungsgehalt an ein konkretes sinnliches Zeichen geknüpft und diesem Zeichen innerlich zugeeignet wird. In diesem Sinne tritt uns die Sprache, tritt uns die mythisch-religiöse Welt und die Kunst als eine je besondere symbolische Form entgegen. Denn in ihnen allen prägt sich das Grundphänomen aus, daß unser Bewußtsein sich nicht damit begnügt, den Eindruck des Äußeren zu empfangen, sondern daß es jeden Eindruck mit einer freien Tätigkeit des Ausdrucks verknüpft und durchdringt. Eine Welt selbstgeschaffener Zeichen und Bilder tritt dem, was wir die objektive Wirklichkeit der Dinge nennen, gegenüber und behauptet sich gegen sie in selbständiger Fülle und ursprünglicher Kraft. (Zit. nach Lorenzer, 1970, S. 47)

Cassirers Symbole sind offenbar nicht die Symbole Freuds; was bei letzterem als „Naturvorgang der Symbolbildung" erscheint, ist bei ersterem „Tätigkeit des freien Geistes". Symbole entstammen nach dieser neukantianischen Philosophie (die diesbezüglich durch die amerikanische Cassirer-Schülerin Susanne K. Langer selbständig weitergeführt wurde) nicht dem Unbewußten und sind keine „Trieb-Repräsentanzen"; sie sind das Menschlichste am Menschen, nämlich Ausdruck dafür, daß er nicht in die Wirklichkeit der Dinge eingeschlossen ist, sondern das Wirkliche in Richtung auf das Mögliche überschreitet. Ohne Symbole gäbe es keine Freiheit des Menschen.

Sprache und Bewußtsein scheinen gemäß dem modernen Sprachphilosophieren zwei Seiten einer Medaille zu sein. Lorenzer schließt sich hier an und postuliert, daß unbewußte und verdrängte Seelenregungen in eigentümlicher Weise von der sprachlichen Symbolisierung abgeschnitten sind: das Verdrängte kann nicht angemessen in Worte gekleidet werden, was sich in der Psychotherapie u. a. so bemerkbar macht, daß der Patient um den Erlebniskern seiner Neurose herumredet oder sprachliche Leerformeln verwendet, die für ein tieferes Verständnis nichts hergeben. Er gebraucht anstelle von Sprachsymbolen Klischees, d. h. Verhaltensmuster, die sprachlos geworden sind und auf bestimmte (szenische) Auslöser der Umwelt zwanghaft in Funktion treten. Klischee-Verhalten unterliegt keiner bewußten Kontrolle und Steuerung. Das Individuum ist ihm ausgeliefert – hierfür hat Freud den Begriff des Wiederholungszwangs geprägt. Aus der kommunikativen Sprache herausfallendes Benehmen „rastet ein", wann immer die souveränen Anpassungsleistungen der Person versagen.

Gelingt es der Therapie, diese Mechanismen zu durchschauen und auf die Ebene der Sprache (und damit der Bewußtheit) zu heben, dann zerstiebt der eherne Zwang, und der Patient wird wieder Herr seiner Handlungen. Symbole deuten auf die Freiheit des Menschen hin; Klischees aber kennzeichnen seine Unfreiheit. Mittels der Symbole kann er denken, urteilen und Stellung nehmen; mittels der Klischees kann er nur mechanisch reagieren. Daher erlebt der Neurotiker im allgemeinen sein Verhalten als streng determiniert. Er kann in bezug darauf wenig oder nichts hinzulernen, da ihm die adäquaten Sprachsymbole fehlen, die Wiederholungszwänge durchschaubar machen. Lorenzer sagt hierüber:

Die Merkmale dieses klischeebestimmten Verhaltens sind: ... fehlende Erkennbarkeit – Determiniertheit – unverzögerte Entladung – Irreversibilität – Unabhängigkeit und Tendenz zum Einschleifen – Umweltverhaftung, d. h.

Verhaftung an eine „Szene", und „szenische Reproduktion", d. h. Wiederholungszwang – entwicklungsgeschichtliche Verankerung. (L. c. S. 103).

Das Problem der Psychotherapie besteht u. a. darin, anstelle der Klischees Symboltätigkeit zu setzen. Was am Patienten als Klischee auftritt, war einmal im Verlauf seines Werdeganges bereits „symbolfähiges
Handeln". Unter dem Druck von Angst, Verdrängung und Verleugnung
innerer Motivationen und äußerer Gegebenheiten entartet Sprache
u. U. ins „Privatistische". Man kann sie nur teilweise verstehen, was in
der therapeutischen Situation als Verständigungsbarriere und Undurch-
sichtigkeit des Therapiegeschehens selbst zum Vorschein kommt. Psychoanalyse ist eine Sprachoperation, die oft genug dadurch sehr mühevoll wird, daß die Sprache mehr dazu dient, die Gedanken zu verbergen
als zu enthüllen.

Wie und was versteht der Psychoanalytiker?

Die Frage, was ein Psychoanalytiker in seiner Praxis tut, könnte man
beantworten mit der schlichten Formel: „Er versteht und hilft." Aber
diese einfache Antwort enthält sehr tiefgründige Probleme. Wie und
unter welchen Bedingungen versteht man einen Mitmenschen? Das Ich
kann in einem Du normalerweise nicht lesen wie in einem offenen Buch.
Das Fremdpsychische ist uns zugänglich in einem Gemisch von Verstehen und Mißverstehen. Meistens überwiegen sogar die Mißverständnisse, wenn Menschen kooperieren und kommunizieren. Wie bringt es
nun die Psychoanalyse fertig, aus der zwischenmenschlichen Verständigung ein Handwerk, eine Technik, eine Kunst oder gar eine Wissenschaft zu machen? Wie sichert sie ihre Befunde, Deutungen und Interpretationen gegen Willkür und Subjektivismus ab? Solche und andere
Fragen beschäftigen die Analytiker seit dem Bestehen ihrer Disziplin,
und man kann nicht behaupten, daß Einigkeit bezüglich ihrer Lösungen
erzielt wurde.

Lorenzer greift dieses schwierige Thema auf in seiner Schrift über
Sprachzerstörung und Rekonstruktion (1970); das bereits erörterte Buch
über den Symbolbegriff war ein Teil dieser Abhandlung, der selbständig
veröffentlicht wurde.

Der Verstehensprozeß in der Psychotherapie ist nach Lorenzer in
keiner Weise mit dem Beobachten und Erklären von Tatsachen in den
Naturwissenschaften vergleichbar. In den letzteren geht der Beobachter
von einer vorgegebenen Theorie aus, in deren Rahmen er Tatsachen

sammelt, Beobachtungsreihen zu Hypothesen verdichtet und schließlich auf die Formulierung von allgemeingültigen Naturgesetzen hinzielt, die die individuellen Fälle immer und überall erklärbar machen. Dies entspricht nicht dem Vorgehen des Analytikers, der zwar auch Theoriekonzepte besitzt, aber vor der Aufgabe steht, einzigartige Individuen und Situationen zu begreifen. Mit Recht heben viele Autoren den emotionalen Anteil am therapeutischen Verstehen hervor; hier gibt es kein distanziert-neutrales Registrieren von Befunden, sondern die Motivation des Therapeuten, sich in seine Analysanden einzufühlen (Empathie). Aufgrund dieser Gefühlslage kann er mitunter so denken und fühlen wie sein Gegenüber, bzw. erahnen, wie diesem zumute ist. Diese teilweise noch sehr dunklen Vorgänge haben keine Analogien in den traditionellen Naturwissenschaften. Theodor Reik beschrieb das intuitive Gestalt- und Strukturerkennen des Psychologen folgendermaßen:

> Keiner von uns wird den Eindruck jener plötzlich oder langsam sich verstärkenden Klarheit wiedergeben können, wenn ein anscheinend disparates und zusammenhangloses Material unter der Entwicklung eines Einfalles lebendig wird, sich zu bestimmten Einheiten zusammenfügt wie die losen und zerstreuten Gebeine in der Vision, die Gott den Ezechiel sehen ließ. (Zit. nach Lorenzer, l. c. S. 30)

Freud selbst warnte die Analytiker davor, rational vorzugehen und sich mitten in der Analyse auf Bestandsaufnahmen zu konzentrieren, um sich die Struktur eines vorliegenden Falles zurechtzulegen. Seiner Meinung nach ist es besser, das Unbewußte des Patienten mit dem eigenen Unbewußten zu beantworten und darauf zu warten, daß sich von selbst Strukturbilder aufdrängen, die das Fremdpsychische nach und nach transparent machen. Dieses Element der Therapeutenhaltung nannte er „freischwebende Aufmerksamkeit" und beschrieb es als ein Offensein und Offenbleiben für das einströmende Material, das nicht durch dogmatische Sicht kanalisiert oder abgeblockt werden soll.

Wenn nun die Psychoanalyse ein „verstehendes Verfahren" ist, dann muß sie sich mit der Theorie des Verstehens auseinandersetzen, die in den Geisteswissenschaften zu einer reichen Blüte entfaltet worden ist. Hierbei ist man auf Wilhelm Dilthey (1833–1911) verwiesen, der als der Ahnherr der verstehenden Psychologie gilt, einer Disziplin, die er schuf, um den Herrschaftsimpuls der Naturwissenschaften auf dem Felde der psychologischen Forschung in die Schranken zu weisen (*Ideen über eine beschreibende und zergliedernde Psychologie,* 1894). Er intendierte eine Seelenkunde, die sich eher an der dichterischen Seelenschilderung als am Laboratoriumsbetrieb der exakten Wissenschaft inspirieren sollte. Von ihm stammt der berühmte Satz: „Die Natur *erklären* wir, das Seelenleben *verstehen* wir." Damit sollte u. a. ausgesagt werden, daß wir Naturvorgänge am Leitfaden des Kausalprinzips (Ursache-Wirkungs-Schema) begreifen, indes wir das Psychische unmittelbar und ganzheitlich erfahren und erleben. Das Erklären ist den materiellen Vorgängen zuzuordnen, das Verstehen jedoch hat seine Domäne in den psychischen und geistigen Sinn-Strukturen. Mit den letzteren befassen sich die Geisteswissenschaften (Geschichte, Sprach- und Literaturwissenschaft, Kunstwissenschaft, Philosophie usw.), so daß Dilthey und seine Schüler eine Anlehnung der Psychologie an diese Disziplinen propagieren.

Das psychoanalytische Verstehen ist aber nach Lorenzer auch nicht identisch mit demjenigen der Geisteswissenschaft. Um dies zu verdeutlichen, unterscheidet er drei Arten des Verstehens. Beim „logischen Verstehen" geht es darum, den Sinn von Worten und Sätzen nachzuvollziehen, was prinzipiell für jedermann möglich ist, wenn er einer Sprache kundig ist bzw. mit dem Sprechenden in einer Sprachgemeinschaft lebt, in der Verständigung über Worte und Wortbedeutungen (und überzeitlichen Sinn) vorherrscht. Das „psychologische Verstehen" will aus sprachlichen und gestischen Kundgaben das Wesen des Sprechers ermitteln. Beides kommt in der Psychoanalyse vor, schöpft aber nicht die Totalität ihres Verfahrens aus. Das „psychoanalytische Verstehen" zielt auf das Transparentwerden des bewußten *und* unbewußten Seelenlebens ab und sieht für diesen Verstehensprozeß eine langdauernde und intensive Interaktion von zwei Partnern (Analytiker – Analysand) vor. Durch Teilhabe und Teilnahme am Leben des Patienten in Form der Übertragungs-Gegenübertragungs-Beziehung erfährt der Therapeut vieles über die Erlebnisstrukturen und die Werdensgeschichte seines Gegenübers, was er mit anderen Methoden kaum erfahren könnte. Er erleidet gewissermaßen am eigenen Leib, wo dieser hinsichtlich seiner Sozialisation in eine Sackgasse hineingeriet. Die Forschung an Lebenssituation und Lebensgeschichte des Analysanden verwandelt sich unversehens in eine Erforschung der emotionalen Verwicklungen, die die analytische Zweierbeziehung belasten und als Reminiszenzen einer traumatischen Kindheit und Jugend das Kommunizieren in der Analyse einschränken. Verwandtschaft mit den Geisteswissenschaften bedeutet hierbei die Verwendung des „hermeneutischen Zirkels", d. h. das Verstehen des Teils aus dem Ganzen und des Ganzen aus seinen Teilen, wobei jeweils Selbst- und Fremdverstehen dialektisch ineinander verwoben sind. Man interpretiert sozusagen die „verstümmelten Sprachfiguren" des Patienten im Hinblick auf dessen Interaktionsmuster, die man in der Übertragungssituation miterlebt und mitgestaltet. Man kann dies *Tiefen-Hermeneutik* nennen und meint damit eine Kombination von Verstehen und Verändern eines Menschen, mit dem man sich so intensiv einläßt, daß die Aufklärung, die man ihm über seine Erlebniswelt gibt, zugleich auch Aufklärung über den Verlauf der gemeinsamen Beziehung ist.

Woher aber nimmt der Psychoanalytiker die Gewißheit, daß er zutreffende Aussagen macht über das manifeste und verborgene Seelenleben seines Analysanden? Wann erfassen Deutungen wahrhaft unbewußte Zusammenhänge, ohne Projektion, Suggestion und Illusion zu sein? Ist das Unbewußte des Patienten nicht eine Nacht, in der alle Katzen – wenn man sich nur darauf einigt – grau sind? Genügen sogenannte Evidenzerlebnisse beim Analytiker oder beim Analysanden (oder bei beiden), um Irrtümer der Interpretation auszuschließen? Wie oft finden sich Menschen in einer „folie à deux" oder „folie à plusieurs": warum sollte es in der Psychotherapie anders sein?

Der Analytiker verzichtet ausdrücklich darauf, seine Befunde am Patienten durch Testresultate (oder durch Befragung von Angehörigen usw.) zu objektivieren und stellt sich auf den Standpunkt der subjektiven Erfahrung, die er durch unpersönliche Verfahren nicht verbessern und vertiefen kann. Und dennoch ist sein Interpretieren und Deuten nicht willkürlich; es verfügt über das reiche Material, das ihm Körpersprache, Verhaltenssprache, Traumsprache, gewöhnliche Rede und unbewußte Mitteilungen aller Art liefern. Wenn eine analytische Interpretation (annähernd) richtig ist, dann fügen sich viele Detailbefunde zu einem sinnvollen Ganzen zusammen („zu richtigen Gestalten" im Sinne der Gestaltpsychologie), das die weitere Selbsterforschung des Analysanden fördert und das Zusammenspiel zwischen ihm und dem Analytiker begünstigt. Natürlich ist auch dies noch kein sicheres Wahrheitskriterium: oft leuchtet ein gemeinsamer Wahn ebenso ein wie eine Wahrheit. So bleibt ein Element von Ungewißheit im analytischen Geschehen, das niemals die Exaktheit und Methodensicherheit der Naturwissenschaften und der mit ihnen verbundenen Technik erreichen kann.

Das ist weder ein Unglück noch ein Manko, denn das Verstehen in der Psychoanalyse hat seine Tauglichkeit zur Hilfeleistung ausreichend bewiesen, auch wenn es von kaum überschaubarer Komplexität ist und seinen Standort weder in den Beobachtungs- und Gesetzeswissenschaften noch in den Geisteswissenschaften finden kann. Es ist offenbar als ein *emanzipatorisches Phänomen* zu begreifen, d. h. als eine temporäre

Vereinigung zweier Menschen, wobei der eine Leidensdruck infolge gestörter Lebenspraxis, der andere aber Sachkenntnis und Helferwillen mitbringt. Das Leiden des Patienten ist aus seiner Werdensgeschichte hervorgewachsen und kann als Verlust der Selbst-Identität, als Kommunikationslücke, als Beziehungsstörung („aufgespaltene Sprachspiele", d. h. Auseinanderklaffen von Sprach- und Interaktionsformen) usw. bezeichnet werden. Durch eine Verknüpfung von historischem Verstehen (Kindheit), aktuellem Verstehen (Gegenwartssituation) und Übertragungsverstehen (Wechselwirkung zwischen Analytiker und Analysand) kann der Therapeut eine Bewußtwerdung des Analysanden initiieren, die zugleich auch Ichstärkung, Erweiterung der Verfügungsfähigkeit des Selbst, Ganzwerdung der Person ist. Die bereits geschilderten Klischees dringen auf dem Wege des Wiederholungszwanges in die Analytiker-Analysand-Beziehung ein und sind Formen der Sprachlosigkeit, die therapeutisch in Sprache verwandelt werden soll. Gelingt es, das Erfahrungsmaterial der analytischen Situation und der Erzählungen des Patienten „szenisch zu verstehen", dann stellen sich auch die angemessenen Verbalisierungen ein, die die Wiederholungszwänge allmählich zum Erliegen bringen. Dies führt zur wachsenden inneren Befreiung, die das vornehmste Ziel der Psychotherapie ist.

Wendung zum historischen Materialismus

Die Psychoanalyse begann mit einer Erklärung des Ursprungs der Neurosen und schritt weiter zu einer Theorie der Persönlichkeit und zu Konzeptionen der Wechselwirkung von Individuum und Kultur. Dieser weitgespannte Rahmen der Überlegungen verpflichtet den Psychoanalytiker, der die von Freud begründete Denktradition nicht reduzieren will, zu Untersuchungen über die Herkunft individueller Neurosen aus familiären *und* gesellschaftlichen Bedingungen. So taucht das Gesellschaftsproblem folgerichtig in jeder tiefgründigen Neurosenpsychologie auf; es ist auch immer der Hintergrund jeder entwicklungspsychologischen Erörterung, die sich nicht – aus ideologischen Gründen – gesellschaftsblind macht. In seinem Buch *Zur Begründung einer materialistischen Sozialisationstheorie* (1972) will Lorenzer die in der Psychoanalyse vorhandene Psychologie und Pathologie des menschlichen Subjekts in einer objektiven Gesellschaftskritik verankern; letztere ist seiner Meinung nach am vollständigsten und gründlichsten im historischen Materialismus zu finden.

Psychoanalyse ist nach Lorenzer eine Sozialwissenschaft, die die Leidenserfahrungen von Menschen aus ihrer Sozialisation ableitet. Sie rekonstruiert in ihrer Therapie „unterbrochene Bildungsprozesse der Individuen" und beseitigt damit subjektive Barrieren einer Entwicklung, die in gesellschaftliche Praxis einmünden soll. Sie analysiert deformierte Sprach- und Bewußtseinsstrukturen, hinter denen sie Triebschicksale erkennt. Im Trieb aber (als Körperbedürfnis „in Beziehung zu") zeigt sich ein Stück innere Natur. Will man daher die Tiefenpsychologie unter weitestem Horizont sehen, dann drängt sich das Desiderat auf, die Auseinandersetzung mit der natürlichen Triebausstattung zu vergleichen mit jener anderen Auseinandersetzung des Menschen mit der Natur im ganzen, welche wir Arbeit und Gesellschaftsprozeß nennen. Wegleitend hierzu ist die Aussage von Marx in *Thesen über Feuerbach*:

> Aber das menschliche Wesen ist kein dem einzelnen Individuum innewohnendes Abstraktum. In seiner Wirklichkeit ist es das Ensemble der gesellschaftlichen Verhältnisse. (Marx/Engels, *Über Religion,* 1958, S. 55)

Will sich die Psychoanalyse – so Lorenzer – nicht mit einem verkürzten Wesensbegriff des Menschen begnügen, dann muß sie irgendwie den Anschluß an die Analyse der gesellschaftlichen Zustände bewerkstelligen: Freud wird ergänzt durch Marx, wie andererseits der Marxismus erst in den psychoanalytischen Befunden die Kargheit seiner Formulierungen zu den Problemen der Subjektivität überwinden kann.

Lorenzer beschreibt die menschliche Vergesellschaftung dort, wo sie innerhalb der Sozialisation tatsächlich beginnt, nämlich in der sogenannten Mutter-Kind-Dyade, in der Wechselbeziehung mütterlichen und kindlichen Verhaltens. In der Erforschung dieser Konstellation hat die Tiefenpsychologie sowohl durch ihre Aufklärung der Neurosen- und Psychosengenese als auch durch Direktbeobachtung von Kindern (R. Spitz, A. Freud, J. Bowlby u. a.) Bedeutendes zu leisten vermocht. In den ersten Lebensjahren kommt es zu wichtigen seelischen Austauschvorgängen, in denen spätere seelische Gesundheit oder Krankheit begründet ist. Unser Blick ist für die Interaktion in den Anfängen des individuellen Seelenlebens geschärft worden, und wir begreifen nun, daß die Herstellung von vorsprachlicher und sprachlicher Verständigung zwischen Mutter und Kind zum schicksalhaften Faktor der Lebensgestaltung zu werden pflegt. Die Geschichte der Mutter-Kind-Dyade – vom ersten Tag nach der Geburt an, vielleicht aber auch schon vorgeburtlich – enthält den Schlüssel zu einem wesentlichen Teil der Psychopathologie und der Persönlichkeitsbildung überhaupt.

Natürlich kann keine Erziehung ein problemloses Interagieren von Mutter und Kind zustande bringen. Es kommt notwendigerweise zu Frustrationen, zum unbegreiflichen Wechsel von Erfüllungen und Versagungen, von Verständigung und Mißverstehen, denen das Kind hilf- und ratlos ausgeliefert ist. In der psychoanalytischen Sicht kann das kindliche Subjekt begriffen werden als der Niederschlag jener Interaktionsformen, die sich im Laufe der Frühkindheit herausbilden. So sind die ersten Objektbeziehungen die Matrix des späteren Subjekts, seiner Gestaltungen und auch seiner Verunstaltungen.

Die Mutter sozialisiert das Kind im Geiste jener Normen und Verhaltensmuster, die sie selbst in ihrem Lebenslauf verinnerlicht hat. Hierin ist nicht nur die Familie relevant; gesellschaftliche Zustände, Rollenerwartungen aus dem sozialen Standort der Familie usw. beeinflussen tiefgehend das gestische und sprachliche Zusammenspiel von Zögling und Erzieher.

Die Erziehung formt im Kinde ein Stück „innerer Natur" zu einem „menschlichen Produkt"; ähnlich formt die Gesamtheit aller arbeitenden Menschen („der Gesamtarbeiter" nach Marx) eine bereits ins Gesellschaftsleben einbezogene „äußere Natur" zu weiterer Verwertung. Dies gestattet Lorenzer, das erzieherische Vorgehen als eine Form von Arbeit zu begreifen. Interaktion und Arbeit enthüllen sich als wesensverwandt: beide sind soziale Praxis des Menschen.

Lorenzer diskutiert auch sehr subtil die Sprachentstehung beim Kinde. Die Menschensprache ist grundlegend verschieden von allen Tiersprachen, die wir kennen. Sie besteht nicht nur aus Zeichen, die eine Art von Gefühlsansteckung vermitteln, sondern aus einem geordneten Zeichensystem (Worte, verbunden durch Syntax), das der realen Welt als eine differenzierte Sprachwelt gegenübersteht. So können sich Menschen über Bedeutungen, über wirkliche und mögliche Handlungen und über Handlungsanweisungen verständigen. Sie gewinnen durch die Sprache einen Freiheitsspielraum gegenüber der Umwelt, der Reflexion, Voraussicht und Vorausplanen ermöglicht.

Menschen leben in einer Sprachgemeinschaft, in die das Kind in seinen ersten Lebensjahren hineinwachsen soll. Einführung in die Sprache ist immer auch Einführung in die bestehende Lebenswelt. Insofern kann man die Sprachsozialisation als Muster der Gesamtsozialisation abhandeln. Sie ist nach Lorenzer deren zentrales Teilstück, sozusagen ihre Quintessenz.

Zunächst verständigen sich Mutter und Kind nicht über die Bedeutung von Worten, sondern über gemeinsame Interaktionen auf vorsprachlicher Ebene. Es beginnt hier schon ein Einigungsprozeß, der zu bestimmten Interaktionsformen führt, die das Zusammenspiel von Mutter und Kind regeln. Je reicher und vielfältiger dieses Zusammenspiel ist, um so breiter ist das Fundament für die spätere soziale Einfügung des Kindes. Die Sprache selbst wird auf diesen gemeinsamen Interaktionsmustern aufgebaut. Die Mutter-Kind-Dyade einigt sich hinsichtlich der brauchbaren und gebrauchten Wortsymbole, wobei zunächst die Initiative bei der Mutter liegt, die ja der bestehenden Sprachgemeinschaft bereits angehört. Bald aber bemüht sich das Kind selbst gezielt um den Erwerb von Sprache, da dies das Gefühl seiner Kompetenz erhöht und die Beziehung zur menschlichen Umgebung intensiviert.

Aber nicht alle Interaktionsformen können in die Sprache eingehen: es bleibt in vielen Fällen bei Vor-Formen der Symbolisierung, die Lorenzer „Protosymbole" nennt. Er definiert dies folgendermaßen:

> Protosymbole sind mithin jene . . . Interaktionsformen, die auf dem als Ausgliederung und Identitätenbildung gekennzeichneten Weg „auf der Strecke bleiben". (L. c. S. 119)

So sind alle Sprachsymbole, die leicht ins Bewußtsein eingehen können, umgeben von einem „Hof" von Protosymbolen, die sprachfähig gewesen wären, aber es nicht bis zu ihrer Formulierung als Wort und Sinn gebracht haben. Diese sind nach Lorenzer die Grundlage des Phantasierens.

Von hier aus ist es möglich, das Phänomen der Kreativität in Betracht zu ziehen. Lorenzer versteht darunter nicht nur das Kunstschaffen und -empfinden, sondern auch die „emanzipatorische Diskussion" und die „auf Veränderung der objektiven Lage abzielende politische Praxis", d. h. die Gesellschaftsumwandlung.

Die drei genannten Bereiche *ähneln* der „Einführung von Sprache in der Primärsozialisation"; in ihnen sollen veränderte reale Interaktionen durch neue Formen des Ausdrucks gültig gemacht werden. So führt gewissermaßen der Künstler einen „Dialog" mit seinem Publikum, und seine wegweisende Funktion in diesem oft imaginären Gespräch besteht darin, daß er „zur Sprache bringt", was im allgemeinen Bewußtsein lediglich in Andeutungen (Protosymbolen) repräsentiert ist. – Die emanzipatorische Diskussion erörtert die Verbindlichkeit von legitimierten Interaktionsanweisungen mit dem Ziel, unangemessene Normen aufzulösen. Sie destruiert Vorurteile und ideologische Barrieren und bereitet damit solidarische Praxis in der Politik vor. Auch hier zeigt sich das Ineinanderwirken von Sprache und gemeinsamer Aktion, wie es

Lorenzer in der Beschreibung der Mutter-Kind-Beziehung für ein Zwei-Personen-Verhältnis darlegt.

Besonders interessant für den Psychoanalytiker sind jene Katastrophen der kindlichen Sprachentwicklung, in denen der (gefährdete) Übergang von vorsprachlicher Interaktion zu sprachlichem Konsens zwischen Mutter und Kind aus irgendwelchen Gründen (z. B. Neurose der Mutter) scheitert. Es kommt dann zu Interaktionen, denen gewissermaßen eine sprachliche Erhellung verweigert wird. Sie laufen nicht mehr unter der Führung durch Symbolgebrauch ab, es kommt auch nicht zu Einigungserlebnissen, sondern zu unauflöslichen Konflikten, bei denen Willkürverhalten der Mutter, Dressur, autoritäre Verfügungen, Verständnislosigkeit usw. bedeutsam hervortreten. Da es sich bei der Mutter in dieser Hinsicht um unbewußte Reaktionen handelt, kommt es zu widersprüchlichem Benehmen, d. h. die Mutter fördert unbewußt mit ihrem Verhalten die gleichzeitig verpönte Interaktionsform, zu der sie keinen angemessenen Sprachkonsens bereitstellen kann. Dies trifft etwa den Tatbestand, den Freud als „Fixierung abgewehrter Triebimpulse" bezeichnet hat. Das unter Verdrängungszwang aus der Verständigungsmöglichkeit exkommunizierte Bedürfnis (Verhalten, Motive usw.) wird zwanghaft, da es in seiner Desymbolisierung der bewußten Kontrolle entfällt. Das ist genau das, was Lorenzer im Begriff „Klischee" zusammenfaßte.

Man kann hier von einem „aufgespaltenen Sprachspiel" sprechen. Amerikanische Autoren schilderten ähnliche Vorgänge unter dem Titel „double-bind-situation", die für die Entstehung von Neurosen und Schizophrenien als wichtige Ursache namhaft gemacht wurde. Jedenfalls kommt es zu einer tiefgreifenden Schädigung des Subjekts, wenn es in seiner Frühgeschichte in seinen zwischenmenschlichen Beziehungen Widersprüche antrifft, die es weder verstehen noch überbrücken kann.

Das widersprüchliche und sprachlose oder sprachverfälschende Verhalten der Mutter ist nun für Lorenzer – von den persönlichen Eigenheiten der Mutter abgesehen – ein Indiz dafür, daß wir in einer Gesellschaft leben, wo „versteinerte Produktionsverhältnisse" die menschliche Entfaltung im allgemeinen blockieren. Die Mutter ist in die Gesellschaft eingefügt, und die Pathologie ihres Bewußtseins und ihres Benehmens (z. B. dem Kind gegenüber) kann nicht von diesem sozialen Rahmen abstrahiert werden. Man erinnere sich an den Satz von Erich Fromm, daß die Familie „eine Agentur der Gesellschaft" sei, was bedeutet, daß sie auch die Disharmonien und Antihumanität des gesellschaftlichen Ganzen widerspiegelt und reproduziert. Insofern hat die mangelhafte

Sozialisation der Kinder ihren Stellenwert im Autoritarismus der Kultur und kann nur mit ihm annähernd beseitigt werden.

Erkenntnislehre und Wissenschaftstheorie der Psychoanalyse

Es war eine der Befürchtungen von Sigmund Freud in seinen späten Jahren, daß die von ihm geschaffene Psychoanalyse eines Tages in Psychiatrie und Medizin als „Spezialmethode" abgelegt werden könnte. Sie als ein Hilfsmittel in der Behandlung der Neurosen und anderer seelischer Störungen zu sehen, dünkte ihm nicht als die Haupt-Errungenschaft dieser Disziplin, die dazu berufen schien, in den Geistes- und Kulturwissenschaften revolutionäre Wandlungen einzuleiten und eine herausgehobene Stellung im Kosmos der Wissenschaften zu beanspruchen. Wiewohl Freud selbst die Psychoanalyse als „Naturwissenschaft des Seelenlebens" definierte, schloß er sie nicht in den engen Raum der traditionellen Naturwissenschaften ein, sondern stellte sie eigentümlich quer zu den natur- und geisteswissenschaftlichen Erkenntnisbemühungen, was in der Folgezeit in den grundlegenden Auseinandersetzungen über ihren Wissenschaftscharakter zum Ausdruck kommt.

Nach Lorenzers Auffassung ist die Psychoanalyse eine „Erfahrungswissenschaft", die aber nicht nach dem Modell der üblichen Naturwissenschaften verfährt. So paßt etwa der Begriff „Experiment" (wiederholbarer Naturvorgang unter kontrollierten Bedingungen) in keiner Weise zur psychoanalytischen Situation: in dieser arbeiten zwei Subjekte in einem kaum reproduzierbaren Versuch auf Verständigung hin. Auch steht der Beobachter nicht unbeteiligt und distanziert einem ihm fremdartigen „Objekt" gegenüber; sein Forschungsgegenstand ist ein Du, welches vom Ich nur begriffen werden kann, wenn es sich in eine emotionale Beziehung mit ihm einläßt. Darin gibt es kein Beobachten und Erklären im exakt-wissenschaftlichen Sinn. Im analytischen Beobachten ist der Beobachter mit seiner Wesensbeschaffenheit mitenthalten, und die Methode des Erklärens (Einordnung des individuellen Falles unter allgemeine Naturgesetze, Ursache-Wirkung-Schema, Vorhersage zukünftiger Ereignisse durch Kenntnis eines gesetzmäßigen Ablaufs) findet hierbei keine Anwendung. Lorenzer formuliert konsequent, daß die Psychoanalyse ein Paradigma einer „nichtbeobachtungs- und nichterklärungswissenschaftlichen Erfahrungswissenschaft" sei. Wie ist dies genauer zu verstehen?

Was Lorenzer mit seiner These, Psychoanalyse sei in keinem Falle eine „nomologische Wissenschaft" (nomos = Gesetz), meint, kann an einem von ihm selbst gegebenen Beispiel illustriert werden. Ein Physiker etwa studiert die Fallgesetze und bedarf hierzu der Kenntnis der entsprechenden Hypothesen (Galilei, Newton usw.), nach denen er eine Versuchsanordnung schafft, durch die die betreffenden Phänomene exakt beobachtet (gemessen, zahlenmäßig erfaßt) werden können. Er erklärt hernach seine Beobachtungen aufgrund der vorliegenden Theorie. Seine Befunde gelten prinzipiell immer und überall und sind von den Eigenheiten seiner Persönlichkeit unabhängig; spielen individuelle Abweichungen der Sinneswahrnehmung doch eine Rolle, so können sie, wie z. B. in der Astronomie, durch die „persönliche Gleichung" des Beobachters eliminiert werden. Das Forschungsresultat wird mit wenigen Worten oder Formeln zusammengefaßt, wobei die Individualität des Forschers ganz aus dem Bericht verschwindet.

Wie anders ist es in der Psychoanalyse! Will ein Analytiker einen »Fall« darstellen, dann muß er beinahe eine Novelle schreiben: Freuds Kasuistik z. B. umfaßt einige Krankengeschichten mit einem Umfang von mehr als hundert Seiten. Dabei werden die einzelnen Symptome des Patienten subtil in seine Lebensgeschichte eingefügt und erhalten aus deren Totalität ihren Sinn. Wie bereits oben ausgeführt, ist dies ein Verfahren, das uns aus den Geisteswissenschaften als „Hermeneutik" wohl bekannt ist. Die geisteswissenschaftliche Hermeneutik studiert Texte, Überlieferungen, Produkte des Menschengeistes, wobei der Forscher unweigerlich auch sich selbst als Forschungsinstrument einsetzen muß. Dies geschieht allerdings oft nur theoretisch, zumindest nicht mit derselben inneren Beteiligung und Inanspruchnahme wie im psychoanalytischen Prozeß. Lorenzer bringt dies drastisch und scherzhaft zum Ausdruck:

> Die Hermeneutik, dieses feine Fräulein aus alter Familie, wird in der Psychoanalyse zu einem sinnlich-unmittelbaren Verhältnis verführt. Denn der Zusammenhang, um den es hier geht, das Erlebnis, beansprucht nichts weniger als die sinnliche Unmittelbarkeit der in Lebensgeschichte und Lebensraum entfalteten Lebensweise eines Menschen. (*Sprachspiel und Interaktionsformen,* 1977, S. 115)

Habermas, der sich ähnlich wie Lorenzer gegen das „szientistische (naturwissenschaftliche) Selbstmißverständnis der Psychoanalyse" wandte, ist im Zuge der Übernahme hermeneutischer Arbeitsweisen geneigt, die gesamte Metapsychologie Freuds als Metahermeneutik anzusehen, wobei er dann aber wieder diese Position halb zurücknimmt: für ihn sind die sogenannten allgemeinen Interpretationen, die Freud in seiner Metatheorie „ein für allemal festgelegt" haben soll, auf die nomologische Überprüfung – außerhalb der Psychoanalyse – angewiesen (*Erkenntnis und Interesse*, 1968). Damit gerät die Psychoanalyse als hermeneutisches Verfahren unversehens wieder in das Fahrwasser der „strengen" Erfahrungswissenschaften.

Lorenzer grenzt sich hier kritisch gegen Habermas ab (*Die Wahrheit der psychoanalytischen Erkenntnis*, 1974, S. 65). Er beschreibt den psychoanalytischen Erkenntnisprozeß als einen Verstehensvorgang, worin „lebenspraktische Vorannahmen" in die Interaktionen und Sprachspiele zwischen Analytiker und Analysand eingesetzt werden. Solche Vorannahmen erwachsen gleichsam aus der Lebenserfahrung des Therapeuten. Sie betreffen individuell-subjektive Strukturen, aber auch typisches Gruppenverhalten auf einem bestimmten Stand gesellschaftlicher Entwicklung und typisch-allgemeinmenschliche Interaktionsstrukturen. Alle diese Vorannahmen lassen sich systematisieren, so daß sie nicht einfach beziehungslos nebeneinander stehen. Da in ihnen aber die Gefahr des Analytiker-Subjektivismus enthalten ist, besteht die Notwendigkeit, in Analytiker-Gemeinschaften die Praxis immer wieder zu reflektieren. So können z. B. in spezifischen Seminaren die konkreten Fälle besprochen werden, damit die Erfahrungsbeschränktheit des einzelnen durch die Lebenseinsicht anderer ausgeglichen werden kann. Auch hier wieder ist Hermeneutik am Werk, indem in der Analytiker-Gruppe der Zirkel des Verstehens weitergeführt wird, der in der Therapeut-Patient-Situation seinen Anfang genommen hat. Dabei werden die Erfahrungen der analytischen Zweier-Konstellation auf ein höheres Abstraktionsniveau gehoben und auch weitläufigere Interpretationsweisen eingeführt, die über die Konzepte der Psychoanalyse hinausreichen.

Lorenzer möchte nun aber die metapsychologischen Theorien Freuds (und seiner Nachfolger) beibehalten, ohne sich dadurch im klinisch-hermeneutischen Vorgehen in der Praxis-Situation beeinträchtigen zu lassen. Hier vertritt er die Meinung, daß die Metapsychologie zwar eine physikalistische Libidomechanik enthält, aber den Vorteil besitzt, das System der lebenspraktischen Vorannahmen in eine formalisierte Sprache und in ein brauchbares Begriffs-Schema übertragen zu haben. Um die Fülle von therapeutischen Interaktionsfiguren und Sprachspielen „zu vermessen", sei dieser spekulative Teil des Freudschen Denkens immer noch unentbehrlich. Hätte man ihn nicht zur Verfügung, dann liefe die analytische Therapie Gefahr, „bloße Kunstausübung" zu werden.

So steht der Psychoanalytiker mit dem einen (praktischen) Bein in der Hermeneutik, mit dem anderen (theoretischen) Bein in der Metapsychologie, was ihn – nach Lorenzer – erst so richtig standfest macht. Erst auf diese Weise kann die analytische Erfahrung in die Bildung einer „Theorie der subjektiven Strukturen" eingehen, die auch deren Entstehung im Rahmen objektiver gesellschaftlicher Bedingungen nachvollziehen kann. Beide Systeme sollen sich wechselseitig ergänzen.

> Ohne lebenspraktische Vorannahmen gibt es keine *Darstellung der gefügten Persönlichkeit* in biographisch-geschichtlicher Fülle, und ohne theoretische Begriffe gibt es kein *Begreifen des Gefüges* (*Die Wahrheit der psychoanalytischen Erkenntnis*, S. 187)

Die Metapsychologie sei im Grunde eine „Strukturtheorie von Sprachspielen als Interaktionsformen". Sie sei selbst nach dem Muster einer Sprache angelegt. Darum eigne sie sich zur Transposition klinischer Erfahrungen in ein theoretisches Gebäude, in der auch die Metahermeneutik Platz finden kann.

> Metapsychologie ist gleichzeitig Metahermeneutik, da die Sprachspieloperation [der Therapie – J. R.] ihre eigene Geschichte im Rahmen des metapsychologischen Systems erzählen kann. (L. c. S. 191)

Diese Überlegungen dienen Lorenzer dazu, eine „reinliche Zusammenfügung" von Psychoanalyse und historischem Materialismus vorzubereiten. Zu diesem Zweck muß die analytische Praxis – die Verstehen von Sprachspielen durch Veränderung von Interaktionsfiguren in Teilnahme und Teilhabe von Analytiker und Analysand ist – nicht in der ihr wesensfremden nomologischen Naturwissenschaft verankert, sondern zur kritisch-hermeneutischen Erfahrungswissenschaft ausgebaut werden. Das Kritische an ihr ist die Wendung gegen die Faktizität unerträglichen Lebens (im Anschluß an M. Horkheimer, *Traditionelle und kritische Theorie*, 1937), ein Theorie-Praxis-Verhältnis, das auf wachsende Befreiung der Menschen hinausläuft.

Der Psychoanalytiker erkennt die schiefliegenden Interaktionsentwürfe des Analysanden (die man auch asozial-privatistisch nennen kann) nur dadurch, daß er vom Wollen und Können gemeinsamer Interaktion und Kommunikation beseelt ist und die „aufgespaltenen Sprachspiele" korrigiert. Genau genommen ist es die Analytiker-Analysand-Dyade, die ähnlich wie die Mutter-Kind-Dyade im Prozeß der Sozialisation Interaktionen und Sprache zur Deckung bringt. Beide Protagonisten stehen hierbei in einer Bewegung vom „falschen" zum

„richtigeren" Leben, wobei oft genug nur das erstere deutlich zutage tritt, indes das letztere in Ahnungen vorweggenommen wird.

Neurosenlehre kann nach Lorenzer verstanden werden als „Lehre vom beschädigten Leben": die fehlgeschlagene Sozialisation ist Ausdruck dafür, daß Natur (das Biologische am Menschen) und gesellschaftliche Praxis (zunächst vermittelt durch die Mutter, später durch das Insgesamt der ökonomischen und politischen Verhältnisse) im Individuum nicht zur Synthese gelangen konnten. Im Hinblick auf diesen weiteren Horizont individueller Leidenserfahrungen läßt sich Psychoanalyse als Prozeß formulieren, der „die Resultate gesellschaftlicher Widersprüchlichkeit im Individuum" erfaßt (*Sprachspiel und Interaktionsformen,* 1977, S. 190). Die individuellen inkonsistenten Praxisfiguren und der deformierte Sprachgebrauch verweisen auf gesellschaftliche Disharmonien und Unzuträglichkeiten, die bis in die Not der Mutter-Kind-Beziehung und in die Partnerschaften in Liebe und Ehe hineinwirken. Selbst- und Gesellschaftsveränderung können nicht voneinander getrennt werden, die Heilung in der Psychotherapie legt sozusagen politische Aktivität nahe, und das Durcharbeiten der Konflikte entbindet fast notwendigerweise den Impuls, deren Ursachen zu beseitigen.

Beziehung zu Wittgenstein, Lacan und Habermas

In Lorenzers Büchern treten viele Autoren aus der psychologischen, soziologischen und philosophischen Literatur auf, so daß eine Würdigung aller Einflüsse, die in sein Werk eingingen, relativ umfänglich ausfallen müßte. Wir können uns nur mit Andeutungen begnügen.

Freud und Marx scheinen die alles überragenden Leitfiguren dieser kritisch-dialektischen Auffassung der Psychoanalyse zu sein, die in ihren abschließenden Formulierungen eine Einfügung in die historisch-materialistische Gesellschaftstheorie anstrebt. Um diesen Punkt zu erreichen, mußten wissenschaftstheoretische Auseinandersetzungen mit dem Positivismus, der kritischen Theorie, dem Strukturalismus, dem Neo-Marxismus und dem breiten Spektrum des Freudianismus geführt werden. Lorenzers Texte sind ein Kompendium der zeitgenössischen sprachphilosophischen, soziologischen und tiefenpsychologischen Erörterungen, die scharfsinnig referiert und für die Zwecke des Autors ausgewertet werden. Besonders bedeutsam scheint für ihn u. a. das Studium von Ludwig Wittgenstein, Jacques Lacan und Jürgen Habermas geworden zu sein, wobei es eine gewisse Willkür ist, daß wir gerade diese Autoren in den Mittelpunkt stellen. Man könnte Lorenzers Position auch noch zu anderen Denksystemen in Beziehung setzen, die wir – aus didaktischen Gründen – übergehen, da unsere Darstellung nicht ins Uferlose ausarten soll. Es reicht wohl hin, wenn wir skizzenhaft aufzeigen, wie sich unser Autor von anderen Forschern anregen ließ.

In Wittgensteins Philosophie fand Lorenzer den Begriff des „Sprachspiels", das in seinen Überlegungen immer wieder auftaucht. Das Sprachspiel wird gesehen als eine Einheit von Sprachgebrauch, Lebensform und Welterschließung. Wittgenstein lehrte, daß man Sprache nur aus dem System der menschlichen Handlungen und Handlungsanweisungen sinnvoll interpretieren könne. Übereinstimmung in der Sprache beinhalte zumindest teilweise eine Übereinstimmung in der Lebensform: das Sprechen und die Praxis der Menschen können nicht isoliert voneinander gesehen werden.

Dies führte zur Einführung der Idee der „aufgespaltenen Sprachspiele", die neurosenpsychologisch und psychotherapeutisch relevant wurde; von daher wurde auch die Therapie in eindringlicher Weise als „Sprachoperation" definiert, die auf dem Wege des Übertragungs-Gegenübertragungs-Geschehens in die verfälschten oder deformierten Sprachspiele einsteigt, um sie mit den ihnen zugrunde liegenden Interaktionsfiguren in Zusammenhang bringen zu können. Über den Einfluß des österreichisch-englischen Philosophen auf seine Lehre hat sich Lorenzer u. a. in seinem Aufsatz über *Wittgensteins Sprachspiel-Konzept in der Psychoanalyse* (in: *Sprachspiel und Interaktionsformen*, S. 15 f.) detailliert geäußert.

Dem Franzosen Jacques Lacan rühmt Lorenzer nach, daß er als einer der ersten „die faszinierende Problematik von psychoanalytischem Gegenstand und Sprache erfaßt und als Einheit gedacht habe" (l. c. S. 178). Allerdings geschah dies ohne Einbeziehung der Marxschen Gesellschaftstheorie, die das Problem in umfänglicheren Dimensionen verankern kann. Wichtig ist u. a. die Lacansche Formel, daß das Unbewußte des Menschen „ein Teil seiner Kommunikation" ist, nämlich das Kapitel seiner Lebensgeschichte, das durch „leere Stellen" gekennzeichnet oder „durch Lügen ausgefüllt" sei. Das Unbewußte sei „gebaut wie eine Sprache"; es sei derjenige Teil der menschlichen Rede, der keine Antwort im Verlaufe der Lebensgeschichte gefunden habe und sich daher in den verstümmelten Texten der Symptome, der Fehlleistungen, der Körperbefunde usw. zu äußern pflege. In der Therapie müsse die „Wahrheit des Patienten" gesucht und herausgearbeitet werden, damit die „Aushöhlung seiner Subjekthaftigkeit" ihre Korrektur erhalten könne.

Unzulänglich an Lacan findet Lorenzer, daß dieser sich nur mit den fehlerhaften Sprachstrukturen befaßt und die ihnen zugrunde liegenden Interaktionsformen zu übersehen scheint. Auch wird bei ihm das Subjekt nicht in einer die wirtschaftlichen und sozialen Verhältnisse einbeziehenden Geschichtsdialektik eingeordnet, was wohl daher rührt, daß Lacan seinen Strukturalismus an Heidegger und nicht an Marx anlehnt. So wird die Ebene der materiellen Produktion vernachlässigt, was der Lacanschen Theorie einen idealistischen Grundzug verleiht.

Jürgen Habermas hat in seinem Buch *Erkenntnis und Interesse* (1968) ein zentrales Kapitel der Erkenntnistheorie und Logik der psychoanalytischen Forschung gewidmet. Für ihn ist die Psychoanalyse das einzige greifbare Beispiel einer „methodisch Selbstreflexion in Anspruch nehmenden Wissenschaft" (l. c. S. 262). Der Psychoanalytiker untersucht mit seinem Patienten den „verdorbenen Text seiner Lebensgeschichte", der hermeneutisch rekonstruiert werden soll. Dabei ergibt sich nach und nach der Sinnzusammenhang eines Lebens, das sich zunächst mißverstehen muß, weil es wichtige Teile seiner Geschichte exkommunizieren, d. h. aus der sprachlichen Kommunikation ausschließen mußte. Die Psychoanalyse befaßt sich mit den Selbsttäuschungen des Subjekts; in der Neurose dringt die verborgene Wahrheit ans Licht – nur muß sie beim Namen genannt werden, damit sie erkannt werden kann. Verdrängung und Sprachreduktion verweisen auf autoritäre Verhältnisse in den Familien und in der Gesellschaft. In der analytischen Situation wird ein Modell einer repressionsfreien menschlichen Interaktion eingeübt, die mit einem nicht-restringierten Dialog verbunden ist.

Habermas bezeichnet die Neurose als den in der Kindheit unterbrochenen Bildungsprozeß des Subjekts, der die spätere Einsichts- und Reflexionsfähigkeit einschränkt und in eine umfassende Werdenshemmung einmündet. Die sozialisationsbedingte Verstümmelung des Subjekts bewirkt, daß ihm seine inneren Bedürfnisse in Form von veräußerlichten Zwängen gegenübertreten, so daß es sie weder verstehen noch kontrollieren kann. Psychoanalyse ist Selbsterkenntnis und Befreiung von dieser Zwanghaftigkeit, die eine „Kausalität des Schicksals" imitiert. Ihre Metatheorie als „verallgemeinerte Historie" liefert eine Erzählfolie, mit der die Lücken des biographischen Patientenberichts ausgefüllt werden, bis der Patient sein Leben „narrativ erzählen kann". Der bewußt gewordene Lebenslauf erweitert den Freiheitsspielraum der Person; denn – wie George Santayana sagte – wenn wir das Vergangene nicht wissen, sind wir gezwungen, es zu wiederholen.

Lorenzer hat manche Einwände gegen Habermas, an dem er eine

Überbetonung der Reflexion und Reflexionsfähigkeit im analytischen Prozeß bemängelt und dessen Schilderung der Therapiesituation als einen Vorgriff auf eine zukünftige freie Gesellschaft er eher utopisch findet. Gleichwohl hat man trotz mancher Abgrenzungen und Divergenzen den Eindruck, daß der Philosoph (Habermas) und der Psychoanalytiker und Sozialwissenschaftler (Lorenzer) fast zwei Dioskuren sind, die von verschiedenen Seiten einem gemeinsamen Ziel zustreben.

Kritische Betrachtungen

Lorenzers Lebenswerk ist ein weitgespannter Versuch, einen Brückenschlag zwischen Psychoanalyse und historischem Materialismus zu vollziehen. Wieweit dies gelungen ist, kann der Tiefenpsychologe nicht leicht beurteilen, ist doch der Marxismus eine so umfassende und unabgeschlossene Lehre, daß mit dem Stichwort „historischer Materialismus" relativ wenig ausgesagt wird: auch Lorenzer erklärt nicht präzis genug, was er damit meint bzw. welches konkrete Menschen- und Gesellschaftsbild er damit verbindet.

Lorenzer bemüht sich um eine Reform des psychoanalytischen Denkens und Handelns und begibt sich dazu auf das Feld der Erkenntnistheorie und Wissenschaftsphilosophie. Von daher stammt eine eigentümliche Abstraktheit seiner Darlegungen, die fast überall sinnliche Farbigkeit vermissen lassen. Obwohl er selbst auch praktizierender Lehranalytiker ist, gibt er nie eigene Fall-Darstellungen, sondern er verwendet immer Fall-Beispiele anderer Autoren, die er „theoretisch verarbeitet". So fehlen die praktische Anschauung und Anschaulichkeit in diesen Texten, die sich auf der hohen Ebene der Abstraktion halten.

Bedauerlich ist auch die Aussparung jeder ernsthaften Auseinandersetzung mit den divergierenden Schulen der Tiefenpsychologie. Lorenzer knüpft hauptsächlich an Freud und die orthodoxen Freudianer an, wenn er seine Auffassungen explizieren will. Die anderen Lehrmeinungen werden als „Revisionismus" kaum erwähnt (dies scheint eine Gepflogenheit der Frankfurter Schule zu sein, die von Adornos *Minima Moralia* bis zu Russell Jacobys *Soziale Amnesie* Freuds Lehren allzu hoch über die theoretische und praktische Entwicklung der gesamten Tiefenpsychologie erhebt). Bei Adler, Jung, Schultz-Hencke, Horney, Fromm, der Daseinsanalyse usw. wären viele Überlegungen zu finden, die in einer Debatte über den Wissenschaftscharakter der Tiefenpsychologie nicht fehlen dürfen.

Auch möchte man bezweifeln, ob der historische Materialismus für die Tiefenpsychologie den ausschließlichen Rahmen zur Fundierung ihrer Theorie und Praxis abgibt. Hier wird Lorenzer, der sich sonst leidenschaftlich gegen jeden Dogmatismus wehrt, selbst von dogmatischen Neigungen heimgesucht. Warum muß es denn eine *einzige Philosophie* sein (deren politische Konsequenzen in unserer Epoche sich in keiner Weise überblicken lassen), auf die die Psychoanalyse sich festlegen soll? Warum nicht die gesamte Tradition des abendländischen Philosophierens ins Kalkül ziehen, wobei die Gegensätze der verschiedenen Philosophen ins Spiel kämen und jedes Lehrsystem Einseitigkeiten anderer Systeme korrigieren könnte? Man hat z. B. der Daseinsanalyse von M. Boss nicht zu Unrecht vorgehalten, daß sie Heidegger verabsolutiert und aus seiner Gedankenwelt die philosophischen Probleme der Psychologie, der Medizin, der Psychotherapie usw. im wesentlichen klären zu können meint. Ist nun viel damit gewonnen, wenn Marx an die Stelle von Heidegger tritt, selbst wenn es ein Marx ist, der durch die Optik der „kritischen Theorie" gesehen wird?

So kommt es dann zu ideologischen Kopfsprüngen, wenn Lorenzer die Zerrformen der Mutter-Kind-Beziehung ziemlich abstrakt – ohne die Vermittlungsglieder der falschen Erziehungsauffassungen, eines pessimistischen Menschenbildes, der durch die Religion bedingten Triebverdrängungen und der Negation der Leiblichkeit im ganzen, der geistigen Tradition und des Zeitgeistes zu berücksichtigen – auf pervertierte Ökonomie und Politik bezieht. Und ist es nicht eine Verbeugung vor der Arbeitsglorifikation des Marxismus, wenn man Erziehung und Bildung des Kindes irgendwie unter dem Titel der Produktion meint subsumieren zu müssen? Lorenzer ist ein Repräsentant einer universell kritischen Haltung, der in der Diskussion des historischen Materialismus seltsam einseitig anmutet.

Ausgewählte Literatur

Cassirer, E. (1923). Philosophie der symbolischen Formen. Darmstadt: Wissenschaftliche Buchgesellschaft, 7. Aufl. 1977.
Freud, S. (1900). Die Traumdeutung. GW II/III.
– (1910). Über den Gegensinn der Urworte. GW VIII.
– (1917). Vorlesungen zur Einführung in die Psychoanalyse. GW XI.
Habermas, J. (1968). Erkenntnis und Interesse. Frankfurt: Suhrkamp 1975.
Horkheimer, M. (1937). Traditionelle und kritische Theorie. Frankfurt: Fischer, 9. Aufl. 1981.

Lorenzer, A. (1970). Kritik des psychoanalytischen Symbolbegriffs. Frankfurt: Suhrkamp.

– (1970). Sprachzerstörung und Rekonstruktion. Vorarbeiten zu einer Metatheorie der Psychoanalyse. Frankfurt: Suhrkamp.

– (1972). Zur Begründung einer materialistischen Sozialisationstheorie. Frankfurt: Suhrkamp.

– (1973). Über den Gegenstand der Psychoanalyse oder: Sprache und Interaktion. Frankfurt: Suhrkamp.

– (1974). Die Wahrheit der psychoanalytischen Erkenntnis. Ein historisch-materialistischer Entwurf. Frankfurt: Suhrkamp.

– (1977). Sprachspiel und Interaktionsformen. Vorträge und Aufsätze zur Psychoanalyse, Sprache und Praxis. Frankfurt: Suhrkamp.

– (1984). Intimität und soziales Leid. Archäologie der Psychoanalyse. Frankfurt: Fischer.

TEIL VII

PHÄNOMENOLOGEN, DASEINSANALYTIKER, EXISTENTIALPSYCHOLOGEN

Ludwig Binswanger

Einleitung

Ludwig Binswanger wurde am 13. April 1881 in Kreuzlingen (Schweiz) geboren. Sein Vater war der Psychiater Robert Binswanger, der sich als Sanatoriumsleiter einen Namen gemacht hatte; sein Onkel Otto Binswanger war Ordinarius für Neurologie und Psychiatrie an der Universität Jena.

Binswanger studierte Medizin in Lausanne, Heidelberg und Zürich; 1907 schloß er seine Studien mit einer psychiatrischen Dissertation ab, deren Doktorvater C. G. Jung – damals Oberarzt und Privatdozent für Psychiatrie an der Zürcher Universitätsklinik Burghölzli – war. Durch Jung wurde Binswanger auf Freud und die Psychoanalyse aufmerksam, welchen er sich mit Feuereifer anschloß. Er beendete seine Ausbildung bei seinem Onkel in Jena und trat anschließend als Mitarbeiter in das Sanatorium Bellevue in Kreuzlingen ein, das unter der Leitung seines Vaters stand. Ab 1911 war er medizinischer Direktor dieser Institution, der er in der Folge bis zum Jahre 1956 vorstand.

Seine große Inanspruchnahme als Psychiater und Psychotherapeut hinderte Binswanger keineswegs daran, ein umfängliches wissenschaftliches und literarisches Lebenswerk aufzubauen. Er publizierte im Laufe der Jahre etwa ein Dutzend Bücher, die in der Fachwelt starke Beachtung fanden. Im Anschluß an Heidegger und Freud wurde er zum Gründer der „daseinsanalytischen Schule der Medizin und Psychiatrie", die heute neben Psychoanalyse, Individualpsychologie, Analytischer und Komplexer Psychologie etc. als eine der wichtigsten tiefenpsychologischen Lehrmeinungen gilt. Forscher wie M. Boss, R. Kuhn, H. Kunz u. a. haben sich teilweise an Binswanger angelehnt und seine Intentionen und Bestrebungen weiter ausgebaut. Parallele Strömungen zur Daseinsanalyse entwickelten sich im schweizerischen Raum u. a. auch in der Literaturwissenschaft (die „Werkanalyse" Emil Staigers) und in der philosophischen Anthropologie (Wilhelm Keller).

Wiewohl die Fachpsychiatrie die Binswangerschen Darlegungen mit großer Skepsis aufnahm, kam es bald zur Anerkennung von vielen Seiten. So wurden Binswangers philosophische, literarische und allgemein-psychologische Leistungen durch die Verleihung des Dr. phil.

honoris causa schon um 1940 gewürdigt; später wurde er Mitglied der Spanischen Nationalakademie für Medizin, Ehrenmitglied der Schweizerischen Gesellschaft für Psychiatrie, Ehrenmitglied der Deutschen Gesellschaft für Neurologie und Psychiatrie, des weiteren Mitglied von österreichischen und französischen Berufsvereinigungen ähnlicher Art. 1956 erhielt er die Internationale Kraepelin-Medaille in München.

Da Binswanger eine ähnliche schwierige Schreibweise wie Heidegger und Husserl hat, waren seine Werke nur sehr schwer in Fremdsprachen zu übersetzen. Aber nach dem Zweiten Weltkrieg drangen sie auch in den angelsächsischen Sprachbereich vor, wovon u. a. der schöne Sammelband *Existence* (hrsg. v. Rollo May u. a., 1958) Zeugnis ablegt. Vor allem May und Ellenberger haben viel dazu beigetragen, Binswanger auch in der Neuen Welt bekannt zu machen, wobei allerdings die Werke von Medard Boss – der im weiteren Sinne des Wortes ein Schüler von Binswanger genannt werden kann – in den USA den stärkeren Anklang finden.

Binswanger starb 85jährig am 5. Februar 1966 in Kreuzlingen (Kt. Thurgau), wo er fast fünfzig Jahre lang Chefarzt der oben erwähnten Nervenheilstätte gewesen war.

Freundschaft mit Sigmund Freud

Eine der wichtigsten menschlichen Beziehungen im Forscherleben Binswangers war unzweifelhaft die Freundschaft mit Freud, die von 1907 bis 1938 währte: Binswanger hat ihr in seinem Büchlein *Erinnerungen an Sigmund Freud* (1956) ein Denkmal gesetzt.

Im Februar 1907 kam er, zusammen mit Jung, erstmals nach Wien, um Freud zu besuchen. Er war damals 26 Jahre alt und hatte eben seine medizinischen Studien abgeschlossen. Freud wurde für ihn sofort zum geistigen Richtpunkt seiner Persönlichkeit. Dies änderte sich auch nicht, als der ebenfalls von ihm verehrte Jung sich um 1913 von Freud abwandte – Binswanger blieb im Streit zwischen der „Wiener" und der „Zürcher Schule" der Freudschen Doktrin treu, wenngleich er seine Unabhängigkeit gegenüber dem „Meister" zu wahren wußte.

Der freundschaftliche Kontakt mit Freud beschränkte sich weitgehend auf den Austausch von Briefen; 1910 und 1913 kam es zu weiteren Besuchen Binswangers in Wien, indes Freud 1912 einen Gegenbesuch in Kreuzlingen machte, offenbar auch, um seinen „Anhänger" zu schützen, der in den Querelen mit der Jung-Gruppe standhaft bleiben sollte.

Binswanger wurde jedoch kein „Vollblut-Psychoanalytiker", da er sich hauptsächlich als Psychiater verstand. Immerhin sagt er:

> Wie der Leser sehen wird, durchzieht das Ringen mit der Psychoanalyse als Wissenschaft und als „Zweig der Psychiatrie" mein ganzes Leben. Ich kann ruhig sagen, daß meine ganze wissenschaftliche Entwicklung sich in positiver wie in negativer Hinsicht am Leitfaden philosophischer und wissenschaftlicher Auseinandersetzung mit der Psychoanalyse als Wissenschaft abgespielt hat. (L. c. S. 33 f.)

Binswanger dokumentiert an zahlreichen an ihn gerichteten Freud-Briefen, wie sehr ihm der Schöpfer der Psychoanalyse gewogen war. Sie tauschten ihre Meinungen über Jung, Adler, Stekel, Eugen Bleuler u. a. aus; sie diskutierten psychiatrische und psychoanalytische Fragen; schließlich berichteten sie einander über persönliche und familiäre Bedrängnisse, wobei von beiden Seiten Grundtöne der Herzlichkeit zu verspüren sind.

Weniger leicht fiel es Freud, auf Binswangers philosophische Interessen und Studien einzugehen. Diese kreisten um die gesamte philosophische Tradition, besonders aber um die neueren Entwicklungen seit Immanuel Kant, die Binswanger im Lichte der Phänomenologie von Edmund Husserl zu rezipieren versuchte. Freud als Nicht- und Anti-Philosoph hatte für philosophische Spekulationen meistens nur entschiedene Ironie übrig. Wie so viele Naturwissenschaftler des 19. Jahrhunderts hielt Freud die Philosophie für ein überflüssiges „Spintisieren", das der exakten Forschung kaum je nützlich werden könne.

Zu Freuds achtzigstem Geburtstag (1936) reiste Binswanger nach Wien und hielt dort die Festansprache unter dem Titel *Freuds Auffassung vom Menschen im Lichte der Anthropologie*. Eine zweite Festansprache hielt Thomas Mann unter dem Titel *Freud und die Zukunft*.

Wiewohl Freud bereits sehr krank war, ließ er es sich nicht nehmen, den „alten Freund" Binswanger bei sich zu empfangen. Die von Binswanger in seinem Vortrag geäußerte Kritik an den „Grenzen der Psychoanalyse" ließ er aber nicht gelten, da für ihn auch die Sphären von Religion, Kunst und Geistigkeit überhaupt durchaus zur „Triebnatur des Menschen" gehörten. Daher schrieb er in einem Brief vom 8. Oktober 1936 an den Schweizer Gefolgsmann und Kritiker:

> *Natürlich glaube ich Ihnen doch nicht.* Ich habe mich immer nur im Parterre und Souterrain des Gebäudes aufgehalten. – Sie behaupten, wenn man den Gesichtspunkt wechselt, sieht man auch ein oberes Stockwerk, in dem so distinguierte Gäste wie Religion, Kunst u. a. hausen. Sie sind nicht der Einzige

darin, die meisten Kulturexemplare des homo natura denken so. Sie sind darin konservativ, ich revolutionär. Hätte ich noch ein Arbeitsleben vor mir, so getraute ich mich auch jenen Hochgeborenen eine Wohnstatt in meinem niedrigen Häuschen anzuweisen. Für die Religion habe ich es schon gefunden, seitdem ich auf die Kategorie „Menschheitsneurose" gestoßen bin. Aber wahrscheinlich reden wir doch aneinander vorbei und unser Zwist wird erst nach Jahrhunderten zum Ausgleich kommen. (L. c. S. 115)

Als 1938 die Nationalsozialisten Österreich annektierten und sich Freud und seine Familie in unmittelbarer Gefahr befanden, beeilte sich Binswanger, seinen großen Lehrmeister in die Schweiz einzuladen und ihm dort ein Asyl anzubieten. Freud war aber schon auf dem Wege nach London, wo er seine letzte Zuflucht fand. Noch wurden hinüber und herüber einige wenige Nachrichten ausgetauscht, bis Freud 1939 seinem Krebsleiden erlag.

Binswangers Erinnerungs-Büchlein berührt sympathisch durch seine darin zum Ausdruck kommende echte Zuneigung zu Freud, die nirgendwo in „Heldenverehrung" ausartet. Man erkennt aber, daß die Begegnung mit Freud die große und umwälzende Erfahrung seines Lebens war; daher widmete er sein erstes wissenschaftliches Hauptwerk (*Einführung in die Probleme der allgemeinen Psychologie*, 1922) sowohl Freud als auch Eugen Bleuler – im letzteren sah er seinen bedeutenden Lehrer in der klinischen Psychiatrie, die für ihn als Anstaltsleiter ähnlich wichtig war wie die Psychoanalyse, der er den tiefen Einblick in die innere Dynamik des Menschenlebens zu verdanken hatte.

Von der Psychoanalyse über die allgemeine Psychologie zur Daseinsanalytik

Binswanger war ein tiefer und genauer Denker, weshalb es ihm nicht entgehen konnte, daß die philosophisch-psychologische Basis der Psychoanalyse eigentümlich schmal konzipiert war. Freud hatte sich mit dem Elan des genialen Entdeckers seine „Psychologie" selbst zurechtgezimmert; er holte sich die Grundbegriffe seiner Psychoanalyse aus der psychologischen Fachliteratur der Epoche (um 1900), ohne im Detail zu überprüfen, welche „Vorannahmen" und „Vorurteile" in diesen Begriffen steckten.

So wissen wir heute, daß sich Freud mit einem gewissermaßen blinden Vertrauen vielen materialistischen Dogmen und Denkweisen verschrieb, die dem Forschungsgegenstand „Seelenleben" keineswegs adäquat sind.

Er schuf seine konsequent-naturwissenschaftliche Psychologie, die von der Idee eines „seelischen Apparates" ausgeht, eine seelisch-sexuelle Energie im Sinne einer nahezu quantifizierbaren Kraft postuliert (Libido) und in der Sexualität das A und O des Psychischen zu begreifen glaubt. Diese Pseudo-Naturwissenschaft, die in der „Metapsychologie" eine Verallgemeinerung erfuhr, zerlegt die menschliche Persönlichkeit in mehrere Teile und Teilstrukturen (Ich, Es und Über-Ich), die als relativ unabhängig voneinander gelten; auch spekuliert sie über ökonomische, dynamische und topische Veränderungen in der Seelen-Apparatur, die angeblich dem Kausalprinzip unterworfen sein soll, „wie die übrigen Naturtatsachen". Dies führt zu manchen theoretischen und praktischen Komplikationen der Psychoanalyse, die trotz ihrer Lebensnähe durch solche Konstruktionen eigentümlich realitätsfremd wurde.

Binswangers großer Gelehrsamkeit und Scharfsichtigkeit konnten diese Oberflächlichkeiten nicht entgehen; er sah, daß Freud die menschliche Seele teilweise wie ein „Naturding" und teilweise wie ein „Subjekt" beschrieb. Woran sollte man sich da halten? Wenn der Mensch wesensmäßig Person, Persönlichkeit und Ich ist, dann darf man ihn nicht als Triebwesen und Libido-Maschinerie analysieren: man muß ihn als strebendes, handelndes und ganzheitliches Dasein untersuchen. Um die Idee der „menschlichen Personalität" mit der Psychoanalyse zu konfrontieren, verfaßte Binswanger sein umfangreiches Buch *Einführung in die Probleme der allgemeinen Psychologie*, das auf 380 Druckseiten die psychologischen Theorien der gesamten Fachliteratur durcharbeitet.

Die Frage Binswangers ist, ob eine naturwissenschaftliche Darstellung des Psychischen möglich, wünschbar und praktisch nützlich sein kann. Er geht weit in die Tradition zurück – bis auf Immanuel Kant – und legt dar, daß das „Freie und Schöpferische im Seelenleben" seit jeher offen oder insgeheim von den Forschern anerkannt worden ist. Die Assoziations- und Vermögenspsychologie des 19. Jahrhunderts versuchte zwar eine quasi-mechanische Konstruktion der Menschenseele; aber ernstzunehmende Denker wie Bergson, Dilthey, Natorp u. a. zeigten mit unwiderlegbarer Klarheit, daß jegliche Seelenmechanik zum Scheitern verurteilt ist. Meistens werden die seelischen Kräfte und Potenzen, die von den Naturwissenschaftlern des Seelenlebens eingeführt werden, auf Umwegen *personifiziert*, d. h., man legt ihnen die Eigenschaften eines Ichs oder einer Person zu, wodurch dann die Psyche zum Tummelplatz vieler Teil-Psychen wird. Diesem „Konstruktivismus" ist nur zu begegnen, wenn man in jeder Lebensäußerung die Person in ihrer Ganzheit sieht und begreift.

Im Anschluß an Bergson, Dilthey, Scheler u. a. wendet sich Binswanger auch gegen das Bestreben, Seelisches kausal *erklären* zu wollen, d. h. es in das Ursache-Wirkungs-Schema einzuspannen, das sich in Physik, Chemie, Biologie etc. so hervorragend bewährt hat. Ist die Persönlichkeit des Menschen – im Rahmen ihrer vielfältigen Bedingungen – frei und schöpferisch, dann muß sie mit dem Hilfsmittel des *Verstehens* angegangen werden, welches seit Dilthey allemal für das *Nachvollziehen von Sinngebilden* reserviert bleibt. Freud war nach Binswanger – ohne es zu wissen und zu wollen – ein Meister in der Kunst des hermeneutischen Verstehens; er verwendete entgegen seiner naturwissenschaftlichen Überzeugung andauernd die geisteswissenschaftliche Methode, die durch Droysen, Boeckh, Dilthey so reichhaltig bestimmt worden ist. Schon Schleiermacher beschrieb sehr eindrücklich das Verfahren des hermeneutischen Zirkels, d. h. jener Verstehensbemühung, die vom Teil zum Ganzen und vom Ganzen zu seinen Teilen kreist; des weiteren liegt in dieser Zirkelerkenntnis, daß der Verstehende sein Objekt im wachsenden Maße *klärt*, hierbei aber immer auch einen Prozeß der Selbstklärung vollzieht. Was die Hermeneutiker seit Jahrhunderten in vielen Bereichen der Humanwissenschaften sorgfältig beschrieben haben, spielt sich praktisch auch in der psychoanalytischen Behandlung ab, die daher eher eine *hermeneutische Operation* als ein naturwissenschaftliches Erklären aus konstruktiven Denkmodellen ist.

Binswangers *Allgemeine Psychologie* kulminiert daher in einem Kapitel über *Das fremde Ich und die wissenschaftliche Darstellung der Person* (l. c. S. 223 f.). Darin werden Dilthey und Scheler als hauptsächliche Repräsentanten einer modernen Verstehenstheorie in Betracht gezogen. Allerdings umfaßt das Verstehen sehr viele Bereiche, in denen es jeweils andere Formen und Verfahrensweisen beanspruchen muß. So ist etwa das Verstehen eines Menschen nicht gleichzusetzen mit dem Verstehen von menschlichen Schöpfungen wie z. B. Kunstwerken, philosophischen und literarischen Texten usw. Ein geübter Menschenkenner vermag etwa aus seiner Lebenspraxis heraus andere Menschen schnell und richtig zu durchschauen; dies bedeutet aber keineswegs, daß er auch ein gutes Gespür für das Interpretieren von Kulturwerten und -leistungen haben muß. Für den Psychotherapeuten jedoch wird es sehr zweckmäßig sein, wenn er sich in der Kunst des Verstehens realer Menschen und idealer Geistesprodukte übt; denn der therapeutische Umgang mit seelisch kranken Persönlichkeiten erfordert Einblick in alle Sphären des menschlichen Daseins, die von Situation zu Situation ihre wechselnde Thematisierung erfahren.

Binswanger ist im genannten Text der Meinung, daß die Psychologie und die Psychoanalyse nicht ohne den Begriff der Person auskommen können, d. h. der Annahme der Einheit und Ganzheit des Menschen, die sich in allen seinen partiellen Lebensäußerungen dokumentiert. Die Person ist aber nicht als ein *isoliertes Ich* zu denken; sie lebt vornehmlich in ihren *Ich-Du-Beziehungen*, sodann aber auch in ihrer Teilhabe an den überpersönlichen *Wesenheiten der Kultur*, also z. B. Geschichte, Kunst, Erziehung, Ethos, Gesellschaft u. a. m. Daher muß die psychologische Forschung in einer universellen Kultur- und Geisteswissenschaft verankert werden; andererseits bedürfen die Kultur- und Geisteswissenschaften einer psychologischen Fundierung. Mit diesem Programm, das er selbst nicht einzulösen vermochte, schließt Binswanger seine *Allgemeine Psychologie*, die auch als Torso ein bewundernswertes Werk ist, dessen Gedankenreichtum teilweise überwältigend wirkt.

Husserl, Heidegger und Binswanger

Binswanger begann seine Forschungen bei Bleuler und Freud, geriet aber bald in den Einflußbereich von Husserl und Heidegger, die für sein eigentliches Lebenswerk von höchster Bedeutung sind. Es ist für das Verständnis der Daseinsanalyse unentbehrlich, einen Blick in die Gedankenwelt dieser beiden Denker zu werfen.

Edmund Husserl (1859–1938) gilt als einer der größten Philosophen des 20. Jahrhunderts. Er war ursprünglich ein Schüler von Franz Brentano, der an der Universität Wien Psychologie und Philosophie lehrte. In seinem bedeutenden Werk *Psychologie vom empirischen Standpunkt* (1874) lehrte Brentano u. a., daß Bewußtseinsvorgänge vor allem durch das Merkmal der „Intentionalität" gekennzeichnet seien: Bewußtsein ist immer „Bewußtsein von etwas", d. h., es ist „gerichtet" auf seinen Gegenstand. Damit war ein Unterscheidungsmerkmal zwischen Physischem und Psychischem gegeben, das in der Epoche des Materialismus und Positivismus – die beide die Seele der materiellen Dingwirklichkeit angleichen wollten – von wesentlicher Tragweite war.

Husserl, später auch von Wilhelm Dilthey stark beeinflußt, eröffnete in seinen *Logischen Untersuchungen* (1900) den entschiedenen Kampf gegen den sogenannten „Psychologismus", d. h. jene materialistisch-positivistische Lehre, die geistige Gegenstandsbereiche (z. B. die Logik) auf psychische Ursprünge und psychologische Gesetzmäßigkeiten zurückführen wollte. Die Sphären der Vernunfttätigkeit sind relativ unabhängig von den seelischen Gegebenheiten, mit denen sie natürlich im Zusammenhang stehen; es bedarf aber besonderer intuitiver Analysen, um eine „Psychologie der leistenden Vernunft" zu schaffen.

Diese neue philosophische Methode nannte Husserl „Phänomenologie": sie wurde zur wichtigsten philosophischen Schulrichtung im ersten Drittel des 20. Jahrhunderts. Der Kampfruf dieser Schule lautete: *Zu den Sachen!* Damit wollte Husserl eine neue Ära der Forschung in der Philosophie einleiten. Man sollte nicht mehr „wild" im Sinne einer „Einheitsmetaphysik" (z. B. des Materialismus) drauflokonstruieren, sozusagen die Phänomene in das Prokrustesbett einer vorgefaßten Theoriekonzeption hineinzwängen. Was not täte, wäre der Einblick in die verschiedenartigen Seinsstrukturen der Gesamtwirklichkeit, die jeweils verschiedene Formen der Aufweisung und Erkenntnisbemühung erfordern. So ist die materielle Dingwelt eine spezielle „ontologische Region", die man gemäß den Regeln und Verfahrensweisen der Naturwissenschaft bearbeiten kann; Bewußtsein aber und die Produkte menschlicher Geistestätigkeit (z. B. Kunst, Wissenschaft, Philosophie, Religion, gesellschaftliche Lebensformen usw.) sind andere Zonen der Wirklichkeit, die man „exakt-wissenschaftlich" weder beschreiben noch erklären kann.

Mit besonderer Intensität wandte sich Husserl der Bewußtseinsanalyse zu, so daß viele seiner Texte wie eine Art von „Erkenntnistheorie" anmuten. Die *intentionalen Akte des Bewußtseinslebens* sind aber nur eine Vorstufe zu ontologischen Zielsetzungen: Husserl hatte auch eine „Seinslehre" im Sinn, wenn er mit mikroskopischer Genauigkeit die subtilsten Details der menschlichen Geisteswelt erforschte. Trotz der genauesten Kenntnis der gesamten philosophischen Tradition des Abendlandes war Husserl bestrebt, ein „radikal neu anfangender Denker" zu sein: er und seine Schüler wollten die Philosophie als strenge Vernunftwissenschaft aufbauen, d. h. mit grandiosem Impetus die uralten philosophischen Probleme aufs neue stellen und beantworten.

Es ist hier nicht der Ort, Husserls Phänomenologie zu erläutern, die in der Philosophie selbst und in allen Geisteswissenschaften bedeutende Umwälzungen eingeleitet und ermöglicht hat: die Psychologie, die Literatur- und Kunstwissenschaft, die Geschichtsschreibung, die Soziologie, die Ethik, die Rechtswissenschaft und viele andere Disziplinen verdanken Husserl und seinen Schülern tiefgreifende Grundlagendiskussionen, die allemal die Forschungsmethoden veränderten und verfeinerten. Vor allem die Besinnung auf das *Wesen des Menschen* ist der phänomenologischen „Analysenkunst" sehr verpflichtet; Husserls Lebenswerk drang in viele Versuche der philosophischen Anthropologie ein, die ihrerseits wiederum die Spezialwissenschaften befruchteten.

Noch stärker beeinflußte Binswanger das philosophisch-anthropologische Denken des Husserl-Schülers Martin Heidegger (1889–1976), dessen Hauptwerk *Sein und Zeit* (1927) das Fundament zur modernen Existenzphilosophie legte. Heidegger wandte die phänomenologische Methode auf die Analyse des menschlichen Daseins an, welche für ihn „Fundamentalontologie" wurde: das Aufweisen der Seinsstrukturen der menschlichen Existenz gilt ihm als unabweisliche Vorarbeit für jede Seinslehre überhaupt, da der Mensch das Wesen ist, welches die Seinsfrage stellt und auch stellen muß. In eigenwilliger Sprache beschreibt Heidegger alle Kategorien des Menschseins, die er „Existenzialien" nennt; so weist er als Strukturen der Existenz auf: das In-der-Welt-Sein, das Man-selbst-Sein, das eigentliche Ich-selbst-Sein, die Angst, die Sorge, das Verstehen, die Befindlichkeit, das Sein zum Tode u. a. m.

Binswanger feierte in Heidegger den großen Reformator der Philosophie und Humanwissenschaften, der ihm auch fast wie ein Kopernikus der Psychiatrie, der Psychoanalyse und der Psychotherapie erschien.

Der Mensch und die Liebe

Als Frucht seiner intensiven Beschäftigung mit Heidegger, Husserl und der gesamten philosophisch-literarischen Tradition des Abendlandes legte Binswanger im Jahre 1942 sein zweites Hauptwerk – *Grundformen und Erkenntnis des menschlichen Daseins* – vor. Auf ca. 700 Druckseiten entwickelt er seine daseinsanalytischen Konzeptionen, die die Gedankengänge von *Sein und Zeit* abwandeln, aber sichtlich stets im Einflußbereich von Heideggers Ideenwelt verbleiben.

Heidegger schilderte das Dasein als einsames, sich ängstigendes Sich-Entwerfen auf das ureigenste Schuldigsein, als Vorlaufen zum Tode als der äußersten Möglichkeit des Lebens und als radikales Entschlossensein, das bezüglich seiner selbst in der Sorge lebt und dem Mitmenschen lediglich die Beziehungsform der Fürsorge anzubieten hat. Binswanger war zutiefst beeindruckt von der „Felsenmelodie" dieses heroischen Philosophierens, vermißte aber in Heideggers Existenzanalyse die *Daseinsgestalt der Liebe*, die für ihn zum Angelpunkt seiner philosophischen Anthropologie werden sollte. So sagt er im Vorwort seines Buches, daß dieses auch den Titel „Die anthropologischen Grundlagen der psychologischen Erkenntnis" hätte tragen können; es geht ihm offenbar darum, die Liebe als zentrale Erkenntnisfunktion in den Humanwissenschaften und im Leben überhaupt darzustellen, wobei er der Meinung ist, daß das Verstehen des Mit- und Nebenmenschen und die Selbsterkenntnis nur auf dem Fundament des Liebenkönnens gedeihen. Der Psychologe und Psychotherapeut muß in sich die „Kunst des Liebens" entfalten, ansonsten wird ihm sein Beruf ein „Buch mit sieben Siegeln" bleiben.

Soviel auch die Menschen von der Liebe reden, ist sie doch philosophisch und wissenschaftlich eines der ungeklärtesten Probleme der menschlichen Existenz. Binswanger untersucht das Liebesphänomen in Abhebung von Heideggers fundamental-ontologischen Analysen – sein Werk ist gewissermaßen die Ergänzung des Heideggerschen Textes in Richtung auf eine Daseinsanalytik des „liebenden Miteinanderseins". So haben Liebende z. B. nicht die *Räumlichkeit der Dingwelt*, wo sich etwa „hart im Raume die Dinge stoßen" und ein Ding dem anderen seinen Platz streitig macht: wo A ist, kann nicht B sein, und umgekehrt. Ähnlich ist auch das Verhältnis der Menschen zueinander innerhalb der alltäglichen Praxis; jeder will jeden von seiner Örtlichkeit wegdrängen, um sich an seinen Platz (Rang, Besitz, Status usw.) zu setzen. Bei wahrhaft Liebenden jedoch fällt dieses Konkurrenzverhalten weg. Sie sind froh, am *gemeinsamen Ort* zu sein, der für sie stets auch eine *Heimat* ist. Auch die Zeitlichkeit der Liebe ist nicht diejenige von Heideggers „Dasein", das angesichts des zukünftigen Todes tapfer von Augenblick zu Augenblick schreitet und in der Gegenwart jeweils handelnd Vergangenheit und Zukunft gewaltsam zusammenbündelt. Wer liebt, *empfindet im Augenblick die Ewigkeit*, d. h., er ist zwar in der Zeit, aber auch „über die Zeit hinaus".

Dasselbe gilt für das In-der-Welt-Sein, welches bei Heidegger die grundlegende Kategorie des menschlichen Daseins (ein „Existenzial") ist. Der Mensch außerhalb der Liebe ist von der Welt umfangen, von ihr bedrängt und sozusagen ganz eingenommen. Nicht so der Liebende: Er ist mit seinem Liebespartner sowohl „in der Welt" als auch „über die Welt hinaus", so daß er sich in einer eigentümlich schwebenden Position befindet, die Freiheit, Selbstgestaltung und Schöpfertum ermöglicht.

Für Binswanger wird die Liebe zum untersten oder obersten Existenzial, aus dem sich alle anderen Existenzweisen herleiten lassen: je nach Anwesenheit oder Abwesenheit des Liebenkönnens strukturiert sich die Welterfahrung des Menschen; die *Welt der Liebe* und die *Welt der Lieblosigkeit* sind die beiden Pole, zwischen denen unser Dasein zu pendeln pflegt, und je mehr es sich dem Pol des Liebesmangels annähert, um so stärker treten pathologische und ängstlich-destruktive Lebensvollzüge in den Vordergrund. Alle Lebensgeheimnisse enthalten die Thematik von Ich und Du, die naturgemäß auch in die Thematik von Ich und Wir eingefügt ist. So ist *Sprache* ein Teilstück des liebenden Miteinanderseins, und Spracharmut ein Zeichen dafür, daß ein Mensch nicht in die Dimension der Liebe hineingewachsen ist. Nur wenn der Mensch in seiner Kindheit lieben lernt, wird er zum Menschen; alle Zerrformen des menschlichen Existierens müssen auf dem Hintergrund in sich verkapselter Persönlichkeiten gesehen werden, die unter dem Druck von Angst in sich selbst eingeschlossen blieben und daher nicht ins Offene der Wir-Welt hineinzugelangen vermochten.

Diese Thesen belegt Binswanger mit einer Literaturkenntnis, die weithin überwältigend wirkt. Er kann u.a. zeigen, daß Hegel in seinen Jugendschriften bereits ähnlich gedacht hat; er verfolgt auch die geistesgeschichtliche Linie der Jung-Hegelianer, die aus der Hegelschen Apotheose der Liebe sehr reale Konsequenzen zu ziehen versuchten, indem sie die Möglichkeit menschlicher Liebesverhältnisse in einer Welt der Herrschaft und Unterdrückung sehr in Frage stellten. Noch wichtigere Dokumentationen für eine *Phänomenologie der Liebe* jedoch findet Binswanger bei den großen Liebesdichtern (Goethe, Rilke, Shakespeare, Robert und Elizabeth Browning u.a.), die die Wesensverfassung des liebenden In-der-Welt-Seins oft mit unübertrefflicher Sprachgewalt zu formulieren wußten.

All dies muß nach Binswanger zu einer grundstürzenden Revolution innerhalb jeglicher „Daseinserkenntnis" werden. Wir huldigen immer noch dem objektivistischen Erkenntnisideal der Naturwissenschaften und meinen, daß Selbsterkenntnis und Erkenntnis des Fremd-Ichs in ähnlicher Weise gewonnen werden können wie in der Naturforschung, wo sich ein erkennendes Subjekt einer *Welt von Objekten* gegenüberbefindet. Ein äußerstes Beispiel einer solchen sich selbst mißverstehenden „Naturforschung der Psyche" ist die Psychoanalyse, die aber – durch ihren gewaltigen Erkenntniselan getrieben – schon wiederum über diese naturwissenschaftliche Einseitigkeit hinauswuchs und nolens volens in den Bereich des *liebenden Verstehens* (Probleme der Übertragung und Gegenübertragung, hermeneutische Interpretation von Fakten innerhalb einer Gesamtschau des Lebens der Patienten usw.) hineinwuchs. Von Mensch zu Mensch bedeutet *lieben* und *erkennen* etwas Identisches; man kann den Mitmenschen nur begreifen, sofern man seine eigene Liebesfähigkeit steigert, und man versteht sich selbst besser, wenn man in Daseinsverhältnissen der Liebe lebt und agiert. Dies hat Goethe wie kaum ein anderer in tausendfältigen Äußerungen zum Ausdruck gebracht, wobei er sogar so weit ging, daß er alle übrigen Wissenschaftsbestrebungen nur durch den „liebenden Blick" gewährleistet sah. In neuerer Zeit haben Max Scheler, Henri Bergson und teilweise auch Husserl den Zusammenhang von Liebe und Erkenntnis zumindest gestreift, wenn nicht gar explizit ausgesprochen; innerhalb der Phänomenologie wurde die „liebende Intuition" oft genug als Erkenntnisorgan gepriesen.

Da Binswanger sich darüber im klaren ist, daß das Verstehen unter Menschen nicht nur ein Ich-Du-Verhältnis allein ist, sondern stets im Medium einer Kulturwelt (Gesellschaft, Sprache, „objektiver Geist" im Sinne von Hegel usw.) stattfindet, sucht er nach einer philosophischen Verankerung seines Verstehensbegriffes, der die Hermeneutik unter weitestem Horizont in sich fassen soll. So gelangt er gegen Ende seines Werkes zu Wilhelm Dilthey, der schon in Heideggers *Sein und Zeit* Ausgangs- und Endpunkt der „Analytik des Daseins" ist. Tatsächlich enthält Diltheys Philosophie noch ungehobene Schätze einer universalen Anthropologie, die den Menschen als Natur- und Kulturwesen sinnvoll interpretieren kann. In sehr weit ausholenden Darstellungen referiert Binswanger die Diltheysche Lebensphilosophie und „Kritik der historischen Vernunft", um letztlich wieder zu seinem Refrain zurückzukehren, daß man die Fragen nach dem Wesen des Menschen zwar *wissenschaftlich* stellen, sie aber *liebend* beantworten muß. Wie eine solche anthropologische Liebeswissenschaft im Detail auszusehen hat, wird nicht sehr deutlich – wie denn überhaupt dieses Buch Binswangers sehr viele dunkle und undurchsichtige Stellen enthält, da der Autor an zahlreichen Punkten bis an die Grenzen des Sagbaren vorstößt und vielleicht mitunter den Fehler begeht, daß er von den Dingen nicht schweigt, über die man nicht sprechen kann.

Denkt man an jene Leser, die nicht mit dem Heideggerschen Jargon und der Husserlschen Sprachsubtilität vertraut sind, so kann man sich deren Verwirrung ausmalen, wenn sie *Grundformen und Erkenntnis des menschlichen Daseins* zur Hand nehmen. Das Buch ist ein großer Wurf, aber es ist ein sehr schwer lesbarer Text, der die Großartigkeit der Liebe in der abstrakten Melodie der Gelehrsamkeit verkündet.

Phänomenologie des Wahns

Der Nutzanwendung von Phänomenologie und Existenzphilosophie auf das eigentliche Anliegen der Psychiatrie dienten eine Reihe von Abhandlungen und Büchern, die Binswanger seit dem Anfang der dreißiger Jahre verfaßte. Bekannt geworden ist z. B. seine Untersuchung der ideenflüchtig-manischen Phase des manisch-depressiven Irreseins (*Über Ideenflucht,* 1933); sodann publizierte er mehrere Schizophrenie-Studien, die 1957 im Sammelband *Schizophrenie* zusammengefaßt wurden. 1960 folgte das Buch *Melancholie und Manie* und 1965 der Text *Wahn – Beiträge zu seiner phänomenologischen und daseinsanalytischen Erforschung.*

Die Binswangerschen Falldarstellungen bedeuteten eine eigentümliche Innovation innerhalb der psychiatrischen Fachliteratur. Solche Krankengeschichten umfassen oft hundert und mehr Druckseiten. Sie gehen von dem neutralen Bericht über Lebensgeschichte, Krankheitsverlauf und Lebensäußerungen des Patienten aus, die dann ungewöhnlich minuziös „phänomenologisch und existenzialistisch" interpretiert werden. Die Sprache, die Binswanger hierbei gebraucht, ist fast durchwegs die Kunstsprache der Daseinsanalytik, die für den Nicht-Eingeweihten einer Mauer gleicht, an der er sich seinen Kopf wundstößt. Aber gerade diese Gedankenakrobatik zieht einen gewissen Persönlichkeitstyp an, der sprachliche Esoterik bewundert, da sie ihm ein Elitegefühl vermittelt: Man gehört einer kleinen Clique von Kennern an, die die Geheimnisse des Daseins zu verstehen glaubt. Dies ist allerdings ein Urübel deutscher philosophischer Spekulation, von der ein geistreicher Franzose gesagt hat, daß sie offenkundig von einsamen Männern ausgeheckt wurde, die nicht an ihre Frauen als *Gesprächspartner* dachten, wenn sie Philosophie betrieben: sie hätten sich sonst verständlicher ausgedrückt. Auch „Frau Binswanger" scheint nicht anwesend gewesen zu sein, als ihr Gatte über die Daseinsanalyse meditierte. Wer daran zweifelt, möge etwa die einleitenden Sätze des Buches *Wahn* lesen, welches auch einen geschulten Arzt oder Psychiater – wenn er nicht gerade der Daseinsanalytik kundig ist – zur Verzweiflung bringen könnte:

Die grundlegende Verfassung des Daseins als In-der-Welt-Sein suchen wir, wie wir es bereits früher getan haben, zu verstehen aus der Freiheit der Transzendenz, und zwar einerseits aus der Freiheit des Seinlassens der Seienden, in denen das Dasein sich befindet und durch welches Befinden es gestimmt ist, andererseits aus der Freiheit des Sich-den-Seienden-Überlassens oder des Sich-einlassens-auf-das-Seiende. (l. c. S. 17)

Man muß sich damit vertraut machen, daß es genau in diesem Stil über zweihundert und mehr Seiten hinweggeht: wer nicht die Sprache Heideggers und Husserls wie seine Muttersprache spricht, wird wenig Chancen haben, sich in diesen Gedankengängen zurechtzufinden.

Wir möchten aber nicht den Eindruck erwecken, daß sich ein Eindringen in dieses Labyrinth nicht lohnt; im Gegenteil, man kann als Psychiater und Psychotherapeut bei Binswanger sehr viel lernen. Nur ist der Lehrer nicht menschenfreundlich genug, es seinen Schülern leicht zu machen; offenbar war Kommunikation für ihn etwas sehr Schwieriges, und man wird bei der Lektüre Binswangerscher Texte daran erinnert, daß Freud oftmals die Unleserlichkeit seiner Handschrift beklagte, der er sogar einen „schizophren abweisenden Grundzug" vorwarf!

Für die daseinsanalytische Psychiatrie ist Heideggers *Sein und Zeit* das Grundbuch; die von ihm aufgewiesenen „Existenzialien" bezeichnen die Grundstrukturen des Menschseins („Existenz"), die sowohl für Gesundheit und Krankheit gültig sein müssen. Daher ist es Binswangers Bestreben, die Abwandlungen der Existenzialien in den psychopathologischen Zuständen aufzuweisen. So wird etwa der psychiatrische Patient ein anderes In-der-Welt-Sein bekunden; die Welt, in der er lebt, ist nicht ganz diejenige des durchschnittlich-alltäglichen Menschseins. Sein Daseinsentwurf enthält Merkmale der Defizienz: es fehlen Faktoren, die man „normalerweise" beim Menschen antreffen kann. Stärker als seine Mitmenschen ist er ein Opfer der Angst, in der er „das Nichts des Seins" erfährt. Seine Mitmenschlichkeit ist reduziert: daher ist auch sein Sprachduktus mehr oder minder aus der Sphäre der Verständlichkeit herausgefallen, so daß eine Verständigung mit ihm meistens sehr erschwert ist. Sorge tritt anstelle der Liebe, wie man denn überhaupt als Grundmuster alles seelisch-geistigen Krankseins – wie wir bereits erfahren haben – die Liebesunfähigkeit hinstellen kann. Studiert man die verschiedenartigen *Wahnwelten*, so ist man stets davon beeindruckt, wie liebesleer sie sind, weil die betreffenden Individuen von Kindheit an nicht in das liebende Geborgensein hineinwachsen konnten.

Binswanger beschrieb die „Welt" des ideenflüchtig-manischen Daseins als „unbegrenzt weit, leicht, flüchtig oder volatil, rosig, hell, leuchtend" usw.; der ideenflüchtige Mensch ist – da „Welt" ein Teil seines In-der-Welt-Seins ist – ebenfalls leicht und flüchtig, nirgends zu fassen, boden- und substanzlos. Er hat gleichsam sein Selbst an die Welt verloren, so daß er nicht mehr in seinen Möglichkeiten lebt, sondern lediglich von Phantasma zu Phantasma taumelt. Im Gegensatz hierzu ist etwa die „Welt des Melancholikers" eng und geschrumpft, lastend und bedrükkend, dumpf und dunkel, erfüllt vom „Geist der Schwere". Melancholische Menschen empfinden ihren Leib als Last, als Gefängnis, als „Mehlsack": oft vermischen sich hypochondrische und melancholische Vorstellungen. Die Dimension der Zukunft erscheint als „verrammelt", die Vergangenheit jedoch im Licht der vorherrschenden Schuldgefühle als Quelle von Angst und Gewissensnot.

So haben die daseinsanalytische Schule und ihr nahestehende Forscher nicht nur die Welt der Manie und der Melancholie, sondern auch das schizophrene Welterleben, den Verfolgungswahn, die Welt des Zwangskranken, die Perversionen, die Haltlosigkeit, den Geiz, die Trauer, die Scham usw. sorgfältig untersucht. Meistens wurde hierbei von konkreten Fallanalysen ausgegangen, die im Lichte der Daseinsanalytik quasi „ontologische Vertiefung" erfuhren. Kein Zweifel, daß hierbei Befunde und Beobachtungen zutage gefördert wurden, die gravierend in Theorie und Praxis des psychiatrisch-psychotherapeutischen Tuns eingriffen. Wer selbst mit Kategorien der Daseinsanalyse gearbeitet hat, wird gern zugeben, daß die Patienten sich oft besonders gut verstanden fühlen, wenn man ihnen ihr Leben und Erleben in *gut übersetzten* daseinsanalytischen Theoremen zu schildern weiß. Denn diese Konzeptionen sind nicht mehr konstruktive Theorien, die den Fakten gewaltsam übergestülpt werden; sie wollen eigentlich nur verbalisieren, was *die Phänomene selbst zeigen*.

Seelische und geistige Krankheit verändern die Gestimmtheit des Daseins (meistens in Richtung auf „Verstimmungen"), sie vermindern die Fähigkeit zur „Zeitigung der Existenz" (des inneren Zusammenhangs von gelebter Gegenwart, Vergangenheit und Zukunft) und auch deren „Geschichtlichkeit". Heilung des Patienten aber bedeutet, ihn umstimmen, ihn zum zeitlich-geschichtlichen Wesen machen, das die Verantwortung für seine Existenz übernimmt.

Verstiegenheit, Verschrobenheit und Manieriertheit

Einen weiteren Beitrag zur „Phänomenologie des Wahns" liefert Binswanger in seinem Buch *Drei Formen mißglückten Daseins*, welches den Untertitel *Verstiegenheit, Verschrobenheit, Manieriertheit* trägt (1956). Es macht den Reiz des Werkes aus, daß es psychiatrisch-tiefenpsychologisches Denken mit der kunstwissenschaftlichen und kunstgeschichtlichen Betrachtungsweise in Beziehung setzt: Diese Methode ist sinnvoll, wenn man annimmt, daß sich sowohl in der Seelenpathologie als auch in der künstlerischen Gestaltung alle Grundzüge des menschlichen Daseins bekunden müssen.

Zu einer häufig genannten Symptomgruppe innerhalb der Schizophrenie gehören u. a. die Befunde der Verstiegenheit, Verschrobenheit und Manieriertheit. So muten die Patienten in dem Sinne als „verstiegen" an, daß sie sich in irgendwelche Absonderlichkeiten verrannt haben, bei denen sie weder vor noch zurück können. Dies ähnelt der Situation von Bergsteigern im Gebirge, die sich, des Weges und der Schwierigkeiten unkundig, zu Höhen emporbegeben haben, die ihrem Können und ihren Kenntnissen nicht entsprechen. Ohne fremde Hilfe kann der verstiegene Kletterer oft nicht ins Tal (zu den Mitmenschen) zurückgeholt werden. Auch der seelisch irregegangene Mensch muß durch Psychotherapie ins *menschliche Maß* wieder hineingelotst werden.

„Verschroben" sind viele Patienten, indem sie eigentümlich quer zum allgemeinen Denken und Leben stehen; ihr Gebaren kann als „geschraubt" und „gewunden" erscheinen, gleichsam künstlich-eigenartig, also nicht ganz normal. Selbstverständlich findet man beide genannten Symptome bis weit in den Bereich des als „Normal-Geltenden" hinein.

Auch das „Manieriertsein" ist ein Befund der Psychopathologie. Man versteht darunter unechtes und unnatürliches Verhalten, d. h. übertriebene Manier. Binswanger sammelt hierzu folgende Bezeichnungen, die den betreffenden Sachverhalt belegen: auffallend, überraschend, verblüffend, fremdartig, absonderlich, abwegig, exzentrisch, kraus, verschnörkelt, gesucht, gemacht, unnaiv, geziert, gespreizt, vertrackt, schwülstig, gekünstelt, bizarr, prätentiös, gestelzt, verzwickt, gewolltabwegig, affektiert usw. (l. c. S. 93 ff.).

Schon die traditionelle Psychiatrie sah in den „Manieren" der Kranken einen Ausdruck von Unsicherheit und Schwäche. Man beschrieb vor allem Verhaltensstereotypien, z. B. Eßmanieren, Gehmanieren, Begrüßungsmanieren usw. Auch beim Sprechen kommt viel Manieriertheit vor. Man vermutete *Tendenzen der Selbsterhöhung* bei derlei Gebaren, veranlaßt durch Beziehungsstörung und inneren Substanzverlust. Lebensgeschichtlich kann bei solchen Patienten immer schwere Verängstigung und Verzweiflung aufgedeckt werden. Um der Daseinsangst zu entgehen, halten sie sich an ihre „Manieren", die ihnen eine Pseudo-Sicherheit verleihen.

Nun gibt es aber auch eine Epoche des „Manierismus" in der Kunstgeschichte, die von Kunsthistorikern wie M. Dvorak, W. Pinder, H. Hoffmann u. a. erforscht worden ist. Binswanger folgt den genannten Autoren, um durch ihre Deutung des manieristischen Kunststils die Manieriertheit an sich als *Daseinsverfassung* zu klären. In der Kunstwissenschaft wird seit langem dem manieristischen Stil „eine Welt des Zweifels und der geheimen Lebensangst", „Maskenhaftigkeit", „das Starre und Unlebendige", „die gezüchtete Strenge", „die erkämpfte Eisigkeit" usw. zugeschrieben. So ist es wohl legitim, kunstgeschichtliche und psychopathologische Befunde in Einklang zu setzen.

Anhand des tausendfältigen kunstwissenschaftlichen und geisteswissenschaftlichen Materials breitet Binswanger alle Merkmale der manierierten Persönlichkeit und der ihr zugehörigen „Welt der Manier" vor dem Leser aus. Von der Kunst kehrt er dann wieder zur psychiatrischen Klinik zurück, deren befremdliche Symptomwelt besser verstanden werden kann, wenn man die ganze Vielfalt manieristischer Kunstgestaltungen in Betracht gezogen hat. So hat etwa der große antike Dichter Pindar den Honig „der Bienen gebohrte Arbeit" genannt; ein römischer Dichter der Antike namens Statius bezeichnete eine Leiter als „zahllose, durch beiderseitige Bäume eingeschlossene Stufen, ein Luftweg". Eine schizophrene Patientin von Binswanger definierte einen künstlichen Abortus als „Spermatozoenimplantationsabzug"; ein Patient nannte einen Nelkenstrauß ein „nelkenartiges Erblühungsandenken". Die Tatsache, daß in der Klinik viele Gemütskranke zusammen waren, belegte der Patient mit dem Ausdruck, er sei in einem „Depot geistiger Umnachtung".

Das neurotische und schizophrene Erleben hat demnach viele Analogien in der Kultur- und Geistesgeschichte. Der seelisch-kranke Mensch erfindet seine Krankheit nicht selbst; er nimmt vieles aus der ihn umgebenden Kultur auf; sein individueller Geist ist mit allen seinen Vorzügen und Schwächen ein Spiegelbild des kollektiven Geistes. Daher ist das Studium der Kunst für den Tiefenpsychologen und Psychiater enorm lehrreich; hierdurch wird unser Auge und Ohr für die *Stilarten des Menschseins* geschärft, die durch keine naturwissenschaftliche Formel erfaßt und etwa gar quantifiziert werden können. Binswangers Buch über *Drei Formen des mißglückten Daseins* ist eine echte Pionierleistung, die sowohl für die Kunstwissenschaft als auch für die tiefenpsychologische Menschenkunde neue Wege weist.

Ibsen als Beispiel

Seit Freuds Studie über *Der Wahn und die Träume in W. Jensens „Gradiva"* (1907) haben viele Tiefenpsychologen ihre Theorien an literarischen Kunstwerken zu exemplifizieren versucht. Auch Binswanger schließt sich diesen Literatur-Interpreten an, und zwar in seinem Buch *Henrik Ibsen und das Problem der Selbstrealisation in der Kunst* (1949). Es geht ihm u. a. darum, die daseinsanalytische Sicht an der Persönlichkeit Ibsens, an seiner Kunst und am speziellen Beispiel von *Baumeister Solness* zu bestätigen.

Der Dramatiker Ibsen hat viele autobiographische Dokumente hinterlassen, so daß man einen gewissen Einblick in die Probleme seiner spannungsgeladenen Individualität erhalten kann. Binswanger beschränkt sich darauf zu zeigen, daß der große Norweger aus engen und dumpfen Verhältnissen „in die Höhe", „ins Licht" und in „den Freiraum" hinaufstrebte; dieser Weg nach oben war zugleich auch sein Weg in die Kunst. Kunst ist gewissermaßen eine Befreiung des Menschen aus der lastenden Schwere seines innerweltlichen Befangenseins. Sie ist zunächst Rückzug in die Einsamkeit, um sich aus der Bedrängnis loslösen zu können; sodann ist sie aber Rückkehr in die Kommunikation, indem sie durch das Kunstwerk die Beziehung zu vielen – zur Menschheit überhaupt – aufnimmt. Der Künstler deutet den sprachlosen Mitmenschen die Probleme ihres Daseins. Er macht die undurchsichtigen Lebensverhältnisse transparent; dies ist nach Ibsen seine vornehmste Aufgabe, indes andere – z. B. die Tatmenschen – bestrebt sein sollen, die oft tragischen Umstände zu ändern, damit die Menschen freier und glücklicher leben können.

Das Wesen des Dramatischen ist die Spannung, indes das Epos etwa in behaglicher Breite die Menschenwelt auszuschreiten pflegt. Spannung wird nun u. a. erzeugt, wenn das menschliche Dasein in die Polarität von Steigen und Fallen, Aufstieg und Absturzmöglichkeit eingefügt erscheint. In Ibsens Dramen wird oft die *vertikale Thematik* des Menschenlebens veranschaulicht; eine der Formen des Schicksals besteht darin, daß Menschen aus der „Höhe des jeweiligen Existierens" herabgestürzt werden oder daß ein Nach-oben-drängen-Wollen zu Fall kommt. Nach Binswanger ist *Baumeister Solness* ein solches Schicksalsdrama, das sich vorzüglich für eine daseinsanalytische Interpretation eignet.

An diesem Stück, aber auch an anderen Stücken von Ibsen, am Drama überhaupt und an vielfältigen Erscheinungen des Lebens kann man das demonstrieren, was Binswanger die „anthropologische Proportion" nennt. Seiner Meinung nach entfaltet sich das menschliche Dasein zwischen den Polen von Enge und Weite, Tiefe und Höhe. Eine sinnvoll aufgebaute Existenz erfordert einen proportionalen Zusammenhang zwischen Weite und Höhe; je breiter wir das Fundament unseres Lebensgebäudes in der sozialen und kulturellen Welt verankern können, um so höher können wir den Bau in die luftigen Weiten des Himmels aufstreben lassen. Pathologische Persönlichkeiten sind oft durch eine Disproportion ihres Lebensentwurfs gekennzeichnet; auf einer relativ schmalen Basis wollen sie ein hohes Gebäude errichten. Dieses ist dann „einsturzgefährdet", wobei hinsichtlich des Menschenlebens „Einsturz" etwa physische oder psychische Erkrankung, geistiger Zusammenbruch und existentielles Scheitern bedeuten kann. Die psychiatrische Daseinsanalyse schärft unser Gespür für die sogenannte „Verstiegenheit" vieler „normaler" und krankhafter Persönlichkeitstypen, die hoch hinauswollen, aber nicht gelernt haben, ihr Leben auf festen Boden zu gründen und die Techniken des Steigens nach oben und unten zu üben.

Nach Binswanger ist der Baumeister Solness im gleichnamigen Stück (das 1892 publiziert wurde) ein Musterbeispiel derartiger anthropologischer Verstiegenheit und Disproportion. Er hat sich aus einfachen Verhältnissen mit unlauteren Mitteln emporgearbeitet. Er wurde zum reichen Architekten und Unternehmer durch rücksichtsloses Ausschalten anderer, die er hernach sogar in seinen Dienst zu stellen wußte. So erlangte er wohl soziale und wirtschaftliche Macht, blieb aber in seinem Eheleben unglücklich. Er betrachtet Frauen als bloße „Lustobjekte", was seiner allgemeinen Orientierung auf Macht und Herrschaft entspricht.

Nun hat er eben den Bau eines Hauses mit einem Turm vollendet; da taucht Hilde Wangel auf, eine junge Frau, die vor etwa zehn Jahren als Kind dabei war, als Solness in ihrer Heimat eine Kirche baute und beim Baufest einen Kranz auf der höchsten Spitze des Turmes befestigte. Damals habe ihr Solness versprochen, ihr später „ein Königreich zu schenken". Sie kommt nun zu ihm, um ihn an sein Versprechen zu erinnern: Sie will seine Liebe, wiewohl er verheiratet ist. In exaltierter Stimmung bezeichnet sie den wesentlich älteren Solness als ihren Märchenprinzen, der ihre Träume wahrmachen müsse. Es gelingt ihr, den Baumeister dazu zu bewegen, wiederum auf den Turm zu steigen, um dort den Kranz anzubringen, was für sie eine Art „Liebesbeweis" sein mag. Solness überfordert sich beim Klettern auf den Gerüsten und stürzt in die Tiefe: So ist er sowohl an seinem Ehrgeiz als auch an der infantilen Liebe Hilde Wangels gescheitert.

Binswanger kommentiert das tragische Schauspiel mit den Worten:

Der *Baumeister Solness* ist, wie so viele, ja die meisten Dramen Ibsens, das *Drama der menschlichen Verstiegenheit*. Nirgends tritt uns das Wesen der Verstiegenheit so klar vor Augen wie gerade hier... Verstiegenheit aber ist eine Form der Verpfuschung der Lebensaufgabe, des Nichterreichens des Höchsten, des Unernstes der Lebensführung. Sie ist – als Mißglücken des Daseins – eine immanente Möglichkeit des Menschseins überhaupt... Der *Baumeister Solness*... zeigt die Tragödie des Künstlers, seines so gefährdeten „fragilen" Lebensstils, seines Lebensberufes als Passion, und zwar in der Form seines Mißglückens, des Sichversteigens in ihm. (L. c. S. 83)

So wird Ibsens Drama wie auch sein Lebenslauf zum Paradebeispiel daseinsanalytischer Theoriekonzeptionen. Ist damit aber das Wesentliche des Stückes getroffen? Binswanger übersieht völlig, daß *Baumeister Solness* – ähnlich wie *Nora* und manche andere Schauspiele von Ibsen – sich auch um den „Kampf der Geschlechter" dreht, d. h. um die oft tödliche Auseinandersetzung von Mann und Frau im Patriarchat, wo die Frau als die scheinbar Unterlegene immer wieder Mittel und Wege ausfindig macht, um sich an den sie unterdrückenden Männern zu rächen. Hilde Wangel als hysterische Persönlichkeit ist eines der Opfer dieses patriarchalischen Systems; ein anderes Opfer ist Nora, die aus ihrem „Puppenheim" entflieht und den Weg ins Freie sucht.

Die daseinsanalytischen Kategorien (die „Existenziale" heißen) sind oft aufschlußreich für die Auslegung menschlicher Lebensformen und künstlerischer Gestaltungen: sie sind aber keineswegs der universale Passepartout, mit dem man alle Daseinsrätsel aufschließen und aufschlüsseln kann. Binswangers Interpretation ist geistreich und zeugt von intimer Kenntnis des Lebens und der Werke Ibsens; sie ist aber auch gewaltsam, da sie den *Baumeister Solness* in den Schematismus der Daseinsanalyse hineinzuzwängen bemüht ist.

Ausgewählte Vorträge und Aufsätze

Wenn man einem „Anfänger" empfehlen sollte, wie er am besten in die Gedankenwelt Binswangers eindringen soll, so wäre wohl in erster Linie das zweibändige Werk *Ausgewählte Vorträge und Aufsätze* (1945, 1947) zu nennen, wo sich Binswanger am verständlichsten und am vielseitigsten gibt. Die Fülle der Ideen, die er ausbreitet, ist groß: Es werden nicht nur die Themen der Psychiatrie, der Psychoanalyse, der Psychotherapie, der Phänomenologie abgehandelt, sondern auch Exkurse in die Geistes- und Humanwissenschaften unternommen, die von jeher zu Binswangers Hauptinteressen zählten.

Sehr aufschlußreich ist z. B. der Aufsatz *Traum und Existenz* (l. c. Bd. I, S. 74 f.): hierin wird gezeigt, daß man Träume nicht notwendigerweise „triebpsychologisch" uminterpretieren muß, bis sie sich (gezwungenermaßen) als Triebwünsche dokumentieren. Die phänomenologische Betrachtungsweise erkennt im Traum häufig die beiden Wesensmomente des „Steigens" und „Fallens" und schließt hieraus etwa, in welcher Grundstimmung der Träumer existiert und welche Richtung seine Daseinsbewegung wohl nehmen will. Da Binswanger in der Weltliteratur sehr bewandert ist, kann er auch literarische Träume anführen (von G. Keller usw.), die seinen „Schematismus" zu belegen scheinen: Steigen und Fallen sind zwei Grundbewegungen des Daseins, die im normalen und im pathologischen Seelenleben eine große Rolle spielen.

In *Lebensfunktion und innere Lebensgeschichte* (Bd. I, S. 50 f.) zeigt Binswanger, daß man immer fehlgeht, wenn man menschliches Dasein mit den die Tierwelt betreffenden Kategorien beschreiben will. Die traditionelle Psychiatrie, die in der Epoche des Materialismus und der Naturwissenschaft entstand, neigt dazu, den Menschen nur als „Organismus" zu sehen (ähnlich wie „die anderen Tiere"); dies ist aber irreführend, da der Mensch von Grund auf eine andere Seins- und Wesensbeschaffenheit als jegliches animalische Leben besitzt. Er ist „Existenz", d. h. geschichtlich-strukturiertes Dasein. Daher soll man auch seine Erkrankungen – die physischen wie die psychischen – nicht auf hypothetische biologische Vorgänge allein beziehen (etwa Hirnstörungen, Hormonentgleisungen, Stoffwechselanomalien usw.), sondern in ihnen Produkte lebensgeschichtlicher Verstrickungen sehen, in denen der Mensch den Weg zu sich selbst nicht fand oder verlor.

Im Aufsatz *Heraklits Auffassung vom Menschen* (Bd. I, S. 98 f.) zeigt sich Binswanger als genauer Kenner der vorsokratischen Philosophie, vor allem des geheimnisumwitterten Denkens „Heraklits des Dunklen", der unter den griechischen Denkern der Antike irgendwie eine Sonderstellung einnimmt. Wichtig ist u. a. auch die Einsicht des „königlichen Philosophen", daß der Mensch im Schlaf in seiner eigenen Welt lebt, indes er als Wachender in der gemeinsamen Welt aller Menschen existiert. Dieser Gegensatz von Individualwelt des Schläfers und Träumers und der Kollektivwelt des wachen und bewußt lebenden Menschen ist für Binswanger der Ausgangspunkt für Überlegungen, die psychopathologisch relevant sind. Sind doch auch Neurotiker und Wahnkranke weitgehend von der Mitwelt und vom Mit-Sein abgeschnittene Existenzen, die man psychotherapeutisch oft mit großer Mühsal wieder in die gemeinsame Menschenwelt hineinholen muß. Heidegger sagte in *Sein und Zeit* kurz und lapidar: „Dasein ist Mitsein" – eine Erkenntnis, die auch die Beziehung des Seelenarztes zu seinen Patienten regeln muß.

Der zweite Band der *Vorträge und Aufsätze* trägt den Untertitel *Zur Problematik der psychiatrischen Forschung und zum Problem der Psychiatrie*. Er ist etwas „fachmännischer" orientiert als der erste Band, enthält aber auch einige Abhandlungen, die wiederum den weiten geistigen Horizont des Verfassers ins Licht rücken.

Sehr inhaltsreich ist u. a. die Untersuchung *Geschehnis und Erlebnis* (aus dem Jahre 1931), die sich mit dem gleichnamigen Buch von Erwin Straus (Berlin 1930) auseinandersetzt. Auch Straus war stark von der Phänomenologie beeinflußt, so daß er auf die tiefgreifenden Unterschiede der beiden Kategorien „Geschehnis" und „Erlebnis" in seinen Darlegungen hinwies. Naturvorgänge *geschehen* und folgen dem Kausalitätsschema, das zwangsläufige Ursachen mit ihren Wirkungen verbindet; Ereignisse im Menschenleben jedoch sind *erlebt*, d. h., sie spiegeln sich in einer Innenwelt, der man mit Kausalgesetzen und Determinationsvorstellungen kaum beikommen kann. Nur wenn wir den Menschen in seiner Freiheit, Selbstgestaltung und Verantwortlichkeit begreifen, werden wir innerlich die Erlebnisse und Erfahrungen der Patienten in Psychiatrie und Psychoanalyse wahrhaft mit- und nachvollziehen können.

In welchen Dimensionen sich die Forschungen Binswangers etwa bewegten, mag man daran erkennen, welche Themen er noch in den beiden genannten Bänden erörterte; es sind dies u. a.: *Freud und die Verfassung der klinischen Psychiatrie* (1936); *E. Bleulers geistige Gestalt* (1941); *Das Raumproblem in der Psychopathologie* (1932); *Über den Satz von Hofmannsthal: „Was Geist ist, erfaßt nur der Bedrängte"* (1948); *Zum Problem von Sprache und Denken* (1926); *Die Bedeutung der Daseinsanalytik M. Heideggers für das Selbstverständnis der Psychiatrie* (1949).

Kritischer Kommentar

Wir haben schon im vorhergehenden Text manche kritische Randbemerkung anklingen lassen, so daß es sich erübrigt, nun noch zu einer weitläufigen Kritik anzusetzen. Zunächst wollen wir gerne zugeben, daß Binswanger als einer der wenigen Psychiater unseres Jahrhunderts sich um eine allgemein-psychologische und philosophische Fundierung seines Faches bemühte und daß er sich mit einem gewaltigen Impetus die zeitgenössisch-philosophischen Kenntnisse aneignete, die ihn in vielen seiner Werke fast als einen „Philosophen von Beruf" erscheinen lassen. Wahrscheinlich war er einer der gebildetsten Ärzte unseres Jahrhunderts, darin in Graden etwa Freud, Adler, Jung u. a. vergleichbar.

Aber diese „Bildung" hat offenbar unsäglich viel Mühe gekostet: Man merkt es den Büchern des Verfassers an, daß sie im „Schweiße des Angesichts" geschrieben wurden, denn es fehlt ihnen fast durchgehend die Beschwingtheit und geistige Eleganz, die wir bei anderen Vertretern der Tiefenpsychologie bewundern. Binswanger hat sich so sehr in die Geisteswelt von Husserl und Heidegger „hineingearbeitet", daß er die Welt der Alltagssprache fast ganz hinter sich läßt. Er bewegt sich dann nur noch entlang den steilen und unzugänglichen Denkwegen seiner philosophischen Vorbilder, die stellenweise zu einer gewissen „Verstiegenheit" hinführen: kein Wunder, daß wir gerade Binswanger so schöne Untersuchungen über dieses psychiatrische Phänomen verdanken!

Von mancher Seite ist an Binswangers Falldarstellungen bemängelt worden, daß sie über die Krankheit des Patienten *philosophieren*, aber dessen Heilung ziemlich hintanstellen. So bearbeitete er auch Fälle, die er gar nicht kannte, sondern den Archiven seines Sanatoriums entnahm: er ließ sich von den genauen Beschreibungen seiner Amtsvorgänger leiten und spekulierte dann über Krankheitsverläufe, die er ohne therapeutische Intervention („teilhabende Beobachtung", wie es H. S. Sullivan nennen würde) doch kaum grundlegend erfaßt haben konnte. Auch vermißt man an diesen umfänglichen Krankengeschichten nachdrückliche Hinweise auf erzieherische und prophylaktische Probleme; Binswanger will „reine Forschung" betreiben und verliert in deren Interesse mitunter ganz den sozialen, kulturellen und pädagogischen Kontext aus den Augen. Kultur- und Gesellschaftskritik scheint überhaupt dem konservativen und religiösen Schweizer ganz oder weitgehend fremd geblieben zu sein. Wie seine Vorbilder Heidegger und Husserl beschränkte er sich auf sein Spezialistendasein, das ein Eingreifen in *fachfremde Gebiete* nicht als opportun erscheinen ließ.

Binswanger korrigiert zwar mit sehr guten Argumenten die naturwissenschaftlich-materialistischen Einseitigkeiten Freuds, denen er ein *polyphones Weltbild* entgegenhält: gleichwohl ist der dogmatische Materialist und Naturwissenschaftler Freud bei weitem stärker mit der Welt des Geistes und der Gesamtkultur verbunden als sein die Geistposition akzentuierender Kritiker, bei dem alles Philosophieren und Spekulieren wie ein Kleid anmutet, das um eine Nummer zu groß geraten ist und daher an so manchen Ecken und Enden um die zierliche Gestalt seines

Trägers herumschlottert. Aber dies ist eventuell ein zu scharfer und zu unfreundlicher Kommentar: Binswanger verdient auch Verehrung, da er lebenslänglich ein *kritischer Freund der Psychoanalyse* blieb, deren Weiterentwicklung ohne seinen Beitrag nicht zu denken ist.

Ausgewählte Literatur

Binswanger, L. (1922). Einführung in die Probleme der allgemeinen Psychologie. Berlin: Springer.
- (1942). Grundformen und Erkenntnis des menschlichen Daseins. Zürich: Niehans.
- (1949). Henrik Ibsen und das Problem der Selbstrealisation in der Kunst. Heidelberg: Lambert-Schneider.
- (1945/47). Ausgewählte Vorträge und Aufsätze, 2 Bände. Bern: Francke 1955.
- (1956). Erinnerungen an Sigmund Freud. Bern: Francke.
- (1956). Drei Formen mißglückten Daseins: Verstiegenheit, Verschrobenheit, Manieriertheit. Tübingen: Niemeyer.
- (1957). Der Mensch in der Psychiatrie. Pfullingen: Neske.
- (1957). Schizophrenie, Wahnsinn als lebensgeschichtliches Phänomen und Geisteskrankheit. Pfullingen: Neske.
- (1960). Melancholie und Manie: Phänomenologische Studien. Pfullingen: Neske.
- (1965). Wahn. Beiträge zu seiner phänomenologischen und daseinsanalytischen Erforschung. Pfullingen: Neske.
Freud, S. (1907). Der Wahn und die Träume in W. Jensens ‚Gradiva'. GW VII.
May, R., Angel, E. & Ellenberger, H. F. (Hrsg.) (1958). Existence. A new Dimension in Psychiatry and Psychology. New York: Simon & Schuster.

Victor-Emil von Gebsattel

Einleitung

Von Gebsattel wurde am 4. Februar 1883 in München geboren. Um 1900 begann er seine Studien in Jura, aber bald interessierte ihn die Philosophie mehr als die Rechtswissenschaft. Er studierte bei Bergson in Paris, bei Dilthey in Berlin und bei Lipps in München; bei letzterem promovierte er mit einer Arbeit über die Gefühlstheorie. Nach der Doktorprüfung begab er sich auf größere Reisen nach Italien, der Schweiz, Griechenland und Frankreich. Er befreundete sich mit Dichtern, Malern und Philosophen, u. a. mit Hofmannsthal, Rilke, George, Hauptmann, Keyserling, Slevogt und Kirchner. Auch trat er zu Max Scheler und Martin Heidegger in eine engere Beziehung.

1910 nahm er bereits am Psychoanalytischen Kongreß in Weimar teil. Der schwedische Analytiker Poul Bjerre und die Nietzsche- und Rilke-Freundin Lou Andreas-Salomé standen ihm nahe, indes er bei Leonhard Seif die Praxis der Psychoanalyse kennenlernte. Dabei wurde ihm klar, daß er auch einer medizinischen Ausbildung bedurfte: er inskribierte Medizin und schloß dieses Studium 1919 mit einer Dissertation über Tuberkulose ab. Seine fachärztliche Ausbildung absolvierte er u. a. bei Emil Kraepelin in München. Seit 1924 lebte er in Berlin, wo er die ärztliche Leitung von Privatkliniken übernahm.

In der NS-Zeit wurde Gebsattels Klinik von den Nationalsozialisten beschlagnahmt, da er politisch verdächtig war. Er eröffnete eine Privatpraxis in Berlin und wurde Dozent am Berliner Zentralinstitut für Psychotherapie. 1943 übersiedelte er nach Wien, wo er wiederum eine Klinik aufbaute. Nach dem Krieg wurde er Leiter eines psychiatrischen Sanatoriums in Badenweiler; seit 1947 lehrte er Psychotherapie und medizinische Anthropologie an der Universität Freiburg i. B., 1949 wurde er Professor für die genannten Fächer in Würzburg.

Mit V. E. Frankl und J. H. Schultz zusammen gab er das *Handbuch der Neurosenlehre und Psychotherapie* (1959–61) heraus. Des weiteren beteiligte er sich mit W. J. Revers und P. Christian an der Herausgabe des *Jahrbuchs für Psychologie, Psychotherapie und medizinische Anthropologie* sowie an verschiedenen Fachzeitschriften. Er publizierte viele Abhandlungen, deren wichtigste im Sammelband *Prolegomena einer medizinischen Anthropologie* (1954) vereinigt sind: dieses Buch und auch andere Texte fanden weit über die Fachkreise hinaus Beachtung.

Es waren vor allem Gebsattels Untersuchungen über Zwangsneurose, Phobie, Depression und Perversionen, die seinen Ruf als Kliniker und tiefenpsychologischer Forscher begründeten. Feinsinnige phänomenologische Schilderungen und existenzphilosophische Deutungen machen den Reiz dieser Arbeiten aus, die viele Dogmen der orthodoxen Psychoanalyse hinter sich ließen. Gebsattel gehört dadurch in eine Linie mit Ludwig Binswanger, Eugen Minkowski und Erwin Straus, die ähnlich wie er die engen Fesseln materialistisch-positivistischer Grundannahmen in Medizin und Psychologie zu sprengen versuchten. Kennzeichnend für ihn war auch ein philosophischer „Personalismus", der offenbar von Scheler und der scholastischen Philosophie inspiriert ist. Fast gleichzeitig mit Viktor von Weizsäcker *(Der Gestaltkreis)* formulierte er eine „biographische Medizin" und eine „anthropologische Psychotherapie", in denen philosophisches Denken und wissenschaftliches Forschen eine beachtliche Synthese eingingen.

Gebsattel erwarb sich durch Lehre und ärztliche Tätigkeit viele Schüler und Freunde, wovon u. a. das stattliche Sammelwerk *Werden und Handeln* (hrsg. v. Wiesenhütter 1963), zu seinem achtzigsten Geburtstag erschienen, beredtes Zeugnis ablegt. Vierunddreißig namhafte Ärzte, Psychologen, Therapeuten, Philosophen usw. entrichteten dem „philosophischen Seelenarzt", der für sie in irgendeiner Form zum Mentor oder Freund wurde, ihren Dank. – Gebsattel starb am 22. März 1976 im Alter von vierundneunzig Jahren.

Neurosenlehre

Seit 1910 stand Gebsattel im Einflußbereich des Freudschen Denkens, dem er aber nur mit Vorbehalten zu folgen vermochte. Er anerkannte Freuds Genialität und Pionierleistungen, fand aber einen Ansatzpunkt für seine Kritik in der Tatsache, daß die Psychoanalyse den Menschen als *homo natura* beschrieb, d. h. als ein animalisches Wesen, ein Triebbündel, das mit einer gewissen „Mechanik" auf biologische Bedingungen und Umwelteinflüsse reagierte. Diese Triebpsychologie reduzierte den geistigen Überbau des Seelenlebens auf bloße Abwehrmechanismen und Sublimierungsprodukte, was offensichtlich der relativen Autonomie des Geistes im Menschen nicht gerecht wurde. Gebsattel fühlte sich angezogen durch die Fülle sorgfältiger Beobachtungen aus der psychoanalytischen Praxis, war aber befremdet durch die – wie er sagt – „Leugnung des Gewissens, der Freiheit, der Werthierarchie, des Transzendenten" (*Imago Hominis,* 1964, S. 79). Mit der Jungschen „komplexen Psychologie" stimmte er eher überein, konnte sich aber mit deren subjektivistischen und psychologistischen Tendenzen nicht zufriedengeben. So kam er frühzeitig zum Schluß, daß Freud und Jung zwar geniale Psychologen, aber nur „mäßige Philosophen" (l. c. S. 80) seien und daß der Fortschritt in der Tiefenpsychologie daran gebunden bleibt, in welchem Maße ihre philosophisch-anthropologischen Voraussetzungen geklärt werden können.

So akzeptierte z. B. Gebsattel die tiefenpsychologischen Neurosentheorien (Freud, Adler, Jung, Schultz-Hencke) als grundlegende Einsichten über die psychischen Erkrankungen des Menschen, vermißte in ihnen aber die angemessene Berücksichtigung von Themen wie Existenz, Personalität, Vernunft, Sinnfindung, Gewissen, Schuld, Freiheit und Verantwortung. Wenn man von Trieben, Ängsten, Komplexen, Minderwertigkeitsgefühlen, Hemmungen usw. spreche, so müsse man das Geistige der menschlichen Persönlichkeit mitreflektieren, um nicht in den Niederungen der Animalität und des Reflexhaften steckenzubleiben. Die „Tiefenpsychologie" bedürfe einer Ergänzung durch die „Höhenpsychologie"; neben die „Froschperspektive" mechanistischer und triebhafter Erwägungen müsse die „Vogelperspektive" einer Analyse der Geistigkeit treten.

Als Existenz oder Person ist der Mensch – wie Kierkegaard schon sagte – „ein Verhältnis, welches sich zu sich selbst verhält". Der Selbstbezug ist das Geistige am Menschen: er weiß um sich selbst und muß stets zu sich selber Stellung beziehen. Dies schließt u. a. ein, daß er seinem Dasein einen Sinn geben muß durch Entscheidungen, durch Übernahme von Freiheit und Verantwortung und durch Orientierung an „Norm- und Richtbildern des menschlichen Existierens". Die Person ist nicht *gegeben* wie etwa der Körper, der eine Naturgabe ist; sie ist *aufgegeben* als etwas, das verwirklicht werden muß.

Die Neurose kann und soll definiert werden als ein Scheitern auf dem Wege zur Selbstverwirklichung oder – wie Gebsattel sich in Anlehnung an den Phänomenologen Alexander Pfänder ausdrückt – zur „Selbstauszeugung der Person". Die Person zeugt sich selbst, indem sie von Situation zu Situation schreitet und durch Handeln und Schaffen von Werten ihr Sein aus sich selbst hervorbringt. Auf diese Weise wird sie zur Persönlichkeit, d. h. zum sozial und kulturell wertvollen Menschen, der sich an seinen Möglichkeiten auch sittlich formt und bildet.

Der Neurotiker betrügt sich um sein eigenes Glück, da er sich aus Angst und Beziehungsarmut vor dem Leben und den Mitmenschen verschließt, was seine „Werdensbewegung" zum Stillstand bringt. Auf diesem basalen Geschehen beruhen dann die tausendfältigen Symptome, die der Seelenarzt in seiner Praxis zu sehen bekommt. Der Arzt kann den Patienten nur dann heilen, wenn er hinter der Symptomatik die „verkümmerte Person" erblickt und in ihr im Rahmen einer echten menschlichen Begegnung neue Werdensimpulse weckt. Derlei geht immer über das bloße Analysieren und Aufklären hinaus, weshalb geistig-weltanschauliche Themen behandelt werden müssen, in denen das Verhältnis des Menschen zu sich selbst, zum Mitmenschen, zu den Werten und ihrer Hierarchie und zur „Wahrheit der Existenz" geklärt werden soll.

Die „Werdenshemmung" ist nach Gebsattel stets der psychopathologische Zentralbefund, um den sich alle übrigen Befunde gruppieren. Therapie ist Aufruf zum Werden und Handeln, Anleitung zur Individuation, Befreiung zum Selbstsein, zum Eigentlichwerden der Existenz im Dienste an der Kultur.

Die Anklänge an Jung und Heidegger sind unüberhörbar, aber Gebsattel will sich nur teilweise mit ihnen identifizieren. So vermißt er an Jungs „Individuationsprozeß" die Kategorie der Personalität; was Jung beschreibe, sei im wesentlichen „apersonal", fast ein psychisches Naturgeschehen, in welchem das Ich sich mit den aus dem kollektiven Unbewußten aufsteigenden Bildern (Archetypen) beschäftigt. Was Jung als Selbstwerdung vorschlägt, sei im Grunde eine Selbstbespiegelung des Menschen, fern von den ethisch-kulturellen Aufgaben, an denen der Mensch erst zu sich selbst erwacht.

Mehr Zustimmung findet bei Gebsattel Jungs Begriff der „Persona", d. h. der berufs- und umweltbestimmten Maske, die sich jeder Mensch zulegt und auch zulegen muß, weil er zunächst und zumeist gemäß den Normen und Bestimmungen seines Kollektivs zu leben hat. Die analytische Psychologie hat deutlich gezeigt, daß die Verhärtung dieser maskenhaften Schutzschicht für viele den Weg zum eigenen Selbst und zur unmittelbaren Wirklichkeitserfahrung verrammelt. Daher wird echte Personalität durch Abbau der meistens fragwürdigen und nivellierenden Werte des kollektiven Daseins erlangt. Man muß lernen, den Verlockungen des Man (Heidegger) zu widerstehen, damit man aus sich selbst heraus „Weg und Wahrheit" entdecken kann. Die Neurose ist keineswegs nur Triebpathologie oder Gefühlsabnormität; sie ist eine Form der Selbstentfremdung, ein An-sich-selbst-Vorbeileben. Gesundwerden heißt in der Psychotherapie u. a., daß der Patient zu der ihm möglichen

Echtheit und Ursprünglichkeit durchbrechen muß, selbst wenn er hierbei die Angst der Vereinsamung und Isolierung empfindet. Wer hauptsächlich im Kollektiv existiert, sich von ihm tragen und bestimmen läßt, kann nicht als normal bezeichnet werden, auch wenn er von allen Symptomen frei ist und keinerlei Beschwerden hat.

Als „personhafter Mensch" erfährt man allerdings, daß das menschliche Dasein ein „Sein in der Krise" ist. Es ist voller Antinomien, d. h. gespalten in oft nicht zu vereinbarende Möglichkeiten, zwischen denen die Person laufend entscheiden muß. Flüchtet sie vor diesen Entscheidungen, so zerbröckelt sie innerlich, es zeigen sich psychische Ausfallserscheinungen, die das reiche Spektrum der Psychopathologie ausmachen, z. B. Ängste, Zwänge und Depressionen.

Die Angstneurose

Zur Psychologie der Angstneurose äußert sich Gebsattel u. a. in seiner Arbeit *Die phobische Fehlhaltung* (in: *Imago Hominis*, S. 137 ff.). Mit Recht hebt er hervor, daß das Wesen der angstneurotischen Störungen aus der Psychologie und Anthropologie der Angst heraus begriffen werden muß. Nun gibt es sehr viele Angsttheorien in der Tiefenpsychologie und den angrenzenden Wissenschaften; die meisten stimmen darin überein, daß die Angst Quelle und Motor aller neurotischen Fehlentwicklungen ist.

Die Angst ist aber nicht nur, wie manche zeitgenössische Autoren glauben machen wollen, ein pathologisches Phänomen: sie gehört naturgemäß zur Ausstattung des Menschen als eines weltoffenen, freien und auf seine Möglichkeiten hin existierenden Lebewesens. Daher kann man sie nicht aus dem Leben eliminieren; man muß sich mit ihr einrichten, d. h. zu ihr Stellung beziehen. Für den einen führt die Angst zur lähmenden Blockierung aller Daseinsdimensionen; für den anderen aber ist sie der dauernde Stachel zu Selbstverwirklichung und Persönlichkeitswerdung.

Existenzphilosophisch gesprochen bedeutet die Angst so etwas wie eine Konfrontation mit dem Nichts. Dieses Nichts wohnt nach Gebsattel im Menschen selbst: es macht sich bemerkbar als Zug und Hang zum Wertlosen, zum Unwesentlichen, zur Gestaltauflösung, zum „Abgrund". Durch Akte der Liebe, der Hoffnung und der Mitmenschlichkeit wird dieses Abgründige in uns stets aufs neue überbrückt. Wer aber aus der Seinsweise der liebenden Verbundenheit herausfällt oder in sie noch gar nicht hineingekommen ist, wird sich ängstigen, da er in der Welt heimatlos ist. Angst ist ein Symptom der Unbehaustheit unter den Menschen und Dingen.

Demnach sollte sich eine Psychologie der Angst den „Gestalten des Nichts" zuwenden, die wichtiger sind als postulierte Triebvorgänge, Triebstauungen und -entmischungen. Man muß den Formen des Nicht-sein-Könnens nachspüren, durch die das angstbefallene Individuum in jene Sackgassen des Existierens gerät, in denen es nur noch mehr oder minder passiv mit Angstdemonstration reagieren kann. Die Angst ist ein Stagnieren der Lebensbewegung, die auf Werden und Handeln ausgerichtet ist. Man ängstigt sich vor dem „Anrückenden der Zukunft im gesamten"; auf dem Boden dieser Verängstigung wachsen spezielle Furchtsamkeiten, die im Grunde Ableger der Angst sind. Wer die Furcht überwindet, macht sich gewissermaßen frei für die eigentliche Daseinsangst, die man mit Kierkegaard als den „Schwindel der Freiheit" bezeichnen kann.

Freuds Sexualdeutungen der Angst haben große historische Verdienste, sind aber längst nicht mehr zeitgemäß. Der wahre Kern ist wohl der Nachdruck, den sie auf die Notwendigkeit des freien Funktionierens des Organismus – als Möglichkeit sexueller Abreaktion mißverstanden! – legen. Wertvoll sind auch die psychoanalytischen Hinweise auf die lebensgeschichtlichen Ausgangspunkte aller Ängste und Angstneurosen. Aber auch hier kommt es zu gewaltsamen Blickverengungen, wenn einzig und allein „libidinöse Traumatisierungen" als Ursprünge des Angstgeschehens bezeichnet werden.

Traumatisierungen aller Art erleidet jeder Mensch im Verlaufe seiner Geschichte: nur derjenige aber wandelt sie in eine dauernde Angstbereitschaft um, der seine Erlebnisse nicht verarbeiten kann, keinen Standort zu ihnen bezieht und das Überwachsen und Überwinden nicht gelernt hat. Der Angstneurotiker hält gleichsam sein Trauma krampfhaft fest, weil es ihm zum Alibi seiner Werdenshemmung wird.

Pierre Janet sprach schon um die Jahrhundertwende von einer „conduite d'échec" (Niederlageverhalten), das Phobiker und Angstpatienten im allgemeinen kennzeichne. Gebsattel seinerseits spricht vom „gelebten Nihilismus" solcher Angstcharaktere, die die Kunst des Lebens nicht üben und daher in vielen Bereichen Fehlschläge einstecken müssen. Sie steuern unbewußt dem Abgrund zu, weil sie sich die Aufgaben innerhalb der Realität nicht zuzumuten wagen. Ermutigung und Aufklärung über die Lebensprobleme hilft hier meistens mehr als eine tiefschürfende Analyse frühkindlicher Schicksalsverstrickungen. Man führe den

Patienten sachte an all das heran, was er phobisch vermeidet, weil er Schutz und Zuflucht höher schätzt als Überwindung von Schwierigkeiten; wurden erst einmal einige Blockaden aufgehoben, erfolgt mitunter eine freudige Expansion in alle Richtungen, die ein ziel- und zügelloses Analysieren weitgehend überflüssig macht.

Gebsattel tendiert dazu, die Angst des Menschen als „Reifungskrise" zu interpretieren. Daher soll man von der meist quälenden Symptomatik nach Möglichkeit absehen und eher die anstehenden Entwicklungs- und Werdensschritte ins Auge fassen. Oft muß der Patient zu dieser neuen Optik regelrecht erzogen werden: denn sein Interesse ist auf seine Angst- und Körpersymptome fixiert, die eben nicht das zentrale Krankheitsphänomen ausmachen. So sind z. B. Höhenschwindel und Angst, in die Tiefe zu stürzen, ein Hinweis darauf, daß der Betreffende nicht gelernt hat, sich gegen seine Umwelt abzugrenzen, „nein zu sagen", sich überhaupt zu wehren: dies ist u. a. der Grund dafür, daß ihn der „Sturz nach unten" gleichsam anzieht. Es war wiederum Janet, der von der „Psychasthenie" (Seelenschwäche) solcher Patienten sprach, deren „Realitätsfunktion" gestärkt, deren Widerstandskraft gegen äußere Reize gefestigt werden muß.

Bei Formen der Platzangst (Agoraphobie) geht es um die Einstellung des Menschen zu Nähe und Weite, zu Wagnis und Sicherheitsbedürfnis. Man kann dem Agoraphobiker nicht helfen, wenn man hauptsächlich seine Kinderjahre analytisch durcharbeitet und etwaige Komplikationen mit Eltern und Geschwistern zu seinem Symptom in Beziehung setzt. Ebenso wichtig wie diese Vergangenheitsanalyse ist die Sinndeutung aus der Gegenwart. Gebsattel erläutert das Phobische als eine verfehlte Stellungnahme zu Freiheit, Verantwortung und Schicksal.

Die Ätiologie der Phobie in Ehren; wirklich verstehen aber kann diese auch nur, wer das Verhältnis von Angst und symbolischer Raumqualität erhellt. Letztere ist, wie gesagt, in erster Linie eine Tatsache des Innenlebens... Der Gesunde... stößt in die Weite vor und ergreift von ihr Besitz wie von einem Stück Zukunft. In der Kommunikation mit dem Symbolgehalt der Weite sind wir entweder Bewältiger oder Überwältigte. Voraussetzung für die dynamische (sthenische) Begegnung mit der Weite des Raumes ist, daß das, was Weite bedeutet, von einer biologischen Bereitschaft gleichen Lebenssinnes aufgegriffen und vollzogen werde. Man kann sagen, es sei die Raumqualität der Weite ein Bild für das auf uns zukommende Schicksal. Auf dieses gehen wir zu, zugleich aber kommt es uns entgegen. Nur in der Weite des mutigen Herzens sind Weite, Kommenlassen des Schicksals und Darauf-Zugehen geeint. (*Imago Hominis*, S. 169)

Man sieht hieraus, daß der Agoraphobiker – wie alle anderen Phobiker auch – in der Psychotherapie ein relativ großes Programm zu absolvieren hat, das mit der „Umkonditionierung" und den Trainingsmanipulationen der Verhaltenstherapeuten gewiß nicht auszuschöpfen ist. Hier geht es um den Erwerb eines anderen Lebensgefühls, neuer Einstellungen und Haltungen zu Ohnmacht und Hilflosigkeit, zu Schicksal und menschlicher Solidarität, zu Freiheit und Verantwortung angesichts der stets prekären Situation des Menschen in der Welt. Der innere Freiheitsverlust solcher Patienten muß durch geduldige Zuwendung im Rahmen des therapeutischen Gesprächs ausgeglichen werden. Der Dialog in der Therapie ist die Stätte, wo Nähe und Weite, Tiefe und Höhe, Einswerden und Abgrenzung erfahren und trainiert werden können.

Die Zwangsneurose

Im Bereich der Zwangskrankheiten hat Gebsattel eine allseitig anerkannte eigenständige Forschungsarbeit geleistet *(Prolegomena einer medizinischen Anthropologie. Die Welt des Zwangskranken).* Er bespricht diese Irritationen auch unter dem Titel *Die anankastische Fehlhaltung (Imago Hominis,* S. 173 f.), wobei es sein Bestreben ist, das Phänomen der Zwanghaftigkeit auf dem Hintergrund des menschlichen Freiseinkönnens angemessen zu interpretieren.

Wie sieht die Welt des Zwangspatienten aus? Wodurch unterscheidet sie sich von der Welt des seelisch Gesunden? Welche „Physiognomik" des Weltentwurfes fällt uns an jenen Menschen auf, die an Zwangsgedanken oder -handlungen leiden?

Auch der Zwangsneurotiker ist ein Werdensgehemmter; Handeln und Sich-Entwickeln scheinen bei ihm eigentümlich gebremst. Die Welt, in der er lebt, ist für ihn eine „Gegen-Welt": sie ist angefüllt mit „gestaltwidrigen Potenzen", nämlich mit Schmutz, Gift, Leichenhaftem, Verfall und Verwesung. Im verzweifelten Abwehrkampf gegen diese Antiwelt, die ihn stets zu übermannen droht, verbringt der Patient einen Großteil seiner Zeit. In schweren Zwangsneurosen lebt er hart an der Grenze der Psychose, wie denn überhaupt mitunter Zwangskrankheiten in Schizophrenien übergehen.

Die Psychoanalyse meinte diese Rätsel durch die Theorie zu lösen, daß der Zwanghaftigkeit eine Fixierung auf die „analsadistische Libidophase" zugrunde liege. Wer in seiner Reinlichkeitserziehung im zweiten und dritten Lebensjahre massiv traumatisiert wurde oder mit einem angeborenen starken analsadistischen Partialtrieb behaftet ist, sei ein potentieller Kandidat für eine spätere Zwangsneurose. Abgesehen von der sehr fraglichen Konstitutionshypothese und der Starre der Sexualdogmatik, ist hier vielleicht einiges richtig gesehen. Tatsächlich geht es in der Zeit der frühen Reinlichkeitserziehung bereits um die Antinomien von Expansion und Hemmung, Initiative und Gebot, Eigenwille und Strafe, Aggression und Angst usw. Der Zwangsneurotiker ist wohl immer ein Expansions- und Aggressionsgehemmter im Sinne von Schultz-Hencke. Aber damit ist seine Erlebniswelt kaum zureichend beschrieben und sein Leiden schon gar nicht adäquat erklärt.

J. H. Schultz sah in der Zwangsneurose eine pathologische Entartung des Schutz- und Sicherheitsinstinktes. Damit ist eine globale Formel gegeben, die wegweisend sein kann, aber durch detaillierte Beschreibungen konkretisiert werden muß. Gebsattel bevorzugt den Ausdruck „anankastische Fehlhaltung", womit er den Akzent nicht auf den problematischen Instinkt, sondern eher auf Einstellungen und Motivationen legt.

Die Primärstörung beim Zwangskranken ist als phobisch anzusehen: die Angst spielt eine grundlegende Rolle. Zwangsbefürchtungen aller Art nehmen in Zwangsneurosen einen sehr großen Raum ein. Sensitive und selbstunsichere Menschen leben in der konstanten Furcht, von der als widerständig empfundenen Welt überrollt zu werden. Sie erfahren das Leben als unaufhörlichen Zwang, auf den sie bewußt und unbewußt mit „Gegenzwängen" antworten. Ein Gefühl der Ohnmacht ist untergründig in den scheinbar sinnlosen Zwangsgedanken und -handlungen enthalten, während die Patienten mitunter Existenz und Wohlbefinden anderer Menschen von der Befolgung ihrer Zwänge abhängig machen. Ohnmacht und Größenwahn verbinden sich so zu einer Symptomatik, in der sich mit quasi-magischen Reaktionen, die stellenweise an die Zauber-Praktiken der Naturvölker erinnern, eine Auflehnung gegen das Schicksal vollzieht.

Gebsattel sicht den Zwangsneurotiker vor allem im Kampfe gegen seine Selbstwertverminderung, die er von allen Seiten fürchtet; auch wehrt er sich gegen die vermeintliche Vernichtung seines perfekten Wesensbildes, gegen die Besudelung durch eine Schmutzwelt, die er phobisch hassen gelernt hat. Die Abwehr gegen die äußeren Störfaktoren überdeckt jedoch meistens nur die innere Zerrissenheit des Abwehrenden; der Feind, den er außen bekämpft, sitzt in ihm drin (Projektion). So kann man etwa hinsichtlich des Reinlichkeitszwanges (Putzzwang) sagen, daß der z. B. im Haushalt bekämpfte Schmutz nur ein

Sinnbild des eigenen stockenden, des nicht im Fortschreiten sich reinigenden Lebens ist. Interessant ist auch der Umstand, daß Zwangspatienten ihre Handlungen nicht beenden können; wohl ist ihr Trotz und ihr Eigensinn, nicht aber ihr Wille stark entwickelt.

Das Sicherheits- und Perfektionsbedürfnis solcher Patienten ist enorm: die Angst vor innerer Auflösung treibt sie dazu, absolute Ideale und Wertmaßstäbe zu adoptieren, die ihnen Schutz gegen die „Entordnung" und das „Entwerden" zu bieten scheinen. Gebsattel sagt:

> Ein zentrales Geschehen wie die geschilderte Absolutheitsforderung, noch deutlicher das antithetische Zwangsdenken (z. B. in seiner blasphemischen Form) und erst recht die anankastische Phobie lassen sich auch als Desintegrationsphänomen verstehen; denn es fehlt deren geordnete Eingliederung in das ganze Gefüge der Person, die es dieser ermöglichen würde, dem, was daran Besessenheit und Unbedingtheit ist, steuernd, dämpfend, relativierend, bremsend entgegenzutreten. Etwas Fremdkörperhaftes haftet darum den Zwangserscheinungen für das eigene Erleben an; Inseln im Strom des seelischen Ablaufs sind sie; durch sie unterbrochen, geht die Kontinuität und Eigenbildlichkeit des Lebens verloren. (*Imago Hominis*, S.193)

Man kann sich fragen, warum Außen- und Innenwelt des Anankasten so zerrissen und sinnentleert sind. Hier erhält nun die Freudsche These von der Entmischung der normalerweise vermischten Grundtriebe Eros und Destrudo (Todestrieb) einen neuen Inhalt. Denn es ist offenbar der *Verlust der Liebesfähigkeit*, der diese Patienten so tief verunsichert. Von fast allen Beobachtern wurde die emotionale Armut der Zwangswelt (Hingabestörung bei Schultz-Hencke usw.) konstatiert. Was das eigene Innenleben und die Umwelt warm, hell, fließend und farbig macht, ist offenbar das Liebenkönnen: hier haben die Zwangskranken ihren empfindlichsten Mangel, der auch am schwersten zu beheben ist. Ihre Heilung stellt in der Regel hohe Anforderungen an die Liebesfähigkeit des Seelenarztes, der in die Beziehung zum Zwangscharakter jene positiven Emotionen einbringen muß, die er in diesem entfalten möchte, wobei erschwerend wirkt, daß der Zwangskranke Gefühl und Nähe sowohl wünscht als auch fürchtet, d. h. zugleich begehrt und bekämpft.

Die Depression

Auch die depressive Fehlhaltung stellt große Anforderungen an Verstehen und Mitfühlen des Psychotherapeuten. Ihr Zustandsbild reicht von der normalen Trauer (bei Verlust eines nahestehenden Menschen oder eines wertvollen Objektes) bis zur pathologischen Melancholie, die die Psychiatrie endogen zu nennen pflegt. Die Phänomenologen und Existenzpsychologen heben dabei vor allem die Störung des Zeiterlebens hervor. In seinen *Grundfragen der Neurosenlehre* (1950) sieht J. H. Schultz das Wesen der Depression in ihren akzentuierten Ausprägungen als eine „aversive Fluchthaltung oder Abkehrhaltung" bezüglich des Lebens im ganzen. Das Element der Lebensverneinung ist tatsächlich in den Depressionen nicht zu übersehen: der depressive Patient ist prinzipiell suizidgefährdet, und schwere Verstimmungen dieser Art enden nicht selten im Selbstmord.

Gebsattel fragt ebenfalls nach der Grundstörung in der Depression, nach dem basalen Geschehen, von dem alle äußerlich erkennbaren Symptome ausgehen. So konstatiert man etwa am Depressiven vitale Hemmung, vitale Traurigkeit und Kleinheitswahn. Aber was liegt dem zugrunde, was ruft die fluchthafte Lebensabkehr hervor? Ist es die Lähmung des Ichs, die die Zuwendung zu Welt und Leben verunmöglicht? Ist die gelebte Zeit des Werdens gestört? Wie in allen Neurosen stellt Gebsattel in den Depressionen eine fundamentale Werdenshemmung und Handlungsunfähigkeit fest. Die Zeit-Dimensionen der Gegenwart und Zukunft sind dem Depressionspatienten mehr oder minder verschlossen; er scheint eher in seiner Vergangenheit zu leben.

Die klassische psychopathologische Literatur spricht bei den Depressionen von „Depersonalisation" und „Derealisation": der Kranke steht unter dem Eindruck eines Zerfalls seines Ich, und die Realität verliert für ihn ihre Konsistenz und Attraktion. Beide Befunde gehören wesensmäßig zusammen; je gesünder und ganzheitlicher unser Ich ist, um so reichhaltiger und kompakter empfinden wir die Welt. Ist das Ich von einer Lähmung befallen, so scheint die Wirklichkeit um uns zu zerflattern. Dies beklagen auch die Depressiven, die oft endlos die Leere im eigenen Innern und die Trostlosigkeit des Lebens artikulieren. Es sind ihre Erlebnisunfähigkeit und ihr Mangel an gelebter Zeit, die ihr „sentiment du vide" (Leergefühl, Janet) hervorrufen. Gelingt es, dem Patienten in der Gegenwart anregende und erfreuliche Erlebnisse zu induzieren und in ihm auch hinsichtlich seiner Zukunft Hoffnungen zu erwecken, so kommt das normale Zeitigungsgeschehen wieder in Gang: wer Gegenwart und Zukunft hat, wird auch seine Vergangenheit nicht im morbiden Sinne und nutzlos als Stätte seiner Sünden und Verfehlungen ventilieren. Die skrupelhafte Zuwendung zu Vergangenem (pathologische Schuldgefühle und Gewissensbisse) ist nur die Kehrseite der fluchthaften Abkehr vom Gegenwärtigen und Zukünftigen.

Somit ist auch an der Depression zentral die Angst beteiligt, aber die Angst des Depressiven ist anders strukturiert als diejenige des Phobischen oder des Zwangskranken. Man kann sie relativ treffend als Schuldangst charakterisieren, aber es sind auch rein vitale Ängste im Spiel, tausenderlei Formen des Kleinmuts, die aus der Blockade der lebendigen Expansion erwachsen. Hypochondrische Befürchtungen sind häufig, des weiteren Verarmungsangst, Ekelängste, vor allem aber umfassende Lebensangst. Der Depressionspatient fürchtet um sein Leben-Können: er ist durchdrungen vom Gefühl des Nicht-leben-Könnens, welches zugleich auch ein Nicht-sterben-Können ist.

Der Lebensbewegung ist, wie Scheler und Heidegger herausgearbeitet haben, die Richtung auf die Zukunft immanent. Zukunft heißt aber auch für den Menschen Wandlung und Entwicklung, und gerade hier liegt in den Depressionen alles brach. Die Patienten sind von einem fundamentalen Ohnmachtsgefühl erfüllt. Sie können nicht essen, nicht schlafen, nicht atmen; nicht lieben; nicht defäzieren, nicht urinieren; nicht schmecken, nicht riechen, nicht sehen, nicht genau hören; nicht fühlen, nicht verstehen, was andere sagen, nicht denken, nicht handeln; nicht aufstehen und Toilette machen usw. Mit einem Wort: sie können nicht leben, und darum hat der Tod für sie eine magische Anziehungskraft.

Weil der Depressive zu wenig gelernt hat, sich mit seiner mitmenschlichen Umgebung zu verbinden (Begegnung, Austausch, Kommunikation und Kooperation), ist er auf sich selbst zurückgeworfen und erfährt die um seinen Einsatz und seine Hingabe verkürzte Wirklichkeit als Widerstand, als bedrohliche Macht, als Heimsuchung und quälendes Sollen. Die Realität wird für uns zum Alptraum, wenn wir uns ihr verweigern und uns ihr zu entziehen suchen.

So scheint das Leben nur aufgrund unserer Spontaneität und Hoffnungsgläubigkeit lebbar und lebenswert. Bleiben wir ihm unser Engagement schuldig, dürfen wir uns nicht wundern, wenn unsinnige Schuldgefühle und Gewissensbisse auftauchen, die die echte Daseinsschuld eher verbergen als enthüllen. Die Hypertrophie des Gewissens beim Depressionspatienten ist eine nur scheinbare Moralität: es ist leichter, sich dauernd wegen irrealer Verfehlungen anzuklagen, als seinen Mitmenschen in Tat und Mitgefühl beizustehen; auch ist es einfacher, sich mit imaginären Leiden herumzuschlagen, als sich mit jenen Sorgen und Kümmernissen auseinanderzusetzen, die aus dem Umgang mit der Realität erwachsen. Der Depressive muß nicht nur seine Lebens-, Liebes- und Handlungsfähigkeit, sondern auch seine Leidensfähigkeit entwikkeln. Er muß sich mit der Welt einlassen, denn nur in ihr gibt es erfüllte Gegenwart und hoffnungsfrohe Zukunft, die immer nur jenem gehören, der die Lasten des Daseins willig auf sich nimmt. Das Gesetz des Lebens ist offenbar: Überwindung von Schwierigkeiten.

Theorie der Perversionen

Gebsattels Sexualpsychologie wird in den *Prolegomena* und in seiner Einleitung zu H. Gieses *Psychopathologie der Sexualität* (1962) eingehend erläutert. Sein Ansatzpunkt ist die Hypothese, daß es eine Norm des Liebeslebens gibt: dieses soll zwei verschiedengeschlechtliche Menschen „in Leib und Seele" eins werden lassen. Der Mensch als Individuum ist prinzipiell „unganz": er bedarf physisch und psychisch der Ergänzung durch ein Du und kann sich und seinen Lebenssinn nur verwirklichen, wenn er möglichst kontinuierlich und komplett mit einem Geschlechts- und Liebespartner eins wird. Diese Norm ist sozusagen vorgegeben – jedermann muß zu ihr Stellung beziehen, wobei es wohl im allgemeinen so ist, daß man lebensgeschichtlich in spezifische Stellungnahmen hineinwächst, die man nachträglich durch Rationalisierungen zu rechtfertigen und zu erklären versucht.

Auch die Bibel und die kirchliche Moral sagen von der Liebe, daß in ihr zwei Menschen „ein Fleisch" werden sollen. Gebsattel nennt dies eine verblüffende Übereinstimmung der Ergebnisse von Wissenschaft und Theologie, sieht aber nicht, daß seine eigene katholische Einstellung gewiß nicht ohne Einfluß auf die Betonung des Normativen im Liebesleben ist. Für den frommen Katholiken ist das Sakrament der Ehe die notwendige Voraussetzung aller erotischen Aktivitäten des Menschen; so wird denn schließlich auch „sexualwissenschaftlich" formuliert, daß alle menschlichen Wesenskräfte zu dieser sakramentalen Lebensform hin tendieren.

Anspruchsloser wäre die These, daß die Natur die Zweigeschlechtlichkeit vorgesehen hat, woraus dem Menschen die *natürliche* Aufgabe erwächst, sich mit dem anderen Geschlecht zu verbinden und diese Verbindung zur kulturell wertvollen Dauerbeziehung auszugestalten. So hat etwa Alfred Adler Liebe und Sexualität als „zweite Lebensaufgabe" präzisiert, eingebettet in die anderen beiden Lebensaufgaben der Arbeit (nützlicher Beitrag zur allgemeinen Wohlfahrt) und der Einfügung in die Gemeinschaft (Streben nach einer Verbesserung der menschlichen Lebensbedingungen). Gebsattel begnügt sich nicht mit so schlichten Begriffsbestimmungen, da seine Lehre allenthalben die Anlehnung an sein religiöses Weltbild sucht.

Realistisch sind aber die Ausführungen über die Phänomenologie der Liebe, in denen sich Gebsattel als ein Meister der Beobachtung und Verbalisierung erweist. Er schreibt u. a., daß der Mensch im alltäglichen Daseinsvollzug sich selbst als Geschlechtskörper erfährt: damit soll angedeutet werden, daß der Leib als Werkzeug und biologisches Ganzes, versehen mit Geschlechtsorganen, empfunden wird. In der Situation der erotischen Liebe kommt es zu einer eigentümlichen Umwandlung des Organismus im Rahmen der intendierten ganzheitlichen Ich-Du-Beziehung. Der Geschlechtskörper wird transformiert in den „Geschlechts- und Liebesleib", nämlich eine Existenzweise, in der man nicht einen Körper *hat*, sondern ganz und gar Leib *ist*. Auch das Du wird dann nicht einfach als Hilfsmittel zur sexuellen Abreaktion empfunden (zur Behebung eines Libidostaus), sondern als ein echtes Gegenüber, als Partner und Beziehungsperson. Das wahre Gelingen des Sexualvorganges ist weitgehend daran gebunden, daß zur triebhaften Begierde „Wesensliebe" hinzukommt, d. h. daß man den anderen wirklich meint, wenn man ihn umarmt und mit ihm eins werden will.

Gebsattel interpretiert die Sexualstörungen in ihrer ungeheuren Mannigfaltigkeit als vielfältige Formen des Aufstandes gegen die oben geschilderte Liebesnorm. Er sagt u. a.:

Alle Weisen des sexuellen Versagens, der erotischen ehelichen Fehlhaltungen, der Abwegigkeiten und Verirrungen, der Entgleisungen und Perversionen des Geschlechtslebens lassen sich unter dem Gesichtspunkt betrachten eines Zurückbleibens hinter der Normgestalt des sich vollendenden Liebesleibes, oder des weiteren als ein Ausscheren aus jener Ortung der durch die Vereigentlichung des Liebesleibes adäquaten Situation. (Giese, l. c. S. XXXIV)

Für den Tiefenpsychologen ist es keine Frage, daß dieses Verneinen der Norm lebensgeschichtliche Ursprünge und Quellen besitzt. Sehr viele Menschen unserer Kultur lernen die Norm der Liebe unter einem so abstrusen Blickwinkel kennen, daß sie ihnen als unerfüllbar erscheint; kein Wunder, daß sie dann auf den Weg der sexuellen Pathologie geraten, von dem sie sich irrigerweise Erleichterungen und das Vermeiden drohender Niederlagen an der Front des Lebens und der Liebe erhoffen.

Aus solchen Irrtümern und Verängstigungen erklärt sich auch – im Sinne einer Kompensation und Rationalisierung – die häufige Entwertung des Normalen bei sexuell perversen Individuen: sie behaupten mitunter, daß das Normale für sie langweilig, unergiebig, spießbürgerlich und gewöhnlich sei; ihre Perversion erhält dadurch den Reiz des Abenteuerlichen, Exquisiten, Genialischen und Phantasiereichen. Mit Recht sagt jedoch Gebsattel, daß Perversionen imprägniert sind vom „Stumpfsinn sich ewig wiederholender Fehlhaltungen" und nichts für die Persönlichkeitswerdung des Menschen hergeben. In ihnen triumphiert der Geschlechtskörper über den Liebesleib, die Onanie über das gemeinsame Sexual- und Liebeserlebnis, die Begierde über die emotionale Zuwendung, die Angst über die Hingabe und das Alleinsein über die Zweisamkeit.

Wenn die Perversion tatsächlich Widerstand und Aufstand gegen die Norm ist, wäre man berechtigt, sie als praktizierten Nihilismus, als Destruktion und Lebensentwertung hinzustellen. In seinen frühen Schriften *(Prolegomena)* neigt Gebsattel zu derartigen Aussagen. Unter dem Einfluß der daseinsanalytischen Kritik (z. B. M. Boss, *Sinn und Gehalt der sexuellen Perversionen,* 1947) schwächte er aber diese Formulierungen später etwas ab. Es ist hart, wenn man vom Perversionspatienten behauptet, daß er mit seiner sexuellen Deviation eine Zerstörung des Normativen „anstrebt". Solche Patienten sind eher Opfer als Schuldige: ihr deformiertes Liebesleben ist mehr reines „Widerfahrnis" als etwa Intention. Man darf auf diesem Gebiet nicht moralisieren und predigen, denn wer der Liebe ausweicht, tut dies immer aus für ihn triftigen Gründen, selbst wenn diese anderen abwegig erscheinen.

Der Phänomenologe „sieht" am Fetischisten etwa das Partikularisieren des Liebespartners, der nicht mehr als Ganzer bejaht wird: an seine Stelle tritt der Lustgegenstand, der von ferne an die Genüsse der Zärtlichkeit, des Liebesleibes und des Vermählungserlebnisses erinnert. Ein totes Objekt ersetzt einen lebendigen Menschen: man ist etwa Herr über einen „Harem von intimen Bekleidungsstücken", mit denen man sich in eine erträumte Liebeswelt einschließen kann. – Der Exhibitionist erschreckt mit seiner Entblößung fremde Frauen, denen er in seiner Weise ein absurdes Liebesangebot macht. Er dokumentiert gewissermaßen seine Männlichkeit, wagt es aber nicht, eine Beziehung einzugehen, die Nähe und Gefühlsaustausch beinhaltet. – Im Sadomasochismus mißlingt das Zusammenspiel zweier Subjekte, die sich in die dauerhafte Dialektik des wechselnden Objekt- und Subjektseins einlassen sollten. Da dies als unlösbare Schwierigkeit erscheint und als Gefahr des Selbstverlustes mißverstanden wird, will der Sadist stets nur Subjekt, der Masochist aber immer bloß Objekt sein. Es entstehen dabei oft Komplikationen, die viel größer sind als die Wagnisse einer in der Schwebe der Interdependenz bleibenden Liebesbeziehung, für die die meist klägliche Beziehungsfähigkeit nicht ausreicht.

So ist es wiederum Angst und soziale Unfähigkeit, die bei den Sexualneurosen – wie überall – zu Teillösungen Anlaß gibt, zur *Fragmentarisierung der Liebeswirklichkeit.* Der perverse Mensch ist kein Feind der Liebe: im Gegenteil, man kann mit M. Boss behaupten, daß sogar in den absonderlichsten und seltsamsten Verhaltensweisen der Perversion, zumindest in Andeutungen, Liebe ersehnt, erstrebt und – mit Maßen – auch verwirklicht wird.

Traumdeutung

Alle „Väter der Tiefenpsychologie" haben eigenständige Lehren vom Traum vorgelegt, die ihrem Menschenbild und dessen weltanschaulichen Hintergründen entsprachen. So entdeckte Freud in den Träumen infantile Sexualwünsche, Adler das Wechselspiel von Minderwertigkeitsgefühl und Machtbedürfnis und Jung schließlich die Wirksamkeit archetypischer Bestandteile des kollektiven Unbewußten oder verborgener religiöser Erlösungssehnsucht. Gebsattel fühlte sich ebenfalls veranlaßt, nach einer für seine Theorien spezifischen Trauminterpretation zu suchen, da er die Lösungen der „Klassiker" nur partiell anzunehmen vermochte. Auch die Vorschläge von H. Schultz-Hencke (*Lehrbuch der Traumanalyse,* 1949), M. Boss (*Der Traum und seine Auslegung,* 1953) u. a. erschienen ihm als unzulänglich, wenngleich vor allem der letztere in die Dimension einer phänomenologischen Traumuntersuchung vorgedrungen war, die bestrebt ist, den Traum *aus ihm selbst heraus* – ohne vorgeformte theoretische Vergewaltigungen – zu entschlüsseln.

Gebsattel ist sich der Vieldeutigkeit und Vielschichtigkeit des Träumens wohl bewußt und gibt sich nicht der Illusion hin, daß die flüchtigen Erscheinungen der Bewußtseinstätigkeit während des Schlafes durch eine einzige und einheitliche Theorie erklärt werden können. Da er aber der Meinung ist, daß der Dynamismus des Traumes nicht durch irgendwelche Bagatellen in Bewegung gesetzt werden kann, proponiert er die „Krisentheorie": Träume ereignen sich in Krisensituationen des Lebens und erproben gleichsam Auswege aus ihnen. Deutet man sie in dieser Weise, dann sind sie hilfreich für die Krisenbewältigung, indem man gemeinsam mit dem Träumer den für ihn möglichen „Weg nach vorne" sucht.

Dies erinnert an die prospektiven Deutungstechniken, die A. Adler,

C. G. Jung, A. Maeder u. a. schon um 1910 vorgeschlagen haben. Gebsattel ergänzt diese Lehren durch seine anthropologische Einsicht, daß der Mensch auf allen Ebenen seines Seins (biologisch, psychisch, geistig) dauernd Werdenskrisen ausgesetzt ist, die mit der ihm aufgegebenen „Zeitigung seiner Existenz" irgendwie identisch sind. Der Mensch muß sich zu dem machen, was er in Zukunft sein soll. Versagt er im Hinblick auf die Vielfalt der Anrufe, die ihm aus den jeweiligen Situationen entgegentönen, so löst dies unter Umständen ein Traumgeschehen aus, dessen Symbolik durchaus auf das aktuelle Krisenthema bezogen ist. Man kann als Psychotherapeut diese Krisen des Patienten erhellen, indem man die aktuelle Lebenslage und die zukunftsweisenden Tendenzen des Traumes zur Sprache bringt: es zeigt sich dann in der Regel, daß der Mensch träumt, weil er Führung, Ordnung und Ausrichtung des Daseins im Wachzustand nicht ausreichend zu verwirklichen vermag. Man tut gut daran, die Traumsymbole weder sexualistisch noch religiös zu schematisieren; ihre Deutung ergibt sich aus der Dramatik der menschlichen Gesamtexistenz, in der Sexualität und Religion nur je ein Thema sind.

Jeder Traum ist ein individuelles Geschehen, was vom Schablonendenken gerne übersehen wird. Der Traum ist für Gebsattel eine Spiegelung des Selbst- und Weltverhältnisses der jeweiligen Person des Träumers. Der Gebsattel-Schüler W. v. Siebenthal hat in seinem umfangreichen Werk *Die Wissenschaft vom Traum* (1953) diese Ideen in einem größeren Zusammenhang begründet und diskutiert.

Psychotherapie

Gebsattel zeichnet eindrückliche Krankheitsbilder auf und läßt ein tiefes Verständnis für die seelischen Verstrickungen des neurotischen Menschen erahnen. Weniger deutlich wird aber aus seinen Schriften, wie der „anthropologische Psychotherapeut" in der Praxis vorgeht und wie sich sein seelenärztliches Handeln von demjenigen der Psychoanalytiker und der anderen Tiefenpsychologen unterscheidet. Rein technisch gesehen sind die Unterschiede wohl nicht groß; ähnlich wie die orthodoxe Psychoanalyse arbeitet die anthropologische Psychotherapie mit Couch und freiem Assoziieren, letzteres begleitet von Gesprächen, in deren Mittelpunkt Selbstwerdung und Sinnfindung des Patienten stehen sollen. Was aber sind das wahre Selbst und der wahre Sinn für den einzelnen? Woher nimmt man die Kriterien für eine „Therapie vom Geistigen her"

– ein Anspruch, der Gebsattels Lehre mit Frankls Logotherapie verwandt erscheinen läßt.

Gebsattel ist sich klar darüber, daß die Ideologie des Therapeuten darüber entscheidet, was er an seinen Patienten als deren Echtheit und ursprüngliche Wesensbestimmung ansieht. Die bewußten und unbewußten Werturteile des Analytikers üben fast immer einen Druck auf den Analysanden aus, der oft nach der Realisierung jener Werte strebt, die sein Mentor für wesentlich hält. Die Gefahr der ideologischen Beeinflussung des Patienten ist vor allem dann gegeben, wenn man wie Gebsattel und sein Schüler Igor Caruso von der Psychoanalyse zur „Synthese der Existenz" weiterschreiten will: geistige Führung und Weltanschauungs-Oktroi sind einander oft zum Verwechseln ähnlich.

So finden wir bei Gebsattel befremdliche Sätze, die uns annehmen lassen, daß sein weltanschaulicher Katholizismus allzu direkt und dogmatisch in seine Behandlungspraxis hineingewirkt hat. Es wird etwa behauptet, daß die Quelle der Sinngebung des Daseins die Religion, genauer: das Christentum sei. Theologie und Psychotherapie seien dazu berufen, einander wechselseitig zu erhellen. Da man den neurotischen Menschen in sein inneres Zentrum (die Person) zurückführen müsse, solle man ihn sensibel machen für den „Anruf Gottes", der allein die Wesensmitte des menschlichen Existierens sichere. Wer auf Gott hört, wächst über die Unfähigkeit zum Guten, die für die Neurose charakteristisch ist, hinaus; Sünde und Hang zum Bösen verlieren ihre Macht über ihn, und er wird wieder eingelassen in den Kosmos von Sinn und Wert, in den sich einzufügen für jedermann Heil und Heilung bedeutet.

So und ähnlich haben wir es schon seit Jahrhunderten von den Moraltheologen und den Scholastikern gehört, die aus dem Mittelalter gewiß nicht das Muster einer „humanen und göttlichen Welt" gemacht haben. Auch ist es sehr zweifelhaft, daß die Glaubenslosigkeit des modernen Menschen die tiefliegende Ursache der Neurosen, der Perversionen, der Delinquenz und des Nihilismus sein soll. Die frömmsten Zeitalter, die wir kennen, waren dem unsrigen hinsichtlich neurotischer, krimineller und perverser Aktionen mindestens ebenbürtig.

Dankbar darf man Gebsattel dafür sein, daß er die Rolle des ärztlichen Engagements, der echten Begegnung mit dem Patienten und der schlicht-menschlichen Zuwendung im psychotherapeutischen Geschehen so nachdrücklich akzentuiert. Beim bloßen Behandeln sieht er die Gefahr, daß der Analysand zum Objekt gemacht wird – gerade darin liegt aber das Unglück seines Lebens: daß er nämlich von Kindheit an nicht Partner und gleichwertiges Subjekt sein konnte. Sehr treffend

betont Gebsattel, daß der Nutzen einer Therapie von der Menschlichkeit des Analytikers abhängt, die in der Charakter- und Lehranalyse
während der Ausbildungszeit des Kandidaten der Seelen-Heilkunde
leider nicht zielgerecht anvisiert und ausgebildet werden kann. Auch
unter den Psychotherapeuten gibt es Handwerker und Künstler, ewige
Lehrlinge und seltene Meister, Routiniers und auch erfinderische
Köpfe, für die jedes neue Gegenüber im Gespräch zum Ansporn für
vielfältige innere und äußere Entwicklung wird.

Bekenntnis zu Adalbert Stifter

Fast alle namhaften Repräsentanten der Tiefenpsychologie suchten In-
spiration und Bestätigung für ihre Lehren in den Meisterwerken der
Weltliteratur, die oft in ihrem psychologischen Feinsinn die Theorien
der akademischen Wissenschaft mühelos hinter sich lassen. Freud liebte
bekanntlich Goethe, Shakespeare, Dostojewski, Heine; Adler rühmte
Dostojewski als seinen direkten Vorläufer; Jung schließlich begeisterte
sich am *Ulysses* von Joyce, an Goethes *Faust* und Nietzsches *Zarathustra*, aber auch an harmloseren Texten wie H. Rider Haggards *Sie*,
Ch. Kingsleys *Hypathia* und dem *Goldenen Topf* von E. T. A. Hoffmann. Gebsattel nahm seine Zuflucht zu Stifter, dessen Dichtungen
(*Nachsommer, Witiko* und die kleineren Erzählungen) die Überwindung
zerstörerischer Leidenschaften im Geiste der Demut und die Einfügung
in den natürlich-sittlichen Kosmos verkünden. Stifters heile, normative
Welt, in der fast alle tragenden Personen unter den Gesetzen der Selbstzucht, der Achtung vor dem Mitmenschen, der christlichen Sittlichkeit,
der Ehre, Treue und Liebe stehen, ist beinahe ein dichterischer Kommentar zu Gebsattels anthropologischer Psychotherapie. Daher ist es
keineswegs überraschend, daß Gebsattel dem österreichischen Erzähler
zwei liebevolle Abhandlungen widmete, u. zw. *Die Liebe in der Auf-
bauordnung des Stifterschen Menschenbildes* (in: *Christentum und Humanismus*, 1947) und *Anthropologie und Dichtung. Betrachtungen zum
Wesensbild des Menschen bei A. Stifter* (in: *Imago Hominis*).
    Die Dichtung ist nach Gebsattel für den Psychologen lehrreich, wenn
er ihr ohne Anmaßung entgegentritt, die sie zu einem psychopatholo-
schen Experimentierfeld und zu einem Beweismaterial für dogmatische
Theorien herabwürdigt. Der Dichter ist – im übertragenen Sinne – ein
Forscher in der Sphäre der essentiellen Menschenkunde. Er ringt um
eine Beschreibung der Wesensgestalt des Menschen.

Gebsattel bewundert an Stifter, daß alle seine Figuren im Daseins-raum der sittlichen und religiösen Macht wohnen. Die meisten von ihnen sind zwar ausgeprägte Individualitäten, aber sie wollen mit ihrem Leben nichts Willkürliches und Launenhaftes: es geht ihnen um die Erfüllung der Norm, um den Dienst am großen Ganzen. Ihre Leiden-schaften müssen sich unter das Gebot der Sitte beugen. So wollen es Staat und Kirche, so stellt es Stifter dar und so postuliert es auch Gebsattel, dem es die Musterbilder von Liebe, Ehre, Treue, Reinheit und grenzenloser Tugend sichtlich angetan haben.

Dies hört sich sehr konservativ und patriarchalisch an und grenzt mitunter an klösterliche Weltfremdheit und die Illusionen des literari-schen Kitsches, der die Motive der exzessiven Tugend ausgiebig strapa-ziert. Man möchte weder Stifter noch Gebsattel Unrecht tun: aber das Gerede von den „Dämonen des Blutes, die, sanfter Erlösung teilhaftig, am goldenen Zügel der Sittlichkeit einherwandeln", ist in der Nachfolge von Freud, Adler und vielen anderen Seelenkennern nicht leicht zu ertragen. Gewiß hat auch Nietzsche den *Nachsommer* über alle Maßen geliebt, weil er eine exemplarisch schöne und vornehme Liebesge-schichte enthält; uns Heutige aber ist der extreme Konservatismus von Stifters „heiler Welt" einigermaßen verdächtig geworden, da sich gerade die Apologeten von Ehre, Treue, Dienst an Staat und Kirche, Demut, Reinheit und Heldentum auch für Kollektivziele einspannen ließen, in denen Triebrepression und Autoritarismus, Moral und Machtwahn, Bie-dermeier-Mentalität und Blindheit für die Welt der Mitmenschen eine merkwürdige Synthese eingingen.

Kritische Bemerkungen

Diese Bemerkungen führen uns zur These, daß Gebsattel trotz seiner unbestreitbaren Verdienste um die Psychopathologie und Psychothera-pie zu den Vertretern der „Gegenaufklärung in der Tiefenpsychologie" gerechnet werden muß. Er ist darin C. G. Jung zu vergleichen, der zwar so manche Enge und Einseitigkeit der Freudschen Psychoanalyse genau durchschaute, selbst aber in einem Mystizismus endete, der wissen-schaftlich kaum noch haltbar ist.

Auch Gebsattel ist hellsichtig im Aufdecken der „Standortbedingt-heit" jener Schulen der Tiefenpsychologie, die seinen anthropologischen Überzeugungen nicht entsprechen. Bezüglich seiner eigenen Position verfällt er jedoch in den bedenklichen Irrtum, sie als übergreifendes

Wissen und nahezu unumstößliche Weisheit zu verabsolutieren. Dies mag eine logische Konsequenz der „Katholizität" seiner Lehre sein, die mitunter aufdringlicher hervortritt, als dies in wissenschaftlichen Texten – auch bei großer Konzilianz des Lesers – akzeptiert werden kann.

Es ist im 20. Jahrhundert mehr als problematisch, das Christentum als einzig möglichen Humanismus anzupreisen und Renaissance und Reformation als den Anfang aller abendländischen Übel hinzustellen. Auch der Nationalsozialismus wird von Gebsattel als Produkt der europäischen Glaubenslosigkeit annonciert, wobei offenbar vergessen wird, daß Ketzerverbrennungen, Inquisitionsgerichte, zügelloser Fanatismus und mörderische Verfolgung Andersdenkender ein gut tradiertes kirchliches und katholisches Erbe darstellen.

Es ist ungemein irritierend, wenn man den neuzeitlichen Rationalismus, Empirismus, Agnostizismus und Humanismus verurteilt und als Alternative eine Gesinnung anpreist, die sich mit folgenden Globalurteilen begnügt:

Ein so gefährdetes, ein so fragwürdiges Wesen wie der Mensch gehört nämlich in den Schutz des Heiligen. Ja, gerade das Gute in ihm, seine Edelkeit, seine Kalokagathia, seine Humanität gehört in den Schutz des Heiligen. Seine reine Eigenwüchsigkeit reicht selten aus, ihn vor dem Verderben zu schützen ... Die christliche Heilsordnung des Mittelalters war Orientierung und Führung. Nicht als ob das Unheil für den einzelnen dadurch ausgeschaltet gewesen wäre. Allein die Tatsache, daß seine Möglichkeiten abgesteckt, ja geordnet waren, hielt das Unheil in Schach. Nichts bändigt die Macht des Bösen so sehr wie der Hinweis auf die Modalitäten seines Vorkommens und Wirkens. Der Dekalog erzeugt in der Seele die Hellsichtigkeit, ohne die sie blind genannt werden müßte ... Wenn die Welt nicht nach oben und innen anstößt an Gott als an ihre Grenze, wird sie grenzenlos, und der Mensch ist dem Fluch der verwirrenden Unendlichkeit ausgeliefert. Dasselbe gilt auch vom Werden: besteht nicht die Möglichkeit einer Heiligung seiner angeblichen „Unschuld", wird das Leben schal, giftig, böse oder stirbt ab. Das Gute im Menschen muß sich im absolut Guten wiederfinden, um atmen und wachsen zu können. (*Christentum und Humanismus*, S. 172 f.)

Ausgewählte Literatur

Boss, M. (1947). Sinn und Gehalt der sexuellen Perversionen. München: Kindler 1967.

– (1953). Der Traum und seine Auslegung. München: Kindler 1974.

Frankl, V. E., Gebsattel, V. E. & Schultz, J. H. (Hrsg.) (1959–61). Handbuch der Neurosenlehre und Psychotherapie. München.

Gebsattel, V. E. v. (1947). Christentum und Humanismus. Wege des menschlichen Selbstverständnisses. Stuttgart: Klett.

- (1950). Die Person und die Grenzen des tiefenpsychologischen Verfahrens. Studium Generale, 3 (6), 273.
- (1954). Prolegomena einer medizinischen Anthropologie. Berlin: Springer.
- (1964). Imago Hominis. Beiträge zu einer personalen Anthropologie. Schweinfurt: Neues Forum.
Giese, H. & Gebsattel, V. E. v. (Hrsg.) (1962). Psychopathologie der Sexualität. Stuttgart: Enke.
Kisker, K. P. (1976). „Gottähnliches Herz", V. E. v. Gebsattels Weg zur Person. Zeitschrift für Psychologie und Psychotherapie, 24 (4) 292–304.
Schultz-Hencke, H. (1949). Lehrbuch der Traumanalyse. Stuttgart: Thieme 1968.
Siebenthal, W. v. (1953). Die Wissenschaft vom Traum. Berlin: Springer.
Wiesenhütter, E. (Hrsg.) (1963). Werden und Handeln. Festschrift zum 80. Geburtstag von V. E. v. Gebsattel. Stuttgart: Hippokrates.

Erwin W. Straus

Einleitung

Zusammen mit E. Minkowski, V. E. v. Gebsattel und Ludwig Binswanger wird Erwin W. Straus zur phänomenologisch-anthropologischen Richtung der Psychologie und Psychiatrie gezählt, die im Anschluß an Wilhelm Dilthey und Edmund Husserl von einem neuen Wissenschaftsverständnis ausging, als sie die Fragen des menschlichen Gesund- und Krankseins eingehenden Untersuchungen unterwarf. Mit diesen Namen vollzog die moderne Philosophie ihren Durchbruch in die psychologische und psychiatrische Forschung. Sie demontierte hierbei die materialistischen und positivistischen Vorurteile, die fast für die Dauer eines Jahrhunderts das Denken und Handeln in der Medizin vollständig beherrscht hatten. Im Zuge dieser Neuorientierung kam es zu einem vertieften Verständnis für die Probleme der menschlichen Natur, das in vielen angrenzenden Wissenschaften revolutionierend wirkte. Wandlungen in der philosophischen Anthropologie kommen immer allen Humanwissenschaften zugute, da ein genaueres Eindringen in das Wesensverständnis des Menschen begreiflicherweise alle Bereiche des menschlichen Seins und Verhaltens tangiert.

Erwin W. Straus wurde am 11. Oktober 1891 in Frankfurt am Main geboren. Er studierte Medizin und schloß dieses Studium 1918/19 mit einer Dissertation über eine Suchtkrankheit ab. Dann wandte er sich in Berlin der Psychiatrie zu, wobei er zunächst unter dem Einfluß von Karl Bonhoeffer stand. Aber bald kam es zu weitausholender philosophischer Lektüre, durch die der junge Privatdozent für Psychiatrie die Fundamente seines Faches zu überprüfen begann. Bereits 1931 wurde er auf Grund seiner Grundlagenforschungen in Berlin zum Psychiatrieprofessor ernannt.

1935 erschien Straus' Meisterwerk *Vom Sinn der Sinne*, das den Untertitel *Ein Beitrag zur Grundlegung der Psychologie* trägt. Es handelte sich um einen „großen Wurf" im eigentlichen Sinne des Wortes; der Autor strebte nicht nur ein neues Verhältnis zur Sinnenwelt an, sondern kritisierte auch geistvoll den Allmachtsanspruch der Naturwissenschaften innerhalb des anthropologischen Denkens und lieferte nebenbei glanzvolle Analysen der Seinsweisen des Wachseins, des Müdeseins, der

Arbeit, der Ruhe, des Wohnens usw. Von aufmerksamen Lesern wie L. Binswanger, v. Gebsattel, H. Kunz wurde das Buch begeistert aufgenommen. Da aber bereits der Nationalsozialismus an der Macht war, konnte es im deutschen Sprachbereich nur begrenzte Wirkung entfalten. Bis zum heutigen Tag ist dieser Text unausgeschöpft geblieben.

Straus ging in die USA, wo er akademische Lehrtätigkeit an der Hopkins University in Baltimore (1944–46) und später an verschiedenen anderen Universitäten in Kentucky ausübte: 1956 wurde er emeritiert, lehrte aber gelegentlich noch an weiteren Hochschulen. Wie groß und weitreichend die Wirkung seines wissenschaftlichen Ansatzes war, kann man unter anderem dem Sammelband *Conditio humana* entnehmen (hrsg. v. W. v. Baeyer u. R. M. Griffith, 1966), in dem zwanzig namhafte Autoren Erwin W. Straus anläßlich seines 75. Geburtstages feierten. Der Band wird eröffnet durch einen Beitrag von L. Binswanger, der dem Jubilar seit den zwanziger Jahren in Freundschaft verbunden war.

Die Zahl seiner wissenschaftlichen Abhandlungen ist imposant, obwohl er nur wenige Bücher veröffentlicht hat, die allerdings bei Kennern höchste Wertschätzung genießen. Erwin W. Straus starb 1975 in den USA.

Analyse der Suggestion

Sieht man von der kleineren Abhandlung *Zur Pathogenese des chronischen Morphinismus* (1919) ab, dann ist die Schrift über *Wesen und Vorgang der Suggestion* (1925, neu abgedruckt in *Psychologie der menschlichen Welt,* 1960) die erste bedeutende und selbständige Publikation von Erwin W. Straus. Auf zirka sechzig Druckseiten befaßt er sich mit den vielgestaltigen Suggestionsphänomenen, von denen ein Fachlexikon sagt, sie seien

die Beeinflussung von Menschen in Hinsicht auf ihre Denk-, Gefühls- und Willensabläufe; im engeren Sinne das beabsichtigte Hervorrufen bestimmter Empfindungen, Gedanken oder Handlungen, auch körperlicher Erscheinungen, bei einem anderen (Fremd-Suggestion) oder bei sich selbst (Selbst- oder Auto-Suggestion). (Wilhelm Hehlmann, *Wörterbuch der Psychologie,* 10. Aufl. Stuttgart 1968, S. 562).

Wie kann ein Mensch einem anderen seinen Willen derart aufzwingen, daß dieser gleichsam sein eigenes Ich wegwirft und das fremde Ich als maßgebend und bestimmend erfährt? Viele Forscher haben über die

Rätsel der Suggestibilität nachgedacht, aber das Phänomen ist offenbar nicht leicht zu erklären, da es tief im Seelenleben verankert ist.

Straus sieht in der Suggestion ein universelles soziales Geschehen, das an allen Ecken und Enden des Gemeinschaftslebens eine bedeutende Rolle spielt. Wenn zum Beispiel Menschen miteinander sprechen, dann teilen sie einander nicht nur Sachverhalte mit, sondern geben auch sich selbst kund. Sprecher und Zuhörer vollziehen „sinnverleihende Akte", indem sie sich auf den „Sinn der Rede" beziehen. Aber unmittelbar wirkt auch die Selbstkundgabe auf das Du ein, was bei Bejahung der anderen Person im Empfänger zu Urteilen führt, die nie im Detail nachgeprüft werden. Menschen stehen in emotionalen Beziehungen zueinander, die eventuell durch sachliche Beziehung überlagert werden: von Gefühl zu Gefühl findet Suggestion statt, die sich meistens der bewußten Kontrolle entzieht.

Ausdruck auf der einen Seite und Suggestibilität auf der anderen Seite sind für Straus korrelierende Tatbestände. Nun erscheint in jedem Ausdrucksverhalten stets die Gesamtpersönlichkeit, die man ahnend erfühlt oder begreift. Darum ist es wichtig, daß der Suggestor vom Suggestionsobjekt anerkannt, bewundert oder auch gefürchtet wird. Nur wenn das Übergewicht der anderen Person akzeptiert wird, macht man sich deren Weltsicht und Erlebnisweise – soweit man sie versteht – zu eigen. Solcherlei kommt in der Erziehung, in der Massen-Situation, in der Begegnung mit vorbildlichen Menschen, bei der Rezeption von Inhalten der Massenkommunikationsmittel usw. zustande. Nach Straus ist die „Wir-Bildung" das fundamentale Ereignis, das der Suggestion voranzugehen pflegt. Hat man die „Gesetze" der Wir- oder Gemeinschafts-Strukturierung erkannt, dann führt so manche Brücke zum Verständnis der Suggestionsvorgänge, die als isolierte Fakten kaum einzuordnen sind. Daher muß eine Wir-Psychologie die Psychologie der Suggestion fundieren.

Schon Freud hat die Suggestion mit der Verliebtheit verglichen, die ja eine „Gemeinschaft zu zweit" herstellt. Dabei wird allerdings die triebhafte Basis des Geschehens sehr stark akzentuiert. Straus will den Sexualtrieb nicht zum Repräsentanten des menschlichen Weltbezugs überhaupt erheben. Wenn er von Einflußnahme zwischen Ich und Du spricht, dann meint er zwei Personen, die ganzheitlich aufeinander einwirken, und zwar so, daß ihr „Welterleben" verschmilzt. Auf dem Boden solcher primärer Verschmelzungen kommt es zu sekundären „Angleichungen", die verblüffen können. Hierüber sagt unser Autor:

In dem Wir-Erleben wird die fremde Person bejaht, wird ihre Welt zur unseren. In dem suggestiven Übernehmen eines einzelnen Inhaltes, in dem Mitvollziehen eines Urteils, einer Wertung, eignen wir uns schrittweise die Inhalte an, die der Potenz nach durch die Wir-Bildung schon unsere eigenen geworden sind. Die Inhalte werden aber vorzüglich übernommen, die ... als wesentlicher Teil dieser fremden Umwelt, die auch unsere eigene ist, erkannt worden sind (*Psychologie der menschlichen Welt*, S. 55).

So ist allemal der soziale Mensch auch ein suggestibler Mensch. Nur im Maße, wie er sein eigentliches Ich-Selbst-Sein erringt, kann er den Richtlinien und Zwanghaftigkeiten des Kollektivs entweichen. Zu-sich-selber-Stehen ist nicht unbedingt Ablehnung von Sitte und Brauchtum, aber es ist der mühselige Prozeß der Selbstfindung in der Gemeinschaft, der so leicht durch Gleichschaltung und Nivellierung zugedeckt wird.

Demnach lebt der Mensch zwischen den Polen des Selbstseins und der Fremdbestimmung, wobei im Suggestionserlebnis die letztere überhandnimmt, indes in den Akten der Wahrheitssuche, der Reflexion und des eigenständigen Handelns und Verhaltens das erstere zum Zuge kommt. Es ist nach Straus das Ideal des „Weisen", das uns Selbstseinkönnen inmitten der Meinungen und Urteile der Gesamtheit vorbildlich vor Augen führt. Da wir meistens weit von Weisheit und Weltüberlegenheit entfernt sind, unterliegen wir tausendfältigen Suggestionen, die Elemente unserer „Selbstentfremdung" sind.

So stößt Straus in dieser Frühschrift vom Problem der Suggestion zu den Fragen der Sozialpsychologie, der Ethik, der Erkenntnisproblematik und sogar der Logik vor. Er übt hierbei ein „umfassendes Denken" ein, auf Grund dessen er später – vor allem in Abgrenzung gegen die Psychoanalyse – die Phänomene der Zwangsneurose, der Depression und der sexuellen Perversionen zu erhellen vermochte.

Psychologie der Zwangsneurose

Zwangsneurotische Erscheinungen sind oft schwer zu deuten. Die Patienten leiden unter Zwangsgedanken oder -handlungen, die nicht ihrer willkürlichen Kontrolle unterstehen. So müssen sie etwa dauernd die Hände waschen, bestimmte Gegenstände sinnlos anordnen, Gedankenfetzen rotieren ihnen im Kopfe, oder sie leiden unter Zahlenzwängen und Vermeidungszwang, das heißt, sie müssen gewisse Situationen, Dinge oder Menschen zwanghaft meiden, da sie sonst von großer Angst befallen werden.

Die Psychoanalyse lokalisiert die Zwangsneurose lebensgeschichtlich in der analsadistischen Phase der Reinlichkeitserziehung usw.; der Zwang entsteht unter anderem, wenn es zu Fixierungen oder Regressionen auf diese Stufe der Libidoentwicklung kommt, auf der das Problem von Einordnung und Selbstbehauptung, Hingabe und Autonomie aktuell ist. Zwangskranke sind zwar sehr hilflose Menschen, aber sie sind von einem schier grenzenlosen Autonomiestreben erfüllt. Daher ergibt sich bei ihnen eine tiefgreifende Ambivalenz in allen Gefühlsbeziehungen: Lieben und Hassen, Wollen und Nichtwollen gehen bei ihnen Hand in Hand, und diese innere Zwiespältigkeit kann die Patienten zur Verzweiflung treiben. Manche Zwangsneurosen gehen in Schizophrenien über, andere enden im Suizid. Jedenfalls ist diese Seelenstörung gravierend und psychotherapeutisch nur mit unendlicher Geduld und größtmöglicher Einfühlung zu behandeln.

Straus äußert keine Mutmaßungen über die Entstehung der Zwangskrankheit, sondern will ihre Erscheinungsweise beschreiben und deuten. Anhand einer Fallschilderung entwickelt er die Symptomatologie dieser schweren Irritation.

Auffallend ist beim Zwangstyp die wachsende Einengung des Lebensraumes und der Beziehungsmöglichkeiten. Die Patienten fühlen sich heimatlos in der Welt. Überall lauert Unsicherheit; sicher sind sie nur dann einigermaßen, wenn sie ihre Rituale befolgen. Echtes Handeln wird immer seltener; es gibt nur noch Geschäftigkeit ohne Sinn und Ziel, Zeitvertrödeln, ohne daß etwas vollbracht wird. Damit geht auch die geschichtliche Dimension des Daseins verloren. Durch Handlungen fügen wir Vergangenheit, Gegenwart und Zukunft des Lebens zur Einheit zusammen – haben wir hierzu nicht mehr die Kraft und die Fähigkeit, dann wird die Existenz punktuell und zerflattert in lauter unverbundene Zeitpunkte. Sinn und Inhalt des Lebens beginnen fraglich zu werden; der Zwangskranke leidet an einem intensiven Sinnlosigkeitsgefühl. Oft leidet er auch an Grauen, Schauder, Abscheu und Ekel; Straus befaßt sich vor allem mit den *Ekelgefühlen* in der Zwangsneurose.

Man kann sich vor allen möglichen Dingen und Verhältnissen ekeln: Schmutz, Sexualität, Essen, menschliche Haltungen, Gesinnungen usw. Bekannt ist die Polarität von Ekel und Gelüste; was den einen ekelt, kann für den anderen Gegenstand der Begierde sein. In verschiedenen Zeiten und Zonen gelten sehr verschiedene Objekte als „ekelhaft". Auch im individuellen Leben gibt es Unterschiede: wenn man sehr hungrig ist, ißt man unter Umständen Speisen, die man als gesättigter Mensch zurückweisen würde. Man kann demnach kein Faktum ausmachen, das bei *allen* Menschen als ekelhaft empfunden würde. Aber irgendwie sind Sauberkeit (physisch) und Reinheit (moralisch) die Gegenpole des Ekels; körperliche und seelische Beschmutzung scheinen zu jener tiefsitzenden Abwehr Anlaß zu geben, die im Ekel zum Ausdruck kommt. Straus stellt die Behauptung auf:

> Der Ekel ist die Abwehr der Einung mit dem Verwesenden. Es muß aber aufs genaueste beachtet und behalten werden, daß in dieser Definition das Verwesende als eine verborgene Eigenschaft gemeint ist, die sich auf vielfältige Weise ausdrücken kann (*Psychologie der menschlichen Welt*, S. 198).

Begierde richtet sich auf das Lebendige, das Schöne, das Edle und Anmutige; der Ekel weicht zurück vor dem Leblosen, vor allem, wenn es durch seine Verwesungseigenschaften an uns kleben zu bleiben droht. Was wir berühren, kommt uns gefährlich nahe: fast wird es uns zu eigen. Daher scheut die primitive Menschheit auch vor Berührungen mit niederen Volksschichten, Mördern oder sonstwie Ausgestoßenen zurück. Es ist wie ein Morast, in den man einsinkt, wenn man die Grenzen des festen Bodens verläßt.

Im Gegenüberstehen zur Umwelt oder Welt erlebt der Mensch seine Freiheit und Selbständigkeit. Objekte hat er nur vor sich oder um sich, wenn er aufrecht im Raume steht. Das Verwesende attackiert auf seine Weise dieses Aufrechtsein; es zieht uns an sich, es zieht uns nieder. Offenbar sind die Zwangskranken so unsicher in ihrem Selbstsein, daß sie schon bei einer Ahnung von Klebrigkeit der Welt aufbegehren und zu ihren Vermeidungsreaktionen greifen. Daher ihre verschiedenen Waschzwänge, die Eß-Rituale, vor allem auch das Meiden von intimen menschlichen Beziehungen, in denen körperliche und seelische Nähe unentrinnbar gegeben sind.

Die „Physiognomie einer solchen Welt" ist extrem widerständig: sie ist dämonenerfüllt, und der Kranke kämpft um sein Leben, wenn er sklavisch genau seine Zwangshandlungen durchführt, deren Unterlassung ihn dem Grauen überantwortet. Mit magischen Verhaltensweisen sucht er das Gefühl der Sicherheit heraufzubeschwören. Gelassenheit, Humor und Heiterkeit bleiben auf der Strecke, weil alles von Angst überflutet wird. Es ist ein verzweifelter Aufstand gegen die Endlichkeit des Menschen, der jedem Zwang zugrunde liegt.

Theorie der Depression

Ähnlich wie die Zwangsneurose kann auch die Depression „phänomenologisch" beschrieben werden; Straus erörtert dieses Thema in seiner Abhandlung über *Das Zeiterlebnis in der endogenen Depression und in der psychopathischen Verstimmung* (l. c., S. 126). Anhand der Beziehung des Depressiven zur Zeit sollen dessen Symptome und Ausfallserscheinungen interpretiert werden.

Nun gibt es die „objektive Zeit", die man auch die „Uhrzeit" oder die „Weltzeit" nennen kann: sie kann an den Uhren abgelesen werden und ist eine Abfolge von homogenen Zeitmomenten, die vom Menschen mehr oder minder unabhängig sind. Der Phänomenologe jedoch befaßt sich hauptsächlich mit der „inneren Zeit" des Menschen, mit der erlebten oder gelebten Zeit („Dauer" bei Henri Bergson, „Zeitlichkeit" bei Martin Heidegger). Dieser innere Zeitfluß kann sehr verschieden ablaufen. Bei jedem Menschen ist er anders, und zu verschiedenen Zeiten unseres Lebens wechselt dieses Fließen der Zeit in uns obendrein sein Tempo und seine Gestalt. Die Phänomenologie und die Existenzphilosophie tendieren dazu, in der subjektiven Zeitigung des Daseins die innerste Lebensbewegung zu sehen.

Wenn wir tätig und sicher im Leben stehen, dann merken wir den Zeitstrom in uns kaum. Wir sind ganz auf unsere Ziele und Beziehungen ausgerichtet. Die Zeit wird uns erst zum Problem, wenn wir uns langweilen, wenn wir warten oder uns ängstigen, wenn wir beschäftigungslos sind. Aus vitalen und psychischen Gründen kann der Zeitfluß ins Stokken geraten. Dann verändern sich Innen- und Außenwelt des Menschen, und er wird mit sich selbst konfrontiert.

In der Zukunft liegen unsere Möglichkeiten, weshalb man das Zukünftige die eigentliche Zeit-Dimension nennen kann. Nur wer eine Zukunft vor sich hat, kann im Augenblick sinnvoll leben, und das Vergangene wird ihm nicht zur Last, sondern zum Erfahrungsquell, zum Modell zukünftiger Selbstverwirklichung. Zukunft hat aber nur der tätige und handelnde Mensch, der entschlossen aus der Gegenwart in den Raum des Möglichen voranschreitet. Bei ängstlichen, zwanghaften und depressiven Patienten fehlt das Ergreifen möglichen Selbstseins. Daher erfahren sie sich als passive Objekte des Lebensgeschehens, denen weder die Zeit- noch die Lebenssynthese gelingt. Fast nichts kann erledigt werden, alles wächst ihnen über den Kopf. Aus dieser Stockung des Zeitflusses meint Straus die Zwangssymptome, den Kontroll- und Grübelzwang, den Zweifel, aber auch das depressive Nichtloskommenkönnen von eingebildeter Schuld, von Reue und Selbstkritik begreifen zu können. All dies zeigt an, daß die Depressiven in ihrer Vergangenheit steckenbleiben, was immer auch heißt, daß sie die Gegenwart nicht mehr genießen und die Zukunft nicht gestalten können. Daraus erwächst ihnen ihre Trübsal, ihre Verzweiflung und ihre Suizidalität. Das stockende Lebensgefühl schlägt nicht selten aus der Angst in die Aggression um, die sich leichthin gegen das eigene Ich wendet, wobei aber oft Beziehungspersonen „mitgemeint" sind.

Depressive sind zwanghaft, und Zwangskranke sind meistens depressiv: beide Symptomgruppen gehören innerlich zusammen. In beiden Fällen bewältigt der Mensch seine Lebensprobleme nicht; er bleibt stehen, wo er vorangehen müßte. Straus fragt nicht nach den lebensgeschichtlichen „Ursachen" dieses Stillstandes, sondern demonstriert nur, was diese Blockade alles mit sich bringt.

Depressive Patienten können über einen Verlust, der sie betroffen hat, meistens nicht trauern, und können sich auch nicht freuen, wenn für sie günstige Entwicklungen eintreten. Darüber gibt es in der Psychiatrie mannigfache Hypothesen und Theorien; Straus führt diese Gefühllosigkeit wiederum auf die Eliminierung des Zukunftserlebnisses zurück, da nur der Glaube an die Zukunft Bereicherungs- und Verarmungsphänomenen des Daseins ihren Sinn gibt. Wo Zukünftiges nicht mehr erhofft und erstrebt wird, ist nicht einzusehen, was Gewinne oder Verluste noch bedeuten sollen. Daher muß die Depressionstherapie ihr Hauptziel darin sehen, dem Patienten auf dem Wege der Beziehungsaufnahme und Hoffnungserweckung die Erfahrung einer möglichen Zukunft zu vermitteln.

Straus unterscheidet zwischen endogenen und psychogenen Verstimmungen: er will sich offenbar nicht von der traditionellen psychiatrischen Theorie entfernen, die immer noch „lebensgeschichtliche" und „konstitutionelle" Seelenkrankheiten scharf voneinander abgrenzt. Aber in der Praxis sieht es anders aus als im „Lehrbuch": das Biologische ist und bleibt für uns meistens ein X, von dem wir fast nichts bei solchen Störungen aussagen können. Fruchtbarer ist die Erforschung dieser Irritationen anhand der Biographie des Kranken, da dies meistens auch die psychotherapeutische Einwirkung auf ihn ermöglicht.

Es ist wichtig für den Arzt oder Psychologen, diese Zeitthematik in der Psychopathologie im Auge zu behalten. Die Patienten reagieren positiv darauf, wenn man sie auf ihr inneres Zeiterlebnis anspricht: oft erzählen sie dann Bestandteile ihrer intimsten Erlebniswelt, die mit ihrer Zeit-Pathologie innig zusammenhängt. Wir müssen wiederum bemängeln, daß Straus weniger therapeutisch als phänomenologisch interessiert ist: aber in *diesem* Bereich leistet er Vorzügliches.

Die sexuelle Perversion

Straus wendet sich auch gegen die psychoanalytische Theorie der Perversionen und Neurosen, die allzusehr die „infantile Triebhaftigkeit" in diesen Krankheitsmanifestationen betont. Der Hauptfehler liege in Freuds Lehre von den sexuellen Partialtrieben. Demnach gibt es schon im Kinde „perverse" Triebregungen, die günstigenfalls in die genitale Sexualität einmünden und durch „Sublimierung" ihren pathologischen Gehalt verlieren können. Normalität setzt sich dann gewissermaßen aus gedämpfter Pathologie zusammen. Das Kind wird unwillkürlich zu einem kleinen Perversen, der erwachsene Perverse zu einem großen Kind. Dies ist nach Straus eine schon im Ansatz schief liegende Konstruktion, auf die Freud trotz scharfer Beobachtungsfähigkeit durch seine einseitigen Denkvoraussetzungen geriet.

Die schlichte Beschreibung der perversen Phänomene selbst zeigt, daß Perversionen und Neurosen unter den Begriff der „Deformierung" fallen. Man muß ausgehen vom „normalen Seelenleben", das aufgabenorientiert ist und auf Selbst- und Wertverwirklichung im Rahmen der Kultur hinzielt. Hier liegt nun das unverkennbare „Defizit" bei allen seelischen Krankheitserscheinungen. Perversion und Neurose behindern die Gemeinschaftsbildung und das Fortleben der Gebilde des objektiven Geistes. Man kann sich eine Gesellschaft, die *nur* aus perversen und neurotischen Menschen besteht, kaum vorstellen. Alle wichtigen Kulturwerte würden unrealisiert bleiben, und die gesellschaftliche Entwicklung müßte stagnieren. Daraus läßt sich ableiten, daß der „Sinn" der seelischen Erkrankungen in einer Wendung gegen die Normen des Menschenlebens liegt; nicht Lust wird in ihnen primär gesucht, sondern eben die „Deformierung", die Auflösung der Form.

Wenn Kinder oder Tiere etwas zerstören, geschieht es fast immer ohne „Aggression" gegen das Zerstörte, indes beim Sadismus der sexual- und seelenkranke Mensch eine Entwürdigung und Person-Beraubung seines Gegenübers anstrebt. Auch zeigen sich Kinder nackt, ohne sich etwas dabei zu denken; der Exhibitionist jedoch „genießt" den Angriff auf die erschreckende Frau, wenn er sie durch seinen obszönen Anblick in die Flucht jagt. Dabei wird der *Wert der Schamhaftigkeit* verletzt, wie sich denn überhaupt jede Perversion gegen Werte richtet.

So macht etwa der Sadist seinen Liebespartner zu einem quasi-personlosen Objekt, mit dem er schalten und walten kann. Dabei kommt es bei ihm zu Allmachtsgefühlen, die stark vermindert wären, wenn er sein Gegenüber als einen gleichwertigen Mitmenschen anerkennen würde. Es ist ein Unfug, solche Haltungen und Verhaltensweisen aus „kindlichen Trieben" ableiten zu wollen. Derlei ist eine Erkrankung des Wert-Erlebens, der Gefühle, des zwischenmenschlichen Bezogenseins. Aus Gefühlsarmut und Lebensangst weicht der Perverse vor der Norm zurück und beschränkt sich auf ein normwidriges Reagieren, in welchem er sich selbst und seinen Partner herabsetzt.

Es geht in der Sexualität darum, durch irgendeine Erfahrung im *Zentrum der Seele* berührt zu werden. Dies sollte normalerweise das Erlebnis der Zärtlichkeit, der Nähe, der Hingabe und des Einswerdens sein. Bei manchen Menschen – respektive bei vielen – ist jedoch die höchste Erlebnisintensität an den Eindruck der Angst und der Aggression gekoppelt: sie suchen daher eine sexuelle Situation, in der sie ängstliche und aggressive Regungen unterbringen und ausleben können, was eventuell zu Frigidität und Impotenz, aber auch zu Perversionen führt. Der Perverse fürchtet Lieben und Geliebtwerden und hält sich lieber an einen Destruktionsmodus, in dem er sich sicher fühlen kann. Straus sagt sehr treffend:

> Das erotische Erlebnis erweist sich, wo immer wir es im menschlichen Dasein antreffen, als sinnhaft, als bedeutungsdurchtränkt. Nur im Bereich des Sinnes sind Perversionen möglich als Verneinung des wertadäquaten erotischen Verhaltens. Die tätliche Verneinung, die Entstellung erlebt der Perverse als jene zentrale Berührung, die bei ihm die leiblichen Vorgänge der sexuellen Erregung und des Orgasmus in Funktion setzt. Die Perversionen sind also überhaupt nur zu verstehen als *reaktive* Bildungen, als Umkehrung einer an den Erlebnissinn gebundenen Erotik (*Geschehnis und Erlebnis,* 1930, S. 116 ff.).

Nicht die unbewußten Triebe „verursachen" die Neurose, sondern die dominante Zuwendung zum Triebhaften ist ein neurotisches Symptom, da der Mensch kein animalisches Triebwesen, sondern eine Person ist. Person sein heißt: sich in der Zeit verwirklichen. Zu diesem Zweck müssen Vergangenheit, Gegenwart und Zukunft jeweils im Augenblick zusammengefaßt und durch Handlungen „weitergeführt" werden. Da der Perverse und der Neurotiker schlecht handeln können, zerreißt in ihnen die innere Zeit-Kontinuität, weshalb der Augenblick für sie sinnleer aufgebläht wird. Sie versuchen dann, von Moment zu Moment „fortzuwursteln"; ihr Dasein wird behindert durch eine tiefgreifende

Werdenshemmung, die sie nicht mehr das Leben als Ganzes erfahren läßt. Dasein untersteht aber der ethischen Forderung des Ganzwerdens, das heißt der inneren und äußeren Vereinheitlichung. Dies ist ein sittlicher Imperativ, der gewissermaßen im Leben selbst liegt. Sieht man die eigene Ganzheit nicht und kann man sie auch nicht wollen, dann muß man sich betäuben, um das Sinnlosigkeitserlebnis nicht dominieren zu lassen. Daraus entwickeln sich die Süchte, Perversionen und Neurosen, die nur geheilt werden können, wenn Sinn wieder erlebt und erstrebt wird. Der Perversion eignet immer ein Hang zur Tiefe, zum Abgrund, zur Selbstzerstörung: man tendiert auf das Verkommen hin.

Geschehnis und Erlebnis

Eines der ersten Hauptwerke von Straus ist das Buch *Geschehnis und Erlebnis* (1930), das den Untertitel *zugleich eine historiologische Deutung des psychischen Traumas und der Renten-Neurose* trägt. Die Tatsache, daß dieses kleine Werk fünf Jahrzehnte nach seiner Drucklegung in einem Reprint wiedererscheinen konnte, beweist, daß es eine zeitlose Aktualität besitzt; nicht zu Unrecht hat es Binswanger bald nach seinem Erscheinen als psychiatrisches Meisterwerk gewürdigt (in: *Ausgewählte Vorträge und Aufsätze*, Bd. II, S. 147 f.). Den nur 130 Druckseiten wird hier eine Rezension von immerhin 27 Druckseiten gewidmet.

Was machte das schmale Buch über die Renten-Neurose so revolutionär? Der Untertitel ist ein typisches Understatement, denn der Verfasser knüpft lediglich an die damals besonders wichtige Thematik der Renten-Neurotiker an, um seine Auffassungen über das Wesen des Seelischen, über Dingwelt und Innenwelt, über Zeiterleben, über die Neurosentheorie, die Perversionen usw. darzulegen. Der Leser gerät in Erstaunen über die Vielseitigkeit des Autors, der sich bald als Neurologe, Psychiater, Psychologe und Philosoph entpuppt und alle Spezialistenmentalität weit hinter sich läßt.

Die Kampfrichtung zielt gegen das naturwissenschaftlich-objektivistische Denken in Medizin und Psychologie, das zu wenig oder gar nichts weiß vom menschlichen Subjekt, dem man mit Kausalismus, Energetismus und Biologismus nicht beikommen kann. Bei der materiellen Welt ist man gewöhnt, in den Kategorien von Ursache und Wirkung zu rubrizieren. Hat das im Seelenleben auch einen faßbaren Sinn? So spricht auch die Psychoanalyse von seelischen Traumen, das heißt Verletzungen, die „ursächlich" den Verlauf psychischer Entwicklungen und

Fehlentwicklungen bestimmen. Was ist damit gemeint? Haben wir es hier mit einer Transposition aus der Naturwirklichkeit ins wesensmäßig verschiedene Psychische zu tun?

Straus übt brillante Kritik an Freud, sofern dieser vom Materialismus seiner Epoche ausging und damit gewissen Vorurteilen über Psyche und Natur des Menschen anheimfiel. Die Libidotheorie wird hierbei als Konstrukt entlarvt, das physikalischen Konzepten (Elektrizität usw.) nachgeahmt wurde und bestenfalls „Gleichnischarakter" haben kann. Auch der Traumabegriff ist in der Nachbarschaft der Physik gewachsen. Man deutete das Seelenleben als ein „Ding", das durch eine unerwartete und übermäßige Reizeinwirkung beschädigt werden konnte. Die Spontaneität und Eigendynamik der Seele wurde höchstens verschämt mitberücksichtigt, meistens aber unterschlagen. Doch ohne Anerkennung der „Subjektivität des Subjekts" kann man nichts Menschliches sachgetreu schildern, und auch die Neurosenlehre wird eigentümlich lebensfremd.

Die *Geschehnisse* der äußeren spiegeln sich in *Erlebnissen* der inneren Welt wider, und wenn zwei Individualitäten dasselbe geschieht, so erleben sie es sicherlich verschieden. Auf die vagen Hypothesen der Konstitutionsbiologie muß man hierin nicht unbedingt zurückgreifen. Wichtiger ist die Werdensgeschichte eines Individuums, in der sich immer schon eine Sinn- und Bedeutungssphäre konstituiert hat, auf die das äußere Ereignis bezogen wird. Die innere Lebensgeschichte eines Menschen entscheidet darüber, was auf ihn als „harmlos" oder „traumatisch" wirkt. Man muß das „Werden einer Persönlichkeit" kennen, um ihre „Schicksale" in ihrer Tragweite „für sie" zu begreifen.

Das ist nun wieder gar nicht so weit von der Psychoanalyse entfernt; in seinem polemischen Eifer übersieht Straus unseres Erachtens, daß Freud ebenfalls auf der Spur des „historiologischen Menschenverstehens" war, wenngleich er – seiner Epoche angepaßt – behauptete, ein „Naturforscher des Menschlichen" zu sein. So werden die psychoanalytischen Befunde durchaus nicht außer Kraft gesetzt, wenn man „Zeitlichkeit" und „Geschichtlichkeit" als zentrale Wesensmerkmale des Menschen hervorhebt. Straus liefert feinsinnige phänomenologische Beschreibungen dessen, was im Kreise um Edmund Husserl die „Selbstauszeugung der menschlichen Person" (A. Pfänder) genannt wurde. Damit will er die mechanistisch getönten „genetischen Theorien" entkräften, die allzuoft zwischen Geschehensanalysen und Erlebnisinterpretationen hin- und herwandern. So „erklärt" etwa Freud die Angst als eine Wiederholung des Geburtstraumas, und Otto Rank, sein Schüler, hat es sogar als Quelle aller Neurosen dargestellt. Aber es ist sehr fraglich, ob der Fötus den Geburtsvorgang als beängstigend empfindet, und selbst wenn dies so wäre, erläutert das nicht die späteren Lebensängste der Menschen. Das zeitlich Frühere muß nicht die Ursache des darauf Folgenden sein. Dies kann sehr schön an der Theorie der Angst veranschaulicht werden.

Angst entsteht durch Zusammenbruch einer inneren oder äußeren Ordnung und Sinngebung. Indem sie den Zusammenhang einer Werdensgeschichte zerreißt oder zu zerreißen droht, signalisiert sie die Möglichkeit der Vernichtung: in unseren Ängsten steht oft die Todesangst im Hintergrund. Immer wieder erfahren wir Angst in Grenzsituationen im Sinne von K. Jaspers: Tod, Kampf, Zufall, Schuld usw. lassen uns an die Grenzen unseres Seins stoßen, wo sich die Möglichkeit des Nichtseins auftut.

Diese Situationen können jedoch nur verstanden werden, wenn man den Menschen als ein Wesen begreift, das auf „Selbstverwirklichung" hin angelegt ist. Das bedeutet unter anderem, daß man aus seinem Leben „ein Ganzes machen soll und kann". Hierzu ist der Einsatz der Gesamtpersönlichkeit erforderlich. Ihn leistet nur der Mutige, der die Herausforderungen des Lebens entschlossen beantwortet. Entschlossenheit heißt nun Konfrontation mit den Existenzmerkmalen der Weite, Tiefe und Höhe des Daseins. Mutige Charaktere greifen aus in Welt und Gemeinschaft, steigen hoch oder graben tief: jedenfalls lassen sie sich energisch mit der Menschheit ein. Anders zum Beispiel der Phobiker, den wir zurückweichen sehen, wann immer er expandieren soll. Die Abwendung vom sozialen und tätigen Verflochtensein ist der „Sinn der Phobie", den man nicht aus Kindheitstraumen allein herleiten kann.

Der Mensch lebt zwischen den Polen der Bedrohtheit und der Sicherheit. Will er wachsen und werden, dann muß er auch Wagnisse auf sich nehmen: davor weicht der Phobiker zurück, so daß wir sein Grundproblem eine „Werdenshemmung" nennen können. Neurose ist immer auch *Entwicklungsstillstand*. Gelingt es uns, den Patienten von der Notwendigkeit des „Stirb und Werde" zu überzeugen, dann müssen wir unter Umständen nicht seine Kindheit und Jugend in allen Details durcharbeiten, wie es die Psychoanalyse häufig vorschlägt. Eine vorbildliche Helferpersönlichkeit animiert den Leidenden vielleicht ohne langdauernde Analyse. Fehlt das Vorbild in der Analytiker-Analysanden-Situation, dann ist auch das subtilste Zergliedern aller möglichen Kindheitstragödien nicht so hilfreich, wie man meint. Das Analysieren bleibt dann auf die Verstandessphäre beschränkt, indes eigentlich das Emotionale tangiert werden soll.

689

Der Mensch steht nach Straus unter dem Zwang der „Sinnentnahme" in seiner Welt. Seine Aufmerksamkeit erfaßt nur das, was für ihn als sinnvoll erscheint. Wir treten aktiv fragend an die Welt heran, und selbst unsere Wahrnehmungen sind schon durch unser lebensgeschichtlich determiniertes Fragen umgrenzt. Am gedeihlichsten verläuft die Entwicklung eines Menschen, wenn er durch entsprechende Kindheitsbedingungen weitläufige Sinn-Ansprechbarkeit entfaltet hat und daher sein Leben als Sinnsucher gestaltet. Gerade dies fehlt dem Patienten in der Psychopathologie. Er hat nach Straus die Tendenz zur „Sinnwidrigkeit" und „Deformierung", die man als Kern des neurotischen Welt- und Selbstverständnisses ansehen muß.

Da wir auf diesen Punkt auch anderswo eingehen, müssen wir in diesem Zusammenhang nicht darauf insistieren. Neurose, Perversion und Charakteranomalien gewinnen ihre Macht über den Menschen durch eine Art Revolte gegen die Norm, die Gemeinschaft, die Kultur und die Entwicklung aller. Am Beispiel der Süchtigkeit deklariert Straus, daß das Zerstörerische dieser Fehlhaltungen fast notwendig auch in die Selbstzerstörung einmündet. Der Mensch kann offenbar nur dann leben, wenn er sich nach Werten ausrichtet, die sein Dasein erhellen. Der Standpunkt der Wert-Negation – den man selbstverständlich lebensgeschichtlich „begründen" kann – ist nihilistisch und führt zum Untergang. Daher soll sich die Psychotherapie nicht in die ethische Neutralität begeben. Ohne Ethik hat sie kein Fundament, auf dem sie arbeiten und überzeugen kann.

Es ist fast naturgegeben, daß der Mensch aus seinem Leben ein Ganzes machen soll. Die Augenblicke der Existenz sollen dieser Totalität eingeordnet werden. Der Neurotiker, der Perverse und der Süchtige scheitern an dieser vom Leben geforderten „Zeitordnung". Sie meiden das soziale Handeln, welches Zukunft und Vergangenheit in einer sinnerfüllten Gegenwart zusammenbündelt. So treiben sie dahin, vegetieren gleichsam von Moment zu Moment. Daraus entsteht eine existentielle Gewissensreaktion, die man nicht – wie das Freudsche Über-Ich – auf die „Introjektion des Vaters" usw. zurückführen kann. Das *anerzogene Gewissen* ist gleichsam dem *existentiellen Gewissen* „aufgepfropft": letzteres muß befreit werden, wenn man die Rigidität des ersteren abbauen will. Sagt man, daß der Inhalt des existentiellen Gewissensrufes der Appell zur Selbstverwirklichung ist, dann heißt das gewiß auch, daß Werte verwirklicht werden sollen, da Wert, Sinn und Bedeutung sozusagen die Luft sind, welche unser geistiges Selbst benötigt, um atmen und leben zu können.

Damit ist lediglich der schematische Grundzug des Werkes von Straus in großen Zügen rekapituliert worden. Was das Buch für den Psychologen, Psychotherapeuten und Arzt so wertvoll macht, sind die eingestreuten Analysen etwa der Wahrnehmung und Empfindung, des Geizes, der Mentalität des Renten-Neurotikers, die Kritik an Ausartungen der Psychoanalyse und an Pavlovs Reflextheorie. Das Werk ist schmal, aber der Kenner spürt „die Pranke des Löwen"; hier werden mit einer schier universellen Allgemeinbildung Themen der Psychiatrie und Tiefenpsychologie abgehandelt, die bis ins Innerste der philosophischen Anthropologie führen. Die Existenzphilosophie von Heidegger wird nur in einer Fußnote erwähnt, und auch Husserl erscheint nur in Randbemerkungen: kein Zweifel aber, daß *Geschehnis und Erlebnis* den Geist jener Wendung in den Humanwissenschaften zum Ausdruck bringt, die in Phänomenologie und Existenzialismus kulminierte.

Wahrnehmung und Welt des Menschen

Noch deutlicher zeigt sich der wissenschaftstheoretische Standpunkt von Straus in seinem monumentalen Buch *Vom Sinn der Sinne*, das im Jahre 1935 erschien und als eine Revolutionierung des psychologischen Denkens empfunden und aufgenommen wurde. Das Thema des Werkes ist sehr theoretisch und für den Laien schwer zugänglich; wer sich aber in die Gedankengänge des Autors einlesen kann, erlebt eine Ausweitung seines geistigen Horizontes, wie sie kaum je mit einer Lektüreerfahrung verbunden ist.

Mit Dilthey, Husserl und vielen anderen will Straus sich dem Einfluß von Descartes entziehen, der für die humanwissenschaftliche Forschung teilweise verhängnisvoll war. Der große französische Denker, mit dem das Philosophieren der Neuzeit beginnt, determiniert heute noch weitgehend die Grundlagentheorien der Psychologie, der Biologie und auch der Sozialwissenschaften. Bekanntlich trennte Descartes Denken (cogitatio) und Ausdehnung (extensio) radikal voneinander; es handle sich um zwei Substanzen, die wesensverschieden sind. Das Bewußtsein des Menschen gehört der Cogitatio an; der Leib jedoch ist Teil der Extensio, der räumlich-materiellen Welt. So entstand das Problem, wie Leib und Seele miteinander kommunizieren können. Descartes entwarf zur Lösung dieser Frage materialistische Theoreme, die durch hinzugefügten Spiritualismus keineswegs überzeugender wurden. So konzipierte er das Ich als ein „denkendes Ding", was im Grunde ein Widerspruch in sich selbst ist. Sodann erhob er das intellektuelle Erkennen und Urteilen zur eigentlichen Weltbeziehung; Empfindungen galten ihm als minderwertige Erfahrungsweisen, die nicht „klar und deutlich" sein können.

Von Descartes schon stammt der Begriff der „Körpermaschine", der im Materialismus des 18. und 19. Jahrhunderts (zum Beispiel *l'homme machine* von Lamettrie) erheblichen Einfluß gewonnen hat. Der lebendige, beseelte Leib wurde von diesen Doktrinen nicht mehr gesehen. Man unterwarf die physischen und psychischen Funktionen des Organismus einer Betrachtungsweise, die von Physik, Chemie und Mathematik inspiriert war. Kein Zweifel, daß dies zu großen Fortschritten der Biologie und Medizin führte, die aber zugleich das Wesensverständnis des Menschen fundamental verfehlten. Die Idee der Körpermaschinerie reicht nun von den Descartes'schen Texten (1630–1650) bis zu Pavlovs Reflexologie, Watsons Behaviorismus und Freuds Psychoanalyse, die wir gewiß noch als „zeitgenössische Theoriebildungen" ansprechen müssen.

Eine Kritik dieser uralten und eingefleischten Vorurteile der Forschung ist schwierig und erfordert einen gewaltigen Weitblick: Straus macht sich souverän an diese Aufgabe und begründet nichts Geringeres als ein neues Wissenschaftsideal, eine neuartige Methodologie menschlicher Wesenserhellung. Es geht ihm darum, zu zeigen, daß der Mensch nicht einen passiven Leib und eine aktive Seele besitzt und daß Empfindungen nicht Hervorbringungen eines weltlosen Subjektes seien. Der Mensch ist „in der Welt" und hat vor aller Wissenschaftstätigkeit eine intime Beziehung zu den Mitmenschen und Dingen; er ist gleichsam in der Welt verwurzelt. Will man die Tatsachen seines Seelenlebens begreifen, dann muß man als die grundlegende Beschaffenheit der Psyche (besser: der Existenz) die „Zeitlichkeit" anerkennen. Der Mensch ist ein Werdender, und seine gelebte Zeit kann nicht als Summation gleichgültiger Zeit-Atome verstanden werden. Werden ist „geschichtlich", und die Begegnung des Menschen mit seiner Welt ist ein Geschichtsablauf, in welchem jede „Zeitstelle" ihren einmaligen und unverwechselbaren Stellenwert besitzt.

Das Empfinden findet statt innerhalb dieser Werdensgeschichte und ist gebunden an eine fragende Zuwendung zu Menschen und Dingen, zur Welt überhaupt. Empfinden ist Welterleben eines lebendigen Subjekts. So kann man etwa den Schmerz als einen gestörten Weltkontakt bezeichnen, da in ihm die Welt auf uns eindringt und uns zu überwältigen droht. Wir sind dauernd in Kommunikation mit der Welt, wobei die Empfindung eine Abwandlung des Ich-Welt-Verhältnisses ist, welches dem Wahrnehmen, Denken und Urteilen an Rang keineswegs untergeordnet werden soll. Straus denunziert in der allgemeinen Verachtung der Sinnesempfindungen einen Nachklang des christlich-religiösen Weltbildes, welches das Sinnliche, Zeitliche und Vergängliche zur „Welt des Bösen" rechnete. Kommt man von dieser theologisch bedingten Negation ab, dann wird die Sinneserfahrung aufgewertet, da sich in ihr der Mensch-Welt-Bezug entscheidend konkretisiert. Geht man diesem Zusammenhang radikal genug nach, dann gelangt man zu einer „Philosophie der Leiblichkeit", die viele überlieferte Vorstellungen in den Humanwissenschaften über den Haufen wirft.

Die umfängliche Kritik an Pavlov (sie umfaßt rund hundert Druckseiten!), die Straus in seinem Werk durchführt, muß heutzutage nicht rekapituliert werden; sie war seinerzeit notwendig und befreiend, indes wir heute über die schlimmsten Auswüchse des reflexologischen Denkens hinausgewachsen sind. Für den Psychologen und Mediziner ist die Straus'sche Polemik heute noch interessant, weil man an ihr lernen kann, wie man ein Denksystem sozusagen „von innen heraus" destruieren kann. Die Zeitgenossen um 1930 empfanden diese Darstellungen als mustergültig: und sie sind es in der Tat.

Es geht aber gar nicht nur um Pavlov, sondern um die gesamte „objektive Psychologie" (Verhaltenspsychologie, Lerntheorie, Gestaltpsychologie, Psychoanalyse), die den Menschen wie ein „Ding unter Dingen" abhandeln will. Unter der provozierenden Überschrift *Der Mensch denkt, nicht das Gehirn* widmet Straus ein glanzvolles Kapitel der naturwissenschaftlichen Psychologie, die – ohne es zu wissen – in „Hirnmythologie" einmündet. Dabei wird das Hirn als handelndes Subjekt eingesetzt, was zu tausendfältigen Widersprüchlichkeiten führt, die Straus mit folgenden Worten zu entlarven sucht:

> Um es kurz und prägnant zu sagen: Der Mensch kann Voraussagen machen, nicht das Gehirn. Der Mensch denkt, nicht das Gehirn. Menschen und Tiere sehen und hören, nicht aber die Netzhaut und die kortischen Organe. Erleben ist nicht eine – im Grunde überflüssige – Zutat zu einem bewußtlos ebensogut funktionierenden Nervensystem. Erlebende Wesen sind in einem einzigartigen Verhältnis zur Welt und können nur in einem solchen Verhältnis ihre Existenz vollbringen (l. c., S. 167).

Ein Organismus kann „Reize" empfangen, aber der Reiz ist bereits eine Abstraktion aus einer Erlebniswelt, die uns primär gegeben ist. Menschen leben gemeinsam mit anderen Menschen in einer erlebnismäßig gegliederten Welt, deren Widerspiegelung die Sprache ist. Aus Reizen allein könnte keine Sprache aufgebaut werden. Diese ist selber welthaft und entsteht nur in einem Wesen, das kommunikativ mit anderen in einer „Erlebniswirklichkeit" steht.

Wir verhalten uns zwar rezeptiv in der Sinnestätigkeit, aber keineswegs passiv. Die Sinne beantworten uns Fragen, die wir unserer Welt stellen. Der Reiz ist unsere Berührung mit der Welt, mit der wir den Aufbau unseres Erlebens vollziehen. Unser Erleben ist zukunftsgerichtet, Reize aber sind nur „gegenwärtig". Hätten wir keine Zukunft, dann könnten wir auch keine Gegenwart erfahren.

Das Gehirn ist für Straus ein Mittler zwischen physikalischer und phänomenaler Welt; ein Organ der Transformation und nicht der Transmission. Wir leben in einer von „Bildern" erfüllten Welt, aus der wir physikalische und biologische Vorgänge und Strukturen herauslösen können. Verleugnet man diese bildhafte Realität des Bewußtseinslebens, dann kann man eine einheitliche Naturwirklichkeit konstruieren, von welcher der Mensch „nur ein Teil ist". Das versuchen Positivismus und Materialismus, aber die Psychologie kommt viel weiter, wenn sie vom Erleben ausgeht und die Welt des Menschen in ihren mannigfaltigen Gliederungen mit seinen Erlebnissphären koordiniert.

Das ist nun offenkundig eine „phänomenologische Psychologie", und Straus entwirft nicht nur ihr Programm, sondern zeigt auch, wie man eine derartige methodologische Überlegung auf Fragen der Forschung anwenden kann. Zu den schönsten Partien seines Werkes gehören feinsinnige Analysen des Zusammenhangs von „Empfinden und Sich-Bewegen" (historiologisch betrachtet), ein Kapitel über das „Wachsein" mit einer originellen Theorie des Traumes, Untersuchungen über „Empfinden und Erkennen" sowie auch „Empfinden und Wahrnehmung". Sodann folgen Betrachtungen über die Phänomene des Raumes und der Zeit, die – ähnlich, wie es Husserl tat – den Kantischen Ansatz einer „Transzendentalphilosophie" einer sorgfältigen Prüfung unterziehen.

So berührt sich dieser *Beitrag zur Grundlegung der Psychologie* mit uralten Themen der philosophischen Spekulation, die er nicht als Fremdkörper der Wissenschaft überstülpt, sondern sozusagen in sie „einarbeitet", so daß man am Ende ein kunstvolles Amalgam vor sich sieht, bei dem man nicht trennen kann, wo die Wissenschaft beginnt und die Philosophie endet.

Der Psychiater als philosophischer Anthropologe

Alle Arbeiten von Straus sind – trotz fachwissenschaftlicher Thematik – Beiträge zur philosophischen Anthropologie, da sie ein Wesensverständnis des Menschen anvisieren. In einigen Untersuchungen jedoch ist das Moment der Philosophie etwas deutlicher zu fassen als in den übrigen Texten; diese Abhandlungen wollen wir in Kürze Revue passieren lassen.

Die Scham als historiologisches Problem heißt ein kleiner Aufsatz aus dem Jahre 1933 (auch abgedruckt in: *Psychologie der menschlichen Welt*, S. 179 f.). Bekanntlich hat Freud die Scham hauptsächlich als „Reaktionsbildung" zu würdigen versucht. Primär gab es für ihn den exhibitionistischen „Partialtrieb", der durch Erziehung und Kultur gehemmt und unterdrückt wird. So entsteht das Sich-Schämen als kulturelles Kunstprodukt, das sich im sexuellen Bereich sehr oft als Hemmschuh der Genußfähigkeit auswirkt. Daraus ergeben sich nun Deutungen der Perversionsphänomene des Exhibitionismus und des Voyeurtums, die nach Straus abwegig sind. Aus psychoanalytischen Schilderungen kommt mitunter der Eindruck zustande, daß der Exhibitionist und der Voyeur einfach nur ihren „kindlichen Regungen" folgen, die durch Zufälle der Lebensgeschichte in ihnen erhalten blieben. Pervers daran ist lediglich, daß sich die Teiltriebe nicht dem Primat des Genitalen unterordnen; ansonsten ist das Geschehen mehr oder minder „natürlich".

Wiederum verweist Straus auf den *entwertenden Grundzug* in der Verletzung des Schamgesetzes bei der exhibitionistischen und voyeuristischen Perversion. In der Scham trennen wir unsere öffentliche und unsere private Existenz voneinander. In der ersteren herrscht die Objektivierung, die Allgemeinheit, die Wiederholung und das Gewordene; in der letzteren geht es um Teilhabe in Wechselseitigkeit, um einzigeinmalige Beziehung und um das „Werdende".

Reißt man das Intim-Werdende ins Öffentliche hinein, so bekommt es leicht komische oder absurde Züge. Die Menschen tendieren dazu, Intimität und Werden im Verborgenen zu halten. Das Inzestverbot richtet sich nicht etwa speziell gegen „inzestuöse Wünsche", sondern ist eher eine Aufforderung, sich aus der Familie herauszuentwickeln. Der Koitus geschieht in der Abwendung von der öffentlichen Welt, da er vom „Geist des Werdens" beseelt ist. Zeigt man ihn in der Pornographie, dann will man Werdensgestalten lächerlich machen, das heißt den Menschen zum Tier oder zur Sache erniedrigen; Straus sagt:

Sie (die Untersuchung) erweist schließlich, daß die Scham zur ursprünglichen Existenz des Menschen gehört, daß die Scham primär, die Schamlosigkeit ein erworbenes Verhalten ist (l. c., S. 186).

Eine andere Abhandlung trägt den Titel: *Die aufrechte Haltung. Eine anthropologische Studie* (l. c., S. 224) und sucht die Wesensmerkmale des Menschen zu bestimmen. Sprache und aufrechter Gang gelten seit langem als konstitutiv für das menschliche Sein. Beide Eigentümlichkeiten sind nicht eigentlich „angeboren"; der Mensch bringt nur die Disposition hierzu mit auf die Welt, und er muß beiderlei durch „Leistung" erwerben. Mit ihrer subtilen Psychologie deklariert die Sprache einen Zusammenhang zwischen dem physischen Aufrechtstehen und der moralischen Standfestigkeit; nicht zu Unrecht führt zum Beispiel Ernst Bloch die Fähigkeit des Menschen, gegen Mißstände zu revoltieren, als Manifestation des „aufrechten Ganges" an; Mut, Kraft und Gesinnungsstärke sind Korrelate des Aufrechtseins.

Nach Straus löst die aufrechte Haltung den Menschen vom Erdboden ab und gibt ihm Distanz zur Umwelt. So vollbringt er eine Loslösung von Umgebung und Unterlage, wodurch er sich frei fühlt und es auch faktisch ist. Aber die Schwerkraft zieht ihn zu Boden, und die Welt ist voller Widerstände. Daher wird vielen der aufrechte Stand zur Last, und sie träumen davon, sich fallen oder sinken zu lassen. Ein Teil der psychopathologischen Phänomene ist aus dieser Anziehungskraft des „Untenseins" zu erklären. Denn Sich-gegenüber-Halten erzeugt das Gefühl des Verlassenseins, der Einsamkeit und der Drohung durch die „Macht der Dinge". Andererseits bewundern wir jene, die den Mut zur Standfestigkeit haben und kühn in die physische und moralische Welt „ausschreiten".

Hände, Augen und Ohren verwandeln ihre Funktion bei einem Lebewesen, das sich aufrichtet und sich des Raumes frei bemächtigen kann. Die Hand wird zum *Werkzeug aller Werkzeuge*, Auge und Ohr werden *Fernsinne*. Diese Wandlungen ermöglichen das Sprechenkönnen der Menschen, den Aufbau und den Gebrauch der Sprache. So wird der aufrechte Gang zur Bedingung der menschlichen „Geistigkeit". An ihr lernt der Mensch vom ersten Lebensjahr an, daß das Gesetz seines Lebens „Überwindung" heißt. Freiheit ist nur ein anderer Ausdruck für Selbst- und Welt-Überwindung, woraus sich erkennen läßt, daß sie nicht eigentlich eine Gabe, sondern eine Aufgabe ist.

Dasselbe Thema wird sehr eindrücklich weitergeführt in der Abhandlung *Zum Sehen geboren, zum Schauen bestellt* (in: *Werden und Han-*

deln, Festschrift zum 80. Geburtstag von V. E. von Gebsattel, hrsg. v. E. Wiesenhütter, 1963, S. 44 f.), wobei die Fragestellung noch fundamentaler und umfassender ist.

Straus bezieht sich nun auf Herder, der den Menschen auf Grund seiner aufrechten Haltung den „ersten Freigelassenen der Natur" nannte. Wer aufrecht steht, „sieht" nicht nur wie die Tiere, sondern kann „schauen": Umwelt verwandelt sich hierbei in Welt und Kosmos. Schauen ist „geistiges Sehen", das heißt Objektivation:

> Das Auge des Menschen, von der Fron im Dienste des Fangens, Greifens, Einverleibens emanzipiert, kann auf den Dingen ruhen… Der Blick des Menschen richtet sich auf die Dinge „an sich" (l. c., S. 52).

So wird der Mensch, wie Heidegger sagt, ein „Wesen der Ferne". Seine Geistigkeit ist sozusagen in seiner Leibgestalt verankert. Er kann abstrahieren, kontemplieren und über die Welt und sich selbst nachdenken. Er lebt in einer Welt von Bildern, mittels derer er den Abstand zwischen sich und den Dingen überbrückt. Dieses Vermögen, Bilder zu schaffen und sie als Bilder zu erkennen, ist nicht nur ein Trennungsmerkmal zwischen Tier und Mensch, sondern auch die eigentliche Quelle aller Künste.

Hier geht nun Straus zu einer Analyse des Imaginären über, deren phänomenologische Konsequenz an Sartres Untersuchungen über dieses Thema erinnert. Sartre bezeichnete in seinem Buch *Das Imaginäre* (1971) das Wesen des Phantasiebildes als „anwesende Abwesenheit": nur dem Menschen ist es durch seine Freiheit möglich, Vorstellungen zu erzeugen, in denen ein Mensch oder Ding zugleich anwesend und auch abwesend ist. Die Kunst verwendet diese symbolische Fähigkeit des Menschengeistes, der „in der Welt" eine *zweite Welt* konstruiert, die ganz sein eigenes Werk ist.

Auf Grund eines derartigen Ansatzes handelt Straus die Psychologie der Kunsttätigkeit ab und sagt in diesem Zusammenhang sehr Eindrückliches über das Wesen der Kunstgebilde, die aus dem Schauen-Können des Menschen hervorgehen und seine „Kraft des Schauens" bestärken.

Kritische Bewertung

Liest man die Texte von Straus, so kann man sich schwerlich dem Eindruck seiner großen geistigen Energie entziehen, die das jeweils aufgegriffene Problem mit imponierender Umsicht und verblüffendem

Weitblick zu bearbeiten weiß. Fast jede Abhandlung, die er geschrieben hat, ist wie ein klassisches Meisterstück: wissenschaftliche Genauigkeit ist darin selbstverständlich, und darüber hinaus kommt es zu philosophischen und künstlerischen Intuitionen, die helles Licht auf den diskutierten Gegenstand werfen. Hier schreibt ein Psychiater mit universeller Bildung, offenbar auch erfüllt von Freude über glanzvolle Formulierungen, die Einsicht mit klarer Darstellungsweise verbinden. Binswanger berichtet bei Gelegenheit, daß er einmal im Berner Oberland zusammen mit Straus und Gebsattel einen Urlaub verbrachte, wobei sich die Freunde mit der Frage amüsierten, wie man jeden von ihnen mit einem einzigen Wort charakterisieren könne; er selbst habe diese Fragestellung folgendermaßen beantwortet:

> Erwin Straus sei der Gescheiteste von uns, denn es fiele ihm immer etwas ein, von Gebsattel sei der Intuitivste, ich selbst aber der Systematischste (*Werden und Handeln,* S. 19).

Man mag nicht gern in den Streit der Freunde eingreifen, aber etwas Wesentliches ist bestimmt mit dieser Kennzeichnung getroffen. Tatsächlich zeigen die Schriften von Straus einen Einfallsreichtum, der mitunter atemberaubend wirkt. Hier hat man es mit der hohen Kunst des phänomenologischen Beschreibens und Zergliederns zu tun: jedes Phänomen wird in allen seinen Abschattungen vorgewiesen, und überall wird der Durchblick zu jener Frage gesucht, um die alle Humanwissenschaft kreist: *Was ist der Mensch?*

Die Kritik an jeglicher naturalistischer Psychologie zieht sich wie ein roter Faden durch das Lebenswerk von Straus. Nahezu alles, was er über die Engen und Einseitigkeiten dieser „naturwissenschaftsähnlichen" Seelenforschungen aussagt, ist berechtigt oder zumindest bedenkenswert. Das Menschenbild, von dem die anthropologische Medizin oder phänomenologische Psychiatrie inspiriert ist, hat unzweifelhaft große Vorzüge gegenüber dem „homo natura", der nicht nur in Freuds Lehren eine oft lebensfremde Gestalt annimmt. Dennoch geht Straus in seiner polemischen Leidenschaft zu weit. Er sieht nicht, daß gerade in der Psychoanalyse – trotz ihrer materialistischen Verzerrungstendenzen – ein Realismus in der Menschen- und Weltbetrachtung zum Durchbruch kam, von dem auch die Phänomenologen sehr viel lernen konnten und können. In seiner Ablehnung methodologischer Ungenauigkeiten in den Theorien Freuds kehrt er oft zu einer „Bewußtseinspsychologie" zurück, die eigentlich seit dem Erscheinen von *Die Traumdeutung* (1900) obsolet geworden ist. Daher sind zum Beispiel die Falldarstellungen bei Straus vom psychoanalytischen Standpunkt gesehen eigentümlich unvollständig; das Unbewußte und das Sexuelle ist in den Beschreibungen der Patienten „unterrepräsentiert", und in *Geschehnis und Erlebnis* wird sogar von einem 17jährigen Angstneurotiker erzählt, der ein „gutherziger Junge mit offenem Blick ohne jede Neigung zu demonstrativer Darstellung" (l. c., S. 18) sei. Warum er dann an Angstneurose erkrankte, bleibt schleierhaft.

Erwin W. Straus besaß viel mehr intellektuelle als therapeutische Leidenschaft. Er philosophiert bewundernswert über kranke Menschen, ihr Dasein und Sosein; er verstrickt sich aber zu wenig in ihre Daseinsnöte als Helfer und Heiler, so daß die „teilhabende Beobachtung" bei ihm zu kurz kommt.

Ausgewählte Literatur

Baeyer, W. Ritter v. & Griffith, R. M. (Hrsg.) (1966). Conditio humana, Erwin W. Straus zum 75. Geburtstag. Berlin: Springer.
Binswanger, L. (1955). Geschehnis und Erlebnis. In Ausgewählte Vorträge und Aufsätze, Bd. II. Bern: Francke.
Freud, S. (1900). Die Traumdeutung. GW II/III.
Giese, H. (Hrsg.) (1967). Die sexuelle Perversion, Frankfurt: Akademische Verlagsgesellschaft.
Sartre, J. P. (1971). Das Imaginäre. Reinbek: Rowohlt.
Straus, E. W. (1919). Zur Pathogenese des chronischen Morphinismus. Inangural-Dissertation. Berlin.
– (1930). Geschehnis und Erlebnis. Berlin: Springer, 3. Auflage 1978.
– (1935). Vom Sinn der Sinne. Ein Beitrag zur Grundlegung der Psychologie. Berlin: Springer, 3. Auflage 1978.
– (1960). Psychologie der menschlichen Welt. Gesammelte Schriften. Berlin: Springer.
– Natanson, M. & Ey, H. (1969). Psychiatry and Philosophy. Berlin: Springer.
Wiesenhütter, E. (Hrsg.) (1963). Werden und Handeln. Festschrift zum 80. Geburtstag von V.-E. v. Gebsattel. Stuttgart: Hippokrates.
Wyss, D. (1977). Die tiefenpsychologischen Schulen von den Anfängen bis zur Gegenwart. Entwicklung, Probleme, Krisen. Göttingen: Vandenhoeck & Ruprecht, 5. erweiterte Auflage.

Medard Boss

Einleitung

Medard Boss wurde am 4. Oktober 1903 in St. Gallen (Schweiz) geboren. Bald übersiedelte die Familie nach Zürich, wo der Vater den Posten eines Verwalters in der Universitätskinderklinik annahm. Daher wuchs der Knabe im Spitalsmilieu auf, was in ihm den Wunsch erweckte, Arzt zu werden. Als späterer Medizinstudent bewunderte er den Psychiater Eugen Bleuler, so daß er als Spezialgebiet die Psychiatrie wählte. Dadurch wurde er auch mit Psychoanalyse und Psychotherapie bekannt, die zum beruflichen Mittelpunkt seines Lebens werden sollten.

Anläßlich eines Studienaufenthaltes in Wien (1925) begab sich Boss zu Freud in die Analyse, wobei ihm auffiel, daß der Schöpfer der psychoanalytischen Lehre als Therapeut viel menschlicher war, als es seine strenge Theorie erwarten ließ. Freud nahm z.B. dem armen Medizinstudenten fast kein Honorar ab und steckte ihm mitunter sogar kleinere Beträge zu, wenn dieser in materieller Bedrängnis war. Die Therapie bei Freud war allerdings zuweilen schockierend, da dessen harter analytischer Zugriff Boss mitunter wie eine Entlarvungswut vorkam; so heißt es etwa im autobiographischen Bericht:

> Nichts war mehr das, was es eben noch zu sein schien. Alles war nur mehr verhüllende Fassade, die immer wieder neue Schlechtigkeiten verbergen wollte. Das war schon verwirrend genug. (*Psychotherapie in Selbstdarstellungen,* hrsg. v. L.J. Pongratz, 1973, S. 75 f.).

Gleichwohl setzte Boss seine Lehranalyse in Zürich fort und wurde Assistent an der Psychiatrischen Universitätsklinik Burghölzli. Seine neurologischen und psychoanalytischen Kenntnisse vervollständigte er in Urlauben in London und Berlin; in diesen Städten arbeitete er u.a. mit Ernest Jones, Karen Horney, Hanns Sachs, Wilhelm Reich und Kurt Goldstein zusammen. Nach Zürich zurückgekehrt, übernahm er die Leitung des privaten Nervensanatoriums „Schloß Knonau", wo er Erfahrungen in der Schizophrenentherapie sammelte. Langsam begann er an der Glaubwürdigkeit der Theorie der Psychoanalyse zu zweifeln, worin ihn Ludwig Binswanger und C.G. Jung mächtig bestärkten. Durch den ersteren lernte er die phänomenologische Betrachtungsweise kennen; mit dem letzteren arbeitete er von 1938 bis 1947 in einer psychologischen Arbeitsgemeinschaft zusammen, die Jung gegründet hatte, um seine Isolierung von den Fachgenossen zu durchbrechen.

Als Boss jedoch 1947 in seiner Habilitationsschrift *Sinn und Gehalt der sexuellen Perversionen* die Berechtigung von Jungs Archetypenbegriff anzweifelte, kam es zum Abbruch der Beziehungen; für Jung war es unvorstellbar, daß man seine Theorien nicht als „Tatsachenbeobachtungen" hinnahm. Wiewohl seine Formulierungen stets ungemein spekulativ waren, behauptete er unerschütterlich, reiner Empiriker zu sein, der in keiner Weise über das Faktisch-Gegebene hinausging.

In der Zeit des Zweiten Weltkrieges begann sich Boss mit Martin Heideggers Philosophie zu beschäftigen, dessen Hauptwerk *Sein und Zeit* (1927) ihm allerdings zunächst als ein Buch mit sieben Siegeln erschien. In jahrelanger Bemühung drang er aber doch in den Geist der Fundamentalontologie und der Analytik des Daseins ein, die für ihn Grundlage seines ärztlichen Denkens und Handelns wurden: Heidegger wurde zum philosophischen Mentor seiner weiteren Entwicklung.

Die persönliche Freundschaft mit dem Philosophen dauerte von 1946 bis zu dessen Tod im Jahre 1976. Boss assimilierte die frühen und späten Gedankengänge der Heideggerschen Seinslehre, die er für die Psychiatrie und Medizin vielseitig fruchtbar zu machen wußte. In Anlehnung an Heidegger schuf er seine „daseinsanalytische Konzeption", die er in zahlreichen Büchern propagierte. Dabei rückte er von Ludwig Binswangers scheinbar ähnlich verlaufenden Bestrebungen ab, da dieser sich ebensosehr an Husserl wie an Heidegger orientierte und – wie Boss meint – noch der kartesianischen Subjekt-Objekt-Spaltung hörig blieb. Wie die Überwindung dieses Subjekt-Objekt-Denkens im Detail aussieht, kann man allen Texten von Boss deutlich entnehmen.

Boss' Lebenswerk zielt auf eine Ersetzung der tiefenpsychologischen Schulen durch eine „daseinsgerechte Interpretation" des menschlichen Lebens, Leidens, Wirkens und In-der-Welt-Seins, was gewiß manchen theoretischen und praktischen Fortschritt für die Seelenheilkunde mit sich brachte. Im Grunde geht es Boss um eine philosophische Medizin und Psychologie, die die Einseitigkeit des Materialismus, des Positivismus und des übersteigerten Rationalismus der Neuzeit hinter sich lassen. Mit seinem daseinsanalytischen Ansatz hat er in der Alten und Neuen Welt großen Anklang gefunden. Er wurde Ordinarius an der Universität Zürich und Präsident der Internationalen Föderation für Ärztliche Psychotherapie. Indien, USA usw. luden ihn zu längeren Forschungs- und Lehraufenthalten ein. Seit 1971 besteht eine „Gesell-

701

schaft für daseinsanalytische Anthropologie" und seit 1972 ein „Daseins-analytisches Institut" in Zürich; Ehrungen aus manchen Ländern wurden dem Forscher zuteil, der auch der Träger des Preises „Große Therapeuten" der American Psychological Association ist. In der Psychotherapie und Psychosomatik der Gegenwart nimmt die Daseinsanalyse einen wichtigen Rang ein.

Daseinsanalytische Grundbegriffe

Nahezu das gesamte Begriffsrepertoire der Daseinsanalyse von Boss entstammt der Philosophie Heideggers, in deren Sprache auch die tiefenpsychologischen Funde und Befunde eingekleidet werden. Daher ist das Studium der Heideggerschen Werke unentbehrlich, wenn man die daseinsanalytischen Texte gründlich verstehen will. Von zentraler Bedeutung ist hierbei das existenzphilosophische Grundbuch *Sein und Zeit* aus dem Jahre 1927; aber auch die späteren Bücher Heideggers sind wichtig zum Verständnis der Daseinsanalytik, die sich als ein neuer Zugang zu den Fragen des Seins und des Menschseins gewertet wissen will.

In *Sein und Zeit* fragt Heidegger phänomenologisch nach dem Wesen des menschlichen Seins, das für ihn grundsätzlich verschieden von allem anderen Seienden ist. Daher spricht er beim Menschen vom „Dasein", im Unterschied zum bloßen „Vorhandensein" der Dinge, zum „Zuhandensein" der Werkzeuge und zum „Leben" der Pflanzen und Tiere. Der Mensch ist Existenz im Sinne von ek-sistere, d. h. außer sich sein, bei den Mitmenschen und den Dingen der Welt sein. Dasein ist immer schon In-der-Welt-Sein, also Wohnen in und bei der Welt, von der her der Mensch sich zu verstehen gewohnt ist. Zudem ist der Mensch als ein Selbst ein Verhältnis, welches sich notwendigerweise auch zu sich selbst verhält.

Wiewohl die Menschen gerne und regelmäßig „ich selbst" sagen, diagnostiziert Heidegger, daß das Dasein (der Mensch) zunächst und zumeist in der uneigentlichen Form des Selbstseins existiert. In der alltäglich-durchschnittlichen Existenz findet man sich als „Man-selbst-Sein", als ein Verfallensein an die nivellierte Lebensform des Kollektivs, dem man gerade zugehörig ist. Diesem Man-selbst-Sein entsprechen die ebenfalls als „Uneigentlichkeit" in Erscheinung tretenden Defizitärmerkmale des zweideutigen Verstehens, der furchtsamen Befindlichkeit und des bodenlosen Geredes. Alle diese Charakteristika des Daseins werden von Heidegger „Existenziale" genannt, worunter er Grundformen und Erkenntnisweisen der menschlichen Existenz versteht (analog den „Kategorien", mit welchen wir die Naturwirklichkeit beschreiben und erkennen). Jedem uneigentlichen Modus des Menschseins kann man eine Existenzweise der Eigentlichkeit gegenüberstellen, die allerdings dem Menschen nicht einfach geschenkt wird – in *Sein und Zeit* erläutert Heidegger den mühevollen Weg, auf dem jeder einzelne aus der Verfallenheit an das Man-selbst-Sein zu einem eigentlichen Selbstsein in Freiheit und Verantwortung vordringen kann.

Die Grundstimmung, die den Menschen aus der Selbstvergessenheit zu sich selbst zurückruft, ist nach Heidegger die Angst. In ihr wird sich das Dasein seiner Ausgesetztheit in der Welt bewußt und erfährt, daß es die Last seiner selbst auf niemanden abwälzen kann. Sich ängstigend erlebt man die Tatsache, daß das menschliche Sein im Verhältnis zu seinen Möglichkeiten existiert und daß die äußerste Möglichkeit des Lebens der Tod ist. Wer sich diese Erfahrung zuzumuten wagt, „entwirft" sich entschlossen zu seinen jeweiligen Möglichkeiten, die sich ihm aus seiner lebensgeschichtlichen, sozialen und geschichtlichen Situation erschließen. Er hört gleichsam die Stimme seines Gewissens, die nicht allein wegen dieser oder jener Verfehlung zu ihm spricht (z. B. Gewissensbisse, Schuldgefühle usw.), sondern im „Modus des Schweigens" fordert, daß er „eigentlich er selbst werden soll". Die Botschaft „Werde, der du bist!" ist sozusagen der unterschwellige Gesamtsinn aller Gewissensreaktionen, die von uns infolge einer moralisierenden Erziehung und Kultur meistens nur als Kritik von einzelnen Taten oder Unterlassungen vernommen werden.

In der Angst wird aber auch die „Sorge" erfahren, welche nach Heidegger ebenfalls ein fundamentales Existenzial des menschlichen Daseins bedeutet. Sorge heißt: Gerichtetsein auf die Zukunft. Die Zukunft ist für Heidegger die „eigentliche Zeit des Menschen". Es entspricht der menschlichen Offenheit für die eigenen Möglichkeiten und die Möglichkeiten der Verhältnisse und Entwicklungen in der Welt, daß der Mensch ständig schon in seiner Zukunft lebt, aus der heraus erst seine Vergangenheit und Gegenwart ihre Sinnstrukturen empfangen. Die „Zeitlichkeit" wird so zum innersten Gehalt der menschlichen Existenzbewegung, die ständig im Augenblick das Vergangene, das Gegenwärtige und das Zukünftige zusammenbündelt, um wahrnehmend und handelnd das Seins- und Selbstverständnis zu entfalten.

Nur dem Handelnden ordnet sich das Leben zu einem geschichtlichen Ganzen, indes der furchtsame, zaudernde und an das Man verfallene

Mensch eher ungeschichtlich dahinvegetiert. So mündet Heideggers Analytik des Daseins in eine Lehre von der Geschichtlichkeit des Menschen ein, die sichtlich von Dilthey und Nietzsche inspiriert ist. Letzterer unterschied bekanntlich in seinen *Unzeitgemäßen Betrachtungen* unter dem Titel *Vom Nutzen und Nachteil der Historie für das Leben* (1874) zwischen antiquarischer, kritischer und monumentalischer Geschichtsauffassung: nur die dritte Betrachtungsweise schien ihm einem echten Geschichtsverständnis zu entspringen, da sie die Vergangenheit nicht nur ehrfürchtig bewundert oder kritisch einordnet, sondern sie als Aufruf zur tätigen Selbstverwirklichung im Anschluß an historische Vorbilder empfindet. Auch Heideggers Fundamentalontologie will vom Menschen die „geschichtliche Tat", wobei anläßlich der Machtergreifung der Nationalsozialisten im Jahre 1933 diese Geschichtlichkeit bedenklich nahe an den von der braunen Barbarei geforderten „Wehrdienst, Wissensdienst und Arbeitsdienst" herangeriet (*Die Selbstbehauptung der deutschen Universität*).

Wilhelm Dilthey schließlich verwendete die Lehre von der menschlichen Geschichtlichkeit als ein Instrument des Verstehens der menschlichen Geschichte und Kultur, d. h. als Ausgangspunkt seiner umfassenden Hermeneutik des Menschenlebens und seiner Kulturleistungen. Heidegger deutet am Schluß von *Sein und Zeit* an, daß seine Neubearbeitung der Seinsfrage im ganzen u. a. der Fruchtbarmachung des großartigen philosophischen Ansatzes von Dilthey zugute kommen soll, worin er Zugänge zu einem lebensgemäßeren Philosophieren erblickt.

Diese Selbstbescheidung scheint aber in den dreißiger Jahren rasch verlorengegangen zu sein. Nach der Trennung von seinem großen Lehrer Edmund Husserl wurde Heidegger in zunehmendem Maße geheimnisvoller, mystischer und weltfremder. Er vollzog nunmehr die sogenannte „Kehre", d. h. er dachte nun nicht mehr vom Menschen (Dasein) zum Sein hin, sondern umgekehrt vom Sein her zum Menschen. Seine Lehre wurde eine Seinsmystik, die wahrscheinlich weitgehend Anleihen bei Hegel, Schelling, Hölderlin und den Vorsokratikern gemacht hat.

Es kommt in Heideggers Spätphilosophie zu Formulierungen, die über einen engen Kreis von Eingeweihten hinaus kaum noch verständlich sind. Vom „Sein" oder „Seyn" wird ausgesagt, daß es in und an ihm selbst gelichtet sei; in diese Lichtung hinein „ereignet" sich die menschliche Existenz, der es aufgegeben ist, Hirt und Hüter des Seins zu sein. Der Mensch soll offenbar für alles Seiende, das ihm ein gütiges Geschick überantwortet hat, Entwicklungs- und Entfaltungshelfer werden. Das Sein schickt ihm Götter oder einen Gott, ist aber auch mitunter karger und zieht sich von den Menschen zurück, die dann in der Weltnacht des Nihilismus mehr oder minder „gottlos" existieren müssen. Die neuzeitliche Technik und Naturwissenschaft ist nach Heidegger die vollendete nihilistische Seinsverdunkelung. Diese wurde u. a. verschuldet durch den auf Descartes folgenden modernen Rationalismus, Materialismus und Szientismus (Naturwissenschaftsideologie), die zu bekämpfen Heidegger nicht müde wird. Er selbst preist aber eine ländlichsittliche Gelassenheit an, die auf das Kommen und Gehen des Seins zu hören vermag und das Gehörte (meistens ziemlich schwer verständlich) „zur Sprache bringt".

Viele nennen Heideggers Spätwerk einen Gipfel der europäischen Philosophie, vielleicht auch ihre Selbstüberwindung: man kann aber auch in ihm eine Entartung des Philosophierens sehen, in der sich die kühnen Errungenschaften von *Sein und Zeit* ins Nebulose verflüchtigen.

Die sexuelle Perversion

Boss' erste größere wissenschaftliche Untersuchung ist seine Schrift *Sinn und Gehalt der sexuellen Perversionen. Ein daseinsanalytischer Beitrag zur Psychopathologie des Phänomens der Liebe* (1947). Darin soll die Überlegenheit der Daseinsanalyse über die Psychoanalyse Freuds und die sogenannte „anthropologische Medizin" (v. Gebsattel, E. Straus, H. Kunz, O. Schwarz u. a.) theoretisch und praktisch demonstriert werden. Nach Boss sind die daseinsanalytischen Erklärungen und Beschreibungen des Perversionsphänomens lebensnäher und überzeugender als die konstruktiven Vergewaltigungen und Fehlinterpretationen bisheriger Forschung.

Für Freud waren bekanntlich die Perversionen Fixierungen und Regressionen auf infantile Stadien der Libidoentwicklung, bzw. nicht-sublimierte Äußerungsweisen von Partialtrieben, die normalerweise unter den Primat der genitalen Strebungen fallen sollten. Nach dieser Formulierung ist das Kind ein kleiner Perverser, der erwachsene Perverse jedoch ein großes Kind. Solche Thesen haben seit dem Erscheinen der *Drei Abhandlungen zur Sexualtheorie* (1905) stets Befremden ausgelöst; sie sind auch heute noch so fragwürdig wie eh und je.

Freuds „Psychophysik" sucht nach der *Ursache* des perversen Liebeslebens und glaubt diese in abnormen ödipalen Entwicklungen zu erkennen. Wer am Ödipuskomplex scheitert, bewältigt auch nicht die notwendigen Sublimierungsleistungen, so daß er entweder neurotisch oder pervers wird. Im ersteren Falle liegt eine Hypertrophie des Hemmungsapparates vor; im letzteren die Ungezügeltheit der Partialtriebe, die sozial und kulturell gehemmt werden müssen. Jedenfalls ist Freud der Meinung, daß die Neurose „das Negativ der Perversion" sei – ein Satz, der sich mutmaßlich auch umkehren läßt.

Für Boss geht es nicht mehr hauptsächlich um die Ursache der Perversion, wenngleich er mit Freud darin übereinstimmt, daß jeglicher Triebpervertierung unglückliche Erziehungs- und Kindheitskonstellationen zugrunde liegen. Das Ursachendenken entstammt dem naturwissenschaftlichen Physikalismus, der durch die Daseinsanalyse überwunden werden soll. Anstatt Kausalitäten zu konstruieren, sollen wir vielmehr lernen, die Phänomene in allen ihren Verweisungszusammenhängen zu beschreiben und zu deuten; eine daseinsgemäße Interpretation ist heilsamer als so manche kausalgenetische Ableitung, die den Menschen zu einer streng-determinierten Maschinerie herabwürdigt. In Freuds Sicht läuft der Mensch Gefahr, als Libido-Apparat zu erscheinen, der durch Energiestauungen und Abflußstörungen neurotisch, pervers oder psychotisch wird.

Hier setzte die Kritik der medizinischen Anthropologie ein, die *der Sache selbst* sicherlich näher kam. Sie geht davon aus, daß der perverse Mensch die Norm des Liebeslebens halb-bewußt kennt, aber sich aggressiv und entwertend gegen sie stemmt. Infolge von Angst und Unreife will er in der Perversion die „Ganzheit der dualen Liebesgestalt" auflösen, zertrümmern und zerstören. An die Stelle des schöpferischen Liebesaktes tritt die destruktive Wendung, die in keinem Falle perversen Verhaltens zu fehlen scheint.

Der perverse Mensch will das Normwidrige, weil er das Normale fürchtet, nicht genug kennt oder es sich nicht zutraut. Er gewinnt seine Lust aus destruktiven Impulsen, hinter denen man in der Regel tiefsitzende Ängste mutmaßen darf. Die Perversionen sind daher nicht Abkömmlinge von Partialtrieben, sondern Fehlentwicklungen des Werterlebens, die man auch Defizienzformen der menschlichen Personalität nennen kann. Wer als Person existiert, wird immer das Du suchen, schätzen und in der Liebe an seiner Entfaltung mitwirken; die verkümmerte Persönlichkeit jedoch tendiert dazu, in der Wertverneinung ihre Selbstbestätigung zu finden.

Boss findet auch diese Theorie nicht ausreichend, da sie seines Erachtens in erster Linie die negativen Aspekte der Perversion ins Licht rückt. Um zu einer vollen Würdigung der Phänomene zu gelangen, ruft er zur Besinnung auf die „Norm der Liebe" auf und definiert diese schließlich als den Versuch der Daseinseinigung und Daseinsmehrung durch die Hingabe an ein Du, wodurch Welt, Selbst und Mitmensch in der Fülle ihrer Möglichkeiten erfahren werden. In diesem Sinne ist das Lieben der „natürlichste Wesensvollzug des Menschen": der Mensch wird seiner existenziellen Bestimmung gerecht, wenn er liebend in der Welt steht und damit das wesensgemäße Mit- oder Miteinandersein der Menschen zur vollsten Blüte entfaltet. Zur Liebe gehört allerdings auch die Stimmung des Gelöstseins, des Offenseins, der Freiheit: alle Defizienzformen der Liebe zeigen die Merkmale des Verstimmtseins, der daseinsmäßigen Verkapselung in Gestalt von Angst oder Feindseligkeit oder beidem. Wer nicht lieben kann, verfehlt nicht nur den Mitmenschen, sondern sein Dasein als Ganzes.

So geht nun Boss daran, an Fällen von Perversionen exemplarisch aufzuzeigen, wie sie alle eine Zerrform der Liebeswirklichkeit darstellen. Bei angemessener Interpretation erweisen sich die perversen Verhaltensweisen als Manifestationen von ängstlich-trübsinnig-verzweifeltem In-der-Welt-Sein, dem, aus lebensgeschichtlichen Motiven, die Erfahrung des Einswerdens mit einem Geschlechtspartner versagt ist. Die Therapie muß solchen Menschen die Nachreifung ermöglichen, damit sie aus den Mauern ihrer gegenwärtigen Existenz ausbrechen und in die wahrhaftige Nähe des Mitmenschen gelangen können. Dies exemplifiziert Boss an sehr detaillierten und einfühlsam gedeuteten Lebens- und Behandlungsgeschichten je eines Fetischisten, Koprophilen, Kleptomanen, Voyeurs, Exhibitionisten, Sadomasochisten und dreier Homosexueller.

Diese Falldarstellungen und Interpretationen machen zwei Drittel des Buches aus und sind unzweifelhaft dessen eigentliches Kernstück. Boss ist ein großer Meister in der Darstellung von Krankenbiographien, die sich unversehens in prägnantes Anschauungsmaterial für seine daseinsanalytischen Thesen und Theorien verwandeln. Die Kunst der Kasuistik wird von den Daseinsanalytikern überhaupt sehr sorgfältig praktiziert und geübt; dadurch gewinnen ihre Texte an Farbigkeit und Lebensfülle, was die Lektüre der ansonsten recht schwierigen Beschreibungen einigermaßen erleichtert.

Das Fazit von Boss' Darlegungen scheint die sehr humane Ansicht zu sein, daß im Kern der fetischistischen, koprophilen, kleptomanischen, voyeuristischen, exhibitionistischen, sadomasochistischen und homosexuellen Perversionen immer auch ein ganz echter „Versuch des Durchbruchs zur Liebeswirklichkeit" steckt, der berücksichtigt und verstanden werden muß, wenn man dem Patienten zur Nachreifung und

Selbstentfaltung helfen will. Das Destruktive, Entwertende und Triebhafte im perversen Leben und Erleben ist immer nur Vordergrundsphänomen; es drängt sich nur vor, weil die Selbstverwirklichung im Lieben
und Geliebtwerden durch ungünstige frühe Werdensbedingungen in
Kümmerformen steckengeblieben ist.

Boss will weder die Psychoanalyse noch die anthropologische Medizin
durch seine Daseinsanalyse überflüssig machen: er will deren Befunde
lediglich in ein lebensnäheres Gesamtkonzept einordnen, das auch das
Selbstverständnis des Patienten in erhöhtem Maße zu fördern vermag.

An den Perversionen bestätigt sich nach Boss Freuds Ausspruch, daß
„die Allgewalt der Liebe sich vielleicht nirgends stärker als in diesen
ihren Verirrungen zeige" (GW V, S. 35). In den *Schlußbemerkungen* des
Buches heißt es daher:

> Die daseinsanalytische Erforschung unserer Patienten brachte uns nun in
> erster Linie zum Bewußtsein, daß das psychopathologische Symptom einer
> sexuellen Perversion in seinem Wesen niemals als eine isolierte Einzelerschei-
> nung zu verstehen ist ... Samt und sonders erweist sich ... das sexuell perverse
> Verhalten unserer Kranken als die Austragungsphänomene eines Widerspru-
> ches zwischen dem liebenden Miteinandersein zweier Menschen und einem
> ihnen andressierten ... aufgezwungenen Weltverhältnis, in dessen Licht die
> begegnenden Dinge und Mitmenschen nur als betont widerständige, be-
> grenzte, starre, verkrustete, ferne Erscheinungen sich zeigen konnten. In
> Beziehung zu den so verengt vernommenen Dingen und Mitmenschen konn-
> ten sich die Kranken auf ein liebendes Miteinandersein im Bereiche ihrer
> Leiblichkeit und Sinnlichkeit nur in Ausschnitten und Peripherien der mit-
> menschlichen Partner oder nur nach gewaltsamen Durchbruchsversuchen
> durch deren als übermäßig starre Schranken wahrgenommene Konturen hin-
> durch bis zu einem gewissen Grade doch noch einlassen. (L. c., 1947/1967, S.
> 170 f.)

Traumdeutung oder Traum-Auslegung?

Auch auf dem Gebiete der Traumpsychologie unternahm Boss bedeutsame Vorstöße zu neuen Formulierungen und Sichtweisen. So veröffentlichte er im Jahre 1953 seine Monographie über das Thema *Der Traum
und seine Auslegung*; 1975 ließ er dann eine eher praktische Beispiel-
sammlung unter dem Titel *Es träumte mir vergangene Nacht. Sehübun-
gen im Bereiche des Träumens und Beispiele für die Anwendung eines
neuen Traumverständnisses* folgen. Wie er im *Vorwort* des erstgenannten Buches angibt, hat er im Laufe seiner langjährigen Berufstätigkeit
weit mehr als fünfzigtausend Träume von mindestens fünfhundert ver-

schiedenen Menschen kennengelernt; man sieht daraus, wie wichtig ihm das Traumproblem ist, von dem aus er einen neuartigen Zugang zum phänomenologischen Menschenverständnis sucht.

Dabei werden die Traumtheorien von Freud und Jung – deren Subtilität und Eindrücklichkeit Boss ohne weiteres anerkennt – einer strengen Kritik unterzogen. Beide Lehren haben nicht genügend Respekt vor dem Traumphänomen als solchem: sie nehmen es nur als Ausgangspunkt theoriegebundener Umdeutungen und Konstruktionen, die *der Sache selbst* nicht gerecht werden.

So behauptet Freud u. a., daß der manifeste Traum auf ein latentes Traummaterial verweist, welches durch die analytische Deutung erst erschlossen werden muß. Der Analytiker leistet hierbei gewissermaßen eine Übersetzungsarbeit, indem er die Traumerzählung in ihre eigentliche Aussage transponiert. Er folgt dabei den Regeln, die Freud angegeben hat. Nach Freud muß hinter jedem Traum ein verborgener Triebwunsch stecken, d. h. ein infantil-sexueller Impuls, der als der hauptsächliche Motor des Träumens anzusehen ist. Verschiebung, Verdichtung, Umkehrung ins Gegenteil, Symbolisierung usw. sind die Mechanismen der Traumarbeit, die man deutend rückgängig machen muß, um zum Sinn des Traumes vorzustoßen. Dabei enthüllt man das im Unbewußten liegende Traummaterial, das zum Kern der Persönlichkeit hinführt.

Gemäß seinen materialistischen Denkvoraussetzungen, die u. a. in der sogenannten „Metapsychologie" ihren Niederschlag fanden, ist für Freud das Traumgeschehen ein energetischer Vorgang, in dem die allmächtige „Libido sexualis" die Hauptrolle spielt. Daher können und sollen alle wesentlichen Trauminhalte *sexualsymbolisch* verstanden werden: es gibt fast nichts in den Träumen, was nicht angesichts des analytischen Deutungszwanges als Symbol für Penis, Vagina oder Koitus gedeutet werden könnte. So machen die Psychoanalytiker aus vielen Träumen kleine sexuelle Dramen, wobei sie kaum je darüber reflektieren, ob sie damit nicht einer naturalistischen Metaphysik und Anthropologie zum Opfer fallen, die auf zahlreichen unbewiesenen und unbeweisbaren Behauptungen beruht.

Boss negiert diese „reduktive" Technik der Traumdeutung. Er ist aber der Meinung, daß auch der Freud-Kritiker C. G. Jung in seiner „analytischen oder komplexen Psychologie" ähnliche Reduktionsverfahren anwendet wie der von ihm scheinbar überwundene psychoanalytische Materialismus: auch für die Jungianer ist der Traum lediglich eine Fassade, hinter der sich die traumbildenden Mächte verbergen, nur sind diese nicht mehr sexuell getönte Wünsche und Strebungen, sondern die „Archetypen des Seelenlebens", mittels derer Jung auf seine Weise das menschliche Sein substantialisiert und verdinglicht. Auch für ihn ist das Unbewußte (das nicht nur individuell, sondern auch kollektiv ist) eine nahezu autonome Kraft im Menschen, sozusagen eine Persönlichkeit innerhalb oder unterhalb der Persönlichkeit. Wieder kommt es zu konstruierten Theorien und Hypothesen, die dem Traum übergestülpt und aufoktroyiert werden.

Jung unterliegt zwar nicht dem sexualsymbolischen Deutungszwang, aber seine Symbollehre macht oft aus den harmlosesten Traumerscheinungen Symbole von mythologischem Gehalt, die den unbefangenen Betrachter künstlich anmuten. Wiederum müssen – wie bei Freud – die wahrgenommenen Phänomene hinter den bloß postulierten Strukturen, Gestalten und Mächten zurücktreten. Die Spekulation triumphiert über die *schlichten Sachverhalte,* die zu beachten und zu würdigen die grundlegende Aufgabe der Wissenschaft ist.

Nach Boss pflegen alle tiefenpsychologischen Schulen die Träume zu *deuten,* d. h. sie beziehen sie auf eine mehr oder minder einseitige Theorie, in die der Traum *nolens volens* hineinpassen muß. Der neue existenzialontologische oder phänomenologische Ansatz würde aber darin bestehen, daß aus einem umfassenden Verstehen menschlichen Daseins heraus der Traum ohne jegliche theoretische Vergewaltigung in seiner jeweiligen Aussage *ausgelegt*, d. h. unverstellt erfahren und vernommen wird. Es gibt keinen latenten Traum hinter dem manifesten: wohl aber enthält jedes Traumdetail und birgt das Traumganze selbst eine unendliche Fülle von *Verweisungen* und *Bedeutungszusammenhängen*, die in der Weise der Phänomenologie freigelegt und ans Licht gehoben werden können.

Dies geschieht z. B. dadurch, daß man sich von der in jedem Traum waltenden *Gestimmtheit* anmuten läßt: so teilt uns der Traum mit, in welcher habituellen oder okkasionellen Stimmung der Träumer sein In-der-Welt-Sein vollzieht, wobei die Stimmungen eines Menschen darüber entscheiden, welche Inhalte des Erfahrens und Erlebens für ihn zugänglich sind oder werden. Jedes Traumfaktum soll nichts als „es selbst" bedeuten: eine Schale im Traum ist zunächst eine Schale, nicht aber das Symbol einer Vagina oder ein Kultgegenstand, der auf irgendwelche sakrale oder mythologische Bedeutungen verweist. Andererseits ist es wohl so, daß bei sachgerechter Auslegung eine Schale etwa der Verweisungs- und Bedeutsamkeitsmittelpunkt für vielfältige Modalitäten existentiellen Empfangens, Sammelns und Aufbewahrens sein kann; im

Wachen wie im Träumen hat alles und jedes ein weitläufiges Verweisungsfeld, das mitgesehen und mitempfunden werden kann, wenn man die Kunst des (phänomenologischen) Sehens beherrscht. Diese Sichtweise soll nach Boss die veraltete Symboldeutung ersetzen, die so oft zu Abstrusitäten führte.

Boss' Fragen hinsichtlich der Traumauslegung lauten demnach: Welche Form des Welterlebens tut sich im Traume kund? Welche Möglichkeiten seines Seins hat der Träumer ergriffen oder verfehlt? Wo äußern sich im Traumgeschehen verengte, deformierte und entwicklungsgehemmte Daseinsentwürfe, die der Träumer begreifen lernen muß, um sich zu einem freien und verantwortungsbewußten Leben zu entfalten? Wie und in welchem Zusammenhang manifestieren sich im Traum außermenschliche Natur, technische Artefakte und Mitmenschen, und welches ist die Beziehung des Träumers zu ihnen? Wo verfehlt der Träumer das normgemäße eigentliche Selbstsein, welches immer auch ein Mitsein mit den anderen und ein weltoffenes Erschlossensein zum Sein im ganzen beinhaltet? Was lehrt der Traum den Analytiker und den Analysanden, wenn man sich dessen Gehalt verstehend aneignet, ohne ihn in das Prokrustesbett einer voreilig formulierten Theorie zu zwängen?

Anhand von zahlreichen Beispielen demonstriert Boss seine Deutungskunst, in der gesunder Menschenverstand und Existenzphilosophie eine Synthese einzugehen versuchen. Seine Interpretationen sind oft überzeugend, so daß man nachvollziehen kann, warum *Der Traum und seine Auslegung* von manchen Kritikern als ein Markstein in der Geschichte der Traumforschung gewürdigt wurde. Auch die erwähnte Sammlung *Es träumte mir vergangene Nacht* enthält viele Traumexempel und geistvolle Bemerkungen, die zu tiefgründigen Betrachtungen anregen.

Weniger überzeugend ist die Meinung des Autors, daß es auch telepathische und prophetische Träume geben könne. Boss schöpft hier aus teilweise fraglichen Quellen (z.B. J. Jezower, *Das Buch der Träume,* 1928), deren Glaubhaftigkeit sehr anzuzweifeln ist. Auch verblüfft die Methode: er stellt viele Träume isoliert vor den Leser und philosophiert darüber, ohne auf die Biographie und die Behandlungsgeschichte des Träumers einzugehen. Trotz dieser Einwände wird man den Traumbüchern von Boss hohen Respekt nicht versagen.

Leiben und leben

Großes Aufsehen in der Fachwelt erregte auch Boss' *Einführung in die psychosomatische Medizin* (1954), das die phänomenologische Betrachtungsweise mit überzeugender Souveränität auf die Probleme der Psychosomatik anwendet. Schon 1940 hatte Boss ein Büchlein unter dem Titel *Körperliches Kranksein als Folge seelischer Gleichgewichtsstörungen* veröffentlicht. Der Weg, der von der einen zur anderen Publikation führte, begann bei der Psychoanalyse und mündete in die Existentialontologie ein: kein Wunder, daß hierbei alle psychosomatischen Konzepte tiefgreifend revidiert werden mußten.

Der Begriff Psychosomatik setzt voraus, daß es so etwas wie eine menschliche Psyche und ein ihr zugehöriges Soma gebe, die sich wechselseitig beeinflussen und krankmachen können. Gewiß beobachten wir seelische Funktionsstörungen, die eindeutig auf Körperursachen (z. B. Hormon-Dysfunktionen) zurückgeführt werden können. Auch gibt es seelische Krisen und Komplikationen, in deren Gefolge Körperkrankheiten auftreten. Aber ist *die Sache selbst* richtig beschrieben, wenn wir von Leib, Seele und eventuell auch noch Geist reden, als ob es je solche lokalisierbaren Wesenheiten im und am Menschen geben könnte? Damit wird der Mensch in zwei oder drei verschiedene Substantialitäten aufgespalten, die man keineswegs vereinigt, wenn man nachträglich noch von der „Leib-Seele-Geist-Einheit" spricht. Boss ist der Meinung, daß wir den Menschen unmittelbar als Ganzheit erfahren und daß dieses Ganzheitliche auch in unseren wissenschaftlichen Aussagen über ihn enthalten sein muß.

So würden allenfalls die alten Streitigkeiten der Psychoanalytiker und Psychosomatiker überflüssig, die einen wesensmäßigen Unterschied zwischen Hysterie und Organneurosen postulierten. Von der Hysterie behauptete schon Freud, daß in ihr psychische Energie in Organsymptome konvertiert werde: daher sprach man von Konversionsneurose. Hysterische Symptome wurden als Ausdrucksphänomene gedeutet: sie bringen oft in symbolischer Gestik ein Anliegen des Patienten „zur Sprache". Bei den Organneurosen (z. B. Magengeschwüren, Asthma usw.) ist der „symbolische Ausdruck" umstritten: sie werden eher als Begleiterscheinungen von unterdrückten Affekten und Impulsen gewertet. Wie sieht nun die Daseinsanalyse diese funktionellen und neurotischen Leiden, die in der modernen Medizin eine wachsende Bedeutung gewonnen haben?

Boss löst gleichsam den gordischen Knoten der endlosen Debatten über Konversions- und Organneurosen mit einem Schwertstreich, indem er eine einheitliche Auffassung aller dieser Krankheitsformen vorschlägt. Als „Existenz" im Sinne Heideggers ist der Mensch ein weltoffenes, mit den Mitmenschen verbundenes Wesen, das in allen seinen „Weltbezügen" sein leib-seelisches Selbstsein vollzieht. Wenn nun aber irgendein Weltbezug durch eigene Unreife, Angst, Gehemmtsein und Widerständigkeit der Welt nicht mehr vollziehbar ist, so kommt gleichsam die Existenzbewegung ins Stocken. Existenzielle Anliegen werden in die stummen und verschwiegenen Zonen des Leibes abgedrängt. Dabei kommt es zu einer „leiblichen Aufblähung"; während ansonsten der Leib des Menschen unauffällig bleibt, tritt er im Kranksein drastisch hervor, da er durch Stockung und Steckenbleiben ein Übergewicht gewinnt.

So entstehen die *Symptome*, die man oft als ein existenzielles Versagen deuten muß, da in ihnen im Medium der Leiblichkeit Lebensbezüge in Erscheinung treten, die eigentlich durch handelnden Umgang mit Menschen und Dingen ausgetragen werden sollten. An die Stelle der „Austragung" tritt dann der hysterische „Ausdruck" oder die organneurotische Symptomatik, die Kümmer- oder Defizienzformen des menschlichen In-der-Welt-Seins darstellen.

Für das in der Psychosomatik so bedeutsame Problem der „Organwahl" schlägt Boss originelle Lösungsversuche vor. Adler meinte bekanntlich, eine Erklärung für das Betroffensein von bestimmten Organen bei neurotischen Erkrankungen liege in der sogenannten „Organminderwertigkeit": konstitutionell schwache Organe gelten hierbei als Ort des geringsten Widerstandes, wo bei Belastung des Gesamtorganismus jede psychophysische Überbürdung zuerst deutlich wird. In der Psychoanalyse mußte die Theorie der Partialtriebe der Libido dazu dienen, die Lokalisation von Organneurosen in bestimmten Körperbereichen verständlich zu machen. Demgegenüber behauptet Boss, daß den wichtigeren Organen jeweils gewisse *Austragungsthemen* der Existenz zugeordnet werden können: scheitert das Individuum in einem Punkt, so äußert sich sein Lebensdefizit in einer spezifischen Form von *Leiblichung,* die an dem Organ haftet, das thematisch angesprochen ist.

So kommt etwa Fettsucht bei Menschen vor, die gemäß ihrer Kindheitseindrücke auf hungriges und gieriges Aufnehmen und Ansichreißen gestimmt sind und andere bedeutsame Aneignungsbereiche (Liebe, Beruf usw.) verkümmern lassen: der Leib bläht sich auf, weil die Seele mut- und beziehungslos ist. – Magersüchtige Patientinnen wehren sich u. U. gegen das Erwachsen- und Frauwerden, wobei sie im Kampf gegen ihre Weiblichkeit (und die entsprechenden Körperformen und -funktionen) den ganzen Leib ätherisch verflüchtigen möchten: so hungern sie sich mitunter zu Tode. Ihr Ekel gegen den eigenen Körper umfaßt auch oft Ekel gegenüber Nahrung, Animalisch-Erdhaftes, gegen die Realität überhaupt. Sie sind so unfrei, daß sie nur noch einen Rest von Freiheit im Hungern, im Neinsagen und im langsamen Suizid verwirklichen können.

Interessante Analysen liefert Boss auch über die Krankheitsbilder der unfallanfälligen Menschen, über essentielle Blutdrucksteigerung, über chronische Magen-Darm-Krankheiten, über Enteritis und Colitis, über chronische Obstipation, über Bronchialasthma, über Rheumatismus, Frigidität und Enuresis nocturna. Er kann ohne weiteres zeigen, daß die daseinsanalytische Interpretation solcher psychosomatischer Störungen den bisherigen, ziemlich gewaltsamen Deutungsversuchen der Psychoanalytiker und Psychosomatiker überlegen ist. Es ist nicht nur für den Arzt, sondern auch für den Patienten leichter, den *Sinn und Gehalt* des Krankheitsgeschehens zu begreifen, wenn die ihm zugrunde liegende *existenzielle* Thematik ans Licht gehoben wird. So muß z. B. ein Patient mit Magen- und Darmgeschwüren erfahren, daß er nicht nur infantile und permanente „Fütterungswünsche" in sich trägt (wie die Psychoanalyse sagt), sondern auch in einer dauernden Stimmung des Assimilieren-, Haben-, Erobern- und Verdauenwollens lebt, was seine Magensaftsekretion überstrapaziert. Das Geschwür *verweist* auf Aggression, Ansprüche und ein „verstimmtes In-der-Welt-Sein", das in Gestalt von Hunger und Gier die innere Einsamkeit übertönen will und damit an sich selbst und an den Mitmenschen gleichsam vorbeilebt.

Liest man Boss' eindrückliche psychosomatische Fallbeschreibungen, so wird einem rasch klar, daß er die bisherigen psychoanalytischen Befunde nicht als ungültig erklären will: er will sie nur in *daseinsgemäßere Formulierungen* überführen, so daß der Patient sein wirkliches Lebensgefühl und seine ihn faktisch bedrängende Lebensproblematik besser wahrnehmen und einordnen kann. Dabei soll allerdings die mechanistisch-materialistische Tradition der heute vorherrschenden Heilkunde scharf bekämpft werden. Diese kannte zuerst nur körperliche Krankheitsursachen, eine Einseitigkeit, die nur halb behoben wird, wenn wir zu den körperlichen auch noch seelische Krankheitsursachen hinzufügen. Die daseinsanalytische Medizin fragt nicht so sehr nach psychogenen oder somatogenen Wurzeln der Krankheit; sie anerkennt beide, aber Leib und Seele sind doch nur verschiedene *Aspekte* der ganzheitlichen existenziellen Konflikt- und Daseinsbewältigung, die

zum leib-seelischen Leidenszustand ausartet, wenn das freie Sich-verhal-
ten-Können zu Menschen und Dingen aus lebensgeschichtlichen und
aktuellen Gründen „in den Körper absackt". Mit Recht sagt Boss:

> Immer bewußter sollte das gesamte ärztliche Denken und Handeln von den
> einfachsten technisch-chirurgischen Handgriffen und Eingriffen bis zur Tech-
> nik der Psychoanalyse von dem Bestreben getragen sein, unseren Kranken den
> Weg zu ihrem vollen Menschsein zu bahnen. Zusehends verwandeln sich denn
> auch die medizinischen Mechaniker und Ingenieure des eben untergehenden
> Maschinenzeitalters der Heilkunde in eine neue Art von Geburtshelfern. Nur
> hat diese ärztliche Geburtshilfe im weitesten Sinne ihr Bewenden nicht mehr
> bei der leiblichen Geburt des Menschen. Sie hat jenes lebenslängliche Gebä-
> ren im Auge, das des Menschen Wesen aus ihm selbst heraus entfalten, es in
> der Fülle all seines Tuns und Lassens austragen und so dem Menschen zugleich
> ein gutes Sterbenkönnen eintragen möchte. (Condrau, *Medard Boss zum
> siebzigsten Geburtstag,* 1973, S. 212)

Praxis der Psychotherapie

Wiewohl Boss fast alle theoretischen Positionen der Psychoanalyse einer
Korrektur unterzieht, folgt er in der therapeutischen Praxis sehr weitgehend den Anweisungen, die Freud selbst noch gegeben hat. So behandeln die Daseinsanalytiker ihre Patienten auch mit der Diwanmethode
und mit freiem Assoziieren: der Patient pflegt auf der Couch zu liegen
und sich seinem Gedankenstrom hinzugeben, den er möglichst freimütig
äußern soll; der Therapeut sitzt hinter ihm und sieht ihn, ohne von ihm
gesehen zu werden. Viele Kritiker haben diesem Freudschen Therapie-
modell vorgeworfen, daß es den Analysanden in eine Objektrolle
bringt: er ähnelt in seiner Situation einem „naturwissenschaftlichen Prä-
parat", das von einem distanzierten Betrachter studiert wird. Menschlich heilsamer wäre ein Dialog der beiden Behandlungspartner, die
einander gegenübersitzen und sich Aug' in Auge betrachten: so wäre die
Gleichberechtigung von Analytiker und Analysand gleichsam schon in
der „Sitzanordnung" gegeben. Boss bekämpft zwar den Naturwissen-
schaftscharakter der theoretischen Psychoanalyse – in der Praxis jedoch
scheint er an Relikten dieser Mentalität festzuhalten.

Auch wird von der Traumdeutung bzw. Traumauslegung ebenso
reichlich Gebrauch gemacht wie in der orthodoxen Psychoanalyse. Die
daseinsanalytische Therapie besteht hauptsächlich im Verstehen und
Interpretieren der Traumwelt, durch die brachliegende und unterent-
wickelte existenzielle Möglichkeiten sichtbar gemacht werden. Jeden-

falls wird nicht ganz klar, inwieweit der Daseinsanalytiker mit seinen Patienten auch Fragen der aktuellen Situation, der Selbst- und Menschenkenntnis, der neurotischen Ideologie, der Weltanschauung, der Ethik und Moral, ja sogar der Politik abzuklären versucht. Eventuell liegen Stellungnahmen zu diesen enorm wichtigen Lebenssphären implizit in der konsequenten Begünstigung von Freiheit, Selbst- und Verantwortlichsein des Analysanden vor, die der Analytiker stets ansteuern soll, ohne daß er sie immer auch direkt beim Namen nennen muß.

Heidegger beschreibt in *Sein und Zeit* zwei Arten der Fürsorge, d. h. des Seins zum anderen Menschen, das er auch Mitsein nennt: die „einspringende" und die „vorausspringende" Fürsorge. Erstere setzt sich an den Platz des Menschen, dem geholfen werden soll; daher „entselbstet" sie ihn und macht ihn unfrei. Die letztere jedoch respektiert das Selbstsein des Hilfsbedürftigen, indem sie mit ihm und für ihn die Möglichkeiten seines Daseins bedenkt, deren Realisierung aber ihm selbst überläßt. Die Daseinsanalyse will in der Psychotherapie entsprechend vorgehen. Im Therapieverlauf soll der Möglichkeitshorizont des Patienten geweitet, gelichtet und geöffnet werden: mehr kann und soll der Analytiker nicht tun. Jegliches Manipulieren des Analysanden wird abgelehnt – er soll lernen, über sich selbst und seine Zukunft in Freiheit zu bestimmen.

„Übertragung" und „Widerstand" sind auch Grundbegriffe der daseinsanalytischen Psychotherapie, nur werden sie mit neuen Bedeutungsakzenten versehen.

Der Patient leistet nicht etwa Widerstand gegen das Aufsteigen von perversen und aggressiven Impulsen aus seinem Unbewußten; wogegen er sich allenfalls stemmt, ist die freie Selbstverwirklichung im produktiven und liebenden Miteinandersein, die er auf Grund seiner Kindheits- und Lebenserfahrung massiv fürchtet. Der Therapeut kann also feststellen, daß die Widerstandsphänomene nicht gegen ihn gerichtet sind, was die Therapiesituation zweifellos entlastet. Aller Widerstand ist Widerstand gegen das eigene Werden und Sich-Entwickeln und erst in zweiter Instanz Widerstand gegen die Mitmenschen und die Weltverhältnisse, die zu assimilieren man sich nicht zutraut.

Auch ist die Übertragung zu mechanistisch gedeutet, wenn man in ihr eine mechanische Reproduktion und Neuauflage von kindlichen Beziehungsmustern sieht. In den Übertragungskrisen gestaltet sich das echte Miteinandersein von Therapeut und Patient, in dem tatsächliche Komplikationen der Arzt-Patient-Beziehung Gestalt annehmen; man würde sie entwerten, versuchte man sie als „Kindheitsreminiszenzen" einzuordnen. Gewiß spielt die Kindheit in ihnen eine große Rolle; aber auch wahrhaftes Mitsein beginnt sich zu strukturieren, das ernstgenommen werden muß, wenn daraus Beziehungsfähigkeit erwachsen soll.

Die daseinsanalytische Behandlung erfolgt in Einzelpsychotherapie; von gruppentherapeutischen Verfahren ist nichts zu vernehmen, wiewohl in diesen das existenzielle Mitsein und Verantwortlichsein besser eingeübt werden könnte. Die Behandlungsdauer ist sehr lang; Boss spricht von drei-, sechs- oder gar zehnjähriger Therapie, u. U. mit mehr als tausend Behandlungsstunden. Die Haltung des Analytikers ist dabei weitgehend abwartend, wenn auch nicht passiv; sein eigenes Existenzverständnis soll dem Analysanden wahrscheinlich präverbal und verbal vermittelt werden. Die Traumdeutung ist hierbei, wie bereits erwähnt, die *via regia* zur Existenzerhellung.

Medizinische und psychologische Grundlagenforschung

Boss' Hauptwerk und die Krönung seiner wissenschaftlichen Lebensarbeit ist unzweifelhaft sein *Grundriß der Medizin und Psychologie* (1971), welcher den Untertitel *Ansätze zu einer phänomenologischen Physiologie, Psychologie, Pathologie, Therapie und zu einer daseinsgemäßen Präventiv-Medizin in der modernen Industrie-Gesellschaft* trägt. Über acht Jahre hat Boss an diesem sechshundert Druckseiten umfassenden Band gearbeitet, den er seinen „Freunden und Widersachern in Dankbarkeit" zueignet, und es ist ihm tatsächlich ein „großer Wurf" gelungen, der die Grundlagen der ärztlichen Heilkunde ebenso sorgfältig untersucht wie das Welt- und Menschenbild der Neuzeit, das von so vielen Zeitgenossen frag- und problemlos hingenommen wird.

Boss ist – wie immer – in erster Linie ärztlich orientiert und fragt nach den Grenzen der traditionellen Medizin. Die Medizin ist aus dem Geiste der modernen Naturwissenschaft hervorgegangen, welche seit dem 15. und 16. Jahrhundert für den europäischen Menschen eine ganz zentrale Bedeutung gewonnen hat. Descartes, Galilei, Newton u. a. schufen die entscheidenden Denkmodelle, mit deren Hilfe die naturwissenschaftliche Forschung und die technische Praxis eine nahezu vollkommene Herrschaft des Menschen über die Natur etablierten. Wichtig war hierbei der Gedanke von der „Mathematisierbarkeit der räumlichen Welt", d. h. daß alle Naturgegebenheiten dem Zählen, Messen, Wägen und Berechnen zugänglich wurden. Erfahrung und Umgang mit *materiellen*

Dingen lieferten das Muster zum Weltentwurf der Naturwissenschaften, in dem die Begriffe Substanz, Energie und Kausalität den Schlüssel zu allen Welträtseln zu bilden schienen. So war es naheliegend, daß auch der menschliche Leib als ein „Körperding" angesehen wurde, das nach ähnlichen mechanischen und energetischen Gesetzen funktionierte wie andere physikalisch und chemisch faßbare Naturerscheinungen. Dem Körper stockte man dann noch eine Psyche auf, die ebenfalls in der Art eines „Seelenapparates" konzipiert war, in welchem die psychische Energie nach Bedarf verschoben werden kann: noch das psychoanalytische Seelenmodell ist ein derart mechanisch-energetisches Konstrukt, nicht zu reden vom Behaviorismus in seinen vielen Spielarten, der ausdrücklich von *menschlicher Seelenmaschinerie* spricht und ganz davon überzeugt ist, damit die Wirklichkeit des Menschen beschreiben und deuten zu können.

Das technisch-naturwissenschaftliche Zeitalter der Medizin, das vom 18. Jahrhundert bis in die Gegenwart reicht, hat bewundernswerte Erkenntnisse gebracht und Behandlungsmöglichkeiten ausgearbeitet, die gewiß bleibende Errungenschaften sind. Nur wird es allen einsichtigen Betrachtern mehr und mehr fühlbar, daß die heute noch vorherrschende mechanistische Medizin vor manchen Aufgaben versagt und daß sie entschieden einer Korrektur und Erweiterung bedarf. Vor allem bei den sogenannten „menschlichen Krankheiten" (Arthur Jores), d. h. im Bereich der Psychosomatik, kann man mit dem Riesenaufwand von Drogen oder genial ausgeklügelten chirurgischen und internistischen Behandlungstechniken erstaunlich wenig ausrichten. Auch in der Psychiatrie steht man vielen psychotischen Störungen mit dem üblichen Behandlungsinstrumentarium nicht nur macht, sondern auch einsichtslos gegenüber. Gewiß hat die Psychoanalyse in dieser Beziehung einen enormen Erkenntniszuwachs gebracht; aber auch sie ist in fast allen ihren Formulierungen dem materialistisch-naturwissenschaftlichen Zeitgeist hörig, aus welchem sie ihren Anfang genommen hat. Daher müssen alle Probleme der Medizin und Psychologie, zu denen in den letzten hundert Jahren so wertvolle wissenschaftliche Beiträge geliefert wurden, im Lichte philosophischer Grundlagenvertiefung neu bedacht werden.

Nichts Geringeres ist Boss' Anliegen in seinem *Grundriß*: er hat den Mut, die Phänomene menschlichen Gesund- und Krankseins schlicht-phänomenologisch ins Auge zu fassen, d. h. sie nicht theoretisch zu vergewaltigen, sondern sie so zur Sprache zu bringen, wie sie sich einem unverstellten Blick zeigen. Beherzigt wird dabei die Mahnung Goethes, man solle nichts hinter den Phänomenen suchen: sie selbst seien schon die Lehre (Goethe, *Maximen und Reflexionen*, Nr. 993). Auch Husserl meinte etwas Ähnliches, als er forderte, man solle sich an *die Sachen selbst* halten, nicht an die konstruierten Theorien. Aber was ist für den Arzt und den Psychologen „die Sache selbst"?

Boss analysiert – man sollte besser sagen: beschreibt – im Anschluß an Heidegger etwa folgende Themenbereiche der menschlichen Existenz:

1. die Räumlichkeit des Daseins;
2. die Zeitlichkeit des Daseins;
3. die Leiblichkeit des Menschen;
4. das Miteinander-Sein der Menschen in der gemeinsamen Welt;
5. das Gestimmt-Sein;
6. das Gedächtnis und die Geschichtlichkeit des Menschen;
7. den Tod und das Sterblich-Sein des Menschen.

Boss weist dabei nach, daß das naturwissenschaftlich-materialistische Kausal- und Körperdenken kein zureichendes Krankheits- und Gesundheitsverständnis bieten kann; es führt im Gegenteil zu Fehldeutungen menschlicher Existenzphänomene, die dann auch ihren Niederschlag in falschen Therapiemethoden und unguten Behandlungserfolgen finden.

Ein Ausweg aus dieser Notlage der Ärzte und ihrer Patienten, der Psychologen und aller mit dem Menschen befaßten Wissenschaften würde darin liegen, daß man erkennt, wie wenig man den Menschen von der Welt der Dinge und auch von der ihm näheren Welt der Tiere her verstehen kann. Der Mensch ist ein Wesen *sui generis:* er existiert welt- und seinsgeöffnet; er ist nicht kausalgebunden, sondern – mit Maßen – frei; er verwirklicht sich in freier Verantwortung im Selbstvollzug, was am ehesten zum vollen Tragen (zum Austrag) kommt, wenn er liebend für Dinge, Pflanzen, Tiere, Menschen und Kulturwerke offen ist und sich für deren Bestand und Geltung in Anspruch genommen weiß.

Krankheit ist Beeinträchtigung des Gesundseins und kann nur von diesem her verstanden werden. Dieses bekundet sich in der ungestörten Entwicklung des räumlichen In-der-Welt-Seins, der inneren Kohärenz der existenziellen Zeitstruktur (des Zusammenhangs von gelebter Vergangenheit, Gegenwart und Zukunft), des Leibens und Lebens, des Miteinander-Seins, des stimmungsmäßigen Sich-Befindens, des Seins zur Geschichte und zum Tode. Alle diese Seinsweisen sind miteinander verkoppelt, d. h. sie stehen in wechselseitiger Abhängigkeit, so daß lokalisierte Einzelstörungen jeweils auf dem Hintergrund einer gesamt-existenziellen Beeinträchtigung zu sehen sind, indes letztere faktisch immer auch zu spezifischen Ausfallserscheinungen in Form von Organ- oder Seelenkomplikationen führen wird.

Boss zählt verschiedene Arten menschlichen Krankseins auf:

1. Kranksein mit augenfälliger Beeinträchtigung des Leiblichseins menschlichen Existierens;

2. Kranksein mit betonter Beeinträchtigung des Eingeräumtseins und des Zeitigens des In-der-Welt-Seins;

3. Weisen des Krankseins mit betonten Störungen im Vollzug des wesensmäßigen Gestimmtseins;

4. Kranksein mit besonderer Beeinträchtigung des Mitseins;

5. Weisen des Krankseins mit betonten Beeinträchtigungen im Vollzug des Offenständigseins und der Freiheit des Daseins.

In diese Krankheitsgruppen fällt alles, was wir bisher in die Kategorien der somatischen, psychosomatischen, psychischen und sozialen Erkrankungen eingeordnet haben. Der Vorteil des neuen Schematismus besteht darin, daß nunmehr die scharfen Abgrenzungen zwischen den einzelnen Krankheitstypen wegfallen: immer erkrankt *ein ganzer Mensch* in der Fülle aller seiner Welt- und Selbstbezüge, wobei je nach den Umständen der eine oder andere Bezug deutlicher hervortritt.

Mit den anderen tiefenpsychologischen Schulen weiß sich Boss darin einig, daß Krankheit dem Menschen sehr oft nicht einfach von außen zustößt, sondern eine existenzielle Leistung ist, nämlich der mitunter noch einzig mögliche Daseinsvollzug, der ersatzweise und kompensatorisch für viele ungelebte und nicht-realisierte Möglichkeiten eintritt. Der Arzt muß lernen, dies bei seinem Patienten zu sehen, und in der Arzt-Patient-Beziehung unerschütterlich den Freiraum möglicher Selbstverwirklichung offenhalten, damit die Nachreifung des vielfach verkümmerten und verängstigten Patienten in jene Sphären seines Wesens erfolgen kann, die in seiner Kindheit nicht freigelegt oder gar verschüttet worden sind.

Von diesen neuartigen Gesichtspunkten her müssen aber auch alle Grundbegriffe der Psychologie revidiert werden. Auch dies leistet Boss souverän, indem er eindrückliche Definitionen der Wahrnehmung, des Denkens, des Fühlens, des Wollens, des Affekts und des Triebes vorlegt. Er äußert sich ebenfalls kritisch zu den psychoanalytischen Konzepten des Unbewußten, der Projektion, der Introjektion, der Identifikation, der Regression und der Verdrängung. Sie alle entstammen dem Begriffsarsenal einer mechanistischen Doktrin, die echte Beobachtungen theoretisch entstellt formulierte; eine Neuformulierung hält am phänomenalen Befund fest, deutet ihn aber in Begriffen des Daseins und der Existenz, die weder durch die Mechanik noch durch die Biologie zureichend erfaßt werden.

Der *Grundriß* kulminiert in psychohygienischen und präventivmedizinischen Gedanken, die im Grunde die Heideggersche „Ethik" abwandeln, wonach der Mensch von dem in Naturwissenschaft und Technik verkörperten *Herrschaftsanspruch* über Menschen und Dinge ablassen und in „wahrhafter Gelassenheit" sich und die anderen „sein lassen" soll – allerdings wirft diese These mehr Probleme auf, als sie löst, und verlangt nach weiterer Klärung.

Weisheit des Fernen Ostens

In den Jahren 1956–1958 wurde Boss als Gastdozent für Psychiatrie nach Indien und Indonesien eingeladen. Der fast anderthalbjährige Aufenthalt im Fernen Osten bot ihm die Gelegenheit zu einer Auseinandersetzung mit der indischen Religiosität und Geisteskultur, die ihn offenbar tief beeindruckten. So kam es zu vielfältigen, für ihn wichtigen Erfahrungen, die ihren Niederschlag in seinem Buch *Indienfahrt eines Psychiaters* (erstmals erschienen 1959) fanden.

Boss war schmerzlich berührt von den furchtbaren Problemen der Armut, der Unwissenheit und des politisch-sozialen Terrors, unter denen die Menschen Indiens und Indonesiens zu leiden haben. Er sah es aber nicht als seine Aufgabe an, dort den Apostel der westlichen Zivilisation und Sozialfürsorge zu spielen. Er fühlte sich selbst als Lernender und Lernbedürftiger, d. h. er begab sich auf die Suche nach der östlichen Weisheit, die ihm Aufschluß über Fragen des Seins und Nichtseins geben sollte. Daher konsultierte er Jogis, buddhistische Mönche, Weisheitslehrer der Veden und Upanischaden, von denen er sich in das indische Denken einführen ließ. Überraschenderweise zeigten sich so manche Übereinstimmungen zwischen dem, was man die indische Metaphysik nennen kann, und der Seinsphilosophie des späten Heidegger, so daß man mit Staunen zur Kenntnis nehmen muß, wie sehr die „Seinsmystik" hier und dort zu denselben Formulierungen greift, um die Sphären des Geheimnisvollen zu verbalisieren.

Schon C. G. Jung hatte sich auf Indienfahrt begeben, um die östlichen Weisheitsquellen für das Abendland auszuschöpfen. Boss folgt insofern seinen Spuren, als auch er sich in die meditativen Techniken einführen ließ und sich mit bewundernswerter Geduld den Privatunterweisungen hingab, die ihm bei einigen indischen Philosophen, Mönchen und Einsiedlern zuteil wurden. Er bezeichnet es selbst als die Erfüllung eines seiner Lebensträume, daß er wochenlang in der Gemeinschaft buddhistischer Mönche im Kloster verweilen und an ihren Meditationen und Andachten teilnehmen durfte. Condrau referiert Boss' Indienerfahrung mit folgenden Worten:

> Wie er selber sagt, ließ ihn ein gütiges Schicksal den von so vielen Europäern kaum erreichbaren, ungekannten, beglückenden Frieden aus der bloßen Gegenwart von heiligen Männern und im Gespräch mit denselben erfahren. Dabei ging ihm das Herz auf für die uralte, heilsame hinduistische Lehre, die keiner einzigen menschlichen Regung ihr Lebensrecht abspricht. Jedes spirituelle, religiöse, intellektuelle, emotionale, triebhaft-sinnliche oder leibliche Verhältnis zu Mitmenschen, Tieren, Pflanzen und Dingen gründet in gleich autochthoner Weise in dem einen, göttlich-geistigen Grund und ist als solche Erscheinung stets höchster Verehrung, Liebe und Pflege würdig. (G. Condrau, *Das wissenschaftliche Werk von Medard Boss*, in: *Medard Boss zum siebzigsten Geburtstag*, S. 217)

Boss' demutsvolle Empfängerhaltung gegenüber dem indischen Menschen und seiner Geisteswelt wurde von Indien und Indienkennern mit großer Anerkennung registriert. Uns jedoch drängt sich die Frage auf, ob nicht tiefliegende religiöse Tendenzen und Hingabedürfnisse bei Boss zu einer gewaltigen Überschätzung des östlichen Weisheitserbes geführt haben. Indien, Indonesien und der gesamte Ferne Osten ringen in höchster Anspannung mit säkularen technischen, sozialen und politischen Problemen, die weder durch die östliche Philosophie noch die östliche Religion zu bewältigen sind, eher schon durch Wissenschaft und Weisheit des Westens, von denen Boss manchmal zu gering zu denken scheint.

Kritische Kommentare

Niemand wird ernstlich bestreiten, daß die Daseinsanalyse in praktischer und theoretischer Hinsicht wichtige Innovationen in die moderne Seelenheilkunde eingebracht hat. Gleichwohl erheben sich beim Studium ihrer Texte einige kritische Bedenken, die hier ohne systematischen Zusammenhang geäußert werden sollen.

1. Bis jetzt hat die Daseinsanalyse noch keine Kinderpsychologie und Erziehungslehre formuliert; sie wird dies noch tun müssen, denn jede Psychotherapie lehrt, daß in ungünstigen Kindheits- und Erziehungsbedingungen die Hauptursache späterer neurotischer und psychosomatischer Erkrankungen zu suchen ist. Daher hat jede Tiefenpsychologie eine Pädagogik im Sinne einer Neurosenprophylaxe auszuarbeiten,

wenn sie an der Verhütung menschlicher Erkrankungen interessiert ist. Die Daseinsanalyse hat sich bisher anscheinend auf die Erwachsenentherapie konzentriert; es würde aber durchaus im Bereich ihrer Möglichkeiten liegen, auch eine daseinsanalytische Erziehungstheorie und -praxis zu konzipieren.

2. Da jegliche Psychotherapie Fragen nach dem Menschen- und Weltbild aufwirft, bedarf jede psychotherapeutische Schule einer Verankerung in der Philosophie, die die medizinischen und psychologischen Grundbegriffe zu klären hat. Die Daseinsanalyse bezieht sich durchwegs auf die Seinsphilosophie Martin Heideggers, allenfalls auch auf die Phänomenologie als Ganzes, wenngleich sie Edmund Husserl nur am Rande erwähnt. Die Bezugnahme auf einen einzigen Philosophen erscheint uns als schmalspurig. Auch wenn Heidegger einen wichtigen Fortschritt in bezug auf ein neuartiges Menschen- und Seinsverständnis darstellt, verdient er es nicht, von der reichen Tradition der abendländischen Philosophie als einzigartig abgehoben zu werden. Er verdankt z. B. zahlreiche Denkpositionen seinen Vorläufern Nietzsche, Dilthey, Husserl, Scheler, Simmel usw., die in den daseinsanalytischen Texten immer nur ganz peripher (wenn überhaupt) genannt werden. Auch ist es ein Mangel, wenn man die grandiosen psychologischen Einsichten von Spinoza, Kant, Schopenhauer, Nietzsche, Feuerbach, Bergson, Dilthey außer acht läßt, um sich ganz einem modernen Ontologen zu verschreiben, dessen schwerfällige, künstliche und mystische Sprache im Vergleich zu den genannten Denkern eher ungünstig abschneidet. Wir vermissen bei den Daseinsanalytikern auch jegliche Kritik an Heidegger: Boss scheint der Faszination durch den Schwarzwälder Seinsmystiker völlig erlegen zu sein, so daß er nicht genug kritische Distanz zu ihm aufbringt. Dabei ist immerhin Heideggers Stellung zum Nationalsozialismus problematisch, das Fehlen einer Ethik in seinem System, einer Stellungnahme zu politisch-sozialen Problemen, das dunkle Raunen über Seinsgeheimnisse in seinem Spätwerk u. a. m. Die Daseinsanalyse scheint, wie Heidegger selbst, seine Lehre als einen entschiedenen Bruch mit der geistigen Tradition Europas zu sehen: bei Heidegger finden gerade noch die Vorsokratiker einige Gnade, indes die europäische Philosophie und das sie tragende Menschentum seit Descartes den Abgründen zueilt. Darin liegt eine gewisse Überheblichkeit und eine neuromantische Kulturkritik, die an Spengler, Klages und ähnliche Untergangspropheten erinnert.

3. Heideggers Sprache erscheint in den Darstellungen von Boss und seinen Schülern etwas gemildert und lebensnäher; es ist aber immer

noch eine philosophische Kunstsprache, die es dem Leser in eigenwilliger Weise schwermacht, die Gedanken eines Autors zu begreifen. Eine so formulierte Theorie kann kaum je allgemein verständlich sein, während doch die Psychotherapie jedermann erreichen sollte. Schon die Ärzte seufzen, daß sie Jahre brauchen, um nur die Terminologie in den daseinsanalytischen Texten halbwegs verstehen zu können: es ist sehr bedauerlich, daß die oft großartigen Einsichten der Daseinsanalytiker in die geheimnisvolle, dunkle Sprache der Heideggerschen Ontologie eingekleidet sind, wo sie mehr verhüllt als ans Licht gerückt werden. Die Sprache von Schopenhauer, Nietzsche, Freud und Adler war kristallklar, gemessen an Heideggers dunkel-düsterer Mystik, der man regelrecht Übersetzungen in eine geläufigere Terminologie beifügen müßte, damit Patienten und Ärzte nicht bei der Lektüre scheitern.

4. Wie sehr Heidegger auch jeden Traditionsanschluß ablehnte (mit ganz wenigen Ausnahmen), so bleibt er doch ein Nachfahre des deutschen Idealismus und der Romantik. Daher fehlt bei ihm jegliche Würdigung der Aufklärung: ist er doch selbst Repräsentant einer Gegenaufklärung in der Philosophie. Die Daseinsanalytiker übernehmen diese Einseitigkeit von ihm und scheinen zu vergessen, daß die ganze Tiefenpsychologie – auf der auch die Daseinsanalyse aufbauen muß – ein Kind der Aufklärungsepoche ist. In der berechtigten Ablehnung materialistischer und positivistischer Grenzüberschreitungen schüttet die Daseinsanalyse das Kind mit dem Bad aus und sieht zuwenig, wieviel politische und geistige Befreiung wir u. a. dem Materialismus und Positivismus zu danken haben. Um ja nicht in die Einseitigkeit des 18. und 19. Jahrhunderts zu verfallen, tendieren die Daseinsanalytiker offenbar zu einem bürgerlich-konservativen Weltbild, wobei sie allerdings Exzesse der derzeitigen Gesellschaftsordnung sehr wohl zu kritisieren wissen.

5. Die Berücksichtigung soziologischer, ethnologischer, geschichtlicher und kulturgeschichtlicher Forschungen fällt jedoch flach angesichts der Faszination durch das Seinsproblem, von dem auch Heidegger so ergriffen war, daß er seinetwegen die geschichtlich-gesellschaftliche Welt kaum noch in Betracht zog. So kommt es zu einer Schmalspurigkeit des Ansatzes, der nicht mehr den Umfang und die Weite des Denkens zuläßt, den wir von Freud, Adler und Jung her gewohnt sind. Man sollte nicht hinter die große und umfassende „Welthaltigkeit" der Theorien dieser Väter der Tiefenpsychologie zurückfallen; sie haben uns auch den Weg vorgezeichnet, wie vom neuen Verständnis seelischer Krankheiten her die Probleme der Kunst, der Literatur, der Religion, des Alltagslebens, der Geschichte, der Biographik und Philosophie neu

aufzurollen sind. Hier wird die Daseinsanalyse ihr Fundament noch verbreitern müssen, wenn sie dem Anspruch einer integralen psychotherapeutischen Menschenkunde genügen will.

Trotz dieser kritischen Einwände wird man gerne zugeben, daß Medard Boss den Titel eines „philosophischen Arztes" verdient, den wir auch Freud, Adler und Jung zubilligen. Seine Lehre berührt weithin grundsätzliche Reflexionen über das menschliche Sein, die für die Tiefenpsychologie unentbehrlich sind.

Ausgewählte Literatur

Boss, M. (1940). Körperliches Kranksein als Folge seelischer Gleichgewichtsstörungen. Bern: Huber, 6. Aufl. 1978.
– (1947). Sinn und Gehalt der sexuellen Perversionen. München: Kindler 1967.
– (1953). Der Traum und seine Auslegung. München: Kindler 1974.
– (1954). Einführung in die psychosomatische Medizin. Bern: Huber.
– (1957). Daseinsanalyse und Psychoanalyse. Bern: Huber.
– (1959). Indienfahrt eines Psychiaters. Bern: Huber, 3. Auflage 1976.
– (1971). Grundriß der Medizin. Bern: Huber.
– (1975). Es träumte mir vergangene Nacht. Bern: Huber.
– (1979). Von der Psychoanalyse zur Daseinsanalyse. Wien: Europa.
Condrau, G. (1970). Einführung in die Psychotherapie. Olten: Walter.
– (Hrsg.) (1973). Medard Boss zum siebzigsten Geburtstag. Bern: Huber.
– (1975). Medizinische Psychologie, München: Kindler.
– (1976). Der Januskopf des Fortschrittes. Bern: Benteli.
– (1977). Aufbruch in die Freiheit. Bern: Benteli.
– & Hicklin, A. (Hrsg.) (1977). Das Werden des Menschen. Bern: Benteli.
Freud, S. (1905). Drei Abhandlungen zur Sexualtheorie. GW V, S. 27 ff.
Heidegger, M. (1927). Sein und Zeit. Tübingen: Niemeyer 1979.
Hicklin, A. (1973). Daseinsanalytische Anthropologie als Grundlage der Psychotherapie. Therapeutische Umschau, Band XXX, Heft 1.
Jezower, J. (1928). Das Buch der Träume. Berlin.
Nietzsche, F. (1874). Unzeitgemäße Betrachtungen. Stuttgart: Kröner, 6. Aufl. 1976.
Pongratz, L. J. (Hrsg.) (1973). Psychotherapie in Selbstdarstellungen, Bern: Huber.

Viktor E. Frankl

Einleitung

Viktor Frankl wurde am 26. 3. 1905 als Sohn eines Beamten geboren. Sehr früh entwickelte sich in ihm der Wunsch, Arzt zu werden; bereits im Knabenalter las er philosophische Literatur, durch die er die „Welträtsel" zu begreifen versuchte. Noch Gymnasiast in Wien, stieß Frankl auf die Psychoanalyse, die ihm durch Vorlesungen von Eduard Hitschmann und Paul Schilder – beide prominente Freud-Schüler – nahegebracht wurde. Dies führte dazu, daß er, erst Abiturient, mit Freud in Briefwechsel trat; sein Aufsatz *Zur mimischen Bejahung und Verneinung* in der *Internationalen Zeitschrift für Psychoanalyse* wurde 1924 veröffentlicht.

Zu jenem Zeitpunkt war Frankl aber schon Schüler Alfred Adlers geworden; er gehörte als Medizinstudent der „Wiener Vereinigung für Individualpsychologie" an. Damit aber war seinem Ehrgeiz nicht Genüge getan: er wurde auch führender Funktionär der sozialistischen Arbeiterjugend und führte frühzeitig Volkshochschulkurse durch. In der Adlerschen Gruppe schloß er sich Rudolf Allers und Oswald Schwarz an, die so etwas wie einen „katholischen Flügel" innerhalb der vorwiegend atheistisch-sozialistischen Individualpsychologie zu gründen versuchten. Daher kam es zu Gegensätzen mit Adler selbst, der seine Lehre weder ins Schlepptau des Katholizismus noch des Kommunismus (wie dies etwa O. und A. Rühle, M. Sperber u. a. tun wollten) nehmen ließ. Somit wurde Frankl – wie auch seinen Gesinnungsgenossen anfangs der dreißiger Jahre – nahegelegt, sich von Adlers Vereinigung zu trennen.

Aber Frankls Eifer und Rührigkeit blieben ungebrochen. Mit anderen zusammen gründete der Medizinstudent den „Akademischen Verein für medizinische Psychologie", in welchem er um 1930 bereits von „Logotherapie" und „Existenzanalyse" gesprochen haben will. Er organisierte auch Jugendberatungsstellen in einigen österreichischen Städten. Daneben absolvierte er seine Ausbildung zum Psychiater und Neurologen. Vortragstätigkeit war offenbar seine große Leidenschaft: er hielt Hunderte von Vorträgen vor allen möglichen Hörergruppen, die er durch fulminante Rhetorik in Bann zu schlagen versuchte. 1937 ließ er sich dann in Wien als Facharzt für Neurologie und Psychiatrie nieder.

Der Einmarsch Hitlers in Österreich im Jahre 1938 bedeutete eine furchtbare Zäsur in Frankls innerer und äußerer Entwicklung. Zunächst konnte er noch als Spitalsarzt „überdauern"; zuerst wurden dann seine Eltern und seine Frau deportiert, bis zuletzt auch er selbst nach Auschwitz kam. Schließlich war er während der Hitlerzeit hintereinander in vier Lagern interniert, wo sein Leben oft „auf Messers Schneide" stand. Durch eine Vielzahl von „Wundern" kam Frankl mit dem Leben davon; seine schrecklichen Erfahrungen in den Konzentrations- und Vernichtungslagern hat er sich in seinem Buch ... *trotzdem Ja zum Leben sagen. Ein Psychologe erlebt das Konzentrationslager* (1977) von der Seele geschrieben. Dieses Buch, das in den USA zu einem Bestseller ersten Ranges wurde, ist ein eindrückliches document humain; man kann verstehen, daß diese permanente „Grenzsituation" zwischen 1940 und 1945 in Frankls Persönlichkeit tiefgreifende Spuren hinterließ. Jedenfalls kommt er in vielen seiner Publikationen auf seine Häftlingszeit zurück, wobei er nicht ganz der Gefahr zu entgehen weiß, sich seiner Todesängste und Qualen zu rühmen, als ob er hiermit über jegliches Durchschnittsmenschentum hinausgewachsen wäre. Andererseits ist rühmend zu erwähnen, daß der KZ-Gefangene Frankl stets gegen die Kollektivschuld des gesamten deutschen Volkes Partei nahm, womit man nach Kriegsende die psychologischen und politischen Probleme des Faschismus eher vernebelte als klärte.

Nach dem Krieg wurde Frankl Dozent für Neurologie und Psychiatrie an der Wiener Universität; bald darauf wurde ihm das entsprechende Ordinariat anvertraut. Er veröffentlichte viele Bücher, durch die die Logotherapie und Existenzanalyse als „dritte Wiener Schule der Tiefenpsychologie und Psychotherapie" publik gemacht werden sollte. Ein eigentlicher Durchbruch hierin schien ihm zunächst versagt zu bleiben; in den USA jedoch wurde die neue Lehre, die eine deutliche „Schlagseite zur Religiosität und zum Konservatismus" aufwies, begeistert aufgenommen. Als brillanter Vortragender half Frankl dieser positiven Aufnahme energisch nach; er wurde in viele Länder als Referent eingeladen, wo er seine Theorie beinahe als neuartige Heilslehre propagierte. So wurde ihm die Genugtuung einiger Ehrendoktorate an amerikanischen Universitäten zuteil; in Kalifornien wurde an der United States University für ihn ein eigenes Institut für Logotherapie eingerichtet. Die amerikanischen Ausgaben seiner Bücher wurden meistens große Erfolge; auch wurden die Texte in vierzehn Fremdsprachen übersetzt. Dieser „Weltruhm" ist für Frankl – wenn man seiner „Selbstdarstellung" im Buche von L. J. Pongratz Glauben schenken will – fast ein Wahrheitsbeweis für seine Theorie, durch die er Freud, Adler und Jung „übergipfelt" haben will.

Hier eine kleine Probe für Frankls Selbstbeweihräucherung, die den Langmut des Lesers mitunter auf eine harte Probe stellt:

> Zu Vorträgen wurde ich bisher von 141 Hochschulen außerhalb Europas eingeladen, nach Amerika, Australien, Asien und Afrika. Nach Amerika allein unternahm ich 35 Vortragsreisen. Drei gingen rings um die Welt, davon eine innerhalb zweier Wochen... Die Reichweite der Vorträge darf nicht unterschätzt werden. In Amerika finden sich auch mehr als 3000 Zuhörer ein... In Athens, das die University of Georgia beherbergt, waren Spruchbänder über die Straßen der Kleinstadt gespannt, auf denen mein Vortrag angekündigt wurde. Gar erst in Lateinamerika. Da ist der Enthusiasmus unvorstellbar, nämlich für den Europäer. Als meine Frau und ich in San Juan ankamen, durften die anderen Passagiere die Maschine nicht verlassen. Meine Frau und ich waren bereits die Gangway heruntergelaufen, durften aber nicht weiter. Polizeiliche Sperre. Man ließ uns lange warten. Was war los? Das Fernsehen suchte die Maschine vergeblich nach zwei Passagieren namens *Frankl* ab, um den für sie veranstalteten Empfang zu filmen. (*Psychotherapie in Selbstdarstellungen*, hrsg. v. L. J. Pongratz, 1973, S. 200)

Solche Textstellen sind bei Frankl keine Ausnahme; sie gehören zum Tenor seiner wissenschaftlichen Werke, die dem Leser tausendfältig einschärfen, daß der Autor zur „hohen Prominenz" gehört. Als Beweis hierfür werden dann „Zeugenaussagen" von Anhängern in der Neuen und Alten Welt angehäuft; auch wird nicht verschwiegen, wann und wo Frankl zum Ehrenbürger dieser oder jener Stadt ernannt wurde und welche literarischen und sonstigen Preise er erhielt. Hat hier die mörderische Konzentrationslager-Existenz einen bereits dispositionell gegebenen „Größenwahn" zementiert? Wer Frankl in Vorträgen und im persönlichen Gespräch kennengelernt hat, wird diese Mutmaßung nicht einfach von der Hand weisen können. Aber wer will es wagen, diesen geistreichen Autor, den die Mühlen unseres barbarischen Jahrhunderts beinahe zermalmt haben, deshalb zu verurteilen?

Bekämpfung und Kritik der „-ismen"

Frankl ist gerne bereit, anzuerkennen, daß Freud und Adler geniale Menschen waren, denen die Tiefenpsychologie grenzenlos verpflichtet bleibt. Gleichwohl soll man seiner Meinung nach bei ihren Lehren nicht stehenbleiben; denn auch das größte Genie ist ein Kind seiner Zeit und hat in deren Vorurteilen und Befangenheiten seine Ausgangsposition.

Mit Recht kritisiert Frankl an der Psychoanalyse all das, was er unter dem Oberbegriff Materialismus, Physikalismus, Biologismus, Psychologismus und Determinismus zusammenfaßt. Freud sah im Seelenleben eine „Libidomechanik", die den seelischen Phänomenen in keiner Weise gerecht werden kann. Er suchte „Naturgesetze der Psyche", die ähnlich formulierbar sein sollten wie die Gesetzmäßigkeiten der Physik. Auch meinte er, alles Seelische auf Triebvorgänge *reduzieren* zu dürfen oder zu müssen. Im Zuge dieses „Reduktionismus" erklärte die Psychoanalyse alle geistig-kulturellen Leistungen als Abkömmlinge von Triebbedürfnissen, die günstigenfalls „sublimiert" werden können. So wurde Zärtlichkeit zur zielgehemmten Sexualität, Freundschaft zur sublimierten Homoerotik, Wissenschaft eine Manifestation des Voyeurismus, Kunst verfeinerte Analerotik, Liebe ein Anhängsel der Sexualität usw. Die Psychoanalytiker fühlten sich verpflichtet, in allen humanen Lebensäußerungen ein Ingrediens von Animalität und Egozentrizität nachzuweisen, wodurch sie ihre Theorie zu einer „entlarvenden Psychologie" ausformten, die letztlich vor lauter Entlarvung kaum noch einen Wert als Wert akzeptierte, was stellenweise dem Zynismus nahekam.

So bewundernswert Freuds Entdeckungen in ihrer Gesamtheit waren, muß man doch zugeben, daß sie allesamt dem „psychologistischen Reduktionismus" angehören, der im 19. Jahrhundert seine Triumphe feierte. Damals bemühte sich der materialistische Zeitgeist im Kampfe gegen Religion und politischen Konservatismus, das „Angeblich-Höhere" im Seelen- und Geistesleben auf seine handfesten Ursprünge zurückzuführen; Meister dieser Entlarvungstechnik waren z. B. Schopenhauer, Feuerbach, Marx, Nietzsche und die vielen anderen „Ideologiekritiker", die hinter dem „Geistigen" das Triebhafte, das Ökonomische, das Interesse, die Machtgier usw. aufspürten. Freud war ein gelehriger Schüler dieser Ideologiekritik, die er schon durch seine „Aufklärungsmentalität" wesensmäßig in sich trug.

Adler überwand zahlreiche materialistische Denkschablonen Freuds, aber nach Frankl war auch er nicht frei von „reduktiven Anwandlungen", die menschliche Phänomene vereinfachen und damit entstellen. Für die Individualpsychologie hält Frankl die Formel „Soziologismus" bereit, indem er die Behauptung aufstellt, daß Adler den Menschen „nur vom Sozialen her" begreifen will. Selbst Jung, dem Frankl die Priorität in der Entdeckung der zentralen Sinndimension im Menschenleben attestiert („Die Neurose ist das Leiden einer Seele, die ihren Sinn nicht gefunden hat", Jung), ist vom „Psychologismus" nicht freizusprechen, da auch er in den „Archetypen" des „kollektiven Unbewußten" eine Ersatzreligion schuf, die im hohen Grade „subjektivistisch" anmutet. Die drei Väter der Tiefenpsychologie erahnten und verfehlten die volle Realität des Menschseins, die nach Frankl erst durch seine Konzeption voll und ganz zutage gefördert wird. In ziemlich unkorrekter Simplifizierung heißt es also bei Frankl:

> Die Psychoanalyse hat uns kennen gelehrt den Willen zur Lust, als welchen wir das Lustprinzip auffassen können, und die Individualpsychologie hat uns vertraut gemacht mit dem Willen zur Macht in Form des Geltungsstrebens; aber noch viel tiefer verwurzelt ist im Menschen, was ich als den Willen zum Sinn bezeichne: sein Ringen um möglichste Sinnerfüllung seines Daseins. (*Das Menschenbild in der Seelenheilkunde*, 1959, S. 43)

Nur wenn die Sinnthematik deutlich gesehen wird, erfaßt man den Menschen als Person und Persönlichkeit, d. h. als wertbezogene Existenz, die erst im Verstehen und Verwirklichen von Werten zu sich selbst gelangt. Frankl negiert das heutzutage übliche Gerede von der „Selbstverwirklichung", sofern nicht ausdrücklich hinzugefügt wird, daß das Selbst nur im Bewältigen der durch das Leben gestellten *Aufgaben* wirklich wird. Leben wird erst sinnvoll durch die Trias von Schaffen, Erleben und Erleiden; in jeder Situation muß die für das jeweilige Individuum individuell-richtige Antwort gefunden werden, die einen Sinn- und Wertzuwachs ergibt. Frankl macht es sich gelegentlich mit seinen „logotherapeutischen" Auskünften an Patienten und Ratsuchende relativ einfach, wie etwa der folgende Fall belegt:

> An mich wendet sich ein alter praktischer Arzt; vor einem Jahr ist ihm seine über alles geliebte Frau gestorben, und über diesen Verlust kann er sich nicht hinwegsetzen. Ich frage den schwerst deprimierten Patienten, ob er sich überlegt habe, was geschehen wäre, wenn er selbst früher als seine Frau gestorben wäre. „Nicht auszudenken", antwortet er, „meine Frau wäre verzweifelt gewesen." Nun brauche ich ihn nur darauf aufmerksam zu machen: „Sehen Sie, dies ist Ihrer Frau erspart geblieben, und Sie haben es ihr erspart, freilich um den Preis, daß nunmehr Sie nachtrauern müssen." Im gleichen Augenblick hatte sein Leiden einen Sinn bekommen: den Sinn eines Opfers. Am Schicksal konnte nicht das geringste geändert werden; aber die Einstellung hatte sich gewandelt! Das Schicksal hatte ihm abverlangt, sich von der Möglichkeit, durch Lieben Sinn zu erfüllen, zurückzuziehen; aber die Möglichkeit war ihm geblieben, sich auch diesem Schicksal zu stellen, sich richtig einzustellen. (L. c., S. 65 f.)

Durch derlei kunstvolles Argumentieren will Frankl trösten und heilen, und wenn man seinen Worten glauben will, wirken seine Argumente meistens wundertätig: die Umkehr des irrenden und in Sinnlosigkeitsgefühlen verstrickten Menschen erfolgt sehr rasch. Es wird in der Psychotherapie nicht mehr demaskiert und dekuvriert, wohl aber der Appell ausgegeben, innerhalb des reichen Repertoires der Sinnstrukturen im Kosmos und in der Menschenwelt geeignete Motivationen und Möglichkeiten auszuwählen, damit Schöpfung, Liebe und Begegnung zum personalen, geistigen Leben werden. Der Schwerpunkt unserer Existenz liegt in unserer Geistigkeit, zu welcher Freiheit und Verantwortung gehören. Der *Mensch als Person* wird verkannt von jenen, die noch vom Maschinenmenschen Lamettries, vom Menschenaffen der Darwinisten, vom Libidoapparat Freuds, vom Reflexbündel der Behavioristen, von den Computeranalogien der Technokraten und vom „mittleren Menschen" der Soziologen und Politiker träumen. In allen diesen reduktiven Modellen des menschlichen Seins erblickt Frankl Spielarten des Nihilismus, der auch als psychoanalytische Version Einfluß gewonnen hat und als solcher das Seelisch-Geistige „weganalysiert", bis sich Therapeut und Patient lediglich als Triebwesen und psychopathologische Beispielsammlungen verstehen. Dies nennt Frankl den „Psychopathologismus", für dessen Ausbreitung er Psychiater und Psychoanalytiker verantwortlich macht, die Befunde an kranken Menschen gerne als „menschliche Natur" zu systematisieren pflegen.

Existenzanalyse und Personalismus

Frankls Tiefenpsychologie hat, wie bereits erwähnt, einen ausgeprägten religiös-philosophischen Hintergrund; sie läuft allemal auf „religiösen Tiefsinn" hinaus, den sie philosophisch zu überhöhen versucht. Angeregt durch Max Scheler, Karl Jaspers, Gabriel Marcel, Kierkegaard, Sartre u. a. entwickelt Frankl eine philosophische Seelen-Heilkunde, die sich unversehens auch in eine Seelenheil-Kunde verwandelt. Richtig ist wohl sein Ansatz, daß das Bedürfnis nach Sinn und Wert im Menschen mächtiger ist als alle übrigen Strebungen; der Mensch ist von *originärer Geistigkeit*, und man muß nicht Triebe und ihre Sublimierungen bemühen, um geistige Tendenzen „herzuleiten". Menschsein heißt: auf Verantwortung und Sinnverwirklichung hin leben. Seelische Erkrankungen beim einzelnen und bei der Gesamtheit entstehen, wenn der Verantwortlichkeit, der Freiheit und der Sinn-Dimension ausgewichen wird. Psychotherapie muß daher immer zur Verantwortung erziehen und freimachen zur individuellen Sinnfindung. Trieb- und Beziehungsprobleme bedeuten im Grunde jeweils auch „geistige Defizienz", die mit psychologischen Mitteln allein kaum behoben werden kann. Der Seelenarzt muß die Aufgabe übernehmen, zum „Geburtshelfer der geistigen Persönlichkeit" zu werden, zu welchem Zweck er selbst zunächst einmal „Persönlichkeit" im emphatischen Sinne des Wortes werden soll. Weltanschauungsfragen gehören in die seelische Krankenbehandlung hinein, da schon die Frage nach dem „Sinn des Lebens" eine exquisit-philosophische ist; im Prinzip ist aber jeder Mensch ein Philosoph, da er sich um die Sinnfrage nicht herumdrücken kann.

Was hat nun Frankl bei den Phänomenologen und Existenzphilosophen gelernt? Zunächst war es wohl die Einsicht, daß der Mensch ein Wesen eigener Art ist, das nicht mit irgendeiner Ding- oder Lebenswirklichkeit verglichen werden darf. Die Psychologie des Menschen kann niemals auf eine Tierpsychologie gegründet werden. Alle Analogien aus der Tierwelt – von Konrad Lorenz bis zu Pawlow, von den Behavioristen bis zu den Psychoanalytikern – hinken irgendwie; setzt man nicht bei der Eigenständigkeit und Eigenwüchsigkeit des menschlichen Seins an, so verfehlt man alle wesentlichen Daseinswirklichkeiten; auch verschließt sich einem das Verständnis für die Neurose, die weder triebmechanisch noch reflexologisch erklärt werden kann.

Der Neurotiker hat meistens gar nichts dagegen, wenn man seine Neurose als soziologisch oder biologisch „verursacht" hinstellen will. Ist er doch selbst immer auf der Flucht vor der Verantwortung, so daß er sehr geneigt ist, *Umstände* und *Zustände* (Umwelt, Erziehung, Konstitution, das Unbewußte, die Triebe, das Es etc.) für sein Versagen haftbar zu machen. Er ist Anhänger vielfältiger Determinismen, um sich die Tatsache seiner Freiheit zu vertuschen. Lieber will er *Opfer eines Schicksals* sein als einsehen, daß er selber seines Glückes Schmied ist. Er ist auf der Jagd nach *Entschuldigungen,* die er als Alibi für sein Ausweichen vor den Lebensaufgaben sammelt. Die wichtigste Arbeit der Existenzanalyse besteht darin, daß man diese Fluchtmanöver verbaut und den Patienten zum Bewußtsein seiner Freiheit und Verantwortlichkeit hinführt, so daß er im Rahmen der gegenwärtigen inneren und äußeren Konstellationen entschlossen sein Dasein bewältigt.

Der Neurotiker scheitert nicht nur an seinen Lebensfragen, sondern auch an seinem *Verhältnis zur Zeit.* Hervorragende Analysen der „Zeitlichkeit des Menschen" haben u. a. Bergson, Husserl, Heidegger und Sartre geliefert. Frankl schließt sich ihnen an und deklariert, daß man in der Neurose lernen muß, der Zukunft mutig entgegenzugehen, der Gegenwart tätig, liebend und duldend gegenüberzutreten und in der Vergangenheit die „Schatzkammer des gelebten Lebens" zu sehen. Existieren heißt Werden und Vergehen; ständig fließt der Strom der Zeit durch den Engpaß der Gegenwart, wobei das Vergangene die eigentliche Wirklichkeit darstellt, da sie alles umfaßt, was aus der Zeitlichkeit in die „Ewigkeit" hineingerettet worden ist. Dies nennt Frankl den „Optimismus der Vergangenheit", den er den oft düsteren Beschreibungen der Existenzialisten entgegenhält; so sagt er:

> Der Pessimist gleicht einem Manne, der vor einem Wandkalender steht und wehmütig zusieht, wie dieser Kalender – von dem er täglich ein Blatt abreißt – immer schmächtiger und schmächtiger wird. Der Optimist hingegen gleicht einem, der das Kalenderblatt, das er jeweils entfernt, fein säuberlich auf die bisher abgenommenen Blätter legt, sich auf der Rückseite Notizen macht darüber, was er an diesem Tage getan oder erlebt hat, und nicht ohne Stolz auf die Gesamtheit dessen zurückblickt, was da alles in diesen Blättern festgelegt – was alles in diesem seinen Leben „festgelebt" ist. (*Zeit und Verantwortung.* 1947, S. 21)

Auf diese Weise soll man nach Frankl mit der schwierigen Erfahrung der Vergänglichkeit alles Menschlichen fertig werden. Indem wir Sinn in die Welt hineinschaffen, vergrößert sich der Schatz unserer vergangenen Lebensrealität, die uns niemand rauben kann. Wir gebären uns durch Schöpfungen, Erlebnisse und Leiden bis zum Tode hin; unser Schicksal des Unfertigseins geht erst im Augenblick des Sterbens zu Ende.

Menschsein als Existenz ist niemals ganz objektivierbar; sie ist in allen wichtigen Punkten das Gegenteil einer „Sache" und soll deshalb gar nicht als ein „Objekt" genommen werden. Dies widerspricht gewiß der naturwissenschaftlich-technischen Einstellung, die die Welt als eine *Welt von Sachverhalten* zu konzipieren gewohnt ist. Auch in der Psychoanalyse wird sowohl theoretisch als auch praktisch die Subjekthaftigkeit des Menschen weitgehend verleugnet; der Homo libidinosus kann kaum ein echtes Subjekt sein. Auch die traditionelle Medizin ist ganz vom Objektdenken durchsetzt und will Organe und Organismen kurieren, wie etwa ein Mechaniker Apparate und Maschinen repariert. Demgegenüber wird nun die These vertreten:

> Aber die Existenzanalyse, wenn *sie* den Menschen zum „Objekt" etwa einer Psychotherapie macht, darf den Subjektcharakter des Menschen keineswegs ignorieren. Im Gegenteil, sie ist „Ko-operation" *mit* dem Subjekt! Sie muß *den* Menschen – schon ex definitione! – *als existentielles Wesen fassen,* und mit dem Subjektcharakter muß sie ihm als *sein Wesen die Freiheit und die Verantwortung belassen;* ja, viel mehr als dies: sie muß ihm Freiheit und Verantwortlichkeit allererst *verschaffen.* Denn dann und nur dann wird sie an seine Verantwortlichkeit auch appellieren können. Dazu aber ist sie da! (L. c. S. 33)

Nun gibt es sicher verfahrene und sogar verzweifelte Situationen, in denen der Mensch mit seiner dispositionellen Freiheit nicht mehr viel oder unter Umständen nichts mehr ausrichten kann. Was ihm aber immer verbleibt, ist die Möglichkeit, auch zu unabänderlichen Schicksalsfügungen *fruchtbare Einstellungen* aufzubauen; Frankl kommt oft darauf zurück, daß es auch Leistungen im Leiden und Dulden gibt, die der aktivistische Mensch des Abendlandes mitunter zu vergessen scheint. Ausführlich äußert sich Frankl hierüber im Buch *Homo patiens. Versuch einer Pathodizee* (1950).

Neben phänomenologischen und existenzialistischen Einflüssen macht sich in Frankls Darlegungen auch die Nachwirkung des „Personalismus" bemerkbar, der z. T. auf Immanuel Kant zurückgeht und besonders im Neukantianismus eindrücklich formuliert worden ist. Kants Lehrsatz, daß Dinge einen *Wert* (Nutzen), Personen aber eine *Würde* besitzen (und daher nie als ein Mittel zum Zweck eingesetzt werden sollen), gilt auch als Basis für die Existenzanalyse und die aus ihr resultierende Logotherapie. Frankls Personbegriff läßt sich nun etwa mit folgenden Kennzeichnungen rekapitulieren:

1. Die menschliche Person ist Einheit und Unteilbarkeit; man kann sie nur als ein Ganzes fassen und verstehen. So erscheint etwa die von der Psychoanalyse propagierte Aufteilung der menschlichen Persönlichkeit in Es, Ich und Über-Ich als ein künstliches Gebilde; die Person ist immer als Ganzheit in ihren Akten und Zuständen enthalten, so daß sich jegliche „Partikularisierung" erübrigt.

2. Jede Person ist infolge ihrer „Geistigkeit" einmalig und unaustauschbar. Körperlich-seelisch mögen die Menschen einander noch so sehr ähneln, so daß man sie typen- und gruppenmäßig mühelos zusammenfassen kann. Die Person jedoch entzieht sich jeder Typologie. Sie ist individuelle Selbstschöpfung des jeweiligen Individuums, welches sein eigener Baumeister ist und alle vorhandenen Materialien (Umwelt, biologische Erbmasse, psychische Dispositionen, Erziehung usw.) gestaltend verwertet.

3. Die Person ist – man weiß nicht, woher Frankl diese Einsicht bezieht – unverletzlich, kann also nicht durch psychophysische Krankheiten tangiert werden; möglicherweise ist sie sogar unzerstörbar.

4. Seelisches und Geistiges dürfen nicht miteinander verwechselt werden, wie dies z. B. der Psychologismus tut. Im 19. Jahrhundert gab es eine „Psychologie ohne Seele", die mit Recht heute in Vergessenheit geraten ist; die Gefahr von heute ist aber eine „Psychologie ohne Geist", die mit all den weiter oben bereits kritisierten „-ismen" verwandt ist.

5. Wenn man sagt, daß die Person Freiheit und Verantwortung ist, meint man damit auch, daß sie in der *Wahl ihrer Möglichkeiten* existiert. Die Person ist insofern „entscheidendes Sein", daß sie jeweils selbst entscheidet, was sie ist und sein will. Möglichkeiten können ergriffen und verfehlt werden. Hierbei spielen aber Wahlvorgänge eine zentrale Rolle, die weder als „dranghafte Getriebenheit" noch als „soziale Gebundenheit" verdeckt werden sollen.

6. Die Person *ist* wohl ihr Leib und ihre Seele, aber sie ist nicht mit den beiden genannten Instanzen identisch. Man kann hier von ontologischen Schichten und Dimensionen sprechen, die sich wohl berühren, aber nicht wesensmäßig zusammenfallen. Daher gibt es z. B. Krankheiten des Körpers, der Seele, somatopsychische und psychosomatische Störungen, die man sorgfältig auseinanderhalten muß. Den „Geist" isoliert Frankl vom menschlichen „Psychophysikum", indem er ihm eine gewisse „Trutzmacht" einräumt: vom Geiste her kann man zu allen physischen und psychischen Bedrängnissen *Stellung beziehen,* zu sich selbst und zur Welt *Distanz gewinnen.*

7. Person, Sinn und Wert sind korrelativ zueinander. Die Person wird seiend in dem Maße, als sie auf Wert- und Sinnverwirklichung hinlebt. Für Frankl ist der oberste Wert und Sinn die Gottheit, so daß er letztlich die religiöse Sinngebung für die höchstmögliche hält.

Neurosenlehre

Wenn der Geist des Menschen in seiner Sinnsuche fehlgeht, kommt es zu seelischen Verstimmungen und Fehlhaltungen und darauf folgend oft zu organischen Funktionsentgleisungen und Organschäden, die als psychosomatische oder somatische Krankheiten imponieren: auf diesem Fundament baut Frankls Neurosentheorie auf. Er sieht also die Ursache der Neurose nicht in spezifischen „Kindheitstraumen" oder „Triebanomalien", sondern in einem *Verkümmertbleiben der Person,* das man gewiß auch auf alle möglichen „Vorfälle" und „Bedingungen" in ihrer Werdensgeschichte zurückführen kann. Aber die Erkenntnis solcher historischer Prozesse heilt keine neurotische Irritation; hierzu bedarf es des *Wandlungserlebnisses,* das in der menschlichen Begegnung stattfinden kann. Frankl schließt sich der Meinung von G. W. Allport an, welcher sagt:

Wirkliche Neurosen werden, wie wir wissen, am besten definiert als sture Selbst-Zentriertheit. Kein Therapeut kann eine Phobie, eine Zwangsneurose, ein Vorurteil oder eine Feindseligkeit dadurch heilen, daß er etwas wegnimmt. Was er tun kann, ist, dem Patienten zu einer Wert- und Weltanschauung verhelfen, die den Störfaktor zudeckt und aufsaugt. (*Ärztliche Seelsorge*, 1975, S. 164)

Aus dieser Sicht ist auch die „spezielle Neurosenlehre" der Existenzanalyse zu begreifen. Frankl befaßt sich u. a. mit der Theorie der Angstneurose, der Zwangsneurose, der Melancholie, der Schizophrenie und der Sexualstörungen. Seine hierbei geäußerten Gedanken können wir nur andeutungsweise wiedergeben. Sehr ausführlich verbreitet er sich über diese Themen – einschließlich vieler Fragen aus der praktischen Medizin – in *Die Psychotherapie in der Praxis* (2. Aufl., 1961); ebenso in *Theorie und Therapie der Neurosen* (4. Aufl., 1975).

Zur *Phänomenologie der Angstneurose* stellt Frankl fest, daß die Patienten nicht nur Angst, sondern auch *Angst vor der Angst* haben. Sie drehen sich in einem Teufelskreis, aus dem sie keinen Ausgang finden. Nun müssen sie aber verstehen lernen, daß sie nicht wegen *jener Ursache* ängstlich sind, die sie gerade im Kopfe haben. So meint etwa der Phobiker, daß er angstfrei wäre, wenn es in der Welt z. B. nicht die Tiere gäbe (Spinnen, Hunde, Pferde, Mäuse usw.), vor denen er sich maßlos fürchtet. Die Existenzanalyse zeigt ihm nun, daß der Gegenstand seiner Phobie „Stellvertretungscharakter" hat; weil sich der phobische Mensch vor der Welt im Ganzen ängstigt und seine Möglichkeiten in ihr fast gar nicht wahrnimmt, wird er ein Opfer der Angst, der Hypochondrie und der Schuldgefühle, die im Grunde ein Gewissensphänomen sind; nur liegt die Schuld nicht dort, wo sie der neurotische Skrupulant sucht, sondern eben im mangelhaften Interesse an den Mitmenschen und den Lebensaufgaben: rücken diese ins Zentrum des Bewußtseins, dann lösen sich die neurotischen Begleitphänomene in nichts auf.

Ebenfalls sehr interessant ist die *Psychologie der Zwangsneurose*. Sie ist von vielen Forschern bearbeitet worden, birgt aber auch heute noch so manches ungeklärte Rätsel. Zwangsgedanken und Zwangshandlungen sind die Leitsymptome dieser Erkrankung, die die betroffenen Patienten bis zur äußersten Verzweiflung treiben können. Wiederum darf man sich nicht auf das Symptom konzentrieren, sondern muß die Welt des Zwangskranken in ihrer seltsamen Strukturiertheit erkennen. Frankl notiert bei solchen Patienten eine Reihe von Befunden, die ein Verstehen ihres Verhaltens ermöglichen.

So findet man bei Zwangsneurotikern u. a. eine „Insuffizienz des Evidenzgefühls": die Patienten ertragen Ungewißheit ausgesprochen schlecht und wollen daher alles „hundertprozentig exakt" wissen, tun oder können. Damit verbunden ist auch eine „Störung der Instinktsicherheit", die schon die kleinsten Alltagshandlungen und -entscheidungen zum Riesenproblem werden läßt. Der „Wille zur Sicherheit" kompliziert das Leben des Zwangskranken sehr; Frankl schreibt:

> Mit der gleichen Gewissenhaftigkeit und Bewußtheit, mit der ein normaler Mensch bestenfalls seine Berufswahl oder Gattenwahl trifft, mit der gleichen Gewissenhaftigkeit und Bewußtheit sperrt der Zwangsneurotiker seine Wohnungstür ab oder wirft einen Brief in den Briefkasten... Dem Zwangsneurotiker mangelt gemäß der bei ihm anzutreffenden Hypertrophie der Bewußtheit, die seine Erkenntnis- und Entscheidungsakte begleitet, jener „flüssige Stil", in dem der Gesunde lebt, denkt und handelt... In übermäßiger Bewußtheit kann der Mensch einen Akt höchstens initiieren, aber nicht exekutieren, ohne ihn dadurch auch schon zu stören. (*Ärztliche Seelsorge*, S. 177)

Der „normale Mensch" gibt sich mit Beiläufigem und Vorläufigem zufrieden; der Zwangspatient will oft das Endgültige und Absolute, so daß man ihn einen „verhinderten Faust" nennen kann. Diese Fehlhaltung wird fast immer durch eine zwangsneurotische Weltanschauung zementiert. So muß man in Fällen von Zwangsneurose nicht nur Verhaltensweisen und Gefühle, sondern auch Welt- und Menschenbilder korrigieren: die Therapie ist nur wirksam, wenn sie die geistige Mentalität des Kranken ändert, z. B. indem sie ihn zu Gelassenheit und zu Humor anleitet, zu Distanz gegenüber seiner oft trostlos anmutenden Krankheit. Auch kann man an Ängsten und Zwängen und Sexualanomalien *vorbeileben* lernen, wobei die Adoption neuer Ziele und Werte die Komplexe besser beseitigt als das viele Grübeln und Analysieren, das in manchen tiefenpsychologischen Schulen bis zum Exzeß betrieben wird.

Bei der Melancholie und der Schizophrenie vertritt Frankl teilweise den traditionell-psychiatrischen Standpunkt, daß beiden Erkrankungen unbekannte oder schwer durchschaubare somatische Prozesse zugrunde liegen, die aber doch nicht das Krankheits-Geschehen selbst verständlich machen. So kann man etwa jeder Melancholie eine „biologische Baisse" zuschreiben; aber die Symptome der Schuldgefühle, der Selbstvorwürfe, der Selbstbezichtigungen und der Gewissensangst des Depressiven gehen weit über die vitale Dämpfung (die auch ein Tier haben kann) hinaus.

Existenzanalytisch wird man daher auf die „Diskrepanz zwischen Sein und Sollen" verweisen, die für das menschliche Dasein an sich typisch ist und sich im Falle der Melancholie und Depression zu einem „Abgrund" ausweitet. Die Patienten sind verzweifelt, weil sie keine Möglichkeiten der Erfüllung (von Aufgaben, Werten usw.) sehen. So verlieren sie auch die „Dimension der Zukunft" aus den Augen. Ihre Selbstverurteilung ist getragen von Ungeduld und Auflehnung gegen das eigene Schwachsein, das mit aggressiven Empfindungen registriert wird, die alles noch viel schlimmer werden lassen. Lernen solche Patienten das Warten-Können, so schwächt sich früher oder später das vitale Tief ab, wobei Lebensmut und Zuversicht wieder zum Tragen kommen. Das Vertrauen zum Arzt erleichtert wesentlich das Überdauern melancholischer oder depressiver Krisen, die leicht auch zum Suizid führen können.

Frankls Neurosenlehre geht weitgehend konform mit jenen Beschreibungen, die die „anthropologische Medizin" (v. Weizsäcker, E. Straus, v. Gebsattel, Kurt Goldstein etc.) im Laufe der letzten Jahrzehnte erarbeitet hat.

Praxis der Psychotherapie

Frankl ist stolz darauf, daß er nicht nur eine „neue Theorie", sondern auch neue „therapeutische Techniken" in die Tiefenpsychologie eingeführt hat. Er spricht vom „logotherapeutischen Verfahren", welches er als eine wesentliche Bereicherung des bisherigen Behandlungsrepertoires ansieht. Was ist nun diese „Logotherapie"?

Es gibt nach Frankl nicht nur psychogene, sondern auch noogene Neurosen, resp. viele neurotische Erkrankungen haben einen noogenen Anteil. Dies bedeutet, daß ein Teil der Krankheitsursachen im Geistigen liegt. Man wird wohl oft krank wegen Frustrationen und Verdrängungen; aber der Kern der Störung kann auch jenseits des Triebhaften und Emotionalen liegen. Wenn das „Sinnbedürfnis" des Menschen frustriert wird, kommt es zu einer existenziellen Notsituation, die unter Umständen schlimmer ist als Triebnot und Gefühlsverwirrung. Heute habe bei den Patienten das Sinnlosigkeitsgefühl dem Minderwertigkeitsgefühl den Rang abgelaufen, und erst in das existenzielle Vakuum hinein wuchert die chaotische Libido, die Sexualfragen zu einem unlösbaren Problem macht.

Frankl schätzt die Zahl der eigentlichen noogenen Neurosen auf ca. zwanzig Prozent, meint aber, daß alle neurotischen Irritationen einer Therapie vom Geistigen her und auf das Geistige hin bedürfen. Man darf mit dem Kranken nicht nur die Analyse seiner Kindheit und seiner (meist fehlenden) sozialen Beziehungen betreiben; man muß mit ihm die Wert- und Sinnmöglichkeiten des Daseins aufspüren, damit sein Leben eine „humane Gestalt annimmt": denn der Mensch ist der *Sinnsucher par excellence.*

Was nun aber Frankl als „Therapietechnik" anbietet, mutet im gesamten doch recht kläglich an. In seiner Kritik psychoanalytischer, individualpsychologischer und anderer Therapierichtungen ist er sichtlich treffsicherer als im Darstellen eigener Methoden, die die seelische Krankenbehandlung „revolutionieren" sollen. Letzten Endes besteht die Logotherapie aus „zwei Tricks", die gelegentlich nützlich sein mögen, aber als „Therapiealternative" doch als allzu dürftig erscheinen.

Frankl hat beobachtet, daß der Neurotiker nicht nur Symptome, sondern auch Angst vor seinen Symptomen hat. So gerät er in einen Zirkel hinein, aus dem er sich kaum ohne fremde Hilfe befreien kann: er hat etwa Angst und fürchtet sich vor der Angst, wodurch diese im Laufe der Zeit immer stärker und dämonischer wird. Oder aber es kommt zu Zwängen und psychosomatischen Störungen, die wiederum angstvoll registriert werden, so daß der Patient gebannt auf seine Symptomatik starrt, die ihm das Interesse für das übrige Leben gewaltig dämpft. Jede Neurose ähnelt einem Teufelskreis, der kein Ende nimmt.

Frankls Ausweg aus diesem Dilemma ist verblüffend einfach und heißt „paradoxe Intention". Der Patient soll dazu angeleitet werden, seine Symptome nicht zu fürchten, sondern sie regelrecht *zu wollen.* Wer also z. B. Platzangst hat, soll sich darüber freuen, daß ihn auf Plätzen und Straßen Angst befällt: er soll sich vornehmen, wieder einmal so richtig in Panik zu geraten und sich und der Welt etwas „vorzuzittern". Damit lernt gewissermaßen der Neurotiker, sich selbst in die neurotische Suppe zu spucken: denn wenn er sein Symptom *will,* kann er es oft gar nicht hervorbringen, da Unwillkürlichkeit zur Symptomatik wesensmäßig hinzugehört.

Frankl füllt viele Seiten seiner Bücher mit Berichten über „Wunderheilungen" aufgrund dieser paradoxen Intention. Stotterer, die ihren Mitmenschen willentlich etwas vorstottern wollten, konnten nur noch flüssig und unbehindert reden; Zwangskranke, die sich mit ihren Zwängen und Zwangsgedanken anzufreunden vermochten, hatten bald nichts Zwanghaftes mehr an sich; Menschen mit Schlafstörungen, die sich eigens vornahmen, wach bleiben zu wollen, schlummerten nach kurzer Zeit selig und ungestört; wer an Erröten litt und die Intention befolgte, „so richtig schön rot zu werden", hatte bald darauf eine normale Gesichtsfarbe usw.

Auch bei Sexualirritationen ist das paradoxe Intendieren offenbar gewinnbringend. Falldarstellungen zu Frigidität und Impotenz z. B. zeigen, daß frigide Frauen und impotente Männer meistens sehr stark auf den Orgasmus und den sexuellen Vollzug überhaupt fixiert sind, so daß sie im Akt den Partner kaum noch oder doch nicht als Bezugsperson erleben. Solchen Menschen geben die Logotherapeuten den Rat, sich auf das Nichtvollziehen oder Nichtgelingen der Sexualität bewußt einzustellen, was dann häufig das gewünschte Gelingen mit sich bringt. Frankl knüpft hier an die bereits von Max Scheler formulierte Einsicht an, daß Lust überhaupt nicht gewollt werden kann und soll: sie stellt sich als *Resultat einer Hingabe* ein, nicht aber im Fixiertsein auf die eigenen Körperfunktionen, die bei Frigidität und Impotenz „hyperreflexiv" überwacht werden. Auch Glück, Freude und Heiterkeit kann man nicht wollen; sie *ergeben sich*, wenn man sein Leben sinnvoll gestaltet, wenn man Schwierigkeiten meistert und wenn man zum Mitmenschen und zur Wertwelt ein sinnträchtiges Verhältnis aufbaut.

Man kann demnach nach Frankl der Neurose einen „Strich durch die Rechnung" machen, wenn der Patient die „Furcht vor dem Abnormen" verliert und sich sogar zum Intendieren der Abnormität anleiten läßt. Es kommt so zu einer Distanzierung gegenüber der neurotischen Symptomatik, die Parallelen zum Humor aufweist: auch im Humor lernen wir, über unsere Unzuträglichkeiten zu lachen, vielleicht sogar, sie liebevoll anzunehmen. Wer der Angst ins Gesicht blickt oder ihr ins Gesicht lacht, ist schon kaum mehr ängstlich. Eine „Entdämonisierung der Neurose" ist sicherlich wertvoll. Frankls Patienten gleichen wohl jenem Mann, der in einer psychoanalytischen Behandlung stand und auf die Frage, ob er immer noch an seiner Neurose leide, die Antwort gab: „Wieso *leiden?* Seit ich in Therapie bin, macht mir meine Neurose Spaß!"

Die zweite Methode Frankls ist die sogenannte „Dereflexion". Hierüber sagt der Autor selbst:

> Während die paradoxe Intention den Patienten instand setzt, die Neurose zu ironisieren, ist er mit Hilfe der Dereflexion imstande, die Symptome zu ignorieren. (*Theorie und Therapie der Neurosen,* 1975, S. 176)

Hier geht es also darum, den Reflexionsüberschuß, den man bei Neurotikern fast immer findet (und welcher das Gegenstück zum Handlungsmanko ist), abzubauen. Der Patient soll an seinen Symptomen vorbeisehen und vorbeileben lernen. Denn die Symptomatik ist kein triftiges Hindernis für die Erfüllung der anstehenden Lebensaufgaben. Frankl ist der richtigen Überzeugung, daß der Mensch sich selbst transzendieren muß. Sein Lebensfeld liegt draußen in der Welt, bei den Mitmenschen, bei den Möglichkeiten der Wert- und Sinnverwirklichung. Darauf soll der neurotische Mensch aufmerksam gemacht werden, damit er nicht in „Dauerreflexion" das Leben versäumt.

So muß die Psychotherapie dem Menschen bei der „Sinnfindung" helfen: sie ist demnach „Heilung durch den Geist". Der Therapeut kann es nicht vermeiden, mit seinen Analysanden in den „weltanschaulichen Dialog" einzutreten: in den therapeutischen Unterredungen muß fast immer auch „philosophiert" werden. Frankl betont zwar nachdrücklich, daß es sich nicht darum handeln kann, dem Patienten die Weltanschauung des Seelenarztes zu suggerieren: das Gespräch soll auf der Ebene der Gleichwertigkeit und Gleichberechtigung beider Partner geführt werden. *In concreto* läuft es aber doch darauf hinaus, daß Frankl sichtlich seine Analysanden zur Religion, zumindest aber zur Existenzanalyse und Logotherapie hinführen will, die einen eindeutigen „religiösen Touch" aufweist. Sinn ist nach Frankl eine andere Formulierung für „Gottvertrauen", wobei er seinen überaus spitzfindigen Verstand mächtig strapaziert, um zu beweisen, daß außerhalb der Religion kein Heil zu finden ist.

Noch nachdenklicher stimmt die Tatsache, daß Frankl sich kaum noch um Aufarbeitung der Lebensgeschichte des Patienten, Durcharbeiten seiner Lebenssituation, Übertragung und Gegenübertragung usw. kümmert: er „vernünftelt" mit seinen Patienten über „Sinn" und „Übersinn" und kann mit seiner geschliffenen Rhetorik jedem Kranken suggerieren, daß seine Leiden „etwas Höheres" zu bedeuten haben und daß überhaupt der *Homo patiens* dem *Homo faber* und dem *Homo amans* weit überlegen ist. Als eine der vielen Verbeugungen Frankls vor den christlichen Religionen ist wohl auch seine Glorifizierung der Schicksalsergebenheit anzusehen, die eines der Hauptthemen seiner *Ärztlichen Seelsorge* ist. Als Therapeut überzeugt Frankl noch weniger denn als Theoretiker der Tiefenpsychologie.

Im übrigen scheinen die beiden Methoden der paradoxen Intention und der Dereflexion nicht von Frankl, sondern von Alfred Adler zu stammen, der einer der meistgeplünderten Pioniere der Tiefenpsychologie ist (wobei die Plünderer seinen Namen kennzeichnenderweise verschweigen). Der weise Humorist Adler pflegte seinen Patienten schon in den zwanziger Jahren dringend zu raten, nicht ihre Symptome zu bekämpfen, sondern *ihrer ungeachtet* die Probleme des Lebens anzugehen; auch empfahl er mit Augenzwinkern, sich nicht gegen die Symptome zu wehren, sondern sich ihrer zu erfreuen. Damit verdarb er dem Neurotiker seinen Spaß am „Nebenkriegsschauplatz" und holte ihn an die „Front des Lebens" zurück, wo die „eigentlichen Schlachten" geschlagen werden, die man mit *neurotischer Zeitvertrödelung* kaum je gewinnen kann. Frankl hat der unprätentiösen Trickhaftigkeit seines großen Lehrers einen etwas pompösen Namen gegeben und brilliert damit in der Fachwelt, die Adlers Schriften zu wenig kennt, um derartige historische Bezüge herstellen zu können.

Offene Türen zur Transzendenz

Dem Weltanschauungscharakter von Frankls Schriftgut entspricht ein lebhaftes Engagement für die Religiosität, das sich wie ein roter Faden durch alle seine Texte hindurchzieht. Besonders komprimiert äußert er sich über Religion in seinem Buch *Der unbewußte Gott* (2. Aufl., 1977), das u. a. auch eine Psychologie des Gewissens enthält. Speziell an diesem Buch wird deutlich, zu welchen intellektuellen Purzelbäumen Frankl bereit ist, um Psychotherapie und religiöse Erfahrung in Einklang zu bringen.

Das Gewissen ist für Frankl gewissermaßen ein „Organ der Sinnsuche". Daher reicht es nicht aus, wenn man es auf verinnerlichte Aggressionstriebe und introjizierte Vatererfahrung reduzieren will (wie dies die Psychoanalyse tut). Im Gewissen erfahren wir ein „Seinsollen", d. h. ein Mögliches, das realisiert werden kann und soll. Im Überschreiten des Faktisch-Gegebenen ähnelt das Gewissen der Liebe: auch sie visiert Möglichkeiten an, nämlich die Entwicklungschancen des geliebten Menschen. So wie die Liebe sich auf eine einmalige und unverwechselbare Individualität bezieht, spricht das Gewissen in individualisierten und unwiederholbaren Situationen das an, was getan werden kann und soll. Absolute Normen oder Regeln treten dabei zurück; der Gewissenhafte wie auch der Liebende müssen *hier und jetzt* „das Richtige" fühlen oder vollbringen. In beiden Fällen entscheidet oder wählt die Person, was sie in Zukunft sein will.

Man muß nach Frankl z. B. Träume nicht nur auf ihre triebhaften oder infantilen Ursachen hin abfragen; man soll sie auch auf ihren geistigen und moralischen Sinn hin interpretieren. Dies ist wiederum eine berechtigte Ergänzung triebpsychologischer Vereinfachungen, die in der Freudschule gelegentlich zu Deutungskonstrukten führten, welche dem gesunden Menschenverstand allzusehr widersprachen. Leider wählt Frankl in seinem Buch *Der unbewußte Gott* fast nur Beispiele aus, die er für seine These heranziehen kann, nämlich daß die Menschen „unbewußt nach Gott suchen"; diese Exempel werden unter Vernachlässigung jeglichen biographischen Kontextes in das Schema der Sinn- und Gottsuche förmlich hineingezwungen, wobei die Argumentation willkürliche Gedankensprünge macht: intellektuelle Klarheit ist nicht Frankls Stärke.

Wie ist nun das Gewissensphänomen „existenzanalytisch" zu interpretieren? Für Frankl ist ausgemacht, daß die „Stimme des Gewissens" weder vom Gewissensträger selbst, noch von seiner „Vaterimago" oder von der ihn umgebenden Gesellschaft stammen kann. Im Gewissen wird der Mensch „aus der Transzendenz" her „angerufen". Als Begründung dieser uralten theologischen Konzeption kann Frankl nur Gedankenakrobatik demonstrieren, die stellenweise recht gequält anmutet. Es ist offenbar nicht leicht, den Theologen nach dem Mund zu reden:

> Verständlich wird das Gewissen erst von einer außermenschlichen Region her; letztlich und eigentlich also nur dann, wenn wir den Menschen in seiner Geschöpflichkeit verstehen, so daß wir sagen können: Als Herr meines Willens bin ich Schöpfer – als Knecht meines Gewissens aber bin ich Geschöpf. Mit anderen Worten: zur Erklärung menschlichen Frei-seins genügt die Existenzialität – zur Erklärung menschlichen Verantwortlich-seins jedoch muß ich zurückgreifen auf die Transzendentalität des Gewissen-habens. (L. c. S. 47)

Damit ist „entschieden", daß das Gewissen gleichsam die Nabelstelle ist, durch die sich zeigt, daß der Mensch aus einer „höheren Welt" in dieses Erdental hineingeboren wurde. Der Atheist hat zwar auch ein Gewissen, aber er verkennt nach Frankl, daß er es „von oben" bekam. Man soll ihm aber deshalb nicht grollen, weil er stehenbleibt, indes der Gläubige sich zu „höheren Gipfeln der Lebenswanderung" emporbewegt. Frankl gibt sich tolerant und vornehm, indem er sagt:

> ... denn in einem solchen Grade ist der Mensch frei, von seinem Schöpfer frei geschaffen, daß diese Freiheit eine Freiheit bis zum Nein ist, daß sie so weit geht, daß das Geschöpf sich auch gegen seinen Schöpfer entscheiden, daß es Gott auch verleugnen kann. (L. c. S. 49)

Aber Gott ist eine Person, denn nur eine Person kann menschliche Personalität ansprechen. Er ist eine Du-Wirklichkeit, an der der Mensch erst richtig „Ich sagen lernt". Nicht der Vater ist das Vorbild Gottes in unserer Psyche, sondern die Väter sind „Ebenbilder Gottes", d. h. sie entlehnen von Gott ihre Funktion und Rolle im Menschenleben.

Angesichts solcher Proklamationen nimmt es nicht wunder, daß Frankl in vielen seiner Patienten eine „unbewußte Religiosität" entdeckt, deren Bewußtmachung für ihn mit dem Heilungsweg identisch ist. C. G. Jung ist hierin dem Wiener Therapeuten und Theologie-Propagandisten vorangegangen: auch er definierte die menschliche Seele als „naturaliter religiosa". Gleichwohl korrigiert Frankl diesen Vorläufer, da er die Gottheit zu einem quasi-biologisch vorgegebenen Seeleninhalt stempelte (Archetypus) – Gott ist nicht „Psychophysisches" am Menschen, und Religiosität kann nicht als „archaisch", „urtümlich" und „primitiv" verstanden werden. Die religöse Bilderwelt soll in der Auseinandersetzung mit der Tradition der Religionen, nicht aber im Eintauchen ins „kollektive Unbewußte" gefunden werden. Frankl leitet die Patienten direkt zur Kirche hin, was Jung verabsäumte, da er sie angeblich zu intensiv auf die Beachtung ihrer Innenwelt hinführte. Die Freudsche These, daß die Religion eine „universelle Zwangsneurose" sei, „widerlegt" Frankl mit der Gegenthese, daß Zwangsneurosen nur dort entstehen, wo ein Mensch keine Religion mehr habe.

So vereinigen sich in Frankls Sicht Priester und Psychotherapeut in vollendeter Harmonie, ohne einander zu behindern – im Gegenteil, sie ergänzen einander, d. h. sie entsprechen den zwei Seiten einer Schallplatte, von der dasselbe Lied in zwei Tonarten ertönt.

Wie sich Frankl seine „ärztliche Seelsorge" vorstellt, beschreibt er u. a. anhand eines Gespräches mit einer 80jährigen Patientin, die an einem inoperablen Krebs litt und in Frankls Klinik den Studenten vorgestellt wurde. Die Patientin schilderte ihr Leben als Hausangestellte; da sie eine „gute Herrschaft" hatte, wurde sie mitunter ins Theater und in Konzerte mitgenommen: sie hatte – wie Frankl sich mit ihr einigt – ein „reiches und erfülltes Leben". Nun muß sie nur noch bereit sein, ihr Sterben als eine notwendige Fügung hinzunehmen, was ihr „logotherapeutisch" folgendermaßen vermittelt wird:

Frankl: „Wissen Sie, Frau Kotek, Sie haben nicht nur allerhand geleistet in Ihrem Leben, sondern auch aus Ihrem Leiden das Beste gemacht! Und Sie sind in dieser Hinsicht für unsere Patienten ein Vorbild. Ich gratuliere Ihren Mitpatienten, daß sie sich Sie zum Beispiel nehmen können!"
In diesem Augenblick geschah etwas, das sich noch in keiner Vorlesung ereignet hatte: Die 150 Hörer brechen in einen spontanen Applaus aus! Ich aber wende mich wieder der alten Frau zu:
„Sehen Sie, Frau Kotek, dieser Applaus gilt Ihnen. Er gilt Ihrem Leben, das eine einzige große Leistung war. Sie können stolz sein auf dieses Leben! Ich möchte sagen, Frau Kotek: Ihr Leben ist ein Denkmal. Ein Denkmal, das kein Mensch aus der Welt schaffen kann!"

Langsam ging die alte Frau aus dem Hörsaal. Eine Woche später starb sie. Sie starb wie Hiob: satt an Jahren. Während ihrer letzten Lebenswoche war sie nicht mehr deprimiert. Im Gegenteil, sie war stolz und gläubig... Ihre letzten Worte aber, wie sie in der Krankengeschichte eingetragen stehen, waren die folgenden: „Mein Leben ist ein Denkmal, hat der Professor gesagt. Zu den Studenten im Hörsaal. Mein Leben war also nicht umsonst..." (L. c. S. 96)

Frankls Bücher, die in den USA Millionenauflagen erreichten, schrekken auch vor Kitsch nicht zurück, um dem Publikumsgeschmack zu schmeicheln. Mit vielen ähnlichen Gesprächsfragmenten beweist Frankl, daß seine Lehre Konformismus in religiös-philosophischer Einkleidung ist und von daher einen Großteil ihres Ruhmes bezieht.

Kritischer Kommentar

Wir haben bereits in die obigen Darlegungen kritische Einwände eingestreut, so daß wir uns zum Abschluß kurz fassen können. Es liegt uns fern, zu behaupten, daß Frankl ein „unbedeutender Autor" ist: wir haben nachdrücklich auf seine Schwächen und Unzulänglichkeiten hingewiesen, glauben uns aber auch zu der Feststellung verpflichtet, daß Existenzanalyse und Logotherapie im Panorama der Gegenwartspsychologie und -therapie zu Recht eine Rolle spielen.

Frankl ist ohne Zweifel ein „philosophischer Kopf" mit beachtlichen Literaturkenntnissen, der als Schriftsteller glanzvoll und pointiert formuliert. Er spürt mit durchdringendem Scharfsinn die Engen und Einseitigkeiten der anderen Doktrinen auf, die er witzig und geistreich bloßzustellen versteht. Offensichtlich hat er die Phänomenologie und die Existenzphilosophie gründlich studiert, so daß er deren Einsichten mit erstaunlicher Sprachgewalt zu formulieren vermag. Dadurch erhalten seine Schriften fast überall einen „philosophischen Tiefsinn", der wohl weit über die Fachwelt hinaus Interesse und Anklang findet. Vor allem Theologen werden von dieser Lebensdeutung angezogen, die in Krankheit und Krankenbehandlung sozusagen ein „theologisches Drama" inszeniert. Denn Frankl ist massiv auf das Ziel aus, die *religiöse Bestimmung des Menschenlebens* – die jahrtausendelang durch die Bibel und die Theologie verkündet wurde – ans Licht zu heben, wobei er die Suggestivität tiefenpsychologischer Erkenntnisse in den Dienst des Glaubens an die Transzendenz stellt. Diese Art von „Gottesbeweisen" fehlte noch im Repertoire der traditionellen Auseinandersetzungen zwischen Religion und Atheismus oder Agnostizismus; es blieb Frankl vorbehalten, aus der Tatsache des menschlichen Liebenkönnens die Gewißheit von Gottes Existenz abzuleiten, wie er denn auch behauptet, daß es „Sinn" nur geben kann, weil es im Verborgenen einen „Über-Sinn" gibt.

Diese brave Hilfestellung gegenüber allen „Traditionalismen" (von denen der Gottesglaube nur ein Partikel ist) kann dennoch nicht den Umstand verschleiern, daß Frankls System von einer Gefühlskälte Zeugnis ablegt, die durch Hinwendung zum „Theologismus" um nichts besser wird. Der Autor erweist sich als intellektueller Akrobat, der in seiner Gefühlsrhetorik herumturnt, aber weder sich noch andere menschlich damit erwärmen kann. Seine Lehre rühmt sich zwar des Titels einer „dritten Wiener Schule der Tiefenpsychologie": gemessen an Freud und Adler jedoch ist diese Theorie nur eine schmalspurige Polemik gegen viele Leistungen der tiefenpsychologischen Lehre, die sie oft nur entstellt wiedergibt, um sich mit ihren Federn schmücken zu können. Vieles, was Frankl als „Neuentdeckung" anpreist, ist bereits bei Freud, Adler und Jung keimhaft, meistens sogar explizit formuliert; so hat Adler etwa schon im Jahre 1933 ein Buch über den *Sinn des Lebens* veröffentlicht, in dem der „Wille zum Sinn" im Mittelpunkt der Darlegung stand. Auch tut man Freud, Adler und Jung Unrecht, wenn man ihre Konzeptionen in die Schublade des „Psychologismus" einordnet.

Hochgezüchteter Ehrgeiz, messerscharfe Intelligenz und mitreißende Rhetorik sind Frankls Eigenschaften, die ihn erfolgreich werden ließen: es ist fraglich, ob sein Erfolg von Dauer sein wird.

Ausgewählte Literatur

Adler, A. (1933). Der Sinn des Lebens. Frankfurt: Fischer 1973.
Dienelt, K. (1973). Von der Psychoanalyse zur Logotherapie. München: Reinhardt.
Frankl, V. (1947). Zeit und Verantwortung. Wien.
– (1959). . . . trotzdem Ja zum Leben sagen. Ein Psychologe erlebt das Konzentrationslager. München: dtv 1977.
– (1959). Das Menschenbild der Seelenheilkunde. Kritik des dynamischen Psychologismus. Stuttgart: Hippokrates.
– (1961). Die Psychotherapie in der Praxis. Wien. 2. Auflage.
– (1972). Der Wille zum Sinn. Ausgewählte Vorträge über Logotherapie. Bern: Huber, 2. überarbeitete und ergänzte Auflage.
– (1975). Ärztliche Seelsorge. München: Kindler, 8. Auflage.
– (1975). Theorie und Therapie der Neurosen. München: Reinhardt, 4. erweiterte und ergänzte Auflage.

– (1977). Das Leiden am sinnlosen Leben. Psychotherapie für heute. Freiburg: Herder.
– (1977). Der unbewußte Gott. Psychotherapie und Religion. München: Kösel, 2. Auflage.
Pongratz, L. J. (Hrsg.) (1973). Psychotherapie in Selbstdarstellungen. Bern: Huber.

Rollo May

Einleitung

Rollo May ist einer der bekanntesten Tiefenpsychologen und Psychotherapeuten der Gegenwart, dessen Name weit über die Grenzen des amerikanischen Kontinents hinaus einen besonderen Klang besitzt. Er gilt als ein Repräsentant der sogenannten „humanistischen Psychologie", d. h. jener „dritten Kraft", die zwischen Psychoanalyse und Behaviorismus (Verhaltenstherapie) von einem Menschenbild ausgeht, das die menschliche Natur weder durch ihre Triebbedürfnisse noch durch ihre Reflexmechanismen definieren will. May gehört auch zur Gruppe der „Existenzialpsychologen", die bestrebt sind, die Phänomenologie und die Existenzphilosophie in das tiefenpsychologische Denken und Handeln einzuführen. Er ist unzweifelhaft ein philosophischer Kopf, der große therapeutische Erfahrung mit spekulativer Fähigkeit zu verarbeiten weiß.

May wurde im Jahre 1909 in Michigan (USA) geboren. Er studierte Psychologie und Philosophie, wobei er weniger von Freud als von Alfred Adler beeinflußt wurde, dessen Schüler er zunächst in Wien und dann in New York war. In den späten dreißiger Jahren schloß er sich dem William-Alanson-White-Institut für Psychiatrie (Washington) an, wo er mit H. St. Sullivan, Erich Fromm und Frieda Fromm-Reichmann zusammenarbeitete. Einen Teil seiner Lehranalyse absolvierte er bei Clara Thompson, die, ähnlich wie die genannten Autoren, den Aufbau der „kulturellen Schule" vollzog, welche das Seelenleben des Menschen aus dem Zusammenwirken von Individuum und Gesellschaft – und nicht durch eine Freudsche „Triebmythologie" – zu interpretieren unternahm. May wurde bald einer der führenden Vertreter der Washington School of Psychiatry und Mitherausgeber der von Sullivan gegründeten *Zeitschrift für das Studium zwischenmenschlicher Beziehungen*.

May lehrte an vielen Universitäten, u. a. in Yale, an der Columbia University, in Princeton. Mehrere seiner Bücher erzielten Massenauflagen und wurden weit über die Fachkreise hinaus diskutiert und bewundert. Ein wichtiger Einschnitt in seinem Leben war die Erkrankung an Tuberkulose, die offenbar seine Einstellung zu den grundlegenden Problemen der menschlichen Existenz vertiefte. Der Theologe Paul Tillich wurde zu einem geistigen Mentor des Psychotherapeuten, als dieser eine weltoffene Tiefenpsychologie mit etwas vagem religiösem Hintergrund zu strukturieren begann. Ein Dutzend Bücher, geistreich und elegant geschrieben, bezeichnen Mays Denkweg. Rollo May wurden einflußreiche wissenschaftliche Ämter übertragen, hohe Auszeichnungen und Ehren wurden ihm zuteil. Zuletzt lebte er als Lehranalytiker und frei praktizierender Psychotherapeut in New York.

Phänomenologie der Angst

Mays erste große wissenschaftliche Arbeit ist sein Buch *The Meaning of Anxiety* (1950). Es diskutiert mit bestechender Prägnanz die tiefenpsychologischen Angsttheorien, die dann durch phänomenologische, existenzphilosophische und soziologische Betrachtungen eingeordnet und ausgewertet werden. May war sich klar darüber, daß die Tiefenpsychologie ein sehr wichtiger, nicht aber der einzige relevante Beitrag zum Verständnis der *conditio humana* ist: im Unterschied zu vielen Psychoanalytikern, für die die wesentlichen Forschungen über die Natur des Menschen mit Sigmund Freud zu beginnen scheinen, versucht er die Erkenntnisse der schönen Literatur, der Sozialwissenschaften, der Politikwissenschaft, der Philosophie, der Theologie und anderer Disziplinen in seinem Text zu vereinen.

Sören Kierkegaard, einer der Stammväter der Existenzphilosophen, publizierte im Jahre 1844 seine Untersuchung *Der Begriff Angst,* die – trotz ihrer theologischen Einseitigkeit – wegen ihrer feinsinnigen Phänomenbeschreibungen mit Recht berühmt geworden ist. Für ihn bedeutete Angst ein Symptom der inneren Zerrissenheit; gleichzeitig wies er darauf hin, daß nur ein Wesen, das frei ist, sich ängstigen kann. Tiere haben Furcht vor Feinden usw.; der Mensch jedoch, für den sich dauernd ein Freiraum von zukünftigen Möglichkeiten öffnet, ist durch das Sich-ängstigen-Können ausgezeichnet. Die Angst ist „der Schwindel der Freiheit". Sie ist nicht nur drückend und belastend, sondern auch das Erfahren möglicher Zukunftsentwürfe, die Chance des Selbstsein-Könnens. Der tapfere Mensch flüchtet nicht vor seinen Ängsten; er setzt sich ihnen aus und entwirft sich in ihnen auf sein ureigenstes Freiheitsbewußtsein. Wer sich tief und wahrhaft ängstigen kann, ist nach Kierkegaard in der Lage, die Endlichkeit des Menschen (d. h. den Tod) zu akzeptieren und sich in der jeweiligen Situation angesichts des unausweichlichen Sterbenmüssens entschlossen selbst zu verwirklichen. Ohne

Angst gibt es kein Selbstsein. Man kann die Angst eine „sympathetische Antipathie" nennen, weil in ihr die Zwiespältigkeit des menschlichen Wesens zum Vorschein kommt.

Seit Kierkegaard ist die Angst zu einem Hauptthema der philosophischen Anthropologie geworden. Vor allem in unserem Jahrhundert haben Heidegger, Jaspers, Sartre und andere Existenzialisten ganze Folianten über das Angstproblem geschrieben. Heidegger betonte im Anschluß an Kierkegaard die Vereinzelung des sich ängstigenden Menschen: nur wer die starre Regel und Routine seines Kollektivs (des „Man") verläßt, erlebt sein eigentliches Selbstsein und seine Todverfallenheit, woraufhin er, frei im Raume stehend, sich auf sein ureigenstes Schuldig-sein-Können einlassen kann. Schuld liegt nach Heidegger nicht in dieser oder jener moralischen Verfehlung; sie ist ein Urphänomen des Daseins, da man bei jeder Wahlhandlung viele Möglichkeiten der Existenz ausklammern und unbeachtet lassen muß. Der freie und mutige Mensch jedoch bekennt sich zu den Grenzen seiner Persönlichkeit – er entscheidet sich „angstvoll" für diese oder jene Lebensführung, verliert aber nie das Gefühl, dadurch der Welt und den Mitmenschen vieles schuldig bleiben zu müssen.

May assimiliert sorgfältig diese Angsttheorie der Philosophie und erweitert sie durch Beispiele aus der schönen Literatur. Wer heute über die Angst schreiben will, muß auch bei Kafka, Joyce und manchen anderen zur Schule gehen; die Dichter sind oft die Pioniere der wissenschaftlichen und philosophischen Forschung, da ihnen ihre Nähe zum Menschen oft Einsichten verschafft, die der rationalen Denkweise zunächst noch verschlossen bleiben.

Biologen, Psychologen und Psychoanalytiker haben ebenfalls wertvolle Erkenntnisse über die Angst zutage gefördert. May referiert u. a. die Arbeiten von Cannon, Selye, Goldstein, Mowrer usw., wobei bei einer synoptischen Betrachtung deutlich wird, daß sich die Befunde der verschiedenen Wissenschaften sehr wohl vereinigen lassen. Freud gab offensichtlich den Auftakt zu einer besonders lebensnahen Optik bezüglich der Angstphänomene: die Psychoanalyse begann damit, die Angst in den biographischen Kontext des Menschenlebens einzufügen und ihre strukturelle Bedeutung im Rahmen der gesamten Lebensführung aufzuzeigen. Allerdings gibt es von Freud mehrere Angsttheorien, die nicht auf einen Nenner gebracht werden können. Unermüdlich suchte der Begründer der Psychoanalyse nach Neuformulierungen zum Verständnis der Angsterscheinungen, und es bedürfte einer umfänglichen Spezialstudie, um alle seine Gedanken hierüber detailliert darzulegen.

Sehr aufschlußreich ist Freuds Abhandlung *Hemmung, Symptom und Angst* aus dem Jahre 1926. Sie rückt den Kastrationskomplex in den Mittelpunkt des Angsterlebens. Angst ist demnach prinzipiell Trennungsangst; sie wird erstmalig schon erfahren im Trauma der Geburt (Otto Rank); hernach kommt sie immer wieder zum Vorschein, wenn Ablösung und Trennung von libidinös relevanten Objekten aktuell sind. Der Verlust des Lebens ist die größtmögliche Kastration, die wir kennen: daher ist jede Angst auch Todesangst.

Viele Weiterentwicklungen der Angstanalyse sind von diesen Thesen Freuds mitinspiriert worden.

Alfred Adler hatte schon lange vorher die Angstbereitschaft auf den Wunsch des Ichs zurückgeführt, seine Überlegenheitsposition zu bewahren; sind jedoch die Minderwertigkeitsgefühle aus lebensgeschichtlichen Ursachen allzu stark, meint das schwache Ich des neurotischen Menschen, daß es nur unter Ausschaltung eines größeren Teils der Wirklichkeit seine oft nur eingebildete Superioritätshaltung („männlicher Protest") aufrechterhalten kann. Die Angst wird zum Warnsignal, damit es sich nicht in Situationen begibt, in denen es unterlegen sein könnte. Natürlich ist der Tod die radikalste Form des Unterliegens für ein lebendiges Wesen; daher würde Adler mit Freud darin übereinstimmen, daß das Todesbewußtsein die ständig fließende Quelle von Angstgefühlen im Menschen ist.

May fußt auf diesen Erwägungen, die er durch die Lehren des späten Otto Rank erweitert, welcher – ähnlich wie Kierkegaard, Nietzsche, Heidegger usw. – die stärkste Angsterfahrung in der Trennung des Individuums von den Normen, Gewohnheiten und Lebensregeln seiner sozialen Umgebung sah. Rank meinte aber mit Recht, daß dieser angstbesetzte Akt der Loslösung unabdingbar sei für den Aufbau der eigenen Individualität: er ist sozusagen das Fundament einer eigenständig-moralischen oder auch künstlerischen Existenz. Man sollte darum die Menschen lehren, den Mut zu *dieser* Art von Angst zu haben. Da wir in einem Zeitalter der alles umfassenden Nivellierung und Gleichschaltung leben, sind selbständige Persönlichkeiten wahrscheinlich das wichtigste Medikament zur Heilung unserer kranken Kultur. Die Gesellschaft lehrt uns das Fürchten, weil sie uns damit kleinhalten kann; jeder einzelne aber kann und soll das Sich-Ängstigen lernen, damit er ein unbequemer Zeitgenosse wird, ähnlich wie es die großen Künstler, Wissenschaftler und Neuerer auf allen Gebieten des Lebens und Denkens gewesen sind.

Ein Kernstück in Mays gelehrter Schrift ist die Ableitung der Angst des Gegenwartsmenschen aus soziologisch-kulturgeschichtlichen Gegebenheiten – dies in Anlehnung an Karen Horney, H. St. Sullivan, Erich Fromm, David Riesman u. a. Alle diese Autoren wiesen daraufhin, daß unsere konkurrenzorientierte Gesellschaft den Menschen sowohl innerlich schwächt als auch vereinzelt, so daß er in das Dilemma zwischen krankhaft stimuliertem Prestigedenken und universellen Ohnmachtsgefühlen hineingestellt ist. Da Wettbewerb für unsere Kultur wichtiger ist als Solidarität und gegenseitige Hilfe, hat jedermann Angst vor seinen Rivalen im Alltag, in der Wirtschaft und in der Politik. Angst erzeugt sehr oft Feindseligkeit. Auf diese Weise bildet sich ein Teufelskreis heraus, da nämlich Feindseligkeit notwendigerweise wiederum zur Verängstigung führt. Die Menschen der Neuzeit überschlagen sich gleichsam im Wettlauf um Geld, Macht, Ansehen und Übertrumpfen des Mitmenschen: wer dieser Dschungelwelt nicht gewachsen ist, wird ein Opfer der Daseinsangst, die ihn lähmt und neurotische, psychotische, sexuell-perverse und andere Seelendeformationen begünstigt. Die Neurose konnte zur Zeitkrankheit werden, weil die Gesellschaft insgesamt neurotisch ist. Darum kann man Psychotherapie und Psychohygiene nicht betreiben, ohne soziale und politische Gesichtspunkte einzubeziehen. May wird zum Fürsprecher der „kulturellen Schule der Tiefenpsychologie", die das Individuum aus der Beschaffenheit seiner Kultur, die Kultur jedoch aus der individualpsychologischen Tiefenforschung heraus begreifen will.

Da *The Meaning of Anxiety* offenbar Mays Habilitationsschrift war, konnte er nicht umhin – ganz im Geiste amerikanischen Wissenschaftsverständnisses – ein Dutzend therapeutischer Fallstudien darzustellen, wobei die Resultate von Fragebögen („facts and figures") umständlich mitverwertet werden. Am Beispiel von zwölf unverheirateten Müttern soll gezeigt werden, wo die Angst lebensgeschichtlich verankert sein kann. May folgt zunächst den psychoanalytischen Vermutungen, daß Ablehnung durch die Mutter das eigentliche Agens der Angstentwicklung sei; er fand aber an seinen Probandinnen, daß es auf den sozialen Standort der Familien ankommt, ob etwa eine Frustration des kindlichen Liebes- und Anlehnungsbedürfnisses zum Anlaß für den späteren Angstcharakter wird. Bei Kindern der sozialen Unterschicht scheint eine gestörte Mutterbeziehung weniger verängstigend zu wirken als bei der Mittelschicht. Kinder aus armen Familien suchen sich dann Beziehungspersonen auf der Straße, indes Bürgerkinder viel mehr ins Familienleben eingebunden sind und infolgedessen auf Liebesmangel in der Familie selbst empfindlicher zu reagieren pflegen.

May versteht es souverän, ein Thema von sehr vielen Seiten zu beleuchten: er tendiert zumeist auf Universalität und Vollständigkeit, wenn er einen Fragenkomplex aufrollt. So widmet er auch den Methoden der Angstbewältigung interessante Überlegungen. Er zweifelt nicht daran, daß nur die Entfaltung des Selbst im Einklang mit den Mitmenschen und der Kultur zur Angstüberwindung führen kann. Liebe, Kreativität, aber auch schon schlichte Mitmenschlichkeit sind Gegengifte gegen den Dämon der Angst, der das Leben des einzelnen und das der Gesamtheit zu zerstören droht. Von der Angst hängt es ab, ob wir zum Sein oder zum Nichts kommen.

Liebe und Wille

Rollo May bewies ein ebenso feines Gespür für zentrale Probleme der Tiefenpsychologie in seinem zweiten bedeutenden Werk *Love and Will* (1969, dt.: *Der verdrängte Eros*, 1970). Auch dieses Buch besitzt alle Vorzüge seines Denkens: seine Darstellungen sind lebensnah, geistreich und stets anregend; das Thema wird psychologisch, psychotherapeutisch, philosophisch, kulturgeschichtlich und sozialwissenschaftlich erörtert; auch Gesichtspunkte der Literatur und Kunst kommen häufig zu Wort. Die elegante Schreibweise des Autors macht es verständlich, daß *Love and Will* in den USA zum erfolgreichen Bestseller wurde und dem Autor auch repräsentative Buchpreise eintrug.

Es ist in der Tat ein schönes Buch, das im ersten Teil das Verhältnis des modernen Menschen zu Sexualität und Liebe sehr genau unter die Lupe nimmt. Mit Recht hebt May hervor, daß wir derzeit am Rande oder gar inmitten eines sexuellen Chaos leben. Der Sexualtrieb wurde zwar einigermaßen befreit, aber es sieht nicht unbedingt so aus, als wären die Menschen nun glücklicher als zuvor. Mit der Befreiung parallel läuft eine gewisse Entwertung der Sexualität, die vielfach nur als Triebgeschehen (Abreaktion) und als technisch-mechanische Beziehungsaufnahme gesehen wird. Man ist bestrebt, sexuell einwandfrei zu funktionieren, und übersieht dabei, daß Liebesgefühle die Quintessenz der Erotik sind. May ist geneigt, von einem „neuen Puritanismus" zu sprechen, bei dem das Gefühl so radikal verdrängt wird wie ehedem der Trieb. Die Psychoanalyse hat ungewollt dazu beigetragen, dieses moderne Puritanertum in die Welt zu setzen. Auch Behaviorismus und Verhaltenstherapie liegen auf dieser Liste, die man als Mechanisierung von Sex und Liebe bezeichnen kann.

Eine Gegenbewegung gegen diese allgemeine Entwertung des Liebeslebens könnte von einer Rückbesinnung auf das Wesen des Eros ausgehen. Freud und mehr noch die Freudianer glaubten, das Erotische als einen Ableger des Sexuellen begreifen zu können. Aber Gefühle sind nicht einfach zielgehemmte Triebe. Sie haben ihre eigenen Ursprünge, Wesensgesetze und Vollzugsformen. Man verfehlt von vornherein das Wesen des Gefühls, wenn man es zu einem zweitrangigen „Hemmungsprodukt" vitaler Antriebe stempelt.

Ein Trieb mag im wesentlichen stets zur Spannungsreduktion tendieren. Gefühle aber wollen nicht bloß abreagiert werden; sie bedienen sich nicht eines Liebesobjekts, um sich abzuflachen, sondern sie sind Beziehungsaufnahme, Werterfahrung und innerste Wertsteigerung des Fühlenden. So ist Liebe etwa ein kontinuierliches Bemühen, sich mit einem bewunderten oder anerkannten Du möglichst weitgehend zu vereinigen. Ihr Ausdruck ist nicht primär das Triebbedürfnis, sondern das Verlangen nach Zärtlichkeitsaustausch, sei dies in Worten oder in Handlungen. Während man Sexualität mit der biologistischen Vokabel „Spannungsverminderung" beschreiben kann, liegt im Umfeld des Erotischen die Idee der Selbstverwirklichung, der Steigerung des eigenen Daseins in Gemeinschaft mit anderen.

Freud war durch den materialistisch-naturwissenschaftlichen Zeitgeist bereit, tierische und menschliche Sexualität gleichzusetzen; im tiefsten Innern wußte er aber um die universelle Bedeutung des Eros, wie dies vor allem aus seinen Spätschriften hervorgeht. Dort (*Jenseits des Lustprinzips*, 1920) findet man nämlich die Würdigung des mythischen Eros, der im Kampfe gegen seinen kosmischen Gegenspieler Thanatos die Grundlage für Kultur, Menschheitseinigung und Lebensentfaltung sichert. Was Freud hierbei schildert, ist fast die platonische Gottheit, die im *Symposium* so grandios gefeiert wird. Der Begründer der Psychoanalyse war nur angeblich ein Pansexualist: was er später Eros nannte, ist nicht nur Sexualität, sondern auch Vernunft, Freude und Freiheitsbestrebung. Man hat die Psychoanalyse nur sehr oberflächlich verstanden, wenn man in ihr ein Hilfsmittel zur Emanzipation des Sexuellen sieht.

Eine Psychologie der Liebe ist nach May heute ebenso wichtig wie eine Psychologie der Sexualität. Dabei betont er auch das tragische Element im Liebesleben, welches in unserem technischen Zeitalter mit seinem hybriden Allmachtsbewußtsein oft übersehen wird. Liebe ist eine der Erfahrungen der Endlichkeit unseres Daseins, also auch partiell ein Bewußtwerden unserer Sterblichkeit. Man liebt erst richtig und fundamental, wenn man sich mit der Tatsache des Sterbenmüssens auseinandergesetzt hat: auf dem emotionalen Hintergrund des Todesbewußtseins erhält das Lieben seinen inneren Reichtum. Viele Menschen erleben den sexuellen Höhepunkt als symbolischen Tod mit darauffolgender Wiedergeburt, was durchaus der Intensität der Orgasmuserfahrung entspricht. Die vergangenen Jahrhunderte haben nicht nur die Sexualität, sondern auch das Bewußtsein der Todverfallenheit des Menschen verdrängt. May plädiert dafür, das Sexuelle im Rahmen einer ernsthaft-realistischen Weltanschauung zu sehen, d. h. es als Begegnung zweier Menschen verschiedenen Geschlechts zu deuten, die trotz ihrer beiderseitigen Endlichkeit im Augenblick der Liebe ein Gefühl der Ewigkeit und Unendlichkeit erleben.

Nicht nur Tragik liegt im Wagnis des Einander-Liebens, sondern auch das „Dämonische" in seinen vielfachen Abschattungen. May nennt jene natürlichen Funktionen dämonisch, die die Macht haben, den ganzen Menschen zu beherrschen, also z. B. Sexualität und Eros, Zorn, Wut und Machthunger. Es handle sich um archetypische Erfahrungen, die weit über die individuellen Schicksale hinausreichen. Aus dem Dämonischen kann der Mensch Kräfte für die kulturelle Selbstverwirklichung beziehen; er kann ihm aber auch anheimfallen, und daraus kann Zerstörung und Selbstzerstörung entstehen.

Das Dämonische erscheint als un- und antivernünftig, aber dies ist nicht seine einzige Wesensseite. Der geführte und gelenkte Dämon ist eine wertvolle Kraft im Menschen; das wußte etwa Sokrates, der sich stets auf die Einflüsterungen seines Dämons verließ. Auch Goethe kommt oft auf die Wirkung dieser unbewußten und teilweise kaum faßbaren Instanzen im Menschen zurück. Ein flacher Rationalismus neigt dazu, nur die rationalen Aspekte des Menschendaseins zu betonen; aber gerade die Erlebniswelt des Eros kann uns lehren, daß wir mit der Rationalität allein nicht alle Sphären unserer Existenz durchleuchten können. Es tut unserer Vernunft keinen Abbruch, wenn wir eine „seelische Unterwelt" anerkennen, in der dunkle emotionale Mächte ihr Wesen treiben. In diesen Emotionen liegen die wertvollsten Kräfte des Menschen, ohne die der Verstand boden- und wurzellos ist. Es ist also unbegreiflich, daß heute Handbüchlein über die „Kunst des Liebens" angeboten werden, als ob man es hierbei mit Geographie- oder Mathematiklehrgängen zu tun hätte. Den Eros umwittern Ernst und Tragik, die mit bloßer Vernünftelei nicht wegdiskutiert werden können.

Das beste Heilmittel gegen das Dämonische ist nach May der Dialog. Durch ihn kann das Außer- und Unbewußte ins Leben integriert werden. Auch das Bemühen um Selbstkritik setzt dem Dämon in jedermann gewisse Grenzen. Die psychotherapeutische Selbsterkenntnis wurde entwickelt, um Formen des Dämonischen, die wir Modernen Neurose nennen, in Schach zu halten und zu kurieren. Entscheidend ist hierbei, daß dem Individuum der Weg der Integration gewiesen wird: wer sich mit einem Du, einem Wir und der Menschheit im ganzen zu verständigen sucht, wird kein Opfer des Dämonischen werden. In unserer Zeit ist das anonyme Kollektiv eine der gefährlichsten Brutstätten dämonischer Kräfte. Wir müssen den Mut zur Individualität stärken, damit im Massenzeitalter nicht Gewalt über Recht, Thanatos über Eros, Vorurteil über Vernunft triumphieren. Ein Dämon, der bei seinem wahren Namen genannt wird, verliert seine Herrschaft über den Menschen: daher die Bedeutung der sprachlichen Formulierung in der Psychotherapie, wo Wort und Bewußtsein als Waffe gegen innere und äußere Zwänge eingesetzt werden.

Der zweite Teil dieses großen Werkes von May ist der Psychologie des menschlichen Wollens gewidmet. Der Wille wurde bekanntlich von der bisherigen tiefenpsychologischen Forschung sehr stiefmütterlich behandelt: man ging nämlich davon aus, daß Trieb und Gefühl die Hauptkräfte des Seelenlebens seien; bewußte Absichten und Strebungen galten lediglich als Schattenfiguren von Triebregungen irgendwelcher Art. Dies hatte gewiß teilweise seine Berechtigung; es wurde aber als Prinzip so übertrieben, daß die ethische Seite des Menschseins fast völlig übersehen wurde. Denn Wille, Werte und Ziele entscheiden über das Ethos eines Menschen.

In der analytischen Therapie galt es beinahe als ein Kunstfehler, an den Willen des Patienten zu appellieren oder seine Willenskräfte mobilisieren zu wollen. Da die meisten Freudianer dem Determinismus anhingen, konnten sie sich gar nicht vorstellen, daß der Patient einen Entscheidungs-Freiraum besitze, in dem Entschlüsse für seine Lebensgestaltung möglich sind. Man betrachtete den Analysanden als unfrei und verstärkte damit dessen bereits bestehende Unfreiheit. Auf der Couch des Therapeuten lernte er unter Umständen, jahrelang über seine Probleme zu reflektieren, ohne sie durch echte Handlungen zu bewältigen. So erzog die Psychoanalyse nicht selten zur Unentschlossenheit, zu einem passiven, entscheidungsarmen Leben.

Auf der Grundlage der Phänomenologie fordert May die Betonung der Freiheit des Menschen in der Psychologie und Psychotherapie. Das menschliche Seelenleben enthält stets das Merkmal der Intentionalität, d. h. Seelisches ist immer gerichtet auf etwas. Der bewußte Wille ist nur Teilstück einer seelischen Gesamtrichtung, die aus allen Taten, Gedanken, Gefühlen und Bestrebungen eines Menschen erraten werden kann.

Der Mensch ist keine Maschine, kein Reflexwesen, kein Triebbündel usw.; nicht Ursachen oder animalische Bedürfnisse treiben ihn, sondern er ist im Wünschen und Wollen zukunftsgerichtet, also Schmied seines Schicksals.

> Der Wille ist die Fähigkeit, das eigene Ich so zu organisieren, daß eine Bewegung in eine bestimmte Richtung oder auf ein bestimmtes Ziel hin erfolgen kann. Der Wunsch ist das imaginative Spiel mit der Möglichkeit eines Aktes oder Zustandes. (L. c. S. 197)

Man ist in der Psychoanalyse gewöhnt, den Wunsch für grundlegender zu halten als den Willen. Man kann aber auch der Meinung sein, daß Wünsche Vorformen von Willensakten sind und auf solche hin interpretiert werden sollen.

Wenn der Phänomenologe von Willen und Intentionalität spricht, meint er nicht gedankliche Willensambitionen, sondern das, was ein Mensch wirklich tut, worauf er mit allen Fasern seines Wesens handelnd gerichtet ist. So kann man das eigentliche Wollen nur daraus erschließen, was einer faktisch tut oder unterläßt; Beteuerungen und Rhetorik sind weniger wichtig. Bis in die Körperfunktionen hinein kann man das Gerichtetsein des Menschen beobachten: die Psychosomatik fragt nicht zu Unrecht, was jemand mit seinen Symptomen „will" bzw. was er in ihnen „zum Ausdruck bringt". Das Intentionale ist die Verknüpfung des Ichs mit seiner Welt, seine Erforschung führt in die tieferen Geheimnisse des Willens hinein. Die Therapie verliert nichts von ihrer Würde und ihrer unparteiischen Haltung, wenn sie die Verbindung des Menschen mit seiner Welt fördert, sein Engagement intensiviert und seinem Wollen realisierbare Ziele in der Welt aufzeigt. Der Patient wird erst gesund, wenn er sich zum Realitätsprinzip bekennt und sich emotional und willensmäßig mit der Realität einläßt, in der allein er sein Glück und seine Befriedigung finden kann.

Der Wille gewinnt seine Kraft jedoch nur daraus, daß er sich auf Werte, auf „Sinn" und auf Ziele richten kann. Damit überschreitet die analytische Therapie ihre Vergangenheitsorientierung: sie darf nicht nur nach Traumen in der Kindheit suchen, sondern sie muß auch – und vor allem – die Gegenwart des Patienten gestalten und seine Zukunft entwerfen helfen. Ohne Zukunftsentwurf ist das Wollen lahm. Oft zeigt sich der Sinngehalt der therapeutischen Bemühung darin, daß Therapeut und Analysand Wege in die Zukunft finden, die dem Vergangenen und Gegenwärtigen eine Zukunftsbedeutung verleihen.

May bekennt sich hiermit zur ethischen Dimension der Psychotherapie. Das therapeutische Geschehen muß in echte Entscheidungen einmünden, in denen der Patient die Verantwortung für sein Leben übernimmt. Nur so kann es zur existenziellen Verwirklichung kommen. Diese ist bedingt durch eine Reihe von schöpferischen Akten, die undenkbar wären, wenn der Mensch nur ein Spielball seiner Triebe und Reflexe wäre. Das Postulat einer relativen Freiheit ist daher unabdingbar für jede psychologische Behandlung, die sich nicht bloß auf ein Umkonditionieren einer Reflexmaschine beschränken will.

Liebe und Wille stehen in engster Beziehung zueinander, was die klassische Psychoanalyse weithin übersehen hat. Im menschlichen Bereich kann man oft nur erkennen, was man liebt: die Sympathie ist ein wichtiges Erkenntnisorgan. Das Wollen setzt aber seinerseits zunächst das Erkennen voraus: was ich nicht als erstrebenswert erkannt habe, kann nicht Ziel meines Willens sein. So läßt sich durchaus erklären, daß die Schulung des Erkennens und Liebens die Basis der Willensstärke ist; andererseits können wir besser erkennen und lieben, wenn wir intentional mit der Welt verknüpft sind, d. h. uns mit ihr eins und einig fühlen. Jedenfalls sind Willenskraft und Liebesfähigkeit keine Gegensätze, sondern Elemente einer einheitlichen Struktur.

Hier nähert sich May der Heideggerschen Philosophie, deren Begriff der „Sorge" ihm zur tieferen Klärung des Liebesphänomens wertvolle Anhaltspunkte liefert. Den Schluß des Buches *Der verdrängte Eros* bilden interessante Gedanken über Liebe und Wille in einer schizoiden Welt, wobei der geschichtliche und existenzielle Sinn der analysierten Phänomene ungemein transparent wird.

Psychologie der Macht und der Ohnmacht

Seit Friedrich Nietzsche und Alfred Adler ist das Machtbedürfnis als ein grundlegendes Motiv des menschlichen Seelenlebens deutlich erkannt worden. Die Psychoanalyse allerdings legte so sehr den Akzent auf die angebliche Präponderanz des Sexualtriebes, daß die Überlegungen hinsichtlich der Machtambitionen des Menschen in den Hintergrund traten. Dies deformierte das tiefenpsychologische Menschenbild; die psychoanalytischen Konstruktionen waren im Vergleich zur Prägnanz der Nietzscheschen Beschreibungen dürftig und armselig. Um diesen Mangel wettzumachen, publizierte May sein Buch *Die Quellen der Gewalt. Eine Analyse von Schuld und Unschuld* (1972), das man durchaus eine „Tiefenpsychologie der Macht" nennen kann.

Man verwechselt allzuoft Macht mit Aggression und Gewalt, die lediglich pervertierte Formen des Machtgefühls darstellen. May unterscheidet fünf Schichten oder Phasen der Macht, die potentiell im Leben jedes Menschen vorhanden sind. So gibt es etwa die *Macht zu sein,* d. h. zu existieren und in der Welt zu leben. Eine weitere Potenz ist die *Selbstbestätigung,* bei der jedes Individuum sich als anerkannt und als für andere bedeutsam empfindet. Aus dem Gefühl, bestätigt zu werden, erwächst Sicherheit und Souveränität. Wird aber jemandem die Bestätigung von seiten der Umwelt (bzw. wichtiger Beziehungspersonen) verweigert, so schlägt das Bedürfnis nach Selbstbestätigung in *Selbstbehauptung* um, die energischere, aktivere Verhaltensweisen an den Tag bringt, welche auch Konfrontation mit der Umwelt zur Folge haben. Von der Selbstbehauptung ist nur noch ein winziger Schritt zur *Aggression,* d. h. zur Gewaltanwendung, die immer dann zum Tragen kommt, wenn die anderen Schichten und Phasen nicht erfolgreich gelebt werden konnten. Zuletzt kann sogar das Streben nach Sein, Bestätigung und Selbstbehauptung in *Selbst- und Fremddestruktion* einmünden, wo sinnlos alles und jedes zerstört wird, weil der Mensch keinen Modus der Mitmenschlichkeit fand, in welchem er seine Selbstachtung aufrechterhalten konnte.

Ohnmacht ist der Ursprung von seelischen Erkrankungen, von Gewaltausbrüchen und Unvernunft. Daher ist es nach May ein Irrtum, wenn Kritiker der gegenwärtigen Gesellschaftsordnung einen Status radikaler Friedfertigkeit als Heilmittel gegen alle gesellschaftlichen Mißstände angeben, ohne sich dessen bewußt zu sein, daß die Abschaffung von Übeln Stärke, Wissen und Kraftanstrengungen erfordert. Der Weg in ein Rousseausches Idyll ist ein für allemal verbaut. In einer Welt, in der es so viel geschichtlich gewachsene Aggression gibt, muß jedermann danach trachten, alle seine menschlichen und moralischen Potentialitäten zu entwickeln, um kraftvoll gegen Unrecht und Unwissenheit ankämpfen zu können. Schwäche und Unschuld mit geschlossenen Augen sind keine Abhilfe für die Not unserer Zeit.

Ähnlich wie Adler, der von Minderwertigkeitsgefühlen und Unzulänglichkeitserfahrung sprach, sieht May in der psychischen Machtlosigkeit das Fundament von Neurosen, Psychosen, Perversionen, Kriminalität und Drogensüchtigkeit. Ein machtloser Mensch fühlt sich dauernd von der Welt und den Mitmenschen frustriert. Der Aufbau einer neurotischen Symptomatik oder einer Sucht ist gleichsam eine Abwehr gegen die allzeit bedrohlich empfundene Umwelt. Nun lebt der Patient in einer von ihm strukturierten (oder beherrschten) Eigenwelt, in die die Anforderungen der Gemeinschaft und Gesellschaft kaum eindringen. Er ist „Herr seiner selbst", wenn auch auf Kosten seines Weltverlustes. Die Neurose kann nur dann geheilt werden, wenn es in der Therapie gelingt, das Selbstwertgefühl des Analysanden zu stützen: dies schließt die Wiederbelebung der bereits genannten Phasen und Schichten der Macht ein, die in allen psychopathologischen Zustandsformen erheblich verkümmert sind.

Eine andere Ausdrucksweise für Macht ist: Möglichkeiten haben. Auch die Existenzphilosophie behauptet, daß die Möglichkeit eine grundlegende Kategorie des menschlichen Seins ist. Zum Begriff möglicher Selbstverwirklichung gehören auch Zukünftig- und Freisein. Wer einem Menschen durch Beziehung, Begegnung und Hoffnung die Dimensionen der Zukunft und der Freiheit eröffnet, holt ihn in die eigentliche menschliche Sphäre zurück, aus der er infolge unglückseliger Sozialisations- und Beziehungsschicksale herausgefallen ist. Heilung ist in der Psychotherapie erkennbar daran, daß der Patient lebendiger, kraftvoller, farbiger, freier und freudiger zu leben beginnt, was man mit Nietzsche sehr wohl als „Stärkung seines Machtwillens" bezeichnen darf. Diese Art von Macht strebt jedoch keine Beherrschung anderer an: herrschen wollen vor allem jene, die zuwenig inneres Souveränitätserleben haben und sich in der Ausbeutung und Knechtung anderer eine Kompensation für die eigene Unzulänglichkeit schaffen wollen.

Humane Macht ist für May mit dem Liebenkönnen identisch. Daher begünstigt man die Liebe in der Menschenwelt wenig, wenn man Demut, Masochismus und Selbstverleugnung predigt, wie dies im Christentum lange Zeit geschehen ist.

Dem menschlichen Bedürfnis nach Ekstase und Sprengung der Ichgrenzen entsprechen liebende Hingabe und Schöpfertum irgendwelcher Art. Der produktive Mensch, der lieben und schaffen kann, erlebt immer aufs neue die Erweiterung seines Ichs, die Selbstvervollkommnung und das Wachsen seines inneren und äußeren Horizonts. An diese Erlebnisse ist wesensmäßig ein intensives Glücksgefühl gebunden. Wer keinen Zugang zu diesem Glück erlernt hat, kann unter Umständen in der sadomasochistischen „Orgie" Surrogate für das Verschmelzungserlebnis in der Liebe und in der Kulturarbeit suchen. Sehr sinnvoll interpretiert May Aggression und Gewalt als Zerrformen des menschlichen Bedürfnisses nach Ekstase und Sprengung der Ichgrenzen. Wer das Leben nicht lieben kann, will es immerhin zerstören. Zerstörung ist ein Symptom der Liebesunfähigkeit, die eine der fundamentalen Mangelerscheinungen unserer Epoche ist.

Eine Lösung des Problems von Macht und Ohnmacht sieht May in der Haltung des „Rebellen", wie ihn Albert Camus in seinem Buch *Der Mensch in der Revolte* so eindrücklich geschildert hat. Der Rebell lehnt sich zwar auch gegen Unterdrückung durch Menschen und Götter auf, aber im Unterschied zum „Revolutionär" will er nicht selbst in den Besitz der Herrschaft über andere gelangen. Die Revolte hat Maß und Ziel und steht im Dienste der Wertverwirklichung; die Revolution ist häufig nur der Machtwechsel von angeblichen Eliten, die Ausbeutung und Terror verewigen. May sagt:

> Der Rebell fordert, daß seine Identität respektiert wird. Er kämpft um die Bewahrung seiner intellektuellen und geistigen Integrität gegenüber den repressiven Ansprüchen seiner Gesellschaft. Er muß Stellung nehmen gegen die Gruppe, die für ihn Konformismus, Anpassung und Vernichtung seiner eigenen Originalität und Stimme bedeutet. Durch die ganze Menschheitsgeschichte und durch die Lebensspanne jedes einzelnen von uns zieht sich dieser dialektische Prozeß zwischen Individuum und Gesellschaft, Einzelperson und Gruppe, Mensch und Gemeinschaft. (L. c. S. 244 f.)

Der Rebell stiftet Gemeinschaft unter den Menschen, indes der Revolutionär Staaten zerstört, um neue staatliche Machtapparate aufzubauen. Der „homme révolté" ist ungehorsam, weil er der Stimme des Gewissens gehorcht. Er will die Humanität, d. h. die Freiheit des Menschen und seine Weiterentwicklung. Der Erzvater dieser Art von Rebellen ist Prometheus, der die Götter überlistete und das Feuer auf die Erde brachte, um diese für die Menschen wohnlich zu machen. Kulturschöpfung ist die einzig wahre Alternative zu Aggression und Gewalt, die das Leben der Menschheit in einem Meer von Blut und Tränen zu ersticken drohen.

Ähnlich wie Camus sieht May im Künstler den Prototyp des lebensfreundlichen Rebellen. Kunst ist nicht utopisch und baut kein Wolkenkuckucksheim, für dessen schimärische Existenz Millionen von unschuldigen Menschen hingeopfert werden. Anstatt Gewalt zu gebrauchen, schafft der Künstler in seiner Bedrängnis durch Menschen und Dinge sein Werk, welches einem Akt der Befreiung und Solidarität entspringt. Die Kunst erinnert die prosaischere Menge daran, daß ein Dasein in Freiheit, Freude und Selbstrealisierung prinzipiell möglich ist. Wenn in einer nahen oder fernen Zukunft eine humane Gesellschaft entstehen soll, dann wird dies eine Gemeinschaft von Menschen sein, die in den schönen Künsten des Lebens und Liebens geschult worden und daher zur Kooperation und Kommunikation fähig sind. Die Psychotherapie

kann in einer gewalttätigen Welt, in der die Menschen zwischen Ohnmachtsgefühlen und Allmachtswünschen hilflos oszillieren, eine *Schule
des Ethos* sein, da ihre Elemente Zwiesprache und gegenseitige Hilfe
sind.

Mays Buch ist das Dokument einer Tiefenpsychologie, die politische,
soziale und kulturelle Fragen in ihre Überlegungen einbezieht, d. h. vom
Geist der Humanität beseelt ist.

Kunst und Psychotherapie

Der Beitrag der orthodoxen Psychoanalyse zum Problem der Kunst und
des Künstlers war bekanntlich, auch wegen ihrer unglückseligen Formulierungen, nicht sehr befriedigend. Für Freud war die Welt der Künste
eine Art „Naturschutzpark der Phantasie", ein Reich von kulturell wertvollen Ersatzbefriedigungen, die der Erholung des allseitig strapazierten
Zivilisationsmenschen dienen können. Wiewohl Freud selbst durchaus
Empfänglichkeit für die Schönheiten der Kunst – die Musik ausgenommen – besaß, sah er in Arbeit und Wissenschaft den eigentlichen Ernst
des Lebens, indes die künstlerischen Betätigungen und Genüsse in der
Sphäre des unverbindlichen Spiels rangierten. Daher findet man bei den
Psychoanalytikern oft genug die Redensart, daß der Künstler ein Neurotiker sei oder doch im allgemeinen der Neurose nahestehe. Bestenfalls
beschrieb man ihn als ein ewiges Kind, das nicht erwachsen werden
könne oder wolle. Das Kunstschaffen wurde definiert als „Regression
im Dienste des Ichs" (O. Fenichel). Wiewohl in dieser Formel sozusagen
gesunde regressive Tendenzen postuliert werden, bleibt doch der Hinweis darauf, daß das Künstlerische irgendwie kindlich, naiv und archaisch ist. Wie auch bei der Beschäftigung mit anderen Bereichen des
Geisteslebens neigten die Psychoanalytiker beim Studium der Kunst
dazu, reduktive Denktechniken anzuwenden: aus Kunstschöpfungen
wurden Triebschicksale, der Inhalt des Kunstwerks galt hauptsächlich
als Manifestation von Kindheitstragödien des Künstlers, wenn nicht gar
als symbolischer Ausdruck seiner sexuellen Perversionen oder anderer
neurotischer Persönlichkeitsmerkmale.

Gegen diesen billigen Psychologismus, der von den Freudianern viel
unbedenklicher praktiziert wurde als von Freud, hat May resolute Einwände, da er selbst ein künstlerischer Mensch ist und seine psychologische und literarische Arbeit als Kunstschaffen versteht. In seinem Buch
The Courage to Create (1975) faßt er alle seine Gedanken zur Kunstpsy-

chologie eindrücklich zusammen. Seiner Ansicht nach hat Kunst primär nichts mit Ersatzbefriedigung zu tun. Sie ist eine Manifestation erhöhten Lebensmutes, der Bereitschaft und der Fähigkeit eines Menschen, sich der Wirklichkeit uneingeschränkt auszusetzen und die dabei gewonnenen Erfahrungen kommunikativ zu verarbeiten. Man wird zum Künstler dadurch, daß man mehr Mut zur „Begegnung" mit der Realität besitzt als die Durchschnittsmenschen. Wer zu seinen individuellen Wahrnehmungen, Gedanken und Gefühlen steht, hat bereits die Anfangsgründe der Kunst in sich verwirklicht. Während die meisten Menschen nur ein „Man-Selbst" (M. Heidegger) haben, sind echte Künstler solche, die durch die Gunst ihres Werdeganges und die Entschlossenheit ihres Selbstseins zur unmittelbaren Ich- und Seinserfahrung vorstoßen. Sie leben bewußter, weltoffener und lebensfreundlicher als andere, so daß sie – trotz allfälliger psychischer Anomalien – tiefer und ernster mit der Wirklichkeit verbunden sind, die sie in formaler und symbolischer Gestaltung ins Werk einbringen können.

Kreativität ist Neuschöpfung irgendeiner Art, Selbstausdruck im Werkeschaffen. Zum Verständnis dieser Prozesse kann man mit Libido-Metaphern wenig ausrichten; auch hat es keinen Sinn, den ganzen Vorgang des Schaffens ins Unbewußte zu verlagern, da Künstler immer auch sehr bewußt ihre Schöpfungen planen und erarbeiten. Unbewußte Einfälle und Lösungen tauchen nur dort auf, wo der Künstler zuvor vielseitige Vorbereitungsarbeit geleistet hat, die sein ganzes Wesen auf das Finden von besseren Wahrnehmungs- oder Denk-„Gestalten" einstimmen. Auf Grund der leidenschaftlichen und hartnäckigen Suche von Auswegen aus ungeordneten Verhältnissen des Lebens, des Wissens und des Tuns stellen sich bei entsprechend disponierten Individuen höhere Ordnungszusammenhänge her, die den Betrachter künstlerisch anmuten. All dies wird jedoch dem schaffenden und strebenden Menschen nicht geschenkt: er muß sich, einsam, auf sich selbst gestellt, verängstigt und seiner Todesverfallenheit bewußt, auf das Abenteuer der Realitätsbewältigung einlassen und im Einklang wie auch im Widerspruch mit der Tradition die ureigenste Erfahrungsweise vermitteln und formulieren. Die große Kunst ist keine Flucht der Wirklichkeit: im Gegenteil, sie ist Eroberung des Wirklichen, Betreten von jungfräulichem Boden des Menschseins und der Welt, der nachträglich dann von Wissenschaft und Alltagspraxis detaillierter bearbeitet werden kann. Künstler sind nicht nur die Schöpfer schöner Dinge, sondern die eigentlichen Architekten der Menschenwelt, Bahnbrecher einer Freiheit und einer Vernunft, die sich nicht kollektivieren lassen.

Dadurch ergibt sich auch ein Antagonismus zwischen politischer Macht und künstlerischem Freiheitswillen, der in totalitären Staaten fast immer zur Unterdrückung oder „Gleichschaltung" der Kunst führt. In der Sorge um die Individualität des Menschen begegnen Kunst und Psychotherapie einander, so daß man weitläufige Parallelen zwischen ihren beiderseitigen Bestrebungen ziehen kann. Für May ist der Psychotherapeut ein Künstler oder ein Kurpfuscher: aus dem Umgang mit der Kunst soll er sich die Maßstäbe für seinen Beruf holen, der entweder schöpferische Arbeit oder Scharlatanerie ist.

May spricht regelrecht von *The Art of Counseling* (1967), was nur so gedeutet werden kann, daß er psychologische Behandlung nicht als *Behandlungstechnik* einstuft, sondern als *schöpferischen Austausch* zwischen Analytiker und Analysand, wobei beide im wachsenden Maße für Begegnung und Weiterentwicklung offen werden. Das zentrale Therapiegeschehen ist nicht das Bewußtmachen der Frühkindheit, das Suchen nach angeblichen oder realen Seelenverletzungen in der frühesten Phase des Lebens; Fortschritt oder Stagnation des Patienten kommt zustande durch den Beziehungsverlauf in der Therapie selbst. Therapeut und Patient kommen nur dann voran, wenn sie wachsende Kommunikation und Kooperation anstreben. Benützen sie die Situation zur Befriedigung des Narzißmus und offener oder verborgener Machtbedürfnisse, so entsteht unweigerlich ein untergründiger Zweikampf, bei welchem jeder den anderen für seine neurotischen Zielsetzungen einzuspannen versucht.

Die Tiefenpsychologie als Wissenschaft kann nicht die Perfektion der Naturforschung anstreben, die die individuellen Ereignisse allgemeinen Gesetzlichkeiten einordnet. Da sowohl der Analysand als auch der Analytiker einmalige und unverwechselbare Persönlichkeiten sind, ist ihr Zusammenspiel nicht vorauszuplanen oder gar zu berechnen. Was sich Tag für Tag in einer Psychotherapie ereignet, ist ein Spiegelbild des emotionalen und intellektuellen Einsatzes der beiden Protagonisten, die gemeinsam ein „Beziehungskunstwerk" aufbauen, in dem sie die „Wahrheit ihres Lebens" entdecken und neu definieren können. Je weniger der Therapeut nach Schema und Schablone behandelt, um so gerechter wird er seinem Gegenüber, das nicht zuletzt daran neurotisch erkrankte, daß es in der Kindheit verkannt und mißverstanden wurde.

Psychotherapeutische Kulturkritik und Menschenkunde

Schon in seinem Buch *Die Quellen der Gewalt* bemühte sich May um ein Verständnis der gegenwärtigen Kultur, die er als unmenschlich, kriegerisch, neurotisch oder gar psychotisch definiert. Um dasselbe Thema kreisen auch die beiden Untersuchungen *Man's Search for Himself* (1953) und *Psychology and the Human Dilemma* (1967). Besonders der letztgenannte Text gibt einen Einblick in Mays Kulturphilosophie.

Das menschliche Dilemma besteht nach May darin, daß der Mensch gleichzeitig sowohl Objekt als auch Subjekt ist. Er ähnelt einem materiellen Ding oder einem biologischen Organismus, hat aber auch einen Spielraum von Freiheit, der den Hauptteil seiner Menschenwürde ausmacht. Anders ausgedrückt: der Mensch ist teilweise determiniert, teilweise aber auch frei und verantwortlich für seine Lebensgestaltung. Eine Psychologie, die der menschlichen Situation wahrhaft gerecht werden will, darf vor allem die Phänomene des Bewußtseins, der Freiheit und der Verantwortung nicht vergessen, in denen die „Essenz des Menschen" zu finden ist.

Wir leben allerdings in einer Kultur, die dazu neigt, die Bedeutung der individuellen schöpferischen Kräfte zu verneinen und in den Kategorien der Anonymität der Massenansammlungen und des rein technischen Fortschritts zu denken. Dies ist natürlich nicht in der Böswilligkeit irgendwelcher Individuen oder Gruppen begründet, die sich ganz bewußt der Humanisierung unserer Welt entgegenstellen. May postuliert eine allgemeine Fehlentwicklung des abendländischen Menschen, der sich seit dem Anbruch der Neuzeit fast ganz der naturwissenschaftlichen Forschung und einer allmächtig werdenden Technik verschrieben hat. Dies führte konsequenterweise zur Fixierung des Blicks auf das Zähl-, Wäg-, Meß- und Machbare in der Welt des Menschen: da die Maschine zum Gott erhoben wurde, konnte man zuletzt auch die menschliche Existenz nur noch als subtilen Mechanismus begreifen, bestenfalls als ein triebhaftes Tier, das ausschließlich von Begierden und vitalen Bedürfnissen bewegt wird. So kam es zu einem falschen Menschenbild, das vor allem in den Humanwissenschaften und in der politisch-sozialen Praxis verhängnisvoll wurde. Sozialtechnologie, Behaviorismus, Psychoanalyse und ökonomistisch-materialistisches Schmalspurkonzept der Gesellschaftskritik sind solche Irrwege der neuzeitlichen Weltbetrachtung, die trotz großer naturwissenschaftlicher Errungenschaften in das generelle Chaos einzumünden droht.

Phänomenologie, Existenzialismus und humanistische Psychologie sind als Revolte gegen die obengenannten Dogmatismen entstanden und sind die Wegbereiter einer neuen und umfassenden Wissenschaft vom Menschen. Diese muß die übliche Leib-Seele-Dichotomie hinter sich lassen: sie geht davon aus, daß der Mensch ein ganzheitliches Wesen ist, das nur aus Gründen praktischer Zweckmäßigkeit mitunter „psychologisch" oder „biologisch" beurteilt wird. Gerade die Erfahrungen der Psychotherapie beweisen die Oberflächlichkeit dieser Aufspaltung des Menschen in zweierlei Sphären: wir begegnen im Gespräch doch immer einem ganzen Menschen, dessen Innenwelt und Weltverhältnis sich sowohl in seinem Körperverhalten als auch in seinen Motivationen, Gedanken und Strebungen widerspiegelt. Aus Mays diesbezüglichen Bemerkungen meint man oft den bekannten Satz von L. Klages zu hören: „Der Leib ist das Erscheinungsbild der Seele, die Seele ist der Sinn des Leibes!"

Wichtig für eine neue Wissenschaft vom Menschen sind u. a. folgende Befunde:

1. Der Mensch ist durch die *Sprache* über die anderen Lebewesen herausgehoben, d. h. er lebt in einer Welt selbstgeschaffener Symbole und Bedeutungszusammenhänge. Dadurch ist er zur Abstraktion fähig: er kann sich aus der jeweiligen Situation loslösen und sie gleichsam von außen sehen.

2. Der Mensch hat die Fähigkeit zur *Zeitbindung:* er kann Vergangenheit, Gegenwart und Zukunft stets zu einer übergreifenden Einheit zusammenfügen. Sein zeitlicher Horizont kann sich über endlose Zeiträume erstrecken. Auch weiß er um den eigenen Tod, weil sich ihm eben die Dimension der Zukunft weit öffnet. Menschsein ist moralisch-ethisch mit einer Stellungnahme zur Tatsache des Sterbenmüssens verknüpft.

3. Die menschliche Persönlichkeit lebt in der *Interaktion mit anderen Persönlichkeiten:* Ich, Du und Wir sind einander zugeordnet. Reife und innere Umfänglichkeit einer Person zeigen sich darin, daß sie tief in den kulturellen Kontext der mitmenschlichen Welt eingebettet ist.

4. Tiere haben eine Umwelt, der Mensch aber hat eine *Welt,* deren Sinnzusammenhänge durch ihn selbst erfaßt und sogar geschaffen werden müssen. Die naturgemäße Weltoffenheit des Menschen kann sich aber nur entfalten, wenn sein Mut zu Ekstase und Transzendenz nicht durch frühe Schicksale gebrochen wird: Ekstase wird von May interpretiert als Sich-Einlassen-mit-der-Welt, und Transzendenz bedeutet für ihn im Sinne Heideggers das Überschreiten der „Eigenwelt" in Richtung auf die „Mitwelt". Das echte Ethos besteht darin, nicht in sich verkapselt zu

bleiben. Eine dem Menschen gemäße Kultur wird nur jene sein, die uns so viel Ichstärke und Ichidentität ermöglicht, daß uns Freiheit, Verantwortung und Wertverwirklichung eher eine Lust als eine Last bedeuten.

Auf dem Wege
zum existenzialpsychologischen Humanismus

Mit den oben angedeuteten Lehren ist May im großen und ganzen in die Fußstapfen der Existenzphilosophie eingeschwenkt, die er dem amerikanischen Publikum enthusiastisch und souverän nahezubringen wußte. Seit den fünfziger Jahren stellte er sich in den Dienst dieses Vermittleranliegens, das beträchtliche Anforderungen an ihn mit sich brachte, da Wissenschaft und öffentliche Meinung in den USA diesen neueren europäischen Geistesentwicklungen mit großer Skepsis begegneten. In Zusammenarbeit mit Ernest Angel und Henri F. Ellenberger gab May im Jahre 1958 den Sammelband *Existence. A New Dimension in Psychiatry and Psychology* heraus, dem er später auch ein schmaleres Buch mit dem Titel *Existential Psychology* (1961) folgen ließ. Für das erstere Werk steuerte er zwei umfangreiche Abhandlungen über *Die Ursprünge und die Bedeutung der existenzialistischen Bewegung in der Psychologie* und *Beiträge zur existenzialistischen Psychotherapie* bei. Sodann folgen in diesem Band die Übersetzungen der bahnbrechenden Arbeiten von Eugène Minkowski, Erwin W. Straus, Victor Emil v. Gebsattel, Ludwig Binswanger und Roland Kuhn, die seit 1930 die Grundzüge einer phänomenologischen Psychiatrie und Psychopathologie und der Daseinsanalyse formulierten.

Man erkennt aus Mays Darlegungen, daß er die Theorien von Heidegger, Sartre, Husserl, Merleau-Ponty und vielen anderen gründlich assimiliert hat. Von diesen Philosophien her, die den Wert der wissenschaftlichen Erkenntnis aus den Bedingungen des menschlichen Seins sorgfältig reflektiert und eingestuft haben, ist es ihm möglich, über die Engen und Einseitigkeiten der traditionellen Tiefenpsychologie hinauszudenken und von der „neuen Ontologie" her in ein relativ vorurteilsfreies Menschenbild vorzustoßen. Wie er hierüber denkt, mag folgende Passage aus *Existence* zeigen; gegen Ende seines einleitenden Aufsatzes schreibt er:

Existenzielle Psychotherapie ist die Bewegung, welche einerseits auf den Errungenschaften der wissenschaftlichen Analyse steht, die wir dem Genie Freuds zu verdanken haben; andererseits erinnert sie uns hinsichtlich des

Verstehens des Menschen an eine tiefere und breitere Basis, nämlich an die Tatsache, daß der Mensch ein *menschliches* Lebewesen ist. Sie gründet in der Annahme, daß man eine Wissenschaft vom Menschen aufbauen kann, in der man ihn nicht „fragmentarisiert" und seine Menschlichkeit zerstört, indes man Studien an ihm betreibt. Sie vereinigt Wissenschaft und Ontologie. Sofern man über existenzielle Psychotherapie diskutiert, spricht man nicht nur über eine neue Methode, die man gegen andere Methoden ausspielen und schließlich in einem Eklektizismus unterbringen kann; all dies, was hier erörtert wird, greift tief hinein in unsere zeitgenössische geschichtliche Situation. (L. c. S. 36)

Kritische Betrachtungen

Hält man sich Mays gesamte Lebensleistung vor Augen, so ist man stark beeindruckt von der Vielfalt seiner Interessen und der Vielseitigkeit seines therapeutischen und literarischen Wirkens. Er ging von der Psychoanalyse und Individualpsychologie aus, schloß sich später der „interpersonellen Psychiatrie" Sullivans an und wuchs im zunehmenden Maße in die phänomenologische und daseinsanalytische Schule hinein, die er heute als prominenter Sprecher und Autor auf dem amerikanischen Kontinent vertritt. Dabei wirkte er nicht als ein passiver Vermittler einer in Europa entwickelten Doktrin: er modifizierte die Existenzialpsychologie und -psychotherapie derart, daß sie fugenlos in die geistige Tradition der USA eingeordnet werden konnte. In Mays Sicht gab es nämlich bereits frühe Existenzphilosophen in Nordamerika, die zwar nicht die Radikalität Nietzsches oder Kierkegaards an den Tag legten, aber im Rahmen ihrer Überlegungen Existenz und Rationalität, menschliche Totalität und technische Teilwirklichkeit, Leben und Verstand, Determinismus und Freiheit einander zu konfrontieren wußten. Ein solcher Vorläufer des existenziellen Philosophierens war z. B. William James, den die Amerikaner mit Recht als einen der größten Psychologen der Neuzeit würdigen. Auch John Dewey, der den Jamesschen „Pragmatismus" weiterentwickelte, war auf der Spur einer Wissenschaft vom Menschen, die das beinhaltet, was die daseinsanalytische Theorie und Therapie im Einklang mit der „neuen Ontologie" aussagen will.

Mays Werk ist sehr mannigfaltig, es fehlt aber darin fast jeder Bezug auf Kinderpsychologie und Kindertherapie sowie auf die Psychosomatik, die ihm als Nicht-Mediziner weitgehend fremd geblieben zu sein scheint. Als Psychotherapeut verharrt er noch bei dem Freudschen Modell der Einzelpsychotherapie; es besteht kein Anzeichen dafür, daß er die neueren Entwicklungen der gruppentherapeutischen Behandlungstechniken assimiliert und adoptiert hat.

Hinsichtlich seiner literarischen und philosophischen Bildung überragt May die meisten Psychoanalytiker, deren kultureller Horizont sichtlich auf jene Inhalte beschränkt ist, die man in Freuds, Adlers und Jungs Werken vorgebildet findet. May hat eigene Zugänge zu den großen Ideen der Geistesgeschichte: er ist ein profunder Kenner von Dichtung und Philosophie, von Psychologie und Humanwissenschaften. Die Bedeutung der modernen Theologie scheint er zu überschätzen, was ihn in die zwiespältige Position eines „frommen Aufklärers" bringt, der Gott und der Wissenschaft zugleich dienen will.

Die Anlehnung an die modernistische Theologie eines Paul Tillich verschmilzt bei May mit einem politisch-sozialen Engagement, das gesellschaftskritischer als vieles tönt, was man bei amerikanischen psychologischen Autoren zu finden gewohnt ist. Aber Mays Gesellschaftskritik verneint zwar den Genozid in Vietnam, die rassistischen Vorurteile in den USA, die Gewaltanwendung gegen die rebellierenden Studenten usw., bleibt jedoch meist auf der Ebene der moralischen Verurteilung. In dieser Hinsicht gehen etwa Fromms und Kardiners Analysen viel weiter, da sie das Verhalten der einzelnen und der Massen auf den „ökonomischen Unterbau" der Sozietät beziehen. May diagnostiziert lediglich den „Sündenfall des neuzeitlichen Menschen"; er predigt innere Umkehr und Reue, wo Gesellschaftsstrukturen angeprangert werden müßten, in denen die Wurzeln unserer kulturellen Misere liegen.

Ausgewählte Literatur

Freud, S. Gesammelte Werke. Frankfurt: Fischer 1968 ff.
May, R. (1950). The Meaning of Anxiety, rev. ed., New York: Norton 1977.
– (1953). Man's Search for Himself. New York.
– (1967). The Art of Counseling. New York.
– (1967). Psychology and the Human Dilemma. New York.
– (1968). Die Sprache des Unbewußten, München: Kindler 1973.
– (1969). Der verdrängte Eros. Hamburg: Wegner 1970.
– (Hg.) (1969). Existential Psychology. New York.
– (1972). Die Quellen der Gewalt. Eine Analyse von Schuld und Unschuld. Wien: Molden.
– (1975). The Courage of Create. New York: Norton.
– Angel, E. & Ellenberger, H. F. (Hrsg.) (1958). Existence. A New Dimension in Psychiatry and Psychology. New York: Simon & Schuster.

Ronald D. Laing

Einleitung

Ronald Laing gehört zu den namhaftesten Vertretern der sogenannten Antipsychiatrie. Er hat sich viel mit Schizophrenieforschung, Kommunikations- und Interaktionstheorie beschäftigt. Aus der Philosophie übernahm er vor allem phänomenologische, personalistische und existentialistische Konzepte; Martin Buber, Jean-Paul Sartre, Ludwig Binswanger und manche andere haben ihn tiefgreifend beeinflußt. Laings Rebellion gegen die orthodoxe Psychiatrie ist im Grunde ein Aufstand der modernen Philosophie gegen den naturwissenschaftlichen Dogmatismus der Psychiater und der Psychoanalytiker. Laing ist durch seine neue Weise, die Probleme der Geisteskrankheit zu interpretieren, berühmt geworden.

Er wurde am 7. 10. 1927 als Einzelkind in Glasgow (Schottland) geboren. Seine Eltern entstammten dem unteren Mittelstand; beide waren recht problematische Persönlichkeiten. So hatte Laing eine schwierige Kindheit und Jugend, die ihn darauf vorbereiteten, sich später in komplizierte Menschenseelen einzufühlen. Er litt in seinen Jugendjahren unter der väterlichen Autorität, unter der Prüderie beider Eltern und unter seiner Isolierung bezüglich sozialer Beziehungen. Aus irgendwelchen Gründen ließen ihn die Eltern nicht mit anderen Kindern spielen; so war er auf sich selbst verwiesen und baute sich eine eigentümliche Phantasiewelt auf.

Schon in der Pubertät hatte er den Wunsch, Psychologie, Philosophie und Theologie zu studieren. Aber er entschied sich dann doch für ein Medizinstudium, das er in Glasgow absolvierte. Bald konzentrierte sich sein Interesse auf die Psychiatrie, weil er das Gefühl hatte, dort den eigentlichen Problemen des Menschen zu begegnen: Laing wurde hauptberuflich zum Psychiater.

Von 1951 bis 1953 war er Armeepsychiater, darauf Anstaltsarzt in einer staatlichen Nervenklinik in Glasgow. Seit 1956 war er Ausbildungskandidat am Britischen Institut für Psychoanalyse in London. Als Lehranalytiker fungierten bei ihm Charles Rycroft und D. W. Winnicott, also prominente psychoanalytische Autoren. Aber Laing scheint bereits früh Vorbehalte gegen das Freudsche Gedankensystem gehabt zu haben; er las unter anderem Sartre, und der Existentialismus und die Psychoanalyse lassen sich nicht leicht auf einen Nenner bringen.

Weitere Anregungen empfing Laing an der Tavistock-Klinik in London. Dort befaßte er sich mit Familienforschung, aber auch mit dem Schizophrenieproblem.

Er publizierte 1960/61 die beiden Bücher *Das geteilte Selbst* und *Das Selbst und die Anderen;* beide Texte bilden zusammen eine Einheit. Sie enthalten im wesentlichen Laings Schizophrenietheorie, eine Deskription der menschlichen Phantasie und eine phänomenologische Analyse des menschlichen In-der-Welt-Seins. Diese beiden Bücher sind der Grundstein, über dem sich Laings übriges Schrifttum erhebt.

Er war in den folgenden Jahren literarisch sehr produktiv. Mit seinen Kollegen A. Esterson publizierte er 1964 den Band *Wahnsinn und Familie*. Mit David Cooper veröffentlichte er den Essayband *Vernunft und Gewalt*. Drei Kommentare zu Sartres Philosophie 1950–1960 (1964), worin u. a. Sartres zweites Hauptwerk *Kritik der dialektischen Vernunft* eingehend gewürdigt wird. Kein Zweifel, Laing ist ein genauer Kenner des Sartreschen Denkens, was der französische Philosoph in seiner Einleitung zum genannten Text ausdrücklich bestätigt.

Um seine psychiatrischen Thesen zu verifizieren, gründete Laing mit einigen Kollegen die sogenannte „Philadelphia Association", die in London einige Wohngemeinschaften schuf, in denen Ärzte und Schizophrene zusammenwohnten.

1967 publizierte Laing sein Büchlein *Phänomenologie der Erfahrung,* worin er wiederum den Gesichtspunkt einer personalistischen Psychiatrie leidenschaftlich vertritt. Er betont im Anschluß an Martin Buber den ungeheuren Unterschied zwischen einer Ich-Du- und Ich-Es-Beziehung; man kann und darf Personen nicht wie Dinge behandeln, und gerade das ist das Erbübel der offiziellen Psychiatrie und Psychoanalyse.

1970 reiste Laing in den Fernen Osten, um sich dort mit Meditation, Zen-Buddhismus und Yoga zu befassen. Er hatte offenbar eine Vorliebe für das mystische Denken, vielleicht sogar für den Okkultismus.

Seit 1972 hatte er eine psychotherapeutische Praxis in London. Aber so manche Reisen führten ihn in die USA, wo er Vorträge hielt und Seminare veranstaltete. Seine Bücher wurden und werden viel beachtet und in zahlreiche Sprachen übersetzt.

Aber Laing ist nicht nur der Verfasser von wissenschaftlichen Texten, sondern auch Autor von quasi dichterischen Mitteilungen, die stenogrammartig Lebensprobleme mehr andeuten als erklären. In diesem Zusammenhang sind etwa Veröffentlichungen wie *Knoten* (1970), *Die*

Tatsachen des Lebens (1976) und *Liebst du mich?* (1976) sowie auch *Gespräche mit meinen Kindern* (1987) zu nennen.

Laing stand nicht allein, sondern war umgeben von einem Team aus „Anti-Psychiatern", unter denen etwa D. Cooper, A. Esterson, H. Philipson und A. R. Lee bekannt geworden sind. Aber er selbst war der unermüdlichste Vorkämpfer in dieser Gruppe; kürzlich hatte er noch die beiden Bücher *Weisheit, Wahnsinn, Torheit – Werdegang eines Psychiaters* (1985) und *Die Stimme der Erfahrung* (1982) publiziert.

Ronald Laing starb am 24. August 1989 in Saint-Tropez.

Das geteilte Selbst

Laing eröffnet seinen Angriff auf die Kraepelin-Bleulersche Tradition in der Psychiatrie mit diesem Buch, das er eine „Studie über schizoide und schizophrene Personen" nennt. Unter dem Begriff „Schizophrenie" versteht man eine Geisteskrankheit, die ca. ein Prozent der Bevölkerung befällt; in den psychiatrischen Kliniken stellen solche Patienten meistens die Mehrheit dar. „Schizoid" heißt eine milde Vorstufe dieser schweren Erkrankung, die aber noch durchaus zum Bereich des „Normalen" gezählt wird. Schizoide Menschen sind gehemmt, distanziert, gefühlskarg, eigenwillig, sonderlingshaft, steif usw.

Die Psychiatrie sah zunächst im schizophrenen Kranksein einen rein organischen Prozeß. Emil Kraepelin sprach um die Jahrhundertwende von „Dementia praecox" und visierte damit eine „vorzeitige Verblödung" an, also einen verfrüht einsetzenden Altersprozeß des Gehirns, dessen Leistungsfähigkeit reduziert wird. Eugen Bleuler, der Züricher Psychiater, veröffentlichte 1911 ein umfangreiches Buch unter dem Titel *Dementia praecox oder die Gruppe der Schizophrenien.* Darin verweist er auf das uneinheitliche Bild dieser Krankheit; es ist eine Gruppe von Störungen, bei denen die Persönlichkeit des Kranken als gespalten anmutet. Dabei ist der Denkprozeß empfindlich gestört; es treten oft Wahnideen, merkwürdiger Sprachgebrauch usw. auf. Auch ist der Patient nicht selten räumlich und zeitlich desorientiert. Schon vor diesen beiden Forschern haben andere Psychiater als Unterformen des schizophrenen Krankheitskreises die Paranoia (Verfolgungswahn), die Hebephrenie (Irresein im Jugendalter) und die Katatonie (Spannungsirresein) beschrieben, ohne eine Erklärung für den Gesamtzustand zu finden.

Auch die Psychoanalyse bemächtigte sich dieses Themas. Freud, Jung

u. a. haben interessante Gedanken hierzu geäußert. Dabei verlagerte sich der Schwerpunkt der Überlegungen vom Somatischen auf das Psychische; es entstand die Vermutung, daß Geisteskrankheiten unter Umständen ebenso sehr „erlebnisbedingt" sein könnten wie die Neurosen. In diesem Falle wäre die Psychose nichts anderes als eine massivere Neurose. Und dennoch gibt es einen qualitativen Unterschied: Der Neurotiker hat immer noch ein teilweise intaktes Ich und kann sich in seiner Umwelt behaupten. Beim Psychotiker scheint dies oft nicht mehr so zu sein. Sein Ich geht offenbar in gewaltigen Ängsten und Erschütterungen der Persönlichkeit unter; es bleibt ein Rest-Ich, das allerdings in den Zwischenphasen der meistens chronischen Krankheit wieder mehr oder minder intakt wird.

Aber das „somatische Vorurteil" der Psychiater ist trotz der faszinierenden Untersuchungen der Psychoanalytiker beibehalten worden: Sie suchen heute noch nach genetischen Zusammenhängen (Erbsubstanz), nach Stoffwechselanomalien und nach organismuseigenen Toxinen (Giften), die sie als „Krankheitsursache" festmachen wollen. Sie haben aber bis zum heutigen Tag nichts Überzeugendes gefunden. Daher ist es nicht unwahrscheinlich, daß die „psychogene Erklärung" der Psychosen den richtigen Weg der Forschung darstellt. Es mag irgendwelches „somatisches Entgegenkommen" beim Entstehen der Schizophrenie geben; aber die Hauptereignisse spielen sich vermutlich bei der Sozialisierung im frühesten Kindesalter ab und bei der späteren Werdensgeschichte der Persönlichkeit. Die Psychiater bestreiten das, weil sie von der „Uneinfühlbarkeit des schizophrenen Krankheitsgeschehens" reden; aber Laing und andere sind der Meinung, daß die Ursache des Nicht-Verstehen-Könnens eher beim Psychiater als bei seinem Patienten liegt.

Ein schizophrener Mensch verängstigt sein Gegenüber, weil er durch seinen Wahn aus den Grenzen der menschlichen „Normalwelt" herausgetreten ist. Nach Laing haben nun die Psychiater ein Vokabular, eine Behandlungs- und Diagnosetechnik entwickelt, die diese Angst niederhalten und in Überlegenheit verwandeln soll. Das ganze psychiatrische Vorgehen gegenüber dem Wahnkranken ist eine Technik der „Diskriminierung", ja sogar oft der Verunglimpfung und Beleidigung. Jedenfalls soll dem Kranken das „Recht auf Personalität" verweigert werden. Man sieht ihn als Maschine, als gestörten Organismus, als defekte Psyche, nicht aber als „Person" an. Diese geheime Entwertungstendenz hat – nach Laing – die Kooperation von Psychiatern und Psychotikern seit jeher verunmöglicht. Die Folge davon ist die angebliche „Unheilbarkeit der Schizophrenie", die eher ein Versagen der Psychiatrie als eine

Eigenschaft dieses Krankseins ist. Denn der Schizophrene ist ein zutiefst Beziehungsgestörter, und wenn ihm der Arzt keine echte menschliche Beziehung anbietet, dann kann er nicht gesunden.

Auch die psychoanalytische Theorie, die große Fortschritte im Verstehen und Behandeln der Psychose mit sich brachte, leidet nach Laing an erheblichen Mängeln; sie „verdinglicht" ihre Befunde am Kranken, verweigert ihm die Personalität und schafft lebensfremde Konstrukte, die sich störend zwischen den Therapeuten und den Patienten stellen. Es fehlt uns noch eine personalistische Lehre vom Gemütskranken, auf der sich eine zielsichere Therapie gründen kann. Eine solche wird davon ausgehen, daß Schizophrene „Menschen wie wir selbst" sind; und nur aus dieser Solidarität kann „Verstehen" in Gang gebracht werden – alles andere ist „Reden über eine Sache", die man prinzipiell verfehlt hat.

Verstehen einer Psychose bedeutet: Das In-der-Welt-Sein des Patienten so nachzuempfinden, wie *er* es fühlt und selbst interpretiert. Zu diesem Zwecke muß man mit unsäglicher Offenheit dem Kranken gegenübertreten; man muß seine verschlüsselten Botschaften hören und sie nicht voreilig als „Unsinn" abtun. Dabei wird man erkennen, daß das allfällige Gedankenchaos beim Schizophrenen sehr wohl geordnet werden kann – wie man ja auch bei Träumen, bei „freien Assoziationen" usw. durch geduldige Einfühlung oft einen Sinn ermitteln kann, der auf den ersten Blick nicht zu sehen war.

So kann etwa ein Schizophrener sagen, „er sei aus Glas"; logisch ist das abwegig, aber als Symbolsprache kann es bedeuten, daß er Angst davor hat, durchschaut zu werden und daß er sich als „zerbrechlich" empfindet. Wenn wir ihm dieses Verständnis seiner Worte vermitteln, dann befreien wir ihn aus seiner sprachlichen und emotionalen Vereinsamung und tragen zu seiner Genesung bei.

Laing äußert in seinem Buch über den Schizophrenen und das notwendige Vorgehen ihm gegenüber (1960, dt. 1972, S. 46):

Der Schizophrene ist ein Mensch ohne Hoffnung. Ich habe niemals einen Schizophrenen gekannt, der sagen konnte, daß er geliebt wurde, als ein Mensch, von Gott dem Vater oder von der Mutter Gottes oder von einem anderen Menschen. Er ist entweder Gott oder der Teufel oder in der Hölle gottentfremdet. Wenn jemand sagt, er sei ein unwirklicher Mensch oder er sei tot, mit aller Wahrhaftigkeit in radikaler Form die nackte Wahrheit seiner Existenz, wie er sie erfährt, ausdrückend, ist das – Verrücktheit. Was wird von uns gefordert? Ihn zu verstehen? Der innerste Kern der Erfahrung des Schizophrenen von sich selbst muß für uns unbegreiflich bleiben. Solange wir gesund sind und er verrückt ist, wird das so bleiben. Aber Verständnis als ein Bemühen, ihn zu erreichen und zu fassen, während wir in unserer eigenen Welt bleiben und ihn mit unseren eigenen Kategorien beurteilen, wodurch er unvermeidlich zu kurz kommt, das ist es nicht, was der Schizophrene wünscht oder nötig hat. Wir müssen die ganze Zeit seine Eigenheit und Verschiedenartigkeit, sein Getrenntsein, seine Einsamkeit und Hoffnungslosigkeit erkennen.

Einer der Hauptbefunde am Schizophrenen ist nach Laing seine „ontologische Unsicherheit". Seit jeher ist an schizoiden und schizophrenen Menschen die Schüchternheit und Gehemmtheit aufgefallen; man sprach von „unsicheren Menschen". Wenn Laing noch das Adjektiv „ontologisch" beifügt, dann will er akzentuieren, daß die Unsicherheit solcher Patienten nicht nur ihr „Inneres" betrifft, sondern auch ihr „Sein in der Welt". Sie haben kein sicheres Realitätsbewußtsein, kein Gefühl für die Verläßlichkeit von Dingen und Menschen. Ihre Welt als Ganzes ist wacklig, und daraus resultiert ihre übertriebene Vorsicht, Umständlichkeit und „Abstandhaltung".

Schon Alfred Adler und Fritz Künkel sprachen davon, daß die Erziehung in der Frühkindheit dem Kinde ein „Urvertrauen" einpflanzen muß. Wird derlei versäumt, dann wächst ein Mensch heran, in dem die „Mitmenschlichkeit" nur verkümmert zum Tragen kommt. Er fühlt einen weiten Abstand zwischen sich selbst und den anderen. Darum entwickeln sich unter Umständen auch sein Sprachverhalten, sein Benehmen, seine Denkweise und sein Selbstverhältnis nur unter Beeinträchtigungen; die Welt wird für derartige Individualitäten irgendwie „irreal". Sie haben eine „niedrige Sicherheitsschwelle", weil sie immer um ihr Ich bangen müssen. Viele Ereignisse, die für „Durchschnittsmenschen" völlig harmlos sind, können für sie umwerfend und „vernichtend" sein. Darum neigen sie zur Isolation und Kontaktscheu; sie erleben ihre Umwelt meistens als sehr bedrohlich.

Laing erwähnt drei große Gefahrenquellen, vor denen sich der „Schizoide" andauernd schützen zu müssen glaubt: 1. Das Verschlungenwerden; 2. Die Implosion; 3. Die Petrifikation und Depersonalisation.

Ad 1: Edmund Husserl sagte bei Gelegenheit: „Die Dinge stehen *nebeneinander* im Raum, aber die Seelen der Menschen liegen *ineinander.*" Damit wollte der Philosoph darauf hinweisen, daß es keine „Trennwände" in der menschlichen Interaktion gibt. Wenn zwei Menschen in einer engen Beziehung stehen, dann strömen die Gefühle des einen unweigerlich ins Gemüt des anderen; es entsteht eine Zwei-Einheit, eine Dualunion. Das kann zum Beispiel in einer schönen Liebesbeziehung beseligend sein; aber es enthält auch eine Gefahr, für die vor allem schizoide und schizophrene Menschen äußerst sensibel sind.

Um dieser Gefährdung zu entrinnen, wollen solche Charaktere unter Umständen weder geliebt noch verstanden werden. Denn schon das Verstehen bringt eine wechselseitige Annäherung zustande, die sie nicht zu ertragen vermögen. Das erklärt eventuell die Unverständlichkeit vieler schizophrener Sprachmodalitäten; manche Patienten entwickeln sogar eine regelrechte „Kunstsprache", die niemand begreift. Nach Laing verursacht diese Konstellation auch die bekannte „negative therapeutische Reaktion" in psychoanalytischen Behandlungen. Freud führte diese unberechtigterweise auf einen (metaphysischen) Todestrieb zurück, als ob schwerkranke Analysanden aus Todeswünschen heraus nicht zur Heilung zu bringen seien. Aber in Wirklichkeit ist es vielleicht nur die Angst vor dem Leben und der Liebe, die die „negative therapeutische Reaktion" hervorbringt.

Schizoide Menschen lieben das Alleinsein mehr als den Sozialkontakt, eben weil sie nicht verschlungen werden wollen. In ihrer Therapie muß man stets sehr schonend und langsam vorgehen, um sie nicht in ihren Schlupfwinkel zurückzujagen. Sie träumen oft auch von Untergang, Zerstörung, Festgehaltenwerden, Versinken in Morästen und Feuersbrünsten.

Ad 2: Implosion ist das Gegenteil von Explosion – es besagt das „Hineinstürzen" der Welt in das Ich, das sich unfähig fühlt, den Andrang der Menschen und Ereignisse von sich fernzuhalten. Hierüber schreibt Laing (S. 55):

Das ist das stärkste Wort, das ich für die extreme Form dessen, was Winnicott das „Eindringen" der Realität nannte, finden kann. Eindringen vermittelt allerdings nicht den ganzen Schrecken, die Welt als etwas zu erfahren, das jeden Moment einstürzen kann und jede Identität vernichtet wie Gas, das in ein Vakuum einströmt. Das Individuum fühlt, daß es leer ist wie das Vakuum. Aber diese Leere ist es selbst. Obwohl es andererseits ersehnt, daß diese Leere gefüllt werde, fürchtet es die Möglichkeit, daß dies passieren könnte, weil es zu fühlen begonnen hat, daß alles, was es je sein kann, dieses fürchterliche Nichts eben dieses Vakuums ist. Jeder „Kontakt" mit Realität an sich wird dann erfahren als eine furchtbare Drohung, weil Realität, wie sie von dieser Position aus erfahren wird, notwendigerweise *implosiv* ist und so, wie es das Bezogensein für das Verschlungenwerden ist, in sich selbst eine Bedrohung der Identität ist, die das Individuum fähig ist, als die seine zu akzeptieren.

Realität als solche, Verschlungenwerden oder Implosion androhend, ist der Verfolger.

Ad 3: Petrifikation oder Versteinerung ist ein Zustand, der bei übergroßen Schreckerlebnissen eintritt. Sie kann aber auch durch langsame Prozesse zustande kommen, in denen kontinuierliche Ängste und Frustrationen die entscheidende Rolle spielen. Die Petrifikation ist gewissermaßen eine (pathologische) Schutzvorkehrung gegen die gefürchtete Implosion. Des weiteren ist sie die Konsequenz einer langwierigen emotionalen Abschirmung; nur das Miteinandersein der Menschen (ihr Austausch, ihre Auseinandersetzung) erhält lebendig. Auch die Depersonalisation kann von außen wie auch von innen bewirkt werden. Man verliert die Personalität, wenn andere uns „wie ein Ding" behandeln; man kann sich aber auch selbst „depersonalisieren", indem man sich verhärtet, absolut setzt und das „Mitmenschsein aufgibt". Es besteht hier eine Dialektik zwischen Fremdwirkung und Selbstgestaltung.

Theorie des pathologischen Selbst

Wenn der Mensch seelisch intakt ist, dann fühlt er sich in der Welt, in sich selbst und in seinem Leib sicher. Ist er aber seelisch angekränkelt, dann werden wir erwarten dürfen, daß er in allen drei genannten „Instanzen" nicht zu Hause ist. Es fragt sich nun, wie er bei gestörtem Welt-, Selbst- und Leibverhältnis weiterleben soll.

Zunächst wird die Einheit dieser Trias aufgegeben. Der verängstigte Mensch zieht sich auf „das Geistige" zurück; er gibt Teile der Welt auf und löst sich – so weit er das kann – von seinem Körper ab. Er betrachtet diesen letzteren als Störfaktor – „ein Erdenrest, zu tragen peinlich". Am liebsten würde er unverkörpert existieren. Das zieht eine ganze Reihe von weiteren Symptomen nach sich, etwa Eßstörungen, Verdauungsanomalien, Sexualkomplikationen, Abneigung gegen gewisse Körpereigenschaften, das Gefühl, häßlich zu sein usw. Auch die Pflege und Förderung des Leiblichen wird reduziert. Unter Umständen stellt sich eine psychosomatische Erkrankung ein, weil nur der „akzeptierte Leib" (von direkten Fremdwirkungen abgesehen) sich gesund erhalten kann.

Das Fremdwort für das „Im-Leibe-wohnen" heißt „Inkarnation". Nach Laing sind viele Menschen nur teilweise inkarniert, und in Streßsituatıonen oder im Unglück geben sie die Inkarnation auf, weil sie im „geistigen Bei-sich-selbst-Sein" eine Zuflucht zu finden meinen. Das erklärt wohl den Körperhaß in fast allen Religionen und die Askese und Selbsttorturierung bei Heiligen und Frömmlern. Es müssen sehr unsichere und neurotische Charaktere gewesen sein, die ihre Liebe zu Gott durch Hungern, Selbstentmannung und tausenderlei Körperquälereien bezeugt haben.

Da die Sexualität eine der eindrücklichsten Inkarnationsformen des

Selbst darstellt, müssen wir annehmen, daß sie bei psychischen Erkrankungen fast immer „mitgestört" ist. Im Lichte dieser These bekommt der Freudsche „Pansexualismus" doch eine gewisse Rechtfertigung. Indem Freud die Sexualität fast zum Mittelpunkt des Seelenlebens machte, anerkannte er sozusagen die fundamentale Tatsache, daß sich Gesund- und Kranksein der Psyche unweigerlich auch im Sexualverhalten dokumentiert.

Man muß jedoch nicht glauben, daß jedes „verkörperte Selbst" auch per se schon den „Gesundheitsausweis in der Tasche" trägt. Aber das unverkörperte Selbst ist für die Pathologie besonders anfällig. Es hat nach Laing drei Hauptaspekte (S. 84):

a) Es wird hyperbewußt;
b) Es versucht, sich seine eigene Imago zu postulieren, das heißt, es identifiziert sich mit der (irrealen) Vorstellung, die es sich von sich selbst macht;
c) Es entwickelt eine sehr komplexe Beziehung zu sich selbst und zu seinem Körper.

Es ist das Machtbedürfnis des Schwachen, welches die Inkarnation des Selbst zu vermeiden sucht. Aber manchmal ist die „Abwehrbewegung" fast noch schlimmer als das, was abgewehrt wird; nach Laing destruiert sich das Selbst immer, wenn es die Beziehung zu Welt und Leib erheblich vermindert. So sagt er (S. 94):

Wir schlagen darum vor, daß der schizoide Zustand, den wir beschreiben, als ein Versuch verstanden werden kann, ein Sein zu erhalten, das unsicher strukturiert ist. Wir werden später vorschlagen, daß die erste Strukturierung des Seins in seine Grundelemente in der frühen Kindheit stattfindet. Unter normalen Verhältnissen werden diese Grundelemente (zum Beispiel Kontinuität in der Zeit, Unterscheidung zwischen Selbst und Nicht-Selbst, Phantasie und Realität) so definitiv stabil angelegt, daß man darum als gegeben annehmen kann: Auf dieser stabilen Grundlage kann in dem, was wir den „Charakter" einer Person nennen, eine beträchtliche Menge an Plastizität existieren. In der schizoiden Charakterstruktur dagegen finden wir eine unsichere Grundlegung und eine kompensatorische Rigidität im Überbau.

Wenn das ganze Sein des Individuums nicht verteidigt werden kann, verlegt das Individuum seine Verteidigungslinie so lange zurück, bis es sich in eine zentrale Zitadelle zurückzieht. Es ist darauf vorbereitet, alles abzuschreiben, was es ist, nur nicht sein „Selbst". Aber das tragische Paradoxon besteht darin, daß das Selbst, je mehr es auf diese Art verteidigt wird, desto mehr zerstört wird. Die sichtbar erfolgende Zerstörung und Auflösung des Selbst in schizophrene Konditionen erfolgt nicht durch externale Angriffe des Feindes (tatsächlich oder vermutet) von außen, sondern durch die Verwüstung, die durch die inneren defensiven Manöver selbst verursacht wurde.

Ist das Selbst aus seinem Leib „in sich selbst" zurückgeflüchtet, dann erlebt es oft die Umwelt wie einen Traum, einen Alptraum, etwas Unwirkliches und Unbegreifliches. Meistens fangen Psychosen mit solchen „Derealisationserfahrungen" an; aber auch im Normalleben gibt es Derartiges, wenn wir uns extrem unsicher und verloren vorkommen. Man opfert lieber den Leib und die Welt, als den Rest von Sicherheitsgefühl aufzugeben.

Aber die Sehnsucht nach der Wirklichkeit bleibt, und an sie kann jeder Heilungsversuch bei schweren Neurosen und Psychosen anknüpfen. Niemand kann sich ohne weiteres mit dem Zustand der „Einkapselung" (Sartre) oder der „Verschlossenheit" (Kierkegaard) abfinden. Der Mensch will transzendieren, das heißt sein In-der-Welt-Sein verteidigen und ausweiten. Nur in der äußersten Not bezieht er die einsame Zitadelle seines abgeschirmten Selbst, wo er das Unmögliche versuchen will, nämlich: autonom und autark zu leben. Aber, wie ein englischer Autor sagte: „Kein Mensch ist eine Insel für sich allein."

Der Aufbau eines falschen (körperlosen), phantastischen Selbst verändert grundlegend die gesamte Wirklichkeitserfahrung: diese wird auch phantastisch und irreal. Der davon betroffene Mensch hat andere Wahrnehmungen, Gefühle, Gedanken und Phantasien als ein Mensch, der in der Inkarnation lebt. Alles, was er tut oder sagt oder sich vorstellt, hat einen geringeren Wirklichkeitskoeffizienten als beim „Normalen". Er zappelt in seinen Fiktionen, die ihm die Realität ersetzen.

Weltlosigkeit, Autismus und Narzißmus sind fast identische Begriffe. Sie alle stellen Hypertrophien des Verteidigungszustandes im Selbst dar, erzwungen aus ontologischer Unsicherheit und einem daraus resultierenden zugespitzten Sicherheitsbedürfnis. Aber es ist schwer erträglich, überwiegend in der Phantasie zu leben und die „Welt der Handlungen" zu vermeiden. Denn nur in dieser kommt es zu Entwicklung und Entfaltung der Persönlichkeit; ein phantastisches Selbst stagniert oder regrediert auf noch kümmerlichere Zustände.

Man kann hier aber auch von einer „Pathologie der Freiheit" sprechen. Wer handelt, wird unfrei – er schreibt seine Individualität in den Gang der Dinge ein, und jede Entscheidung für irgendeine Möglichkeit reduziert die anderen Möglichkeiten des Verhaltens. Wer aber phantasierend in seinem Selbst verharrt, kann sich der Illusion hingeben, daß ihm „alle Möglichkeiten offen stehen". So optiert der seelisch kranke Mensch für Omnipotenzgefühle, die ihm vorgespiegelt werden, weil er sich nicht festlegt; die Kehrseite dieser grenzenlosen Freiheit ist allerdings das konkrete Unfrei- und Hilflossein im Leben.

Das „Leben als Traum" ist zugleich prunkvoller und auch karger als die reale Existenz: der fade Geschmack der Unwirklichkeit haftet ihm an.

Laing entfaltet ein bemerkenswertes Geschick im Beschreiben der Tragödien schizoiden und schizophrenen Menschseins. Er reiht sich dabei ein in die Tradition der phänomenologischen Psychiatrie, stützt sich also auf Ludwig Binswanger (*Drei Formen mißglückten Daseins,* 1952), J.-P. Sartre (*Das Sein und das Nichts,* 1952), Medard Boss u. a. m. Alle diese Forscher betonten die Unechtheit und fehlende Authentizität beim schizoiden Menschentypus, der in seinem verängstigten Lebensentwurf die Auseinandersetzung mit dem realen Leben vermeidet. So spielt er eine „Rolle", zu der er nicht stehen kann. Rein äußerlich vielleicht wohlangepaßt, wächst im Laufe der Zeit bei ihm immer mehr die „Phantomexistenz" an, bis ein eventuell harmloser Vorfall den Riß in der Persönlichkeit offenbart. Die Psychiater sprechen dann von völliger Unbegreiflichkeit des „schizophrenen Einbruchs", aber ein Studium der „inneren Lebensgeschichte" macht doch verständlich, wie es „urplötzlich" zur Wahnbildung kam. In diesem Sinne ist der Wahn das verspätete Echtwerden, aber auf Kosten der psychischen Gesundheit.

Im Vorfeld der schizophrenen Erkrankung finden wir übersteigerte Selbst-Bewußtheit, ein Übermaß an Selbstbeobachtung und Reflexion über sich selbst. Das ist verständlich, da der Betreffende wenig Weltbezug hat: sein Selbst ist sozusagen seine Welt. Fast alle Autoren betonen die Überempfindlichkeit solcher Menschen, ihre Bereitschaft, emotionale Brücken zur Umwelt abzubrechen. Leicht ist auch der Haß mobilisierbar, der eine Antwort auf die fundamentale Angst darstellt. Liebe wird nach Möglichkeit gemieden, da sie Nähe und Einanderverstehen mit sich bringt. Manche Schizoide fürchten nicht nur, was andere ihnen antun können, sondern auch, daß sie selbst für andere schädlich sein könnten. Dem Fremdhaß ist stets ein latenter Selbsthaß zugeordnet.

Auch Schuldgefühle machen sich im schizoiden Seelenleben deutlich bemerkbar. Es ist nach Laing falsch, solche Schulderfahrung auf verinnerlichte Aggression oder auf onanistische Exzesse zurückzuführen, wie es die Psychoanalytiker zu tun pflegen. Eher trifft schon die Interpretation der Daseinsanalyse zu, welche von der „originären Daseinsschuld" spricht. Danach hat jeder Mensch die Aufgabe, sich für die Bedeutungsfülle der Welt zu öffnen und Sympathie für alles Seiende zu empfinden. Wer aber in innerer Verschlossenheit dahinlebt, fühlt dunkel, daß er der Welt und den Menschen „vieles schuldig bleibt"; dementsprechend haben die Schuldgefühle der Schizoiden und der Depressiven ihren wohlumschriebenen Sinn, aber der Patient sucht seine Schuld bei Bagatellen, die nichts ins Gewicht fallen. Man muß seine Pseudoschuld entlarven und ihn dazu ermutigen, die echte Schuld seines Lebens ins Auge zu fassen.

Wir sehen hieraus, daß seelische Gesundheit identisch ist mit dem, was die Psychoanalyse „Realitätsprinzip" nennt. Nur in der Wirklichkeit kann man seelisch gesund sein und bleiben. Jeder Rückzug aus der Welt wird mit Erstarrung, Einengung und Verarmung bezahlt. Mitunter liegt in der Konsequenz einer solchen Daseinsschrumpfung der Verlust der Zuwendungsmöglichkeit zum anderen Geschlecht. Der schizoide Menschentyp fürchtet das heterosexuelle Du, da dieses anders ist als er selbst. Manchmal eröffnet sich hier der Fluchtweg in die Homosexualität; der Patient glaubt, bei einem gleichgeschlechtlichen Partner weniger Schwierigkeiten zu haben als beim andersgeschlechtlichen. Freud war bekanntlich der Meinung, daß am Ursprung der Paranoia eine homosexuelle Gefühlslage beteiligt sei; das ist nach Laing dahingehend zu korrigieren, daß nicht die Homosexualität die Ursache der Paranoia ist, sondern daß der Wahn und die Sexualpathologie gemeinsam aus der verengten und verarmten Erlebniswelt entspringen.

Man kann den Ausbruch eines Wahns auch als einen Selbstheilungsversuch deuten, da der Patient seine konstante Panik stabilisiert, indem er seine verzweifelten Bemühungen um ein unauffälliges und angepaßtes Leben aufgibt. Das ist kein Naturgeschehen außerhalb der Person (etwa ein gestörter Metabolismus oder eine Dysfunktion der Gehirnzellen), sondern eine Entscheidung der Person, die einen Ausweg aus der Ausweglosigkeit sucht. Nicht selten kommt es zu spontanen Remissionen, wenn der Schizophrene sich einige Zeit ausgeruht hat und aus irgendeinem Grunde den Entschluß wagt, wieder die Rolle eines „gesunden Menschen" zu übernehmen. Aber es besteht auch die Möglichkeit, daß er den Rückweg in die Normalität nicht wiederfindet, und dann bedeutet sein Kranksein einen symbolischen Selbstmord, der dem Leben der Person ein Ende setzt.

Laing hatte selbst viel Erfahrung mit schizophrenen Patienten und weiß davon zu berichten, wie schwer der Schutzwall zu durchbrechen ist, mit dem sich solche Menschen von der Umgebung abschirmen.

Schon durch ihre Kommunikationsweise machen sie es dem Therapeuten schwer, an sie heranzukommen. Sie entmutigen ihn auf jede Weise, weil sie spüren, daß er sie zu einem Leben in der Realität verleiten will – und davor haben sie schreckliche Angst. Nur sehr viel Liebe und Wissen können das selbstgebaute Gefängnis der Schizophrenen zerstören, sie aus ihrem Alptraum aufwecken und den Riß in ihrer Persönlichkeit heilen. Laing sagt mit Recht (S. 203):

> Der Hauptfaktor bei der Reintegration des Patienten, der erlaubt, die Stücke zusammenzubringen und zusammenzuhalten, ist die Liebe des Arztes, eine Liebe, die das totale Sein des Patienten anerkennt und es akzeptiert, ohne ihm Fesseln anzulegen.

Das Selbst und die anderen

In dieser Fortsetzung von *Das geteilte Selbst* untersucht Laing die Interaktion von Menschen, die gegebenenfalls zu psychischen Störungen und zu Psychosen führt. Die Grundlage solcher Interaktionen ist das „Verstehen" zwischen Ich und Du; aber dieses ist immer lückenhaft. Jeder Mensch kann nur mutmaßen, was der andere denkt und meint. Schlimm wird die Sache allerdings, wenn A genügend Autorität besitzt, um B zuzuschreiben, was er bewußt oder unbewußt empfindet. Hier tut sich ein Tor zu allen möglichen seelischen Vergewaltigungen auf.

Selbst die Wissenschaft übt solche Vergewaltigungstechniken aus, indem sie Menschen wie Tiere behavioristisch in Testsituationen bringt, wo sie sie „motivanalytisch" beurteilt. Dabei bekommen Personen „Triebe" und „Antriebe" zugewiesen, von denen sie manipuliert werden, als ob sie Maschinen oder Roboter wären. Auch die Psychoanalytiker berufen sich auf einen „psychischen Apparat", dem man das Personsein ausgetrieben hat.

Wenn es nach Laing ein „Unbewußtes" gibt, dann ist das ganz schlicht jener Seelenanteil, den wir weder uns selbst noch den anderen mitteilen. Das ist demnach kein „Sack mit perversen Trieben", sondern ein Teil der Person, der nicht kommunizierbar ist. Man kann ihn allerdings in Mitteilsamkeit verwandeln.

Wir verwenden einen schiefen Realitätsbegriff, um viele Menschen als „verrückt" zu etikettieren. Nach Laing weiß niemand so recht, was nun eigentlich die Wirklichkeit ist. Familien, Gruppen und Völker einigen sich auf ein phantastisches Gebilde, das sie „Realität" zu nennen belieben. Wehe dem, der nicht mitspielt; es kann ihn Kopf, Kragen und Vernunft kosten!

Wir sind alle in sozialen Netzen gefangen, und Psychotiker sind jene, die aus übergroßer Verstrickung mit unbeholfenen Mitteln ausbrechen wollen. Die Menschen erdichten eine Welt, die sie für kompakt und nicht-hinterfragbar halten. Wer die Kraft hat, jenseits dieser angeblichen Normalwelt eine passende Eigenwelt zu schaffen, ist ein Künstler. Wer an diesem Versuch scheitert, ist ein „Gemütskranker", der interniert werden muß.

Sieht man aber näher zu, dann entdeckt man nach Laing, daß sehr viele Menschen sich mit der üblichen Realität nicht ganz befreunden können und – zumindest teilweise – ein Leben in der Phantasie führen. Wir haben dann einen Fuß im Realen, und den zweiten im Imaginären. Wer Glück hat, kann je nach Situation mal auf dem einen, mal auf dem anderen Beine stehen. Es können sich aber auch Lebenslagen häufen, in denen es vorteilhafter erscheint, auf dem Standbein des Imaginären stehenzubleiben. In solchen Situationen können zukünftige Psychiatriepatienten den lebhaften Wunsch verspüren, „verrückt zu werden". Manche schaffen es, anderen will es einfach nicht gelingen. In Laings Worten: „Nicht jeder, der will, kann psychotisch sein." (1961, dt. 1973, S. 53).

Vor allem die Sexualität ist ein Freiraum für „alternative Lebensstile", in denen Phantasie und Realität oft genug „ausgetauscht" werden. So kann man etwa bei einem zwanghaften Onanisten vermuten, daß ihm die phantasierten Sexpartner mehr Genuß bringen als ein leibhaftiges Gegenüber. Jedenfalls ist er souveräner und sicherer, wenn er beim „Lustgeschäft" für sich allein bleibt. In allen Perversionen wird das *begleitende Phantasiespiel* fast noch wichtiger als der sexuelle Akt, und diese Phantasien sind weder sozial noch kooperativ. Angst und Machtbedürfnis sind ihre Motoren, und deren Ursprung liegt in einem „geteilten Selbst", das sich sowohl von der Mitwelt als auch vom eigenen Leib weitgehend zurückgezogen hat. Es bleibt dann ein etwas schwerfälliger, mechanisierter Leib, der nur durch sadistische oder masochistische „Extravaganzen" aus seiner „Schwermut" erlöst werden kann. Bei Sartre und Genet findet Laing gute Musterbeispiele für seine Sexual- und Perversionstheorie, die er neben seine Psychosenlehre als Parallelphänomen hinstellt.

Schon Sartre hat in *Das Sein und das Nichts* erörtert, daß die Beziehungen der Menschen untereinander „normalerweise" Kampf beinhalten. Jedes Bewußtsein will Herr über das andere Bewußtsein werden; die Thematik von „Herr und Knecht" ist die Grundform alles sozialen Bezogenseins. Aber das ist nicht Naturverfassung und schon gar nicht „ethisches Wunschziel"; es ist die traurige Gegebenheit in einer Welt, die durch den ökonomischen Mangel und die unentwickelte Gesellschaftsstruktur sich etabliert hat. Da es nun aber so ist, sollen wir die Psychopathologie als eine Theorie der Kooperations- und Kommunikationsverweigerung definieren. So können zum Beispiel Frigidität und

Impotenz durchaus als ein „Lebensstil" beschrieben werden, in den es nicht hineinpaßt, einem heterosexuellen Du den Erfolg eines gelungenen Sexualverkehrs zu gönnen. Das „weiß" weder die frigide Frau noch der impotente Mann; aber sie „leben" es. Wissen und Lebensvollzug müssen nicht deckungsgleich sein.

Gerade am Koitus können wir erkennen, daß menschliche Personen mit Leib und Seele aufeinanderwirken; und jeder erlebt seine Bestätigung, wenn ihn der andere anerkennt. Aber darin sind die Menschen unerfahren und tolpatschig. Sie meinen, mehr an Prestige zu gewinnen, wenn sie dem Du die Anerkennung partiell verweigern.

In der Vorgeschichte jeder Psychose ist nach Laing ein gewaltiges Defizit an Angenommen- und Bestätigtwerden zu diagnostizieren. Das kann schon in der frühesten Kindheit, in der Mutter-Kind-Beziehung anfangen. Auch im späteren Leben kann man schizoide oder hypersensible Menschen „psychotisch" machen, wenn man sie hinsichtlich ihres fundamentalen Anerkennungswunsches frustriert.

Laing gibt hier ein aufschlußreiches Zitat aus Martin Bubers Werk *Urdistanz und Beziehung* (1960, S. 31–32) wieder, das seine eigene Überzeugung ausspricht (S. 103):

In der menschlichen Gesellschaft, auf allen ihren Stufen, bestätigen die Personen, in irgendeinem Maße, einander praktisch in ihrer persönlichen Beschaffenheit und Befähigung, und man darf eine Gesellschaft in dem Maße eine menschliche nennen, als ihre Mitglieder einander bestätigen.

Das Fundament des Mensch-mit-Mensch-seins ist dies Zwiefache und Eine: der Wunsch jedes Menschen, als das, was er ist, ja was er werden kann, von Menschen bestätigt zu werden, und die dem Menschen eingeborene Fähigkeit, seine Mitmenschen eben so zu bestätigen. Daß diese Fähigkeit so unermeßlich brachliegt, macht die eigentliche Schwäche und Fraglichkeit des Menschengeschlechts aus: aktuale Menschheit gibt es stets nur da, wo diese Fähigkeit sich entfaltet. Wie freilich anderseits der leere Anspruch auf Bestätigung ohne die Andacht zu Sein und Werden je und je die Wahrheit der Existenz zwischen Mensch und Mensch zuschanden macht.

Es ist den Menschen not und ist ihnen gewährt, in echten Begegnungen einander in ihrem individualen Sein zu bestätigen; aber darüber hinaus ist ihnen not und gewährt, die Wahrheit, die die Seele sich erringt, der verbrüderten andern anders aufleuchten und ebenso bestätigt werden zu sehn.

Aber Bestätigung und Nicht-Bestätigung in menschlichen Interaktionen sind noch sehr schlecht erforscht. Darum meinen wir oft, bei schizophrenen Lebensläufen vor Rätseln zu stehen, indes wir mit Menschen zu tun haben, die von Kindheit an verkannt, mißverstanden und negiert wurden. Das sind nicht immer grobe Traumatisierungen; auch langdauernde

Mikrotraumen erzielen dasselbe Resultat. Eine besondere Variante des Nicht-Bestätigens besteht darin, daß bei einem Heranwachsenden immer „das falsche Selbst bestätigt wird". So können etwa Eltern ein Kind immer dann loben und bewundern, wenn es sein eigenes Ich verleugnet und das „brave Kind" spielt, das die Erwachsenen haben wollen. Auch gibt es Ideologien, die „falsches Selbstsein" geradezu zum Ideal erheben (Religion, Patriotismus, Spießbürgertum usw.).

Für solche Erlebniswelten mag der Sartresche Satz gelten: „Die Hölle – das sind die anderen!" Wenn jemand in einer Umgebung lebt, wo niemand sich um sein wahres Selbst kümmert, kann ihm das sehr wohl als „höllisch" vorkommen.

Wo sich ein Ich und ein Du zusammenschließen, um wechselseitige Pflege und Anerkennung des „falschen Selbst" zu betreiben, spricht man von „Kollusion" oder „heimlichem Einverständnis". Die Partnerschaftspsychologie und -therapie glaubt in vielen Ehen solche Kollusionsverhältnisse aufzudecken: Man kann auch auf genereller Unwahrhaftigkeit ein andauerndes Zusammenleben gründen.

In den Naturwissenschaften ist Wahrheit „die Übereinstimmung des Intellekts mit der Sache". Für humane Verhältnisse (und also auch für die Psychotherapie) bevorzugt Laing die Heideggersche Formel: „Wahrheit ist Unverborgenheit (des Seins)." Seelische Gesundheit wird dann faßbar, wenn Menschen freimütig und offen kommunizieren. Wer sein Selbst zu zeigen wagt, hat Chancen, es zu entwickeln. Menschen, die sich vor anderen verstecken, sind möglicherweise krank oder können es noch werden. Schon C. G. Jung hat auf die pathogene Macht des „Geheimnissehabens" hingewiesen. Es ist interessant, daß im Wort „Selbstvertrauen" auch das sprachliche Partikel „Vertrauen" steckt; vielleicht sind beide Tugenden irgendwie verkoppelt.

In *Das Selbst und die anderen* bringt Laing Falldarstellungen und Beispiele aus der Weltliteratur – leider überzeugen die ersteren weniger als die letzteren. Sartre, Genet, Strindberg und Dostojewski sind hervorragende Kronzeugen für eine phänomenologische Psychiatrie; daran ist nicht zu zweifeln. So kann man in Strindbergs Theaterstück *Der Vater* deutlich nachvollziehen, wie das Selbstbewußtsein des Kapitäns von seiner Umwelt (der Frau) systematisch untergraben wird. Dostojewskis *Schuld und Sühne* zeigt einen zartfühlenden Menschen (Rodion Raskolnikoff), der einen Mord begeht, um sein „falsches Selbst" (er will Napoleon sein!) zu „verwirklichen". Genet in *Der Balkon* beschreibt parodistisch, wie sich Sex- und Machtspiele ineinander verschränken, wobei der Ort der Handlung ganz sinngemäß „das Bordell" ist.

Wenn aber Laing selbst Fälle aus eigener oder fremder Erfahrung demonstriert, gibt er merkwürdig blasse Anamnesen und erarbeitet den inneren und äußeren Werdegang dieser mißglückten Daseinsformen nur relativ oberflächlich. Er schildert die Kranken bloß als „Opfer der Verhältnisse"; wie sie sich selbst durch einen pathologischen Lebensentwurf in die Krankheit hineinmanövrieren, wird kaum sichtbar. Wer an Sigmund Freuds voluminöse und hyperexakte Lebensbeschreibungen von Neurotikern zurückdenkt, wird Laings Berichte manchmal fast als laienhaft empfinden. Es genügt nicht, irgendwelche Double-bind-Verstrickungen (Beziehungsfallen) namhaft zu machen, um die Psychogenese eines Wahns zu erklären. Oft erwähnt Laing nicht einmal den Beruf, die politischen und religiösen Ansichten seiner Patienten. In seiner Beschränkung auf „Liebesschicksale" ist er der bekämpften Psychoanalyse mehr hörig geblieben als er selbst weiß.

Phänomenologie der Erfahrung

In diesem Büchlein aus dem Jahre 1967 will Laing der menschlichen Selbstentfremdung auf den Grund gehen; warum leben wir in einer Welt, wo Personalität verleugnet wird und wo anscheinend niemand mehr so recht weiß, was Personsein bedeutet? Das kommt einem Verlust wirklicher menschlicher Erfahrung gleich – würden wir noch urtümliche „Erfahrung" erleben, dann wüßten wir um unser eigenes Selbst und um das Selbst des anderen. Die Wiedereinsetzung solcher lebensspendender Ich-, Du- und Ich-Du-Beziehung ist eine der Aufgaben der „Sozialphänomenologie".

Person ist Bezogensein auf andere Personen, die nicht „Objekte" sind und auch nicht sein können. Immer, wenn man eine Person „objektiviert", hat man mit einem Artefakt zu tun, dem die wesentliche Eigenschaft der Personalität abgeht. Person ist das Zentrum von Akten, von Welt- und Selbsterfahrung. Wenn man „Verhalten" betrachtet, ohne es auf die Erfahrung der Persönlichkeit zu beziehen, dann hat man scheinbar mit Naturvorgängen zu schaffen, die zähl- und meßbar sind. Aber das ist nicht der wahre Mensch, den etwa die Verhaltenspsychologie exploriert; sie befaßt sich mit einer Karikatur dessen, was der Mensch ist und sein kann.

Alle „reduktiven Verfahren" unterschlagen in der Erforschung des Menschen die Phantasie, aufgrund derer jedermann in einer erträumten und erdichteten Welt lebt. Phantasie ist ein Vermögen der Freiheit, oder genauer: sie ist die Freiheit selbst. Mit jedem Kind wird eine freiheitliche Potenz geboren, aus der Selbstsein und Schöpfertum hervorgehen kann. Erziehung ist jedoch in der Regel ein Unternehmen, diese schöpferische Kraft zu drosseln und zu zerstören.

Da der Mensch in der Interpersonalität (Zwischenmenschlichkeit) existiert, können nur jene die Person des anderen fördern und respektieren, die selbst noch Person sind oder es werden wollen. Viel häufiger aber als wechselseitige Achtung und Unterstützung sind Techniken der „Entpersönlichung", die Ich und Du betreffen. So beschreibt etwa die Psychoanalyse „Abwehrmechanismen", die eine Einschränkung der eigenen Persönlichkeit bedeuten (Verdrängung, Verleugnung, Isolierung, Projektion usw.); sie wirken sich aber allemal auch als Negierung der Fremdperson aus.

Alle Abwehrmechanismen verstümmeln die Erfahrung, verhindern die Begegnung von Ich und Du, reduzieren die Kommunikation auf Klischees und lassen die gemeinsame Welt der Beteiligten verarmen. Wer sein eigenes Ich als ausgelöscht empfindet, kann gar nicht anders, als auch das Du zu annihilieren.

Laing wandelt in den Spuren von Sartre, wenn er „das Nichts" als eine „anthropologische Konstante" einführt. Nach Sartre bringt der Mensch das Nichts in die Fülle des Seins ein; ohne ihn ist das Sein kompakt und kohärent. Kaum taucht aber ein menschliches Bewußtsein auf, wird das Sein in Frage gestellt, angezweifelt, durch Pläne und Entwürfe überschritten. Aus dem Nichts entspringt nicht nur die Daseinsangst, sondern auch die Schöpferkraft des Menschen. Es kommt nur darauf an, sich von dem Nichts und der Angst nicht lähmen zu lassen. Wem dies zustößt, der kann unter Umständen zum „Vernichter" werden, das heißt zu einem Prototyp, der aus Verzweiflung an der Conditio humana die Selbstdestruktion wählt. Man muß nicht angesichts des Nicht-Seins zur Starrheit des Steines Zuflucht nehmen; man kann um das Nichts wissen und doch für das Sein optieren.

Auf diese philosophischen Erwägungen geht Laing ein, um unter anderem das Wesen der Psychopathologie und der Psychotherapie zu reflektieren. Weil wir heute von der Personalität des Menschen mehr wissen, neigen wir dazu, ihn (auch als „Kranken") nicht mehr „behandeln" zu wollen, sondern mit ihm eine kooperative Beziehung einzugehen. Dazu müssen wir aber Theorien entwickeln, die das Personsein im Therapeuten und im Analysanden anerkennen. Wir müssen die Erfahrung des letzteren ebenso sehr als „gültig" begreifen wie diejenige des ersteren. Sobald nur die Erfahrungsweise des Psychoanalytikers die

„Normalität" ausmacht, kommt es zu einem irrationalen Autoritätsver-
hältnis, in welchem beide Personen nicht gedeihen können.
Laing sagt (1967; dt. 1969, S. 46):

> Psychotherapie muß *der obstinate Versuch zweier Menschen bleiben, die Ganz-*
> *heit der Existenz durch ihre Relationen zueinander wiederherzustellen.*
> Jede Technik, die sich mit dem anderen ohne sein Selbst befaßt, mit Verhal-
> ten unter Ausschluß der Erfahrung, mit Beziehung unter Vernachlässigung der
> in Beziehung stehenden Personen, mit Individuen unter Ausschluß ihrer Be-
> ziehungen und vor allem mit zu ändernden Objekten statt mit zu akzeptieren-
> den Personen – jede Technik dieser Art verewigt einfach die Krankheit, die sie
> zu kurieren vorgibt.
> Jede *Theorie,* die nicht vom Menschen ausgeht, ist Lüge und Betrug an ihm.
> Eine inhumane Theorie wird unvermeidlich zu inhumanen Konsequenzen
> führen, wenn der Therapeut konsequent ist. Glücklicherweise haben viele
> Therapeuten die Gabe der Inkonsequenz. Mag uns das auch teuer sein, ist es
> doch nicht als ideal anzusehen.

In den jetzigen Welt- und Kulturverhältnissen ist der Mensch ein „Zer-
rissener"; es gilt ihn in der Therapie durch gemeinsame Ich-Du-Erfah-
rung zusammenzufügen.

Mit außergewöhnlicher Schärfe attackiert Laing die Methoden unserer Pädagogik, Propaganda und Psychologie, die zur „Mystifikation von
Erfahrung" und zur „Entpersönlichung von Personen" führt. Man verschleiert die Ausbeutung des Menschen durch den Menschen; man
präsentiert uns atomare Aufrüstung als den Schutz von Leben und
Freiheit; man erzieht Kinder zu Schwachsinnigen, „wenn möglich mit
hohem Intelligenzquotienten" (S. 51).

Gewalt maskiert sich als Liebe und schleicht sich in die Erziehung ein,
so daß Kinder liebevoll ihrer eigenen Welterfahrung beraubt werden; an
deren Stelle wird die Erfahrung von erlebnisunfähigen Eltern und Erziehern eingesetzt. Entfremdung ist nicht nur ein ökonomischer Vorgang;
sie ist ein Geschehen in der Kinderstube, und gerade dort findet die Ur-
Entfremdung statt. Kinder werden, wie Sartre erklärt, frühzeitig zu
ihren „eigenen Großvätern" gemacht. Man näht sie gleichsam in die
Haut von Verstorbenen ein, erzieht ihnen die Verhaltensweisen des
Spießbürgertums an und macht sie auf diese Weise zu „Angepaßten".
Nach Laing sind Neurose und Psychose Revolten von Menschen, bei
denen dieser „Anpassungsprozeß" mißlungen ist. Aber „wir Angepaßten" sollten gegenüber diesen „Unangepaßten" nicht stolz und hoffärtig
sein; wir sollten uns mit ihnen solidarisieren und mit ihnen zusammen
aus einer Welt der Gewalt und Unterdrückung aussteigen.

Fast alle menschlichen Individuen und Gruppen leben davon, daß sie andere Individuen und Gruppen zu Kontrastbildern aufbauen, an denen sich die eigene Positivität im Gegensatz zur Negativität der anderen vorteilhaft zeigt. Das „Vorurteil" ist ein Element dieses unmenschlichen Dynamismus, der die Beziehung zwischen verschiedenartigen Menschen blockiert. So sind Ich und Wir stets von Asozialität durchdrungen.

Auch die Gemüts- und Geisteskranken sind eine „Sie-Gruppe", die wir unserer „Wir-Gruppe" der „Normalen" entgegenstellen. Damit verfehlen wir ihre Problematik und können ihnen in ihrer Not nicht behilflich sein. Erst wenn wir davon ausgehen, daß „gestörte Menschen" auch in irgendeiner Weise „Recht haben", werden wir uns mit ihnen verständigen können.

In den psychiatrischen Heilanstalten „depersonalisiert" man die Patienten, indem man sie mit Medikamenten paralysiert, ihnen keine sinngemäße Beschäftigung ermöglicht und ihnen den Gesprächskontakt sehr sparsam und stets „offiziell" zuweist. Die „Kranken" befolgen dann diese (stille) Anordnung und regredieren nicht selten auf die Stufe eines bloß organismischen Daseins.

Ein wichtiges Ergebnis der tiefenpsychologischen Familienforschung ist, daß kein Patient für sich allein neurotisch oder psychotisch wird: Es sind neurotische oder psychotische Familien, in denen solche „Fälle" ausgebrütet werden. Geht man näher auf die Lebensbedingungen der „Kranken" im Vorfeld ihrer Erkrankung ein, dann stellt man fast mit Regelmäßigkeit fest, daß sie in Beziehungsgeflechten lebten, in denen sie „nicht gewinnen konnten": Sie flüchteten in die Krankheit, weil ihnen entscheidende Möglichkeiten der Expansion und Selbstentfaltung verrammelt waren.

Laing plädiert dafür, daß man die Schizophrenie als eine „Reise nach innen" auffaßt, zu der Menschen aufbrechen, die für eine „Reise nach außen" schlecht gerüstet und auch wenig vorbereitet sind. Seiner Meinung nach soll man solche Expeditionen nicht durch ungeeignete psychiatrische Maßnahmen stören: Man soll erforschen, wie man sich zu solchen Menschen verhalten muß, damit sie den „Rückweg zu uns" finden. Vielleicht sollte man Schizophrenie als „Krankheit des gebrochenen Herzens" definieren.

Die Stimme der Erfahrung

In diesem Spätwerk aus dem Jahre 1982 greift Laing noch einmal seinen umfassenden Erfahrungsbegriff auf, den er dem verengten theoretischen Konzept der Naturwissenschaft und der auf sie aufbauenden Medizin und Psychiatrie entgegenstellt. Schon Edmund Husserl hat nachdrücklich darauf hingewiesen, daß das naturwissenschaftliche Denken großenteils auf lebensfremden Konstrukten beruht; es gibt nach Husserl eine „Lebenswelt", und diese ist die Basis von allen Wissenschaften, sowohl denen der Natur als auch denen des Menschen und seines Kulturlebens. Diese *lebensweltlichen Voraussetzungen* zu verstehen, erscheint Husserl und Laing als Grundelement für das Begreifen aller menschlichen Verhaltensformen und Schöpfungen.

Laing nennt derlei „Erfahrung" – sie ist für ihn das Gegenteil von jeglichem „Objektivismus". Wie wir subjektiv die Welt erfahren, das bestimmt unser seelisches Gesund- und Kranksein. Psychologie sollte eine Wissenschaft von subjektiven Erfahrungswelten sein.

Dann aber ist sie weder Behaviorismus noch offizielle Psychiatrie noch orthodoxe Psychoanalyse. Wiederum reitet Laing seine Attacken gegen diese angeblichen Formen des Menschenverstehens, die sich irrigerweise der „objektiven Naturwissenschaft" angleichen wollen.

Der Geist der Naturwissenschaft aber ist gewaltsam, tough-minded (hartgesotten) und „seelenlos". Er ist zu nüchtern und zu unbeholfen für seelisch-geistige Qualitäten. Max Scheler meint sogar, daß die modernen exakten Wissenschaften aus dem christlichen Welthaß entsprungen seien. Für die Technik, die ein Kind der objektiven Wissenschaft ist, können wir das heute schon ziemlich leicht nachvollziehen. Sie zerstört die Welt, die sie beherrscht und ausbeutet.

Laing kämpft gegen die Hybris des Szientismus an, vor allem dort, wo er sich in entwertender Weise mit dem Menschen befaßt. Für den Szientisten ist der Mensch Organismus, Apparat, Roboter, Energiebündel. Man kann ihn allerdings so betrachten, aber in erster Linie ist der Mensch Mitmensch, Du und Person. Er ist, genau wie der Betrachter, Schöpfer einer Lebenswelt, und als solcher kann er kein „innerweltliches Ding" sein. Denn Dinge mit Bedeutung gibt es erst in lebensweltlichem Milieu, das von Personen getragen und artikuliert wird.

Wie immer holt Laing seine Beispiele aus der Psychiatrie, die sein Betätigungsfeld ist. Als Ursünde der modernen Psychiatrie sieht er die These, daß schizophrene Menschen an „uneinfühlbaren Seelenzuständen" leiden. Damit hat man eine große Menschengruppe aus der Menschenwelt exkommuniziert. Und auf Exkommunikationen folgen, wie die Geschichte der katholischen Kirche lehrt, Verfolgungen, Quälereien und „Exekutionen".

Die Psychoanalytiker bekämpften die psychiatrischen Vorurteile und repetierten sie mit anderen Begriffen. Nun sprach man vom „Autismus der Schizophrenen" und deren Gefühlsuntauglichkeit. Neuere Psychoanalytiker therapieren zwar Psychotiker, aber auch sie benützen Techniken der Diskriminierung, die nach Laing meistens die Heilung sabotieren. Tatsächlich zitiert er Behandlungsbeispiele, die erschütternd anmuten. Manche Therapeuten scheinen der Meinung zu sein, daß man Wahnkranken skurrile und „halb-verrückte" Deutungen zumuten kann: auf ein bißchen mehr Wahnsinn kommt es wohl nicht an. Nach Laing jedoch muß man im Schizophrenen den Mitmenschen anerkennen, wenn man ihn fördern will. Das spricht sich leicht aus, aber in praxi stellt es hohe Anforderungen an den „Helfer".

Ein ausgezeichneter kritischer Abschnitt von Laings Buch ist Ludwig Binswanger gewidmet, den die Daseinsanalytiker als ihren „Erzvater" (neben Medard Boss) verehren. Schon anderen Autoren ist aufgefallen, daß der berühmte Kreuzlinger Psychiater in seinen Falldarstellungen eigentümliche Wege beschreitet. Viele seiner „Fälle" wurden von ihm gar nicht behandelt; er fand sie in den Archiven seiner Klinik, die er von seinem Vater geerbt hatte. Binswangers oft mehr als hundert Druckseiten umfassende Fallinterpretationen sind reine „Schriftstellerarbeit"; sie haben mit Therapie nichts zu tun. Er gebrauchte die Behandlungsberichte anderer als Textunterlage; darauf errichtete er das luftige Gebäude seiner philosophischen Interpretationen, die von den Ideen Husserls, Heideggers und mancher anderer Denker inspiriert sind.

Am bekannten Binswanger-Fall der schizophrenen Patientin Ellen West zeigt nun Laing, wie gefühlskalt und distanziert der literarisch so fruchtbare „Daseinsanalytiker" mit einer schwer leidenden Frau umging. Schon sein Bericht ist voll von abwertenden Vokabeln; um das eigentliche Innenleben der Patientin, die er kurz vor ihrem Suizid in einigen Konsultationen sah, hat er sich wenig oder gar nicht gekümmert. Er ließ sie gewissermaßen im Stich, und als die Frau in ihrer schlimmen Not und Vereinsamung Selbstmord beging, kommentierte Binswanger dieses Ende mit den fast zynischen Worten: „Sie sah aus, wie nie im Leben – ruhig und glücklich und friedlich."

Da Ellen West einigen Super-Psychiatern vorgestellt worden war, ist dies für Laing nicht einfach ein Versagen von Binswanger, sondern der ganzen offiziellen Psychiatrie. Diese ist groß im Etikettieren der Kranken – von Therapie weiß sie wenig. Daher bricht unser Autor nach dem Zitieren einiger aufrüttelnder Dokumente der Patientin in die Worte aus (1982; dt. 1983, S. 92):

Wie unheimlich und finster! Wie unbegreiflich, daß Binswanger und die anderen Experten für unbegreifliche Menschen weiterhin die Macht haben, sie lebendig und schreiend in ihren Gruften aus Worten zu begraben. Schreie sind nur Symptome der Hysterie. Angst ist ein Zeichen für Paranoia. Ihre Niederlage enthüllt ihren genetischen Mangel an moralischem Rückgrat. Ihre Schwachheit ist Psychasthenie. Ellen Wests Daseinsgestalt zeigt wie ein nach rückwärts gerichtetes Horoskop die Entwicklung einer schizophrenen Krankheit, die dazu bestimmt war, tödlich zu verlaufen. Armes reiches Mädchen.

Nachdem er den Leser mit Recht auf Kritik eingestimmt hat, geht nun Laing daran, seinen „umfassenden Erfahrungsbegriff" zu erläutern. Wir sollen offenbar lernen, offen zu werden für alle Aspekte der Wirklichkeit, die von der Wissenschaft verkannt oder verleugnet werden. Aber da schießt nun unser Wissenschaftskritiker weit über das sinnvolle Ziel hinaus. Er vertritt den Standpunkt, man müsse sich auch der abseitigsten Themen annehmen, als da sind: außersinnliche Erfahrung, Erfahrung beim Tod, bei der Geburt, vor der Geburt, „während und zwischen früheren Inkarnationen" usw. (S. 102)

Laing verachtet manche Exzesse der exakten Wissenschaft, aber es ist kein gutes Heilmittel dagegen, wenn er sich dem Mystizismus übergibt. In *Die Stimme der Erfahrung* überbietet er die einfallsreichsten und sonderlingshaftesten Psychoanalytiker, indem er selbst zur „Analyse vorgeburtlicher Erfahrungen" schreitet.

Schon Freud und Otto Rank hatten Träume so gedeutet, daß in ihnen dem Geburtserlebnis eine wichtige Rolle zukam. Andere Psychoanalytiker deuteten zumindest an, daß man sich im Traum auch in vorgeburtliche Zustände zurückversetzen könne. Laing ist von solchen kühnen Konjekturen beeindruckt und entwickelt regelrecht eine Uterussymbolik, die seiner Ansicht nach in vielen Träumen durchdringt, aber von Therapeuten zu wenig beachtet wird. Die Themen „Placenta", „Ei und Nidation", „Leben im Uterus" sollen bei psychologischen Behandlungen in Zukunft mehr beachtet werden.

Belege und Beispiele können Psychologen bekanntlich immer bringen. Es kommt nur darauf an, ob man den „Symbolkatalog" so formulieren will, daß man allfällige Träume ins vorgefaßte Konzept einreihen kann. Träumt ein Träumer von einem Wasserloch, von Schlamm, Schnee oder Unterholz, so ist dies nach Laing das Endometrium des

Uterus; träumt er von Bogengang, Brücke oder Peitsche, so bedeutet dies die Nabelschnur usw. Goethe hat solche Willkürdeutungen ahnend vorweggenommen:

„Im Auslegen seid frisch und munter; legt Ihr's nicht aus, so legt es unter!"

Gerade in diesem Text erkennen wir den etwas phantastisch gesinnten Laing, der mit dem Okkultismus liebäugelt und die „Grenzen des Wissens" aufsprengen will. Th. W. Adorno sagte bei Gelegenheit, das Okkulte sei Inhalt einer „kleinen Schizophrenie"; es sei doch merkwürdig, daß gerade Menschen im seelischen Ungleichgewicht eine besondere Vorliebe für das Außer- und Übersinnliche hätten. Auch bei Laing drängt sich diese Vermutung auf. Nicht umsonst hatte er ein spezifisches Flair für „das Schizophrene", und vielleicht hat er in seinen Patienten immer auch sich selbst mitbehandelt.

Gerade seine Falldarstellungen in diesem Buch, das so mächtig gegen die Psychiater zu Felde zieht, lassen sehr viel zu wünschen übrig. Sie begnügen sich mit „impressionistischen Andeutungen", aus denen sehr weitreichende Schlüsse gezogen werden. Laing als Reformer und Rebell erliegt einer Versuchung, die man bei manchen „Revoluzzern" entdeckt; sie sind stark im Verneinen, aber der positive Teil ihrer Bestrebungen wird nicht mit ausreichender Sorgfalt angegangen. Daher ist „Die Stimme der Erfahrung" ein recht unbefriedigender Text.

Psychoanalyse eines Psychotherapeuten: Die Autobiographie

Unter dem Titel *Weisheit, Wahnsinn und Torheit* hat Laing 1985 seine Autobiographie publiziert; sie umfaßt die ersten dreißig Jahre seines Lebens und will „The Making of a Psychiatrist" darstellen. Es soll daraus hervorgehen, wie Laing „wurde, der er ist"; und tatsächlich hat er interessante Ereignisse zu erzählen, die begreiflich machen, woher seine Vorzüge und auch seine Mängel stammen.

Laing war Einzelkind und wurde sowohl verwöhnt als auch ziemlich streng erzogen. Der Vater war Elektroingenieur, die Mutter Hausfrau: beide waren offenbar zwanghafte Persönlichkeiten. Daher wurde weidlich geprügelt, wenn der kleine Ronald nicht vollkommen brav war. Die Mutter hatte einen Ernährungsfimmel und verbot dem Knaben, Süßigkeiten zu essen. Wenn er es doch tat und es herauskam, erhielt er Schläge. Kein Wunder, daß der Knabe alsbald mit einem Ekzem reagierte.

Beide Eltern legten viel Wert auf eine religiöse Erziehung. Bis zum siebzehnten Lebensjahr betete Laing vor dem Einschlafen fromm und gläubig sein Nachtgebet. Später kamen ihm Zweifel, aber der religiöse Drill seiner Jugend wurde nie ganz überwunden.

Da die Eltern viel von Musik hielten, wurde auch Laing musikalisch unterwiesen. Er brachte es im Klavierspiel so weit, daß er beinahe ein Musikstudium gewählt hätte, als er die Schule hinter sich ließ.

Aber er wählte doch die Medizin, da er grundlegendes Wissen über den Menschen suchte. Fasziniert war er als Student von der Hypnose; es schien ihm rätselhaft, daß ein Mensch im hypnotischen Zustand falsche Wahrnehmungen hat und seinen Willen einem anderen (dem Hypnotiseur) unterwirft. Laing selbst war ein „Medium" bei solchen „Experimenten", und versuchte sich selbst in hypnotischen Künsten.

Auch der Okkultismus zog ihn in seinen Bann. Er war bei spiritistischen Veranstaltungen und berichtet leichtgläubig, daß die Person in Trance ihm allerlei „Wahrhaftiges" über sein Leben offenbarte. Folgerichtig war er auch tief ergriffen, als er den banalen amerikanischen Massenprediger Billy Graham in seinen „Erweckungsreden" anhörte; selbst bei diesen geschmacklosen Werbefeldzügen für das Christentum bekam Laing als Zuhörer Herzklopfen, Halsschmerzen und Schweißausbrüche. Lakonisch stellt er fest, daß Billy Graham Erfolge wie ein „erstklassiger Hypnotiseur" hatte.

Als hochgradig sensibler Mensch litt Laing zunächst sehr unter den Härten des medizinischen Berufes. Es tat ihm weh, wenn er sah, wie die Patienten durch grobe Behandlungen gequält wurden. Merkwürdig erschien ihm, daß ein Großteil seiner Studentenkollegen derlei als „gegeben" hinnahm.

Die erste Station seiner Karriere nach Studienabschluß war die Neurochirurgie. Auf einer solchen Abteilung lernte er Joe Schorstein kennen, einen Neurochirurgen, der als österreichischer Emigrant nach Schottland gekommen war. Schorstein war philosophisch hoch gebildet und nahm seinen jüngeren Kollegen unter seine Fittiche; die beiden Ärzte diskutierten die gesamte Philosophie, und erst durch Schorstein wurde Laing mit wichtigen Problemen der Gegenwartsphilosophie vertraut gemacht.

Der junge Laing wurde Militärpsychiater, aber eben ein „philosophisch interessierter Psychiater". Er schreibt (1985; dt. 1987, S. 142):

Als ich zum Militär kam, gärte es heftig in mir: Da waren historischer Materialismus, Nihilismus, Theologie, Philosophie, Psychologie, Neurologie; die Entdeckung der Phänomenologie; Heidegger, Sartre, Merleau-Ponty, Husserl; die Entdeckung der Unterschiede zwischen dem Verstehen und dem Erklären; die Übersetzung der Hermeneutik eines Textes auf die Hermeneutik zwischenmenschlicher Beziehungen; die – für mich jedenfalls – Zwillingsgestalten Kierkegaard und Nietzsche, Christ und Antichrist, der Ritter des Glaubens, das Schicksal des Nihilismus; Nietzsches Kritik an „Überzeugungen" und seine Absage an das Ich, den freien Willen und die Probleme der Psychiatrie und Psychopathologie; Heidegger und die Frage des Seins: Was heißt es, zu sein? Wittgenstein: die Zertrümmerung dieser Frage. Nietzsche und Wittgenstein: Geschichte. Die sozio-ökonomische materielle Wirklichkeit der Gesellschaft. Das britische Militär. Der Koreakrieg. Die Bombe.

Dieser Philosoph im Ärztekittel weigerte sich, die üblichen Behandlungstechniken der Psychiater als Nonplusultra anzuerkennen. Insulinkuren, Elektroschocks und Lobotomien stießen ihn ab. Auch befremdete es ihn, daß so gar keine echte Kommunikation zwischen Ärzten, Pflegern und Patienten bestand. Vor allem die letzteren lebten in den Kliniken wie in einem „existentiellen Vakuum". Wie sollten sie da gesunden?

Aus spontaner Identifikation mit den gestörten Menschen solidarisierte sich Laing mit ihnen, nahm Beziehung mit ihnen auf und sprach mit ihnen. Es kam infolge dieser „harmlosen Interventionen" zu entscheidenden Besserungen bei angeblich „aussichtslosen Fällen". Laing sah, was echte Kontaktnahme bei Psychosen zustandebringen kann.

Offenbar las er viel in jener Zeit. Sartre und die Existenzphilosophie überhaupt scheinen im Mittelpunkt seines Interesses gestanden zu haben. Laing wurde ja später selbst ein existentialistischer Psychiater. Die Bezeichnung „Antipsychiatrie", die andere auf ihn angewendet haben, lehnt er ab, weil er das Band zur „alten Psychiatrie" nicht einfach zerreißen will.

Durch zahlreiche bewegende Falldarstellungen schildert Laing seine frühen Eindrücke in der psychiatrischen Welt. Er war zu intelligent und zu einfühlsam, um sich dem psychiatrischen Systemzwang zu unterwerfen. Für ihn waren die Patienten in erster Linie Mitmenschen. So kam es, daß dieser junge Psychiater ein Nonkonformist wurde. Ein bißchen halfen ihm dabei auch seine Kollegen. Bei denen war es durchaus üblich, im Gespräch blasiert zu konstatieren: „Eigentlich war doch dieser Hamlet nichts anderes als eine schlecht programmierte Ratte!" Und: „Wenn man dem alten Lear (König Lear) ein paar gute Elektroschocks verabreicht hätte, wäre sein Problem gelöst gewesen!"

Wir haben noch nachzutragen, daß Laing vom Knaben- bis zum Mannesalter unter schwerem Asthma litt. Nimmt man die übrige Vorgeschichte hinzu, dann läßt sich erschließen, daß der spätere Psychotherapeut und Psychiatriekritiker aus seiner eigenen Vorgeschichte viel über emotionale Bedrängnis und seelisches Ausgeliefertsein wissen konnte. Schopenhauer sagt: „Man lacht über andere, und man weint über sich selbst!" Wenn das richtig ist, dann war Laings Mitleid mit den schweren Fällen in der Psychiatrie auch ein wenig Selbstmitleid. Vielleicht konnte er sich wie der berühmte orthodoxe Psychiater Eugen Bleuler sagen: „Als ich jung war, wußte ich, daß ich in die psychiatrische Klinik mußte; es fragte sich nur, auf welcher Seite der Barriere." Sowohl Bleuler als auch Laing hatten Glück; sie kamen auf die „Ärzteseite", aber der letztere bezog aus dem eigenen Gefährdetsein den Impuls, sich mit den Patienten ganz zu solidarisieren.

Nach allem, was wir von Laing wissen, können wir nicht umhin, ihn zu bewundern und seine Leistung als hochrangig einzustufen. Er ist tatsächlich, wie der Verlag im Klappentext der Autobiographie proponiert, „einer der streitbarsten Denker innerhalb der modernen Psychiatrie". Er hat viele Psychiater und Laien durch seine Schriften aufgerüttelt und zum Nachdenken gebracht. Durch ihn ist ein Selbstprüfungsprozeß im medizinischen und psychotherapeutischen Denken der Gegenwart in Gang gekommen.

Liest man aber genauer in dieser „Selberlebensbeschreibung" (Jean Paul), dann spürt man auch Bruchlinien in Laings Charakter und in seiner Weltanschauung. Gerade diese Biographie ist sehr „ichzentriert"; man meint die Stimme eines „Narziß" zu hören. Von den großen Begebenheiten in Welt, Wissenschaft und Kultur im beschriebenen Zeitraum erfahren wir bei Laing wenig; seine eigene Person und ihre engste Umgebung ist das „universelle Thema". Auch hören wir kaum von weitreichenden Bildungseinflüssen; es waren doch recht schmale Ausgangspositionen, von denen Laing zu seinen hochgespannten Ambitionen vorstieß.

Er kam zur rechten Zeit, und das macht eventuell eine der Grundlagen seines Ruhmes aus. Überall sind Anti-Bewegungen im Gange; man spricht von Anti-Pädagogik, Anti-Psychiatrie, Anti-Memoiren usw. Auch Laing wurde mit dieser Bewegung groß, die als Parallelerscheinungen etwa die Abschaffung der psychiatrischen Kliniken in Italien durch Franco Basaglia aufzuweisen hat.

Aber viele dieser Rebellen tragen tief im Innern eigene Unadäquatheiten, Labilitäten und sogar Skurrilitäten in sich; die inneren Wunden ihres problematischen Werdeganges sind schlecht verheilt, und wenn sie sich ins Getümmel der Reformen einlassen, bricht so manche alte Wunde auf.

Kritische Bewertung

Man kann die offizielle Psychiatrie in ihrem Verhalten zu den gemütsgestörten Menschen als streng paternalistisch und autoritär bezeichnen; die Anti-Psychiatrie bevorzugt die antiautoritäre und maternalistische Linie, und das ist gewiß eine Art Vorzug. Aber auch diese „weiche Haltung" hat in der Seelenheilkunde ihre Tücken und Gefahren. Sie neigt dazu, die Kranken lediglich als „Opfer der Verhältnisse" zu sehen, Familie und Umwelt anzuklagen, und die Patienten selbst zu exkulpieren. Gelegentlich sogar unternehmen es die Anti-Psychiater, die Wahnkranken zu idealisieren und zu glorifizieren; nach den Thesen von Laing und David Cooper sind die Schizophrenen die wahrhaft authentischen Menschen, indes die Normalen und Angepaßten ihre Authentizität für immer verloren haben.

Das sind Übertreibungen nach dem Gegensatzprinzip; was die Psychiatrie bisher gesündigt hat, soll durch die „Anti-Psychiatrie" wieder gutgemacht werden. Man erkennt das unter anderem auch aus den Behandlungsberichten der Anti-Psychiater, zum Beispiel dargestellt im „Philadelphia Association Report 1965–69". Darin wird von den Erfahrungen in „Kingsley Hall" erzählt, der Heilanstalt, die Laing und seine Gefährten gegründet haben. Es handelt sich mehr um eine Wohngemeinschaft als eine Klinik; die Ärzte leben mit den Patienten zusammen, und es gibt keine Vorschriften und Anweisungen. Die Patienten dürfen im Bett bleiben, solange sie wollen; sie können sich den Tag einteilen je nach Laune. Sie werden nicht als krank tituliert, sondern ihre Gemütsverfassung ist eine „Reise durch den Wahnsinn" – die Ärzte verstehen sich als „Reisebegleiter", die ihre Weggenossen zur Authentizität ermutigen sollen. Angeblich hat „Kingsley Hall" gute Erfolge erzielt.

Der berühmteste Fall der Laing-Gruppe ist Mary Barnes, die ihre Krankengeschichte zusammen mit ihrem Arzt unter dem Titel „Meine Reise durch den Wahnsinn" veröffentlicht hat. Wie Szasz in seinem Buch „Schizophrenie – das heilige Symbol der Psychiatrie" maliziös erwähnt, ist Mary Barnes für die Anti-Psychiatrie dasselbe wie der „Wolfsmann" für die Freudsche Psychoanalyse: nämlich ein Paradefall,

der belegen soll, wie wunderbar die neue Form der seelischen Krankenbehandlung ist. Als Frau Barnes in „Kingsley Hall" eintrat, war sie eine
einfache Krankenschwester. Man flößte ihr ein neues Selbstbewußtsein
ein, indem man sie zum Behandlungsmuster erhob und ihre harmlosen
„Fingermalereien" zu Kunstwerken hochstilisierte. Eine solche Fülle
von maternalistischer Zuwendung half natürlich in eindrücklicher
Weise. Aber wir schließen uns Szasz in seinem kritischen Kommentar
an, wenn er meint, daß die Anti-Psychiater „moralische Aufrichtung"
mit Heilung verwechseln.

Szasz wehrt sich vor allem dagegen, daß in den Gemütskranken ein
„auserwähltes Volk" gesehen wird, durch die wir zu einem wahren
Lebensverständnis hingeführt werden können. Die sogenannten Schizophrenen sind keine „Reisenden"; sie sind oft kindisch, ziellos, widerspenstig, egozentrisch und haben gewöhnlich keinen sinnvollen Lebensplan. Man soll ihr Versagen im Leben nicht vertuschen, was aber auch
heißt, daß wir sie weder anklagen noch diskriminieren. Aber die Anti-
Psychiatrie verschleiert die Tatsache, daß das Leben eine Aufgabe ist,
die bewältigt werden muß. Wie will man denn das „wahre Selbst"
aktualisieren, wenn man den Menschen nicht im Maße seiner Kräfte und
Einsichten vor soziale Aufgaben stellt, die er lösen muß? Laing tendiert
gewissermaßen zur Anomie, d. h. zur Nivellierung von Wertproblemen
und Wertmaßstäben. Das ist oft die Konsequenz eines übersteigerten
Maternalismus, der die Fehler der fordernden Vaterwelt durch „absolute Güte und Milde" ausgleichen will.

Ausgewählte Literatur

Barnes, M. & Barke, J. (1973), Meine Reise durch den Wahnsinn, München:
Kindler.
Basaglia, F. (Hrsg.) (1973). Die negierte Institution oder: Die Gemeinschaft der
Ausgeschlossenen. Frankfurt: Suhrkamp.
Bateson, G., Jackson, D., Laing, R. D. & Lidz, Th. (1969). Schizophrenie und
Familie. Frankfurt: Suhrkamp.
Binswanger, L. (1956). Drei Formen mißglückten Daseins. Tübingen: Niemeyer.
– (1957). Schizophrenie. Pfullingen: Neske.
Bleuler, E. (1911). Dementia praecox oder die Gruppe der Schizophrenien.
Reprint München: K. Saur 1978.
Buber, M. (1960). Urdistanz und Beziehung. Hamburg: Schneider, 4. Aufl. 1978.
– (1965). Das dialogische Prinzip. Hamburg: Schneider.
Cooper, D. (1971). Psychiatrie und Anti-Psychiatrie. Frankfurt: Suhrkamp.
– (1969). Die Dialektik der Befreiung. Reinbek: Rowohlt.

Esterson, A. (1975). Die Blätter des Frühlings. Eine Studie zur Dialektik des Wahnsinns. Gießen: Focus-Verlag.

Glatzel, J. (1975). Antipsychiatrie. Stuttgart: Fischer.

Laing, R. D. (1960). Das geteilte Selbst. Köln: Kiepenheuer & Witsch 1972.

– (1961). Das Selbst und die Anderen. Köln: Kiepenheuer & Witsch 1973.

– & Cooper (1964). Vernunft und Gewalt. Drei Kommentare zu Sartres Philosophie 1950–1960. Frankfurt: Suhrkamp 1973.

– & Esterson (1964). Wahnsinn und Familie. Köln: Kiepenheuer & Witsch 1975.

– (1965). Mystifizierung, Konfusion und Konflikt. In Schizophrenie und Familie. Frankfurt: Suhrkamp 1969, S. 274–304

– Philipson, H. & Lee, A. R. (1966). Interpersonelle Wahrnehmung. Frankfurt: Suhrkamp 1971.

– (1967). Phänomenologie der Erfahrung. Frankfurt: Suhrkamp 1969.

– (1967). Undurchschaubarkeit und Evidenz in modernen Sozialsystemen. In D. Cooper (1969). Die Dialektik der Befreiung. Reinbek: Rowohlt, S. 12–26.

– (1969). Die Politik der Familie. Köln: Kiepenheuer & Witsch 1974.

– (1970). Knoten. Reinbek: Rowohlt 1972.

– (1974). Unsere zeitgenössische mittelalterliche Psychiatrie. Psychologie heute, November 1974, S. 69–74.

– (1976). Die Tatsachen des Lebens. Köln: Kiepenheuer & Witsch.

– (1976). Liebst du mich? Köln: Kiepenheuer & Witsch.

– (1978). Gespräche mit meinen Kindern. Köln: Kiepenheuer & Witsch.

– (1982). Die Stimme der Erfahrung. Köln: Kiepenheuer & Witsch 1983; München: dtv 1989.

– (1985). Weisheit, Wahnsinn, Torheit. Werdegang eines Psychiaters. Köln: Kiepenheuer & Witsch 1987.

Macnab, F. A. (1975). Entfremdung und Interaktion. Erfahrungen mit Schizophrenen. Mit einem Vorwort von R. D. Laing. Gießen: Focus-Verlag.

Sartre, J. P. (1952). Das Sein und das Nichts. Reinbek: Rowohlt 1962.

Szasz, T. (1972). Geisteskrankheit, Ein moderner Mythos. Olten: Walter.

– (1976). Schizophrenie – das heilige Symbol der Psychiatrie. Wien: Europaverlag 1979.

Thomas Szasz

Einleitung

Thomas Stephen Szasz ist ein Ungar-Amerikaner (geb. 15. April 1920), der 1941 seine Heimat verließ, um nach den USA auszuwandern. Der Faschismus hatte damals fast ganz Europa unter seine Botmäßigkeit gebracht, und auch Ungarn unter der Herrschaft des Admirals von Horthy verschärfte seine antisemitischen Maßnahmen: daher war es für Szasz lebensrettend, in Nordamerika ein Exil zu finden.

Er studierte Medizin in Cincinnati und nach Abschluß seiner Studien erhielt er eine internistische und psychiatrische Spezialausbildung in Boston und Chicago; in der letztgenannten Stadt gehörte er dem Psychoanalytischen Institut an, an welchem prominente Psychoanalytiker wie Franz Alexander und Helene Deutsch lehrten. Von 1951 bis 1956 war Szasz bereits Lehranalytiker am Chicago-Institut.

Psychoanalyse und Psychiatrie wurden sein Hauptbeschäftigungsgebiet, als er nacheinander in Bethesda (Maryland) und Syracuse (New York) praktizierte. Ab 1956 wurde er Professor für Psychiatrie an der State University of New York.

Szasz war nicht der Mann, der sich – um lukrativer Entwicklungsmöglichkeiten willen – ins psychoanalytische und psychiatrische Establishment einordnete. Er begann früh mit kritischen Erwägungen über Theorie und Praxis beider Wissenschaftsdisziplinen. Zuerst begnügte er sich mit kleineren Publikationen in Fachorganen. Aber schon 1961 wandte er sich mit *Geisteskrankheit – ein moderner Mythos* (deutsch 1972) an die Öffentlichkeit: Mit diesem Buch wurde er zu einem der prominentesten Kritiker der offiziellen Psychoanalyse und Psychiatrie.

Seit diesem Zeitpunkt hat Szasz nicht aufgehört, seine Kollegen von der Seelenheilkunde und die Behandlungs- und Anstaltspraxis der Psychiater mit heftigen Worten zu attackieren. Aus der Fülle seiner Publikationen erwähnen wir nur die wichtigsten, die in deutscher Übersetzung erschienen sind. Es sind dies: *Die Fabrikation des Wahnsinns* (1974); *Recht, Freiheit und Psychiatrie* (1963); *Das Ritual der Drogen* (1978); *Der Mythos der Psychotherapie* (1982); *Schizophrenie – das heilige Symbol der Psychiatrie* (1979); *Theologie der Medizin* (1980). Das sind beileibe nicht alle Bücher unseres überaus publikationsfreudigen

Autors, der gegen zwanzig Bücher und mehr als 300 Zeitschriftenartikel verfaßt hat.

In allen diesen Texten findet ein leidenschaftlicher Kampf statt. Szasz wirft der Psychiatrie vor, daß ihr Selbstverständnis als Naturwissenschaft völlig falsch sei – im Grunde handle sie von „kommunikationsgestörten Menschen", die man demnach nicht mit Elektroschocks, mit Insulinkuren, mit Lobotomie und „chemischen Zwangsjacken" therapieren dürfe. Natürlich gibt es auch einen Zweig der psychiatrischen Heilkunde, wo somatische und kausale Methoden am Platze sind; aber die überwiegende Mehrheit der seelisch und geistig „gestörten" Menschen sind nicht krank wie etwa Diabetiker, Rheumatiker oder Paralytiker.

Auch die Psychoanalyse schlug nach Szasz einen irrigen Weg ein, als sie sich der üblichen Medizin und Psychiatrie angleichen wollte. Das führte zu Verwirrungen theoretischer und praktischer Art, die bis heute Denken und Tun der Psychoanalytiker behindern. Szasz ruft nach einer grundlegenden Reform der modernen Seelenkunde, die schon fast einer Revolution gleichkommt.

In der Folge sollen die Lehren dieses streitbaren Autors erläutert werden, der der Tiefenpsychologie manchen wichtigen Entwicklungsanstoß gegeben hat.

Geisteskrankheit – Ein moderner Mythos

Nietzsche sagt in einem bekannten Aphorismus, daß das Wichtigste in den Wissenschaften die „Methoden" seien; sofern diese zuverlässig ausgearbeitet sind, kann die Forschung zielstrebig vorangehen. Man könnte diese These ergänzen durch den Hinweis, jede Wissenschaft müsse sich klar werden über den „Seinscharakter" ihres Gegenstandes. Vermag sie diesen präzis und deutlich zu bestimmen, dann folgen aus der Seinsweise des Themenbereichs immer auch die sachgemäßen Methoden. Szasz wirft der Psychoanalyse und der Psychiatrie vor, daß sie sich sowohl ontologisch als auch methodologisch auf dem Holzweg befinden.

Psychiater und Psychoanalytiker befassen sich mit „Seelen- und Geisteskrankheiten", aber Szasz bezweifelt, ob es derlei überhaupt gibt. Der Begriff „Krankheit" stammt aus der Körpermedizin. Dort hat er einen fest umschriebenen Sinn: Wir haben Normvorstellungen von der körperlichen Gesundheit, und sofern massive Abweichungen davon diagnostiziert werden können, sprechen wir vom Kranksein des Menschen. So gibt es etwa den normalen Blutdruck, die normale Pulsfrequenz, die normale Körpertemperatur, das adäquate Funktionieren der Muskulatur, der Ausscheidungsorgane, der Sinnesorgane usw. Natürlich gibt es eine gewisse „Breite der Normalität", die man nicht übersehen darf; Lebendiges ist nicht exakt festgelegt, sondern hat Funktionsspielräume, über die der Fachmann Bescheid weiß.

Aber wie steht es mit den seelisch-geistigen Normen und ihren Varianten? Nach Szasz stehen wir hier auf fragwürdigeren Fundamenten. Psychiatrie und Psychoanalyse beschäftigen sich mit Menschen, die oft sonderbare Formen des Verhaltens und Kommunizierens an den Tag legen, aber solche Verhaltens-„Anomalien" sind nicht eigentlich als „Krankheit" festzumachen. Krankheit hat in der Umgangs- und Wissenschaftssprache eine bereits fixierte Bedeutung: Sie ist kausal verursachte Organ- oder Funktionsstörung. Aber wenn die Menschen sich eigenwillig verhalten oder mit anderen in Beziehung setzen, ist das Kausalschema auf derartige „Deviationen" nicht recht anwendbar; jedermann verhält sich so, wie er es gelernt hat und wie es ihm in seiner jeweiligen Lage (bewußt und unbewußt) als „zweckmäßig" erscheint. Hierauf das Kausalitätsdenken anzuwenden, ist nach Szasz ein erkenntnistheoretischer Mißgriff. Man kann diese Angleichung finaler Auseinandersetzung einer Person mit dem Leben an den Physikalismus der Naturwissenschaften mit Karl Popper „Historizismus" nennen; aber menschliches Verhalten ist nicht „physikalisch" zu erklären, sondern durch „Verstehenskunst" zu deuten.

Definiert man Psychoanalyse und Psychiatrie als „das Studium des persönlichen Verhaltens" (S. 21), dann befassen sich diese Disziplinen mit den „Spielen, die die Menschen miteinander spielen", und das gehört eher dem Bereich der Sozialwissenschaften und der Ethik als der Naturwissenschaft an. Davon ist aber in der Psychopathologie lange Zeit gar keine Rede gewesen. Die Mediziner bemächtigten sich der psychopathologischen Fragestellungen, und da sie mit dem Naturwissenschaftskonzept in ihren Bereichen glänzende Erfolge errangen, sahen sie es als selbstverständlich an, daß auch die sogenannten „Krankheiten des Gemüts" auf biologisch-materieller Basis begreiflich seien. Aber das war ein säkulares Vorurteil, welches leider von der Psychoanalyse übernommen wurde. Daran krankt nach Szasz heute noch die moderne Seelenheilkunde.

Szasz wählt als Belegmaterial für seine Behauptung das Musterbeispiel der Hysterie. Sie bildet ja den Ausgangspunkt der psychoanalytischen Forschungen, indem Freud und Breuer 1895 ihre *Studien über Hysterie* veröffentlicht haben. An der Geschichte dieser „Krankheit" und der sich auf sie beziehenden Therapiebemühungen kann die historische Fehlorientierung der Psychopathologie erläutert werden.

Nach Szasz ist Hysterie keine Krankheit, wohl aber eine „nichtverbale Kommunikationsweise" (S. 23), ein „Regelbefolgungsverhalten", in welchem Hilflosigkeit dramatisch eingesetzt wird, um andere Menschen zu Hilfeleistungen zu veranlassen. Das ist ein „Krankheitsspiel", das in die Nähe von Simulation, Täuschung und Lüge gerückt werden muß. Gleichwohl darf man solche „Patienten" nicht einfach verurteilen: sie haben meistens nur dieses „Spiel" gelernt, und da sie mit ihrer sozialen Existenz große Schwierigkeiten haben, schlagen sie sich eben mit solchen „Manövern" durch.

Hysterie ist eine wortlose Verhaltenssprache, die unter Umständen sehr wirksam sein kann. Wenn nun jemand – sagt Szasz – Englisch, Französisch oder Deutsch spricht, dann fragt doch niemand, aus welchen kausalen Gründen heraus er so spricht; jedermann weiß, daß Engländer, Franzosen und Deutsche von Geburt an „nichts anderes gelernt haben". Ähnlich sollten wir bei Hysterikern und anderen „Seelenkranken" argumentieren; aber dann bleibt für die „Krankheitstheorie" keine Rechtfertigung mehr.

Freud war anfänglich auf der Spur dieser Einsicht, aber da er im Geiste der Naturwissenschaften herangebildet worden war, setzte er alles daran, selbst ein „Naturforscher" zu sein und zu bleiben. Daher unternahm er gewaltige Anstrengungen, die Psychoanalyse in eine biologistisch-kausalistische Weltanschauung einzufügen. Wohl hatte er ein wunderbares Gespür für die „Symptomsprache" seiner Patienten und für die von ihm erst entdeckte „Sprache des Traumes". Aber bei der theoretischen Verarbeitung seiner Funde griff er auf physikalische Modellvorstellungen zurück, sprach von einer quantitativ vorhandenen „psychischen Energie" (Libido) und deren Transformationen und „Schicksalen", als ob der Mensch ein „Naturkörper" wäre.

Menschliches Sein ist aber kein An-sich-sein, sondern wesensmäßig „Kommunikation". Der personale Wesenskern des Menschen ist „Mitteilungsbedürftigkeit". Nur wird hierzu nicht immer verbale Sprache angewendet. Wie die Semantik lehrt, gibt es „Unter- und Übersprachen", das heißt, Sprachen, die nicht die Stufe der Verbalisierung erreichen, und Sprachen, deren Gegenstand die Sprache selbst ist. Letztere nennt man „Metasprachen"; erstere jedoch, die in der Psychopathologie zum Beispiel eine hervorragende Rolle spielen, sind „Protosprachen".

Die Protosprache benützt etwa Körpersignale, um irgendetwas mitzuteilen. So kann man „körperliches Kränkeln" als Signal einsetzen, um die Mitmenschen zur Hilfeleistung zu zwingen. Nach Szasz ist der Hysteriker ein Mensch, der echte oder falsche Krankheitssymptome als „Wortschatz" in Bewegung setzt, weil er mit dieser Sprache besonders vertraut ist und sie für seine Zwecke nutzbringend findet. Denn jede Hilfsbedürftigkeit provoziert beim Kulturmenschen fast einen Zwang zum Beistehen: Das weiß der Hysteriker aus seiner gesamten Lebenserfahrung, besonders aber aus seinen Kindheitserlebnissen heraus. Er spielt das „Krankheitsspiel", und andere Leute spielen das „Helferspiel", aber es soll niemand meinen, daß das stets sozial und ethisch hochwertige Spiele sind.

Das Unheil der modernen Psychopathologie nahm seinen Anfang bei Jean-Martin Charcot, dem Lehrer von Sigmund Freud in seinen Pariser Studienjahren. Charcot war Neurologe und auf diesem Gebiet ein international anerkannter Forscher. In seinen späten Jahren begann er sich mit der Hysterie zu befassen. Diese galt damals als Simulantentum, und niemand interessierte sich ernstlich für hysterische Patienten. Charcot mit seinem Prestige änderte schlagartig diese Situation. Er machte aus den Hysterikern „echte Patienten": fortan galt die Hysterie als „Krankheit". Freud trat in die Fußstapfen seines Meisters und wurde als „Hysterikertherapeut" zunächst berühmt und berüchtigt. Aber wo waren die körperlichen Ursachen dieser Krankheit? Im Zentralnervensystem konnte man sie nicht finden. Freud verlegte sie nun in das Triebleben, in die triebhafte Vorgeschichte des Patienten. So hatte man immerhin ein angebliches somatisches Fundament dieser merkwürdigen Leiden, für die eine neue Therapie geschaffen wurde: die Psychoanalyse. Aber da der Psychoanalytiker „nur mit Worten" zu heilen versuchte, war und blieb er doch ein seltsamer „Arzt".

Wenn Freud nicht ein Opfer des „ärztlichen Vorurteils" geworden wäre, hätte er wohl sehen können, daß seine hysterischen Patienten ein „Verhaltensspiel" trieben, mittels dessen sie vor Lebensaufgaben ausweichen und sich eine Zuflucht im Krankenstatus schaffen konnten. Die hysterische Symptomatik ist nicht mit echten Körpersymptomen vergleichbar; sie ist eine verschlüsselte Botschaft, in der die Problematik des Patienten dargestellt wird. In den „Studien über Hysterie" erkannte Freud die „Flucht in die Krankheit" recht deutlich; er „übersetzte" freihändig und zutreffend Gehschmerzen und Stehunfähigkeit einer Patientin (Elisabeth v. R.) als Mitteilung, es *gehe* ihr nicht gut" und „es *stehe* schlecht um sie". Neuralgische Gesichtsschmerzen einer anderen Patientin „besagten" nach Freud, eine bestimmte Situation im Leben dieser Frau „habe *wie eine Ohrfeige* auf sie gewirkt". Freud faßte sozusagen den Sprachschatz der Hysteriker sehr klar ins Auge, aber er wollte kein Sprachforscher, sondern ein „Mediziner" sein.

Nach Szasz sind aber die Hysterie und die anderen Neurosen (Angstneurose, Zwangsneurose, Depression, Phobien usw.) Probleme, die den Sprachwissenschaftler, den Verhaltensforscher, den Soziologen, den Ethiker und den Religionsforscher angehen. Was ergibt sich daraus, wenn man die Hysterie als eine relativ unvollkommene Sprache (Protosprache) beschreibt? Die Konsequenzen aus einem derartigen Vorgehen sind weitreichend.

Wir haben bereits angedeutet, daß es eine Hierarchie von Sprachen gibt: das muß näher ausgeführt werden. Szasz greift auf die Sprachtheorie und Sprachphilosophie zurück, um seine Neurosenlehre zu untermauern.

Die Semantik beruht auch auf einem Zeichen-Theorem; demnach gibt es verschiedene Arten von Zeichen, die man sprachlich verwenden kann. Eine Gruppe von Zeichen ist „indexartig": hier besteht eine Kausalverbindung zwischen Objekt und Zeichen. So etwa zeigt der Rauch das Feuer an; er ist der „Index" für Feuer. Andere Zeichen wiederum bilden das Objekt ab: man nennt sie „ikonische Zeichen". Eine Photographie ist ikonisch bezüglich der abgebildeten Person. Wörter oder mathematische Symbole jedoch sind „konventionelle Zeichen oder Symbole"; sie bezeichnen zwar sehr genau ein Objekt (z. B. das Wort „Haus" für ein Haus), aber es gibt keine Ähnlichkeit zwischen dem Zeichen und dem Bezeichneten.

Wörter werden durch Sprachregeln koordiniert, wobei festgelegt ist, wie und in welchem Zusammenhang die Wörter einen faßbaren Sinn mitteilen. So kann mittels ihrer ein „Sprachspiel" absolviert werden, das eingebettet ist in viele unserer gesellschaftlichen Handlungsspiele.

Noch höhere Sprachsysteme („Metasprachen" wie etwa diejenigen der „Symbolischen Logik") verwenden ebenfalls willkürliche Zeichen, auf Grund derer der alltägliche Sprachgebrauch logisch und kritisch bearbeitet werden kann. An sich kann man zahlreiche Metasprachen konstruieren, von denen jeweils die nächste die vorangegangene semantisch überhöht.

Die Körpersprache der Hysteriker ist nach Szasz eine Protosprache, also eine ikonische Abbildung von etwas, was dem Patienten vorschwebt. So teilt der Hysteriker mit eindrücklichen Körperzuständen mit, „daß er sich krank fühlt". Zu diesem Zweck „imitiert" er mehr oder minder unwillkürlich Krankheiten, die er gesehen oder selbst schon einmal erlitten hat. Oft erlernt man die Hysterie nach einer echten physischen Krankheit; kaum ist diese abgeheilt, verharrt man im Krankenstand, indem man die bereits „eingeübten" Krankheitssymptome weiterführt.

Übersetzt man die ikonische Symptomsprache in die Alltagssprache („Objektsprache", wie die Semantiker sagen), dann kann das den Eindruck erwecken, als ob man Unbewußtes ins Bewußtsein höbe. Aber im Grunde hat man nur aus einer schwach diskursiven Mitteilung eine verständliche Kommunikation abgeleitet: was dem „Kranken" allerdings nützlich sein kann. Er wird aus seiner sprachlichen Einsamkeit in die „Kommunikationsgemeinschaft" aufgenommen, und das ist jedenfalls für ihn heilsam. Man sagt dem Patienten, „was er eigentlich sagen will".

Aber es muß starke Motive im Neurotiker geben, die ihn veranlassen, sein „Anliegen" mit Protosprache via ikonischen Körperzeichen mitzuteilen. Ikone sind nach Szasz „prachtvoll undeutlich"; man kann sie so oder so auslegen. Das schafft für den Mitteilenden Hintertürchen, durch die er entwischen kann, wenn seine Absicht nicht durchdringt. Man denke etwa an die Karikatur, auf der ein junger Mann gezeigt wird, der der gegenübersitzenden Dame unter dem Tisch durch „Fußeln" einen Liebesantrag zu machen scheint. So weit, so gut; aber die resolute Dame zerstört die schwebende Situation, indem sie ihr Gegenüber anspricht: „Wenn Sie mich lieben, so *sagen* Sie es doch und treten Sie mir nicht dauernd auf den Fuß!"

Die Protosprache liegt irgendwo zwischen den Gesten und Gebärden und den Worten; sie ist halb Ausdrucksphänomen und halb Sprache. Als ein solches Zwischending ist sie nur schwach informativ, aber sie dient durchaus der „Objektsuche und Beziehungsaufnahme". Wenn wir kommunizieren, wollen wir nicht nur etwas mitteilen, sondern uns auch – manchmal nur vage – in Beziehung setzen. Das kann man auf ikonische Weise recht gut, ohne sich in die Unkosten der exakten sprachlichen Formulierung zu stürzen.

Sodann hat die Körper- und Symptomsprache einen hervorragend suggestiven Effekt. Sagt man „kühl bis ans Herz hinan", daß man sich krank fühlt, dann kann der Angeredete kalt und sachlich dazu Distanz beziehen. Beeindruckt man ihn aber mit einem hysterischen Anfall, mit einer Migräne, mit einem Angstzustand, mit Tränen, mit dem ganzen Symptomaufwand der Depression usw., dann erzielt man allenfalls einen „umwerfenden Effekt". Wir leben in einer mitleidigen Kultur, und wer die „Krankheitssprache" spricht, muß wohl oder übel gehört werden.

Hysteriker sind, wie man seit langem weiß, oft ausgezeichnete Schauspieler, wenngleich ihr Leiden nicht einfach „Simulation" ist. Aber sie und ihre übrigen neurotischen Leidensgefährten können mitunter ganz drastisch via Körperzustand Suggestionszwänge auf ihre menschliche Umgebung ausüben. Warum sollen sie dann zur verständlichen Alltagssprache greifen, die so nüchtern und allzu sehr differenziert ist! Die Hauptsache ist doch, daß man mit der Botschaft erreicht, was man vorhat: und in dieser Beziehung sehen viele Patienten der Psychotherapie gar keinen Anlaß, von ihrer Körper- und Symptomsprache abzugehen.

Die Alltags- und Objektsprache gehört zum Erwachsensein des Menschen, zu seiner Integration in die schaffende und strebende Kulturgemeinschaft. Ist jemand durch seine Sozialisation mit dem Erwachsenwerden nicht recht zurande gekommen, dann wird man bei ihm manches Manko in der Verständigungsbereitschaft und Verständigungsfähigkeit finden. Solche Menschen machen leicht einen kindlichen Eindruck – die Psychoanalyse spricht beim Neurotiker von „Regression" oder „Fixierung auf infantilen Entwicklungsstadien". Wo immer Proto- und Körpersprache mächtig hervortreten, dürfen wir vermuten, einen nicht ausgereiften Menschen vor uns zu haben. Aber solche regressive Charaktere oder Infantilpersönlichkeiten verstehen es ganz gut, andere zu manipulieren und zu manövrieren. Ein einfaches Beispiel hierfür ist die nüchtern-ärztliche Befragung einer Patientin, die das Gefühl bekommt, vom Arzt zu sachlich behandelt zu werden. Wenn sie *in Tränen ausbricht,* muß auch der hartgesottenste Diagnostiker einen freundlicheren Ton anschlagen und heikle Gesprächsthemen fallen lassen: die „Symptomsprache" hat damit ihr Ziel mustergültig erreicht!

Das ist der Sinn der „Nichtdiskursivität" der Körper- und Symptomsprache: durch das Andeuten, Anspielen, durch bildliche und ausweichende Redeweise, durch Insinuationen und Suggestionen kann sie mehr bewirken, als die alltagssprachliche Rede erzielt. Sprechen ist ja immer auch gefährlich; man kann gelegentlich verstanden werden! Wer aber in prekären sozialen Beziehungen lebt, will immer auch ausloten, wie weit er mit seinen Wünschen, Forderungen und Gedanken gehen darf. Dazu sind die schwach diskursiven Sprachmodalitäten bestens geeignet.

Das postulierte Freud schon in seiner *Traumdeutung,* als er die Traumbildung mit der schwierigen Lage eines politischen Schriftstellers verglich, der „den Machthabern unangenehme Wahrheiten zu sagen hat". Auch Neurose und Humor müssen Andeutungstechniken einsetzen, um in einer autoritären und gefühlskargen Welt ihr Anliegen anzumelden. So kann man etwa die Symptomatik einer Neurose als „verschlüsselte Mitteilung" einer Lebensgeschichte und Lebenssituation auffassen. Damit wird aber der Psychoanalytiker zum Kommunikationswissenschaftler, und sein Arbeitspensum enthält Aufklärung des Analysanden über richtige und falsche Kommunikationstechniken. Halbe Mitteilungen sollen dabei in ganze umgewandelt werden: derlei nennt man Verständigung. So ist z. B. jeder Traum ein Kommunikationswirrwarr, der durch eine geschickte Deutung in sinnvolle Kommunikation verwandelt wird. Oft ist es nicht gleichgültig, wem man einen Traum erzählt; man kann davon ausgehen, daß der Hörer des Traumes etwas erfahren soll, was man ihm offen nicht zu sagen wagt. Auch der Neurotiker sagt seiner Umgebung in verschleierter Weise vieles, was er selbst nicht so recht „auf den Begriff" bringen kann.

Das ganze Gebiet der „psychischen Erkrankungen" gehört nach Szasz zur Thematik der „indirekten Kommunikation": hier wird Verständigung zwischen Menschen angestrebt, aber nicht mit offenen, freimütigen Worten, sondern mit halben Aussagen, mit Symptomvokabular und suggestiven Anspielungen, die auf der Gegenseite Hilfsbereitschaft und Schonung auslösen.

Wer hilfsbedürftig ist oder zu sein scheint, erzwingt von seinem Milieu Hilfeleistungen. Das entspricht der Tatsache, daß menschliches Verhalten einem „Regelbefolgungsmodell" unterliegt. Was Menschen tun, wird nicht nur durch Motive als treibende Kraft bestimmt, sondern auch durch Spielregeln, die in der Gesellschaft anerkannt sind.

Freud wollte eine Motivationspsychologie bieten, und aus diesem Grunde sprach er hauptsächlich von Trieben, von der Libido und von kausal bestimmter Handlungsweise. Allerdings sah auch er, daß Menschen gewisse „Rollen" annehmen und sich dementsprechend verhalten. Aber im Konflikt zwischen Rollentheorie und Trieblehre inklinierte er immer zur letzteren; wo der Kausalismus zur Erklärung menschlichen Verhaltens nicht hinreichte, entrichtete er seinen Tribut dem Finalismus (der Zielstrebigkeit), indem er dem „Unbewußten" zielstrebige Wesenszüge verlieh.

Bei Szasz tritt dieser Gegensatz auf als Antagonismus zwischen kausalen und konventionellen Erklärungen im Handlungsbereich. Will man eine Neurose verstehen, so reicht es nicht aus, wenn man deren Verursachung aus Kindheitserlebnissen und „Triebschicksalen" ableitet. Eine Neurose ist die „Wahl" eines Verhaltens, das bestimmten Spielregeln folgt. Die gesellschaftliche Konvention ermöglicht die „Neurotikerrolle", weil sie hierfür gewisse Regeln und Konventionen formuliert hat.

Welche Regeln erleichtern nun den Einstieg in eine neurotische Lebensführung? Nach Szasz gibt es u. a. zwei wichtige Regelformen, die den Menschen „neurotisieren": 1. Das Familienmuster; 2. Die abendländische Religion und Ethik.

Da der Mensch länger als alle anderen Lebewesen eine elterliche Betreuung benötigt, erliegt er leicht dem Anreiz, über die Kindheit hinaus Kind bleiben zu wollen. Schon Freud hat darauf hingewiesen, daß die verlängerte Kindheit des Menschen mit seiner Disposition zur Neurose zusammenhängt. Tatsächlich kann verwöhnende Erziehung „infantilisieren"; die Opfer einer solchen Pädagogik scheuen vor dem Erwachsenwerden zurück. Sie müssen nur eine Reihe von kindlichen Eigen- und Unarten beibehalten und ausbauen – dann ist die Neurose perfekt. Die Psychoanalyse anerkennt dieses Faktum mit den Begriffen der Regression, der Fixierung und der prägenitalen „Triebverfassung" des Neurotikers.

Ebenfalls infantilisierend und damit auch neurotisierend sind die Spielregeln, die die christliche Religion und Ethik dem Menschen einschärft. Nach Szasz entmutigt das Christentum alle Regungen der Autonomie, des persönlichen Wachstums und der Entwicklung. Man lese diesbezüglich die Bibel nach, und man wird finden, daß sie eine erstaunliche Bevorzugung des schwachen, hilflosen, einfältigen und unbeholfenen Menschen an den Tag legt. Wir erinnern hier nur an die Aussprüche: „Selig sind, die da geistlich arm sind; denn ihrer ist das Himmelreich." „Selig sind die Sanftmütigen; denn sie werden das Erdreich besitzen." „Selig sind, die reinen Herzens sind, denn sie werden Gott schauen."

Das Christentum verspricht den „Letzten" nicht nur, daß sie schließlich die „Ersten" sein werden, sondern fordert auch von den Gesunden und Starken, daß sie den Kranken und Schwachen Beistand leisten sollen. Somit sind die Spielregeln gegeben: Wer das Krankheitsspiel spielt, darf damit rechnen, daß seine Mitmenschen das „Helferspiel" spielen werden. Die Neurotiker nützen diese Konstellation weidlich aus.

Was Szasz hier als Kritik an der jüdisch-christlichen Moral vorbringt, hat natürlich Nietzsche vor ihm weit umfassender und radikaler ausgesprochen. Nietzsche warf dem Christentum vor, daß es ein „Sklavenaufstand" gegen die Werte des Lebens sei. Da die frühen Christen fast ausschließlich den niederen Ständen der antiken Welt entstammten, konnten sie keine positiven Lebensziele ins Auge fassen. Sie hatten die Herrscher der damaligen Gesellschaft vor Augen (die Römer), die Macht, Reichtum, Lebenslust, Sinnlichkeit und Daseinsbejahung verkörperten. Im Sinne einer Ressentimentreaktion entwerteten die Armen und Unterdrückten alle echte Daseinsexpansion. Sie proklamierten die „Gegenwerte" der Armut, der Keuschheit, des Gehorsams, der Lebensabwendung, der Lebensverneinung: daraus wurden die christliche Ethik und Moral konstruiert.

Nach Nietzsches Meinung hat dieser säkulare Prozeß der Menschheit unsäglichen Schaden zugefügt. Die Menschen wurden allesamt infantilisiert, und bei der Unterdrückung ihrer natürlichen Triebe und Bedürfnisse erwarben sie Lebenshaß und kulturelle Unproduktivität. Der Philosoph visiert gewissermaßen eine „Menschheitsneurose" an, indes die Psychologen (wie Szasz) denselben Neurotisierungsvorgang eher im familiären Bereich studieren. Aber die Analogie der Betrachtungsweisen ist sehr eindrücklich.

Das Schlußkapitel von Szasz' Buch liefert ein „Spielmodell des menschlichen Verhaltens". Es stützt sich im wesentlichen auf ein Werk des amerikanischen Philosophen George Herbert Mead: *Geist, Identität und Gesellschaft aus der Sicht des Sozialbehaviorismus* (1934, deutsch 1968). Mead vertrat die Auffassung, daß Geist und Selbst des Menschen aus einem sozialen Prozeß erwachsen und daß die Sprache den entscheidenden Unterschied zwischen den Tieren und Menschen beinhaltet.

Die Meadsche Theorie sieht im Spiel das Lebenselement des Menschen. Menschen übernehmen verschiedene Rollen und engagieren sich in verschiedenartige Spiele; je besser sie die Spielregeln beherrschen und je konstruktiver ihre Spiele sind, umso erfolgreicher ist ihre Lebensbewältigung.

Körperliche Krankheiten sind Ereignisse, die uns zustoßen; aber seelische Erkrankungen sind „Spiele, die wir spielen". Neurosen ähneln eher Spielzügen oder Spieltaktiken als Vorfällen, an denen unser Wille unbeteiligt ist.

Nimmt man noch die Spieltheorie von Jean Piaget hinzu (z. B. *Nachahmung, Spiel und Traum. Die Entwicklung der Symbolfunktion beim Kinde*, 1946, deutsch 1969), dann kann man heteronome und autonome, egozentrische und soziale Spiele unterscheiden. Die neurotischen Spiele scheinen heteronom und egozentrisch zu sein; nur der reife Mensch spielt autonome und soziale Spiele. Diese beruhen auf Kooperation, Gleichwertigkeit der Partner und Gegenseitigkeit in ihren Beziehungen. Was aber der Neurotiker als Kind erlernt hat, ist überwiegend Unterwerfung unter andere Menschen und Manipulieren ihres Verhaltens, was man mit dem Stichwort „Sadomasochismus" belegen kann.

Nach Szasz sieht man hier wiederum, daß wir die Ethik beim Verstehen des Menschen nicht entbehren können. Denn wer unkooperative Spiele spielt und auf Herrschaft mithilfe von Unterwerfung ausgeht, kann kaum ethische Vollwertigkeit für sich beanspruchen. Neurose ist zwar ein unglückseliges Schicksal, aber auch ein moralisches Versagen.

Wie es eine Hierarchie der Sprachen gibt (Protosprache, Objektsprache und Metasprachen), so kann man auch die Spiele hierarchisch gruppieren. Die einfachsten Spiele oder Objektspiele sind das biologische Instinktverhalten: Essen, Trinken, Schlafen usw. Sobald der Mensch aber heranwächst, muß er viel kompliziertere Spiele erlernen, die man als „Metaspiele" definiert. Denn zu jedem Spiel kann man ein „übergeordnetes" erdenken, das noch subtiler, geistvoller und auch sozial bedeutsamer sein wird.

Die Tragik des Neurotikerlebens besteht u. a. darin, daß der zukünftige „Patient" als Kind nur relativ dürftige und auch ethisch nicht sehr hochwertige Spiele erlernt. Wird er dann im Laufe seines Heranwachsens mit den hochkomplizierten Spielregeln der kulturellen Existenz konfrontiert (z. B. in Fragen der Partnerschaft, Sexualität, Arbeitsleistung, Kulturleistungen usw.), dann neigt er dazu, die alten und vertrauten Spiele seiner Kindheit weiterzuspielen. Das kommt einem Rückzug von der Front des Lebens gleich. Das Asyl der Neurose nimmt den unbeholfenen, ängstlichen, faulen oder untrainierten Menschen auf. Ganz ohne Betrug geht dieses Fluchtmanöver nicht ab. Die Mitmenschen müssen doch das Gefühl bekommen, daß man „guten Willens", aber durch „äußere Umstände" am Mittun verhindert sei. Man schlüpft in die Rolle des „Kranken", um mildernde Umstände für das Spielen schlechter Spiele zu erhalten.

Die Ärzte haben dieses Scheinmanöver begünstigt, weil sie „Kranke" brauchen, um Ärzte sein zu können. Das ist in der Körpermedizin berechtigt, aber in der Psychopathologie führt dies zu falschen Klassikationen und fehlgeleiteten Behandlungsweisen. Man kann Neurotikern Hilfe gewähren, ohne sie zu „Patienten" stempeln zu müssen; Menschen helfen einander, ohne daß ein Krankenstatus auf der Seite des Hilfsbedürftigen nötig ist. Szasz führt hierzu aus (loc. cit. S. 253):

Die hauptsächliche Alternative zu diesem Dilemma besteht, wie ich schon sagte, in dem *Verzicht auf die Kategorien „krankes" und „gesundes" Verhalten* sowie darin, Geisteskrankheit nicht mehr als Voraussetzung einer sogenannten Psychotherapie zu betrachten. Folglich müssen wir uns uneingeschränkt zu der Einsicht bequemen, daß wir Menschen psychoanalytisch oder psychotherapeutisch nicht „behandeln", weil sie „krank" sind, sondern 1. weil sie solche Hilfe wünschen; 2. weil sie Lebensprobleme haben, die sie durch eine Klärung der

Frage, welche Spiele sie und ihre Umweltpersonen zu spielen sich gewöhnt haben, zu bemeistern suchen; 3. weil wir uns als Psychotherapeuten an ihrer „Erziehung" beteiligen wollen und können, da dies unsere berufliche Rolle ist.

Diese Berater- und Erzieherhaltung gegenüber dem „neurotischen Menschen" hat, wie Szasz feststellt, Alfred Adler als einer der ersten modernen Psychotherapeuten praktiziert. Er hat auch den Zusammenhang zwischen Therapie und ethischer Beeinflussung oft genug akzentuiert. Freud propagierte eine kühle und unbeteiligte Haltung des Analytikers gegenüber seinen Analysanden; das mag vielleicht für einen Chirurgen wünschenswert sein, nicht aber für einen „Seelenarzt". Wie Freud selbst bei Gelegenheit konstatierte, muß der Psychotherapeut Lehrer, Vorbild, Aufklärer und Künder einer freieren Weltanschauung sein: und hierzu bedarf es gewiß expliziter ethischer Maßstäbe und Motivationen.

Auch im Übertragungs- und Gegenübertragungs-Theorem anerkannte Freud die Neigung der Patienten, unproduktive Spiele zu spielen (das heißt, sich mit dem Analytiker in einen fruchtlosen Kleinkrieg einzulassen, bei dem das Hauptanliegen der Therapie, die innere Entwicklung des „Kranken", vergessen wird). Für den Therapeuten wurde empfohlen, sich *in solche Spiele nicht einzulassen,* sondern konsequent und beharrlich am „Heilungsziel" festzuhalten. Damit wurde wiederum der ethisch-moralische Kernpunkt jeglicher „Seelenheilkunde" unterstrichen.

Psychiatrie ist demnach für Szasz ein „soziales Handeln", nicht aber die Tätigkeit von „Körper-Ingenieuren", die Mängel an der Körpermaschinerie durch gekonnte Eingriffe beheben. Es ist an der Zeit, die Wesensbestimmung des psychiatrischen Tuns genauer zu bestimmen. So kann man dem Psychiater folgende drei Wirkungsbereiche zuschreiben:

Als *theoretischer Wissenschaftler* befaßt er sich mit dem Spielverhalten der Menschen, wobei er gute und weniger gute Spiele zu unterscheiden vermag. Als *Praktiker* greift er in das Leben der Menschen ein, belehrt sie über die Konsequenzen ihres jeweiligen Rollen- und Spielverhaltens; wenn er kann, animiert er sie dazu, sozialere und kulturell wertvollere Spiele zu spielen. Als *„sozialer Manipulator"* schließlich wird er Menschen durch Zwang oder andere Beeinflussung zum Abbruch bestimmter Spiele veranlassen.

Somit ist Psychiatrie kein medizinisches Spezialfach, sondern ein Zweig der Sozial- und Humanwissenschaften. Daher äußert Szasz am Ende seines Buches (S. 291):

Menschliches Verhalten ist grundsätzlich moralisches Verhalten. Deshalb müssen alle Versuche scheitern, es zu beschreiben und zu ändern, ohne zugleich das Problem der ethischen Werte anzupacken. Solange die moralischen Dimensionen psychiatrischer Theorien und Therapien verborgen und unklar bleiben, wird ihr wissenschaftlicher Wert folglich sehr begrenzt sein. Mit der von mir unterbreiteten Theorie des persönlichen Verhaltens – und der Psychotherapie-Theorie, die sie einschließt – versuchte ich, diesem Defekt dadurch abzuhelfen, daß ich die moralischen Dimensionen des menschlichen Verhaltens im psychiatrischen Kontext einmal zur Sprache gebracht habe.

Wir leben in einer Epoche schneller gesellschaftlicher Veränderungen, und daher muß jedermann lernen, immer neue und kompliziertere Spiele zu spielen. Der Neurotiker ist sozusagen ein „Lerngehemmter"; er hat in seiner Jugend „das Lernen nicht gelernt". Daraus erwachsen ihm zahllose Lebensschwierigkeiten, die er mit kindlichen Verhaltensmustern (unter Ausnützung der Hilfsbereitschaft anderer) zu „bewältigen" versucht.

Wenn Psychotherapie Sinn und Wert haben soll, dann muß sie die Selbsterkenntnis des „Patienten" fördern, aber auch sein „Lebensverständnis" grundlegend entfalten. Analytiker und Analysand sollen sich zusammentun, um gemeinsam die Strukturen und Aufgaben des Menschenlebens zu studieren. Das Autoritätsgefälle zwischen Therapeut und Hilfsbedürftigen sollte hierbei tunlichst abgebaut werden. Beide sind nämlich „Lernende" bezüglich des schier unendlichen „Lehrstoffes", welcher „ein vernünftiges menschliches Leben" bedeutet.

Wir sind alle, wie Szasz sagt, „Schüler in der Schule des Lebens". Niemand kann und darf den „absolut Wissenden" spielen, denn den therapeutischen Übermenschen gibt es nicht. Unser Autor faßt zuletzt alle seine Thesen in knapper Formulierung zusammen (S. 294):

1. Genau genommen können Krankheiten nur den Körper affizieren; daher kann es keine Geisteskrankheit geben.

2. „Geisteskrankheit" ist eine Metapher. Ein Geist kann nur in dem Sinne „krank" sein wie schwarzer Humor „krank" ist oder die Wirtschaft „krank" ist.

3. Psychiatrische Diagnosen sind stigmatisierende Etiketten; sie sollen an die medizinische Diagnosepraxis erinnern und werden Menschen angehängt, deren Verhalten andere ärgert oder verletzt.

4. Gewöhnlich werden Menschen, die unter ihrem eigenen Verhalten leiden und darüber klagen, als „neurotisch" und jene, unter deren Verhalten andere leiden und über die sich andere beklagen, als „psychotisch" bezeichnet.

5. „Geisteskrankheit" ist nicht etwas, was eine Person *hat,* sondern etwas, was sie *tut* oder *ist.*

6. Wenn es keine „Geisteskrankheit" gibt, kann es keine „Hospitalisierung", „Behandlung" oder „Heilung" von „Geisteskrankheiten" geben. Natürlich können Menschen mit oder ohne Eingreifen des Psychiaters ihr Verhalten oder ihre Persönlichkeit ändern. Solche Eingriffe nennt man heute „Behandlung", und die Veränderung, wenn sie in einer von der Gesellschaft gebilligten Richtung verläuft, heißt „Genesung" oder „Heilung".

7. In die Strafrechtspraxis eingedrungene psychiatrische Vorstellungen – zum Beispiel Antrag auf Unzurechnungsfähigkeit oder verminderte Zurechnungsfähigkeit und entsprechendes Urteil, Gutachten über das seelisch-geistige Unvermögen des Beklagten, einen Prozeß durchzustehen, usw. – korrumpieren das Recht und machen die Bürger, derentwegen sie vorgeblich herangezogen werden, zu Opfern.

8. Persönliches Verhalten folgt stets Regeln, ist strategisch und sinnvoll. Interpersonale und soziale Beziehungen können als Spiele betrachtet und analysiert werden, wobei das Verhalten der Spieler von ausdrücklich formulierten oder stillschweigend wirksamen Spielregeln gelenkt wird.

9. Bei den meisten Arten von freiwilliger Psychotherapie versucht der Therapeut dem Behandelten die unausgesprochenen Spielregeln, nach denen er sich richtet, zu erläutern und ihm bei der Überprüfung der Ziele und Werte der von ihm praktizierten Lebensspiele zu helfen.

10. Es gibt keine medizinische, moralische oder juristische Rechtfertigung für unerbetene psychiatrische Eingriffe wie „Diagnose", „Hospitalisierung" oder „Behandlung". Sie sind Verbrechen gegen die Menschlichkeit.

Schizophrenie – das heilige Symbol der Psychiatrie

Nachdem Szasz in *Geisteskrankheit – ein moderner Mythos* den Begriff der Hysterie und damit auch der anderen Neurosen als „Seelenkrankheiten" in Grund und Boden gebohrt hatte, greift er in seinem Buch mit dem obengenannten Titel die Schizophrenie als Krankheit und die Psychiatrie als Institution an. Seiner Ansicht nach hat die psychiatrische Wissenschaft von Anfang an einen Irrweg eingeschlagen. Sie wollte ein Zweig der Körpermedizin sein, aber es ist fraglich, ob sie sich damit richtig definiert hat.

Es gibt eine Fülle von sogenannten „Wahnkrankheiten", und im 19. Jahrhundert hatten die Psychiater sehr viel mit jenen Wahnerscheinungen zu tun, die im Gefolge der Syphilis auftraten. In diesem Bereich konnte ein somatischer Krankheitserreger, die Spirochäte pallida, entdeckt werden. Auch konnte man demonstrieren, daß dieses Bakterium Läsionen im Zentralen Nervensystem hervorruft, die mit den motorischen und geistigen Abnormreaktionen in direktem Zusammenhang stehen.

Nun dachten die Psychiater, in der Schizophrenie eine ähnliche Krankheit vor sich zu haben wie bei der Progressiven Paralyse, dem Spätstadium der Syphilis. Aber die schizophrenen Störungen passen durchaus nicht in das Schema einer physisch bedingten Geisteskrankheit. Emil Kraepelin (1855–1926), der sich als erster grundlegend mit diesem Symptomenkomplex befaßte, schlug hierfür die Bezeichnung Dementia praecox vor. Sie war aber nicht besonders gut geeignet, da sie die Patienten mit dem Stigma der „vorzeitigen Verblödung" behaftete, was für viele Fälle dieser Art sicherlich nicht zutrifft.

Aus diesem Grunde modifizierte Eugen Bleuler (1857–1930) den Krankheitsbegriff und führte den Namen Schizophrenie oder „Spaltungsirresein" ein. In seiner berühmten Monographie aus dem Jahre 1911 *Dementia praecox oder die Gruppe der Schizophrenien* beschrieb Bleuler sehr sorgfältig alle Symptome der schizophrenen Patienten. Aber er mußte es bei dieser Beschreibung bewenden lassen, und eine eigentliche Ursache für die Schizophrenie konnte er nicht ausfindig machen. Er behauptete, daß irgend ein körpereigenes Toxin (Gift) die Grundlage dieses rätselhaften Krankseins bilde. Das war jedoch nur eine Hypothese, die bis zum heutigen Tag nicht verifiziert ist.

Nach Szasz haben die Psychiater seit den Forschungen von Bleuler den Begriff der Schizophrenie immer mehr ausgeweitet, aber sie wissen auch heute noch nicht, was hier im wesentlichen vorliegt. Man vermutete genetische Schäden, Stoffwechselanomalien und viele andere Noxen (Schädigungen), aber nichts davon wurde bewiesen. Im argen Kontrast zu dieser ätiologischen Unwissenheit steht der Furor practicus der Psychiater: sie haben zahlreiche Behandlungsmethoden entwickelt, die angeblich die Schizophrenie heilen können. Früher quälte man die „Kranken" mit Warm- und Kaltwasserkuren und gelegentlich sogar mit Folterinstrumenten. Die moderne Psychiatrie verlegte sich auf subtilere Foltermethoden. Sie wandte Elektroschocks und Insulinkuren an, die den Patienten in Todesangst versetzen oder doch ihn ziemlich massiv traumatisieren. Den Gipfel des Fehlgreifens stellt wohl die Methode des

Portugiesen Moniz dar, der mit seiner Lobotomie präfrontale Hirnbahnen zertrennte; Moniz erhielt für diese Untat, die tausendfältig praktiziert wurde, den Nobelpreis für Medizin. Es stellte sich aber bald danach heraus, daß diese Hirndestruktionen die Persönlichkeit der Kranken gewaltig veränderten. Sie fielen auf ein tiefes geistiges Niveau zurück, wurden antriebsarm oder aggressiv, jedenfalls aber nicht geheilt.

Die Schizophrenie soll angeblich eine Krankheit sein, weil die Patienten Wahnideen, Halluzinationen, Hyper- und Hypoaktivität, unpassendes oder ungewöhnliches Verhalten aufweisen. Bleuler insistierte vor allem auf die Denk- und Sprachstörungen der Schizophrenen; tatsächlich drücken sich diese Menschen oft sehr eigentümlich aus und produzieren Gedankenkombinationen, die uns befremden. Aber genauere Beschäftigung mit solchem abwegigen Denken und Sprechen hat oft gezeigt, daß beides sehr wohl sinnvoll sein kann und zu entschlüsseln ist. Vor allem Psychotherapeuten, die sich in langdauernde Zusammenarbeit mit Schizophrenen einließen, heben nachdrücklich hervor, daß die schizophrene Äußerungsweise nicht unverständlich ist. Bei emotional zugewandtem Studium erweisen sich solche „Kranke" durchaus als Mitmenschen, und Bleuler hatte gewiß nicht recht, wenn er nach jahrzehntelanger psychiatrischer Praxis feststellte, solche Patienten seien ihm im Grunde „fremder als die Vögel in seinem Garten".

Wer kann entscheiden, welche Idee wahnhaft und welche gesund ist? Wer kann ganz eindeutig zwischen passendem und unpassendem Verhalten differenzieren? Wann ist eine Aktivität zu klein, und wann ist sie zu groß? Und soll man es als eine Halluzination einstufen, wenn der Gläubige seine Gottheit nahe spürt? Man sieht, die Kriterien, mittels derer die Psychiater Schizophrenie diagnostizieren, sind sehr dehnbar; faktisch haben manche Psychopathologen konsequent behauptet, daß streng genommen die ganze Menschheit „schizophren" sei.

Szasz findet diesen „Imperialismus der Psychiatrie" empörend, aber er kann sich auch nicht mit der Meinung der Antipsychiater (Ronald Laing, David Cooper usw.) solidarisieren, die das, was man als Schizophrenie bezeichnet, als besonders authentisches Menschsein hinstellen. Nach der These der Antipsychiatrie sind Staat, Gesellschaft, Familie usw. „die eigentlich verrückten Instanzen"; sie treiben das Individuum in den Wahn hinein, der immer dann eintritt, wenn ein authentisch lebenwollender Mensch durch seine Umwelt zur Verzweiflung getrieben wird. Das ist nun nach Szasz eine Übertreibung nach der anderen Seite; man soll die Schizophrenen nicht zu Kranken, aber auch nicht zu Edel- und Übermenschen stempeln. Auch bemängelt Szasz an den Anti-psychiatern, daß sie Politik und Psychopathologie oft vermengen. Ein Großteil von ihnen steht „links", und in manchen ihrer Traktate beschimpfen sie den Kapitalismus und rühmen den Kommunismus. Sie mögen darin recht oder unrecht haben, aber es ist nicht fair, die „Patienten" zu politisieren und sie davon abzulenken, daß auch sie eventuell irgendwie schief liegen.

Auf Grund seines theoretischen Ansatzes sieht Szasz in schizophrenen und neurotischen Menschen keine Körperkranke, sondern eigenwillige Charaktere, die infolge ihrer Sozialisation und Lebenserfahrung seltsame Sprach- und Verhaltensspiele inszenieren, die von den üblichen Spielen der Menschen merklich abweichen. Es handelt sich in der Regel um Verhaltensmodifikationen, die mehr oder minder dem „Kindchen- und Hilflosigkeitsmuster" folgen und die Umgebung dahingehend manipulieren, daß sie dem Betreffenden Mühe, Verantwortung und Lebensschwierigkeiten abnimmt. Solche „Spieler", die von Angst und Macht- oder Sicherheitswünschen motiviert sind, soll man nicht als „krank" abqualifizieren; schlimmstenfalls dürfen sie als unreif und unentwickelt gelten, und man kann sich fragen, wie man sie zu Reife und Entwicklung veranlassen kann.

Welche Schindluderei mit dem Schizophreniebegriff getrieben werden kann, erkennt man nach Szasz bei gewissen Zwangseinweisungen im Westen und bei der Praxis der Psychiater im Osten, speziell in der Sowjetunion. Dort ist es seit langem üblich, Dissidenten und andere Oppositionelle als schizophren zu diagnostizieren. Der kommunistische Superstaat glaubt sich im Besitz der absoluten Wahrheit, und von daher leitet er die Berechtigung ab, Andersdenkende als Wahnkranke zu behandeln. Dieser grausige Mißbrauch ist erst kürzlich so recht publik geworden; aber Kenner der Verhältnisse in der UdSSR wissen seit langem davon. Dahin führt also das zügellose Anwachsen der Macht des psychiatrischen Berufsstandes in den angeblichen Kulturländern. Szasz will dem steuern, indem er die heute übliche Psychiatrie abschafft oder grundlegend reformiert. Er meint, daß damit die „psychiatrische Sklaverei" hundert Jahre nach der Beseitigung der Sklaverei der Neger beseitigt werden soll; und so wie letztere einen großartigen Kulturfortschritt bedeutete, wird auch die Aufhebung der institutionellen Psychiatrie ein Pluspunkt der werdenden Menschheitskultur sein. Szasz schreibt (S. 144):

Und wenn es keine Psychiatrie gibt, kann es auch keine Schizophrenen geben. Mit anderen Worten, ob ein Mensch schizophren ist, hängt von der Existenz eines gesellschaftlichen Systems der (institutionalen) Psychiatrie ab. Wird die Psychiatrie abgeschafft, verschwinden somit die Schizophrenen. Das bedeutet nicht, daß bestimmte Personen, die vorher Schizophrene waren oder die gerne schizophren sein möchten, ebenfalls verschwinden; zweifellos bleiben Menschen zurück, die untauglich oder egozentrisch sind oder ihre „wirklichen" Rollen ablehnen oder ihre Mitmenschen auf andere Weise stören. Aber wenn es keine Psychiatrie gibt, kann keiner von ihnen schizophren sein.

Da alle somatischen Ursachenforschungen im Bereich der Psychiatrie bezüglich des „schizophrenen Krankheitsbildes" bisher gescheitert sind, kann sich Szasz durchaus auf den Standpunkt stellen, daß der „Schizophrene" nur ein Mensch mit erhöhten Lebensschwierigkeiten ist, der im Rahmen der ihn umgebenden Kultur und Gesellschaft oft störend wirkt. Solche Menschen soll man – sofern nicht akute Gefahr für ihr Leben und das Leben anderer besteht – nicht in psychiatrischen Anstalten festhalten und ihnen auch keine „Behandlung" zuteil werden lassen, die mehr schädigt als nützt. Der Psychiater der Zukunft wird nach Szasz den Ärztemantel ausziehen. Er wird keine Elektroschocks verabreichen, keine Insulinkuren durchführen und auch keine „chemische Zwangsjacke" anwenden, die den Patienten sowohl beruhigt als auch lähmt. Er wird eher ein Sozialwissenschaftler, ein Lehrer, ein Helfer und ein Gesprächspartner sein. Was er jenen Menschen, die ihn freiwillig aufsuchen und sich freiwillig von ihm fördern lassen wollen, anbieten kann, ist die Klärung ihrer Lebensverhältnisse, die Diskussion ihrer Lebensziele und die Frage nach ethischen Werten, deren Anstreben die Existenz stabilisiert, erweitert und bereichert.

Wenn sich der Psychiater oder Seelenkundige in solcher Weise definiert, verschwindet die Autoritätsdistanz, die bisher die Beziehung von „Seelenarzt" und „Patient" korrumpiert hat. Die beiden Protagonisten des „heilenden Gesprächs" finden sich zusammen auf der Ebene der Gleichwertigkeit und Gleichberechtigung. Was sie miteinander zu verhandeln haben, ist keine Naturwissenschaft der Psyche und schon gar nicht psychoanalytische Ingenieurskunst, die einen kranken Libidoapparat wieder zum Funktionieren bringt. Tatsächlich, Szasz visiert eine Revolution der Psychiatrie an, und man kann begreifen, daß das psychiatrische Establishment ihm dafür nicht dankbar war.

Der Mythos der Psychotherapie

Wie schon am Ende des letzten Abschnittes angedeutet, muß nach Szasz der Begriff der „seelenärztlichen Behandlung" entscheidend revidiert werden. Kann und soll man Seele und Geist überhaupt „behandeln"? Das wäre nur berechtigterweise der Fall, wenn seelische Beeinflussung und geistige Veränderung unter die Rubrik eines „medizinischen Vorgehens" eingereiht werden dürfen. Genau das leugnet Szasz, und daher will er die Psychotherapie „entmythologisieren".

Ärzte behandeln Körperkrankheiten, aber was sogenannte Psychotherapeuten tun, hat eher Ähnlichkeit mit „Freudschaft, Ehe, religiöser Sitte, Werbung oder Unterricht" (loc. cit. S. 25); jedenfalls ist es eine „verbale Tätigkeit", und diese ist himmelweit verschieden von jedem somatischen Eingriff. Dabei sollen Werte, Überzeugungen und Gewohnheiten eines Menschen gewandelt werden, mit „Worten, nichts als Worten". Das aber war ursprünglich ein Betätigungsfeld der Philosophen und der Theologen, vielleicht auch der Politiker. Szasz wirft daher die Frage auf, ob Psychotherapie nicht in die Sphäre von Rhetorik, Philosophie, Religion oder gar Demagogik gehört.

Tatsächlich hat schon Sokrates sich als einen „Seelenheiler" betrachtet. Er wollte die Menschen durch geschickte Befragung und Argumentation zur Tugend hinführen. Tugend hieß aber für ihn Tüchtigkeit oder Tauglichkeit der Seele. Plato läßt sogar Sokrates im „Charmides" die Worte sagen: „Die Behandlung der Seele besteht in gewissen Zaubersprüchen. Diese Zaubersprüche sind aber nichts anderes als vernunftgemäße Belehrungen." Man hört Szasz regelrecht nach dem Zitieren dieses Ausspruches „Aha!" rufen. Plato hat wohl für ihn die (guten) Psychoanalytiker charakterisiert.

Wenn aber Psychotherapie Rhetorik ist, dann kann sie nicht auch Wissenschaft sein. Das war u. a. die These des Aristoteles, der zwischen der politischen Rede, der Gerichtsrede und der Festrede unterschied und „überzeugende Gespräche" bei den Fächern Logik und Dialektik subsumierte: Ratschläge geben, Loben und Tadeln, angreifen und verteidigen sei nicht „wissenschaftlich". Mit Hilfe von Metaphern aller Art beeinflußt der Redner seine Zuhörer. Er wird aber kaum exakt nachweisen können, daß seine Vergleiche und bildhaften Darstellungen immer der Wahrheit entsprechen.

Günstigenfalls spricht der Psychotherapeut „heilende Worte" aus, aber Sprechen hat immer einen predigenden und verkündenden Unterton, wenn man auf Menschen einwirken will. Nach Szasz sollte man einmal den Gedanken erwägen, ob nicht auch die Systeme der Tiefenpsychologie und Psychotherapie „weltliche Predigten und Verkündigungen" sind, das heißt die Erfindung einer neuen Suggestivsprache, die eine zügige Metaphorik eingeführt hat, durch die man fast jeden Menschen als „krank" bezeichnen kann. Mit ihrem neuartigen Sprachschatz machten die Schöpfer psychotherapeutischer Lehren sehr erfolgreich der Religion Konkurrenz auf dem Feld der „cura animarum", der Pflege der Seelen. Um das aber leisten zu können, mußten sie „Ersatzreligionen" schaffen, und solche bekleiden sich am besten im Geiste der Neuzeit mit dem hübschen Mantel der „Wissenschaft".

Faktisch hat die moderne Psychotherapie die Beichte, den Ablaßhandel, die Lossprechung von Sünden säkularisiert. Szasz, ein Nachfolger Luthers, will daran erinnern, daß man Sünden nicht durch Beichten und Geld bezahlen, sondern durch Selbstdisziplin, ehrliche Arbeit, gute Werke und Liebe „abtragen" kann.

Geht man der Geschichte der Psychotherapie nach (man kann sie in der Neuzeit bei Franz Anton Mesmer anfangen lassen), dann wird man gewahr, daß sie immer schon „Scheinbehandlungen" anbot, die auf Miteinandersprechen, Umstimmung des „Patienten" und Neuorientierung seines Verhaltens hinzielte. Gewöhnlich war es der Patient selbst, der sich heilte, weil er neue Wege vor sich sah, die ihn aus seiner Resignation und Verzweiflung herausführten. Der Therapeut steuerte hierzu den schwer faßbaren Einfluß seiner Persönlichkeit und eine „Metaphorik" bei, die die Zustände des „Kranken" irgendwie sinnvoll einzuordnen versuchte. Die Beliebtheit aller psychotherapeutischen Verfahren war nach Szasz schon aus diesem Grunde gesichert, weil die Psychiater nur sehr schmerzhafte und gewaltsame Methoden anzubieten hatten; daher waren die Patienten glücklich, wenn man sie nur mit Worten oder „Suggestionen" behandelte.

Auch Freud wurde, nachdem er mit Hypnose, Elektrotherapie und anderem Unfug begonnen hatte, ein „Rhetoriker-Therapeut". Er begriff, daß er mit Gesprächen seinen Patienten helfen konnte. Aber es wäre blamabel in der medizinischen Fachwelt gewesen, sich als „Gesprächstherapeut" einzuführen. Daher gab - nach Szasz – der Begründer der Psychoanalyse seiner Lehre einen wohlklingenden Namen, versah seine Behandlungen mit einem pittoresken Ritual (Diwanmethode, freies Assoziieren usw.) und schuf auch einen theoretischen Rahmen hierzu, der den Charakter einer Pseudonaturwissenschaft hatte. All dies erleichterte den Siegeszug der „Freudschen Rhetorik" durch die gesamte Kulturwelt. Nach Szasz hat Freud ein neues Religionssystem geschaffen, aus dem folgerichtig auch gewisse Abspaltungen (Adler, Jung u. a. m.) hervorgingen. Der Streit der verschiedenen Richtungen der Tiefenpsychologie ist ein „Glaubensstreit".

Szasz kann manchmal sehr grob in seiner Argumentation sein. So vergleicht er die Psychoanalyse mit einer Kartellgründung, die ein Monopol auf seelenärztliche Behandlung anstrebte. In seinen eigenen Worten (S. 135):

> In der kommerziellen Sprache kann daher die erste Phase der Psychoanalyse, die Zeitspanne vor 1906, als die Periode der Produktentwicklung bezeichnet werden. Man gewinnt den Eindruck, als hätte Freud die Marketing-Konzeption für, sagen wir, Coca-Cola entwickelt und herausgefunden, daß innerhalb eines kleinen Kreises beträchtliches Interesse an und Nachfrage nach diesem Produkt bestand. Er entschloß sich alsbald zu seinem nächsten Schritt, der darin bestand, sein Produkt einem größeren Kundenkreis zu verkaufen, als er ihn mit jenen einfachen Werbemethoden erreichen konnte, die er benützt hatte, solange er seine Beobachtungen und Ideen einfach nur veröffentlichte. Im Jahre 1910 bildete Freud zwecks Förderung und Vertrieb von Psychoanalyse eine Aktiengesellschaft: die Internationale Psychoanalytische Vereinigung.

Jedermann wird zugeben, daß die „Firma Psychoanalyse" alle anderen seelenärztlichen Firmen der Welt überrundete; erst in der jüngsten Vergangenheit sind so viele Konkurrenzunternehmen gegründet worden, daß man um das „alteingesessene Geschäft" bangen muß. Szasz erläutert den „Kampf bis aufs Messer" zwischen der orthodoxen Lehre und ihren vielfachen Abwandlungen als den Konflikt rivalisierender Monopolkartelle oder aber als das Zusammenprallen verschiedener Konfessionen oder politischer Bekenntnisse. Freud, den man als großen Wissenschaftler verehrt, kann man nach Szasz auch als einen „Machtpolitiker" sehen, der mit seiner Psychoanalyse Macht über die Seelen aller Menschen gewinnen wollte.

Schon andere Beobachter haben darauf hingewiesen, daß in der psychoanalytischen Theorie ein ernüchternder, ja sogar entwertender Grundzug enthalten ist. Für die Anhänger Freuds ist dies ein Positivum; da die Menschheit jahrtausendelang moralisch auf Hochstapelei machte, mußten die Psychoanalytiker eine Gegenbewegung initiieren, die hinter allerlei Prunk und Praß „Menschliches, Allzumenschliches" entdeckte. Aber Szasz meint, daß Freud und die Seinen diesbezüglich zuviel des Guten oder Bösen getan haben. Sie unterstellten alles und jedes dem Pathologieverdacht. Auch erhabene Leistungen der Kunst und Kultur wurden mit dem Pathologievokabular abgehandelt. Schließlich war jeder Mensch „komplexbehaftet", und wer nicht offen pathologisch war, konnte es immerhin „latent" sein. Die Psychoanalyse erklärte, mit Recht oder mit Unrecht, „daß die ganze Menschheit ihr Patient sei". Nach Szasz ähnelt der psychoanalytische Sprachschatz einem „Beschimpfungsvokabular". Aber die Menschen lassen sich gerne beschimpfen, wenn es nur „wissenschaftlich" ist. Allerdings durchdrang diese Beschimpfungstendenz auch die Polemiken zwischen den einzelnen Schulen der Tiefenpsychologie. Wer anders dachte, wurde schnell „neurotischer Motive" verdächtigt; dieses Schicksal erlitten Alfred Adler, C. G. Jung, S. Ferenczi, Otto Rank und viele andere.

C. G. Jung, den Szasz einen „Pastor ohne Kanzel" nennt, genießt etwas Sympathie bei unserem cholerischen Psychoanalysekritiker, weil er offen den religiösen Charakter seiner Bestrebungen zugab und seine Lehre zu einer Quasi-Religion entfaltete. Indes Szasz bei Freud alle Abschattungen seines polemischen Talents zum Vorschein bringt, ist er bei Jung eigentümlich friedfertig. Offenbar war er sich nicht genügend klar darüber, daß Jungs Religiosität auch eine Inklination zu einem extremen Konservatismus und sogar zum Faschismus mit sich brachte. Der berühmte Guru der bürgerlichen Welt war charakterlich und weltanschaulich nicht gerade ein Nonplusultra, und sowohl seine Theorie als auch seine Praxis bieten Angriffspunkte für vielfache Kritik.

Immerhin muß auch sein Befürworter Szasz schließlich konstatieren (S. 195):

> Jung weist also einige Fehler auf, die denen Freuds gleichen. Der Leidende, der zum Psychotherapeuten kommt, bringt die moralischen Probleme seines Lebens mit, der Psychotherapeut ist ein weltlicher Pastor, der mit Seelenheilung beschäftigt ist. Dennoch greift auch Jung, wenn es schwierig zu werden beginnt, darauf zurück, den psychischen Patienten als medizinisch krank zu betrachten und den Arzt-Psychotherapeuten als medizinischen Heiler. Und wie Freud erliegt auch Jung der Versuchung, das Gespräch zu konzessionieren, auch er wird zum Gründer einer eigenen Schule der Psychologie und Psychotherapie – und gerät, in gewisser Weise noch krasser als Freud, in Widerspruch zu seinen bedeutenden Einsichten in das Wesen des menschlichen Unglücks und zu unseren Möglichkeiten, damit fertig zu werden.

Indem Szasz vor einer Inflation des Psychotherapiebegriffs warnt und die heute überall ins Kraut schießenden Pseudotherapien bloßstellt, leistet er gewiß nützliche Arbeit, wenngleich man seinen manchmal zügellos wirkenden Attacken auch mit einiger Skepsis begegnen muß. Er hat offenbar nichts gegen Psychotherapie einzuwenden, wenn diese sich als nichtmedizinisch definiert und sich als Verständigung über die

Lösung von Lebensschwierigkeiten begreift. Daher heißt es, nochmals die Gedanken rekapitulierend, auf den letzten Seiten unseres Textes (S. 210):

In der Psychotherapie ist die Situation vollkommen anders als in der normalen medizinischen Therapie. Psychotherapie ist, wie ich gezeigt habe, Religion oder Rhetorik (oder Repression, eine Möglichkeit, die ich hier nicht weiter ausführen werde). Das Resultat der Psychotherapie kann also nur so aussehen, daß der Betroffene bekehrt oder überredet wird, anders zu fühlen, zu denken oder zu handeln, als es bisher seine Gewohnheit war. Der „Patient" verändert manche seiner Verhaltensweisen; oder er bleibt der gleiche. Der Psychotherapeut tut nichts anderes als reden. Wenn es beim „Patienten" irgendwelche Veränderungen gibt, werden sie letztlich vom „Patienten" selbst herbeigeführt. Demnach ist es falsch zu behaupten, daß der Psychotherapeut *behandelt* oder ein Therapeut ist. Genauer wäre es zu sagen, daß der „Patient" in der Psychotherapie behandelt oder ein Therapeut ist; denn er behandelt sich selbst. Aber auch das wäre ein metaphorischer Gebrauch des Begriffs *Behandlung,* insofern nämlich, als eine solche Person sich selbst nur in dem Sinne behandelt, in dem jede Person, die sich sportlichen, erzieherischen oder religiösen Einflüssen beziehungsweise Anweisungen unterwirft oder aktiv damit kooperiert, sich selbst behandelt.

Weitere Schriften von Thomas Szasz

Wir haben nun die wichtigsten Gedankengänge von Szasz referiert, aber dieser fruchtbare Autor hat viel mehr Bücher geschrieben, als wir auf knappem Raum auswerten können. Es sei daher in stenographischer Verkürzung auf das weitere Schrifttum von Szasz Bezug genommen. In deutsch wurde u. a. noch publiziert: *Die Fabrikation des Wahnsinns* (1974); *Psychiatrie – Die verschleierte Macht* (1978); *Das Ritual der Drogen* (1978); *Recht, Freiheit und Psychiatrie* (1978); *Theologie der Medizin* (1980).

Die Fabrikation des Wahnsinns sucht die Quellen der heutigen institutionalen Psychiatrie mitsamt ihren Zwangseinweisungen, Krankheitsbegriffen und „Behandlungstechniken" dort, wo sie eigentlich niemand suchen würde: In den Zeiten des Hexenwahns, der Hexenverfolger und des berühmt-berüchtigten *Malleus maleficarum* (Der Hexenhammer, 1486). In jener Epoche wurde Europa vom „Hexenfieber" ergriffen. Aus noch nicht restlos aufgeklärten Ursachen heraus fingen die kirchlichen Behörden an, unschuldige Frauen als Hexen anzuklagen. Die armen Weiblein wurden per Folter dazu gezwungen, zuzugeben, daß sie mit dem Teufel einen Pakt geschlossen hatten, mit ihm Geschlechtsverkehr ausübten und harmlose Christenmenschen durch Zauberei geschädigt hatten. Fast ausnahmslos waren die Hexen „geständig"; sie wurden meistens auf dem Scheiterhaufen verbrannt. Ihr Hab und Gut verteilten unter sich die Anzeiger, die Richter und die Kirche. Die Inquisition gab dem ganzen Verfahren einen scheinbar rechtlichen Rahmen. Nach vorsichtigen Schätzungen sollen im Zeitraum zwischen 1486 und 1786 ca. eine Million Frauen durch diese Massenpsychose um ihr Leben gekommen sein.

Manche Psychiatriehistoriker (so etwa Gregory Zilboorg in *The Medical Man and the Witch during the Renaissance*) vertreten den Standpunkt, daß die Hexen „Hysterika" gewesen seien. Der Hexenhammer jedoch könne, wenn man den theologischen Jargon seines Inhalts abstreift, als eine Art „Lehrbuch der Psychiatrie" betrachtet werden. Szasz ist hierin gänzlich anderer Meinung. Er bestreitet auch, daß hauptsächlich materielle Habgier Wesen und Inhalt der Hexenprozesse ausgemacht habe. Gewiß haben da und dort geldgierige Menschen durch Hexenvernichtung einiges Gut zusammenraffen können. Aber der Hexenwahn hat eine noch tiefere Bedeutung.

Nach Szasz waren die Hexen – meistens alte, armselige und schutzlose Weiber – die *Sündenböcke* für das ausgehende Mittelalter und die anbrechende Neuzeit. Die institutionalisierte Religion und der Staatsapparat konnten solche Opfer recht gut brauchen. Man klagte die Frauen an und stellte sie vor Gericht; sie erlitten die Folter und anschließend den Flammentod. Das war einerseits ein Schauspiel für die Menge, andererseits aber auch eine Glorifikation für die Staatsgewalt und die kirchliche Obrigkeit. Um diese beiden Machtblöcke zu verstärken und ihre Herrschaft über die Menschen auszuweiten, mußten hunderttausende Frauen ihr Leben lassen.

Szasz unternimmt seine historische Untersuchung nicht zum Selbstzweck. Die Hexen dienen ihm als Analogie zum Psychiatriepatienten der Gegenwart. Auch hier werden, wie Szasz sagt, harmlose Menschen mit dem Stigma der „Abnormität" versehen. Man hält sie in Anstalten fest und unterwirft sie destruktiven Behandlungsweisen. Und all dies geschieht „zur höheren Ehre" der Medizin und Psychiatrie, die in der Gegenwart ebenso abergläubisch verehrt werden wie Staat und Kirche im Mittelalter. Kein Zweifel: Eine schockierende Parallele!

Wenn es aber keine „Wahnsinnigen", keine „Neurotiker" und keine „Hexen" gibt, dann sollen wir nach Szasz auch unsere Einstellung zum Drogenproblem überdenken. Eine Anleitung hierzu will „Das Ritual der Drogen" geben. Szasz ist sich wohl bewußt, daß die Drogensucht in

ihren vielerlei Gestalten einer der größten und schwerstlösbaren Fragenkomplexe für die Psychohygiene der Gegenwart darstellt. Er meint
aber, daß man die Sache am falschen Ende anzupacken pflegt.

Als die weltweite „Suchtwelle" in den letzten zwanzig Jahren alle
Kulturländer der Erde überspülte, griff man nach alter Gewohnheit zu
Verfolgungen, Verboten und Unterdrückungsmaßnahmen. Der Polizei-
apparat wurde verstärkt, die Drogenhändler wurden verfolgt, die Ge-
richte hatten alle Hände voll zu tun. Dieser Zustand dauert bis heute an,
aber das ganze Repressionssystem hat eigentlich wenig Erfolg gezeitigt.
Die Drogen werden weiterhin in alle Zonen des Globus geschmuggelt.
Die „Suchtkranken", die man „behandelt", werden meistens rückfällig.
Kein Ende der „Drogengefahr" ist abzusehen.

Szasz, der Vorkämpfer für Liberalität an allen Fronten, plädiert dafür, die Drogen freizugeben. Man soll sie in hygienischer Form billig
kaufen können. Das würde die Beschaffungsprostitution und -kriminali-
tät eindämmen oder abschaffen. Jeder Mensch soll selbst entscheiden
können, ob und wie er sein Leben erhalten oder ruinieren will.

Tatsächlich sind Tabak und Alkohol ebenfalls „gefährliche Drogen",
aber hier intervenieren Staat und Gesellschaft kaum, weil diese „Gifte"
bereits anerkannt sind und starke Lobbies besitzen, die sich einem
Verbot entgegenstellen können. Das mutet Szasz so an, als ob man die
Jagd auf „die anderen Drogen" eröffnet hätte, um den Markt für Tabak
und Alkohol zu sichern. Das tönt sehr überspitzt, aber immerhin liegt
Logik in dem Argument, daß man niemanden vor der Selbstzerstörung
bewahren kann, wenn man (hauptsächlich) Zwangsmittel anwendet. Es
läge wohl durchaus im Konzept von Szasz, daß man die Summen, die
man beim legalen Verkauf von Suchtmitteln gewinnt, für eine kluge und
überzeugende Propaganda gegen den Drogenmißbrauch verwenden
könnte. Dies erst wäre „Demokratie" und „Selbstbestimmung des Bür-
gers" auch angesichts des Drogenproblems, das uns wiederum vor die
Alternative von „Autorität contra Autonomie" stellt. Nach Szasz ist es
eine Ursünde des modernen Menschentums, das es innerhalb dieser
Alternative allzuleicht zum Autoritarismus hin inkliniert.

Autoritarismus – neben falschem Wissenschaftsverständnis – ist auch
die Quelle des Allmachtsgebarens der modernen Psychiatrie und Medizin. Diese These erörtert Szasz in den drei Büchern *Psychiatrie – Die
verschleierte Macht, Theologie der Medizin* und *Recht, Freiheit und
Psychiatrie.* Sie sind so nachhaltig und freiheitsliebend orientiert, daß
man begreifen kann, warum dieser Autor 1973 von der Humanistischen
Vereinigung Amerikas zum „Humanisten des Jahres" gewählt wurde.

Auch andere Institutionen, denen die Freiheit des Individuums am Herzen liegt, haben Szasz unterstützt und geehrt.

In *Psychiatrie – Die verschleierte Macht* (eine Aufsatzsammlung über alle Themen, die unseren Autor zu beschäftigen pflegen) gibt es einen Abschnitt, der die humanistische Haltung unseres psychiatrischen Don Quixote, der keine institutionelle Windmühle unattackiert läßt, vortrefflich illustriert. Es ist das Kapitel „Psychiatrisches Klassifizieren als eine Strategie der Persönlichkeitsknebelung" (S. 148–182).

Im Alten Testament fordert Jehowah von den Menschen: „Du sollst dir kein Bildnis von mir machen!" Der Sinn dieses Gebotes besteht wohl darin, daß derjenige, der sich ein Bild oder einen festen Begriff von etwas (oder jemand) macht, bald darauf auch seine Herrschaftsambitionen an ihm auslassen kann. Nun ist es nach Szasz – und damit rekapituliert er seine Psychiatrie- und Psychoanalysekritik – der Fehler aller „Psychopathologen", daß sie die „Patienten" klassifizieren, rubrizieren und (falsch) benennen. Dieser Bilder- und Begriffskult ist asozial, ungerecht und antihuman. Er wird vor allem gegen hilflose Menschen angewandt; daher heißt es in diesem Buch (S. 176):

Das Klassifizieren eines Menschen nach seinem Verhalten ist meines Erachtens gewöhnlich ein Mittel zu dem Zweck, ihm Beschränkungen aufzuerlegen. Das gilt besonders für das psychiatrische Klassifizierungswesen, dessen traditionelles Ziel es immer war, die sozialen Kontrollen, denen sogenannte geisteskranke Patienten unterworfen wurden, zu rechtfertigen. Aber derart kujonieren kann man einen anderen Menschen nur unter der Voraussetzung, daß man auch die Macht dazu hat. Wenn meine Ausführungen über das psychiatrische Klassifizieren der Wahrheit entsprechen, müßte sich herausstellen, daß solche Einstufungen viel öfter mit Armen und Hilflosen als mit Reichen und Mächtigen vorgenommen werden. Und genau das stellt sich auch heraus.
Unsere Gesellschaft kennt zwei Formen von Zugehörigkeit, die Menschen gegen ihren Willen aufgedrängt werden können – Kriminalität und Geisteskrankheit. Diese Klassen unterscheiden sich von denjenigen, deren Mitgliedschaft man erwerben oder ablehnen kann. Es trifft auch zu, daß Kriminalität und Geisteskrankheit in den unteren sozialen Schichten am weitesten verbreitet und in den höheren Klassen am seltensten sind. Es gibt da einen zynischen Spruch: Wer fünf Dollar stiehlt, ist ein Dieb, wer fünf Millionen stiehlt, ist ein Finanzmann. Der Grund dafür liegt auf der Hand. Der kleine Taschendieb ist leichter zu knebeln als der einflußreiche Kapitalist. Nicht anders steht es mit den menschlichen Ereignissen, die wir Geisteskrankheit nennen. Das Problem, das eine reiche Frau nach Reno treibt, wird eine arme Frau wahrscheinlich ins staatliche Krankenhaus treiben. Wenn sich ein Fleischer, Bäcker oder Kerzenhaltermacher von den Kommunisten verfolgt wähnt, kann man ihn mühelos in die Nervenklinik stecken, aber wer würde zum Beispiel einen von den gleichen Wahnvorstellungen geplagten Verteidigungsminister einsperren?

Klassifizieren, Rubrizieren, Bilder und Modelle machen sind durchaus gerechtfertigt in den Naturwissenschaften, die – wie man spätestens seit Max Scheler weiß – schon wesensmäßig „Herrschaftswissenschaften" sind. Naturerkenntnis oder Begreifen der Dinge ist eine Vorstufe zu ihrer Beherrschung und Manipulation durch die Technik; denn Technik ist, wie man zu definieren pflegt, u. a. „angewandte Naturwissenschaft". Aber im Bereich der Human- und Sozialwissenschaften, zu dem nach Szasz das Studium des Menschen und seiner tausendfältigen Verhaltensabweichungen gehört, ist Herrschaft fehl am Platze. Solche Wissenschaften haben die sittliche Würde des Menschen zu wahren. Denn man hat es hier mit „Personen" zu tun, die nach Immanuel Kant nicht mit „Sachen" zu verwechseln sind. Es ist ein ontologischer Lapsus der neuzeitlichen Wissenschaft, daß sie die Probleme von Personen und Persongemeinschaften mit Sachkategorien abzuhandeln versucht: wir nennen das etwa Positivismus, Behaviorismus, Materialismus usw. Demgegenüber führt Szasz abschließend mit Recht folgende Grenzziehung ins Feld (S. 179):

Tatsächlich ist das Zentralproblem der Naturwissenschaft in einer einschneidenden Hinsicht das genaue Gegenteil dessen der Moralwissenschaft. Wohl suchen beide ihre Beobachtungsobjekte zu verstehen, allein zu verschiedenen Zwecken. Die Naturwissenschaft will sie dadurch besser kontrollieren können, während die Moralwissenschaft auf diese Weise ihre Fähigkeit verbessern möchte, sie unangetastet zu lassen.
   Wie gesagt – so schwierig das Klassifizieren von Dingen sein mag, noch schwieriger ist es, sie nicht zu klassifizieren, das heißt, das Urteil auszusetzen und den Einstufungsakt aufzuschieben. Jetzt können wir ergänzend hinzufügen: So schwierig das Beherrschen von Menschen auch sein mag, noch schwieriger ist es, sie nicht zu beherrschen, nämlich ihre Selbständigkeit anzuerkennen und ihre persönliche Freiheit zu achten.

Kritische Bewertung

Szasz' Lebenswerk ist überwiegend kritischer Natur. Einzig in seinem Buch *Geisteskrankheit – Ein moderner Mythos* hat er ein positives Anliegen in Angriff genommen, nämlich die Formulierung einer Neurosenlehre auf sprach- und spieltheoretischer Basis. Diese Neurosentheorie ist originell und unseres Erachtens auch fruchtbar. Sie ließ sich, vermutlich mit kleinen Einschränkungen, auch auf die Psychosen anwenden; denn die tiefenpsychologische Theorie und Praxis der Psychosenbehandlung scheint doch darauf hinzuweisen, daß Störungen wie z. B. die

Schizophrenie in weiten Bereichen mit dem Instrumentarium des Neurosenverständnisses begriffen werden können.

Der Rückgriff auf die Sprach- und Spieltheorie brachte es mit sich, daß die „Spiele" der seelisch normalen und der (angeblich) abnormen Menschen als weitgehend ähnlich definiert wurden. Das führte zu einer Destruktion des psychoanalytischen und psychiatrischen „Krankheitsbegriffes", die Szasz in allen seinen Werken mit bemerkenswerter Leidenschaft unternimmt. Aber es ist fraglich, ob er hierbei in den Grenzen des Maßes und der Vernunft bleibt. Gewiß ist es in der Psychopathologie sehr schwierig, die Idee des „Normalen" zu bestimmen. Alfred Adler behalf sich hierbei mit dem Hinweis auf den Aufgabencharakter des Menschenlebens. Er wies darauf hin, daß dem Menschen „von Natur gleichsam" die Aufgaben der Arbeit, der Liebe (der Sexualität) und der Gemeinschaft gestellt sind; weiter betonte er die Notwendigkeit, das Leben stilvoll zu gestalten („Kunst als Lebensaufgabe"), die eigene Individualität zu entfalten u. a. m. So gesehen, enthält jede Psychotherapie implizit einen „ethischen Kern".

Szasz, der Adler sehr zu schätzen weiß, geht im Akzeptieren seelisch-geistiger Normvorstellungen nicht so weit wie dieser Vorläufer seiner Anzweifelung der psychopathologischen „Krankheitslehre". Um so radikaler attackiert er die These, daß es im Seelenleben überhaupt „Krankheit" gibt. Natürlich hören das „seelisch gestörte Menschen" nicht ungerne. Denn sie haben meistens kein Abnormitätsbewußtsein; auch ist es eine der Definitionen von Psychopathie, daß nicht etwa der Betroffene selbst, sondern seine Umgebung zu leiden hat. Wir meinen, daß die Mitte zwischen dem psychiatrischen Krankheitsverständnis und dem Szaszschen Normalitätsuniversalismus irgendwie das Richtige treffen könnte. Es ist wahr, daß Psychiater und Psychoanalytiker überall „Pathologie" zu sehen pflegten und auch heute noch sehen. Das ist ebenso unvernünftig wie die Meinung, daß es überhaupt keine Anomalien im Seelen- und Geistesleben gibt.

Eine der kulturellen Errungenschaften der Neuzeit besteht darin, daß man etwa im Bereich krimineller Delikte danach fragt, ob der Täter „geistig gesund oder abnorm" war (im Augenblick der Tat). Danach wird unter Umständen das Strafmaß bemessen oder gar die Straffähigkeit verneint. Szasz in seinem denkerischen Absolutismus will diese Fragestellung ebenso abschaffen wie die „Neurosen- und Psychosenbehandlung". Das ist ein Rückfall in reaktionäres Denken bei einem fortschrittlichen Menschen, dem Freiheit und Verantwortung für alle Bürger offensichtlich viel bedeuten. Szasz geht sogar so weit, zu behaupten, auch offenbar gestörte oder desorientierte Menschen müßten die volle Wucht des Gesetzes erleiden, wenn sie zum Rechtsbrecher werden. Er übersieht dabei, daß die Biographie vieler Delinquenten lehrt, wie sehr zuerst die Gesellschaft an ihnen schuldig wurde, bevor sie ihren Mitmenschen Leid zufügten.

Diese Einseitigkeiten und übersteigerten Radikalismen mindern jedoch nicht unseren Respekt vor Szasz, der so manche „heilige Kuh" der Psychiatrie und Psychoanalyse geschlachtet hat. Diese beiden Berufsstände sind heutzutage schier allmächtig (vor allem der erstgenannte); es braucht einen Löwenmut, um sie anzugreifen und in die Schranken zu weisen. Oppositionelle Geister wie Szasz sind in einer Demokratie lebenswichtig; sie erfüllen eine anregende, Erstarrung bekämpfende und Freiraum schaffende Funktion, die durch nichts ersetzt werden kann. Da Menschen und Institutionen zum Konservatismus neigen, braucht es immer wieder „revoltierende Geister", damit wir das Reich der Humanität nicht aus dem Auge verlieren.

Ausgewählte Literatur

Adler, A. (1933). Der Sinn des Lebens. Frankfurt: Fischer 1973.
Bleuler, E. (1911). Dementia praecox oder die Gruppe der Schizophrenien. Reprint München: K. Saur 1978.
Freud, S. (1895). Studien über Hysterie. GW I.
Laing, R. (1972). Das geteilte Selbst. Köln: Kiepenheuer & Witsch.
Mead, G. H. (1934). Geist, Identität und Gesellschaft aus der Sicht des Sozialbehaviorismus. Frankfurt: Suhrkamp 1968.
Piaget, J. (1946). Nachahmung, Spiel und Traum. Die Entwicklung der Symbolfunktion beim Kinde. Stuttgart: Klett-Cotta 1969.
Szasz, T. (1961). Geisteskrankheit – Ein moderner Mythos. Olten: Walter 1972.
– (1963). Recht, Freiheit und Psychiatrie. Wien: Europaverlag 1978.
– (1974). Die Fabrikation des Wahnsinns. Olten: Walter.
– (1978). Psychiatrie – Die verschleierte Macht. Frankfurt: Fischer.
– (1978). Das Ritual der Drogen. Wien: Europaverlag.
– (1979). Schizophrenie – Das heilige Symbol der Psychiatrie. Wien: Europaverlag.
– (1980). Theologie der Medizin. Wien: Europaverlag.
– (1982). Der Mythos der Psychotherapie. Wien: Europaverlag.

Maurice Merleau-Ponty

Einleitung

Maurice Merleau-Ponty wurde am 14. März 1908 in Rochefort-sur-Mer geboren. Er besuchte – wie Sartre – die Mittelschule und die Ecole Normale Supérieure in Paris. 1930 legte er sein Examen in Philosophie ab und unterrichtete anschließend in einem Lyzeum in Bauvais, dann in Chartres. Seine Weiterbildung absolvierte er als Mitarbeiter des Centre National de Recherches Scientifiques. Die Doktorarbeit trug den Titel: *La Structure du comportement* und erschien 1942 im Druck. Von 1940 bis 1944 war Merleau-Ponty Philosophielehrer am Lycée Carnot in Paris. Er nahm am Widerstand gegen die deutsche Besatzung teil und schrieb sein großes Werk *Phénoménologie de la perception,* das zusammen mit der vorgenannten Arbeit an der Sorbonne eingereicht wurde. Die beiden Schriften legitimierten ihn dazu, zunächst in Lyon, dann in Paris pädagogische Psychologie und Philosophie zu lehren. Am 1. April 1952 wurde er Professor am Collège de France – die höchste Ehrung, die es in Frankreich für einen Gelehrten gibt. Er erhielt den Lehrstuhl, den vor ihm unter anderen Henri Bergson innegehabt hatte, und dozierte vor einem Publikum, das weit über die Fachkreise hinausreichte.

Nach der Befreiung hatte Merleau-Ponty gemeinsam mit Sartre die Zeitschrift *Les Temps Modernes* gegründet. Wie Sartre stürzte er sich in die Politik, was unter anderem bedeutete, daß er sich intensiv mit dem Marxismus und dem Kommunismus auseinandersetzte. Dies führte zur Publikation der Bücher *Humanisme et terreur* (2 Bde., 1947, deutsch: *Humanismus und Terror,* 1966) und *Les Aventures de la Dialectique* (1955, deutsch: *Die Abenteuer der Dialektik,* 1968).

Am Streit um die marxistische Lehre und die kommunistische Politik zerbrach die Freundschaft mit Sartre, der mit einer gewissen Leichtgläubigkeit den Schalmeientönen des Bolschewismus Glauben schenkte. Merleau-Ponty war da realistischer. Seine Kritik an Sartres oft extremer Linkslastigkeit provozierte Gegenkritiken durch Simone de Beauvoir, Francis Jeanson und andere, so daß sich Abgründe zwischen den beiden Dioskuren auftaten, die durch ihre Assimilation gestaltpsychologischer, phänomenologischer und existenzphilosophischer Lehren einen hohen Grad von Geistesverwandtschaft aufwiesen.

Merleau-Ponty zog sich aus der Politik auf die reine Forschung zu-rück. Neben den Vorlesungen, die er am „Institut" hielt, veröffentlichte er die Aufsatzsammlung *Signes* (1960) und sammelte Ideen für sein Buch *Le Visible et l'invisible,* das er leider nicht mehr fertigzustellen vermochte. Merleau-Ponty starb am 3. Mai 1961 im Alter von nur 53 Jahren. Sartre, der ihn trotz aller Polemik stets als ebenbürtigen Denker geschätzt hatte, widmete ihm einen schönen Nachruf unter dem Titel *Merleau-Ponty vivant* (in: *Les Temps modernes,* 1961), worin er der ehemaligen Freundschaft ein eindrucksvolles Monument setzte.

Im deutschen Sprachbereich setzte die große Wirkung Merleau-Pon-tys bald nach seinem Tode ein. Seine Hauptwerke *Die Struktur des Verhaltens* (1942) und *Phänomenologie der Wahrnehmung* (1945) wur-den ins Deutsche übersetzt (1976, 1966); ebenso der Essay-Band *Das Auge und der Geist* (1967) und *Vorlesungen I* (1973). Bei der Lektüre dieser Texte wird offenkundig, daß Merleau-Ponty als Phänomenologe mindestens so viel geleistet hat wie Sartre; manche Autoren nennen ihn den legitimen Fortsetzer von Husserl, ebenso bedeutend als Psychologe wie als Philosoph.

Analyse des Verhaltens

Die Struktur des Verhaltens (1942, dt. 1976) ist Merleau-Pontys Einstieg in die Philosophie, und man muß sich sehr darüber wundern, daß dies die Erstlingsarbeit unseres Autors sein soll; diese Dissertation eines jungen Mannes zeigt bereits alle Kennzeichen einer reifen Gelehrsam-keit, deren Souveränität unverkennbar ist. Hier spricht ein Wissen-schaftler, der die zeitgenössische Biologie und Psychologie weitläufig assimiliert hat und auch imstande ist, deren philosophische Grundlagen-forschung meisterhaft voranzutreiben. Erstaunlich ist auch, wie sehr Merlau-Ponty in der deutschsprachigen Fachliteratur bewandert ist. Schon seine Frühschrift zitiert fast alle wichtigen Autoren der „Gestalt-psychologie", verweist da und dort – aber noch spärlich – auf Husserl und Scheler und bekundet auch eine gewisse Abhängigkeit von den Lehren Kurt Goldsteins *(Der Aufbau des Organismus),* der anläßlich seiner Untersuchungen von Hirnverletzten des Ersten Weltkrieges ge-staltpsychologische Innovationen in das biologische, neurologische und psychopathologische Denken einzuführen vermochte.

Vom *Verhalten* sprechen bekanntlich mit besonderer Akzentuierung die Behavioristen (Watson) und die Reflexologen (Pavlov), die der

Meinung sind, hiermit das Atom tierischer und menschlicher Reaktionen gefunden zu haben. Merleau-Pontys Verhaltensbegriff ist jedoch mit diesen Theorien nicht zu fassen. Er wirft dieser „physiologischen Psychologie" eine philosophische Unbekümmertheit vor, die man skandalös nennen kann. Es ist doch keineswegs bewiesen, daß der Mensch ein „Reflexwesen" sei und ähnlich wie ein Mechanismus reagiere. Die Frage nach dem Wesen des Menschen darf von der psychologischen Forschung nicht übersprungen oder durch materialistische Vorurteile beantwortet werden. Wer sagt uns denn mit Sicherheit, daß der Mensch „ein Tier wie alle anderen Tiere" ist? Und die Tatsache, daß die Experimente der Watson- und der Pavlov-Schule an Tieren und Menschen fast immer durch Laboratoriumsbedingungen konstelliert wurden, muß in uns den Verdacht aufsteigen lassen, daß ihre angeblich „naturwissenschaftlich objektivierten" Resultate mehr oder minder Kunstprodukte sind. Daher wäre es nützlich, alle Forschungsergebnisse der materialistischen Biologie, Medizin und Psychologie einer kritischen Revision zu unterziehen.

Merleau-Ponty bemängelt am traditionellen Materialismus der genannten Disziplinen, daß er die Wirklichkeit summativ aus Empfindungsatomen, Reizen, Reflexen, Trieben usw. zusammensetzen will. Die lebendige Erfahrung lehrt uns jedoch, daß wir immer schon von „Strukturen" und „Gestalten" umgeben sind. Struktur (Ordnung, Bauart) ist ein Begriff, den Dilthey für das Gefüge und den Aufbau des Seelenlebens in Anspruch nahm: danach ist Seelisches von vornherein in der Art ganzheitlicher Gliederungen gegeben, wobei Teile und Ganzes in bedeutungsvollem Zusammenhang stehen. Der Strukturgedanke hat aber auch seinen Sinn im Bereich der Physik, der Biologie und in allen Humanwissenschaften. Merleau-Ponty behauptet im Einklang mit den Gestalt- und Strukturpsychologen (Köhler, Koffka, Wertheimer, Goldstein, v. Weizsäcker usw.), daß sowohl die Ding- als auch die Bewußtseinswelt durchwegs strukturell beschaffen sind, daß man überall mit „Gestalten" zu tun hat und die Wirklichkeit auch nicht anders als gestalthaft wahrgenommen werden kann. Vor allem gilt dies für das Reich des Lebendigen, für das menschliche Sein, für die Bewußtseinstätigkeit und die Kulturleistungen des Menschen, die der Naturalismus aller Spielarten kaum zu begreifen vermag.

Was hat man denn gewonnen, wenn man Pflanzen, Tiere und eventuell sogar Menschen als „höhere Maschinen" beschreibt? Lebewesen stehen aktiv in einer Umwelt, auf die sie immer ganzheitlich reagieren, selbst wenn es so aussieht, als ob auf vereinzelte Reize spezifische

Reflexantworten folgen. Das Lebendige verhält sich nicht nur zum Reiz, sondern zu seiner Umwelt als Ganzes. Auch das Verhalten des Menschen wird fehlgedeutet, wenn man die in der Naturwissenschaft übliche isolierende und atomisierende Betrachtung kritiklos anwendet. So hat zum Beispiel Goldstein an seinen Patienten zeigen können, daß der Ausfall von bestimmten Hirnarealen nicht so sehr einzelne Spezialfunktionen eliminiert, sondern eher das Gesamtverhalten des Patienten zur Welt verändert. Bei Hirnschädigungen kommt es zu einem allgemeinen Leistungsabfall der Weltbeziehung; der Patient ist dann etwa nicht in der Lage, zu seiner wirklichen Situation auch noch die darin enthaltenen Möglichkeiten hinzuzudenken, so daß er gleichsam die Dimension der Zukunft und der Handlungsvariation verliert. Entsprechend primitivisiert sich auch sein Sprachschatz, der nur noch das Konkrete in seiner nackten Gestalt umgreift. Die vielfachen Bedeutungsvarianten von Dingen und Situationen werden nicht mehr gesehen. Es ist, als ob der Patient von den höheren Strukturen des Bewußtseinslebens auf tiefere Gestaltungen zurückgefallen wäre, aber immer noch erlebt er alles „gestalthaft", wenn auch einfacher und sinnärmer.

Materie, Leben, Psyche und Geist können verstanden werden als *verschiedene Ebenen der Strukturbildung,* wobei nirgendwo neue Substanzen (etwa eine „Lebensschwungkraft" oder der „Geist") hinzukommen, sondern nur eine Änderung des Ordnungsgefüges stattfindet. Die jeweils höhere Struktur überformt die niederen Strukturen und baut sie um. So scheint in der Realität selbst eine Tendenz zu wachsender Bedeutungsfülle vorzuliegen. Die mächtigste Sinnschöpfung im Universum jedoch erfolgt durch die menschliche Existenz, die in „Arbeit" und „Wahrnehmung" eine fundamentale Sinnschicht konstituiert, von der alles subtilere Gemüts- und Verstandesleben getragen wird. Merleau-Ponty bewunderte das Wort von Malebranche, nach dem die Welt eine „unausgeführte Skizze" sei, die der Mensch zu vervollständigen habe. Nun kann man sich die Vervollständigung eines angefangenen „Kunstwerkes" kaum als die Auswirkung eines reflexhaften Reagierens vorstellen. Ein Weltbild, welches das Ursache-Wirkungs-Schema universalisiert, wird niemals begreiflich machen können, wie die „menschliche Welt" vom Menschen geschaffen wurde und durch ständige Neuschöpfungen bereichert wird.

Allerdings wehrt sich Merleau-Ponty auch gegen jene Philosophien, die im idealistischen Sinne hauptsächlich Verstand und Bewußtsein für die Geordnetheit unserer Welterfahrung verantwortlich machen. Man kann diese Lehren auf den Kritizismus von Kant zurückführen, der in den Empfindungen noch das Rohmaterial sah, in das die Verstandeskategorien Ordnung und Folge hineinbringen. Für Merleau-Ponty ist schon die Wahrnehmung radikale Sinnsuche und Sinnverwirklichung. Das menschliche Erkennen steigt nicht vom dumpfen Empfindungsleben zur Helle einer klaren Verstandeseinsicht empor. Empfinden und Wahrnehmen sind bereits gestaltorientiert, wie denn auch das Kleinkind zunächst nicht etwa „Naturhaftes" registriert, um dann zum Menschlichen überzugehen. Im Gegenteil: das früheste Weltbild ist ein „physiognomisches" und enthält Eindrücke von menschlichen Gesichtern oder Gefühlszuwendungen. Dann folgt als eine erste Abstraktion die menschliche Werkzeugwelt und hernach erst die Ahnung des Natur-Rahmens, auf den unsere individuelle und soziale Existenz gegründet ist.

Die Welt in ihrer ganzen Reichhaltigkeit ist uns schon „in der Wahrnehmung gegeben". Wenn wir in ihr handeln – und das Leben als Ganzes ist „Handlung" –, dann bewegen wir uns totaliter im Raum jener Sinngebilde, die die Kultur geschaffen hat und in die wir vom ersten Lebenstag an „hineinwuchsen". Da die Kulturhaftigkeit jene Struktur ist, die für den Menschen charakteristisch ist, hat es keinen Erkenntniswert, wenn man Menschliches in den Schematismen der „Naturgegenstände" und der „Tierhaftigkeit" beschreibt. Bis in die Physik, Chemie und Biologie des Leibes hinein reicht das Kulturelle, das Sprachliche, die „Arbeit" und die „Selbstgestaltung". So stehen etwa Leib und Seele in einem Ausdrucksverhältnis zueinander. Das Seelische ringt sozusagen lebenslänglich darum, den Leib in sein Ordnungs- und Ausdrucksgefüge zu integrieren (was nie vollständig gelingt). Ebenso „will" das Geistige (als Weltoffenheit, Vernunft, Kulturbewußtsein usw. verstanden) Leib und Seele in seine Strukturdynamismen einbauen, was bei einem Leben mit kultureller Gesamtintention dann und wann zustande kommt, aber immer wieder durch Struktur- und Gestaltverlust irgendwelcher Art bedroht ist.

Diese hochtheoretischen Erwägungen kann man eventuell durch Merleau-Pontys Stellungnahme zur Psychoanalyse einigermaßen verdeutlichen. Ein Abschnitt in *Die Struktur des Verhaltens* ist diesem Thema gewidmet (S. 202–206). Nach Merleau-Ponty ist es von vornherein abwegig, die dialektische Beziehung des Menschen zu seiner Welt und zu den Mitmenschen in „organismischen Begriffen" darzustellen. Jede Trieb- und Kausal-Psychologie ist mit großen Unzulänglichkeiten behaftet. Die Libido-Hypothese von Freud ist ebenso unadäquat wie die Theorie eines Unbewußten, das wie ein „zweites Subjekt" hinter dem Bewußtsein lauert und dessen Reaktionen sowohl stört als auch determiniert. Das ist sozusagen „schlechte Metaphysik", die aber die Tragweite der Freudschen Befunde keineswegs mindern muß. Vernünftiger wäre es nach Merleau-Ponty, wenn man das Verhalten der Patienten nicht auf Komplexe, Triebe, Triebfixierungen, Traumata usw. zurückführen würde, sondern darin verschiedene Ebenen der *Stellungnahme zum Leben* sähe, die jeweils die gerade noch für das betreffende Individuum mögliche Gestalt und Struktur verwirklichen will. Verdrängung bedeutet unter anderem, daß der Patient eine nur geringe Integrationskraft erwarb, weshalb er jene Verhaltensmuster nicht zustande bringt, in denen er „sein gesamtes Sein" unterbringen kann. Die „ungemeisterten Lebenssituationen" erzwingen dann die Vermeidung von bestimmten Lebensanforderungen, die Abspaltung gewisser Bedürfnisse und Wertorientierungen, das gleichsam phobische Ausweichen vor allen Konstellationen, die „von weit her" jenen Debakeln ähneln, die in der Kindheit fast vernichtend wirkten. Das ist kein selbständiger Wiederholungszwang und auch nicht die Dynamik eines fast autonomen Unbewußten: es ist der Mensch selbst (als Ganzer), der an der höheren Sinnrealisation verzweifelt und sich daher mit der geringeren Sinn-Modalität des Krankseins begnügt, welche seinen Lebensraum verengt und ihm Sicherheit und Angstfreiheit bietet.

Was Freud als „unbewußten Triebzwang" beschreibt, kann auch gedeutet werden als „primitiveres Verhalten", das eingesetzt wird, wenn das „höhere Verhalten" entweder nicht geübt wurde oder abgebaut werden mußte. In diesem Sinne kann man Träume, Symptome, Fehlleistungen, Affekte und Fluchttendenzen als mangelhafte Integrationsleistungen des Menschen sehen, als „verarmtes Leben", das Vitalreaktionen und Schutzbedürfnis in den Vordergrund rückt. Und dennoch ist darin keimhaft die vollendetere Sinn-Dimension enthalten, welche die Psychotherapie aufzeigen muß, um deren Ergreifen „im Aufschwung" vorzubereiten.

Theorie der Wahrnehmung

Der eigentliche Stammvater der Phänomenologie und der Existenzphilosophie ist Edmund Husserl (1859–1938), indes Kierkegaard, Nietzsche, Franz Brentano und Dilthey als die Großväter dieser Geistesbewegungen bezeichnet werden dürfen. Husserl, der in Göttingen und Freiburg i. B. lehrte, trat 1900 mit seinen *Logischen Untersuchungen* in den Mittelpunkt des philosophischen Interesses, als er den damals vorherrschenden „Psychologismus" energisch in die Schranken wies und die Eigenständigkeit geistiger Phänomene – zum Beispiel in Gestalt der logischen Denkgesetze – überzeugend nachwies. Von daher setzte er den Aufbau der phänomenologischen Methode ins Werk, die den Anspruch erhob, eine neuartige philosophische Disziplin zu sein, auf Grund derer uralte Probleme der menschlichen Spekulation einer zuvor nur geahnten Lösung entgegengeführt werden konnten.

Husserl bekämpfte den Materialismus und Positivismus, zugleich aber auch jenen Idealismus, der „das Geistige" in eine über der Welt thronende Instanz verwandelte. Sein Ruf „Zu den Sachen!" bedeutete demnach nicht etwa das Verlangen nach einem platten Empirismus (den es zur Genüge in den sogenannten „exakten Wissenschaften" gab und gibt), sondern den Verweis auf die „eigentlichen Phänomene" des Bewußtseinslebens, die jeder wissenschaftlichen Betätigung und sonstigen Welterfahrung zugrundeliegen. Die Phänomenologie als intuitive Bewußtseinsanalyse hatte unverkennbar verwandtschaftliche Beziehungen zur Psychologie, war aber bei Husserl stets Transzendentalphilosophie, das heißt Untersuchung der Bedingungen der Möglichkeit menschlichen Welt- und Selbsterkennens, auf deren Fundament auch alle Seinsfragen (Ontologie) zu klären waren.

Husserls abstrakte Philosophie war der Auftakt zu einer Reihe von Bestrebungen, die eine Revolution im Denken der Gegenwart bedeuten. Autoren wie Scheler, Heidegger, Sartre und nicht zuletzt auch Merleau-Ponty entnahmen der Husserlschen Botschaft den Appell, sich der konkreten Lebenswelt des Menschen philosophisch zuzuwenden. So analysiert Heidegger in *Sein und Zeit* (1927) den „natürlichen Weltbegriff", also das Dasein des Menschen, das jeder wissenschaftlichen und philosophischen Betätigung vorausgeht. Er verankerte das Weltbild der Wissenschaft in den Existenzerfahrungen des eigentlichen und uneigentlichen Selbstseins, der Angst, der Sorge, des Gewissens und des „Vorlaufens zum Tode".

Sartre seinerseits knüpfte an Heidegger an und verlegte den Akzent seiner Beschreibungen auf die Auseinandersetzung des Individuums mit dem Mitmenschen (die er im Sinne Hegels als „Kampf der Bewußtseine" identifizierte) und mit der natürlichen und sozialen Umwelt, die es umgibt und seine Freiheit einschränkt. Das Revoltieren gegen den Verlust des Selbstseins erfolgt nun nicht in der Angst und in der schweigsamen Entschlossenheit, sondern im Ekel, in dem das Erlebnis des Unfreiseins abgeschüttelt werden soll. Sartres Deskription des primären In-der-Welt-Seins enthält auch Klärungen des sexuellen Verhältnisses der Menschen untereinander, womit das Phänomen der Leiblichkeit radikal ins Philosophieren einbezogen wird. Damit ist bereits die Brücke zum Werk Merleau-Pontys geschlagen, der seine Phänomenologie – angelehnt an Husserls Spätschriften – als eine neuzeitliche „Philosophie des Leibes" verstand.

Diesem Problem in allen seinen Verästelungen wird nachgegangen im monumentalen Buch *Phänomenologie der Wahrnehmung* (1945). Schon Husserl hatte behauptet, daß in der richtig verstandenen Wahrnehmungstheorie alle Fragen der menschlichen Erkenntnis zusammenlaufen. Um die *Krisis der europäischen Wissenschaften* (wie ein aus dem Nachlaß von Husserl herausgegebenes Werk betitelt ist) zu beheben, müsse man erkenntnismäßig auf die „Lebenswelt des Menschen" zurückgehen, auf jene Welt also, die ihm alltäglich im Wahrnehmen und Handeln gegeben ist und zu der er Zugänge besitzt, die nicht vollständig durch theoretische Konstruktionen und Vorurteile verrammelt sind. Durch spezielle intellektuelle Einstellungen (Wesensschau, Reduktion, epoché usw.) könne man sich der Fülle und Reichhaltigkeit der Wahrnehmungserfahrung bemächtigen, in der Welt und Existenz transparent werden.

Wer über die Wahrnehmung philosophiert, kann die wissenschaftlichen Erkenntnisse in diesem Bereich nicht außer acht lassen. Die eingehendsten Untersuchungen auf diesem Gebiet stammen von der „Gestaltpsychologie", die 1890 durch Christian von Ehrenfels (*Über Gestaltqualitäten*) aus der Wiege gehoben wurde. Die Gestalttheoretiker, die in Leipzig und Berlin ihre Forschungszentren hatten, formulierten einige Gesetze des Wahrnehmungsgeschehens, die vor allem die mechanistischen und atomistischen Lehren – die um die Jahrhundertwende obenauf waren – zurückdrängen sollten. Dabei wurde unter anderem der spontane und schöpferische Aspekt des Wahrnehmens betont. Wir nehmen nicht summativ Empfindungspartikel wahr, sondern Ganzheiten und Gestalten, Figuren auf einem gegebenen Hintergrund. Erst auf dem Grunde ganzheitlicher Situationserfahrung treten einzelne Dinge oder Fakten hervor. Höhere Lebewesen lernen nicht blindlings durch „Versuch und Irrtum", sondern durch „Einsicht". Die unvollständige Wahrnehmungsgestalt wird imaginativ zur Totalität ergänzt; das Lebendige will „gute Gestalten" verwirklichen, und diese Regel determiniert das Wahrnehmen, das Denken, das Wollen, das Sich-Bewegen und den Lebensablauf im Ganzen.

Diese und andere Thesen der Gestaltpsychologie sind sowohl bei Husserl als auch bei Merleau-Ponty die Basis für weitreichende Überlegungen, die von der Psychologie zur Anthropologie und Ontologie überleiten. Beide Philosophen sind der Auffassung, daß alles Bewußtsein Wahrnehmung und jegliche Wahrnehmung auch Bewußtsein ist. Wahrgenommen wird stets „die Welt", doch ist dies nicht die von der Wissenschaft durch Abstraktionen und Konstruktionen beschriebene Welt, sondern die „Lebenswelt". In dieser darf man sich Subjekt und Objekt nicht scharf voneinander getrennt denken. Merleau-Ponty spricht vom „Zur-Welt-Sein des Menschen", womit er eine „präobjektive Welterfahrung" anvisiert, in der sich sozusagen unser Leib „an die Welt hingibt". Eine Seele ohne Leib würde nichts wahrnehmen können: dieser aber ist „unser Ankerplatz in der Welt", um den herum sich eine Situation konstelliert, innerhalb derer wir Menschen und Dinge aus einer „Perspektive" sehen (tasten, riechen, schmecken und hören).

Da unser Leib ein „menschlicher" ist, sind auch seine Sinnesorgane nicht im strikten Sinne mit denjenigen der Tiere zu vergleichen. Der Leib des Menschen pulsiert in der Welt wie ein Herz in einem Organismus. Im Handeln verweben sich Menschenleib und Umwelt, und das Wahrnehmen ist bereits eine solche Verwobenheit, die durch jegliche Form von Praxis noch intensiviert wird. Alles ist geistig am Menschen, wie auch alles an ihm biologisch und psychisch ist. Merleau-Ponty sagt unter anderem: „Sehen in der Art, wie ein Mensch sieht, und Geistsein sind synonym" (*Phänomenologie der Wahrnehmung,* S. 166).

Der Leib des Menschen ist keine Körpermaschine, sondern ein Kunstwerk, das Gestaltqualitäten aufweist. Man kann dies wiederum mit einem Exempel aus der psychoanalytischen Theorie verdeutlichen. Freud suchte eine Hauptquelle der psychischen Aktivität und glaubte diese im Eros oder Sexus gefunden zu haben. Daraus machte er nun einen „Motor" seiner als „Apparat" gedachten Psyche, spürte aber selbst in seiner Praxis, daß das Ganze des Seelenlebens einer Melodie vergleichbar ist, in der alle wechselnden Motive aufeinander abgestimmt sind. So drückt etwa die Sexualität den Charakter aus, der Charakter aber auch die sexuelle Erlebnisstruktur. Die Sprech- oder Arbeitsweise ist dialektisch mit Charakter, Erotik und Weltanschauung eines Menschen verknüpft. So ist alles am Menschen von derselben „Intentionalität" durchflossen, atmet gewissermaßen denselben „Weltentwurf" und spiegelt die Einheit seines In-der-Welt-Seins (Heidegger) oder Zur-Welt-Seins (Merleau-Ponty) wider. Daher wird auch jeder Mensch nur wahrnehmen, was zu seiner Gesamtpersönlichkeit paßt. Freud war sich intuitiv dieser Dialektik bewußt, die er allerdings theoretisch vernachlässigte, weil er in seiner Konzeption unbedingt die „naturalistischen

Vorurteile" zur Geltung bringen wollte. Man würde ihm aber unrecht tun, wenn man auf diesen Einseitigkeiten insistieren und übersehen würde, daß Freud mehr als viele andere zum Verstehen der *Sinnhaftig-keit* alles menschlichen Verhaltens beigetragen hat. Setzt man überall dort, wo Freud und seine Schüler „Libido" sagen, den Begriff „Exi-stenz" ein, dann hat man einen Schlüssel zum Drama des menschlichen Daseins, der uns das Tor zu tausend Rätseln aufschließt: alles am Menschen ist *sexuell*, weil alles an ihm *existentiell* ist.

Philosophie der Leiblichkeit

Vor die Aufgabe gestellt, die Idee des Leibes bei Merleau-Ponty deutli-cher zu fassen, erinnern wir uns daran, daß der französische Phänome-nologe und Existenzialist einen Vorläufer hatte, den er nur sehr selten erwähnte, nämlich Friedrich Nietzsche. In Nietzsches Philosophie wird sehr eindrücklich immer wieder betont, daß der menschliche Leib das interessantere Phänomen als die Seele sei, daß er die größeren Geheim-nisse in sich berge und mehr Beachtung und Glauben verdiene als alle seelischen Regungen, die doch auch nur „etwas am Leibe" seien. Hierzu nur einige Gedanken aus *Der Wille zur Macht* (1930):

> Wesentlich: vom Leib ausgehen und ihn als Leitfaden zu benutzen. Er ist das viel reichere Phänomen, welches deutlichere Beobachtungen zuläßt. Der Glaube an den Leib ist besser festgestellt, als der Glaube an den Geist (S. 366). Der menschliche Leib, an dem die ganze fernste und nächste Vergangenheit alles organischen Werdens wieder lebendig und leibhaft wird, durch den hindurch, über den hinweg und hinaus ein ungeheurer, unhörbarer Strom zu fließen scheint: der Leib ist ein erstaunlicherer Gedanke als die alte „Seele" (S. 440). Es liegt so unsäglich viel mehr an Dem, was man „Leib" und „Fleisch" nannte: der Rest ist ein kleines Zubehör (S. 450). Und kurz gesagt: es handelt sich vielleicht bei der ganzen Entwicklung des Geistes um den *Leib*: es ist die *fühlbar* werdende *Geschichte* davon, daß ein *höherer Leib sich bildet* (S. 451).

Ähnliche Äußerungen des Dichter-Philosophen könnten in beliebiger Zahl zusammengetragen werden. Was Nietzsche jedoch mit dichteri-schen Metaphern erläutert, will Merleau-Ponty als streng-wissenschaftli-che Philosophie darlegen. Dies gelingt ihm mit hoher Überzeugungs-kraft, aber es liegt wohl am Thema selbst, daß auch seine Gedanken-gänge im Spätwerk sich der Dichtung oder der Kunst überhaupt annä-hern: von der Sinndeutung des Leibes führt ein direkter Weg zur Kunst.

Der Leib, über den Merleau-Ponty philosophiert, ist nicht der Menschenkörper der Anatomen, der Physiologen und der Verhaltensforscher, aber auch nicht die Leiblichkeit der mittelalterlichen Theologen, die der Seele als befristeter Aufenthaltsort und als ihr „Gefängnis" dient. Er ist „inkarniertes Subjekt", jene Konfiguration der Welt, in der sie sich ihrer selbst bewußt wird. Der Leib, der ein „je eigener" ist, erschließt uns die Dinglichkeit und die Mitmenschen. Er ist so sehr ein „Geöffnetsein" zu allem und jedem, daß er durch die Haut nur scheinbar begrenzt wird: in Wirklichkeit reicht er hinaus bis zum Horizont des Sicht- und Fühlbaren, auf das er einwirkt und von dem er beeinflußt wird. Wo Menschen kooperieren, verstehen sie sich gleichsam von Leib zu Leib, und nicht selten schwingt in der wechselseitigen Berührung der Seelen im Verständigungsprozeß irgendwelcher Art auch ein erotisches Moment mit: ist doch die Erotik die dem Menschen gegebene Möglichkeit, sich mit einem Du sprachlos zu einigen, wobei jeder dem anderen dazu verhilft, das „Wohnen im Leibe" (und damit auch in der Welt) zu verwirklichen. Darum ist sexuelles Glück auch existentielle Beglückung, und es ist fraglich, ob es eine tiefe Erfüllung des Menschendaseins ohne jenen vollen Genuß der Leiblichkeit geben kann, der in der gelingenden sexuellen Vereinigung zustande kommt.

Wie bereits angedeutet, sind schon die Sinnesorgane des Menschen „kleine Philosophen", und der Leib als Ganzes ist Sinnsucher, Sinngestalter und Sinnerfinder. Wenn Heidegger das menschliche Dasein „ontisch-ontologisch" nennt und darin seine Auszeichnung sieht (ein Seiendes zu sein, das eines Seinsbegriffes fähig ist!), dann beschreibt dies nach Merleau-Ponty die unablässige Tätigkeit des Leibes, der inmitten des Seins wohnt und ihm laufend „Sinn abringt". Was Heidegger „Sein" im umfassenden Sinne des Wortes nenne, sei im Grunde nur die noch unsichtbare oder sprachlich noch nicht bewältigte „Substanz der Welt", die durch die Wahrnehmung nach und nach organisiert und strukturiert wird. Man muß das Sein nicht über oder hinter der Welt suchen: es ist zu finden im Rätsel der weltoffenen Leiblichkeit, im „Staunen angesichts einer Welt", von der wir ein – offenbar zentraler – Teil sind.

Wenn der Leib sich „zur Welt öffnet", dann findet er sich in einer Situation, in der immer schon die Vorbedingungen seines Existierens gegeben sind, die er übernehmen soll und muß. Tiefer als sein „Ich denke" liegt sein „Ich kann", und was wir am Menschen „Geist" nennen, ist eigentlich sein Lebenkönnen, die innere und äußere Wendigkeit des Leibes, der sich in die Situation einläßt und in ihr die Arbeit der Enthüllung und Entbergung leistet. Dabei erfährt er seine Gebundenheit und seine Freiheit, seine Endlichkeit und seine Träume vom Unendlichen. Immer ist er schon „draußen bei den Dingen", und nur in Notlagen sieht er sich auf sich selbst zurückgeworfen, da eventuell der Widerstandskoeffizient der Welt ihn zu übermannen droht. So kann man gewiß viele Krankheiten als „Situationsverlust" begreifen: wenn das Individuum nicht mehr auf seine Weise in den Lebensumständen Sinn finden und verwirklichen kann, dann fällt es auf die umgrenzte Leiblichkeit selbst zurück und verwandelt den ganzen Leib in eine Ausdrucksgebärde, die Hilfsbedürftigkeit ankündigt. Noch schlimmer ist die Preisgabe aller Situationen überhaupt, das heißt der Abbau der seelisch-geistigen Ordnung (Mitleben, Existenz), so daß nur noch die physikalische Ordnung der Leiblichkeit zurückbleibt: Lebendiges verwandelt sich hierbei in Totes, und aus dem Leib wird ein Körper, der nur noch „innerweltlich" ist und nicht mehr „eine Welt hat".

Philosophieren heißt, die Welt als den vertrauten Ort unseres Lebens, als eine Wiege aller Bedeutungen und als den Boden aller Gedanken erfahren und sich stets aufs neue in das geheime und geheimnisvolle Zusammenwirken von Leib und Welt vertiefen, aus dem alle Rationalität, Vernunft und Wissenschaft aufsteigt. Denken und Leben sind durch eine Dialektik verknüpft, die von all jenen übersehen wird, die irrtümlicherweise Erkenntnis daraus zu gewinnen erhoffen, daß sie in „überfliegender Manier" Situationen und Weltkonstellationen hinter sich lassen wollen. Jede vernünftige Einsicht trägt den Stempel ihrer situativen Ursprungsstätte. Das soll nicht ausschließen, daß der Philosoph zum Beispiel die gesamte Tradition seines Faches assimiliert (also Gelehrter ist): letzten Endes jedoch bleibt er eine „lehrende Spontaneität", das heißt ein lebendiger Mensch, der sich ins Dasein verstrickt findet und begreifen will, wie er in Natur und Geschichte hineingeraten ist.

Sartre sagte, daß wir zur Freiheit verurteilt sind. Nach Merleau-Ponty sind wir frei und unfrei zugleich, weil wir ein Stück Welt sind (also den Naturgesetzen unterliegen), aber eben ein Weltding, das sich selbst wahrnimmt und sich seiner bewußt ist. Damit ist von vornherein neben oder besser noch *über* dem Ursache-Wirkungs-Dynamismus die Sinnsphäre gegeben, da wir durch alle unsere Lebensäußerungen Natur in Geschichte umsetzen, so daß man richtiger sagen kann, wir seien „zum Sinn verdammt". Sinn ist das Lebenselement des Menschen. Es handelt sich aber nicht bloß um einen „intellektuellen Sinn", sondern um jenen Sinn, den wir durch unser Im-Leib-Sein und unser Zur-Welt-Sein erleben, entwickeln und entfalten.

Die Philosophen sind nicht die einzigen und auch nicht die bevorzugten Sinnsucher und Sinngestalter. Die Künstler vor allem laufen ihnen den Rang ab, da sie uns die sichtbare, hörbare und tastbare Welt erschließen. Welche Rolle hierbei die „gesunde Leiblichkeit" spielt, hat wiederum Nietzsche lange vor Merleau-Ponty mit kühner Intuition erkannt. So lesen wir unter anderem in *Der Wille zur Macht* folgende Äußerungen über den Künstler als Menschentyp:

> Die Künstler, wenn sie etwas taugen, sind (auch leiblich) stark angelegt, überschüssig, Krafttiere, sensuell; ohne eine gewisse Überheizung des geschlechtlichen Systems ist kein Raffael zu denken ... Musikmachen ist auch noch eine Art Kindermachen ... Die Künstler sollen nicht so sehen, wie es ist, sondern voller, einfacher und stärker: dazu muß ihnen eine Art Jugend und Frühling, eine Art habitueller Rausch im Leben eigen sein (S. 536).
> Die physiologischen Zustände, welche im Künstler gleichsam zur „Person" gezüchtet sind und die an sich in irgendwelchem Grade dem Menschen überhaupt anhaften:
> 1. der *Rausch:* das erhöhte Machtgefühl; die innere Nötigung, aus den Dingen einen Reflex der eigenen Fülle und Vollkommenheit zu machen;
> 2. die *extreme Schärfe* gewisser Sinne ... (S. 545). Die Kraft und die Macht der Sinne ist das Wesentliche an einem wohlgeratenen Menschen (S. 681).

An anderer Stelle behauptet Nietzsche, daß der Künstler „seine Vernunft in den Sinnesorganen" habe; genau das sei es, was ihn oft gegenüber dem Gelehrten als überlegen erscheinen läßt. Dem würde Merlau-Ponty bestimmt beipflichten können, da auch seine Philosophie so etwas wie eine Apotheose der Kunst oder der künstlerischen Lebensform ist.

Ähnlich wie Heidegger zur Verdeutlichung seiner späten Lehren auf die Dichtung zurückgriff (vor allem in seinen Interpretationen zu Hölderlinschen Hymnen), suchte auch Merleau-Ponty Kronzeugen für seine Ontologie und Anthropologie in der Welt der Künstler. Für ihn war es jedoch die *Malerei,* in der er die conditio humana und die menschliche Seinsverankerung am eindrücklichsten zu erkennen glaubte, da für ihn das Auge und das Sehen die dominante Sinnessphäre waren. Cézannes Malkunst und kunsttheoretische Überlegungen wurden die Basis für Erläuterungen zu seiner Theorie des „inkarnierten Selbstseins" des Menschen.

Wahrnehmung, Wissenschaft und Kunst

Das neuzeitliche Denken war von einer überschwenglichen Wissenschaftsgläubigkeit, und vor allem die Naturwissenschaften des 19. Jahrhunderts sahen sich schon an der Schwelle einer schier unbegrenzten

Welterkenntnis, die mit der darauf basierenden Technologie das goldene Zeitalter der Menschheit hervorbringen sollte. Auch die sozialen Utopien jener Epoche stützten ihre großen Zukunftshoffnungen in erster Linie auf den Fortschritt der Naturwissenschaft: durch ihn sollte jeglicher Mystizismus abgeschafft, uralte Vorurteile entkräftet und der Menschengeist derart souverän werden, daß er zur vernünftigen Regelung gesellschaftlicher Probleme befähigt sein werde. Die Frühsozialisten, Marx und Engels, Kropotkin und Bakunin, die Sozialdemokraten und die Kommunisten fühlten sich als Repräsentanten des „wissenschaftlichen Zeitalters", das mit seiner allesdurchdringenden Rationalität auch zum Reich der Freiheit und Gerechtigkeit führen müsse.

Diese Blütenträume sind bekanntlich nicht gereift. Naturwissenschaft und Technik schreiten zwar unwiderstehlich voran, bewirken aber keine fundamentale Förderung der Humanität. Sie tragen unter Umständen bei zur Sicherung der materiellen Existenz des Menschen (die sie andererseits im höchsten Maße gefährden), doch das menschliche Ethos hat offenbar nur wenig Berührungspunkte mit dem Naturbegreifen und der technischen Allmacht über die Natur. Jedenfalls haben wir es erlebt, daß „Wissenschaft und Technik ohne Moral" sich durchaus in den Dienst barbarischer Herrschaftssysteme stellen lassen, und in den Kriegen ist es geläufig, daß die großartigsten Erkenntnisse und Apparaturen zum Zwecke der Menschenvernichtung in Funktion gesetzt werden.

Naturwissenschaften sind – wie M. Scheler sagte – eine Art von „Herrschaftswissen", dessen Praxis die Technik darstellt: „Heilswissen" ist in ihnen nicht enthalten. Daher ist es wohl illusorisch, von der Weiterentwicklung der wissenschaftlich-technischen Vernunft eine innere Umkehr oder einen sittlichen Aufschwung der Menschheit zu erwarten. Gewiß wird niemand den Fortgang unseres technischen Zeitalters unterbrechen wollen; wir müssen lediglich wissen, daß Naturwissenschaftler und Techniker einer „geistigen Führung" bedürfen, wenn sie in die Lage versetzt werden sollen, ihr Wissen und Können „menschlich" zu praktizieren.

Der Wert der Wissenschaft für das Leben ist demnach nur relativ, nicht absolut: Naturerkenntnis und Naturbeherrschung sind nur ein „Sektor" der Daseinsgestaltung, das heißt, nicht der „Kern unserer ganzen Existenz". Der naturwissenschaftlich-technische Menschentypus stellt zwischen sich und die „wirkliche Welt" seine Konstrukte, die es ihm erlauben, Dinge und Kräfte in den Griff zu bekommen, wonach er sie dann manipulieren kann. Aber die Realität der Wissenschaft ist nicht „die Wirklichkeit selbst". Sie ist gewissermaßen nur ein Modell, das sich darauf beschränkt, jene Seite der Welt zu sehen und zu fassen, die ein wachsendes Verfügenkönnen über alles und jedes zu gestatten scheint. Daher die Vorliebe für das Quantitative, für die Kausalgesetze, für das Räumliche und das Materielle: jenseits dieser Kategorien jedoch gibt es die menschliche Lebenswelt, den kreatürlichen Lebenslauf von der Geburt zum Tode hin, die Sphäre der Vergesellschaftung und der Kulturgebilde, die sich der Gigantomanie des Machens oder gar Vergewaltigens entziehen. Merleau-Ponty betont wie alle Existenzphilosophen, daß die Rückbesinnung auf die Bedingungen unseres Existierens ein Heilmittel gegen die technisch-wissenschaftliche Hybris der Gegenwart sei.

Wie aber lernt man die „Ehrfurcht vor dem Sein", die Naturwissenschaft und Technik oft so schmerzlich vermissen lassen? Hier eine Textprobe von Merleau-Ponty, in der er den Rückgang auf die Wahrnehmungswelt empfiehlt, wo Leben direkt in Philosophie verwandelt werden kann:

> Das wissenschaftliche Denken – ein Überblicksdenken, ein Denken des Gegenstandes in seiner Allgemeinheit – muß sich in ein vorausgehendes „Es gibt" zurückversetzen, in die Landschaft, auf den Boden der sinnfälligen Welt und der bearbeiteten Welt, wie sie in unserem Leben, für unseren Körper vorhanden sind, nicht für jenen möglichen Körper, den man, wenn man will, als eine Informationsmaschine betrachten kann, sondern für diesen tatsächlichen Körper, den ich *meinen* nenne, diesen Wachtposten, der schweigend hinter meinen Worten und Handlungen steht. Mit meinem eigenen Körper müssen die *assoziierten Körper*, die „anderen" erwachen, nicht als meine Gattungsgenossen, wie die Zoologie sagt, sondern als diejenigen, die mir im Umgang vertraut sind, mit denen zusammen ich im vertrauten Umgang zu einem einzigen, gegenwärtigen Sein stehe, wie niemals ein Tier zu denjenigen seiner Art, seines Lebensraumes oder seiner Umwelt gestanden hat. In dieser ursprünglichen Geschichtlichkeit wird das unbeschwerte und improvisierende Denken der Wissenschaft lernen, sich den Dingen als solchen und sich selbst zuzuwenden, es wird wieder Philosophie werden... (*Das Auge und der Geist – Philosophische Essays*, S. 14).

Diese Weise des Wahrnehmens, respektive Sehens kann man vorzüglich bei den Malern erlernen. Sie sind die wahrhaft andächtigen Betrachter der Welt. Sofern sie große Künstler sind, gelingt es ihnen, das, was wir alltäglich sehen, in unversiegbarer Frische und Formschönheit sichtbar zu machen. Die Maler wissen noch (was wir anderen zu vergessen pflegen), daß die Sichtbarkeit der Welt ein Rätsel ist. Das Magisch-Zauberhafte daran ist, daß das Universum in den sehenden Menschen einzudringen vermag, ihn gleichsam überflutet, bis es dem Auge und der malenden Hand gelingt, das Bild zu schaffen, das immer auch ein

„Abwehrzauber" ist. In der Wahrnehmung des Malers kommt es zu „Zeugung", „Inkubation" und „Geburt":

> Das, was man Inspiration nennt, sollte wörtlich genommen werden: Es gibt tatsächlich eine Inspiration und Exspiration des Seins, ein Atmen im Sein, eine Aktion und Passion, die so wenig voneinander zu unterscheiden sind, daß man nicht mehr weiß, wer sieht und wer gesehen wird, wer malt und wer gemalt wird... Das Sehen des Malers ist eine fortwährende Geburt (l. c., S. 21).

Sowohl die Wahrnehmung als auch die Malerei enthalten „metaphysische Komponenten". Oder will man etwa behaupten, daß es ein „banales Faktum" ist, daß ein „Geschöpf dieser Welt" empfänglich ist für die Dimensionen des Kosmos, sich seiner selbst und der Dinge bewußt ist und zum welthaften Erlebniszentrum wird? Wie muß sich der Mensch wandeln, daß er nicht mehr nur „über die Welt spricht", sondern gleichsam „die Welt durch sich hindurch sprechen läßt"? Sehen ist im Grunde ein Befragen der Wirklichkeit. Radikal genug durchgeführt, wird der Sehakt zur „prima philosophia", zur anfänglichen Philosophie. Aus der im gekonnten Sehen gewonnenen Seinserfahrung kann sich nicht nur der Maler, sondern auch der Denker, der Liebende, der Wissenschaftler und der „Mensch überhaupt" die „Richte des Lebens" geben lassen. Merleau-Ponty sagt:

> Das Sehen des Malers ist nicht mehr ein Blick auf ein *Äußeres*, eine bloß „physikalisch-optische" Beziehung zur Welt. Die Welt liegt nicht mehr durch Vorstellung vor ihm. Vielmehr ist es der Maler, der in den Dingen geboren wird wie durch eine Konzentration und ein Zu-sich-Kommen des Sichtbaren... (l. c., S. 34).

Kunst ist Wahrheitssuche, und indem sie direkt auf dem Seinsverhältnis der Wahrnehmung aufbaut, ist ihre Wahrheit existentieller, ontologischer als die Wahrheit der Wissenschaften. Das Auge ist ein „Fenster der Seele", respektive des Leibes, wodurch dieser ins Sein selbst hineinschaut:

> Man spürt jetzt vielleicht besser, was alles jenes kleine Wort „sehen" in sich trägt. Das Sehen ist kein bestimmter Modus des Denkens oder eine Selbstgegenwart; es ist mein Mittel, von mir selbst abwesend zu sein, von innen her der Spaltung des Seins beizuwohnen, durch die allein ich meiner selbst innewerde (l. c., S. 39).

Am Sehen können wir lernen, daß unser Ich „so weit wie die Welt ist". Denn es ist doch kein Spuk, daß ich sehend sowohl in der Nähe als auch in der Ferne bin und mit meinem Blick gewissermaßen die Sonne und die Sterne „berühren" kann. Wenn Heidegger sagt, daß der Mensch Hirt und Wächter des Seins sei, dann würde Merleau-Ponty wohl hinzufügen, daß er das nur auf Grund seiner wahrnehmenden Leiblichkeit sein kann, die ihn für das Sein im Ganzen öffnet. Giordano Bruno rief beim Beginn der Neuzeit enthusiastisch aus: „Wir sind schon im Himmel – hier auf Erden!" Genau dieses Gefühl ergreift denjenigen, der sich sehend als „Partner des Seins" empfindet und „rein diesseitig" von jenen „ozeanischen Gefühlen" durchflutet wird, die die Religion für das Jenseits und seine Götter beansprucht.

So endet Merleau-Pontys Wissenschaftskritik und Wahrnehmungstheorie in einer Art von Weltfrömmigkeit, in einer Immanenzphilosophie, die die Transzendenz leugnet, aber dem Menschen jene Aufgaben zuschreibt und aufbürdet, die frühere Epochen als Prärogative der göttlichen und überweltlichen Instanzen sahen. In dieser eindringlichen Hervorhebung der „Bedeutung des Menschen für die Welt" kann man Merleau-Pontys Philosophie „humanistisch" nennen. Es handelt sich um einen nüchternen Humanismus, der nicht von „Fortschrittsmechanik" faselt, sondern alles Werden und Wachsen „in den Menschen und seine Verantwortung hineinnimmt":

> Der Humanismus von heute hat weder etwas Dekoratives noch etwas Schickliches mehr an sich. Er liebt den Menschen nicht mehr gegen seinen Leib, den Geist gegen seine Sprache, die Werte gegen die Wirklichkeit. Er spricht vom Menschen und vom Geist nur noch mit Sachlichkeit und Zurückhaltung; denn der Geist und der Mensch sind niemals, sie werden erst in der Bewegung sichtbar, durch die der Leib zu einer Gebärde, die Sprache zum Werk, die Koexistenz zur Wahrheit wird (*Signes*, 1960, S. 307).

Merleau-Ponty als politischer Philosoph

In den beiden Bänden von *Humanismus und Terror* versuchte Merleau-Ponty unmittelbar nach dem Zweiten Weltkrieg, seine Stellungnahme zum Marxismus, Sozialismus und Kapitalismus zu formulieren. Damals bedeutete die Sowjetunion, die unter unsäglichen Opfern den Faschismus besiegt hatte, noch eine Hoffnung für die Linksintellektuellen in der gesamten Kulturwelt; Merleau-Ponty jedoch bewahrte seinen kritischen Sinn und warf die Frage nach einem humanistischen Sozialismus auf, der sich von der Anbetung der Sowjetmacht freihalten müsse. Für den Humanisten sei es schwer nachvollziehbar, daß man auf dem Wege über die absolute Diktatur in das Reich der Freiheit vordringen werde.

Ein Ausgangspunkt für die Auseinandersetzungen Merleau-Pontys sind die beiden Bücher von Arthur Koestler, die unter dem Titel *Sonnenfinsternis* und *Der Yogi und der Kommissar* bald nach Kriegsende erschienen. Koestler hatte sich vom militanten Kommunisten zum Skeptiker und schließlich sogar zum entschiedenen Kommunismus-Gegner entwickelt, der dem sowjetischen System einen leidenschaftlichen Kampf ansagte. Die beiden genannten Texte fanden weltweit Beachtung und lösten stürmische Diskussionen aus, die auch im Umkreis von Sartre und Merleau-Ponty kontradiktorische Positionen auf den Plan riefen.

Das Buch *Sonnenfinsternis* befaßt sich bekanntlich mit dem Rätsel der Moskauer Schauprozesse von 1937, in denen Stalin seine alten Kampfgenossen aus der Revolutionszeit (Bucharin, Sinowjew u.a.m.) auf die Anklagebank setzen ließ mit der offenbar phantastischen Begründung, sie hätten Hochverrat begangen. Ihnen wurde vom Staatsanwalt vorgeworfen, sie seien Konspiratoren im Dienste des Faschismus und Kapitalismus gewesen, die das Ziel verfolgten, die Sowjetunion zu vernichten. Man beantragte die Todesstrafe für diese „Verräter" und vollzog sie auch. So ging ein großer Teil der „alten Garde", die gemeinsam mit Lenin die russische Revolution geleitet und durchgeführt hatte, schmählich zugrunde; Trotzki, der ins Exil entkam, wurde noch 1940 in Mexiko City durch einen von Stalin gedungenen Mörder umgebracht.

Natürlich kann man diese Ereignisse mit Stalins Paranoia und dem entsprechenden Größenwahn erklären. Aber eine solche Erklärung bleibt oberflächlich: sie „personalisiert" Probleme, die einen ideologischen Sinn und Hintersinn haben. Genau das interessiert Merleau-Ponty, der sich nicht damit zufriedengeben kann, daß Revolutionen „ihre Kinder fressen" und daß der Aufbruch zu einer „Befreiung der Menschheit" im schauerlichen Terror enden mußte.

Merleau-Ponty fragt: Ist der Kommunismus seinen humanistischen Absichten überhaupt gewachsen? Kann man das Werk von Karl Marx so interpretieren, daß in Zukunft nicht mehr in seinem Namen die ungeheuerlichsten Verbrechen begangen werden? Was ist tot und was ist lebendig am überlieferten Marxismus?

Die erste Antwort, die er gibt, ist der Hinweis auf eine „unentwirrbare Situation":

Die marxistische Kritik des Kapitalismus behält ihre Gültigkeit, und es liegt auf der Hand, daß der Antisowjetismus heute all das an Brutalität, Hochmut, Wahnwitz und Angst versammelt, was seinen Ausdruck bereits im Faschismus gefunden hatte. Andererseits ist die Revolution auf einer Rückzugsstellung erstarrt: während sie den diktatorischen Apparat beibehält und verstärkt, verzichtet sie in ihren Sowjets und in ihrer Partei auf die revolutionäre Freiheit des Proletariats und auf die Aneignung des Staates durch den Menschen. Man kann nicht Antikommunist sein, man kann nicht Kommunist sein (*Humanismus und Terror,* Bd. 1, S. 15).

Dies führt allerdings zur weiteren Frage: Kann es einen „Kommunismus mit menschlichem Antlitz" geben? Waren die Unmenschlichkeiten unter Stalin und unter seinen Nachfolgern Zufall oder Notwendigkeit?

Merleau-Ponty erinnert daran, daß der Marxismus ideologiegeschichtlich auf den Liberalismus folgte, der die Ideologie des heraufkommenden bürgerlichen Zeitalters war. Die Lehre von der Freiheit, Gleichheit und Brüderlichkeit aller Menschen, die von der Französischen Revolution auf ihre Fahnen geschrieben wurde, war eine Errungenschaft des revolutionären Bürgertums. Hier knüpfte Marx an, aber er transponierte liberales Ideengut in eine quasi-hegelsche Philosophie, die nichts Geringeres als das „Gesetz der Geschichte" zu erläutern bemüht war. Nun war scheinbar alles festgelegt: Ziel, Motor und Gesamtbewegung des geschichtlichen Lebens wurden im „historischen Materialismus" mehr oder minder eindeutig definiert, woraus sich angeblich ableiten ließ, welcher Weg in die Zukunft eingeschlagen werden mußte. Die Revolutionäre nach Marx glaubten genau zu wissen, wohin die Menschheitsentwicklung gelenkt werden sollte: dies enthielt eine Tendenz zum Absolutismus, die in der Folgezeit die Frucht einer schier universellen Diktatur zum Reifen brachte.

Das System von Marx enthielt religiöse Elemente oder doch Gedanken, die im Sinne einer Geschichtsreligion mißverstanden werden konnten. Das Proletariat wurde so zum „auserwählten Volk", die kommunistische Partei zu einer „Gemeinschaft der Heiligen", die Sowjetunion zum „Gottesstaat", der Parteisekretär zum „Papst" und die Texte von Marx, Engels, Lenin und Stalin zu heiligen Schriften, die weder Kritik noch Korrektur duldeten. Diese Hypostasierung einer – nach Merleau-Ponty – anfänglich freiheitlichen Philosophie und Praxis mußte zum Verhängnis führen.

Was tun, wenn man nicht wie Arthur Koestler in die Arme der bürgerlichen Demokratie zurückflüchten will, aber auch vermeiden möchte, wie Sartre ein „fellow-traveller" der Kommunisten zu werden, der den Parteistrategen in der UdSSR und in der westlichen Welt als eine Art „nützlicher Idiot" gilt, den man gelegentlich auf Friedenskongressen sprechen läßt, sofern er die Generallinie der Partei nicht desavouiert? Von 1952–1968 war Sartre ein ungeliebter Freund der Kommunisten, denen er erst nach dem Einmarsch der sowjetischen Truppen in Prag seine endgültige Absage erteilte; Merleau-Ponty zog den Trennungsstrich zum Kommunismus früher und radikaler, wobei er in seinem Buch über *Die Abenteuer der Dialektik* Sartres Pseudo-Kommunismus hinter sich ließ, dessen Scheitern er hellsichtig voraussagte.

In *Die Abenteuer der Dialektik* zeigt Merleau-Ponty, daß er nicht nur in der Politikwissenschaft, sondern auch in der Geschichtsphilosophie ein profunder Kenner ist. Max Weber (*Die protestantische Ethik und der Geist des Kapitalismus*, 1922) und Georg Lukacs (*Geschichte und Klassenbewußtsein*, 1923) gaben ihm die Hilfsmittel an die Hand, um über Marx hinauszudenken. Weber weigerte sich bekanntlich, die soziale und kulturelle Welt durch die ökonomischen Umstände bestimmt zu sehen. Die Wirtschaft ist wohl tragend für die Kultur, aber die religiösen Wandlungen zum Beispiel beim Anbruch der Neuzeit haben erst das kapitalistische Arbeitsethos und die moderne Technologie ermöglicht, die dann wiederum auf die Religion zurückgewirkt haben. Merleau-Ponty mutmaßt in der Geschichte „strukturelle Verhältnisse"; auch Epochen können als „Strukturen" gedeutet werden, in denen alle Teile einander beeinflussen und ihren Stellenwert im Ganzen haben, das dialektisch mit seinen Teilgebilden verknüpft ist.

Lukacs war in seiner genannten Frühschrift, wenn man Merleau-Ponty folgen will, auf der Spur einer marxistischen Geschichtsinterpretation, die viele Mängel als Vulgärmarxismus überwunden hatte. Er faßte die Dialektik als ein Nachzeichnen der Totalisationsbewegung im geschichtlichen Bereich auf. Demnach gibt es kein allgültiges Schema, das man den Ereignissen gewaltsam überstülpen darf: der „Dialektiker" konstruiert von Fall zu Fall den Sinn der historischen Werdensbewegung, wobei er lediglich annimmt, daß ein Ausgleich aller Gegensätze die „philosophische Bedeutung" der Geschichte ausmacht. So vollzieht sich die Entwicklung nicht souverän über die Köpfe der Menschen hinweg, sondern mit ihnen und durch sie. Nicht die Ökonomie zwingt den Sozialismus herbei, sondern revoltierende Menschen, die stets aufs neue das Interesse der Gesamtmenschheit ins Auge fassen und durch die „Praxis" selbst zu realisieren wissen. Proletariat und revolutionäre Partei dienen nach Lukacs nur dann dem Fortschritt, wenn sie Schritt für Schritt Akte der Bewußtseinskontrolle vollziehen, das heißt selbstkritisch prüfen, ob sie sich dem Geschichtssinn entfremden oder ihm nahekommen.

Die marxistische Orthodoxie hat Lukacs' Ideen mit grimmiger Ablehnung registriert und den Autor gezwungen, durch verschiedene Rückzugsgefechte seinen Standpunkt zu verschleiern. Für die Führer der russischen Revolution, die die Dialektik in Aktion umsetzten, gab es kein Schwanken und Zögern; sie bedurften ihrer Meinung nach einer monolithischen Lehre, um in der Unruhe der Revolutionsjahre die Unbedingtheit ihrer Kampfkraft zu bewahren. So gingen die Ansätze zu einem humanistischen Marxismus verloren, und das war gewiß einer der Gründe für das Versagen der kommunistischen Politik in der UdSSR und in der gesamten Kulturwelt. Von einer primitiven Philosophie führt meistens ein schnurgerader Weg zum destruktiven Handeln, und der politische Terror bereitet sich in der Regel im geistigen Terrorismus vor.

Ist es Sartre gelungen, die Dialektik von ihrer dumpf-materialistischen Verankerung loszulösen und ihr ein „existenzialistisches Gesicht" zu verleihen? Merleau-Ponty kannte lediglich den geistreichen Essay *Materialismus und Revolution* (1949, dt. 1950) und die Aufsatzfolge *Les Communistes et la Paix* in *Les Temps Modernes* (1952) – das Riesenwerk *Kritik der dialektischen Vernunft* (1960, dt. 1967) wird ihm wohl fremd geblieben sein. Daher bekrittelt er mit entschiedener Unnachsichtigkeit Sartres Vermittlungsversuche zwischen einer marxistischen Geschichtstheorie und einer existenzialistischen Theorie der Subjektivität, die später in der großangelegten Flaubert-Analyse auch eine literaturwissenschaftlich-psychoanalytische Vertiefung fanden. Dem Sartre der fünfziger Jahre konnte man mühelos vorwerfen, daß er die dialektischen Kunstgriffe des Denkens dazu benützte, um die fadenscheinige Politik der kommunistischen Parteien und Sowjetrußlands als „letztendlich humanistisch" hinzustellen. In der Anerkennung der menschlichen Subjekthaftigkeit im geschichtlichen Handeln weiß sich Merleau-Ponty mit dem ehemaligen Freund und Gesinnungsgenossen einig; er trennt sich aber von ihm, wo Sartre dem „realen Kommunismus" zu weit entgegenkommt und den „Kommunismus als Idee" im Rahmen seiner Kompromißbereitschaft aufopfert. Dieser „reine Kommunismus" nimmt bei Merleau-Ponty sehr liberale Wesenszüge an: er erinnert weitgehend an eine höherentwickelte bürgerliche Demokratie. Sartre hätte dem Weggefährten der frühen Jahre „Verlust der Radikalität" vorwerfen können: wenn aber der Radikale human bleiben will, kann er sich nicht mit der angeblich revolutionären Gewalt identifizieren, die uns gegenwärtige Tyrannei mit einem Wechsel auf zukünftige Freiheit schmackhaft machen will.

Kritische Bewertung

Merleau-Ponty und Sartre wurden oft als Zwillingsbrüder empfunden, und tatsächlich hatten sie weithin gemeinsame Forschungsinteressen und Forschungsmethoden, so daß sie auch in vielen Bereichen zu ähnlichen Schlußfolgerungen gelangten. Sie sind die bedeutendsten Repräsentanten der Phänomenologie in Frankreich, Nachfolger von Husserl und teilweise von Heidegger, deren neuartige Lehren sie mit der französischen Geistestradition (Bergson und andere) zu verschmelzen versuchten. Beide sind Agnostiker; Sartre bekannte sich zu einem leidenschaftlichen Atheismus, indes Merleau-Ponty eine gewisse Gleichgültigkeit gegenüber Fragen der Religion an den Tag legte, hinter der sich sein radikaler Skeptizismus verbarg.

Im Unterschied zu Sartre, dessen Kenntnisreichtum in Psychologie, Soziologie und Politik erstaunlich genug ist, hatte Merleau-Ponty noch engeren Kontakt zu allen Humanwissenschaften, deren Ergebnisse er für seine Philosophie fruchtbar zu machen wußte. Er ist viel mehr Gelehrter als Literat, und nur selten spürt man bei ihm die Ambition, in die breitere Öffentlichkeit zu wirken. Daher auch sein Weg über die Hochschullaufbahn zur ehrwürdigen Institution des Collège de France, dessen Lehrkörper anzugehören für einen französischen Professor die höchstmögliche Ehrung bedeutet.

Gleichwohl darf man sich Merleau-Ponty nicht als einen Intellektuellen im Elfenbeinturm vorstellen. Wie wir gezeigt haben, nahm er regen Anteil an allen Fragen der Zeit und verschmähte es nicht, durch vielbeachtete Stellungnahmen in die politischen Meinungsstreitigkeiten einzugreifen. Mehr als alles andere jedoch beschäftigten ihn die großen philosophischen Probleme, die seit jeher die Denker aller Epochen angezogen haben, nämlich: Was ist der Mensch? Welche Stellung hat er in der Welt? Was ist Leib, Seele, Geist usw.? Wie hängen Natur und Kultur zusammen? Was ist der Sinn des Lebens? Wie erwacht das menschliche Bewußtsein zu sich selbst, und welches Verhältnis hat es zum Mitmenschen, zur Welt, zum Sein überhaupt?

Diesen umfänglichen Fragenkatalog bewältigte Merleau-Ponty mit einer Denk-Energie sondergleichen. Seine Werke, die an den Leser hohe, ja höchste Anforderungen stellen, sind ungemein reich an phänomenologischen Analysen, die das Welt- und Selbst-Erlebnis des Menschen immer aufs neue artikulieren. Nirgendwo gleiten diese Untersuchungen auf die Ebene bloßen Wortgeklingels herab; sie sind stets „wirklich gesehene" Strukturen des Seins und des Bewußtseins, die mit einer präzisen Sprachkunst in Worte gefaßt werden; in dieser und mancher anderen Beziehung erinnert Merleau-Ponty an Edmund Husserl. Das leider fragmentarisch gebliebene Werk des allzu jung verstorbenen Mannes mutet beim Vergleich mit Sartres Philosophie heller, versöhnlicher und freundlicher an als dessen harter Existenzialismus, der in allen menschlichen Verhaltensweisen die Macht des Nichts aufdeckte, die Beziehung des Menschen zur Natur und Umwelt in den Bannkreis des Ekels rückte und die Interaktion der menschlichen „Bewußtseine" als unerbittlichen Kampf um Überlegenheit und gegen Hörigkeit beschrieb. Merleau-Ponty spricht vom heimatlichen Wohnen des Menschen in der Welt, von der wechselseitigen Unterstützung der Individuen in der „Entbergung des Seins", vom Anschluß an die Überlieferung bei allen Neuschöpfungen. Beide Philosophen jedoch waren echte Humanisten, die von der Gemeinbürgschaft aller Menschen inspiriert waren und im Grunde auf ein allgemeines „Reich der Freiheit" hinarbeiteten, wo kein Mensch dem anderen als Herr oder Sklave gegenübersteht. Erkenntnis war für Merleau-Ponty Wille zur Menschlichkeit.

Ausgewählte Literatur

Grathoff, R. & Sprondel, W. (Hrsg.) (1976). M. Merleau-Ponty und das Problem der Struktur in den Sozialwissenschaften. Stuttgart: Enke.
Heidegger, M. (1927). Sein und Zeit. Tübingen: Niemeyer 1979.
Husserl, E. (1900). Logische Untersuchungen. Tübingen: Niemeyer, 2. Aufl. 1980.
– (1962). Krise der Europäischen Wissenschaften, hrsg. aus dem Nachlaß. Hamburg: Meiner, 2. Aufl. 1982.
Koestler, A. (1978). Sonnenfinsternis. Wien: Europaverlag.
Lukacs, G. (1923). Geschichte und Klassenbewußtsein. Frankfurt: Luchterhand, 8. Aufl. 1983.
Luijpen, W. A. M. (1971). Existentielle Phänomenologie – Eine Einführung. München: Manz.
Merleau-Ponty, M. (1942). Die Struktur des Verhaltens. Berlin: De Gruyter 1976.
– (1945). Phänomenologie der Wahrnehmung. Berlin: De Gruyter 1966.
– (1947). Humanismus und Terror. 2 Bände. Frankfurt: Suhrkamp 1966.
– (1955). Die Abenteuer der Dialektik. Frankfurt: Suhrkamp 1968.
– (1960). Signes. Paris.
– (1967). Das Auge und der Geist – Philosophische Essays. Reinbek: Rowohlt 1967.
– (1973). Vorlesungen I. Berlin: De Gruyter.
Müller, W. (1975). Etre-au-monde – Grundlinien einer philosophischen Anthropologie bei Merleau-Ponty. Bonn: Bouvier.

Nietzsche, F. (1930). Der Wille zur Macht. Stuttgart: Kröner, 12. Aufl. 1980.
Pilz, G. (1973). M. Merleau-Ponty – Ontologie und Wissenschaftskritik. Bonn: Bouvier.
Pontalis, J.-B. (1968). Nach Freud. Frankfurt: Suhrkamp.
Sartre, J. P. (1960). Kritik der dialektischen Vernunft. Reinbek: Rowohlt 1967.
– (1968). M. Merleau-Ponty. In Porträts und Perspektiven. Reinbek: Rowohlt.
Weber, M. (1922). Die protestantische Ethik und der Geist des Kapitalismus. 2 Bde. Gütersloh: Gütersloher Verlagshaus 1981 f.

Bibliographie von Josef Rattner

(1952) Das Menschenbild in der Philosophie Martin Heideggers. (Philosophische Dissertation.) Zürich (Selbstverlag).

(1957) Große Pädagogen. München: Reinhardt.

(1963) Individualpsychologie – die Lehre Alfred Adlers. München: Reinhardt.

(1964) Kafka und das Vaterproblem. München: Reinhardt.
Das Wesen der schizophrenen Reaktion. München: Reinhardt.

(1965) Psychologie und Psychopathologie des Liebeslebens. Bern: Huber.
Psychosomatische Medizin heute. Zürich: Classen.
Was ist Schizophrenie? Zürich: Classen.
Der nervöse Mensch und seine Heilung. Zürich: Classen.

(1966) Menschenkenntnis – die Anwendung der Tiefenpsychologie auf die Probleme des Alltagslebens. Untersiggenthal, Baden (Schweiz): Harder.

(1967) Tiefenpsychologie und Humanismus. Zürich: Classen.
Erziehe ich mein Kind richtig? Zürich: Classen.

(1968) Verwöhnung und Neurose. Zürich: Classen.

(1969) Psychologie der Frau. Zürich: Classen.
Psychologie der zwischenmenschlichen Beziehungen. Olten: Walter.

(1970) Aggression und menschliche Natur. Olten: Walter.
Tiefenpsychologie und Politik. Freiburg: Rombach.

(1971) Der schwierige Mitmensch. Olten: Walter.
Psychologie des Vorurteils. Zürich: Classen.

(1972) Psychotherapie als Menschlichkeit. Olten: Walter.
Alfred Adler in Selbsterzeugnissen und Bilddokumenten. Reinbek: Rowohlt.
Psychoanalyse und Gruppen-Psychotherapie der Angst. München: Kindler.
Gruppentherapie – die Psychotherapie der Zukunft. Bergisch-Gladbach: Lübbe.
Selbsterkenntnis und Menschenkenntnis. München: Kindler.

(1973) Homosexualität – Psychoanalyse und Gruppentherapie. Olten: Walter.

(1974) Miteinander leben lernen. Olten: Walter.
Neue Psychoanalyse und intensive Psychotherapie. Frankfurt: Fischer.

(1975) Vorläufer der Psychoanalyse im 18. Jahrhundert: Lichtenberg – Goethe – C. Ph. Moritz. Berlin (Selbstverlag).
(1977) Heilung durch das Gespräch – Tiefenpsychologie und Sprache. Berlin: Verlag für Tiefenpsychologie.
(1979) Pioniere der Tiefenpsychologie. Wien: Europaverlag.
(1980) Wandlungen der Psychoanalyse. Wien: Europaverlag.
(1981) Der Weg zum Menschen. Wien: Europaverlag.
(1982) Große Pädagogen im Lichte der Tiefenpsychologie. Wien: Europaverlag.
(1983) Menschenkenntnis durch Charakterkunde. Hamburg: Hoffmann und Campe.
Alfred Adler. New York: F. Ungar Publishing.
(1984) Der neurotische Mensch und seine Lebensschwierigkeiten. Hamburg: Hoffmann und Campe.
(1986) Alfred Adler zu Ehren. Berlin: Verlag für Tiefenpsychologie.
Dichtung und Humanität – Literaturpsychologische Essays über Shakespeare, Voltaire, Lessing, Schiller und Tolstoi. Frankfurt: Athenäum.
(1987) Tiefenpsychologie und Religion. München: Hueber.
(1988) Was ist Tugend, was ist Laster? Tiefenpsychologie und Psychotherapie als angewandte Ethik. München: Knesebeck & Schuler.
Literaturpsychologie – Essays über Nestroy, Heine, Gontscharow, Th. Mann, Kafka, M. v. Ebner-Eschenbach. Berlin: Verlag für Tiefenpsychologie.

Josef Rattner ist Herausgeber von *Miteinander leben lernen* – Zeitschrift für Tiefenpsychologie, Persönlichkeitsbildung und Kulturforschung (Verlag für Tiefenpsychologie, Eichenallee 6, 1000 Berlin 19)

Quellenhinweis

Die Beiträge zu Sigmund Freud, Carl Gustav Jung, Wilhelm Stekel, Harry Stack Sullivan, Georg Groddeck, Franz Alexander, Viktor von Weizsäcker, Erik H. Erikson, Alexander Mitscherlich, Alfred Lorenzer, Ludwig Binswanger, Viktor-Emil von Gebsattel, Erwin W. Straus, Medard Boss, Viktor E. Frankl, Rollo May und Maurice Merleau-Ponty wurden zuerst veröffentlicht in den früheren Werken des Autors *Pioniere der Tiefenpsychologie* (1979), *Wandlungen der Psychoanalyse* (1980) und *Der Weg zum Menschen* (1981).